Börstinghaus
Kündigungs-Handbuch Wohn- und Gewerberaummiete

Kündigungs-Handbuch Wohn- und Gewerberaummiete

Herausgegeben von
Prof. Dr. Ulf P. Börstinghaus

bearbeitet von

Cathrin Börstinghaus
Dipl. Kauffrau

Prof. Dr. Ulf Börstinghaus
Richter am Amtsgericht
Honorarprofessor an der Universität Bielefeld

Florian Kellersmann
Richter am Amtsgericht

Denis Kraeft
Richter am Amtsgericht

Thomas Pöpel
Richter am Amtsgericht

2021

Zitiervorschlag:
Börstinghaus Kündigungs-Handbuch/Bearbeiter Kap. X Rn. Y

www.beck.de

ISBN 978 3 406 69000 6

© 2021 Verlag C. H. Beck oHG
Wilhelmstraße 9, 80801 München
Umschlaggestaltung und Satz: Druckerei C. H. Beck Nördlingen
(Adresse wie Verlag)
Druck und Bindung: Beltz Grafische Betriebe GmbH,
Am Fliegerhorst, 99947 Bad Langensalza

chbeck.de/nachhaltig

Gedruckt auf säurefreiem, alterungsbeständigem Papier
(hergestellt aus chlorfrei gebleichtem Zellstoff)

Vorwort

Die Wohnung ist ein ganz besonderes Gut. Das gilt natürlich zunächst für den Mieter, dessen Lebensmittelpunkt sich dort befindet, aber auch für Vermieter kann es als erheblicher Vermögenswert durchaus eine wichtige Bedeutung bei der Lebensplanung haben. Das gilt ganz besonders für die vermietete Eigentumswohnung. Für Unternehmen ist sie ein Wirtschaftsgut. All diese Interessen hat der Gesetzgeber in den letzten Jahrzehnten versucht durch Schaffung des sozialen Mietrechts zum Ausgleich zu bringen. Dabei geht es um das Bestandsinteresse des Mieters ebenso, wie den Schutz von Mitbewohnern und die wirtschaftlichen Interessen der verschiedenen Mietvertragsparteien. Als Dauerschuldverhältnis ist der Mietvertrag zudem dem Wandel der Zeit unterlegen und bedarf immer mal wieder der Anpassung, was auch seine Beendigung erfordern kann.

Es gibt ca. 30 verschiedene Kündigungstatbestände im Mietrecht, die selbst teilweise wieder zahlreiche Alternativen und Fallgruppen ausweisen. Deshalb haben sich die Verfasser dazu entschieden einmal den Versuch zu unternehmen, diese verschiedenen Kündigungstatbestände in einer für die Praxis tauglichen Art und Weise zusammenfassend darzustellen. Dabei wurde die Rechtsprechung bis Anfang 2021 ausgewertet.

Die Autoren beschäftigen sich als Richter am Amtsgericht Dortmund seit vielen Jahren mit Kündigungen und kennen die Probleme der Praxis aus der täglichen Arbeit. Frau Cathrin Börstinghaus beschäftigt sich auch schon seit Jahren mit der mietrechtlichen Rechtsprechung. Die Verfasser hoffen, den Lesern eine Hilfestellung an die Hand zu geben, mit der ein Großteil der täglichen Fragestellungen gelöst werden kann. Dass bei der Vielgestaltigkeit der Lebenssachverhalte einzelne Fragestellungen – noch – übersehen wurden, ist dabei leider nicht zu vermeiden. Deshalb sind wir für jeden Hinweis dankbar.

Dortmund/Zürich im Mai 2021

RiAG Prof. Dr. Ulf Börstinghaus
Dipl. Kauffrau Cathrin Börstinghaus
RiAG Florian Kellersmann
RiAG Dennis Kraeft
RiAG Thomas Pöpel

Inhaltsübersicht

Vorwort	V
Literatur- und Abkürzungsverzeichnis	XXI
Teil 1. Einführung	1
Kapitel 1. Geschichtlicher Überblick	1
Kapitel 2. Die unterschiedlichen Wohnungsbestände	4
Teil 2. Die Formalien der Kündigung	13
Kapitel 3. Allgemeines	13
Kapitel 4. Der richtige Absender	13
Kapitel 5. Der richtige Adressat der Kündigung	26
Kapitel 6. Die Form	33
Kapitel 7. Der Inhalt der Kündigungserklärung	44
Kapitel 8. Die unterschiedlichen Kündigungstatbestände	49
Kapitel 9. Die Kündigungsfrist	51
Teil 3. Die Kündigung von Wohnraummietverhältnissen durch den Vermieter	53
Kapitel 10. Einführung	53
Kapitel 11. Die ordentliche Kündigung des Vermieters	53
Kapitel 12. Die außerordentliche fristlose Kündigung des Vermieters	175
Kapitel 13. Die außerordentliche fristgerechte Kündigung des Vermieters	201
Teil 4. Die Kündigung von Wohnraummietverhältnissen durch den Mieter	221
Kapitel 14. Ordentliche Kündigung durch den Mieter	221
Kapitel 15. Die außerordentlich fristlose Kündigung des Mieters	229
Kapitel 16. Die außerordentlich fristgerechte Kündigung	236
Teil 5. Die Kündigung sonstiger Räume (Gewerberaum)	255
Kapitel 17. Die ordentliche Kündigung	255
Kapitel 18. Die außerordentliche Kündigung	256
Kapitel 19. Kündigungsfristen	263
Teil 6. Rechtsfolgen wirksamer Kündigungen	265
Kapitel 20. Der Räumungs- und Herausgabeanspruch	265
Kapitel 21. Der Anspruch auf Nutzungsentschädigung	266
Kapitel 22. Schadensersatzansprüche	267
Kapitel 23. Kautionsrückzahlungsanspruch	268
Teil 7. Der Kündigungswiderspruch (Sozialklausel)	271
Kapitel 24. Einführung	271
Kapitel 25. Der Anwendungsbereich	271
Kapitel 26. Das Fortsetzungsverlangen	286
Kapitel 27. Die Vertragsfortsetzung	288

Inhaltsübersicht

Teil 8. Prozessuales 291
    Kapitel 28. Die Räumungsklage 291
    Kapitel 29. Die Vollstreckbarkeit 297
    Kapitel 30. Die Sicherungsanordnung gem. § 283a ZPO 301
    Kapitel 31. Der Räumungsvergleich 306
    Kapitel 32. Einstweiliger Rechtschutz 310
    Kapitel 33. Die Räumungsvollstreckung 318
    Kapitel 34. Die Räumungsfrist 321
    Kapitel 35. Der Vollstreckungsschutz, § 765a ZPO 323

Teil 9. Kündigungslexikon 327

Teil 10. Formulare 433

Sachregister 451

Inhaltsverzeichnis

Teil 1. Einführung 1
  Kapitel 1. Geschichtlicher Überblick 1
    A. Römisches Recht 1
    B. Gemeines Recht 1
    C. Zeit ab Inkrafttreten des BGB 1
  Kapitel 2. Die unterschiedlichen Wohnungsbestände 4
    A. Einführung 4
    B. Wohnraummietverhältnisse 5
    C. Wohnraum mit eingeschränktem Bestandsschutz 7
      I. Wohnraum zum vorübergehenden Gebrauch 7
      II. Wohnraum, der Teil der vom Vermieter bewohnten Wohnung ist ... 9
      III. Mietverhältnisse mit Personen mit dringendem Wohnungsbedarf .. 10
      IV. Mietverhältnis über Wohnraum im Studenten- oder
          Jugendwohnheim, § 549 Abs. 3 BGB 11

Teil 2. Die Formalien der Kündigung 13
  Kapitel 3. Allgemeines 13
  Kapitel 4. Der richtige Absender 13
    A. Allgemeines 14
    B. Der Vermieter 14
    C. Einschaltung von Hausverwaltungen 14
    D. Personenmehrheiten auf Vermieterseite 14
      I. Eheleute 14
      II. BGB-Gesellschaften 15
      III. Erbengemeinschaften 17
      IV. Wohnungseigentümer 18
        1. Vermietung erfolgt vor Aufteilung 18
        2. Vermietung von Gemeinschaftseigentum 18
        3. Veräußerung an verschiedene Erwerber 19
        4. Vermietung von Flächen an denen Sondernutzungsrechte
           bestehen 19
        5. Veräußerung des Grundstücks 19
    E. Rechtsfolgen für die Kündigungserklärung 21
    F. Maßgeblicher Zeitpunkt 21
    G. Vertretung bei Kündigungserklärung 23
    H. Die Ermächtigung zur Abgabe einer Kündigungserklärung 25
    I. Abtretung des Kündigungsrechts 26
  Kapitel 5. Der richtige Adressat der Kündigung 26
    A. Mieter 26
      I. Eheleute als Mieter 27
      II. Gesellschaft bürgerlichen Rechts 30
    B. Rechtsnachfolge 30
      I. Rechtsgeschäftlich vereinbarte Nachfolge 30
      II. Tod des Mieters 30
        1. Wohnraummiete 31
          a) Eintrittsrechte 31
          b) Vertragsfortsetzung 31
          c) Erbeneintritt 31
        2. Gewerberaummiete 31

Inhaltsverzeichnis

C. Bevollmächtigung	32
Kapitel 6. Die Form	33
A. Allgemeines	33
B. Die Kündigung von Wohnraummietverhältnissen	33
C. Kündigung von Gewerberaummietverhältnissen	37
I. Die Textform	37
II. Vereinbarte Schriftform	37
D. Zugang der Erklärung	38
E. Besonderheiten	44
Kapitel 7. Der Inhalt der Kündigungserklärung	44
A. Allgemeines	44
B. Angabe von Gründen	46
C. Die Umdeutung	48
Kapitel 8. Die unterschiedlichen Kündigungstatbestände	49
Kapitel 9. Die Kündigungsfrist	51

Teil 3. Die Kündigung von Wohnraummietverhältnissen durch den Vermieter ... 53

Kapitel 10. Einführung	53
Kapitel 11. Die ordentliche Kündigung des Vermieters	53
A. Ausschlussgründe	56
I. Zeitmietvertrag	56
II. Kündigungsausschlussvereinbarungen	57
1. Allgemeines	57
2. Vereinbarungen zu Lasten des Vermieters	57
3. Form	58
4. Rechtsfolge	60
B. Die Beschränkung des Kündigungsrechts des Vermieters	61
I. Einführung	61
II. Anwendungsbereich	63
1. Allgemein	63
2. Ungeschützte Wohnraummietverhältnisse	64
a) Wohnraum, der nur zu vorübergehendem Gebrauch vermietet wurde (§ 549 Abs. 2 Ziff. 1 BGB)	64
b) Einzelfälle:	65
c) Wohnraum, der Teil der vom Vermieter bewohnten Wohnung ist	66
d) Mietverhältnis über Wohnraum in Studenten- oder Jugendwohnheim (§ 549 Abs. 3 BGB)	66
III. Wohnungen in Zweifamilienhäusern	68
C. Kündigung wegen schuldhafter Pflichtwidrigkeit	68
I. Verletzung vertraglicher Pflichten	68
II. Erheblichkeit der Pflichtverletzung	69
III. Verschulden	70
IV. Einzelfälle	72
1. Vertragswidriger Gebrauch	72
2. Zahlungsverzug	74
3. Unpünktliche Mietzahlungen	78
4. Belästigungen	78
5. Beschädigung der Mietsache	79
6. Unbefugte Gebrauchsüberlassung	79

Inhaltsverzeichnis

D. Die Kündigung wegen Eigenbedarfs	80
I. Verfassungsrechtliche Vorgaben	80
II. Der privilegierte Personenkreis	83
1. Die Eigennutzung durch den Vermieter	83
2. Haushaltsangehörige	85
3. Die Familienangehörigen	86
4. Sonstige Personen	88
III. Die Nutzung als Wohnung	88
IV. Der Nutzungswille	89
1. Die Ernsthaftigkeit und Realisierbarkeit der Nutzungsabsicht	89
2. Die nur vorgetäuschte Nutzungsabsicht	90
3. Die nur ungewisse Absicht	92
4. Die unzulässige Vorratskündigung	93
5. Die mehrdeutige Absicht	94
6. Rechtliche Nutzungs-/Überlassungshindernisse	95
7. Die unvernünftige Absicht	96
8. Die auf einen Teil der Mietsache beschränkte Nutzungsabsicht	97
V. Die Darlegungs- und Beweislast	97
VI. Der Wegfall der Nutzungsabsicht nach Ausspruch der Kündigung	98
VII. Das Benötigen der Räume	100
1. Allgemeines	100
2. Die freie Alternativwohnung	101
3. Einzelne Nutzungsinteressen	101
4. Einzelne Überlassungsinteressen an privilegierte Dritte	106
5. Auswahlrecht des Vermieters	107
VIII. Die treuwidrige Kündigung	108
1. Vorhandener oder absehbarer Eigenbedarf bei Vertragsschluss	108
a) Die Rechtsgrundsätze	108
b) Die Hinweispflicht	110
c) Absehbarer Bedarf des Eigentümers bei Zwischenvermietung	110
d) Die Darlegungs- und Beweislast	110
2. Verzicht auf Eigenbedarf bei Vertragsschluss	111
3. Überhöhter Bedarf	111
IX. Die „Anbietpflicht"	112
1. Das Bestehen der Pflicht	112
2. Rechtsfolgen eines Verstoßes gegen die Anbietpflicht	114
3. Fälle, in denen keine Anbietpflicht besteht	115
4. Anbietpflicht bei Vermietermehrheit	117
5. Die Darlegungs- und Beweislast für den Schadensersatzanspruch	117
E. Die Kündigung wegen wirtschaftlicher Verwertung	117
I. Allgemeines	117
II. Verfassungsrechtliche Vorgaben	118
III. Die Tatbestandsvoraussetzungen	119
1. Absicht zur anderweitigen Verwertung	119
2. Angemessenheit der Verwertung	121
3. Hinderung der Verwertung	125
4. Die Erheblichkeit des Nachteils	127
IV. Rechtsmissbräuchliche Ausübung des Kündigungsrechts	131
V. Kündigung zum Zwecke der Erzielung einer höheren Miete	132
VI. Umwandlung von Miet- in Eigentumswohnungen	133

Inhaltsverzeichnis

F. Die Generalklausel des § 573 Abs. 1 BGB	133
I. Allgemeines	133
II. Das berechtigte Interesse	134
III. Anerkannte berechtigte (Vermieter-)Interessen	134
1. Betriebsbedarf	134
2. Der Geschäfts- oder Berufsbedarf	138
3. Fehlbelegte Sozialwohnung	140
4. Überbelegung	141
5. Unterbelegung	141
6. Öffentliches Interesse	141
7. Kündigung eines Untermietverhältnisses	143
8. Kündigung einer Genossenschaftswohnung	144
9. Sonstige berechtigte Interessen	145
IV. Kein anerkanntes berechtigtes Interesse	145
G. Das Kündigungsschreiben	146
I. Allgemeines	146
II. Der Inhalt der Begründungspflicht	147
1. Der Zweck	147
2. Der Begriff der „Gründe"	147
3. Die Kerntatsachen und die Ergänzungstatsachen	147
III. Das Begründungserfordernis bei den einzelnen Kündigungstatbeständen	149
1. Die schuldhafte Pflichtverletzung gem. Abs. 2 Nr. 1	149
2. Die Kündigung wegen Eigenbedarfs	149
3. Kündigung wegen wirtschaftlicher Verwertung	153
4. Die Kündigung nach der Generalklausel gem. § 573 Abs. 1 BGB	156
IV. Bezugnahme auf außerhalb des Kündigungsschreibens erfolgte Begründungen	157
V. Berücksichtigung nachträglich entstandener Gründe	157
H. Die Zweifamilienhauskündigung, § 573a BGB	159
I. Allgemeines	159
II. Die beiden Kündigungstatbestände	161
1. Die Zweifamilienhauskündigung gem. Abs. 1	161
a) Die Gebäudeeigenschaft	161
b) Die vom Vermieter selbst bewohnte Wohnung	162
c) Gebäude mit nicht mehr als zwei Wohnungen	163
2. Wohnraum innerhalb der Vermieterwohnung gem. Abs. 2	165
III. Die Rechtsfolgen	166
I. Die Teilkündigung gem. § 573b BGB	166
I. Einführung	166
II. Die Tatbestandsvoraussetzungen	167
1. Nebenräume	167
2. Die Zweckbestimmung	168
a) Abs. 1 Nr. 1	168
b) Abs. 1 Nr. 2	169
III. Die Formalien	169
IV. Die Kündigungsfrist	170
V. Die Anpassung des Mietvertrages	170
J. Die Kündigungsfrist für den Vermieter	171
K. Die „Ziehfrist"	174

Inhaltsverzeichnis

Kapitel 12. Die außerordentliche fristlose Kündigung des Vermieters	175
A. Systematik	176
B. Die Kündigung wegen Verletzung der Rechte des Vermieters, § 543 Abs. 2 S. 1 Nr. 2 BGB	176
I. Gefährdung der Mietsache durch Vernachlässigung der dem Mieter obliegenden Sorgfalt (§ 543 Abs. 2 S. 1 Nr. 2 Alt. 1 BGB)	177
1. Sorgfaltspflichtverletzung	177
2. Erhebliche Gefährdung der Mietsache	178
3. Erhebliche Rechtsverletzung	178
4. Erforderlichkeit oder Entbehrlichkeit einer Abmahnung	178
II. Unbefugte Überlassung der Mietsache an einen Dritten (§ 543 Abs. 2 S. 1 Nr. 2 Alt. 2 BGB)	179
1. Gebrauchsüberlassung der Mietsache	180
2. an einen Dritten	180
3. Keine Berechtigung zur Gebrauchsüberlassung bzw. Untervermietung	180
4. Erhebliche Rechtsverletzung	180
5. Erforderlichkeit oder Entbehrlichkeit einer Abmahnung	181
C. Die Kündigung wegen Zahlungsverzuges, § 543 Abs. 2 S. 1 Nr. 3 BGB	181
I. Kündigungsvoraussetzungen	181
1. Miete	182
2. Verzug	183
a) Nichtleistung	183
b) Fälligkeit	184
c) Mahnung oder Entbehrlichkeit der Mahnung	184
d) Vertretenmüssen	184
e) Verschuldenszurechnung	185
f) Einredefreiheit	185
3. Rückstandsberechnung	186
a) Miete für zwei aufeinander folgende Termine	187
b) Nicht unerheblicher Teil der Miete für zwei aufeinander folgende Termine	187
c) Miete in Höhe eines Betrages, der die Miete für zwei Monate erreicht	188
d) Keine Kündigungssperre gemäß § 112 InsO	188
e) Zahlungsrückstand wegen der Covid-19-Pandemie	188
II. Begründung der Kündigung, § 569 Abs. 4 BGB	188
III. Kündigungsausschluss wegen vorheriger Befriedigung nach § 543 Abs. 2 S. 2 BGB (Heilung vor Zugang)	188
IV. Unwirksamkeit der Kündigung wegen Aufrechnung nach § 543 Abs. 2 S. 3 BGB (Heilung nach Zugang)	189
V. Befriedigung innerhalb der zweimonatigen Schonfrist (Nachholrecht)	189
1. Fristberechnung	190
2. Rechtzeitigkeit der Befriedigung	190
3. Vollständige Befriedigung	190
4. Verpflichtungserklärung einer öffentlichen Stelle	192
5. Kein Wiederholungsfall	193
D. Die Kündigung wegen Verzugs mit der Sicherheitsleistung	193
I. Kautionsabrede	194
II. Verzug	194

III. Befriedigung innerhalb der zweimonatigen Schonfrist
(Nachholrecht) 194
IV. Vorherige Befriedigung 195
E. Die Kündigung wegen Störung des Hausfriedens 195
I. Störung des Hausfriedens 195
II. Nachhaltigkeit der Störung 196
III. Unzumutbarkeit der Vertragsfortsetzung 196
IV. Abmahnung 197
V. weitere Störung nach Abmahnung 197
F. Die Kündigung des Vermieters aus einem sonstigen wichtigen
Grund, § 543 Abs. 1 BGB 197
I. Voraussetzungen 197
1. Wichtiger Grund 198
2. Unzumutbarkeit der Vertragsfortsetzung 198
3. Abmahnung 199
4. Weitere Störung nach Abmahnung 199
II. Fallgruppen 199
1. Verletzung von Aufklärungspflichten/Falsche Selbstauskunft . 199
2. Strafbare Handlungen gegenüber dem Vermieter oder anderer
Personen aus dem mietvertraglichen Schutzbereich 200
3. Zahlungsverhalten 200
Kapitel 13. Die außerordentliche fristgerechte Kündigung des Vermieters 201
A. Vertrag über mehr als 30 Jahre 203
I. Einleitung 203
II. Erläuterung 203
B. Kündigung nach Tod des Mieters 203
I. Einleitung 203
II. Kündigungsrecht des Vermieters gemäß § 563 Abs. 4 BGB 204
III. Kündigungsrecht des Mitmieters gemäß § 563a Abs. 2 BGB 204
IV. Kündigungsrecht des Erben und des Vermieters gemäß § 564
BGB 205
C. Kündigung nach Beendigung des Nießbrauchs 205
I. Einleitung 205
II. Wirksame Nießbrauchsbestellung 206
III. Kündigungsschutz bei Wohnraummietverhältnissen 206
IV. Kündigungsfrist 206
V. Fristsetzung gemäß § 1056 Abs. 3 BGB 206
VI. Ausschluss des Kündigungsrechts bei persönlicher Bindung des
Eigentümers an den Mietvertrag 207
VII. Kein Kündigungsrecht des Mieters 208
D. Kündigung nach Eintritt des Nacherbfalles 208
I. Einleitung 208
II. Kündigungsschutz bei Wohnraummietverhältnissen 208
III. Ausschluss des Kündigungsrechts bei persönlicher Bindung des
Nacherben an den Mietvertrag 209
IV. Keine analoge Anwendung bei unentgeltlicher
Gebrauchsüberlassung 209
V. Keine analoge Anwendung auf bewegliche Sachen 210
VI. Kündigungsfrist 210
VII. Fristsetzung gemäß § 2135 iVm § 1056 Abs. 3 BGB 210
VIII. Kein Kündigungsrecht des Mieters 210
E. Kündigung nach Erlöschen des Erbbaurechts 210
I. Einleitung 210

Inhaltsverzeichnis

II. Schicksal des Miet- und Pachtvertrags bei Erlöschen des Erbbaurechts	211
III. Kündigungsschutz bei Wohnraummietverhältnissen	211
IV. Ausschluss des Kündigungsrechts bei persönlicher Bindung des Eigentümers an den Mietvertrag	211
V. Fristsetzung durch den Mieter	212
VI. Kein Kündigungsrecht des Mieters	212
VII. Das Erbbaurecht in der Zwangsversteigerung	212
F. Kündigung durch den Dauerwohnberechtigten	212
I. Einführung	212
II. Anwendbarkeit	214
III. Schicksal des Mietvertrags bei Erlöschen des Dauerwohnrechts, § 37 Abs. 1 WEG	214
IV. Schicksal des Mietvertrags bei Heimfall des Dauerwohnrechts, § 37 Abs. 2 WEG	215
V. Schicksal des Mietvertrags bei Veräußerung des Dauerwohnrechts, § 37 Abs. 3 WEG	215
G. Kündigung in der Vermieterinsolvenz	216
I. Vorbemerkung	216
II. Mietvertrag über Räume, bei denen es sich um die Wohnung des Insolvenzschuldners handelt	216
III. Mietvertrag betreffend die Wohnung des Insolvenzschuldners	217
H. Kündigungsrecht durch den Ersteher in der Zwangsversteigerung	218
I. Einleitung	218
II. Kündigungsschutz bei Wohnraummietverhältnisse	218
III. Kündigungsberechtigung	218
IV. Kündigungsobjekt	218
V. Kündigungsfrist	219
I. Kündigungsfristen der außerordentlichen Kündigung mit gesetzlicher Frist	219
Teil 4. Die Kündigung von Wohnraummietverhältnissen durch den Mieter	**221**
Kapitel 14. Ordentliche Kündigung durch den Mieter	221
A. Ausschlusstatbestände	221
I. Zeitmietvertrag	221
II. Kündigungsausschlussvereinbarung	223
1. Allgemeines	223
2. Vereinbarungen zu Lasten des Mieters	223
3. Rechtsfolge	227
B. Die Kündigungsfrist	227
I. Allgemeines	227
II. Vereinbarungen über die Kündigungsfrist	228
Kapitel 15. Die außerordentlich fristlose Kündigung des Mieters	229
A. Systematik	229
B. Nichtgewährung oder Entzug des vertragsmäßigen Gebrauches der Mietsache	230
I. Verspätete Übergabe der Mietsache	230
II. Übergabe einer mangelhaften Mietsache	230
III. Entzug der Mietsache	231
IV. Entstehung eines Mangels nach Übergabe	231
V. Kein Ausschluss des Kündigungsrechts	231
VI. Abhilfefrist	232

  C. Gesundheitsgefährdung durch die Beschaffenheit der Mietsache 233
   I. Geltungsbereich 233
   II. Gesundheitsgefährdung 233
   III. Kein Vertretenmüssen des Mieters 233
   IV. Abhilfefrist 234
   V. Schriftliche begründete Kündigungserklärung 234
  D. Kündigung wegen Störung des Hausfriedens 234
  E. Die Kündigung des Mieters aus einem sonstigen wichtigen Grund .. 234
   I. Wichtiger Grund 235
   II. Abmahnung und weitere Störung 236
Kapitel 16. Die außerordentlich fristgerechte Kündigung 236
  A. Die Kündigung nach einer Modernisierungsankündigung gem.
   § 555e BGB 237
  B. Die Kündigung gem. § 561 BGB nach einer Mieterhöhung im
   preisfreien Wohnungsbau 238
   I. Allgemeines 238
   II. Anwendungsbereich 239
   III. Voraussetzungen für das Sonderkündigungsrecht 240
    1. Mieterhöhung auf die ortsübliche Vergleichsmiete oder nach
     Modernisierung 240
    2. Einvernehmliche Mieterhöhung nach den §§ 557–557b
     BGB 242
    3. Zurückgenommene Mieterhöhungen 243
   IV. Der zeitliche Ablauf 243
   V. Form und Inhalt der Kündigungserklärung 244
   VI. Die Überlegungs- und Kündigungsfristen 245
    1. Allgemeines 245
    2. Die Überlegungsfrist 245
   VII. Die Wirkung der Kündigung 248
    1. Die Beendigung des Mietverhältnisses 248
    2. Der Nichteintritt der Mieterhöhung 249
  C. Die Kündigungsrechte nach einer Mieterhöhung im
   preisgebundenen Wohnungsbau gem. § 11 WoBindG 250
  D. Gebrauchsüberlassung an Dritte 251
   I. Einleitung 251
   II. Voraussetzungen 251
  E. Die Kündigungsrechte nach dem Tod des Mieters gem. §§ 563a, 564
   BGB 252
   I. Allgemeines 252
   II. Tod des Mieters 253

Teil 5. Die Kündigung sonstiger Räume (Gewerberaum) 255
Kapitel 17. Die ordentliche Kündigung 255
  A. Überblick 255
  B. Abdingbarkeit 255
Kapitel 18. Die außerordentliche Kündigung 256
  A. § 543 Abs. 2 Ziff. 3 BGB 256
   I. Tatbestände und Rückstandsberechnung 256
   II. Weitere Voraussetzungen 258
   III. Mietschulden während der COVID-19-Pandemie 258
   IV. Ausschluss des Kündigungsrechts 259
  B. Nichtzahlung der Kaution 260
  C. Pflichtwidrigkeiten 260

Inhaltsverzeichnis

D. Kündigung gemäß § 313 Abs. 3 BGB	260
E. § 580 BGB	261
I. Anwendungsbereich und Zweck der Vorschrift	261
II. Voraussetzungen	261
III. Folgen der Ausübung des Kündigungsrechts	262
F. Vereinbarte Kündigungsrechte	262
Kapitel 19. Kündigungsfristen	263
A. Ordentliche Kündigung	263
I. Gesetzliche Regelung	263
II. Vereinbarte Kündigungsfristen	263
B. Außerordentliche Kündigung und § 314 Abs. 3 BGB	263
Teil 6. Rechtsfolgen wirksamer Kündigungen	**265**
Kapitel 20. Der Räumungs- und Herausgabeanspruch	265
Kapitel 21. Der Anspruch auf Nutzungsentschädigung	266
Kapitel 22. Schadensersatzansprüche	267
A. Bei verspäteter Räumung	267
B. Bei Beschädigung der Mietsache	267
Kapitel 23. Kautionsrückzahlungsanspruch	268
Teil 7. Der Kündigungswiderspruch (Sozialklausel)	**271**
Kapitel 24. Einführung	271
Kapitel 25. Der Anwendungsbereich	271
A. Maßgeblicher Wohnungsbestand	272
B. Maßgebliche Kündigungsgründe	273
C. Die Tatbestandvoraussetzungen	274
I. Beendigung durch Kündigung	274
II. Voraussetzung für Kündigungswiderspruch	274
1. Allgemeines Bestandinteresse des Mieters	274
2. Besondere Härtegründe des Mieters	275
3. Einzelne Härtegründe des Mieters	277
a) Fehlender Ersatzwohnraum	277
b) Hohes Alter des Mieters	280
c) Lange Wohndauer	281
d) Krankheit und Behinderungen	281
e) Schwangerschaft	282
f) Zusage einer langen Mietzeit/Aufwendungen für die Wohnung	282
g) Berufliche, Schulische Schwierigkeiten	283
h) Erforderlicher Zwischenumzug	283
i) Sonstige Gründe	283
4. Interessen des Vermieters an der Vertragsbeendigung	284
5. Zeitpunkt des Vorliegens der Härtegründe	285
6. Die Interessenabwägung	285
Kapitel 26. Das Fortsetzungsverlangen	286
Kapitel 27. Die Vertragsfortsetzung	288
Teil 8. Prozessuales	**291**
Kapitel 28. Die Räumungsklage	291
A. Allgemeines	291
B. Isolierte Räumungsklage oder mit Zahlungsklage verbundene Räumungsklage	292
C. Klage auf zukünftige Räumung	293
D. Prozesstaktik	294

Inhaltsverzeichnis

Kapitel 29. Die Vollstreckbarkeit	297
A. Entscheidungen über die vorläufige Vollstreckbarkeit, § 708 ZPO	297
B. Schutzantrag des Schuldners, § 712 ZPO	297
I. Berufungsverfahren	298
II. Revisions- und Nichtzulassungsbeschwerdeverfahren	298
Kapitel 30. Die Sicherungsanordnung gem. § 283a ZPO	301
Kapitel 31. Der Räumungsvergleich	306
A. Allgemeines	306
B. Voraussetzungen	306
I. Prozessuale	306
II. Materiellrechtliche	307
C. Wirkungen	307
D. Muss- und Sollinhalte eines Räumungsvergleichs	307
E. Kostenfragen	309
Kapitel 32. Einstweiliger Rechtschutz	310
A. Allgemeines	310
B. Verbotene Eigenmacht	311
C. Gefahr für Leib oder Leben	312
D. Räumungsverfügung gegen Dritte	312
E. Räumungsverfügung wegen Nichterfüllung einer Sicherungsanordnung	314
F. Besonderheiten in der Gewerberaummiete	316
I. §§ 935, 940 ZPO	316
II. § 940a Abs. 2, 3 ZPO in der Gewerberaummiete?	317
Kapitel 33. Die Räumungsvollstreckung	318
A. Überblick	318
B. Voraussetzungen	318
I. Gläubigerauftrag	318
II. Räumungstitel und weitere Voraussetzungen	319
C. Ablauf der Vollstreckung nach § 885 ZPO	319
D. Die vereinfachte Vollstreckung nach § 885a ZPO	320
Kapitel 34. Die Räumungsfrist	321
A. Anwendungsbereich und Zweck der Vorschrift	321
B. Die Regelungen im Einzelnen	322
C. Wirkungen	323
D. Rechtsmittel	323
E. Abdingbarkeit	323
Kapitel 35. Der Vollstreckungsschutz, § 765a ZPO	323
A. Allgemeines und Anwendungsbereich	323
B. Besonderheiten bei der Räumungsvollstreckung	324
I. Subsidiarität gegenüber §§ 721, 794a ZPO	324
II. Bedeutung von Mietrückständen	324
III. Konkrete Suizidgefahr	324
IV. Schwere Erkrankung	325
C. Rechtsfolgen	325
D. Rechtsmittel	325

Inhaltsverzeichnis

Teil 9. Kündigungslexikon 327
Teil 10. Formulare 433
   A. Kündigungsschreiben 433
      I. Ordentliche Kündigung gem. § 573 Abs. 2 Ziff. 1 BGB wegen Störungen 433
      II. Ordentliche Kündigung gem. § 573 Abs. 2 Ziff. 1 BGB wegen unpünktlicher Mietzahlung 434
      III. Ordentliche Kündigung gem. § 573 Abs. 2 Ziff. 2 BGB wegen Eigenbedarfs 435
      IV. Außerordentliche fristlose und hilfsweise ordentliche Kündigung des Vermieters wegen Zahlungsverzuges gemäß § 543 Abs. 2 Nr. 3 BGB 436
      V. Außerordentliche fristlose Kündigung des Mieters wegen Nichtgewährung des vertragsgemäßen Gebrauchs der Mietsache gemäß § 543 Abs. 2 Nr. 1 BGB 436
   B. Mieterschreiben 437
      I. Zurückweisung der Kündigung wegen fehlender Vollmacht 437
      II. Kündigungswiderspruch wegen fehlendem angemessenen Ersatzwohnraum 437
      III. Kündigungswiderspruch wegen Härtegründen (Gesundheit) 438
   C. Räumungsklagen 439
      I. Klage auf Räumung und Herausgabe von Wohnraum (allgemein) 439
      II. Klage auf Räumung und Herausgabe von Wohnraum sowie Zahlung (allgemein) 440
      III. Klage auf Räumung und Herausgabe von Wohnraum gegen Mieter und Dritte sowie Zahlung (allgemein) 442
   D. Sonstige Anträge 445
      I. Antrag auf Erlass einer Sicherungsanordnung 445
      II. Antrag auf Erlass einer einstweiligen Verfügung auf Räumung wegen Nichterfüllung einer Sicherungsanordnung, § 940a Abs. 3 ZPO 446
      III. Antrag auf Räumungsverfügung gem. § 940a Abs. 2 ZPO gegen mitbesitzenden Mitbewohner 447
      IV. Vollstreckungsschutzantrag des Mieters gem. § 765a ZPO 448
   E. Räumungsvergleich 449
      1. Beendigung des Mietverhältnisses 449
      2. Räumung und Herausgabe 449
      3. Nutzungsentschädigung und frühere Herausgabe 449
      4. Ggf. Umzugskostenbeihilfe 450
      5. Ggf. Verzicht auf (weiteren) Räumungsschutz 450
      6. Ggf. Festlegung Mietrückstand und Ratenzahlungsvergleich 450
      7. Abgeltungsklauseln 450
      8. Kosten 450

Sachregister 451

Literatur- und Abkürzungsverzeichnis

aE	am Ende
aaO	am angegebenen Ort
aF	alte Fassung
aA	anderer Ansicht
Abs.	Absatz
AG	Amtsgericht
AGBG	Gesetz zur Regelung des Rechts der Allgemeinen Geschäftsbedingungen
Anm.	Anmerkung
AnwBl	Anwaltsblatt
AnwZertMietR	AnwaltZertifikatOnline Miet- und Wohnungseigentumsrecht
ArbG	Arbeitsgericht
ArbGG	Arbeitsgerichtsgesetz
Art.	Artikel
Artz/Börstinghaus	AGB in der Wohnraummiete, München 2019
Az.	Aktenzeichen
BAG	Bundesarbeitsgericht
BAGE	Amtliche Sammlung von Entscheidungen des Bundesarbeitsgerichtes
BAnz.	Bundesanzeiger
Bamberger/Roth	(Bearbeiter) Kommentar zum Bürgerlichen Gesetzbuch, 4. Aufl., München 2019
Barthelmess	Wohnraumkündigungsschutzgesetz, Miethöhegesetz, 5. Aufl. 1995
BauGB	Baugesetzbuch
Baumgärtel/Laumen/Prütting	Handbuch der Beweislast, 4. Aufl., Band 2, 2019
BauZuschG	Gesetz zur Änderung des 2. Wohnungsbaugesetzes, anderer wohnungsbaurechtlicher Vorschriften und über die Erstattung von Baukostenzuschüssen v. 25.7.1961, BGBl. I 1041
BayObLG	Bayerisches Oberstes Landesgericht
BayOblGZ	Entscheidungen des Bayerischen Oberlandesgerichts in Zivilsachen
BB	Betriebsberater (Zeitschrift)
BBU	Verband Berlin-Brandenburgischer-Wohnungsunternehmen eV
Bechinger	Wohnraummietrecht und Gewerberaummietrecht, München 2016
Beierlein/Kinne/Koch/Stackmann/Zimmermann	Der Mietprozess, München 2006
Betr.	Der Betrieb (Zeitschrift)
BetrKostUV	Betriebskosten-Umlageverordnung v. 17.6.1991 (BGBl. I 1270)
BetrKostÄndV	Betriebskosten
Beuermann/Blümmel	Das neue Mietrecht, Berlin, 2001
BezG	Bezirksgericht
BFH	Bundesfinanzhof
BFHE	Bundesfinanzhof, Entscheidungssammlung
BGB	Bürgerliches Gesetzbuch

Literatur- und Abkürzungsverzeichnis

BGB-InfoV	BGB-InformationspflichtenVO (BGBl. 2002 I 2958)
BGBl.	Bundesgesetzblatt
BGH	Bundesgerichtshof
BGHZ	Bundesgerichtshof, Entscheidungen in Zivilsachen (amtliche Sammlung)
Blank	Mietrecht von A–Z, 19. Aufl. 2015
Blank/Börstinghaus	Miete, 6. Aufl. München 2020
Börstinghaus, Cathrin	Mietminderungstabelle, 4. Aufl. München 2017
Börstinghaus	Miethöhe-Handbuch, 2. Aufl. München 2016
Börstinghaus	Flächenabweichungen in der Wohnraummiete, München 2012
Börstinghaus/Clar	Mietspiegel. Erstellung und Anwendung, 2. Aufl. München 2013
Börstinghaus/Eisenschmid	Arbeitskommentar Mietrechtsänderungsgesetz, München 2016
Börstinghaus/Eisenschmid	Modernisierungs-Handbuch, München 2014
BMJV	Bundesminister(ium) der Justiz und für Verbraucherschutz
BMWi	Bundesminister(ium) für Wirtschaft
BMWo	Bundesminister(ium) für Raumordnung, Bauwesen und Städtebau
BR	Bundesrat
BR-Drs.	Drucksache des Bundesrates
BRAGO	Bundesrechtsanwaltsgebührenordnung (bis 30.6.2004)
BRAO	Bundesrechtsanwaltsordnun
BT	Bundestag
BT-Drs.	Drucksache des Deutschen Bundestages
II. BV	Verordnung über wohnungswirtschaftliche Berechnungen (Zweite Berechnungsverordnung)
Bub/Treier	Handbuch der Geschäfts- und Wohnraummiete, 5. Aufl. München 2019
Bund-Länder-Arbeitsgruppe „Mietrechtsvereinfachung"	Bericht zur Neugliederung und Vereinfachung des Mietrechts – mit Textvorschlägen, Köln 1997
BVerfG	Bundesverfassungsgericht
BVerfGE	Entscheidungen des Bundesverfassungsgerichts (amtliche Sammlung)
bzw.	beziehungsweise
Cramer	Mietrecht – Eine systematische Einführung, München, 2019
Dauner-Lieb/Heidel/Ring	Bürgerliches Gesetzbuch, 6 Bde., 2010–2012
dh	das heißt
DB	Der Betrieb
DGVZ	Deutsche Gerichtsvollzieherzeitung
DNotZ	Deutsche Notarzeitung
DRiZ	Deutsche Richterzeitung
Dröge	Handbuch der Mietpreisbewertung für Wohn- und Gewerberaum, 3. Aufl. 2004
DWW	Deutsche Wohnungswirtschaft (Zeitschrift)

Literatur- und Abkürzungsverzeichnis

EGBGB	Einführungsgesetz zum Bürgerlichen Gesetzbuch
EGZPO	Einführungsgesetz zur Zivilprozessordnung
Emmerich/Sonnenschein	Miete, 11. Aufl. Oldenburg 2014
Erman/Bearbeiter	BGB-Kommentar, 15. Aufl. Köln 2017
EuGH	Europäischer Gerichtshof
EWiR	Entscheidungen zum Wirtschaftsrecht, Bank- und Kreditsicherungsrecht, Handels- und Gesellschaftsrecht, AGB- und Vertragsrecht, Insolvenz- und Sanierungsrecht (Zeitschrift)
f.	folgende
F.	Fach
FamG	Familiengericht
FamRZ	Zeitschrift für das gesamte Familienrecht
ff.	fortfolgende
FGG	Gesetz über die Angelegenheiten der freiwilligen Gerichtsbarkeit
Fn.	Fußnote
Fritz	Gewerberaummietrecht, 4. Aufl. München 2005
FS	Festschrift
GdW	Gesamtverband der Wohnungswirtschaft eV
GE	Berliner Grundeigentum (Zeitschrift)
GEG	Gesetz zur Einsparung von Energie und zur Nutzung erneuerbarer Energien zur Wärme- und Kälteerzeugung in Gebäuden
GemWW	Gemeinnütziges Wohnungswesen (Zeitschrift)
GenG	Genossenschaftsgesetz
GEWOS	Gesellschaft für Wohnungs- und Siedlungswirtschaft
GG	Grundgesetz
ggf.	gegebenenfalls
GKG	Gerichtskostengesetz
Graf von Westphalen/Thüsing	Vertragsrecht und AGB-Klauselwerke, 44. Auflage 2020
Gramlich	Mietrecht, 12. Aufl. München 2013
Guhling/Günter	Gewerberaummiete, 2. Aufl. München 2019
GVG	Gerichtsverfassungsgesetz
Haas	Das neue Mietrecht – Mietrechtsreformgesetz, Köln 2001
Hambg GE	Hamburger Grundeigentum (Zeitschrift)
Hannemann/Horst	Das neue Mietrecht, München 2013
Hannemann/Wiek (Hrsg.)	(Bearbeiter), Handbuch des Mietrechts, 7. Aufl. Köln 2019
Hannemann/Wiegner (Hrsg.)	(Bearbeiter), Mietrecht, 5. Aufl. München 2019
Harsch	Schönheits- und Kleinreparaturen im Mietverhältnis, 1998
Harz/Riecke/Schmid	Handbuch des Fachanwalts Miet- und Wohnungseigentumsrecht, 6. Aufl. Köln 2018
HaustürWG	Gesetz über den Widerruf von Haustürgeschäften und ähnlichen Geschäften
Heix	Wohnflächenberechnung, 5. Aufl. 2019

Literatur- und Abkürzungsverzeichnis

Herrlein/Knops/Spiegelberg	Mietrecht – Kommentar, 5. Aufl. 2021
Hinkelmann	Die ortsübliche Miete, 1999
Hinz/Ormanschick/Riecke/Scheff	Das neue Mietrecht, Bonn 2001
hM	herrschende Meinung
Horst	Wohnungsmodernisierung, 8. Aufl. 2019
idF	in der Fassung
InsO	Insolvenzordnung
InvZulG	Investitionszulagengesetz 1999
iü	im Übrigen
iSd	im Sinne des/r
iVm	in Verbindung mit
IfS	Institut für Stadtforschung und Strukturpolitik GmbH, Auswirkungen des Mietenüberleitungsgesetzes auf die Mietenentwicklung in den neuen Ländern, Berlin 1996
JA	Juristische Arbeitsblätter
JMBl.	Justizministerialblatt
JR	Juristische Rundschau
JurBüro	Das juristische Büro
jurisPR-BGH-ZivilR	Jurispraxisreport BGH Zivilsachen
jurisPR-MietR	Jurispraxisreport Mietrecht
JuS	Juristische Schulung
Justiz	Die Justiz
JW	Juristische Wochenschrift
JZ	Juristen-Zeitung
Kap.	Kapitel
KfH	Kammer für Handelssachen
KG	Kammergericht
Kinne/Schach/Bieber	Miet- und Mietprozessrecht, 7. Aufl. 2013
Klein-Blenkers/Heinemann/Ring	Miete/WEG/Nachbarschaft. Kommentar, Baden-Baden, 2. Aufl. 2019
Klumpp	Der Kündigungsausschluss im unbefristeten und befristeten Wohnraummietverhältnis; Dissertation, Tübingen, 2009.
KO	Konkursordnung
Kossmann/Meyer-Abich	Handbuch der Wohnraummiete, 7. Aufl. München 2014
Kosmann	Der Wohnraummietvertrag, 2. Aufl. 1998
KrsG	Kreisgericht
LAG	Landesarbeitsgericht
Lammel	Wohnraummietrecht, 3. Aufl. Bonn 2007
Langenberg/Zehelein	Betriebskosten- und Heizkostenrecht, 9. Aufl. München 2019

Literatur- und Abkürzungsverzeichnis

Langenberg/
Zehelein .... Schönheitsreparaturen, Instandsetzung und Rückgabe, 6. Aufl. München 2021
LG .... Landgericht
Lindner .... Wohnraummietrecht, 3. Aufl. 2019
Lindner-Figura/
Oprée/Stellmann Geschäftsraummiete, 3. Aufl. München 2016
Lindner-Figura/
Stellmann .... Geschäftsraummiete, Die AGB-Ampel, München 2015
LMK .... beck-fachdienst. Zivilrecht – LMK
Lützenkirchen .... Mietrecht, 3. Aufl. Köln 2020
Lützenkirchen .... Wohnraummiete 2002
Lützenkirchen .... Anwaltshandbuch Mietrecht, 6. Aufl. Köln 2019

MDR .... Monatsschrift für Deutsches Recht
MHG .... Gesetz zur Regelung der Miethöhe
MietNovG 2015 Gesetz zur Dämpfung des Mietanstiegs auf angespannten Wohnungsmärkten und zur Stärkung des Bestellerprinzips bei der Wohnungsvermittlung (Mietrechtsnovellierungsgesetz) vom 21.4.2015 (BGBl. I 610)
MietPrax-AK ..... MietPrax-Arbeitskommentar (Börstinghaus/Eisenschmid)
MietPrax/
Bearbeiter .... MietPrax Arbeitshandbuch, Hrsg. U. Börstinghaus
MietRÄndG
2013 .... Gesetz über die energetische Modernisierung von vermietetem Wohnraum und über die vereinfachte Durchsetzung von Räumungstiteln (Mietrechtsänderungsgesetz) vom 11.3.2013 (BGBl. I 434)
MM .... Mietrechtliche Mitteilungen (im Mietermagazin Berlin)
Mock .... Mietwucher, Hamburg 1994
MüKoBGB/
Bearbeiter .... Münchener Kommentar zum BGB, 8. Aufl. 2020
mwN .... mit weiteren Nachweisen

nF .... neue Fassung
Nds. Rpfl. .... Niedersächsische Rechtspflege (Zeitschrift)
Niederberger/
Wulkopf .... Die ortsübliche Vergleichsmiete und ihre Ermittlung durch Mietspiegel, 1979
Niederberger ..... Mietspiegel als Instrument zur Ermittlung der ortsüblichen Vergleichsmiete, Köln 1980
NJW .... Neue Juristische Wochenschrift (Zeitschrift)
NJW-RR .... NJW-Rechtsprechungsreport Zivilrecht (Zeitschrift)
NJWE-MietR .... NJW-Entscheidungsdienst Miet- und Wohnrecht (Zeitschrift)
NMV .... Neubaumietenverordnung
Nr. .... Nummer
Nr. .... Nummern
NWB .... Neue Wirtschaftsbriefe (Zeitung)
NZM .... Neue Zeitschrift für Miet- und Wohnungsrecht

OLG .... Oberlandesgericht
OLG-NL .... OLG-Report Neue Länder (Zeitschrift)
OLG-Rp .... OLG-Report (mit Angabe des jeweiligen Gerichtsortes)

Literatur- und Abkürzungsverzeichnis

OLGZ	Entscheidungen der Oberlandesgerichte in Zivilsachen
OVG	Oberverwaltungsgericht
Palandt/Bearbeiter	BGB Kommentar, 79. Aufl. München 2020
Palmen	Eigenbedarfsähnliche Kündigungsgründe und vermietende Gesellschaften, 1. Aufl. 2021
Pfeifer	Das neue Mietrecht, 3. Auflage 2004
PiG	Partner im Gespräch
PKH	Prozesskostenhilfe
RDG	Rechtsdienstleistungsgesetz (BGBl. I 2840)
RDM-IfS	RDM-Informationsdienst für Sachverständige (Zeitschrift)
Rn.	Randnummer
RG	Reichsgericht
Rips	Barrierefreiheit gemäß § 544a BGB, Berlin 2003
Rips/Eisenschmid	Neues Mietrecht, Köln 2001
Rpfleger	Der deutsche Rechtspfleger (Zeitschrift)
RVG	Gesetz über die Vergütung der Rechtsanwältinnen und Rechtsanwälte
s. u.	siehe unten
S.	Seite
Scheidacker/Martini/Schubert/Beck	Handbuch zum Berliner Mietendeckel und zum Mietspiegel 2019
Schilling/Heerde	Mietrecht in den neuen Bundesländern von A–Z, Reihe Leipziger Ratgeber Recht, 2. Aufl. Herne/Berlin 1994, mit Einleger „Mietenüberleitungsgesetz und andere Sonderregelungen in den neuen Bundesländern" Juni 1995
Schmid	Handbuch der Mietnebenkosten, 17. Aufl. 2021
Schmid	(Hrsg.), Miete und Mietprozess, 2. Aufl. 2002
Schmidt-Futterer/Bearbeiter	Mietrecht, Kommentar, 14. Aufl. München 2019
Seldeneck	Betriebskosten im Mietrecht, 1999
Slomian	Mietrecht 2001
Soergel/Bearbeiter	BGB-Kommentar, 12. Aufl. Band 4/1, 1997
Söfker	Mietenüberleitungsgesetz für die neuen Bundesländer, Köln 1995
Spielbauer/Schneider (Hrsg.)	Mietrecht. Kommentar, Berlin 2013
stRspr	ständige Rechtsprechung
Staudinger/Bearbeiter	BGB-Kommentar, Mietrecht, Neubearbeitung 2018
Sternel	Mietrecht, 3. Aufl. Köln 1988
Sternel	Mietrecht aktuell, 4. Aufl. Köln 2009
StGB	Strafgesetzbuch
Thalheim	Die außerordentliche fristlose Kündigung durch den Vermieter von Wohn- und Gewerberaum, Dissertation, Bremen, 2008

Literatur- und Abkürzungsverzeichnis

uU	unter Umständen
ua	unter anderem
usw	und so weiter
VB	Verfassungsbeschwerde
VerbrKrG	Verbraucherkreditgesetz
vgl.	vergleiche
VO	Verordnung
VOPR	Verordnung über Maßnahmen des Mietpreisrechts (BGBl. 1951, 920)
VuR	Verbraucher und Recht (Zeitschrift)
Wall	Betriebskostenkommentar, 5. Aufl. 2020
Weber/Marx	Mietrechtsreform 2001, Freiburg 2001
WEG	Gesetz über das Wohnungseigentum und das Dauerwohnrecht
Wetekamp	Mietsachen, 4. Aufl. 2007
WFB	Wohnungsförderungsbestimmungen
WGG	Gesetz über die Gemeinnützigkeit im Wohnungswesen
wi	Wohnungswirtschaftliche Informationen (Zeitschrift) Hrsg. GdW
WImmoT	Weimarer Immobilienrechtstage – Dokumentation, DMB-Verlag
WiStG	Gesetz zur weiteren Vereinfachung des Wirtschaftsstrafrechts (Wirtschaftsstrafgesetz)
WM	Wertpapiermitteilungen
Wolf/Eckert/Ball	Handbuch des gewerblichen Miet- und Pachtrechts, 10. Aufl. Köln 2009
WuM	Wohnungswirtschaft und Mietrecht (Zeitschrift)
zB	zum Beispiel
ZAP	Zeitschrift für die Anwaltspraxis
ZAP-Ost	ZAP-Ausgabe Ost – Das Recht der neuen Bundesländer
ZfPW	Zeitschrift für die gesamte Privatrechtswissenschaft
ZMR	Zeitschrift für Miet- und Raumrecht
ZPO	Zivilprozessordnung
ZRP	Zeitschrift für Rechtspolitik
zT	zum Teil
ZVG	Zwangsversteigerungsgesetz
ZWE	Zeitschrift für Wohnungseigentum
zzt.	zurzeit
zzgl.	Zuzüglich
ZZP	Zeitschrift für Zivilprozess

Teil 1. Einführung

Kapitel 1. Geschichtlicher Überblick

Solange Menschen nicht im Eigentum wohnen beschäftigt das Rechtsverhältnis der Miete schon die Juristen. **1**

A. Römisches Recht

Wohnungsnot ist keine Erscheinung der Neuzeit. Bereits im antiken Rom herrschte Knappheit bei bezahlbarem Wohnraum. Daher verwundert es nicht, dass sich auch in den antiken Quellen bereits Entscheidungen zu Wohnraumstreitigkeiten, auch zu Bestandsstreitigkeiten, finden. Bereits das **klassische römische Recht** kannte das Rechtsinstitut der Miete, die *locatio conductio rei*. Unterschieden wurde hier bereits zwischen dem Landpächter, dem *colonus*, und dem Wohnraummieter, dem *inquilinus*[1]. **2**

Bereits im Jahre 214 n. Chr. findet sich im sog. Reskript von Caracallas folgende Textstelle: *„Aus den Räumen, die du gemietet zu haben angibst, darfst du, wenn du den Mietzins dem Eigentümer des Hauses bezahlt hast, gegen deinen Willen nicht vertrieben werden; es sei denn, der Eigentümer benötigt sie nachweislich zum eigenen Gebrauch, oder er will das Haus ausbessern, oder du behandelst die gemietete Sache schlecht.*"[2] Hier finden sich die wesentlichen Gedanken der uns aus dem BGB bekannten Kündigungsgründe wieder. Ebenso findet sich in den Digesten (D. 19, 2, 11, 13) bereits die Regelung, dass eine widerspruchslose Gebrauchsfortsetzung eine stillschweigende Vertragsverlängerung darstellt[3]. **3**

B. Gemeines Recht

Die wesentlichen Gedanken des römischen Rechts wurden in der Folge rezipiert[4] und weiterentwickelt. Der **Code Napoleon** verbot zB eine Eigenbedarfskündigung, wenn nicht der Vermieter sich diese ausdrücklich vorbehielt[5]. Das **preußische ALR** schloss ebenfalls eine Eigenbedarfskündigung aus[6]. Jedoch sah das preußische ALR auch nur eine Kündigungsfrist bei monatsweise gemieteten Wohnungen spätestens zum 15. des Monats vor, wobei diese Regelung sogar dispositiv war[7]. **4**

C. Zeit ab Inkrafttreten des BGB

Seit dem Inkrafttreten des BGB wurde das Mietrecht häufig „renoviert", so ua durch das WRKSchG vom 25.11.1971[8] und das 2. WRKSchG 18.12.1974[9] sowie das vierte **Mietrechtsänderungsgesetz** vom 21.7.1993[10], in Kraft getreten zum 1.9.1993. **5**

---

[1] *Honsell*, Römisches Recht, 5. A., § 49 I.
[2] C. 4, 65, 3 zit. nach *Calonge/Wacke* ZEuP 1997, 1010 (1011 f.).
[3] Vgl. auch hierzu *Calonge/Wacke* ZEuP 1997, 1010 (1013).
[4] Zur Römischen Recht und zur Rezeption des Römischen Rechts: *Boosfeld* JuS 2017, 490; *Schildt* JURA 2003, 450.
[5] *Calonge/Wacke* ZEuP 1997, 1010 (1018).
[6] *Calonge/Wacke* ZEuP 1997, 1010 (1019).
[7] *Börstinghaus* WuM 2018, 610 (612) mwN.
[8] BGBl. I 1839.
[9] BGBl. I 3603.
[10] Viertes Gesetz zur Änderung mietrechtlicher Vorschriften (Viertes Mietrechtsänderungsgesetz), BGBl. I 1257. Vgl. hierzu *Blank*, Das Vierte Mietrechtsänderungsgesetz, WuM 1993, 503 sowie WuM 1993 573 *Bub*, Das 4. Mietrechtsänderungsgesetz, NJW 1993, 2897; *Frank/Geldmacher*, Die Neuregelungen im Mietrecht durch das 4. Mietrechtsänderungsgesetz (4. MRÄG) – Änderungen des BGB, ZMR 1993, 548; *Gather*, Die

6 Das Jahr 2001 stellte sodann das große Reformjahr für das bürgerliche Recht dar. Neben dem Schuldrechtsmodernisierungsgesetz (SchRModG)[11] sorgte das Mietrechtsreformgesetz vom 19.6.2001[12] mit Wirkung zum 1.9.2001 für die erste große Änderung des Jahres, während das **Schuldrechtsmodernisierungsgesetz** überwiegend[13] zum 1.1.2002 in Kraft trat.

7 Durch das **Mietrechtsänderungsgesetz 2013**[14] sind zum 1.5.2013 umfangreiche Änderungen ua des BGB-Mietrechts als auch der mietrechtlicher ZPO-Vorschriften in Kraft getreten. Hierbei wurden auch kündigungsrelevante Vorschriften überarbeitet und teilweise neu geschaffen.

8 Im BGB wurde der bis dahin die Duldung von Erhaltungs- und Modernisierungsmaßnahmen regelnde § 554 BGB aufgehoben. Dafür wurde nach § 555 BGB das neue

---

gesetzlichen Neuregelungen im Wohnraummietrecht, DWW 1993, 255; *Kreuels,* Das Vierte Mietrechtsänderungsgesetz, ZMR 1994, 49; *Langhein,* Das neue Vorkaufsrecht des Mieters bei Umwandlungen, DNotZ 1993, 650.

[11] Gesetz zur Modernisierung des Schuldrechts vom 26.11.2001 (BGBl. I 3138). Vgl. zu den Auswirkungen der Schuldrechtsreform auf das Mietrecht Börstinghaus, Über die Halbwertzeit von Mietgesetzen, NZM 2002, 16; *Börstinghaus,* Änderungen im Mietrecht durch die Schuldrechtsmodernisierung, ZGS 2002, 102; *Büschgens,* Schönheitsreparaturen im Lichte von Mietrechtsreform und Schuldrechtsmodernisierung, DWW 2002, 284; *Emmerich,* Neues Mietrecht und Schuldrechtsmodernisierung, NZM 2002, 362; Fuder, Verlängerung und Hemmung der kurzen mietrechtlichen Verjährungsfrist nach der Schuldrechtsmodernisierung, NZM 2004, 851; *Gsell,* Aufklärungspflichten im Mietrecht, DWW 2010, 122; *Hau,* Schuldrechtsmodernisierung 2001/2002 – Reformiertes Mietrecht und modernisiertes Schuldrecht, JuS 2003, 130; *Heinrichs,* Das neue AGB-Recht und seine Bedeutung für das Mietverhältnis, NZM 2003, 6; *Joachim,* Haftungsfreizeichnung im modernen Mietrecht, NZM 2003, 387; *Kandelhard,* Kurze Verjährung rückgabeveranlasster Vermieterersatzansprüche – Verjährungsbeginn bei Schadensersatzansprüchen statt der Leistung, NJW 2002, 3291; *Kandelhard,* Leistungsstörungen im Mietrecht, DWW 2003, 11 und WuM 2003, 3; *Riecke/Schütt,* Neues zum Gewerberaummietrecht nach der Mietrechtsreform und der Schuldrechtsmodernisierung, ZfIR 2002, 84; *v. Westphalen,* Mietrecht und Schuldrechtsreform, NZM 2002, 368.

[12] Gesetz zur Neugliederung, Vereinfachung und Reform des Mietrechts (Mietrechtsreformgesetz), BGBl. I 1149. Vgl. hierzu *Artz/Börstinghaus,* 10 Jahre Mietrechtsreformgesetz – Eine Bilanz, 2011; *Börstinghaus/ Eisenschmid,* Neues MietR, 2001; *Drasdo,* Die Beziehungen des Mietrechts zum Wohnungseigentumsrecht in den Entwürfen zur Neuordnung des Mietrechts, NZM 2001, 13; *Emmerich,* Dissonante Begleitmusik zum In-Kraft-Treten des „neuen Mietrechts", NZM 2001, 777; *Grundmann,* Die Mietrechtsreform – Wesentliche Inhalte und Änderungen gegenüber der bisherigen Rechtslage, NJW 2001, 2497; *Hannig,* GdW zur Mietrechtsreform im Rechtsausschuss, NZM 2001, 318; *Hinz/Ormanschick/Riecke/Scheff,* Das neue Mietrecht, 2001; *Jansen,* Das Übergangsrecht der Mietrechtsreform, NJW 2001, 3151; *Koch,* Juristische Methodik und Gestaltungswille des (Miet-)Gesetzgebers – Zum Fortbestand der Altvertragskündigungsfristen, NZM 2004, 1; *Rips/Eisenschmid,* Neues Mietrecht – 2001; *Weitemeyer,* Das Mieterhöhungsverfahren nach künftigem Recht, NZM 2001, 563.

[13] Vgl. hierzu Art. 9 Abs. 1 SchRModG: „Artikel 5 Abs. 1a und 2a Nr. 1 und Abs. 4 tritt am Tage nach der Verkündung in Kraft. Artikel 5 Abs. 6 und 7 tritt am 2. Januar 2002 in Kraft. Im Übrigen tritt dieses Gesetz am 1. Januar 2002 in Kraft."

[14] Gesetz über die energetische Modernisierung von vermietetem Wohnraum und über die vereinfachte Durchsetzung von Räumungstiteln (Mietrechtsänderungsgesetz – MietRÄndG), BGBl. I 434. Siehe hierzu *Abramenko,* Das neue Mietrecht in der anwaltlichen Praxis, 2013; *Börstinghaus,* Die neue „Räumungsverfügung" im Wohnraummietprozess, NJW 2014, 2225; *Börstinghaus,* Fristen bei der Modernisierung von Wohnraum nach dem Mietrechtsänderungsgesetz 2013, NZM 2013, 449.
Börstinghaus, Stellungnahme aus amtsrichterlicher Sicht zum Entwurf eines Mietrechtsänderungsgesetzes, NZM 2012, 697; *Börstinghaus/Eisenschmid,* Arbeitskommentar Mietrechtsänderungsgesetz, 2013; *Bruns,* Kündigungssperre bei Umwandlung in Wohnungseigentum – § 577a BGB in neuem Gewande, ZMR 2012, 933; *Fischer,* Auswirkungen der „Mietrechtsänderung" auf Räumungsverfahren- und vollstreckung, NZM 2013, 249; *Flatow,* Mietrechtsänderungsgesetz 2013, NJW 2013, 1185; *Fleindl,* Räumung von Wohnraum durch einstweilige Verfügung, ZMR 2013, 677; *Fleindl,* Das geplante Mietreformgesetz – Ein Überblick über die wesentlichen Änderungen, NZM 2012, 57; *Hinz,* Minderungsausschluss und Modernisierungsmieterhöhung nach der Mietrechtsänderung, NZM 2013, 209; *Hinz,* Referentenentwurf eines Mietrechtsänderungsgesetzes, ZMR 2012, 153; *Horst,* Mietrechtsnovelle 2013 – Energetische Modernisierung und Wärmecontracting, MDR 2013, 189; *Lützenkirchen,* Die Sicherungsanordnung nach § 283 ZPO-E, ZMR 2012, 604; *Streyl,* Die Hinterlegungsanordnung in der Räumungsverfügung, NZM 2012, 249; *Zehelein,* Der Gesetzentwurf der Bundesregierung zu dem Gesetz über die energetische Modernisierung von vermietetem Wohnraum und die vereinfachte Durchsetzung von Räumungstiteln; WuM 2012, 418.

Kapitel 1a („Erhaltungs- und Modernisierungsmaßnahmen") eingefügt. § 555e BGB sieht nunmehr das Sonderkündigungsrecht des Mieters bei Modernisierungsmaßnahmen vor und bestimmt, dass nach Zugang der Modernisierungsankündigung der Mieter das Mietverhältnis außerordentlich zum Ablauf des übernächsten Monats kündigen kann. Die Kündigung muss sodann bis zum Ablauf des Monats erfolgen, der auf den Zugang der Modernisierungsankündigung folgt.

§ 569 BGB wurde um einen Absatz 2a erweitert, der auf die Sicherheitsleistung des § 551 BGB Bezug nimmt und bestimmt, dass ein in wichtiger Grund iSd § 543 Abs. 1 BGB ferner vorliegt, wenn der Mieter mit einer Sicherheitsleistung nach § 551 in Höhe eines Betrages im Verzug ist, der der zweifachen Monatsmiete entspricht, wobei nach Satz 2 der neuen Vorschrift die als Pauschale oder als Vorauszahlung ausgewiesenen Betriebskosten bei der Berechnung der Monatsmiete nicht zu berücksichtigen sind. Satz 3 sieht sodann vor, dass es einer Abhilfefrist oder einer Abmahnung nach § 543 Abs. 3 S. 1 nicht bedarf. **9**

Der um einen Absatz 1a erweiterte § 577a BGB, der auch schon vor dem MietRÄndG eine Kündigungsbeschränkung bei Umwandlung in Wohnungseigentum vorsah, bestimmt nunmehr, dass die bisher schon bestehende Kündigungsbeschränkung entsprechend gilt, wenn vermieteter Wohnraum nach der Überlassung an den Mieter entweder an eine Personengesellschaft oder an mehrere Erwerber veräußert worden ist oder zu Gunsten einer Personengesellschaft oder mehrerer Erwerber mit einem Recht belastet worden ist, durch dessen Ausübung dem Mieter der vertragsgemäße Gebrauch entzogen wird. Dies gilt jedoch dann nicht, wenn die Gesellschafter oder Erwerber derselben Familie oder demselben Haushalt angehören oder vor Überlassung des Wohnraums an den Mieter Wohnungseigentum begründet worden ist. Ehegatten gehören dabei auch dann noch derselben Familie iSd § 577a Abs. 1a S. 2 BGB an, wenn sie getrennt leben oder geschieden sind.[15] **10**

Neu eingefügt in die ZPO wurde durch das Mietrechtsänderungsgesetz das Institut der Sicherungsanordnung gemäß § 283a ZPO. **11**

Deutlich erweitert wurde die Möglichkeit, eine **einstweilige Verfügung auf Räumung von Wohnraum** zu erwirken. Bis zur Gesetzesänderung bestand die Möglichkeit gemäß § 940a ZPO aF nur bei verbotener Eigenmacht und bei einer konkreten Gefahr für Leib oder Leben. Nunmehr kann gemäß § 940a Abs. 2 ZPO die Räumung von Wohnraum durch einstweilige Verfügung auch gegen einen Dritten angeordnet werden, der im Besitz der Mietsache ist, wenn gegen den Mieter ein vollstreckbarer Räumungstitel vorliegt und der Vermieter vom Besitzerwerb des Dritten erst nach dem Schluss der mündlichen Verhandlung Kenntnis erlangt hat. **12**

Der ebenfalls neu geschaffene § 940a Abs. 3 ZPO greift die Einführung der **Sicherungsanordnung** in § 283a ZPO auf und bestimmt, dass, wenn eine Räumungsklage wegen Zahlungsverzugs erhoben wurde, die Räumung von Wohnraum durch einstweilige Verfügung auch angeordnet werden kann, wenn der Beklagte einer Sicherungsanordnung im Hauptsacheverfahren nicht Folge leistet. **13**

Das Mietrechtsnovellierungsgesetz hat zum 1.6.2016[16] die sog. „Mietpreisbremse" eingefügt. Neben einer Modifikation des § 549 BGB, der Einführung des Art. 229 § 35 EGBGB und einer Änderung des Gesetzes zur Regelung der Wohnungsvermittlung ist nach § 556c BGB das Unterkapitel 1a („Vereinbarungen über die Miethöhe bei Mietbeginn in Gebieten mit angespannten Wohnungsmärkten") mit den neu geschaffenen §§ 556d–556g BGB **14**

---

[15] BGH MDR 2020, 1310.
[16] Gesetz zur Dämpfung des Mietanstiegs auf angespannten Wohnungsmärkten und zur Stärkung des Bestellerprinzips bei der Wohnungsvermittlung (Mietrechtsnovellierungsgesetz – MietNovG), BGBl. I 610. Vgl. hierzu *Artz*, Die Mietpreisbremse, MDR 2015, 549; *Aufderhaar/Jaeger*: Die Mietpreisbremse – Eine kritische Analyse des Referentenentwurfs des Bundesministeriums der Justiz und für Verbraucherschutz vom 18.3.2014, ZfIR 2014, 541; *Fischer*, Das Bestellerprinzip im Wohnungsvermittlungsrecht, NJW 2015, 1560; *Herrlein*, 100 Jahre „Mietpreisbremse", NZM 2016, 1; *Zehelein*, Überprüfung landesrechtlicher Mietpreisverordnungen durch die Mietgerichte, NZM 2015, 761.

eingefügt. Hierdurch wurde erstmals eine Begrenzung der Wiedervermietungsmiete eingeführt[17]. Kündigungsrelevante Vorschriften wurden durch das Mietrechtsnovellierungsgesetz weder geschaffen noch geändert.

15 Zuletzt wurde durch das MietAnpG[18] die Mietpreisbremse verschärft (ua Beschränkung der Wiedervermietungsmiete), ohne im Kündigungsrecht Neues zu schaffen.

Kapitel 2. Die unterschiedlichen Wohnungsbestände

Übersicht

	Rn.
A. Einführung	1
B. Wohnraummietverhältnisse	3
C. Wohnraum mit eingeschränktem Bestandsschutz	13
I. Wohnraum zum vorübergehenden Gebrauch	13
II. Wohnraum, der Teil der vom Vermieter bewohnten Wohnung ist	15
III. Mietverhältnisse mit Personen mit dringendem Wohnungsbedarf	17
IV. Mietverhältnis über Wohnraum im Studenten- oder Jugendwohnheim, § 549 Abs. 3 BGB	20

A. Einführung

1 Das Mietrecht des BGB differenziert zwischen **verschiedenen Wohnungsbeständen,** für die teilweise unterschiedliche formale Anforderungen an die Kündigungserklärung und/oder teilweise andere materielle Kündigungsvoraussetzungen gelten. So ist zu unterscheiden zwischen
- Gewerberaummietverträgen
- Wohnraummietverträgen

2 Aber auch für Wohnraummietverhältnisse gibt es ganz unterschiedliche Regelungen. Diese Regelungen befinden sich an unterschiedlichen Stellen.
- Zunächst ist in § 549 Abs. 2 und 3 BGB bestimmt, dass die Vorschriften über den Mieterschutz bei Beendigung des Mietverhältnisses sowie bei der Begründung von Wohnungseigentum (§ 568 Abs. 2, §§ 573, 573a, 573d Abs. 1, §§ 574–575a Abs. 1 und §§ 577, 577a BGB) nicht gelten für Mietverhältnisse
  a) über Wohnraum, der nur zum vorübergehenden Gebrauch vermietet wurde
  b) über Räume, die Teil der Vermieterwohnung sind und von diesem mit Möbeln auszustatten sind
  c) über Wohnraum der von der öffentlichen Hand oder privaten Trägern der Wohlfahrtspflege angemietet wurde, um ihn Personen mit dringendem Wohnbedarf zur Verfügung zu stellen.
- Gem. § 549 Abs. 3 BGB sind demgegenüber zumindest die Vorschriften §§ 573, 573a, 573d Abs. 1 und §§ 575, 575a Abs. 1, §§ 577, 577a BGB auch nicht anzuwenden bei Wohnungen in Jugend- und Studentenwohnheimen
- Schließlich enthält das Gesetz noch eine Ausnahme für die Kündigung von sog. Zweifamilienhäusern (dazu → Rn. 11, 272).

---

[17] *Börsinghaus,* Miethöhe-Handbuch, 2. Aufl. 2016, S. 18 Rn. 49.
[18] Gesetz zur Ergänzung der Regelungen über die zulässige Miethöhe bei Mietbeginn und zur Anpassung der Regelungen über die Modernisierung der Mietsache (Mietrechtsanpassungsgesetz – MietAnpG), BGBl. I 2648. Vgl. hierzu *Artz/Börsinghaus,* Das am 1.1.2019 in Kraft getretene Mietrechtsanpassungsgesetz, NZM 2019, 12; *Eisenschmid,* Das Mietrechtsanpassungsgesetz (MietAnpG), WuM 2019, 225; *Selk,* Das Mietrechtsanpassungsgesetz, NJW 2019, 329.

- Außerdem ist es den Parteien gestattet, abweichende Vereinbarungen zu treffen, solange die Vereinbarung sich in den Grenzen der § 569 Abs. 5, § 573 Abs. 4 BGB hält. In der Praxis besonders bedeutsam sind hier Kündigungsausschlussvereinbarungen (dazu → Rn. 11, 5).

B. Wohnraummietverhältnisse

Das Kündigungsrecht des BGB und der Sondergesetze unterscheidet zunächst danach, ob es sich um ein Wohnraummietverhältnis oder ein sonstiges Mietverhältnis handelt. Die Kündigungsrechte in den §§ 535–548 BGB gelten für alle Mietverhältnisse, die in den §§ 549–577a BGB grundsätzlich nur für Wohnraummietverhältnisse, wobei auf einige der Vorschriften in § 578 auch für sonstige Mietverhältnisse verwiesen wird.

Die Kündigungsvorschriften des §§ 549–577a BGB sind Teil des sog. **sozialen Mietrechts,** da die Wohnung der Mittelpunkt der Lebensinteressen ist und das Besitzrecht des Mieters an einer gemieteten Wohnung sogar Eigentum iSd Art. 14 Abs. 1 S. 1 GG darstellen soll.[1] Gerade bei Wohnraummietverhältnissen ist der Widerstreit der Interessen der Vertragspartner besonders groß. Dem **Bestandsinteresse** des Mieters steht häufig ein Erlangungsinteresse des Vermieters gegenüber. Erste Voraussetzung ist immer der Bestand eines Mietvertrages, also die entgeltliche Gebrauchsüberlassung. Die unentgeltliche Gebrauchsüberlassung von Wohn- oder Geschäftsräumen ist regelmäßig auch bei langer Vertragslaufzeit **Leihe.**[2] Bei einer bloßen Gestattung weiterer Stellplatznutzung handelt es sich deshalb allenfalls um eine jederzeit kündbare Leihe.[3] Für die Annahme eines Mietvertrages ist aber nicht zwingend erforderlich, dass die Parteien die Zahlungen einer bezifferten Miete gem. § 535 Abs. 2 BGB vereinbaren, auch wenn dies der Regelfall ist. Es genügt, wenn die Gegenleistung bestimmbar ist.[4] Es müssen auch nicht zwingend monatliche Zahlungen der Miete vereinbart sein. Das ergibt sich deutlich aus § 556b Abs. 1 BGB, der die Fälligkeit der Miete davon abhängig macht, für welche Zeitabschnitte sie zu zahlen ist. Auch eine abwohnbare Einmalzahlung kann eine Miete darstellen.[5]

Die **Definition** für Wohnraummiete lautet:

> Wohnraummiete liegt vor, wenn Räumlichkeiten nach dem Zweck der Vereinbarung entgeltlich zum Zwecke des privaten Aufenthalts und zur Befriedigung des Wohnbedürfnisses des Mieters oder seiner Angehöriger überlassen werden.[6]

Wichtigstes Abgrenzungskriterium zum ansonsten vorliegenden Gewerberaummietvertrag ist die **Abrede der Parteien.** Erforderlich ist danach, dass die Räumlichkeiten vom Mieter selbst oder/und seinen Angehörigen genutzt werden soll.[7] Nur wenn diese Zweckbestimmung[8] gegeben ist, handelt es sich um einen Wohnraummietvertrag. Allein die Vertragsparteien entscheiden darüber, welchen Vertragszweck sie verfolgen wollen. Ent-

---

[1] BVerfG NJW 1993, 2035.
[2] BGH NZM 2016, 484 = NJW 2016, 2652.
[3] OLG Brandenburg ZMR 2020, 641.
[4] BGH NZM 2003, 314 (315).
[5] BGH WuM 2012, 112; NJW 2007, 2919; eine solche Einmalzahlung ist ggf. zur Ermittlung der Beschwer gem. § 544 Abs. 2 Ziff. 1 ZPO auf die Monate zu verteilen, in denen das Mietverhältnis nach den vertraglichen Abreden bestehen sollte: BGH WuM 2016, 305.
[6] BGH NZM 2020, 54; *Blank* in Schmidt-Futterer BGB Vor § 535 Rn. 94.
[7] BGH NJW 2008, 3361; 1981, 1377; *Sonnenschein* FS Seuss, 1987, 253 (258); *Blank* in Schmidt-Futterer BGB Vor § 535 Rn. 94; aA *Gregor* WuM 2008, 435 (438): Wohnraummiete schon und immer dann, wenn die Räumlichkeiten überhaupt zum Bewohnen durch irgendeine Person genutzt werden sollen, zB auch bei der Zwischenvermietung.
[8] BGH NJW-RR 1986, 9; 1986, 877; OLG Düsseldorf NZM 2002, 739 (740); OLG Köln WuM 1996, 266.

scheidend ist dabei der wahre, das Rechtsverhältnis prägende Vertragszweck.[9] Die tatsächliche Nutzung der Räumlichkeiten ist dabei in zweifacher Hinsicht ohne Bedeutung:
- Nutzt der Mieter die Wohnung nicht zu Wohnzwecken liegt ggf. ein vertragswidriger Gebrauch vor, der aber nichts daran ändert, dass ein **Wohnraummietverhältnis** vorliegt.
- Umgedreht liegt selbst dann kein Wohnraummietverhältnis vor, wenn der Mieter die Räume erst anderen zu Wohnzwecken zur Verfügung stellen soll (Zwischenmiete). Auf die Motive hierfür, zB Gewinnerzielungsabsicht oder altruistische Motive, kommt es nicht an. Deshalb sind solche Zwischenmietverhältnisse nicht als Wohnraummietverträge zu behandeln.[10] Auf sie sind die Vorschriften für Gewerberaummietverträge anzuwenden.

7 Die wohnraummietrechtlichen Vorschriften sind auch auf **Mischmietverhältnisse** anwendbar, bei denen das Schwergewicht auf der Nutzung als Wohnung liegt.[11] Ein Mischmietverhältnis liegt vor, wenn der Mieter die Räumlichkeiten sowohl zu Wohnzwecken wie auch zu anderen Zwecken, zB einer beruflichen Tätigkeit nutzen darf.[12] Entscheidend ist die vertraglich vereinbarte Zweckbestimmung und nicht die tatsächliche Nutzung.[13] In Zweifelsfällen gelten die Vorschriften für die Wohnraummiete.[14] Davon zu unterscheiden ist die Frage, auf welche Teile des Mischmietverhältnisses sich der Eigenbedarf bei einer Kündigung gem. § 573 Abs. 2 Ziff. 3 BGB beziehen muss.[15]

8 Diese Grundsätze gelten auch bei der Abgrenzung zum **Pachtvertrag**.[16] Bei solchen Mischnutzungen gilt für das gesamte Mietverhältnis einheitlich entweder das Wohnraummietrecht oder nicht. Die Entscheidung ist danach zu treffen, wo das Schwergewicht des Vertrages liegt.[17] Maßgeblich hierfür ist zunächst der Wille der Parteien.[18] Welchen Zweck wollten sie mit dem Vertragsschluss erreichen? Der Verwendung eines Vertragsformulars für Wohnraummietverträge soll dabei eine tatsächliche Vermutungswirkung für den beabsichtigten Verwendungszweck zukommen.[19]

9 Zu den Mischmietverhältnissen gehört auch die **Vermietung einer Wohnung und einer Garage** in einem einheitlichen Vertrag.[20] Ob ein einheitlicher Mietvertrag über eine Garage und die Wohnung vorliegt, richtet sich ebenfalls zunächst nach dem Willen der Parteien.[21] Soll eine einheitliche Vermietung erfolgen oder sollen getrennte Verträge geschlossen werden? Ein Indiz ist hierfür die Tatsache, ob eine oder mehrere Vertragsurkunden vorliegen. Gerade bei der Garagenmiete kommt es häufiger vor, dass für Wohnung und Garage zwei getrennte Vertragsformulare unterzeichnet werden. Dies liegt zum Teil daran, dass eine Garage im Haus erst später frei wurde, die Garage erst später errichtet wurde oder der Mieter sich, zB aufgrund der immer stärker um sich greifenden Parkraumbewirtschaftung erst später entschließt, eine Garage anzumieten.

10 Ist über die Vermietung **einheitlich eine Urkunde** errichtet worden, spricht der **Anscheinsbeweis** der Vollständigkeit und Richtigkeit der Urkunde dafür, davon auszugehen, dass der Wille der Parteien darauf gerichtet war, einen einheitlichen Vertrag abzuschließen. Diese Vermutung kann jedoch widerlegt werden. Argumente hierfür sind zB:

---

[9] BGH NJW-RR 1986, 877; OLG Düsseldorf NZM 2002, 739 (740).
[10] BGH WuM 1985, 288; OLG Frankfurt a. M. WuM 1986, 273; OLG Braunschweig WuM 1984, 237; OLG Karlsruhe NJW 1984, 373; BayObLG WuM 1995, 638 ff.; OLG Stuttgart WuM 1985, 80.
[11] OLG Köln ZMR 2007, 114; WuM 1987, 377; *Lammel* § 535 Rn. 107.
[12] BGH WuM 2014, 539; OLG Saarbrücken MDR 2012, 1335.
[13] *Emmerich* in Staudinger BGB Vorb. zu § 535 Rn. 24.
[14] BGH WuM 2014, 539; OLG Frankfurt a. M. ZMR 2013, 119.
[15] Dazu BGH NJW 2015, 2727 = NZM 2015, 657 mAnm *Börstinghaus* jurisPR-BGHZivilR 16/2015 Anm. 1; *Elzer* MietRB 2015, 257; *Beyer* jurisPR-MietR 20/2015 Anm. 1; *Drasdo* NJW-Spezial 2015, 641.
[16] OLG Köln ZMR 2007, 114.
[17] BGH NJW-RR 1986, 877; OLG Köln ZMR 2007, 114; *Lammel* § 535 Rn. 108.
[18] OLG Köln ZMR 2007, 114; OLG Düsseldorf NZM 2002, 739 (740); OLG Celle ZMR 1999, 469; Bub/Treier MietR-HdB/*Reinstorf* Kap. X Rn. 105, 107.
[19] OLG/LG München II ZMR 2007, 119.
[20] Der aber auch auf zwei Urkunden stehen kann; zu den Auslegungskriterien s. OLG Düsseldorf GE 2007, 290.
[21] OLG Düsseldorf WuM 2007, 65.

- nur äußerliche Verbindung zweier ansonsten leicht trennbarer Verträge;
- getrennt ausgewiesene Miete für die verschiedenen Mietobjekte;[22]
- Vereinbarung verschiedener Kündigungsfristen;[23]
- Möglichkeit, die verschiedenen Räumlichkeiten tatsächlich völlig getrennt zu nutzen.

Ist die Vermietung in **zwei getrennten Urkunden**[24] oder einer Urkunde und einer mündlichen Vereinbarung dokumentiert, spricht ebenfalls zunächst ein Anscheinsbeweis dafür, dass die Parteien kein einheitliches Mischmietverhältnis vereinbaren wollten, sondern dass zwei getrennte Verträge geschlossen werden sollten, deren Schicksal auch völlig unterschiedlich sein kann.[25] Es bedarf dann der Widerlegung der Vermutung durch besondere Umstände, welche die Annahme rechtfertigen, dass die Mietverhältnisse über die Wohnung und die Garage nach dem Willen der Beteiligten eine rechtliche Einheit bilden sollen. Gesichtspunkte hierfür sind zB: **11**

- Verträge wurden zum gleichen Zeitpunkt abgeschlossen;
- Verträge haben die gleiche Laufzeit;
- Identität der Vertragsparteien;[26]
- die räumlichen Verhältnisse sind so, dass nur eine einheitliche Vermietung an einen Mieter erfolgen kann;
- eine getrennte Herausgabe der Räumlichkeiten ist nicht möglich;
- es liegen keine wesentlich unterschiedlichen Vertragsbedingungen zu Grunde;
- Auch wenn die Parteien getrennte Verträge über die Wohn- und Geschäftsräume geschlossen haben, kann der nach den §§ 133, 157 BGB zu ermittelnde Parteiwille ergeben, dass ein einheitliches Vertragsverhältnis gewollt ist, dies zum Beispiel dann, wenn die Parteien beide Vereinbarungen inhaltlich aufeinander abstimmen und als Einheit bezeichnen oder aber, wenn sie den Bestand des einen Vertrages von dem anderen abhängig machen.[27]

Die Vereinbarung unterschiedlicher Kündigungsfristen in beiden Verträgen spricht aber für die Absicht, getrennte Verträge abschließen zu wollen.[28] **12**

C. Wohnraum mit eingeschränktem Bestandsschutz
I. Wohnraum zum vorübergehenden Gebrauch

Nach § 549 Abs. 2 Ziff. 1 BGB sind die Vorschriften über den Mieterschutz bei Beendigung des Mietverhältnisses sowie bei der Begründung von Wohnungseigentum (§ 568 Abs. 2, §§ 573, 573a, 573d Abs. 1, §§ 574–575a Abs. 1 und §§ 577, 577a BGB)) nicht auf Wohnraum anzuwenden, der nur zu **vorübergehendem Gebrauch** vermietet ist. Der Ausnahmevorschrift liegt die Überlegung zu Grunde, dass der Eingriff in die Eigentumsrechte des Vermieters durch die Vorschriften des sozialen Mietrechts nur deshalb gerechtfertigt ist, weil der Wohnung als Lebensmittelpunkt eine besondere Bedeutung zukommt. Handelt es sich bei der Wohnung aber gar nicht um den Lebensmittelpunkt, weil sie nur einem vorübergehenden Gebrauch dient, dann ist eine Beschränkung der Vermieterrechte auch nicht gerechtfertigt.[29] Entscheidend ist, dass nach dem mietrechtlich vereinbarten Vertragszweck nur ein vorübergehender Gebrauch der Mietsache erfolgen soll. Ein vorübergehender Gebrauch liegt vor, wenn vornherein bei Abschluss des Mietvertrages aufgrund besonderer Umstände nach dem Willen beider Vertragsparteien der Wohnraum nur **13**

---
[22] LG Berlin GE 1994, 809 (für gewerblich genutzte Flächen).
[23] AG Neukölln GE 2000, 131.
[24] LG Berlin MDR 2020, 916.
[25] BGH NZM 2013, 726; WuM 2013, 421.
[26] LG Köln NZM 2001, 285.
[27] OLG Brandenburg ZMR 2020, 641.
[28] BGH WuM 2013, 421; GE 2013, 1454; 2013, 1650.
[29] *Herpers*, Wohnraummietrecht, Rn. 710.

für eine bestimmte absehbare Zeit vermietet worden ist.³⁰ Ob der Wohnraum möbliert ist oder nicht, ist dabei unerheblich.³¹

14 Maßgebend ist, ob der Mieter in der Mietwohnung seinen **Lebensmittelpunkt** begründen wollte. Indiz dafür, ist insbesondere auch die Dauer des Mietverhältnisses.³² Ein Mietverhältnis zum vorübergehenden Gebrauch liegt nicht schon deshalb vor, weil der Vermieter die Räume wegen Sanierungsplänen lediglich für eine Übergangszeit vermieten will.³³ Auch eine Vermietung für ein Jahr oder länger schließt in der Regel einen vorübergehenden Gebrauch aus.³⁴ Die Vereinbarung im Mietvertrag, dass die Überlassung zu „vorübergehendem Gebrauch erfolge" reicht nicht, da dies eine zum Nachteil des Mieters gemäß § 569 Abs. 5, § 573 Abs. 4 BGB unzulässige Vereinbarung wäre.³⁵

Einzelfälle	
beabsichtigte Vermietung für die Dauer oder folgender Räume:	**vorübergehender Gebrauch Gericht, Fundstelle**
Ausstellung	Ja
Baufertigstellung bis zur Fertigstellung eines Neubaus	Ja
Besuch Unterbringung eines Besuchers für übliche Besuchszeit	Ja
Examen	Ja AG Gießen NJW-RR 1990, 653
Ferienaufenthalt	Ja LG Braunschweig MDR 1980, 671
Ferienwohnung bei längerfristiger Vermietung	Nein OLG Hamburg WuM 1992, 634 = MDR 1993, 43 = NJW-RR 1993, 84; LG Lübeck WuM 1989, 632; Ja AG Viechtach NJW-RR 1987, 787; LG Braunschweig MDR 1981, 1022
Gastarbeiter	nein bei unbefristetem Arbeitsverhältnis AG Frankfurt a. M. ZMR 1973, 149
Geschäftsaufenthalt	In der Regel ja
Hotelzimmer	Ja
Messe	Ja
Professor für die Zeit einer Gastprofessur	Ja
Saison	Ja

---

30 LG Berlin GE 2020, 1435.
31 LG Berlin GE 2020, 1435.
32 LG Dortmund WuM 1982, 276; LG Berlin GE 1990, 1083.
33 LG Freiburg WuM 1991, 172.
34 AG Frankfurt a. M. WuM 1981, 237; AG Köln ZMR 1962, 336.
35 OLG Frankfurt a. M. WuM 1991, 17.

C. Wohnraum mit eingeschränktem Bestandsschutz

Einzelfälle	
beabsichtigte Vermietung für die Dauer oder folgender Räume:	**vorübergehender Gebrauch Gericht, Fundstelle**
Sanierung Vermietung der Räume wegen Sanierungsplänen lediglich für eine Übergangszeit	Nein LG Freiburg WuM 1991, 172
Sportveranstaltung	Ja
Studenten für je ein Semester	Ja LG Freiburg MDR 1980, 315 = ZMR 1980, 143 Nein AG Charlottenburg MM 1990, 349
	Nein LG Freiburg MDR 1980, 315 = ZMR 1980, 143 wenn Verlängerungsklausel oder wenn Weitervermietung zum neuen Semester regelmäßig üblich
Tagung	Ja
Verkauf Vermietung bis zum Verkauf zu einem noch ungewissen Zeitpunkt	Nein LG Köln WuM 1991, 190
Wohngemeinschaft auch wenn sie aus Studenten besteht	Nein LG Köln WuM 1992, 251
Wohnungssuche Für die Zeit der Wohnungssuche in fremdem Ort	Ja

II. Wohnraum, der Teil der vom Vermieter bewohnten Wohnung ist

Nach § 549 Abs. 2 Nr. 2 BGB sind die Vorschriften über den Mieterschutz bei Beendigung des Mietverhältnisses sowie bei der Begründung von Wohnungseigentum (§ 568 Abs. 2, §§ 573, 573a, 573d Abs. 1, §§ 574–575a Abs. 1 und §§ 577, 577a BGB) nicht anwendbar auf Wohnraum, der Teil der vom Vermieter selbst bewohnten Wohnung ist und den der Vermieter **überwiegend mit Einrichtungsgegenständen auszustatten** hat, sofern der Wohnraum dem Mieter nicht zum dauernden Gebrauch mit seiner Familie oder mit Personen überlassen ist, mit denen er einen auf Dauer angelegten Haushalt führt.[36] Die Möblierung ist „überwiegend" vom Vermieter erfolgt, wenn die üblichen Gegenstände einer Möblierung vom Vermieter stammen.[37] Ausgenommen ist dabei nicht jeder möblierte Wohnraum, sondern nur solcher, der Teil der vom Vermieter selbst bewohnten Wohnung ist. Ein Vermieter bewohnt einen Teil einer Wohnung selbst, wenn dieser Teil der Wohnung der Führung seines häuslichen Lebens, insbesondere seines Haushalts dient. Hierfür ist es nicht erforderlich, dass sich der Vermieter ständig in dieser Wohnung

15

---

[36] Bub/Treier MietR-HdB/*Schultz* Kap. III. Rn. 1002.
[37] Bub/Treier MietR-HdB/*Schultz* Kap. III. Rn. 1004.

aufhält.[38] Die Ausnahmevorschrift gilt jedoch nicht für ein möbliertes Zimmer, das einen eigenen Eingang zum Treppenhaus hat, dessen Verbindungstür zur Vermieterwohnung abgeschlossen und mit Möbeln zugestellt ist und in dem der Mieter nicht auf die Benutzung von Küche und Bad in der Vermieterwohnung angewiesen ist.[39] Auch ein befristeter Mietvertrag über ein möbliertes **Appartement** in einem Schwesternwohnheim unterliegt dem Mieterschutz.[40]

16 Als weitere Einschränkung ist zu beachten, dass die Wohnung nicht zum dauernden Gebrauch durch eine **Familie** oder durch mehrere Personen, die einen gemeinsamen Haushalt führen überlassen worden ist. Erforderlich ist, dass der Mieter in den Lebens- und Wohnbereich des Vermieters mit einbezogen ist. Nicht ausreichend ist, wenn es sich um die Ferienwohnung des Vermieters handelt.

III. Mietverhältnisse mit Personen mit dringendem Wohnungsbedarf

17 Nach § 549 Abs. 2 Ziff. 3 BGB gelten die Vorschriften über den Mieterschutz bei Beendigung des Mietverhältnisses sowie bei der Begründung von Wohnungseigentum (§ 568 Abs. 2, §§ 573, 573a, 573d Abs. 1, §§ 574–575a Abs. 1 und §§ 577, 577a BGB) nicht für Mietverhältnisse über Wohnraum den eine juristische Person des öffentlichen Rechts oder ein anerkannter Träger der Wohlfahrtspflege angemietet hat, um ihn **Personen mit dringendem Wohnungsbedarf** zu überlassen, der Mieter bei Vertragsschluss auf die Zweckbestimmung des Wohnraums und die Ausnahme von den genannten Vorschriften hingewiesen worden ist. Die Vorschrift entspricht im Wesentlichen dem bis zum 31.8.2001 geltenden § 564b Abs. 7 BGB aF. Dort war von 1990 bis 2001 solcher Wohnraum aber nur bei der ordentlichen Kündigung vom Anwendungsbereich des § 564b BGB aF ausgenommen. Das Mietrechtsreformgesetz hat diese Art von Wohnraum jetzt ganz dem **Anwendungsbereich des sog. sozialen Mietrechts entzogen.** Was vordergründig nach einer Vereinfachung aussieht, entspricht aber nur zum Teil dem Sinn und Zweck der Regelung. Die Ausnahmevorschrift gilt nämlich nicht für jede Vermietung dieser Art. Erforderlich ist zusätzlich, dass die juristische Person des öffentlichen Rechts oder der anerkannte private Träger der Wohlfahrtspflege die Räumlichkeiten selbst angemietet hat.

18 Die Vorschrift will der Situation Rechnung tragen, dass der Vermieter die Räume selbst angemietet hat, wobei es sich bei diesem Vertrag grundsätzlich um einen Gewerberaummietvertrag handelt, so dass wohnraummietrechtliche Schutzvorschriften hier nicht kraft Gesetzes gelten. Der Vermieter ist als selbst Mieter und kann sich seinem Vermieter, in der Regel dem Grundstückseigentümer gegenüber schadensersatzpflichtig machen, wenn er seinen vertraglichen Pflichten nicht nachkommt. Das könnte insbesondere deshalb der Fall sein, weil der Endnutzer sich gegenüber seinem Vermieter auf Schutzvorschriften berufen könnte, also zB dass die Kündigung nur bei berechtigtem Interesse möglich ist, ihm eine Räumungsrist gem. § 721 ZPO bewilligt wurde, das Mietverhältnis gem. § 574 BGB – auf unbestimmte Zeit – fortgesetzt wurde oder die Räumungsvollstreckung gem. §§ 719, 765a ZPO eingestellt wurde. Da der Vermieter aber regelmäßig Aufgaben der Daseinsvorsorge erfüllen will und muss und sich von daher um die Mieter weiter „kümmern" muss, ist die Einschränkung der Kündigungsrechte gerechtfertigt.

19 Voraussetzung ist, dass
- der Vermieter die Räume selbst angemietet hat. Für im Eigentum des Vermieters stehende Gebäude gilt dies nicht;
- der Vermieter eine Körperschaft oder Anstalt des öffentlichen Rechts oder ein anerkannter privater Träger der Wohlfahrtspflege ist;

---

[38] LG Berlin WuM 1980, 134.
[39] LG Detmold NJW-RR 1991, 77; AG Köln WuM 1985, 267.
[40] LG Berlin GE 1993, 1157.

- der Mieter einer Personengruppe angehört, die dringenden Wohnungsbedarf haben (Asylbewerber, Flüchtlinge, Obdachlose, Alleinerziehende, kinderreiche Familien, Studenten usw). Auf die individuelle Notsituation kommt es nicht an.[41]
- der Mieter auf die Einschränkungen des Mieterschutzes hingewiesen wurde und zwar sowohl was die besondere Zweckbestimmung des Wohnraums angeht wie auch über den Ausschluss der Mieterrechte. Eine Form ist hierfür nicht vorgeschrieben.[42]

IV. Mietverhältnis über Wohnraum im Studenten- oder Jugendwohnheim, § 549 Abs. 3 BGB

Gemäß § 549 Abs. 3 BGB[43] gelten bei Wohnungen in einem Jugend- oder Studentenwohnheim die §§ 573, 573a, 573d Abs. 1 und §§ 575, 575a Abs. 1, §§ 577, 577a BGB nicht. Die Vorschrift unterscheidet sich insofern von der Ausnahmeregelung in Abs. 2. Es fehlt der Hinweis auf § 568 Abs. 2 BGB und §§ 574–574c BGB. Das bedeutet, dass die sog. Sozialklausel (dazu → Teil 7) hier gilt und der Vermieter den Mieter im Kündigungsschreiben auf die Möglichkeit und die Frist des Kündigungswiderspruchs hinweisen muss. 20

Eine **Studentenwohnung** ist eine Wohnung, die in einem hierfür bestimmten und geeigneten Gebäude an Studenten einer Universität, einer Technischen Hochschule, einer Fachhochschule und einer höheren Fachschulen auf der Grundlage eines institutionalisierten sozialen Förderkonzepts vermietet wurde.[44] Aus der Entstehungsgeschichte des § 549 Abs. 3 BGB ergibt sich, dass der Gesetzgeber die in dieser Norm enthaltene Einschränkung des sozialen Mieterschutzes nur vor dem Hintergrund des als höher gewichteten Ziels für gerechtfertigt gehalten hat, möglichst vielen Studierenden das Wohnen in einem Studentenwohnheim zu ermöglichen und dabei alle Bewerber gleich zu behandeln.[45] Dieses gesetzgeberische Ziel kann nur erreicht werden, wenn der Vermieter in dem Wohnheim ein an studentischen Belangen orientiertes **Belegungskonzept** praktiziert, das eine Rotation nach abstrakt-generellen Kriterien vorsieht. Die Dauer des Mietverhältnisses muss dazu im Regelfall zeitlich begrenzt sein und darf nicht den Zufälligkeiten der studentischen Lebensplanung oder dem eigenen freien Belieben des Vermieters überlassen bleiben. 21

Wohnraum iSd Vorschrift kann sowohl ein einzelnes Zimmer wie auch eine abgeschlossene Wohnung sein. Auch die Unterbringung in Mehrbettzimmern ist möglich. Die Überlassung einer Wohnung an mehrere Personen (Wohngemeinschaft) macht die Wohnung nicht zum „Teil eines Studenten- oder Jugendwohnheims". Bei Mietverträgen mit Wohngemeinschaften handelt es sich deshalb um geschützte Mietverträge unabhängig davon, ob die Wohnung an eine GbR[46] vermietet wurde, der dann die Untervermietung an die jeweiligen Nutzer gestattet wurde, oder ob mit allen Nutzern einzelne Mietverträge über jeweils einzelne Räume der Wohnung abgeschlossen wurden **(Zimmermiete)**.[47] 22

Ein Jugendwohnheim ist ein Heim, das der Unterbringung von Personen zwischen dem 14. und dem 18., in Ausnahmefällen auch einmal bis zum 21. Lebensjahr[48], dient. Möglich ist zB ein Lehrlingswohnheim im Zusammenhang mit einer überbetrieblichen Ausbildungsstätte, eine Außenwohngruppe eines Kinder- oder Erziehungsheims, bei dem der Träger mit den Jugendlichen aber tatsächlich Mietverträge abschließen muss oder ein 23

---

[41] *Blank/Börstinghaus* in Blank/Börstinghaus BGB § 549 Rn. 28.
[42] Nach *Blank/Börstinghaus* in Blank/Börstinghaus BGB § 549 Rn. 30 ist es aber kaum möglich, mündlich über die Ausnahmen von den aufgeführten Vorschriften zu belehren.
[43] Zum Missbrauch der Vorschrift s. *Sieweke* WuM 2009, 86.
[44] BGH NJW 2012, 2881 mAnm *Börstinghaus* jurisPR-BGHZivilR 14/2012 Anm. 3; *Blümmel* GE 2012, 928.
[45] BGH NJW 2012, 2881.
[46] Dazu *Börstinghaus* MDR 2002, 929.
[47] LG Gießen NZM 2013, 381 mAnm *Börstinghaus* jurisPR-MietR 19/2012 Anm. 3; AG Köln BeckRS 2010, 3501 mAnm *Börstinghaus* jurisPR-MietR 6/2010 Anm. 3; AG Frankfurt a. M. NJW-RR 1997, 1503.
[48] Zweifelnd für diese Altersgruppe *Blank/Börstinghaus* in Blank/Börstinghaus BGB § 549 Rn. 42.

Heim für die externe Unterbringung von Schülern. In der Regel muss es sich um Minderjährige handeln. In Ausnahmefällen können aber auch volljährige Personen – noch – untergebracht sein, wenn sie ihre Ausbildung noch abschließen sollen und bereits zuvor in dem Heim wohnten. Hinsichtlich des Vertragsschlusses ist zu beachten, dass Minderjährige gem. § 1629 Abs. 1 BGB von beiden Eltern gemeinschaftlich vertreten werden. Die Willenserklärung der Eltern bzw. des gesetzlichen Vertreters bedarf der vormundschaftlichen Genehmigung gem. §§ 1643 Abs. 1, 1822 Nr. 5 BGB, wenn das Vertragsverhältnis länger als ein Jahr nach Eintritt der Volljährigkeit fortdauern soll. Fehlt es an einer solchen Genehmigung, dann endet der Mietvertrag ein Jahr nach Eintritt der Volljährigkeit, es sei denn, der inzwischen volljährige Vermieter hat den Vertrag gem. § 1839 Abs. 3 BGB genehmigt.

24   Eine erweiterte Auslegung des Gesetzes auch auf andere Wohneinrichtungen im Zusammenhang mit **Ausbildungseinrichtungen** ist wegen des Ausnahmecharakters der Vorschrift nicht möglich. So handelt es sich bei Einrichtungen, die den Institutionen des 2. Bildungsweges angeschlossen sind, betrieblichen Weiterbildungseinrichtungen oder sonstigen Einrichtungen der Erwachsenen(fort-)bildung genauso wenig um Studenten- oder Jugendwohnheime wie bei Heimen für Ledige oder andere spezielle Zielgruppen (Frauenhäuser, Heime für psychisch auffällige Personen, Einrichtungen für betreutes Wohnen, Altenheime pp.). Bei einigen dieser Einrichtungen dürfte aber der Ausschlusstatbestand der „*Vermietung an Personen mit dringendem Wohnungsbedarf*" gegeben sein.

Teil 2. Die Formalien der Kündigung

Kapitel 3. Allgemeines

Die von Kündigung von Mietverhältnissen, insbesondere von Wohnraummietverhältnissen, setzt zunächst die Einhaltung von bestimmten Formalien voraus. Anschließend muss je nach Mietverhältnis und Person der Kündigenden auch noch ein materieller Kündigungsgrund vorliegen. Eine formell unwirksame Kündigung löst unabhängig davon, ob sie materiellrechtlich berechtigt gewesen wäre, keine Rechtsfolgen aus. Eine darauf beruhende Räumungsklage ist als unbegründet abzuweisen. **1**

Voraussetzung ist vereinfacht, dass **2**
1. der richtige Vermieter bzw. bei der Mieterkündigung der richtige Mieter
2. dem richtigen Mieter bzw. bei der Mieterkündigung dem richtigen Vermieter
3. in der richtigen Form
4. mit der ggf. erforderlichen richtigen/ausreichenden Begründung

gekündigt hat. Je nach Art der Kündigung kann das Mietverhältnis dann mit Zugang der Kündigung beendet sein oder nach Ablauf der gesetzlichen Kündigungsfrist.

Gesetzliche Formvorschriften müssen immer nach ihrem **Sinn und Zweck** ausgelegt **3** werden. Sie dürfen nicht zum Selbstzweck verkümmern. Auf der anderen Seite müssen die sich aus dem Gesetz ergebenden formalen Anforderungen aber in dem Umfang, der für eine sinnvolle und zweckmäßige Gesetzesanwendung erforderlich ist, auch eingehalten und beachtet werden.[1]

Kapitel 4. Der richtige Absender

Übersicht

	Rn.
A. Allgemeines	1
B. Der Vermieter	2
C. Einschaltung von Hausverwaltungen	3
D. Personenmehrheiten auf Vermieterseite	4
I. Eheleute	5
II. BGB-Gesellschaften	8
III. Erbengemeinschaften	14
IV. Wohnungseigentümer	15
1. Vermietung erfolgt vor Aufteilung	16
2. Vermietung von Gemeinschaftseigentum	17
3. Veräußerung an verschiedene Erwerber	18
4. Vermietung von Flächen an denen Sondernutzungsrechte bestehen	19
5. Veräußerung des Grundstücks	20
E. Rechtsfolgen für die Kündigungserklärung	26
F. Maßgeblicher Zeitpunkt	27
G. Vertretung bei Kündigungserklärung	31
H. Die Ermächtigung zur Abgabe einer Kündigungserklärung	37
I. Abtretung des Kündigungsrechts	39

---

[1] Der für die Wohnraummiete zuständige VIII. Senat des BGH scheint Formalien aber eher insgesamt für eher unbedeutend zu halten *Börstinghaus* NZM 2009, 681.

Kap. 4

A. Allgemeines

1 Der Absender einer Kündigung muss zum **Zeitpunkt der Abgabe**[1] der Kündigungserklärung entweder Vermieter oder Mieter des konkreten Mietvertrages sein. Das ergibt sich regelmäßig aus dem Mietvertrag.

B. Der Vermieter

2 Wer Vermieter ist, **ergibt sich aus dem Mietvertrag**[2] und ist von der Eigentümerstellung grundsätzlich unabhängig.[3] Die Kündigung muss deshalb durch den oder die Vermieter oder zumindest im Namen des Vermieters und nicht im Namen des Grundstückseigentümers abgegeben werden.[4] Stammt die Kündigung nicht vom Vermieter oder bei Personenmehrheiten von allen Vermietern ist sie formell unwirksam und löste keine Ansprüche aus. Eine nachträgliche Genehmigung und damit Heilung des Mangels durch den eventuell Berechtigten ist nicht möglich.

C. Einschaltung von Hausverwaltungen

3 Bei der **Vermietung durch Hausverwaltung** taucht häufig die Frage auf, ob die Hausverwaltung selbst Vermieterin ist oder nur als Vertreter für den Grundstückseigentümer gehandelt hat. Handelt die Verwaltung ausdrücklich als Vertreter, dann wird der vertretene Eigentümer/Vermieter Vertragspartner und muss die Kündigung abgeben. Lässt die Kündigung der Verwaltung demgegenüber überhaupt nicht erkennen, dass es für den Vermieter erfolgt, ist es unwirksam. Umstritten ist, ob allein die Bezeichnung des Vermieters im Mietvertrag als „Hausverwaltung" ausreicht, um ein Vertretungsverhältnis iSd § 164 Abs. 2 BGB offenzulegen.[5]

D. Personenmehrheiten auf Vermieterseite

4 Besondere Schwierigkeiten bereiten Fallkonstellationen, bei denen mehrere Personen auf Vermieterseite auftreten. Dies kann originär geschehen oder auf Grund von Rechtsnachfolgen.

I. Eheleute

5 Bei **Eheleuten** genügt es, wenn diese im Kopf des Vertrages als „Eheleute" oder „Herr und Frau" bezeichnet sind. Der Angabe der Vornamen ist nicht zwingend erforderlich. Zu den Folgen, wenn keine Identität zwischen Mietvertragsrubrum und Unterschriftsleiste besteht, → Rn. 5, 2.

6 Auch bei der Vermietung durch Eheleute kommt es nicht darauf an, wer Grundstückseigentümer ist. In der Regel sind die Eheleute Bruchteilseigentümer und nicht Gesellschafter einer Gesellschaft bürgerlichen Rechts. Möglich ist aber auch dies.[6] Problematisch ist der Fall, dass Eheleute als Vermieter auftreten, aber nur einer von beiden Grundstückseigentümer ist. Wird das **Grundstück verkauft,** dann geht der Mietvertrag des Ehegatten,

---

[1] LG Köln WuM 1996, 623 MüKoBGB/*Artz* § 558a Rn. 12; Bub/Treier MietR-HdB/*Schultz* Kap. III. Rn. 1136; offengelassen von BGH NZM 2015, 487 = NJW 2015, 1749, ob es auf den Zeitpunkt des Zugangs ankommt.
[2] LG Berlin GE 2008, 734.
[3] KG MDR 1998, 529; WuM 1997, 101 (103).
[4] KG MDR 1998, 529; WuM 1997, 101 (103); LG Berlin ZMR 1997, 358.
[5] Bejahend OLG Brandenburg NJWE-MietR 1997, 135; KG WuM 1984, 254; LG Berlin GE 2013, 691; *Emmerich* in Staudinger BGB Vorb. zu § 535 Rn. 66; verneinend KG MDR 1998, 529.
[6] LG Köln WuM 2001, 287.

der auch Grundstückseigentümer ist, auf den Erwerber über⁷ (→ Rn. 20). Umstritten ist jedoch, ob der andere Ehegatte weiterhin Mitvermieter bleibt[8] oder ob hier § 566 BGB wegen der ihm zu Grunde liegenden wirtschaftlichen und sozialen Erwägungen zumindest analog[9] anzuwenden ist mit der Folge, dass auch die Vermieterstellung des Nichteigentümers auf den Erwerber übergeht.[10] Verschenkt der vermietende Grundstückseigentümer während des bestehenden Mietverhältnisses einen Miteigentumsanteil an seine Ehefrau, so wird diese mit dem Eigentumserwerb Mitvermieterin.[11]

Ebenso problematisch ist der Fall, dass nur einer von mehreren Miteigentümern im Mietvertrag als Vermieter genannt wird.[12] Wird hier das Grundstück veräußert, dann geht gem. § 566 BGB der Mietvertrag nur bei **Identität** zwischen Eigentümer, Vermieter und Veräußerer auf den Erwerber über.[13] Nach dem Rechtsentscheid des OLG Karlsruhe[14] soll etwas anderes aber dann gelten, wenn der nicht vermietende Eigentümer der Vermietung durch den anderen Eigentümer zugestimmt hat. Anderenfalls geht der Mietvertrag nicht auf den Erwerber über.[15] Die Rechtsfolge des § 566 BGB ist im Außenverhältnis auch nicht abdingbar.[16] Der BGH[17] hat die Frage, ob § 566 BGB ggf. analog angewandt werden kann, bisher grds. offengelassen, und nur in Ausnahmefällen zugelassen.[18, 18a]

II. BGB-Gesellschaften

Ist Vermieter eine juristische Person, ist dies rechtlich unproblematisch. Selbst der Wechsel der Gesellschafter hat keinen Einfluss auf den Mietvertrag.[19] Demgegenüber war in der Vergangenheit problematisch, wer bei einer BGB-Gesellschaft Vermieter ist und wer deshalb Gestaltungserklärungen wie zB Kündigungen zu erklären hat bzw. an wen sie zu richten sind. Da die GbR früher nicht als rechtsfähig angesehen wurde, war Zuordnungssubjekt jeder einzelne Gesellschafter. Seit dem Urteil des BGH vom 29.1.2001[20] ist klargestellt, dass die GbR, die nach außen im Rechtsverkehr aufgetreten ist (zB weil sie als solche im Mietvertrag als Mietvertragspartei aufgeführt ist – sog. **Außengesellschaft** –), selbst als eigene Rechtspersönlichkeit die Erklärung abgeben und ggf. auch Adressat einer solchen Erklärung sein kann.[21] Besondere Bedeutung hat die Entscheidung für das gewerbliche Mietrecht.[22]

Die GbR ist nur dann Vermieterin, wenn es sich um eine **Außengesellschaft** handelt.[23] Also nicht jeder Zusammenschluss von mehreren Personen ist eine rechtsfähige GbR. Erforderlich ist, dass die GbR am Rechtsverkehr teilnimmt und nach außen in Erscheinung tritt. Entscheidend ist deshalb in dem hier interessierenden Zusammenhang die Bezeich-

---

7 LG Waldshut-Tiengen WuM 1993, 56; LG Berlin NZM 1998, 662.
8 So LG Berlin NZM 1998, 662.
9 OLG Saarbrücken ZMR 2016, 371; ausdrücklich offengelassen von BGH NZM 2010, 704.
10 So LG Waldshut-Tiengen WuM 1993, 56.
11 LG Marburg WuM 2001, 439.
12 Hierzu *Günter* WuM 2013, 264.
13 BGH NZM 2010, 704; *Streyl* NZM 2010, 343; *Günter* WuM 2013, 264; offengelassen von BGH GuT 2013, 25.
14 OLG Karlsruhe NJW 1981, 1278.
15 LG Berlin GE 1990, 823.
16 AG Pinneberg ZMR 2002, 835.
17 BGH WuM 2012, 323; NZM 2010, 704; 2010, 471.
18 Ausführlich hierzu *Günter* WuM 2013, 264.
18a BGH NZM 2017, 847.
19 *Blank* WImmoT 2008, 177 (182).
20 BGH NJW 2001, 1056; bestätigt durch BGH NZM 2002, 271 = NJW 2002, 1207; dazu ua *K. Schmidt* NJW 2001, 993; *Jauernig* NJW 2001, 2231; *Wertenbruch* NJW 2002, 324; *Ulmer/Steffke* NJW 2002, 330; *Drasdo* NZM 2001, 258; *Pfeifer* NZG 2001, 296; *Jacoby* ZMR 2001, 409; *Habersack* BB 2001, 2485; *Müther* MDR 2001, 459; *Reiff* VersR 2001, 510; *Weitemeyer* GS Sonnenschein, 2002, 431.
21 Zum Zugang der Erklärung in einem solchen Fall: BGH ZMR 2012, 261.
22 Dazu umfassend *Kraemer* NZM 2002, 655.
23 Ausführlich zur GbR als Vermieterin: *Weitemeyer* ZMR 2004, 153; *Weitemeyer* GS Sonnenschein, 2002, 431.

nung im Mietvertrag. Wird der Vermieter unter einer Sachfirma wie zB „XY Straße GbR" oder als verkürzte Personenfirma zB „Müller & Meier GbR" im Mietvertrag bezeichnet, dann spricht bereits viel dafür, dass hier eine rechtsfähige GbR vorliegt.[24] Selbst **Ehegatten-Grundstücksgemeinschaften** können deshalb eine rechtsfähige GbR bilden.[25] Entscheidend ist wegen der für die Gegenseite schwer erkennbaren inneren Strukturen das jeweilige Auftreten nach außen. Dies ergibt sich vor allem daraus, dass die Gesellschaft ja selbst nicht handeln kann und deshalb vertreten werden muss, so dass es auf die Offenkundigkeit gem. § 164 Abs. 2 BGB ankommt. Deshalb ist die Frage, ob die GbR selbst im Grundbuch als solche eingetragen ist, allenfalls ein weiteres Indiz, aber auf keinen Fall allein ausschlaggebend.[26] Eine durch die Gesellschafter der in den Mietvertrag eingetretenen GbR erklärte Kündigung ohne Hinweis auf die Außengesellschaft ist unwirksam.[27]

10   Abzugrenzen ist die Außen-GbR von der reinen **Innengesellschaft**. Diese liegt zB dann vor, wenn im Mietvertrag die einzelnen Gesellschafter als Mietvertragspartei aufgeführt sind und ein Hinweis auf die gesellschaftsrechtlichen Beziehungen fehlt. Im Kündigungsschreiben muss dann diese Personenmehrheit als Absender genannt werden.[28] Hier liegt im Außenverhältnis regelmäßig ein Gesamtschuld- oder -gläubigerverhältnis vor. Das Innenverhältnis ist dabei für die mietvertraglichen Beziehungen unerheblich. Gründen mehrere Vermieter später eine Außengesellschaft als Verwaltungsgesellschaft, so wird die GbR dadurch noch nicht Vermieterin.[29] Erst wenn die Gesellschafter das Grundstück sachenrechtlich in das Gesellschaftsvermögen übertragen dann wird die Gesellschaft nach § 566 BGB Vermieterin.

11   Ist die Außengesellschaft Vermieterin gilt für den **Gesellschafterwechsel** außerhalb des Grundbuchs § 566 BGB nicht.[30] Der Mietvertrag wird jedenfalls dann ohne weiteres mit der Gesellschaft in der neuen personellen Zusammensetzung fortgeführt, wenn die ursprünglichen Gesellschafter mit einem ihre gesamthänderische Bindung bezeichnenden Vermerk gem. § 47 GBO als Eigentümer im Grundbuch eingetragen waren. Der Gesellschafterwechsel berührt den Mietvertrag nicht. Der neu eintretende Gesellschafter haftet auch für die vor seinem Eintritt begründeten Verpflichtungen des Mieters mit seinem Privatvermögen.[31] Scheidet der vorletzte Gesellschafter aus, so führt dies regelmäßig zu einem Übergang des Mietvertrages auf den letzten verbliebenen Gesellschafter unter Erlöschen der GbR.[32] Eine Liquidation ist nicht erforderlich.[33] Den ausscheidenden Gesellschafter trifft eine auf 5 Jahre beschränkte Nachhaftung, § 736 Abs. 2 BGB, § 160 HGB. Die Frist beginnt mit der Kenntnis des Gläubigers – hier Mieters- vom Ausscheiden.[34] Die formwechselnde Umwandlung von einer KG in eine GbR und wiederum in eine GmbH führt nach einem negativen Rechtsentscheid des KG[35] auch bei einem zwischenzeitlichen Gesellschafterwechsel nicht dazu, dass die Identität der Gesellschaft als solche verändert wird. Diese Umwandlungen haben deshalb keinen Einfluss auf bestehende Mietverhältnisse.

12   Ist die **Innengesellschaft** Vermieterin geblieben, dann müssen für einen Vermieterwechsel die Voraussetzungen des § 566 BGB erfüllt sein, also regelmäßig ein Eigentums-

---

[24] So auch *Jacoby* ZMR 2001, 409.
[25] So ausdrücklich *Kraemer* NZM 2002, 465; *Jacoby* ZMR 2001, 409 (410); *Habersack* BB 2001, 477; *Wertenbruch* NJW 2002, 324 (328); kritisch *Derleder* BB 2001, 2485 (2489).
[26] Nach *Kraemer* NZM 2002, 465 soll die bloße Eintragung im Grundbuch nicht ausreichen, weil der Mieter das Grundbuch nicht einsehen muss.
[27] AG Tempelhof-Kreuzberg GE 2011, 1623.
[28] LG Berlin GE 2011, 1230.
[29] *Kraemer* NZM 2002, 465.
[30] BGH NZM 1998, 260; *Blank* WImmoT 2008, 177 (182).
[31] BGH NJW 2003, 1445; *Blank* WImmoT 2008, 177 (182).
[32] BGH NJW 2008, 2992; NJW-RR 2002, 538; NJW 1994, 796, BGHZ 32, 307 (317f.); *Kraemer* NZM 2002, 465; *Börstinghaus* PiG 70, 65 (71); *Blank* WImmoT 2008, 177 (182).
[33] *Kraemer* NZM 2002, 465 (468).
[34] *K. Schmidt* NJW 2001, 993 (994).
[35] KG NZM 2001, 520 = WuM 2001, 230.

wechsel stattgefunden haben. Die Kündigung muss in diesem Fall im Namen von allen Gesellschaftern abgegeben werden. Ein außerhalb des Grundbuchs erfolgter Gesellschafterwechsel führt nur dann zu einem Gesellschafterwechsel, wenn dies unter Mitwirkung des Mieters vereinbart wird.[36] Insofern wird eine Innengesellschaft nicht anders behandelt als jede andere Mehrheit von Vermietern.[37]

Da auch eine Außengesellschaft nicht selbst handlungsfähig ist, muss sie durch einen Gesellschafter vertreten werden. Dabei kann sich die **Vertretungsmacht** sowohl unmittelbar aus dem Gesellschaftsvertrag ergeben wie auch aus einer Einzelvollmacht. Grundsätzlich sind die Gesellschafter nach §§ 709, 714 BGB gemeinschaftlich als Gesamtvertreter berufen. Nach § 710 BGB kann aber einem Gesellschafter die Geschäftsführung übertragen werden, der dann gem. § 714 BGB auch zur Außenvertretung berechtigt ist. Möglich ist auch die Vertretung durch mehrere Gesellschafter. Die Kündigungserklärungen müssen namens der Gesellschaft[38] abgegeben werden und zwar entweder von einem oder mehreren vertretungsberechtigten Gesellschaftern oder von allen Gesellschaftern für die Gesellschaft.[39] Zum Teil wird auch eine Erklärung aller Gesellschafter ohne Hinweis auf die Gesellschaft zugelassen.[40] Wird die Kündigung nur von einem Gesellschafter abgegeben ohne Hinweis auf die Bevollmächtigung durch die anderen Gesellschafter oder darauf, dass er für die Gesellschaft handelt, so ist die Erklärung unwirksam.[41] Wird auf die Vertretung hingewiesen, dann ist die Erklärung grundsätzlich wirksam, jedoch kann der Mieter die Erklärung gem. § 174 BGB zurückweisen, wenn der Erklärung kein Nachweis der Vertretungsmacht, zB Vollmacht oder Gesellschaftsvertrag beigefügt war oder dem Mieter die Vertretungsmacht positiv auf andere Art und Weise bekannt war.[42] Die Zurückweisung muss unverzüglich erfolgen. Ob dies bei einer Frist von 10 Tagen der Fall ist, hat der BGH offengelassen.[43]

III. Erbengemeinschaften

Für den Fall des Todes des Vermieters gilt die allgemeine erbrechtliche Bestimmung über die Universalrechtsnachfolge gem. § 1922 BGB. Der oder die Erben treten als Vermieter in den Mietvertrag ein. Mietrechtliche Sondervorschriften zB über ein Kündigungsrecht gibt es nicht. Verstirbt der Vermieter und hinterlässt er mehrere Erben so gehört das Grundstück und damit letztendlich auch der Mietvertrag zum gemeinschaftlichen Vermögen der Erben gem. § 2032 Abs. 1 BGB. Erbengemeinschaften sind keine rechtsfähige Außengesellschaft,[44] so dass sie auch nicht als Vermieter auftreten können. Vermieter sind in diesem Fall alle Mitglieder der Erbengemeinschaft. Die Erben können nur gemeinschaftlich über das Vermögen verfügen. Bei der Neuvermietung genügt es aber die Erbengemeinschaft schlagwortartig (Erbengemeinschaft „XY") zu bezeichnen.[45] Es ist nicht erforderlich alle Mitglieder aufzuführen. Ist der Erblasser als der frühere Grundstückseigentümer in der Vertragsurkunde namentlich bezeichnet, so können die Mitglieder der Erbengemeinschaft anhand der Vertragsurkunde und des Grundbuches ohne weiteres ermittelt werden. Die Angabe „Erbengemeinschaft nach" und Angabe des Vor- und Nachnamens genügt als

---

[36] Jacoby ZMR 2001, 409 (417).
[37] Blank WImmoT 2008, 177 (183).
[38] LG Berlin MM 2002, 283; AG Tiergarten GE 2002, 671; AG Königstein NZM 2001, 421 mit zust. Anm. Armbrüster GE 2001, 821 (825); Weitemeyer GS Sonnenschein, 2002, 431 (457) = ZMR 2004, 153 (164).
[39] **AA** LG Berlin GE 2002, 1061.
[40] KG GE 2001, 1671; LG Köln WuM 2001, 287; **aA** AG Tiergarten GE 2002, 671; AG Königstein NZM 2001, 421; prozessual ist die Klage aller Gesellschafter bei einer GbR auch möglich: KG GE 2002, 665; **aA** LG Berlin MM 2002, 283: keine Prozessstandschaft bei Zustimmungsklage.
[41] LG Köln WuM 2001, 287.
[42] BGH NJW 2002, 1194.
[43] BGH WuM 2016, 682.
[44] BGH NJW 2006, 3715; 2002, 3389; LG Berlin NZM 2002, 780.
[45] BGH FamRZ 2015, 226: das genügt auch zur Einhaltung der Schriftform gem. § 550 BGB.

Bezeichnung der Vermieterin aus und erfüllt auch das Schriftformerfordernis gem. § 550 BGB.[46] Die Bestimmbarkeit der Partei reicht aus. Dabei muss die Erbengemeinschaft ebenso wie bei der Abgabe aller Gestaltungserklärungen wirksam vertreten werden. Nach § 2038 BGB steht die Verwaltung des Nachlasses den Erben gemeinschaftlich zu. Verfügt werden kann ebenfalls nur gemeinschaftlich, § 2040 BGB. Es müssen also alle Erben gemeinsam handeln oder einen Miterben oder einen Dritten bevollmächtigen. Einfacher ist es nur dann, wenn ein **Testamentsvollstrecker** eingesetzt wurde. Dieser kann gem. § 2055 BGB allein verfügen und entsprechende Willenserklärungen im Rahmen eines Mietvertrages abgeben. Selbst in dem Fall, dass mehrere Erben vorhanden sind und einer nach dem Testament „das Wohnhaus erben soll" ist dieser noch nicht Alleinvermieter, der zB auch alleine kündigen kann.[47] Bis zur Auflösung der Erbengemeinschaft ist ganz allein diese Vermieterin.

IV. Wohnungseigentümer

15 Wird vermieteter Wohnraum in Wohnungseigentum umgewandelt oder wird Wohnungseigentum vermietet, können im **Schnittpunkt von Mietrecht und Wohnungseigentumsrecht**[48] Probleme entstehen, weil beide Bereiche nicht ausreichend aufeinander abgestimmt sind.[49] Spätestens seit Einführung des § 9a Abs. 1 WEG zum 1.12.2020 durch das WEMoG[50] ist die Wohnungseigentümergemeinschaft **voll rechtsfähig**. Träger der Rechte sind nicht die einzelnen Wohnungseigentümer.[51] Hier sind aber weiterhin die verschiedenen Fallkonstellationen zu unterscheiden:

1. Vermietung erfolgt vor Aufteilung

16 Wird Wohnungseigentum begründet, gibt es mindestens zwei, manchmal auch drei Eigentums- bzw. Nutzungsverhältnisse. Es entsteht mindestens **Gemeinschafts-** und auch **Sondereigentum,** manchmal werden auch noch **Sondernutzungsrechte** begründet. Dies muss sorgfältig getrennt werden. Das Mietverhältnis selbst wird durch die Aufteilung nicht berührt.[52] Es bleibt selbst dann ein **einheitliches Mietverhältnis,** wenn Sonder- und Gemeinschaftseigentum nach der Umwandlung betroffen sind. Es stellt sich nur die Frage, wer Vermieter dieses einheitlichen Mietverhältnisses geworden ist, was dann etwa für die Frage, wer Kündigungserklärungen abgeben darf, von Bedeutung ist.

2. Vermietung von Gemeinschaftseigentum

17 Steht dem Mieter aber an einem dem Gemeinschaftseigentum unterfallenden Grundstücksteil ein **ausschließlicher Mietgebrauch** zu, hat der BGH mit Rechtsentscheid vom 28.4.1999[53] entschieden, dass der Erwerber einer vermieteten Eigentumswohnung alleiniger Vermieter ist, wenn die Wohnung nach Überlassung an den Mieter in Wohnungseigentum umgewandelt worden ist und zusammen mit der Wohnung ein Kellerraum vermietet ist, der nach der Teilungserklärung im Gemeinschaftseigentum aller Wohnungs-

---

[46] BGH MietPrax-AK § 550 BGB Nr. 39; eine andere Frage ist, wer den Vertrag alles für die Erbengemeinschaft unterzeichnen muss und wie eventuelle Vertretungsverhältnisse offenzulegen sind; dazu BGH NJW 2002, 3389.
[47] AG Rheine WuM 1992, 372.
[48] Dazu *Bub* WImmoT 2008, 93; *Nüßlein,* Die Divergenzen zwischen Wohnungseigentums- und Mietrecht (2006); *Blank* WuM 2000, 523; *Häublein* NZM 2014, 97 sowie die in WuM 2013 (Heft 2), 67 ff. abgedruckten Vorträge der Tagung „Die vermietete Eigentumswohnung" am 16./17.11.2012 in Marienfeld.
[49] Dazu *Weitemeyer* NZM 1998, 169; *Sternel* MDR 1997, 315.
[50] BGBl. 2020, 2187.
[51] So noch BGHZ 142, 290 (294); BGH NZM 1998, 667; NJW 1998, 667; BayObLG NZM 2002, 298.
[52] BGH NJW 1994, 2542.
[53] BGH WuM 1999, 390; zustimmend *Skauradszun* ZWE 2008, 458; ablehnend *Greiner* ZMR 1999, 365; *Bub* WImmoT 2008, 93 (103).

eigentümer steht. Die Frage ist allenfalls, ob die Gemeinschaft einen Herausgabeanspruch gegen den Mieter hat oder ob diesem ggf. gem. § 986 Abs. 2 BGB analog ein Recht zum Besitz zusteht.[54]

3. Veräußerung an verschiedene Erwerber

Hat der Mieter Räumlichkeiten gemietet, die nach der Aufteilung **zwei verschiedenen Sonder- oder Teileigentümern** gehören, werden diese beiden Wohnungseigentümer Vermieter. Gehört zum Beispiel zu der Wohnung ein mitvermieteter Nebenraum, der nach der wohnungseigentumsrechtlichen Aufteilung zum Sondereigentum eines anderen Wohnungseigentümers gehört, dann ist der Rechtsentscheid des BGH nicht anwendbar.[55] In diesem Fall werden beide Erwerber bzw. Erwerber und Veräußerer gemeinsam Vermieter.[56] Das gilt auch wenn über eine Wohnung und eine Garage ein einheitliches Mietverhältnis begründet worden ist und Garage und Wohnung an unterschiedliche Erwerber verkauft werden. Hier wird das ursprünglich einheitliche Mietverhältnis nicht aufgespalten, so dass die Erwerber der Garage als Mitvermieter in den einheitlichen Mietvertrag über Wohnung und Garage eintreten.[57]

18

4. Vermietung von Flächen an denen Sondernutzungsrechte bestehen

Besteht am Gemeinschaftseigentum ein **Sondernutzungsrecht** (zB an Gartenflächen oder einem Stellplatz) zugunsten des Sondereigentümers, dem auch die vom Mieter bewohnte Wohnung gehört, dann ist dieser Sondernutzungsberechtigte entsprechend §§ 566, 567 BGB **alleiniger Vermieter.** Er kann die anderen Wohnungseigentümer von der Nutzung ausschließen und seinem Mieter damit die ausschließliche Nutzung der Fläche auch ermöglichen.[58] Umgedreht führt die Begründung eines Sondernutzungsrechtes an vermietetem Gemeinschaftseigentum nicht zu einem Eintritt des Sondernutzungsberechtigten, da das in der Teilungserklärung begründete Gebrauchsrecht nur gegenüber den übrigen Wohnungseigentümern wirkt und nicht gegenüber dem Mieter.[59] Hat der Mieter aber eine Wohnung und eine Fläche (Garten/Stellplatz) gemietet und wird an dieser Fläche ein Sondernutzungsrecht eines anderen Wohnungseigentümers begründet, so sind der Eigentümer der Wohnung und der Eigentümer, zu dessen Gunsten das Sondernutzungsrecht bestellt wurde gemeinschaftliche Vermieter des einheitlichen Mietverhältnisses.[60]

19

5. Veräußerung des Grundstücks

Nach § 566 BGB tritt der Erwerber anstelle des bisherigen Vermieters in das bestehende Mietverhältnis und alle sich daraus ergebenden Pflichten ein. Voraussetzung für die Anwendung der Vorschrift ist:
- Veräußerung des Grundstücks nach **Überlassung der Wohnung;**[61]
- **Identität** zwischen Veräußerer und Vermieter.[62]

20

Die Anwendung des § 566 BGB setzt zunächst voraus, dass der Wohnraum auf Grund eines wirksamen Mietvertrages bereits überlassen worden ist. Überlassung verlangt Besitz-

21

---

[54] *Nüßlein*, Die Divergenzen zwischen Wohnungseigentums- und Mietrecht (2006), S. 52; **aA** *Skauradszun* ZWE 2008, 458.
[55] LG Hamburg ZMR 1999, 765.
[56] BGH NJW 2005, 3781; OLG Celle WuM 1996, 222; LG Hamburg NZM 2000, 656; LG Berlin GE 2000, 603; AG Mannheim BeckRS 2008, 23309 mAnm *Flatow* jurisPR-MietR 1/2009 Anm. 3; *Emmerich* in Emmerich/Sonnenschein BGB § 566 Rn. 6 („lässt sich nicht vermeiden."); *Börstinghaus* NZM 2004, 481 (483); MüKoBGB/*Häublein* § 566 Rn. 26; aA *Bub* WImmoT 2008, 93 (104).
[57] BGH NJW 2005, 3781; BayObLG WuM 1991, 78.
[58] LG Hamburg WuM 1997, 47; *Bub* WImmoT 2008, 93 (104).
[59] LG Stuttgart WuM 1988, 404.
[60] BGH NJW 2005, 3781.
[61] BGH WuM 2016, 364; NJW-RR 1989, 77.
[62] Hierzu *Günter* WuM 2013, 264.

einräumung und zwar in der Regel des unmittelbaren Besitzes. Hierdurch soll der Erwerber geschützt werden, der nur den Besitz als tatsächlichen Zustand feststellen kann aber nicht die Existenz schuldrechtlicher Verträge. Der Abschluss eines Mietvertrages reicht also nicht aus. Der Vermieter muss dem Mieter gem. § 535 Abs. 1 BGB den vertragsgemäßen Gebrauch eingeräumt haben. Bei der Wohnraummiete soll nach ganz herrschender Auffassung hierzu die Überlassung der Schlüssel an den Mieter ausreichen.

22 Erforderlich ist eine **Identität** zwischen Veräußerer und Vermieter. Strittig ist, ob diese Identität bereits zum Zeitpunkt des Mietvertragsabschlusses[63] oder erst zum Zeitpunkt der Veräußerung[64] bestehen muss. Wird der Vermieter erst nach Abschluss des Mietvertrages als Eigentümer im Grundbuch eingetragen, bleibt er auch nach späterer Veräußerung des Grundstücks Vermieter.[65] Bei fehlender Identität treten die Rechtsfolgen des § 566 BGB nicht ein.[66] Der Erwerber kann nur in Rechte eintreten, welche dem Verkäufer als Vermieter zustanden. Problematisch ist zB der Fall, dass zwei Personen im Grundbuch als Eigentümer eingetragen sind, aber nur einer von beiden als Vermieter im Mietvertrag aufgetreten ist. Ob in diesem Fall **§ 566 BGB analog** anzuwenden ist, wenn der andere Eigentümer der Vermietung zugestimmt hat, ist umstritten.[67] Der für Gewerberaum zuständige XII. Senat des BGH[68] hat dies grundsätzlich abgelehnt und offen gelassen, ob es in bestimmten Sonderfallgestaltungen ausnahmsweise doch gehen könnte.[69] Angenommen wurde dies in der Instanzrechtsprechung zB wenn der Eigentümer nur pro forma seine Tochter als Vermieterin eingesetzt hat[70] oder der Hausverwalter des Veräußerers den Mietvertrag im eigenen Namen abgeschlossen hat.[71] Das sind aber alles Ausnahmefälle. Im Übrigen bleibt aber der Vermieter der nicht auch Miteigentümer war auch nach der Veräußerung (Mit-)Vermieter, es sei denn man wendet ausnahmsweise § 566 BGB analog an.[72]

23 Die Wirkung der Rechtsnachfolge tritt mit **Vollzug der Eigentumsänderung,** also idR mit der Eintragung im Grundbuch, bei der Zwangsversteigerung mit Rechtskraft des Zuschlagsbeschlusses ein. Allein durch ein Rechtsgeschäft zwischen Grundstücksveräußerer und -erwerber, zB eine Regelung im notariellen Kaufvertrag über den wirtschaftlichen Besitzübergang und die Lastentragung, kann eine Rechtsnachfolge nicht begründet werden.[73] Möglich ist aber ein „dreiseitiger Vertrag", also eine Vereinbarung, an der zusätzlich auch der Mieter beteiligt ist (sog. **Mieteintrittsvereinbarung**).

24 Ist eine **juristische Person,** zB eine GmbH, AG oder Genossenschaft Eigentümerin des Grundstücks, liegt bei Veränderung auf Gesellschafterseite selbst bei vollständigem Verkauf oder einer Verschmelzung regelmäßig keine Veräußerung iSd § 566 BGB vor, da kein Eigentümerwechsel stattfindet. Dies gilt auch bei einer Gesellschaft bürgerlichen Rechts die als Außengesellschaft iSd BGH-Rechtsprechung tätig ist. Auch hier gilt für den Gesellschafterwechsel außerhalb des Grundbuchs § 566 BGB nicht.[74] Der Mietvertrag wird jedenfalls dann ohne weiteres mit der Gesellschaft in der neuen personellen Zusammensetzung fortgeführt, wenn die ursprünglichen Gesellschafter mit einem ihre gesamthänderische

---

[63] OLG Köln ZMR 2001, 967; LG Stendal GE 2001, 925; *Börstinghaus* PiG Bd. 70 (2005), 65 (69); inzwischen offengelassen von *Emmerich* in Emmerich/Sonnenschein BGB § 566 Rn. 10.
[64] OLG Rostock NZM 2006, 262; Lammel, Wohnraummiete, 3. Aufl., § 566 Rn. 23.
[65] LG Stendal GE 2001, 925.
[66] BGH BGHReport 2004, 287; NZM 1999, 1091 (1092); NJW 1974, 1551; OLG Celle ZMR 2000, 284; LG Berlin ZMR 1988, 61.
[67] OLG Karlsruhe WuM 1981, 179; aA BGH BGHReport 2004, 287; offengelassen noch von BGH NJW 1974, 1551; ausführlich dazu *Günter* WuM 2013, 264.
[68] BGH NZM 2004, 300.
[69] Hierzu *Günter* WuM 2013, 264; so im Fall BGH NZM 2017, 847.
[70] LG Hamburg WuM 2001, 281.
[71] OLG Celle ZMR 2000, 284 (285); LG Berlin NJW-RR 1994, 781; GE 1995, 759; LG Hamburg WuM 2001, 281.
[72] OLG Saarbrücken ZMR 2016, 371; ausdrücklich offengelassen von BGH NZM 2010, 704.
[73] LG Hamburg WuM 1993, 48.
[74] BGH NZM 1998, 260.

Bindung bezeichnenden Vermerk gem. § 47 GBO als Eigentümer im Grundbuch eingetragen waren. Scheidet der vorletzte Gesellschafter aus der Gesellschaft aus so führt dies regelmäßig zu einem Übergang des Mietvertrages auf den letzten verbliebenen Gesellschafter unter Erlöschen der GbR.[75] Erwerben mehrere Personen, die eine Außengesellschaft bilden, ein Grundstück, so wird die BGB-Gesellschaft gem. § 566 BGB Vermieterin. Das gilt auch dann, wenn der Vermieter eine GbR gründet oder einer solchen beitritt und das Grundstück mit in die Gesellschaft einbringt. Die formwechselnde Umwandlung von einer KG in eine GbR und wiederum in eine GmbH führt nach einem negativen Rechtsentscheid des KG[76] auch bei einem zwischenzeitlichen Gesellschafterwechsel nicht dazu, dass die Identität der Gesellschaft als solche verändert wird. Diese Umwandlungen haben deshalb keinen Einfluss auf bestehende Mietverhältnisse. Zu beachten sind aber die Nachwirkungsfristen nach dem Umwandlungsgesetz, wenn es um die persönliche Haftung der ursprünglichen Gesellschafter geht.[77]

§ 566 BGB ist **weder zwingendes noch halbzwingendes Recht.** Deshalb sind grundsätzlich abweichende Vereinbarungen möglich; jedoch bestehen Bedenken gegen eine formularvertragliche Regelung. Gem. § 578 Abs. 1 BGB ist § 566 BGB nicht nur auf Wohnraummietverhältnisse sondern auch auf Mietverhältnisse über Grundstücke und gem. § 578 Abs. 2 BGB auch auf Mietverhältnisse über Räume, die keine Wohnräume sind, entsprechend anzuwenden. 25

E. Rechtsfolgen für die Kündigungserklärung

Besteht die **Vermieterseite aus mehreren Personen,** zB Grundstücksgemeinschaften, Eheleute usw, muss auch die Kündigung durch die Personenmehrheit erfolgen. Eine nicht von allen Vermietern stammende Kündigung ist unwirksam.[78] Auch eine Kündigung, die nur einer von mehreren Vermietern in eigenem Namen erklärt, ohne kenntlich zu machen, dass er zugleich in Vollmacht der anderen Vermieter handelt, ist unwirksam. Es muss sich bei solchen Kündigungen von Personenmehrheiten um eine einheitliche Erklärung handeln. Deshalb ist eine nachträgliche Genehmigung der Kündigung eines Vermieters durch die anderen Vermieter ebenso wenig möglich wie die Genehmigung einer Kündigung eines Nichtberechtigten durch den Berechtigten. Dies gilt auch für Erbengemeinschaften. 26

F. Maßgeblicher Zeitpunkt

Maßgeblich ist die Vermietereigenschaft zum **Zeitpunkt der Abgabe der Willenserklärung.**[79] Soweit der BGH[80] für ein Verfügungsgeschäft auf die Rechtsinhaberschaft zum Zeitpunkt des Zugangs der Erklärung abstellt, kann dies aufgrund der Besonderheiten des Immobiliarmietrechts hier nicht gelten. Anders als in anderen Rechtsgebieten gilt hier gem. § 566 BGB der Grundsatz „Kauf bricht nicht Miete". Wenn also zwischen Abgabe und Zugang der Kündigung eine Rechtsänderung eintritt, tritt der Erwerber gem. § 566 BGB an die Stelle des Veräußerers.[81] Auch das Kündigungsrecht gehört zu den Ansprüchen „aus einem Mietverhältnis". Die formell wirksame Kündigung durch den ursprünglichen Ver- 27

---

[75] BGHZ 32, 307 (317 f.); BGH NJW 1994, 796; *Kraemer* NZM 2002, 465.
[76] KG NZM 2001, 520.
[77] Dazu *Kandelhard* NZM 1999, 440.
[78] *Nies* NZM 1998, 221 (222).
[79] LG Köln WuM 1996, 623; *Weitemeyer* FS Blank, 2006, 445 (449); *Flatow* WImmoT 2008, 129 (139); MüKoBGB/*Artz* § 558a Rn. 12; Bub/Treier MietR-HdB/*Schultz* Kap. III. Rn. 1136; *Emmert* in Hannemann/Wiek/Emmert MietR-HdB § 12 Rn. 42; **aA:** AG Ludwigsburg WuM 2013, 546 (Zeitpunkt des Zugangs der Erklärung); so auch *Streyl* in Schmidt-Futterer BGB § 566 Rn. 105; offengelassen von BGH NZM 2015, 487 = NJW 2015, 1749, ob es auf den Zeitpunkt des Zugangs ankommt.
[80] BGH NJW 2006, 294.
[81] LG Kassel NJWE-MietR 1996, 222; *Börstinghaus* NZM 2004, 481 (486); *Weitemeyer* FS Blank, 2006, 445 (449); Bub/Treier MietR-HdB/*Schultz* Kap. III. Rn. 1136.

mieter wirkt zugunsten des danach in das Mietverhältnis eintretenden Erwerbers fort. In Erbfällen ergibt sich dies aus § 1922 BGB.

28 Wann zeitlich die „Rechtsnachfolge"[82] eintritt richtet sich nach dem Rechtsgrund:

Rechtsnachfolge auf Grund von	Rechtsgrundlage	Zeitpunkt
Erbfall	§ 1922 BGB	Zeitpunkt des Erbfalls (Grundbucheintragung nicht erforderlich)
Rechtsgeschäftliche Veräußerung Wenn der Vermieter nicht Eigentümer oder nicht Alleineigentümer des Grundstücks war, tritt keine Rechtsnachfolge ein	§§ 925, 873 BGB	Auflassung und Eintragung im Grundbuch. Die Eintragung einer Auflassungsvormerkung genügt noch nicht.[83]
Restitution	§ 33 Abs. 5 VermG	Rechtskraft des Restitutionsbescheids[84] (Grundbucheintragung nicht erforderlich)[85]
Zwangsversteigerung	§ 90 ZVG	Durch Zuschlag wird der Ersteher Eigentümer des Grundstücks, sofern der Beschluss nicht im Beschwerdeweg rechtskräftig aufgehoben wird. (Grundbucheintragung nicht erforderlich).

29 Eine vor **Vollendung des Verfügungsgeschäftes** abgegebene Kündigung des Rechtsnachfolgers ist unwirksam.[86] Allein durch ein Rechtsgeschäft zwischen Grundstücksveräußerer und -erwerber, zB eine Regelung im notariellen Kaufvertrag über den wirtschaftlichen Besitzübergang und die Lastentragung, kann eine Rechtsnachfolge nicht begründet werden;[87] auch eine **Abtretung** des Kündigungsrechts ist nicht möglich. Das Kündigungsrecht ist ein unselbständiges Gestaltungsrecht, dessen Übertragung nur zusammen mit dem Hauptrecht, nämlich dem Anspruch des Vermieters aus dem Mietvertrag auf Mietzahlung und des Mieters auf Gebrauchsüberlassung übertragbar ist. Die spätere Eintragung des Erwerbers im Grundbuch heilt den Mangel nicht.[88] Unschädlich ist es aber, wenn der noch nicht eingetragene Erwerber neben dem Vermieter unterschrieben hat.[89]

30 Möglich ist aber eine **rechtsgeschäftliche Übertragung der Vermieterstellung** gem. § 311 Abs. 1 BGB, die mit der gesetzlichen Rechtsnachfolge nichts zu tun hat. Eine solche Vertragsübernahme ist zulässig.[90] Dabei kann die Auswechslung eines Vertragspartners

---

[82] § 566 BGB stellt keinen echten Fall der Rechtsnachfolge dar.
[83] BGHZ 13, 1 (4); NJW 1989, 451.
[84] LG Berlin GE 2004, 50; *Fieberg/Reichenbach* VermG § 16 Rn. 2; LG Berlin VIZ 1993, 81.
[85] LG Berlin ZoV 1992, 389.
[86] OLG Celle WuM 1984, 193; LG Karlsruhe WuM 1991, 48; LG München WuM 1989, 282; AG Ludwigsburg WuM 2013, 546; AG Tiergarten MM 2006, 75; AG Regensburg WuM 1990, 226; AG Eschweiler WuM 1980, 186; *Emmerich* in Staudinger BGB § 558a Rn. 9; *Emmert* in Hannemann/Wiek/Emmert MietR-HdB § 12 Rn. 44.
[87] LG Hamburg WuM 1993, 48; LG Augsburg WuM 1990, 226; AG Ludwigsburg WuM 2013, 546; AG Tiergarten MM 2006, 75; AG Köln WuM 1989, 579; AG Dortmund WuM 1983, 237; *Kinne* GE 1998, 1004; **aA** AG Düsseldorf WuM 1987, 264.
[88] *Emmert* in Hannemann/Wiek/Emmert MietR-HdB § 12 Rn. 44.
[89] AG Tiergarten GE 1993, 921.
[90] BGH NJW 1996, 2156 (2157).

sowohl im Wege eines dreiseitigen Vertrags zwischen der ausscheidenden, der übernehmenden und der verbleibenden Partei vereinbart werden als auch durch Vereinbarung zwischen zwei Beteiligten, wenn der Dritte zustimmt.[91] Eine solche Zustimmung kann auch konkludent, zB durch wiederholte Zahlung der Miete an den neuen Vermieter, erfolgen.[92]

Ist für das Grundstück die **Zwangsverwaltung**[93] angeordnet, steht die Verfügungsmacht über die Mietsache **ausschließlich dem Zwangsverwalter** zu, so dass nur dieser kündigen kann und auch nur klagebefugt ist.

G. Vertretung bei Kündigungserklärung

Auch eine Kündigung kann im Wege der **offenen Stellvertretung**[94] erfolgen, zB des Erwerbers für den – noch – eingetragenen Eigentümer.[95] Der Vertreter gibt eine eigene Willenserklärung ab. Aus der Erklärung des Vertreters muss sich zumindest aus den Umständen (§ 164 Abs. 1 S. 2 BGB) ergeben, in wessen Namen sie abgegeben wurde, § 164 BGB. Nach Ansicht des BGH[96] muss der konkrete Vermieter nicht explizit benannt gegeben werden. Es genügt, wenn sich zB aus der gleichzeitig übersandten Betriebskostenabrechnung ergibt, wer Vermieter ist und in wessen Namen die Erklärung abgegeben wurde. Aber weniger geht nicht. Der vertretene Vermieter muss zumindest dann namentlich genannt werden, wenn für den Mieter auf Grund zahlreicher Eigentümerwechsel nicht eindeutig erkennbar ist, für wenn die Verwaltung gehandelt hat.[97] Gibt ein Mitglied einer **Personenmehrheit** die Erklärung für sich und zugleich als Vertreter für die übrigen Eigentümer ab, muss dies aus der Kündigungserklärung hervorgehen.[98] Die Regeln des **„Geschäfts, den es angeht"** sind nicht anwendbar. Eine Erklärung „im Namen des Eigentümers" reicht nicht aus.[99] Ist Vermieter eine juristische Person, zB eine GmbH, eine Aktiengesellschaft, eine Genossenschaft oder ein eingetragener Verein, muss die Kündigung von dem vertretungsberechtigten Organ stammen. Insofern sind die gesellschaftsrechtlichen Vorschriften maßgeblich. Die organschaftlichen Vertreter können sich aber wiederum selbst vertreten lassen. Die Vertretungsmacht des Prokuristen ergibt sich dabei aus dem Handelsregister, andere Vertreter benötigen Einzelvertretungsmacht.[100] Eine Untervertretung ist wiederum zulässig. Zulässig ist auch die Bestellung des Hausverwalters als Vertreter. Allein aus der Stellung als Hausverwalter ergibt sich jedoch nicht die Befugnis, im eigenen Namen zu kündigen.[101] § 174 BGB findet analoge Anwendung auf einseitige Rechtsgeschäfte, die ein abweichend von der gesetzlichen Grundregel der §§ 709, 714 BGB allein vertretungsberechtigter Gesellschafter im Namen einer Gesellschaft bürgerlichen Rechts vornimmt.[102]

Die Vertretungsmacht für eine Kündigung kann sich aus einer **Innen**[103]- oder aus einer **Außenvollmacht** ergeben. Die Außenvollmacht kann bereits formularmäßig im Mietvertrag erteilt werden.[104] Zumindest muss der Mieter vom Vermieter irgendwie darüber

---

[91] BGH WuM 2013, 496; NZM 2010, 471; BGHZ 95, 88 (93 f.); 96, 302 (308).
[92] BGH WuM 2013, 496; NZM 2010, 471.
[93] Zu den Rechtsfolgen der Zwangsverwaltung auf Mietverhältnisse s. *Börstinghaus* FS Merle, 2010, 65.
[94] LG München NZM 2004, 220; AG Königstein NZM 2001, 421.
[95] AG Hamburg WuM 1996, 139 mablAnm *Reichert* WuM 1986, 140, dessen Thesen wiederum *Heller* WuM 1987, 137 widerspricht; AG Augsburg WuM 1998, 670; dazu *Baer* AnwZert MietR 16/2014 Anm. 1.
[96] BGH NJW 2014, 1803; zustimmend *Zehelein* NZM 2015, 31; ebenso Bub/Treier MietR-HdB/*Schultz* Kap. III. Rn. 1137.
[97] LG Berlin-Mitte GE 2008, 1633; AG Charlottenburg GE 2006, 61 = ZMR 2006, 129.
[98] AG Tempelhof MM 1989, Heft Nr. 2 S. 29.
[99] LG Berlin GE 1999, 777; **aA** zumindest für einige Fallkonstellationen Bub/Treier MietR-HdB/*Schultz* Kap. III. Rn. 1137–1139.
[100] LG Berlin GE 2007, 986; OLG München NJW-RR 1997, 904 für Handlungsbevollmächtigte.
[101] LG Berlin GE 1990, 497; AG Pankow-Weißensee GE 2003, 1161.
[102] BAG NJW 2020, 1456.
[103] Dazu BGH WuM 2016, 682.
[104] LG Berlin GE 2012, 1378.

informiert worden sein, dass der Bevollmächtigte zur Abgabe von Kündigungserklärungen bevollmächtigt ist.[105] Eine Verwaltervollmacht, die nur zur Entgegennahme von Willenserklärungen ermächtigt, reicht nicht aus.[106] Eine Außenvollmacht liegt zB vor, wenn bereits im Mietvertrag der Vermieter durch einen Verwalter vertreten wird und die Vertretungsmacht sich aus dem Vertrag ergibt.[107] Das bedeutet aber nicht, dass jeder Mitarbeiter der Verwaltungsfirma wirksam bevollmächtigt ist.[108]

33 Eine **Innenvollmacht** kann gem. § 172 Abs. 1 BGB auch nach außen bekannt gegeben werden. Das ist bei einer Kündigung regelmäßig auch erforderlich. Der Umfang einer Vollmacht bestimmt sich nach dem Willen des Vollmachtgebers, und zwar in der Form, in der der Geschäftspartner den Willen namentlich nach dem mit der Vollmacht verfolgten Zweck und dem ihm zugrunde liegenden Rechtsgeschäft nach Treu und Glauben mit Rücksicht auf die Verkehrssitte erkennen muss.[109] Demgemäß ist bei einer Innenvollmacht grundsätzlich auf das Verständnis des Vertreters als dem Empfänger der Vollmachtserklärung abzustellen.[110] Das gilt auch bei einer kundgegebenen Innenvollmacht, allerdings mit der Maßgabe, dass Besonderheiten, die aus der Vollmachtsurkunde nicht oder nicht hinreichend hervorgehen, vom Bevollmächtigten bei einem Gebrauchmachen von der Vollmacht zur Vermeidung von Rechtsscheintatbeständen verdeutlicht werden müssen.[111]

34 Bei einer Innenvollmacht hat der Vertreter die Vertretungsmacht durch Vorlage einer **Originalvollmacht**[112] dem Mieter gegenüber offen zu legen. Unterbleibt dies, hat das aber gem. § 174 BGB nur dann Folgen, wenn der Mieter die Kündigung wegen fehlender Vollmacht **unverzüglich zurückgewiesen** hat. Unverzüglich bedeutet nicht sofort. Nach der Legaldefinition des § 121 Abs. 1 S. 1 BGB darf kein schuldhaftes Zögern vorliegen. Schuldhaftes Zögern setzt begrifflich bereits neben der objektiven Komponente, einem nicht mehr hinnehmbaren Zeitablauf, also dem Zögern, subjektiv ein schuldhaftes, also vorwerfbares Handeln voraus.[113] Der Verschuldensvorwurf besteht darin, dass der Mieter ab Kenntnis der Umstände, die eine Zurückweisung nach § 174 BGB rechtfertigen, seinen Widerspruch gegen die Kündigung zeitlich verzögert anbringt. Bloßes Kennenmüssen der Umstände genügt nicht. Dem Mieter steht aber eine Überlegungsfrist zu, die es ihm auch ermöglicht, Rechtsrat von fachkundiger Seite einzuholen.[114] Ein Zeitablauf ab Kenntnis der Umstände von 6 Tagen[115] kann nur im Einzelfall zu lang sein, einer von 17 Tagen[116] ist idR zu lang.[117] Dies gilt aber nur, soweit der Vermieter den Mieter nicht anderweitig von der Bevollmächtigung in Kenntnis gesetzt hat, § 174 S. 2 BGB. Dies kann zB dann der Fall sein, wenn frühere Gestaltungserklärungen vom Vertreter für den Vermieter abgegeben worden sind. Dabei darf es sich in der Vergangenheit aber nicht um eine Vollmacht nur für eine einzelne Willenserklärung gehandelt haben. Eine Kündigung während des Prozesses durch den Prozessbevollmächtigten kann nicht gem. § 174 BGB zurückgewiesen werden, da hier die Regeln über die Prozessvollmacht vorrangig sind.[118]

35 Der **Nachweis der Vertretungsmacht** kann nur durch Vorlage der Urkunde im **Original** oder als Ausfertigung geführt werden.[119] Die Vollmachtsurkunde muss das Wort „Kündigung" nicht enthalten, sofern es sich um eine umfassende Vollmacht handelt.

---

[105] Bub/Treier MietR-HdB/*Schultz* Kap. III. Rn. 1149.
[106] LG München NZM 2004, 220.
[107] LG Berlin GE 2012, 1378.
[108] Bub/Treier MietR-HdB/*Schultz* Kap. III. Rn. 1149.
[109] BGH WuM 2016, 682; WM 1970, 557.
[110] BGH WM 1991, 1748.
[111] BGH WuM 2016, 682.
[112] Bub/Treier MietR-HdB/*Schultz* Kap. III. Rn. 1144.
[113] OLG München NJW-RR 1997, 904.
[114] LG Hamburg WuM 1998, 725.
[115] OLG Hamm NJW 1991, 1185; **aA** LG Berlin GE 2007, 152.
[116] OLG Hamm NJW-RR 1988, 521.
[117] BGH WuM 2016, 682, ob 10 Tage zu lang sind hat der Senat offengelassen.
[118] So BGH NZM 2003, 229 für das Mieterhöhungsverfahren; aA AG Neuss NJW-RR 1994, 1036.
[119] AG Wedding MM 2009, 263; Bub/Treier MietR-HdB/*Schultz* Kap. III. Rn. 1144.

Schriftstücke, Die Kopie einer Vollmachtsurkunde[120] genügt nicht.[121] Für die Vollmacht gilt die Textform nicht. Auch eine dem Erklärungsempfänger per Telefax übermittelte Vollmachtsurkunde genügt deshalb nicht, so dass auch diese gemäß § 174 BGB zurückgewiesen werden kann.[122] Das Gleiche gilt für eine Untervollmacht.

Aus der Erklärung des Kündigungsempfängers muss sich hinreichend deutlich entnehmen lassen, dass er der Erklärung wegen des Fehlens der Vollmachtsurkunde widerspricht, auch wenn dies nur „verschwommen" erfolgt.[123] Die **Zurückweisung** des Mieters gem. § 174 BGB kann wiederum von einem Vertreter des Mieters erfolgen, zB einem Anwalt. Da auch die Zurückweisung eine einseitige Willenserklärung darstellt, muss im Fall einer Vertretung auch dem Zurückweisungsschreiben eine Vollmacht beigefügt sein; andernfalls kann der Kündigende die Zurückweisung wiederum gem. § 174 BGB zurückweisen[124] mit der Folge, dass der Mieter oder sein Vertreter die Zurückweisung der Kündigung zwar wiederholen kann, dass diese erneute Zurückweisung durch den Mieter regelmäßig aber verspätet ist. 36

H. Die Ermächtigung zur Abgabe einer Kündigungserklärung

Möglich ist auch eine **Ermächtigung** iSd § 185 Abs. 1 BGB zur Erklärung einer Kündigung.[125] Die Norm gilt vom Wortlaut her nur für Verfügungsgeschäfte, ist aber auf verfügungsähnliche Geschäfte entsprechend anwendbar. Der **Bevollmächtigte** gibt eine eigene Willenserklärung **im fremden Namen** ab, der **Ermächtigte** gibt demgegenüber eine eigene Willenserklärung **im eigenen Namen** ab. Voraussetzung ist, dass der Prozessstandschafter (idR der Erwerber) ein rechtliches Interesse an der gerichtlichen Geltendmachung eines fremden Rechts im eigenen Namen hat und eine Beeinträchtigung schutzwürdiger Belange des Prozessgegners nicht zu befürchten ist. Diese Voraussetzungen können bei einem Erwerber vorliegen, bei einem Hausverwalter wohl nicht.[126] Nach Ansicht des BGH[127] ist eine Offenlegung der Ermächtigung nicht zwingend erforderlich. 37

Problematisch ist die Frage, ob der Ermächtigte nur Kündigungsgründe, die auch dem Ermächtigenden zustehen, geltend machen kann, oder auch solche, die nur in seiner Person bestehen. Bedeutsam ist das für die Kündigung wegen Eigenbedarfs durch den Erwerber, wenn der Veräußerer und Ermächtigende gar keinen Eigenbedarf hat. Hier wird durch die Ermächtigung erst ein Kündigungsgrund geschaffen. Deshalb kann der Ermächtigte eine Eigenbedarfskündigung erst nach Eintragung im Grundbuch aussprechen.[128] Die Ermächtigung zum Ausspruch einer Eigenbedarfskündigung durch den Erwerber für den Veräußerer scheidet regelmäßig daran, dass der Veräußerer gar keinen Eigenbedarf haben kann, wenn er das Grundstück verkauft. Etwas anderes kann ausnahmsweise dann gelten, wenn der Erwerber und Ermächtigte zum Kreis der Eigenbedarfspersonen des Kündigenden gehört. Das kann zB der Fall sein, wenn das Grundstück an ein Kind des Veräußerers übertragen wird und dies in die Wohnung einziehen will. Dann hatte der Veräußerer bereits Eigenbedarf, den das Kind als Ermächtigte auch ausüben kann. 38

---

[120] BGH NJW 1981, 1210; AG Wedding MM 2009, 263.
[121] BGH NJW 1994, 2298; vgl. OLG Hamm NJW 1991, 1185.
[122] BGH NJW 1994, 2298 mAnm *Karst* NJW 1995, 3278 für den Fall des § 80 ZPO; OLG Hamm NJW 1991, 1185; Bub/Treier MietR-HdB/*Schultz* Kap. III. Rn. 1144; **aA** BFH BB 1994, 1702 für die FGO.
[123] BGH WuM 2016, 682.
[124] *Nies* NZM 1998, 221 (222).
[125] BGH NZM 1998, 146 (147); KG WuM 2008, 153; OLG Celle NZM 2000, 93; aA LG Augsburg NJW-RR 1992, 520; LG Hamburg WuM 1977, 260; 1993, 48; LG Kiel WuM 1992, 128; LG München I WuM 1989, 282; *Scholz* ZMR 1988, 285 (286).
[126] Dazu auch *Drasdo* NJW-Spezial 2009, 321; zu Vollmachten in der Mietverwaltung auch *Blank* GE 1998, 1189.
[127] BGH WuM 2014, 286 mkritAnm von *Blank* LMK 2014, 357461; aA AG Hamburg ZMR 2015, 133.
[128] AG Hamburg ZMR 2015, 133.

I. Abtretung des Kündigungsrechts

39 Der Vermieter kann das **Recht zur Kündigung** des Wohnraummietvertrages **nicht abtreten**.[129] Der Unterschied zur Ermächtigung ist der, dass im Fall einer Abtretung des Kündigungsrechts der Zessionar anstelle des Zedenten frei entscheiden könnte, ob er die Kündigung erklärt oder nicht. Bei der Ermächtigung beruht die Befugnis weiterhin auf einer Erlaubnis des eigentlich Berechtigten. Dieser kann bis zur Vornahme des Rechtsgeschäfts die Ermächtigung nach § 183 BGB widerrufen.[130] Dem gegenüber ist die isolierte Abtretung von Mietzinsansprüchen ohne gleichzeitige Übernahme der Pflichten aus einem Mietverhältnis zumindest bei Gewerberaummietverträgen[131] zulässig. Die Regelung in einem Grundstückskaufvertrag, dass der Käufer mit dem Tag des Vertragsschlusses in einen bestehenden Mietvertrag des Verkäufers mit einem Dritten (ohne dessen Zustimmung) eintritt, kann aber weder im Wege der ergänzenden Vertragsauslegung noch im Wege der Umdeutung dahin verstanden werden, dass der Käufer ermächtigt werden soll, den Mietvertrag im eigenen Namen zu kündigen.[132]

Kapitel 5. Der richtige Adressat der Kündigung

Übersicht

	Rn.
A. Mieter	1
I. Eheleute als Mieter	2
II. Gesellschaft bürgerlichen Rechts	11
B. Rechtsnachfolge	13
I. Rechtsgeschäftlich vereinbarte Nachfolge	13
II. Tod des Mieters	14
1. Wohnraummiete	15
a) Eintrittsrechte	16
b) Vertragsfortsetzung	20
c) Erbeneintritt	21
2. Gewerberaummiete	22
C. Bevollmächtigung	23

A. Mieter

1 Grundsätzlich muss bei einem Mietverhältnis, an dem mehrere Mieter beteiligt sind, wegen seiner Einheitlichkeit die Kündigung von sämtlichen Personen der einen Vertragsseite gegenüber allen Personen der anderen Vertragsseite erklärt werden.[1] Die Kündigung ist deshalb **von allen Vermieter oder Mietern an alle Mieter**[2] **oder Vermieter** zu

---

[129] LG Berlin ZMR 1996, 326; LG Hamburg WuM 1993, 48; LG Kiel WuM 1992, 128; LG Augsburg NJW-RR 1992, 520; LG Osnabrück WuM 1990, 81; LG München I WuM 1989, 282; LG Wiesbaden WuM 1987, 392; *Blank* in Schmidt-Futterer BGB § 542 Rn. 36; *Rolfs* in Staudinger BGB (2014) § 542 Rn. 19; *Sternel*, Mietrecht, Rn. IV, 2; aA: Mayer ZMR 1990, 121 (123); offengelassen von BGH NJW 1998, 896; dazu auch OLG Düsseldorf ZMR 2000, 170.
[130] *Rolfs* in Staudinger (2014), BGB, BGB § 542 Rn. 20.
[131] BGH (NZM 2003, 716 = NJW 2003, 2987.
[132] OLG Celle NZM 2000, 93.
[1] RGZ 90, 328; 97, 79; 138, 183; BGHZ 26, 102; 96, 302; BGH MDR 1964, 308; NJW 1972, 249; OLG Frankfurt a. M. NJW-RR 1991, 459; OLG Düsseldorf NJW-RR 1987, 1369; *Emmerich* in Staudinger BGB Vorb. zu § 535 Rn. 78; *Bartels*, Der vertragliche Schuldbeitritt im Gefüge gegenseitiger Dauerschuldverhältnisse, S. 125.

adressieren.³ Wer Mieter ist ergibt sich dabei aus dem Mietvertrag.⁴ Eine nicht an alle Adressaten, zB alle Mieter gerichtete Kündigungserklärung ist unwirksam. Es kann aber rechtsmissbräuchlich sein, wenn sich der Mieter, an den die Kündigung adressiert ist, darauf beruft.⁵

I. Eheleute als Mieter

Hat der Vermieter die Wohnung an Eheleute⁶ vermietet und den Mietvertrag mit beiden Ehegatten geschlossen, so muss er die **Kündigung an beide Eheleute adressieren**.⁷ Dies gilt auch dann, wenn die Eheleute getrennt leben und einer der beiden Ehegatten ohne einverständliche Aufhebung des mit ihm bestehenden Mietverhältnisses aus der Mietwohnung ausgezogen ist. Eine nur an den in der Wohnung verbliebenen Ehegatten gerichtete Kündigung ist grds. unwirksam.⁸ Ein Ehepartner kann sich auch nicht einseitig aus seiner vertraglichen Verpflichtung lösen.⁹ Haben nämlich Eheleute gemeinsam einen Mietvertrag auf der Mieterseite abgeschlossen, so bedarf derjenige Ehegatte, der sich allein aus dem Mietverhältnis lösen will, hierzu nicht nur des Einverständnisses des Vermieters, sondern ebenso des Einverständnisses seines im selben Schuldverhältnis stehenden Ehegatten.¹⁰

2

Jedoch steht dem in der Wohnung verbliebenen mietenden Ehegatte aufgrund des **Gebots gegenseitiger Rücksichtnahme** und der aus § 1353 Abs. 1 S. 2 abzuleitenden Pflicht, die finanziellen Lasten des anderen Teils nach Möglichkeit zu verringern, ein Anspruch auf Mitwirkung an einer Vertragsentlassung zu angemessenen Bedingungen zu, soweit der Vermieter hierzu.¹¹ Gem. § 1568a BGB¹² kann aber ein Ehegatte vom anderen verlangen, dass ihm die Wohnung nach der Scheidung überlassen wird. Mit Zugang der Erklärung beider Ehegatten oder mit Rechtskraft der Endentscheidung im Wohnungszuweisungsverfahren tritt dann der so bestimmte Ehegatte an Stelle des ursprünglich mietenden Ehegatten in ein von diesem eingegangenes Mietverhältnis ein oder setzt ein von beiden eingegangenes Mietverhältnis allein fort. Der Vermieter kann das Mietverhältnis innerhalb eines Monats, nachdem er von dem endgültigen Eintritt in das Mietverhältnis Kenntnis erlangt hat, außerordentlich mit der gesetzlichen Frist kündigen, wenn in der Person des eintretenden oder allein den Vertrag fortsetzenden Ehegatte ein wichtiger Grund vorliegt.

3

Die Kündigung ist an alle Personen zu richten, die zum Zeitpunkt des Zugangs der Kündigung noch Mieter sind. Die **Bezeichnung „Familie"** mit dem nachfolgenden Namen eines von zwei Mietern, die miteinander verheiratet sind und die Wohnung gemeinsam gemietet haben, macht nicht hinreichend deutlich, dass in dem Kündigungsschreiben mehrere selbständige Willenserklärungen zusammengefasst sind, die gleichzeitig

4

---

2 BGH WuM 2004, 280 = NJW 2004, 1797 = NZM 2004, 419; OLG Celle WuM 1982, 102; OLG Koblenz NJW 1984, 18; AG Lichtenberg MM 1998, 441; AG Hamburg WuM 1980, 58; *Nies* NZM 1998, 221 (222); zu Rechtsproblemen bei Personenmehrheiten bei Mietern und Vermietern *Börstinghaus* MDR 2002, 929; *Scholz* WuM 1986, 5; *Götz/Brudermüller*, Die gemeinsame Wohnung, Rn. 71.
3 Zur Räumungsklage gegen mehrere Mieter: *Caspers* ZAP F. 4, S. 1873.
4 Das kann auch durch Auslegung zu ermitteln sein. Eine Falschbezeichnung ist unerheblich. Es gilt das tatsächlich Gewollte: BGH NJW 2015, 1109.
5 BGH NJW 2005, 1715.
6 Zur Frage, wer Mieter ist, wenn nur ein Ehepartner den Vertrag unterzeichnet hat: OLG Düsseldorf WuM 1989, 362; OLG Schleswig WuM 1992, 674; LG Berlin GE 1998, 298; 1995, 1343; LG Hamburg WuM 1994, 423; LG Mannheim ZMR 1993, 415; AG Dortmund MDR 1993, 755; *Sternel*, Mietrecht, I 22; *Scholz* WuM 1986, 5.
7 *Götz/Brudermüller*, Die gemeinsame Wohnung, Rn. 71.
8 BayObLG negRE WuM 1983, 107; AG München NZM 2003, 394.
9 AG Hamburg NZM 2009, 319; zu den Folgen des Auszugs eines Ehegatten aus der gemeinsamen Wohnung: *Kinne* GE 2006, 1450.
10 OLG Celle WuM 1982, 102; BayObLG WuM 1983, 107.
11 OLG Hamburg NZM 2011, 311.
12 *Götz* NZM 2010, 383; *Brudermüller/Götz* NJW 2010, 5; *Blank* WuM 2009, 555; *Götz/Brudermüller* FamRZ 2009, 1261; *Götz/Brudermüller* FS Derleder, 2015, 119; *Beuermann* GE 2009, 1358; die Norm ist auch verfassungsgemäß: BGH NJW 2013, 2507.

an beide Mieter gerichtet werden sollen. Eine solche Kündigung ist unwirksam.[13] Wenn in der Adressatenangabe im Anschriftenfeld des Schreibens zwar nur der Vorname des Ehemannes genannt wird, die Anrede aber mit „Herrn und Frau" beginnt, soll die Erklärung aber wirksam sein.[14] Die formelhafte alternative Adressierung „Herr/Frau X" ist demgegenüber unwirksam.[15]

5   Im Einzelfall kann aber eine Kündigung, die nur an den in der Wohnung lebenden Mieter gerichtet ist, trotzdem wirksam sein. Dies ist dann der Fall, wenn im Einzelfall das Festhalten an dem Erfordernis, dass die Erklärung beiden gegenüber erklärt und zugegangen sein muss, nur eine Formalie darstellt, weil einer der beiden Mitmieter die Wohnung seit Jahren[16] endgültig verlassen und aufgegeben hat, ohne dem Vermieter dies anzuzeigen und seine neue Adresse mitzuteilen.[17] Solange die Parteien mietvertraglich in diesen Fällen eine wechselseitige **Empfangsvollmacht** vereinbart haben, kann der Vermieter auch die für den unbekannt verzogenen Mieter bestimmte Willenserklärung an den in der Wohnung verbliebenen Mieter als Empfangsbevollmächtigten richten. Liegt keine Empfangsvollmacht vor oder hat der Mitmieter diese nach Auszug widerrufen, dann kann nur nach § 242 BGB im Einzelfall die Notwendigkeit entfallen, die Kündigung auch an den ausgezogenen Mitmieter zu adressieren. Hier spielen Umstände des Rechtsmissbrauchs auf Mieterseite wie auch Verwirkungstatbestände eine Rolle. Maßgebliche Umstände sind dabei die Frage, wie lange der Mitmieter schon unbekannt ausgezogen ist, ob er sonst erkennbar jegliches Interesse an der Wohnung aufgegeben hat oder ob noch Besuchskontakte bestehen. Wenn die Ehefrau, die Mitmieterin war, schon vor mehr als zwei Jahren aus der Wohnung ausgezogen ist, deren Anschrift nicht bekannt ist und sie mit dem Vermieter ohne Zustimmung des in der Wohnung verbliebenen Mieters einen Mietaufhebungsvertrag abgeschlossen hat, dann handelt der in der Wohnung verbliebene Mitmieter, der sich in diesem Fällen auf die Unwirksamkeit der Kündigung wegen des Zugangsmangels beruft, rechtsmissbräuchlich.[18]

6   Unklarheiten über die Person des Mieters – ebenso wie sonstigen Personenmehrheiten – können bei der Vermietung von und an Eheleute auftreten, wenn die Angaben im **Mietvertragskopf** nicht identisch sind mit den Personen, die den Mietvertrag unterschrieben haben. Soweit hier überhaupt ein Mietvertrag zustande gekommen ist, werden verschiedene Auffassungen hierzu vertreten:

7   Es spreche eine **tatsächliche Vermutung**[19] oder der erste Anschein[20] dafür, dass die Unterschrift des einen Ehepartners auch im Namen der Ehefrau erfolgen soll.[21] Der BGH hat es in einer Entscheidung zum Landpachtvertrag[22] ausdrücklich offen gelassen, ob diese Auffassungen seine Zustimmung finden. Er hat auf die Unterschiede zum Wohnraummietrecht hingewiesen. Das OLG Schleswig[23] hat den Erlass eines Rechtsentscheids zu dieser Frage abgelehnt, da es sich um kein Problem des Wohnraummietrechts sondern des allg. Vertretungsrechts handele, jedoch ausgeführt, dass es auch von einem Anscheinsbeweis für eine wirksame Vertretung ausgehe, wenn nur ein Ehegatte den Vertrag unterzeichne, obwohl beide im Mietvertragskopf genannt werden und der andere Ehegatte an den

---

[13] AG Greifswald WuM 1994, 268; AG Neukölln MM 1993, 219.
[14] AG Hamburg WuM 1999, 484.
[15] BVerfG WuM 1992, 685; BezG Chemnitz WuM 1993, 34; KrG Cottbus-Stadt WuM 1992, 109; AG Grimmen WuM 1992, 685.
[16] LG Berlin GE 2017, 231 (Ehefrau vor fast 50 Jahren ausgezogen und unbekannten Aufenthalts).
[17] BGH NJW 2005, 1715; OLG Frankfurt a. M. NJW-RR 1991, 459; LG Berlin MM 1999, 122; AG Neukölln GE 1998, 360; AG Schöneberg MM 1999, 122 (konkludente Mietaufhebungsvereinbarung); zweifelnd Sternel MietR aktuell Rn. IV 87.
[18] BGH NZM 2010, 815; NJW 2005, 1715.
[19] OLG Düsseldorf ZMR 2000, 210; WuM 1989, 362; OLG Oldenburg MDR 1991, 969; LG Berlin GE 1999, 1285; 1995, 1553; 1995, 567; LG Heidelberg WuM 1997, 547; AG Dortmund MDR 1993, 755; Sternel, Mietrecht, I 22.
[20] Scholz WuM 1986, 5.
[21] Kritisch hierzu V. Emmerich in Staudinger BGB Vorb. zu § 535 Rn. 82.
[22] BGH NJW 1994, 1649 (1650) = MDR 1994, 579.
[23] OLG Schleswig WuM 1992, 674.

Verhandlungen teilgenommen hat. Der Abschluss eines Wohnraummietvertrages zählt ebenso wenig zu den **Geschäften des täglichen Bedarfs** gem. § 1357 BGB[24] wie die Kündigung eines solchen Vertrages. Möglich ist aber zumindest auch, dass der Mietvertrag nicht unterzeichnende Mieter später dem Mietvertrag – auch konkludent – beigetreten ist.[25] Dies kann zB durch Unterzeichnung mehrerer Mieterhöhungserklärungen oder die Duldung einer Modernisierung[26] geschehen. Darin kann im Einzelfall auch die Genehmigung der Handlungen des vollmachtlosen Vertreters zu sehen sein.[27] Von einer stillschweigenden Genehmigung ist bei einem langjährig praktizierten Mietverhältnis durch den den Mietvertrag nicht unterzeichnenden Ehegatten regelmäßig auszugehen.[28]

Teilweise wird auch die Auffassung vertreten, dass im Zweifel nicht anzunehmen ist, dass ein Ehepartner einen Mietvertrag **zugleich in Vertretung** und mit Vollmacht für seine Ehefrau unterschrieben hat.[29] Der Mietvertrag soll erst nach Unterzeichnung durch den zweiten Ehegatten zustande kommen.[30] Wird ein Mietvertrag, der im Kopf der Vertragsurkunde zwei Mieter ausweist, nur von einem Mieter unterschrieben, soll sich nach Ansicht des LG Saarbrücken[31] der rechtliche Schluss auf ein Vertreterhandeln des die Unterschrift leistenden Mieters verbieten, wenn es nach den Umständen des Sachverhalts ebenso plausibel ist, dass die Einholung der zweiten Unterschrift schlicht vergessen wurde. 8

Unterzeichnen beide Ehegatten einen Mietvertrag, in dem nur ein Ehegatte als Mieter bezeichnet ist, wird im Zweifel nur dieser Mieter.[32] Steht dabei ein Ehegatte in einem Mietvertrag mit einer Genossenschaft im Mietvertragskopf als „Mitglied", befindet sich unter seiner Unterschrift aber der Text „Unterschrift des Ehegatten als selbstschuldnerischer Bürge/Mitglied", so ist diese Regelung insgesamt unklar. Es gilt in diesem Fall die für den Unterzeichner günstigste Alternative, also die Bürgschaft.[33] 9

In den neuen Bundesländern ist auch heute noch in einigen Einzelfällen § 100 ZGB zu beachten.[34] Nach dieser Vorschrift wurde der **Ehepartner** des Mieters ebenfalls Mietvertragspartei, auch wenn er den Mietvertrag nicht unterschrieben hat oder wenn der Partner erst später eingezogen ist.[35] Die Vorschrift gilt aber nur noch für Mietverhältnisse, die vor dem 3.10.1990 begründet wurden.[36] Das gilt selbst dann, wenn ein Mietverhältnis vor dem 2.10.1990 schlüssig abgeschlossen wurde, aber erst nach dem 3.10.1990 schriftlich fixiert wurde.[37] Die Vorschrift galt sowohl für Genossenschaftswohnungen[38] als auch für Werkwohnungen,[39] wenn das Arbeitsverhältnis beendet worden ist, ohne dass der Wohnungsmietvertrag gekündigt wurde. Soweit der Mieter während des Bestehens des Mietverhältnisses sich scheiden ließ und vor dem 3.10.1990 wieder geheiratet hat, trat der neue Ehegatte kraft Gesetzes in das Mietverhältnis ein.[40] Nur ausnahmsweise kann der Einwand des Mieters bezüglich der bestehenden Ehe als rechtsmissbräuchlich angesehen werden.[41] 10

---

[24] BGH WuM 2016, 353; LG Baden-Baden WuM 1997, 430.
[25] *Bieber* GE 2011, 1198 (1199).
[26] BGH NJW 2005, 2620; LG Berlin GE 2001, 1603.
[27] AG Gießen GE 2011, 1237.
[28] AG und LG Gießen ZMR 2007, 863.
[29] LG Berlin GE 2004, 1096; LG Osnabrück NZM 2002, 943 (944); LG Berlin GE 1995, 1343; ZMR 1988, 103; LG Mannheim ZMR 1993, 415; LG Ellwangen DGVZ 1993, 10; AG Potsdam WuM 1996, 696.
[30] LG Berlin MM 2007, 371.
[31] LG Saarbrücken BeckRS 2016, 252.
[32] LG Berlin MM 1997, 283; ZMR 1988, 103; LG Osnabrück WuM 2001, 438; *Kinne* in MietPrax Fach 8 Rn. 266; aA AG Köln WuM 1980, 85; Nach LG Schweinfurt WuM 1989, 362 ist derjenige Vermieter, der den Mietvertrag als Vermieter unterschreibt, auch wenn er im Kopf nicht als Vermieter aufgeführt ist.
[33] LG Berlin NZM 2000, 1005.
[34] LG Berlin MM 2005, 335; *Quarch* WuM 1993, 224; *Mittag* WuM 1993, 169.
[35] LG Cottbus NJW-RR 1995, 524.
[36] LG Görlitz WuM 1995, 649; AG Lichtenberg MM 1998, 441.
[37] AG Frankfurt (Oder) WuM 1996, 265.
[38] AG Potsdam WuM 1995, 696.
[39] AG Löbau WuM 1996, 265.
[40] LG Görlitz WuM 1995, 649.
[41] LG Berlin MM 2005, 335; dazu auch BGH NJW 2004, 1797.

II. Gesellschaft bürgerlichen Rechts

11 Mehrere Mieter bilden bei der Anmietung einer Wohnung regelmäßig eine reine **Innengesellschaft**. Dies betrifft aber nur die Rechtsbeziehungen zwischen den einzelnen Mietern,[42] nach außen hin sind die einzelnen Mieter alle Gesamtschuldner. Theoretisch mag es möglich sein, dass mehrere Wohnungsmieter eine Wohnung als **Außengesellschaft** anmieten, dann müssten die oben (→ Rn. 4, 9) genannten Kriterien für eine Außengesellschaft vorliegen. In der Praxis wird dies aber die absolute Ausnahme sein. Die Außengesellschaft spielt vor allem im Gewerbemietrecht eine Rolle. Im Wohnraummietrecht ist eine Außengesellschaft am Ehesten denkbar bei der Vermietung an Wohngemeinschaften, wenn der Mietvertrag von der jeweiligen Zusammensetzung der Wohngemeinschaft abgekoppelt werden soll.[43]

12 Bei der **passiven Stellvertretung,** also der Erklärung der Kündigung gegenüber einer GbR ist zunächst erforderlich, dass sich aus der Willenserklärung ergibt, dass sie gegenüber der GbR und nicht gegenüber dem einzelnen Gesellschafter abgegeben werden soll.[44] Die Willenserklärung wird dann aber schon entsprechend § 125 Abs. 2 HGB wirksam, wenn sie nur einem vertretungsberechtigten Gesellschafter zugeht, selbst wenn Gesamtvertretung angeordnet ist.[45]

B. Rechtsnachfolge

I. Rechtsgeschäftlich vereinbarte Nachfolge

13 Die Mieterstellung kann rechtsgeschäftlich nur mit Zustimmung des Vermieters übertragen werden. Vereinbaren die ursprünglichen Parteien des Mietvertrages, dass der bisherige **Mieter aus dem Vertrag ausscheidet** und ein neuer Mieter in den Mietvertrag eintritt, kommt es auf die konkrete Vertragsgestaltung an. Die Frage, ob und unter welchen Umständen mit dem Abschluss eines Mietvertrags mit einem vom Mieter gestellten Nachmieter die Aufhebung des bisherigen Mietvertrags verbunden ist, hängt von den Umständen des jeweiligen Einzelfalls ab und entzieht sich einer allgemeinen Betrachtung.[46] Möglich sind die Beendigung des alten Mietvertrages und der Abschluss eines neuen Vertrages.[47] Dies bezeichnet man als **Novation**.[48] Ebenso können die Parteien aber vereinbaren, dass der neue Mieter an die Stelle des alten Mieters in den Vertrag eintritt.[49] Ein solcher **Parteiwechsel** kommt durch dreiseitigen Vertrag zustande.[50]

II. Tod des Mieters

14 Kraft Gesetzes kann es auf Mieterseite im Fall des **Todes des Mieters** zu einer Rechtsnachfolge kommen. Dabei ist zwischen Wohnraummietverhältnissen, und zwar den geschützten wie auch den ungeschützten gem. § 549 Abs. 2 und 3 BGB, und Gewerberaummietverhältnissen gem. § 578 Abs. 1 und Abs. 2 BGB zu unterscheiden:

---

[42] BGH NJW-RR 1990, 1090; LG Duisburg NJW 1998, 1499.
[43] Dazu *Schmid* GE 1998, 882; *Schmid* GE 2001, 753.
[44] OLG Düsseldorf ZMR 1996, 324 (für Kündigung gegenüber einer GbR als Mieterin).
[45] *Jacoby* ZMR 2002, 409 (411).
[46] BGH WuM 2012, 371; dazu umfassend *Schmid* WuM 2013, 643.
[47] Nach BGH NZM 2007, 851 spricht ein Mieterwechsel grds. eher für eine Novation als für einen Parteiwechsel.
[48] Zur Novation auch BGH NJW 2009, 1139; WuM 2013, 165 („Novation nur ausnahmsweise").
[49] BGHZ 95, 88.
[50] BGH NZM 2010, 471; WuM 2013, 496.

1. Wohnraummiete

In der Wohnraummiete bedeutet der Tod des oder eines der Mieter nicht automatisch das Ende des Mietverhältnisses. Vielmehr enthalten die §§ 563–564 BGB ein sehr differenziertes Regelungsmodell, wer in diesem Fall das Mietverhältnis fortsetzt oder in den Vertrag eintritt. 15

a) Eintrittsrechte. Hat nur eine Person den Mietvertrag auf Mieterseite abgeschlossen, bildet er aber mit anderen Personen einen gemeinsamen Haushalt, so richten sich die Rechtsfolgen nach § 563 BGB: 16

Lebt der **Ehepartner** des verstorbenen Mieters mit in der Wohnung, tritt dieser in den Mietvertrag ein und verdrängt auch alle anderen Personen als Mieter, die ggf. auch noch im Haushalt des verstorbenen Mieters wohnen. 17

Gibt es einen (gleichgeschlechtlichen) **Lebenspartner** nach dem LPartG gilt das Gleiche.[51] 18

Andere Personen wie zB **Kinder, Eltern, Geschwister, Großeltern** des verstorbenen Mieters aber auch Freund und Freundin werden alle zusammen Mieter, wenn sie mit dem verstorbenen Mieter einen gemeinsamen Haushalt bildeten und wenn kein Ehepartner oder Lebenspartner in der Wohnung wohnt. Dabei sind an die gemeinsame Haushaltsführung der Kinder mit dem verstorbenen Mieter keine „überspannten Anforderungen" zu stellen.[52] Insbesondere muss das Kind gemäß § 563 Abs. 2 S. 1 BGB nicht wie ein übriger Angehöriger den Haushalt zusammen mit dem verstorbenen Mieter geführt haben, sondern es reicht aus, dass es lediglich in dessen Haushalt gelebt hat.[53] Das Vorliegen eines Untermietverhältnisses des verstorbenen Mieters mit dem Eintrittsberechtigten schließt einen gemeinsamen Haushalt nicht aus.[54] 19

b) Vertragsfortsetzung. Haben **mehrere Personen** den Mietvertrag auf Mieterseite abgeschlossen, dann richten sich die Rechtsfolgen nach § 563a BGB. Unabhängig von der Frage wer Erbe des verstorbenen Mieters ist, wird das Mietverhältnis mit dem oder den überlebenden Mietern fortgesetzt, egal wo diese wohnen, also ob sie mit dem verstorbenen Mieter einen gemeinsamen Haushalt geführt haben oder nicht. Die Haftung für Mietschulden richtet sich im Innenverhältnis zum Erben nach § 563b BGB. 20

c) Erbeneintritt. Hat der verstorbene Mieter **allein in der Wohnung gelebt,** so tritt der Erbe oder treten die Erben an seine Stelle. Sie können jedoch das Mietverhältnis erleichtert nach § 564 S. 2 BGB in der Frist des § 573d BGB kündigen. Auch der Vermieter kann ohne Vorliegen eines berechtigten Interesses gem. § 573 Abs. 1 kündigen, § 573d Abs. 1 BGB. Dabei bewirkt das an einen von zwei Erben des verstorbenen Mieters gerichtete Kündigungsschreiben des Vermieters die Kündigung auch gegenüber dem anderen Erben, wenn sich auf dem Schreiben ein handschriftlicher Zusatz befindet, wonach sich der Adressat verpflichtet, die Kündigung umgehend an den namentlich genannten zweiten Erben weiterzuleiten, und es dem Vermieter ersichtlich um die Beendigung des gesamten Mietverhältnisses gegenüber beiden Erben des verstorbenen Mieters geht.[55] 21

2. Gewerberaummiete

In der Gewerberaummiete gilt das Erbrecht uneingeschränkt. Nach dem Tod des Mieters tritt **Universalsukzession** ein gem. § 1922 BGB ein. Der oder die Erben werden Mieter 22

---

[51] Soweit bis 26.11.2015 im Fall von Kindern des verstorbenen Lebenspartners diese ebenfalls noch Mieter wurden, wurde § 563 BGB danach entsprechend geändert, so dass Ehepartner und Lebenspartner seither bei der Rechtsnachfolge völlig gleich behandelt werden.
[52] BGH NJW 2015, 473.
[53] BGH NJW 2015, 473; LG Berlin WuM 2017, 149.
[54] LG Berlin WuM 2017, 149.
[55] BGH NJW 2015, 473; *Börstinghaus* jurisPR-BGHZivilR 3/2015 Anm. 2; *Börstinghaus* MietRB 2015, 33 (34); *Theesfeld* jurisPR-MietR 5/2015 Anm. 3.

und können genauso wie der Vermieter das Mietverhältnis gem. § 580 BGB außerordentlich kündigen (dazu → Kap. 18 Rn. 19).

C. Bevollmächtigung

23 Zulässig ist bei Personenmehrheit die wechselseitige **Bevollmächtigung**. § 1357 Abs. 1 BGB findet demgegenüber bei Ehegatten keine Anwendung.[56] Es handelt sich um kein Geschäft zur Deckung des laufenden Lebensbedarfs.[57] Eine eventuelle Bevollmächtigung kann sich nur auf die Entgegennahme von Willenserklärungen beziehen. Eine solche Vollmacht betrifft aber nur die Entgegennahme der Erklärung, so dass die Erklärung selbst an alle Mieter zu adressieren ist.[58] Eine Vereinbarung mit dem Inhalt: *„Erklärungen, deren Wirkung die Mieter berührt, müssen von oder gegenüber allen Mietern abgegeben werden; die Mieter bevollmächtigen sich jedoch gegenseitige zur Entgegennahme solcher Erklärungen"* ist selbst dann wirksam, wenn sie formularmäßig getroffen wurde.[59] Eine solche Klausel benachteiligt die Mieter nicht unangemessen iSd § 307 BGB.[60] Das gemeinsame Anmieten und Wohnen ist Ausdruck eines Näheverhältnisses, welches annehmen lässt, dass ein Mieter Erklärungen des Vermieters, die das Mietverhältnis betreffen, an die Mitmieter weitergibt. Solange die Mieter in der Wohnung zusammenleben, gibt es keine größeren praktischen Probleme mit einer solchen Empfangsvollmacht. In diesem Fall werden Erklärungen, die an alle Mieter gerichtet sind schon dann wirksam, wenn sie in den Briefkasten geworfen werden oder einem Mitmieter übergeben werden, da die Mitmieter füreinander **Empfangsboten** sind.[61] Mit Auszug eines Mitmieters aus der Wohnung endet aber diese Empfangsbotenstellung der übrigen Mitmieter für den ausgezogenen Mitmieter.[62] Deshalb wird die **Empfangsvollmacht** erst mit dem Auszug eines Mieters praktisch bedeutsam, da sie nun die zuvor bestehende Empfangsbotenschaft fortsetzt. Der ausziehende Mieter ist auch in den Fällen der mietvertraglich erteilten Empfangsvollmacht ausreichend geschützt. Er kann die Empfangsvollmacht dem Vermieter gegenüber jederzeit widerrufen.[63] Dieses **Widerrufsrecht** aus wichtigem Grund kann auch nicht wirksam abbedungen werden. Ein solcher Widerruf kann auch konkludent erfolgen, zB durch den Auszug aus der Wohnung.[64]

24 Aber auch bei bestehender Empfangsvollmacht ist eine Kündigung an alle Mieter zu richten. Eine formularvertragliche Klausel, wonach die Kündigung einem Mieter gegenüber Gesamtwirkung allen Mietern gegenüber haben soll, ist unwirksam.[65] Die Bevollmächtigung fingiert nur den Empfang solcher Erklärungen. Aus der Adressierung muss auch für den Empfänger erkennbar sein, an wen sie gerichtet ist. Bei der passiven Stellvertretung (Vertretung beim Empfang einer Willenserklärung) gem. § 164 Abs. 3 BGB, ist es erforderlich, dass die Willenserklärung an den Vertretenen gerichtet ist. Die Kündigung muss deshalb an alle adressiert sein.

25 Auch auf Mieterseite kann eine **Rechtsnachfolge** eingetreten sein. Neben den Fällen der rechtsgeschäftlichen Rechtsnachfolge, an der der Vermieter mitwirken muss, kommen die Fälle der Rechtsnachfolge nach Tod des Mieters gem. §§ 563–564 BGB in Betracht.[66]

---

[56] BGH WuM 2016, 353.
[57] LG Berlin WuM 2012, 26.
[58] BGH WuM 2005, 515 = NJW-RR 2005, 1258.
[59] BGH NZM 1998, 22 mAnm *Roth* JZ 1998, 250; LG Hamburg ZMR 2016, 627; OLG Nürnberg NJW 1988, 1220; KG GE 2004, 753 (für Gewerberaummietvertrag); *Behrens*, Beteiligung mehrerer Mieter am Mietverhältnis, 1989, S. 200 ff.
[60] LG Hamburg ZMR 2016, 627.
[61] *Ellenberger* in Palandt BGB § 130 Rn. 9.
[62] *Roth* JZ 1998, 250 (251); **aA** *Derleder* JurBüro 1994, 1.
[63] BGH NZM 1998, 22 mAnm *Roth* JZ 1998, 250; BGH WPM 1985, 646.
[64] AG Schöneberg MM 1993, 255; dafür auch *Roth* JZ 1998, 250.
[65] LG München I ZMR 2017, 56.
[66] Zu den besonderen Problemen hierbei s. *Hinkelmann* NZM 2002, 378.

Der **Prozessbevollmächtigte** des Mieters im Zustimmungsprozess ist auf Grund der 26
Prozessvollmacht auch für eine im Prozess erfolgte – weitere – Kündigung empfangsbevollmächtigt.[67]

Kapitel 6. Die Form

Übersicht

	Rn.
A. Allgemeines	1
B. Die Kündigung von Wohnraummietverhältnissen	3
C. Kündigung von Gewerberaummietverhältnissen	9
I. Die Textform	10
II. Vereinbarte Schriftform	12
D. Zugang der Erklärung	14
E. Besonderheiten	29

A. Allgemeines

Hinsichtlich der erforderlichen Form, die eine Kündigung einhalten muss, ist zwischen den 1
verschiedenen Mietverhältnissen zu unterscheiden;
a) Für **Wohnraummietverhältnisse** ist gem. § 568 Abs. 1 BGB die Schriftform vorgeschrieben.
b) Das gilt auch für die **ungeschützten Mietverhältnisse** gem. § 549 Abs. 2 und 3 BGB
c) Für **Gewerberaummietverhältnis** ist kraft Gesetzes keine Form vorgeschrieben.

Soweit Schriftform für die Kündigung vorgeschrieben ist, handelt es sich um eine Wirksamkeitsvoraussetzung. Auf die Form kann nicht verzichtet werden.[1] Sie gilt sowohl für die 2
Vermieter, wie auch für die Mieterkündigung.

B. Die Kündigung von Wohnraummietverhältnissen

Die Tatbestandsvoraussetzung der **Schriftform** ergeben sich aus § 126 Abs. 1 BGB.[2] 3
Erforderlich ist danach eine Erklärung, die vom Kündigenden eigenhändig durch Namensunterschrift oder notariell beglaubigtem Handzeichen unterzeichnet ist.[3] Unter Name ist grundsätzlich der Vor- und Nachname zu verstehen. Es genügt aber in der Regel die Unterzeichnung mit dem Nachnamen.[4] Das ist aber die Mindestvoraussetzung, so dass andere Bezeichnungen, wie Familienbezeichnung („Dein Vater") oder Funktionen („Die Geschäftsleitung" pp.) nicht ausreichen. Bei Doppelnamen muss grundsätzlich mit beiden Namensteilen unterschrieben werden. Die willkürliche Abkürzung führt zur Unwirksamkeit der Unterschrift.[5] Nur wenn keine Zweifel an der Identität des Unterzeichners bestehen reicht die Unterzeichnung mit dem ersten Teil des **Doppelnamens** aus[6] zB weil sich die Identität eindeutig aus dem Briefkopf ergibt.

Eine Unterschrift erfordert nach dem Sprachgebrauch und dem Zweck der Formvor- 4
schrift,[7] dass es sich tatsächlich um eine Schrift handeln muss. Eine **Namensunterschrift**

---
[67] BGH NZM 2003, 229; WuM 2003, 149.
[1] *Blank/Börstinghaus* in Blank/Börstinghaus BGB § 568 Rn. 2.
[2] *Schlemminger* NJW 1992, 2249.
[3] Zur Schriftform im Mietrecht: *Schmid* GE 2002, 1039.
[4] *Blank/Börstinghaus* in Blank/Börstinghaus BGB § 568 Rn. 7.
[5] LAG Köln NZA 1987, **aA** BGH NJW 1988, 2822: Abkürzung des zweiten Namens mit den beiden Anfangsbuchstaben reicht aus.
[6] BGH NJW 1996, 997; OLG Frankfurt a. M. NJW 1989, 3030.
[7] BGH NJW 1997, 3380 (3381); 1985, 1227; 1975, 1704; MDR 1964, 747.

setzt ein aus Buchstaben einer üblichen Schrift[8] bestehendes Gebilde voraus, das nicht lesbar[9] zu sein braucht. Erforderlich, aber auch genügend, ist das Vorliegen eines die Identität des Unterschreibenden ausreichend kennzeichnenden Schriftzuges, der individuelle und entsprechend charakteristische Merkmale aufweist, die die Nachahmung erschweren.[10] sich als **Wiedergabe eines Namens** darstellt und die Absicht einer vollen Unterschriftsleistung erkennen lässt,[11] selbst wenn er nur flüchtig niedergelegt ist und von einem **starken Abschleifungsprozess** gekennzeichnet ist.[12] Unter diesen Voraussetzungen ist selbst ein vereinfachter und nicht lesbarer Namenszug als Unterschrift anzuerkennen, wobei insbesondere von Bedeutung ist, ob der Unterzeichner auch sonst in gleicher oder ähnlicher Weise unterschreibt. Deshalb wird von der Rechtsprechung zunehmend ein großzügiger Maßstab angelegt, wenn an der Autorenschaft keine Zweifel bestehen und zwar auch in Anbetracht der Variationsbreite, die selbst Unterschriften ein und derselben Person aufweisen.[13] Zum Teil wird mit Rücksicht auf die modernen Kommunikationsmittel, die häufig eine eigenhändige Unterschrift nicht mehr zulassen und deshalb auch nicht erfordern,[14] eine noch weitere Lockerung bezüglich des Unterschriftserfordernisses gefordert. Nach Ansicht des BGH genügt aber weder eine eingescannte[15] noch eine zuvor blanko erteilte und dann ausgeschnittene und aufgeklebte Unterschrift[16] den Anforderungen an eine wirksame Unterschriftsleistung. Bloße Striche oder geometrische Figuren genügen aber als Unterschrift[17] ebenso wenig wie die bloße Wiedergabe von Anfangsbuchstaben.[18] Es ist in der Regel erforderlich, dass man bei wohlwollendster Betrachtung bei Kenntnis des Namens des Unterzeichners diesen in der Unterschrift wiedererkennen kann.[19] Dabei darf eine dem Schriftzug beigefügte Namenswiedergabe in Maschinenschrift zur Deutung vergleichend herangezogen werden.[20] Handzeichen, die allenfalls einen Buchstaben erkennen lassen, sowie Unterschriften mit einer Buchstabenfolge, die als bewusste und gewollte Unterzeichnung mit einer Namensabkürzung **(Paraphe)**[21] erscheinen, sowie Faksimile-Stempel,[22] erfüllen nicht die Voraussetzung einer formgültigen Unterschrift.[23] Ob ein Schriftzug eine Unterschrift oder lediglich eine Abkürzung darstellt, beurteilt sich dabei nach dem **äußeren Erscheinungsbild**.[24] Genügt die Unterschrift diesen Anforderungen nicht, liegt keine gem. § 125 BGB wirksame Kündigungserklärung vor. Dabei kommt es im Fall eines Rechtsstreits nicht darauf an, ob die Parteien übereinstimmend meinen, die Unterschrift sei wirksam; entscheidend ist die Beurteilung durch das Gericht.[25]

5   Wenn die Kündigung durch einen **Personenmehrheit** zu erfolgen hat, weil der Mietvertrag auf Vermieter- oder Mieterseite von oder mit mehreren Personen geschlossen

---

[8] BGH NJW-RR 2017, 386; NJW 1992, 243; NJW-RR 1992, 1150; NJW 1989, 588; 1987, 1333; 1985, 1227; 1985, 2651; 1975, 1704.
[9] BFH NJW 2000, 607; BGH NJW-RR 2017, 386; NJW 1997, 3380 (3381); 1982, 1467; 1959, 734.
[10] BGH NJW 1959, 734; 1985, 1227; OLG Frankfurt a. M. NJW 1993, 3079; OLG Düsseldorf NJW-RR 1992, 946 (947).
[11] BFH NJW 2000, 607 (608); BGH NJW 1994, 55.
[12] BGH NJW-RR 1997, 760; NJW 1997, 3380 (3381).
[13] BGH NJW 1997, 3380 (3381); 1987, 1333; BVerfG NJW 1998, 1853; Schneider NJW 1998, 1844.
[14] GemS-OGB NJW 2000, 2340.
[15] BGH NJW 2006, 3784.
[16] BGH NJW 2015, 3246 mAnm *Einsele* LMK 2015, 373985.
[17] Sogenannte „Schlingenrechtsprechung" zB: OLG Oldenburg NStZ 1988, 145; LG Berlin MM 1992, 65; AG Dortmund NZM 2000, 32.
[18] LAG Berlin NJW 2002, 989.
[19] BGH NJW 1988, 713; KG NJW 1988, 2807.
[20] BGH NJW-RR 1997, 760; NJW 1992, 243; OLG Düsseldorf NJW-RR 1992, 946.
[21] GemS-OGB NJW 2000, 2340; BGH NJW 1998, 762; 1997, 3380 (3381); 1994, 55; 1985, 1227; 1982, 1467; 1967, 2310; OLG Hamm NJW 1989, 3289 mAnm *Späth* VersR 1990, 675; OLG Köln Rpfleger 1991, 198; OLG Düsseldorf NJW-RR 1992, 946 (947); VGH München NVwZ 1987, 729.
[22] BGH NJW 1989, 838; VG Wiesbaden NJW 1994, 537.
[23] OLG Frankfurt a. M. NJW 1988, 2807.
[24] BGH NJW 1997, 3380 (3381); 1994, 55; 1987, 957; 1982, 1467.
[25] BGH NJW 1973, 1255.

B. Die Kündigung von Wohnraummietverhältnissen Kap. 6

wurde, muss die Unterschrift jedes einzelnen Mitglieds der Personenmehrmehr diesen Anforderungen entsprechen. Da aber, wie oben dargestellt, eine Stellvertretung zulässig ist, ist die Kündigung formal in Ordnung, wenn die Unterschrift des Vertreters den Anforderungen des § 126 Abs. 1 BGB entspricht. Allein die Tatsache, dass die beigefügte Vollmacht unterschrieben ist, reicht nicht aus.[26] Demgegenüber gelten für die Vollmachterteilung die Formvorschriften der §§ 126, 568 BGB nicht. Gem. § 167 Abs. 2 BGB gilt für die Vollmachterteilung nicht die Form, welche für das Rechtsgeschäft bestimmt ist, auf das sich die Vollmacht bezieht.

Die **Kündigung kann auch im laufenden Rechtsstreit** durch oder in einem Schriftsatz[27] während eines anhängigen Rechtsstreits erfolgen. In der bloßen Erhebung einer Räumungsklage ist grundsätzlich aber noch keine Kündigungserklärung zu sehen.[28] Nur in Ausnahmefällen ist in einer Klage auf Räumung und Herausgabe von Geschäftsräumen eine zuvor nicht oder nicht wirksam erklärte Kündigung gesehen worden, wenn mit hinreichender Deutlichkeit zu erkennen ist, dass die Klageschrift neben der Prozesshandlung auch eine materiell-rechtliche Willenserklärung enthalten sein sollte und nicht lediglich der Durchsetzung einer bereits außerprozessual erklärten Kündigung dienen sollte.[29] Erfolgt ausdrücklich eine Kündigung in einem an das Gericht gerichteten Schriftsatz, so ist der Schriftform des § 568 Abs. 1 BGB genüge getan, wenn dem Kündigungsadressaten bzw. seinem Bevollmächtigten[30] eine vom Prozessbevollmächtigten der Gegenseite selbst beglaubigte Abschrift des die Kündigung aussprechenden Schriftsatzes zugeht. Eine Unterschrift des Prozessbevollmächtigten unter der Abschrift ist neben oder statt der Unterschrift unter dem Beglaubigungsvermerk nicht erforderlich.[31] Ist die Kündigung in einem prozessualen Schriftsatz enthalten, so ist der Zugang einer vom Erklärenden unterzeichneten Abschrift des Schriftsatzes beim Gegner erforderlich; die Zustellung nur einer beglaubigten Abschrift von Anwalt zu Anwalt oder von Amts wegen nach § 198 ZPO oder §§ 208 ff. ZPO genügt auch im Hinblick auf § 132 Abs. 1 BGB nicht.[32] Etwas anderes soll ausnahmsweise nur dann gelten, wenn der Prozessbevollmächtigte des Vermieters die Kündigung selbst ausgesprochen und anschließend als Prozessbevollmächtigter des Vermieters im Prozess auftritt. In diesem Fall wird dem Formerfordernis des § 568 BGB im Allgemeinen auch dann Genüge getan, wenn der Anwalt den Beglaubigungsvermerk auf der der anderen Partei zugestellten Abschrift des Schriftsatzes unterschrieben hat.[33] Entscheidend ist also, dass zwischen Schriftsatzverfasser und dem Beglaubigenden Personenidentität besteht.[34] Erfolgt die Beglaubigung also durch die Geschäftsstellenbeamtin ist die gesetzliche Schriftform gem. §§ 568, 126 BGB nicht gewahrt. Durch eine ins gerichtliche Protokoll erklärte Kündigung wird die Schriftform ebenfalls nicht gewahrt.[35] § 127a BGB gilt nur für gerichtliche Vergleiche. In Betracht kommen kann aber die Auslegung der Erklärung in ein Angebot auf Vertragsaufhebung, dass die andere Seite ausdrücklich oder konkludent annehmen kann.

6

---

[26] AG Friedberg WuM 1993, 48.
[27] Strittig ist, ob allein die Erhebung einer Räumungsklage als Kündigungserklärung zu verstehen ist: dagegen *Rolfs* in Staudinger (2014), BGB, BGB § 542 Rn. 74; *Blank* in Schmidt-Futterer BGB § 542 Rn. 19; dafür: OLG Köln ZMR 1996, 24.
[28] *Blank/Börstinghaus* in Blank/Börstinghaus BGB § 542 Rn. 22; *Dötsch* MietRB 2018, 30.
[29] BGH NJW-RR 1997, 203; 1989, 77; OLG Köln ZMR 1996, 24.
[30] Dazu zählt zB auch der in Deutschland lebende Bruder eines im Ausland lebenden Vermieters, wenn dieser auch den Mietvertrag unterschrieben hat: LG Magdeburg IMR 2018, 21.
[31] OLG Hamm NJW 1982, 452.
[32] BGH WuM 1987, 209.
[33] BGH WuM 1987, 209; OLG Zweibrücken OLGZ 1981, 350; BayObLG München NJW 1981, 2197; OLG Hamm NJW 1982, 452.
[34] RGZ 119, 62; BGH LM ZPO § 519 Nr. 14; BayObLG MDR 1981, 1020; OLG Zweibrücken MDR 1981, 585; *Blank/Börstinghaus* in Blank/Börstinghaus § 568 Rn. 15.
[35] AG Braunschweig WuM 1990, 153; AG Münster WuM 1987, 273; LG Berlin MDR 1982, 321; *Blank* in Schmidt-Futterer BGB § 568 Rn. 17.

Kap. 6

7 Das bedeutet, dass in der Wohnraummiete einschließlich der ungeschützten Mietverhältnisse des § 548 Abs. 2 und 3 BGB eine Kündigung **in Textform,** also per Fax[36], SMS oder E-Mail ebenso **unwirksam** ist, wie eine mündlich erklärte Kündigung, insbesondere sind die für die Zulässigkeit der Vorabübersendung eines gerichtlichen Schriftsatzes per Telefax entwickelten Grundsätze nicht entsprechend anwendbar.[37] Deshalb wahrt ein sog. „Vorab-Telefax", auch wenn später das Originalschreiben zugeht, die Frist nicht.[38] Auch eine E-Mail mit eingescannter Unterschrift erfüllt nicht die Schriftform.[39]

8 Zulässig ist aber eine Kündigung **in elektronischer Form** gem. § 126a BGB. Das ergibt sich aus § 126 Abs. 3 BGB, wonach die schriftliche Form durch die elektronische Form ersetzt werden, kann. In diesem Fall muss der Aussteller der Erklärung gem. § 126a Abs. 1 BGB dieser seinen Namen hinzufügen und das elektronische Dokument mit einer qualifizierten elektronischen Signatur versehen. Die Anforderungen an eine solche elektronische Signatur ist in Abschnitt 4 der Verordnung (EU) Nr. 910/2014 des Europäischen Parlaments und des Rates vom 23.7.2014 über elektronische Identifizierung und Vertrauensdienste für elektronische Transaktionen im Binnenmarkt und zur Aufhebung der Richtlinie 1999/93/EG geregelt.[40] Danach hat eine solche qualifizierte Signatur gem. Art. 25 Abs. 2 VO die gleiche Rechtswirkung wie eine handschriftliche Unterschrift. Nach Art. 27 ff. d. VO erfordert dies eine **Signaturkarte** sowie ein qualifiziertes Zertifikat eines Dienstanbieters und die Nutzung einer sicheren Signaturerstellungseinheit. Hierzu zählt das besondere elektronische Anwaltspostfach (beA) nicht.[41] Ob eine Kündigung in einem mit qualifizierter elektronischer Signatur versehenem Schriftsatz an das Gericht wirksam ist, ist strittig. Unproblematisch ist der Fall, in dem das Gericht diesen Schriftsatz elektronisch an den Adressaten weiterleitet (sog. medienwahrende Zustellung). Strittig ist der Fall, wenn der Schriftsatz erst bei Gericht ausgedruckt wird (sog. Medientransfer) und dann an den Adressaten weitergeleitet wird. Zum einen wird vertreten, dass dies nicht der Schriftform genügt[42], zum anderen wird aktuell die Auffassung vertreten, dass dies dann wirksam sei, wenn dem Empfänger zugleich der Transfervermerk mit übersandt werde[43]. Formwirksam ist die Kündigung aber zumindest dann, wenn der Anwalt selbst den Schriftsatz mit qualifizierter elektronischer Signatur von Anwalt zu Anwalt gem. § 195 ZPO zustellt.

> **Hinweis:**
> § 130a Abs. 3 ZPO erlaubt neben der qualifizierten elektronischen Signatur auch die **einfache Signatur** für gerichtliche Schriftsätze. In diesem Fall muss ein sicherer Übermittlungsweg verwendet werden. Zu den sicheren Übermittlungswegen gehört gem. § 130a Abs. 4 Ziff. 2 ZPO die Verwendung des **besonderen elektronischen Anwaltspostfachs (beA)** nach § 31a BRAO. In diesem Fall **fehlt es an einer qualifizierten elektronischen Signatur** gem. § 126a BGB. Eine in einem solchen Schriftsatz übermittelte Kündigung erfüllt deshalb in keinem Fall die Schriftform des §§ 126, 568 BGB.[44]
> § 130a ZPO hat **nur Bedeutung** für die **prozessuale Schriftform** und nicht für die materielle Schriftform.

---

[36] MüKoBGB/*Häublein* § 568 Rn. 5.
[37] GmS-OGB BGHZ 144, 160 = NJW 2000, 2340.
[38] *Blank/Börstinghaus* in Blank/Börstinghaus BGB § 568 Rn. 11; aA *Schürmann* NJW 1992, 3005.
[39] MüKoBGB/*Häublein* § 568 Rn. 5; *Blank/Börstinghaus* in Blank/Börstinghaus BGB § 568 Rn. 11; *Schmid* GE 2002, 1039.
[40] ABl. 2014 L 257, 73; berichtigt in ABl. 2015 L 23, 19.
[41] *Ehrmann/Streyl* NZM 2019, 873 (876); *Dötsch* MietRB 2018, 30 (31).
[42] *Dötsch* MietRB 2018, 30 (31); *Ulrich/Schmieder* JM 2017, 398 (399).
[43] *Ehrmann/Streyl* NZM 2019, 873 (876).
[44] *Ehrmann/Streyl* NZM 2019, 873 (876); *Dötsch* MietRB 2018, 30 (31).

C. Kündigung von Gewerberaummietverhältnissen

§ 568 Abs. 1 BGB gilt für Gewerberaummietverhältnisse nicht. Es fehlt in § 578 BGB eine Verweisung auf die Vorschrift. Deshalb kann dort eine **Kündigung in Textform** oder auch mündlich erfolgen, soweit nichts anderes vereinbart ist. 9

I. Die Textform

Was unter Textform iSd Gesetzes zu verstehen ist, ergibt sich aus der **Legaldefinition** in § 126b BGB. Danach muss eine lesbare Erklärung, in der die Person des Erklärenden genannt ist, auf einem dauerhaften Datenträger abgegeben werden. Ein dauerhafter Datenträger ist jedes Medium, das es dem Empfänger ermöglicht, eine auf dem Datenträger befindliche, an ihn persönlich gerichtete Erklärung so aufzubewahren oder zu speichern, dass sie ihm während eines für ihren Zweck angemessenen Zeitraums zugänglich ist, und geeignet ist, die Erklärung unverändert wiederzugeben. 10

Ein Hinweis darauf, dass die Erklärung nicht unterschrieben ist und auch nicht unterschrieben werden muss ist für die Wirksamkeit der Erklärung unerheblich. Bei einer Erklärung, die in Textform abgegeben wird, ist nicht erforderlich, den für die juristische Person tätig gewordenen Mitarbeiter namentlich zu benennen; vielmehr genügt die Angabe des Namens der juristischen Person.[45] 11

> **Ergebnis:**
> Möglich ist hier also die Kündigung mittels Telefax oder per E-Mail.

II. Vereinbarte Schriftform

Ist im Mietvertrag vereinbart, dass die Kündigung schriftlich zu erfolgen hat, so handelt es sich um **gewillkürte Schriftform gem. § 127 BGB**. Anders als bei der Schriftform gem. § 126 BGB ist hier aber eine Kündigung mittels Telefax zulässig[46], da § 127 Abs. 2 BGB die telekommunikative Übermittlung ausreicht. Eine Vereinbarung, wonach eine Kündigung per Einschreiben erfolgen muss, kann unterschiedlich ausgelegt werden. Im Regelfall ist davon auszugehen, dass die Übermittlung einer Erklärung durch eingeschriebenen Brief lediglich der Beweissicherung dient.[47] Nach dieser Auslegung hat die Nichtbeachtung der Übermittlungsform keinen Einfluss auf die Wirksamkeit der Erklärung. Es muss lediglich feststehen, dass die Erklärung dem Empfänger zugegangen ist. Bei einer solchen Klausel handelt es sich um die Vereinbarung der gewillkürten Schriftform iSd § 127 Abs. 2 BGB.[48] Die Versendung als **Einschreibebrief** soll nur den Zugang der Kündigungserklärung sichern.[49] Deswegen ist bei einer solchen Klausel regelmäßig nur die Schriftform als Wirksamkeitserfordernis für die Kündigungserklärung vereinbart, dagegen kann ihr Zugang auch in anderer Weise als durch einen Einschreibebrief wirksam erfolgen. Denkbar ist aber auch, dass die Übermittlung per Einschreiben Voraussetzung für die Wirksamkeit der Erklärung sein soll. Eine solche Auslegung ist allerdings nur möglich, wenn dieser Vertragszweck in der Klausel deutlich zum Ausdruck kommt.[50] Die genannte Klausel fällt unter § 309 Nr. 13 BGB. Danach ist ua eine Bestimmung unwirksam, durch die Erklärungen, die dem Ver- 12

---
[45] BGH WuM 2014, 612.
[46] BGH NZM 2004, 258.
[47] BGH NJW 2004, 1320 = NZM 2004, 258 = MietPrax-AK § 542 BGB Nr. 2 mAnm *Eisenschmid*; OLG Hamm NZM 2011, 584.
[48] BGH NJW-RR 1996, 866 (867); BAG NJW 1980, 1304; OLG Frankfurt a. M. NJW-RR 1999, 955.
[49] NJW 2004, 1320 = NZM 2004, 258 = MietPrax-AK § 542 BGB Nr. 2 mAnm *Eisenschmid*; AG Nürnberg WuM 2020, 288.
[50] OLG Naumburg ZMR 1999, 708.

wender gegenüber abzugeben sind, an besondere Zugangserfordernisse gebunden werden. Hierzu zählt auch die Vereinbarung der Übermittlung durch eingeschriebenen Brief.[51] Bei Mietverträgen mit einem Unternehmer gilt § 309 Nr. 13 BGB gem. § 310 Abs. 1 BGB nicht. Hier kann ein Verstoß gegen § 307 Abs. 1 BGB angenommen werden, wenn das Transparenzgebot des § 307 Abs. 1 S. 2 iVm § 310 Abs. 1 S. 2 BGB nicht gewahrt ist, zB weil sich die Klausel innerhalb des Vertragstextes an einer unüblichen Stelle befindet.[52]

13 Seit 1.10.2016 ist in § 309 Nr. 13 BGB durch das Gesetz zur Verbesserung der zivilrechtlichen Durchsetzung von verbraucherschützenden Vorschriften des Datenschutzrechts vom 17.2.2016[53] dahingehend geändert, dass in Verträgen für Gestaltungserklärungen **keine strenge Form als Textform** vereinbart werden darf. Die Regelung gilt für Verträge, die nach dem 1.10.2016 abgeschlossen wurden. Die Vorschrift gilt gem. § 310 Abs. 1 BGB nicht für Allgemeine Geschäftsbedingungen, die gegenüber Unternehmern oder gleichgestellten Rechtssubjekten verwendet werden. Auch eine Indizwirkung besteht nicht.[54]

D. Zugang der Erklärung

14 Eine Kündigung ist unabhängig in welcher Form sie abgegeben werden muss und tatsächlich abgegeben wird, eine empfangsbedürftige Willenserklärung, die erst mit ihrem Zugang gem. § 130 BGB wirksam wird.[55] Bei einer Mehrheit von Mietern ist die Erklärung erst mit Zugang beim letzten Mieter wirksam zugegangen. Zugang bedeutet, dass die Erklärung so in den Machtbereich des Empfängers gelangt sein muss, dass nach normalem Lauf der Dinge mit der Kenntnisnahme gerechnet werden kann.[56] Hierzu zählt auch der Einwurf in einen Briefkasten oder das Postfach des Empfängers. Wird das Kündigungsschreiben persönlich übergeben, so gilt der Zeitpunkt der Übergabe. Die Beweislast bezüglich des Zugangs trifft denjenigen, der die Erklärung abgibt.[57] Der BGH[58] lehnt zu Recht einen **Beweis des ersten Anscheins** dafür ab, dass tatsächlich nachgewiesen aufgegebene Briefe auch zugegangen sind. Trotz hoher Wahrscheinlichkeit, dass ein aufgegebener Brief auch ankommt, sei der Verlust eines Briefes typische Folge des Aufgebens. Die Vernehmung des Mieters als Partei über den behaupteten Zugang der Kündigung soll einen unzulässigen Ausforschungsbeweis darstellen.[59] Die Übersendung einer Kopie der Kündigung durch das Gericht bedeutet noch nicht, dass dies zugegangen ist.[60] Im Übrigen ist dann auch die Schriftform in der Wohnraummiete nicht eingehalten. Erfolgt die Kündigung zwar während eines Räumungsprozesses aber außerhalb des Verfahrens durch selbständige Kündigungserklärung und wird diese dann schriftsätzlich zur Akte gereicht, so kann der Adressat den Zugang immer noch bestreiten.[61] Bei einer Erklärung gegenüber einer Außengesellschaft genügt es, wenn sich aus der Kündigung entnehmen lässt dass sie an die GbR gerichtet ist und dass sie einem vertretungsberechtigten Gesellschafter zugeht. Das gilt auch dann, wenn den Gesellschaftern die Vertretungsbefugnis gemeinschaftlich zusteht.[62]

---

[51] BGH NJW 1985, 2585 (2587); LG Hamburg NJW 1986, 262 (263).
[52] OLG Naumburg ZMR 1999, 708.
[53] BGBl. I 233.
[54] *Dammann* in Wolf/Lindacher/Pfeiffer, AGB-Recht, § 309 Ziff. 13 Rn. 70.
[55] Zum Zugang textgebundener Willenserklärungen unter Abwesenden: *Bruns* NJW 2019, 3618.
[56] BGHZ 67, 271 (275); BGH NJW 1999, 1093; KG GE 2002, 1559; AG Schöneberg MM 1991, 131 mwN; *Ellenberger* in Palandt BGB § 130 Rn. 5; *Hosenfeld* NZM 2002, 93.
[57] LG Berlin GE 2010, 63; AG München ZMR 2014, 550; zum Beweis von Zugang und Inhalt vorprozessualer Schreiben: *Kaiser* NJW 2009, 2187.
[58] BGHZ 24, 308 = NJW 1957, 1230 (1231); BGH NJW 1964, 1176; OLG Koblenz BeckRS 2014, 2014, 21845; AG Schöneberg GE 2009, 271; LG Berlin WuM 1987, 25.
[59] AG Schöneberg GE 2009, 271.
[60] LG Berlin GE 2010, 63.
[61] *Zehelein* NJW 2017, 41 (42).
[62] BGH ZMR 2012, 261.

D. Zugang der Erklärung

Nach der ständigen Rechtsprechung[63] geht eine verkörperte Willenserklärung unter Abwesenden iSv § 130 Abs. 1 S. 1 BGB zu, sobald sie **in verkehrsüblicher Weise in die tatsächliche Verfügungsgewalt des Empfängers** gelangt ist und für diesen unter gewöhnlichen Verhältnissen die – abstrakte – Möglichkeit besteht, von ihr Kenntnis zu nehmen.[64] Zum Bereich des Empfängers gehören von ihm vorgehaltene Empfangseinrichtungen wie ein **Briefkasten**. Ob die Möglichkeit der Kenntnisnahme bestand, ist nach den „gewöhnlichen Verhältnissen" und den „Gepflogenheiten des Verkehrs" zu beurteilen. So bewirkt der Einwurf in einen Briefkasten den Zugang, sobald nach der Verkehrsanschauung mit der nächsten Entnahme zu rechnen ist. Dabei ist nicht auf die individuellen Verhältnisse des Empfängers abzustellen. Im Interesse der Rechtssicherheit ist vielmehr eine generalisierende Betrachtung geboten.[65] Wenn für den Empfänger unter gewöhnlichen Verhältnissen die Möglichkeit der Kenntnisnahme bestand, ist es unerheblich, ob er daran durch Krankheit, zeitweilige Abwesenheit oder andere besondere Umstände einige Zeit gehindert war. Auch konkrete Umstände in der Sphäre des Empfängers, zB Unkenntnis der Sprache oder Analphabetentum fallen in die Risikosphäre des Empfängers und hindern den Zugang nicht.[66] Den Mieter Ihn trifft die Obliegenheit, die nötigen Vorkehrungen für eine tatsächliche Kenntnisnahme zu treffen. Unterlässt er dies, wird der Zugang durch solche – allein in seiner Person liegenden – Gründe nicht ausgeschlossen.

Das bedeutet, dass bei **Einwurf in den Briefkasten** des Mieters der Zugang der Kündigung zu dem Zeitpunkt erfolgte, zu dem nach der Verkehrsanschauung mit der nächsten Entnahme von Schreiben aus dem Briefkasten zu rechnen war.[67] Höchst richterlich wurde bisher die Annahme einer Verkehrsanschauung, wonach bei Hausbriefkästen im Allgemeinen mit einer Leerung unmittelbar nach Abschluss der üblichen Postzustellzeiten zu rechnen sei, die allerdings stark variieren können, nicht beanstandet.[68] Die örtlichen Zeiten der Postzustellung stellen gerade keine unbeachtlichen individuelle Verhältnisse des Empfängers dar. Hierzu zählen zB eine Vereinbarung mit dem Postboten über persönliche Zustellzeiten zählen[69], konkrete eigene Leerungsgewohnheiten oder auch die krankheits- oder urlaubsbedingte Abwesenheit. Die allgemeinen örtlichen Postzustellungszeiten gehören dagegen nicht zu den individuellen Verhältnissen, sondern sind vielmehr dazu geeignet, die regionale Verkehrsauffassung über die übliche Leerung des Hausbriefkastens zu beeinflussen. Die Entscheidungen über die Frage, bis wieviel Uhr ein Mieter seinen Briefkasten kontrollieren muss, schwanken deshalb erheblich:

- Bei einem Einwurf bis 13:45 Uhr soll der Zugang noch am gleichen Tag erfolgt sein.[70]
- Das OLG Hamm[71] spricht davon, dass eine Erklärung, die am **späten Nachmittag** in den Briefkasten geworfen wird, erst am nächsten Tag zugegangen ist.
- Bei einem Einwurf bis 18:00 Uhr soll grds. noch am gleichen Tag ein Zugang erfolgt sein, nur Silvester müsse der Mieter um diese Zeit nicht mehr mit dem Zugang rechtserheblicher Erklärungen rechnen.[72]
- Nach einer Entscheidung des VerfGH Bayern[73] ist die Rspr., die einen Einwurf um 18:05 Uhr noch als am gleichen Tag als zugegangen betrachtet, nicht willkürlich.

---

[63] BGH NJW 2019, 1151; 2008, 843; BAG NJW 2019, 3666 mAnm Bruns NJW 2019, 3618; BAG NJW 2018, 2916; NZA 2015, 1183.
[64] BGH NJW 2002, 2391 (2393); Bruns NJW 2019, 3618.
[65] BAG NJW 2019, 3666 mAnm Bruns NJW 2019, 3618.
[66] LAG Köln NJW 1988, 1870.
[67] BAG NJW 2019, 3666 mAnm Bruns NJW 2019, 3618; AG Lahr WuM 1987, 85.
[68] BGH NJW 2004, 1320.
[69] BGH NJW 2004, 1320.
[70] LG Berlin WuM 2006, 220.
[71] OLG Hamm NJW-RR 1995, 1187.
[72] AG Ribnitz-Damgarten WuM 2007, 18; **aA** LG Hamburg NZM 2017, 597.
[73] VerfGH Bayern NJW 1993, 518 (519); auch LG München II WuM 1993, 331.

- Das AG Schöneberg[74] hat zu alten „Bundespost-Zeiten" bei einem Einwurf nach 17:00 Uhr einen Zugang erst am nächsten Werktag angenommen.
- Noch strenger war damals das LG Berlin.[75] Danach muss eine Privatperson nach 16:00 Uhr nicht mehr in Briefkasten schauen, da üblicherweise die Post, aber auch private Zustelldienste, bis zu diesem Termin ihre Auslieferungen vorgenommen hätten.

17 Entscheidend sind deshalb die **örtlichen Gegebenheiten**.[76] Dort, wo üblicherweise die Post vormittags ausgetragen wird, muss ein Mieter wegen der abstrakten Möglichkeit, dass irgendwann irgendwer ihm nachmittags irgendetwas in den Briefkasten werfen könnte, nicht täglich nachmittags nochmals in den Briefkasten schauen. Sonntags muss der Mieter nicht den Briefkasten leeren.[77]

18 Kündigungserklärungen des Vermieters sollen dem Mieter auch dann als zugegangen gelten, wenn sie an die **im Vertrag angegebene Anschrift** gerichtet sind, der Mieter aber inzwischen seinen Wohnsitz an einem unbekannten Ort begründet hat.[78] Für den Mieter besteht die Pflicht, im Rahmen des Üblichen dafür Sorge zu tragen, dass ihm Gestaltungserklärungen, wozu auch Kündigungen gehören, zugehen können. Dazu muss der Mieter Einrichtungen bereithalten, die den Zugang von Erklärungen ermöglichen, zB einen Briefkasten.[79] Wird diese Pflicht verletzt, so ist der Vermieter im Wege des **Schadensersatzes** gem. §§ 280, 282 BGB so zu stellen, als wäre die Erklärung rechtzeitig zugegangen.[80] Dies ist aber nur ein Schadensersatzanspruch aus einer Vertragsverletzung des Mietvertrages. Die Kündigungserklärung ist deshalb noch nicht zugegangen. Bedeutung hat dies zB bei längeren Krankenhausaufenthalten und ggf. auch längerem Urlaub. Vereinzelt wird in Fällen, in denen keine schuldhafte Zugangsvereitelung vorliegt, der Zugang auch gem. § 242 BGB fingiert.[81] Die an den Prozessbevollmächtigten des Mieters gerichtete Kündigung ist dem Mieter nur zugegangen, wenn sein Prozessbevollmächtigter insoweit Empfangsvollmacht hatte; die erteilte Prozessvollmacht reicht dafür nicht aus.[82] Etwas anderes gilt aber bei einem nachgeholten oder nachgebesserten Erhöhungsverlangen im Prozess.[83] Ebenso soll das Kündigungsschreiben zugegangen sein, sobald der Rechtsanwalt den Auftrag des Mieters annimmt, gegen die Kündigung nicht nur wegen Fehlens einer Empfangsvollmacht, sondern auch wegen Fehlens eines Kündigungsgrundes vorzugehen.[84] **Beweispflichtig** für den Zugang ist der Vermieter.[85] Beim Einschreiben-Einwurf[86] liefern auch der Einlieferungs- und der ggf. später erfolgte Ausdruck des eingescannten Auslieferungsbelegs[87] keine ausreichende Basis für einen Anscheinsbeweis für den Zugang der Sendung beim Empfänger.[88]

19 Wird das Kündigungsschreiben mittels Einschreiben (ggf. auch mit Rückschein) versandt, ist es weder mit Einwurf des Benachrichtigungsscheins oder nach Ablauf der Lagerfrist zugegangen, wenn es tatsächlich nicht abgeholt wurde.[89] Kann ein **Einschrei-**

---

[74] AG Schöneberg WuM 1991, 131.
[75] LG Berlin GE 2002, 193; nach LG Berlin WuM 2006, 220 ist aber ein Einwurf um 13:45 Uhr noch rechtzeitig.
[76] BAG NJW 2019, 3666 mAnm *Bruns* NJW 2019, 3618.
[77] LAG Schleswig-Holstein BB 2015, 2868 mAnm *Boemke* jurisPR-ArbR 12/2016 Anm. 3, für arbeitsvertragliche Kündigung.
[78] AG Tiergarten GE 1992, 391.
[79] AG Wedding GE 2016, 397 mAnm *Beuermann* GE 2016, 363.
[80] LG Berlin GE 1991, 151.
[81] BGH NJW 2004, 1320.
[82] LG Berlin GE WuM 1987, 25.
[83] BGH NZM 2003, 229; WuM 2003, 149; *Lützenkirchen* BGHReport 2003, 423; *Beuermann* GE 2003, 302; *Schlaegelm* ProzRB 2003, 203.
[84] BGH WuM 1980, 195, für Kündigung.
[85] KG GE 2011, 133.
[86] So die amtliche Bezeichnung des Produkts bei der Post.
[87] Zum Verfahren bei der Zustellung von Einwurf-Einschreiben: *Ante* NJW 2020, 3487 (3488).
[88] LG Potsdam NJW 2000, 3722; AG Kempen NJW 2007, 1215; *Bauer/Diller* NJW 1998, 2795 (2796); **aA** LG Berlin GE 2001, 770; AG Paderborn NJW 2000, 3722; *Ellenberger* in Palandt BGB § 130 Rn. 21.
[89] KG GE 2011, 133; AG München ZMR 2014, 550.

D. Zugang der Erklärung

bebrief wegen Abwesenheit des Empfängers nicht zugestellt werden, muss differenziert werden[90]:

Bei einem **Einwurf-Einschreiben** wirft der Postmitarbeiter den Brief in den Briefkasten und dokumentiert dies. Hier ist das Schreiben in dem Augenblick zugegangen, in dem nach dem gewöhnlichen Lauf der Dinge mit der Kenntnisnahme gerechnet werden muss. Problematisch ist hier die Beweislast bezüglich des Zugangs. Der BGH[91] geht dabei von einem Anscheinsbeweis aus[92], wenn das vorgeschriebene Verfahren eingehalten wurde. Hierzu zählt die Vorlage des Einlieferungsscheins und des Ausdrucks des zuvor eingescannten und dann im Original vernichteten Auslieferungsbelegs. Gegen Gebühr erhält der Absender nämlich nur einen Datenauszug. Diesem Ausdruck kommt deshalb keine Urkundenqualität zu.[93] Es handelt sich um eine technische Aufzeichnung und keine Urkunde.

20

Bei **Übergabe-Einschreiben** muss der Mieter die Übergabe selbst quittieren. Wird er nicht angetroffen, wird eine Benachrichtigungskarte in den Briefkasten geworfen. In diesem Fall ist durch den Einwurf des Benachrichtigungsscheins das Schreiben noch nicht zugegangen.[94] Dieser Benachrichtigungsschein unterrichtet den Empfänger nur darüber, dass für ihn eine Einschreibesendung bei der Post zur Abholung bereit liegt. Er enthält aber keinen Hinweis auf den Absender des Einschreibebriefes und lässt den Empfänger im Ungewissen darüber, welche Angelegenheit die Einschreibesendung zum Gegenstand hat.[95] Ob das Einschreiben mit oder ohne Rückschein versandt wurde, ist für den Zugang unerheblich und kann allenfalls den Beweis des Zugangs erleichtern.

21

Das bedeutet aber nicht, dass grundsätzlich **im Falle der Abwesenheit des Empfängers** und der dadurch bedingten Nichtzustellbarkeit von Übergabe-Einschreibesendungen ein wirksamer Zugang iSv § 130 BGB ausgeschlossen ist.[96] Mussten Mieter oder Vermieter mit dem Zugang einer Kündigung rechnen, müssen sie durch geeignete Vorkehrungen sicherstellen, dass sie die zu erwartenden Erklärungen auch erreichen; anderenfalls müssen sie sich gem. § 242 BGB so behandeln lassen, als ob ihm die Kündigungserklärung zugegangen wäre.[97] Das bedeutet uU, dass der Mieter dem Vermieter eine defekte Hausbriefkastenanlage anzeigen muss, anderenfalls wird er so behandelt, als ob ihm eine Nachricht zugegangen ist, auch wenn sie nach Einwurf in den Briefkasten abhandengekommen ist.[98] Wer aufgrund der vertraglichen Beziehungen konkret mit dem Zugang einer Willenserklärung rechnen muss, hat auch bei Urlaubsabwesenheit dafür Sorge zu tragen, dass ihn Erklärungen erreichen.[99] Die Rechtsprechung verlangt aber zusätzlich, dass der Absender der Erklärung idR nach Kenntnis von dem nicht erfolgten Zugang unverzüglich einen neuen Versuch unternimmt, seine Erklärung derart in den Machtbereich des Empfängers zu bringen, dass diesem ohne weiteres eine Kenntnisnahme ihres Inhalts möglich ist.[100] Ein wiederholter Zustellungsversuch des Erklärenden ist allerdings dann nicht mehr sinnvoll und deshalb entbehrlich, wenn der Empfänger die Annahme einer an ihn gerichteten schriftlichen Mitteilung grundlos verweigert, obwohl er mit dem Eingang rechtserheblicher

22

---

[90] *Hosenfeld* NZM 2002, 93; *Dübbers* NJW 1997, 2503.
[91] BGHZ 212, 104 = NJW 2017, 68 (zu § 21 Abs. 1 GmbHG); so auch LAG Mecklenburg-Vorpommern BeckRS 2019, 18247; AG Tempelhof-Kreuzberg ZMR 2018, 776; AG Erfurt MDR 2007, 1338; AG Paderborn NJW 2000, 3722 (3723).
[92] Noch offengelassen von BGH NJW-RR 1987, 1567.
[93] *Ante* NJW 2020, 3487 (3489); *Hosenfeld* NZM 2002, 93 (95) mwN.
[94] BGH VersR 1971, 262; BAG NJW 1986, 1374; KG GE 2011, 133; AG München ZMR 2014, 550; LG Göttingen WuM 1989, 183; LG Berlin MM 1988, Nr. 1, 25; *Dübbers* NJW 1997, 2503 (2504).
[95] BGH NJW 1998, 976 mAnm *Singer* LM § 130 Nr. 27.
[96] AA LG Freiburg NZM 2004, 617: Zugang wird fingiert zu dem Zeitpunkt zu dem unter normalen Bedingungen mit der Abholung zu rechnen war.
[97] OLG Düsseldorf WuM 2004, 270; LG Berlin NJW-RR 1994, 850.
[98] LG Berlin GE 1994, 1383.
[99] AG Rendsburg WuM 2001, 240; LG Saarbrücken WuM 1993, 339.
[100] BGH NJW 1952, 1169; VersR 1971, 262 (263); BAG NJW 1987, 1508.

Mitteilungen seines Vertrags- oder Verhandlungspartners rechnen muss.[101] Gleiches gilt, wenn der Adressat den Zugang arglistig vereitelt.

23 Kündigungen sollen der Gegenseite auch dann als zugegangen gelten, wenn sie an die **im Vertrag angegebene Anschrift** gerichtet sind, der Adressat aber inzwischen seinen Wohnsitz an einem unbekannten Ort begründet hat.[102] Für den Mieter besteht die Pflicht, im Rahmen des Üblichen dafür Sorge zu tragen, dass ihm Kündigungen zugehen können. Dazu muss der Mieter Einrichtungen bereithalten, die den Zugang von Erklärungen ermöglichen, zB einen Briefkasten.[103] Wird diese Obliegenheit verletzt, so ist der Vermieter im Wege des **Schadensersatzes** gem. §§ 280, 282 BGB so zu stellen, als wäre die Erklärung rechtzeitig zugegangen.[104] Dies ist aber nur ein Schadensersatzanspruch aus einer Vertragsverletzung des Mietvertrages. Die Kündigung ist deshalb noch nicht zugegangen. Bedeutung hat dies zB bei längeren Krankenhausaufenthalten und ggf. auch längerem Urlaub. Vereinzelt wird in Fällen, in denen eine schuldhafte Zugangsvereitelung vorliegt, der Zugang auch gem. § 242 BGB fingiert.[105]

24 **Beweispflichtig** für den Zugang ist der Vermieter.[106] Beim Post-Einwurfeinschreiben liefern auch der Einlieferungs- und Auslieferungsbeleg keine ausreichende Basis für einen Anscheinsbeweis für den Zugang der Sendung beim Empfänger.[107]

25 Kein Zugang liegt deshalb vor, wenn der Kündigende seine Erklärung auf seine Website ins Internet stellt und der Mieter sie dort liest.[108] Eine solche Erklärung ist nicht zugegangen. Da diese Seiten für jedermann zugänglich sind, fehlt es in diesem Fall an einer Abgabe gegenüber dem konkreten Mieter.[109] Wenn der Mieter die Datei auf seinen PC herunterlädt, dann ist der Text nicht vom Vermieter „zur Verfügung gestellt worden" und erfüllt deshalb schon nicht die Textform.[110] Bei einer Mietermehrheit muss die Erklärung allen Mietern zugegangen sein.

In den anderen Fällen ist weniger die Frage des „ob" eines Zugangs problematisch als vielmehr des **„wann"**.

26 Betreibt der Adressat ein privates **Faxgerät** und hat er die Rufnummer nach außen bekannt gegeben, dann geht ein Faxschreiben dann zu, wann mit der Kenntnisnahme zu rechnen ist.[111] Also bei Eingang des Schreibens bis ca. 18.00 Uhr am gleichen Tag, sonst am nächsten Tag. Ausnahmen sind aber möglich, wenn der Mieter bekanntermaßen abends im Büro sitzt. Das gilt aber nur in der Gewerberaummiete, da in der Wohnraummiete das Schriftformerfordernis besteht. Krankheitsbedingte Abwesenheit hindert den Zugang nicht. Bei einer E-Mail wurde bisher danach differenziert, ob der Adressat die E-Mail-Adresse zu geschäftlichen Zwecken nutzt, zB weil er über den Anschluss den Vermieter selbst schon angeschrieben hat, um Mängelanzeigen und dergleichen an diesen zu richten, oder ob er die elektronische Kommunikation ausschließlich zu privaten Zwecken benutzt.[112] Im letzteren Fall müsse der Adressat auch in der Geschäftsraummiete seinen E-Mail-Eingang nicht regelmäßig kontrollieren, weil er mit dem Zugang rechtserheblicher Erklärungen auf diese Art und Weise gar nicht rechnen muss. Dann erfolge der Zugang erst mit tatsächlicher Kenntnisnahme. Anders sei es aber dann, wenn der Adressat seine E-Mail Adresse nach außen kundgetan hat in dem er sie zB auf seinem

---

[101] BGH NJW 1998, 976 (977) mAnm *Singer* LM § 130 Nr. 27; BGH NJW 1983, 929 (930).
[102] AG Tiergarten GE 1992, 391.
[103] AG Wedding GE 2016, 397 mAnm *Beuermann* GE 2016, 363.
[104] LG Berlin GE 1991, 151.
[105] BGH NJW 2004, 1320; AG Köpenick BeckRS 2007, 147586.
[106] KG GE 2011, 133.
[107] LG Potsdam NJW 2000, 3722; AG Kempen NJW 2007, 1215; *Bauer/Diller* NJW 1998, 2795 (2796); **aA** LG Berlin GE 2001, 770; AG Paderborn NJW 2000, 3722; *Ellenberger* in Palandt BGB § 130 Rn. 21.
[108] *Lammel* ZMR 2002, 333 (335); **aA** wohl *Mankowski* ZMR 2002, 481 mit zahlreichen Literaturhinweisen in Fn. 9.
[109] *Nissel* BAnz.-Beil. 2001, 65.
[110] *Lammel* ZMR 2002, 333 (335).
[111] BGH NJW 2004, 1320.
[112] Zum Zugang von E-Mails im Rechtsverkehr ausführlich: *Mertes/Danners* ZAP F. 2, S. 553.

Briefpapier angegeben hat.[113] Hier erfolge der Zugang am Tag des Eingangs der Mail in der Mailbox,[114] zumindest ist der Empfänger für späteren Zugang beweispflichtig.[115]

Gemäß § 132 Abs. 1 BGB gilt eine Kündigung auch dann als zugegangen, wenn es durch Vermittlung eines Gerichtsvollziehers zugestellt wurde. Dabei darf jeder Gerichtsvollzieher tätig werden, es kommt also nicht nur der Gerichtsvollzieher in Betracht, in dessen Bezirk der Empfänger wohnt. Die Zustellung erfolgt nach den Vorschriften der ZPO. Zustellung bedeutet dabei nach der Legaldefinition des § 166 ZPO die Bekanntgabe eines Schriftstückes an den Adressaten, die in einer besonderen gesetzlichen Form bewirkt wird. Die Beurkundung der Zustellung ist keine Wirksamkeitsvoraussetzung, sondern dient nur dem Nachweis der erfolgten Zustellung. Die Zustellung auf Betreiben einer Partei ist geregelt im Untertitel: „Zustellungen auf Betreiben einer Partei". Auf die Zustellung auf Betreiben einer Partei sind die Vorschriften der Zustellung von Amts wegen entsprechend anzuwenden, es sei denn aus den §§ 192 ff. ZPO ergibt sich etwas anderes. Die von der Partei zu betreibende Zustellung erfolgt durch den Gerichtsvollzieher. Der Vermieter muss dem Gerichtsvollzieher das zuzustellende Schriftstück mit den erforderlichen Abschriften übergeben. Der Gerichtsvollzieher beglaubigt die Abschriften. Er kann die Zustellung selbst gem. § 193 ZPO vornehmen oder die Post damit beauftragen, § 194 ZPO. Eine Zustellung mittels Übergabe-Einschreiben mit Rückschein ist hierbei anders als bei der Zustellung von Amts wegen nicht möglich. Besonders interessant ist die Zustellung durch den Gerichtsvollzieher nicht nur wegen des besonderen Nachweises des Zugangs, sondern vor allem auch wegen der großzügigen Möglichkeiten der **Ersatzzustellung.** Möglich ist zum einen eine Ersatzzustellung gem. § 178 ZPO an Familienangehörige und Mitbewohner und zum anderen auch eine Zustellung durch schlichtes Zurücklassen des zuzustellenden Schriftstücks bei Annahmeverweigerung, § 179 ZPO, sowie die Ersatzzustellung durch Einlegen in den Briefkasten gem. § 180 ZPO. Nur wenn die Ersatzzustellung durch Einlegen des Schriftstücks in den Briefkasten nicht möglich ist, ist die Kündigung **durch Niederlegung** gem. § 181 ZPO zuzustellen. In diesem Fall wird das Schreiben bei der Post niedergelegt und zur Abholung bereitgehalten. Der Mieter wird durch eine Benachrichtigungskarte informiert. Die Zustellung gilt mit dem Einwurf in den Briefkasten, § 180 ZPO bzw. dem Einwurf der Benachrichtigungskarte, § 181 ZPO, als bewirkt.[116] Dies gilt aber dann nicht, wenn der Vermieter weiß, dass der Mieter die Wohnung (vorübergehend) durch Verlagerung seines Lebensmittelpunktes verlassen hat.[117]

Gemäß § 132 Abs. 2 BGB kann eine Kündigung ggf. auch durch **öffentliche Zustellung** zugestellt werden. Die Vorschrift unterscheidet danach, ob der Erklärende entweder über die Person, der gegenüber die Erklärung abzugeben ist oder über deren Aufenthalt im Unklaren ist. Zuständig für die Bewilligung ist im ersteren Falle das Amtsgericht, in dessen Bezirk der Erklärende seinen Wohnsitz oder in Ermangelung eines inländischen Wohnsitzes seinen Aufenthalt hat, im letzteren Falle das Amtsgericht, in dessen Bezirk die Person, welcher zuzustellen ist, den letzten Wohnsitz oder in Ermangelung eines inländischen Wohnsitzes den letzten Aufenthalt hatte. Das Verfahren richtet sich nach den Vorschriften der ZPO über die öffentliche Zustellung. Der Aufenthalt muss aber allgemein unbekannt sein und nicht nur dem Vermieter.[118] In Betracht kommt diese Art der Zustellung vor allem auch bei unbekannten Erben auf der Empfängerseite. In der Wohnraummiete bedarf die Kündigung der Schriftform, so genügt eine beglaubigte Abschrift des Kündigungsschreibens.[119]

---

[113] KG GE 2002, 1559.
[114] LG Nürnberg NJW-RR 2002, 1722 (1723).
[115] LG Nürnberg NJW-RR 2002, 1722 (1723); OLG München NJW 1994, 527; zum Beweis von Zugang und Inhalt vorprozessualer Schreiben: *Kaiser* NJW 2009, 2187.
[116] LG Berlin GE 1983, 77.
[117] AG Hamburg WuM 1993, 463.
[118] BGH NJW 2012, 3582.
[119] BGH MDR 1967, 585.

E. Besonderheiten

29 Ist für den partiell geschäftsunfähigen Mieter ein **Betreuer** bestellt, ist die Kündigung an den Betreuer als gesetzlichen Vertreter zu richten. Für die Wirksamkeit der Kündigung reicht es nicht aus, dass der Betreuer von dem Inhalt des Schreibens Kenntnis nimmt, es muss an ihn als Vertreter adressiert sein.[120] Ist die Betreuung aufgehoben worden, die Kündigung aber noch an den Betreuer gerichtet, so ist sie dem Mieter nicht zugegangen.[121] Der Mieter muss den Vermieter über die Aufhebung der Betreuung nicht unterrichten. Eine im Räumungsprozess gegenüber dem vom Betreuungsgericht für den Mieter bestellten Prozesspfleger abgegebene Kündigung ist dem Mieter nicht zugegangen, wenn der Prozesspfleger (lediglich) zur Vornahme von Prozesshandlungen (also zur aktiven Vertretung), nicht aber auch zum Empfang von Willenserklärungen (also zur passiven Vertretung) bevollmächtigt ist.[122]

30 Ist über das Vermögen des Mieters das (Verbraucher-)**Insolvenzverfahren** eröffnet worden, ist der Insolvenzverwalter allein richtiger Adressat der Kündigungserklärung. Hat der Insolvenzverwalter/Treuhänder die Wohnung gem. § 109 Abs. 1 InsO freigegeben (Enthaftungserklärung), erhält der Mieter mit Wirksamwerden der Erklärung die volle Verwaltungsbefugnis zurück und ist alleiniger Adressat der Kündigung.[123]

31 Soweit in einem Formularmietvertrag vom Vermieter **Zugangserleichterungen** vereinbart werden, ist § 308 Nr. 6 BGB zu beachten. Danach ist eine Zugangsfiktion bezüglich einer Erklärung des Vermieters unwirksam. Dies gilt zB für den Zugang unter Einschaltung von Empfangsboten und Klauseln, die die Absendung der Erklärung an den letzten bekannten Aufenthaltsort für ausreichend erklären.

Kapitel 7. Der Inhalt der Kündigungserklärung

A. Allgemeines

1 Die Kündigung ist eine **einseitige empfangsbedürftige Willenserklärung**.[1] Zu ihrer Wirksamkeit bedarf es nicht der Annahme durch die andere Vertragspartei. Erforderlich ist nur der Zugang. Demgemäß ist auch ein Widerspruch gegen eine Kündigung in rechtlicher Hinsicht unerheblich.[2] Dieser stellt lediglich die Äußerung der Rechtsauffassung dar, dass die Kündigung nicht berechtigt sei.

2 Aus der Kündigungserklärung muss sich **eindeutig und unmissverständlich**[3] ergeben, dass der Kündigende das Mietverhältnis beenden will. Das Wort „Kündigung" muss er hierfür nicht unbedingt gebrauchen. Im Interesse der Rechtssicherheit und Rechtsklarheit ist an dem Grundsatz festzuhalten, dass sich aus der Kündigungserklärung der übereinstimmende Kündigungswille aller Kündigenden ergibt und dieser Kündigungswille allen Kündigungsempfängern zuverlässig zur Kenntnis gebracht wird.[4] Keine Kündigungserklärung liegt vor, wenn in der Erklärung nur die Vertragsbeendigung in Aussicht gestellt, angedroht oder vorgeschlagen wird.[5] Auch der Hinweis, dass eine „Kündigung aufrechterhalten" bleibe, stellt keine eigene selbständige Kündigung dar.[6]

---

[120] LG Dresden WuM 1994, 377; LG Berlin MDR 1982, 321.
[121] AG Wedding GE 2008, 737.
[122] LG Hamburg WuM 1993, 60; **aA** LG Hamburg WuM 1996, 271.
[123] BGH NJW 2014, 1954; 2014, 2585; *Hinz* ZMR 2014, 949.
[1] BGH NJW-RR 2003, 416 Txt. 17.
[2] Davon zu unterscheiden ist in der Wohnraummiete der Fortsetzungswiderspruch gem. § 574 ff. BGB.
[3] *Krüger* in Guhling/Günther BGB § 542 Rn. 1.
[4] AG Leipzig WuM 1998, 752; AG Friedberg WuM 1980, 63.
[5] *Blank* in Schmidt-Futterer BGB § 542 Rn. 13.
[6] LG Münster WuM 1992, 372 (373); 1993, 541.

A. Allgemeines   Kap. 7

Strittig ist, ob allein[7] die Erhebung einer Räumungsklage als Kündigungserklärung zu verstehen ist[8], wenn der Wille zur Kündigung dadurch ausreichend deutlich wird, dass die Kündigungsgründe substantiiert vorgetragen werden. Der bloße Auszug eines Wohnraummieters ist schon wegen des Schriftformerfordernisses keine wirksame Kündigung.[9]

Soweit für die Kündigung aber keine Schriftform gem. § 568 BGB oder aufgrund wirksamer Schriftformklausel vorgeschrieben ist, kann die **Kündigung auch durch schlüssiges Verhalten** erfolgen, wenn sich aus daraus zweifelsfrei ergibt, dass eine Partei das Mietverhältnis beenden möchte. Dies ist zB der Fall bei einer Nichtbezugsanzeige, dh der Mitteilung, dass der Mieter das Mietobjekt definitiv nicht beziehen werde[10] oder im Auszug des Mieters.[11] Im Austausch des Schlosses durch den Gerichtsvollzieher liegt keine Kündigungserklärung des Mietverhältnisses durch den Vermieter; denn eine solche Maßnahme des Gerichtsvollziehers lässt sich jedenfalls so lange, wie sie nicht von bestimmten Erklärungen begleitet war, grundsätzlich nicht als Willensäußerung des Vermieters verstehen; der Gerichtsvollzieher handelt nämlich von seinem äußeren Erscheinungsbild her entsprechend seiner gesetzlichen Aufgabe nicht als Parteivertreter, sondern als selbständiges Organ der Rechtspflege unter eigener Verantwortung.[12]   3

Aus der Kündigungserklärung muss sich ergeben, wer die Kündigung ausgesprochen hat, welcher Mietgegenstand gekündigt wird und gegen wen sich die Kündigung richtet. Irrtümliche Falschbezeichnungen schaden nicht, wenn der Empfänger den Irrtum ohne weiteres erkennen kann. Hat der Empfänger mehrere Wohnungen gemietet und ist unklar, welche Wohnung gekündigt werden soll, ist die Kündigung unwirksam.[13] Den Empfänger einer Kündigung trifft keine Aufklärungs- oder Nachforschungspflicht.   4

Als einseitige Willenserklärung ist eine Kündigung **bedingungsfeindlich**.[14] Dies gilt nach hM allerdings nur für die echte Bedingung, nicht für die Potestativbedingung.[15] Eine echte Bedingung liegt vor, wenn die Wirksamkeit der Kündigung von einem künftigen ungewissen Ereignis abhängen soll. Bei der Potestativbedingung soll der Eintritt der Kündigungswirkung an das willkürliche Verhalten der Gegenpartei geknüpft werden, das sich nicht auf die Kündigung selbst bezieht (zB eine Mieterkündigung falls der Vermieter Mängel nicht beseitigt). Rechtsbedingungen sind unschädlich. Das ist zB der Fall, wenn zunächst die Nichtigkeit des Mietvertrages, dann seine Anfechtung und schließlich die Kündigung behauptet wird. Eine hilfsweise ausgesprochene Kündigung ist ebenfalls wirksam, weil sie unter der Rechtsbedingung der Wirksamkeit des Vertrages und/oder der Unwirksamkeit zuvor ausgesprochener Kündigungen erfolgt.   5

Bei der Befristung einer Kündigung muss unterschieden werden: 6
- Eine **echte Befristung** ist zulässig. Ohne Angabe eine Frist wirkt eine außerordentliche fristlose Kündigung mit ihrem Zugang, eine fristgerechte Kündigung, egal ob ordentlich oder außerordentlich mit Ablauf der gesetzlichen Kündigungsfrist, §§ 573a, 573c, 573d, 561 BGB. Der Kündigende kann aber in den Grenzen des Nachteilsgebots zB des § 573c Abs. 4 BGB berechtigt einen anderen, regelmäßig späteren Kündigungstermin anzuge-

---

[7] Soweit BGH NJW-RR 1989, 77 sich auf den Rechtsentscheid des BayObLG NJW 1981, 2201 für die Rechtsauffassung bezieht, dass alleine in der Erhebung einer Räumungsklage eine Kündigung zu sehen sei, ist das wohl nicht richtig, da das BayObLG im Anschluss an den Rechtsentscheid des OLG Zweibrücken WuM 1981, 177 die Auffassung vertreten hat, dass in der Räumungsklage eine – erneute – Kündigung erklärt werden kann. Es ging nie um die Frage, ob in der Erhebung einer Räumungsklage ohne ausdrückliche Kündigungserklärung schlüssig eine Kündigung zu sehen ist.
[8] dafür: BGH NJW-RR 1997, 203; 1989, 77; OLG Köln ZMR 1996, 24; *Krüger* in Guhling/Günter, Gewerberaummiete, BGB § 17 (der diese Auffassung auch als herrschend bezeichnet); dagegen *Rolfs* in Staudinger, BGB, BGB § 542 Rn. 74; *Blank* in Schmidt-Futterer BGB § 542 Rn. 19.
[9] *Blank/Börstinghaus* in Blank/Börstinghaus BGB § 542 Rn. 12.
[10] BGH NZM 2001, 1077 (1078); AG Leipzig WuM 1998, 752.
[11] *Blank/Börstinghaus* in Blank/Börstinghaus BGB § 542 Rn. 12.
[12] OLG Koblenz ZMR 1993, 68.
[13] LG Berlin ZMR 1992, 346.
[14] *Flatow* WuM 2004, 316.
[15] BGH NJW 1986, 2245.

ben. Das gilt sowohl für die ordentliche Kündigung wie auch für die außerordentliche Kündigung mit und ohne Frist. Bei der Kündigung aus wichtigem Grund gem. § 543 Abs. 1 BGB ist jedoch zu beachten, dass diese nur zulässig ist, wenn dem Kündigenden die Fortsetzung des Mietverhältnisses bis zum Ablauf der gesetzlichen Kündigungsfrist nicht zugemutet werden kann. Durch eine lange „Kündigungsfrist" bei einer solchen Kündigung, kann dies im Einzelfall zweifelhaft sein. Bei den Kündigungsgründen des § 543 Abs. 2 BGB findet eine solche Abwägung aber nicht statt.[16]
- Demgegenüber ist eine **unechte Befristung** unzulässig.[17] Damit ist zB eine Mieterkündigung „zu dem Zeitpunkt, zu dem eine neue Wohnung gefunden wurde" gemeint.

B. Angabe von Gründen

7 Ob eine Kündigung begründet werden muss hängt sowohl der Person des Kündigenden wie auch von der Art der Kündigung ab:

Art der Kündigung	Mieterkündigung	Vermieterkündigung
ordentliche Kündigung	ohne Gründe möglich	Angabe von Gründen gem. § 573 Abs. 3 BGB
außerordentliche Kündigung mit gesetzlicher Frist	keine Angabe von Gründen erforderlich	Gründe gem. § 573d Abs. 1 iVm § 573 Abs. 3 BGB notwendig. Ausnahme: • Kündigung gegenüber dem Erben, der nicht in der Wohnung wohnte, gem. § 564 BGB
außerordentliche fristlose Kündigung	Begründung gem. § 569 Abs. 4 BGB erforderlich.	Begründung gem. § 569 Abs. 4 BGB erforderlich.

8 Da der **Mieter** für die ordentliche Kündigung keine Gründe oder ein berechtigtes Interesse benötigt, muss er konsequenterweise dazu auch im Kündigungsschreiben **keine Angaben** machen. Anders sieht es bei der ordentlichen Kündigung des Vermieters aus. Dieser kann ein Wohnraummietverhältnis gem. § 573 Abs. 1 BGB nur dann kündigen, wenn er ein berechtigtes Interesse an der Beendigung des Mietverhältnisses hat. Nach § 573 Abs. 3 BGB werden als berechtigte Interessen des Vermieters nur Gründe berücksichtigt, die in dem Kündigungsschreiben angegeben sind, soweit sie nicht nachträglich entstanden sind. Der Zweck des Begründungserfordernisses besteht darin, dem Mieter zum frühestmöglichen Zeitpunkt Klarheit über seine Rechtsposition zu verschaffen und ihn dadurch in die Lage zu versetzen, rechtzeitig alles Erforderliche zur Wahrung seiner Interessen zu veranlassen. Dieser Zweck wird im Allgemeinen dadurch erreicht, dass das Kündigungsschreiben den Kündigungsgrund so bezeichnet, dass er identifiziert und von anderen Gründen unterschieden werden kann.[18] Erforderlich ist, dass der Kündigungsgrund von anderen Gründen unterschieden werden kann. Hieran sind keine hohen Anforderungen zu

---

[16] BGHZ 204, 134 = NZM 2015, 196; *Theesfeld* jurisPR-MietR 6/2015 Anm. 3; *Börstinghaus* LMK 2015, 367524; *Schach* MietRB 2015, 98 (109); *Drasdo* NJW-Spezial 2015, 257; *Derleder* JZ 2015, 517; *Flatow* NZM 2015, 654.
[17] BGH NJW 2004, 284 = NZM 2004, 66.
[18] BGH NJW 2014, 2102 = NZM 2014, 466; dazu *Theesfeld* jurisPR-MietR 15/2014 Anm. 5; *Drasdo* NJW-Spezial 2014, 449; *Scheuer* MietRB 2014, 226; *Fleindl* ZMR 2014, 970; *Abramenko* ZMR 2014, 930; *Wieck* WuM 2015, 55; BGH NZM 2010, 400; dazu *Schach* MietRB 2010, 158, *Drasdo* NJW-Spezial 2010, 386; *Pfeilschifter* jurisPR-MietR 11/2010 Anm. 4; BayObLG WuM 1981, 200; 1985, 50; wegen der Einzelheiten → Rn. 11, 233.

stellen.[19] Erforderlich ist aber, dass die Schlüssigkeit des Kündigungsgrundes sich aus ihnen ergibt.[20] Zu beachten ist dabei die verfassungsrechtliche Rechtsprechung, wonach die Instanzgerichte nicht durch übermäßige formale Anforderungen die Durchsetzung eines materiell-rechtlichen Anspruchs verhindern dürfen.

Das Begründungserfordernis gilt nur sehr eingeschränkt für die sog. **Zweifamilien-** 9 **hauskündigung** gem. § 573a BGB. Gem. dessen Abs. 3 muss der Vermieter nur angeben, dass er die Kündigung auf Abs. 1 oder 2 stützen will. Einer Angabe von weiteren Gründen bedarf es nicht.[21] Das gilt selbst dann, wenn der Mieter sich auf die Sozialklausel des § 574 BGB beruft. Zwar werden gem. § 574 Abs. 3 BGB bei der Abwägung nur die Härtegründe auf Vermieterseite berücksichtigt, die im Kündigungsschreiben aufgeführt wurden, jedoch gilt diese Beschränkung nur dann, wenn eine Kündigung überhaupt begründet werden muss.[22] Da dies bei der Kündigung gem. § 573a BGB gerade nicht der Fall ist, entfällt auch die Sperrwirkung des § 574 Abs. 3 BGB. Bei der Teilkündigung gem. § 573b BGB ist strittig, ob sie begründet werden muss. Der Wortlaut spricht dafür, dass keine Begründung erforderlich ist.[23] Auf der anderen Seite spricht eine historische Auslegung für einen Begründungszwang. Die Vorgängervorschrift verlangte sie nämlich und aus den Gesetzesmaterialien[24] ergibt sich, dass der Gesetzgeber eigentlich nichts ändern wollte. Es soll sich um ein Redaktionsversehen des Gesetzgebers handeln.[25] Teilweise wird eine analoge Anwendung des § 573 Abs. 3 BGB gefordert.[26]

Für die **außerordentlichen Kündigungen mit gesetzlicher Frist** zB nach §§ 540 10 Abs. 1[27], 544, 554 Abs. 3, 563 Abs. 4, 563a Abs. 2, 580, 1056 Abs. 2, 2135 BGB, § 30 Abs. 2 ErbbauRVO, § 109 InsO, § 57a ZVG ordnet § 573d Abs. 1 die entsprechende Anwendung des § 573 BGB an und damit auch den Begründungszwang gem. § 573 Abs. 3 BGB. Dies hängt damit zusammen, dass zumindest der Vermieter bei diesen Gründen auch ein berechtigtes Interesse benötigt.[28] Da der Mieter aber ein solches berechtigtes Interesse gerade nicht benötigt, muss er natürlich auch die Gründe nicht angeben. Etwas anderes gilt jetzt aber für die Kündigung gegenüber dem nicht in der Wohnung lebenden Erben des Mieters. Diesem gegenüber kann jetzt ohne ein berechtigtes Interesse gem. § 564 BGB gekündigt werden, so dass auch keine Gründe im Kündigungsschreiben angegeben werden müssen.

Außerordentliche fristlose Kündigungen aus wichtigem müssen von beiden Parteien 11 gem. § 569 Abs. 4 BGB begründet werden.[29] Der Zweck des § 569 Abs. 4 BGB besteht darin, dem Kündigungsempfänger die Möglichkeit zu geben zu erkennen, auf welche Vorgänge oder auf welches Verhalten der Vermieter die fristlose Kündigung stützt und ob oder wie er sich als Mieter hiergegen verteidigen kann, ohne dass dabei jedoch an den Inhalt der Begründung zu hohe oder übertrieben formalistische Anforderungen gestellt werden sollten.[30] Die Anforderungen an die Begründung sind nach Ansicht des BGH nicht sehr hoch.[31] Bei der Zahlungsverzugskündigung soll es nicht erforderlich sein, dass der Vermieter in der Kündigung den genauen Zeitpunkt und den konkreten Mietrückstand für

---

[19] LG Münster NJW-RR 1990, 398; LG Detmold WuM 1990, 301.
[20] LG Freiburg WuM 1990, 300; AG Kenzingen WuM 1990, 433.
[21] Nach *Blank* in Schmidt-Futterer BGB § 573a Rn. 37 „schadet sie aber auch nicht".
[22] *Blank* in Schmidt-Futterer BGB § 574 Rn. 62 und BGB § 573a Rn. 37 mwN.
[23] *Rolfs* in Staudinger (2014) BGB § 573b Nr. 23; *Hannappel* in Bamberger/Roth/*Hannappel* BGB § 573b Rn. 22; *Kinne* ZMR 2001, 599 (602); mit Bedenken auch *Blank* in Schmidt-Futterer § 573b Rn. 18.
[24] BT-Drs. 14/4553 abgedruckt auch bei *Börstinghaus/Eisenschmid*, Arbeitskommentar Neues Mietrecht, S. 512.
[25] *Beuermann* in Beuermann/Blümmel Neues MietR S. 207.
[26] MüKoBGB/*Häublein* § 573b Rn. 14.
[27] Nach *Blank* in Blank/Börstinghaus, 5. Aufl., BGB § 540 Rn. 77 gehört hier die Angabe eines Kündigungsgrundes nicht zu den Wirksamkeitsvoraussetzungen.
[28] BGH NJW 1997, 1695.
[29] Zum Begründungserfordernis bei der Kündigung aus wichtigem Grund siehe *Börstinghaus* FS Derleder, 2005, 205.
[30] BT-Drs. 14/4553, 91; 14/5663, 82.
[31] BGH NZM 2010, 548; 2004, 187; *Gellwitzki* WuM 2004, 181; *Hoffmann* MietRB 2004, 100; *Börstinghaus* LMK 2004, 57.

einzelne Monate oder sonstige Berechnungszeiträume angibt. Es genüge vielmehr, dass der Mieter anhand der Begründung des Kündigungsschreibens erkennen könne, von welchem Rückstand der Vermieter ausgeht, und dass der Vermieter diesen Rückstand als gesetzlichen Grund für die fristlose Kündigung wegen Zahlungsverzugs heranzieht.[32] Bei einer einfachen Sachlage soll es deshalb ausreichen, dass der Vermieter den Zahlungsverzug als Kündigungsgrund angibt und den Gesamtbetrag der rückständigen Miete beziffert. Der Mieter sei in einem solchen Fall in aller Regel ohne Weiteres in der Lage, die Berechtigung der Kündigung anhand eines einfachen Vergleichs der geschuldeten mit der gezahlten Miete auf ihre Stichhaltigkeit zu überprüfen und in eigener Verantwortung zu entscheiden, wie er hierauf reagieren will. Offengelassen hat der Senat bisher die Frage, welche Angaben in einer Zahlungsverzugskündigung zu machen sind, wenn der Rückstand sich erst aus einer umfangreichen Berechnung ergibt.[33] Hat der Mieter wegen gesundheitsgefährdendem Zustand der Mietsache gem. § 569 Abs. 1 BGB das Mietverhältnis gekündigt, muss das Kündigungsschreiben erkennen lassen, dass die Mieter die behaupteten Gesundheitsbeeinträchtigungen auf den Zustand der Mieträume zurückführen.[34]

C. Die Umdeutung

12 Nicht immer ist die Erklärung, die eine Mietvertragspartei abgibt, ganz eindeutig. In diesem Fall muss zunächst eine **Auslegung der Erklärung** nach dem objektiven Empfängerhorizont erfolgen. Die Auslegung geht der Umdeutung vor.

13 Kommt man durch Auslegung zu dem Ergebnis, dass keine Kündigung, sondern eine andere Erklärung abgegeben wurde oder hat die Partei tatsächlich ausdrücklich eine solche andere Erklärung abgegeben, so stellt sich die Frage, ob diese Erklärung **in eine Kündigung umgedeutet** werden kann. Die Umdeutung dient dem Ziel, den von den Parteien erstrebten wirtschaftlichen Erfolg zu verwirklichen, wenn zwar das von ihnen gewählte rechtliche Mittel unzulässig ist, aber ein anderer, rechtlich gangbarer Weg zur Verfügung steht.[35] Maßstab ist auch hier allein der objektive Empfängerhorizont. Eine Umdeutung kommt nur dann in Betracht, wenn die Voraussetzungen einer anderen, dem gleichen Zweck dienenden Handlung erfüllt sind.[36] Entscheidend ist die Frage, ob, der Empfänger den Beendigungswillen der anderen Partei hinsichtlich des Vertragsverhältnisses unzweifelhaft erkennen konnte. Deshalb kann eine unwirksame Anfechtungserklärung in eine außerordentliche Kündigung umgedeutet werden. Voraussetzung ist, dass die formellen und materiellen Voraussetzungen einer solchen Kündigung erfüllt sind und das Mietverhältnis auf jeden Fall beendet werden soll.[37] Demgegenüber kann ein **Angebot auf Abschluss eines Mietaufhebungsvertrages** ebenso wenig in eine Kündigungserklärung umgedeutet werden, da hier für den Adressaten gerade nicht erkennbar ist, dass ein einseitiges Gestaltungsrecht ausgeübt werden soll[38], wie ein unwirksamer Zeitmietvertrag.[39] Während eine unwirksame Kündigung durchaus in eine Abmahnung umgedeutet werden[40] kann, gilt das

---

[32] BGH NZM 2010, 548; 2004, 187.
[33] Dazu AG Dortmund NZM 2003, 596.
[34] BGH WuM 2005, 584.
[35] BGH ZIP 2009, 264; BGHZ 19, 269 (273); 68, 204 (206).
[36] BGH NJW 2013, 2361.
[37] BGH NJW 2006, 2696; *Blank* in Schmidt-Futterer BGB Vor. § 535 Rn. 9.
[38] *Blank* in Schmidt-Futterer BGB § 542 Rn. 15; jedoch können wechselseitige Kündigungserklärungen ggf. in einen Mietaufhebungsvertrag umgedeutet werden: BGH NZM 2014, 790; aA OLG Düsseldorf ZMR 2014, 116 für den Fall der „Annahme" einer unwirksamen Kündigung.
[39] LG Fulda 2016, 203; allenfalls kann im Wege der ergänzenden Vertragsauslegung ein Kündigungsverzicht vereinbart sein: BGH NJW 2013, 2820; *Jahreis* jurisPR-MietR 19/2013 Anm. 2; *Drasdo* NJW-Spezial 2013, 577; *Bittner* MietRB 2013, 285; *Wiek* WuM 2013, 618; *Niebling* ZMR 2013, 953; *Hinz* ZMR 2014, 179; BGH NZM 2014, 235; *Drasdo* NJW-Spezial 2014, 193; *Schach* MietRB 2014, 97; *Abramenko* ZMR 2014, 434.
[40] BGH WuM 2011, 676; KG GE 2005, 236; AG Hamburg-Wandsbek ZMR 2019, 510; AG Berlin-Mitte MM 12/2014, 28; *Blank* in Schmidt-Futterer BGB § 541 Rn. 5.

für den umgekehrten Fall nicht.[41] Die Umdeutung einer Rücktrittserklärung in eine Kündigung ist demgegenüber möglich, da hier der Beendigungswille deutlich zum Ausdruck kommt.[42]

Die Umdeutung einer **unwirksamen außerordentlichen fristlosen Kündigung** in eine ordentliche Kündigung ist in der Wohnraummiete nur in Einzelfällen möglich. Eine solche Umdeutung ist auf Ausnahmefälle beschränkt.[43] Erforderlich ist auf jeden Fall, dass der Kündigungsadressat erkennen kann, dass das Mietverhältnis auf jeden Fall, wenn auch zu einem späteren Termin, beendet werden soll.[44] Hier ist ein äußerst strenger Maßstab anzulegen[45], weshalb eine Umdeutung einer ohne Begründung abgegebenen und deshalb gem. § 569 Abs. 4 BGB unwirksamen außerordentlichen Kündigung in eine ordentliche Kündigung ausgeschlossen ist.[46] Erforderlich ist in einem solchen Fall regelmäßig die hilfsweise Erklärung einer ordentlichen Kündigung. Umgedreht ist auch die Umdeutung einer fristgerechten Kündigung in eine außerordentlich fristlose Kündigung im Regelfall nicht möglich[47], weil die Wirkungen des Ersatzgeschäfts nicht weitergehen dürfen als diejenigen des unwirksamen Geschäfts.[48] Insbesondere scheidet eine solche Umdeutung aus, wenn das Kündigungsschreiben mit „Fristgerechte Kündigung" überschrieben ist. Das Gleiche gilt, wenn der Mieter mit ordentlicher Frist gem. § 573c BGB kündigt, obwohl ihm auch ein außerordentliche fristloser Kündigungsgrund zur Verfügung stand.[49] Haben sich Mieter oder Vermieter bei der Berechnung der Kündigungsfrist verrechnet, muss unterschieden werden, ob es sich um einen erkennbaren Fehler für die Gegenseite handelt, dann gilt das tatsächlich Gewollte, oder ob es sich um eine falsche rechtliche Bewertung handelt, die ggf. auch für die Gegenseite nicht erkennbar war. Im letzten Fall kommt eine Umdeutung nur dann in Betracht, wenn für den Kündigungsadressaten erkennbar ist, dass das Mietverhältnis auf jeden Fall beendet werden soll, also zB im Kündigungsschreiben auch steht „frühestmöglich", „so schnell wie möglich" oÄ. Dann kommt eine Umdeutung zum früheren Termin in Betracht.

Kapitel 8. Die unterschiedlichen Kündigungstatbestände

Ein Mietverhältnis ist ein **Dauerschuldverhältnis,** dh es ist nicht auf den einmaligen Austausch von Leistungen gerichtet. Für die Beendigung solcher Verträge gibt es grundsätzlich zwei Möglichkeiten: Entweder ist der Vertrag befristet und endet nach Ablauf der Zeit, für die er eingegangen wurde, oder er wird durch eine Kündigung beendet. Für Mietverträge ist dies ausdrücklich in § 542 BGB so alternativ bestimmt. Die Vorschrift gilt für alle Mietverhältnisse und nicht nur für Wohnraummietverträge. Im Wohnraummietrecht ist der Mietvertrag auf unbestimmte Zeit immer noch die überwiegend vorkommende Vertragsform.

Bei der Kündigung von Mietverhältnissen kann man nach verschiedenen Kriterien die **verschiedenen Kündigungen** qualifizieren. Zunächst gibt es

---

[41] *Blank* in Schmidt-Futterer BGB § 542 Rn. 15.
[42] BGH ZMR 1987, 143 (144).
[43] BGH WuM 2005, 585; NJW 1981, 976; LG Saarbrücken NZM 2015, 692; LG Berlin GE 1991, 1033; *Blank* in Schmidt-Futterer BGB § 542 Rn. 23; *Zehelein* NJW 2017, 41; großzügiger noch OLG Hamm BeckRS 2013, 16378.
[44] BGH NZM 2018, 515; NJW 2013, 3361; 2003, 3053 (3054); 2003, 1043; 2003, 1143 (1144); offengelassen von BGH NJW 2016, 311.
[45] AG Köln WuM 2016, 249; BeckRS 2016, 7998; *Blank* in Schmidt-Futterer BGB § 542 Rn. 23; aA *Wolf/Eckert/Ball*, HdB der gewerblichen Miet-, Pacht- und Leasingrechts, 10. Aufl., Rn. 934.
[46] AG Köln WuM 2016, 249.
[47] OLG Saarbrücken NZM 2011, 720; *Flatow* WuM 2004, 316.
[48] *Roth* in Staudinger BGB [2015] § 140 Rn. 42 mwN; offengelassen von BGHZ 223, 290 = NJW 2020, 331 = NZM 2020, 54.
[49] *Flatow* WuM 2004, 316.

- Vermieterkündigungen und
- Mieterkündigungen

2   Außerdem kann man die verschiedenen Kündigungstatbestände danach unterscheiden, ob es sich um eine
- **ordentliche Kündigung,** die das Mietverhältnis mit der gesetzlichen oder im Einzelfall auch vertraglichen Frist beendet;
- die **außerordentliche fristlose Kündigung,** die das Mietverhältnis regelmäßig nach einem vorwerfbaren Fehlverhalten einer Vertragspartei mit Zugang der Kündigung beendet;
- die **außerordentliche Kündigung mit gesetzlicher Frist,** die einer Vertragspartei in bestimmten Ausnahmefällen eingeräumt wird und das Mietverhältnis regelmäßig mit einer dreimonatigen Kündigungsfrist beendet
handelt.

3   Schließlich kann man diese beiden Kriterien auch noch miteinander verknüpfen:

4   Dabei geht es im Einzelnen um folgende Kündigungstatbestände:

Paragraf	Kündigungsrelevanter Sachverhalt
§ 540 Abs. 1 BGB	Verweigerung der Untermieterlaubnis
§ 543 Abs. 1 BGB	Kündigung aus wichtigem Grund
§ 543 Abs. 2 Ziff. 1 BGB	Gewährleistungskündigung
§ 543 Abs. 2 Ziff. 2 BGB	Erhebliche Pflichtverletzung oder unbefugte Gebrauchsüberlassung
§ 543 Abs. 2 Ziff. 3 BGB	Zahlungsverzugskündigung
§ 544 BGB	Vertag über mehr als 30 Jahre
§ 555a Abs. 1 BGB	Kündigung nach Modernisierungsankündigung
§ 561 BGB	Kündigung nach Mieterhöhung
§ 563 Abs. 4 BGB	Kündigungsrecht gegenüber eintretendem Mieter nach Tod des ursprünglichen Mieters
§ 563a Abs. 2 BGB	Kündigung des überlebenden Mieters nach Tod des Mitmieters
§ 564 BGB	Kündigung nach Tod des Mieters durch oder gegenüber Erben
§ 569 Abs. 1 BGB	Kündigung wegen gesundheitsgefährdendem Zustand der Mietsache
§ 569 Abs. 2 BGB	Kündigung wegen Hausfriedensstörung
§ 569 Abs. 2a BGB	Kündigung wegen Nichtzahlung der Kaution
§ 573 Abs. 1 BGB	Kündigung wegen berechtigten Interesses
§ 573 Abs. 2 Ziff. 1 BGB	Kündigung wegen schuldhafter Pflichtwidrigkeit
§ 573 Abs. 2 Ziff. 2 BGB	Kündigung wegen Eigenbedarfs
§ 573 Abs. 2 Ziff. 3 BGB	Kündigung wegen wirtschaftlicher Verwertung
§ 573a BGB	Kündigung einer Wohnung im Zweifamilienhaus
§ 573b BGB	Teilkündigung

§ 580 BGB	Kündigung eines Gewerberaummietverhältnisses nach Tod des Mieters
§ 1056 Abs. 2 BGB	Kündigung nach Ende des Nießbrauchs
§ 2135 BGB	Kündigung nach Eintritt des Nacherbfalles
§ 30 Abs. 2 ErbbauRG	Kündigung nach Heimfall
§ 109 InsO	Kündigung in Mieterinsolvenz durch Insolvenzverwalter
§ 57a ZVG	Kündigung nach Zwangsversteigerung des Grundstücks
§ 37 Abs. 3 S. 2 WEG	Kündigung nach Zwangsversteigerung eines Dauerwohnrechts

Diese Kündigungstatbestände können nach obiger Gliederung wie folgt zugeordnet werden: **5**

Kündigungsrechte des Vermieters		Kündigungsrechte beider Parteien		Kündigungsrechte des Mieters	
Ordentlich	Außerordentlich a) fristlos b) fristgerecht	Ordentlich	Außerordentlich a) fristlos b) fristgerecht	Ordentlich	Außerordentlich a) fristlos b) fristgerecht
§ 573 Abs. 1 § 573 Abs. 2 S. 1 § 573 Abs. 2 S. 2 § 573 Abs. 2 S. 3 § 573a § 573b	a) § 543 Abs. 2 S. 2 § 543 Abs. 2 S. 3 § 569 Abs. 2a b) § 563 Abs. 4 § 1056 Abs. 2 § 2135 § 30 Abs. 2 ErbbauRG § 57a ZVG § 37 Abs. 3 Satz 2 WEG		a) § 543 Abs. 1 § 569 Abs. 2 b) § 544 § 564 § 580		a) § 543 Abs. 2 S. 1 § 569 Abs. 1 b) § 540 Abs. 1 § 555e Abs. 1 § 561 § 563a Abs. 2 § 109 Abs. 1 InsO[1]

Kapitel 9. Die Kündigungsfrist

Eine **außerordentliche fristlose Kündigung** beendet das Mietverhältnis mit Zugang. **1** Problematisch ist dies regelmäßig aber nur dann, wenn entweder gleichzeitig mit der getrennt erfolgten fristlosen Kündigung Räumungsklage erhoben wird oder sogar nur in der Räumungsklage gekündigt wird. Erkennt der Mieter den Räumungsanspruch sofort iSd § 93 ZPO an und räumt die Wohnung, dann stellt sich die Frage, ob ein sofortiges Anerkenntnis nach § 93 ZPO vorliegt und der Vermieter die Kosten des Räumungspro-

---

[1] Kündigen kann der Insolvenzverwalter des Mieters. In der Wohnraummiete ist nur die Freigabe der Wohnung (Enthaftungserklärung) möglich.

Kap. 9

zesses zu tragen hat. Da der Räumungsanspruch gem. § 546 BGB erst mit Beendigung des Mietverhältnisses also nach Zugang der Kündigung entsteht, muss der Mieter vorher, selbst wenn er sich in Zahlungsverzug mit der Mietzahlung befunden hat, nicht räumen. Aber auch nach Zugang der Kündigung kann der Mieter nicht sofort räumen, da die Räumung einer Wohnung eine gewisse Zeit für deren Vorbereitung und Abwicklung bedarf. Diese Zeit nennt man „Ziehfrist". Räumt der Mieter innerhalb dieser **Ziehfrist** so hat regelmäßig der Vermieter die Kosten des Räumungsverfahrens gem. § 93 ZPO zu tragen, was auch bei einer Kostenentscheidung gem. § 91a ZPO bei beidseitiger Erledigung zu berücksichtigen ist.[1] Denn der Vermieter kann in der Regel nicht damit rechnen, dass der Mieter in der Lage ist, vor Ablauf einer Zeitspanne von 1 bis 2 Wochen sein Hab und Gut anderweitig unterzubringen bzw. eine neue Wohnung zu finden. Soweit der Vermieter früher als ca. 10 Tage[2] nach Zugang der Kündigung Räumungsklage erhebt, hat er regelmäßig die Kosten des Rechtsstreits zu tragen, wenn der Mieter den Räumungsanspruch daraufhin sofort anerkennt.

---

[1] LG Baden-Baden WuM 1996, 472; *Sternel*, Mietrecht; 3. Aufl. 1988, V 75 mwN.
[2] Nach LG München II WuM 1989, 181; AG Hamburg WM 1986, 337: 1 Woche.

Teil 3. Die Kündigung von Wohnraummietverhältnissen durch den Vermieter

Kapitel 10. Einführung

§ 542 BGB unterscheidet zwischen **Mietverträgen auf unbestimmte Zeit** und solchen auf bestimmte Zeit. Nur wenn die Mietzeit nicht bestimmt ist, kann der Vertrag gem. § 542 Abs. 1 BGB von jeder Vertragspartei gekündigt werden. Der Kündigungsschutz ist Teil des sog. sozialen Mietrechts. Es will den Mieter in zwei Bereichen schützen, nämlich hinsichtlich des Bestandes des Mietverhältnisses und hinsichtlich der Miethöhe. Dieser Schutz ist hinsichtlich des Bestands wiederum zweistufig vom Gesetzgeber geregelt.[1] Zunächst kann der Vermieter das Mietverhältnis nur dann ordentlich kündigen, wenn er **ein berechtigtes Interesse** an der Beendigung des Mietverhältnisses hat. Bei der Prüfung dieses berechtigten Interesses werden Mieterinteressen nicht berücksichtigt. Liegt ein zur Kündigung berechtigendes Interesse des Vermieters an einer ordentlichen Kündigung des Mietverhältnisses vor, kann der Mieter sich in einer zweiten Stufe auf seine persönlichen Härtegründe oder fehlenden Ersatzwohnraum berufen. Die Mieterinteressen sind dann gegenüber den berechtigten Vermieterinteressen, die zur Kündigung berechtigten, abzuwägen. Es soll grds. der vertragstreue Mieter vor willkürlichen Kündigungen geschützt werden, da die Wohnung auch nach der Rechtsprechung des BVerfG[2] eine überragende Bedeutung als Lebensmittelpunkt des menschlichen Daseins hat. Somit muss bei einer ordentlichen Kündigung wie folgt geprüft werden:
1. Ist die Kündigung überhaupt zulässig?
2. Unterfällt die Wohnung dem Kündigungsschutz und ist sie danach kündbar?

1

Kapitel 11. Die ordentliche Kündigung des Vermieters

Übersicht

	Rn.
A. Ausschlussgründe	1
I. Zeitmietvertrag	1
II. Kündigungsausschlussvereinbarungen	5
1. Allgemeines	5
2. Vereinbarungen zu Lasten des Vermieters	6
3. Form	9
4. Rechtsfolge	13
B. Die Beschränkung des Kündigungsrechts des Vermieters	17
I. Einführung	17
II. Anwendungsbereich	21
1. Allgemein	21
2. Ungeschützte Wohnraummietverhältnisse	25
a) Wohnraum, der nur zu vorübergehendem Gebrauch vermietet wurde (§ 549 Abs. 2 Ziff. 1 BGB)	26
b) Einzelfälle:	27

---

[1] Ausführlich *Sternel* NZM 2018, 473.
[2] BVerfGE 89, 1 = NJW 1993, 2035; *Depenheuer* NJW 1993, 2561; *Derleder* WuM 1993, 514; *Finger* ZMR 1993, 545; *Franke* DWW 1993, 281; *Roellecke* JZ 1995, 74; *Rüthers* NJW 1993, 2587; *Sternel* MDR 1993, 729.

	Rn.
c) Wohnraum, der Teil der vom Vermieter bewohnten Wohnung ist ...	28
d) Mietverhältnis über Wohnraum in Studenten- oder Jugendwohnheim (§ 549 Abs. 3 BGB)	33
III. Wohnungen in Zweifamilienhäusern	37
C. Kündigung wegen schuldhafter Pflichtwidrigkeit	38
I. Verletzung vertraglicher Pflichten	38
II. Erheblichkeit der Pflichtverletzung	40
III. Verschulden	42
IV. Einzelfälle	48
1. Vertragswidriger Gebrauch	48
2. Zahlungsverzug	54
3. Unpünktliche Mietzahlungen	65
4. Belästigungen	67
5. Beschädigung der Mietsache	69
6. Unbefugte Gebrauchsüberlassung	70
D. Die Kündigung wegen Eigenbedarfs	72
I. Verfassungsrechtliche Vorgaben	72
II. Der privilegierte Personenkreis	74
1. Die Eigennutzung durch den Vermieter	74
2. Haushaltsangehörige	78
3. Die Familienangehörigen	80
4. Sonstige Personen	84
III. Die Nutzung als Wohnung	85
IV. Der Nutzungswille	88
1. Die Ernsthaftigkeit und Realisierbarkeit der Nutzungsabsicht	88
2. Die nur vorgetäuschte Nutzungsabsicht	90
3. Die nur ungewisse Absicht	92
4. Die unzulässig Vorratskündigungen	95
5. Die mehrdeutige Absicht	97
6. Rechtliche Nutzungs-/Überlassungshindernisse	98
7. Die unvernünftige Absicht	99
8. Die auf einen Teil der Mietsache beschränkte Nutzungsabsicht	101
V. Die Darlegungs- und Beweislast	102
VI. Der Wegfall der Nutzungsabsicht nach Ausspruch der Kündigung	105
VII. Das Benötigen der Räume	109
1. Allgemeines	109
2. Die freie Alternativwohnung	110
3. Einzelne Nutzungsinteressen	111
4. Einzelne Überlassungsinteressen an privilegierte Dritte	122
5. Auswahlrecht des Vermieters	127
VIII. Die treuwidrige Kündigung	129
1. Vorhandener oder absehbarer Eigenbedarf bei Vertragsschluss	129
a) Die Rechtsgrundsätze	129
b) Die Hinweispflicht	134
c) Absehbarer Bedarf des Eigentümers bei Zwischenvermietung	136
d) Die Darlegungs- und Beweislast	137
2. Verzicht auf Eigenbedarf bei Vertragsschluss	138
3. Überhöhter Bedarf	139
IX. Die „Anbietpflicht"	142
1. Das Bestehen der Pflicht	142
2. Rechtsfolgen eines Verstoßes gegen die Anbietpflicht	147
3. Fälle, in denen keine Anbietpflicht besteht	149
4. Anbietpflicht bei Vermietermehrheit	157
5. Die Darlegungs- und Beweislast für den Schadensersatzanspruch	158
E. Die Kündigung wegen wirtschaftlicher Verwertung	159
I. Allgemeines	159
II. Verfassungsrechtliche Vorgaben	161

	Rn.
III. Die Tatbestandsvoraussetzungen	162
1. Absicht zur anderweitigen Verwertung	162
2. Angemessenheit der Verwertung	167
3. Hinderung der Verwertung	177
4. Die Erheblichkeit des Nachteils	181
IV. Rechtsmissbräuchliche Ausübung des Kündigungsrechts	190
V. Kündigung zum Zwecke der Erzielung einer höheren Miete	194
VI. Umwandlung von Miet- in Eigentumswohnungen	195
F. Die Generalklausel des § 573 Abs. 1 BGB	196
I. Allgemeines	196
II. Das berechtigte Interesse	197
III. Anerkannte berechtigte (Vermieter-)Interessen	198
1. Betriebsbedarf	199
2. Der Geschäfts- oder Berufsbedarf	206
3. Fehlbelegte Sozialwohnung	210
4. Überbelegung	213
5. Unterbelegung	214
6. Öffentliches Interesse	216
7. Kündigung eines Untermietverhältnisses	221
8. Kündigung einer Genossenschaftswohnung	224
9. Sonstige berechtigte Interessen	225
IV. Kein anerkanntes berechtigtes Interesse	228
G. Das Kündigungsschreiben	229
I. Allgemeines	229
II. Der Inhalt der Begründungspflicht	232
1. Der Zweck	232
2. Der Begriff der „Gründe"	233
3. Die Kerntatsachen und die Ergänzungstatsachen	234
III. Das Begründungserfordernis bei den einzelnen Kündigungstatbeständen	236
1. Die schuldhafte Pflichtverletzung gem. Abs. 2 Nr. 1	236
2. Die Kündigung wegen Eigenbedarfs	238
3. Kündigung wegen wirtschaftlicher Verwertung	245
4. Die Kündigung nach der Generalklausel gem. § 573 Abs. 1 BGB	254
IV. Bezugnahme auf außerhalb des Kündigungsschreibens erfolgte Begründungen	261
V. Berücksichtigung nachträglich entstandener Gründe	263
H. Die Zweifamilienhauskündigung, § 573a BGB	272
I. Allgemeines	272
II. Die beiden Kündigungstatbestände	277
1. Die Zweifamilienhauskündigung gem. Abs. 1	277
a) Die Gebäudeeigenschaft	277
b) Die vom Vermieter selbst bewohnte Wohnung	280
c) Gebäude mit nicht mehr als zwei Wohnungen	285
2. Wohnraum innerhalb der Vermieterwohnung gem. Abs. 2	291
III. Die Rechtsfolgen	293
I. Die Teilkündigung gem. § 573b BGB	295
I. Einführung	295
II. Die Tatbestandsvoraussetzungen	298
1. Nebenräume	298
2. Die Zweckbestimmung	300
a) Abs. 1 Nr. 1	301
b) Abs. 1 Nr. 2	306
III. Die Formalien	308
IV. Die Kündigungsfrist	312
V. Die Anpassung des Mietvertrages	313
J. Die Kündigungsfrist für den Vermieter	315
K. Die „Ziehfrist"	323

A. Ausschlussgründe

I. Zeitmietvertrag

1 Demgegenüber endet gem. § 542 Abs. 2 BGB ein Mietverhältnis, das auf bestimmte Zeit eingegangen ist, mit dem Ablauf dieser Zeit.[1] Die Vorschrift enthält zwei Ausnahmen, nämlich die Möglichkeit der außerordentlichen Kündigung und die der Mietvertragsverlängerung. Daraus folgt die ganz herrschende Auffassung, dass ein **Zeitmietvertrag vom Mieter ordentlich gar nicht gekündigt werden kann**[2], es sei denn die Parteien haben ein Sonderkündigungsrecht ausdrücklich vereinbart, was auch formularvertraglich möglich ist.[3] Eine solche Vereinbarung benachteiligt den Mieter nicht isd § 575 Abs. 4 BGB und ist auch nicht unangemessen isd § 307 BGB.

2 Es muss sich um einen wirksamen Zeitmietvertrag handeln. Anders als in der Gewerberaummiete sind in der Wohnraummiete Mietverträge auf bestimmte Zeit nur unter den **engen Voraussetzungen des § 575 BGB zulässig.** Danach kann ein Mietverhältnis über Wohnraum nur dann auf bestimmte Zeit eingegangen werden, wenn der Vermieter nach Ablauf der Mietzeit

1. die Räume als Wohnung für sich, seine Familienangehörigen oder Haushaltsangehörige nutzen will,
2. in zulässiger Weise die Räume beseitigen oder so wesentlich verändern oder instandsetzen will, dass die Maßnahme durch die Fortsetzung des Mietverhältnisses erheblich erschwert würde, oder
3. die Räume an einen zur Dienstleistung Verpflichteten vermieten will.

3 Außerdem muss der Vermieter dem Mieter diesen Befristungsgrund bereits bei Mietvertragsabschluss schriftlich mitteilen. Liegen die materiellen Voraussetzungen eines Zeitmietvertrages nicht vor oder ist die Befristung formell nicht wirksam mitgeteilt[4] worden, so gilt das Mietverhältnis gem. § 575 Abs. 1 S. 2 BGB als auf unbestimmte Zeit abgeschlossen. Es handelt sich dann grundsätzlich um einen kündbaren Mietvertrag gem. § 542 Abs. 1 BGB.

4 Nach der Rechtsprechung[5] ist aber davon auszugehen, dass einem unwirksamen Zeitmietvertrag im Wege der **ergänzenden Vertragsauslegung** zumindest eine Kündigungsausschlussvereinbarung[6] entnommen werden kann. Erweist sich die Vereinbarung eines Zeitmietvertrags als unwirksam, weil die nach § 575 Abs. 1 S. 1 BGB erforderlichen Voraussetzungen nicht erfüllt sind, kann dem bei Vertragsschluss bestehenden Willen der Mietvertragsparteien, das Mietverhältnis nicht vor Ablauf der vorgesehenen Mietzeit durch ordentliche Kündigung nach § 573 BGB zu beenden, nach Ansicht des VIII. Senats im Einzelfall dadurch Rechnung getragen werden, dass im Wege der ergänzenden Vertragsauslegung an die Stelle der unwirksamen Befristung ein beiderseitiger Kündigungsverzicht tritt, der eine ordentliche Kündigung frühestens zum Ablauf der (unwirksam) vereinbarten Mietzeit ermöglicht. Dabei sind alle Umstände des Einzelfalls zu prüfen. Entscheidend dürfte dabei die Frage sein, auf wessen Initiative der – unwirksame – Zeitmietvertrag abgeschlossen wurde. Vor allen in den Fällen, in denen der Mieter zB wegen größerer

---

[1] Dazu *Blank* ZMR 2002, 797; *Derleder* NZM 2001, 649; *Gather* NZM 2001, 57; *Gather* GE 2001, 748.
[2] BGH WuM 2009, 48 = MietPrax-AK § 573 BGB Nr. 16 mAnm *Börstinghaus*; *Blank/Börstinghaus* in Blank/Börstinghaus BGB § 542 Rn. 189; **aA** MüKoBGB/*Häublein*, § 575 Rn. 8.
[3] LG Berlin GE 2016, 327.
[4] BGH NZM 2014, 235 = MietPrax-AK § 575 BGB Nr. 2 mAnm *Börstinghaus*; *Drasdo* NJW-Spezial 2014, 193; *Schach* MietRB 2014, 97; *Abramenko* ZMR 2014, 434.
[5] BGH NJW 2013, 2820 = NZM 2013, 646 = MietPrax-AK § 575 BGB Nr. 1 mAnm *Börstinghaus*; *Jahreis* jurisPR-MietR 19/2013 Anm. 2; *Drasdo* NJW-Spezial 2013, 577; *Bittner* MietRB 2013, 285; *Wiek* WuM 2013, 618; *Niebling* ZMR 2013, 953; *Hinz* ZMR 2014, 179; BGH NZM 2014, 235 = MietPrax-AK § 575 BGB Nr. 2 mAnm *Börstinghaus*; *Drasdo* NJW-Spezial 2014, 193; *Schach* MietRB 2014, 97; *Abramenko* ZMR 2014, 434.
[6] → Rn. 6.

II. Kündigungsausschlussvereinbarungen

1. Allgemeines

Da der einfache Zeitmietvertrag durch die Mietrechtsreform aus dem Jahre 2001 abgeschafft wurde, sind seither **Kündigungsausschlussvereinbarungen in der Praxis** üblich. Mit ihnen wird das Kündigungsrecht beider Parteien oder auch nur einer Partei zeitlich befristet ausgeschlossen. 5

2. Vereinbarungen zu Lasten des Vermieters

Vereinbarungen, nach denen das **Kündigungsrecht des Vermieters** erschwert oder sogar ausgeschlossen[8] wird, sind – auch formularvertraglich – wirksam.[9] Bei einem individuell vereinbarten Kündigungsausschluss wird die Grenze nur durch § 138 BGB gesetzt, etwa bei **Ausnutzung einer Zwangslage** einer Partei oder beim Vorliegen sonstiger Umstände, die der Vereinbarung das Gepräge eines sittenwidrigen Rechtsgeschäfts geben.[10] Die individuelle Vereinbarung eines dauerhaften Ausschlusses der ordentlichen Kündigung eines Wohnraummietverhältnisses ist grundsätzlich möglich. Möglich ist auch der Ausschluss einzelner Kündigungsrechte, zB der Eigenbedarfskündigung.[11] Das ergibt sich bereits aus einem Umkehrschluss aus § 573c Abs. 4 BGB.[12] Es wird sich hierbei aber in der Regel um Individualvereinbarungen handeln. Wird durch den Kündigungsverzicht des Vermieters auch nur hinsichtlich eines wesentlichen Kündigungsrechts (zB Eigenbedarfs)[13] eine Laufzeit von mehr als einem Jahr erreicht, bedarf es zur Wirksamkeit der Einhaltung der **Schriftform**. Diese bezieht sich auf den ganzen Mietvertrag und nicht nur auf den Kündigungsverzicht. Ob der Verzicht auf das Recht zur Eigenbedarfskündigung nur den ursprünglichen Vermieter oder auch einen Erwerber bindet, ist durch Auslegung des Vertrages zu ermitteln.[14] Wenn keine Anhaltspunkte dafür bestehen, dass die Mietvertragsparteien den Kündigungsausschluss nur für den Zeitraum vereinbaren wollten, in dem der Veräußerer Eigentümer ist, wird regelmäßig von der Bindung des Erwerbers auszugehen sein.[15] 6

Ob das Sonderkündigungsrecht des Vermieters gem. § 564 BGB nach **Tod des Mieters** gegenüber dem Erben auch formularvertraglich ausgeschlossen werden kann, ist umstritten.[16] Unwirksam sind aber gem. § 307 Abs. 1, Abs. 2 Nr. 1 BGB Formularklauseln, die ausschließlich das Kündigungsrecht de Erben ausschließen.[17] 7

---

[7] → Rn. 9.
[8] BGH NZM 2018, 556 = MietPrax-AK § 573c BGB Nr. 30 mAnm *Börstinghaus; Börstinghaus* jurisPR-MietR 12/2018 Anm. 2.
[9] *Drettmann* in Graf v. Westphalen, Wohnraummiete, Rn. 156; nach Christensen in Ulmer/Brandner/Hensen, (22) Mietverträge Rn. 29 aber unwirksam, wenn der Mieter die AGB gestellt hat.
[10] BGH NZM 2018, 226 = MietPrax-AK § 573c BGB Nr. 30 mAnm *Börstinghaus; Börstinghaus* jurisPR-BGHZivilR 12/2018 Anm. 2; *Drasdo* NJW-Spezial 2018, 482; *Abramenko* MietRB 2018, 225; *Beyer* jurisPR-MietR 17/2018 Anm. 3.
[11] AG Aschaffenburg WuM 2018, 83.
[12] AG Aschaffenburg WuM 2018, 83.
[13] BGH NZM 2012, 502 = MietPrax-AK § 550 BGB Nr. 31 mAnm *Eisenschmid*.
[14] LG Berlin GE 2020, 991 (992).
[15] BGH NZM 2013, 824 = NJW-RR 2014, 78 = MietPrax-AK § 573a Nr. 3 BGB mAnm *Börstinghaus; Drasdo* NJW-Spezial 2013, 705; *Schach* MietRB 2013, 349; *Schach* GE 2013, 1554; *Rolfs* LMK 2014, 354505.
[16] Für die Möglichkeit eines auch formularvertraglichen Ausschluss: *Blank/Börstinghaus* in Blank/Börstinghaus BGB § 564 Rn. 55; *Streyl* in Schmidt-Futterer BGB § 564 Rn. 25; *Lammel*, Wohnraummietrecht, BGB § 564 Rn. 6; *Drettmann* in Graf v. Westphalen, Wohnraummiete, Rn. 158; gegen die Möglichkeit eines formularvertraglichen Ausschlusses: LG Frankfurt a.M. WuM 1990, 82; *Sternel* ZMR 2004, 720;

8 Umstritten war, ob seit 1.9.2001 auch das **Kündigungsrecht des Mieters** ausgeschlossen werden konnte.[18] In diesem Zusammenhang taucht auch das Problem auf, ob wechselseitige Kündigungsausschlussvereinbarungen, also solche, die das Kündigungsrecht des Mieters und des Vermieters beschränken wirksam sind. Deshalb wird auf diese Vereinbarungen auch im Rahmen der Mieterkündigung eingegangen.[19]

3. Form

9 Eine Kündigungsausschlussvereinbarung kann zur Folge haben, dass der Mietvertrag insgesamt der **Schriftform** gem. § 550 BGB unterliegt. Voraussetzung ist, dass das Kündigungsrecht für mehr als 1 Jahr gelten ausgeschlossen wird.[20] In diesem Fall müssen alle vertraglichen Abreden einschließlich aller Vertragsänderungen schriftlich festgehalten werden. Bereits der Ausschluss lediglich bestimmter Kündigungsgründe, etwa wegen Eigenbedarfs, reichen aus, um die Formbedürftigkeit gem. § 550 BGB zu begründen.[21] § 550 BGB ist eine besondere „Formvorschrift" für Mietverträge mit einer Laufzeit von mehr als einem Jahr, als dort nicht die Unwirksamkeit gem. § 125 BGB bei Formverstößen angeordnet wird, sondern nur die Kündbarkeit des Vertrages. Ursprünglich war diese Vorschrift wegen des heute in § 566 BGB enthaltenen Grundsatzes „Kauf bricht nicht Miete" als reine **Erwerberschutzvorschrift** gedacht, damit der Erwerber erkennen konnte, in welche vertraglichen Abreden er „eintritt".[22] Der BGH geht in seiner neueren Rechtsprechung jetzt davon aus, dass die Schriftform des § 550 BGB zusätzlich dazu dient, die **Beweisbarkeit** langfristiger Abreden auch zwischen den ursprünglichen Vertragsparteien sicherzustellen und diese vor der unbedachten Eingehung langfristiger Bindungen zu schützen.[23] Für eine solche Auslegung spricht auch eine historische Auslegung. Der Gesetzgeber der letzten großen Mietrechtsreform 2001[24] hat den Text der Vorgängervorschrift in § 566 BGB aF in Kenntnis der BGH-Rechtsprechung nur mit redaktionellen, aber ohne inhaltliche Änderungen als § 550 BGB übernommen.[25]

10 Sowohl der **Erwerberschutz** wie auch der **Schutz vor übereilten Entscheidungen** und die Beweisbarkeit solcher Abreden sind auch bei einem langfristigen Kündigungsverzichts wegen Eigenbedarfs betroffen. Ohne Einhaltung der Schriftform würde dem Erwerber anhand des Mietvertrags die Beschränkung des Kündigungsrechts nicht zur Kenntnis gelangen, obwohl gerade der Erwerber von Wohnraum nicht selten ein gesteigertes Interesse an dem Sonderkündigungsrecht haben wird. Für den Erwerber ist nicht nur ein genereller Kündigungsausschluss von entscheidender Bedeutung, sondern auch eine wesentliche Kündigungsbeschränkung, die auf Dauer gilt. Der Ausschluss der Eigenbedarfskündigung stellt eine nicht unwesentliche Einschränkung des verfassungsrechtlich geschützten Eigentums (Art. 14 GG) des Erwerbers dar. Der Vermieter soll sich durch die schriftliche Fixierung der Kündigungsverzichts auch noch einmal der Tragweite der Entscheidung bewusst werden und vor übereilten „dahingesagten" Bemerkungen geschützt werden.

Christensen in Ulmer/Brandner/Hensen, (22) Mietverträge Rn. 29; nach *Rolfs* in Staudinger (2018) BGB § 564 Rn. 25 „spricht mehr dafür [..]die Einschränkung und den Ausschluss des Kündigungsrechts für beide Vertragsteile als nach § 307 Abs 2 Nr. 1, Abs 1 BGB unzulässig zu beurteilen".

[17] *Drettmann* in Graf v. Westphalen, Wohnraummiete, Rn. 158.
[18] → Kap. 14 Rn. 6.
[19] → Kap. 14 Rn. 7.
[20] BGH NJW 2007, 1742 = MietPrax-AK § 550 BGB Nr. 18 mAnm *Eisenschmid*; BGH NJW 1960, 475; OLG München ZMR 2016, 945; OLG Hamburg MietRB 2015, 357; OLG Düsseldorf GE 2010, 907.
[21] BGH NJW 2007, 1742 = MietPrax-AK § 550 BGB Nr. 18 mAnm *Eisenschmid*; LG Berlin WuM 1991, 498; LG Hamburg ZMR 2001, 895; AG Dortmund ZMR 2020, 759; *Sonnenschein* NZM 2000, 1 (8).
[22] BGHZ 136, 357 (370); 52, 25 (28).
[23] BGHZ 176, 301; 81, 46, 51 [zur Warnfunktion]; 136, 357 (370); 139, 123, 130 [zur Beweis- und Warnfunktion].
[24] *Artz* NJW 2015, 1573.
[25] BT-Drs. 14/4553, 47; *Börstinghaus/Eisenschmid*, Arbeitskommentar Neues Mietrecht (2001), S. 156 ff.

Für die Schriftform gem. § 550 BGB verlangt § 126 Abs. 2 S. 1 BGB, dass die **Unter-** 11
zeichnung der Parteien auf derselben Urkunde erfolgt (Grundsatz der Einheitlichkeit
der Urkunde).[26] Danach muss das von den Parteien unterzeichnete Schriftstück alle Abreden enthalten, die nach ihrem Willen Vertragsinhalt sind. Dabei erfordert die Schriftform
des § 126 BGB keine körperliche Verbindung der einzelnen Blätter der Urkunde.[27] Zwar
bedeutet Schriftform grundsätzlich, dass die Urkunde eine Einheit bilden muss, jedoch
verlangen weder der Sprachgebrauch noch Sinn und Zweck des Gesetzes, dass die einzelnen Seiten fest mit einander verbunden sind. § 126 BGB verlangt keine körperliche Verbindung der einzelnen Blätter der Urkunde, wenn sich deren Einheit aus fortlaufender
Paginierung, fortlaufender Nummerierung der einzelnen Bestimmungen, einheitlicher
graphischer Gestaltung, inhaltlichem Zusammenhang des Textes oder vergleichbarer Merkmale zweifelsfrei ergibt.[28] Diese Grundsätze gelten nicht nur für den Abschluss des Vertrages sondern auch für spätere Vertragsänderungen.[29] Dabei reicht es aus, wenn die Nachtragsurkunde auf den ursprünglichen Vertrag Bezug nimmt und zum Ausdruck bringt, es
solle unter Einbeziehung des Nachtrags bei dem verbleiben, was früher bereits formgültig
niedergelegt war, vorausgesetzt, dass die neue Urkunde ebenfalls von beiden Parteien
unterzeichnet ist.[30] Es müssen alle Vertragspartner unterschreiben. Ist im Mietvertrag als
Vermieter eine Erbengemeinschaft benannt[31], sind im Zweifel alle Erben Vermieter und
müssen den Vertrag unterzeichnen oder sich vertreten lassen.[32]

Eine Unterschrift erfordert nach dem Sprachgebrauch und dem Zweck der Formvor- 12
schrift,[33] dass es sich **tatsächlich um eine Schrift** handeln muss. Eine Namensunterschrift
setzt ein aus **Buchstaben einer üblichen Schrift**[34] bestehendes Gebilde voraus, das nicht
lesbar[35] zu sein braucht. Erforderlich, aber auch genügend, ist das Vorliegen eines die
Identität des Unterschreibenden ausreichend kennzeichnenden Schriftzuges, der individuelle und entsprechend charakteristische Merkmale aufweist, die die Nachahmung erschweren.[36] sich als Wiedergabe eines Namens darstellt und die Absicht einer vollen Unterschriftsleistung erkennen lässt.[37] selbst wenn er nur flüchtig niedergelegt ist und von einem
starken Abschleifungsprozess gekennzeichnet ist.[38] Unter diesen Voraussetzungen ist selbst
ein vereinfachter und nicht lesbarer Namenszug als Unterschrift anzuerkennen, wobei
insbesondere von Bedeutung ist, ob der Unterzeichner auch sonst in gleicher oder ähnlicher Weise unterschreibt. Deshalb wird von der Rechtsprechung zunehmend ein **großzügiger Maßstab** angelegt, wenn an der Autorenschaft keine Zweifel bestehen und zwar
auch in Anbetracht der Variationsbreite, die selbst Unterschriften ein und derselben Person

---

[26] Möglich ist theoretisch auch die elektronische Form gem. § 126a BGB.
[27] BGH NJW 1998, 58 mAnm *Sternel* MDR 1998, 33; *Lindner-Figura* NJW 1998, 731; *Lenz/Schlößer* MDR 1998, 1; *Kinne* GE 1998, 218; *Schneider* ZAP F. 13, S. 713; *Franke* ZMR 1998, 529; BGH NZM 1999, 310 mAnm *Schultz* NZM 1999, 298.
[28] BGH NJW 1998, 58 = NZM 1998, 25 mAnm *Sternel* MDR 1998, 33; *Lindner-Figura* NJW 1998, 731; *Lenz/Schlößer* MDR 1998, 1; *Kinne* GE 1998, 218; *Franke* ZMR 1998, 529; *Schneider* ZAP F. 13, S. 713; *Repgen* DWW 1999, 47; BGH NZM 1999, 310 mAnm *Schultz* NZM 1999, 298; OLG Dresden WuM 1998, 142 (143); LG München WuM 1994, 335.
[29] Hierzu *Lindner-Figura* MDR 1997, 209.
[30] BGH NJW 1992, 2283 (2284) mAnm *Dürkes* BB 1993, 238; KG NJWE-MietR 1997, 175; OLG Düsseldorf NJW-RR 1994, 1234.
[31] Die Angabe „Erbengemeinschaft nach" und Angabe des Vor- und Nachnamens genügt als Bezeichnung der Vermieterin um die Schriftform gem. § 550 BGB einzuhalten. Die Bestimmbarkeit der Partei reicht aus: BGH FamRZ 2015, 226 = MietPrax-AK § 550 BGB Nr. 39 mAnm *Eisenschmid*.
[32] LG Hamburg ZMR 2013, 349.
[33] BGH NJW 1997, 3380 (3381); 1985, 1227; 1975, 1704; MDR 1964, 747.
[34] BGH NJW 1992, 243; NJW-RR 1992, 1150; NJW 1989, 588; 1987, 1333; 1985, 1227; 1985, 2651; 1975, 1704.
[35] BFH NJW 2000, 607; BGH NJW 1997, 3380 (3381); 1982, 1467; 1959, 734.
[36] BGH NJW 1959, 734; 1985, 1227; OLG Frankfurt a. M. NJW 1993, 3079; OLG Düsseldorf NJW-RR 1992, 946 (947).
[37] BFH NJW 2000, 607 (608); BGH NJW 1994, 55.
[38] BGH NJW-RR 1997, 760; NJW 1997, 3380 (3381).

aufweisen.[39] Zum Teil wird mit Rücksicht auf die modernen Kommunikationsmittel, die häufig eine eigenhändige Unterschrift nicht mehr zulassen und deshalb auch nicht erfordern,[40] eine noch weitere Lockerung bezüglich des Unterschriftserfordernisses gefordert. Nach Ansicht des BGH genügt aber weder eine eingescannte[41] noch eine zuvor blanko erteilte und dann ausgeschnittene und aufgeklebte Unterschrift[42] den Anforderungen an eine wirksame Unterschriftsleistung. Bloße Striche oder geometrische Figuren genügen aber als Unterschrift[43] ebenso wenig wie die bloße Wiedergabe von Anfangsbuchstaben.[44] Es ist in der Regel erforderlich, dass man bei wohlwollendster Betrachtung bei Kenntnis des Namens des Unterzeichners diesen in der Unterschrift wiedererkennen kann.[45] Dabei darf eine dem Schriftzug beigefügte Namenswiedergabe in Maschinenschrift zur Deutung vergleichend herangezogen werden.[46] Handzeichen, die allenfalls einen Buchstaben erkennen lassen, sowie Unterschriften mit einer Buchstabenfolge, die als bewusste und gewollte Unterzeichnung mit einer Namensabkürzung (Paraphe)[47] erscheinen, sowie Faksimile-Stempel,[48] erfüllen nicht die Voraussetzung einer formgültigen Unterschrift.[49] Ob ein Schriftzug eine Unterschrift oder lediglich eine Abkürzung darstellt, beurteilt sich dabei nach dem äußeren Erscheinungsbild.[50] Bei Doppelnamen muss grundsätzlich mit beiden Namensteilen unterschrieben werden. Die willkürliche Abkürzung führt zur Unwirksamkeit der Unterschrift.[51] Nur wenn keine Zweifel an der Identität des Unterzeichners bestehen reicht die Unterzeichnung mit dem ersten Teil des **Doppelnamens** aus[52] zB weil sich die Identität eindeutig aus dem Briefkopf ergibt.

4. Rechtsfolge

13 Liegt eine formwirksame Kündigungsausschlussvereinbarung zu Lasten des Vermieters vor, so ist der Vertrag für den Vermieter während der Laufzeit **nicht kündbar.** Der Vertrag endet nicht nach Ablauf der Vereinbarung, sondern ist von da an, wenn dem Vermieter ein Kündigungsrecht zusteht, kündbar.

14 Ist der Vertrag trotz einer mehr als Jahr geltenden Kündigungsausschlussvereinbarung **nicht in schriftlicher Form** geschlossen worden, so ist der Vertrag nach einem Jahr gem. § 550 BGB kündbar. Das gilt auch in den Fällen, in denen die Parteien einen gem. § 575 BGB unwirksamen aber zusätzlich auch formunwirksamen Zeitmietvertrag geschlossen haben.[53] Eine Umdeutung oder ergänzende Vertragsauslegung scheiden hier aus, weil auch das Rechtsgeschäft, in das die Vereinbarung umgedeutet werden soll, formunwirksam ist.

---

[39] BGH NJW 1997, 3380 (3381); 1987, 1333; BVerfG NJW 1998, 1853; *Schneider* NJW 1998, 1844.
[40] GemS-OGB NJW 2000, 2340.
[41] BGH NJW 2006, 3784.
[42] BGH NJW 2015, 3246 mAnm *Einsele* LMK 2015, 373985.
[43] Sogenannte „Schlingenrechtsprechung" zB: OLG Oldenburg NStZ 1988, 145; LG Berlin MM 1992, 65; AG Dortmund NZM 2000, 32.
[44] LAG Berlin NJW 2002, 989.
[45] BGH NJW 1988, 713; KG NJW 1988, 2807.
[46] BGH NJW-RR 1997, 760; NJW 1992, 243; OLG Düsseldorf NJW-RR 1992, 946.
[47] GemS-OGB NJW 2000, 2340; BGH NJW 1998, 762; 1997, 3380 (3381); 1994, 55; 1985, 1227; 1982, 1467; 1967, 2310; OLG Hamm NJW 1989, 3289 mAnm *Späth* VersR 1990, 675; OLG Köln Rpfleger 1991, 198; OLG Düsseldorf NJW-RR 1992, 946 (947); VGH München NVwZ 1987, 729.
[48] BGH NJW 1989, 838; VG Wiesbaden NJW 1994, 537.
[49] OLG Frankfurt a. M. NJW 1988, 2807.
[50] BGH NJW 1997, 3380 (3381); 1994, 55; 1987, 957; 1982, 1467.
[51] LAG Köln NZA 1987, **aA** BGH NJW 1988, 2822: Abkürzung des zweiten Namens mit den beiden Anfangsbuchstaben reicht aus.
[52] BGH NJW 1996, 997; OLG Frankfurt a. M. NJW 1989, 3030.
[53] BGH NJW 2013, 2820 = NZM 2013, 646 = MietPrax-AK § 575 BGB Nr. 1 mAnm *Eisenschmid; Jahreis* jurisPR-MietR 19/2013 Anm. 2; *Drasdo* NJW-Spezial 2013, 577; *Bittner* MietRB 2013, 285; *Wiek* WuM 2013, 618; *Niebling* ZMR 2013, 953; *Hinz* ZMR 2014, 179; BGH NZM 2014, 235 = MietPrax-AK § 575 BGB Nr. 2 mAnm *Börstinghaus; Drasdo* NJW-Spezial 2014, 193; *Schach* MietRB 2014, 97; *Abramenko* ZMR 2014, 434.

Bei einer formunwirksamen Kündigungsausschlussvereinbarung ist der Vertrag auch für den Vermieter kündbar. Das Berufen auf den Mangel der Schriftform des Mietvertrages durch den kündigenden Vermieter ist grundsätzlich **nicht rechtsmissbräuchlich**.[54] Die Motive für den Ausspruch einer Kündigung sind grundsätzlich unerheblich. Grundsätzlich darf sich jede Vertragspartei darauf berufen, die für einen Vertrag vorgeschriebene Schriftform sei nicht eingehalten.[55] Nur ausnahmsweise, wenn die vorzeitige Beendigung des Vertrags zu einem schlechthin untragbaren Ergebnis führen würde, kann es gemäß § 242 BGB rechtsmissbräuchlich sein, wenn die Partei sich darauf beruft, der Mietvertrag sei mangels Wahrung der Schriftform ordentlich kündbar. Das kann insbesondere dann der Fall sein, wenn der eine Vertragspartner den anderen schuldhaft von der Einhaltung der Schriftform abgehalten oder sich sonst einer besonders schweren Treuepflichtverletzung schuldig gemacht hat oder wenn bei Formnichtigkeit die Existenz der anderen Vertragspartei bedroht wäre.[56] Insbesondere verstößt es grundsätzlich nicht gegen Treu und Glauben, den Mangel der Schriftform für den Ausspruch einer ohnehin insbesondere aus wirtschaftlichen Gründen angestrebten Kündigung des Vertrages zu nutzen.[57] Es kann aber zB dann ein Verstoß gegen Treu und Glauben vorliegen, wenn eine Mietvertragspartei eine nachträglich getroffene Abrede, die lediglich ihr vorteilhaft ist, allein deshalb, weil sie nicht die schriftliche Form wahrt, zum Anlass nimmt, sich von einem ihr inzwischen lästig gewordenen langfristigen Mietvertrag zu lösen.[58]

15

Der **Umfang des Kündigungsausschlusses ist frei vereinbar**. Ohne Beschränkung ist damit der Ausschluss aller ordentlichen Kündigungsrechte des Vermieters gemeint. Außerordentliche Kündigungen, zB wegen Zahlungsverzuges werden von einer solchen Vereinbarung regelmäßig nicht erfasst. Das ergibt sich aus der Auslegung. Der Vermieter will für die Zeit, in der der Mieter sich vertragstreu verhält, auf sein Kündigungsrecht verzichten. Mehr kann der Mieter regelmäßig nicht erwarten.[59] Möglich ist aber, den Ausschluss nur auf Eigenbedarfskündigungen oder Kündigungen wegen wirtschaftlicher Verwertung zu beschränken.

16

B. Die Beschränkung des Kündigungsrechts des Vermieters[59a]

I. Einführung

Bis ca. 1971 konnte der Vermieter auch ein Wohnraummietverhältnis ohne Gründe kündigen. So ist es noch heute in der Gewerberaum- und Grundstücksmiete sowie bei der Vermietung beweglicher Sachen. Erst im November 1971 wurde dies durch das Erste Wohnraumkündigungsschutzgesetz[60] geändert. Seither ist die ordentliche Kündigung eines

17

---

[54] OLG Frankfurt a. M. MietRB 2016, 282.
[55] BGH NJW 2016, 331 = NJW 2016, 98 = MietPrax-AK § 550 BGB Nr. 42 mAnm *Eisenschmid*; *Burbulla* MietRB 2016, 35; *Schweitzer* NZM 2016, 101; *Drasdo* NJW-Spezial 2016, 162; *Börstinghaus* jurisPR-BGHZivilR 1/2016 Anm. 1; *Bieber* jurisPR-MietR 8/2016 Anm. 2.
[56] BGH NJW 2016, 331 = NJW 2016, 98; BGH NJW 2014, 2102.
[57] OLG Frankfurt a. M. MietRB 2016, 282.
[58] BGH NJW 2017, 3772 = NZM 2018, 38 = MietPrax-AK § 550 BGB Nr. 44 mAnm *Eisenschmid*; *Sommer* MietRB 2017, 341 (342); *Börstinghaus* jurisPR-BGHZivilR 23/2017 Anm. 1; *Bieber* GE 2017, 1377; *Janssen* BB 2017, 2766; *Mummenhoff* jurisPR-MietR 2/2018 Anm. 5; BGH NJW 2016, 311 = NZM 2016, 98 = MietPrax-AK § 550 BGB Nr. 42 mAnm *Eisenschmid*; *Burbulla* MietRB 2016, 35; *Schweitzer* NZM 2016, 101; *Drasdo* NJW-Spezial 2016, 162; *Börstinghaus* jurisPR-BGHZivilR 1/2016 Anm. 1; *Bieber* jurisPR-MietR 8/2016 Anm. 2; BGH NJW 2008, 365 = NZM 2008, 84 = MietPrax-AK § 550 BGB Nr. 22 mAnm *Eisenschmid*.
[59] Ähnlich BGH NJW 2012, 521 = NZM 2012, 111 = MietPrax-AK § 573c BGB Nr. 29 mAnm *Börstinghaus*; *Kurek* MietRB 2012, 34; *Derleder* NZM 2012, 147; *Wiek* WuM 2012, 100; *Börstinghaus* jurisPR-BGHZivilR 3/2012 Anm. 2.
[59a] Die nachfolgenden Ausführungen beruhen auf der Kommentierung von *Blank* im Schmidt-Futterer, Mietrecht, 14. Aufl. 2019.
[60] BGBl. I 1839; zum 1. WKSchG siehe *Barthelmess* ZMR 1972, 165 (202); *Häusler* DWW 1971, 376; *Lutz* DWW 1971, 383; *Schmidt* WuM 1971, 193; *Schmidt* WuM 1972, 1; *Schmidt-Futterer* NJW 1972, 86; *Schopp* ZMR 1972, 1; *Sternel* WuM 1972, 185.

Wohnraummietverhältnisses davon abhängig, dass **Kündigungsgründe vorliegen**. Das Gesetz war zunächst befristet. Die Kündigungsschutzbestimmungen wurden durch das Zweite Wohnraumkündigungsschutzgesetz v. 18.12.1974[61] im Wesentlichen inhaltsgleich als § 564b in das BGB aF aufgenommen. Durch das Mietrechtsreformgesetz vom 19.6.2001[62] wurde die Vorschrift als § 573 BGB nF übernommen.[63]

18 Die Wohnung ist ein besonderes Gut.[64] Das BVerfG[65] hat dem **Besitzrecht des Mieters** an einer Wohnung sogar Eigentumsqualität beigemessen. Auf der anderen Seite kann sich der Vermieter auf die **Eigentumsgarantie** des Art. 14 GG berufen. Jedoch kann diese Privatnützigkeit des Eigentums beschränkt werden, soweit dies dem Wohle der Allgemeinheit dient. Das BVerfG verlangt, dass der Gesetzgeber die verfassungsrechtlich garantierte Freiheit und das Gebot einer sozialgerechten Eigentumsordnung bei Ausgestaltung des einfachen Rechts Rechnung tragen und die schutzwürdigen Interessen aller Beteiligten in einen gerechten Ausgleich und ein ausgewogenes Verhältnis bringen muss. Das hat der Gesetzgeber mit dem „sozialen Mietrecht" getan.[66] Die beiden Säulen[67] des sozialen Mietrechts sind der Kündigungsschutz und das Miethöherecht[68]. Dabei geht es immer um die Abwägung zwischen Vermieter- und Mieterinteressen.[69]

19 Dementsprechend wollen die §§ 573 ff. BGB den Mieter hinsichtlich des Bestandes des Mietverhältnisses schützen. Dieser Schutz ist hinsichtlich des Bestands wiederum **zweistufig vom Gesetzgeber geregelt**.[70] Zunächst kann der Vermieter das Mietverhältnis nur dann ordentlich kündigen, wenn er ein berechtigtes Interesse an der Beendigung des Mietverhältnisses hat. Bei der Prüfung dieses berechtigten Interesses werden Mieterinteressen nicht berücksichtigt. Liegt ein zur Kündigung berechtigendes Interesse des Vermieters an einer ordentlichen Kündigung des Mietverhältnisses vor, kann der Mieter sich in einer zweiten Stufe auf seine persönlichen Härtegründe oder fehlenden Ersatzwohnraum berufen. Die Mieterinteressen sind dann gegenüber den berechtigten Vermieterinteressen, die zur Kündigung berechtigten, abzuwägen. Es soll grds. der vertragstreue Mieter vor willkürlichen Kündigungen geschützt werden, da die Wohnung auch nach der Rechtsprechung des BVerfG eine überragende Bedeutung als Lebensmittelpunkt des menschlichen Daseins hat.

---

[61] BGBl. I 3603.
[62] BGBl. I 1149.
[63] *Börstinghaus/Eisenschmid,* Arbeitskommentar Neues Mietrecht, § 573 BGB.
[64] *Derleder* FS Blank, 2006, 673 spricht von „Sozialgut"; zu den Besonderheiten des Gutes Wohnen: *Conradi/Zöpel,* Wohnen in Deutschland – Not im Luxus (1994), S. 44.
[65] BVerfGE 89, 1 = NJW 1993, 2035; *Depenheuer* NJW 1993, 2561; *Derleder* WuM 1993, 514; *Finger* ZMR 1993, 545; *Franke* DWW 1993, 281; *Roellecke* JZ 1995, 74; *Rüthers* NJW 1993, 2587; *Sternel* MDR 1993, 729.
[66] Zur Geschichte des Wohnraummietrechts insgesamt: *Artz,* Von Reformen und Reförmchen – Zur Entwicklung des deutschen Wohnraummietrechts seit der großen Mietrechtsreform 2001, NJW 2015, 1573; *Bärmann,* Historische Bedeutung und Entwicklung des Kündigungsschutzes im Mietrecht, PiG 26 (1987), 11; *Kofner* DWW 1997, 321 und DWW 1999, 275; *Kofner,* Die Formation der Deutschen Wohnungspolitik nach dem Zweiten Weltkrieg – Teil 1, DWW 2003, 246; Teil 2, DWW 2003, 284; *Kornemann,* Gesetze, Gesetze … Die amtliche Wohnungspolitik in der Zeit von 1918–1945 in Gesetzen, Verordnungen und Erlassen, in Geschichte des Wohnens, Bd. 4 S. 599; *Kühne-Büning/Plumpe/Hesse,* Zwischen Angebot und Nachfrage, zwischen Regulierung und Konjunktur – Die Entwicklung der Wohnungsmärkte in der Bundesrepublik 1949–1989/1990–1998, in Geschichte des Wohnens, Band 5 S. 153 ff.; *Lammel,* Vom BGB zum BGB – Das Soziale Mietrecht im Wandel der Zeiten, FS Blank, 2006, 713; *Oestmann* in Historisch-Kritischer-Kommentar (HKK), BGB §§ 535–580a Rn. 92 ff.; *Petersen,* Die Vorgeschichte und die Entstehung des Mieterschutzgesetzes von 1923 nebst der Anordnung für das Verfahren vor dem Mieteinigungsamt und der Beschwerdestelle. Kiel Diss. 1998; *Sonnenschein,* Die Geschichte des Wohnraummietrechts, PiG 49 (1996), 7; *Weiss,* Die Entwicklung des Mieterschutzes, Diss., Berlin 1993.
[67] *Weitemeyer* NZM 2000, 313.
[68] Zur Geschichte des Miethöherechts seit 1917: *Börstinghaus* WuM 2018, 610.
[69] Instruktiv hierzu *Conradi/Zöpel,* Wohnen in Deutschland – Not im Luxus (1994); *Börstinghaus* WuM 2018, 610.
[70] Ausführlich *Sternel* NZM 2018, 473.

§ 573 BGB bildet das **Kernstück des mietrechtlichen Bestandsschutzes.** Sie besagt, 20
dass die Kündigung eines Wohnraummietverhältnisses grds. nur möglich ist, wenn ein
Beendigungsgrund vorliegt. Benannte Beendigungsgründe sind Vertragsverletzungen des
Mieters (§ 573 Abs. 2 Nr. 1 BGB) oder überwiegende Interessen des Vermieters (§ 573b
Abs. 2 Nr. 2 [Eigenbedarf], 3 [wirtschaftliche Verwertung] BGB). Die Kündigung zum
Zwecke der Mieterhöhung ist seit 1971 gemäß § 573 Abs. 1 S. 2 BGB stets ausgeschlossen.
Zum Ausgleich dafür wurde dem Vermieter ein Anspruch auf Zustimmung zu einer
Mieterhöhung eingeräumt. Dieser mietrechtliche Bestandsschutz kann gem. § 575 Abs. 1
S. 2 BGB auch nicht durch den Abschluss eines Zeitmietvertrages umgangen werden.

II. Anwendungsbereich

1. Allgemein

Die Vorschrift gilt nur für **Mietverhältnisse über Wohnraum.** Hierunter fallen Mietver- 21
hältnisse über Räume, die zu Wohnzwecken vermietet werden. Maßgeblich sind hierbei die
zwischen den Parteien getroffenen Vereinbarungen und nicht die tatsächliche Nutzung.
Wohnraummiete liegt vor, wenn die Räume dem Mieter vertragsgemäß zur Befriedigung
seiner eigenen Wohnbedürfnisse und/oder der Wohnbedürfnisse seiner Familie dienen
sollen.[71] Nur wenn diese Zweckbestimmung[72] gegeben ist, handelt es sich um einen Wohnraummietvertrag. Deshalb handelt es sich bei einem Mietvertrag zwischen dem Eigentümer
eines Wohnhauses und einem Werkunternehmen, wonach der Eigentümer verpflichtet sein
soll, die Wohnungen an Angestellte des Werkunternehmens zu vermieten nicht um einen
Wohnraum- sondern um einen Gewerberaummietvertrag.[73] Ebenso kann eine juristische
Person keinen Wohnbedarf haben. Deshalb liegt kein Wohnraummietverhältnis vor, wenn eine
juristische Person Räumlichkeiten anmietet um sie einem Gesellschafter, einem Geschäftsführer oder einem sonstigen Mitarbeiter als Wohnung zu überlassen.[74] Die wohnraummietrechtlichen Schutzvorschriften zugunsten des Wohnungsmieters (Kündigungsschutz, Schutz
vor Mieterhöhungen, Beschränkung der Höhe der Kaution usw) gelten im Hauptmietverhältnis nicht. Soll dieser Schutz dem Nutzer der Mietsache zugutekommen, so muss er
vertraglich vereinbart werden. Dies ist möglich, weil bei der Geschäftsraummiete weitgehen-
de Vertragsfreiheit herrscht. Hierzu genügt es idR nicht, wenn der Mietvertrag als „Wohnraummietvertrag" bezeichnet wird. Durch eine solche Bezeichnung kommt nur zum Ausdruck, dass die Mietsache nur zu Wohnzwecken benutzt werden darf.[75]

Unerheblich ist die Unterscheidung zwischen preisgebundenen und sonstigem **öffent-** 22
lich gefördertem Wohnraum. Auch die Nutzungsverträge der Wohnungsgenossenschaften und der (ehemaligen) gemeinnützigen Wohnungsunternehmen, die Mietverhältnisse
über Werkwohnungen einschließlich des werkgeförderten Wohnraums stellen Mietverhältnisse über Wohnraum dar.

§ 573 BGB ist auch auf **Mischmietverhältnisse** anwendbar, bei denen das Schwerge- 23
wicht auf der Nutzung als Wohnung liegt.[76] Ein Mischmietverhältnis liegt vor, wenn der

---

[71] BGH NZM 2020, 54 = NJW 2020, 331 = MietPrax-AK § 307 BGB Nr. 8 mAnm *Börstinghaus; Börstinghaus* jurisPR-BGHZivilR 2/2020 Anm. 1; *Börstinghaus* MietRB 2020, 7; *Drasdo* NJW-Spezial 2020, 65;
Günther DWW 2020, 55.
[72] BGH NJW-RR 1986, 9; 1986, 877; OLG Frankfurt a. M. ZMR 2009, 198; OLG Düsseldorf NZM 2002,
739 (740); OLG Köln WuM 1996, 266.
[73] BGH NJW 1981, 1377; KG GE 2017, 1093.
[74] BGH NZM 2020, 54 = NJW 2020, 331; KG GE 2017, 1093; AG Lörrach WuM 2020, 27; aA *Gregor*
WuM 2008, 435 (438): Danach liegt Wohnraummiete immer dann vor, wenn die Mietsache durch eine
beliebige Person überhaupt zum Wohnen genutzt werden soll, insofern aber anders BGH NJW 1981,
1377; grdl. *Sonnenschein* FS Seuss, 1987, 253 (258); *Palmen*, Eigenbedarfsähnliche Kündigungsgründe und
vermietende Gesellschaften, 2021.
[75] BGH NZM 2021, 218; OLG Frankfurt a. M. ZMR 2011, 120.
[76] BGH WuM 2014, 539 unter Aufgabe der früheren Abgrenzungskriterien aus BGH NJW-RR 1986, 877;
KG ZMR 2010, 956; OLG Köln ZMR 2007, 114; WuM 1987, 377; *Lammel* WohnraumMietR BGB

Mieter die Räumlichkeiten sowohl zu Wohnzwecken wie auch zu anderen Zwecken, zB einer beruflichen Tätigkeit nutzen darf.[77] Entscheidend ist die vertraglich vereinbarte Zweckbestimmung und nicht die tatsächliche Nutzung.[78] Die Zweckbestimmung kann nachträglich geändert werden. Die bloße Duldung einer anderen Nutzung reicht dafür aber nicht.[79] In Zweifelsfällen gilt Wohnraummiete.[80] Bei solchen Mischnutzungen gilt für das gesamte Mietverhältnis einheitlich entweder das Wohnraummietrecht oder nicht. Zu den Mischmietverhältnissen gehört auch die Vermietung einer Wohnung und einer Garage in einem einheitlichen Vertrag. Bei einem einheitlichen Mischmietverhältnis, das wegen überwiegender Wohnnutzung als Wohnraummietverhältnis anzusehen ist, braucht sich ein vom Vermieter geltend gemachter Eigenbedarf nur auf die Wohnräume zu beziehen.[81]

24 Mietverhältnisse auf Dauer über **Ferienhäuser** und -wohnungen fallen ebenso unter die für Wohnraum geltenden Bestimmungen wie Mietverhältnisse über Zweitwohnungen.[82] Es kommt nicht darauf an, ob die Zweit- oder Ferienwohnung in demselben Umfang genutzt wird, wie die Hauptwohnung.[83] Auch die Frage der ganzjährigen oder lediglich saisonalen Nutzung spielt keine Rolle.[84] Es wird allerdings auch die Ansicht vertreten, dass die Schutzvorschriften nur für solchen Wohnraum gelten, der den existentiellen Lebensmittelpunkt des Mieters darstellt.[85] Eine solche Auslegung ist nach der Ansicht des BVerfG[86] verfassungsrechtlich möglich.

2. Ungeschützte Wohnraummietverhältnisse

25 In diesen Fällen kann die Anwendung des § 573 BGB aber nach § 549 Abs. 2 Nr. 1–3 BGB und § 549 Abs. 3 BGB ausgeschlossen sein. Für bestimmten Wohnraum hat der Gesetzgeber, obwohl es sich dabei um Wohnraummietverhältnisse handelt, ausdrücklich angeordnet, dass er ohne Angabe von Gründen und ohne jeden Kündigungsschutz gekündigt werden kann.

26 a) **Wohnraum, der nur zu vorübergehendem Gebrauch vermietet wurde (§ 549 Abs. 2 Ziff. 1 BGB).** Nur wenn der Zweck der Wohnraumüberlassung von kurzer Dauer ist, kommt dieser Ausschlusstatbestand in Betracht. Dies hängt nicht nur von der getroffenen mietvertraglichen Vereinbarung, sondern im Wesentlichen davon ab, ob nur ein **vorübergehender Wohnbedarf** oder ein allgemeiner Wohnbedarf befriedigt werden soll. Maßgebend ist, ob der Mieter in der Mietwohnung seinen **Lebensmittelpunkt** begründen wollte. Indiz dafür ist insbesondere auch die Dauer des Mietverhältnisses.[87] Ein Mietverhältnis zum vorübergehenden Gebrauch liegt nicht schon deshalb vor, weil der Vermieter die Räume wegen Sanierungsplänen lediglich für eine Übergangszeit vermieten will.[88]

---

§ 535 Rn. 107; *Kunze/Tietzsch* Miethöhe Teil I Rn. 7; zur rechtlichen Behandlung von Mischmietverhältnissen, insbes. in der höchst- und obergerichtlichen Rspr., auch *Lehmann-Richter* MietRB 2011, 84; *Bühler* ZMR 2010, 897.
[77] BGH WuM 2014, 539; OLG Saarbrücken MDR 2012, 1335.
[78] *V. Emmerich* in Staudinger BGB Vor § 535 Rn. 24.
[79] LG Hamburg ZMR 2016, 953.
[80] BGH WuM 2014, 539.
[81] BGH NJW 2015, 2727 = NZM 2015, 657 = MietPrax-AK § 573 BGB Nr. 51 mAnm *Börstinghaus*; *Börstinghaus* jurisPR-BGHZivilR 16/2015 Anm. 1; *Elzer* MietRB 2015, 257; *Beyer* jurisPR-MietR 20/2015 Anm. 1; *Drasdo* NJW-Spezial 2015, 641.
[82] KG WuM 2008, 411 (412); Bamberger/Roth/*Hannappel* BGB § 573 Rn. 9; MüKoBGB/*Häublein* § 573 Rn. 18; *Weidenkaff* in Palandt BGB § 573 Rn. 2; *Sternel* MietR Kap. XI Rn. 4; *Fleindl* NZM 2016, 289 (290).
[83] OLG Hamburg WuM 1992, 634 = ZMR 1992, 538 zu § 29a ZPO; AG Miesbach WuM 1989, 241; LG Lübeck WuM 1989, 632.
[84] Von OLG Hamburg WuM 1992, 634 offen gelassen.
[85] AG Viechtach NJW-RR 1987, 787; AG Gelnhausen MDR 1980, 849; *Haake* NJW 1985, 2935, wenn der Mieter dort seinen Erstwohnsitz hat.
[86] BVerfG NJW 1979, 757.
[87] LG Dortmund WuM 1982, 276; LG Berlin GE 1990, 1083.
[88] LG Freiburg WuM 1991, 172.

Auch eine Vermietung für ein Jahr oder länger schließt idR einen vorübergehenden Gebrauch aus.[89] Schließlich genügt auch die formale Vereinbarung im Mietvertrag, dass die Überlassung zu vorübergehendem Gebrauch erfolge, nicht, da dies eine zum Nachteil des Mieters gem. § 573b Abs. 4 BGB unzulässige Vereinbarung wäre. Eine Vermietung zum vorübergehenden Gebrauch liegt nach einhelliger Ansicht typischerweise bei Hotelzimmern und Ferienwohnungen vor, die (vorübergehend) zu Urlaubszwecken gemietet. Bei langfristig vermieteten Zweit- und Ferienwohnungen kommt es auf die Umstände des Einzelfalls an.[90] Eine nur faktisch sehr selten genutzte Wohnung ist nicht zum „*vorübergehenden Gebrauch*" vermietet. Der Mieter ist berechtigt, aber nicht verpflichtet, die Wohnung zu nutzen.[91]

b) Einzelfälle:

Beabsichtigte Vermietung	Vorübergehender Gebrauch
Ausstellung	Ja
Baufertigstellung: bis zur Fertigstellung eines Neubaus	Ja
Besuch: Unterbringung eines Besuchers für übliche Besuchszeit	Ja
Examen	Ja (AG Gießen NJW-RR 1990, 653)
Ferienaufenthalt	Ja (LG Berlin WuM 2020, 163; AG Hamburg ZMR 2017, 742; LG Braunschweig MDR 1980, 671)
Ferienwohnung: bei längerfristiger Vermietung	Nein (OLG Hamburg WuM 1992, 634; LG Lübeck WuM 1989, 632) ja (AG Viechtach NJW-RR 1987, 787; LG Braunschweig MDR 1981, 1022)
Gastarbeiter	Nein bei unbefristetem Arbeitsverhältnis (AG Frankfurt a. M. ZMR 1973, 149)
Geschäftsaufenthalt	idR ja
Hotelzimmer	Ja
Messe	Ja
Möbliertes Zimmer	Nein (AG Schöneberg GE 2012, 756: allein die Tatsache, dass ein Zimmer möbliert wird, bedeutet noch keinen vorübergehenden Gebrauch)
Professor: für die Zeit einer Gastprofessur	Ja, aber nach LG Berlin WuM 2020, 163 zweifelhaft
Saison	Ja
Sanierung: Vermietung der Räume wegen Sanierungsplänen lediglich für eine Übergangszeit	Nein (LG Freiburg WuM 1991, 172)
Sportveranstaltung	Ja

---

[89] AG Frankfurt a. M. WuM 1981, 237; AG Köln ZMR 1962, 336.
[90] BT-Drs. 14/4553, 46.
[91] AG Schöneberg ZMR 2020, 321.

27	**Beabsichtigte Vermietung**	**Vorübergehender Gebrauch**
	Studenten, für je ein Semester	ja (LG Freiburg MDR 1980, 315) nein (LG Berlin WuM 2020, 163: 7 Monate für die Dauer einer Promotion und Masterarbeit); nein (AG Charlottenburg MM 1990, 349) nein (LG Freiburg MDR 1980, 315: wenn Verlängerungsklausel oder wenn Weitervermietung zum neuen Semester regelmäßig üblich)
	Tagung	Ja
	Verkauf: Vermietung bis zum Verkauf zu einem noch ungewissen Zeitpunkt	Nein (LG Köln WuM 1991, 190)
	Wohngemeinschaft, auch wenn sie aus Studenten besteht	Nein (LG Köln WuM 1992, 251)
	Wohnungssuche: für die Zeit der Wohnungssuche in fremdem Ort	Ja

28 **c) Wohnraum, der Teil der vom Vermieter bewohnten Wohnung ist.** Gemäß § 549 Abs. 2 Ziff. 2 BGB ist Wohnraum, der folgende Voraussetzungen erfüllt vom Kündigungsschutz ausgenommen:

29 Der Wohnraum muss vom Vermieter ganz oder teilweise **mit Möbeln** auszustatten sein. Entscheidend ist hierbei weniger der tatsächliche Zustand, als die vertragliche Abrede.

30 Der Wohnraum muss Teil der vom Vermieter selbst bewohnten Wohnung sein. Ein Vermieter bewohnt einen Teil einer Wohnung selbst, wenn dieser Teil der Wohnung der Führung seines häuslichen Lebens, insbesondere seines **Haushalts** dient. Hierfür ist es nicht erforderlich, dass sich der Vermieter ständig in dieser Wohnung aufhält.[92] Etwas anderes gilt, wenn der Mieter untervermietet, ohne dass er selbst noch in der Wohnung lebt.[93] Die Ausnahmevorschrift gilt jedoch nicht für ein möbliertes Zimmer, das einen eigenen Eingang zum Treppenhaus hat, dessen Verbindungstür zur Vermieterwohnung abgeschlossen und mit Möbeln zugestellt ist und in dem der Mieter nicht auf die Benutzung von Küche und Bad in der Vermieterwohnung angewiesen ist.[94] Auch ein befristeter Mietvertrag über ein möbliertes Appartement in einem Schwesternwohnheim unterliegt dem Mieterschutz.[95]

31 Der Wohnraum darf dem Mieter nicht zum **dauernden Gebrauch** mit seiner Familie oder mit Personen, mit denen er einen auf Dauer angelegten gemeinsamen Haushalt führt, überlassen sein. Es muss also idR eine Überlassung an eine **Einzelperson** erfolgt sein.

32 Wenn die Wohnung grds. dem Mieterschutz gem. § 549 Abs. 2 Ziff. 2 BGB unterfällt, kommt aber immer noch eine erleichterte Kündigung gem. § 573a Abs. 2 BGB ohne Vorlage eines berechtigten Interesses in Betracht. Bei möbliertem Wohnraum, der Teil der vom Vermieter bewohnten Wohnung ist, ist ein auch beiderseitiger befristeter Kündigungsausschluss in AGB jedenfalls unwirksam. Es bleibt bei der kurzen Kündigungsfrist von 15 Tagen zum Monatsende.[96]

33 **d) Mietverhältnis über Wohnraum in Studenten- oder Jugendwohnheim (§ 549 Abs. 3 BGB).** Gemäß § 549 Abs. 3 BGB gelten für Wohnraum in einem Studenten- oder Jugendwohnheim die §§ 573, 573a, 573d Abs. 1 und §§ 575, 575a Abs. 1, §§ 577, 577a BGB nicht. Eine **Studentenwohnung** ist eine Wohnung, die in einem hierfür bestimmten

---
[92] LG Berlin WuM 1980, 134 = ZMR 1980, 144 = MDR 1980, 404.
[93] LG Berlin GE 2019, 1507.
[94] LG Detmold NJW-RR 1991, 77 und AG Köln WuM 1985, 267.
[95] LG Berlin GE 1993, 1157.
[96] AG Hamburg 1.9.2006 – 46 C 95/06, juris.

und geeigneten Gebäude an Studenten einer Universität, einer Technischen Hochschule, einer Fachhochschule und einer höheren Fachschulen auf der Grundlage eines institutionalisierten sozialen Förderkonzepts vermietet wurde.[97] Aus der Entstehungsgeschichte des § 549 Abs. 3 BGB ergibt sich, dass der Gesetzgeber die in dieser Norm enthaltene Einschränkung des sozialen Mieterschutzes nur vor dem Hintergrund des als höher gewichteten Ziels für gerechtfertigt gehalten hat, möglichst vielen Studierenden das Wohnen in einem Studentenwohnheim zu ermöglichen und dabei alle Bewerber gleich zu behandeln. Dieses gesetzgeberische Ziel kann nur erreicht werden, wenn der Vermieter in dem Wohnheim ein an studentischen Belangen orientiertes **Belegungskonzept** praktiziert, das eine Rotation nach abstrakt-generellen Kriterien vorsieht. Die Dauer des Mietverhältnisses muss dazu im Regelfall zeitlich begrenzt sein und darf nicht den Zufälligkeiten der studentischen Lebensplanung oder dem eigenen freien Belieben des Vermieters überlassen bleiben. Wohnraum iSd Vorschrift kann sowohl ein einzelnes Zimmer wie auch eine abgeschlossene Wohnung sein. Auch die Unterbringung in Mehrbettzimmern ist möglich. Die Überlassung einer Wohnung an mehrere Personen (Wohngemeinschaft) macht die Wohnung nicht zum *„Teil eines Studenten- oder Jugendwohnheims"*. Bei Mietverträgen mit Wohngemeinschaften handelt es sich deshalb um geschützte Mietverträge unabhängig davon, ob die Wohnung an eine GbR (*Börstinghaus* MDR 2002, 929) vermietet wurde, der dann die Untervermietung an die jeweiligen Nutzer gestattet wurde, oder ob mit allen Nutzern einzelne Mietverträge über jeweils einzelne Räume der Wohnung abgeschlossen wurden (Zimmermiete).

34 Ein Jugendwohnheim ist ein Heim, das der Unterbringung von Personen zwischen dem 14. und dem 18., in Ausnahmefällen auch einmal bis zum 21. Lebensjahr, dient. Möglich ist zB ein Lehrlingswohnheim im Zusammenhang mit einer überbetrieblichen Ausbildungsstätte, eine Außenwohngruppe eines Kinder- oder Erziehungsheims, bei dem der Träger mit den Jugendlichen aber tatsächlich Mietverträge abschließen muss oder ein Heim für die externe Unterbringung von Schülern. In der Regel muss es sich um Minderjährige handeln. In Ausnahmefällen können aber auch volljährige Personen – noch – untergebracht sein, wenn sie ihre Ausbildung noch abschließen sollen und bereits zuvor in dem Heim wohnten. Eine erweiterte Auslegung des Gesetzes auch auf andere Wohneinrichtungen im Zusammenhang mit Ausbildungseinrichtungen ist wegen des Ausnahmecharakters der Vorschrift nicht möglich.

35 Die Regelung des § 573 BGB ist auch dann zu beachten, wenn das Mietverhältnis **zwischen Vertragsschluss und Mietbeginn** gekündigt werden soll. In diesem Fall hat der Mieter zwar noch keinen Mietbesitz. Gleichwohl wird er idR schutzbedürftig sein, so zB, wenn er in Erwartung des alsbaldigen Bezugs der Wohnung seine bisherige Mietwohnung aufgegeben oder wenn er bereits Aufwendungen für die angemietete Wohnung getätigt hat.

36 Für die Anwendung des § 573 BGB kommt es nicht darauf an, ob der Vermieter zugleich **Eigentümer der Mietsache** ist. Deshalb gilt die Vorschrift auch bei der **Untermiete** im Verhältnis zwischen dem Untervermieter und dem Untermieter.[98] Auf die Frage, ob der Untervermieter im Verhältnis zum Eigentümer zur Untervermietung berechtigt war kommt es ebenso wenig an, wie auf die Frage, ob er die Räume lediglich zu gewerblichen Zwecken hätte vermieten dürfen. Im Verhältnis zwischen dem Eigentümer und dem Untervermieter gilt § 573 BGB dann, wenn der Hauptmietvertrag als Wohnraummietvertrag zu bewerten ist. Dies setzt voraus, dass der Hauptmieter die Räume zu eigenen Wohnzwecken angemietet hat. Ist diese Voraussetzung gegeben, so ist § 573 BGB auch dann anwendbar, wenn der Mieter nicht mehr in den Räumen wohnt oder diese abredewidrig niemals selbst bewohnt hat; allerdings wird in Fällen dieser Art häufig ein Grund zur

---

[97] BGH NJW 2012, 2881 = NZM 2012, 606 = MietPrax-AK § 549 BGB Nr. 1 mAnm *Börstinghaus*; *Börstinghaus* jurisPR-BGHZivilR 14/2012 Anm. 3; *Sommer* MietRB 2012, 222; *Drasdo* NJW-Spezial 2012, 513; *Emmert*. jurisPR-MietR 19/2012 Anm. 4; *Blümmel* GE 2012, 928.
[98] LG Berlin GE 1996, 739.

fristlosen Kündigung nach § 543 Abs. 2 Nr. 2 BGB vorliegen. Demgegenüber ist das Hauptmietverhältnis als gewerbliches Mietverhältnis zu bewerten, wenn der Zweck des Vertrags in der Weitervermietung liegt. Möglich ist aber, dass die Parteien die Geltung der wohnraummietrechtlichen Schutzvorschriften auf diesen Gewerbemietvertrag vereinbaren. Ob die Voraussetzungen des § 565 BGB gegeben sind, ist dabei egal. § 573 BGB ist auch dann nicht anwendbar, wenn die Weitervermietung nicht in der Absicht zur Gewinnerzielung, sondern aus altruistischen oder ähnlichen Gründen erfolgte.

III. Wohnungen in Zweifamilienhäusern

37 Ein Mietverhältnis über eine Wohnung in einem vom Vermieter selbst bewohnten Gebäude mit nicht mehr als zwei Wohnungen kann der Vermieter gem. § 573a BGB auch kündigen, ohne dass es eines berechtigten Interesses iSd § 573 BGB bedarf. Der Begriff der Wohnung richtet sich nach der Verkehrsanschauung. Zu den Einzelheiten → Kap. 11 Rn. 272 ff.

C. Kündigung wegen schuldhafter Pflichtwidrigkeit
I. Verletzung vertraglicher Pflichten

38 § 573 Abs. 2 Ziff. 1 BGB setzt voraus, dass der Mieter seine vertraglichen Pflichten verletzt hat. Der Begriff der vertraglichen Pflichten ist **in einem umfassenden Sinne zu verstehen.** Er umfasst sowohl den „vertragswidrigen Gebrauch" isV § 541 BGB sowie alle Formen der Schlecht- oder Nichterfüllung von vertraglichen Verpflichtungen, seien sie finanzieller oder anderer Art. Auf die Unterscheidung von Haupt- und Nebenpflichten kommt es nicht an. Sind **mehrere Personen Mieter,** so genügt es, wenn der Kündigungstatbestand durch einen der Mieter verwirklicht wird. Hierbei handelt es sich nicht um eine Form der Haftung für das Verhalten Dritter. Vielmehr ergibt sich diese Rechtsfolge aus dem Sinn und Zweck des Kündigungstatbestandes: ein berechtigtes Interesse an der Vertragsbeendigung liegt bereits dann vor, wenn das Vertragsverhältnis durch einen Mieter gestört wird, mögen sich auch die übrigen Mieter korrekt verhalten. Das gilt auch für das Verhalten von **Kindern** des Mieters.[99] Der Vermieter muss in einem solchen Fall gegenüber allen Mietern kündigen, weil ein von mehreren Mietern begründetes Vertragsverhältnis nur insgesamt beendet werden kann. Eine Kündigung, die nur gegenüber dem pflichtwidrig handelnden Mieter erfolgt, hat weder Einzel- noch Gesamtwirkung. Nur in ganz seltenen Ausnahmefall kann das Räumungsverlangen gegenüber dem vertragstreuen Mieter gegen § 242 BGB verstoßen. Ein solcher Fall ist insbes. dann in Erwägung zu ziehen, wenn mit hinreichender Sicherheit feststeht, dass der störende Mieter räumt und nicht mehr in die Wohnung zurückkehrt.[100] Wird die Vertragsverletzung nicht vom Mieter, sondern von Erfüllungsgehilfen oder ähnlichen Personengruppen begangen, so kommt eine Zurechnung nach §§ 278, 540 Abs. 2 BGB in Betracht.

39 Die im Arbeitsrecht anerkannte **„Verdachtskündigung"** ist im Mietrecht im Regelfall ausgeschlossen.[101] Eine Verdachtskündigung liegt nur dann vor, wenn und soweit die Kündigung damit begründet wird, gerade der Verdacht eines nicht erwiesenen Verhaltens habe das für die Fortsetzung des Vertragsverhältnisses erforderliche Vertrauen zerstört.[102] Voraussetzung für eine solche Kündigung ist **(1)** das Vorliegen einer Straftat, **(2)** der Verdacht muss durch objektive Umstände belegt sein, **(3)** der Verdacht muss dringend und die Verdachtsmomente müssen geeignet sein, das für die Fortsetzung des Vertragsverhält-

---
[99] LG Frankfurt a. M. BeckRS 2019, 47090.
[100] LG Darmstadt NJW 1983, 52 = WuM 1983, 54.
[101] *Wiek* Informationsservice Mietrecht 2003, 47, abl. Anm. zu AG Lichtenberg NJW-RR 2003, 442.
[102] LG Berlin NZM 2014, 668.

nisses erforderliche Vertrauen zu zerstören.[103] Im Verhältnis zwischen den Mietvertragsparteien wird es idR an einer Vertrauensbeziehung fehlen. Ausnahmen sind allerdings denkbar Beispiel: Wird ein Mieter auf Grund eines Geständnisses wegen des sexuellen Missbrauchs der Tochter der Vermieter zu einer Freiheitsstrafe verurteilt, kann die Vermieter das Mietverhältnis auch dann kündigen, wenn das Strafurteil noch nicht rechtskräftig ist.[104] In einer solchen Verdachtskündigung liegt kein Verstoß gegen die Unschuldsvermutung gem. Art. 6 Abs. 2 EMRK. Denn diese bindet unmittelbar nur den Richter, der über die Begründetheit der strafrechtlichen Anklage zu entscheiden hat.[105] Ein Zuwarten im Zivilverfahren auf den Abschluss des strafrechtlichen Verfahrens wäre beim Vorliegen dringender Verdachtsmomente für den Rechtsinhaber unzumutbar.

II. Erheblichkeit der Pflichtverletzung

Der Pflichtverletzung muss „nicht unerheblich" sein. Die ordentliche Kündigung gem. **40** § 573 Abs. 2 Nr. 1 BGB steht zu den Tatbeständen der fristlosen Kündigung in einem **Stufenverhältnis**.[106] Es ist insbesondere nicht erforderlich, dass dem Vermieter die Vertragsfortsetzung, wie bei § 543 Abs. 1 BGB, bis zum Ablauf der Kündigungsfrist unzumutbar ist.[107] Dies findet seine Entsprechung in dem systematischen Verhältnis der Kündigungstatbestände zu § 574 BGB. Eine Vertragsfortsetzung nach § 574 Abs. 1 S. 2 BGB ist nur bei der ordentlichen, nicht bei der fristlosen Kündigung möglich. Eine Kündigung wegen einer Pflichtverletzung nach § 573 Abs. 2 Nr. 1 BGB ist nicht gerechtfertigt, wenn die Rechte des Vermieters hierdurch **nur unerheblich beeinträchtigt** werden.[108] Nach anderer Ansicht ist das Tatbestandsmerkmal der Erheblichkeit der Pflichtverletzung unter Berücksichtigung der Umstände des Einzelfalls im Wege einer Interessenabwägung zu festzustellen. Im Rahmen dieser Abwägung spielen die beanstandungsfreie Dauer des bisherigen Verlaufs der Vertragsbeziehungen, das Gewicht und die Auswirkungen der Vertragsverletzung, eine mögliche Wiederholungsgefahr, der Grad des Verschuldens, sowie die besonderen persönlichen Verhältnisse des Mieters ein Rolle.[109] Ebenso kann ein pflichtwidriges Verhalten des Vermieters, etwa der Ausspruch einer unberechtigten Kündigung, ein unredliches Prozessverhalten oder eine Nutzung der Nachbarwohnungen, die mit erheblichen Störungen des Mietgebrauchs verbunden ist, berücksichtigt werden.[110] Schließlich wird vertreten, dass sich das Merkmal „nicht unerheblich" auf die Pflichtverletzung, nicht auf deren Auswirkungen bezieht.[111]

Die ordentliche Kündigung eines Mietverhältnisses über Wohnraum durch den Ver- **41** mieter wegen schuldhafter nicht unerheblicher Vertragsverletzung des Mieters gem. § 573 Abs. 1, Abs. 2 Nr. 1 BGB setzt **keine Abmahnung** des Mieters durch den Vermieter voraus.[112] Allerdings kann der Abmahnung für die Kündigung nach § 573 Abs. 1, Abs. 2

---

[103] BAG NZM 1995, 269; OLG Frankfurt/M. Urt. v. 31.3.2021 – 2 U 13/20.
[104] LG Itzehoe ZMR 2018, 829.
[105] BAG NZA 1995, 269 (271) mwN.
[106] BGH NJW 2006, 1585 = NZM 2006, 338 = MietPrax-AK § 543 BGB Nr. 5 mAnm *Börstinghaus*; *Schläger* ZMR 2006, 428; *Wiek* Mietrechtexpress 2006, 11; *Drasdo* NJW-Spezial 2006, 293; *Junker* MietRB 2006, 211.
[107] BGH NJW 2006, 1585 = NZM 2006, 338 = MietPrax-AK § 543 BGB Nr. 5 mAnm *Börstinghaus*; *Schläger* ZMR 2006, 428; *Wiek* Mietrechtexpress 2006, 11; *Drasdo* NJW-Spezial 2006, 293; *Junker* MietRB 2006, 211; LG Köln ZMR 2006, 250; MüKoBGB/*Häublein* § 573 Rn. 56.
[108] KG WuM 2004, 721 (722), unbefugtes Entnehmen einer geringfügigen Menge Strom; Katzenhaltung.
[109] LG Berlin WuM 2017, 83, Unwirksamkeit einer auf Zahlungsverzug gestützten ordentlichen Kündigung nach Zahlung des Rückstands; LG Berlin ZMR 2017, 239, Kündigung wegen Zahlungsverzugs bei erwerbslosem Mieter.
[110] LG Berlin ZMR 2017, 238, Vermietung an Touristen.
[111] LG Hagen ZMR 2008, 973; *Weidenkaff* in Palandt BGB § 573 Rn. 18.
[112] BGH NZM 2020, 885; NJW 2008, 508 = NZM 2008, 121 = MietPrax-AK § 573 BGB Nr. 13 mAnm *Börstinghaus*; *Schach* GE 2008, 84; *Blank* WuM 2008, 91; *Drasdo* NJW-Spezial 2008, 130; *Rave* ZMR 2008, 199; *Lützenkirchen* BGHReport 2008, 213; *Lützenkirchen* MietRB 2008, 100; *Lammel* WuM 2008, 210; *Fischer* WuM 2008, 251; *Looff* ZMR 2008, 680.

Nr. 1 BGB ausnahmsweise insofern Bedeutung zukommen, als erst ihre Missachtung durch den Mieter dessen Pflichtverletzung das erforderliche Gewicht verleiht[113], etwa „weil vorher nur ein schlichtes Versehen des Mieters vorgelegen hat oder eine Duldung des Vermieters zu vermuten war".[114] Das macht die Abmahnung aber nicht zu einer zusätzlichen Voraussetzung der ordentlichen Kündigung. Vielmehr ist sie lediglich ein Gesichtspunkt bei der Prüfung, ob eine schuldhafte nicht unerhebliche Pflichtverletzung des Mieters vorliegt.

III. Verschulden

42 Die Kündigung nach § 573 Abs. 2 Nr. 1 BGB setzt Verschulden auf Seiten des Mieters voraus. Insofern unterscheidet sich die Vorschrift von den § 543 Abs. 1, Abs. 2 Nr. 2, § 569 Abs. 2 BGB. Erforderlich ist ein **vorsätzlicher oder zumindest fahrlässig begangener Pflichtverstoß**. Soweit § 276 Abs. 1 BGB auch noch Verstöße gegen eine Garantieübernahme aufzählt, spielt dies nur beim Vertretenmüssen eine Rolle und nicht beim Verschulden. Ein schuldloser Verstoß gegen eine Garantiepflicht genügt deshalb nicht. Auf die verschiedenen Formen des Verschuldens kommt es grds. nicht an. Jedoch kann die Schwere der Schuldform bei der Beurteilung des Gesamtverhaltens eine gewichtige Rolle spielen. Insoweit kann im Bereich des vorsätzlichen Handelns unterschieden werden zwischen der **Absicht** (Ziel des Handelns ist die Beschädigung der Mietsache, die Störung der Mitmieter, die Schädigung des Vermieters etc), dem **direkten Vorsatz** (der Mieter weiß, dass durch sein Verhalten, die Mietsache beschädigt, die Mitmieter gestört oder der Vermieter geschädigt wird) und dem **bedingten Vorsatz** (der Mieter hält die Beschädigung der Mietsache, die Störung der Mitmieter oder die Schädigung des Vermieters für möglich und nimmt diese Folge billigend in Kauf). Die Formen der Fahrlässigkeit lassen sich unterteilen in die **bewusste Fahrlässigkeit** (der Mieter rechnet damit, dass sein Verhalten zur Beschädigung der Mietsache, zur Störung der Mietmieter oder zur Schädigung des Vermieters führen kann; gleichwohl vertraut er darauf, dass diese Folgen nicht eintreten), in die **grobe Fahrlässigkeit** (der Mieter verstößt in besonders schwerem Maße gegen seine Vertragspflichten) und in **einfache Fahrlässigkeit** (der Mieter erkennt nicht, dass sein Verhalten zur Beschädigung der Mietsache, zur Störung der Mitmieter oder zur Schädigung des Vermieters führen kann, obwohl er dies bei hinreichender Sorgfalt hätte erkennen können). Für das fehlende Verschulden ist der Mieter entsprechend § 280 Abs. 1 S. 2 BGB darlegungs- und beweispflichtig.[115]

43 Der Mieter handelt nicht schuldhaft, wenn er sich in einem **Rechts- oder Tatsachenirrtum** befunden hat. Ein derartiger Irrtum ist anzunehmen, wenn der Mieter auf Grund unzutreffender Tatsachen oder einer fehlerhaften Bewertung der Rechtslage irrig davon ausgeht, dass er zu einem bestimmten Verhalten berechtigt sei. War der Irrtum jedoch vermeidbar, so handelt der Mieter zumindest noch fahrlässig. Bei einem unvermeidbaren Irrtum entfällt jedes Verschulden. Allerdings setzt dies voraus, dass sich der Mieter mit der gebührenden Sorgfalt über die tatsächlichen und rechtlichen Gegebenheiten informiert hat. Bei Zweifeln muss der Mieter sachkundigen Rat einholen.

44 Das Verschulden entfällt auch dann, wenn die Voraussetzungen des § 827 S. 1 BGB vorliegen. Danach trifft den Mieter **keine Verantwortung,** wenn er die Vertragsverletzung im **Zustand der Bewusstlosigkeit** oder in einem die freie Willensbestimmung

---

[113] BGH NZM 2020, 105 = MietPrax-AK § 543 BGB Nr. 45 mAnm *Börstinghaus; Beyer* jurisPR-MietR 6/2020 Anm. 3.
[114] BGH NJW 2008, 508 = NZM 2008, 121 = MietPrax-AK § 573 BGB Nr. 13 mAnm *Börstinghaus; Schach* GE 2008, 84; *Blank* WuM 2008, 91; *Drasdo* NJW-Spezial 2008, 130; *Rave* ZMR 2008, 199; *Lützenkirchen* BGHReport 2008, 213; *Lützenkirchen* MietRB 2008, 100; *Lammel* WuM 2008, 210; *Fischer* WuM 2008, 251; *Looff* ZMR 2008, 680.
[115] BGH NZM 2016, 550 = MietPrax-AK § 573 BGB Nr. 56 mAnm *Börstinghaus*; *Dötsch* MietRB 2016, 190; *Beyer* jurisPR-MietR 15/2016 Anm. 1; *Drasdo* NJW-Spezial 2016, 513; *Bieber* GE 2016, 1060.

ausschließenden Zustande krankhafter Störung der Geistestätigkeit begangen hat. Hierzu zählen in erster Linie Hausfriedensstörungen oder Beschädigungen der Mietsache durch einen geisteskranken Mieter. In extremen Ausnahmefällen können auch Fehlreaktionen in Folge einer übermächtigen Erregung unter § 827 S. 1 BGB fallen. Hat sich der Mieter durch **Alkohol oder Drogen** in den Zustand der Bewusstlosigkeit versetzt oder ist die Störung der Geistestätigkeit hierdurch verursacht, so gilt § 827 S. 2 BGB. Danach muss der Mieter für sein Verhalten einstehen, wie wenn ihm Fahrlässigkeit zur Last fiele; eine Ausnahme gilt, wenn der Mieter ohne Verschulden in diesen Zustand geraten ist. Für minderjährige und taubstumme Mieter gilt § 828 BGB.

Der Rechtsgedanke des § 254 BGB kann auch iRd § 573 Abs. 2 Nr. 1 BGB eine Rolle spielen. Er greift insbes. dann, wenn der Mieter zu dem beanstandeten Verhalten **provoziert** worden ist.[116] **45**

Das Maß des **Verschuldens** steht in enger Beziehung zum **Erheblichkeitskriterium**.[117] Es gilt der Grundsatz, dass Vertragsverletzungen mit bedeutenden Auswirkungen auf die Mietsache oder für die übrigen Hausbewohner oder den Vermieter bei schwerer Schuldform idR zur Kündigung berechtigen. Umgekehrt besteht bei leichter Schuldform und geringen Auswirkungen im Allgemeinen kein Kündigungsrecht. Dazwischen gibt es zahlreiche Abstufungen, bei denen die Tatfolgen und die Schuldform eine jeweils unterschiedliche Gewichtung haben.[118] **46**

Für das **Verhalten eines Untermieters** hat der Mieter gem. § 540 Abs. 2 BGB einzustehen. Nach dem Rechtsentscheid des OLG Hamm v. 17.8.1982[119] gilt die Vorschrift auch für solche Personen, die der Mieter ohne ein Untermietverhältnis zu begründen auf längere Dauer in seinen Haushalt aufgenommen hat, bspw. für den Partner einer eheähnlichen Gemeinschaft. Fällt einem Familienangehörigen des Mieters ein Fehlverhalten zur Last, so muss sich der Mieter dessen Verhalten idR nach § 278 BGB zurechnen lassen, weil diese Personen in Bezug auf die mietvertraglichen Verhaltenspflichten als Erfüllungsgehilfen anzusehen sind.[120] Deshalb kann der Vermieter kündigen, wenn zwar nicht der Mieter, wohl aber dessen Ehegatte den Hausfrieden stört.[121] Bei minderjährigen Kindern kommt eine Zurechnung aus dem Gesichtspunkt der verletzten Aufsichtspflicht in Betracht. Die Eltern eines Kindes sind allerdings nicht verpflichtet, ihre Kinder ständig zu überwachen. In vielen Fällen wird eine eventuelle Pflichtwidrigkeit unterhalb der Erheblichkeitsschwelle liegen.[122] Für schuldunfähige Personen haftet der Mieter nur, wenn ihm selbst eine Aufsichtspflichtverletzung zur Last fällt. Für das Verhalten seiner Besucher muss der Mieter einstehen. Wird durch das schuldhafte Verhalten eines vom Mieter beauftragten Handwerkers die Mietsache beschädigt, der Vermieter geschädigt oder andere Hausbewohner belästigt, so muss der Mieter hierfür einstehen, wenn der Handwerker die Störungen „bei **47**

---

[116] ZB wie im Fall BGH NJW 2014, 2566 = NZM 2014, 635 = MietPrax-AK § 543 BGB Nr. 32 mAnm *Börstinghaus; Schach* jurisPR-MietR 16/2014 Anm. 4; *Rolfs* LMK 2014, 361203; *Börstinghaus* jurisPR-BGHZivilR 18/2014 Anm. 4; *Elzer* MietRB 2014, 253; *Drasdo* NJW-Spezial 2014, 579; *Sternel* ZMR 2014, 928; *Willems* NZM 2015, 353; *Hinz* JR 2016, 20.
[117] LG Aachen DWW 1991, 116; MüKoBGB/*Häublein* § 573 Rn. 55; **aA** *Rolfs* in Staudinger BGB § 573 Rn. 39.
[118] LG Aachen DWW 1991, 116, keine Kündigung, wenn ein vom Mieter verursachter Wohnungsbrand nicht auf grober Fahrlässigkeit beruht.
[119] OLG Hamm WuM 1982, 318 = NJW 1982, 2876 = ZMR 1983, 49.
[120] Grdl. BGH NJW 2007, 428 = NZM 2007, 35 = MietPrax-AK § 573 BGB Nr. 9 mAnm *Börstinghaus; Lützenkirchen* MietRB 2007, 59 (60, 61); 102; *Klees* NJW 2007, 431; *Drasdo* NJW-Spezial 2007, 50; *Blank* NZM 2007, 788; LG Frankfurt a. M. BeckRS 2019, 47090; *Wenger* MDR 2000, 1239; MüKoBGB/*Häublein* § 573 Rn. 52, 63; *Sternel* MietR Kap. XI Rn. 10; *Lammel* WohnraumMietR BGB § 573 Rn. 58; Bamberger/Roth/*Hannappel* BGB § 573 Rn. 23; Herrlein/Kandelhard/*Herrlein* BGB § 573 Rn. 15; *Weidenkaff* in Palandt BGB § 573 Rn. 13.
[121] AG Brandenburg GE 2001, 1134.
[122] LG Wuppertal WuM 2008, 563, danach liegt kein Kündigungsgrund iSv § 573 Abs. 2 Nr. 1 BGB vor, wenn der fünfjährige Sohn der Mieter trotz eines Verbotsschildes auf einem Garagenhof mit anderen Kindern spielt und dabei der üblicherweise entstehende Lärm verursacht wird.

der Erfüllung" seiner Verbindlichkeit verursacht hat[123]; für Störungen „bei Gelegenheit" (Exzesshandlungen) haftet der Mieter nicht.

IV. Einzelfälle

1. Vertragswidriger Gebrauch

48 Überschreitet der Mieter die Grenzen des ihm zustehenden vertragsgemäßen Gebrauchs, so kann der Vermieter nach Abmahnung auf **Unterlassung** klagen (§ 541 BGB). Der Unterlassungsanspruch verjährt nicht.[124] Werden durch die Gebrauchsüberschreitung die Rechte des Vermieters in erheblichem Maße verletzt, so kann der Vermieter nach § 543 Abs. 2 Nr. 2 BGB fristlos kündigen. Unter denselben Voraussetzungen ist der Vermieter stattdessen auch zur Kündigung nach § 573 Abs. 2 Nr. 1 BGB berechtigt.[125] Nach der Gesetzessystematik umfasst dieser Kündigungstatbestand aber auch Vertragsverletzungen unterhalb des § 543 Abs. 2 Nr. 2 BGB. Für die Unterlassungsklage nach § 541 BGB genügt jede Gebrauchsüberschreitung; § 573 Abs. 2 Nr. 1 BGB setzt voraus, dass die Gebrauchsüberschreitung ein gewisses Gewicht besitzt. Für die Frage, ob der Pflichtverstoß als „nicht unerheblich" zu bewerten ist, kommt es in erster Linie darauf an, welche Auswirkungen das Verhalten des Mieters auf die Mietsache, die übrigen Hausbewohner und den Vermieter hat.

49 Fälle in denen die **Erheblichkeit einer Vertragsverletzung verneint** worden ist: wenn ein vereinzelter Vorfall keine weiteren Folgen nach sich zieht;[126] wenn durch das Verhalten des Mieters die Mietsache nicht gefährdet wird;[127] wenn der Vorfall bereits längere Zeit zurückliegt und sich keine weiteren Vorfälle wiederholt haben; wenn der Vermieter ein bestimmtes Verhalten des Mieters lange Zeit rügelos hingenommen hat;[128] wenn ein manisch-depressiver Mieter entgegen ärztlichem Rat die ihm verordneten Medikamente absetzt und in dieser Phase Hausbewohner bedroht und beleidigt;[129] wenn der Mieter die Bewohner eines benachbarten Hauses beleidigt, weil sich die Pflicht zur Wahrung des Hausfriedens nur auf das Zusammenleben innerhalb eines Gebäudes bezieht;[130] wenn der Vermieter wegen eines Verhaltens kündigt, dessen Vertragswidrigkeit zweifelhaft ist, so dass dessen Rechtmäßigkeit ohne weiteres im Wege der Klage nach § 541 BGB geklärt werden kann;[131] wenn der Mieter ohne Erlaubnis des Vermieters eine Satellitenantenne an der

---

[123] AA KG NZM 2000, 905.
[124] BGH NZM 2019, 143 = NJW 2019, 1062 = MietPrax-AK § 541 BGB Nr. 4 mAnm *Börstinghaus; Fölst* LMK 2019, 414485; *Börstinghaus* jurisPR-BGHZivilR 5/2019 Anm. 1; *Mettler* MietRB 2019, 75; *Drasdo* NJW-Spezial 2019, 193; *Bruns* NJW 2019, 1064.
[125] LG Düsseldorf DWW 1993, 104; MüKoBGB/*Häublein* § 573 Rn. 56; *Rolfs* in Staudinger BGB § 573 Rn. 48; *Lammel* WohnraumMietR BGB § 573 Rn. 47; Erman/*Lützenkirchen* BGB § 573 Rn. 19.
[126] LG Mannheim DWW 1977, 42, Geruchsbelästigungen, weil der Mieter bei Antritt einer Urlaubsreise verderbliche Lebensmittel in der Wohnung zurückgelassen hat; LG Hamburg ZMR 2001, 972, gelegentliches Füttern von Katzen auf dem Grundstück; AG Unna DWW 1990, 53, einmalige Verwendung einer gesundheitsgefährdenden aber frei erhältlichen Spachtelmasse.
[127] LG Berlin MM 1990, 289; LG Münster WuM 1991, 33; AG Hamburg-Altona WuM 2000, 418, unterlassene Schönheitsreparaturen; **aA** für Schönheitsreparaturen: LG Berlin GE 1999, 1052; AG Erfurt WuM 2000, 629, Einbau eines Katzendurchschlupfs in eine Zimmertür; AG Wiesbaden WuM 2000, 190, Verletzung der Pflicht zur Treppenreinigung.
[128] LG München NJW-RR 1991, 1112: Duldung der Aufnahme eines Dritten über längere Zeit.
[129] AG Darmstadt ZMR 2015, 39.
[130] AG Brandenburg WuM 2015, 741.
[131] ZB Anbringen einer Parabolantenne; Tierhaltung; Musikausübung; AG Dortmund WuM 1974, 103, die Haltung eines nicht störenden Zwergdackels; AG Berlin-Charlottenburg GE 1991, 191, Hundehaltung; LG Bochum WuM 1979, 255, das Abstellen eines Pkw im Hof, Errichtung einer CB-Antenne und nachlässige Erledigung der Hauswartpflichten; AG Altötting NJW-RR 1992, 660 = WuM 1992, 365, Errichtung einer Parabolantenne; AG Landstuhl NJW-RR 1994, 205, Parken eines Pkw an einer möglicherweise nicht erlaubten Stelle; AG Regensburg WuM 1991, 678, die gewerbliche Nutzung eines Zimmers als Büro; LG Berlin GE 2016, 526, Angabe der Wohnanschrift als Geschäftsadresse durch Rechtsanwalt, wenn kein Mandantenverkehr stattfindet und kein Schild auf eine Anwaltskanzlei hinweist; LG Mannheim WuM 1976, 232 bei Mietrückständen, die auf Grund einer Minderung trotz zweifelhafter

Fassade anbringt;[132] wenn der Mieter seine Pflicht zur Duldung von Maßnahmen zur Mängelbeseitigung verletzt.[133]

Fälle in denen die **Erheblichkeit einer Vertragsverletzung bejaht** worden ist: ungenehmigte Hundehaltung;[134] wenn der Mieter einen „offenen Brief" verfasst, der Beleidigungen des Vermieters oder seiner Mitarbeiter enthält;[135] wenn der Mieter ein eindeutig vertragswidriges Verhalten trotz Abmahnung fortsetzt; wenn der Mieter seine Wohnung trotz Abmahnung nicht ausreichend heizt, so dass Schäden durch Frost, Feuchtigkeit oder Schimmelbildung zu befürchten sind;[136] Geruchsbelästigungen infolge unzureichender Reinigung der Wohnung[137] wenn der Mieter trotz eines im Mietvertrag vereinbarten Verbots mehrfach in der Grundstückseinfahrt parkt;[138] wenn der Mieter Gegenstände im Treppenhaus aufstellt (Schuhregal, Glasgefäße, Kartons) und diese trotz Abmahnung nicht beseitigt;[139] wenn der Mieter vertragliche Pflichten nicht erfüllt, obwohl er hierzu verurteilt worden ist;[140] wenn durch das Verhalten des Mieters die Mitbewohner des Hauses belästigt[141] oder gefährdet[142] werden oder wenn dessen Fehlverhalten zu einer ernsthaften Gefährdung oder Beschädigung der Mietsache führt;[143] wenn der Mieter gegen den ausdrücklich erklärten Willen des Vermieters eine Wand zwischen zwei Zimmern entfernt und deren Stelle einen Stahlträger einbaut.[144] **50**

Hat der Mieter die **Räume einem Dritten überlassen** ohne hierzu berechtigt zu sein (Untermiete) oder hat er einen Dritten ohne Erlaubnis des Vermieters in die Wohnung aufgenommen, so ist der Vermieter regelmäßig zur Kündigung nach § 573 Abs. 2 Nr. 1 BGB berechtigt.[145] Etwas anderes gilt dann, wenn der Mieter einen Anspruch auf Erteilung der Untermieterlaubnis nach § 553 BGB geltend machen kann. In diesem Fall wird es in aller Regel an einer erheblichen Verletzung der Rechte des Vermieters fehlen.[146] In den übrigen Fällen ist im Einzelfall zu prüfen, ob der Vertragsverstoß schwer genug wiegt, um die Kündigung zu rechtfertigen. Maßgeblich ist, welches Gewicht dem Vertragsverstoß zukommt, den der Mieter gegenüber seinem Vermieter durch die unbefugte Gebrauchsüberlassung begangen hat. In der Praxis wird es dabei maßgeblich darauf ankommen, welche persönlichen und wirtschaftlichen Gründe der Mieter für die Aufnahme des Dritten geltend machen kann. Sind diese Gründe besonders gewichtig, so wird es an der Erheblichkeit der Vertragsverletzung fehlen; bei weniger gewichtigen Gründen kann die Erheblichkeit zu bejahen sein. Zum anderen sind aber auch die Gründe zu berücksichtigen, die den Mieter dazu bewogen haben, ohne Einholung der Erlaubnis einen Dritten aufzunehmen. Eine bewusste Missachtung des Vermieterwillens spricht hier für die Erheblichkeit der Vertragsverletzung; ein – wenn auch verschuldeter – Rechtsirrtum spricht dagegen. In bestimmten Fällen kann es auch am Verschulden fehlen. **51**

Rechtslage eingetreten sind (ebenso LG Köln WuM 1974, 126; 1974, 219); LG Mannheim WuM 1987, 320, wenn der Mieter einem Handwerker das Betreten der Wohnung verweigert.
[132] LG Berlin GE 2009, 1316.
[133] LG Saarbrücken ZMR 2008, 974.
[134] LG Berlin GE 2012, 899.
[135] LG Halle an der Saale ZMR 2012, 19.
[136] LG Hagen ZMR 2008, 973.
[137] AG Bonn ZMR 2015, 38.
[138] LG München I NZM 2015, 893.
[139] LG Köln ZMR 2017, 250.
[140] AG Hamburg-Blankenese WuM 1998, 286.
[141] LG Düsseldorf DWW 1989, 393, tägliches Klavierspiel auch an Sonn- und Feiertagen.
[142] LG Berlin ZMR 2000, 529, Diebstahl innerhalb der Hausgemeinschaft.
[143] LG Berlin GE 1993, 917, Einleitung erheblicher Mengen von Katzenstreu in die Toilette mit der Folge einer Rohrverstopfung.
[144] LG Kassel DWW 2011, 336.
[145] BayObLG NJW-RR 1995, 969 = WuM 1995, 378 = ZMR 1995, 301.
[146] So zum rechtsähnlichen § 543 Abs. 2 Nr. 2 BGB: *Kraemer* DWW 2001, 110 (118); *Lammel* WohnraumMietR BGB § 543 Rn. 84; *Herrlein/Kandelhard/Kandelhard* BGB § 543 Rn. 44; *Lützenkirchen* Neue MietR-Praxis Rn. 867.

52 Bei einer Benutzung der Wohnung zu **beruflichen, freiberuflichen oder gewerblichen Zwecken,** ist zu unterscheiden: Eine berufliche Tätigkeit ohne Außenwirkung fällt unter den Begriff des „Wohnens". Eine solche Tätigkeit ist ohne weiteres zulässig; einer Erlaubnis durch den Vermieter bedarf es nicht. Hierzu zählen bspw. die Unterrichtsvorbereitung eines Lehrers; die Telearbeit eines Angestellten, die schriftstellerische Tätigkeit eines Autors oder den Empfang oder die Bewirtung eines Geschäftsfreundes.[147]

53 Dagegen sind geschäftliche Aktivitäten freiberuflicher oder gewerblicher Art, die **nach außen in Erscheinung treten** erlaubnispflichtig. Für die Abgrenzung kommt es maßgeblich auf die Außenwirkung an. Von einer Außenwirkung kann nach der Ansicht des BGH bereits ausgegangen werden, wenn der Mieter die Wohnung als seine Geschäftsadresse angibt[148], wenn er in der Wohnung Kunden oder Musikschüler[149] empfängt oder wenn er dort Mitarbeiter beschäftigt. Die Angabe der Wohnanschrift als Geschäftsadresse bei der Rechtsanwaltskammer durch einen Rechtsanwalt dürfte für sich allein allerdings keine Kündigung rechtfertigen, wenn weder Mandantenverkehr stattfindet noch ein Schild auf eine Anwaltskanzlei hinweist.[150] Übt der Mieter eine erlaubnispflichtige Tätigkeit in der Wohnung aus und hat er auch keinen Anspruch auf Erteilung der Erlaubnis, so liegen die Voraussetzungen des § 573 Abs. 2 Nr. 1 BGB vor.[151]

2. Zahlungsverzug

54 Liegt ein **verschuldeter Zahlungsrückstand** iSv § 543 Abs. 2 Nr. 3 BGB vor, so kann der Vermieter wahlweise nach § 543 Abs. 2 Nr. 3 BGB oder nach § 573 Abs. 2 Nr. 1 BGB kündigen.[152] Ebenso kann der Vermieter eine fristlose Kündigung mit einer **hilfsweise** ausgesprochenen ordentlichen Kündigung verbinden. Beide Kündigungen bestehen dann nebeneinander. Das gilt auch, wenn die ordentliche Kündigung „hilfsweise" erklärt wird. Ein Vermieter, der eine fristlose Kündigung eines Wohnraummietverhältnisses wegen Zahlungsverzugs gem. § 543 Abs. 2 S. 1 Nr. 3 BGB hilfsweise oder vorsorglich mit einer ordentlichen Kündigung gem. § 573 Abs. 1, Abs. 2 Nr. 1 BGB verknüpft, bringt bei der gebotenen Auslegung seiner Erklärungen zum Ausdruck, dass die ordentliche Kündigung in allen Fällen Wirkung entfalten soll, in denen die zunächst angestrebte sofortige Beendigung des Mietverhältnisses fehlgeschlagen ist.[153]

55 Eine ordentliche Kündigung gem. § 573 Abs. 2 Nr. 1 BGB ist auch wegen **geringerer Rückstände,** als sie für eine außerordentliche fristlose Kündigung gem. § 543 Abs. 2 Nr. 3

---

[147] BGH NJW 2009, 3157 = NZM 2009, 658 = MietPrax-AK § 543 BGB Nr. 15 mAnm *Börstinghaus; Drasdo* NJW-Spezial 2009, 658; *Lützenkirchen* MDR 2009, 282; *Eisenschmid* jurisPR-MietR 22/2009 Anm. 1; *Schmid* MietRB 2009, 366.

[148] BGH NZM 2013, 786 = MietPrax-AK § 573 BGB Nr. 46 mAnm *Börstinghaus; Beuermann* GE 2013, 1107; *Eisenschmid* WuM 2013, 727; *Herlitz* WuM 2014, 97.

[149] BGH NJW 2013, 1806 = NZM 2013, 456 = MietPrax-AK § 563 BGB Nr. 1 mAnm *Börstinghaus; Harsch* MietRB 2013, 198; *Drasdo* NJW-Spezial 2013, 386; *Blank* LMK 2013, 347492; *Wiek* WuM 2013, 493.

[150] LG Berlin GE 2016, 526; aA AG Dortmund ZMR 2019, 284.

[151] BGH NJW 2009, 3157 = NZM 2009, 658 = MietPrax-AK § 543 BGB Nr. 15 mAnm *Börstinghaus; Drasdo* NJW-Spezial 2009, 658; *Lützenkirchen* MDR 2009, 282; *Eisenschmid* jurisPR-MietR 22/2009 Anm. 1; *Schmid* MietRB 2009, 366.

[152] BGH NZM 2005, 334 = MietPrax-AK § 569 BGB Nr. 4 mAnm *Börstinghaus; Blank* WuM 2005, 252; *Schläger* ZMR 2005, 359; *Bieber* BGHReport 2005, 689; *Dickersbach* MietRB 2005, 173; *Börstinghaus* WuM 2005, 446; BGH NJW 2007, 428 = NZM 2007, 35 = MietPrax-AK § 573 BGB Nr. 9 mAnm *Börstinghaus; Lützenkirchen* MietRB 2007, 59 (60, 61); 102; *Klees* NJW 2007, 431; *Drasdo* NJW-Spezial 2007, 50; *Blank* NZM 2007, 788; *Rolfs* in Staudinger BGB § 573 Rn. 46; Emmerich/Sonnenschein/*Haug* BGB § 573 Rn. 24; *Lammel* WohnraumMietR BGB § 573 Rn. 52; Bamberger/Roth/*Hannappel* BGB § 573 Rn. 28; aA MüKoBGB/*Häublein* § 573 Rn. 60 ff.; *Asper* WuM 1996, 315, danach ist in den Fällen des Verzugs mit periodisch wiederkehrenden Mietzahlungen ausschließlich § 554 BGB aF (= § 543 Abs. 2 Nr. 3 BGB nF) anwendbar.

[153] BGHZ 220, 1 = NJW 2018, 3517 = NZM 2018, 941 = MietPrax-AK § 573 BGB Nr. 71 mAnm *Börstinghaus; Börstinghaus* jurisPR-BGHZivilR 19/2018 Anm. 1; *Börstinghaus* LMK 2018, 411605; *Kappus* NJW 2018, 3522; *Beyer* jurisPR-MietR 24/2018 Anm. 3; *Singbartl/Kraus* NZM 2018, 946; *Drasdo* NJW-Spezial 2019, 1; *Dötsch* MietRB 2019, 5; *Meier* ZMR 2019, 175.

BGB erforderlich sind, möglich. Es genügt ein Rückstand von mehr als einer Monatsmiete und eine Verzugsdauer von mindestens einem Monat.[154]

Nach Art. 240 § 2 EGBGB kann ein Mietverhältnis über Grundstücke oder über Räume 56 nicht allein aus dem Grund kündigen, dass der Mieter im Zeitraum vom 1.4.2020 bis 30.6.2020 trotz Fälligkeit die Miete nicht leistet, sofern die Nichtleistung auf den Auswirkungen der **COVID-19-Pandemie** beruht. Das gilt sowohl für die außerordentlich fristlose Kündigung gem. § 543 Abs. 2 Nr. 3 BGB wie auch für die ordentliche Kündigung gem. § 573 Abs. 2 Nr. 1 BGB.[155] Der **Zusammenhang** zwischen COVID-19-Pandemie und Nichtleistung muss aber vom Mieter **glaubhaft** gemacht werden. Strittig ist, ob der Ausschluss auch gilt, wenn der zur Kündigung berechtigende Rückstand erst durch eine Addition von Rückständen vor oder nach dem in Art. 240 § 2 EGBGB bezeichneten Zeitraum entstanden ist, und dem Rückstand aus diesem Zeitraum.[156]

Soweit eine Kündigung wegen rückständiger Grundmiete, rückständigen Betriebskosten- 57 vorauszahlungen und rückständigen, in periodischer Folge geschuldeten Mietzuschlägen (Untermietzuschlag; Zuschlag für gewerbliche Nutzung, Möblierungszuschlag) in Frage steht, kommt der Vorschrift des § 573 Abs. 2 Nr. 1 BGB keine eigenständige Bedeutung zu. Darüber hinaus umfasst § 573 Abs. 2 Nr. 1 BGB aber auch Mietrückstände, die aus **nicht periodisch wiederkehrenden Zahlungsverpflichtungen** herrühren. Dies gilt insbesondere für den Nachzahlungsanspruch des Vermieters aus einer **Betriebskostenabrechnung**.[157] Anders als bei der außerordentlichen fristlosen Kündigung gem. § 543 Abs. 2 Nr. 3 BGB enthält § 573 Abs. 2 Nr. 1 BGB gerade keine Beschränkung nur auf periodisch wiederkehrende Leistungen. Dass die Kündigung wegen rückständiger Nachzahlungsbeträge aus einer Betriebskostenabrechnung nach § 543 Abs. 2 Nr. 3 BGB nicht möglich ist, beruht auf dem Umstand, dass der Gesetzgeber diese Fälle bei der Schaffung des § 554 BGB aF (= § 543 Abs. 2 Nr. 3 BGB nF) offensichtlich nicht mitbedacht hat.[158] Der Rückstand ist dann erheblich, wenn der Zahlungsverzug der Höhe nach eine Monatsmiete erreicht und die Forderung länger als einen Monat fällig ist.[159] Der Anspruch aus einer Betriebskostenabrechnung wird erst dann fällig, wenn dem Mieter eine ordnungsgemäß begründete und nachprüfbare Abrechnung zugegangen und eine angemessene Prüfungsfrist verstrichen ist. An der Fälligkeit fehlt es auch, wenn dem Mieter keine vollständige Einsicht in die Abrechnungsunterlagen gewährt wird.[160] Darüber hinaus kann ganz ausnahmsweise der Verzug deshalb ausgeschlossen sein, weil sich der Mieter bzgl. seiner Zahlungspflicht in einem unverschuldeten Irrtum befindet. Ein solcher Fall wird vorliegen, wenn der Mieter begründete Zweifel an der Richtigkeit der Abrechnung haben kann. Gleiches gilt, wenn Unklarheit darüber besteht, ob der Vermieter überhaupt zur Umlage bestimmter Betriebskosten berechtigt ist.

Ähnliche Grundsätze gelten, wenn der Mieter mit der **Zahlung einer Kaution** in 58 Verzug gerät. Die Nichtzahlung der Kaution berechtigt zur ordentlichen Kündigung gem. § 573 Abs. 2 Nr. 1 BGB.[161] Die Anspruch auf Zahlung der Kaution muss aber fällig sein.

---

[154] BGH NJW 2013, 159 = NZM 2013, 13 = MietPrax-AK § 573 BGB Nr. 44 mAnm *Börstinghaus; Schach* jurisPR-MietR 24/2012 Anm. 2; *Schmid* MietRB 2013, 1; *Zehelein* WuM 2013, 46; *Börstinghaus* LMK 1/2013 Anm. 2; *Hinz* ZMR 2013, 96; *Drasdo* NJW-Spezial 2013, 65; *Blank* NZM 2013, 104; *Rolfs* in Staudinger BGB § 573 Rn. 47; Erman/*Lützenkirchen* BGB § 573 Rn. 24.
[155] *Börstinghaus* in Blank/Börstinghaus BGB § 535 Rn. 730.
[156] Für Kündbarkeit: *Föller* WuM 2020, 249; *Artz* in Artz/Brinkmann/Pielsticker MDR 2020, 527; gegen Kündbarkeit: *Blank/Börstinghaus* in Blank/Börstinghaus BGB § 535 Rn. 732; *Klimesch/Walther* ZMR 2020, 353; etwas relativiert: *Artz* in Schmidt, COVID-19, § 3 Rn. 41.
[157] AG Köln ZMR 2011, 804; OLG Koblenz NJW 1984, 2369; *Hinz* WuM 2019, 673.
[158] OLG Koblenz NJW 1984, 2369.
[159] LG Berlin GE 2016, 126; ähnlich AG Geldern/LG Kleve WuM 1996, 37.
[160] BGH NJW 2018, 1599 = NZM 2018, 458 = MietPrax-AK § 556 BGB Nr. 128 mAnm *Eisenschmid; Börstinghaus* jurisPR-BGHZivilR 9/2018 Anm. 2; *Garbe* GE 2018, 546; *Zehelein* NZM 2018, 461; *Lammel* WuM 2018, 409; *Drasdo* NJW-Spezial 2018, 385; *Burbulla* MietRB 2018, 194; *Streyl* WuM 2018, 676; BGH WuM 2006, 616.
[161] AG Hamburg-Blankenese ZMR 2011, 884; *Schmid* MDR 2014, 940.

Dabei ist die Fälligkeitsregelung in § 551 Abs. 2 BGB zu beachten. Auch hier ist der Rückstand erst erheblich, wenn sich der Mieter mit einem Kautionsbetrag im Rückstand befindet, der eine Monatsmiete übersteigt.[162] Daneben besteht das außerordentliche fristlose Kündigungsrecht gem. § 569 Abs. 2a BGB.[163]

59 Auch die Nichtzahlung einer auf die Verletzung mietvertraglicher Pflichten zurückgehenden titulierten **Schadensersatzforderung** des Vermieters stellt eine zur ordentlichen Kündigung des Mietverhältnisses berechtigende schuldhafte Pflichtverletzung des Mieters dar.[164] Selbst wenn man eine außerordentliche Kündigung gem. § 543 BGB wegen der Nichterfüllung der titulierten Schadensersatzforderung wegen Beschädigung der Mietsache analog § 569 Abs. 3 Ziff. 2 BGB als nicht mehr möglich ansieht, wenn das Job-Center den Betrag innerhalb der Schonfrist zahlt, bleibt die Möglichkeit der ordentlichen Kündigung wirksam. Dies gilt zumindest dann, wenn der Mieter nicht eigenständig an den Vermieter herangetreten ist, um die Modalitäten des Ausgleichs zB durch das Angebot der Zahlung kleiner Raten zu klären.[165]

60 Streitig ist, ob die Nichtzahlung von **Prozesskosten** aus einer vorangegangenen Mietstreitigkeit als Pflichtverletzung in diesem Sinn zu bewerten ist.[166] Nach Ansicht des BGH[167] stellt die Nichtzahlung der Prozesskosten aus einem vorangegangenen Mietrechtsstreit zwar eine Pflichtwidrigkeit dar, da die Kosten in diesem Fall als Teil des durch die unterbliebenen Mietzahlungen verursachten Verzugsschadens gelten, jedoch wegen der Wertung des § 569 Abs. 3 Ziff. 2 BGB eine Kündigung zumindest dann nicht möglich ist, wenn der Mieter die Prozesskosten deshalb zu tragen hat, weil eine Räumungsrechtsstreit sich wegen einer Schonfristzahlung erledigt hatte und der Miete diese Kosten aufgrund einer Kostenentscheidung in diesem Verfahren zu tragen hat.[168] Das bedeutet, dass die Nichtzahlung von Prozesskosten aus anderen mietrechtlichen Streitigkeiten aber durchaus zur Kündigung berechtigen können. Auch hier ist ein Rückstand in der Größenordnung von mehr als einer Monatsmiete über mehr als einem Monat erforderlich.

61 Die Kündigung nach § 573 Abs. 2 Nr. 1 BGB setzt nach dem Wortlaut der Vorschrift zwingend ein **Verschulden des Mieters** am Zahlungsrückstand voraus.[169] Deshalb besteht das Kündigungsrecht nicht, wenn die Zahlung infolge eines Umstands unterbleibt, den der Mieter nicht zu vertreten hat. Hierzu zählen Zahlungsverzögerungen aufgrund **unverschuldeter wirtschaftlicher Schwierigkeiten**. Das Verschulden wird gem. § 280 Abs. 1 S. 2 BGB vermutet;[170] deshalb muss der Mieter darlegen und beweisen, dass ihn an der Zahlungsunfähigkeit kein Verschulden trifft.[171] Eine Glaubhaftmachung wie sie Art. 240 § 2 EGBGB vorsieht genügt nicht. Der Mieter muss darlegen, dass er einen Zahlungsverzug aufgrund des Eintritts einer unvorhersehbaren wirtschaftlichen Notlage mangels Verschuldens nicht zu vertreten hat. Eine lückenlose Darstellung der Umstände, dass jede noch so entfernt liegende Möglichkeit eines Verschuldens ausgeschlossen erscheint, ist nicht erforderlich. Jedoch muss der Mieter regelmäßig seine Einkommens- und Vermögensverhält-

---

[162] LG Berlin GE 2016, 330.
[163] Dazu *Karabulut* WuM 2014, 186; *Schmid* MDR 2014, 940; *Blank* MietRB 2013, 340.
[164] BGH NZM 2016, 550 = MietPrax-AK § 573 BGB Nr. 56 mAnm *Börstinghaus*; *Dötsch* MietRB 2016, 190; *Beyer* jurisPR-MietR 15/2016 Anm. 1; *Drasdo* NJW-Spezial 2016, 513; *Bieber* GE 2016, 1060.
[165] LG Berlin ZMR 2020, 503.
[166] Bejahend MüKoBGB/*Häublein* § 573 Rn. 57; verneinend LG Duisburg WuM 1992, 189; *Rolfs* in Staudinger BGB § 573 Rn. 38.
[167] BGH NJW 2010, 3020 = NZM 2020, 696 = MietPrax-AK § 573 BGB 28 mAnm *Börstinghaus*; *Börstinghaus* jurisPR-BGHZivilR 20/2010 Anm. 3; *Drasdo* NJW-Spezial 2010, 641; *Bittner* MietRB 2010, 317.
[168] BGH NJW 2010, 3020 = NZM 2020, 696.
[169] Dazu *Flatow* AnwZert MietR 7/2018 Nr. 1.
[170] BGH NJW 2016, 2805 = NZM 2016, 635 = MietPrax-AK § 543 BGB Nr. 40 mAnm *Börstinghaus*; *Börstinghaus* jurisPR-BGHZivilR 14/2016 Anm. 2; *Beyer* jurisPR-MietR 17/2016 Anm. 1; *Schach* GE 2016, 1001; *Blank* NZM 2016, 636; *Drasdo* NJW-Spezial 2016, 610; *Suilmann* MietRB 2016, 309.
[171] BGH WuM 2016, 682 = MietPrax-AK § 573 BGB Nr. 59 mAnm *Börstinghaus*; *Engel* MietRB 2016, 313; BGH NZM 2016, 650 = MietPrax-AK § 573 BGB Nr. 56 mAnm *Börstinghaus*; *Dötsch* MietRB 2016, 190; *Beyer* jurisPR-MietR 15/2016 Anm. 1; *Drasdo* NJW-Spezial 2016, 513; *Bieber* GE 2016, 1060.

nisse offenlegen und zu allen Umständen Stellung nehmen die für einen behaupteten Ausschluss der Leistungsfähigkeit von Bedeutung sein können.[172] Ist absehbar, dass es zu einem finanziellen Engpass kommt, muss sich der Mieter unverzüglich um eine Übernahme der Mietschulden durch eine öffentliche Stelle (zB Jobcenter) bemühen; wird diese Obliegenheit verletzt, so ist der weiterhin bestehende Rückstand vom Mieter zu vertreten.[173] Die in einem Vermögensverzeichnis gem. § 802c ZPO dokumentierte Zahlungsunfähigkeit des Mieters kann idR als Indiz dafür gewertet werden, dass dem Mieter zum Kündigungszeitpunkt keine ausreichenden Mittel zur Erfüllung der Mietschuld zur Verfügung standen.[174] Es ist aber allein kein Indiz dafür, dass den Mieter daran kein Verschulden trifft.

Nach der Rspr. des BGH kann auch die **nachträgliche Zahlung** der Rückstände zu Gunsten des Mieters berücksichtigt werden, weil sie „ein etwaiges Fehlverhalten in einem **milderen Licht** erscheinen lässt".[175] Offengelassen hat der Senat, ob dies bereits im Rahmen der Wirksamkeit der Kündigung oder im Rahmen von § 242 BGB zu prüfen ist, weil sich die Berufung auf eine wirksam ausgesprochene Kündigung aufgrund nachträglich eingetretener Umstände im Einzelfall als rechtsmissbräuchlich darstellen kann.[176] **62**

Nach der Meinung des KG soll dies nur dann gelten, wenn der Rückstand „binnen kurzer Zeit" ausgeglichen wird.[177] Für diese Beschränkung besteht kein Bedürfnis; vielmehr kommt es stets auf die **Umstände des Einzelfalls** an. Grundsätzlich ist die Verschuldensfrage immer dann zu prüfen, wenn der Ausgleich innerhalb der Frist des § 569 Abs. 3 Nr. 2 BGB erfolgt. Wurde die Miete bislang vom Sozialamt oder vom Jobcenter bezahlt, so trifft den Mieter kein Eigenverschulden, wenn die Behörde die Zahlungen an den Vermieter eingestellt hat, ohne den Mieter hierüber zu informieren.[178] Ein eventuelles Verschulden der Behörde ist dem Mieter nicht zuzurechnen.[179] **63**

Vereinzelt wird vertreten, dass es am Tatbestandsmerkmal der „nicht unerheblichen" Pflichtverletzung fehlt, wenn ein zur Kündigung berechtigender Rückstand vor dem Ausspruch der Kündigung reduziert wird, so dass im Zeitpunkt des Zugangs der Kündigung nur noch ein geringfügiger Betrag offensteht und keine Anzeichen für erneute zukünftige Zahlungsrückstände vorliegen.[180] Diese Ansicht trifft nicht zu. Der **Kündigungstatbestand entsteht, wenn der Rückstand die erforderliche Höhe erreicht.** Ob er anschließend wieder entfällt, wenn der Vermieter vor dem Zugang der Kündigung vollständig befriedigt wird, hängt davon ab, ob die Regelung des § 543 Abs. 2 S. 2 BGB auf die ordentliche Kündigung entsprechend anzuwenden ist. Auch dort muss der Rückstand vollständig gezahlt werden.[181] Erklärt der Mieter gegen den rückständigen Mietzins die Aufrechnung (§ 543 Abs. 2 S. 3 BGB), so hat dies nach allgemeinen Grundsätzen zur Folge, dass der Mietrückstand rückwirkend auf den Zeitpunkt der Aufrechnungslage **64**

---

[172] BGH WuM 2016, 682 = MietPrax-AK § 573 BGB Nr. 59 mAnm *Börstinghaus; Engel* MietRB 2016, 3: Zahlungsprobleme auf Grund unerwartet hoher Steuernachforderungen.
[173] AG Reinbek ZMR 2015, 945.
[174] BGH NZM 2016, 650 = MietPrax-AK § 573 BGB Nr. 56 mAnm *Börstinghaus; Dötsch* MietRB 2016, 190; *Beyer* jurisPR-MietR 15/2016 Anm. 1; *Drasdo* NJW-Spezial 2016, 513; *Bieber* GE 2016, 1060.
[175] BGH NZM 2005, 334 = MietPrax-AK § 569 BGB Nr. 4 mAnm *Börstinghaus; Blank* WuM 2005, 252; *Schläger* ZMR 2005, 359; *Bieber* BGHReport 2005, 689; *Dickersbach* MietRB 2005, 173; *Börstinghaus* WuM 2005, 446; BGH NJW 2018, 3517 = NZM 2018, 941 Rn. 43.
[176] In BGH NJW 2013, 159 = NZM 2013, 20 = MietPrax-AK § 573 BGB Nr. 44 mAnm *Börstinghaus* als „näherliegend" bezeichnet; BGH WuM 2016, 682; LG Bonn WuM 2015, 293; LG Berlin ZMR 2019, 588; GE 2018, 763.
[177] KG DWW 2008, 379; so auch die Formulierung in BGH NZM 2018, 941 Rn. 43.
[178] BGH NJW 2015, 1749 = NZM 2015, 487 = MietPrax-AK § 543 BGB Nr. 36 mAnm *Börstinghaus;* AG Ludwigslust WuM 2011, 506.
[179] BGH NJW 2009, 3781 = NZM 2010, 37 = MietPrax-AK § 543 BGB Nr. 16 mAnm *Börstinghaus; Reinelt* jurisPR-BGHZivilR 24/2009 Anm. 1; *Kunze* MietRB 2010, 1; *Schach* GE 2009, 1586; *Paschke* GE 2010, 102; *Drasdo* NJW-Spezial 2010, 99; *Rieble* NJW 2010, 816; *Wiek* WuM 2010, 204.
[180] LG Berlin GE 2017, 890.
[181] BGH NZM 2018, 28 = NJW 2018, 939 = MietPrax-AK § 543 BGB Nr. 43 mAnm *Börstinghaus; Börstinghaus* jurisPR-BGHZivilR 21/2017 Anm. 1; *Blank* WuM 2017, 647; *Beyer* jurisPR-MietR 23/2017 Anm. 3; *Wichert* MietRB 2017, 343; *Drasdo* NJW-Spezial 2018, 34.

erlischt (§ 389 BGB). Eine zuvor ausgesprochene Kündigung würde dann mangels eines Mietrückstands unwirksam. Die Regelung des § 543 Abs. 2 S. 3 BGB bestimmt aus Gründen der Rechtsklarheit hiervon abw., dass diese Rechtsfolge nur eintritt, wenn die Aufrechnung unverzüglich nach dem Zugang der Kündigung erklärt wird. Diese Vorschrift ist auch bei einer ordentlichen Kündigung gem. § 573 Abs. 2 Nr. 1 BGB analog anzuwenden, weil die Interessenlagen identisch sind.

3. Unpünktliche Mietzahlungen

65 Ein Mietverhältnis kann nicht nur gekündigt werden, wenn ein Mietrückstand vorliegt, der die Grenzen für eine außerordentliche fristlose Kündigung gem. § 543 Abs. 2 Ziff. 3 BGB oder für eine ordentliche Kündigung gem. § 573 Abs. 2 Nr. 1 BGB erreicht, sondern auch dann, wenn der Mieter **die Miete ständig unpünktlich zahlt**.[182] Erforderlich ist eine nachhaltige unpünktliche Mietzahlung. Einmalige oder nur kurzfristige Zahlungsverzögerungen reichen nicht aus.[183] Umstritten ist in der Praxis immer wieder, wieviele unpünktliche Zahlungen erforderlich sind. Nach Ansicht des BGH[184] ist für eine solche Kündigung eine Abmahnung gem. § 543 Abs. 3 BGB erforderlich. Hierbei muss es sich auch um eine **qualifizierte Abmahnung** handeln, also um eine solche, in der für den Wiederholungsfall die Kündigung angedroht wird. Zahlt der Mieter nach einer solchen Abmahnung wegen unpünktlicher Mietzahlung die Miete einmal[185] unpünktlich, kann gekündigt werden. Dem Mieter sei auf Grund der qualifizierten Abmahnung hinlänglich bekannt, dass der Vermieter dies vertragswidrige Verhalten nicht weiter hinzunehmen bereit ist. Er handele also in voller Kenntnis der Konsequenzen. Um eine Kündigung des Mietverhältnisses zu vermeiden, muss der abgemahnte Mieter deutlich machen, dass er bereit ist, seine zögerliche Zahlungsweise ernsthaft und auf Dauer abzustellen. Es kommt deshalb darauf an, ob das Zahlungsverhalten der Beklagten nach dem Zugang der Abmahnung geeignet ist, das Vertrauen des Klägers in eine pünktliche Zahlungsweise der Beklagten wiederherzustellen.[186] Voraussetzung ist dafür aber auch, dass der Mieter zwischen der qualifizierten Abmahnung und dem nächsten Fälligkeitstermin für die Mietzahlung ausreichend Zeit hat, um das Verhalten auch zu ändern. Da die Fälligkeit ja bereits im Mietvertrag vereinbart und dem Mieter bekannt ist, dürfte eine Zeitraum von maximal 14 Tagen ausreichen.

66 Neben der Kündigung aus wichtigem Grund gem. § 543 Abs. 1 BGB kommt hier **auch eine ordentliche Kündigung** gem. § 573 Abs. 2 Ziff. 1 BGB in Betracht. Der BGH[187] weist daraufhin, dass seine Erwägungen auch für diesen Kündigungsgrund entsprechend gelten. Bei beiden Kündigungsgründen muss aber eine Gesamtabwägung stattfinden, wozu auch die Frage eines Verschuldens des Mieters gehört. Soweit er sich darauf berufen hat, dass er immer erst zur Mitte des Monats „liquide" sei, weil zu diesem Zeitpunkt erst der Arbeitslohn oder die Arbeitslosenunterstützung gezahlt werde, entschuldigt dies den Mieter mit Ausnahme unvorhergesehener wirtschaflicher Engpässe nicht.[188]

4. Belästigungen

67 In den Fällen der **Hausfriedensstörungen** und bei allen anderen Vertragsverletzungen, die von § 543 Abs. 1, § 569 Abs. 2 BGB erfasst werden, kann n der Vermieter wahlweise nach dieser Vorschrift oder nach § 573 Abs. 2 Nr. 1 BGB kündigen.

---

[182] So schon BGH WuM 1970, 77.
[183] LG München WuM 1991, 346.
[184] BGH NZM 2006, 338 = NJW 2006, 1585 = MietPrax-AK § 543 BGB Nr. 5 mAnm *Eisenschmid;* dazu *Schläger* ZMR 2006, 428; *Drasdo* NJW-Spezial 2006, 293.
[185] Nach KG WuM 2019, 579 soll aber die viermalige Verspätung um wenige Tage nicht ausreichen.
[186] BGH NJW 2009, 1491.
[187] BGH NZM 2006, 338 = NJW 2006, 1585 = MietPrax-AK § 543 BGB Nr. 5 mAnm *Eisenschmid;* dazu *Schläger* ZMR 2006, 428; *Drasdo* NJW-Spezial 2006, 293.
[188] So BGH NZM 2005, 334 = MietPrax-AK § 569 BGB Nr. 4 mAnm *Börstinghaus; Blank* WuM 2005, 252; *Schläger* ZMR 2005, 359; *Bieber* BGHReport 2005, 689.

68 Immer wenn die Voraussetzungen für eine außerordentliche fristlose Kündigung erfüllt sind, sind auch die Voraussetzungen des § 573 Abs. 2 Nr. 1 BGB gegeben. Ansonsten unterscheiden sich die beiden Kündigungsmöglichkeiten vor allem hinsichtlich der **Schwere des Vertragsverstoßes**. Für die außerordentliche fristlose Kündigung ist ein Vertragsverstoß erforderlich, der so schwerwiegend ist, dass dem Vermieter die Fortsetzung des Mietverhältnisses bis zum Ablauf der ordentlichen Kündigungsfrist nicht zugemutet werden kann. Für eine ordentliche Kündigung gem. § 573 Abs. 2 Nr. 1 BGB genügt es schon, dass der Mieter seine Verpflichtungen „nicht unerheblich verletzt hat". Dafür ist bei der fristgemäßen Kündigung ein schuldhaftes Verhalten erforderlich, während das Verschulden bei der außerordentlichen fristlosen Kündigung nur ein Abwägungskriterium darstellt. Im Rahmen der nach § 573 Abs. 2 Nr. 1 BGB erforderlichen Prüfung, ob die Verletzung mietvertraglicher Pflichten auf einem Verschulden des Mieters beruht, trägt – wie aus § 280 Abs. 1 S. 2 BGB entnommen werden kann – dieser die Darlegungs- und Beweislast für sein fehlendes Verschulden.[189]

5. Beschädigung der Mietsache

69 Ist der Mieter wegen einer erheblichen und schuldhaften Verletzung seiner vertraglichen (Neben-)Pflicht zur **Obhut der Mietsache** rechtskräftig verurteilt worden, kann in dem beharrlichen Leugnen der Pflichtverletzung jedenfalls dann ein berechtigter Grund zur ordentlichen Kündigung nach § 573 Abs. 2 Nr. 1 BGB liegen, wenn Umstände festgestellt werden können, die die Besorgnis des Vermieters begründen, der Mieter setze seine Obhutspflichtverletzung auch nach der rechtskräftigen Verurteilung fort.[190] Auch hier wird gem. § 280 Abs. 1 S. 2 BGB das Verschulden vermutet. Der Mieter muss sich entlasten. Dazu ist ein Vollbeweis erforderlich.

6. Unbefugte Gebrauchsüberlassung

70 Nach § 540 Abs. 1 BGB ist der Mieter ohne Erlaubnis des Vermieters nicht berechtigt, die Sache weiter zu vermieten. Nimmt der Mieter eine **Untervermietung** vor, **ohne die erforderliche Erlaubnis** seines Vermieters einzuholen, verletzt er seine vertraglichen Pflichten auch dann, wenn er einen Anspruch auf Erteilung der Erlaubnis hat.[191] Dies gilt nach der Rspr. des BGH auch dann, wenn der Mieter einen Anspruch auf Erteilung der Erlaubnis hat.[192] Allerdings rechtfertigt nicht jede Pflichtverletzung die ordentliche Kündigung des Mietvertrags. Erforderlich ist vielmehr, dass der Mieter seine Pflichten „nicht unerheblich" verletzt hat. Dieses Tatbestandsmerkmal ist unter Abwägung der Umstände des Einzelfalls auszufüllen.[193] An diesem Tatbestandsmerkmal wird es idR fehlen, wenn der Mieter einen **Anspruch auf Erteilung der Untermieterlaubnis** hat.[194] In der formell unerlaubten Untervermietung kann nämlich schwerlich eine erhebliche Rechtsverletzung liegen. Der BGH hat diese Frage noch nicht abschließend entschieden. Hat der Vermieter vertragswidrig keine Erlaubnis erteilt, obwohl er hierzu verpflichtet gewesen wäre, soll eine

---

[189] BGH NZM 2016, 550 = MietPrax-AK § 573 BGB Nr. 56 mAnm *Börstinghaus*; *Dötsch* MietRB 2016, 190; *Beyer* jurisPR-MietR 15/2016 Anm. 1; *Drasdo* NJW-Spezial 2016, 513; *Bieber* GE 2016, 1060.
[190] Feuchtigkeitsschäden infolge unzureichendem Heizen und Lüften: BGH NZM 2016, 550 = MietPrax-AK § 573 BGB Nr. 56 mAnm *Börstinghaus*; *Dötsch* MietRB 2016, 190; *Beyer* jurisPR-MietR 15/2016 Anm. 1; *Drasdo* NJW-Spezial 2016, 513; *Bieber* GE 2016, 1060.
[191] LG Hamburg ZMR 2020, 513.
[192] BGH NJW 2011, 1065 = MietPrax-AK § 573 BGB Nr. 32 mAnm *Börstinghaus*; *Siegmund* MietRB 2011, 102; *Blank* LMK 4/2011 Anm. 2; *Bieber* jurisPR-MietR 8/2011 Anm. 4.
[193] BGH NJW 2011, 1065 = MietPrax-AK § 573 BGB Nr. 32 mAnm *Börstinghaus*.
[194] LG Hamburg ZMR 2020, 513; LG Berlin GE 2003, 880; *Kraemer* NZM 2001, 553 (560); *Emmerich* in Staudinger BGB § 543 Rn. 58; *Lammel* WohnraumMietR BGB § 543 Rn. 84; *Sternel* MietR Kap. XII Rn. 114; *Herrlein/Kandelhard/Kandelhard*, Mietrecht, § 543 Rn. 44, 50; MüKoBGB/*Bieber* § 543 Rn. 40.

Kündigung rechtsmissbräuchlich sein, da es dem Vermieter verwehrt sei, sich auf das Fehlen der Untermieterlaubnis zu berufen.[195]

71 Bei der unerlaubten Untervermietung über die Plattform **Airbnb** ist für eine fristlose Kündigung eine vorherige Abmahnung erforderlich.[196] Nach Ansicht des LG Berlin[197] soll dies auch für die ordentliche Kündigung gelten. Bei den typischerweise in einem Mietverhältnis auftretenden Fragen zur konkreten Ausgestaltung und zu Grenzen des Mietgebrauchs werde eine schuldhafte und erhebliche Vertragsverletzung nicht schon dadurch begangen, dass eine Vertragspartei die eigenen Befugnisse objektiv überschreitet. Im Regelfall sei vielmehr zusätzlich erforderlich, dass das Verhalten fortgesetzt wird, obwohl die andere Vertragspartei die Möglichkeit zu besserer Einsicht eingeräumt und die Kündigungsabsicht mitgeteilt hat. Ähnlich wie bei der unpünktlichen Mietzahlung wird die Erheblichkeit der Vertragsverletzung aus dem trotz Abmahnung fortgesetzten vertragswidrigen Verhalten hergeleitet.

D. Die Kündigung wegen Eigenbedarfs

I. Verfassungsrechtliche Vorgaben

72 Die Kündigung wegen Eigenbedarfs ist unmittelbare Folge des Eigentumsrechts des Vermieters gem. Art. 14 GG. Das bedeutet für die Auslegung des § 573 Abs. 2 Nr. 2 BGB, dass das **Grundrecht des Vermieters effektiv gewahrt** wird. Hierzu gehört das Recht eines Eigentümers seine vermietete Wohnung zu kündigen, wenn er diese wieder selbst nutzen will oder wenn er die Räume privilegierten Angehörigen zur Nutzung überlassen möchte. Das BVerfG betont in diesem Zusammenhang, dass die Gerichte die Entscheidung des Eigentümers über seinen Wohnbedarf grds. respektieren müssen und ihm nicht fremde Vorstellungen über angemessenes Wohnen und seine weitere Lebensplanung aufdrängen dürfen.[198] Der Vermieter wird durch Art. 14 Abs. 1 S. 1 GG in seiner Freiheit geschützt, die Wohnung bei Eigenbedarf selbst zu nutzen oder durch privilegierte Angehörige nutzen zu lassen. Dabei haben die Gerichte den **Entschluss des Vermieters,** die vermietete Wohnung nunmehr selbst zu nutzen oder durch den – eng gezogenen – Kreis privilegierter Dritter nutzen zu lassen, **grundsätzlich zu achten** und ihrer Rechtsfindung zugrunde zu legen. Ebenso haben sie grundsätzlich zu respektieren, welchen Wohnbedarf der Vermieter für sich oder seine Angehörigen als angemessen ansieht. Die Gerichte sind daher nicht berechtigt, ihre Vorstellungen von angemessenem Wohnen verbindlich an die Stelle der Lebensplanung des Vermieters (oder seiner Angehörigen) zu setzen. Das entspricht auch der ständigen Rechtsprechung des BGH.[199]

73 Auf der anderen Seite ist auch das **Besitzrecht des Mieters** an der Wohnung Eigentum iSv Art. 14 Abs. 1 GG; der Mietbesitz steht damit ebenfalls unter dem Schutz des Grundgesetzes.[200] Aus dieser durchaus umstrittenen[201] Entscheidung des BVerfG folgt, dass die Eigentumsposition des Sacheigentümers und die Eigentumsposition des Mieters miteinander

---

[195] BGH NJW 2011, 1065 = MietPrax-AK § 573 BGB Nr. 32 mAnm *Börstinghaus*.
[196] LG Amberg NZM 2018, 34.
[197] LG Berlin WuM 2018, 371; 2016, 559.
[198] BVerfGE 79, 292 (304 f.); 89, 1 (9); BVerfG NJW 1994, 995; 1995, 1480 (1481); NJW-RR 1999, 1097 (1098).
[199] BGH NJW 2015, 1590 = NZM 2015, 378 = MietPrax-AK § 573 BGB Nr. 49 mAnm *Börstinghaus; Blank* jurisPR-MietR 8/2015 Anm. 4; *Drasdo* NJW-Spezial 2015, 321; *Bittner* MietRB 2015, 162; *Rolfs* LMK 2015, 369226; BGH NZM 2019, 518 = NJW 2019, 2765 = MietPrax-AK § 574 BGB Nr. 4 mAnm *Börstinghaus; Börstinghaus* jurisPR-BGHZivilR 15/2019 Anm. 2; *Monschau* MietRB 2019, 225 (226, 227, 228); *Drasdo* NJW-Spezial 2019, 546; *Rolfs* LMK 2019, 419565; BGH NZM 2018, 983 = MietPrax-AK § 573 BGB Nr. 73 mAnm *Börstinghaus; Börstinghaus* jurisPR-BGHZivilR 20/2018 Anm. 3; *Kappus* NZM 2018, 987; *Mettler* MietRB 2019, 8.
[200] BVerfGE 89, 1.
[201] *Derleder* WuM 1993, 514; *Sternel* MDR 1993, 728; *Depenheuer* NJW 1993, 2561; *Roellecke* JZ 1995, 74; *Rüthers* NJW 1993, 2587.

konkurrieren und jeweils gegeneinander abzuwägen sind. Aus der Entscheidung des BVerfG kann nicht abgeleitet werden, dass die Interessen des Mieters an der Aufrechterhaltung des Mietverhältnisses dem Erlangungsinteresse des Vermieters immer vor gehen. Dem Erlangungswunsch des Vermieters sind allerdings zur Wahrung berechtigter Belange des Mieters Grenzen gesetzt. Das BVerfG verlangt insofern, dass bei der Rechtsanwendung durch die Gerichte der grundrechtlich geschützten Besitzposition des Mieters dadurch Rechnung getragen wird, dass das Gericht den Einwänden des Mieters „in einer Weise nachgeht, die der Bedeutung und Tragweite seines Bestandsinteresses gerecht wird, also bspw. nachprüft, ob der Selbstnutzungswunsch ernsthaft verfolgt wird ..., ob der geltend gemachte Wohnbedarf weit überhöht ist, ob er zwar vorhanden ist, jedoch die Möglichkeit in Betracht kommt, ihn ohne Inanspruchnahme der gekündigten Wohnung zu befriedigen, etwa weil eine andere im Eigentum des Vermieters stehende Wohnung frei ist, in der der geltend gemachte Wohnbedarf ohne wesentliche Abstriche befriedigt werden könnte".[202] Ferner folgt aus diesen verfassungsrechtlichen Vorgaben, dass das Gericht bei der **Anwendung der Sozialklausel** des §§ 574, 574a BGB und der Auslegung der dort enthaltenen unbestimmten Rechtsbegriffe, namentlich des Begriffs der „Härte", Bedeutung und Tragweite seines Bestandsinteresses hinreichend erfasst und berücksichtigt.[203] Die hier dargelegten Grundsätze haben das BVerfG und der VIII. Senat des BGH in zahlreichen Entscheidungen konkretisiert.[204] Das bedeutet für die verfassungsrechtlichen Rahmenvorgaben:

- Der Vermieter muss den ernsthaften Wunsch zur Nutzung der vermieteten Wohnung haben.
- Die Instanzgerichte müssen allen Gesichtspunkten nachgehen, die Zweifel an der Ernsthaftigkeit des Nutzungswunsches begründen.[205]
- Es ist Sache des Eigentümers, seinen Nutzungswunsch darzulegen und beweisen[206]; der Mieter muss seinerseits konkrete Einwände gegen den Nutzungswunsch vorbringen. Fehlt es an solchen Einwänden, so ist es aus verfassungsrechtlichen Gründen nicht erforderlich, dass sich das Gericht von sich aus mit dem Eigenbedarf auseinandersetzt.[207] Bestreitet der Mieter die Nutzungsabsicht, so muss darüber grds. Beweis erhoben werden; dies gilt auch dann, wenn das Bestreiten auf einer bloßen Vermutung beruht.[208]
- Bei der Prüfung der Frage, ob der Vermieter vernünftige und billigenswerte Gründe iSd Rspr. des BGH geltend macht, ist den Absichten, den Motiven und der Lebensplanung des Vermieters gebührend Rechnung zu tragen; die Instanzgerichte sind nicht befugt, die Vorstellungen des Vermieters durch eigene Meinungen zu ersetzen.[209]
- Dem Vermieter darf der Nutzungswunsch nicht „ausgeredet" werden. Eine Mangelsituation ist nicht erforderlich. Ein zeitlich begrenzter Bedarf genügt. Deshalb kann der Vermieter auch dann wegen Eigenbedarfs kündigen, wenn er die Räume lediglich als Zweitwohnung nutzen will.[210]

---

[202] So auch die stRspr des BGH zB in NZM 2018, 983 = MietPrax-AK § 573 BGB Nr. 73 mAnm *Börstinghaus*; *Börstinghaus* jurisPR-BGHZivilR 20/2018 Anm. 3; *Kappus* NZM 2018, 987; *Mettler* MietRB 2019, 8.
[203] BVerfGE 89, 1; siehe auch BGH NJW 2017, 1474 = NZM 2017, 286 = MietPrax-AK § 574 BGB Nr. 2 mAnm *Börstinghaus*; *Singbartl/Henke* NZM 2017, 289; *Börstinghaus* jurisPR-BGHZivilR 9/2017 Anm. 2; *Sandidge/Wichert* MietRB 2017, 153; *Beyer* jurisPR-MietR 12/2017 Anm. 2; BGH NZM 2019, 527 = MietPrax-AK § 574 BGB Nr. 3 mAnm *Börstinghaus*; *Zich* MietRB 2019, 229; *Drasdo* NJW-Spezial 2019, 546; *Börstinghaus* jurisPR-BGHZivilR 20/2019 Anm. 1; *Nierhauve* WuM 2020, 268; BGH NZM 2019, 518 = NJW 2019, 2765 = MietPrax-AK § 574 BGB Nr. 4 mAnm *Börstinghaus*; *Börstinghaus* jurisPR-BGHZivilR 15/2019 Anm. 2; *Monschau* MietRB 2019, 225 (226, 227, 228); *Drasdo* NJW-Spezial 2019, 546; *Rolfs* LMK 2019, 419565; BGH NZM 2020, 276 = NJW 2020, 1215 = MietPrax-AK § 574 BGB Nr. 5 mAnm *Börstinghaus*; *Abramenko* MietRB 2020, 67; *Börstinghaus* jurisPR-BGHZivilR 7/2020 Anm. 2.
[204] *Blank* WuM 1989, 157; *Gather* DWW 1994, 348; *Lammel* NJW 1994, 3320; *Meincke* WuM 1994, 581; *Roellecke* JZ 1995, 74; *Roellecke* NJW 1992, 1649; *Sonnenschein* NJW 1993, 161.
[205] BVerfG WuM 1989, 114.
[206] LG Berlin WuM 2019, 669.
[207] BVerfG NZM 2001, 706.
[208] BVerfG WuM 1990, 536; 1991, 146; 1993, 381.
[209] BVerfG WuM 1989, 114.
[210] BVerfG NJW 2014, 2417.

- Der Umstand, dass der Vermieter seinen Wohnbedarf durch vorangegangene Fehlplanungen selbst verursacht hat, steht der Kündigung nicht entgegen.[211]
- Die Kündigung ist allerdings dann unwirksam, wenn mit dem Erlangungswunsch ein weit überhöhter Wohnbedarf geltend gemacht wird.[212] Bei der Prüfung dieser Frage ist kein kleinlicher Maßstab anzulegen; so ist es zB nicht zu beanstanden, wenn ein Ehepaar in eine 74m² große 3-Zimmer-Wohnung einziehen will, obwohl eine 56m² große 2-Zimmer-Wohnung freisteht.[213] Ebenso ist zu akzeptieren, wenn ein Eigentümer eine 72m² große Wohnung kündigt, um diese mit seiner derzeit genutzten 65m² großen Wohnung zusammenzulegen um so für sich und seine künftige Ehefrau eine angemessen große Wohnung zu schaffen[214] oder wenn der Eigentümer kündigt, weil er aus finanziellen Gründen aus einer großen in eine kleine Wohnung umziehen will.[215] Eine andere Beurteilung kann geboten sein, wenn einer 22jährigen Studentin eine 107m² große 4-Zimmer-Wohnung überlassen werden soll,[216] oder wenn der Eigentümer ein vermietetes Haus mit zahlreichen Zimmern kündigt, obwohl er nur einen Bruchteil der Räumlichkeiten selbst nutzen will.[217]
- Unwirksam ist die Kündigung auch dann, wenn die Wohnung die Nutzungswünsche des Vermieters überhaupt nicht erfüllen kann.[218]
- Die Instanzgerichte müssen prüfen, ob die Kündigungsvoraussetzungen gegeben sind; deshalb ist es verfassungsrechtlich nicht zu beanstanden, wenn das Gericht den Vermieter auffordert, seinen Eigenbedarf näher darzulegen.[219]
- In Ausnahmefällen kann das Herausgabeverlangen auch rechtsmissbräuchlich sein.[220] So darf der Vermieter nicht kündigen, wenn ihm eine freistehende Wohnung zur Verfügung steht.[221]
- Der Vermieter darf den Herausgabeanspruch nicht weiter geltend machen, wenn nach Ausspruch der Kündigung vor Ablauf der Kündigungsfrist eine geeignete Alternativwohnung frei wird.[222] Der Vermieter darf eine freistehende Wohnung auch nicht weitervermieten, um sich die Kündigungsbefugnis oder den Herausgabeanspruch zu erhalten.[223] Die Obliegenheit zum Gebrauch der freistehenden Wohnung gilt allerdings nicht, wenn der Vermieter vernünftige und nachvollziehbare Gründe für die Kündigung gerade der konkreten Wohnung hat.[224] Diese Gründe sind von den Instanzgerichten so zu würdigen, dass dabei den Belangen des Mieters hinreichend Rechnung getragen wird.[225] Den Belangen des Eigentümers und seiner Angehörigen muss aber ebenfalls Rechnung getragen werden. Der Eigentümer darf nicht darauf verwiesen werden, er müsse auf die Kündigung einer vermieteten Wohnung verzichten und seine Angehörigen in freistehenden Räumlichkeiten unterbringen, die bisher gewerblich genutzt worden sind und auch weiterhin gewerblich genutzt werden sollen.[226]
- Die Räumungsklage kann ohne Verfassungsverstoß abgewiesen werden, wenn der Vermieter wegen eines Bedarfs kündigt, der bereits beim Abschluss des Mietverhältnisses vorhanden gewesen ist oder absehbar war.[227] Allerdings muss dieser Bedarf hinreichend konkret sein; die bloße Möglichkeit, dass später ein solcher Bedarf entstehen könnte, genügt nicht.[228] Vorratskündigungen sind nicht zulässig.[229]

---

[211] BVerfG WuM 1993, 231.
[212] BVerfG WuM 1993, 231.
[213] BVerfG WuM 1991, 145.
[214] BVerfG ZMR 1993, 315.
[215] BVerfG WuM 1991, 661.
[216] BVerfG WuM 1990, 480.
[217] BVerfG GE 1993, 1327.
[218] BVerfG WuM 1989, 114.
[219] BVerfG WuM 1989, 483.
[220] LG München I WuM 2019, 657.
[221] BVerfG WuM 1989, 114.
[222] BVerfG WuM 1990, 536.
[223] BVerfG WuM 1990, 535; 1991, 247.
[224] BVerfG WuM 1989, 114.
[225] BVerfG WuM 1991, 247.
[226] BVerfG WuM 1989, 607.
[227] BVerfG WuM 1989, 114.
[228] BVerfG ZMR 1993, 363; 1993, 505.
[229] BVerfG WuM 1990, 480; BGH NJW 2015, 3368 = NZM 2015, 812 = MietPrax-AK § 573 BGB Nr. 53 mAnm *Börstinghaus*; *Börstinghaus* jurisPR-BGHZivilR 19/2015 Anm. 1; *Kappus* NJW 2015, 3370; *Kunze* MietRB 2015, 354; *Theesfeld* jurisPR-MietR 3/2016, Anm. 4; BGH NZM 2017, 23 = MietPrax-AK

II. Der privilegierte Personenkreis

1. Die Eigennutzung durch den Vermieter

Eine **Eigennutzung** ist gegeben, wenn der Vermieter die Räume als Wohnung für sich 74
selbst benötigt. Es ist nicht erforderlich, dass der Vermieter auch der Eigentümer des
Grundstücks ist.[230] Es kommt nur auf die formale Vermieterstellung an. Auch der Untervermieter kann Eigenbedarf geltend machen,[231] wenn er die Räume nach dem Inhalt des
Hauptmietvertrags selbst nutzen darf. Der Umstand, dass der Vermieter zusätzlich weitere
Personen in die Wohnung aufnehmen will, die nicht zu seinen Angehörigen zählen, ist
unbeachtlich, solange er selbst einziehen will. Auch die Absicht, einen untergeordneten
Teil der Räume anderweitig zu nutzen, hindert die Kündigung nicht.[232] Die Wohnnutzung
durch den Vermieter muss allerdings im Vordergrund stehen. Will der Vermieter nur einen
geringen Teil der Räume selbst nutzen und den übrigen Teil an Dritte überlassen oder
gewerblich nutzen, so liegt in Wirklichkeit keine Wohnraumnutzung vor. Eine Kündigung
nach Abs. 2 Nr. 2 ist dann nicht gerechtfertigt. Ausnahmsweise kann hier aber ein Fall der
wirtschaftlichen Verwertung gem. Abs. 2 Nr. 3 gegeben sein. Der Umstand, dass der
Vermieter bei der Aufnahme des oder der Dritten nicht in der Absicht der Gewinnerzielung, sondern aus anderen Motiven handelt, ändert an dieser Bewertung nichts.[233] Bei
mehreren Vermietern genügt es, wenn die Räume von einem der Vermieter genutzt
werden sollen.[234]

Der **Erwerber eines Grundstücks** bzw. einer Wohnung kann unmittelbar nach seiner 75
Eintragung ins Grundbuch kündigen. Eine Wartefrist besteht nur dort, wo dies durch
Gesetz ausdrücklich bestimmt ist, nämlich bei der Umwandlung vermieteter Wohnungen
in Wohnungseigentum gem. § 577a BGB. Eine vor Eintragung des Erwerbers im Grundbuch erklärte Eigenbedarfskündigung ist unwirksam. Dies gilt auch dann, wenn der
Erwerber vom Veräußerer zur Kündigung wirksam[235] ermächtigt wurde.[236] Dies folgt aus
der Erwägung, dass die Ermächtigung nur solche Kündigungsgründe umfasst, die der Veräußerer selbst geltend machen könnte; der Eigenbedarf des Erwerbers zählt nicht zu diesen
Gründen. Der Erwerber kann nur einen Eigenbedarf kraft Ermächtigung geltend machen,
den auch der Veräußerer geltend machen könnte, also wenn es sich bei dem Erwerber selbst
um einen privilegierten Angehörigen des Veräußerers handelt. In diesem hätte auch eine
Kündigung des veräußernden Vermieters wegen Eigenbedarfs für einen seiner Haushaltsoder Familienangehörigen zugunsten des erwerbenden Angehörigen weiter gegolten, wenn
dieser die Wohnung anschließend erwirbt.[237]

Juristische Personen (GmbH, AG) oder Vereine haben kein Kündigungsrecht nach 76
Nr. 2, weil die Räumlichkeiten von einer juristischen Person oder von einem Verein nicht
als „Wohnung" genutzt werden können.[238] Allein die Absicht, dass ein Gesellschafter, ein

---

§ 573 BGB Nr. 61 mAnm *Börstinghaus*; *Börstinghaus* jurisPR-BGHZivilR 1/2017 Anm. 2; *Schüller* NZM 2017, 26; *Suilmann* MietRB 2017, 35.
[230] LG Hamburg ZMR 2011, 798.
[231] LG Lüneburg DWW 1999, 296.
[232] LG Berlin GE 1991, 683, Nutzung eines Zimmers als Behandlungsraum.
[233] AG Köln WuM 1994, 211, Überlassung von Räumen an Mitglieder einer Glaubensgemeinschaft.
[234] OLG Düsseldorf NZM 2010, 276; LG Berlin GE 1992, 207; 1992, 549.
[235] BGH NJW 1998, 896 = NZM 1998, 146.
[236] LG Stuttgart WuM 2018, 99; *Caspers* ZAP F. 4, 1889 (1891).
[237] OLG Hamm RE WuM 1992, 460.
[238] BGH NZM 2021, 218; BGH NJW 2017, 547 = NZM 2017, 111 = MietPrax-AK § 573 BGB Nr. 62 mAnm *Börstinghaus*; *Börstinghaus* jurisPR-BGHZivilR 3/2017 Anm. 1; *ders.* LMK 2017, 385346; *Derleder* WuM 2017, 104; *Selk* NJW 2017, 521; *Singbartl/Zintl* NZM 2017, 119; *Abramenko* MietRB 2017, 65 (66); *Meier* ZMR 2017, 150; *Schach* jurisPR-MietR 6/2017 Anm. 2; *Dubovitskaya/Weitemeyer* NZM 2017, 201; *Drasdo* NJW-Spezial 2017, 194; *Flatow* NZM 2017, 825; *Wedel* ZMR 2018, 196; *Hinz* JR 2018, 289; *Rolfs* in Staudinger BGB § 573 Rn. 77; Erman/*Lützenkirchen* BGB § 573 Rn. 34; Herrlein/Kandelhard/*Herrlein* BGB § 573 Rn. 22; *Lammel* WohnraumMietR BGB § 573 Rn. 65; MüKoBGB/*Häublein* § 573 Rn. 67; Emmerich/Sonnenschein/*Haug* BGB § 573 Rn. 38; *Weidenkaff* in Palandt BGB § 573 Rn. 26.

Kap. 11

gesetzlicher Vertreter[239] oder ein Angestellter der juristischen Person die Räume nutzen will genügt nicht. Diese Personen gehören nicht zum privilegierten Personenkreis, weil eine juristische Person keine Angehörigen haben kann.[240] Auch für Alleingesellschafter, die über die Mietsache wirtschaftlich verfügen können, gilt nichts anderes. In Ausnahmefällen kann ein Kündigungsgrund aus § 573 Abs. 1 BGB hergeleitet werden, wenn die Nutzung einer bestimmten Wohnung durch den Geschäftsführer aus betrieblichen Gründen dringend erforderlich ist (sog. gesteigerter Betriebsbedarf).[241]

77 Bei **Personengesellschaften** ohne eigene Rechtspersönlichkeit (GBR, OHG, KG) besteht ebenfalls kein eigener Wohnbedarf. Deshalb ist eine Kündigung nach § 573 Abs. 2 Nr. 2 BGB wegen des **Eigenbedarfs der Gesellschaft** ausgeschlossen.[242] Hiervon zu unterscheiden ist die Frage, ob eine Personengesellschaft wegen **Eigenbedarfs für einen Gesellschafter** kündigen kann. Das war lange umstritten, ist vom BGH[243] aber inzwischen aufgrund einer Analogie des § 573 Abs. 2 Nr. 2 BGB für zulässig erklärt worden. Eine unmittelbare Anwendung des § 573 Abs. 2 Nr. 2 BGB scheide in diesen Fällen aus. Jedoch sei die Vorschrift entsprechend anzuwenden. Die entsprechende (analoge) Anwendung eines Gesetzes setzt nach allgemeiner Ansicht eine planwidrige Gesetzeslücke voraus. Der BGH führt dazu aus, dass die GbR bis zur Rechtsprechungsänderung des II. Senats[244] im Jahr 2001 als gewöhnliche Vermietermehrheit behandelt worden sei. Entsprechend dieser Rechtsauffassung sei jedes Mitglied der Gesellschaft als Partei des Mietverhältnisses zur Kündigung wegen Eigenbedarfs berechtigt gewesen. Hieran sollte sich durch die Anerkennung der Teilrechtsfähigkeit der (Außen-)Gesellschaft bürgerlichen Rechts nichts ändern. In Folge dessen treten als Vermieter nicht mehr die einzelnen Mitglieder der Gesellschaft, sondern die Gesellschaft als solche in Erscheinung. Deshalb sei die Möglichkeit der unmittelbaren Anwendung des § 573 Abs. 2 Nr. 2 BGB zum Zwecke der Kündigung wegen des Wohnbedarfs einzelner Gesellschafter entfallen. Auf diese Weise sei eine vom Gesetzgeber nicht geplante Lücke entstanden, die durch eine entsprechende Anwendung des § 573 Abs. 2 Nr. 2 BGB zu schließen sei. Für eine Personenhandelsgesellschaft gilt das aber nach Auffassung des BGH[245] nicht. Hier ist die Kündigung zugunsten eines Gesellschafters ausgeschlossen. Die Gründung einer KG oder einer OHG setze regelmäßig „eine umfangreiche organisatorische und rechtsgeschäftliche Tätigkeit bis hin zur Eintragung in das Handelsregister voraus". Der Entschluss hierzu beruhe regelmäßig „auf einer bewussten Entscheidung" aufgrund wirtschaftlicher, steuerrechtlicher und/oder haftungsrechtlicher Überlegungen. Dies rechtfertige eine unterschiedliche Behandlung. Es wird aber auch

---

[239] LG Wuppertal WuM 1994, 686; LG Duisburg NZM 2010, 898 für Geschäftsführer.
[240] LG Karlsruhe WuM 1985, 148; AG Bergheim WuM 1985, 147.
[241] LG Berlin GE 1999, 506.
[242] BGH NZM 2007, 639 = MietPrax-AK § 573 BGB Nr. 10 mAnm *Börstinghaus;* für Kommanditgesellschaft.
[243] BGH NJW 2017, 547 = NZM 2017, 111 = MietPrax-AK § 573 BGB Nr. 62 mAnm *Börstinghaus; Börstinghaus* jurisPR-BGHZivilR 3/2017 Anm. 1; *Börstinghaus* LMK 2017, 385346; *Derleder* WuM 2017, 104; *Selk* NJW 2017, 521; *Singbartl/Zintl* NZM 2017, 119; *Abramenko* MietRB 2017, 65 (66); *Meier* ZMR 2017, 150; *Schach* jurisPR-MietR 6/2017 Anm. 2; *Dubovitskaya/Weitemeyer* NZM 2017, 201; *Drasdo* NJW-Spezial 2017, 194; *Flatow* NZM 2017, 825; *Wedel* ZMR 2018, 196; *Hinz* JR 2018, 289; BGH NZM 2017, 285 = MietPrax-AK § 573 BGB Nr. 63 mAnm *Börstinghaus;* so bereits iErg BGH NJW 2007, 2845 = NZM 2007, 679 = MietPrax-AK § 573 BGB Nr. 12 mAnm *Börstinghaus; Häublein* NJW 2007, 2847; *Schumacher* MietRB 2007, 253 (254); *Müller* WuM 2007, 579; *Drasdo* NJW-Spezial 2007, 529; BGH NJW 2009, 2738; BGH NJW-RR 2012, 237.
[244] BGH NJW 2001, 1056.
[245] BGH NJW 2011, 993 = MietPrax-AK § 573 BGB Nr. 31 mAnm *Börstinghaus; Reinelt* jurisPR-BGHZivilR 4/2011 Anm. 1; *Schach* MietRB 2011, 71; *Wiek* WuM 2011, 146; *Drasdo* NJW-Spezial 2011, 194; *Eisenschmid* LMK 4/2011 Anm. 3; *Campos* BB 2011, 913; BGH NJW 2017, 547 = NZM 2017, 111 = MietPrax-AK § 573 BGB Nr. 62 mAnm *Börstinghaus; Börstinghaus* jurisPR-BGHZivilR 3/2017 Anm. 1; *Börstinghaus* LMK 2017, 385346; *Derleder* WuM 2017, 104; *Selk* NJW 2017, 521; *Singbartl/Zintl* NZM 2017, 119; *Abramenko* MietRB 2017, 65 (66); *Meier* ZMR 2017, 150; *Schach* jurisPR-MietR 6/2017 Anm. 2; *Dubovitskaya/Weitemeyer* NZM 2017, 201; *Drasdo* NJW-Spezial 2017, 194; *Flatow* NZM 2017, 825; *Wedel* ZMR 2018, 196; *Hinz* JR 2018, 289.

vertreten, dass eine Personenhandelsgesellschaft zur Eigenbedarfskündigung berechtigt sei, wenn in der Satzung oder im Gesellschaftsvertrag geregelt ist, dass der Gesellschaftszweck auch die Versorgung der Gesellschafter mit Wohnraum gehört.[246]

2. Haushaltsangehörige

Zu den Haushaltsangehörigen gehören **alle Familienmitglieder** und sonstigen Personen (Ehefrau, Lebensgefährte, Eltern, Kinder, Stiefkinder, Pflegekinder, Enkel, Schwiegertochter, Hausgehilfin, Pflegerin, Arbeitnehmer, „Wahlverwandte"[247] usw) die seit längerer Zeit auf Dauer, also nicht nur vorübergehend[248] mit dem Vermieter **in einer Hausgemeinschaft zusammenleben.** Eine eigenständige Bedeutung kommt diesem Tatbestandsmerkmal nur zu, als diese Personen nicht ohnehin zu den privilegierten Verwandten des Vermieters zählen. 78

Soweit der Vermieter einen zusätzlichen Raumbedarf deshalb hat, weil er eine **bisher nicht in seinem Haus lebende Person als Hausgehilfin,** Pflegerin oder Hausmeister in seinen eigenen Haushalt aufnehmen und deshalb zusammen mit der Pflegeperson eine größere Wohnung beziehen will, so ist ein **Fall der Eigennutzung** gegeben. Soll diesen Personen eine eigene Wohnung außerhalb der Vermieterwohnung überlassen werden, so wird dieser Fall vom Wortlaut des § 573 Abs. 2 Nr. 2 BGB nur gedeckt, wenn der Berechtigte bisher im Haushalt des Vermieters untergebracht war.[249] In Betracht kommen kann in diesem Fall im Einzelfall aber ein Kündigung nach der Generalklausel des § 573 Abs. 1 S. 1 BGB[250], wenn für die Beschäftigung solcher Hilfspersonen ein Bedürfnis vorliegt und ihre Unterbringung im Haus oder in der Nähe der Vermieterwohnung aus persönlichen, wirtschaftlichen oder sonstigen Gründen geboten ist.[251] Bei der Prüfung dieser Frage ist ein großzügiger Maßstab anzulegen; es ist allein Sache des Vermieters darüber zu befinden, welche Personen er zu seiner eigenen Pflege und der Pflege seines Anwesens in das Haus aufnehmen will. Ein berechtigtes Interesse an der Aufnahme einer Pflegeperson setzt nicht voraus, dass die Pflegebedürftigkeit bereits eingetreten ist; es genügt, wenn aufgrund äußerer Umstände mit einiger Sicherheit damit gerechnet werden muss, dass der Vermieter die Dienste in naher Zukunft für seine Lebensführung benötigt.[252] Dies gilt insbes. dann, wenn der Vermieter eine lange Kündigungsfrist einzuhalten hat. Es ist auch nicht erforderlich, dass die Pflegeperson bereits namentlich feststeht. Vielmehr reicht es aus, wenn der Vermieter den ernsthaften Willen hat, eine Pflegeperson aufzunehmen und wenn mit einiger Sicherheit damit zu rechnen ist, dass der Vermieter in naher Zukunft eine Pflegeperson benötigt.[253] Hiervon kann ausgegangen werden, wenn der Vermieter iE darlegt und erforderlichenfalls beweist, dass er sich vom Zeitpunkt der Kündigung an nachdrücklich um eine Pflegeperson – wenn auch vergeblich – bemüht hat und auch weiterhin bemühen wird und/oder dass solche Bemühungen ohne das Angebot einer Wohnung erfolglos sind.[254] Zur Ernsthaftigkeit solcher Bemühungen gehört, dass sich der Vermieter nicht nur im Verwandten- und Bekanntenkreis umhört, sondern auch an Behörden und Wohlfahrtsverbände herantritt sowie Zeitungsinserate aufgibt.[255] 79

---

[246] *Beuthien* ZMR 2017, 624.
[247] Erman/*Lützenkirchen* BGB § 573 Rn. 36.
[248] LG Braunschweig WuM 1972, 127 = DWW 1972, 170.
[249] BGH NJW 2009, 1808 = NZM 2009, 430 = MietPrax-AK § 574a BGB Nr. 2 mAnm *Eisenschmid*; *Theesfeld* MietRB 2009, 158; *Blank* NJW-Spezial 2009, 390; *Drasdo* NJW-Spezial 2009, 355.
[250] BGH NJW 2009, 1808 = NZM 2009, 430 = MietPrax-AK § 574a BGB Nr. 2 mAnm *Eisenschmid*.
[251] BGH NJW 2009, 1808 = NZM 2009, 430 = MietPrax-AK § 574a BGB Nr. 2 mAnm *Eisenschmid*; LG Bielefeld WuM 1972, 178; AG Lübeck WuM 1972, 193; LG Hamburg MDR 1980, 315; Emmerich/Sonnenschein/*Haug* BGB § 573 Rn. 43.
[252] BayObLG NJW 1982, 1159, ein 82 Jahre alter Vermieter.
[253] OLG Hamm WuM 1986, 269 = NJW-RR 1986, 1212.
[254] OLG Hamm WuM 1986, 269 = NJW-RR 1986, 1212.
[255] OLG Hamm WuM 1986, 269 = NJW-RR 1986, 1212.

3. Die Familienangehörigen

80 Wer genau zu den privilegierten Familienangehörigen gehört, für die eine Eigenbedarfskündigung möglich ist, ergibt sich aus dem Gesetz nicht. Der allgemeine Familienbegriff des BGB, wonach zur Familie alle Personen zählen, die mit dem Vermieter verwandt oder verschwägert sind, ist zu weit. Dies folgt sowohl aus dem Schutzzweck des § 573 Abs. 2 Nr. 2 BGB wie auch aus verfassungsrechtlichen Gründen. Deshalb muss der weite Familienbegriff hier einschränkend ausgelegt werden. Teilweise wird vorgeschlagen, dass diese Einschränkung entsprechend der Begriffsbestimmung in § 8 Abs. 2 II. WoBauG vorzunehmen sei; danach zählen zu den Angehörigen der Ehegatte, Verwandte in gerader Linie sowie Verwandte zweiten und dritten Grades in der Seitenlinie, Verschwägerte in gerader Linie sowie Verschwägerte zweiten und dritten Grades in der Seitenlinie, außerdem gehören hierzu die Pflegekinder.[256] Die wohl hM lehnt den Rückgriff auf § 8 Abs. 2 II. WoBauG allerdings ab. Sie unterscheidet zwischen den **Familienangehörigen im engeren Sinn** und denjenigen im weiteren Sinne. Letztere sind mit dem Vermieter nur weitläufig verwandt oder verschwägert. Bei den engen Familienangehörigen genügt allein die Tatsache der Verwandtschaft. Bei **Familienangehörigen im weiteren Sinn** muss zusätzlich zwischen dem Vermieter und dem jeweiligen Angehörigen „ein besonders enger Kontakt" [257] oder ein „Näheverhältnis"[258] bestehen oder der Vermieter muss gegenüber diesem Angehörigen rechtlich oder moralisch zur Unterhaltsgewährung oder sonstiger Fürsorge verpflichtet sein.[259] Je weitläufiger der Grad der Verwandtschaft oder Schwägerschaft ist, umso enger muss die über die bloße Tatsache der Verwandtschaft oder Schwägerschaft hinausgehende persönliche oder soziale Bindung zwischen dem Vermieter und dem Angehörigen im konkreten Einzelfall sein, um eine Kündigung wegen des Wohnbedarfs eines Angehörigen zu rechtfertigen.[260] Nach Ansicht des BGH bieten die Regelungen über das **Zeugnisverweigerungsrecht** aus persönlichen Gründen (§ 383 ZPO, § 52 StPO) einen „Anknüpfungspunkt" dafür, wie weit der Kreis der privilegierten Familienangehörigen zu ziehen ist.[261] Danach zählen zu den Personen, die das Zeugnis verweigern dürfen, nicht nur die Verwandten und Verschwägerten sondern auch die ehemaligen Verschwägerten (§ 383 Abs. 1 Nr. 3 ZPO), der Verlobte (§ 383 Abs. 1 Nr. 1 ZPO), der geschiedene Ehegatte (§ 383 Abs. 1 Nr. 2 ZPO) und der frühere Lebenspartner des Vermieters (§ 383 Abs. 1 Nr. 2a ZPO). Der Kreis der zur Zeugnisverweigerung berechtigten Personen ist also weiter als der in § 573 Abs. 2 Nr. 2 BGB genannte Personenkreis. Jedoch ist die Entscheidung des BGH nicht dahingehend zu verstehen, dass der privilegierte Personenkreis immer nach den § 383 ZPO, § 52 StPO zu bestimmen ist. Die Vorschriften können nur bei der Auslegung des Familienbegriffs mit herangezogen werden. Der BGH spricht von einem „Anknüpfungspunkt" für die Annahme des ungeschriebenen Tatbestandsmerkmals der engen sozialen Bindung. Daraus folgt: Die Gerichte haben zunächst zu prüfen, ob die begünstigte Person zum Kreis der Familienangehörigen zählt; ist dies (wie bei den Verlobten, dem geschiedenen Ehegatten, dem früheren Lebensgefährten oder ehemaligen Schwager) zu verneinen, so rechtfertigt ein Wohnbedarf dieser Personen keine Kündigung nach § 573 Abs. 2 Nr. 2 BGB. Es kommt insoweit nicht darauf an, ob zwischen den genannten Personen und dem Vermieter (noch) eine enge persönliche Bindung besteht. Zählt die Bedarfsperson dagegen zu den Familienangehörigen, so ist es entsprechend den vom BGH gegebenen Hinweisen nahe-

---

[256] AG Oldenburg WuM 1990, 512.
[257] BGH NZM 2009, 353 = MietPrax-AK § 573 BGB Nr. 19 mAnm *Börstinghaus,* (Schwager).
[258] AG Fürstenfeldbruck WuM 2020, 35.
[259] BGH NJW 2010, 1290 = NZM 2010, 271 = MietPrax-AK § 573 BGB Nr. 23 mAnm *Börstinghaus; Wieck* WuM 2010, 119; *Blank* jurisPR-MietR 6/2010 Anm. 4; *Schach* MietRB 2010, 97; *Drasdo* NJW-Spezial 2010, 291; OLG Oldenburg WuM 1993, 386; OLG Braunschweig NJW-RR 1994, 597, Nichte; LG Heidelberg DWW 1991, 244; LG Wiesbaden WuM 1991, 491; LG Mainz WuM 1991, 554.
[260] OLG Braunschweig WuM 1993, 731 (732); *Rolfs* in Staudinger BGB § 573 Rn. 79.
[261] BGH NJW 2010, 1290 = NZM 2010, 271 = MietPrax-AK § 573 BGB Nr. 23 mAnm *Börstinghaus.*

liegend, die Privilegierung anhand des § 383 Abs. 1 Nr. 3 ZPO zu bestimmen. Danach zählen zu den privilegierten Angehörigen der Ehegatte, die Verwandten und Verschwägerten in gerader Linie (Eltern,[262] Großeltern, Kinder, Enkel,[263] Urenkel etc), die Verwandten in der Seitenlinie bis zum 3. Grad (Geschwister,[264] Nichten und Neffen[265]) und die Verschwägerten in der Seitenlinie bis zum 2. Grad (Schwiegereltern[266], Schwager[267]). Die Rspr. ist im Übrigen nicht einheitlich: enge Familienangehörige anerkannt: Ehemann[268] Stiefsohn[269]; Tochter[270]; Stieftochter[271]; Schwager[272]; Schwiegermutter[273]; Schwiegervater[274]; Schwiegereltern[275]; demgegenüber wurde eine enge Familienzugehörigkeit aber auch verneint: ein Patenkind[276]; Schwager des Vermieters[277]; Schwägerin des Vermieters[278]; Cousine (Tochter einer Schwester der Mutter des Vermieters)[279]; aus anderer Verbindung stammende Tochter der Schwiegertochter des Vermieters[280]; Cousin[281]; Großnichte[282]; Großneffe[283]; Tante des Ehemanns der Vermieterin[284]; Stiefsohn[285]; Großnichte bei türkischer Großfamilie[286]; Tochter des Cousins des Vermieters[287]; Onkel des Vermieters[288]; Lebensgefährtin des Vermieters[289]; Tochter der Lebensgefährtin des Vermieters[290].

Ein besonderes persönliches Verhältnis zwischen dem Vermieter und dem Angehörigen wurde bejaht: wenn ein in Deutschland lebender Vermieter mit seiner in Polen lebender Cousine bereits seit längerer Zeit persönlichen Kontakt unterhalten und diese mit Geld und Sachleistungen unterstützt hat.[291] Dagegen wurde ein solches besonderes Verhältnis verneint: bei gemeinsamen Freizeitaktivitäten mit der Tochter eines Cousins;[292]

---

[262] LG Berlin GE 1991, 1205.
[263] AG München WuM 1990, 511.
[264] BGH NJW 2003, 2604 = NZM 2003, 681 = MietPrax-AK § 573 BGB Nr. 1 mAnm *Börstinghaus*; *Kappus* NZM 2003, 657; *Wiek* DWW 2003, 297; *Schwartmann* MietRB 2003, 5; *Schumacher* WuM 2004, 507; *Blank* LMK 2003, 177; BayObLG WuM 1984, 14; LG Wiesbaden WuM 1991, 491.
[265] BGH NZM 2010, 1290 = NZM 2010, 271 = MietPrax-AK § 573 BGB Nr. 23 mAnm *Börstinghaus*; *Wieck* WuM 2010, 119; *Blank* jurisPR-MietR 6/2010 Anm. 4; *Schach* MietRB 2010, 97; *Drasdo* NJW-Spezial 2010, 291.
[266] LG Köln WuM 1994, 541; wohl auch AG Dortmund NZM 2004, 499.
[267] BGH NZM 2009, 353 = MietPrax-AK § 573 BGB Nr. 19 mAnm *Börstinghaus*.
[268] AG Dortmund ZMR 2020, 759.
[269] LG München I WuM 1990, 23 (Ls.).
[270] AG Dortmund DWW 1990, 366.
[271] LG Hamburg WuM 1997, 177.
[272] LG Freiburg WuM 1993, 126, s. aber auch OLG Oldenburg WuM 1993, 386; der BGH hat entschieden, dass der Vermieter wegen des Wohnbedarfs eines Schwagers „zumindest dann" kündigen kann, wenn zwischen dem Vermieter und seinem Schwager „ein besonders enger Kontakt besteht"; ebenso AG Gelsenkirchen WuM 2018, 163; BGH NZM 2009, 353 = MietPrax-AK § 573 BGB Nr. 19 mAnm *Börstinghaus*.
[273] LG Köln WuM 1994, 541.
[274] LG Berlin MM 1991, 331.
[275] LG Mainz WuM 1991, 554.
[276] AG Waiblingen WuM 1994, 542.
[277] OLG Oldenburg WuM 1993, 386 = DWW 1993, 171; LG Mainz WuM 1991, 554; AG Springe WuM 1991, 554.
[278] AG Solingen WuM 1994, 685; AG Langenfeld ZMR 2000, 767.
[279] OLG Braunschweig NJW-RR 1994, 597; LG Ravensburg WuM 1993, 51.
[280] LG Weiden WuM 2003, 210.
[281] LG Berlin MM 1993, 251.
[282] AG Warstein WuM 1996, 547.
[283] AG Fürstenfeldbruck WuM 2020, 35.
[284] AG Frankfurt a. M. WuM 1991, 108.
[285] LG Aschaffenburg DWW 1989, 364, LG München I WuM 1990, 23; AG Oldenburg WuM 1990, 512.
[286] LG Wiesbaden NJW-RR 1995, 782.
[287] AG Waiblingen WuM 1094, 542.
[288] AG Dortmund WuM 1993, 615.
[289] LG Berlin GE 2020, 119.
[290] AG Siegburg WuM 2019, 33; AG Winsen WuM 1994, 432.
[291] LG Braunschweig WuM 1994, 210.
[292] AG Waiblingen WuM 1994, 542.

wenn der Vermieter von seiner Nichte etwa 10-mal im Jahr besucht wird und wenn die Verwandten vor mehreren Jahren einen gemeinsamen Urlaub verbracht haben.[293]

82 Durch den **Wunsch zum Getrenntleben** wird die Familienzugehörigkeit nicht aufgehoben.[294] Deshalb kann der Vermieter kündigen, wenn er eine weitere Wohnung benötigt, damit er von seinem Ehegatten getrennt leben kann. Es kommt nicht darauf an, ob der Vermieter-Ehegatte oder der Nichtvermieter in die gekündigte Wohnung einziehen will. Auch der bereits getrennt lebende Ehegatte ist als Familienangehöriger anzusehen.[295] Die Familienzugehörigkeit endet nicht mit der Scheidung.[296]

83 zZt unbesetzt

4. Sonstige Personen

84 Ein Bedarf für andere als die in § 573 Abs. 2 Nr. 2 BGB genannten Personengruppen rechtfertigt die Kündigung grundsätzlich nicht. Deshalb kann der Vermieter nicht mit der Begründung kündigen, er benötige die Wohnung für einen Bekannten, einen engen Freund, oder seinen Verlobten[297], den Lebensgefährten[298] oder die „Nebenfrau" eines ausländischen Vermieters[299]. In besonders gelagerten Ausnahmefällen kann eine Kündigung nach der Generalklausel des § 573 Abs. 1 BGB erfolgen, etwa für ein Patenkind des Vermieters mit dringendem Wohnraumbedarf oder für einen mit dem Vermieter befreundeten Aussiedler, der in einem Lager untergebracht ist.[300] Eine Kündigung ist jedoch immer dann zulässig, wenn der Vermieter selbst oder ein privilegierter Familienangehöriger des Vermieters mit jemandem, für den die Eigenbedarfskündigung nicht möglich ist, zusammen die Wohnung beziehen will.[301] Gleiches gilt, wenn der Vermieter eine Wohnung zugunsten der Mutter seiner nichtehelichen Kinder kündigt, damit für die Kinder eine Wohnung zur Verfügung steht; dieser Fall ist einer Kündigung zugunsten eines Angehörigen gleichzustellen.[302]

III. Die Nutzung als Wohnung

85 § 573 Abs. 2 Nr. 2 BGB setzt voraus, dass der Vermieter die Räume als „Wohnung" benötigt. Es ist nicht erforderlich, dass der Vermieter sämtliche Räume zu Wohnzwecken nutzen will. Auch die Absicht, einen untergeordneten Teil der Räume anderweitig zu nutzen, hindert die Kündigung nicht.[303] Die **Wohnnutzung** durch den Vermieter muss allerdings im **Vordergrund** stehen. Will der Vermieter nur einen geringen Teil der Räume selbst nutzen und den übrigen Teil an Dritte überlassen oder gewerblich nutzen, so liegt in Wirklichkeit keine Wohnraumnutzung vor. Eine Kündigung nach Abs. 2 Nr. 2 ist dann nicht möglich. Der Umstand, dass der Vermieter bei der Aufnahme des oder der

---

[293] LG Wiesbaden WuM 1991, 491.
[294] LG Frankfurt a. M. NJW-RR 1996, 396.
[295] LG Frankfurt a. M. NJW-RR 1996, 396; ähnlich BGH NJW 2013, 2507 = NZM 2013, 786 = MietPrax-AK § 540 BGB Nr. 5 mAnm *Börstinghaus:* Zur Qualifikation eines Ehegatten als Drittem iSd § 540 BGB.
[296] BGH NZM 2020, 984; **aA** *Fleindl* NZM 2016, 289 (297).
[297] *Fleindl* NZM 2016, 289 (297).
[298] MüKoBGB/*Häublein* § 573 Rn. 78; Emmerich/Sonnenschein/*Haug* BGB § 573 Rn. 41; **aA** *Lammel,* Wohnraummietrecht, § 573 Rn. 71; *Sternel,* MietR, 1988, Kap. IV Rn. 158 Fn. 7; *Wolter,* Mietrechtlicher Bestandsschutz, 1998, 257: für Lebensgefährten.
[299] LG Aachen WuM 1989, 633.
[300] LG Stuttgart WuM 1993, 352, wonach das Kind der Schwiegertochter des Vermieters zu dem durch Abs. 2 Nr. 2 privilegierten Personenkreis zählen soll, falls ein besonderer sozialer Kontakt zum Vermieter besteht.
[301] OLG Karlsruhe NJW 1982, 889 für Bedarf zugunsten des Sohnes des Vermieters, der die Wohnung zusammen mit seiner Lebensgefährtin nutzen möchte.
[302] LG Berlin GE 1992, 101.
[303] LG Berlin GE 1991, 683, Nutzung eines Zimmers als Behandlungsraum; *Rolfs* in Staudinger BGB § 573 Rn. 96.

Dritten nicht in der Absicht der Gewinnerzielung, sondern aus anderen Motiven handelt, ändert an dieser Bewertung nichts.[304]

Sowohl ein **zeitlich begrenzter Bedarf** hinsichtlich der Wohnung[305] als auch ein Wohnbedarf, der zwar nicht von seiner Gesamtdauer her zeitlich begrenzt ist, der aber nicht die ständige, sondern nur eine zeitweise Nutzung der Wohnung umfasst, stellt ein „Benötigen" der Räume „als Wohnung" und berechtigt zu einer Eigenbedarfskündigung nach § 573 Abs. 2 Nr. 2 BGB.[306] Deshalb kann grundsätzlich auch die vom Vermieter beabsichtigte Nutzung der dem Mieter überlassenen Räume als **Zweitwohnung** eine Eigenbedarfskündigung nach § 573 Abs. 2 Nr. 2 BGB rechtfertigen.[307] Der Tatbestand des § 573 Abs. 2 Nr. 2 BGB, wonach die Räume „als Wohnung" benötigt werden müssen, setzt nicht voraus, dass der Vermieter oder eine der sonstigen in § 573 Abs. 2 Nr. 2 BGB genannten privilegierten Personen in der dem Mieter überlassenen Wohnung den Lebensmittelpunkt begründen wollen. Auch eine zeitliche Mindestanforderung an die Nutzung durch den Vermieter gibt es nicht.[308]

86

Will der Vermieter die Räume zu **beruflichen oder gewerblichen Zwecken** nutzen liegt kein Fall des Eigenbedarfs, sondern des Betriebsbedarfs vor. Dieser rechtfertigt allenfalls unter den Voraussetzungen der Generalklausel eine Kündigung.[309] Dies gilt auch für den Betriebsbedarf für der Vermieterin nahestehende juristische Person.[310]

87

IV. Der Nutzungswille

1. Die Ernsthaftigkeit und Realisierbarkeit der Nutzungsabsicht

Das Tatbestandsmerkmal „benötigt" in Abs. 2 Nr. 2 setzt begrifflich zunächst voraus, dass der Vermieter **die ernsthafte Absicht** hat, die Räume selbst als Wohnung zu nutzen oder diese einem Hausstands- oder Familienangehörigen zu überlassen.[311] Fehlt in den Fällen der behaupteten Eigennutzungsabsicht ein ernsthafter Nutzungswille, so ist die Kündigung bereits aus diesem Grunde unwirksam.

88

Soll die Wohnung einem Angehörigen überlassen werden, so ist nicht der Nutzungswille des Angehörigen, sondern der **Überlassungswille des Vermieters** maßgebend. Bei einem fehlenden Nutzungswillen des Angehörigen fehlt es aber ebenfalls am Tat-

89

---

[304] AG Köln WuM 1994, 211, Überlassung von Räumen an Mitglieder einer Glaubensgemeinschaft.
[305] BVerfG NJW 2014, 2417; BGH NZM 2005, 143 = MietPrax-AK § 574 BGB Nr. 1 mAnm *Börstinghaus*; BGH NJW 2015, 1590 = NZM 2015, 378 = MietPrax-AK § 573 BGB Nr. 49 mAnm *Börstinghaus*; *Blank* jurisPR-MietR 8/2015 Anm. 4; *Drasdo* NJW-Spezial 2015, 321; *Bittner* MietRB 2015, 162; *Rolfs* LMK 2015, 369226.
[306] BGH NZM 2018, 983 = MietPrax-AK § 573 BGB Nr. 73 mAnm *Börstinghaus*; *Börstinghaus* jurisPR-BGHZivilR 20/2018 Anm. 3; *Kappus* NZM 2018, 987; *Mettler* MietRB 2019, 8.
[307] BGH NZM 2017, 846 = MietPrax-AK § 573 BGB Nr. 69 mAnm *Börstinghaus*; BGH NZM 2018, 983 = MietPrax-AK § 573 BGB Nr. 73 mAnm *Börstinghaus*; *Börstinghaus* jurisPR-BGHZivilR 20/2018 Anm. 3; *Kappus* NZM 2018, 987; *Mettler* MietRB 2019, 8; LG München I ZMR 2018, 334 (335).
[308] Zweifel bei LG Berlin WuM 2020, 163.
[309] BGH NZM 2005, 943 = NJW 2005, 3782 = MietPrax-AK § 573 BGB Nr. 6 mAnm *Börstinghaus*; *Wiek* WuM 2005, 781; *Krapf* MietRB 2006, 92; BGH NZM 2013, 22 = NJW 2013, 225 = MietPrax-AK § 573 BGB Nr. 49 mAnm *Börstinghaus*; *Schach* MietRB 2013, 2; *Blank* WuM 2013, 47; *Both* jurisPR-MietR 2/2013 Anm. 2; *Drasdo* NJW-Spezial 2013, 34; *Wiek* WuM 2013, 271; LG Berlin GE 2015, 1163; BGH NZM 2017, 405 = NJW 2017, 2018 = MietPrax-AK § 573 BGB Nr. 65 mAnm *Börstinghaus*; *Börstinghaus* jurisPR-BGHZivilR 11/2017 Anm. 3; *Hinz* NZM 2017, 412; *Hartmann* WuM 2017, 450; *Drasdo* NJW-Spezial 2017, 449; *Fleindl* ZMR 2017, 799; BGH NZM 2017, 559 = MietPrax-AK § 573 BGB Nr. 66 mAnm *Börstinghaus*; *Sandidge/Wichert* MietRB 2017, 213 (214); *Börstinghaus* jurisPR-BGHZivilR 15/2017 Anm. 2; *Drasdo* NJW-Spezial 2017, 482; *Brändle* ZflR 2017, 483.
[310] BGH NZM 2012, 501 = MietPrax-AK § 573 BGB Nr. 41 mAnm *Börstinghaus*; *Dötsch* MietRB 2012, 189; *Häublein* jurisPR-MietR 14/2012 Anm. 1; *Drasdo* NJW-Spezial 2012, 483; *Siegmund* MietRB 2012, 304; *Häublein* WuM 2012, 506.
[311] BGH NJW 2010, 1068 = NZM 2010, 273 = MietPrax-AK § 573 BGB Nr. 24 mAnm *Börstinghaus*; *Junker* MietRB 2010, 65; *Schach* jurisPR-MietR 5/2010 Anm. 2; *Schach* GE 2010, 300; *Hinz* WuM 2010, 207; *Drasdo* NJW-Spezial 2010, 259; *Streyl* NZM 2010, 343.

bestand des Abs. 2 Nr. 2, weil der Vermieter die Räume auch in diesem Fall nicht „benötigt".[312] Gleiches gilt, wenn der Angehörige die Wohnung gar nicht oder kaum nutzen kann, etwa weil er sich überwiegend an anderen Orten aufhält. Eine bevorstehende Einberufung zum Wehrdienst schließt aber grds. weder den Nutzungswillen noch die Nutzungsmöglichkeit aus.[313] Das gilt auch, wenn der behauptete Nutzungswille noch ganz vage und in einem sehr frühen Planungsstadium sich befindet.[314] Nach Ansicht des BGH ist die die Frage der Realisierbarkeit des Nutzungswunsches im Rahmen der Ernsthaftigkeit des Eigennutzungswunschs oder ggf. auch unter dem Gesichtspunkt des rechtsmissbräuchlichen Verhaltens zu würdigen.[315]

2. Die nur vorgetäuschte Nutzungsabsicht

90 An der **Ernsthaftigkeit des Nutzungs-/Überlassungswillens** fehlt es, wenn der Vermieter lediglich behauptet, dass er die Wohnung selbst nutzen oder einem Angehörigen überlassen will, in Wirklichkeit aber andere Absichten als im Kündigungsschreiben angegeben verfolgt,[316] also nur den wegen Eigenbedarfs erforderlichen Nutzungs-/Überlassungswille vortäuscht. Eine solche Kündigung ist wegen Fehlens des maßgeblichen Tatbestandsmerkmals nicht nur unwirksam, sondern stellt auch eine zum Schadensersatz verpflichtende Vertragswidrigkeit dar.[317] Der Vermieter verletzt seine vertraglichen Pflichten, wenn er eine Kündigung des Mietvertrages **schuldhaft auf einen in Wahrheit nicht bestehenden Eigenbedarf** stützt oder er den Mieter nicht über einen vor Ablauf der Kündigungsfrist eingetretenen Wegfall des geltend gemachten Eigenbedarfs informiert.[318] Einem Mieter, der auf eine solche Kündigung wegen eines vorgetäuschten Eigenbedarfs hin auszieht, stehen selbst dann Schadensersatzansprüche wegen unberechtigter Kündigung zu, wenn die Kündigung zwar formell unwirksam ist, der Vermieter ihm den Eigenbedarf aber schlüssig dargetan und er keine Veranlassung hatte, die Angaben des Vermieters in Zweifel zu ziehen. In diesem Fall ist der Schadensersatzanspruch des Mieters auch dann nicht ausgeschlossen, wenn er im Glauben, zur Räumung des Mietobjekts verpflichtet zu sein, mit dem Vermieter auszieht[319] oder sogar einen Räumungsvergleich[320] schließt. Nach der Rspr. des BGH kann eine Kündigung wegen Eigenbedarfs auch dann vorgeschoben sein, wenn ein Vermieter seit längerem Verkaufsabsichten hegt und der von ihm benannten Eigenbedarfsperson den Wohnraum in der – dieser möglicherweise nicht offenbarten – Erwartung zur Miete überlässt, diese im Falle eines doch noch gelingenden gewinnbringenden Verkaufs ohne Schwierigkeiten zum Auszug bewegen zu können.[321] Weitere Indizien für eine

---

[312] BVerfG WuM 1993, 381.
[313] AG Nürtingen WuM 1993, 676.
[314] AG Dortmund NZM 1999, 120.
[315] BGH NZM 2018, 988.
[316] LG Karlsruhe DWW 1995, 144.
[317] BGH NZM 2021, 132 = MietPrax-AK § 573 BGB Nr. 76 mAnm *Börstinghaus*; BGH NZM 2017, 521 = NJW 2017, 2819 = MietPrax-AK § 573 BGB Nr. 64 mAnm *Börstinghaus*; *Börstinghaus* jurisPR-BGHZivilR 12/2017 Anm. 2; *Schach* GE 2017, 621; *Drasdo* NJW-Spezial 2017, 419; BGH NZM 2016, 718 = MietPrax-AK § 573 BGB Nr. 57 mAnm *Börstinghaus*; *Zich* MietRB 2016, 227; *Drasdo* NJW-Spezial 2016, 514; *Herlitz* jurisPR-MietR 17/2016 Anm. 3; *Fleindl* NZM 2016, 777; BGH NJW 2010, 1068 = NZM 2010, 273 = MietPrax-AK § 573 BGB Nr. 24 mAnm *Börstinghaus*; *Junker* MietRB 2010, 65; *Schach* jurisPR-MietR 5/2010 Anm. 2; *Schach* GE 2010, 300; *Hinz* WuM 2010, 207; *Drasdo* NJW-Spezial 2010, 259; *Streyl* NZM 2010, 343; 3; BGH NZM 2005, 580 = NJW 2005, 2395 = MietPrax-AK § 573 BGB Nr. 5 mAnm *Börstinghaus*; *Wiek* WuM 2005, 781; *Krapf* MietRB 2006, 92; BGHZ 89, 296 (302) = NJW 1984, 1028; BGH NJW 1998, 718.
[318] BGH NZM 2021, 132 = MietPrax-AK § 573 BGB Nr. 76 mAnm *Börstinghaus*; BGH GuT 2012, 384 = MietPrax-AK § 573 BGB Nr. 42 mAnm *Börstinghaus*.
[319] BGH NZM 2009, 429 = NJW 2009, 2059 = MietPrax-AK § 573 BGB Nr. 20 mAnm *Börstinghaus*; *Hinz* WuM 2009, 331; *Blank* WuM 2009, 447; *Drasdo* NJW-Spezial 2009, 434.
[320] BGH NZM 2015, 532 = NJW 2015, 2324 = MietPrax-AK § 573 BGB Nr. 50 mAnm *Börstinghaus*; *Dötsch* MietRB 2015, 258; *Drasdo* NJW-Spezial 2015, 610.
[321] BGH NZM 2016, 718 = MietPrax-AK § 573 BGB Nr. 57 mAnm *Börstinghaus*; *Zich* MietRB 2016, 227; *Drasdo* NJW-Spezial 2016, 514; *Herlitz* jurisPR-MietR 17/2016 Anm. 3; *Fleindl* NZM 2016, 777.

D. Die Kündigung wegen Eigenbedarfs

vorgetäuschte Kündigung sind: wenn der begünstigte Familienangehörige gar nicht weiß, dass für ihn einem Mieter eine Wohnung gekündigt wurde;[322] wenn der Angehörige die Wohnung überhaupt nicht kennt;[323] wenn der Erwerber einer Wohnung zunächst versucht, den Mieter zum Abschluss eines neuen Mietvertrags zu bewegen und nach dem Scheitern dieses Versuchs eine Eigenbedarfskündigung ausspricht;[324] wenn nach einem Eigentümerwechsel über die Mieter des Hauses eine Flut von Mieterhöhungs- und/oder Räumungsklagen hereinbricht;[325] wenn der Kündigung ein erfolgloser Mieterhöhungsversuch oder andere Streitigkeiten vorausgegangen sind;[326] wenn der Vermieter in kürzerer Zeit mehrere Kündigungen ausspricht und diese mit unterschiedlichen Verwendungsabsichten begründet;[327] wenn der Vermieter bereits in früherer Zeit einen Nutzungs-/Überlassungswillen vorgetäuscht hat;[328] wenn sich aus dem Prozessvortrag oder den Äußerungen des Vermieters im Prozess ergibt, dass dieser in erster Linie einen unliebsamen Mieter loswerden will.[329] In Fällen dieser Art ist es zwar nicht ausgeschlossen, dass der Vermieter gleichwohl einen ernsthaften Nutzungs-/Überlassungswillen hat.[330] Jedoch sind hier besonders strenge Anforderungen an die Überzeugungsbildung zu stellen.[331] Soll die Wohnung einem Angehörigen überlassen werden, der die Miete nicht bezahlen kann, so spricht dieser Umstand für sich alleine noch nicht gegen einen ernsthaften Überlassungswillen, weil auch die Absicht zur unentgeltlichen Überlassung eine Kündigung rechtfertigen kann.[332] Etwas anderes kann sich ergeben, wenn der Vermieter in angespannten finanziellen Verhältnissen lebt und auf die Mieteinnahmen angewiesen ist oder wenn er geltend macht, dass der Angehörige eine Miete bezahlen müsse.

Den Mieter als Anspruchsteller trifft dabei die volle **Darlegungs- und Beweislast**. Grundsätzlich hat derjenige, der aus einer ihm günstigen Norm Rechte herleitet, deren tatsächliche Voraussetzungen darzulegen und zu beweisen.[333] Dies gilt auch für einen Schadensersatzanspruch wegen vorgetäuschtem Eigenbedarf.[334] Der Mieter muss beweisen, dass die vom Vermieter zur Begründung des Eigenbedarfs angegebenen Tatsachen nicht zutreffen, wenn er aus diesem Grund Schadensersatz begehrt. Eine Umkehr der Beweislast scheidet aus. Sie kann nicht daraus abgeleitet werden, dass der Vermieter im Räumungsprozess gegen den Mieter die Darlegungs- und Beweislast für das Vorliegen des geltend gemachten Eigenbedarfs trägt. Diese unterschiedliche Beweislastverteilung ist die Folge der jeweiligen Ansprüche, die im Räumungsprozess des Vermieters einerseits und im Schadensersatzprozess des Mieters andererseits geltend gemacht werden. Auch aus dem Umstand, dass es sich bei dem fehlenden Selbstnutzungswillen des Vermieters um eine innere, negative Tatsache handelt, deren Nachweis dem Mieter im Einzelfall Schwierigkeiten bereiten kann, lässt sich nicht anders ableiten.[335] Die **Beweislast für auf innere Tatsachen** bezogene Voraussetzungen einer Rechtsfolge wird auch im Rahmen anderer materieller Vorschriften des bürgerlichen Rechts der Partei auferlegt, die daraus eine ihr günstige Rechtsfolge herleitet, zB bei der Arglistanfechtung gem. § 123 BGB[336] ua. Jedoch darf auf

---

[322] AG Münster WuM 1991, 111.
[323] LG Mosbach WuM 1992, 18; AG Rheinberg WuM 1990, 434.
[324] AG Wiesbaden WuM 1991, 490.
[325] LG Hannover WuM 1989, 418.
[326] LG Köln WuM 1995, 109; LG Osnabrück WuM 1990, 21.
[327] AG Bonn WuM 1992, 613.
[328] LG Karlsruhe ZMR 1989, 427.
[329] LG Lübeck WuM 1989, 516 „Dieser Querulant muss raus".
[330] LG Lüneburg WuM 1991, 490, zeitweilige Verkaufsabsichten.
[331] LG Osnabrück WuM 1990, 21; ähnlich LG Lübeck WuM 1989, 516; AG Stuttgart WuM 1989, 248; LG Hannover WuM 1989, 418; LG Karlsruhe ZMR 1989, 427.
[332] LG Köln WuM 1995, 110.
[333] BGHZ 113, 222 (224 f.).
[334] BGH NZM 2005, 580 = NJW 2005, 2395 = MietPrax-AK § 573 BGB Nr. 5 mAnm *Börstinghaus*; *Wiek* WuM 2005, 781; *Krapf* MietRB 2006, 92.
[335] BGH NZM 2005, 580 = NJW 2005, 2395.
[336] BGH NJW 1957, 988.

der anderen Seite der Vermieter sich zur Vermeidung prozessualer Nachteile nicht darauf beschränken, die Behauptung des Mieters, der Vermieter habe im Zeitpunkt der Kündigung die Nutzung der Wohnung nicht ernsthaft beabsichtigt, schlicht zu bestreiten. Den Vermieter trifft deshalb eine sogenannte **sekundäre Behauptungslast,** da der primär darlegungsbelastete Mieter keine Kenntnisse von den maßgeblichen Tatsachen besitzt, während der Vermieter zumutbar nähere Angaben machen kann.[337] Dies gilt auch im Falle des vom Vermieter mit der Kündigung behaupteten, anschließend aber nicht realisierten Eigenbedarfs. Der Mieter hat in die für den Eigenbedarf geltend gemachten Tatsachen regelmäßig keinen Einblick und kann ohne nähere Darlegung seitens des Vermieters nicht beurteilen, ob dessen Kündigung wegen Eigenbedarfs, die den Mieter zum Auszug veranlasst hat, berechtigt war. Setzt der Vermieter den behaupteten Selbstnutzungswillen nach dem Auszug des Mieters nicht in die Tat um, so liegt der Verdacht nahe, dass der Eigenbedarf nur vorgeschoben gewesen ist.[338] Dem Vermieter ist es zuzumuten „stimmig" dh substantiiert und plausibel darzulegen[339], aus welchem Grund der mit der Kündigung vorgebrachte Eigenbedarf nachträglich entfallen sein soll.

3. Die nur ungewisse Absicht

92 An der für eine Kündigung gem. § 573 Abs. 2 Nr. 2 BGB erforderlichen Ernsthaftigkeit des Nutzungs-/Überlassungswillens fehlt es, wenn sich der Vermieter noch **gar nicht sicher ist, ob er die Nutzungs-/Überlassungsabsicht verwirklichen kann**.[340] Auch in diesem Fall ist die Kündigung unwirksam und vertragswidrig.[341] Zieht der Mieter nach einer solchen Kündigung aus, setzt ein Schadensersatzanspruch des Mieters voraus, dass die Unsicherheit hinsichtlich der beabsichtigten Nutzung auf Vermieterseite zumindest auf – leichter – Fahrlässigkeit beruht. Dies ist regelmäßig zu bejahen. Wegen der schwerwiegenden Folge für den Mieter, die mit einem Verlust der Wohnung verbunden sind, sind an die Prüfungspflicht des Vermieters höchste Anforderungen zu stellen. So muss der Vermieter vor der Kündigung klären, ob seine Angehörigen tatsächlich umzugsbereit sind. Kündigt ein Vermieter zugunsten eines ausländischen Angehörigen, so muss mit hinreichender Sicherheit feststehen, dass der Ausländer ein nicht nur vorübergehendes Aufenthaltsrecht erhält.[342] Hat der Vermieter die Absicht, die gekündigten Räume vor der Eigennutzung oder Überlassung an einen Angehörigen umzubauen und ist hierzu eine Bau- oder Abrissgenehmigung erforderlich, so muss der Vermieter mit seiner Kündigung zwar nicht zuwarten, bis die Genehmigungen erteilt sind,[343] er darf aber erst kündigen, wenn seine Planungen ein Stadium erreicht haben, in dem beurteilt werden kann, ob die Verwirklichung des Plans eine Kündigung rechtfertigt.[344] Dies muss anhand der konkreten Umstände des Einzelfalls beurteilt werden.[345] Wenn der nach einer Eigenbedarfskündigung zunächst angekündigte Umbau nicht genehmigungsfähig ist, dann kann die Eigenbedarfskündigung unberechtigt sein.[346]

---

[337] BGH NZM 2005, 580 = NJW 2005, 2395 = MietPrax-AK § 573 BGB Nr. 5 mAnm *Börstinghaus; Wiek* WuM 2005, 781; *Krapf* MietRB 2006, 92; BGHZ 145, 170 (184 f.); BGH NJW 1999, 1404.
[338] BVerfG WuM 2002, 21.
[339] BVerfG NJW 1997, 2377; BGH NZM 2005, 580 = NJW 2005, 2395 = MietPrax-AK § 573 BGB Nr. 5 mAnm *Börstinghaus; Wiek* WuM 2005, 781; *Krapf* MietRB 2006, 92.
[340] AG Tempelhof-Kreuzberg WuM 2017, 660.
[341] BGH NJW 2015, 3368 = NZM 2015, 812 = MietPrax-AK § 573 BGB Nr. 53 mAnm *Börstinghaus; Börstinghaus* jurisPR-BGHZivilR 19/2015 Anm. 1; *Kappus* NJW 2015, 3370; *Kunze* MietRB 2015, 354; *Theesfeld* jurisPR-MietR 3/2016, Anm. 4; BGH NZM 2017, 23 = MietPrax-AK § 573 BGB Nr. 61 mAnm *Börstinghaus; Börstinghaus* jurisPR-BGHZivilR 1/2017 Anm. 2; *Schüller* NZM 2017, 26; *Suilmann* MietRB 2017, 35; LG Mannheim WuM 1991, 693; LG Essen WuM 1991, 494; LG Berlin GE 1990, 1041; LG Aachen WuM 1990, 301; LG Hamburg NZM 2011, 33; AG Memmingen NJW-RR 1995, 1227 = ZMR 1995, 318.
[342] LG Hamburg WuM 1994, 210.
[343] OLG Frankfurt a. M. WuM 1992, 421.
[344] LG München WuM 1992, 612.
[345] OLG Frankfurt a. M. WuM 1992, 421; BayObLG ZMR 1993, 560.
[346] BGH WuM 2011, 300 = MietPrax-AK § 573 BGB Nr. 34 mAnm *Börstinghaus.*

Kündigt der Vermieter mehrere Wohnungen, weil er diese zu einer **Wohnung zusammenlegen** und anschließend selbst nutzen will, so setzt die Verwirklichung des Nutzungswunsches grundsätzlich voraus, dass alle Kündigungen wirksam sind und die hieraus folgenden Räumungsansprüche durchgesetzt werden können. Etwas anders gilt, wenn der Vermieter ggf. für eine bestimmte Zeit auch in nur einer der beiden Wohnungen leben will. Unzulässig ist in diesem Fall die Räumungsklage allein deshalb abzuweisen, weil der hinsichtlich der zweiten Wohnung anhängige Räumungsrechtsstreit noch nicht zu Gunsten des Vermieters entschieden worden ist und er deshalb seinen Nutzungswunsch „derzeit" nicht verwirklichen kann. Darin liegt eine nicht mehr hinnehmbare Beschränkung des in Art. 14 Abs. 1 GG grundrechtlich geschützten Eigentumsrechts eines Vermieters.[347]

Dass der Vermieter den Kündigungsgrund des Eigenbedarfs erst **durch den Erwerb der vermieteten Wohnung selbst verursacht** hat, schließt eine Kündigung nach § 573 Abs. 2 Nr. 2 BGB nicht aus.[348] Denn eine Gesetzesauslegung, die dem Eigentümer das Kündigungsrecht allein deshalb versagt, weil er den Bedarfsgrund willentlich herbeigeführt hat, würde die durch Art. 14 Abs. 1 GG garantierte Befugnis des Eigentümers missachten, sein Leben unter Nutzung seines Eigentums nach seinen Vorstellungen einzurichten.[349] Wer finanzielle Mittel – oft nach längerer Ansparung und/oder unter Aufnahme von Krediten – dazu verwendet, eine Eigentumswohnung zu erwerben, um in dieser selbst zu wohnen, gestaltet sein Leben selbst dann vernünftig und nachvollziehbar, wenn er sich hierzu allein deswegen entschließt, um schlichtweg „Herr seiner eigenen vier Wände" zu sein.[350] Erst recht hat dies zu gelten, wenn der Ankauf erfolgt, um eine Verbesserung der Wohnverhältnisse zu erreichen.

4. Die unzulässige Vorratskündigung

Ein noch **unbestimmtes Interesse einer möglichen späteren Nutzung** rechtfertigt noch nicht die Kündigung wegen Eigenbedarfs. Vielmehr muss sich der Nutzungswunsch soweit „verdichtet" haben, dass ein konkretes Interesse an einer alsbaldigen Eigennutzung besteht.[351] Die Absicht zur Selbstnutzung oder Überlassung an einen privilegierten Angehörigen muss in einem zeitlich engen Zusammenhang mit der Kündigung stehen. Sogenannte „Vorratskündigungen" sind unzulässig.[352] Deshalb liegt eine **unzulässige Vorratskündigung** vor, wenn der Vermieter einen Wohnungsmietvertrag mit der Begründung kündigt, sein zu diesem Zeitpunkt in einem anderen Ort lebender Sohn benötige die Wohnung zum Auszugstermin zur Aufnahme einer Lehrerausbildung, obwohl sich diese Ausbildung zum Kündigungszeitpunkt allenfalls (wenn überhaupt) im Stadium einer vagen und unbestimmten Planung befindet.[353] Es ist zwar nicht erforderlich, dass sich die Eigennutzung/Überlassung zeitlich unmittelbar an das Ende des Mietverhältnisses anschließt,

---

[347] BVerfG WuM 1999, 381.
[348] BGH NZM 2020, 276 = NJW 2020, 1215 = MietPrax-AK § 574 BGB Nr. 5 mAnm *Börstinghaus*; *Abramenko* MietRB 2020, 67; *Börstinghaus* jurisPR-BGHZivilR 7/2020 Anm. 2; BGH NZM 2019, 518 = NJW 2019, 2765 = MietPrax-AK § 574 BGB Nr. 4 mAnm *Börstinghaus*; *Börstinghaus* jurisPR-BGHZivilR 15/2019 Anm. 2; *Monschau* MietRB 2019, 225 (226, 227, 228); *Drasdo* NJW-Spezial 2019, 546; *Rolfs* LMK 2019, 419565; BGHZ 103, 91 (100).
[349] BVerfGE 79, 292 (305); 81, 29 (34).
[350] BGH NZM 2019, 518 = NJW 2019, 2765 unter Bezug auf BVerfG NJW 1994, 309 (310).
[351] BGH NJW 2015, 3368 = NZM 2015, 812 = MietPrax-AK § 573 BGB Nr. 53 mAnm *Börstinghaus*; *Börstinghaus* jurisPR-BGHZivilR 19/2015 Anm. 1; *Kappus* NJW 2015, 3370; *Kunze* MietRB 2015, 354; *Theesfeld* jurisPR-MietR 3/2016, Anm. 4; LG Berlin GE 2019, 1244.
[352] BVerfG NJW 1990, 3259; WuM 2002, 21 (22); BGH NZM 2005, 580 = NJW 2005, 2395 = MietPrax-AK § 573 BGB Nr. 5 mAnm *Börstinghaus*; *Wiek* WuM 2005, 781; *Krapf* MietRB 2006, 92; BGH NJW 2015, 3368 = NZM 2015, 812 = MietPrax-AK § 573 BGB Nr. 53 mAnm *Börstinghaus*; *Börstinghaus* jurisPR-BGHZivilR 19/2015 Anm. 1; *Kappus* NJW 2015, 3370; *Kunze* MietRB 2015, 354; *Theesfeld* jurisPR-MietR 3/2016, Anm. 4; BGH NZM 2017, 23 = MietPrax-AK § 573 BGB Nr. 61 mAnm *Börstinghaus*; *Börstinghaus* jurisPR-BGHZivilR 1/2017 Anm. 2; *Schüller* NZM 2017, 26; *Suilmann* MietRB 2017, 35; *Caspers* ZAP F. 4, 1889 (1890).
[353] AG Dortmund NZM 1999, 120.

andererseits darf der Vermieter aber auch nicht kündigen, wenn er die Wohnung erst in einigen Jahren beziehen oder überlassen will. Eine feste zeitliche Grenze gibt es nicht. Kündigt der Vermieter mit der Begründung, dass er eine größere Wohnung benötige, weil er eine Familie gründen und Kinder haben wolle, so liegt keine Vorratskündigung vor. Solche Kündigungen sind idR wirksam, weil der Vermieter seinen Bedarf selbst bestimmen kann. Ebenso ist keine Vorratskündigung gegeben, wenn der Vermieter vor dem Bezug der Wohnung Sanierungs-, Umbau oder Renovierungsarbeiten durchführt. Es kommt dabei nicht darauf an, ob sich die Arbeiten über einen wesentlich längeren als den üblichen Zeitraum erstrecken.[354] Kündigt der Vermieter eine Wohnung für eine Pflegeperson, die für den Fall des Eintritts seiner Pflegebedürftigkeit in der Lage und bereit ist, seine Pflege zu übernehmen, soll auch dann keine unzulässige Vorratskündigung vorliegen, wenn die Pflegbedürftigkeit noch gar nicht eingetreten ist.[355] Dies gilt aber uneingeschränkt nur, wenn der Vermieter einen zusätzlichen Raumbedarf für diese Person hat und deshalb zusammen mit der Pflegeperson eine größere Wohnung beziehen will. Soll der Pflegeperson eine eigene Wohnung außerhalb der Vermieterwohnung überlassen werden, so besteht nur dann Eigenbedarf, wenn diese Person entweder zu den privilegierten Angehörigen gehört und vorher schon eine Haushaltsangehörige war.[356] In Betracht kommen kann in diesem Fall ausnahmsweise eine Kündigung nach der Generalklausel des § 573 Abs. 1 S. 1 BGB[357], wenn für die Beschäftigung solcher Hilfspersonen ein Bedürfnis vorliegt und ihre Unterbringung im Haus oder in der Nähe der Vermieterwohnung aus persönlichen, wirtschaftlichen oder sonstigen Gründen geboten ist.[358] Demgegenüber stellt die noch nicht konkrete Absicht, in Zukunft einmal eine Pflegeperson in der Wohnung unterbringen zu können, eine unzulässige Vorratskündigung dar.[359] Eine unzulässige Vorratskündigung liegt auch vor, wenn der für sich Eigenbedarf geltend machende Vermieter keinen gesicherten Aufenthaltsstatus hat aber behauptet diesen noch erhalten zu können.[360]

96 In der Rspr. werden die Fälle der Kündigung bei ungewissen Nutzungswillen und die Fälle der Vorratskündigung sehr oft gleich behandelt,[361] zB wenn der Vermieter den Eigenbedarf vorsorglich an mehreren Wohnungen geltend macht.[362]

5. Die mehrdeutige Absicht

97 **Der Nutzungs-/Überlassungswille muss eindeutig sein** und sich auf eine bestimmte Verwendungsart und eine bestimmte Wohnung beziehen. Deshalb ist eine Kündigung unwirksam, wenn unklar bleibt, ob der Vermieter wegen anderer wirtschaftlicher Verwertung oder wegen Eigenbedarfs kündigt.[363] **Alternativkündigungen** sind ebenfalls unwirksam. Der Vermieter muss sich beim Ausspruch der Kündigung festlegen, welcher Person er die Wohnung überlassen will.[364] Deshalb kann der Vermieter nicht mit der Begründung kündigen, dass er die Wohnung „einem seiner Kinder" oder „entweder seinem Sohn A oder seiner Tochter B" überlassen wolle. An der Eindeutigkeit des Nutzungs-/Überlassungswillens fehlt es auch dann, wenn der Vermieter mehrere Mietverhält-

---

[354] BGH NZM 2005, 580 = NJW 2005, 2395 = MietPrax-AK § 573 BGB Nr. 5 mAnm *Börstinghaus*; *Wiek* WuM 2005, 781; *Krapf* MietRB 2006, 92.
[355] LG Saarbrücken WuM 1992, 690.
[356] BGH NJW 2009, 1808 = NZM 2009, 430 = MietPrax-AK § 574a BGB Nr. 2 mAnm *Eisenschmid*; *Theesfeld* MietRB 2009, 158; *Blank* WuM 2009, 390; *Drasdo* NJW-Spezial 2009, 355.
[357] BGH NJW 2009, 1808 = NZM 2009, 430 = MietPrax-AK § 574a BGB Nr. 2 mAnm *Eisenschmid*.
[358] BGH NJW 2009, 1808 = NZM 2009, 430 = MietPrax-AK § 574a BGB Nr. 2 mAnm *Eisenschmid*; LG Bielefeld WuM 1972, 178; AG Lübeck WuM 1972, 193; LG Hamburg MDR 1980, 315; *Emmerich/Sonnenschein/Haug* BGB § 573 Rn. 43.
[359] AG Dortmund ZMR 2020, 759.
[360] LG Berlin GE 2019, 1244.
[361] ZB BGH NZM 2017, 23 = MietPrax-AK § 573 BGB Nr. 61 mAnm *Börstinghaus*; *Börstinghaus* jurisPR-BGHZivilR 1/2017 Anm. 2; *Schüller* NZM 2017, 26; *Suilmann* MietRB 2017, 35.
[362] LG Köln WuM 1991, 590.
[363] AG Charlottenburg GE 1994, 999.
[364] LG München I WuM 1991, 490; **aA** LG Neuruppin GE 2000, 894.

nisse kündigt, obwohl er nur eine einzige Wohnung benötigt.[365] Die Beschränkung auf eine konkrete Nutzungs-/Überlassungsabsicht ist erforderlich, weil sich der Mieter andernfalls nicht sachgerecht gegen die Kündigung verteidigen kann. Hiervon sind jene Fälle zu unterscheiden, in denen ein Vermieter für seine Familienangehörigen mehrere Wohnungen benötigt. Hier genügt es, wenn feststeht, dass alle Familienangehörigen zu dem privilegierten Personenkreis gehören und dass für jeden Angehörigen ein Bedarf besteht. Es ist nicht erforderlich, dass zum Zeitpunkt des Kündigungsausspruchs bereits ein konkreter Belegungsplan besteht. Aus diesem Grunde spielt es für die Wirksamkeit der Kündigung keine Rolle, wenn der Vermieter seinen ursprünglichen Belegungsplan aufgibt und die Wohnungen zwischen seinen Familienangehörigen anders als zunächst geplant, aufteilt.[366]

6. Rechtliche Nutzungs-/Überlassungshindernisse

Dem fehlenden Nutzungs-/Überlassungswillen sind diejenigen Fälle gleichzustellen, in denen die Absicht des Vermieters **aus rechtlichen Gründen nicht verwirklicht werden kann.** Hierzu zählen folgende Fälle: **(1)** Will der Vermieter eine öffentlich geförderte Wohnung selbst nutzen, so bedarf er hierzu der Genehmigung der zuständigen Stelle (§ 6 Abs. 1 WoBindG). Deshalb ist auch die Eigenbedarfskündigung bei einer Eigentumswohnung, deren Eigenschaft als „öffentlich gefördert" im Sinne des WoBindG noch besteht, zugunsten einer privilegierten Eigenbedarfsperson, die nicht über einen Wohnberechtigungsschein gem. § 4 WoBindG verfügt, unwirksam.[367] Die Eigenbedarfskündigung einer sozial geförderten Wohnung mit 3 Zimmern und einer Größe von etwa 62 qm kann nicht wirksam auf den Wohnbedarf der Tochter des Vermieters, die mit ihrem Lebensgefährten dort einziehen möchte, gestützt werden, wenn die Tochter nur eine Bezugsberechtigung für eine Zweizimmerwohnung besitzt.[368] Bei Streit über die Frage, ob eine öffentlich-rechtliche Bindung besteht ist die behördliche Bestätigung nach § 18 Abs. 1 S. 1 WoBindG, dass eine Wohnung als öffentlich gefördert gilt, gem. § 18 Abs. 1 S. 2 WoBindG rechtlich und tatsächlich verbindlich. Daran ist das erkennende Zivilgericht im Räumungsprozess gebunden.[369] Die Genehmigung muss zum Zeitpunkt der Kündigungserklärung noch nicht erteilt sein.[370] Es genügt, wenn die Behörde dem Vermieter bescheinigt hat, dass eine solche Genehmigung auf Grund der geltenden Bestimmungen ausgesprochen werde.[371] Ist eine solche Bescheinigung noch nicht erteilt, so ist die Kündigung unwirksam. Strittig ist, ob eine solche Bescheinigung dem Kündigungsschreiben beigefügt werden muss.[372] Dieselben Grundsätze gelten, wenn der Vermieter die Wohnung einem Angehörigen überlassen will, dessen Einkommen die nach § 25 Abs. 2 WoBindG maßgebliche Einkommensgrenze übersteigt (§ 7 Abs. 2 WoBindG). Die Genehmigung oder Freistellungsbescheinigung hat für den Kündigungsgrund selbst keine präjudizierende Wirkung. Deshalb steht dem Mieter hiergegen kein Rechtsbehelf zu. Gehören der Vermieter oder der Angehörige zu dem wohnberechtigten Personenkreis, so muss auch dies im Kündigungsschreiben mitgeteilt werden **(2)** Dürfen die Räume nach den Bestimmungen des Bauordnungsrechts nicht zu Wohnzwecken benutzt werden, so scheidet eine Eigenbedarfskündigung ebenfalls aus.[373] Dies gilt auch dann, wenn die Behörde das Bewohnen der Räume durch den bisherigen Mieter duldet. **(3)** Hat der Vermieter die Wohnung seinerseits nur angemietet, so setzt eine Kündigung des Untermietverhältnisses wegen beabsich-

98

---

[365] LG Köln WuM 1991, 590.
[366] OLG Köln ZMR 2004, 33.
[367] AG Tempelhof-Kreuzberg WuM 2019, 661.
[368] AG Worbis WuM 2000, 630.
[369] AG Tempelhof-Kreuzberg WuM 2019, 661; ähnlich BGH NJW 1998, 3055.
[370] **AA** LG Essen WuM 1993, 676.
[371] *Rankenhorn* WuM 1993, 656.
[372] Dafür LG München I NZM 200, 907; LG Essen WuM 1993, 676; AG Tempelhof-Kreuzberg WuM 2019, 661.
[373] LG Hamburg WuM 1994, 432.

tigter Eigennutzung voraus, dass der Vermieter die Räume auf Grund seiner Rechtsbeziehungen zum Eigentümer in der beabsichtigten Art und Weise nutzen darf. **(4)** Hat der Vermieter nach einer Eigenbedarfskündigung das Anwesen veräußert und dem Erwerber die wirtschaftliche Nutzung übertragen, so darf er die Rechte aus der Kündigung mangels eines Rechts zur Eigennutzung nicht weiterverfolgen, es sei denn, dass der Erwerber mit der Nutzung durch den Veräußerer einverstanden ist.[374] Hat der Vermieter zugunsten eines Familienangehörigen gekündigt und wird die Wohnung in der Folgezeit an den Angehörigen veräußert, so bleibt die Kündigung wirksam, weil Nutzungswille und Nutzungsinteresse fortbestehen. **(5)** Wenn der nach einer Eigenbedarfskündigung angekündigte Umbau nicht genehmigungsfähig ist, dann kann die Eigenbedarfskündigung unberechtigt sein[375] **(6)** Die Voraussetzungen einer Kündigung wegen Eigenbedarfs liegen auch dann nicht vor, wenn der Realisierbarkeit des Eigennutzungswunsches objektive Hindernisse entgegenstehen. Das ist zB dann der Fall, wenn der für sich Eigenbedarf geltend machende Vermieter weder einem Staat der Europäischen Union oder des Europäischen Wirtschaftsraumes noch einem der in § 41 AufenthV genannten Staaten angehört und nicht über ein Visum verfügt.[376]

7. Die unvernünftige Absicht

99 Im Allgemeinen darf das Gericht nicht überprüfen, ob es zur Nutzungsabsicht des Vermieters bessere oder sinnvollere Alternativen gibt. Das BVerfG betont in diesem Zusammenhang, dass die Gerichte die Entscheidung des Eigentümers über seinen Wohnbedarf grds. respektieren müssen und ihm nicht fremde Vorstellungen über angemessenes Wohnen und seine weitere Lebensplanung aufdrängen dürfen.[377] Der Vermieter wird durch Art. 14 Abs. 1 S. 1 GG in seiner Freiheit geschützt, die Wohnung bei Eigenbedarf selbst zu nutzen oder durch privilegierte Angehörige nutzen zu lassen. Dabei haben die Gerichte den Entschluss des Vermieters, die vermietete Wohnung nunmehr selbst zu nutzen oder durch den – eng gezogenen – Kreis privilegierter Dritter nutzen zu lassen, grundsätzlich zu achten und ihrer Rechtsfindung zugrunde zu legen. Ebenso haben sie grundsätzlich zu respektieren, welchen Wohnbedarf der Vermieter für sich oder seine Angehörigen als angemessen ansieht. Die Gerichte sind daher nicht berechtigt, ihre Vorstellungen von angemessenem Wohnen verbindlich an die Stelle der Lebensplanung des Vermieters (oder seiner Angehörigen) zu setzen.[378]

100 Eine Ausnahme gilt, wenn die **Nutzungsabsicht** des Eigentümers auf **völlig unrealistischen Vorstellungen** beruht und die Nutzungswünsche des Eigentümers durch die Kündigung überhaupt nicht befriedigt werden können.[379] Hiervon kann bspw. ausgegangen werden, wenn ein schwer gehbehinderter Eigentümer in einem Haus ohne Fahrstuhl eine hochgelegene Dachgeschoßwohnung beziehen will.[380] Die gleichen Grundsätze gelten, wenn der Nutzungs-/Überlassungswille auf Erwägungen beruht, die auch unter Zugrundelegung eines großzügigen Maßstabs nicht mehr nachvollzogen werden können.[381] Der BGH[382] prüft einen solchen nicht realisierbaren Nutzungswunsch im Rahmen der Ernst-

---

[374] AG Frankfurt a. M. WuM 1991, 591.
[375] BGH WuM 2011, 300 = MietPrax-AK § 573 BGB Nr. 34 mAnm *Börstinghaus*.
[376] LG Berlin GE 2019, 1244.
[377] BVerfGE 79, 292 (304 f.); 89, 1 (9); BVerfG NJW 1994, 995; 1995, 1480 (1481); NJW-RR 1999, 1097 (1098).
[378] So auch die stRspr des VIII. Senats: BGH NJW 2015, 1590 = NZM 2015, 378 = MietPrax-AK § 573 BGB Nr. 49 mAnm *Börstinghaus*; *Blank* jurisPR-MietR 8/2015 Anm. 4; *Drasdo* NJW-Spezial 2015, 321; *Bittner* MietRB 2015, 162; *Rolfs* LMK 2015, 369226; BGH NZM 2019, 518 = NJW 2019, 2765 = MietPrax-AK § 574 BGB Nr. 4 mAnm *Börstinghaus*; *Börstinghaus* jurisPR-BGHZivilR 15/2019 Anm. 2; *Monschau* MietRB 2019, 225 (226, 227, 228); *Drasdo* NJW-Spezial 2019, 546; *Rolfs* LMK 2019, 419565; BGH NZM 2018, 983 = MietPrax-AK § 573 BGB Nr. 73 mAnm *Börstinghaus*; *Börstinghaus* jurisPR-BGHZivilR 20/2018 Anm. 3; *Kappus* NZM 2018, 987; *Mettler* MietRB 2019, 8.
[379] BVerfG WuM 1989, 114.
[380] OLG Karlsruhe NJW 1983, 579 = WuM 1983, 10.
[381] LG Mannheim WuM 1991, 692, wenn eine in guten Einkommens- und Vermögensverhältnissen lebende Vermieterin eine vermietete Wohnung mit der Begründung kündigt, dass sie im Falle eines Umzugs ihre

haftigkeit des Eigennutzungswunschs oder ggf. auch unter dem Gesichtspunkt des rechtsmissbräuchlichen Verhaltens.

8. Die auf einen Teil der Mietsache beschränkte Nutzungsabsicht

Grundsätzlich muss sich der Nutzungs-/Überlassungswille auf die **gesamte Mietsache** beziehen. Eine Teilkündigung von Wohnraum ist nur unter den engen Voraussetzungen des § 573b BGB möglich. Deshalb ist eine Eigenbedarfskündigung nur für einen Teil der überlassenen Räume unzulässig. Hiervon ist die Frage zu unterscheiden, ob der Vermieter ein Mischraummietverhältnis, dessen Schwerpunkt auf der Wohnraumnutzung liegt, kündigen kann, wenn er lediglich Bedarf an den Wohnräumen hat. Dies ist zu bejahen.[383] Bei einem einheitlichen Mischmietverhältnis auf das einheitlich Wohnraummietrecht anzuwenden ist, braucht sich der vom Vermieter geltend gemachte Eigenbedarf nur auf die Wohnräume zu beziehen.[384] Gewerberäume können grundsätzlich ohne das Vorliegen eines berechtigten Interesses gekündigt werden. Es wäre deshalb verfehlt, wenn der Eigenbedarf sich auch auf die gewerblich genutzten Teile erstrecken müsste.

101

V. Die Darlegungs- und Beweislast

Bei dem Nutzungs-/Überlassungswillen handelt es sich um eine **innere Tatsache,** die der Vermieter im Kündigungsschreiben mitteilen und im Prozess darlegen muss. Bestreitet der Mieter den Nutzungswillen, so muss der Vermieter hierfür Beweis anbieten, anderenfalls ist die Klage abzuweisen. Bei einem zivilprozessual ordnungsgemäßen Beweisantritt, muss über den Nutzungs-/Überlassungswillen Beweis erhoben werden. Eine **Parteivernehmung** des Vermieters oder der Vermieter gem. §§ 445 ff. ZPO scheidet dabei bei einer beabsichtigten Eigennutzung durch den Vermieter in der Regel aus, da der Mieter sich damit nicht einverstanden erklären wird und eine Vernehmung von Amts wegen nach §§ 447, 448 ZPO nicht in Betracht kommt.[385] Der Vermieter wird andere Zeugen benennen oder Urkunden vorlegen müssen, um **zumindest Indizien** zu beweisen, die den Schluss auf die Haupttatsache der Nutzungsabsicht zulassen. Einfacher ist es, wenn nicht der Vermieter, sondern eine privilegierte dritte Person einziehen soll. Diese kann als Zeuge vernommen werden. Wird der angebotene Beweis nicht erhoben liegt ein Verstoß gegen das Gebot zur Gewährung von rechtlichem Gehör gem. Art. 103 Abs. 1 GG vor. Eine amtsgerichtliche Entscheidung ist in diesem Falle mit der Berufung anfechtbar; gegen eine landgerichtliche Entscheidung kann Verfassungsbeschwerde eingelegt werden.

102

Der Mieter kann den Nutzungs-/Überlassungswillen gem. § 138 Abs. 4 ZPO **einfach bestreiten.**[386] Beweispflichtig ist der Vermieter.[387] Der redliche Vermieter kann den Beweis für die Ernsthaftigkeit der Nutzungsabsicht idR ohne weiteres führen, wenn er die Wohnung einem Familienangehörigen überlassen will: in diesem Fall kann der Familienangehörige als Zeuge vernommen werden. Will der Vermieter selbst in die Wohnung

103

Mieteinnahmen von 3.136 DM auf 3.395 DM steigern könne; LG Köln WuM 1995, 110, wenn ein Vermieter aus seiner im 16. Stock gelegenen Wohnung ausziehen will und dies – ohne vernünftigen Grund – mit einer Brandgefahr begründet.
[382] BGH NZM 2018, 988 = MietPrax-AK § 573 BGB Nr. 74 mAnm *Börstinghaus.*
[383] BGH NJW 2015, 2727 = NZM 2015, 657 = MietPrax-AK § 573 BGB Nr. 51 mAnm *Börstinghaus; Börstinghaus* jurisPR-BGHZivilR 16/2015 Anm. 1; *Elzer* MietRB 2015, 257; *Beyer* jurisPR-MietR 20/2015 Anm. 1; *Drasdo* NJW-Spezial 2015, 641.
[384] BGH NJW 2015, 2727 = NZM 2015, 657 = MietPrax-AK § 573 BGB Nr. 51 mAnm *Börstinghaus; Börstinghaus* jurisPR-BGHZivilR 16/2015 Anm. 1; *Elzer* MietRB 2015, 257; *Beyer* jurisPR-MietR 20/2015 Anm. 1; *Drasdo* NJW-Spezial 2015, 641.
[385] *Caspers* ZAP F. 4, 1889 (1890).
[386] BVerfG WuM 1993, 381; 1995, 140 = ZMR 1995, 150; *Weidenkaff* in Palandt BGB § 573 Rn. 32; *Caspers* ZAP F. 4, 1889 (1890); unzutr. AG Potsdam GE 2001, 929.
[387] LG Mannheim WuM 1991, 692; LG Osnabrück WuM 1990, 21.

einziehen, so werden im Allgemeinen Indizien vorhanden sein, die den Schluss auf die Nutzungsabsicht rechtfertigen.[388] Diese Hilfstatsachen muss der Vermieter vortragen und beweisen.[389] Sie müssen geeignet sein, den Schluss auf die Haupttatsache zuzulassen. Der Vermieter muss den Vollbeweis erbringen, also die volle Überzeugung des Gerichts von der Richtigkeit seines Sachvortrags herbeiführen.

104 Demgegenüber muss der Mieter die **Überzeugung des Gerichts nur erschüttern.** Deshalb muss das Gericht den vom Mieter vorgetragenen Tatsachen nachgehen, wenn sich hieraus Zweifel an der Ernsthaftigkeit der Nutzungsabsicht des Vermieters ergeben.[390] Dies werden selbst wiederum vor allem Indizien/Hilfstatsachen sein, aus denen Zweifel an der behaupteten Nutzungsabsicht hergeleitet werden können. Ein solcher Vortrag des Mieters hat auf die Beweislast keinen Einfluss. Der Mieter muss nicht beweisen, dass der Eigenbedarf nicht ernsthaft verfolgt, sondern vorgeschoben ist und/oder missbräuchlich erscheint.[391] Der BGH[392] verlangt dabei, dass die Instanzgerichte den Sachverhalt in Räumungsverfahren sehr sorgfältig und nicht nur oberflächlich ermitteln müssen. Während die formalen Anforderungen an den Inhalt einer (Eigenbedarfs-)Kündigung eher gering sind, steigen diese etwas bei der Beurteilung der Frage, ob dem Eigenbedarf vernünftige und nachvollziehbare Gründe zugrunde liegen. Erheblich strenger sind die Anforderungen des VIII. Senats an die Feststellung, ob der Eigenbedarf auch ernsthaft verfolgt wird. Der Vermieter muss alle gegen ihn sprechenden Indizien, die gegen die Ernsthaftigkeit sprechen, widerlegen.

VI. Der Wegfall der Nutzungsabsicht nach Ausspruch der Kündigung

105 Der Nutzungs-/Überlassungswille muss **zum Zeitpunkt des Zugangs der Kündigung** vorhanden sein. Entfällt der Nutzungs-/Überlassungswille vor dem Ausspruch der Kündigung, so lag kein Kündigungsgrund vor und die Kündigung ist unwirksam. Bei einem nachträglichen Wegfall des Nutzungs-/Überlassungswillens muss danach unterschieden werden, ob dies vor oder nach Ablauf der Kündigungsfrist des § 573c BGB geschehen ist. Prinzipiell bleibt die Kündigung in beiden Fällen wirksam.

106 Bei einem **Wegfall des Kündigungsgrundes vor Ablauf der Kündigungsfrist** ist es allerdings rechtsmissbräuchlich, wenn der Vermieter den aus der Vertragsbeendigung folgenden Räumungsanspruch weiterverfolgt.[393] In diesem Fall ist der Vermieter zu einer entsprechenden Mitteilung an den Mieter verpflichtet. Ein Unterlassen macht schadensersatzpflichtig. Es ist deshalb ebenfalls rechtsmissbräuchlich, wenn der Vermieter in Folge eines nach Kündigungsausspruchs erlittenen schweren Unfalls auf unabsehbare Zeit an der Nutzung der gekündigten Wohnung gehindert ist.[394] Hat der Vermieter Eigenbedarf zu seinen Gunsten geltend gemacht und verstirbt er nach dem Ausspruch der Kündigung, so darf auch der Gesamtrechtsnachfolger die Kündigung nicht weiterverfolgen.[395] Der Vermieter bzw. dessen Rechtsnachfolger ist vielmehr aus dem Gesichtspunkt von Treu und Glauben verpflichtet, dem Mieter einen Vertrag über die Aufhebung der Kündigungs-

---
[388] BVerfG WuM 1993, 381.
[389] LG Berlin GE 1992, 205; AG Wiesbaden WuM 1991, 490.
[390] BVerfG WuM 1991, 146.
[391] AA LG Gießen NJW-RR 1994, 910.
[392] BGH NZM 2019, 527 = MietPrax-AK § 574 BGB Nr. 3 mAnm *Börstinghaus*; *Zich* MietRB 2019, 229; *Drasdo* NJW-Spezial 2019, 546; *Börstinghaus* jurisPR-BGHZivilR 20/2019 Anm. 1; *Nierhauve* WuM 2020, 268.
[393] BGH NZM 2021, 132 = MietPrax-AK § 573 BGB Nr. 76 mAnm *Börstinghaus*; BGH NZM 2019, 527 = MietPrax-AK § 574 BGB Nr. 3 mAnm *Börstinghaus*; *Zich* MietRB 2019, 229; *Drasdo* NJW-Spezial 2019, 546; *Börstinghaus* jurisPR-BGHZivilR 20/2019 Anm. 1; *Nierhauve* WuM 2020, 268; BGHZ 165, 75 = NJW 2006, 220 = NZM 2006, 50 = MietPrax-AK § 573 BGB Nr. 8 mAnm *Börstinghaus*; *Blank* NJW 2006, 739; *Gütgemann* MietRB 2006, 93; *Timme* NZM 2006, 249; *Eisenhardt* BGHReport 2006, 146; OLG Karlsruhe NJW 1982, 54; LG Berlin GE 2019, 255; *Caspers* ZAP F. 4, 1889 (1890 und 1894).
[394] LG Berlin GE 2019, 255.
[395] OLG Karlsruhe WuM 1993, 405 = NJW-RR 1994, 80.

wirkungen anzubieten.³⁹⁶ Dieses Angebot kann der Mieter annehmen, muss es aber nicht. Die Annahme kann auch stillschweigend durch die Fortsetzung des Mietverhältnisses erfolgen. Kommt der Vertrag zustande, so gilt der Eintritt der Kündigungswirkung als nicht erfolgt.³⁹⁷ Das Mietverhältnis ist in diesem Fall als ungekündigtes Mietverhältnis zu behandeln. Der Mieter ist zur Annahme eines solchen Vertragsangebots allerdings nicht verpflichtet; lehnt er es ab, was wiederum stillschweigend durch Auszug geschehen kann, so bleibt das Mietverhältnis beendet. Entfällt der Nutzungs-/Überlassungswille nach dem Ausspruch der Kündigung, so kann der Vermieter den Räumungsanspruch aus der konkreten Kündigung auch dann nicht weiterverfolgen, wenn er in der Folgezeit einen erneuten anderen Nutzungs-/Überlassungswillen fasst.³⁹⁸ In einem solchen Fall muss der Vermieter wegen des erneut gefassten Nutzungs-/Überlassungswillens eine erneute Kündigung aussprechen.

Demgegenüber spielt ein Wegfall des Nutzungs- oder Überlassungswillens **nach Ablauf** 107 der Kündigungsfrist zumindest bei der Frage der Wirksamkeit der Kündigung keine Rolle.³⁹⁹ Eine nachvertragliche Treupflicht, aus der sich eine Verpflichtung zum Abschluss eines neuen Mietvertrages ergeben könnte, besteht nicht. Das gilt auch dann, wenn der Eigenbedarf noch innerhalb der gewährten Räumungsfrist entfällt. Die gesetzlichen Schutzrechte des Mieters sind abschließend kodifiziert.⁴⁰⁰ Aus Gründen der Rechtsklarheit und -sicherheit muss für die Beurteilung der Wirksamkeit von Gestaltungserklärungen auf den Zeitpunkt des Zugangs abgestellt werden. Allenfalls bis zum Wirkungszeitpunkt der Kündigung, also dem Ablauf der Kündigungsfrist, kann eine Verpflichtung des Vermieters aus § 242 BGB bestehen, den Wegfall des Kündigungsgrundes mitzuteilen oder eine frei werdende Alternativwohnung anzubieten. Mit Ablauf der Kündigungsfrist endet das Besitzrecht des Mieters und damit auch eine besondere Treupflicht des Vermieters, da es der Mieter ist, der sich zuerst treuwidrig verhalten hat, als er die Mietsache nicht vertragsgemäß geräumt hat. Da das Mietverhältnis durch die Kündigung beendet wurde, müsste ein neuer Mietvertrag abgeschlossen werden. Einen gesetzlichen Kontrahierungszwang kennt das Mietrecht aber nicht.

Das BVerfG hat entschieden, dass diese Ansicht keinen verfassungsrechtlichen Bedenken 108 begegnet.⁴⁰¹ Zu beachten ist aber, dass für die nach einem wirksamen Widerspruch des Mieters gemäß § 574 Abs. 1 S. 1 BGB vorzunehmende **Abwägung der wechselseitigen Interessen** von Vermieter und Mieter sowie der sich anschließenden Beurteilung, ob, beziehungsweise für welchen Zeitraum das durch wirksame ordentliche Kündigung nach

---

³⁹⁶ BGH NZM 2021, 132 = MietPrax-AK § 573 BGB Nr. 76 mAnm *Börstinghaus*; OLG Karlsruhe WuM 1993, 405 = NJW-RR 1994, 80; *Rolfs* in Staudinger BGB § 573 Rn. 121; *Caspers* ZAP F. 4, 1889 (1894).
³⁹⁷ BGH BB 1974, 578.
³⁹⁸ LG Mannheim ZMR 1994, Heft 12 Grüne Seiten XV (Ls.), ein Fall, in dem der Vermieter wegen Eigenbedarfs gekündigt, später das Haus zum Verkauf angeboten und im Prozess erklärt hat, er habe zwischenzeitlich wieder von der Verkaufsabsicht Abstand genommen und sei zur ursprünglichen Selbstnutzungsabsicht zurückgekehrt; AG Charlottenburg GE 1991, 787, einen Wechsel von einer ursprünglich geplanten Eigennutzung zu einer Nutzung durch einen Familienangehörigen; AG Hanau WuM 1980, 86, das Auswechseln von Familienangehörigen- Tochter statt Sohn.
³⁹⁹ BGHZ 165, 75 = NJW 2006, 220 = NZM 2006, 50 = MietPrax-AK § 573 BGB Nr. 8 mAnm *Börstinghaus*; *Blank* NJW 2006, 739; *Gütgemann* MietRB 2006, 93; *Timme* NZM 2006, 249; *Eisenhardt* BGHReport 2006, 146; BGH NJW 2007, 2845 = NZM 2007, 679 = MietPrax-AK § 573 BGB Nr. 12 mAnm *Börstinghaus*; *Häublein* NJW 2007, 2847; *Schumacher* MietRB 2007, 253 (254); *Müller* WuM 2007, 579; *Drasdo* NJW-Spezial 2007, 529; OLG Düsseldorf NJW-RR 1992, 1489; OLG Karlsruhe NJW 1982, 54; LG Berlin GE 2004, 1527; Bamberger/Roth/*Hannappel* BGB § 573 Rn. 57, 58; *Weidenkaff* in Palandt BGB § 573 Rn. 29; MüKoBGB/*Häublein* § 573 Rn. 74; v. *Stebut* NJW 1985, 289 (295)); **aA** OLG Karlsruhe ZMR 1993, 335; BayObLG NJW 1987, 626; *Lammel* WohnraumMietR § 573 Rn. 98, danach ist die Rechtskraft des Räumungsurteils maßgebend.
⁴⁰⁰ BGH NJW 2006, 220 = NZM 2006, 50 = MietPrax-AK § 573 BGB Nr. 8 mAnm *Börstinghaus*; *Blank* NJW 2006, 739; *Timme* NZM 2006, 249; *Eisenhardt* BGHReport 2006, 146; die gegen die Entscheidung eingelegte Verfassungsbeschwerde wurde nicht zur Entscheidung angenommen, da dem Ergebnis keine verfassungsrechtlichen Bedenken entgegenstünden: BVerfG NZM 2006, 459.
⁴⁰¹ BVerfG NZM 2006, 459.

§ 573 BGB beendete Mietverhältnis nach § 574a BGB fortzusetzen ist, maßgeblicher Zeitpunkt der Schluss der letzten mündlichen Verhandlung in der Tatsacheninstanz ist.[402] Das bedeutet, dass bei einem **Wegfall des berechtigten Interesse** auf Vermieterseite nach Ablauf der Kündigungsfrist auf seiner Seite bei der Abwägung keinerlei Gründe in die Abwägung einzubeziehen sind. Es genügen dann schon geringe fristgerecht geltend gemachte Härtegründe auf Seiten des Mieters, um die Abwägung zu seinen Gunsten ausgehen zu lassen.

VII. Das Benötigen der Räume
1. Allgemeines

109 § 573 Abs. 2 Nr. 2 BGB verlangt für eine wirksame Eigenbedarfskündigung, dass der Vermieter die Räume selbst oder für privilegierte Personen „benötigt". Insofern unterscheiden sich die Anforderungen von denen einer wirksamen Befristung gem. § 575 Abs. 1 S. 1 Nr. 2 BGB, wo es ausreicht, dass der Vermieter die Räume für sich oder seine Angehörigen „nutzen will". Daraus folgt, dass zur Kündigung neben dem Nutzungs-/oder Überlassungswillen ein besonderes Nutzungs-/Überlassungsinteresse hinzutreten muss. Allein der Wille des Vermieters, in den eigenen Räumen zu wohnen oder eine begünstigte Person dort wohnen zu lassen, genügt für die Annahme von Eigenbedarf nicht.[403] Das Tatbestandsmerkmal des „Benötigens" erfordert nicht, dass der Vermieter oder einer der in § 573 Abs. 2 Nr. 2 BGB genannten Angehörigen auf die Nutzung der Wohnung angewiesen ist.[404] Vielmehr benötigt ein Vermieter eine Mietwohnung bereits dann iSd § 573 Abs. 2 Nr. 2 BGB, wenn sein (ernsthafter) Wunsch, die Wohnung künftig selbst zu nutzen oder nahen Angehörigen zu Wohnzwecken zur Verfügung zu stellen, auf vernünftige und nachvollziehbare Gründe gestützt wird.[405] Nicht erforderlich ist, dass der Vermieter oder ein begünstigte Person einen Mangel an Wohnraum hat oder sich in einer wohnbedarfstypischen Lage befindet.[406] Bei der Entscheidung, ob Eigenbedarf anzunehmen ist, kommt es ausschließlich auf die Belange des Vermieters an. Die im Einzelfall vorliegenden Interessen des Mieters an einer Aufrechterhaltung des Mietverhältnisses sind erst auf seinen Widerspruch gegen die Kündigung nach §§ 574 ff. BGB zu beachten. Zur Wahrung berechtigter Belange des Mieters dürfen die Gerichte allerdings den Eigennutzungswunsch des Vermieters darauf überprüfen, ob er ernsthaft verfolgt wird, ob er von vernünftigen und nachvollziehbaren Gründen getragen ist oder ob er rechtsmissbräuchlich ist.[407]

---

[402] BGH NZM 2019, 527 = MietPrax-AK § 574 BGB Nr. 3 mAnm *Börstinghaus*; *Zich* MietRB 2019, 229; *Drasdo* NJW-Spezial 2019, 546; *Börstinghaus* jurisPR-BGHZivilR 20/2019 Anm. 1; *Nierhauve* WuM 2020, 268.
[403] BGHZ 103, 91 = NJW 1988, 904.
[404] BVerfGE 68, 361 (374); BVerfG NJW 1994, 309 (310); 1994, 994; BGHZ 103, 91 = NJW 1988, 904; BGH NZM 2019, 518 = NJW 2019, 2765 = MietPrax-AK § 574 BGB Nr. 4 mAnm *Börstinghaus*; *Börstinghaus* jurisPR-BGHZivilR 15/2019 Anm. 2; *Monschau* MietRB 2019, 225 (226, 227, 228); *Drasdo* NJW-Spezial 2019, 546; *Rolfs* LMK 2019, 419565.
[405] BGHZ 103, 91 = NJW 1988, 904; BGH NJW 2015, 2727 = NZM 2015, 657 = MietPrax-AK § 573 BGB Nr. 51 mAnm *Börstinghaus*; *Börstinghaus* jurisPR-BGHZivilR 16/2015 Anm. 1; *Elzer* MietRB 2015, 257; *Beyer* jurisPR-MietR 20/2015 Anm. 1; *Drasdo* NJW-Spezial 2015, 641; BGH NZM 2019, 518 = NJW 2019, 2765 = MietPrax-AK § 574 BGB Nr. 4 mAnm *Börstinghaus*; *Börstinghaus* jurisPR-BGHZivilR 15/2019 Anm. 2; *Monschau* MietRB 2019, 225 (226, 227, 228); *Drasdo* NJW-Spezial 2019, 546; *Rolfs* LMK 2019, 419565.
[406] So auch BVerfG NJW 2014, 2417 = NZM 2014, 624 unter Bezugnahme auf BGHZ 103, 91 = NJW 1988, 904.
[407] BVerfG NJW 1994, 994 f.; WuM 2002, 21; 2014, 2417; 1993, 1637; 1994, 309; BGH NJW 2015, 1590 = NZM 2015, 378 = MietPrax-AK § 573 BGB Nr. 49 mAnm *Börstinghaus*; *Blank* jurisPR-MietR 8/2015 Anm. 4; *Drasdo* NJW-Spezial 2015, 321; *Bittner* MietRB 2015, 162; *Rolfs* LMK 2015, 369226; BGH NJW 2017, 1474 = NZM 2017, 286 = MietPrax-AK § 574 BGB Nr. 2 mAnm *Börstinghaus*; *Singbartl/Henke* NZM 2017, 289; *Börstinghaus* jurisPR-BGHZivilR 9/2017 Anm. 2; *Sandidge/Wichert* MietRB 2017, 153; *Beyer* jurisPR-MietR 12/2017 Anm. 2; BGH NZM 2013, 22 = NJW 2013, 225 = MietPrax-

2. Die freie Alternativwohnung

An dem **Tatbestandsmerkmal „benötigt"** fehlt es, wenn dem Vermieter eine andere freistehende Wohnung zur Verfügung steht, durch die sein Bedarf gedeckt werden kann. Entscheidend ist der Zeitpunkt des Zugangs der Kündigung. Zu diesem Zeitpunkt muss die **Alternativwohnung** frei sei sein. Es genügt nicht, dass die Wohnung zum Ablauf der Kündigungsfrist frei wird, weil es dem Vermieter nicht zuzumuten ist, einen dann „fliegenden" Umzug dreier Haushalte zu organisieren.[408] Der Vermieter muss seinen Wohnbedarf in der Alternativwohnung ohne wesentliche Einschränkungen verwirklichen können.[409] Der Vermieter kann nur dann auf eine unvermietete oder nachträglich frei gewordene Wohnung aus seinem Bestand verwiesen werden, wenn er den von ihm bestimmten Wohnbedarf in der Alternativwohnung ohne wesentliche Abstriche befriedigen kann.[410] Ein Verweis auf die Alternativwohnungen scheidet aber auf jeden Fall dann aus, wenn der Vermieter vernünftige und nachvollziehbare Gründe hat, warum er in die gekündigte und nicht in die freie Alternativwohnung ziehen will.[411] Die Gerichte sind auf keinen Fall befugt, die Vorstellungen des Vermieters durch eigene Meinungen zu ersetzen.[412] Das BVerfG betont in diesem Zusammenhang, dass die Gerichte die Entscheidung des Eigentümers über seinen Wohnbedarf grds. respektieren müssen und ihm nicht fremde Vorstellungen über angemessenes Wohnen und seine weitere Lebensplanung aufdrängen dürfen.[413] Der Vermieter wird durch Art. 14 Abs. 1 S. 1 GG in seiner Freiheit geschützt, die Wohnung bei Eigenbedarf selbst zu nutzen oder durch privilegierte Angehörige nutzen zu lassen. Dabei haben die Gerichte den Entschluss des Vermieters, die vermietete Wohnung nunmehr selbst zu nutzen oder durch den – eng gezogenen – Kreis privilegierter Dritter nutzen zu lassen, grundsätzlich zu achten und ihrer Rechtsfindung zugrunde zu legen. Ebenso haben sie grundsätzlich zu respektieren, welchen Wohnbedarf der Vermieter für sich oder seine Angehörigen als angemessen ansieht. Die Gerichte sind daher nicht berechtigt, ihre Vorstellungen von angemessenem Wohnen verbindlich an die Stelle der Lebensplanung des Vermieters (oder seiner Angehörigen) zu setzen.[414]

3. Einzelne Nutzungsinteressen

Der Vermieter kann kündigen, wenn er bisher **keine eigene Wohnung** hatte und vernünftige Gründe für die Begründung eines Hausstands sprechen, etwa wenn der Vermieter nicht mehr mit seinen Eltern in einer Wohnung zusammenleben möchte;[415] wenn der Vermieter bisher in der Wohnung seiner Schwiegermutter gelebt hat;[416] wenn eine 59-jährige Reiseleiterin eine feste Wohnung benötigt, weil ihre Entlassung bevorsteht.[417]

Ebenso ist die Kündigung berechtigt, wenn der Vermieter seine bisherige **Wohnung verloren** hat. Unerheblich ist es, ob der Vermieter seinen Wohnbedarf selbst verschuldet

---

AK § 573 BGB Nr. 43 mAnm *Börstinghaus; Schach* MietRB 2013, 2; *Blank* WuM 2013, 47; *Both* jurisPR-MietR 2/2013 Anm. 2; *Drasdo* NJW-Spezial 2013, 34; *Wiek* WuM 2013, 271.
[408] Ähnlich BGH NJW 2009, 1141 = NZM 2008, 642 = MietPrax-AK § 573 BGB Nr. 15 mAnm *Börstinghaus*.
[409] *Rolfs* in Staudinger BGB § 573 Rn. 116; *Caspers* ZAP F. 4, 1889 (1895).
[410] LG Berlin ZMR 2020, 582 (583) unter Hinweis auf BVerfG NJW 1989, 970.
[411] BVerfG NJW 1989, 970.
[412] BVerfG WuM 1989, 114.
[413] BVerfGE 79, 292 (304 f.); 89, 1 (9); BVerfG NJW 1994, 995; 1995, 1480 (1481); NJW-RR 1999, 1097 (1098).
[414] So auch die stRspr des VIII. Senats: BGH NJW 2015, 1590 = NZM 2015, 378 = MietPrax-AK § 573 BGB Nr. 49 mAnm *Börstinghaus; Blank* jurisPR-MietR 8/2015 Anm. 4; *Drasdo* NJW-Spezial 2015, 321; *Bittner* MietRB 2015, 162; *Rolfs* LMK 2015, 369226; BGH NZM 2018, 983 = MietPrax-AK § 573 BGB Nr. 73 mAnm *Börstinghaus; Börstinghaus* jurisPR-BGHZivilR 20/2018 Anm. 3; *Kappus* NZM 2018, 987; *Mettler* MietRB 2019, 8.
[415] LG Düsseldorf WuM 1989, 414.
[416] AG Ludwigsburg WuM 1989, 417.
[417] OLG Düsseldorf ZMR 1992, 386 = WuM 1993, 49.

hat. Dem Vermieter ist es auch nicht zuzumuten, mit dem Vermieter seiner bisherigen Mietwohnung einen Rechtsstreit über die Wirksamkeit der Kündigung zu führen.[418]

113　Ähnliche Gesichtspunkte gelten für den **Erwerber** eines Mietshauses oder einer Eigentumswohnung. Insbesondere ist die Kündigung nicht deshalb ausgeschlossen, weil der Vermieter die Wohnung in vermietetem Zustand erworben hat.[419] Eine Gesetzesauslegung, die dem Eigentümer das Kündigungsrecht allein deshalb versagt, weil er den Bedarfsgrund willentlich herbeigeführt hat, missachtet die durch Art. 14 Abs. 1 GG garantierte Befugnis des Eigentümers, sein Leben unter Nutzung seines Eigentums nach seinen Vorstellungen einzurichten.[420] Wer finanzielle Mittel oft nach längerer Ansparung und/oder unter Aufnahme von Krediten dazu verwendet, eine Eigentumswohnung zu erwerben, um in dieser selbst zu wohnen, gestaltet sein Leben selbst dann vernünftig und nachvollziehbar, wenn er sich hierzu allein deswegen entschließt, um schlichtweg „Herr seiner eigenen vier Wände" zu sein.[421]

114　Will der Erwerber die Wohnung vor dem Selbstbezug gründlich sanieren oder modernisieren und ist hierzu eine **Baugenehmigung erforderlich,** so setzt die Wirksamkeit der Kündigung nicht voraus, dass die Genehmigung bereits erteilt ist.[422] Anderseits muss die Eigennutzungsabsicht aber in angemessener Zeit verwirklicht werden. Der Vermieter darf die beabsichtigten Umbaumaßnahmen insbes. nicht jahrelang hinausschieben und die Wohnung in der Zwischenzeit leerstehen lassen.[423] Wenn der nach einer Eigenbedarfskündigung angekündigte Umbau aber nicht genehmigungsfähig ist, kann die Eigenbedarfskündigung unberechtigt sein.[424]

115　Ebenso kann der Vermieter kündigen, wenn er in Zukunft eine **größere Wohnung** nutzen will. Auch müssen die Gerichte die Entscheidung des Eigentümers über seinen Wohnbedarf grds. respektieren und dürfen ihm nicht fremde Vorstellungen über angemessenes Wohnen und seine weitere Lebensplanung aufdrängen.[425] Dem Vermieter darf der Nutzungswunsch nicht „ausgeredet" werden. Der vom Vermieter geltend gemachte Wohnbedarf ist nicht auf Angemessenheit, sondern nur auf Rechtsmissbrauch zu überprüfen. Rechtsmissbräuchlich ist nicht schon der überhöhte, sondern erst der weit überhöhte Wohnbedarf. Die Wertung, ob der geltend gemachte Wohnbedarf weit überhöht ist, haben die Gerichte unter Abwägung der beiderseitigen Interessen anhand objektiver Kriterien unter konkreter Würdigung der Einzelfallumstände zu treffen.[426] Dabei lassen sich keine Richtwerte (etwa Wohnfläche) aufstellen, ab welcher Grenze bei einem Alleinstehenden von einem weit überhöhten Wohnbedarf auszugehen ist. Denn diese Beurteilung hängt nicht allein von der in Anspruch genommenen Wohnfläche oder der Anzahl der Räume ab, sondern von einer umfassenden Würdigung der gesamten Umstände des Einzelfalls.[427] Nicht beanstandet wurde, wenn ein Eigentümer eine 72 m² große Wohnung kündigt, um diese mit seiner derzeit genutzten 65m² großen Wohnung zusammenzulegen um so für sich und seine künftige Ehefrau eine angemessen große Wohnung zu

---

[418] BayObLG WuM 1981, 200 = NJW 1981, 2197.
[419] BGHZ 103, 91 (100) = NJW 1988, 904; BGHZ 222, 133 = NJW 2019, 2765 = MietPrax-AK § 574 BGB Nr. 4 mAnm *Börstinghaus*; *Börstinghaus* jurisPR-BGHZivilR 15/2019 Anm. 2; *Monschau* MietRB 2019, 225 (226, 227, 228); *Drasdo* NJW-Spezial 2019, 546; *Rolfs* LMK 2019, 419565; BGH NZM 2020, 276 NJW 2020, 1215 = MietPrax-AK § 574 BGB Nr. 5 mAnm *Börstinghaus*; *Abramenko* MietRB 2020, 67; *Börstinghaus* jurisPR-BGHZivilR 7/2020 Anm. 2; BayObLG WuM 1981, 200.
[420] BVerfGE 79, 292 (305); 81, 29 (34).
[421] BVerfG NJW 1994, 309 (310).
[422] OLG Frankfurt a. M. WuM 1992, 421 = ZMR 1992, 383 = DWW 1992, 335.
[423] BVerfG WuM 2002, 21 (22).
[424] BGH WuM 2011, 300 = MietPrax-AK § 573 BGB Nr. 34 mAnm *Börstinghaus*.
[425] BVerfG NJW 1989, 114.
[426] BVerfGE 68, 361 (373 f.); BVerfG NJW 1993, 1637 (1638); WuM 1993, 380 (384); NJW 1994, 995 (996); 1994, 2605 (2606); 1995, 1480 f.
[427] BGH NJW 2015, 1590 = NZM 2015, 378 = MietPrax-AK § 573 BGB Nr. 49 mAnm *Börstinghaus*; *Blank* jurisPR-MietR 8/2015 Anm. 4; *Drasdo* NJW-Spezial 2015, 321; *Bittner* MietRB 2015, 162; *Rolfs* LMK 2015, 369226.

schaffen.⁴²⁸ Wer in einer 100 m² großen Wohnung lebt, kann eine weitere 100 m² große Wohnung kündigen, wenn er in den Räumen eine Puppensammlung (!) unterbringen, sowie zwei Arbeitszimmer und ein Zimmer für ein Kindermädchen einrichten will.⁴²⁹ Eine andere Beurteilung kann geboten sein, wenn der Eigentümer ein vermietetes Haus mit zahlreichen Zimmern kündigt, obwohl er nur einen Bruchteil der Räumlichkeiten selbst nutzen will.⁴³⁰ Ein vernünftiger Grund liegt vor, wenn der Vermieter eine größere Wohnung nutzen will, damit er jedem seiner Kinder ein eigenes Zimmer zur Verfügung stellen kann;⁴³¹ wenn der Vermieter mit seiner insgesamt 4-köpfigen Familie von einer 3-Zimmer-Wohnung in eine 4-Zimmer-Wohnung umziehen will;⁴³² wenn der Vermieter mit seiner vierköpfigen Familie von einer 80m² großen 2-Zimmer-Wohnung in eine 110 m² große 4-Zimmer-Wohnung umziehen will;⁴³³ wenn eine Vermieterin aus einer 49 m² großen 2-Zimmer-Wohnung in eine ca. 75 m² große 3-Zimmer-Wohnung umziehen möchte, damit sie dort längerdauernden Besuch von Familienangehörigen empfangen kann.⁴³⁴ Das Nutzungsinteresse an einer größeren Wohnung entfällt nicht, wenn der Vermieter durch eine geschicktere Möblierung seiner bisherigen Wohnung zusätzlichen Raum schaffen könnte.⁴³⁵ Dagegen wurde ein Nutzungsinteresse verneint, wenn eine Lehrerin mit der Begründung kündigt, dass sie die Wohnung als Arbeitszimmer benötigt.⁴³⁶ Das wäre wohl ein allenfalls nach der Generalklausel des § 573 Abs. 1 BGB zu berücksichtigender Betriebsbedarf, wenn die Lehrerin in dieser Wohnung nicht auch wohnen und leben will.

Ebenso kann ein Nutzungsinteresse gegeben sein, wenn der Vermieter in eine kleinere **116** Wohnung umziehen möchte, weil ihm die **bisherige Wohnung zu groß** geworden ist. Grundsätzlich spielt es keine Rolle ob der Vermieter den Bedarf durch vorangegangene Fehlplanungen selbst verursacht hat.⁴³⁷ So liegt ein anerkennenswertes Nutzungsinteresse vor, wenn eine ältere kranke Vermieterin aus einer 132 m² großen Wohnung in eine Kleinwohnung mit 47 m² umziehen möchte⁴³⁸ oder weil der Vermieter umziehen will, weil die Kleinwohnung einfacher zu bewirtschaften ist und die Gartenpflege entfällt.⁴³⁹ Das Gleiche gilt, wenn eine Vermieterin, die bisher mit ihrem Mann ein 200 m² großes Haus bewohnt hat, dieses nach dem Tod des Ehemannes verkaufen und in eine 100 m² große Wohnung einziehen will⁴⁴⁰ oder wenn ein kinderloses Ehepaar aus einer 130 m² großen Wohnung in eine kleinere Wohnung umziehen möchte⁴⁴¹ auch um Ausgaben einzusparen.

Ist die bisherige **Wohnung zu teuer** kann ebenfalls ein Nutzungsinteresse bejaht wer- **117** den, wenn der Vermieter auf die Mieteinnahmen aus seiner bisher genutzten größeren Wohnung angewiesen ist, um das Haus erhalten zu können⁴⁴² oder wenn ein Vermieter mit einem Monatseinkommen von ca. 700 EUR umziehen will, weil er hierdurch ca. 100 EUR/mtl.⁴⁴³ bzw. 120,– EUR/mtl.⁴⁴⁴ einspart. Das Gleiche gilt, wenn der allein-

---

⁴²⁸ BVerfG ZMR 1993, 315 = WuM 1994, 131.
⁴²⁹ BVerfG NJW 1994, 994.
⁴³⁰ BVerfG GE 1993, 1327.
⁴³¹ LG Hamburg WuM 1991, 38.
⁴³² AG Stuttgart WuM 1989, 414.
⁴³³ LG Hannover WuM 1989, 302.
⁴³⁴ LG Hamburg WuM 1994, 683.
⁴³⁵ LG Mannheim DWW 1995, 113.
⁴³⁶ AG Aachen WuM 1991, 590; zweifelhaft, weil die Nutzung eines Arbeitszimmers als Wohnungsnutzung zu bewerten ist.
⁴³⁷ BVerfG WuM 1993, 231, beabsichtigter Umzug aus finanziellen Gründen von einer 265m² großen Wohnung, in eine kleinere Wohnung, wenn die bisherige große Wohnung zwei Jahre vor der Kündigung durch Zusammenlegung zweier Einzelwohnungen geschaffen worden ist.
⁴³⁸ LG Wuppertal WuM 1989, 386.
⁴³⁹ LG Hamburg WuM 1989, 387.
⁴⁴⁰ LG Münster WuM 1990, 304.
⁴⁴¹ LG Frankfurt a. M. WuM 1990, 347.
⁴⁴² BVerfG WuM 1991, 661.
⁴⁴³ AG Bad Schwartau WuM 1989, 514.
⁴⁴⁴ LG Berlin MM 1994, 325.

stehende Angehörige des Vermieters aus einer teuren 165 m² großen Mietwohnung in eine dem Vermieter gehörende 60 m² große Wohnung umziehen will um Kosten zu sparen. Dies gilt jedenfalls dann, wenn der Angehörige mittellos ist und vom Vermieter unterhalten wird.[445] Ein Nutzungsinteresse wurde verneint, wenn ein Vermieter in ausreichenden Einkommensverhältnissen durch den Umzug lediglich 33,– EUR/mtl. sparen würde[446] oder wenn ein Vermieter kündigt, weil er in seiner jetzigen Wohnung eine Fehlbelegerabgabe zahlen muss.[447]

118 Auch eine **günstigere Verbindung zum Arbeitsplatz** kann für die Kündigung ebenfalls ausreichen. Das ist zB der Fall, wenn der Vermieter bisher 4 km mit der Straßenbahn fahren musste, während die gekündigte Wohnung 400 m vom Arbeitsplatz entfernt liegt.[448] Demgegenüber wurde ein Nutzungsinteresse verneint, wenn der Vermieter an seinem Arbeitsplatz eine Zweitwohnung einrichten will und der bisherige Wohnsitz 37 km entfernt liegt und in 30 Minuten mit dem Zug oder dem Auto zu erreichen ist[449] oder wenn die Wohnung des Vermieters 20 Autobahnkilometer vom Arbeitsplatz entfernt liegt und die vermietete Wohnung lediglich gelegentlich zu Übernachtungen benutzt werden soll.[450]

119 Auch **sonstige vernünftige Wünsche** des Vermieters können die Kündigung rechtfertigen. Das gilt zB, wenn der Vermieter seinen Lebensabend in seinem früheren Elternhaus verbringen möchte[451] oder wenn ein Vermieter in das eigene Haus einziehen will, weil er in diesem Fall seine ebenfalls dort lebenden Eltern besser pflegen kann.[452] Eine anerkennenswertes Nutzungsinteresse besteht auch, wenn der Vermieter von einer Wohnung im Obergeschoß in eine gleich große vermietete Erdgeschoß-Wohnung umziehen will[453], weil ihm dort eine Terrasse, ein Wintergarten und ein Garten zur Verfügung steht. Ein zur Kündigung berechtigender Grund liegt auch vor, wenn ein Vermieter von seiner Ehefrau getrennt leben möchte und eine hinreichende Gewissheit besteht, dass die Wohnung des Mieters auf Dauer oder doch auf längere Zeit benötigt wird.[454]

120 Es ist nicht erforderlich, dass der Vermieter die Wohnung **auf Dauer nutzen will;** ein Nutzungsinteresse für eine vorübergehende Zeit kann genügen.[455] Der Begriff des „Benötigens" in § 573 Abs. 2 Nr. 2 BGB setzt zwar ernsthafte, vernünftige und nachvollziehbare Gründe des Vermieters voraus, warum er die Wohnung künftig selbst oder durch nahe Angehörige nutzen will. Damit sind aber generell keine zeitlichen Mindestanforderungen an die Nutzung verbunden, so dass auch eine Nutzung als Zweitwohnung vom Tatbestandsmerkmal im Einzelfall erfasst sein kann.[456] Maßgeblich sind die Umstände des Einzelfalls, wobei von den Gerichten der Entschlusses des Vermieters, die vermietete Wohnung selbst zu nutzen oder durch einen Dritten nutzen zu lassen zu respektieren ist.[457] Im Hinblick auf die heute übliche und teilweise auch verlangte Mobilität in der heutigen Gesellschaft dürfen an die Dauer des geltend gemachten Eigenbedarfs keine allzu strengen

---

[445] AG Tiergarten GE 2011, 617.
[446] LG Hamburg WuM 1990, 27.
[447] LG Wiesbaden WuM 1997, 48.
[448] LG Stuttgart WuM 1991, 106.
[449] LG Hamburg ZMR 1992, 503 = DWW 1992, 342 mablAnm *Mutter* ZMR 1992, 505.
[450] LG Regensburg WuM 1992, 192.
[451] LG Berlin GE 1993, 479.
[452] AG Neuss WuM 1990, 350.
[453] AG Dortmund ZMR 2020, 759.
[454] AG Lüdenscheid DWW 1996, 374.
[455] BVerfG NJW 2014, 2417; BGH NJW 2015, 1590 = NZM 2015, 378 = MietPrax-AK § 573 BGB Nr. 49 mAnm *Börstinghaus; Blank* jurisPR-MietR 8/2015 Anm. 4; *Drasdo* NJW-Spezial 2015, 321; *Bittner* MietRB 2015, 162; *Rolfs* LMK 2015, 369226.
[456] BGH NZM 2017, 846 = MietPrax-AK § 573 BGB Nr. 69 mAnm *Börstinghaus;* BGH NZM 2018, 983 = MietPrax-AK § 573 BGB Nr. 73 mAnm *Börstinghaus; Börstinghaus* jurisPR-BGHZivilR 20/2018 Anm. 3; *Kappus* NZM 2018, 987; *Mettler* MietRB 2019, 8.
[457] BVerfGE 79, 292 (304 f.); 89, 1 (9); BVerfG NJW 1994, 995; 1995, 1480 (1481); NJW-RR 1999, 1097 (1098).

D. Die Kündigung wegen Eigenbedarfs Kap. 11

Anforderungen mehr gestellt werden.[458] Auch einem Nutzungsinteresse von etwa einem Jahr kann deshalb heutzutage nicht abgesprochen werden, dass er auf vernünftigen und nachvollziehbaren Gründen beruht.[459] Eine feste zeitliche Grenze lässt sich aber kaum ziehen.[460] Zum Teil wird vorgeschlagen, dass in Fällen des zeitlich begrenzten Bedarfs eine Abwägung zwischen dem Erlangungsinteresse des Vermieters und dem Bestandsinteresse des Mieters angezeigt ist.[461] Kriterien können hierfür ua sein[462], dass **(1)** die Dauer der Nutzungszeit noch nicht hinreichend sicher feststeht; **(2)** der Vermieter einen besonders dringenden Wohnbedarf hat, etwa weil ihm seine bisherige Wohnung nicht mehr zur Verfügung steht; **(3)** der Vermieter ein besonders gewichtiges Interesse an der vorübergehenden Nutzung hat, etwa weil sein Arbeitsplatz in unmittelbarer Nähe der Wohnung liegt und der Vermieter seinen Arbeitsplatz schnell erreichen muss; **(4)** die vorübergehende Nutzung aus finanziellen Gründen geboten ist, etwa weil alternative (Miet)wohnung erheblich teurer wären. So besteht ein anerkennenswertes Nutzungsinteresse, wenn ein Eigentümer sein bisher bewohntes Haus umbauen will und für die Umbauzeit von 18 Monaten eine Ersatzwohnung benötigt.[463] Gegen ein Nutzungsinteresse kann sprechen, wenn die Nutzung – falls der Vermieter die Räume angemietet hätte – als Mietverhältnis „zu nur vorübergehenden Gebrauch" iSv § 549 Abs. 2 Nr. 1 BGB zu bewerten wäre oder wenn der Vermieter die Wohnung nur für eine Übergangszeit von wenigen Monaten bis zur Fertigstellung eines Neubaus benötigt.[464]

Auch ein **Wohnbedarf,** der zwar nicht von seiner Gesamtdauer her zeitlich begrenzt ist, der aber nicht die ständige, sondern nur eine **zeitweise Nutzung** der Wohnung umfasst, erfüllt die Voraussetzungen des „Benötigens" der Räume „als Wohnung" und damit die Voraussetzungen einer Eigenbedarfskündigung nach § 573 Abs. 2 Nr. 2 BGB.[465] Deshalb berechtigt auch das Interesse des Vermieters die Räume aus vernünftigen und nachvollziehbaren Gründen als **Zweitwohnung** nutzen zu wollen zur Kündigung.[466] Hinsichtlich des Erlangungsinteresses kommt es maßgeblich auf die Würdigung der Umstände des Einzelfalls an. Erforderlich ist, dass dem Nutzungswunsch des Vermieters ein gewisses Gewicht beizumessen ist.[467] Das erfordert konkrete Angabe bereits im Kündigungsschreiben.[468] Ein ausländischer Vermieter, der sich auf Grund ausländerrechtlicher Vorschriften lediglich 180 Tage im Jahr in Deutschland aufhalten darf, muss aus diesem Grunde darlegen, wie lange er sich tatsächlich in Deutschland aufhalten will.[469] Vernünftige Gründe für die Nutzung als Zweitwohnung liegen vor, wenn der Vermieter die Räumlichkeiten benötigt, um sich regelmäßig, ggf. auch kurzfristig in familiärer bzw. häuslicher Atmosphäre mit seiner aus einer früheren Beziehung stammenden inzwischen dreizehnjährigen Tochter in

121

---

[458] BGH NJW 2015, 1590 = NZM 2015, 378 = MietPrax-AK § 573 BGB Nr. 49 mAnm *Börstinghaus; Blank* jurisPR-MietR 8/2015 Anm. 4; *Drasdo* NJW-Spezial 2015, 321; *Bittner* MietRB 2015, 162; *Rolfs* LMK 2015, 369226.
[459] BGH NJW 2015, 1590 = NZM 2015, 378; LG Landau NJW-RR 1993, 81; AG Bonn WuM 1980, 53; AG Neumarkt WuM 1990, 510; aA BayObLG WuM 1993, 252 (254) [auf mehrere Jahre angelegt]; LG München I WuM 1993, 677 f. [mindestens drei Jahre]; AG Köln WuM 1992, 250 (251) [auf mehrere Jahre ausgerichtete Nutzung].
[460] BGH NJW 2015, 1590.
[461] *Fleindl* NZM 2016, 289 (293).
[462] BayObLG WuM 1993, 252.
[463] AG Neumarkt WuM 1990, 510.
[464] LG Nürnberg-Fürth WuM 1991, 40.
[465] BVerfG NJW 2014, 2417; BGH NZM 2005, 143 = MietPrax-AK § 574 BGB Nr. 1 mAnm *Börstinghaus*; BGH NJW 2015, 1590 = NZM 2015, 378 = MietPrax-AK § 573 BGB Nr. 49 mAnm *Börstinghaus; Blank* jurisPR-MietR 8/2015 Anm. 4; *Drasdo* NJW-Spezial 2015, 321; *Bittner* MietRB 2015, 162; *Rolfs* LMK 2015, 369226.
[466] BGH NZM 2018, 983 = MietPrax-AK § 573 BGB Nr. 73 mAnm *Börstinghaus; Börstinghaus* jurisPR-BGHZivilR 20/2018 Anm. 3; *Kappus* NZM 2018, 987; *Mettler* MietRB 2019, 8; BVerfG NJW 2014, 2417.
[467] AG Neustadt a. d. Aisch WuM 2017, 196; *H. Schmidt* NZM 2014, 609 (619).
[468] AG Köln WuM 2012, 328.
[469] Insoweit zutreffend: AG Wolfratshausen NZM 2013, 758.

einer anderen Stadt treffen will[470] oder wenn ein in München ansässiger Vermieter eine in Hamburg gelegene Wohnung berufsbedingt an etwa acht bis zehn Arbeitstagen im Monat nutzen will[471]. Das gilt auch, wenn sich eine ausländische Vermieterin immer wieder für längere Zeit in Deutschland aufhält und bei dieser Gelegenheit die Wohnung benötigt.[472] Demgegenüber wurde in der Vergangenheit ein anerkennenswertes Kündigungsinteresse verneint, wenn der Vermieter eine $4^1/_2$-Zimmer-Wohnung mit 132m^2 kündigt, um dort ca. einmal wöchentlich zu übernachten[473] oder wenn er die Wohnung nur zu gelegentlichen Übernachtungen nutzen will,[474] wozu auch die Nutzung nur als Wochenendwohnung zählt[475].

4. Einzelne Überlassungsinteressen an privilegierte Dritte

122 Der Vermieter kann **zugunsten eines Angehörigen** kündigen, wenn diesem keine eigene Wohnung zur Verfügung steht, sei es, weil der Angehörige bislang noch im elterlichen Haushalt wohnt, sei es, weil er seine bisherige Wohnung verloren hat. Der Grund des Wohnungsverlustes ist unerheblich; insbes. ist eine Kündigung auch dann möglich, wenn der Angehörige den Verlust der bisherigen Wohnung selbst verschuldet hat.[476] Etwas anderes kann gelten, wenn der Angehörige in Absprache mit dem Vermieter seine bisherige Wohnung allein deshalb aufgibt, damit der Vermieter den Mieter aus der Wohnung drängen kann.

123 Für die Kündigung genügt es, wenn der Vermieter dem Angehörigen eine Wohnung zur Verfügung stellen will, die gegenüber der bisherigen Wohnung Vorteile bietet. Hiervon ist auszugehen, wenn der **Angehörige bislang unzureichend untergebracht** war.[477] Erforderlich ist dies allerdings nicht. Auch hier gilt der Grundsatz, dass der Vermieter zu bestimmen hat, welchen Raumbedarf er für seine Angehörigen als angemessen ansieht.[478] Ebenfalls liegt ein berechtigtes Interesse iSd § 573 BGB vor, wenn Eltern ihrem Kind eine Wohnung überlassen wollen, um die Selbständigkeit des Kindes zu fördern[479] oder wenn der Vermieter seinem Sohn und dessen Familie statt der bisher genutzten 64m^2 großen Wohnung eine Wohnung mit 93 m^2 zur Verfügung stellen will, die näher am Arbeitsplatz des Sohnes liegt.[480] Dabei ist es unerheblich, ob der Angehörige auf das Arbeitseinkommen angewiesen ist.[481] Auch die Absicht, einem 12- oder 14-jährigem Kind alters- und entwicklungsbedingt den Wunsch nach Rückzugs- und Privatsphäre durch zusätzliche Zimmer zu ermöglichen rechtfertigt eine Eigenbedarfskündigung.[482]

124 Ein berechtigte Überlassungsinteresse liegt auch vor, wenn der **Sohn des Vermieters** mit seiner Freundin[483] oder Lebensgefährtin[484] eine 4-Zimmer-Wohnung erhalten soll oder wenn der 23-jährige, alleinstehende Sohn des Vermieters in eine 80 m^2 große Wohnung

---

[470] LG Berlin WuM 2013, 741; die Verfassungsbeschwerde wurde nicht zur Entscheidung angenommen; NJW 2014, 2417 = NZM 2014, 624.
[471] LG Hamburg WuM 1994, 431.
[472] BGH NZM 2018, 983; LG Hamburg WuM 1991, 491.
[473] LG Berlin NJW-RR 1997, 74.
[474] AG Köpenick WuM 2013, 678.
[475] AG Wegberg WuM 1972, 109; aA AG Hanau MDR 1980, 849.
[476] AA LG Berlin NJWE-MietR 1997, 7, danach soll ein Vermieter verpflichtet sein, für seine vorübergehend im Ausland tätige Tochter eine Wohnung vorzuhalten.
[477] LG Gießen NJW-RR 1994, 1290 = WuM 1994, 684.
[478] BGH NJW 2015, 1590 = NZM 2015, 378 = MietPrax-AK § 573 BGB Nr. 49 mAnm *Börstinghaus*; *Blank* jurisPR-MietR 8/2015 Anm. 4; *Drasdo* NJW-Spezial 2015, 321; *Bittner* MietRB 2015, 162; *Rolfs* LMK 2015, 369226.
[479] BGH NJW 2010, 3775 = NZM 2011, 30 = MietPrax-AK § 573 BGB Nr. 30 mAnm *Börstinghaus*; *Lehmann-Richter* MietRB 2011, 10; *Drasdo* NJW-Spezial 2011, 35.
[480] LG Siegen WuM 1989, 389.
[481] LG Hamburg NJW-RR 1994, 204.
[482] AG München ZMR 2021, 126.
[483] LG Hannover WuM 1989, 416.
[484] OLG Karlsruhe WuM 1982, 151.

einziehen möchte.[485] Ebenso anerkennenswert ist der Wunsch, einem in einer mit Teppichboden ausgestatteten Wohnung an einer Stauballergie leidenden Familienangehörigen eine größere Wohnung mit Parkettboden ausgestattete Wohnung zur Verfügung zu stellen.[486] Dabei ist es unerheblich, ob außer dem Angehörigen noch weitere Personen in die Wohnung einziehen sollen. Ein Überlassungsinteresse ist anzunehmen, wenn der Vermieter seiner Tochter eine Wohnung von ca. 150 m² zum Zwecke der Familiengründung überlassen will.[487] Wird die Kündigung ua auch mit Kinderwünschen begründet, so ist es nicht erforderlich, dass sich dieser Wunsch bereits in Form einer Schwangerschaft konkretisiert hat.[488]

Ein Überlassungsinteresse kann zu verneinen sein, wenn eine 74 m² große 2-Zimmer-Wohnung zugunsten des **Sohnes des Vermieters** gekündigt wird, obwohl dem Sohn eine 100 m² große 4-Zimmer-Wohnung zur Verfügung steht[489] oder wenn der Vermieter seinem Enkel ein 90 m² großes Haus überlassen will, damit dieser selbständiger wird[490]. Das kann auch dann gelten, wenn der alleinstehende Sohn des Vermieters ohne eigene Einkünfte ein gut vermietetes Einfamilienhaus nutzen soll[491] oder wenn der Vermieter seiner Tochter ein geräumiges Einfamilienhaus mit Garten überlassen will, obwohl diese als Studienanfängerin über kein eigenes Einkommen verfügt.[492] Unvernünftig iSd der höchstrichterlichen Rechtsprechung kann es auch sein, wenn der Vermieter für seinen in der Berufsausbildung befindlichen Sohn eine 4-Zimmer-Wohnung zum Mietwert von 900,– EUR /mtl. beansprucht.[493]

125

Selbstverständlich ist ein Überlassungsinteresse auch dann zu bejahen, wenn die Aufnahme des Angehörigen **in den eigenen Interessen des Vermieters** liegt, etwa wenn sich die Mutter des Vermieters um dessen Kleinkind kümmern soll[494] oder wenn der Vermieter eine Pflegeperson aufnehmen will.[495] Es ist insoweit nicht erforderlich, dass die Person bereits namentlich feststeht. Vielmehr genügt es, wenn auf Grund konkreter Tatsachen zu erwarten ist, dass der Vermieter die Dienste in naher Zukunft benötigt.[496] IdR ist zu verlangen, dass der Vermieter konkrete Maßnahmen zur Suche und Auswahl der Pflegeperson getroffen hat.[497]

126

5. Auswahlrecht des Vermieters

Hat der Vermieter einen ernsthaften Nutzungs-/Überlassungswillen und liegt außerdem ein anerkanntes Nutzungsinteresse vor, so kann er die von ihm gewünschte Wohnung grds. **nach Belieben auswählen.** Der Vermieter ist nicht verpflichtet, demjenigen Mieter zu kündigen, der von der Vertragsbeendigung am wenigsten getroffen wird.[498] Der Bestandsschutz des Mieters ist vom Gesetzgeber gerade zweistufig geregelt.[499] Zunächst kann der

127

---

[485] LG Kassel WuM 1989, 417.
[486] AG Düsseldorf WuM 1989, 301.
[487] BVerfG NJW 1995, 1480.
[488] BVerfG NJW 1995, 1480.
[489] LG Frankfurt a. M. WuM 1989, 246.
[490] LG Stade WuM 1990, 239.
[491] LG Köln WuM 1990, 119.
[492] AG Bonn WuM 1990, 214.
[493] LG München I WuM 1990, 352.
[494] LG Berlin ZMR 1989, 425.
[495] LG Potsdam WuM 2006, 44; AG Miesbach WuM 1993, 615.
[496] BGH NJW 1994, 2542; BayObLG WuM 1982, 125; OLG Hamm WuM 1986, 269; aA AG Gelsenkirchen ZMR 2015, 130.
[497] LG Kiel WuM 1990, 22.
[498] BGHZ 126, 357 = NJW 1994, 2542; BayObLG (obiter dictum unter II. 2a der Entscheidungsgründe) NJW 1982, 1159; LG Berlin ZMR 2020, 582; *Rolfs* in Staudinger BGB § 573 Rn. 140, 141, falls alle der in Betracht kommenden Wohnungen für den Vermieter gleichermaßen geeignet sind; Bamberger/Roth/*Hannappel* BGB § 573 Rn. 62; Erman/*Lützenkirchen* BGB § 573 Rn. 25 **aA** LG Hannover WuM 1990, 305; *Sternel* MietR, 1988, Kap. IV Rn. 137.
[499] Ausführlich *Sternel* NZM 2018, 473.

Vermieter das Mietverhältnis nur dann ordentlich kündigen, wenn er ein berechtigtes Interesse an der Beendigung des Mietverhältnisses hat. Bei der Prüfung dieses berechtigten Interesses werden Mieterinteressen nicht berücksichtigt. Liegt ein zur Kündigung berechtigendes Interesse des Vermieters an einer ordentlichen Kündigung des Mietverhältnisses vor, kann der Mieter sich in einer zweiten Stufe auf seine persönlichen Härtegründe oder fehlenden Ersatzwohnraum berufen. Die Mieterinteressen sind dann gegenüber den berechtigten Vermieterinteressen, die zur Kündigung berechtigten, abzuwägen. Im Hinblick auf diese zweite Stufe des Härteeinwandes gem. § 574 BGB kann es für den Vermieter deshalb sinnvoll sein, eine Art Sozialauswahl bei der Auswahl der Wohnung und des zu kündigenden Mieters mitzuberücksichtigen. Der Vermieter ist hierzu aber nicht verpflichtet. Er handelt auch nicht treuwidrig, wenn er demjenigen Mieter vergleichbarer Wohnungen kündigt, dessen Mietverhältnis am längsten besteht und der die niedrigste Miete zahlt.[500]

128 Das Gericht hat grds. auch nicht zu prüfen, ob eine andere vermietete Wohnung für die Zwecke des Vermieters **geeigneter** wäre oder ob es Mieter gibt, denen der Vermieter wegen einer Vertragsverletzung fristlos kündigen könnte.[501] Deshalb muss der Vermieter auch nicht vortragen in welcher Weise und aus welchen Erwägungen er das Auswahlermessen ausgeübt hat.[502] Unerheblich ist auch, ob Räumlichkeiten vorhanden sind, die unter Verstoß gegen das Zweckentfremdungsverbot vermietet worden sind.[503] Eine solche Prüfung verbietet sich schon deshalb, weil die Mieter dieser Wohnungen am Verfahren nicht beteiligt sind. Etwas anderes kann gelten, wenn eine Sozialwohnung an einen Nichtberechtigten vermietet worden ist, die Behörde die Kündigung dieses Mietverhältnisses verlangt (§ 4 Abs. 8 WoBindG) und die fragliche Wohnung für die Zwecke des Vermieters tauglich ist.

VIII. Die treuwidrige Kündigung

1. Vorhandener oder absehbarer Eigenbedarf bei Vertragsschluss

129 a) **Die Rechtsgrundsätze.** Ein Vermieter setzt sich **zu seinem eigenen Verhalten dann in Widerspruch,** wenn er eine Wohnung auf unbestimmte Zeit vermietet, obwohl er entweder entschlossen ist oder zumindest erwägt, sie alsbald selbst in Gebrauch zu nehmen.[504] Er darf dem Mieter, der mit einer längeren Mietdauer rechnet, die mit jedem Umzug verbundenen Belastungen nicht zumuten, wenn er ihn über die Absicht oder zumindest die Aussicht begrenzter Mietdauer nicht aufklärt. Denn für den Mieter ist ein sich abzeichnender Eigenbedarf des Vermieters vor allem für die Entscheidung von Bedeutung, ob er eine Wohnung überhaupt anmieten und damit das Risiko eines Umzugs nach verhältnismäßig kurzer Mietzeit eingehen will.[505]

130 Vermietet der Vermieter eine Wohnung **unbefristet,** obwohl er weiß, dass bei ihm oder einem Angehörigen in absehbarer Zeit ein Bedarf an der eigenen Nutzung dieser Wohnung entstehen wird und kann er erkennen, dass der Mieter Interesse an einer langfristigen Nutzung der Wohnung hat, so muss er den Mieter über die eventuelle nur kurze Nut-

---

[500] LG Berlin ZMR 2020, 582.
[501] AA AG Bonn NJW-RR 1993, 978.
[502] AA AG Gelsenkirchen ZMR 2011, 478.
[503] AA AG Bonn WuM 1993, 125.
[504] BVerfGE 79, 292 (308); BVerfG NJW-RR 1993, 1357; BGH NJW 2009, 1139 = NZM 2009, 236 = MietPrax-AK § 573 BGB Nr. 18 mAnm *Börstinghaus; Lehmann-Richter* MietRB 2009, 125; *Blank* LMK 4/2009 Anm. 2; BGH NJW 2013, 1596 = NZM 2013, 419 = MietPrax-AK § 573 BGB Nr. 45 mAnm *Börstinghaus; Dötsch* MietRB 2013, 166; *Zehelein* WuM 2013, 365; *Krapf* jurisPR-MietR 12/2013 Anm. 2; *Drasdo* NJW-Spezial 2013, 385; BGH WuM 2010, 512 = MietPrax-AK § 573 BGB Nr. 26 mAnm *Börstinghaus;* BGH NJW 2015, 108 = NZM 2015, 296 = MietPrax-AK § 573 BGB Nr. 48 mAnm *Börstinghaus; Schmid* MietRB 2015, 97; *Drasdo* NJW-Spezial 2015, 290.
[505] BGH NJW 2009, 1139 = NZM 2009, 236; BGH WuM 2010, 512 = NJW 2013, 1596 = NZM 2013, 419.

zungsmöglichkeit informieren oder gleich einen Zeitmietvertrag abschließen. Er ist deshalb mit solchen Bedarfsgründen ausgeschlossen, die bereits beim Abschluss des Mietvertrags vorlagen. In diesem Fall bestimmt das Gericht nicht in unzulässiger Weise bei der Lebensplanung des Vermieters mit, sondern „hindert ihn lediglich an der Durchsetzung seines Selbstnutzungswunsches aus Gründen, die er in zurechenbarer Weise selbst gesetzt hat".[506]

Der Vermieter ist allerdings nur dann mit einer späteren Eigenbedarfskündigung ausgeschlossen, wenn er eine solche Kündigung bereits beim Abschluss des Mietvertrags **beabsichtigt oder dies ernsthaft in Erwägung zieht.**[507] Der Vermieter muss keine „Bedarfsvorschau" anstellen, dh er ist nicht verpflichtet, von sich aus vor Abschluss eines unbefristeten Mietvertrags unaufgefordert Ermittlungen über einen möglichen künftigen Eigenbedarf anzustellen.[508] Der Vermieter ist auch nicht verpflichtet sein, den Mieter ungefragt über mögliche oder konkret vorhersehbare Eigenbedarfssituationen zu unterrichten.[509] Etwas anderes hat allerdings dann zu gelten, wenn der Vermieter anlässlich des Vertragsabschlusses von sich aus oder auf Fragen des Mieters vorsätzlich unrichtige Angaben über den derzeitigen Stand ihm bekannter, für die Beurteilung einer Eigenbedarfssituation maßgebender Tatsachen gemacht hat. Bei einer vorsätzlichen Falschauskunft ist eine gleichwohl erklärte Kündigung als rechtsmissbräuchlich einzustufen. Fahrlässige Falschangaben rechtfertigen den Ausschluss der Eigenbedarfskündigung dagegen nicht.[510]

Die ausgesprochene Eigenbedarfskündigung ist in den Fällen vorhersehbaren Eigenbedarfs wegen **Rechtsmissbrauchs** gem. § 242 BGB unwirksam.[511] Ob die tatsächlichen Voraussetzungen des Rechtsmissbrauchs vorliegen ist auf Grund der Gesamtumstände zu entscheiden.[512] Die Hinweispflicht besteht dann, wenn bei Vertragsschluss hinreichend konkrete Anhaltspunkte dafür vorliegen, dass das Mietverhältnis nur von kurzer Dauer sein wird; die bloße Möglichkeit, dass später ein solcher Bedarf auftreten könnte, genügt nicht.[513] So liegt kein Rechtsmissbrauch vor, wenn der Vermieter nach kurzer Mietzeit kündigt, weil er seinen Arbeitsplatz verloren hat mit der weiteren Folge, dass er die Miete für die bisher genutzte Wohnung nicht mehr aufbringen kann[514] Andererseits ist es nicht erforderlich, dass der Vermieter den künftigen Bedarf genau kennt; es genügt, wenn der Vermieter den künftigen Bedarf bei vorausschauender Planung ernsthaft hätte in Erwägung ziehen müssen. Deshalb verstößt eine Kündigung wegen Eigenbedarfs gegen Treu und Glauben, wenn das Mietverhältnis 4 Monate nach Mietbeginn gekündigt wird, weil der Vermieter die Wohnung einem erkrankten Angehörigen überlassen will um diesen dort zu pflegen und zu versorgen und die Krankheit des Angehörigen bereits bei Vertragsschluss bestand. Es kommt in einem solchen Fall nicht darauf an, ob der Eintritt des Pflegefalls sicher prognostiziert werden kann. Vielmehr genügt „die naheliegende Möglichkeit des Eintritts des Eigenbedarfs in absehbarer Zeit".[515] Vorhersehbarer Eigenbedarf wird angenommen, bei Kündigungen vor Ablauf von fünf Jahren nach Vertragsschluss.[516] Das ist aber keine starre Frist. Wird die Kündigung alsbald nach Vertragsschluss erklärt, so kann hierin ein Indiz dafür liegen, dass diese bereits bei Vertragsschluss geplant war. Umgekehrt

---

[506] BVerfG NJW-RR 1993, 1357.
[507] *Rolfs* in Staudinger BGB § 573 Rn. 116.
[508] BGH NJW 2015, 108 = NZM 2015, 296 = MietPrax-AK § 573 BGB Nr. 48 mAnm *Börstinghaus; Schmid* MietRB 2015, 97; *Drasdo* NJW-Spezial 2015, 290.
[509] BGH NJW 2015, 108 = NZM 2015, 296.
[510] BGH NJW 2015, 108 = NZM 2015, 296; zust. *Wietz* WuM 2016, 323 (330).
[511] BGH NJW 2015, 108 = NZM 2015, 296.
[512] BGH NJW 2015, 108 = NZM 2015, 296.
[513] BVerfG WuM 1994, 132; BGH NJW 2013, 1596 = NZM 2013, 419 = MietPrax-AK § 573 BGB Nr. 45 mAnm *Börstinghaus; Dötsch* MietRB 2013, 166; *Zehelein* WuM 2013, 365; *Krapf* jurisPR-MietR 12/2013 Anm. 2; *Drasdo* NJW-Spezial 2013, 385.
[514] LG Ulm DWW 2008, 387.
[515] AG Bremen WuM 2008, 730.
[516] BVerfG WuM 1989, 114; LG Wuppertal WuM 1991, 691; LG Paderborn WuM 1994, 331; LG Gießen WuM 1996, 416; AG Darmstadt WuM 2001, 512.

kann eine längere Zeit zwischen Vertragsschluss und Kündigung gegen eine Kündigungsabsicht sprechen.[517]

133 Diese Grundsätze gelten aber nicht bei **Verlängerung** oder Neubegründung (Novation) **eines bereits bestehenden Mietverhältnisses**.[518] Dies beruht auf der Erwägung, dass der Mieter durch die Hinweispflicht vor den Nachteilen und Risiken geschützt werden soll, die mit einem Mietverhältnis von nur kurzer Dauer verbunden sind. Bei der Verlängerung oder Neubegründung eines seit langer Zeit bestehenden Mietverhältnisses spielt diese Erwägung keine Rolle.

134 **b) Die Hinweispflicht.** Die Hinweispflicht kann auch dadurch erfüllt werden, dass dem Mieter ein **Zeitmietvertrag** iSv § 575 Abs. 1 S. 1 Nr. 1 BGB angeboten wird.[519] Hierfür gilt bei einer Laufzeit von mehr als einem Jahr das Schriftformerfordernis des § 550 BGB. In diesem Fall ergibt sich die kurze Dauer des Mietverhältnisses aus dem Inhalt des Mietvertrags. Es genügt allerdings auch, wenn der Vermieter den Mieter vor Vertragsschluss darüber informiert, dass er die Mietsache alsbald wieder benötige. In diesem Fall hat der Vermieter seine vorvertragliche Hinweispflicht ebenfalls erfüllt, mit der Folge, dass der Haftungstatbestand entfällt. In diesem Fall gilt das Schriftformerfordernis weder für den Hinweis noch für den Mietvertrag insgesamt. Es handelt sich um einen Mietvertrag auf unbestimmte Zeit

135 Ein Hinweis auf den alsbald entstehenden Bedarf ist aber dann entbehrlich, wenn der Mieter beim Vertragsschluss **positive Kenntnis von den Plänen des Vermieters** hat. Es reicht allerdings nicht aus, wenn der Mieter die familiäre oder gesundheitliche (bei späterer Kündigung zugunsten einer Pflegeperson) Situation des Vermieters kennt. Es ist auch nicht Sache des Mieters, sich nach den Plänen des Vermieters zu erkundigen. Teilt der Vermieter trotz heranwachsender Kinder oder beengter Wohnverhältnisse oder einem hohem Lebensalter oder einer sichtbaren Krankheit dem Mieter nicht mit, dass das Mietverhältnis nur über wenige Jahre Bestand haben soll, so braucht der Mieter nicht in Erwägung zu ziehen, dass in den nächsten Jahren Eigenbedarf entstehen könnte.

136 **c) Absehbarer Bedarf des Eigentümers bei Zwischenvermietung.** Hat der Eigentümer einen absehbaren Bedarf und vermietet er die Wohnung für eine vorübergehende Zeit an einen Zwischenvermieter, so muss dieser den Endnutzer (Untermieter) darüber informieren, dass das Hauptmietverhältnis nur auf bestimmte Zeit abgeschlossen ist und dass der Eigentümer bei Mietende Eigenbedarf geltend machen werde. Bei Verletzung dieser Verpflichtung kann der Untermieter den Zwischenvermieter auf Schadensersatz in Anspruch nehmen. Der Eigentümer muss seinerseits den Zwischenvermieter zur Erteilung dieser Information verpflichten. Erfüllt der Eigentümer diese Verpflichtung nicht, so ist die nach Vertragseintritt gem. § 565 BGB ausgesprochene Kündigung als treuwidrig zu bewerten. Dies folgt aus der Erwägung, dass der Eigentümer durch die Einschaltung eines Zwischenvermieters keine Vorteile erlangen soll.[520]

137 **d) Die Darlegungs- und Beweislast.** Nach allgemeinen Grundsätzen muss der Mieter darlegen und beweisen, dass eine vorvertragliche Hinweispflicht bestanden hat und dass diese vom Vermieter nicht erfüllt worden ist. Demgemäß muss der Mieter darlegen und beweisen, (1) dass zwischen Vertragsschluss und Kündigung weniger als fünf Jahre liegen, (2) dass der Bedarf bereits bei Vertragsschluss gegeben war oder absehbar gewesen ist und, (3) dass der Vermieter keinen Hinweis auf die kurzzeitige Dauer des Mietverhältnisses gegeben hat. Da die unter (2) und (3) aufgeführten Umstände aber durchweg in der Sphäre des Vermieters liegen, muss der Vermieter im Rahmen einer sekundären Darlegungslast

---

[517] BGH NJW 2015, 108 = NZM 2015, 296.
[518] BGH NJW 2009, 1139 = NZM 2009, 236 = MietPrax-AK § 573 BGB Nr. 18 mAnm *Börstinghaus*; *Lehmann-Richter* MietRB 2009, 125; *Blank* LMK 4/2009 Anm. 2.
[519] BVerfG ZMR 1993, 505 = WuM 1994, 132.
[520] AG Hamburg WuM 1997, 219.

substantiiert darlegen, wann und auf Grund welcher Umstände der Bedarf eingetreten ist. Steht fest, dass der Bedarf bereits bei Vertragsschluss vorhanden gewesen ist, so muss der Vermieter substantiiert darlegen, wann und auf welche Weise er die Hinweispflicht erfüllt hat.

2. Verzicht auf Eigenbedarf bei Vertragsschluss

Die Parteien können bei Vertragsschluss den **Ausschluss der Eigenbedarfskündigung** 138 für eine bestimmte Zeit oder auf Dauer vereinbaren. Soll die Ausschlussvereinbarung für längere Zeit als ein Jahr gelten, so ist hierfür **Schriftform** erforderlich (§ 550 BGB).[521] Sind an einem Mietverhältnis auf der Mieterseite mehrere Personen beteiligt, so ist die Schriftform nur gewahrt, wenn die Vereinbarung von allen Mietern unterzeichnet wird. Ein Mieter kann sich zwar bei der Unterschriftsleistung durch einen anderen vertreten lassen. In diesem Fall muss sich allerdings aus einem Zusatz zur Unterschrift ergeben, dass der unterzeichnende Mieter nicht nur für sich, sondern auch für den Vertretenen handeln will.[522] Wird die Schriftform nicht beachtet, so ist das Mietverhältnis ohne Beachtung der Kündigungsbeschränkung jederzeit kündbar.[523] Ist der Mietvertrag nicht in der erforderlichen Schriftform gem. § 550 BGB abgeschlossen worden, so ist eine darauf gestützte vorzeitige Kündigung nicht deshalb treuwidrig, weil der Mietvertrag zuvor jahrelang anstandslos durchgeführt worden ist.[524] Härtefälle, die auftreten können, wenn ein Mieter im Vertrauen auf die Zusage besonders hohe Aufwendungen getätigt hat, müssen in Extremfällen über § 574 BGB gelöst werden. Bei außergewöhnlich hohen Aufwendungen ist aber zu berücksichtigen, dass der Mieter bewusst davon abgesehen, sich die Möglichkeit einer längerfristigen Nutzung des Mietobjekts durch Vereinbarung eines beiderseitigen befristeten Kündigungsausschlusses zu sichern.[525] Der ist in diesem Fall, wie der BGH es nennt, „sehenden Auges das Risiko eingegangen, dass finanzielle Investitionen in die Wohnung sich im Falle einer nur kurzen Mietdauer nicht angemessen amortisieren werden". Die Inkaufnahme dieses Risikos muss bei der Interessenabwägung nach § 574 Abs. 1 BGB zum Nachteil des Mieters ausschlagen.[526]

3. Überhöhter Bedarf

Eine Kündigung kann auch dann missbräuchlich sein, wenn ein „**weit überhöhter** 139 **Wohnbedarf**" geltend gemacht wird.[527] Dabei ist im Grundsatz davon auszugehen, dass die Gerichte die Entscheidung des Vermieters über seinen Bedarf zu achten haben.[528] Maßgeblich ist nicht, welchen Bedarf die Gerichte für angemessen halten; vielmehr kommt es darauf an, welchen Bedarf der Eigentümer nach seinen persönlichen Vorstellungen und Bedürfnissen für angemessen ansieht. Ein „weit überhöhter" Wohnbedarf ist deshalb erst

---

[521] BGH NJW 2007, 1742 = MietPrax-AK § 550 BGB Nr. 18 mAnm *Eisenschmid*.
[522] VerfGH Berlin GE 2012, 121.
[523] LG Hamburg ZMR 2001, 895.
[524] BGH NZM 2004, 97 = NJW 2004, 1103 = MietPrax-AK § 550 BGB Nr. 8 mAnm *Eisenschmid*; *Scheff* MietRB 2004, 103.
[525] BGH NJW 2013, 1596 = NZM 2013, 419 = MietPrax-AK § 573 BGB Nr. 45 mAnm *Börstinghaus*; *Dötsch* MietRB 2013, 166; *Zehelein* WuM 2013, 365; *Krapf* jurisPR-MietR 12/2013 Anm. 2; *Drasdo* NJW-Spezial 2013, 385.
[526] BGH NJW 2013, 1596 = NZM 2013, 419; AG Dortmund ZMR 2020, 759.
[527] BVerfG WuM 1989, 114.
[528] BVerfGE 79, 292 (304 f.); 89, 1 (9); BVerfG NJW 1994, 995; 1995, 1480 (1481); NJW-RR 1999, 1097 (1098); BGH NJW 2015, 1590 = NZM 2015, 378 = MietPrax-AK § 573 BGB Nr. 49 mAnm *Börstinghaus*; *Blank* jurisPR-MietR 8/2015 Anm. 4; *Drasdo* NJW-Spezial 2015, 321; *Bittner* MietRB 2015, 162; *Rolfs* LMK 2015, 369226; BGHZ 222, 133 = NJW 2019, 2765 = MietPrax-AK § 574 BGB Nr. 4 mAnm *Börstinghaus*; *Börstinghaus* jurisPR-BGHZivilR 15/2019 Anm. 2; *Monschau* MietRB 2019, 225 (226, 227, 228); *Drasdo* NJW-Spezial 2019, 546; *Rolfs* LMK 2019, 419565; BGH NZM 2018, 983 = MietPrax-AK § 573 BGB Nr. 73 mAnm *Börstinghaus*; *Börstinghaus* jurisPR-BGHZivilR 20/2018 Anm. 3; *Kappus* NZM 2018, 987; *Mettler* MietRB 2019, 8.

dann anzunehmen, wenn der Zugriff auf die Wohnung als „missbräuchlich" anzusehen ist. Dem Vermieter steht ein **weiter Ermessensspielraum** zu. Der vom Vermieter geltend gemachte Wohnbedarf ist nicht auf Angemessenheit, sondern nur auf Rechtsmissbrauch zu überprüfen. Rechtsmissbräuchlich ist nicht schon der überhöhte, sondern erst der weit überhöhte Wohnbedarf. Die Wertung, ob der geltend gemachte Wohnbedarf weit überhöht ist, haben die Gerichte unter Abwägung der beiderseitigen Interessen anhand objektiver Kriterien unter konkreter Würdigung der Einzelfallumstände zu treffen.[529] Dem Gericht ist es deshalb verwehrt, die Wünsche und Vorstellungen des Eigentümers daraufhin zu überprüfen, ob diese angemessen sind. Die Annahme von Rechtsmissbrauch muss auf Ausnahmefälle beschränkt sein. Es lassen sich keine Richtwerte (etwa Wohnfläche) aufstellen, ab welcher Grenze bei einem Alleinstehenden von einem weit überhöhten Wohnbedarf auszugehen ist.[530] Denn diese Beurteilung hängt nicht allein von der in Anspruch genommenen Wohnfläche oder der Anzahl der Räume ab, sondern von einer umfassenden Würdigung der gesamten Umstände des Einzelfalls.

140 Bei der Festlegung der **Missbrauchsgrenze** können beispielhaft folgende Umstände berücksichtigt werden: die Wohnfläche, die Anzahl der Zimmer, der Zuschnitt und die Ausstattung der Wohnung, die Bedürfnisse der Bedarfsperson, dessen Lebensentwurf und Lebensplanung, deren persönlichen und wirtschaftlichen Verhältnisse, die Lage auf dem Wohnungsmarkt, die Höhe der zu zahlenden oder vom Vermieter erlassenen Miete, ferner ob die Wohnung auf Dauer oder nur sporadisch genutzt werden soll und schließlich ob der Mieter für die eigene Nutzung einen großzügigen Maßstab anlegt.

141 Der Einwand des „weit überhöhten" Bedarfs ist unbeachtlich, wenn die Zahl der Personen, denen die Wohnung überlassen werden soll, nicht kleiner oder sogar größer als die Zahl der bisherigen Wohnungsnutzer ist. Dies gilt unabhängig von der Größe der Wohnung.[531]

IX. Die „Anbietpflicht"

1. Das Bestehen der Pflicht

142 Der wegen Eigenbedarfs kündigende Vermieter hat im Rahmen seiner **vertraglichen Rücksichtnahmepflicht** dem Mieter eine andere, ihm während der Kündigungsfrist zur Verfügung stehende für seine Zwecke nicht geeignete, aber den Bedürfnissen des Mieters genügende vergleichbare Wohnung zur Anmietung anzubieten. Diese Anbietpflicht[532] beruht auf der Erwägung, dass der Vermieter verpflichtet ist, die Folgen einer auf Eigenbedarf gestützten Kündigung für den Mieter so gering wie möglich zu halten.[533] Zwar wird

---

[529] BGH NJW 2015, 1590 = NZM 2015, 378 = MietPrax-AK § 573 BGB Nr. 49 mAnm *Börstinghaus*; *Blank* jurisPR-MietR 8/2015 Anm. 4; *Drasdo* NJW-Spezial 2015, 321; *Bittner* MietRB 2015, 162; *Rolfs* LMK 2015, 369226.
[530] BGH NJW 2015, 1590 = NZM 2015, 378.
[531] BGH NJW 2015, 2727 = NZM 2015, 657 = MietPrax-AK § 573 BGB Nr. 51 mAnm *Börstinghaus*; *Börstinghaus* jurisPR-BGHZivilR 16/2015 Anm. 1; *Elzer* MietRB 2015, 257; *Beyer* jurisPR-MietR 20/2015 Anm. 1; *Drasdo* NJW-Spezial 2015, 641.
[532] Dazu *Flatow* NZM 2017, 825.
[533] BGH NJW 2017, 547 = NZM 2017, 111 = MietPrax-AK § 573 BGB Nr. 62 mAnm *Börstinghaus*; jurisPR-BGHZivilR 3/2017 Anm. 1; *Börstinghaus* LMK 2017, 385346; *Derleder* WuM 2017, 104; *Selk* NJW 2017, 521; *Singbartl/Zintl* NZM 2017, 119; *Abramenko* MietRB 2017, 65 (66); *Meier* ZMR 2017, 150; *Schach* jurisPR-MietR 6/2017 Anm. 2; *Dubovitskaya/Weitemeyer* NZM 2017, 201; *Drasdo* NJW-Spezial 2017, 194; *Flatow* NZM 2017, 825; *Wedel* MietRB 2018, 29; *Hinz* JR 2018, 289; BGH NJW 2003, 2604 = NZM 2003, 681 = MietPrax-AK § 573 BGB Nr. 1 mAnm *Börstinghaus*; *Kappus* NZM 2003, 657; *Wiek* DWW 2003, 297; *Schwartmann* MietRB 2003, 5; *Schumacher* WuM 2004, 507; *Blank* LMK 2003, 177; BGHZ 165, 75 = NJW 2006, 220 = NZM 2006, 50 = MietPrax-AK § 573 BGB Nr. 8 mAnm *Börstinghaus*; *Blank* NJW 2006, 739; *Gütgemann* MietRB 2006, 93; *Timme* NZM 2006, 249; *Eisenhardt* BGHReport 2006, 146; BGH NJW 2010, 3775 = NZM 2011, 30 = MietPrax-AK § 573 BGB Nr. 30 mAnm *Börstinghaus*; *Lehmann-Richter* MietRB 2011, 10; *Drasdo* NJW-Spezial 2011, 35; BGH NJW 2003, 2604 = NZM 2003, 682 = MietPrax-AK § 573 BGB Nr. 2 mAnm *Börstinghaus*; *Wiek* DWW 2003, 297; *Häublein* NZM 2003, 970; *Löfflad* MietRB 2003, 4; *Blank* LMK 2003, 177.

der Vermieter durch Art. 14 Abs. 1 S. 1 GG in seiner Freiheit geschützt, die Wohnung bei Eigenbedarf selbst zu nutzen oder durch privilegierte Angehörige nutzen zu lassen, weshalb eine entsprechende Entscheidung des Vermieters grundsätzlich zu respektieren ist.[534] Dennoch ergibt sich aus der besonderen Bedeutung, die der Wohnung als Mittelpunkt der persönlichen Existenz eines Menschen zukommt und dem Besitzrecht des Mieters einen eigentumsgleichen Rang iSd Art. 14 Abs. 1 S. 1 GG verleiht[535], eine gesteigerte Pflicht zur Rücksichtnahme für den Vermieter.

143 Wenn der Vermieter nicht ausnahmsweise auf die **freie Alternativwohnung** verwiesen werden kann, so dass die Kündigung bereits deshalb unwirksam ist[536], muss er diese Wohnung dem gekündigten Mieter anbieten. Die Alternativwohnung muss mindestens zwei Bedingungen erfüllen: **(1)** Es muss sich um eine vergleichbare, im selben Haus oder in derselben Wohnanlage dem Vermieter zur Verfügung stehende Wohnung handeln, die auch vermietet werden soll, handeln.[537] Auf andere Wohnungen des Vermieters erstreckt sich die Anbietpflicht nicht. **(2)** Die Wohnung muss bis zum Ablauf der Kündigungsfrist frei werden.[538] Die Anbietpflicht besteht zunächst, wenn die Wohnung im Zeitpunkt des Kündigungsausspruchs freisteht. Gleiches gilt, wenn sie nach dem Ausspruch der Kündigung frei wird. In diesem Fall muss der Vermieter dem Mieter unverzüglich ein Mietangebot hinsichtlich dieser Wohnung unterbreiten. Hat der Mieter zunächst eine bei Kündigungsausspruch freie Alternativwohnung abgelehnt, muss der Vermieter ihm während der Kündigungsfrist frei werdende andere Wohnungen anbieten. Hat der Vermieter einen Wohnungsvermittler eingeschaltet, so muss dieser entsprechend informiert werden.[539] Da die Anbietpflicht nicht nur eine Obliegenheit, sondern eine echte nachvertragliche Pflicht darstellt, kann der Mieter den Anspruch auf die Anmietung der Wohnung auch klagweise geltend machen. Dies gilt allerdings nur so lange, als die Wohnung noch nicht weitervermietet worden ist.[540]

144 Der Mieter kann sich entscheiden, ob er in die Alternativwohnung umziehen will oder nicht. Der Vermieter kann dies nicht – vorauseilend – für den Mieter entscheiden, also eine Wohnung für den Mieter für ungeeignet halten. Stehen zum Zeitpunkt der Kündigung mehrere Alternativwohnungen zur Verfügung, muss der Vermieter grds. alle zur Vermietung bestimmten und für den Mieter geeigneten Wohnungen anbieten. Der Mieter muss entscheiden, welche Einschränkungen er bereits ist hinzunehmen. Das gilt sowohl für die Kosten der Wohnung wie auch für die Ausstattung. Die Wohnung muss nur vergleichbar sein, was aber großzügig auszulegen ist. Der Vermieter muss die Wohnung nicht zu den gleichen Bedingungen anbieten, zu der der Vormieter der Alternativwohnung diese zuvor angemietet hatte. Der Vermieter ist berechtigt, für die freistehende Wohnung die Marktmiete zu verlangen[541] bis zur Grenze des § 5 WiStG bzw. § 556g BGB (sog. Mietpreisbremse). Zur ordnungsgemäßen Erfüllung der Anbietpflicht muss der Vermieter den Mieter über die wesentlichen Bedingungen einer Anmietung (Größe und Ausstattung

---

[534] BVerfGE 79, 292 (304 f.); 89, 1 (9); BVerfG NJW 1994, 995; 1995, 1480 (1481); NJW-RR 1999, 1097 (1098).
[535] BVerfGE 89, 1 (5 f.); BVerfG NZM 2011, 479 (480).
[536] → Rn. 110.
[537] BGH NJW 2003, 2604 = NZM 2003, 681 = MietPrax-AK § 573 BGB Nr. 1 mAnm *Börstinghaus*; *Kappus* NZM 2003, 657; *Wiek* DWW 2003, 297; *Schwartmann* MietRB 2003, 5; *Schumacher* WuM 2004, 507; *Blank* LMK 2003, 177.
[538] BGH NJW 2003, 2604 = NZM 2003, 682 = MietPrax-AK § 573 BGB Nr. 2 mAnm *Börstinghaus*; *Kappus* NZM 2003, 657; *Wiek* DWW 2003, 297; *Häublein* NZM 2003, 970; *Löfflad* MietRB 2003, 4; *Blank* LMK 2003, 177; BGH WuM 2005, 741 = MietPrax-AK § 573 BGB Nr. 7 mAnm *Börstinghaus*; BGH NZM 2017, 559 = MietPrax-AK § 573 BGB Nr. 66 mAnm *Börstinghaus*; *Sandidge/Wichert* MietRB 2017, 213 (214); *Börstinghaus* jurisPR-BGHZivilR 15/2017 Anm. 2; *Drasdo* NJW-Spezial 2017, 482; *Brändle* ZfIR 2017, 483.
[539] LG Köln ZMR 2001, 897.
[540] LG München II WuM 1991, 577, einstweilige Verfügung.
[541] LG Mannheim ZMR 1996, 34; LG Berlin MDR 2015, 148, der Vermieter hat die ihm obliegende Anbietpflicht auch dann erfüllt, wenn die geforderte Miete über der ortsüblichen Miete liegt.

der Wohnung sowie Mietkonditionen) informieren.[542] Im Einzelfall kann die Anbietpflicht entfallen. Dies gilt insbesondere, wenn dem Mieter zuvor ein Fehlverhalten zur Last gefallen ist.[543]

145 Das Angebot auf die anzumietende Alternativwohnung muss vom Vermieter ausgehen.[544] Dessen Verpflichtung entfällt nicht, weil der Mieter von der freistehenden Wohnung anderweitig Kenntnis hat und dennoch nichts unternimmt, um die Wohnung zu erhalten.[545] Vielmehr hat der **Vermieter die Initiative zu ergreifen.** Der Vermieter muss dem Mieter die Anmietung anbieten und ihn hierbei über die Größe, die Ausstattung und die Mietkonditionen (Miete/Nebenkosten) informieren. Vor Erhalt dieser Informationen muss der Mieter keine rechtsverbindliche Erklärung über die Anmietung abgeben.[546] Steht die Alternativwohnung zum Zeitpunkt der Kündigung bereits frei, so muss das Mietangebot nicht im Kündigungsschreiben enthalten sein; eine Kündigung ohne Mietangebot ist wirksam, wenn die übrigen Voraussetzungen des § 573 Abs. 3 BGB vorliegen.[547] bis zur Grenze des § 5 WiStG. Die Anbietpflicht ist auch dann erfüllt, wenn der für die Ersatzwohnung verlangte Mietzins über der ortsüblichen Vergleichsmiete liegt.[548] Wird jedoch der höchstzulässige Mietpreis überschritten, so hat der Vermieter die Anbietpflicht nicht erfüllt.[549]

146 **Lehnt der Mieter das Angebot** einer Anmietung einer im Kündigungsschreiben angebotenen Alternativwohnung ab, weil er von der Unwirksamkeit der Kündigung ausgeht, ist der Vermieter seiner Verpflichtung nachgekommen. In diesem Fall kann der Vermieter die Wohnung anderweitig vermieten. Eine Räumungsklage ist nicht rechtsmissbräuchlich, weil der Vermieter seine Anbietpflicht erfüllt hat. Der Vermieter ist nicht verpflichtet, die Wohnung über längere Zeit freizuhalten. Das gilt auch für den Fall, dass der Vermieter die Alternativwohnung dem Mieter zu angemessenen Bedingungen anbietet, dieser aber erklärt, er wolle das Angebot annehmen, allerdings nur dann, wenn die Berechtigung zur Kündigung gerichtlich geklärt sei. Auch in diesem Fall besteht keine Vorhaltepflicht. Der Vermieter kann die Wohnung weitervermieten.

2. Rechtsfolgen eines Verstoßes gegen die Anbietpflicht

147 Ein Verstoß gegen die Anbietpflicht macht aber die **Kündigung nicht unwirksam** oder lässt die Ausübung der Rechte als rechtsmissbräuchlich erscheinen. Dies wurde bis 2016 vom BGH[550] in Übereinstimmung mit der Instanzrechtsprechung[551] und der hM in der Litera-

---

[542] BGH NJW 2010, 3775 = NZM 2011, 30 = MietPrax-AK § 573 BGB Nr. 30 mAnm *Börstinghaus*; *Lehmann-Richter* MietRB 2011, 10; *Drasdo* NJW-Spezial 2011, 35.
[543] BGH NJW 2010, 3775 = NZM 2011, 30 = MietPrax-AK § 573 BGB Nr. 30 mAnm *Börstinghaus*; *Lehmann-Richter* MietRB 2011, 10; *Drasdo* NJW-Spezial 2011, 35; BGH NJW 2003, 2604 = NZM 2003, 682 = MietPrax-AK § 573 BGB Nr. 2 mAnm *Börstinghaus*; *Kappus* NZM 2003, 657; *Wiek* DWW 2003, 297; *Häublein* NZM 2003, 970; *Löfflad* MietPrax-AK § 573 BGB Nr. 3, 4; *Blank* LMK 2003, 177; BGH NJW 2017, 547 = NZM 2017, 111 = MietPrax-AK § 573 BGB Nr. 62 mAnm *Börstinghaus* jurisPR-BGHZivilR 3/2017 Anm. 1; *Börstinghaus* LMK 2017, 385346; *Derleder* WuM 2017, 104; *Selk* NJW 2017, 521; *Singbartl/Zintl* NZM 2017, 119; *Abramenko* MietRB 2017, 65 (66); *Meier* ZMR 2017, 150; *Schach* jurisPR-MietR 6/2017 Anm. 2; *Dubovitskaya/Weitemeyer* NZM 2017, 201; *Drasdo* NJW-Spezial 2017, 194; *Flatow* NZM 2017, 825; *Wedel* ZMR 2018, 196; *Hinz* JR 2018, 289.
[544] BGH NJW 2010, 3775 = NZM 2011, 30 = MietPrax-AK § 573 BGB Nr. 30 mAnm *Börstinghaus*; *Lehmann-Richter* MietRB 2011, 10; *Drasdo* NJW-Spezial 2011, 35; OLG Karlsruhe WuM 1993, 105; LG Bochum WuM 1994, 473.
[545] BGH NJW 2010, 3775 = NZM 2011, 30 = MietPrax-AK § 573 BGB Nr. 30 mAnm *Börstinghaus*; *Lehmann-Richter* MietRB 2011, 10; *Drasdo* NJW-Spezial 2011, 35; LG Bochum WuM 1994, 473.
[546] BGH NJW 2010, 3775 = NZM 2011, 30 = MietPrax-AK § 573 BGB Nr. 30 mAnm *Börstinghaus*; *Lehmann-Richter* MietRB 2011, 10; *Drasdo* NJW-Spezial 2011, 35.
[547] LG Mannheim ZMR 1996, 34; LG Berlin MDR 2015, 148, der Vermieter hat die ihm obliegende Anbietpflicht auch dann erfüllt, wenn die geforderte Miete über der ortsüblichen Miete liegt.
[548] LG Berlin WuM 2015, 40.
[549] LG Mannheim ZMR 1996, 34.
[550] ZB BGH NJW 2015, 1590 = NZM 2015, 378 = MietPrax-AK § 573 BGB Nr. 49 mAnm *Börstinghaus*; *Blank* jurisPR-MietR 8/2015 Anm. 4; *Drasdo* NJW-Spezial 2015, 321; *Bittner* MietRB 2015, 162; *Rolfs* LMK 2015, 369226.

tur[552] noch so gesehen. Diese Rechtsprechung hat der VIII. Senat zu Recht aufgegeben.[553] Der Vermieter verhält sich nicht deswegen rechtsmissbräuchlich, weil er trotz einer Verletzung der Anbietpflicht an der Eigenbedarfskündigung festhält. Der Senat bejaht zwar weiterhin die Verpflichtung des Vermieter im Rahmen seiner vertraglichen Rücksichtnahmepflicht dem Mieter eine andere, ihm während der Kündigungsfrist zur Verfügung stehende vergleichbare Wohnung zur Anmietung anzubieten, sofern sich diese im selben Haus oder in derselben Wohnanlage befindet. Jedoch hat eine Verletzung dieser Verpflichtung gerade nicht mehr zur Folge, dass eine ursprünglich berechtigte Eigenbedarfskündigung nachträglich rechtsmissbräuchlich und damit unwirksam wird. Das Mietverhältnis ist durch die berechtigte Eigenbedarfskündigung beendet worden. Dies löst die Nebenpflicht aus, dem Mieter unter bestimmten Umständen zur Abmilderung der hierdurch eintretenden Auswirkungen eine verfügbare Alternativwohnung anzubieten. Eine rechtmäßig ausgesprochene Eigenbedarfskündigung kann nicht rückwirkend als unzulässige Rechtsausübung gem. § 242 BGB bewertet werden, weil der Vermieter seine Anbietpflicht bezüglich einer anderen Wohnung verletzt hat. Denn der Vermieter verstößt nicht durch den Ausspruch der Eigenbedarfskündigung gegen die Rechtsordnung, sondern erst dadurch, dass er eine ihm während der Kündigungsfrist zur Verfügung stehende geeignete Alternativwohnung nicht dem Mieter anbietet. Folglich haben auch die sich hieraus abzuleitenden Rechtsfolgen nicht an der wirksamen Kündigung, sondern an der pflichtwidrig unterlassenen Zurverfügungstellung einer Alternativwohnung anzusetzen. Die Verletzung der Anbietpflicht als vertragliche Rücksichtnahmepflicht im Sinne von § 241 Abs. 2 BGB kann daher wie jeder Verstoß gegen sonstige Nebenpflichten nur Schadensersatzansprüche des Mieters nach § 280 Abs. 1 BGB begründen. Diese Ansprüche sind allerdings nur auf Geldersatz gerichtet. Ein Anspruch des Mieters auf „Fortsetzung" des bisherigen Mietverhältnisses als Naturalrestitution nach § 249 Abs. 1 BGB kommt nicht in Betracht. Denn die Anbietpflicht, deren Verletzung Schadensersatzansprüche auslösen kann, bezieht sich nicht auf das gekündigte Vertragsverhältnis, sondern auf die Zurverfügungstellung einer anderen Wohnung. Dementsprechend stellte ein Anspruch auf „Fortsetzung" des alten Mietverhältnisses oder gar auf Abschluss eines neuen Mietvertrags über die gekündigte Wohnung keine zum Ausgleich dieser Pflichtverletzung geschuldete Naturalrestitution im Sinne von § 249 Abs. 1 BGB dar. Es würde gerade nicht der Zustand hergestellt, der bestünde, wenn der Vermieter pflichtgemäß die Alternativwohnung angeboten hätte.

Der Mieter muss also nur gestellt werden, als wenn der Vermieter seiner Verpflichtung zum Anbieten der Alternativwohnung nachgekommen wäre. In diesem Fall hätte der Mieter ggf. nur innerhalb des Hauses umziehen müssen, so dass größere **Umzugskosten** entfallen wären. Nur die zusätzlichen Kosten, also für den Umzug in ein anderes Gebäude, eventuelle **Maklerkosten, höhere Fahrtkosten** zur Arbeit oder eine **Mietdifferenz**[554], kann der Mieter als Schadensersatz verlangen. 148

3. Fälle, in denen keine Anbietpflicht besteht

Eine Anbietpflicht besteht nicht, wenn Umstände vorliegen, die die Neubegründung eines Mietverhältnisses mit diesem Mieter als **unzumutbar erscheinen** lassen. Dies ist dann der Fall, wenn dem Mieter ein Fehlverhalten zur Last fällt, das den Vermieter zur ordentlichen oder außerordentlichen Kündigung berechtigen würde. Spannungen unterhalb dieser 149

---

[551] OLG Karlsruhe NJW-RR 1993, 660; LG Osnabrück WuM 1998, 318; LG Berlin GE 1997, 240; LG Mannheim WuM 1996, 475; LG Bochum WuM 1994, 473; LG Hamburg WuM 1992, 192.
[552] *Lammel*, Wohnraummietrecht, § 573 Rn. 95; *Weidenkaff* in Palandt, BGB, 61. Aufl., § 573 Rn. 24.
[553] BGH NJW 2017, 547 = NZM 2017, 111 = MietPrax-AK § 573 BGB Nr. 62 mAnm *Börstinghaus*; *Börstinghaus* jurisPR-BGHZivilR 3/2017 Anm. 1; *Börstinghaus* LMK 2017, 385346; *Derleder* WuM 2017, 104; *Selk* NJW 2017, 521; *Singbartl/Zintl* NZM 2017, 119; *Abramenko* MietRB 2017, 65 (66); *Meier* ZMR 2017, 150; *Schach* jurisPR-MietR 6/2017 Anm. 2; *Dubovitskaya/Weitemeyer* NZM 2017, 201; *Drasdo* NJW-Spezial 2017, 194; *Flatow* NZM 2017, 825; *Wedel* ZMR 2018, 196; *Hinz* JR 2018, 289.
[554] Zum sog. Kündigungsfolgeschaden ausführlich *Siegmund* WuM 2017, 613.

Schwelle genügen nicht.[555] Ist keiner der jeweiligen Kündigungstatbestände erfüllt, so steht damit zugleich fest, dass dem Vermieter die Fortsetzung des Mietverhältnisses mit dem betreffenden Mieter zuzumuten ist.

150 Ebenfalls besteht keine Anbietpflicht, wenn der Vermieter nicht die Absicht hat, die **Wohnung an einen Dritten** zu vermieten. Der Vermieter ist nicht verpflichtet, eine freistehende Wohnung dem allgemeinen Wohnungsmarkt zuzuführen.[556] An der Verwirklichung anderer Verwendungsabsichten (Eigennutzung, Überlassung an privilegierte Angehörige; Eigennutzung zu gewerblichen Zwecken; Vermietung als Gewerberaum; Verwendung als Hausmeisterwohnung;[557] Verkauf) ist der Vermieter nicht gehindert.

151 Keine Anbietpflicht besteht hinsichtlich solcher Räume, die bislang als **Geschäftsraum** vermietet waren.[558] Das gilt uneingeschränkt zumindest dann, wenn der Vermieter eine derartiges Mietobjekt weiterhin als Geschäftsraum weitervermieten will. Allenfalls dann, wenn während des Laufs der Kündigungsfrist feststeht, dass die Räume zukünftig zulässigerweise als Wohnung vermietet werden sollen, muss der Vermieter diese zunächst dem gekündigten Mieter anbieten. Es müssen aber bis zum Ablauf der Kündigungsfrist die hierfür erforderlichen rechtlichen und tatsächlichen Voraussetzungen auch vorliegen.

152 Will der Vermieter eine einfach ausgestattete und deshalb preiswerte Wohnung modernisieren um sie sodann zu einem höheren Preis neu zu vermieten, so muss er die modernisierte Wohnung dem Mieter anbieten, wenn der Umbau vor Ablauf der Kündigungsfrist beendet ist.

153 Der Mieter hat allerdings keinen Anspruch darauf, dass ihm die nicht modernisierte Wohnung zu dem dafür angemessenen niedrigeren **Preis** angeboten wird.[559]

154 Außerdem besteht keine Anbietpflicht, wenn die Wohnung für den betreffenden Mieter **objektiv ungeeignet** ist. Dies gilt zunächst dann, wenn konkrete, sachlich begründete Zweifel an der Zahlungsfähigkeit des Mieters bestehen; in diesem Fall obliegt es dem Mieter, diese Zweifel auszuräumen. Gleiches gilt, wenn bereits die aktuelle Miete von der Gemeinde oder dem Jobcenter gezahlt wird und die neue Miete erheblich teurer wäre, mit der weiteren Folge, dass die Gemeinde oder das Jobcenter die Übernahme der Mietkosten verweigert.[560] Ebenso entfällt die Anbietpflicht, wenn die Wohnung für den Mieter und dessen Familie zu klein oder aus anderen Gründen ungeeignet ist. Dies muss allerdings anhand objektiver Kriterien festgestellt werden. Ebenso wie der Vermieter seinen Bedarf selbst bestimmen kann, steht es auch dem Mieter frei, über seinen Bedarf selbst zu entscheiden.[561] Die Anbietpflicht entfällt nur, wenn eine Vergleichbarkeit der freistehenden mit der gekündigten Wohnung von vorneherein ausscheidet.[562] Eine Überbelegung muss der Vermieter allerdings nicht hinnehmen.

155 Schließlich besteht keine Anbietpflicht, wenn mit hinreichender Sicherheit feststeht, dass der Mieter die Alternativwohnung ohnehin **nicht angemietet hätte.** Dies ist insbes. dann der Fall, wenn der Mieter vor oder nach Ausspruch der Kündigung gegenüber dem Vermieter zum Ausdruck gebracht hat, dass er an der Anmietung der Alternativwohnung kein Interesse habe.[563]

---

[555] LG Mannheim WuM 1996, 475.
[556] BVerfG NJW 1994, 435:
[557] AG Hamburg WuM 1992, 373.
[558] BGH NJW 2015, 1590 = NZM 2015, 378 = MietPrax-AK § 573 BGB Nr. 49 mAnm *Börstinghaus; Blank* jurisPR-MietR 8/2015 Anm. 4; *Drasdo* NJW-Spezial 2015, 321; *Bittner* MietRB 2015, 162; *Rolfs* LMK 2015, 369226.
[559] AA wohl LG Hamburg WuM 2001, 554.
[560] *Flatow* NZM 2017, 825 (830).
[561] BVerfG WuM 1992, 180; BGH NJW 2010, 3775 = NZM 2011, 30 = MietPrax-AK § 573 BGB Nr. 30 mAnm *Börstinghaus; Lehmann-Richter* MietRB 2011, 10; *Drasdo* NJW-Spezial 2011, 35; LG Berlin ZMR 2010, 38, Alternativwohnung im 1. OG für Mieter mit gehbehindertem Angehörigen; AG Mainz WuM 2007, 74.
[562] BGH NJW 2010, 3775 = NZM 2011, 30 = MietPrax-AK § 573 BGB Nr. 30 mAnm *Börstinghaus; Lehmann-Richter* MietRB 2011, 10; *Drasdo* NJW-Spezial 2011, 35.
[563] AA wohl LG Berlin DWW 2015, 187 = GE 2015, 731.

Hat der Vermieter ein Wohnraummietverhältnis gekündigt, weil er seine bisherige **156**
Wohnung aufgeben und statt dessen die Wohnung des Mieters nutzen will, so ist er nicht
verpflichtet, dem Mieter die bisher **von ihm selbst bewohnte Wohnung anzubieten,**
weil diese Wohnung erst dann frei wird, wenn der Vermieter nach dem Auszug des Mieters
in die gekündigte Wohnung eingezogen ist. Auf einen „fliegenden Wohnungswechsel"
muss sich der Vermieter nicht einlassen.[564] Eine Ausnahme kann gelten, wenn der sich der
Mieter bereit erklärt für die Übergangszeit ein Ausweichquartier zu nutzen und die Möbel
einzulagern.[565]

4. Anbietpflicht bei Vermietermehrheit

Die hier dargelegten Grundsätze gelten auch dann, wenn auf der Vermieterseite mehrere **157**
Personen stehen. Allerdings besteht **keine Anbietpflicht,** wenn die freigewordene Wohnung zur Nutzung durch einen der Vermieter oder zur Vermietung an einen privilegierten
Angehörigen eines Vermieters bestimmt ist. Gleiches gilt, wenn die freigewordenen Räume nicht mehr als Wohnung vermietet werden sollen. Bilden mehrere Vermieter eine
Gesellschaft bürgerlichen Rechts, die im Innenverhältnis die einzelnen Wohnungen auf die
Gesellschafter verteilt hat, so gilt die Anbietpflicht gleichwohl für alle freiwerdenden
Wohnungen, unabhängig davon, welchem Gesellschafter die Wohnung zugewiesen ist. Dies
gilt auch dann, wenn die Zuweisung auf notariellem Vertrag beruht[566] oder wenn an den
Wohnungen in der Folgezeit Sondereigentum begründet werden soll. Stets hat der gekündigte Mieter Vorrang gegenüber einem sonstigen Dritten.

5. Die Darlegungs- und Beweislast für den Schadensersatzanspruch

Der Mieter muss darlegen und beweisen, dass eine räumlich und zeitlich in Betracht **158**
kommende Alternativwohnung vorhanden war. Zu diesem Zweck steht ihm ein Auskunftsanspruch gegen den Vermieter zu, der auch im Wege einer selbständigen Klage
geltend gemacht werden kann.[567] Außerdem wird dem Mieter ein berechtigtes Interesse
iSd § 12 GBO an einer Grundbucheinsicht (erste Abteilung und das dort in Bezug genommene Bestandsverzeichnis) zugebilligt, damit er sich über den Wohnungsbestand des Vermieters informieren kann.[568] Einen Anspruch auf Erteilung einer Grundbuchauskunft (§ 45
Abs. 3 S. 1 GBVfg) hat der Mieter nicht.[569] Die Erfüllung der Anbietpflicht muss der
Vermieter darlegen und beweisen. Ebenso muss der Vermieter beweisen, dass der Mieter
das Angebot ausgeschlagen hat.

E. Die Kündigung wegen wirtschaftlicher Verwertung

I. Allgemeines

Nach § 573 Abs. 2 Nr. 3 BGB liegt ein Kündigungsgrund dann vor, wenn der Vermieter **159**
durch die Fortsetzung des Mietverhältnisses an einer angemessenen wirtschaftlichen Verwertung des Grundstücks gehindert und dadurch erhebliche Nachteile erleiden würde. Der
Tatbestand des Abs. 2 Nr. 3 besteht somit aus vier Elementen: **(1)** Der Vermieter muss die
Absicht haben, die Mietsache anderweitig zu verwerten. **(2)** Die Verwertung muss nach
den Gesamtumständen angemessen sein. **(3)** Der Bestand des Mietverhältnisses muss der
Verwertung entgegenstehen. **(4)** Im Falle der Hinderung der Verwertung müssen erheb-

---

[564] BGH NZM 2017, 763 Rn. 4.
[565] *Flatow* NZM 2017, 825 (828).
[566] LG Berlin GE 1997, 240.
[567] LG Berlin NJW-RR 1994, 859.
[568] OLG Frankfurt a. M. BeckRS 2019, 32272; OLG München FGPrax 2019, 3; LG Mannheim NJW 1992, 2492.
[569] LG Hamburg WuM 1993, 136.

liche Nachteile für den Vermieter eintreten. Die einzelnen Tatbestandselemente müssen kumulativ vorliegen. Fehlt ein Tatbestandsmerkmal, so ist die Kündigung unwirksam.

160 Der Kündigungstatbestand gilt auch für Mietverhältnisse in den **neuen Bundesländern**. Die früher bestehende Kündigungssperre für Mietverhältnisse, die vor dem 2.10.1990 begründet worden sind in Art. 232 § 2 Abs. 2 EGBGB ist durch das Gesetz v. 31.3.2004[570] aufgehoben worden.

II. Verfassungsrechtliche Vorgaben

161 Durch § 573 Abs. 2 Nr. 3 BGB soll den Belangen des Eigentümers an der **freien wirtschaftlichen Verfügbarkeit** Rechnung getragen werden. Dies bedeutet allerdings nicht, dass dieser Gesichtspunkt bei der Auslegung des Kündigungstatbestandes im Vordergrund steht. Das grundgesetzlich geschützte Eigentum ist durch Privatnützigkeit gekennzeichnet. Die Belange des Vermieters als Eigentümer sind mit dem Interesse des Mieters an der Nutzung der Wohnung als räumlichem Lebensmittelpunkt in gerechten Ausgleich zu bringen. Wegen der existentiellen Bedeutung der Wohnung ist das Eigentum an dieser im besonderen Maße dem Gemeinwohl verpflichtet und der gesetzgeberische Gestaltungsraum dementsprechend weit.[571] Die Interessen des Mieters am Erhalt der Wohnung sind gleichrangig zu berücksichtigen, weil das Eigentum an einer Wohnung in besonderem Maße dem Gemeinwohl verpflichtet ist. Insbesondere wird durch Art. 14 GG nicht gewährleistet, dass der Eigentümer durch die Verwertung vermieteter Wohnungen stets den maximalen Gewinn erzielen kann.[572] Daraus ergibt sich ein wichtiger Unterschied zur Eigenbedarfskündigung: Will der Vermieter die Wohnung aus nachvollziehbaren und vernünftigen Gründen selbst zu Wohnzwecken nutzen, reicht bereits ein ernsthafter Nutzungsentschluss für ein vorrangiges Erlangungsinteresse des Vermieters gegenüber den Interessen des Mieters aus.[573] Bei einer Verwertungskündigung nach § 573 Abs. 2 Nr. 3 BGB ist dagegen auf Seiten des Vermieters ein Interesse mit erheblich geringerem personalen Bezug betroffen als bei einer Eigenbedarfskündigung. Hier gibt das Gesetz dem Vermieterinteresse nur dann den Vorrang, wenn diesem bei Fortsetzung des Wohnraummietverhältnisses erhebliche Nachteile entstehen. Wo zu entscheiden ist, ob der Mieter oder der Eigentümer die Wohnung nutzen soll, wird dem Eigentümer der Vorrang eingeräumt, weil ihm die Räume als Eigentum zugeordnet sind.[574] Bei der Abwägung zwischen dem Nutzungsinteresse des Mieters und den Renditeinteressen des Eigentümers ist als zusätzliche Komponente das Gemeinwohl zu berücksichtigen. Hieraus kann sich ergeben, dass die **Renditeinteressen** des Eigentümers hinter dem Nutzungsinteresse des Mieters zurücktreten müssen. Andererseits darf der Kündigungstatbestand des Abs. 2 Nr. 3 aber nicht auf die Fälle beschränkt werden, in denen bei Hinderung der geplanten Verwertung die wirtschaftliche Existenz des Vermieters gefährdet wäre.[575] Es genügt, wenn der Eigentümer verkaufen will und der Verkauf der vermieteten Wohnung „wirtschaftlich sinnlos" ist[576] oder wenn die Einbußen des Vermieters einen Umfang annehmen, „welcher die Nachteile weit übersteigt, die dem Mieter im Falle des Verlustes der Wohnung erwachsen".[577] Hat der Eigentümer das Mietobjekt seinerseits mit

---

[570] BGBl. I 478.
[571] BVerfGE 79, 283 = NJW 1989, 972; BVerfG 15.3.1990 – 1 BvR 83/90 (juris).
[572] BVerfG 15.3.1990 – 1 BvR 83/90 (juris).
[573] BVerfG WuM 1989, 607; BGH NZM 2017, 405 = NJW 2017, 2018 = MietPrax-AK § 573 BGB Nr. 65 mAnm *Börstinghaus*; *Börstinghaus* jurisPR-BGHZivilR 11/2017 Anm. 3; *Hinz* NZM 2017, 412; *Hartmann* WuM 2017, 450; *Drasdo* NJW-Spezial 2017, 449; *Fleindl* ZMR 2017, 799.
[574] BGH NZM 2017, 405 = NJW 2017, 2018 = MietPrax-AK § 573 BGB Nr. 65 mAnm *Börstinghaus*; *Börstinghaus* jurisPR-BGHZivilR 11/2017 Anm. 3; *Hinz* NZM 2017, 412; *Hartmann* WuM 2017, 450; *Drasdo* NJW-Spezial 2017, 449; *Fleindl* ZMR 2017, 799.
[575] BVerfG WuM 1992, 46.
[576] BVerfG WuM 1992, 46: ein Verlust von 43.000 DM bei einem Verkehrswert von 135.000 DM.
[577] BVerfG WuM 1989, 118: ein Verlust von 250.000 DM bei einem Verkehrswert des Grundstücks von 500.000 DM; zum Begriff des Nachteils siehe auch *Brinkmann* ZMR 1992, 520.

einem bestehenden Mietverhältnis erworben, so ist es verfassungsrechtlich nicht zu beanstanden, wenn der wirtschaftliche Nachteil durch einen Vergleich des Einkaufspreises mit dem Verkaufspreis festgestellt wird.[578] Allerdings darf sich die Prüfung nicht auf diesen Gesichtspunkt beschränken. Die Gerichte müssen auch zu allen weiteren Gesichtspunkten Stellung nehmen, mit denen der Eigentümer seinen Nachteil begründet.[579] Daraus sind drei verfassungsrechtliche Leitlinien abzuleiten: **(1)** § 573 Abs. 2 Nr. 3 BGB dient nicht dazu dem Vermieter einen möglichst hohen Gewinn zu verschaffen. **(2)** Der Eigentümer muss auch Verluste in Kauf nehmen; diese Verluste müssen sich aber in Grenzen halten, wobei als Grenze nicht die Existenzvernichtung angesehen werden darf. **(3)** Die Interessensituation des Vermieters ist nicht schematisch, sondern einzelfallbezogen zu bewerten.

III. Die Tatbestandsvoraussetzungen

1. Absicht zur anderweitigen Verwertung

Der Vermieter muss die Absicht haben, die Mietsache anderweitig zu verwerten. Die **Verwertungsabsicht** in Abs. 2 Nr. 3 entspricht der Nutzungs-/Überlassungsabsicht in Abs. 2 Nr. 2. Hier wie dort muss es sich um eine ernsthafte Absicht handeln, die Absicht darf nicht vorgetäuscht werden, sie muss mit hinreichender Sicherheit feststehen und eindeutig sein, es dürfen keine rechtlichen oder tatsächlichen Verwertungshindernisse bestehen. Soll das Haus abgerissen werden und besteht in der Gemeinde ein Zweckentfremdungsverbot, so muss beachtet werden, dass die Kündigung nur wirksam ist, wenn für den Abriss eine Zweckentfremdungsgenehmigung erteilt ist.[580] Die Zweckentfremdungsgenehmigung muss dem Kündigungsschreiben jedenfalls nicht beigefügt werden, strittig ist aber, ob sie erwähnt werden muss. Für die Baugenehmigung/Abrissgenehmigung gilt etwas anderes. Während die Zweckentfremdungsgenehmigung nach ihrer Zielsetzung mieterschützenden Charakter hat, soll durch die **Baugenehmigung** lediglich sichergestellt werden, dass das Bauvorhaben den öffentlich-rechtlichen Baunormen entspricht. Dies hat zur Folge, dass die Wirksamkeit der Kündigung nicht davon abhängt, ob die Baugenehmigung bereits erteilt ist.[581] Der Vermieter muss mit seiner Kündigung auch nicht abwarten, bis die Genehmigung erteilt ist. Er darf aber erst dann kündigen, wenn seine Planung ein Stadium erreicht hat, in dem beurteilt werden kann, ob die Verwirklichung des Plans eine Kündigung rechtfertigt. Dies muss anhand der konkreten Umstände des Einzelfalls festgestellt werden. 162

Unvernünftige Verwertungsabsichten scheiden aus. Die Verwertungsabsicht muss zum Zeitpunkt der Kündigung bereits bestehen. Auch hier sind Vorratskündigungen unzulässig. Die Verwertungsabsicht muss zum Zeitpunkt der Kündigung noch vorhanden sein, andernfalls ist die Kündigung unwirksam. Entfällt die Verwertungsabsicht nach dem Ausspruch der Kündigung aber vor Ablauf der Kündigungsfrist, so muss der Vermieter dem Mieter ein Angebot zum Abschluss eines Vertrages über die Aufhebung der Kündigungswirkungen unterbreiten. Eine Verletzung dieser Verpflichtungen kann Schadensersatzansprüche zur Folge haben.[582] 163

Nach § 573 Abs. 2 Nr. 3 BGB können grundsätzlich alle Verwertungsabsichten berücksichtigt werden, mit Ausnahme derer, die nach Abs. 2 Nr. 3 Hs. 2–4 ausdrücklich ausgeschlossen sind. 164

Hierzu zählen beispielhaft: der **Verkauf des Hauses** oder der Wohnung;[583] der **Abriss** des Hauses, um das Grundstück anschließend anderweitig zu verwerten;[584] grundlegende 165

---

[578] BVerfG WuM 1991, 663.
[579] BVerfG WuM 1992, 669.
[580] LG Bonn ZMR 2014, 284 (285); *Häublein* NZM 2011, 668; aA LG Mannheim NZM 2004, 256.
[581] OLG Frankfurt a. M. WuM 1992, 421; BayObLG WuM 1993, 660.
[582] → Rn. 90.
[583] BVerfG DWW 1989, 77; OLG Koblenz WuM 1989, 164.
[584] BGHZ 179, 289 = NZM 2009, 234 = NJW 2009, 1200 = MietPrax-AK § 573 BGB Nr. 17 mAnm *Börstinghaus*; *Schach* GE 2009, 354; *Drasdo* NJW-Spezial 2009, 259; *Lützenkirchen* MietRB 2009, 159;

Modernisierungs- und/oder **Sanierungsmaßnahmen**.⁵⁸⁵ Dies gilt auch dann, wenn die Räume nach der Modernisierung zu einem höheren Mietzins als Wohnung weitervermietet werden sollen;⁵⁸⁶ die Zusammenlegung zweier Kleinwohnungen zu einer Großwohnung;⁵⁸⁷ die Aufteilung einer Großwohnung in mehrere Kleinwohnungen.⁵⁸⁸ Will der Vermieter die Räumlichkeiten an Gewerbetreibende, an Freiberufler oder an eine Behörde zu vermieten, kommt nur eine Kündigung nach der Generalklausel des § 573 Abs. 1 BGB in Betracht.⁵⁸⁹ Es handelt sich um einen Fall des Berufs- oder Geschäftsbedarfs, der zumindest bei der betrieblichen Eigennutzung bisher schon unter § 573 Abs. 1 BGB subsumiert wird. Auch die Umwidmung der Mietwohnung in eine zweckgebundene Werkmiet- oder Werkdienstwohnung stellt ebenfalls keine „Verwertung" iSv Abs. 2 Nr. 3 dar⁵⁹⁰ und allenfalls nach Abs. 1 zu einer Kündigung berechtigen.

166 Der **Abriss eines Gebäudes** als solcher ohne anschließende anderweitige Verwertung fällt nicht unter Abs. 2 Nr. 3.⁵⁹¹ Ist der Abriss erforderlich, um Leerstandskosten zu vermeiden, so kann eine solche Maßnahme unter § 573 Abs. 1 BGB fallen. Keine „Verwertung" ist regelmäßig gegeben, wenn der Vermieter deshalb kündigt, weil er bei Fortsetzung des Mietverhältnisses umfangreiche Instandsetzungsmaßnahmen durchführen müsste.⁵⁹² Die Beurteilung der Frage, ob dem Eigentümer durch den Fortbestand eines Mietvertrages erhebliche Nachteile entstehen und er deshalb zur Kündigung des Mietverhältnisses berechtigt ist, ist vor dem Hintergrund der Sozialpflichtigkeit des Eigentums (Art. 14 Abs. 2 GG) und damit des grundsätzlichen Bestandsinteresses des Mieters, in der bisherigen Wohnung als seinem Lebensmittelpunkt zu verbleiben, vorzunehmen.⁵⁹³ Ist wegen des Alters und schlechten baulichen Zustands eines Gebäudes gemessen an üblichen Wohnverhältnissen eine „Vollsanierung" oder ein Abriss mit anschließender Errichtung eines Neubaus geboten, kann ein erheblicher Nachteil des Vermieters iSd § 573 Abs. 2 Nr. 3 BGB darin liegen, dass er anderenfalls auf notdürftige Maßnahmen („Minimalsanierung") verwiesen ist, die weder zu einer nachhaltigen Verbesserung noch zur Verlängerung einer verhältnismäßig geringen Restlebensdauer des Gebäudes führen.⁵⁹⁴ Es geht dabei

---

Lützenkirchen MietRB 2009, 193; *Warnecke* jurisPR-MietR 8/2009 Anm. 1; *Rolfs/Schlüter* JZ 2009, 693, *Rolfs/Schlüter* LMK 4/2009 Anm. 4; *Disput/Hübner* ZMR 2009, 665: *Hinz* JR 2010, 116; sowie die gleichlautenden Urteile vom gleichen Tag VIII ZR 7/08 und VIII ZR 9/08; BGH NZM 2017, 756 = MietPrax-AK § 573 Nr. 68 mAnm *Börstinghaus*; *Geisler* jurisPR-BGHZivilR 22/2017 Anm. 1; *Bruns* NZM 2017, 759; *Beyer* jurisPR-MietR 25/2017 Anm. 3; *Drasdo* NJW-Spezial 2018, 1; LG Köln ZMR 2018, 674; LG Mannheim NZM 2004, 256; AG Düsseldorf WuM 1991, 168.
⁵⁸⁵ BayObLG WuM 1984, 16; LG Karlsruhe WuM 1991, 168; AG Neustadt ZMR 2008, 215; LG Berlin GE 1986, 453.
⁵⁸⁶ AG Köln WuM 1991, 170.
⁵⁸⁷ LG Berlin GE 1989, 311.
⁵⁸⁸ LG Hamburg WuM 1989, 393.
⁵⁸⁹ BGH NZM 2017, 405 = NJW 2017, 2018 = MietPrax-AK § 573 BGB Nr. 65 mAnm *Börstinghaus*; *Börstinghaus* jurisPR-BGHZivilR 11/2017 Anm. 3; *Hinz* NZM 2017, 412; *Hartmann* WuM 2017, 450; *Drasdo* NJW-Spezial 2017, 449; *Fleindl* ZMR 2017, 799; BGH NZM 2017, 559 = MietPrax-AK § 573 BGB Nr. 66 mAnm *Börstinghaus*; *Sandige/Wichert* MietRB 2017, 213 (214); *Börstinghaus* jurisPR-BGHZivilR 15/2017 Anm. 2; *Drasdo* NJW-Spezial 2017, 482; *Brändle* ZfIR 2017, 483.
⁵⁹⁰ AG Steinfurt WuM 1991, 166.
⁵⁹¹ BGH WuM 2021, 119 = MietPrax-AK § 573 BGB Nr. 77 mAnm *Börstinghaus*; *Börstinghaus* jurisPR-BGHZivilR 7/2021 Anm. 3; BGH NJW 2004, 1736 = NZM 2004, 377 = MietPrax-AK § 573 BGB Nr. 4 mAnm *Börstinghaus*; *Hinz* WuM 2004, 279; *Zich* MietRB 2004, 200.
⁵⁹² AA LG Aachen WuM 1991, 167.
⁵⁹³ BGHZ 179, 289 = NZM 2009, 234 = NJW 2009, 1200 = MietPrax-AK § 573 BGB Nr. 17 mAnm *Börstinghaus*; *Schach* GE 2009, 354; *Drasdo* NJW-Spezial 2009, 259; *Lützenkirchen* MietRB 2009, 159; Lützenkirchen MietRB 2009, 193; *Warnecke* jurisPR-MietR 8/2009 Anm. 1; *Rolfs/Schlüter* JZ 2009, 693, *Rolf/Schlüter* LMK 4/2009 Anm. 4; *Disput/Hübner* ZMR 2009, 665: *Hinz* JR 2010, 116; sowie die gleichlautenden Urteile vom gleichen Tag VIII ZR 7/08 und VIII ZR 9/08.
⁵⁹⁴ BGHZ 179, 289 = NZM 2009, 234 = NJW 2009, 1200 = MietPrax-AK § 573 BGB Nr. 17 mAnm *Börstinghaus*; *Schach* GE 2009, 354; *Drasdo* NJW-Spezial 2009, 259; *Lützenkirchen* MietRB 2009, 159; Lützenkirchen MietRB 2009, 193; *Warnecke* jurisPR-MietR 8/2009 Anm. 1; *Rolfs/Schlüter* JZ 2009, 693, *Rolfs/Schlüter* LMK 4/2009 Anm. 4; *Disput/Hübner* ZMR 2009, 665: *Hinz* JR 2010, 116; sowie die gleichlautenden Urteile vom gleichen Tag VIII ZR 7/08 und VIII ZR 9/08.

darum, ob für den Vermieter die sog. Opfergrenze[595] überschritten wird, so dass was die Instandsetzung angeht, wirtschaftliche Unmöglichkeit vorliegt. Die Verpflichtung des Vermieters zur Mangelbeseitigung endet dort, wo der dazu erforderliche Aufwand die Opfergrenze überschreitet. Wann diese Opfergrenze des Vermieters für die Wiederherstellung der Mietsache überschritten ist, ist im Einzelfall zu beurteilen. Es sind insoweit hohe Anforderungen zu stellen.[596] Anderenfalls kann der Mieter nach § 535 Abs. 1 BGB die Herstellung des vertragsgemäßen Zustands verlangen.

2. Angemessenheit der Verwertung

167 Die geplante Art der Verwertung muss **nach den Gesamtumständen angemessen** sein. Eine wirtschaftliche Verwertung ist angemessen iSd § 573 Abs. 2 Nr. 3 BGB, wenn sie von vernünftigen, nachvollziehbaren Erwägungen getragen wird.[597]

168 Soll das Grundstück oder eine Eigentumswohnung verkauft werden, so reicht hierzu jeder billigenswerte, vernünftige Grund aus, zB Verkauf der vermieteten Wohnung, um eine größere Wohnung zur Deckung des Familienbedarfs zu kaufen[598] oder der Verkauf eines vermieteten Objekts, weil der Vermieter den Kaufpreis zur Finanzierung eines Wohnhauses benötigt.[599] Auch der Verkauf einer vermieteten Wohnung, um die eigene selbstgenutzte Wohnung zu finanzieren[600] stellte ebenso einen vernünftigen Grund dar, wie der Verkauf einer Eigentumswohnung anlässlich der Ehescheidung[601] oder zur Finanzierung einer Arztpraxis[602] oder zur Deckung geschäftlicher Verbindlichkeiten.[603] Es ist nicht erforderlich, dass der Verkauf „zwingend" erforderlich ist.[604] Vielmehr ist die Dispositionsfreiheit des Vermieters über sein Eigentum grundsätzlich zu achten.[605]

169 Die Verwertung ist auch nicht allein deshalb unangemessen, weil der Vermieter das Mietobjekt selbst **in vermietetem Zustand erworben** hat.[606] Etwas kann gelten, wenn es sich um reine Spekulationsgeschäfte, also Kauf einer Wohnung in vermietetem Zustand zu niedrigem Preis in der Absicht, die freistehende Wohnung zu höherem Preis weiterzuverkaufen, handelt.[607] Die Kündigungstatbestände dienen nicht der Förderung des Immobilienhandels, sondern dem Bestandschutz. Deshalb liegt keine angemessene Verwertung vor, wenn der Vermieter das Haus im Wege der Zwangsversteigerung erworben hat und es mit Gewinn im leerstehenden Zustand verkaufen möchte.[608] Gleiches gilt, wenn der Vermieter eine vermietete Wohnung kauft, wegen Eigenbedarfs kündigt, seine hierauf gestützte Räumungsklage abgewiesen wird und er sodann eine Verwertungskündigung zum Zwecke des besseren Verkaufs ausspricht.[609]

---

[595] Dazu BGH NJW 2014, 1881 = NZM 2014, 432 = MietPrax-AK § 275 BGB Nr. 1 mAnm *Eisenschmid*; *Schach* jurisPR-MietR 9/2014 Anm. 3; BGH NJW-RR 1991, 204; NJW 1957, 826; MDR 1977, 660.
[596] LG Berlin MM 2011, Nr. 12, 28.
[597] BGHZ 179, 289 = NZM 2009, 234 = NJW 2009, 1200 = MietPrax-AK § 573 BGB Nr. 17 mAnm *Börstinghaus*; *Schach* GE 2009, 354; *Drasdo* NJW-Spezial 2009, 259; *Lützenkirchen* MietRB 2009, 159; *Lützenkirchen* MietRB 2009, 193; *Warnecke* jurisPR-MietR 8/2009 Anm. 1; *Rolfs/Schlüter* JZ 2009, 693, *Rolfs/Schlüter* LMK 4/2009 Anm. 4; *Disput/Hübner* ZMR 2009, 665: *Hinz* JR 2010, 116; sowie die gleichlautenden Urteile vom gleichen Tag VIII ZR 7/08 und VIII ZR 9/08.
[598] LG München II DWW 1988, 45.
[599] LG Trier WuM 1991, 273; LG Düsseldorf NJW-RR 1991, 1166.
[600] LG Frankenthal WuM 1991, 181.
[601] AG Bayreuth WuM 1991, 180.
[602] AG Bad Homburg WuM 1989, 303.
[603] LG Mannheim ZMR 1995, 315.
[604] AA LG Duisburg WuM 1991, 497.
[605] BVerfG WuM 1989, 118; 1992, 46.
[606] OLG Koblenz WuM 1989, 164.
[607] LG Osnabrück WuM 1990, 81; LG Hamburg WuM 1991, 185; AG Hamburg WuM 1991, 497; LG Freiburg WuM 1991, 183, wonach dieser Umstand jedenfalls bei der Prüfung der Angemessenheit gebührend zu berücksichtigen ist; iE ebenso *Sternel*, MietR, 1988, Kap. IV Rn. 148; MüKoBGB/*Häublein* § 573 Rn. 88.
[608] LG Düsseldorf WuM 1987, 321.
[609] LG München I WuM 1984, 247.

170 Ähnliches gilt bei **Risikogeschäften des Vermieters.** Hat er beim Kauf einer Eigentumswohnung seine Finanzierung dergestalt kalkuliert, dass die Unrentabilität und die damit verbundene Notwendigkeit einer alsbaldigen Weiterveräußerung bereits beim Erwerb in Erwägung zu ziehen ist, so ist die Kündigung zum Zwecke des Verkaufs ausgeschlossen. Hiervon kann beispielsweise ausgegangen werden bei erheblichen Verlusten von Steuervorteilen beim Bauherrenmodell[610], beim Kauf einer Wohnung mit einer Fremdfinanzierung von fast 100 %[611] oder wenn die Miete zur Deckung der laufenden Aufwendungen nicht ausreicht und dies bereits beim Erwerb erkennbar gewesen ist,[612] oder wenn dem Vermieter bereits im Zeitpunkt des Erwerbs bekannt ist, dass er wegen der hohen Fremdkapitalkosten keine Rendite erzielen kann.[613]

171 Gleiches gilt in den Fällen der **Fehlkalkulation:** Die Folgen einer fehlerhaften Kalkulation sollen nicht zu Lasten des Mieters gehen. Hat der Vermieter eine vermietete Eigentumswohnung zu einem überhöhten Preis erworben, so kann er nicht mit der Begründung kündigen, dass er das Objekt leerstehend verkaufen müsse um den Einkaufspreis zu erzielen.[614] Jedoch hat der Vermieter einen unwirtschaftlichen Kauf oder eine unwirtschaftliche Finanzierung dann nicht zu vertreten, wenn er zur Zeit des Kaufs oder der Kreditaufnahme ein hohes Einkommen hatte, später aber arbeitslos geworden ist.[615] Das gleiche gilt, wenn regional der Immobilien- und Mietemarkt zusammenbricht.

172 Ersteigert eine Hypothekenbank eine vermietete Eigentumswohnung oder das vermietete Einfamilienhaus eines zahlungsunfähigen Hypothekenschuldners und kündigt sie anschließend mit der Begründung, sie müsse das Mietobjekt möglichst gewinnbringend verkaufen, rechtfertigt dies grundsätzlich keine Verwertungskündigung.[616] Notleidende Kredite gehören zum typischen Risiko der Hypothekenbanken gehören. Sie können nicht über die Gewährung eines Kündigungsrechts auf den Mieter abgewälzt werden. Etwas anderes gilt allenfalls dann, wenn der Mietvertrag wegen **Gläubigerbenachteiligung** gem. § 3 AnfG angefochten werden könnte.[617] Es ist nicht erforderlich, dass der Mietvertrag angefochten wird. Nach § 3 Abs. 1 S. 1 AnfG ist eine Rechtshandlung anfechtbar, „die der Schuldner in den letzten 10 Jahren vor der Anfechtung mit dem Vorsatz, seine Gläubiger zu benachteiligen vorgenommen hat, wenn der andere Teil zur Zeit der Handlung den Vorsatz des Schuldners kannte". Nach § 3 Abs. 1 S. 2 AnfG wird die Kenntnis „vermutet, wenn der andere Teil wusste, dass die Zahlungsunfähigkeit des Schuldners drohte und dass die Handlung die Gläubiger benachteiligte". Der Tatbestand des § 3 Abs. 1 AnfG setzt mithin voraus, dass **(1)** die Gläubiger des Vermieters durch den Abschluss des Mietvertrags benachteiligt werden, **(2)** dass der Vermieter mit dem Vorsatz der Gläubigerbenachteiligung handelt und, **(3)** dass der Mieter den Vorsatz des Vermieters kennt. Das unter Nr. (1) beschriebene Tatbestandsmerkmal liegt vor, wenn die Zugriffsmöglichkeit der Gläubiger auf das Vermögen des Vermieters erschwert wird. Hiervon kann regelmäßig ausgegangen werden, wenn der Vermieter die Immobilie langfristig zu besonders günstigen Konditionen vermietet. Das unter Nr. (2) beschriebene Merkmal ist anzunehmen, wenn der Vermieter dem Mieter eine inkongruente Deckung verschafft. Dies ist der Fall, wenn der Mieter keinen Anspruch auf den Mietvertrag hat. Das unter Nr. (3) beschriebene Tatbestandsmerkmal wird vermutet. Es genügt, wenn der Mieter im Allgemeinen von dem Vorsatz der

---

[610] LG Köln WuM 1992, 132.
[611] AA AG Bayreuth WuM 1991, 180; AG München WuM 1991, 192.
[612] LG München NJW-RR 1992, 520; LG Wiesbaden WuM 1993, 195; 1994, 215.
[613] AG Hannover WuM 1991, 187; AG Lübeck WuM 1994, 542; ähnlich AG Nürnberg WuM 1988, 366.
[614] AG Hamburg WuM 1991, 696, Erwerb einer Wohnung im Verkehrswert von 65.000 DM zum Preis von 165.000 DM.
[615] LG Krefeld WuM 2010, 302.
[616] LG Hannover WuM 1991, 189; LG Dortmund WuM 1992, 23; LG Wiesbaden WuM 1993, 54; AG Bonn WuM 1991, 696; AG Münster WuM 1991, 194.
[617] BGH NZM 2008, 281 = MietPrax-AK § 573 BGB Nr. 14 mAnm *Börstinghaus; Kinne* GE 2008, 364; *Drasdo* NJW-Spezial 2008, 227.

E. Die Kündigung wegen wirtschaftlicher Verwertung Kap. 11

Gläubigerbenachteiligung Kenntnis hat; die Kenntnis von Einzelheiten ist nicht erforderlich.

Sanierungs- und Modernisierungsmaßnahmen sind idR angemessen, wenn hierdurch Wohnverhältnisse geschaffen werden sollen, wie sie allgemein üblich sind. Sogenannte Luxusmodernisierungen sind im Allgemeinen nicht angemessen. Ebenso wird es an der Angemessenheit fehlen, wenn die Sanierung deshalb erforderlich geworden ist, weil der Vermieter seine Instandhaltungspflicht jahrelang nicht erfüllt hat.[618] Gleiches gilt, wenn ein Vermieter Gewinne erzielen will, indem er vermietete Wohnungen aufkauft, die Mietverhältnisse zum Zwecke der Modernisierung kündigt um sie sodann freistehend mit Gewinn weiter zu veräußern.[619] Soweit die Maßnahmen unter § 555b BGB fallen, sind sie vom Mieter nach § 555d BGB zu dulden. Eine Kündigung kommt dann nicht in Betracht. 173

Der **Umbau einer Großwohnung** in mehrere Kleinwohnungen kann eine Form der angemessenen Verwertung sein, wenn die bisherige Nutzung der Räumlichkeiten unrentabel ist. Das setzt allerdings voraus, dass durch die gegenwärtige Vermietung Verluste erzielt werden und dass diese Verluste bei der Vermietung der Kleinwohnungen vermieden werden können. Allerdings fehlt es in Fällen dieser Art am Merkmal des Nachteils, wenn bereits die Vermietung der Großwohnung gewinnbringend ist und der Umbau nur zum Zwecke der Gewinnmaximierung durchgeführt werden soll.[620] 174

Der Abriss eines Gebäudes ist als wirtschaftliche Verwertung iSd § 573 Abs. 2 Nr. 3 BGB anzusehen, wenn das bisherige Gebäude durch einen Neubau ersetzt wird. Die Voraussetzungen der Verwertungskündigung sind erfüllt, wenn der Vermieter durch die Fortsetzung des Mietverhältnisses an einer angemessenen wirtschaftlichen Verwertung des Grundstücks gehindert ist und dadurch erhebliche Nachteile erleiden würde.[621] Eine solche Maßnahme ist angemessen, wenn sie „von vernünftigen, nachvollziehbaren Erwägungen getragen wird".[622] Hiervon ist auszugehen, wenn ein Erhalt des bestehenden Gebäudes unrentabel ist und einem Neubau keine Gründe des Denkmalschutzes oder sonstige bauordnungsrechtliche Hindernisse entgegenstehen.[623] Der Vermieter muss im Kündigungsschreiben darlegen und im Prozess darlegen und ggf. beweisen, welche Ersatzbebauung verwirklicht werden soll. Kommt eine Sanierung und Modernisierung des Gebäudes als Alternative zum Abriss in Betracht, so müssen die Kosten einer Sanierung den Kosten des Abrisses und des Neubaus gegenübergestellt werden.[624] Anderenfalls kann die Rentabilität des Vorhabens nicht beurteilt werden.[625] Für die formelle Wirksamkeit der Kündigungserklärung genügt es, wenn die Baumängel pauschal beschrieben und die Sanierungs- und Neubaukosten in Form pauschaler Quadratmeterpreise dargelegt wer- 175

---

[618] LG Frankfurt a. M. WuM 1995, 441; *Sternel*, MietR, 1988, Kap. IV Rn. 153.
[619] LG Augsburg WuM 1992, 614.
[620] LG Hamburg WuM 1989, 393.
[621] LG Köln ZMR 2018, 674.
[622] BGHZ 179, 289 = NZM 2009, 234 = NJW 2009, 1200 = MietPrax-AK § 573 BGB Nr. 17 mAnm *Börstinghaus*; *Schach* GE 2009, 354; *Drasdo* NJW-Spezial 2009, 259; *Lützenkirchen* MietRB 2009, 159; *Lützenkirchen* MietRB 2009, 193; *Warnecke* jurisPR-MietR 8/2009 Anm. 1; *Rolfs/Schlüter* JZ 2009, 693, *Rolfs/Schlüter* LMK 4/2009 Anm. 4; *Disput/Hübner* ZMR 2009, 665: *Hinz* JR 2010, 116; sowie die gleichlautenden Urteile vom gleichen Tag VIII ZR 7/08 und VIII ZR 9/08; BGH NJW 2011, 1135 = NZM 2011, 239 = MietPrax-AK § 573 BGB Nr. 33 mAnm *Börstinghaus; Blank* jurisPR-MietR 5/2011 Anm. 3; *Schach* MietRB 2011, 101; BGH NZM 2017, 756 = MietPrax-AK § 573 BGB Nr. 68 mAnm *Börstinghaus; Geisler* jurisPR-BGHZivilR 22/2017 Anm. 1; *Bruns* NZM 2017, 759; *Beyer* jurisPR-MietR 25/2017 Anm. 3; *Drasdo* NJW-Spezial 2018, 1; LG Köln ZMR 2018, 674.
[623] LG München I ZMR 2013, 198, wenn der Vermieter das Gebäude abreißen und das Grundstück anschließend mit zwei Doppelhaushälften bebauen will, wenn der gegenwärtige Ertragswert 320.000 EUR beträgt und sich der Ertragswert des Neubaus auf 1.130.000 EUR beläuft; LG Bonn ZMR 2014, 284, wenn ein über 50 Jahre altes sanierungsbedürftiges Haus mit einer Wohnfläche von 50 m² abgerissen und auf dem Grundstück ein Wohngebäude mit 750 m² errichtet werden soll.
[624] LG Stuttgart NZM 2015, 165 (166).
[625] BGH NJW 2011, 1135 = NZM 2011, 239 = MietPrax-AK § 573 BGB Nr. 33 mAnm *Börstinghaus; Blank* jurisPR-MietR 5/2011 Anm. 3; *Schach* MietRB 2011, 101; LG Berlin GE 2009, 1497.

den.[626] Müssen zum Erhalt eines Gebäudes erhebliche Sanierungsmaßnahmen durchgeführt werden und entscheidet sich der Eigentümer/Vermieter für den Abriss der Immobilie und die Errichtung eines Neubaus, so ist diese Entscheidung vom Mieter hinzunehmen. Auch das Gericht ist nicht befugt, dem Eigentümer den Erhalt des bestehenden Gebäudes vorzuschreiben. Voraussetzung ist lediglich, dass die Entscheidung des Eigentümers für den Abriss nachvollziehbar ist und auf vernünftigen Erwägungen beruht.[627] Anders kann es sein, wenn eine Sanierung wirtschaftlich vernünftig ist und sich der Eigentümer/Vermieter wegen des erwarteten hohen Gewinns gleichwohl für den Abriss und der Errichtung eines Neubaus entscheidet. Dies gilt zumindest dann, wenn die Geschäftstätigkeit des Vermieters „vornehmlich auf eine aus Preis- und Wertveränderungen der erworbenen Grundstücke resultierende Gewinnerzielung gerichtet ist".[628]

176 Wann im Einzelfall noch eine angemessene wirtschaftliche Verwertung vorliegt, ist häufig im Einzelfall schwierig festzustellen:

Stichwort oder Leitsatz	Gericht, Fundstelle
Altenwohnungen: Die Umgestaltung und Modernisierung eines Altbaus zwecks Schaffung neuen seniorengerechten Wohnraums rechtfertigt keine Verwertungskündigung gem. § 573 Abs. 2 Ziff. 3 BGB.	LG Flensburg ZMR 2001, 711
Erben: Ist den Erben der Verkauf des vermieteten Grundstücks zum Preis des Verkehrswertes im Zeitpunkt des Erbfalles möglich, so ist eine Kündigung des Wohnraummietvertrags aus Gründen der wirtschaftlichen Verwertung des Grundstücks nicht begründet. Aber allein die Tatsache, dass der Vermieter das Gebäude geerbt hat, schließt eine Kündigung wegen wirtschaftlicher Verwertung nicht aus.	AG Eschweiler WuM 2000, 191
Erwerb eines instandsetzungsbedürftigen Hauses: Eine angemessene wirtschaftliche Verwertung liegt nicht vor, wenn der Vermieter das Gebäude in einem Zustand erheblicher Instandsetzungsbedürftigkeit erwirbt und ihm von Anfang an bewusst war, dass sich der Erwerb nur dann rentieren würde, wenn das Gebäude sogleich abgerissen wird, weil die Aufwendungen für eine eventuelle Instandsetzung und die gleichzeitige Bedienung des Fremdkapitals nicht durch die Mieteinnahmen gedeckt sein konnten.	AG Neukölln MM 1992, 140; LG Berlin MM 1992, 140; wohl auch KG neg. RE 10.2.2002 NZM 2002, 381
Erwerb Alternativwohnung: Eine angemessene wirtschaftliche Verwertung des zu erzielenden Verkaufserlöses aus der gekündigten Wohnung ist nicht gegeben, wenn beabsichtigt ist, damit eine andere	LG Hamburg WuM 1989, 256

---

[626] LG Berlin GE 2011, 1553 = ZMR 2012, 15.
[627] AG Hamburg-St. Georg ZMR 2015, 385, wenn für eine Sanierung Kosten zwischen 800 EUR/m² und 1.100 EUR/m² entstehen, während der Abriss mit anschließendem Neubau ca. 2.930 EUR/m² kostet.
[628] LG Berlin MM 2015, Nr. 11, 29.

Stichwort oder Leitsatz	Gericht, Fundstelle
Wohnung zu kaufen, obwohl die Nutzung einer anderen Wohnung auch aus dem Mieterlös der gekündigten Wohnung zu finanzieren wäre.	
Erwerb in vermietetem Zustand: Wenn der Vermieter/Eigentümer eines Hausgrundstücks oder einer Eigentumswohnung dessen bzw. deren Verkauf beabsichtigt, entfällt das Kündigungsrecht nicht schon deshalb, weil er selbst das Mietobjekt in einem vermieteten Zustand erworben hatte.	OLG Koblenz WuM 1989, 164; AG Hamburg ZMR 2005, 796; **aA** LG Hamburg NZM 2001, 1029
Reparaturstau: Der Vermieter kann nicht wegen verhinderter angemessener Verwertung kündigen, wenn wegen des erheblichen Sanierungsbedarfs am Mietobjekt die Finanzierungskosten der Renovierungsarbeiten höher sind als die Mieten, weil er durch jahrzehntelange Vernachlässigung des Mietobjekts einen **„Reparaturstau"** verursacht und keine Anstalten gemacht hat, die Wirtschaftlichkeit des Mietverhältnisses durch Mieterhöhungen zu verbessern.	LG Hamburg WuM 1999, 720; LG Frankfurt a. M. WuM 1995, 441
Schuldentilgung: Soll der Veräußerungserlös zur Tilgung von Steuerschulden benutzt werden, kann der Mieter dem nicht entgegenhalten, dass der Vermieter selbst zu vertreten hat.	AG Hamburg ZMR 2005, 796

3. Hinderung der Verwertung

Der Bestand des Mietverhältnisses muss die geplante Verwertung hindern. **Eine Erschwerung der Verwertung genügt nicht.** Das ergibt sich aus einem Vergleich mit § 575 Abs. 1 S. 1 Nr. 2 BGB. Bei einem geplanten Haus- oder Wohnungsverkauf liegt dieses Tatbestandsmerkmal vor, wenn der Vermieter das Haus oder die Wohnung in vermietetem Zustand entweder überhaupt nicht oder nur zu wirtschaftlich unzumutbaren Bedingungen verkaufen könnte.[629] Wird das Haus nach dem Kündigungsausspruch verkauft, so darf der Vermieter die Kündigung grds. nicht weiterverfolgen.[630] Etwas anderes kann gelten, wenn sich der Verkäufer im Hinblick auf die Erzielung des angestrebten Kaufpreises zur Übergabe einer geräumten Wohnung verpflichtet hat und verpflichten musste.[631] Auf keinen Fall kann sich der Erwerber auf die Kündigung berufen.[632] Der Erwerber kann allerdings eine Eigenbedarfskündigung aussprechen. 177

Soll die Wohnung in Zukunft **gewerblich genutzt** oder soll das Haus abgerissen werden, so liegt es in der Natur der Sache, dass dies nur möglich ist, wenn das Mietverhältnis beendet wird. Die Kündigung hängt in solchen Fällen davon ab, dass der Ver- 178

---

[629] BVerfGE 79, 283 (290 f.); WuM 1992, 46 (47); BGH NZM 2008, 281 = MietPrax-AK § 573 BGB Nr. 14 mAnm *Börstinghaus*; *Kinne* GE 2008, 364; *Drasdo* NJW-Spezial 2008, 227.
[630] LG Aachen WuM 1990, 27; LG Münster WuM 1991, 194; LG Siegen WuM 1991, 197; LG Frankenthal WuM 1991, 350; LG Duisburg WuM 1991, 497; AG Landshut WuM 1989, 422.
[631] LG Frankenthal WuM 1991, 350.
[632] LG Aachen WuM 1990, 27; AG Landshut WuM 1989, 422.

mieter das Objekt gewerblich nutzen oder abreißen darf, was in bestimmten Gebieten von einer Zweckentfremdungsgenehmigung abhängt. In diesem Fall ist das Vorliegen der Zweckentfremdungsgenehmigung Wirksamkeitsvoraussetzung der Kündigung.[633] Daneben müssen aber auch die weiteren Tatbestandsvoraussetzungen gegeben sein.

179 Bei einer **Sanierung/Modernisierung** liegt eine Hinderung der Verwertung dann vor, wenn die Mietsache bei geplanter Durchführung der Maßnahme nicht mehr in ihrer ursprünglichen Gestalt vorhanden ist, was bei einer Zusammenlegung mehrerer Kleinwohnungen und bei der Aufteilung einer Großwohnung bejaht werden muss. Führt die Maßnahme zu einer Grundrissänderung, so liegt das Tatbestandsmerkmal vor, wenn der Grundriss so wesentlich verändert wird, dass nicht mehr vom selben Mietobjekt gesprochen werden kann.[634] Der tatsächlichen Hinderung stehen jene Fälle gleich, in denen der Mieter die nach der Modernisierung maßgebliche Miete nicht bezahlen kann oder in denen er aus anderen Gründen nicht als Mieter in Frage kommt.[635] Das Tatbestandsmerkmal ist schließlich auch dann zu bejahen, wenn die Modernisierung/Sanierung so umfangreich ist, dass sie bei Aufrechterhaltung des Mietverhältnisses nicht durchgeführt werden könnte. Zu beachten ist allerdings, dass eine bloße Erschwerung der Modernisierung nicht ausreicht; dies gilt auch dann, wenn die Erschwerung für den Vermieter erheblich ist. Insbesondere genügt es nicht, dass die Wohnung zur Durchführung der Maßnahme vorübergehend geräumt werden muss.[636] Vielmehr ist in diesem Fall zu fragen, ob die damit verbundene Kostenbelastung dem Vermieter zugemutet werden kann. Gem. § 555a Abs. 3 BGB iVm § 555d Abs. 4 BGB ist der Vermieter verpflichtet, dem Mieter gewisse Modernisierungsaufwendungen zu ersetzen, wozu auch die Kosten einer vorübergehenden Unterbringung im Hotel gehören können. Für die Frage der Zumutbarkeit kommt es zum einen auf die Dauer der Unterbringung und zum anderen auf die Relation der Unterbringungskosten zu den reinen Modernisierungskosten an.[637] Dabei ist zu unterstellen, dass die Arbeiten zügig erledigt werden; der Vermieter kann nicht mit der Begründung kündigen, er wolle die Arbeiten nach und nach an den Wochenenden durchführen.[638] Das Tatbestandsmerkmal liegt nicht vor, wenn der Mieter die Modernisierung nach § 555d BGB dulden muss[639] oder wenn er die Modernisierung dulden will.[640] Aus dem Fehlen einer Duldungspflicht kann allerdings nicht der Ausschluss der Kündigungsbefugnis gefolgert werden.[641] Schließlich ist zu beachten, dass der Vermieter nur dann zum Zwecke einer Sanierung oder Modernisierung kündigen kann, wenn er diese Maßnahmen selbst durchführen will; es genügt nicht, wenn die Wohnung unrenoviert verkauft werden soll und der Erwerber eine Modernisierungsabsicht hat.[642]

180 Auch **der Umbau vorhandener Wohnungen** in größere Wohnungen mit höherem Ausstattungsstandard kann eine wirtschaftliche Verwertung iSd § 573 Abs. 2 Nr. 3 BGB darstellen.[643] Der Umbau einer Sechszimmerwohnung in drei abgeschlossenen Wohnungen stellt eine Form der wirtschaftlichen Verwertung des Grundstücks iSv § 573 Abs. 2 Ziff. 3 BGB dar, die allerdings nur dann zur Kündigung berechtigt, wenn sich diese Verwertung als angemessen darstellt und der **Vermieter erhebliche Nachteile** erleiden würde, falls er an dieser Verwertung gehindert würde. Auch die Absicht des Vermieters, die Wohnungen seines Altbaus mit Bad und eigenem WC auszustatten, kann ein die Kündigung nach § 573

---

[633] OLG Hamburg WuM 1981, 155.
[634] LG Berlin GE 1989, 934.
[635] LG Freiburg WuM 1991, 172, Umbau eines Mietshauses in ein Altersheim.
[636] LG Köln WuM 1989, 255; LG Frankenthal WuM 1991, 171, Kündigung wegen der Erneuerung der Versorgungsleitungen, Einbau von Heizung und Bad/WC.
[637] LG Stuttgart WuM 1991, 178, wonach die Kosten einer vier- bis fünfmonatigen Hotelunterbringung bei entsprechender Umbauzeit nicht zumutbar sind.
[638] LG Bonn ZMR 1992, 114.
[639] LG Köln WuM 1989, 255; LG Koblenz WuM 1990, 211; LG Freiburg WuM 1991, 173; *Rolfs* in Staudinger BGB § 573 Rn. 157; MüKoBGB/*Häublein* § 573 Rn. 86.
[640] LG Frankenthal WuM 1991, 171; *Blank* ZMR 1981, 321.
[641] **AA** AG Konstanz WuM 1989, 255; *Sternel*, MietR, 1988, Kap. IV Rn. 153.
[642] LG Aachen WuM 1991, 495.
[643] LG Berlin GE 1986, 453.

Abs. 2 Ziff. 3 BGB rechtfertigendes berechtigtes Interesse an der Beendigung jedenfalls desjenigen Mietverhältnisses darstellen, das bei Durchführung der beabsichtigten Modernisierung deshalb nicht bestehen bleiben kann, weil die betreffende Wohnung durch den Umbau wegfallen soll.[644] Beabsichtigt der Vermieter die bauliche Verbindung zweier Wohnungen zur Steigerung des Mietertrags bei einer anschließenden anderweitigen Vermietung, ist die Kündigung gem. § 573 Abs. 2 Ziff. 3 BGB ausgeschlossen.[645]

4. Die Erheblichkeit des Nachteils

Der Vermieter muss im Falle des Fortbestands des Mietverhältnisses erhebliche Nachteile zu erwarten haben. Für den **Begriff des erheblichen Nachteils** genügt es nicht, dass der Vermieter die geplante Verwertungsmaßnahme nicht umsetzen kann. Es müssen weitere Umstände hinzutreten, aus denen sich ergibt, dass der Nachteil erheblich ist.[646] Dabei kommen in erster Linie wirtschaftliche Nachteile in Betracht. Aber auch sonstige (persönliche) Nachteile sind zu berücksichtigen. Maßgeblich ist allein die Interessenlage des Vermieters und nicht, inwieweit bei Fortsetzung des Mietverhältnisses Belange Dritter berührt werden. Dies gilt auch wenn zwischen dem Vermieter und dem Dritten enge persönliche und wirtschaftliche Beziehungen bestehen.[647] Aus Art. 14 GG ergibt sich kein Anspruch des Eigentümers auf Erzielung der höchstmöglichen Rendite.[648] Anderenfalls dürfen die Einbußen des Eigentümers aber „keinen Umfang" annehmen, welcher die Nachteile weit übersteigt, die dem Mieter im Falle des Verlustes der Wohnung erwachsen.[649] Diese verfassungsrechtliche Bewertung trifft auch auf die Auslegung des einfachen Rechts zu.[650] Ein allgemein gültiges Kriterium zur Auslegung des Begriffs des erheblichen Nachteils existiert allerdings nicht.

181

Vielmehr ist insoweit auf die **Umstände des Einzelfalls** abzustellen. Nach der Rspr. des BGH ist über die Kündigung auf Grund einer „Abwägung zwischen dem Verwertungsinteresse des Eigentümers und dem Bestandsinteresse des Mieters" zu entscheiden.[651] Bei der Aufteilung einer Großraumwohnung in mehrere kleiner Wohnungen liegt nur dann ein erheblicher Nachteil vor, wenn dargelegt wird, dass die Beibehaltung der bisherigen Großraumwohnung unrentabel ist. Wenn auch die gegenwärtige Nutzung einen angemessenen Gewinn bringt, stellt allein der Umstand, keine – gemessen an dem Umbauvorhaben – bessere Rendite zu erzielen, keinen erheblichen Nachteil dar.[652]

182

In den **Veräußerungsfällen** reicht es aus, wenn das Haus oder die Wohnung nur mit einem **erheblichen Abschlag** von dem sonst erzielbaren Preis verkauft werden könnte.[653] Es ist nicht erforderlich, dass der Eigentümer in Existenznot gerät.[654] Ein erheblicher

183

---

[644] BayObLG NJW 1984, 372.
[645] AG Charlottenburg MM 2000, 86.
[646] LG Heidelberg WuM 2018, 38.
[647] BGH NZM 2017, 756 = MietPrax-AK § 573 Nr. 68 mAnm *Börstinghaus*; *Geisler* jurisPR-BGHZivilR 22/2017 Anm. 1; *Bruns* NZM 2017, 759; *Beyer* jurisPR-MietR 25/2017 Anm. 3; *Drasdo* NJW-Spezial 2018, 1.
[648] BVerfG NJW 1992, 361.
[649] BVerfG NJW 1989, 972.
[650] BGH BeckRS 2009, 05637; NZM 2011, 773 = MietPrax-AK § 573 BGB Nr. 35 mAnm *Börstinghaus*; *Lehmann-Richter* MietRB 2011, 237; *Drasdo* NJW-Spezial 2011, 515; BGH NZM 2017, 756 = MietPrax-AK § 573 Nr. 68 mAnm *Börstinghaus*; *Geisler* jurisPR-BGHZivilR 22/2017 Anm. 1; *Bruns* NZM 2017, 759; *Beyer* jurisPR-MietR 25/2017 Anm. 3; *Drasdo* NJW-Spezial 2018, 1.
[651] StRspr des BGH zuletzt: NZM 2017, 405 = NJW 2017, 2018 = MietPrax-AK § 573 BGB Nr. 65 mAnm *Börstinghaus*; *Börstinghaus* jurisPR-BGHZivilR 11/2017 Anm. 3; *Hinz* NZM 2017, 412; *Hartmann* WuM 2017, 450; *Drasdo* NJW-Spezial 2017, 449; *Fleindl* ZMR 2017, 799; BGH NZM 2017, 759 = MietPrax-AK § 573 BGB Nr. 66 mAnm *Börstinghaus*; *Sandidge/Wichert* MietRB 2017, 213 (214); *Börstinghaus* jurisPR-BGHZivilR 15/2017 Anm. 2; *Drasdo* NJW-Spezial 2017, 482; *Brändle* ZfIR 2017, 483; BGH NZM 2017, 756 = MietPrax-AK § 573 Nr. 68 mAnm *Börstinghaus*; *Geisler* jurisPR-BGHZivilR 22/2017 Anm. 1; *Bruns* NZM 2017, 759; *Beyer* jurisPR-MietR 25/2017 Anm. 3; *Drasdo* NJW-Spezial 2018, 1.
[652] LG Hamburg WuM 1989, 393; LG Bonn WuM 1987, 225.
[653] BVerfG NZM 2004, 134.
[654] BVerfG DWW 1989, 77; BGH NZM 2011, 773 = MietPrax-AK § 573 BGB Nr. 35 mAnm *Börstinghaus*; *Lehmann-Richter* MietRB 2011, 237; *Drasdo* NJW-Spezial 2011, 515.

Nachteil liegt vor, wenn die Vermietung unwirtschaftlich ist, weil bei einer Belastung von 4.800 EUR nur Mieteinnahmen von 2.000 EUR mtl. erzielt werden und der Vermieter den Verkaufserlös benötigt, um die bestehenden Kredite zu bedienen und seinen Lebensunterhalt zu bestreiten.[655] Ein Kündigungsgrund liegt nicht nur dann vor, wenn Umstände vorliegen die den „Verkauf als zwingend erscheinen lassen". Vielmehr muss eine Kündigungsbefugnis aus verfassungsrechtlichen Gründen bejaht werden, wenn der Verkauf im vermieteten Zustand „wirtschaftlich sinnlos" ist[656] oder wenn die Einbußen des Vermieters einen Umfang annehmen, welcher die Nachteile weit übersteigt, die dem Mieter im Falle des Verlustes der Wohnung erwachsen.[657] Der Umstand, dass für eine mietfreie Wohnung ein höherer Verkaufspreis erzielt werden kann als für ein vermietetes Objekt, dürfte idR offenkundig sein. Dieser Umstand kann für sich allein keine Kündigung rechtfertigen, weil anderseits die Tatbestandsmerkmale des § 573 Abs. 2 Nr. 3 BGB, also die Angemessenheit der Verwertung und die Erheblichkeit des Nachteils, für die Verkaufsfälle bedeutungslos wären. Es gilt der Grundsatz, dass die reine Gewinnoptimierung hinter dem durch den Kündigungstatbestand bezweckten Schutz des Mieters am Erhalt der Wohnung nachrangig ist.[658] Die jeweilige Erheblichkeitsgrenze ist im Einzelfall durch einen Vergleich der möglichen Verkaufserlöse im vermieteten und im freistehenden Zustand zu ermitteln.[659]

184 Auf der anderen Seite dürfen die dem Vermieter entstehenden Nachteile jedoch auch keinen Umfang annehmen, welcher die Nachteile weit übersteigt, die dem Mieter im Falle des Verlustes der Wohnung erwachsen.[660] Insbesondere darf das Kündigungsrecht des Eigentümers bei einer Verwertungskündigung nach § 573 Abs. 2 Nr. 3 BGB nicht auf die Fälle andernfalls **drohenden Existenzverlusts** reduziert oder so restriktiv gehandhabt werden, dass die Verwertung als wirtschaftlich sinnlos erscheint.[661]

Erhebliche Nachteile	
Bejaht	**Verneint**
5,68 %: Mindererlös von 25.000 EUR bei Mehrfamilienhaus[662]	2,22 %: Zahlung einer Vertragsstrafe bei nicht rechtzeitiger Räumung[663]
6,00 %[664]	15 %: kein erheblicher Nachteil, wenn Verlust kleiner als 15 %[665]
10 %–15 %: Einkommensverluste von 7.000 EUR jährlich[666]	20 %: unter 20 % idR kein erheblicher Nachteil[667]
15 %–20 %: Mindererlös einer vermieteten im Vergleich zu einer unvermieteten Eigentumswohnung[668]	30 %–40 %: kein Nachteil, da nicht auf den Markt für unvermietete Häuser abgestellt werden darf.[669]

---

[655] LG Krefeld WuM 2010, 302.
[656] BVerfG WuM 1992, 46 = ZMR 1992, 17.
[657] BVerfG DWW 1989, 77.
[658] LG Berlin WuM 2016, 178.
[659] LG Stuttgart ZMR 1995, 259 = DWW 1995, 142; LG Freiburg WuM 1991, 592; LG Duisburg WuM 1991, 497.
[660] BGH NZM 2018, 226 = MietPrax-AK § 573c BGB Nr. 30 mAnm *Börstinghaus; Börstinghaus* jurisPR-BGHZivilR 12/2018 Anm. 2; *Drasdo* NJW-Spezial 2018, 482; *Abramenko* MietRB 2018, 225; *Beyer* jurisPR-MietR 17/2018 Anm. 3.
[661] BGH NZM 2017, 756 = MietPrax-AK § 573 Nr. 68 mAnm *Börstinghaus; Geisler* jurisPR-BGHZivilR 22/2017 Anm. 1; *Bruns* NZM 2017, 759; *Beyer* jurisPR-MietR 25/2017 Anm. 3; *Drasdo* NJW-Spezial 2018, 1.
[662] LG Mainz ZMR 1986, 14.
[663] LG Aachen WuM 1991, 495.
[664] LG Karlsruhe ZMR 1987, 469; LG Hamburg HambGE 1983, 559.
[665] LG Berlin GE 1990, 199.
[666] LG Traunstein WuM 1989, 421.
[667] LG München WuM 1992, 374.
[668] AG Hamburg ZMR 2005, 796; WuM 1991, 187; LG Stuttgart WuM 1991, 201.
[669] AG Kerpen BeckRS 2006, 17071.

Erhebliche Nachteile	
Bejaht	Verneint
Für eine Eigentumswohnung im Verkehrswert von ca. 275.000 EUR im Hinblick auf ein bestehendes Mietverhältnis lediglich ein Preis von 195.000 EUR erzielt werden kann.[670]	wenn der Vermieter eines Reihenhauses einen Verlust von 13,5 % = 25.000 EUR hinnehmen müsste[671]
wenn ein verschuldeter Vermieter ohne wesentliches Einkommen eine Eigentumswohnung die unvermietet einen Verkehrswert von ca. 120.000 EUR hat, zu einem Preis von 103.000 EUR verkaufen müsste[672]	wenn der Vermieter eines Mehrfamilienhauses, das er im vermieteten Zustand erworben hat, im vermieteten Zustand für 250.000 EUR und im leerstehenden Zustand für 475.000 EUR verkaufen könnte – hier kommt es darauf an, welchen Preis der Vermieter für das Gebäude bezahlt hat[673]
	Wenn ein Vermieter eine Eigentumswohnung im Jahre 1980 für 35.000 EUR gekauft hat und er sie im Jahre 2000 für 54.000 EUR verkaufen kann; dies gilt auch dann, wenn er für die freistehende Wohnung 102.000 EUR erzielen könnte[674]
	Wenn die Erben eines Vermieters das Haus im vermieteten Zustand für 215.000 EUR und im mietfreien Zustand für 225.000 EUR verkaufen können[675]
	wenn beim Verkauf einer Wohnung mit einem Verkehrswert von 75.000 EUR beim Fortbestand des Mietverhältnisses lediglich 115.000 EUR erzielt werden und der Erlös durch vier Eigentümer geteilt werden muss[676]

Voraussetzung ist dabei, dass **gerade der Vermieter** durch die Fortsetzung des Mietverhältnisses an einer angemessenen wirtschaftlichen Verwertung des Grundstücks gehindert ist. Nur seine Interessenlage ist maßgeblich.[677] Die Interessen Dritter bleiben unberührt. Das gilt für Familienangehörige ebenso wie für „Schwesterunternehmen".[678] 185

Hat der Eigentümer das Mietobjekt aber seinerseits mit einem bestehenden Mietverhältnis erworben, so ist der Einkaufspreis mit dem Verkaufspreis (jeweils im vermieteten 186

---

[670] LG Mannheim ZMR 1995, 315.
[671] LG Hamburg WuM 1991, 15.
[672] LG Wiesbaden WuM 2007, 201.
[673] LG Berlin WuM 1990, 96.
[674] LG Hamburg WuM 2001, 196 = NZM 2001, 1029.
[675] AG Eschweiler WuM 2000, 191.
[676] LG Berlin ZMR 2014, 730.
[677] BGH NZM 2017, 405 = NJW 2017, 2018 = MietPrax-AK § 573 BGB Nr. 65 mAnm *Börstinghaus*; *Börstinghaus* jurisPR-BGHZivilR 11/2017 Anm. 3; *Hinz* NZM 2017, 412; *Hartmann* WuM 2017, 450; *Drasdo* NJW-Spezial 2017, 449; *Fleindl* ZMR 2017, 799.
[678] BGH NZM 2017, 756 = MietPrax-AK § 573 Nr. 68 mAnm *Börstinghaus*; *Geisler* jurisPR-BGHZivilR 22/2017 Anm. 1; *Bruns* NZM 2017, 759; *Beyer* jurisPR-MietR 25/2017 Anm. 3; *Drasdo* NJW-Spezial 2018, 1.

Zustand) zu vergleichen.[679] Kann der Vermieter hiernach einen Gewinn erzielen, so liegt auch dann kein Nachteil vor, wenn er für die freistehende Wohnung einen weitaus höheren Preis erzielen könnte. In diesem Fall ist das Grundstück von Anfang an mit dem durch die Vermietung bedingten Minderwert behaftet.[680] Jedoch gilt dieser Grundsatz nicht, wenn der Mieter den Mietbesitz uU erworben hat, die den Tatbestand des § 3 AnfG erfüllen.[681] Vergleichbare Kriterien gelten, wenn der Eigentümer die Wohnung im Erbgang erworben hat. Hier kommt es nicht darauf an, ob für die mietfreie Immobilie ein höherer Preis erzielt werden kann. Ein Nachteil liegt nur dann vor, wenn der Eigentümer den für vermietete Immobilien üblichen Preis nicht erzielen kann.[682]. Diese Methode ist grds. auch verfassungsrechtlich nicht zu beanstanden.[683] Allerdings darf sich die Prüfung nicht auf diesen Gesichtspunkt beschränken. Die Gerichte müssen auch zu allen weiteren Gesichtspunkten Stellung nehmen, mit denen der Eigentümer seinen Nachteil begründet.[684] So kann ein Nachteil auch darin bestehen, dass die Fortsetzung des Mietverhältnisses für die Erben einer vermieteten Wohnung unrentabel ist, weil mit der Verwaltung des Mietobjekts und der Aufteilung des Erlöses auf die einzelnen Mitglieder der Erbengemeinschaft ein relativ hoher Aufwand verbunden ist.[685] Allerdings reicht dieser Umstand idR nicht aus. Die Erben müssen zunächst versuchen, die Wohnung mit dem bestehenden Mietverhältnis zu verkaufen. Dann kommt es darauf an, ob der Verkauf zu wirtschaftlich zumutbaren Bedingungen nicht möglich war.[686] Unter Umständen muss der Vermieter auch Verluste in Kauf nehmen. Eine für den Eigentümer ungünstige Preisentwicklung gehört zu den allgemeinen Risiken des Kapitalanlegers. Diese Risiken können nicht über die Kündigung kompensiert werden, weil dies vom Zweck des Abs. 2 Nr. 3 nicht gedeckt ist.[687]

187 Bei den **Abriss- und Modernisierungsfällen** ist das Tatbestandsmerkmal des erheblichen Nachteils fallbezogen auf Grund einer Abwägung zwischen dem Bestandsinteresse des Mieters und dem Verwertungsinteresse des Eigentümers zu konkretisieren.[688] Einerseits ist hierbei die Sozialpflichtigkeit des Eigentums zu beachten. Hieraus folgt, dass der Eigentümer keinen Anspruch auf die Erzielung einer maximalen Rendite hat. Andererseits ist der Eigentümer aber auch nicht gehalten, die dem Mieter günstigste Lösung zu wählen.[689] Will der Vermieter ein Gebäude durch einen Neubau ersetzen und kommt eine Sanierung und Modernisierung des Gebäudes als Alternative zum Abriss in Betracht, so müssen die Kosten einer Sanierung den Kosten des Abrisses und des Neubaus gegenübergestellt werden.[690] IdR wird es an einem erheblichen Nachteil fehlen, wenn die Mieteinnahmen zwar ohne einen vom Vermieter geplanten Umbau etwas geringer sind, der

---

[679] LG München I WuM 1992, 374; LG Lübeck WuM 1993, 616; LG Berlin GE 1994, 1055; NJW-RR 1995, 332; 1997, 10; GE 2010, 1420; LG Mannheim ZMR 1994, 568; LG Gießen WuM 1994, 688; LG Köln WuM 1996, 39, für Erwerb im Erbgang; **aA** *Rolfs* in Staudinger BGB § 573 Rn. 162.
[680] BGH NZM 2008, 281 = MietPrax-AK § 573 BGB Nr. 14 mAnm *Börstinghaus; Kinne* GE 2008, 364; *Drasdo* NJW-Spezial 2008, 227; MüKoBGB/*Häublein* § 573 Rn. 90; *Rolfs* in Staudinger BGB § 573 Rn. 162.
[681] BGH NZM 2008, 281 = MietPrax-AK § 573 BGB Nr. 14 mAnm *Börstinghaus; Kinne* GE 2008, 364; *Drasdo* NJW-Spezial 2008, 227.
[682] OLG Stuttgart ZMR 2006, 42 (44); AG Kerpen WuM 2007, 135 (136); LG Berlin WuM 2014, 288, ein erheblicher Nachteil liegt nicht vor, wenn eine vermietete Wohnung deren Verkehrswert ohne Mietverhältnis 150.000 EUR beträgt für 115.000 EUR an den Mieter verkauft werden könnte und der Erlös vier Mitgliedern einer Erbengemeinschaft zugutekommt.
[683] BVerfG WuM 1991, 663 = DWW 1991, 13 = ZMR 1992, 50.
[684] BVerfG WuM 1992, 669.
[685] AA OLG Stuttgart ZMR 2006, 42 (44).
[686] OLG Stuttgart ZMR 2006, 42 (44).
[687] LG Mannheim ZMR 1994, 568; LG Gießen WuM 1994, 688 = NJW-RR 1995, 331; LG Berlin NJW-RR 1995, 332.
[688] BGH NJW 2011, 1135 = NZM 2011, 239 = MietPrax-AK § 573 BGB Nr. 33 mAnm *Börstinghaus; Blank* jurisPR-MietR 5/2011 Anm. 3; *Schach* MietRB 2011, 101.
[689] BGH NJW 2011, 1135 = NZM 2011, 239 = MietPrax-AK § 573 BGB Nr. 33 mAnm *Börstinghaus; Blank* jurisPR-MietR 5/2011 Anm. 3; *Schach* MietRB 2011, 101; LG Berlin ZMR 2015, 23.
[690] LG Stuttgart NZM 2015, 165 (166).

E. Die Kündigung wegen wirtschaftlicher Verwertung   Kap. 11

Vermieter aber gleichwohl eine angemessene Rendite erzielen kann.[691] Unbeschadet hiervon kann über die Kündigung nur unter Berücksichtigung aller Umstände entschieden werden. Den Instanzgerichten steht bei der Abwägung und Bewertung der wechselseitigen Interessen ein erheblicher Beurteilungsspielraum zu, weil der BGH als Revisionsgericht die instanzgerichtliche Entscheidung nur auf die Beachtung und Einhaltung der Denk- und Erfahrungssätze überprüfen kann.

Diese Grundsätze gelten auch dann, wenn ein Unternehmen ein altes, unrentables Miets-   188
haus aufkauft, um es abzureißen und auf dem Grundstück einen **Neubau zu errichten.** Anders ist es, wenn der Vermieter ein rentabel zu bewirtschaftendes Gebäude mit intakter Bausubstanz erwirbt um es abzureißen, das Grundstück mit Eigentumswohnungen zu bebauen und diese mit einem erheblichen Gewinn (12,7 Mio. EUR) zu verkaufen.[692] Der Abriss ist also nur dann als angemessene Art der Verwertung zu beurteilen, wenn eine solche Maßnahme dem Gebot wirtschaftlicher Vernunft entspricht.[693] Spekulative Maßnahmen rechtfertigen die Kündigung nicht.[694] Der Nachteil ist aus der Sicht des Erwerbers und neuen Vermieters zu beurteilen.[695] Allerdings wird in der Rspr. auch die Ansicht vertreten, dass eine Kündigung ausgeschlossen sei, wenn der Erwerber „das Grundstück in Kenntnis der Unwirtschaftlichkeit zum Zwecke der sofortigen Verwertung durch Abriss und Neubebauung erworben hat".[696]

Hierbei wird verkannt, dass es nach § 573 Abs. 2 Nr. 3 BGB keine Rolle spielen kann,   189
ob die Beendigung einer unrentablen Situation vom Veräußerer oder vom Erwerber erfolgt. Der Mieter wird nur vor solchen Verwertungen geschützt, die unabhängig von der Person des Verwerters als unangemessen zu bewerten sind. Ist eine Verwertung aber angemessen, so muss die Person des Verwerters letztlich gleichgültig sein. Die Vorschrift dient weder dem Erhalt veralteter Mietwohnungen noch will sie verhindern, dass unwirtschaftliche Objekte veräußert werden. Soweit also der Veräußerer eine Kündigung zum Zwecke des Abrisses durchsetzen könnte, muss dies auch dem Erwerber möglich sein.[697]

IV. Rechtsmissbräuchliche Ausübung des Kündigungsrechts

Ein Vermieter setzt sich zu seinem eigenen Verhalten dann in Widerspruch, wenn die   190
Notwendigkeit einer **anderweitigen Verwertung bereits absehbar** gewesen ist. Vermietet er die Wohnung in einem solche Fall unbefristet, obwohl er weiß, dass er die Wohnung oder das Haus in absehbarer Zeit anderweitig verwerten will und kann er erkennen, dass der Mieter Interesse an einer langfristigen Nutzung der Wohnung hat, so muss er den Mieter über die eventuelle nur kurze Nutzungsmöglichkeit informieren oder gleich einen Zeitmietvertrag abschließen. Insofern kommt dem Nutzungswunsch des Mieters gegenüber dem Verwertungswunsch des Vermieters eine noch größere Bedeutung zu als gegenüber dem Eigennutzungswunsch des Vermieters bei der Eigenbedarfskündigung.[698] Der Vermieter ist allerdings nur dann mit einer späteren Verwertungskündigung

---

[691] LG Heidelberg WuM 2018, 38.
[692] LG Berlin ZMR 2015, 23.
[693] BGHZ 179, 289 = NZM 2009, 234 = NJW 2009, 1200 = MietPrax-AK § 573 BGB Nr. 17 mAnm *Börstinghaus; Schach* GE 2009, 354; *Drasdo* NJW-Spezial 2009, 259; *Lützenkirchen* MietRB 2009, 159; *Lützenkirchen* MietRB 2009, 193; *Warnecke* jurisPR-MietR 8/2009 Anm. 1; *Rolfs/Schlüter* JZ 2009, 693, *Rolfs/Schlüter* LMK 4/2009 Anm. 4; *Disput/Hübner* ZMR 2009, 665: *Hinz* JR 2010, 116; sowie die gleichlautenden Urteile vom gleichen Tag VIII ZR 7/08 und VIII ZR 9/08.
[694] LG Berlin ZMR 2015, 23.
[695] BGHZ 179, 289 = NZM 2009, 234 = NJW 2009, 1200 = MietPrax-AK § 573 BGB Nr. 17 mAnm *Börstinghaus; Schach* GE 2009, 354; *Drasdo* NJW-Spezial 2009, 259; *Lützenkirchen* MietRB 2009, 159; *Lützenkirchen* MietRB 2009, 193; *Warnecke* jurisPR-MietR 8/2009 Anm. 1; *Rolfs/Schlüter* JZ 2009, 693, *Rolfs/Schlüter* LMK 4/2009 Anm. 4; *Disput/Hübner* ZMR 2009, 665: *Hinz* JR 2010, 116; sowie die gleichlautenden Urteile vom gleichen Tag VIII ZR 7/08 und VIII ZR 9/08.
[696] So offenbar KG GE 2002, 395.
[697] Zutr. *Beuermann* GE 2002, 365.
[698] Dazu → Rn. 129.

ausgeschlossen, wenn er eine solche Kündigung bereits beim Abschluss des Mietvertrags beabsichtigt oder dies ernsthaft in Erwägung zieht. Der Vermieter ist auch nicht verpflichtet sein, den Mieter ungefragt über mögliche oder konkret vorhersehbare Verwertungssituationen zu unterrichten.[699] Etwas anderes hat allerdings dann zu gelten, wenn der Vermieter anlässlich des Vertragsabschlusses von sich aus oder auf Fragen des Mieters vorsätzlich unrichtige Angaben über den derzeitigen Stand ihm bekannter, für die Beurteilung einer Verwertungssituation maßgebender Tatsachen gemacht hat. Bei einer vorsätzlichen Falschauskunft ist eine gleichwohl erklärte Kündigung als rechtsmissbräuchlich einzustufen. Fahrlässige Falschangaben rechtfertigen den Ausschluss der Kündigung dagegen nicht.[700] Deshalb ist die Kündigung gem. § 573 Abs. 2 Nr. 3 BGB nicht bereits dann ausgeschlossen, wenn der Eigentümer im Zeitpunkt des Abschlusses des Mietvertrags gewusst hat, dass die Vermietung mit einem wirtschaftlichen Risiko verbunden ist.[701]

191 Die ausgesprochene Verwertungskündigung ist bei **vorhersehbarer Verwertungsabsicht** wegen Rechtsmissbrauchs gem. § 242 BGB unwirksam.[702] Ob die tatsächlichen Voraussetzungen des Rechtsmissbrauchs vorliegen ist auf Grund der Gesamtumstände zu entscheiden.[703] Die Hinweispflicht besteht dann, wenn bei Vertragsschluss hinreichend konkrete Anhaltspunkte dafür vorliegen, dass das Mietverhältnis nur von kurzer Dauer sein wird; die bloße Möglichkeit, dass später ein solcher Bedarf auftreten könnte, genügt nicht.[704]

192 So kann der Vermieter nicht wegen einer **unzureichenden Rendite** kündigen, wenn sich die Renditeverhältnisse seit Abschluss des Mietvertrags nicht verändert haben.[705] War es im Zeitpunkt der Vermietung absehbar, dass der Eigentümer alsbald einen größeren Kapitalbedarf haben wird, so kann er selbst dann nicht zum Zwecke des Verkaufs kündigen, wenn der Verkaufserlös zur Erhaltung der wirtschaftlichen Existenz des Vermieters erforderlich ist.[706] Sind die wirtschaftlichen Schwierigkeiten jedoch erst nach dem Vertragsschluss entstanden, so liegt kein Rechtsmissbrauch vor. Es spielt hierbei keine Rolle, ob die Schwierigkeiten ihre Ursache in einem ungeschickten oder riskanten geschäftlichen Verhalten des Vermieters haben.[707]

193 Auch bei der Kündigung wegen wirtschaftlicher Verwertung ist eine **Vorratskündigung** unzulässig. Hiervon ist auszugehen, wenn der Vermieter sowohl den Verkauf an den Mieter als auch den Verkauf der leer stehenden Räume an einen Dritten in Erwägung zieht. Unterbreitet der Vermieter deshalb dem Mieter ein Kaufangebot und erklärt er für den Fall der Ablehnung „hilfsweise" die ordentliche Kündigung, so ist die Kündigung unwirksam.[708]

V. Kündigung zum Zwecke der Erzielung einer höheren Miete

194 Nach Abs. 2 Nr. 3 Hs. 2 kann der Vermieter nicht kündigen, wenn er die Räume **anderweitig als Wohnraum vermieten** will, um auf diese Weise eine höhere Miete zu erzielen. Die Vorschrift ergänzt § 573 Abs. 1 S. 2 BGB (Verbot der Änderungskündigung) und stellt auf diese Weise sicher, dass Mietsteigerungen nur im Wege freiwilliger Vereinbarungen oder nach Maßgabe der §§ 557 ff. BGB durchgesetzt werden können.

---

[699] BGH NJW 2015, 108 = NZM 2015, 296 (für Eigenbedarf).
[700] BGH NJW 2015, 108 = NZM 2015, 296; zust. *Wietz* WuM 2016, 323 (330).
[701] BVerfG GE 1998, 852.
[702] BGH NJW 2015, 108 = NZM 2015, 296 (für Eigenbedarf).
[703] BGH NJW 2015, 108 = NZM 2015, 296.
[704] BVerfG WuM 1994, 132; BGH NJW 2013, 1596 = NZM 2013, 419 = MietPrax-AK § 573 BGB Nr. 45 mAnm *Börstinghaus*; *Dötsch* MietRB 2013, 166; *Zehelein* WuM 2013, 365; *Krapf* jurisPR-MietR 12/2013 Anm. 2; *Drasdo* NJW-Spezial 2013, 385.
[705] LG Hamburg WuM 1991, 187; AG Hannover WuM 1991, 187.
[706] LG Mannheim ZMR 1995, 315.
[707] LG Mannheim ZMR 1995, 315.
[708] LG Berlin ZMR 2014, 730.

VI. Umwandlung von Miet- in Eigentumswohnungen

Bei der Umwandlung einer Miet- in eine Eigentumswohnung gelten Sonderregelungen. 195
Der Vermieter kann nicht deshalb kündigen, weil er die **Mietwohnung in eine Eigentumswohnung umwandeln** und verkaufen will; gleiches gilt, wenn die Kündigung nach der Umwandlung zum Zwecke des Verkaufs ausgesprochen wird (Nr. 3 Hs. 3). Dieser Kündigungsausschluss ist unbefristet. Der Erwerber der Wohnung kann allerdings nach Ablauf der Kündigungssperre (§ 577a BGB) wegen Eigenbedarfs kündigen. Im Fall des Erwerbs eines Grundstücks oder einer Wohnung durch eine GbR gilt § 577a Abs. 1a S. 1 Nr. 1 BGB. Danach kann sich ein Erwerber mindestens drei Jahre nicht auf Eigenbedarf berufen, wenn vermieteter Wohnraum nach der Überlassung an den Mieter an eine Personengesellschaft oder an mehrere Erwerber veräußert worden ist. Die **Kündigungsbeschränkung** nach § 577a Abs. 1a S. 1 BGB erfordert nicht, dass an den vermieteten Wohnräumen Wohnungseigentum begründet worden ist oder der Erwerber zumindest die Absicht hat, eine solche Wohnungsumwandlung vorzunehmen.[709] Es genügt der Erwerb vermieteten Wohnraums durch eine GbR oder mehrere Erwerber. Keine Sperrfrist gilt, wenn die Gesellschafter oder Erwerber derselben Familie oder demselben Haushalt angehören oder vor Überlassung des Wohnraums an den Mieter Wohnungseigentum begründet worden ist. Die Sperrfrist kann von den Bundesländern auf bis zu 10 Jahre verlängert werden, wenn die ausreichende Versorgung der Bevölkerung mit Mietwohnungen zu angemessenen Bedingungen in einer Gemeinde besonders gefährdet ist.

F. Die Generalklausel des § 573 Abs. 1 BGB

I. Allgemeines

Aus dem Wortlaut des § 573 Abs. 2 BGB („insbesondere") folgt, dass die Aufzählung der 196
Kündigungsgründe in Abs. 2 nicht abschließend ist. Vielmehr stellt das Gesetz mit § 573 Abs. 1 BGB einen **generalklauselartigen Kündigungstatbestand** zur Verfügung, der den in § 573 Abs. 2 BGB beispielhaft genannten Kündigungsgründen nach allgemeiner Meinung gleichgewichtig ist.[710] Die Regelung in Abs. 1 ist mithin als Auffangtatbestand für weitere Beendigungsinteressen zu verstehen (zur Abgrenzung → Rn. 11 ff.). Die speziellen Kündigungstatbestände des § 573 Abs. 2 BGB sind stets vorrangig zu prüfen. Ein Rückgriff auf § 573 Abs. 1 BGB kommt nur in Betracht, wenn keiner der speziellen Kündigungssachverhalte gegeben ist. Fehlt eines oder mehrere Tatbestandselemente des § 573 Abs. 2 Nr. 1–3 BGB, so kann die Kündigung nicht ohne weiteres auf den allgemeinen Kündigungstatbestand gestützt werden. Die speziellen Kündigungstatbestände beschreiben nicht nur die Voraussetzungen für die Kündigung in den dort genannten Fällen der Vertragsverletzung, des Eigenbedarfs und der wirtschaftlichen Verwertung sondern haben auch Sperrwirkung für diejenigen Fälle, in denen ein Tatbestandsmerkmal fehlt. Eine Kündigung nach § 573 Abs. 1 BGB kommt lediglich dann in Betracht, wenn besondere Umstände vorliegen, die eine Gleichbehandlung mit den speziellen Kündigungstatbeständen rechtfertigen.[711]

---

[709] BGH NZM 2018, 388 = NJW 2018, 2187 = MietPrax-AK § 577a BGB Nr. 3 mAnm *Börstinghaus*; *Rolfs* NZM 2018, 780.
[710] BVerfG NJW 1992, 105; BGH NZM 2007, 639 = MietPrax-AK § 573 BGB Nr. 10 mAnm *Börstinghaus*; BGH NZM 2007, 681 = MietPrax-AK § 5573 BGB Nr. 11 mAnm *Börstinghaus*; BGH NZM 2012, 501 = MietPrax-AK § 573 BGB Nr. 41 mAnm *Börstinghaus*; *Dötsch* MietRB 2012, 189; *Häublein* jurisPR-MietR 14/2012 Anm. 1; *Drasdo* NJW-Spezial 2012, 483; *Siegmund* MietRB 2012, 304; *Häublein* WuM 2012, 506.
[711] *Schmidt* NZM 2014, 609 (617).

II. Das berechtigte Interesse

197 Nach § 573 Abs. 1 S. 1 BGB kann der Vermieter ein Wohnraummietverhältnis ordentlich nur kündigen, wenn er ein „berechtigtes Interesse" an der Beendigung des Mietverhältnisses hat. Eine allgemeingültige **Definition** dieses Begriffs ist nicht möglich. Der Begriff des berechtigten Interesses findet sich zwar auch in anderen Vorschriften des BGB-Mietrechts, zB in § 559 Abs. 4, § 553 Abs. 1, § 554 Abs. 1, § 574 BGB. Gleichwohl verbietet es sich, diesen Begriff unter Rückgriff auf diese Vorschriften zu präzisieren, weil dort völlig andere Sachverhalte geregelt werden. In § 543 Abs. 1 BGB findet sich die Formulierung „wichtiger Grund" ohne dass hieraus Rückschlüsse auf die Bedeutung des Begriffs „berechtigtes Interesse" gezogen werden könnten. Eine von Fall zu Fall unterschiedliche Gewichtung unter Berücksichtigung des konkreten Erlangungsinteresses des Vermieters einerseits und des konkreten Bestandsinteresses des Mieters andererseits ist ebenfalls nicht möglich, weil eine so verstandene einzelfallbezogene Interessenabwägung nach der Gesetzessystematik nur im Rahmen der **Härtefallabwägung** gem. § 574 BGB durchgeführt werden kann.[712] Die Vorgängervorschrift des § 573 BGB (§ 564b BGB aF) wurde durch das Zweite Wohnraumkündigungsschutzgesetz vom 18.12.1974[713] in das BGB als Teil des sozialen Mietrechts eingeführt. Damals sollte das Recht des Vermieters, den Mietvertrag durch ordentliche Kündigung zu beenden, für Wohnraummietverhältnisse ausgeschlossen werden.[714] Das Bestehen eines Kündigungsrechts sollte vom Bestehen eines berechtigten Interesses abhängig sein. Durch diese Beschränkung des Kündigungsrechts soll der Mieter vor willkürlichen Kündigungen geschützt werden.[715] Die Wohnung stellt für ihn einen Lebensmittelpunkt dar. Jeder Wohnungswechsel bringt für ihn erhebliche Unzuträglichkeiten in persönlicher, familiärer, sozialer und wirtschaftlicher Hinsicht mit sich. Der Vermieter soll deshalb nicht berechtigt sein, den Mietvertrag ohne beachtliche Gründe zu kündigen.[716] Der Gesetzgeber hat durch die in Abs. 2 genannten Beispielsfällen schon vorgegeben, welches Ausmaß das berechtigte Vermieterinteresse erreichen muss. Das ergibt sich aus der Formulierung „insbesondere". Daraus ergibt sich, dass zwischen den Fällen, in denen der Vermieter oder ein privilegierter Angehöriger die Wohnung nutzen will und denen, in denen es um wirtschaftliche Interesse geht, zu differenzieren ist. In den erstgenannten Fällen wird das Erlangungsinteresse des Vermieters, in den letztgenannten das Bestandsinteresse des Mieters im Vordergrund stehen. Das wird auch vom BGH so betont.[717] Bei der Auslegung des § 573 BGB ist dessen mieterschützende Bedeutung zu beachten.

III. Anerkannte berechtigte (Vermieter-)Interessen

198 In der Rechtspraxis wird Abs. 1 auf folgende Sachverhalte angewandt:

1. Betriebsbedarf

199 Ein Mietverhältnis über eine Werkwohnung kann gekündigt werden, wenn der Mieter aus dem Arbeits- oder Dienstverhältnis ausscheidet und der **Wohnraum für Betriebsangehörige benötigt wird.**[718] Steht dem Unternehmen ein Belegungs- oder Mieterbenennungs-

---

[712] BGHZ 103, 91 = NJW 1988, 904.
[713] BGBl. I 3603.
[714] BGHZ 103, 91 = NJW 1988, 904.
[715] BGHZ 103, 91 = NJW 1988, 904.
[716] BT-Drs. 7/2011, 7.
[717] BGH NZM 2017, 405 = NJW 2017, 2018 = MietPrax-AK § 573 BGB Nr. 65 mAnm *Börstinghaus*; *Börstinghaus* jurisPR-BGHZivilR 11/2017 Anm. 3; *Hinz* NZM 2017, 412; *Hartmann* WuM 2017, 450; *Drasdo* NJW-Spezial 2017, 449; *Fleindl* ZMR 2017, 799; BGH NZM 2017, 559 = MietPrax-AK § 573 BGB Nr. 66 mAnm *Börstinghaus*; *Sandidge/Wichert* MietRB 2017, 213 (214); *Börstinghaus* jurisPR-BGHZivilR 15/2017 Anm. 2; *Drasdo* NJW-Spezial 2017, 482; *Brändle* ZflR 2017, 483.
[718] LG Regensburg WuM 1998, 160, Hauswart; LG Berlin GE 1999, 506, GmbH-Gesellschafter; LG Berlin WuM 2001, 241, Bundesbediensteter; *Rolfs* in Staudinger BGB § 573 Rn. 178; Emmerich/Sonnen-

F. Die Generalklausel des § 573 Abs. 1 BGB Kap. 11

recht zu, so kann der Vermieter dieser Wohnung kündigen, wenn das Unternehmen die Kündigung verlangt und darüber hinaus ein Betriebsbedarf besteht.[719] Dies folgt aus der Erwägung, dass die Belange des Dienstberechtigten nach § 576a Abs. 1 BGB unabhängig davon zu berücksichtigen sind, ob die Wohnung im Eigentum des Dienstberechtigten oder eines Dritten steht.

Der Kündigungstatbestand setzt voraus, **(1)** dass das **Arbeitsverhältnis beendet** ist oder dass dessen Beendigung kurz bevor steht; **(2)** dass der Vermieter die Absicht hat, die Wohnung einem anderen Arbeitnehmer oder einem künftigen Arbeitnehmer zu überlassen und, **(3)** dass hierfür vernünftige, nachvollziehbare Gründe vorliegen. Dabei kommt es maßgeblich auf das Interesse des Unternehmens an der Unterbringung des Mitarbeiters an. Auf das Interesse des Mitarbeiters ist nicht abzustellen.[720] Ein dringlicher Bedarf ist nicht erforderlich.[721] Es genügt, wenn sich Betriebsangehörige um eine frei werdende Werkwohnung beworben haben (Wartelisten) und aus dem Kreis der Bewerber zumindest einer bereit ist, in die gekündigten Räume einzuziehen.[722] An einem vernünftigen Überlassungsgrund fehlt es auch dann nicht, wenn dem Bewerber in unmittelbarer Nähe des Arbeitsplatzes eine preisgünstige Wohnung zur Verfügung steht.[723] Grundsätzlich gilt, dass den Betriebsangehörigen gegenüber dem ausgeschiedenen Arbeitnehmer der Vorrang gebührt. Hieraus folgt auch, dass der Vermieter nicht kündigen kann, wenn er die Wohnung einem betriebsfremden Mietinteressenten überlassen will. **200**

Da die Kündigung wegen Betriebsbedarfs eine besondere Form der Eigenbedarfskündigung darstellt, gelten die dort dargestellten Besonderheiten entsprechend. Hier wie dort muss es sich um eine **ernsthafte Überlassungsabsicht** handeln. Die Absicht darf nicht vorgetäuscht werden, sie muss mit hinreichender Sicherheit feststehen und eindeutig sein, es dürfen keine rechtlichen oder tatsächlichen Überlassungshindernisse bestehen. § 573 Abs. 1 S. 1 BGB verwehrt es dem Vermieter nicht, auch Umstände aus dem Interessenbereich dritter Personen insoweit zu berücksichtigen, als sich aus ihnen aufgrund eines familiären, wirtschaftlichen oder rechtlichen Zusammenhangs auch ein eigenes Interesse des Vermieters an der Beendigung des Mietverhältnisses ergibt.[724] Insofern unterscheidet sich der Kündigungstatbestand des Abs. 1 von der Kündigung wegen wirtschaftlicher Verwertung gem. Abs. 2 Nr. 2. Bei letzterem ist Voraussetzung, dass gerade der Vermieter durch die Fortsetzung des Mietverhältnisses an einer angemessenen wirtschaftlichen Verwertung des Grundstücks gehindert ist. Nur seine Interessenlage ist maßgeblich. Die Interessen Dritten bleiben dort unberührt.[725] **201**

Stand dem Vermieter vor dem Ausspruch der Kündigung eine **Alternativwohnung** zur Verfügung, die für die Zwecke des Vermieters ausreichend gewesen wäre, so ist die Kündigung unwirksam.[726] Die Überlassungsabsicht muss zum Zeitpunkt der Kündigung bereits bestehen; Vorratskündigungen sind unzulässig. Deshalb ist die Kündigung unwirksam, wenn der Vermieter noch gar nicht sicher ist, ob er einen Arbeitnehmer findet, dem **202**

---

schein/*Haug* BGB § 573 Rn. 75; Bamberger/Roth/*Hannappel* BGB § 573 Rn. 105; *Lammel* Wohnraum-MietR BGB § 573 Rn. 24; MüKoBGB/*Häublein* § 573 Rn. 39.
[719] LG Darmstadt WuM 1991, 268; *Sternel*, MietR, 1988, Kap. IV Rn. 165.
[720] LG Frankfurt (Oder) ZMR 2011, 877.
[721] Bamberger/Roth/*Hannappel* BGB § 573 Rn. 106.
[722] *Rolfs* in Staudinger BGB § 573 Rn. 180; MüKoBGB/*Häublein* § 573 Rn. 40; Emmerich/Sonnenschein/*Haug* BGB § 573 Rn. 75; **aA** *Sternel*, MietR, 1988, Kap. IV Rn. 164, danach liegt kein Kündigungsgrund vor, wenn der begünstigte Arbeitnehmer eine angemessene Wohnung hat.
[723] AA AG Witzenhausen WuM 1983, 23; *Sternel*, MietR, 1988, Kap. IV Rn. 164.
[724] BGH NZM 2012, 501 = MietPrax-AK § 573 BGB Nr. 41 mAnm *Börstinghaus*; *Dötsch* MietRB 2012, 189; *Häublein* jurisPR-MietR 14/2012 Anm. 1; *Drasdo* NJW-Spezial 2012, 483; *Siegmund* MietRB 2012, 304; *Häublein* WuM 2012, 506.
[725] BGH NZM 2017, 756 = MietPrax-AK § 573 Nr. 68 mAnm *Börstinghaus*; *Geisler* jurisPR-BGHZivilR 22/2017 Anm. 1; *Bruns* NZM 2017, 759; *Beyer* jurisPR-MietR 25/2017 Anm. 3; *Drasdo* NJW-Spezial 2018, 1.
[726] LG Berlin GE 1993, 859.

er die Wohnung überlassen kann.[727] Die Überlassungsabsicht muss zum Zeitpunkt der Kündigung noch vorhanden sein, andernfalls ist die Kündigung ebenfalls unwirksam. Entfällt die Überlassungsabsicht nach dem Ausspruch der Kündigung, so muss der Vermieter dem Mieter ein Angebot zum Abschluss eines Vertrages über die Aufhebung der Kündigungswirkungen unterbreiten. Wird nach dem Ausspruch der Kündigung eine geeignete Wohnung frei, so gilt dasselbe.[728] Befinden sich in dem Anwesen sowohl funktionsgebundene Dienstmietwohnungen als auch solche, die an beliebige Dritte vermietet werden, so gilt die Anbietpflicht für alle freistehenden Wohnungen. Hat der Vermieter zB eine Hauswartwohnung gekündigt, so ist er verpflichtet, dem früheren Hauswart eine freistehende Nachbarwohnung anzubieten.[729] Eine Verletzung dieser Verpflichtungen kann Schadensersatzansprüche zur Folge haben.

203 Zu beachten ist weiterhin, dass die Kündigung einer **Werkmietwohnung** dem Mitbestimmungsrecht des Betriebsrats unterliegt (§ 87 Abs. 1 Nr. 9 BetrVG). Die Ausübung des Mitbestimmungsrechts ist ein echtes Wirksamkeitserfordernis, das im Kündigungsschreiben erwähnt werden muss; anderenfalls ist die Kündigung unwirksam. Allerdings gilt dies nur bis zur wirksamen Auflösung des Arbeitsverhältnisses.[730] Für **Werkdienstwohnungen,** die nicht auf Grund eines Mietvertrags, sondern auf Grund des Arbeitsvertrags überlassen werden, besteht kein Mitbestimmungsrecht.[731]

204 Die Grundsätze über die Kündigung wegen eines Betriebsbedarfs gelten auch dann, wenn eine bisher nicht zweckgebundene Wohnung in eine Werkswohnung umgewandelt werden soll (sog. **„unechte Werkswohnung"**). Danach kann sich „ein berechtigtes Interesse des Vermieters an der Beendigung des Mietverhältnisses … daraus ergeben, dass einem Mitarbeiter seines Unternehmens aus betrieblichen Gründen eine an einen Betriebsfremden vermietete Wohnung zur Verfügung gestellt werden soll, sofern der Vermieter vernünftige Gründe für die Inanspruchnahme der Wohnung hat, die den Nutzungswunsch nachvollziehbar erscheinen lassen".[732] Voraussetzung ist dabei, dass betriebliche Gründe die Nutzung genau der gekündigten Wohnung notwendig machen. Die Wohnung muss deshalb für die betrieblichen Abläufe nach den Aufgaben der Bedarfsperson von wesentlicher Bedeutung sein.[733] Dies wird etwa bei einem Angestellten, dem die Aufgaben eines „Concierge" übertragen sind, der Fall sein, nicht aber bei einem Hausmeister, der mehrere Objekte des Vermieters betreuen soll und ohnehin bereits in der Nähe eines der Objekte wohnt.[734] Ähnlich ist der Fall zu beurteilen, wenn die ständige Anwesenheit eines Hauswarts erforderlich ist, um die ordnungsgemäße Bewirtschaftung des Miethauses zu gewährleisten[735] oder wenn eine Gemeinde einen Hausmeister zur Betreuung ihrer Liegenschaften anstellt und diesem eine gemeindeeigene Wohnung zur Verfügung stellen will, damit er in der Nähe der Liegenschaften wohnen kann.[736] Haushältertätigkeiten, Pfortendienst, Sekretariatsaufgaben für eine Pfarrgemeinde rechtfertigen eine Kündigung über ein Wohnraum-

---

[727] LG Freiburg WuM 1992, 437 als Hausmeisterwohnung; dazu auch BGH NZM 2017, 521 = NJW 2017, 2819 = MietPrax-AK § 573 BGB Nr. 64 mAnm *Börstinghaus; Börstinghaus* jurisPR-BGHZivilR 12/2017 Anm. 2; *Schach* GE 2017, 621; *Drasdo* NJW-Spezial 2017, 419.
[728] LG Berlin GE 1993, 429; WuM 1995, 41.
[729] LG Berlin GE 1997, 243.
[730] OLG Frankfurt a. M. WuM 1992, 525.
[731] BAG WuM 1993, 353.
[732] BGH NZM 2007, 639 = MietPrax-AK § 573 BGB Nr. 10 mAnm *Börstinghaus; Bieber* MietRB 2007, 259; *Drasdo* NJW-Spezial 2007, 467; *Rolfs* in Staudinger BGB § 573 Rn. 180; *Hannappel* in Bamberger/Roth/*Hannappel* BGB § 573 Rn. 107.
[733] BGH NZM 2017, 521 = NJW 2017, 2819 = MietPrax-AK § 573 BGB Nr. 64 mAnm *Börstinghaus; Börstinghaus* jurisPR-BGHZivilR 12/2017 Anm. 2; *Schach* GE 2017, 621; *Drasdo* NJW-Spezial 2017, 419. BGH BeckRS 2021, 6383.
[734] BGH NZM 2007, 639 = MietPrax-AK § 573 BGB Nr. 10 mAnm *Börstinghaus;* BGH NZM 2017, 521 = NJW 2017, 2819 = MietPrax-AK § 573 BGB Nr. 64 mAnm *Börstinghaus; Börstinghaus* jurisPR-BGHZivilR 12/2017 Anm. 2; *Schach* GE 2017, 621; *Drasdo* NJW-Spezial 2017, 419.
[735] LG Hamburg MDR 1980, 315; LG Aachen ZMR 1990, 303.
[736] LG Regensburg WuM 1998, 160.

mietverhältnis gemäß § 573 Abs. 1 BGB nur, wenn die Nutzung der Wohnung für die „betrieblichen Abläufe" nach den Aufgaben der Bedarfsperson von wesentlicher Bedeutung ist.[737]

Es genügt nicht, wenn der Vermieter einen **gewöhnlichen Betriebsbedarf** hat, etwa weil er die Wohnung neu anzuwerbenden Fachkräften zur Verfügung stellen will, um so seine Chancen auf dem Arbeitsmarkt zu verbessern[738] oder wenn die Räume einem Arbeitnehmer mit konkretem Wohnbedarf überlassen werden sollen.[739] Es kommt hierbei nicht darauf an, ob die Wohnung zu früherer Zeit als Werkswohnung genutzt worden ist; ein Hinweis im Mietvertrag auf die generell bestehende Zweckbindung ändert an dieser Rechtslage nichts.[740] Hiervon kann ausnahmsweise dann abgewichen werden, wenn es aus betrieblichen Gründen erforderlich ist, dass die Wohnung von einem bestimmten Arbeitnehmer bezogen wird. Diese Gründe müssen nach Abschluss des Mietvertrags entstanden sein.[741] Es muss ein Bedarf für eine sog. „Schlüsselkraft" bestehen.[742] Ein zur Kündigung berechtigendes Interesse einer KG besteht nur dann, wenn das Wohnen ihres Mitarbeiters gerade in dieser Wohnung nach seiner betrieblichen Funktion und Aufgabe für den Betriebsablauf von nennenswertem Vorteil ist.[743] Dies gilt auch für den Geschäftsführer der Komplementärin der KG[744] oder einer juristischen Person.[745] Der allgemeine **Wohnbedarf eines Geschäftsführers**[746] oder anderer leitender Mitarbeiter reicht hierfür nicht aus. Der Umstand, dass der Geschäftsführer den Betrieb schneller erreichen kann, genügt ebenfalls nicht.[747] Ein berechtigendes Interesse wurde beispielhaft bejaht, wenn ein Landwirt auf einen landwirtschaftlichen Arbeiter angewiesen ist[748], wenn die an einen Betriebsfremden vermietete Wohnung in einem Gebäude liegt, das ursprünglich als Gebäude mit Werkwohnungen konzipiert war, voll in das Betriebsgelände integriert ist und nur über das Betriebsgelände erreicht werden kann[749] oder wenn die Beschaffung von Wohnraum vom Arbeitgeber zu erwarten ist, weil sonst wegen des knappen Wohnungsmarktes keine Wohnung unter zumutbaren Bedingungen gefunden werden kann.[750] Das Gleiche gilt, wenn ein Forschungsinstitut einen Institutsdirektor in der Nähe seines Arbeitsplatzes unterbringen will.[751] Demgegenüber wurde ein berechtigtes Interesse verneint, wenn der Hausmeister gewisse Arbeiten (Gartenpflege und Schneebeseitigung) durchführen soll, die der Vermieter ebenso gut einem nicht im Haus wohnenden Dritten übertragen kann[752] oder wenn der Eigentümer eines Hauses mit 11 Parteien einen Hausmeister anstellen will und dieser Reinigungsarbeiten, Installationsarbeiten, die Überprüfung der Elektrik, sonstige Reparaturarbeiten und die Gartenpflege durchführen soll, weil hier die ständige Anwesenheit eines Hausmeisters nicht erforderlich ist.[753] Ebenso wenig besteht ein berechtigtes Interesse, wenn der Vermieter eine Hilfskraft zum Gas- und Stromablesen sowie zur Kontrolle der Hauseingangstüren zur Verhinderung von Einbrüchen einstellen will[754]

---

[737] BGH NZM 2021, 432.
[738] Zu einem solchen Fall als gewerbliche Zwischenvermietung: BGH NZM 2018, 281 = MietPrax-AK § 565 BGB Nr. 4 mAnm *Börstinghaus; Börstinghaus* jurisPR-BGHZivilR 4/2018 Anm. 4; *Sommer* MietRB 2018, 99; *Drasdo* NJW-Spezial 2018, 257; *Harsch* MDR 2018, 569.
[739] OLG Stuttgart WuM 1991, 330; **aA** LG Berlin WuM 1996, 145.
[740] OLG Stuttgart ZMR 1993, 330, eine Entscheidung mit einem Belegungsrecht der Deutschen Bundesbahn.
[741] LG Karlsruhe WuM 195, 148; *Sternel*, MietR, 1988, Kap. IV Rn. 164.
[742] LG Berlin NJW-RR 1996, 907; AG Bad Hersfeld WuM 1992, 17.
[743] BGH NZM 2007, 639 = MietPrax-AK § 573 BGB Nr. 10 mAnm *Börstinghaus*.
[744] BGH NZM 2007, 681 = MietPrax-AK § 573 BGB Nr. 11 mAnm *Börstinghaus*.
[745] *Schmidt* NZM 2014, 609 (620).
[746] LG Wuppertal WuM 1994, 686.
[747] LG Wuppertal WuM 1994, 686.
[748] LG Lübeck WuM 1985, 148.
[749] LG Tübingen ZMR 1987, 20.
[750] LG Landau WuM 1985, 146.
[751] LG Berlin WuM 1996, 145.
[752] AG Offenbach WuM 1986, 326; ebenso AG Tempelhof-Kreuzberg MM 1993, 325.
[753] LG Heidelberg WuM 1993, 678; ähnlich LG Freiburg WuM 1992, 437.
[754] LG Freiburg WuM 1989, 245.

oder wenn der Geschäftsführer eines Unternehmens in eine betriebseigene Wohnung einziehen will und wenn hierdurch der Betriebsablauf erleichtert würde.[755] Dementsprechend ist auch die Kündigung einer Wohnung durch eine Kirchengemeinde zugunsten einer Pfarrerin unwirksam, wenn diese an mehreren Orten tätig ist und keine besonderen Gründe für die Wohnsitznahme am Ort der Kirchengemeinde vorliegen.[756] Im Prinzip kann Betriebsbedarf aber dann vorliegen, wenn eine Religionsgemeinschaft die Wohnung benötigt, um dort einen Geistlichen unterzubringen.[757] Ob eine solche Interessensituation die Kündigung rechtfertigt, ist im Wege einer Abwägung zwischen den Interessen der Religionsgemeinschaft und den Interessen des Mieters am Erhalt der Wohnung festzustellen.[758]

2. Der Geschäfts- oder Berufsbedarf

206 Vom Betriebsbedarf zu unterscheiden ist der Geschäfts- oder Berufsbedarf. Damit sind die Fälle gemeint, in denen der Vermieter ein Wohnraummietverhältnis kündigt, um die Räumlichkeiten **zu beruflichen oder gewerblichen Zwecken** zu nutzen. Grundsätzlich gilt hier, dass der Wunsch des Vermieters, seine Wohnung nur teilweise für eigene Wohnzwecke, überwiegend jedoch für eigene berufliche Zwecke im Hinblick auf sein durch Art. 14 Abs. 1 S. 1 GG geschütztes Eigentum grundsätzlich zu achten und einer gerichtlichen Nachprüfung entzogen ist.[759]

207 Davon zu unterscheiden ist die Kündigung von Wohnräumen **zur gewerblichen/ beruflichen Nutzung** durch den Eigentümer. Hier liegt kein Eigenbedarf iSd § 573 Abs. 2 Nr. 2 BGB vor. In Betracht kommt nur eine Kündigung nach der Generalklausel des § 573 Abs. 1 BGB.[760] Die Regelbeispiele des Abs. 2 verbieten keinen Rückgriff auf Abs. 1. Der Kündigungstatbestand ist gleichwertig.[761]

208 Jedoch müssen bei der Auslegung der Generalklausel in Abs. 1 die gesetzlichen Wertungen des Abs. 2 Nr. 2 und 3 berücksichtigt werden. Aus diesen benannten Kündigungsgründen ist abzuleiten, **welches Gewicht den gegenläufigen Belangen** von Vermieter und Mieter bei einer Kündigung jeweils zukommen sollen. Bei der Auslegung des berechtigten Interesses iSd der Generalklausel geben dabei die typisierten Regeltatbestände des § 573 Abs. 2 Nr. 2 BGB (Eigenbedarf) und Nr. 3 BGB (wirtschaftliche Verwertung) einen ersten Anhalt für eine Interessenbewertung und -abwägung. Will der Vermieter die Wohnung aus nachvollziehbaren und vernünftigen Gründen selbst zu Wohnzwecken nutzen, reicht bereits ein ernsthafter Nutzungsentschluss für ein vorrangiges Erlangungsinteresse des Vermieters aus. Bei einer **Verwertungskündigung** nach § 573 Abs. 2 Nr. 3 BGB ist dagegen auf Seiten des Vermieters ein Interesse mit geringerem personalem Bezug betroffen als bei einer Eigenbedarfskündigung. Hier gibt das Gesetz dem nur dann den Vorrang, wenn diesem bei Fortsetzung des Wohnraummietverhältnisses **erhebliche Nachteile** ent-

---

[755] LG Stuttgart WuM 1994, 470.
[756] LG Frankfurt (Oder) ZMR 2011, 877.
[757] LG Stuttgart WuM 2018, 97.
[758] LG Stuttgart WuM 2018, 97: kein berechtigtes Interesse, wenn ein Geistlicher der Religionsgemeinschaft der Sikks lediglich eine Wohnung in der Nähe des Tempels beziehen will, um so den täglichen Weg zum Arbeitsplatz zu verkürzen.
[759] BGH NZM 2005, 943 = NJW 2005, 3782 =MietPrax-AK § 573 BGB Nr. 6 mAnm *Börstinghaus*; *Wiek* WuM 2005, 781; *Krapf* MietRB 2006, 92.
[760] BGH NZM 2013, 22 = NJW 2013, 225 = MietPrax-AK § 573 BGB Nr. 43 mAnm *Börstinghaus*; *Blank* WuM 2013, 47; *Both* jurisPR-MietR 2/2013 Anm. 2; *Wiek* WuM 2013, 271; LG Berlin GE 2015, 1163; BGH NZM 2017, 405 = NJW 2017, 2018 = MietPrax-AK § 573 BGB Nr. 65 mAnm *Börstinghaus*; *Börstinghaus* jurisPR-BGHZivilR 11/2017 Anm. 3; *Hinz* NZM 2017, 412; *Hartmann* WuM 2017, 450; *Fleindl* ZMR 2017, 799; BGH NZM 2017, 559 = MietPrax-AK § 573 BGB Nr. 66 mAnm *Börstinghaus*; *Sandidge/Wichert* MietRB 2017, 213 (214); *Börstinghaus* jurisPR-BGHZivilR 15/2017 Anm. 2; *Brändle* ZflR 2017, 483; ausführlich dazu *Palmen*, Eigenbedarfsähnliche Kündigungsgründe, S. 131.
[761] BGH NZM 2012, 501 = MietPrax-AK § 573 BGB Nr. 41 mAnm *Börstinghaus*; *Dötsch* MietRB 2012, 189; *Häublein* jurisPR-MietR 14/2012 Anm. 1; *Drasdo* NJW-Spezial 2012, 483; *Siegmund* MietRB 2012, 304; *Häublein* WuM 2012, 506.

stünden. Das Interesse des Vermieters, die vermietete Wohnung zu (frei-)beruflichen oder gewerblichen Zwecken selbst zu nutzen, ist von der Interessenlage her zwischen den genannten typisierten Regeltatbeständen anzusiedeln. Es muss deshalb für ein zur Kündigung berechtigendes Interesse an der Beendigung des Mietverhältnisses ein Nachteil auf Vermieterseite von einigem Gewicht vorliegen, auch wenn dieser nicht unbedingt den Grad von erheblichen Einbußen iSv § 573 Abs. 2 Nr. 3 BGB erreichen muss.[762] Der ernsthafte Willen zur Eigennutzung oder Eigenverwertung allein genügt für eine Kündigung regelmäßig nicht. Maßgeblich ist, ob das Erlangungsinteresse in einem Fall des Berufsbedarfs dem Eigenbedarfsinteresse oder dem Verwertungsinteresse eher nahesteht. Im erstgenannten Fall sind an das Erlangungsinteresse geringere, im letztgenannten Fall aber höhere Anforderungen zu stellen. Hierzu muss eine umfassende Interessenabwägung stattfinden. Das Erlangungsinteresse des Vermieters ist gegen das allgemeine Bestandsinteresse des Mieters im Wege einer umfassenden Würdigung der Umstände des Einzelfalls abzuwägen. Auch in diesem Fall dürfen die besonderen einer Kündigung entgegenstehenden Härtegründe des Mieters nur im Rahmen des § 574 BGB, also auf Widerspruch des Mieters berücksichtigt werden.

Der BGH[763] schlägt zur **Orientierung im Rahmen der Interessenabwägung** und -bewertung bei einer Kündigung zur Deckung eines gewerblichen oder freiberuflichen Bedarfs folgende „grobe Leitlinien": **(1)** Im Falle einer untergeordneten geschäftlichen Mitbenutzung „dürfte bereits der Tatbestand des § 573 Abs. 2 Nr. 2 BGB greifen".[764] **(2)** Will der Vermieter die Mietwohnung nicht nur zu Wohnzwecken beziehen, sondern dort zugleich überwiegend einer freiberuflichen oder gewerblichen Tätigkeit nachgehen, so weist dieses Erlangungsinteresse eine größere Nähe zum Tatbestand des § 573 Abs. 2 Nr. 2 BGB als zum Tatbestand der Verwertungskündigung nach § 573 Abs. 2 Nr. 3 BGB auf. In einem solchen Fall ist zusätzlich zu den für eine Eigenbedarfskündigung genügenden Voraussetzungen ein weiterer Gesichtspunkt zu fordern, der für das Erlangungsinteresse des Vermieters spricht. Es genügt, dass dem Vermieter im Falle des Fortbestands des Mietverhältnisses ein „beachtenswerter" Nachteil entsteht. Dem Erlangungsinteresse des Vermieters ist in solchen Fällen regelmäßig der Vorzug vor dem Bestandsinteresse des Mieters zu geben, wenn der ernsthaft verfolgte Nutzungswunsch von vernünftigen und nachvollziehbaren Gründen getragen ist.[765] **(3)** Den unter Ziff. (2) behandelten Fällen vergleichbar sind die Fälle, in denen eine gemischte Nutzung überwiegend zur Ausübung einer geschäftlichen Tätigkeit und daneben auch zu Wohnzwecken nicht durch den Vermieter selbst, sondern durch seinen Ehegatten oder seinen Lebenspartner erfolgen soll. **(4)** Soll die Wohnung ausschließlich zu freiberuflichen oder gewerblichen Zwecken genutzt werden, so weist das Erlangungsinteresse eine größere Nähe zu dem Tatbestand der Verwertungskündigung auf. Hier müssen weitere Umstände hinzutreten, um den Vermieterinteressen den Vorzug einzuräumen. Der Fortbestand des Wohnraummietverhältnisses muss für den Vermieter einen Nachteil von einigem

---

[762] BGH NZM 2013, 22 = NJW 2013, 225 = MietPrax-AK § 573 BGB Nr. 43 mAnm *Börstinghaus; Schach* MietRB 2013, 2; *Blank* WuM 2013, 2; *Both* jurisPR-MietR 2/2013 Anm. 2; *Drasdo* NJW-Spezial 2013, 34; *Wiek* WuM 2013, 271; LG Berlin GE 2015, 1163; BGH NZM 2017, 405 = NJW 2017, 2018 = MietPrax-AK § 573 BGB Nr. 65 mAnm *Börstinghaus; Börstinghaus* jurisPR-BGHZivilR 11/2017 Anm. 3; *Hinz* NZM 2017, 412; *Hartmann* WuM 2017, 450; *Drasdo* NJW-Spezial 2017, 449; *Fleindl* ZMR 2017, 799; BGH NZM 2017, 559 = MietPrax-AK § 573 BGB Nr. 66 mAnm *Börstinghaus; Sandige/Wichert* MietRB 2017, 213 (214); *Börstinghaus* jurisPR-BGHZivilR 15/2017 Anm. 2; *Drasdo* NJW-Spezial 2017, 482; *Brändle* ZflR 2017, 483.
[763] BGH NZM 2017, 405 = NJW 2017, 2018 = MietPrax-AK § 573 BGB Nr. 65 mAnm *Börstinghaus*.
[764] So schon BGH NZM 2005, 943 = NJW 2005, 3782 = MietPrax-AK § 573 BGB Nr. 6 mAnm *Börstinghaus; Wiek* WuM 2005, 781; *Krapf* MietRB 2006, 92.
[765] So bereits BGH NZM 2013, 22 = NJW 2013, 225 = MietPrax-AK § 573 BGB Nr. 43 mAnm *Börstinghaus; Schach* MietRB 2013, 2; *Blank* WuM 2013, 47; *Both* jurisPR-MietR 2/2013 Anm. 2; *Drasdo* NJW-Spezial 2013, 34; *Wiek* WuM 2013, 271; LG Berlin GE 2015, 1163: Der Vermieter hatte eine weitere Wohnung im Haus, in dem er mit seiner Frau lebte, gekündigt, damit seine Frau dort eine Anwaltskanzlei betreiben konnte.

Gewicht darstellen, der allerdings nicht unbedingt den Grad von erheblichen Beeinträchtigungen im Sinne von § 573 Abs. 2 Nr. 3 BGB erreichen muss.[766] Solche Nachteile können vorliegen, wenn die anderweitige Anmietung von Geschäftsräumen nicht rentabel ist oder wenn besondere Umstände für die Nähe von Wohnung und Arbeitsplatz sprechen, etwa eine Krankheit, die Betreuung von Kindern oder die Pflege von Angehörigen.

3. Fehlbelegte Sozialwohnung

210 Der Vermieter einer preisgebundenen Wohnung kann kündigen, wenn er die Wohnung einem Mieter überlassen hat, der nicht zum **Kreis der Wohnberechtigten** nach §§ 4 ff. WoBindG, § 25 des II. WoBauG gehört, die Behörde deshalb die Kündigung des Mietverhältnisses verlangt und dem Vermieter bei Fortsetzung des Mietverhältnisses Nachteile nach §§ 25, 26 WoBindG drohen.[767] Gleiches gilt für den Rechtsnachfolger dieses Vermieters.[768] Für Steuerbegünstigte und freifinanzierte Wohnungen, die einer öffentlich-rechtlichen Belegungsbindung unterliegen (§§ 87a, 88 II. WoBauG) gelten die hier dargelegten Rechtsgrundsätze ebenfalls.

211 Die Kündigung des Mietverhältnisses setzt nicht voraus, dass die Behörde die Kündigung der öffentlichen Mittel androht.[769] Auch die Androhung der Nachteile gehört nicht zu den Kündigungsvoraussetzungen. Es genügt, wenn diese **Nachteile tatsächlich eintreten können**.[770] Da der Kündigungsgrund im öffentlichen Interesse besteht, kommt es nicht darauf an, ob der Vermieter von der fehlenden Wohnberechtigung des Mieters Kenntnis gehabt hat.[771] Hat der Vermieter die Wohnung in Kenntnis der fehlenden Berechtigung vermietet, so kann er sich allerdings gegenüber dem Mieter schadensersatzpflichtig machen, wenn dieser die Wohnung infolge der fehlenden Berechtigung verliert.[772]

212 **Die bloße Fehlbelegung** allein ist allerdings kein Kündigungsgrund.[773] War der Mieter im Zeitpunkt der Überlassung der Wohnung wohnberechtigt, und ist erst in der Folgezeit wegen gestiegenen Einkommens zum „Fehlbeleger" geworden ist, besteht kein Kündigungsrecht.[774] Es genügt auch nicht, wenn die Behörde den Mieter zur Räumung auffordert.[775] Vielmehr muss die Behörde die Beseitigung der Fehlbelegung vom Vermieter verlangen.[776] Gegen die Kündigungsaufforderung steht dem Mieter kein Rechtsmittel zu.[777] Hat der Vermieter dem nicht wohnberechtigten Mieter verschwiegen, dass die Wohnung der Belegungsbindung unterliegt, so ist er zum Ersatz des Schadens verpflichtet, der dem Mieter durch die Kündigung entsteht.[778] Hatte der Mieter Kenntnis von der Belegungsbindung, so trifft ihn ein überwiegendes Mitverschulden, das zum Wegfall des Ersatzanspruchs führt.

---

[766] BGH NZM 2017, 559 = MietPrax-AK § 573 BGB Nr. 66 mAnm *Börstinghaus*; *Sandidge/Wichert* MietRB 2017, 213 (214); *Börstinghaus* jurisPR-BGHZivilR 15/2017 Anm. 2; *Drasdo* NJW-Spezial 2017, 482; *Brändle* ZfIR 2017, 483.
[767] OLG Hamm WuM 1982, 244; BayObLG WuM 1985, 283.
[768] BVerwG NJW-RR 1990, 14.
[769] OLG Hamm WuM 1982, 244.
[770] BayObLG WuM 1985, 283; BVerwG NJW-RR 1990, 14.
[771] LG Berlin GE 1990, 541; Bamberger/Roth/*Hannappel* BGB § 573 Rn. 114; MüKoBGB/*Häublein* § 573 Rn. 43; krit. *Sternel*, MietR, 1988, Kap. IV Rn. 159, 160.
[772] *Lammel* WohnraumMietR BGB § 573 Rn. 31; MüKoBGB/Häublein § 573 Rn. 43.
[773] LG Berlin GE 1991, 881; MM 1993, 393.
[774] AG Lüdenscheid WuM 1990, 553; *Rolfs* in Staudinger BGB § 573 Rn. 193.
[775] LG Berlin GE 1994, 1059.
[776] LG Berlin GE 1994, 1059.
[777] BVerwG NJW 1995, 2866.
[778] AG Schöneberg GE 1990, 319.

4. Überbelegung

Eine Kündigung kann auch im Falle einer (unverschuldeten) Überbelegung der Wohnung gerechtfertigt sein.[779] Von einer **unverschuldet eingetretenen Überbelegung** ist auszugehen, wenn sich die Familie des Mieters im Lauf der Zeit durch weitere Kinder vergrößert. Wann eine Überbelegung vorliegt, richtet sich nach den Umständen des Einzelfalls. Über die Frage der Kündigungsberechtigung ist auf Grund einer Interessenabwägung zu entscheiden.[780] Die Tatsache der Überbelegung reicht für die Kündigung für sich alleine nicht aus. Stets müssen weitere Umstände hinzutreten, aus denen sich das Kündigungsinteresse ergibt, wie zB eine verstärkte Abnutzung oder Beschädigung der Wohnung; Störungen der übrigen Hausbewohner; weitere negative Außenwirkungen usw). Hat der Mieter entgegen einer vertraglichen Vereinbarung und ohne gesetzlichen Anspruch weitere Personen in die Wohnung aufgenommen, so liegt idR eine verschuldete Vertragsverletzung vor, die unter den Voraussetzungen des § 573 Abs. 2 Nr. 1 BGB oder des § 543 Abs. 2 Nr. 2 BGB zur Kündigung berechtigen kann.

5. Unterbelegung

Eine Kündigung wegen einer Unterbelegung der Wohnung ist demgegenüber nicht möglich. Das gilt zB, wenn die Mieterin in einem Heim lebt, aber die Wohnung aufrechterhält, weil sie hofft, irgendwann dorthin zurückkehren zu können[781] oder wenn der Mieter die Wohnung überwiegend leer stehen lässt.[782]

Diese Grundsätze gelten auch für die Kündigung eines **Dauernutzungsverhältnisses** zwischen einer Wohnungsgenossenschaft und ihrem Genossen, wenn eine erheblich unterbelegte Genossenschaftswohnung an eine größere Familie mit entsprechendem Wohnbedarf überlassen werden soll.[783] Nach den Grundsätzen des Genossenschaftsrechts hat das Mitglied der Genossenschaft als Mitträger des genossenschaftlichen Betriebs[784] Anspruch auf ein Dauerschuldverhältnis mit quasi dinglichem Charakter; auf Grund dieses Dauernutzungsvertrags genießt das Mitglied einen weitergehenden Kündigungsschutz als der gewöhnliche Mieter. Deshalb kann er hinsichtlich des Bestandschutzes jedenfalls nicht schlechter gestellt werden, als andere Mieter nach der gesetzlichen Regelung stehen. Wegen einer Unterbelegung kann einem Mieter aber nicht gekündigt werden, weil die Vorschrift des § 573 BGB keine Maßnahmen der Wohnraumbewirtschaftung rechtfertigt. Aus der genossenschaftlichen Treuepflicht folgt nichts anderes, weil bei der Abwägung zwischen dem Interesse des Mieters am Erhalt der Wohnung und dem Umverteilungsinteresse der Genossenschaft, das Interesse des Mieters vorrangig ist.[785]

6. Öffentliches Interesse

Unter Geltung des Mieterschutzgesetzes konnte eine Wohnung die im Eigentum bestimmter öffentlicher Körperschaften stand und zu öffentlichen Zwecken verwendet werden sollte (**sog. „Fiskusprivileg"**) gekündigt werden. Daran anknüpfend hatte das BayObLG[786]

---

[779] OLG Hamm NJW 1983, 48.
[780] OLG Hamm NJW 1983, 48.
[781] AG Bielefeld WuM 1994, 22.
[782] LG Köln WuM 1991, 589.
[783] OLG Karlsruhe NJW 1984, 2584; **aA** OLG Stuttgart WuM 1991, 379; ähnlich LG München I WuM 1992, 16, wenn der Mieter die Wohnung nur als Stadtwohnung benutzt; LG Nürnberg-Fürth WuM 1993, 280, wenn die Wohnung nur noch sporadisch genutzt wird; AG Dresden ZMR 1994, 518, wenn der Mieter noch eine weitere Wohnung zur Verfügung hat; zust. *Lützenkirchen* WuM 1994, 5; MüKoBGB/*Häublein* § 573 Rn. 44; *Hannappel* in Bamberger/Roth BGB § 573 Rn. 118; Herrlein/Kandelhard/*Herrlein* BGB § 573 Rn. 10.
[784] *Riebandt-Korfmacher* ZfgG 43, 254.
[785] Ebenso *Riebandt-Korfmacher* ZfgG 43, 261.
[786] BayObLG NJW 1981, 580, Bereitstellung der Räume zur Unterbringung der Feuerwehr sowie für kulturelle und soziale Zwecke.

entschieden, dass eine Kündigung auch dann gerechtfertigt sein kann, wenn der Wohnraum zur Erfüllung öffentlicher Aufgaben benötigt wird. Dem ist in der Folgezeit die instanzgerichtliche Rspr. gefolgt, so zB **(1)** bei der Kündigung einer Gemeinde um Wohnraum zur Obdachlosenunterbringung zu erhalten;[787] **(2)** bei der Kündigung zum Zwecke der Unterbringung von Aussiedlern und Asylbewerbern;[788] **(3)** bei der Kündigung zur Unterbringung von Asylbewerbern und Obdachlosen;[789] **(4)** wenn die Räume für parlamentarische Arbeit und Regierungstätigkeit verwendet werden sollen;[790] **(5)** wenn ein Gebäude als Botschaft genutzt werden soll;[791] **(6)** bei der Kündigung zur Unterbringung von Verwaltungsdienststellen;[792] **(7)** bei der Kündigung zum Zwecke der Durchführung von Sanierungsmaßnahmen, wenn diese im öffentlichen Interesse geboten sind und der Vermieter mit dem Sanierungsträger identisch ist;[793] **(8)** wenn eine Gemeinde auf Grund bundesgesetzlicher Regelung einen Kindergarten errichten muss;[794] **(9)** wenn im Rahmen der gemeindlichen Daseinsvorsorge bezahlbarer Wohnraum in altengerechter Ausstattung stadtnah und mit Anbindung an das danebengelegene städtische Altenheim geschaffen werden soll.[795]

217 Allerdings wird die Kündigung nicht durch jedes beliebige öffentliche Interesse gerechtfertigt. Vielmehr muss das **öffentliche Interesse ein solches Gewicht** haben, dass es gegenüber dem allgemeinen Interesse des Mieters am Fortbestand des Mietverhältnisses überwiegt.[796] Bei einer Kündigungen im öffentlichen Interesse durch eine öffentlich-rechtliche Körperschaft muss der Grundsatz der Verhältnismäßigkeit beachten werden.[797] So gilt grds. der Grundsatz, dass das öffentliche Interesse an der Unterbringung von Flüchtlingen gegenüber dem Interesse des Mieters am Erhalt seiner Wohnung nachrangig ist.[798] Etwas anderes kann aber uU dann gelten, wenn der besitzende Mieter als Fehlbeleger anzusehen ist oder wenn er an dem von ihm genutzten Wohnraum keinen echten Bedarf hat, etwa weil es sich um eine Zweitwohnung handelt. Ist die Wohnung übermäßig groß, so kann eine Kündigung in Betracht kommen, wenn eine kleinere Ersatzwohnung zur Verfügung steht.[799]

218 Auch ein vom Vermieter verfolgtes **„gemeinnütziges, vornehmlich ein karitatives Nutzungsinteresse"** kann eine Kündigung nach der Generalklausel des § 573 Abs. 1 BGB rechtfertigen.[800] Es sind dabei nicht nur solche öffentlich-rechtliche Aufgaben zu berücksichtigen sind, zu deren Erfüllung die öffentlich-rechtliche Körperschaft rechtlich verpflichtet ist.[801] Es genügt, „wenn eine öffentlich-rechtliche Körperschaft ... die von ihr vermietete Wohnung zur Umsetzung von Aufgaben benötigt, an deren Erfüllung ein gewichtiges öffentliches Interesse besteht".[802]

---

[787] AG Göppingen WuM 1979, 122.
[788] LG Kiel WuM 1992, 129.
[789] AG Göttingen NJW 1992, 3044.
[790] LG Berlin MM 1991, 161.
[791] LG Berlin ZMR 1999, 333.
[792] LG Bad Kreuznach WuM 1990, 298.
[793] LG Kiel WuM 1984, 222 (223).
[794] AG Neustadt NJW-RR 1996, 397.
[795] LG Flensburg ZMR 2001, 711 mAnm *Pfannkuch*.
[796] OLG Frankfurt a. M. NJW 1981, 1277, wonach das öffentliche Interesse an der Durchführung eines Bauvorhabens, das die Errichtung eines Mehrzweckgebäudes mit Parkplätzen Geschäftsräumen und Wohnungen zum Gegenstand hat, nicht ausreicht; ebenso AG Hamburg-Blankenese WuM 1980, 55, für das öffentliche Interesse an der Errichtung einer Garage.
[797] *Streyl/Wietz* WuM 2015, 651; *Willems* NZM 2016, 153, Kündigung zu Gunsten von Flüchtlingen.
[798] *Willems* NZM 2016, 153 (157 f.).
[799] *Streyl/Wietz* WuM 2015, 651.
[800] BGH NZM 2017, 559 = MietPrax-AK § 573 BGB Nr. 66 mAnm *Börstinghaus*; *Sandidge/Wichert* MietRB 2017, 213 (214); *Börstinghaus* jurisPR-BGHZivilR 15/2017 Anm. 2; *Drasdo* NJW-Spezial 2017, 482; *Brändle* ZfIR 2017, 483.
[801] **AA** LG Kiel WuM 1992, 129, keine Kündigung zum Zwecke der Unterbringung von Aussiedlern/Übersiedlern bzw. Asylanten in Wohnungen des Bundes.
[802] So BGH NZM 2012, 501 = MietPrax-AK § 573 BGB Nr. 41 mAnm *Börstinghaus*; *Dötsch* MietRB 2012, 189; *Häublein* jurisPR-MietR 14/2012 Anm. 1; *Drasdo* NJW-Spezial 2012, 483; *Siegmund* MietRB 2012,

Ein solches Interesse kann im Einzelfall ein Gewicht erreichen, das es rechtfertigt, trotz 219
der hiermit für den Mieter verbundenen Nachteile dem **Erlangungsinteresse** des Vermieters den Vorzug zu geben.[803] Ähnlich wie beim Berufs- oder Geschäftsbedarf ist dabei das Erlangungsinteresse des Vermieters zwischen den Tatbeständen der Verwertungskündigung gem. § 573 Abs. 2 Nr. 3 BGB und der Eigenbedarfskündigung gem. § 573 Abs. 2 Nr. 2 BGB anzusiedeln. Maßgeblich ist, ob das Erlangungsinteresse dem Eigenbedarfsinteresse oder dem Verwertungsinteresse nahesteht. Im erstgenannten Fall sind an das Erlangungsinteresse geringere, im letztgenannten Fall aber höhere Anforderungen zu stellen.[804]

Ein **privater Vermieter** kann sich auf den Kündigungsgrund des überwiegenden öffent- 220
lichen Interesses nicht berufen.[805] Deshalb kann ein solcher Vermieter ein Wohnraummietverhältnis nicht mit der Begründung kündigen, um die Räume einer juristischen Person des öffentlichen Rechts oder einem anerkannten privaten Träger der Wohlfahrtspflege zur Einrichtung oder zum Betrieb einer Kindertagesstätte vermieten. An derartigen Einrichtungen besteht zwar derzeit ein akutes öffentliches Interesse, jedoch ist die Berufung auf öffentliche Interessen nur einer öffentlich-rechtlichen Körperschaft möglich, zu deren Aufgaben die Durchsetzung der mit der Kündigung verfolgten Ziele gehört.[806]

7. Kündigung eines Untermietverhältnisses

Für die **Kündigung eines Untermietverhältnisses** durch den Untervermieter gelten 221
grds. die gleichen Grundsätze, wie für die Kündigung des Hauptmietverhältnisses. Etwas anderes gilt nur dann, wenn es sich bei dem Untermieterverhältnis ausnahmsweise um ein ungeschütztes Wohnraummietverhältnis nach § 549 Abs. 2 BG handelt. Nach der Rechtsprechung des BVerfG[807] kommt Untermietern mit Blick auf den allgemeinen Gleichheitssatz nicht in jedem Fall ein Kündigungsschutz in einem Umfang zu, der demjenigen eines Mieters gegenüber seinem Vermieter entspricht. Art. 3 Abs. 1 GG gebietet einen solchen Schutz vielmehr nur aufgrund von Besonderheiten im Verhältnis zwischen Untermieter und Zwischenvermieter sowie bei einem eigenen Interesse des Vermieters im Hauptmietverhältnis an der späteren Untervermietung.

Der Untervermieter kann das mit dem Untermieter bestehende Mietverhältnis nicht 222
allein deshalb kündigen, weil er selbst die **Wohnung aufgeben** will.[808] Eine Ausnahme kann gelten, wenn die Aufrechterhaltung des Hauptmietverhältnisses mit gewichtigen wirtschaftlichen oder sonstigen Nachteilen verbunden wäre. Wurde das Hauptmietverhältnis gekündigt folgt daraus grds. kein Kündigungsrechts des Untervermieters gegen den Untermieter.[809] Jedoch ist ein berechtigtes Interesse nach § 573 Abs. 1 BGB an der Beendigung des Untermietverhältnisses dann zu bejahen, wenn der Eigentümer ein berechtigtes Interesse an der Beendigung des Hauptmietverhältnisses geltend machen kann (Fälle des § 573

304; *Häublein* WuM 2012, 506: Kündigung durch eine Evangelische Kirchengemeinde zum Zwecke der Einrichtung einer Beratungsstelle für Erziehungs-, Ehe- und Lebensfragen.
[803] BGH NZM 2017, 559 = MietPrax-AK § 573 BGB Nr. 66 mAnm *Börstinghaus*.
[804] Dazu → Rn. 209 und BGH NZM 2017, 405 = NJW 2017, 2018 = MietPrax-AK § 573 BGB Nr. 65 mAnm *Börstinghaus*; *Börstinghaus* jurisPR-BGHZivilR 11/2017 Anm. 3; *Hinz* NZM 2017, 412; *Hartmann* WuM 2017, 450; *Drasdo* NJW-Spezial 2017, 449; *Fleindl* ZMR 2017, 799.
[805] Offengelassen von BGB BGH NZM 2012, 501 = MietPrax-AK § 573 BGB Nr. 41 mAnm *Börstinghaus*; *Dötsch* MietRB 2012, 189; *Häublein* jurisPR-MietR 14/2012 Anm. 1; *Drasdo* NJW-Spezial 2012, 483; *Siegmund* MietRB 2012, 304; *Häublein* WuM 2012, 506; BGH NZM 2017, 559 = MietPrax-AK § 573 BGB Nr. 66 mAnm *Börstinghaus*.
[806] *Blank* LMK 2012, 334939.
[807] BVerfGE 84, 197 (202); BVerfG MietRB 2020, 193.
[808] LG Berlin GE 1996, 739.
[809] **Bejahend** LG Kiel WuM 1982, 194; **verneinend** BGH NJW 1996, 1886; LG Tübingen WuM 1991, 488; LG München I WuM 1992, 246; LG Osnabrück WuM 1994, 24; LG Köln WuM 1995, 709; *Nassall* ZMR 1983, 338; *Rolfs* in Staudinger BGB § 573 Rn. 200; differenzierend: OLG Stuttgart WuM 1993, 386.

Abs. 1, Abs. 2 Nr. 2, 3 BGB), oder wenn der Untermieter den Anlass für die Beendigung des Hauptmietverhältnisses gegeben hat (Fälle der Hausfriedensstörung und ähnliches). In den übrigen Fällen kann dagegen ein berechtigtes Interesse an der Beendigung des Untermietverhältnisses nicht bejaht werden.[810]

223 Das ändert aber nichts an der Tatsache, dass der Hauptvermieter vom Untermieter gem. § 546 Abs. 2 BGB die **Räumung und Herausgabe verlangen** kann, wenn das Hauptmietverhältnis beendet ist.[811] Das gilt nicht nur bei einer Kündigung des Hauptmietvertrages, egal durch Hauptvermieter oder Hauptmieter, sondern auch dann, wenn diese einen Aufhebungsvertrag geschlossen haben. Die Parteien des Hauptmietvertrags können grundsätzlich das Mietverhältnis auch dann jederzeit durch einen Aufhebungsvertrag vorzeitig beenden, wenn der Mieter einen Untermietvertrag geschlossen oder einem Dritten auf einer anderen rechtlichen Grundlage die Mietsache zur Nutzung überlassen hat.[812] In diesen Fällen ist der Abschluss eines Mietaufhebungsvertrags in der Regel zumindest dann nicht sittenwidrig, wenn dem Hauptmieter gegen den Dritten ein Kündigungsrecht zusteht, mit dem er dessen Gebrauchsmöglichkeit zeitnah beenden kann.[813] Dem Untermieter stehen in diesem Fall Schadensersatzansprüche gegenüber dem Untervermieter zu.

8. Kündigung einer Genossenschaftswohnung

224 Der „**Dauernutzungsvertrag**" zwischen einer Wohnungsgenossenschaft und ihrem Mitglied ist als Mietvertrag zu bewerten.[814] Die Kündigung richtet sich deshalb nach den mietrechtlichen Vorschriften. Eine Genossenschaftswohnung kann nach § 573 Abs. 1 BGB von der Genossenschaft gekündigt werden, wenn zwei Voraussetzungen gegeben sind[815]: **(1)** Zum einen muss die Mitgliedschaft in der Genossenschaft durch freiwilligen Austritt oder durch Ausschluss nach § 68 GenG wegen genossenschaftswidrigen Verhaltens beendet sein. **(2)** Zum anderen ist erforderlich, dass die Wohnung für die Versorgung eines anderen Mitglieds benötigt wird.[816] Insoweit genügt es, wenn Wartelisten geführt werden.[817] Hat nach dem Tod des mietenden Mitglieds einer Wohnungsgenossenschaft der in den Mietvertrag eingetretene Sohn angeboten, den ererbten Geschäftsanteil bei der Genossenschaft zu belassen, und sie gebeten, ihn als Mitglied aufzunehmen und ist die zunächst auf den Sohn übergegangene Mitgliedschaft nur deshalb erloschen, weil das in der Satzung der Genossenschaft für den Fall des Todes eines Mitglieds so vorgesehen und diese zur Aufnahme des Sohns nicht bereit ist, ist die tatrichterliche Würdigung dahingehend, dass in dieser speziellen Situation im Hinblick auf den Wohnbedarf der Mitglieder der Genossenschaft kein berechtigtes Interesse an der Beendigung des mit der Mutter des Beklagten eingegangenen Mietverhältnisses besteht, nicht zu beanstanden.[818] Demgegenüber liegt ein Kündigungsgrund vor, wenn dem Rechtsnachfolger des Mieters nach § 563 BGB die Mitgliedschaft vergeblich angeboten worden ist und die Genossenschaft durch die Ver-

---

[810] Ähnlich *Sternel,* MietR, 1988, Kap. IV Rn. 176 ff.
[811] Diese Rechtsfolge verstößt auch nicht gegen Art. 3 GG: BVerfGE 84, 197 (202); BVerfG GE 2020, 981.
[812] BGH NZM 2018, 601 = MietPrax-AK § 311 BGB Nr. 1 mAnm *Börstinghaus; Burbulla* MietRB 2018, 198.
[813] BGH NZM 2018, 601 = MietPrax-AK § 311 BGB Nr. 1 mAnm *Börstinghaus; Burbulla* MietRB 2018, 198.
[814] BGH NZM 2004, 25 = MietPrax-AK § 573 BGB Nr. 3 mAnm *Börstinghaus; Maciejewski* MM 2003, 445; *Roth* NZM 2004, 129; *Lützenkirchen* MietRB 2004, 4; BGH NJW 2018, 2259 = NZM 2018, 785 = MietPrax-AK § 109 InsO Nr. 9 mAnm *Börstinghaus; Harder* NJW-Spezial 2018, 469; *Budnik* NZI 2018, 670.
[815] BGH NZM 2004, 25 = MietPrax-AK § 573 BGB Nr. 3 mAnm *Börstinghaus; Maciejewski* MM 2003, 445; *Roth* NZM 2004, 129; *Lützenkirchen* MietRB 2004, 4.
[816] **AA** *Roth* NZM 2004, 25, danach kann die Genossenschaft immer dann kündigen, wenn die Mitgliedschaft des Mieters beendet ist; auf einen Bedarf der Genossenschaft an der Wohnung soll es nicht ankommen.
[817] LG Berlin GE 2003, 395.
[818] So BGH WuM 2010, 431 = MietPrax-AK § 573 BGB Nr. 27 mAnm *Börstinghaus.*

mietung an ein Nichtmitglied steuerliche oder sonstige Nachteile entstehen.[819] Es kommt letztlich auf die Umstände des Einzelfalls an.[820]

9. Sonstige berechtigte Interessen

Ganz ausnahmsweise kann nach der Generalklausel einem **geschäfts- und schuldunfähigen Mieter** gekündigt werden, wenn dieser den Hausfrieden ganz erheblich stört, wobei die Zumutbarkeitsgrenze sehr hoch anzusetzen ist.[821]

225

Ein Zimmer in einem **Personalwohnheim,** das dem Mieter im Rahmen eines Ausbildungsverhältnisses überlassen worden ist, kann bei Beendigung des Ausbildungsverhältnisses gekündigt werden.[822]

226

Der **ersatzlose Abriss** eines Gebäudes stellt keine wirtschaftliche Verwertung iSd § 573 Abs. 2 Nr. 3 BGB dar.[823] Jedoch kann in einem solchen Fall eine Kündigung nach Abs. 1 gerechtfertigt sein.[824] Der Kündigungstatbestand setzt voraus, dass **(1)** das Wohngebäude überwiegend leer steht **(2)** der Leerstand nicht vom Vermieter zu vertreten ist und **(3)** dem Vermieter durch die Fortsetzung des Mietverhältnisses erhebliche wirtschaftliche Nachteile entstehen.[825] Ein überwiegender Leerstand ist anzunehmen, wenn mehr als 50 % der Wohnungen nicht vermietet sind. Der Leerstand ist nicht vom Vermieter zu vertreten, wenn er auf mangelnder Nachfrage aufgrund der demographischen Entwicklung beruht; ein bestehendes Stadtentwicklungskonzept ist dabei zu berücksichtigen. Die letztgenannte Voraussetzung liegt insbesondere dann vor, wenn die Unterhaltskosten des Gebäudes in einem erheblichen Missverhältnis zu den Mieteinnahmen stehen.

227

IV. Kein anerkanntes berechtigtes Interesse

Kein Kündigungsgrund nach § 573 Abs. 1 BGB liegt vor, wenn der Mieter wegen Geistesschwäche entmündigt ist und dies bei der Anmietung nicht offenbart hat.[826] Anderenfalls würde das allgemeine Persönlichkeitsrecht des Entmündigten verletzt, wenn ohne hinreichende Abwägung der betroffenen Belange die Verpflichtung bestehen würde, bei Abschluss eines Mietvertrages eine Entmündigung zu offenbaren. Ebenso wenig liegt kein berechtigtes Interesse vor, wenn der Mieter als „Stasi-Mitarbeiter" tätig war und sich hierbei an Willkürmaßnahmen gegen die Familie des Vermieters beteiligt hat.[827] Hat der Vermieter eine Wohnung vermietet, die aus baurechtlichen Gründen nicht zum Wohnen geeignet ist, berechtigt ihn das ebenso wenig zur Kündigung[828] wie die Vermietung einer Eigentumswohnung unter Verstoß gegen ein in der Teilungserklärung vereinbartes Vermietungsverbot.[829]

228

---

[819] *Lützenkirchen* WuM 1994, 5.
[820] Ähnlich *Sternel,* MietR, 1988, Kap. IV Rn. 163; *Fritz* WuM 2012, 183.
[821] LG Kaiserslautern WuM 1983, 263; AG Freiburg WuM 1993, 125; AG Hamburg WuM 1989, 628; *Sternel,* MietR, 1988, Kap. IV Rn. 174; MüKoBGB/*Häublein* § 573 Rn. 49; *Schindler* WuM 2018, 255 (259).
[822] LG Mönchengladbach ZMR 1993, 571, ein Lehrkrankenhaus mit Personalwohnheim.
[823] BGH NJW 2004, 1736 = NZM 2004, 377 = MietPrax-AK § 573 BGB Nr. 4 mAnm *Börstinghaus; Hinz* WuM 2004, 279; *Zich* MietRB 2004, 200.
[824] BGH NJW 2004, 1736 = NZM 2004, 377 = MietPrax-AK § 573 BGB Nr. 4 mAnm *Börstinghaus; Hinz* WuM 2004, 279; *Zich* MietRB 2004, 200; ebenso *Sternel* WuM 2003, 243 (245); *Schultz* PiG 62 (2002), 247 (257); **aA** *Taubenek* ZMR 2003, 633.
[825] LG Gera NZM 2003, 640.
[826] BVerfG NJW 1991, 2411.
[827] AG Meißen WuM 1993, 664.
[828] LG Aachen WuM 1991, 166; LG Stuttgart WuM 1992, 487; LG Berlin MM 1992, 135; LG Hamburg WuM 1992, 129.
[829] *Sternel,* MietR, 1988, Kap. IV Rn. 163.

G. Das Kündigungsschreiben

I. Allgemeines

229 Nach § 573 Abs. 3 BGB sind die **Gründe für ein berechtigtes Interesse** des Vermieters im Kündigungsschreiben anzugeben. Dort nicht angegebene Gründe dürfen nur dann berücksichtigt werden, wenn sie nachträglich entstanden sind. Die gleichen Anforderungen gelten auch für die außerordentliche befristete Kündigung gem. § 575a Abs. 1 BGB. Bei der außerordentlichen fristlosen Kündigung ergibt sich die Tatsache der Begründungspflicht und der Umfang der Begründung aus § 569 Abs. 4 BGB. Die Anforderungen an den sonstigen Inhalt und die Wirksamkeit einer Kündigung ergeben sich aus den §§ 116 ff., 164 ff., 542, 568 BGB.

230 Die Angabe der Gründe ist nach § 573 Abs. 3 S. 1 BGB **Wirksamkeitsvoraussetzung** für die ordentliche Kündigung. Eine Kündigung ohne Angabe der Gründe ist unwirksam. Nach der Ansicht des BGH hat es mit dieser Rechtsfolge sein Bewenden. Danach ist das Begründungserfordernis in § 573 Abs. 3 BGB gerade nicht als „Pflicht" iSd § 280 BGB, sondern als bloße **„Obliegenheit"** zu bewerten.[830] Dies hat zur weiteren Folge, dass dem Mieter keine Schadensersatzansprüche zustehen, wenn der Vermieter ohne Angabe von Gründen kündigt. Die Ansicht des BGH ist zweifelhaft. Sie entsprach allenfalls bis zum 31.8.2001 der damals geltenden Rechtslage. Mit dem Inkrafttreten der Mietrechtsreform hat sich dies jedoch geändert. Es heißt jetzt eindeutig „Die Gründe für ein berechtigtes Interesse des Vermieters sind in dem Kündigungsschreiben anzugeben. Andere Gründe werden nur berücksichtigt, soweit sie nachträglich entstanden sind." Das ist bereits vom Wortlaut eine Pflicht. Es sollte durch den neuen Wortlaut klargestellt werden, „dass der Vermieter von Wohnraum eine ordentliche Kündigung begründen muss." Die Möglichkeit des (unbegrenzten) Nachschiebens von Gründen wurde zwar diskutiert, aber verworfen: „Wenn der Vermieter nicht gezwungen ist, seine Gründe für die Kündigung vollständig zu offenbaren, wird dies die Zahl und die Dauer von Räumungsprozessen erhöhen".[831] In den jeweiligen Begründungen zum Referenten- und Kabinettsentwurf wurde ergänzend darauf hingewiesen, der Mieter solle in die Lage versetzt werden, „sich frühzeitig Klarheit" über seine Rechtsstellung zu verschaffen.[832] Dem Wortlaut des Gesetzes („sind ... anzugeben") und dem durch die Gesetzesmaterialien dokumentierten Gesetzeszweck ist zu entnehmen, dass § 573 Abs. 3 BGB eine echte Informationspflicht enthält. Anders hatte der VIII. Senat noch 7 Monate vor der o. g. Entscheidung[833] entschieden.[834] Danach sollte der Zweck des Begründungserfordernisses genau wie hier dargestellt darin bestehen, „dem Mieter zum frühestmöglichen Zeitpunkt Klarheit über seine Rechtsposition zu verschaffen und ihn dadurch in die Lage zu versetzen, rechtzeitig alles Erforderliche zur Wahrung seiner Interessen zu veranlassen".

231 Davon abgesehen beinhaltet jede Kündigung zugleich eine Aufforderung an den Mieter, die Mietsache zurückzugeben. Ist das Mietverhältnis aber nicht beendet, so liegt in einer solchen Kündigung eine **Pflichtverletzung des Vermieters,** weil dieser dem Mieter den Besitz streitig macht, ohne dass die gesetzlichen Voraussetzungen hierfür gegeben sind.[835] Kündigt der Vermieter ohne Angabe der Gründe und entstehen im Zuge der Überprüfung einer solchen Kündigung Rechtsanwaltskosten, so ist zu fragen, ob diese Kosten (allein) durch die Verletzung der Informationspflicht entstanden sind. Das wird allerdings in vielen Fällen zweifelhaft sein.[836]

---

[830] BGH NJW 2011, 914 = NZM 2011, 119 = MietPrax-AK § 280 BGB Nr. 1 mAnm *Börstinghaus;* **aA** *Eisenschmid* PiG 90 (2011), 192; *Sternel* NZM 2011, 688; *Börstinghaus* jurisPR-BGHZivilR 4/2011 Anm. 3; *Börstinghaus* NZM 2018, 297 Fn. 187.
[831] Begr. zum Vereinfachungsentwurf, abgedr. in AK Neues MietR/*Eisenschmid* S. 496.
[832] AK Neues MietR/*Eisenschmid* S. 498, 499.
[833] BGH NJW 2011, 914 = NZM 2011, 119.
[834] BGH NZM 2010, 400 = MietPrax-AK § 573 BGB Nr. 25 mAnm *Börstinghaus.*
[835] *Sternel,* MietR, 1988, Kap. IV Rn. 163.
[836] AA *Sternel* NZM 2011, 688, danach ist ein bloß hypothetischer Geschehensverlauf bei der Bewertung des Schadens nicht zu berücksichtigen.

II. Der Inhalt der Begründungspflicht

1. Der Zweck

Wie dargestellt sollte nach den Vorstellungen des Gesetzgebers durch § 573 Abs. 3 BGB **232** erreicht werden, dass „der Mieter zum frühestmöglichen Zeitpunkt **Klarheit** über seine Rechtsposition erlangt, und so in die Lage versetzt wird, rechtzeitig alles Erforderliche zur Wahrung seiner Interessen zu veranlassen". Außerdem soll die Vorschrift den Vermieter zwingen, sich selbst über die Rechtslage und die Aussichten der Kündigung klar zu werden.[837] Schließlich bestimmt Abs. 3 auch, welche Gründe dem Gericht im Räumungsprozess zur Berücksichtigung und Würdigung unterbreitet werden.[838] Das schließt nicht aus, dass auch Gründe berücksichtigt werden dürfen, die dem Mieter bereits zuvor mündlich oder schriftlich mitgeteilt oder in einem Vorprozess geltend gemacht worden sind. Zumindest die Bezugnahme auf ein früheres, dem Mieter zugegangenes Schreiben genügt.[839] Der BGH[840] lässt sogar Gründe ausreichen, die dem Mieter „bereits zuvor (mündlich) mitgeteilt wurden oder ihm sonst bekannt sind." Das ist wegen dem Schriftformerfordernis des § 568 BGB zu weitgehend.

2. Der Begriff der „Gründe"

Bereits aus dem Wortlaut des § 573 BGB ergibt sich, dass der **Begriff der „Gründe"** in **233** Abs. 3 nicht identisch ist mit dem in Abs. 1 u. 2 verwendeten Begriff des berechtigten Interesses. Unter dem Interesse sind die in Abs. 2 speziell geregelten Kündigungstatbestände (Vertragsverletzungen, Eigenbedarf, anderweitige Verwertung) sowie die von Abs. 1 erfassten Tatbestände (Betriebsbedarf, etc) zu verstehen. Die „Gründe" iSd Abs. 3 sind demgegenüber die Tatsachen, Sachverhalte und Lebensvorgänge, aus denen sich die Kündigungstatbestände ergeben. Hieraus folgt, dass es für die Begründung einer Kündigung nicht genügt, wenn im Kündigungsschreiben lediglich der Gesetzeswortlaut oder das Kündigungsinteresse („wegen Eigenbedarfs") mitgeteilt wird.[841]

3. Die Kerntatsachen und die Ergänzungstatsachen

Ausgangspunkt ist die Überlegung, dass „an den formellen Begründungszwang nicht die **234** gleichen hohen Anforderungen gestellt werden, wie an die materielle Anspruchsbegründung".[842] Es muss zwischen den „Kerntatsachen" und den „Ergänzungstatsachen" unterschieden werden: Es genüge, wenn der Vermieter den Kündigungsgrund „so bezeichnet, dass er **identifiziert und von anderen Gründen unterschieden werden kann** („Kerntatsachen"). Tatsachen, die nur der näheren Erläuterung, Ergänzung, Ausfüllung sowie dem Beweis des geltend gemachten Kündigungsgrundes dienen,, könnten nachgeschoben werden („Ergänzungstatsachen").[843] Nach Auffassung des BayObLG gehören bei einer Eigenbedarfskündigung zu den „Kerntatsachen" Angaben wie: „ Fehlende anderweitige Unterbringung am Ort", „bisherige Wohnung wurde vom Vermieter gekündigt", „bisherige

---

[837] BT-Drs. VI 1549, 6.
[838] BayObLG WuM 1981, 200.
[839] BVerfG WuM 1993, 233; BGH NJW 2011, 1065 = NZM 2011, 275 = MietPrax-AK § 573 BGB Nr. 32 mAnm *Börstinghaus*; *Siegmund* MietRB 2011, 102; *Blank* LMK 4/2011 Anm. 2; *Bieber* jurisPR-MietR 8/2011 Anm. 4; LG Wuppertal BeckRS 2020, 38458; erheblich enger und einschränkender aber BayObLG WuM 1981, 200.
[840] BGH NZM 2011, 706 = MietPrax-AK § 573 BGB Nr. 36 mAnm *Börstinghaus*; *Blank* jurisPR-MietR 18/2011 Anm. 3; *Dötsch* MietRB 2011, 307; *Drasdo* NJW-Spezial 2011, 611; *Fleindl* NZM 2013, 7.
[841] BVerfG NJW 1992, 1379.
[842] BayObLG WuM 1981, 200.
[843] BGH NJW 2017, 547 = NZM 2017, 111 = MietPrax-AK § 573 BGB Nr. 62 mAnm *Börstinghaus*; *Börstinghaus* jurisPR-BGHZivilR 3/2017 Anm. 1; *Blank* LMK 2017, 385346; *Derleder* WuM 2017, 104; *Selk* NJW 2017, 521; *Singbartl/Zintl* NZM 2017, 119; *Abramenko* MietRB 2017, 65 (66); *Meier* ZMR 2017, 150; *Schach* jurisPR-MietR 6/2017 Anm. 2; *Dubovitskaya/Weitemeyer* NZM 2017, 201; *Drasdo* NJW-Spezial 2017, 194; *Flatow* NZM 2017, 825; *Wedel* ZMR 2018, 196; *Hinz* JR 2018, 289.

Wohnung zu klein oder zu groß", „gesundheitliche oder Altersgründe", „berufliche oder schulische Gründe". Zu den Ergänzungstatsachen gehören danach Angaben über die bisherigen Wohnverhältnisse, Einzelheiten über die Größe der bisherigen Wohnung, konkrete Darlegungen zum Gesundheitszustand, usw[844] Demgegenüber sind die Instanzgerichte häufig strenger, was auch verfassungsrechtlichen Vorgaben genügt.[845] Deshalb soll zB ein Vermieter, der eine in München gelegene Wohnung kündigt, Angaben über ein in 75 km entferntes eigenes Haus und dessen Nutzung machen müssen.[846] Wird der Wunsch zur Eigennutzung mit der Belastung des Grundstücks begründet, müssen die Einkünfte und Belastungen im Kündigungsschreiben mitgeteilt werden.[847] Wer von einer Wohnung im 1. OG in die EG-Wohnung umziehen will, muss die hierfür maßgeblichen Gründe mitteilen.[848] Nach der Auffassung des BVerfG müssen allerdings zwei Grenzen beachtet werden. Zum einen dürfen nur solche Angaben verlangt werden, die dem berechtigten Informationsinteresse des Mieters dienen.[849] Hieraus folgt, dass die Begründungspflicht nicht formalistisch gehandhabt werden darf.[850] Zum anderen muss sichergestellt werden, dass der Zugang zur gerichtlichen Sachprüfung nicht durch unzumutbar hohe Anforderungen an die vorgerichtliche Begründungspflicht verwehrt wird.[851] Die für die Mieterhöhung entwickelten Grundsätze[852] gelten auch für § 573 Abs. 3 BGB.[853]

235 **Unrichtige oder dramatisierende Angaben** sind für die formelle Wirksamkeit der Kündigungserklärung nur von Bedeutung, wenn nach dem richtigen Sachverhalt kein Kündigungsgrund besteht. Im Einzelfall kann hierin auch ein Indiz gegen die Ernsthaftigkeit des Eigennutzungswunsches liegen.[854] Ein etwaiges „Dramatisieren" der Eigenbedarfssituation hat nicht zur Folge, dass es an der nach § 573 Abs. 3 BGB erforderlichen Begründung fehlt und die Kündigung bereits aus diesem formellen Grund unwirksam ist.[855] Geringfügige Abweichungen zwischen den realen Gegebenheiten und den Angaben im Kündigungsschreiben führen nicht zur Unwirksamkeit der Kündigung. Gleiches gilt, wenn sich der Lebenssachverhalt zwischen dem Ausspruch der Kündigung und der gerichtlichen Entscheidung über den Räumungsantrag geringfügig ändert. Vom Vermieter kann nur verlangt werden, dass er den Lebenssachverhalt so wiedergibt, wie er sich nach sorgfältiger Prüfung zum Zeitpunkt der Kündigungserklärung darstellt. Ändert sich der zugrunde liegende Lebenssachverhalt nachträglich geringfügig oder stellt sich eine Tatsachenprognose später in einem für die rechtliche Beurteilung nicht wesentlichen Punkt als unzutreffend heraus, dann führt es zu einer unzumutbaren Erschwerung der Rechtsverfolgung, wenn dem Vermieter allein deswegen die Berufung auf den Kündigungsgrund versagt wird.[856]

---

[844] Dem ist auch der BGH gefolgt: BGH NJW 2007, 2845 = NZM 2007, 679 = MietPrax-AK § 573 BGB Nr. 12 mAnm *Börstinghaus*; *Häublein* NJW 2007, 2847; *Schumacher* MietRB 2007, 253 (254); *Müller* WuM 2007, 579; *Drasdo* NJW-Spezial 2007, 529; BGH NZM 2010, 400 = MietPrax-AK § 573 BGB Nr. 25 mAnm *Börstinghaus*; BGH NZM 2011, 706 = MietPrax-AK § 573 BGB Nr. 36 mAnm *Börstinghaus*; *Blank* jurisPR-MietR 18/2011 Anm. 3; *Dötsch* MietRB 2011, 307; *Drasdo* NJW-Spezial 2011, 611; *Fleindl* NZM 2013, 7; BGH NZM 2008, 281 = MietPrax-AK § 573 BGB Nr. 14 mAnm *Börstinghaus*; *Kinne* GE 2008, 364; *Drasdo* NJW-Spezial 2008, 227; BGH NJW 2011, 1135 = NZM 2011, 239 = MietPrax-AK § 573 BGB Nr. 33 mAnm *Börstinghaus*; *Blank* jurisPR-MietR 5/2011 Anm. 3; *Schach* MietRB 2011, 101; BGH NJW 2015, 3368 = NZM 2015, 812 = MietPrax-AK § 573 BGB Nr. 53 mAnm *Börstinghaus*; *Börstinghaus* jurisPR-BGHZivilR 19/2015 Anm. 1; *Kappus* NJW 2015, 3370; *Kunze* MietRB 2015, 354; *Theesfeld* jurisPR-MietR 3/2016, Anm. 4.
[845] BVerfG WuM 1989, 483; ZMR 1994, 252.
[846] BVerfG NJW 1992, 1379.
[847] BVerfG NJW 1992, 3032.
[848] BVerfG ZMR 1994, 252.
[849] BVerfG NJW 1992, 1379.
[850] BVerfG NJW 1992, 2411.
[851] BVerfG WuM 1989, 62; 2000, 232.
[852] BVerfGE 37, 132 (147f.); 49, 244 (247); 53, 352 (357); 79, 80 (84).
[853] BVerfG NJW 1992, 1379; NZM 2003, 592.
[854] BGH NZM 2010, 400 = MietPrax-AK § 573 BGB Nr. 25 mAnm *Börstinghaus*.
[855] BGH NZM 2010, 400 = MietPrax-AK § 573 BGB Nr. 25 mAnm *Börstinghaus*.
[856] So wörtlich BVerfG WuM 2000, 232.

III. Das Begründungserfordernis bei den einzelnen Kündigungstatbeständen

1. Die schuldhafte Pflichtverletzung gem. Abs. 2 Nr. 1

Bei einer Kündigung wegen schuldhafter Pflichtverletzung muss der Vermieter das Verhalten des Mieters **hinreichend genau beschreiben** und die Zeit, den Ort und die näheren Umstände des Vorfalls („wann, wo, was, wie") mitteilen.[857] Ist der Kündigung eine Abmahnung vorausgegangen, so muss sich aus dem Kündigungsschreiben ergeben, dass der Mieter nach dem Zugang der Abmahnung eine weitere, gleiche oder gleichartige Vertragsverletzung begangen hat. Es genügt nicht, wenn der Vermieter zur Begründung lediglich auf die im Abmahnschreiben aufgeführten Beanstandungen Bezug nimmt, weil der Kündigungstatbestand eine Fortsetzung des beanstandeten Verhaltens nach der Abmahnung voraussetzt.[858] Diese Grundsätze gelten auch dann, wenn der Vermieter abgemahnt hat, obwohl nach der gesetzlichen Regelung keine Abmahnung erforderlich gewesen wäre. Durch die Abmahnung gibt der Vermieter nämlich zu erkennen, dass der Mieter die Kündigung vermeiden kann, wenn er sich in Zukunft vertragsgemäß verhält. Wird die Kündigung auf eine Vertragsverletzung des Mieters gestützt und ergibt sich, dass das beanstandete Verhalten nicht diesem, sondern einem Familienangehörigen zur Last fällt, so soll eine „Korrektur" der Kündigungserklärung im Räumungsprozess als unzulässiges Auswechseln von Kündigungsgründen zu bewerten sein.[859] Die Kündigung kann aber zumindest unter Angabe des richtigen Sachverhalts wiederholt werden. **236**

Wird die Kündigung auf eine **Vielzahl einzelner Vertragsverletzungen** gestützt, so müssen die einzelnen Vertragsverletzungen substantiiert im Kündigungsschreiben dargelegt werden. Aus dem Kündigungsschreiben muss sich auch in diesem Fall ergeben, wann und wo der Mieter die behaupteten Vertragsverstöße begangen hat. Wird bspw. wegen einer häufigen Lärmbelästigung gekündigt, so genügt es nicht, wenn der Vermieter lediglich darlegt, dass der Mieter „ständig ruhestörenden Lärm" verursacht habe. Vielmehr ist in einem solchen Fall zu verlangen, dass Art, Zeitpunkt und jeweilige Dauer der einzelnen Lärmstörungen hinreichend genau beschrieben wird. Zumindest muss der Vermieter einen abgrenzbaren Zeitraum angeben und die Häufigkeit der Lärmstörungen innerhalb dieses Zeitraums darlegen (zB „In der Zeit vom … bis … ca. dreimal wöchentlich"). Soweit der BGH[860] bei der Mängelanzeige wegen Lärmstörungen durch Touristen eine Beschreibung genügen lässt, aus der sich ergibt, um welche Art von Beeinträchtigungen (Partygeräusche, Musik, Lärm durch Putzkolonnen auf dem Flur oÄ) es geht, zu welchen Tageszeiten, über welche Zeitdauer und in welcher Frequenz diese ungefähr auftreten, ist diese Rechtsprechung auf die Begründung einer Kündigung nicht eins zu eins zu übertragen. **237**

2. Die Kündigung wegen Eigenbedarfs

Eine Eigenbedarfskündigung ist hinreichend begründet, wenn sich aus dem Kündigungsschreiben ergibt, dass der **Vermieter die Räume selbst bewohnen** oder diese einer begünstigten Person überlassen will und dass hierfür **vernünftige Gründe** vorliegen.[861] **238**

---

[857] *Hannappel* in Bamberger/Roth BGB § 573 Rn. 127; Emmerich/Sonnenschein/*Haug* BGB § 573 Rn. 86; **aA** MüKoBGB/*Häublein* § 573 Rn. 99; *Rolfs* in Staudinger BGB § 573 Rn. 206, danach genügen pauschale Angaben (zB „wiederholter ruhestörender Lärm" oder „Unterlassen der Treppenreinigungspflicht").

[858] LG Bonn WuM 1992, 18.

[859] AG Köln WuM 2015, 623.

[860] BGH NJW 2012, 1645 = NZM 2012, 381 = MietPrax-AK § 536 BGB Nr. 41 mAnm *Eisenschmid*; *Jahreis* WuM 2012, 309; *Kinne* GE 2012, 644; *Drasdo* NJW-Spezial 2012, 321; *Schmid* MietRB 2012, 161/167; *Schröder* ZMR 2012, 537; *Wetekamp* NZM 2012, 441; *Boos* LMK 8/2012 Anm. 2.

[861] BGHZ 103, 91 (96); BGH NJW 2010, 3775 = NZM 2011, 30 = MietPrax-AK § 573 BGB Nr. 30 mAnm *Börstinghaus*; *Lehmann-Richter* MietRB 2011, 10; *Drasdo* NJW-Spezial 2011, 706 = MietPrax-AK § 573 BGB Nr. 36 mAnm *Börstinghaus*; *Blank* jurisPR-MietR 18/2011 Anm. 3; *Dötsch* MietRB 2011, 307; *Drasdo* NJW-Spezial 2011, 611; *Fleindl* NZM 2013, 7; BGH NJW 2015, 3368 = NZM 2015, 812 = MietPrax-AK § 573 BGB Nr. 53 mAnm *Börstinghaus*; *Börstinghaus* jurisPR-

Der Zweck des Begründungserfordernisses besteht darin, dem Mieter zum frühestmöglichen Zeitpunkt Klarheit über seine Rechtsposition zu verschaffen und ihn dadurch in die Lage zu versetzen, rechtzeitig alles Erforderliche zur Wahrung seiner Interessen zu veranlassen. Diesem Zweck wird im Allgemeinen Genüge getan, wenn das Kündigungsschreiben den Kündigungsgrund so bezeichnet, dass er identifiziert und von anderen Gründen unterschieden werden kann. Denn eine solche Konkretisierung ermöglicht es dem Mieter, der die Kündigung nicht hinnehmen will, seine Verteidigung auf den angegebenen Kündigungsgrund auszurichten, dessen Auswechselung dem Vermieter durch das Begründungserfordernis gerade verwehrt werden soll. Dementsprechend sind bei einer Kündigung wegen Eigenbedarfs grundsätzlich die Angabe der Person, für die die Wohnung benötigt wird, und die Darlegung des Interesses, das diese Person an der Erlangung der Wohnung hat, ausreichend.[862] Es ist nicht erforderlich, dass das Kündigungsschreiben Angaben zu den bisherigen Wohnverhältnissen enthält.[863]

239 Im Falle der **Überlassung an einen Familienangehörigen** muss der Vermieter den Grad der Verwandtschaft (Sohn, Nichte, Vetter, usw) mitteilen.[864] Angaben zu den familiären Bindungen bei entfernteren Verwandten müssen im Kündigungsschreiben noch nicht erfolgen.[865] Die Bezeichnung der begünstigten Person mit dem Verwandtschaftsgrad genügt nur dann, wenn hierdurch der Begünstigte unverwechselbar benannt wird. Hieran fehlt es, wenn ein Vermieter bspw. mehrere Söhne/Töchter hat und die Kündigung „zugunsten meines Sohnes" ausgesprochen wird. In einem solchen Fall muss der Begünstigte entweder namentlich genannt oder sonst näher bezeichnet werden.[866] Gleiches gilt, wenn es zwar nur eine Person mit dieser Verwandtschaftsbezeichnung gibt aber der Mieter von den familiären Verhältnissen des Vermieters keine Kenntnis hat. Auch der Haushaltsangehörige muss unverwechselbar bezeichnet werden, etwa durch die Angabe des Namens oder der Funktionsbezeichnung. Hiervon sind jene Fälle zu unterscheiden, in denen ein Vermieter für seine Familienangehörigen mehrere Wohnungen benötigt. Hier genügt es, wenn sich aus dem Kündigungsschreiben ergibt, dass alle Familienangehörigen zu dem privilegierten Personenkreis gehören und dass für jeden Angehörigen ein Bedarf besteht. Es ist nicht erforderlich, dass zum Zeitpunkt des Kündigungsausspruchs bereits ein konkreter Belegungsplan besteht oder mitgeteilt wird. Aus diesem Grund spielt es für die Wirksamkeit der Kündigung auch keine Rolle, wenn der Vermieter seinen ursprünglichen Belegungsplan aufgibt und die Wohnungen zwischen seinen Familienangehörigen anders als zunächst geplant, aufteilt.[867] Teilen Eheleute als Vermieter mit, dass sie die Absicht haben in Zukunft getrennt zu leben und dass einer der beiden Vermieter die Ehewohnung verlassen und in die vermietete Wohnung einziehen will, so ist die Kündigung ausreichend begründet. Es ist nicht erforderlich, dass in dem Kündigungsschreiben die Person des Nutzungswilligen benannt wird.[868]

BGHZivilR 19/2015 Anm. 1; *Kappus* NJW 2015, 3370; *Kunze* MietRB 2015, 354; *Theesfeld* jurisPR-MietR 3/2016, Anm. 4.
[862] BGH NZM 2021, 431; BGH NJW 2017, 1474 = NZM 2017, 286 = MietPrax-AK § 574 BGB Nr. 2 mAnm *Börstinghaus*; *Singbartl/Henke* NZM 2017, 289; *Börstinghaus* jurisPR-BGHZivilR 9/2017 Anm. 2; *Sandidge/Wichert* MietRB 2017, 153; *Beyer* jurisPR-MietR 12/2017 Anm. 2; BGH NJW 2015, 3368 = NZM 2015, 812 = MietPrax-AK § 573 BGB Nr. 53 mAnm *Börstinghaus*; *Börstinghaus* jurisPR-BGHZivilR 19/2015 Anm. 1; *Kappus* NJW 2015, 3370; *Kunze* MietRB 2015, 354; *Theesfeld* jurisPR-MietR 3/2016, Anm. 4; BGH NJW 2014, 2102 = NZM 2014, 466 = MietPrax-AK § 573 BGB Nr. 47 mAnm *Börstinghaus*; *Theesfeld* jurisPR-MietR 15/2014 Anm. 5; *Drasdo* NJW-Spezial 2014, 449; *Scheuer* MietRB 2014, 226; *Fleindl* ZMR 2014, 970; *Abramenko* ZMR 2014, 930; *Wieck* WuM 2015, 55.
[863] BGH NJW 2010, 3775 = NZM 2011, 30 = MietPrax-AK § 573 BGB Nr. 30 mAnm *Börstinghaus*; *Lehmann-Richter* MietRB 2011, 10; *Drasdo* NJW-Spezial 2011, 35; BGH NJW 2017, 1474 = NZM 2017, 286 = MietPrax-AK § 574 BGB Nr. 2 mAnm *Börstinghaus*.
[864] LG Bochum WuM 1993, 540; LG Frankfurt a. M. WuM 2000, 606.
[865] AG Frankfurt a. M. NJWE-MietR 1997, 52.
[866] AG Neuss DWW 1992, 245.
[867] OLG Köln ZMR 2004, 33.
[868] **AA:** AG Leonberg WuM 2019, 594.

G. Das Kündigungsschreiben

Der Vermieter muss außerdem diejenigen Tatsachen mitteilen, aus denen sich das **Nutzungs- oder Überlassungsinteresse** ergibt. Die Angabe „wegen Eigenbedarfs" oder „... weil ich die Wohnung für eigene Zwecke benötige" reicht niemals aus.[869] Ebenso wenig genügt es, wenn der Vermieter das Nutzungsinteresse mit irgendwelchen Leerformeln umschreibt.[870] Der Mieter muss auf Grund der im Kündigungsschreiben mitgeteilten Gründe in der Lage sein, die Erfolgsaussicht der Kündigung überschlägig zu überprüfen. Hieran ist das Kündigungsschreiben zu messen. Soweit es zur Information des Mieters erforderlich ist, muss der Vermieter auch persönliche Daten offenbaren.[871] Kündigt der Vermieter, weil seine bisherige Wohnung zu klein oder zu groß ist, muss er konkrete Angaben über seine Wohnverhältnisse machen. Es genügt nicht, wenn der Vermieter lediglich mitteilt, seine Wohnung sei „zu klein" oder „wesentlicher kleiner" als die Wohnung des Mieters oder „zu groß". Hierbei handelt es sich um Werturteile, auf Grund derer keine Überprüfung der wirklichen Wohnverhältnisse möglich ist. Erforderlich ist, dass der Vermieter konkrete Angaben über die Größe der Wohnungen macht.[872] Es genügt allerdings ein Hinweis auf die Anzahl der Zimmer und die Größe der Familie; es ist nicht erforderlich, dass die Größe der Zimmer mitgeteilt wird.[873] Wird wegen des Bedarfs an einer Zweitwohnung gekündigt, so muss der Vermieter mitteilen, wie er seinen gewöhnlichen und regelmäßigen Wohnbedarf deckt.[874] Die Angabe im Kündigungsschreiben, dass dem Vermieter die bisher genutzte Wohnung „nicht mehr zumutbar" sei, ist unzureichend. Der Vermieter muss in einem solchen Fall die konkreten Gründe angeben, aus denen sich die Unzumutbarkeit ergibt.[875] Soll die Wohnung einem Angehörigen überlassen werden, so muss das Kündigungsschreiben Ausführungen zum Grund der Überlassung enthalten. Wird mit der Begründung gekündigt, dass der Angehörige derzeit nicht angemessen untergebracht sei, so müssen die Wohnverhältnisse des Berechtigten offengelegt werden.[876] Anders ist es, wenn die Kündigung erfolgt, damit der Familienangehörige in der Nähe des Vermieters wohnen und diesen unterstützen kann; hier sind Ausführungen erforderlich, warum diese Unterstützung erforderlich ist. Gleiches gilt, wenn der Vermieter eine Wohnung beziehen will, die in der Nachbarschaft eines pflegebedürftigen Angehörigen liegt. Auch hier müssen die Umstände mitgeteilt werden, aus sich die Notwendigkeit für den Bezug der gekündigten Wohnung ergibt.[877] Soll die Wohnung einem Familienangehörigen überlassen werden, der heiraten oder mit seinem Partner zusammenziehen will, so muss dargelegt werden, wie beide Personen gegenwärtig untergebracht sind; anders kann der Bedarf an der Wohnung nicht beurteilt werden.[878] Der Name des Verlobten/des Partners und dessen Anschrift müssen nicht mitgeteilt werden.[879] Entsprechendes gilt, wenn der Vermieter die gekündigte Wohnung zusammen mit seinem Lebensgefährten nutzen will. Auch hier muss der Name des Lebensgefährten in dem Kündigungsschreiben nicht genannt werden.[880] Privilegierte Person, für die gekündigt wird ist der Angehörige und nicht der (zukünftige) Partner.

240

---

[869] LG Detmold WuM 1990, 301; LG Karlsruhe WuM 1989, 384; LG Hamburg WuM 1989, 385; LG Mannheim ZMR 1990, 19.
[870] LG Köln WuM 1992, 155 „Die Gründe ... sind in den derzeitigen Lebensverhältnissen und Lebensvorstellungen unserer Mandantschaft zu sehen"; LG Hamburg WuM 2007, 457, die Tochter des Vermieters benötige für ihre „Persönlichkeitsentwicklung" eine eigene Wohnung.
[871] BVerfG NJW 1992, 1379; LG Berlin GE 1995, 313.
[872] LG Mannheim WuM 1996, 707.
[873] BVerfG NZM 2003, 592.
[874] BVerfG NJW 1992, 1379.
[875] LG Oldenburg ZMR 2015, 857.
[876] LG Frankfurt a. M. WuM 2000, 606.
[877] AG Recklinghausen WuM 2016, 368.
[878] AA LG Oldenburg NJW-RR 1996, 653, danach sind Ausführungen zur Wohnsituation des Verlobten/des Partners entbehrlich.
[879] BGH NJW 2014, 2102 = NZM 2014, 466 = MietPrax-AK § 573 BGB Nr. 47 mAnm *Börstinghaus*; *Theesfeld* jurisPR-MietR 15/2014 Anm. 5; *Drasdo* NJW-Spezial 2014, 449; *Scheuer* MietRB 2014, 226; *Fleindl* ZMR 2014, 970; *Abramenko* ZMR 2014, 930; *Wieck* WuM 2015, 55.
[880] BVerfG NZM 2003, 592.

241 Ist dem Vermieter die **bisherige Mietwohnung gekündigt worden,** so genügt es nicht, wenn im Kündigungsschreiben lediglich dieser Umstand mitgeteilt wird.[881] Der Vermieter muss auch über die Gründe der Kündigung Auskunft geben, damit der Mieter prüfen kann, ob der Vermieter überhaupt zum Auszug verpflichtet ist. Will der Vermieter das Mietverhältnis über seine bisherige Wohnung trotz unwirksamer Kündigung oder aus eigenem Entschluss beenden, so muss er die Gründe darlegen, auf denen dieser Entschluss beruht. Wird wegen des Wunsches nach einem Arbeitszimmer gekündigt, so muss dieser Wunsch nicht durch Hilfstatsachen substantiiert werden. Deshalb muss der Vermieter nicht ausführen, warum er ein Arbeitszimmer benötigt.[882] Der Vermieter kann den Wunsch nach einer größeren Wohnung damit begründen, dass er sich Kinder wünsche. Auch dieser Wunsch muss nicht konkretisiert werden. Insbesondere ist es nicht erforderlich, dass eine Geburt absehbar ist.[883] Wird der Eigenbedarf damit begründet, dass der Vermieter wegen einer Erkrankung aus einer bisher genutzten Dachwohnung in eine Erdgeschosswohnung umziehen will, so genügt es, wenn im Kündigungsschreiben erwähnt wird, dass der Umzug wegen der „Erkrankung" oder krankheitsbedingt angezeigt ist. Weitere Ausführungen zu der Art der Erkrankung sind nicht erforderlich.[884]

242 Das Kündigungsschreiben dient der **Information des Mieters;** es braucht deshalb keine Angaben enthalten, die zur **Beweisführung** oder zur Überprüfung des Wahrheitsgehalts der Angaben des Vermieters nützlich sein könnten. Durch das Informationsinteresse des Mieters wird der Umfang der Begründungspflicht zugleich begrenzt. Kündigt der Vermieter mit der Begründung, dass er seinen täglichen Arbeitsweg verkürzen wolle, so muss er lediglich den Ort seiner Tätigkeit und den seiner Wohnung mitteilen und Entfernungsangaben machen; Ausführungen zu der Größe der bisherigen Wohnung sind in diesem Fall entbehrlich. Wird die Kündigung dagegen mit unzureichenden Wohnverhältnissen begründet, so sind konkrete Angaben zu den Wohnverhältnissen erforderlich und Angaben zu der Entfernung zum Arbeitsplatz entbehrlich.

243 Der Vermieter muss im Kündigungsschreiben keine Angaben zu seinem **weiteren Grundbesitz** machen. Ebenso wenig muss er darlegen, ob anderweitige freistehende Alternativwohnungen vorhanden sind.[885] Der Vermieter hat die Gründe, die ihn zu Kündigung berechtigen, mitzuteilen, nicht aber die gegen die Kündigung sprechenden Umstände.[886] Den Interessen des Mieters wird dadurch Rechnung getragen, dass ihm ein Auskunftsanspruch gegen den Vermieter zusteht; außerdem kann der Mieter in das Grundbuch Einsicht nehmen.[887] Aber auch eine strengere Auffassung wäre nicht verfassungswidrig.[888]

244 **Alternative Begründungen** sind unzulässig. Hiervon ist auszugehen, wenn der Vermieter in dem Kündigungsschreiben mitteilt, er benötige die Wohnung entweder für Herrn X oder Herrn Y[889] oder wenn in dem Kündigungsschreiben ausgeführt wird, der Vermieter

---

[881] LG München I WuM 1996, 770; LG Stuttgart NJW-RR 1996, 1036; AG Schöneberg GE 1994, 817.
[882] BVerfG NZM 2003, 592.
[883] BVerfG NZM 2003, 592.
[884] BGH NJW 2007, 2845 = NZM 2007, 679 = MietPrax-AK § 573 BGB Nr. 12 mAnm *Börstinghaus; Häublein* NJW 2007, 2847; *Schumacher* MietRB 2007, 253 (254); *Müller* WuM 2007, 579; *Drasdo* NJW-Spezial 2007, 529; AG Dortmund ZMR 2020, 759.
[885] LG Berlin MM 1992, 388; LG Bielefeld WuM 1993, 539, falls der Vermieter Eigentümer mehrerer Häuser ist; AG Hamburg WuM 1995, 109, der Vermieter muss zwar keinen „Status über sein Immobilieneigentum" vorlegen, aber mitteilen, ob ihm weitere Wohnungen gehören, die für den Mieter geeignet sein könnten; ähnlich LG Bielefeld WuM 1993, 539; AG Waiblingen WuM 1995, 589, der Vermieter muss darlegen, dass keine anderen Wohnungen zur Deckung seines Bedarfs in Betracht kommen.
[886] LG München I WuM 1996, 38; *Rolfs* in Staudinger BGB § 573 Rn. 211a; *Lammel* WohnraumMietR BGB § 573 Rn. 134.
[887] OLG Frankfurt a. M. BeckRS 2019, 32272; OLG München FGPrax 2019, 3; LG Mannheim NJW 1992, 2492.
[888] BVerfG NJW 1992, 1379, danach muss zB ein Vermieter, der eine in München gelegene Wohnung kündigt, Angaben über ein in 75 km entferntes eigenes Haus und dessen Nutzung machen.
[889] AG Frankfurt a. M. WuM 1991, 39.

G. Das Kündigungsschreiben   Kap. 11

wolle die Wohnung einer seiner drei Töchter überlassen.[890] Das ergibt sich daraus, dass zum einen der Verwendungszweck bereits im Zeitpunkt des Ausspruchs der Kündigung feststehen muss und zum anderen es dem Mieter nicht zuzumuten ist, mehrere Alternativsituationen zu beurteilen.

3. Kündigung wegen wirtschaftlicher Verwertung

Bei dem Kündigungstatbestand gem. § 573 Abs. 2 Ziff. 3 BGB handelt es sich um einen äußerst schwierigen und komplexen Tatbestand. Es wird in vielen Fällen kaum möglich sein, alle Kündigungsvoraussetzungen bereits im Kündigungsschreiben umfassend darzulegen. Aus diesem Grunde ist es sachgerecht, wenn an den Inhalt der Begründung einer solchen Kündigungserklärung **etwas geringere Anforderungen** als in den Fällen des § 573 Abs. 2 Nr. 1 und 2 BGB gestellt werden.[891] Dies ist auch aus verfassungsrechtlichen Gründen geboten, weil dem Vermieter der Zugang zur gerichtlichen Sachprüfung ohne allzu große Schwierigkeiten möglich sein muss. Gleichwohl genügt es auch bei einer Kündigung nach § 573 Abs. 2 Nr. 3 BGB nicht, wenn das Kündigungsschreiben lediglich eine Rechtsbehauptung enthält oder den Gesetzestext wiedergibt. Erforderlich ist auch hier die hinreichend genaue Angabe von Tatsachen, aus denen sich der Kündigungsgrund herleiten lässt und ein Austauschen von Kündigungsgründen verhindert. **245**

Will der Vermieter sein Haus oder seine Wohnung in leerstehendem Zustand **verkaufen**, so genügt es nicht, wenn sich aus der Kündigungserklärung lediglich ergibt, dass die Wohnung in vermietetem Zustand nur mit einem erheblichen Abschlag zu verkaufen sei.[892] Vielmehr muss der Vermieter im Kündigungsschreiben mitteilen, **(1)** dass er diese Absicht hat (anderweitige Verwertung), **(2)** dass ein Verkauf im vermieteten Zustand unmöglich oder nur mit Verlusten möglich ist (Erforderlichkeit der Kündigung), **(3)** aus welchen Gründen der Verkauf erfolgt (Angemessenheit der Verwertung) und **(4)** welche konkreten Nachteile beim Unterlassen des Verkaufs oder beim Verkauf im vermieteten Zustand eintreten werden. Die bloße Mitteilung der Verkaufsabsicht reicht zur Begründung der Kündigung nicht aus.[893] **246**

Diese Ansicht steht mit dem Gesetzeswortlaut und -zweck offensichtlich nicht im Einklang.[894] Es gibt auch keinen Erfahrungssatz, dass für eine freistehende Wohnung immer ein höherer Preis erzielt werden kann, als für eine vermietete Wohnung. Deshalb muss der Vermieter diesen Umstand im Kündigungsschreiben darlegen. Hinsicht der Erforderlichkeit der Kündigung bedarf es im Kündigungsschreiben nicht zwingend der Benennung konkreter Kaufinteressenten, die vom Kauf im vermieteten Zustand Abstand genommen haben.[895] Das ist nur dann erforderlich, wenn der Vermieter entsprechende Verkaufsbemühungen schon unternommen hat und die Interessenten wegen des Mietverhältnisses vom Kauf Abstand genommen oder nur einen unzumutbaren Preis geboten haben. Aber auch in diesem Fall muss der Vermieter im Kündigungsschreiben nicht darlegen, welchen Wert die Wohnung im unvermieteten Zustand hat.[896] Es ist gerade nicht erforderlich, dass der Vermieter schon vor der Kündigung Verkaufsbemühungen unternommen hat. Es genügt, wenn er das Objekt über einen Makler verkaufen will und dieser erklärt, dass ein Verkauf im vermieteten Zustand nicht oder nur zu unzumutbaren Bedingungen möglich ist.[897] In **247**

---

[890] LG München I WuM 1991, 490.
[891] MüKoBGB/*Häublein* § 573 Rn. 101.
[892] LG Berlin WuM 2016, 178.
[893] AG Arnsberg DWW 1990, 153; ähnlich AG Bad Homburg WuM 1989, 303, wenn der Verkaufsgrund beim Abschluss des Mietvertrags vor sechs Jahren (!) erläutert worden ist.
[894] So zutr. LG Düsseldorf WuM 1987, 321; LG Bad Kreuznach WuM 1991, 179; LG Gießen WuM 1991, 184; LG Hamburg WuM 1991, 185; LG Mosbach WuM 1991, 191; AG Neuss DWW 1990, 279; AG Bergisch Gladbach WuM 1991, 181; AG Hannover WuM 1991, 188; AG Stuttgart-Bad Cannstatt WuM 1991, 199.
[895] LG Darmstadt WuM 1987, 320; AG Schöneberg MM 1989, 284; AG Nidda WuM 1989, 573.
[896] **AA** LG Frankfurt a. M. DWW 1988, 324.
[897] BVerfG ZMR 1998, 685; **aA** wohl LG Mosbach WuM 1991, 191.

diesem Fall muss nur diese Auskunft mitgeteilt werden. Die Richtigkeit der Aussage ist ggf. durch eine Beweisaufnahme im Prozess zu klären. Er kann ebenso auf ein Sachverständigengutachten Bezug nehmen aus dem sich ergibt, dass ein Verkauf mit dem bestehenden Mietverhältnis sinnlos ist.[898] In diesem Fall muss das Gutachten im Kündigungsschreiben zumindest zitiert werden. Auf Verlangen des Mieters ist es vorzulegen. Die Kündigung ist formell aber auch ohne die Beifügung wirksam. Nur wenn sich aus dem Kündigungsschreiben nicht ergibt, welche Verkaufsbemühungen mit welchem Ergebnis der Vermieter unternommen hat, oder auf Grund welcher anderer Erkenntnisse ein Verkauf mit dem bestehenden Mietverhältnis wirtschaftlich sinnlos ist, so ist die Kündigung formell nicht ordnungsgemäß.[899] In Ausnahmefällen kann aus den sonstigen Angaben im Kündigungsschreiben der Erfahrungssatz abgeleitet werden, dass das Objekt im vermieteten Zustand unverkäuflich ist, weil Objekte dieser Art nicht von Kapitalanlegern erworben werden.[900]

248 Die **Verkaufsgründe** müssen zumindest knapp angegeben werden. Will der Vermieter verkaufen, weil er für sich oder seine Familie eine Wohnung oder ein Haus kaufen und mit dem Kaufpreis der vermieteten Wohnung finanzieren will, so muss er nicht darlegen, wie er gegenwärtig untergebracht ist.[901] Bloße Floskeln reichen aber auch hier nicht aus.[902] Hat der Vermieter das Objekt seinerseits im vermieteten Zustand erworben, so muss er den Einkaufspreis mitteilen.[903] Ob die im Falle eines Verkaufs im vermieteten Zustand entstehenden Verluste ins Gewicht fallen, hängt uU von den wirtschaftlichen Verhältnissen des Vermieters ab. In diesem Fall sind die Verhältnisse im Kündigungsschreiben offenzulegen.[904]

249 Wird der Verkauf mit einer **unzureichenden Rendite** begründet, so muss der Vermieter in diesem Zusammenhang die Entwicklung der Mieteinnahmen und der Kosten darlegen. Dies geschieht zweckmäßigerweise in Form einer Wirtschaftlichkeitsberechnung.[905] Es genügt aber auch jede andere Form der Darlegung; sie muss nur verständlich und für den Mieter nachvollziehbar sein. Aus dem Umstand, dass die laufenden Finanzierungskosten höher sind, als die Mieteinnahmen, ergibt sich noch nicht, dass ein Verkauf aus wirtschaftlichen Gründen erforderlich ist, weil hier auch der Wertzuwachs am Mietobjekt und die Steuervorteile berücksichtigt werden müssen. Dementsprechend sind in diesem Fall auch jene Umstände offenzulegen.[906] Der Vermieter muss so viel an Daten und Fakten mitteilen, dass der Mieter prüfen kann, ob eine Rechtsverteidigung sinnvoll ist.[907]

250 Soll das Gebäude **abgerissen** und durch einen **Neubau** ersetzt werden, so genügt es, wenn dem Mieter mitgeteilt wird, aus welchen Gründen der Vermieter die vorhandene Bausubstanz nicht für erhaltenswert hält und welche baulichen Maßnahmen er stattdessen plant.[908] Die Frage, ob dem Vermieter eine alternative Sanierungsmöglichkeit zur Verfügung steht und ob er im Interesse des Mieters hierauf zurückgreifen muss, betrifft nicht die formelle, sondern die materielle Wirksamkeit der Kündigung. Deshalb muss dem Kündigungsschreiben keine Wirtschaftlichkeitsberechnung beigefügt werden, aus der sich ergibt, dass zu dem Abriss keine „Sanierungsalternative" besteht.[909] Die Frage, ob der vom

---

[898] BVerfG GE 1998, 852; 1998, 853; **aA** OLG Stuttgart ZMR 2006, 42 (45).
[899] OLG Stuttgart ZMR 2006, 42 (45); LG Gießen WuM 1991, 184; AG Neuss DWW 1990, 279; AG Regensburg WuM 1991, 195.
[900] LG Krefeld WuM 2010, 302, ein Einfamilienhaus mit aufwendiger Ausstattung und einem Verkaufswert von 480.000 EUR.
[901] AA LG Frankfurt a. M. DWW 1988, 324.
[902] AG Siegburg WuM 1991, 197, Verkauf, weil das Haus „wirtschaftlich nicht mehr tragbar" sei; LG Freiburg WuM 1991, 592.
[903] LG Berlin GE 1994, 1055.
[904] LG Berlin GE 1994, 109, einschließlich der steuerlichen Gegebenheiten.
[905] LG Berlin ZMR 2003, 837.
[906] LG Freiburg WuM 1991, 183; ähnl. AG Hamburg WuM 1991, 185.
[907] AG Gelsenkirchen WuM 1990, 26.
[908] BGH NJW 2011, 1135 = NZM 2011, 239 = MietPrax-AK § 573 BGB Nr. 33 mAnm *Börstinghaus; Blank* jurisPR-MietR 5/2011 Anm. 3; *Schach* MietRB 2011, 101.
[909] BGH NJW 2011, 1135 = NZM 2011, 239 = MietPrax-AK § 573 BGB Nr. 33 mAnm *Börstinghaus; Blank* jurisPR-MietR 5/2011 Anm. 3; *Schach* MietRB 2011, 101; **aA** noch LG Berlin WuM 2009, 466.

Vermieter für den Fall des Fortbestehens des Mietverhältnisses geltend gemachte erhebliche Nachteil angesichts einer wirtschaftlich vertretbaren Sanierungsmöglichkeit tatsächlich besteht, betrifft die materielle Berechtigung der Kündigung und ist, soweit es im Einzelfall darauf ankommt, im Prozess durch Beweisaufnahme zu klären. Es genügt allerdings nicht, wenn im Kündigungsschreiben lediglich ausgeführt wird, das Haus sei verwahrlost und müsse abgerissen werden, damit ein neues Wohngebäude erstellt werden kann[910] oder wenn der Vermieter ganz allgemein auf drohende wirtschaftliche Nachteile hinweist.[911] Aus den Ausführungen des Vermieters muss sich vielmehr ergeben, dass der Abriss in erheblichem Maße wirtschaftlicher ist, als die Aufrechterhaltung des bestehenden Zustands.

Besteht in der Gemeinde ein Zweckentfremdungsverbot, so ist die Kündigung nur wirksam, wenn für den Abriss eine **Zweckentfremdungsgenehmigung** erteilt ist und dieser Umstand im Kündigungsschreiben erwähnt wird.[912] Die Zweckentfremdungsgenehmigung muss dem Kündigungsschreiben nicht beigefügt werden. Für die Baugenehmigung/Abrissgenehmigung gilt etwas anderes. Während die Zweckentfremdungsgenehmigung nach ihrer Zielsetzung mieterschützenden Charakter hat, soll durch die Baugenehmigung lediglich sichergestellt werden, dass das Bauvorhaben den öffentlich-rechtlichen Baunormen entspricht. Dies hat zur Folge, dass die Wirksamkeit der Kündigung nicht davon abhängt, ob die Baugenehmigung bereits erteilt ist.[913] Der Vermieter muss mit seiner Kündigung auch nicht zuwarten, bis die Genehmigungen erteilt sind; andererseits darf er aber erst dann kündigen, wenn seine Planung ein Stadium erreicht hat, in dem beurteilt werden kann, ob die Verwirklichung des Plans eine Kündigung rechtfertigt. Dies muss anhand der konkreten Umstände des Einzelfalls festgestellt werden. **251**

Bei einer geplanten **Sanierung/Modernisierung** muss zunächst der Umfang der Maßnahme hinreichend genau beschrieben werden. Allgemein gehaltene Formulierungen reichen nicht aus. Der Mieter muss in der Lage sein zu beurteilen, ob wegen des Umfangs der Maßnahmen eine Beendigung des Mietverhältnisses erforderlich ist. Außerdem muss das Kündigungsschreiben Angaben zur Angemessenheit und zum Nachteil enthalten.[914] **252**

Vergleichende Wirtschaftlichkeitsberechnungen sind entbehrlich, wenn der derzeitige Zustand des Gebäudes und der Wohnungen eine Sanierung/Modernisierung nahelegt: die Steigerung des Grundstückswerts durch Erhaltung und Verbesserung der Bausubstanz entspricht in diesen Fällen dem Gebot wirtschaftlicher Vernunft; in der Unterlassung solcher notwendigen Maßnahmen liegt deshalb zugleich ein wirtschaftlicher Nachteil.[915] Befinden sich in einem Haus bspw. Gemeinschaftstoiletten, die von mehreren Mietparteien benutzt werden, oder sind die Wohnungen weder mit Bädern noch mit einer Zentralheizung ausgestattet, so muss der Vermieter im Kündigungsschreiben nicht darlegen, dass durch die Modernisierung der Wohnungen die Rendite verbessert wird, weil sich dies von selbst versteht.[916] Etwas anderes kann gelten, wenn der Vermieter ein Gebäude in gutem Zustand mit soliden Durchschnittswohnungen durch Modernisierungsmaßnahmen in ein Luxusobjekt verwandeln will.[917] Ist der Eigentümer baupolizeilich zur Durchführung von Sanierungsarbeiten aufgefordert worden, so kann entweder ein Fall des § 573 Abs. 2 Nr. 3 BGB oder ein Fall des § 573 Abs. 1 BGB vorliegen. Wird die Kündigung auf § 573 Abs. 2 Nr. 3 BGB gestützt, so sind Darlegungen zum wirtschaftlichen Nachteil erforderlich.[918] Bei § 573 Abs. 1 BGB reicht es aus, wenn der Vermieter darlegt, dass die Sanierungsverfügung besteht und dass er dieser Maßnahme aus öffentlich-rechtlichen Gründen Folge leisten muss. **253**

---

[910] LG Kempten WuM 1994, 687.
[911] LG Berlin WuM 1996, 770.
[912] OLG Hamburg WuM 1981, 155; LG Berlin ZMR 1991, 346; **aA** LG Mannheim NZM 2004, 256.
[913] OLG Frankfurt a. M. WuM 1992, 421; BayObLG WuM 1993, 660 = ZMR 1993, 560.
[914] LG Bonn ZMR 1992, 114.
[915] Unklar LG Karlsruhe WuM 1991, 169.
[916] AA AG Köln WuM 1991, 170.
[917] LG Aachen MDR 1983, 670.
[918] LG Freiburg WuM 1991, 175.

4. Die Kündigung nach der Generalklausel gem. § 573 Abs. 1 BGB

254 Bei einer Kündigung wegen **Betriebsbedarfs** muss sich aus dem Kündigungsschreiben ergeben, **(1)** dass das Arbeitsverhältnis beendet ist oder dass dessen Beendigung kurz bevor steht; **(2)** dass der Vermieter die Absicht hat, die Wohnung einem anderen Arbeitnehmer oder einem künftigen Arbeitnehmer zu überlassen und **(3)** dass hierfür vernünftige, nachvollziehbare Gründe vorliegen; **(4)** dass der Betriebsrat der Kündigung zugestimmt hat. Ein Mitbestimmungsrecht des Betriebsrats besteht nur bis zur wirksamen Auflösung des Arbeitsverhältnisses.[919] Wenn keine Zweifel am Vorliegen eines Tatbestandsmerkmals bestehen, sind Ausführungen zu dem entsprechenden Merkmal entbehrlich. So genügt es auch, wenn der Vermieter darlegt, dass die Wohnung einem Betriebsangehörigen überlassen werden soll. Es ist nicht erforderlich, dass der Mietinteressent namentlich oder sonst identifizierbar benannt wird.[920] Der Vermieter muss darlegen, dass aus dem Kreis der Arbeitnehmer Interessenten für die Wohnung vorhanden sind.

255 Bei der Kündigung einer sog. **„unechten Werkwohnung"** muss in dem Kündigungsschreiben ausgeführt werden, dass der Vermieter die Absicht hat, die Wohnung einem Arbeitnehmer oder einem künftigen Arbeitnehmer zu überlassen und dass hierfür besonders dringliche Gründe vorliegen. Dabei muss der Vermieter diejenigen Umstände offenlegen, aus denen der besonders dringliche Grund hergeleitet wird.

256 Soll eine **fehlbelegte Sozialwohnung** gekündigt werden, so muss sich aus dem Kündigungsschreiben ergeben, dass die zuständige Behörde vom Vermieter die Beseitigung der Fehlbelegung verlangt hat. Die behördliche Verfügung muss dem Kündigungsschreiben nicht beigefügt werden. Jedoch muss in dem Kündigungsschreiben mitgeteilt werden, welche Behörde tätig geworden ist, so dass der Mieter dort weitere Auskünfte einholen kann.

257 Bei einer **Kündigung wegen Überbelegung** muss der Vermieter mitteilen, in welchem Umstand die Überbelegung gesehen wird. Dies setzt regelmäßig voraus, dass der Vermieter in dem Kündigungsschreiben die Personen benennt, die nach seiner Auffassung in der Wohnung leben. Die Personen müssen zwar nicht namentlich, aber identifizierbar benannt werden. Auf diese Weise kann der Mieter überprüfen, ob der Vermieter von zutreffenden Voraussetzungen ausgeht oder ob er fälschlicherweise auch Besucher oder ehemalige Bewohner berücksichtigt hat. Die Angabe einer Personenzahl genügt regelmäßig nicht, weil eine solche Angabe dem Kontrollbedürfnis des Mieters nicht gerecht wird. Da die Überbelegung als solche für die Kündigung allein nicht ausreicht, muss der Vermieter auch die tatsächlichen Umstände darlegen, aus denen sich ergibt, dass seine Interessen gefährdet werden.

258 Wird zugunsten **öffentlicher Interessen gekündigt, so** muss sich aus dem Kündigungsschreiben ergeben, auf Grund welcher Umstände der Vermieter zur Wahrnehmung öffentlicher Interessen befugt ist. Der Kündigungszweck muss hinreichend genau beschrieben werden. Dazu sind Ausführungen erforderlich, welchen Zwecken die Räume zugeführt werden sollen und welche Erwägungen für die beabsichtigte Nutzung maßgeblich gewesen sind. Der bloße Hinweis auf die von einem öffentlichen Organ getroffene Entscheidung genügt regelmäßig nicht.

259 Bei einer **Kündigung wegen Berufs- oder Geschäftsbedarfs** muss auch bei der Begründung danach unterschieden werden, ob das Erlangungsinteresse dem Eigenbedarfsinteresse oder dem Verwertungsinteresse näher steht. Im erstgenannten Fall richten sich die Anforderungen an das Kündigungsschreiben nach den für die Eigenbedarfskündigung maßgeblichen Regeln; zusätzlich muss der Vermieter die Umstände mitteilen, aus denen er den gewerblichen Bedarf herleitet. Dieser muss zwar nicht dringend sein, aber doch ein gewisses Gewicht aufweisen. Die berufliche oder freiberufliche Tätigkeit des Vermieters muss durch den Zugriff auf die Mietwohnung zumindest nicht nur unerheblich erleichtert werden.

---

[919] OLG Frankfurt a. M. WuM 1992, 525 = ZMR 1992, 443.
[920] LG Köln ZMR 1996, 666.

G. Das Kündigungsschreiben

Liegt der Schwerpunkt im Verwertungsinteresse, müssen in dem Kündigungsschreiben die Umstände offengelegt werden aus denen sich die Nachteile ergeben. Soweit eine Zweckentfremdungsgenehmigung erforderlich ist, muss deren Vorliegen außerdem im Kündigungsschreiben erwähnt werden. Die Genehmigung muss dem Kündigungsschreiben aber nicht beigefügt werden.

Soll ein **Untermietverhältnis** gekündigt werden, damit der Hauptmieter die ihm 260 gegenüber dem Eigentümer obliegende Herausgabepflicht erfüllen kann, so muss sich aus dem Kündigungsschreiben ergeben, dass das Hauptmietverhältnis gekündigt worden ist. Außerdem muss der Hauptmieter im Kündigungsschreiben darlegen, dass der Eigentümer ein berechtigtes Interesse nach § 573 Abs. 1 oder Abs. 2 BGB an der Beendigung des Untermietverhältnisses hat oder dass der Untermieter den Anlass für die Beendigung des Hauptmietverhältnisses gegeben hat.

IV. Bezugnahme auf außerhalb des Kündigungsschreibens erfolgte Begründungen

Grundsätzlich müssen die Kündigungsgründe **im Kündigungsschreiben mitgeteilt** wer- 261 den. Dies gilt auch dann, wenn der Vermieter dem Mieter die Kündigungsgründe vor Ausspruch der Kündigung mündlich oder schriftlich bekanntgegeben oder wenn er diese Gründe bereits in einem vorangegangen Prozess geltend gemacht hat.[921] Nichts anderes kommt in Betracht, wenn der Mieter die Kündigungsgründe aus eigenem Wissen kennt.[922] Hat der Vermieter die zur Substantiierung eines Kündigungsgrundes erforderlichen Kerntatsachen nicht ausreichend vorgetragen, so bleibt dieser Grund auch dann außer Betracht, wenn er dem Mieter vor oder nach Ausspruch der Kündigung mündlich erläutert worden ist.[923] Dies beruht auf der Erwägung, dass die Angabe der Gründe im Kündigungsschreiben nicht nur zur Information des Mieters dient; zugleich wird hierdurch bestimmt, welche Gründe dem Gericht zur Berücksichtigung und Würdigung unterbreitet werden.[924]

Eine Bezugnahme auf **mündlich bekannt gegebene Gründe** genügt nicht, weil die 262 Begründung nach § 568 Abs. 1, § 573 Abs. 3 schriftlich erfolgen muss; das Schriftformerfordernis gilt für alle Teile der Kündigung, einschließlich der Begründung. Eine Bezugnahme auf anderweitige schriftliche Erklärungen reicht hingegen aus.[925] Deshalb kann der Vermieter auf vorangegangene Kündigungen, auf Abmahnschreiben[926] oder auf Schriftsätze Bezug nehmen. Voraussetzung ist allerdings, dass die genannten Schreiben dem Mieter auch zugegangen sind und dass die Bezugnahme klar und eindeutig ist.[927] Dieses Erfordernis ist nicht gewahrt, wenn der Vermieter pauschal auf seinen schriftsätzlichen Vortrag in einem vorangegangen Gerichtsverfahren Bezug nimmt.[928] Es ist nicht Aufgabe des Mieters, sich die Kündigungsgründe selbst zusammenzusuchen.

V. Berücksichtigung nachträglich entstandener Gründe

Neben den im Kündigungsschreiben angegebenen Gründen können nach dem ausdrück- 263 lichen Wortlaut des § 573 Abs. 3 S. 2 BGB im Räumungsprozess auch nachträglich entstandene Kündigungsgründe berücksichtigt werden. Dabei sind folgende Fallgestaltungen zu unterscheiden:

---

[921] BayObLG WuM 1981, 200; LG Berlin MM 1990, 289.
[922] LG Gießen WuM 1990, 301.
[923] AG Kenzingen WuM 1990, 433.
[924] BayObLG WuM 1981, 200.
[925] BVerfG NJW 1992, 1877; WuM 1993, 234.
[926] LG Wuppertal BeckRS 2020, 38458.
[927] LG Hamburg WuM 1993, 48.
[928] LG Mannheim ZMR 1994, 67.

264 (1) Die **ursprüngliche Kündigungserklärung** war mangels Angabe ausreichender Gründe **unwirksam;** nach Ausspruch der Kündigung entstehen neue Gründe, auf Grund derer eine Vertragsbeendigung gerechtfertigt wäre. Eine ursprünglich unwirksame Kündigung führt auch dann nicht zur Vertragsbeendigung, wenn nach Kündigungsausspruch neue Gründe entstehen.[929] Wegen dieser Gründe muss der Vermieter eine neue Kündigung aussprechen. Diese Ansicht ist verfassungsrechtlich nicht zu beanstanden.[930] Aus der Erklärung des Vermieters muss sich ergeben, dass die Kündigung erneut ausgesprochen werden soll. Es genügt nicht, wenn der Vermieter erklärt, dass er an der ursprünglichen Kündigung festhalte.[931] Es läuft eine neue Kündigungsfrist.

265 (2) Die **ursprüngliche Kündigungserklärung** war **wirksam.** Nach Ausspruch der Kündigung entfallen diese Gründe. Etwas später entstehen neue Gründe, die aber von anderer Art als die ursprünglichen Gründe sind (zB Vertragsverletzungen statt Eigenbedarf); **(3)** Die ursprüngliche Kündigungserklärung war wirksam. Nach Ausspruch der Kündigung entfallen diese Gründe. Etwas später entstehen neue Gründe, die von gleicher oder ähnlicher Art wie die ursprünglichen Gründe sind (zB Eigenbedarf für die Tochter, statt für den Sohn). Der Wegfall der ursprünglichen Gründe hat auf die Wirksamkeit der Kündigung keinen Einfluss. Bei der Eigenbedarfskündigung und anderen Kündigungen, die einen Fortbestand des Kündigungsinteresses voraussetzen, hat der Wegfall der Gründe allerdings zur Folge, dass der Vermieter grundsätzlich verpflichtet ist, dem Mieter unverzüglich einen Vertrag über die Aufhebung der Kündigungswirkung anzubieten. Jedoch kann die Verpflichtung entfallen, wenn der Vermieter das Mietverhältnis gleich wieder kündigen kann. In diesem Fall liegt ein Fall des venire contra factum proprium vor. Denn der Vermieter müsste dem Mieter ja schon bei Abschluss der Vereinbarung mitteilen, dass er den Vertrag sofort wieder kündigt.

266 (4) Die **ursprüngliche Kündigungserklärung** war **wirksam.** Nach Ausspruch der Kündigung entfallen diese Gründe. Zugleich entstehen neue Gründe, die aber von anderer Art als die ursprünglichen Gründe sind (zB Vertragsverletzungen statt Eigenbedarf); **(5)** Die ursprüngliche Kündigungserklärung war wirksam. Nach Ausspruch der Kündigung entfallen diese Gründe. Zugleich entstehen neue Gründe, die von gleicher oder ähnlicher Art wie die ursprünglichen Gründe sind (zB Eigenbedarf für die Tochter, statt für den Sohn). Der Wegfall der ursprünglichen Gründe hat auf die Wirksamkeit der Kündigung keinen Einfluss. Der Vermieter muss dem Mieter nur dann einen Vertrag über die Aufhebung der Kündigungswirkungen anbieten, wenn eine Vertragsbeendigung durch die neuen Gründe nicht gerechtfertigt ist. Reichen hingegen die nachträglichen Gründe für eine Vertragsbeendigung aus, so besteht keine Verpflichtung zum Abschluss eines Vertrags über die Aufhebung der Kündigungswirkungen, weil das Räumungsinteresse immer noch besteht. Es ergibt sich zwar nicht mehr aus den im Kündigungsschreiben angegeben, wohl aber aus den neuen, nachträglich entstandenen Gründen. Es kommt nicht darauf an, ob diese Gründe gleichartig oder andersartig sind.[932] Es kommt nicht darauf an, ob die nachgeschobenen Gründe gleichartig sind.[933]

267 (6) Die **ursprüngliche Kündigungserklärung** war **wirksam.** Nach Ausspruch der Kündigung entstehen weitere Gründe. Sodann entfallen die ursprünglichen Gründe, während die später entstandenen fortbestehen. Die wirksame Kündigung wird durch die nachträglich entstandenen Gründe verstärkt. Wird die Räumungsklage vor dem Wegfall der ursprünglichen Gründe erhoben, so sind alle Gründe zu berücksichtigen. Wird sie nach

---

[929] LG Düsseldorf WuM 1990, 505; LG Bochum ZMR 2007, 452 (455); *Rolfs* in Staudinger BGB § 573 Rn. 222; Lammel WohnraumMietR BGB § 573 Rn. 141, 142; MüKoBGB/*Häublein* § 573 Rn. 97; *Hannappel* in Bamberger/Roth BGB § 573 Rn. 134; Erman/*Lützenkirchen* BGB § 573 Rn. 54.
[930] BVerfG GE 1993, 36.
[931] LG Münster 1992, 372.
[932] LG Hamburg WuM 1989, 256; *Rolfs* in Staudinger BGB § 573 Rn. 225; *Hannappel* in Bamberger/Roth/ *Hannappel* BGB § 573 Rn. 134.
[933] *Lützenkirchen* in Erman BGB § 573 Rn. 55; *Rolfs* in Staudinger BGB § 573 Rn. 225.

dem Wegfall der ursprünglichen Gründe erhoben, so kommt es nur noch darauf an, ob sich aus den nachträglichen Gründen ein hinreichendes Beendigungsinteresse ergibt. Ist dies zu verneinen, so muss der Vermieter dem Mieter einen Vertrag über die Aufhebung der Kündigungswirkungen anbieten. Im anderen Fall führen die nachträglichen Gründe zur Vertragsbeendigung.

(7) Die **ursprüngliche Kündigungserklärung war wirksam.** Nach Ausspruch der Kündigung entstehen weitere Gründe. Die wirksame Kündigung wird durch die nachträglich entstandenen Gründe verstärkt. Im gerichtlichen Verfahren sind alle Gründe zu berücksichtigen. *Sternel*[934] ist der Ansicht, dass sich der Anwendungsbereich des Abs. 3 S. 2 auf diese Fallgruppe beschränkt.[935]

Maßgeblicher Zeitpunkt für die Bewertung eines Grundes als „nachträglich entstanden" ist der Ausspruch der Kündigung. Entscheidend ist, wann das Kündigungsschreiben vom Vermieter aus der Hand gegeben wird; der Zugang beim Mieter ist unerheblich. Nachträglich entstanden sind mithin alle Gründe, die beim Ausspruch der Kündigung noch nicht vorhanden waren. Zweifelhaft ist, ob auch solche Gründe berücksichtigt werden können, die im Zeitpunkt des Kündigungsausspruchs zwar bereits vorhanden waren, dem Vermieter aber erst nach Kündigungsausspruch bekannt geworden sind. Der Wortlaut der Vorschrift spricht gegen die Berücksichtigung. Billigkeitserwägungen gebieten nur dann eine vom Wortlaut der Vorschrift abw. Interpretation, wenn die Kündigungsgründe aus der Sphäre des Mieters kommen (wie bei der Kündigung nach Abs. 2 Nr. 1); iÜ muss es bei der Wortbedeutung sein Bewenden haben.

Ein **Kündigungsgrund ist entstanden,** wenn der Vorgang abgeschlossen ist, aus dem der Vermieter das Kündigungsrecht herleitet.[936] Bei einer Kündigung wegen einer Vertragsverletzung kommt es nicht darauf an, zu welchem Zeitpunkt die Verletzungshandlung beendet ist; maßgeblich ist der Eintritt der hieraus resultierenden Folgen. Bei einem aus der Sphäre des Vermieters stammenden Kündigungsgrund, wie Eigenbedarf oder wirtschaftliche Verwertung, ist das Vorliegen des objektiven Bedarfsgrunds entscheidend; unerheblich ist, wann der Vermieter den Entschluss gefasst hat, das Mietverhältnis auch aus diesem Grund zu beenden.[937]

Beweispflichtig für das nachträgliche Entstehen der Gründe ist der Vermieter.

H. Die Zweifamilienhauskündigung, § 573a BGB

I. Allgemeines

Ein Mietverhältnis über eine Wohnung in einem **vom Vermieter selbst bewohnten Gebäude** mit nicht mehr als zwei Wohnungen kann der Vermieter gem. § 573a BGB auch kündigen, ohne dass es eines berechtigten Interesses iSd § 573 BGB bedarf.[938] Der Kündigungstatbestand beruht auf der Erwägung, dass das enge Zusammenleben von Vermieter und Mieter in einem Haus oder einer Wohnung ein **Mindestmaß an Harmonie** voraussetzt. Fehlt es hieran, so soll der Vermieter berechtigt sein, das Mietverhältnis ohne Angabe von Gründen zu beenden. Das der Regelung des § 573a BGB zugrunde liegende gesetzgeberische Motiv der Zerrüttung für die Auflösung des Mietverhältnisses gehört nicht zu den Kündigungsvoraussetzungen. Deshalb ist es bei einer Kündigung nach § 573a BGB nicht erforderlich, dass Spannungen bestehen oder dass das Mietverhältnis zerrüttet ist. Ebenso wenig kommt es darauf an, welche der Parteien die Zerrüttung verursacht oder verschuldet hat.[939]

---

[934] *Sternel,* MietR, 1988, Kap. IV Rn. 107.
[935] Ebenso AG Tiergarten MM 1992, 175.
[936] *Rolfs* in Staudinger BGB § 573 Rn. 224.
[937] *Rolfs* in Staudinger BGB § 573 Rn. 224.
[938] Dazu *Drasdo* NJW-Spezial 2016, 481.
[939] LG Stuttgart ZMR 1979, 274.

273 Die Vorschrift des § 573a BGB ist als **Ausnahmevorschrift** zu § 573 BGB zu bewerten[940] und deshalb eng auszulegen. Deshalb steht dem Vermieter die Möglichkeit der erleichterten Kündigung nicht zur Verfügung, wenn er seine eigene Wohnung aufgeben will, um das Gebäude abzureißen[941] oder um das geräumte Haus besser verkaufen zu können.[942] Kündigungsinteressen dieser Art können nur nach § 573 Abs. 2 Nr. 3 BGB berücksichtigt werden. Eine analoge Anwendung des § 573a BGB auf Mietverhältnisse in Mehrfamilienhäusern ist auch dann ausgeschlossen, wenn der Vermieter selbst im Haus wohnt und das persönliche Verhältnis zwischen den Vertragsparteien zerrüttet ist.

274 § 573a BGB ist anwendbar auf **unbefristete Mietverhältnisse,** die im Wege der ordentlichen befristeten Kündigung beendet werden können. Bestehende Kündigungsausschlüsse oder -verbote bleiben unberührt. Deshalb kann ein befristetes Mietverhältnis iSv § 575 Abs. 1 S. 1 BGB bis zum Ablauf der Befristung nicht nach § 573a BGB gekündigt werden. Haben die Parteien eine auch für den Vermieter geltende Kündigungsausschlussvereinbarung getroffen[943] wird damit auch das Kündigungsrecht nach § 573a BGB ausgeschlossen. Haben die Parteien das Recht zur Eigenbedarfskündigung des Vermieters ausgeschlossen, wird dies im Regelfall dahingehend auszulegen sein, dass der Vermieter nur bei schuldhafter Pflichtwidrigkeit des Mieters kündigen kann, weil anderenfalls der durch den Ausschluss der Eigenbedarfskündigung beabsichtigte Schutz des Mieters nicht erreicht werden könnte. Ist – wie in den Mietverträgen der gemeinnützigen Wohnungsunternehmen vereinbart, dass der Vermieter „nur in besonderen Ausnahmefällen unter Einhaltung der gesetzlichen Fristen kündigen kann, wenn wichtige berechtigte Interessen des Vermieters eine Beendigung des Mietverhältnisses notwendig machen", so wird hierdurch auch die Kündigung nach § 573a ausgeschlossen.[944] Im Einzelfall kann sich ein Kündigungsausschluss auch aus den Umständen ergeben.[945] Die hier fraglichen Beschränkungen bleiben im Falle der Veräußerung bestehen.[946]

275 Eine **Kündigung zum Zwecke der Mieterhöhung** (§ 573 Abs. 1 S. 2 BGB) ist auch dann ausgeschlossen, wenn sie auf § 573a BGB gestützt wird.[947]

276 Weitere **Kündigungsverbote** können sich im Ausnahmefall aus §§ 134, 138 Abs. 1, 242 BGB ergeben, etwa wenn der Vermieter die Kündigung als Druckmittel zur Erzwingung von nicht geschuldeten Mieterleistungen einsetzt. Wird die Kündigung nicht als Druckmittel zur Durchsetzung, sondern als Sanktion für die Weigerung des Mieters zur Erfüllung bestimmter Ansprüche erklärt, so ist die Kündigung unwirksam, wenn die Voraussetzungen des § 226 BGB (sog. „Schikaneverbot") gegeben sind. Diese Vorschrift wird indes nur ausnahmsweise eingreifen, weil sie voraussetzt, dass die Schadenszufügung der einzige Zweck der Kündigung ist. Hiervon kann nicht ausgegangen werden, wenn der Vermieter kündigt, weil es infolge der Weigerung des Mieters zu Spannungen und Differenzen gekommen ist.[948]

---

[940] *Haas* Neues MietR BGB § 573a Rn. 2.
[941] LG Mannheim NZM 2004, 256.
[942] LG Duisburg NZM 2005, 216; LG Stuttgart WuM 2007, 75; MüKoBGB/*Häublein* § 573a Rn. 7; *Sonnenschein* NZM 2000, 1 (4).
[943] Siehe dazu oben 6 ff.
[944] BGH NZM 2013, 824 = MietPrax-AK § 573a BGB Nr. 3 mAnm *Börstinghaus*; *Drasdo* NJW-Spezial 2013, 705; *Schach* MietRB 2013, 349; *Schach* GE 2013, 1554; *Rolfs* LMK 2014, 354505.
[945] LG Gießen ZMR 1997, 188, wenn das Haus im Zusammenwirken von Vermieter und Mieter errichtet oder finanziert worden ist.
[946] BGH NZM 2013, 824 = MietPrax-AK § 573a BGB Nr. 3 mAnm *Börstinghaus*; *Drasdo* NJW-Spezial 2013, 705; *Schach* MietRB 2013, 349; *Schach* GE 2013, 1554; *Rolfs* LMK 2014, 354505; OLG Karlsruhe NJW-RR 1986, 89, Kündigungsbeschränkung bei Dauernutzungsvertrag einer Wohnungsbaugenossenschaft; ebenso LG Kaiserslautern MDR 1983, 56.
[947] *Hannappel* in Bamberger/Roth BGB § 573a Rn. 27; *Haas* Neues MietR BGB § 573a Rn. 2.
[948] LG Stuttgart ZMR 1979, 274 mAnm *Buchholz-Duffner*; AG Dortmund DWW 1993, 238.

H. Die Zweifamilienhauskündigung, § 573a BGB

II. Die beiden Kündigungstatbestände

1. Die Zweifamilienhauskündigung gem. Abs. 1

a) Die Gebäudeeigenschaft. Das Sonderkündigungsrecht gilt nur, wenn sich die Wohnungen des Mieters und des Vermieters in **einem** „Gebäude" befinden. Hiervon kann nicht ausgegangen werden, wenn eine Hälfte eines Doppelhauses vom Vermieter genutzt wird, während die andere vermietet ist. Solche Immobilien werden als jeweils selbständige Häuser angesehen.[949] Dieselbe Situation besteht bei Wohnungen, die voneinander völlig unabhängig sind, wie etwa übereinander liegende Terrassenwohnungen ohne gemeinsamen Eingang und ohne sonstige Berührungspunkte.[950] Maßgeblich ist, ob die beiden Wohnungen so verbunden sind, dass nach der Verkehrsauffassung von einem einzigen Gebäude gesprochen wird. Auf die Ausweisung im Grundbuch als einheitliches Gebäude kommt es nicht an. Maßgeblich ist vielmehr die Verkehrsanschauung.[951] Ist ein Reihenhaus mit zwei Wohnungen Teil eines aus mehreren Reihenhäusern bestehenden Blocks, so ist unter dem Begriff des „Gebäudes" das einzelne Reihenhaus und nicht der Reihenhausblock zu verstehen.[952] Ob die Häuser real oder ideell geteilt sind, ist unerheblich.[953]

Unter den **Begriff des Gebäudes** fallen zunächst alle Häuser die ausschließlich zu Wohnzwecken genutzt werden. Auf die Eigentumsverhältnisse kommt es nicht an. Maßgeblich ist nur, dass Vermieter und Mieter im selben Gebäude wohnen und der Mieter sein Besitzrecht vom Vermieter herleitet. Ein Gebäude, bestehend aus zwei Eigentumswohnungen ist ebenfalls als „Gebäude" iSv § 573a BGB zu bewerten. Auch hier kommt es nicht darauf an, ob der Vermieter beider Wohnungen Eigentümer der jeweiligen Wohnungen ist. Auch bei einem gemischt genutzten Gebäude besteht das Sonderkündigungsrecht, wenn sich in dem Gebäude außer der Wohnung des Vermieters und der Wohnung des Mieters auch noch Gewerberäume befinden. Es kommt nicht darauf an, ob die Gewerberäume vom Vermieter selbst genutzt werden.[954] Das Sonderkündigungsrecht ist aber dann ausgeschlossen, wenn in einem vom Vermieter selbst bewohnten Gebäude neben zwei Wohnungen Räume vorhanden sind, in denen eine eigenständige Haushaltsführung möglich ist, auch wenn diese als Gewerberaum vermietet sind, es sei denn, sie wurden schon vor Abschluss des Mietvertrags, für dessen Kündigung der Vermieter das Sonderkündigungsrecht in Anspruch nimmt, als gewerbliche Räume genutzt.[955]

Nach dem Wortlaut des § 573a BGB kommt es nicht darauf an, ob die Parteien innerhalb des Gebäudes zusammentreffen können. Die Vorschrift ist deshalb auch dann anwendbar, wenn es an einem **gemeinsamen Hauseingang und Treppenhaus fehlt**.[956] Ebenso wenig spielt es eine Rolle, ob gemeinschaftlich zu nutzende Räume vorhanden sind oder ob die Parteien auf sonstigen Gemeinschaftsflächen zusammentreffen können.[957]

---

[949] BGH NZM 2008, 682 = MietPrax-AK § 573a BGB Nr. 1 mAnm *Börstinghaus; Drasdo* NJW-Spezial 2008, 643; *Horst* MietRB 2008, 321.
[950] Ähnlich LG Kleve WuM 1992, 437, für Wohnungen in verschiedenen Gebäudeteilen mit jeweils eigenem Eingang; AG Dortmund WuM 1990, 355, für Zechensiedlungshäuser; LG Hannover WuM 1979, 78, für zwei ebenerdig nebeneinander gelegene Bungalows; ebenso *Sternel*, MietR, 1988, Kap. IV Rn. 238; *Lammel* WohnraumMietR BGB § 573a Rn. 5; *Rolfs* in Staudinger BGB § 573a Rn. 15; *Hannappel* in Bamberger/Roth/ BGB § 573a Rn. 12; **aA** MüKoBGB/*Häublein* § 573a Rn. 9.
[951] LG Köln WuM 2015, 680.
[952] BGH NJW 2010, 3571 = MietPrax-AK § 577 BGB Nr. 6 mAnm *Eisenschmid; Drasdo* NJW-Spezial 2010, 515; *Kurek* MietRB 2010, 256.
[953] LG Berlin GE 2011, 823.
[954] BT-Drs. 14/4553; *Lammel* WohnraumMietR BGB § 573a Rn. 6; *Rolfs* in Staudinger BGB § 573a Rn. 12; MüKoBGB/*Häublein* § 573a Rn. 8; *Lützenkirchen* in Erman BGB § 573a Rn. 1.
[955] BGH NZM 2015, 452 = MietPrax-AK § 573a BGB Nr. 4 mAnm *Börstinghaus; Drasdo* NJW-Spezial 2015, 322; *Schmid* MietRB 2015, 163.
[956] BGH NZM 2008, 682 = MietPrax-AK § 573a BGB Nr. 1 mAnm *Börstinghaus; Drasdo* NJW-Spezial 2008, 643; *Horst* MietRB 2008, 321.
[957] OLG Saarbrücken WuM 1992, 520; ebenso *Rolfs* in Staudinger BGB § 573a Rn. 15; Bamberger/Roth/ *Hannappel* BGB § 573a Rn. 13; Emmerich/Sonnenschein/*Haug* BGB § 573a Rn. 7.

280 b) Die vom Vermieter selbst bewohnte Wohnung. Das Sonderkündigungsrecht besteht nur, wenn der Vermieter in dem Gebäude selbst wohnt. Der Vermieter muss einen Teil der Räumlichkeiten zu Wohnzwecken nutzen. Dabei muss es sich nicht um eine Wohnung handeln. Es genügt, wenn das Gebäude im Wesentlichen vom Mieter genutzt wird und der Vermieter lediglich ein Zimmer bewohnt. Bei einer Nutzung zu gewerblichen Zwecken besteht kein Sonderkündigungsrecht. Dies gilt auch dann, wenn ein Teil der Gewerberäume so eingerichtet ist, dass der Vermieter dort wohnen könnte. Gelegentliche Übernachtungen in den Gewerberäumen machen diese nicht zur Wohnung.

281 Der Vermieter muss selbst in dem Gebäude wohnen. Bei einer Vermietermehrheit muss mindestens ein Vermieter in dem Gebäude wohnen. Es genügt nicht, wenn die Wohnung durch einen Ehegatten oder Verwandten des Vermieters bewohnt wird. Bei einer Vermietung durch eine juristische Person ist das Sonderkündigungsrecht ausgeschlossen. Ist der Vermieter nicht der Eigentümer, so besteht kein Sonderkündigungsrecht, wenn zwar der Eigentümer, nicht aber der Vermieter im Haus wohnt.[958] Umgekehrt kann ein Nichteigentümer nach § 573a BGB kündigen, wenn er im Haus wohnt und Vermieter der anderen Wohnung ist. Das Sonderkündigungsrecht gilt nämlich auch im Verhältnis vom Mieter zum Untermieter. Ein solcher Fall wird etwa dann vorliegen, wenn der Vermieter in dem von ihm angemieteten Haus eine Wohnung selbst nutzt und die andere durch Untermietvertrag einem Mieter überlassen hat.

282 Die Wohnung muss vom Vermieter **tatsächlich genutzt** werden. Eine freistehende Wohnung gibt dem Vermieter auch dann kein Sonderkündigungsrecht, wenn er dort polizeilich gemeldet ist oder die Absicht hat, dort kurzfristig einzuziehen. Nicht entscheidend ist, ob der Vermieter in einer der Wohnungen seinen Lebensmittelpunkt hat.[959] Deshalb kann das Sonderkündigungsrecht grds. auch geltend gemacht werden, wenn die Räume nur als Zweitwohnung genutzt werden. Es kommt auf die Umstände des Einzelfalls an. Maßgeblich ist, ob das Interesse des Vermieters an einer ungestörten Alleinnutzung höher zu bewerten ist, als das Bestandsinteresse des Mieters. Bei einer Nutzung nur als Wochenendwohnung ist dies zu verneinen.[960] Gleiches gilt, wenn der Vermieter die Wohnung lediglich zum Abstellen von Möbeln oder anlässlich gelegentlicher Verwandtenbesuche nutzt.[961] Bei zeitlich umfangreicherer Nutzung zB für berufliche Aufenthalte oÄ ist das Sonderkündigungsrecht gegeben.[962]

283 Erforderlich ist, dass der Vermieter eine Wohnung im **Zeitpunkt des Ausspruchs** der Kündigung nutzt. Hat der Vermieter nach § 573a BGB gekündigt und entschließt er sich nach dem Ausspruch der Kündigung zur Aufgabe der bisherigen Wohnung, so bleibt die Kündigung wirksam. Wird dieser Entschluss aber vor Ablauf der Kündigungsfrist gefasst, so muss er hierüber den Mieter informieren und diesem den Abschluss eines Vertrags über die Aufhebung der Kündigungswirkungen anbieten.[963] Umgekehrt besteht das Sonderkündigungsrecht auch dann, wenn der Vermieter erst nach Abschluss des Mietvertrags in das Haus einzieht.[964] Ein Vertrauensschutz zugunsten des Mieters besteht in einem solchen Fall nur ausnahmsweise, etwa wenn der Vermieter durch sein Verhalten einen besonderen

---

[958] LG Karlsruhe WuM 1989, 241.
[959] LG Hamburg WuM 1983, 23; *Lammel* WohnraumMietR BGB § 573a Rn. 13; *Lützenkirchen* in Erman BGB § 573a Rn. 7; MüKoBGB/*Häublein* § 573a Rn. 5; **aA** LG Berlin NJW-RR 1991, 1227; LG Wuppertal WuM 1990, 156; AG Walsrode WuM 1992, 616; *Rolfs* in Staudinger BGB § 573a Rn. 10; *Sternel* MietR Kap. IV Rn. 241, Kap. XI Rn. 399; Herrlein/Kandelhard/*Herrlein* BGB § 573a Rn. 7; Emmerich/Sonnenschein/*Haug* BGB § 573a Rn. 6; *Hannappel* in Bamberger/Roth BGB § 573a Rn. 19.
[960] **AA** AG Halle-Saalkreis WuM 1995, 43.
[961] LG Limburg/Lahn WuM 1991, 111.
[962] AG Hamburg-Blankenese WuM 1992, 112, für fünfmonatige Nutzung im Jahr.
[963] AG Bergheim WuM 2015, 39.
[964] OLG Koblenz WuM 1981, 204; BayObLG WuM 1991, 249; OLG Karlsruhe WuM 1992, 49; *Haas* Neues MietR BGB § 573a Rn. 5; *Lammel* WohnraumMietR BGB § 573a Rn. 15; *Herrlein* in Herrlein/Kandelhard BGB § 573a Rn. 7; *Rolfs* in Staudinger BGB § 573a Rn. 16; *Hannappel* in Bamberger/Roth BGB § 573a Rn. 22; *Weidenkaff* in Palandt BGB § 573a Rn. 5; Elzer/Riecke/*Riecke* BGB § 573a Rn. 7; *Sternel* MietR Kap. XI Rn. 404.

Vertrauenstatbestand des Inhalts geschaffen hat, das betreffende Haus selbst nie zu beziehen.[965] Der Umstand, dass der Mieter die Möglichkeit einer Eigennutzung durch den Vermieter nicht in Erwägung gezogen hat, reicht für die Annahme eines solchen Vertrauenstatbestandes keinesfalls aus. Weiter besteht das Sonderkündigungsrecht, wenn der Mieter einer der beiden Wohnungen das gesamte Gebäude erwirbt; in diesem Fall kann er nach seiner Eintragung ins Grundbuch die andere Wohnung nach § 573a BGB kündigen. Sind in einem Zweifamilienhaus sämtliche Wohnungen vermietet, so kann der bisher nicht im Haus wohnende Vermieter (oder Erwerber) uU das eine Mietverhältnis wegen Eigenbedarfs und das andere nach § 573a BGB kündigen. Die Kündigung nach § 573a BGB kann allerdings nicht zusammen mit der Eigenbedarfskündigung erklärt werden. Vielmehr ist diese Kündigung erst möglich, wenn der Vermieter eine der Wohnung bezogen hat.

Stirbt der Vermieter nach Kündigungsausspruch, so kann der Rechtsnachfolger des Vermieters die Kündigung nicht weiterverfolgen.[966] Eine Ausnahme gilt, wenn der verstorbene Vermieter und sein Rechtsnachfolger die Wohnung zusammen genutzt haben und der Rechtsnachfolger die Wohnung auch in Zukunft weiter nutzen will, weil dann ein „deckungsgleicher" Kündigungssachverhalt gegeben ist. Ein nicht im Haus wohnender Rechtsnachfolger ist auf die Kündigung nach § 573 Abs. 1, 2 BGB beschränkt. **284**

c) Gebäude mit nicht mehr als zwei Wohnungen. Der Begriff der Wohnung richtet **285** sich nach der Verkehrsanschauung. Danach wird unter einer Wohnung „ein selbstständiger, räumlich und wirtschaftlich abgegrenzter Bereich verstanden, der eine eigenständige Haushaltsführung ermöglicht".[967] Die DIN 283 definiert die Wohnung als *„die Summe der Räume, welche die Führung eines Haushalts ermöglichen, darunter stets eine Küche oder ein Raum mit Kochgelegenheit. Zu einer Wohnung gehören außerdem Wasserversorgung, Ausguss und Abort".*[968] Es ist nicht erforderlich, dass die Küche eingerichtet ist; es müssen lediglich diejenigen Versorgungsanschlüsse (Wasser, Abwasser, Strom) vorhanden sein, die zur Einrichtung einer Küche nötig sind. Entscheidend ist, ob die Räume als vollständige Wohnung geeignet waren, also vor allem Bad und Küche aufweisen. Außerdem muss der Mieter nach den vertraglichen Vereinbarungen berechtigt sein, den Raum als Küche einzurichten und zu nutzen. Vergleichbar ist der steuerrechtliche Wohnungsbegriff iSd § 5 Abs. 2 GrStG. Nach der Rspr. des BFH[969] ist unter einer Wohnung „die Zusammenfassung einer Mehrheit von Räumen zu verstehen, die in ihrer Gesamtheit so beschaffen sein müssen, dass sie die Führung eines selbständigen Haushalts auf Dauer ermöglichen". Dies ist der Fall, wenn die Einheit mindestens 20m² aufweist und mit einer Küche oder einem Raum mit Kochgelegenheit, einem Bad oder einer Dusche sowie einer Toilette ausgestattet ist. Außerdem muss die Einheit von anderen Einheiten getrennt sein und über einen eigenen Zugang verfügen. Der Umstand, dass in den Räumlichkeiten eine Kochplatte aufgestellt werden kann, macht den Raum nicht zu einer Wohnung.[970] Dieses Kriterium ist für den Wohnungsbegriff völlig ungeeignet, weil es kaum einen Raum geben wird, in dem keine Kochplatte aufgestellt und an eine Steckdose angeschlossen werden könnte.

---

[965] OLG Karlsruhe WuM 1992, 49.
[966] OLG Karlsruhe NJW-RR 1994, 80 = WuM 1993, 405 = ZMR 1993, 335; WuM 1989, 256.
[967] BGH NZM 2011, 71 = MietPrax-AK § 573a BGB Nr. 2 mAnm *Börstinghaus; Dötsch* MietRB 2011, 34; *Drasdo* NJW-Spezial 2011, 65; *Börstinghaus* jurisPR-BGHZivilR 10/2011 Anm. 4; BGH NZM 2015, 452 = MietPrax-AK § 573a BGB Nr. 4 mAnm *Börstinghaus; Drasdo* NJW-Spezial 2015, 322; *Schmid* MietRB 2015, 163; LG Hamburg WuM 1994, 215; LG Aachen WuM 1993, 617; LG Bochum WuM 1984, 133; *Sternel,* Mietrecht aktuell, Rn. XI 397.
[968] LG Bochum WuM 1984, 133; LG Berlin GE 1992, 1151; LG Lübeck WuM 1992, 616; LG Bonn WuM 1992, 24; LG Aachen WuM 1993, 616; LG Hamburg WuM 1994, 215; LG Kempten WuM 1994, 254; MüKoBGB/*Häublein* § 573a Rn. 11; *Rolfs* in Staudinger BGB § 573a Rn. 6; *Hinz* in Klein-Blenkers/Heinemann/Ring, Miete/WEG/Nachbarschaft, BGB § 573a Rn. 14.
[969] BFH DWW 2015, 195.
[970] LG Kempten WuM 1994, 254; LG Hamburg WuM 1994, 215; AG Siegburg WuM 1979, 218 mit abl. Anm. *Holtschoppen* WuM 1979, 219; MüKoBGB/*Häublein* § 573a Rn. 11; **aA** LG Braunschweig WuM 1985, 64; LG Essen WuM 1993, 54; LG Lübeck WuM 1992, 616; LG Bonn WuM 1992, 24.

286 Das Sonderkündigungsrecht nach § 573a Abs. 1 BGB wird nicht dadurch ausgeschlossen, dass in einem vom Vermieter selbst bewohnten Gebäude mit nicht mehr als zwei Wohnungen **weitere Räume vorhanden** sind, die sich für eine Nutzung als (dritte) Wohnung eignen und früher auch als Wohnung genutzt wurden.[971] Ein Wohnhaus, in dem sich neben je einer Wohnung im Erdgeschoss und im Obergeschoss eine selbstständig als Wohnung nutzbare Einliegerwohnung befindet, ist jedoch dann kein *„Gebäude mit nicht mehr als zwei Wohnungen"* iSd § 573a Abs. 1 BGB, wenn der Vermieter neben der Erdgeschosswohnung auch die Einliegerwohnung nutzt.[972] Unerheblich ist, ob in dem Gebäude außer den beiden Wohnungen sich noch Gewerbeeinheiten befinden. Dies hat der Gesetzgeber dadurch klargestellt, dass nur noch von einem Gebäude und nicht mehr von einem Wohngebäude die Rede ist.[973]

287 Die Frage, ob Räumlichkeiten zur Führung eines Haushaltes geeignet sind, richtet sich nach der Verkehrsanschauung.[974] **Indizien** hierfür sind das Vorhandensein einer **Klingel** im Hauseingangsbereich, eines **Briefkastens,** eines separaten Strom- und/oder Wasserzählers, sowie der Umstand, dass die Räume gegenwärtig oder früher von einer Einzelperson oder einer Familie als Wohnung genutzt worden sind. Eine Wohnung kann aber auch dann anzunehmen sein, wenn diese Einrichtungen nicht vorhanden sind. Der Umstand, dass mehrere Mieter bestimmte Räume gemeinsam benutzen, steht der Bewertung der Mieträume als „Wohnung" nicht entgegen.[975]

288 Maßgeblich ist der objektive **Zustand im Zeitpunkt der Kündigung.** Deshalb ist es unerheblich, ob ein Dachgeschoß zu einer Wohnung ausgebaut werden könnte oder ob ein Vermieter solche Ausbauabsichten hat.[976] Umgekehrt kommt es nicht darauf an, ob vorhandene Räume als Wohnung genutzt werden, sondern darauf, ob sie als Wohnung geeignet sind.[977] Deshalb ist das Sonderkündigungsrecht auch dann ausgeschlossen, wenn die Räume leer stehen[978] oder wenn sie vom Vermieter nicht zur Vermietung an Dritte vorgesehen sind. Unbeschadet hiervon ist der Vermieter aber nicht gehindert, eine Wohnung, die bereits beim Vertragsschluss zu gewerblichen Zwecken genutzt wurde oder die zu solchen Zwecken vermietet war, auch weiterhin gewerblich zu nutzen. In diesem Fall bleibt das Gebäude ein Haus mit zwei Wohnungen, so dass das Sonderkündigungsrecht besteht. Wurde hingegen eine Wohnung bei Vertragsschluss gewerblich genutzt und hat der Vermieter diese Art der Nutzung in der Folgezeit aufgegeben, so sind die Räumlichkeiten entsprechend ihrer Eignung als Wohnräume zu bewerten.[979] In diesem Fall ist das Sonderkündigungsrecht ausgeschlossen. Waren umgekehrt bei Vertragsschluss drei Wohnungen vorhanden und hat der Vermieter in der Folgezeit eine der Wohnungen zu gewerblichen Zwecken genutzt oder vermietet, so ist eine aus dem Vertrauensgrundsatz abzuleitende Ausnahme zu beachten. Hier ist das Sonderkündigungsrecht ausgeschlossen, weil der Mieter darauf vertrauen darf, dass ein bei Vertragsschluss bestehender Kündigungsschutz nicht durch eine vom Vermieter vorgenommene Zweckänderung tangiert wird.[980]

289 Dieselben Grundsätze gelten, wenn das Gebäude **nach dem Vertragsschluss baulich verändert** wird. Bestand das Haus im Zeitpunkt des Vertragsschlusses aus 2 Wohnungen und wurde in der Folgezeit durch Ausbau oder Teilung eine dritte Wohnung geschaffen, so

---

[971] BGH NZM 2008, 682 = MietPrax-AK § 573a BGB Nr. 1 mAnm *Börstinghaus; Drasdo* NJW-Spezial 2008, 643; *Horst* MietRB 2008, 321.
[972] BGH NZM 2011, 71 = MietPrax-AK § 573a BGB Nr. 2 mAnm *Börstinghaus; Dötsch* MietRB 2011, 34; *Drasdo* NJW-Spezial 2011, 65; *Börstinghaus* jurisPR-BGHZivilR 10/2011 Anm. 4.
[973] BGH NZM 2008, 682 = MietPrax-AK § 573a BGB Nr. 1 mAnm *Börstinghaus; Drasdo* NJW-Spezial 2008, 643; *Horst* MietRB 2008, 321.
[974] LG Hamburg WuM 1994, 215.
[975] AG Heidelberg WuM 1983, 144.
[976] LG Mannheim WuM 1981, 234; LG Wiesbaden WuM 1981, 162.
[977] AG Hamburg-Bergedorf ZMR 2012, 451.
[978] LG Köln WuM 1985, 64; LG Essen WuM 1977, 206.
[979] LG Essen WuM 1977, 206.
[980] BGH NZM 2015, 452 = MietPrax-AK § 573a BGB Nr. 4 mAnm *Börstinghaus; Drasdo* NJW-Spezial 2015, 322; *Schmid* MietRB 2015, 163.

ist das Sonderkündigungsrecht ausgeschlossen. Hat umgekehrt der Mieter einer in einem Dreifamilienhaus gelegenen Wohnung nach Vertragsschluss eine weitere Wohnung hinzugemietet und diese mit der Ursprungswohnung verbunden, so entsteht für den im Haus wohnenden Vermieter ein Sonderkündigungsrecht, weil nach dem Umbau nur noch zwei Wohnungen vorhanden sind.[981] Dies gilt auch dann, wenn der Umbau jederzeit wieder rückgängig gemacht werden könnte.[982] Nach der hier vertretenen Ansicht kommt es nicht darauf an, ob die beiden Wohnungen nach den baulichen Gegebenheiten als einheitliche abgeschlossene Wohnung anzusehen sind. Maßgeblich ist vielmehr, ob der Mieter die beiden Wohnungen im Rahmen seiner Haushaltsführung nutzt. Deshalb besteht das Sonderkündigungsrecht auch dann, wenn der Mieter nach Vertragsschluss eine weitere Wohnung anmietet und beide Wohnungen ohne Umbaumaßnahmen zur Haushaltsführung genutzt werden. Werden die Umbauarbeiten auf Veranlassung oder im Interesse des Vermieters vorgenommen, so ist allerdings eine aus dem Vertrauensgrundsatz abzuleitende Ausnahme zu beachten: Das Sonderkündigungsrecht gilt nicht, wenn das Haus beim Vertragsschluss aus drei Wohnungen bestand und der Vermieter in der Folgezeit zwei der Wohnungen zu einer einzigen zusammengelegt hat[983] oder wenn er beide Wohnungen ohne Umbaumaßnahme im Rahmen seiner Haushaltsführung nutzt. Für die Anwendung des Vertrauensgrundsatzes besteht allerdings kein Raum, wenn der Vermieter den Mieter vor Vertragsschluss über seine Umbaupläne informiert hat.[984]

Eine weitere, aus dem **Vertrauensgrundsatz abzuleitende Ausnahme** gilt, wenn der Mieter eine Wohnung in einem noch nicht fertig gestellten Haus gemietet hat. Hier kommt es darauf an, ob das Haus als Zwei- oder Mehrfamilienhaus konzipiert ist. War beim Vertragsschluss die dritte Wohnung bereits geplant aber noch nicht fertig gestellt, so besteht kein Sonderkündigungsrecht, wenn der Vermieter vor der Bezugsfertigkeit der dritten Wohnung kündigt.[985] Dies gilt auch dann, wenn der Plan zur Fertigstellung der dritten Wohnung nach Abschluss des Mietvertrags endgültig aufgegeben wird. Die Anzahl der jeweiligen Wohnungsnutzer ist unerheblich. Deshalb gilt das Sonderkündigungsrecht auch dann, wenn der Vermieter oder der Mieter einzelne Räume seiner Wohnung an einen oder mehrere Untermieter vermietet hat. 290

2. Wohnraum innerhalb der Vermieterwohnung gem. Abs. 2

Das Sonderkündigungsrecht besteht ebenfalls für **Wohnraum innerhalb der vom Vermieter selbst bewohnten Wohnung.** Diese Vorschrift hat dann praktische Bedeutung, wenn die Räume unmöbliert vermietet werden, oder wenn sie zum dauernden Gebrauch für eine Familie bestimmt sind. Gleiches gilt, wenn sich die Räume in einem Mehrfamilienhaus befinden.[986] Solche Räume unterliegen an sich dem Kündigungsschutz, da § 549 Abs. 2 Nr. 2 BGB nicht einschlägig ist. Der Vermieter kann diese Räume allerdings auch dann kündigen, wenn er kein berechtigtes Interesse an der Beendigung des Mietverhältnisses hat. 291

Die Vorschrift gilt auch im Verhältnis des Mieters zum Untermieter. Deshalb kann ein Mieter, der einzelne Zimmer seiner Wohnung weitervermietet hat, von dem Sonderkündigungsrecht Gebrauch machen. Eine solche Situation besteht auch bei einer Wohngemeinschaft, wenn nicht alle Wohnungsnutzer Partei des Hauptmietvertrags sind. Hier können die Hauptmieter den Untermietern nach § 573a BGB kündigen. 292

---

[981] OLG Karlsruhe NJW 1984, 2953.
[982] OLG Karlsruhe NJW 1984, 2953.
[983] OLG Hamburg WuM 1982, 151 = ZMR 1982, 282 = NJW 1983, 182.
[984] LG Memmingen NJW-RR 1992, 523.
[985] AG Marl WuM 1998, 221.
[986] KG NJW 1981, 2470 = WuM 1981, 154 = ZMR 1981, 243.

III. Die Rechtsfolgen

293 Liegt die Voraussetzungen des § 573a BGB vor **verlängert sich die Kündigungsfrist** des Vermieters gem. § 573c Abs. 1 BGB um drei Monate. Der Mieter kann sich aber auch bei dieser Kündigung auf die Sozialklausel des § 574 BGB berufen.[987] Insofern besteht hier, wenn auch eingeschränkt, ein Wohnraumkündigungsschutz.

294 Im Kündigungsschreiben ist gem. § 573a Abs. 3 BGB darauf hinzuweisen, dass die Kündigung auf das Sonderkündigungsrecht gem. § 573a Abs. 1 BGB gestützt wird. Fehlt der Hinweis, so ist die Kündigung nach dieser Vorschrift unwirksam. Es handelt sich bei diesem Sonderkündigungsrecht um ein **Wahlrecht,** das der Vermieter ausüben muss. Er kann also mit kurzer Kündigungsfrist und der entsprechenden Darlegungs- und Beweislast gem. § 573 Abs. 1, 2 BGB kündigen oder dem Mieter die um drei Monate verlängerte Kündigungsfrist gewähren, um damit der Begründung eines Kündigungsgrundes enthoben zu sein. Hat der Mieter einer (Eigenbedarfs-)Kündigung des Vermieters aus § 573 BGB widersprochen, so darf der Vermieter noch innerhalb der laufenden Kündigungsfrist nunmehr nach § 573a BGB kündigen, wenn er in dem Kündigungsschreiben zweifelsfrei zum Ausdruck bringt, dass die Kündigung nicht mehr auf berechtigte Interessen nach Abs. 1 gestützt wird.[988] Die Kündigung eines Mietverhältnisses über Wohnraum kann im Übrigen in erster Linie auf § 573a BGB und hilfsweise auf § 573 BGB gestützt werden.[989] Auch ein umgekehrtes Hilfsverhältnis ist zulässig. Ein Vermieter, der eine neben einer ordentlichen Kündigung wegen Eigenbedarfs vorsorglich auch noch das Sonderkündigungsrecht des § 573a BGB mit einer längeren Kündigungsfrist ausübt, bringt bei der gebotenen Auslegung seiner Erklärungen zum Ausdruck, dass die ordentliche Kündigung § 573a BGB in allen Fällen Wirkung entfalten soll, in denen die zunächst angestrebte schnellere Beendigung des Mietverhältnisses aufgrund der Eigenbedarfskündigung Unwirksamkeit der fristlosen Kündigung fehlgeschlagen ist.[990]

I. Die Teilkündigung gem. § 573b BGB

I. Einführung

295 Die Kündigung von Teilflächen der dem Mieter zum Gebrauch überlassenen Flächen und Räume ist grundsätzlich nicht verboten. Durch das Wohnungsbau – Erleichterungsgesetz v. 17.5.1990[991] und das 4. MietRÄndG v. 21.7.1993[992] hat der Gesetzgeber aber eine Ausnahme in das BGB eingefügt, die heute in § 573b BGB enthalten ist. Sie bestimmt, dass der Vermieter auch zur **Teilkündigung von Nebenräumen** (insbes. zur Kündigung von Speicherräumen) oder sonstiger mitvermieteter Grundstücksteile (Kfz-Abstellplätze, Gärten usw) berechtigt ist, wenn er diese Räume oder Grundstücksflächen zur Schaffung neuer Mietwohnungen verwenden will. Auf diese Weise will der Gesetzgeber sicherstellen, dass der wohnungsbaupolitisch wünschenswerte Ausbau von Dachgeschoßen, die Aufstockung, der Ausbau oder die Schließung von Baulücken nicht am Widerstand der Mieter scheitert. Für den Mieter besteht demgegenüber keine Möglichkeit zur Teilkündigung.

296 Die Vorschrift gilt **nur für die Wohnraummiete.** Erfasst werden alle Mietverhältnisse, einschließlich der die § 549 Abs. 2, 3 BGB aufgeführten ungeschützten Wohnraummietverhältnisse. Für Mietverhältnisse über Gewerberäume gilt § 573b BGB mangels Verwei-

---

[987] AG Dortmund ZMR 2020, 759; *Rolfs* in Staudinger BGB § 573a Rn. 26; *Lammel* WohnraumMietR BGB § 573a Rn. 27; *Haug* in Emmerich/Sonnenschein BGB § 573a Rn. 13; *Hannappel* in Bamberger/Roth BGB § 573a Rn. 30; *Lützenkirchen* in Erman BGB § 573a Rn. 13; *Herrlein* in Herrlein/Kandelhard BGB § 573a Rn. 1; *Lützenkirchen* in Lützenkirchen, Mietrecht, § 573a Rn. 36.
[988] OLG Karlsruhe NJW 1982, 391.
[989] OLG Hamburg NJW 1983, 182.
[990] AG Dortmund ZMR 2020, 759.
[991] BGBl. I 926.
[992] BGBl. I 1257.

sung in § 578 BGB grundsätzlich nicht.[993] Etwas anderes gilt nur für Verträge über die Anmietung von Räumen durch eine juristische Person des öffentlichen Rechts oder einen anerkannten privaten Träger der Wohlfahrtspflege, die geschlossen werden, um die Räume Personen mit dringendem Wohnungsbedarf zum Wohnen zu überlassen. Hier hat der Gesetzgeber ab 1.1.2019 durch das „Gesetz zur Ergänzung der Regelungen über die zulässige Miethöhe bei Mietbeginn und zur Anpassung der Regelungen über die Modernisierung der Mietsache (Mietrechtsanpassungsgesetz–MietAnpG)[994] weitere Vorschriften des Wohnraummietrecht für diese besondere Vertragsform für anwendbar erklärt.

Die Teilkündigung gem. § 573b BGB ist **kein Unterfall der ordentlichen Kündigung.** Vielmehr enthält die Vorschrift ein eigenständiges Kündigungsrecht.[995] Aus der systematischen Stellung der Vorschrift im Unterkapitel 2 „Mietverhältnisse auf unbestimmte Zeit" ergibt sich, dass die Vorschrift nur für diese Mietverhältnisse gilt.[996] Sie setzt also zunächst voraus, dass das Mietverhältnis generell im Wege der ordentlichen Kündigung beendet werden kann. Bei einem befristeten Mietverhältnis nach § 575 Abs. 1 S. 1 BGB ist die Teilkündigung während der Befristung ausgeschlossen.[997] Ist für den Vermieter wirksam ein Kündigungsverzicht vereinbart, so kommt es darauf an, ob die Verzichtsvereinbarung auch die Teilkündigung umfasst. Dies ist regelmäßig durch Auslegung der Vereinbarung zu ermitteln. Ist vereinbart, dass das Recht zur „ordentlichen Kündigung" ausgeschlossen ist, so ist mit diesem Begriff auch die Kündigung nach § 573b BGB gemeint.[998]

297

II. Die Tatbestandsvoraussetzungen

1. Nebenräume

Die Teilkündigung ist nur für „nicht zum Wohnen bestimmte Nebenräume oder Teile eines Grundstücks" möglich. Die Nebenräume müssen **außerhalb der Wohnung des Mieters liegen.** Ob sie innerhalb oder außerhalb des Gebäudes oder des Grundstücks liegen, ist unerheblich.[999] Sie dürfen nach den Vereinbarungen des Mietvertrags nicht zum Wohnen bestimmt sein. Es muss sich um **Zubehörräume** handeln; in Betracht kommen: Keller, Waschküche, Abstellräume außerhalb der Wohnung, Dachboden, Trockenräume, Schuppen, Garagen und ähnliche Räume (vgl. § 2 Abs. 3 Nr. 1 WoFlV). Unerheblich ist es, ob der Mieter die Räume vertragswidrig zu Wohnzwecken nutzt. Eine vertragsgemäße Wohnnutzung schließt die Teilkündigung aus, auch wenn die Räume bauordnungsrechtlich nicht zum Wohnen geeignet sind.[1000] Ein Anspruch des Vermieters auf Unterlassung einer vertragswidrigen Nutzung durch den Mieter gem. § 541 BGB verjährt während des laufenden Mietverhältnisses nicht, solange die zweckwidrige Nutzung andauert.[1001]

298

Zu den Grundstücksteilen gehören insbes. mitvermietete **Kfz-Abstellplätze** oder mitvermietete Gärten. Es ist unerheblich, ob der Mieter diese Flächen alleine nutzt oder ob ihm hieran nur ein Mitbenutzungsrecht zusteht. Ist dem Mieter die Benutzung oder

299

---
[993] MüKoBGB/*Häublein* § 573b Rn. 4.
[994] BGBl. 2018, 2648.
[995] BT-Drs. 14/4553.
[996] BT-Drs. 14/4553.
[997] *Rolfs* in Staudinger BGB § 573b Rn. 17; Emmerich/Sonnenschein/*Haug* in Emmerich/Sonnenschein BGB § 573b Rn. 8; *Hannappel* in Bamberger/Roth BGB § 573b Rn. 8.
[998] *Rolfs* in Staudinger BGB § 573b Rn. 17; *Sternel* MietR Kap. X Rn. 97.
[999] *Rolfs* in Staudinger BGB § 573b Rn. 9; *Hannappel* in Bamberger/Roth BGB § 573b Rn. 12; MüKoBGB/*Häublein* § 573b Rn. 11; *Lützenkirchen* in Erman BGB § 573b Rn. 6.
[1000] Auch bei der Ermittlung der Wohnfläche sind öffentlich-rechtliche Nutzungsbeschränkungen vermieteter Wohnräume weder im Rahmen einer Mietminderung (BGH NJW 2009, 3421; 2010, 1064) noch bei der Abrechnung der Betriebskosten zu berücksichtigen (BGH NJW 2016, 288), sofern die Nutzbarkeit der Räume mangels Einschreitens der zuständigen Behörden nicht eingeschränkt ist.
[1001] BGH NZM 2019, 143 = NJW 2019, 1062 = MietPrax-AK § 541 BGB Nr. 4 mAnm *Börstinghaus*; *Fölst* LMK 2019, 414485; *Börstinghaus* jurisPR-BGHZivilR 5/2019 Anm. 1; *Mettler* MietRB 2019, 75; *Drasdo* NJW-Spezial 2019, 193; *Bruns* NJW 2019, 1064.

Mitbenutzung lediglich gestattet, so genügt es, wenn der Vermieter die Gestattung widerruft.

2. Die Zweckbestimmung

300 Die Teilkündigung setzt voraus, dass der Vermieter die Nebenräume oder Grundstücksteile zu einem bestimmten Zweck verwenden will.

301 a) **Abs. 1 Nr. 1.** Ein **zulässiger Verwendungszweck** ist gegeben, wenn der Vermieter Wohnraum zum Zwecke der Vermietung errichtet. Hierunter fällt nicht nur der Ausbau von bestehenden, bisher nicht als Wohnraum benutzen Räumen, sondern auch die Neuschaffung von Wohnraum durch Aufstockung oder Anbau und dergleichen. Sonstige Modernisierungsmaßnahmen rechtfertigen die Teilkündigung nicht.[1002]

302 Es ist nicht erforderlich ist, dass der neu geschaffene Wohnraum eine abgeschlossene Einheit darstellt, die selbständig vermietet werden kann. Die **Vergrößerung einer vorhandenen Mietwohnung** rechtfertigt die Teilkündigung ebenfalls.[1003] Dies folgt aus dem Gesetzeszweck, weil durch eine Erweiterungsmaßnahme ebenfalls das Wohnungsangebot erhöht wird.

303 Die Teilkündigung ist ausgeschlossen, wenn der Vermieter neuen **Gewerberaum** errichten oder bestehenden erweitern will. Dagegen ist es unschädlich, wenn der Vermieter den Wohnraum nicht selbst vermietet, sondern diesen im Wege eines (gewerblichen) Mietverhältnisses einem Zwischenvermieter zum Zwecke der Vermietung als Wohnraum überlässt.

304 Der Ausbau muss **bauordnungsrechtlich zulässig** sein.[1004] Die Baugenehmigungen müssen zum Zeitpunkt der Kündigungserklärung allerdings noch nicht vorliegen. Erforderlich ist jedoch, dass der Vermieter mit der alsbaldigen Erteilung der Genehmigungen rechnen kann. Hiervon ist auszugehen, wenn eine hinreichende Wahrscheinlichkeit dafür besteht, dass sie bis zum Ablauf der Kündigungsfrist erteilt werden. Sind diese Voraussetzungen nicht gegeben, so ist die Kündigung unwirksam mit der Folge, dass das Mietverhältnis in der ursprünglichen Form fortbesteht.

305 Der vom Vermieter zu schaffende Wohnraum muss **zur Vermietung bestimmt** sein. Die Absicht zur Errichtung von Eigentumswohnungen genügt nicht.[1005] Dies gilt auch dann, wenn die Wohnungseigentumsanlage für Kapitalanleger konzipiert und zu erwarten ist, dass die künftigen Erwerber die Wohnungen vermieten.[1006] Eine Teilkündigung zum Zwecke der Vergrößerung der vom Vermieter selbst genutzten Wohnung ist ebenfalls ausgeschlossen. Gleiches gilt, wenn der Vermieter bisher nicht im Haus gewohnt hat und sich nunmehr durch den Ausbau der Nebenräume eine eigene Wohnung schaffen will.[1007] Ebenso genügt es nicht, wenn der neu zu schaffende Wohnraum zur kostenfreien Benutzung durch die Angehörigen des Vermieters bestimmt ist. Die Absicht zur Vermietung an Angehörige reicht aber aus. Eine Kündigung ist ausgeschlossen, wenn der Vermieter die früheren Nebenräume selbst beziehen will und seine bisher genutzte Wohnung zur Vermietung anbieten will.[1008] Dies ergibt sich daraus, dass sich das Tatbestandsmerkmal „zum Zwecke der Vermietung" auf den neugeschaffenen Raum bezieht.

[1002] AG München WuM 1995, 112, Einbau eines Aufzugs.
[1003] *Rolfs* in Staudinger BGB § 573b Rn. 13; *Lützenkirchen* in Erman BGB § 573b Rn. 9; MüKoBGB/*Häublein* § 573b Rn. 6; *Hannappel* in Bamberger/Roth BGB § 573b Rn. 15; *Schilling* ZMR 1990, 281 (283); **aA** *Lammel* WohnraumMietR BGB § 573 Rn. 8.
[1004] LG Berlin NZM 1998, 328 (329).
[1005] LG Berlin NZM 1998, 328.
[1006] **AA** MüKoBGB/*Häublein* § 573b Rn. 10.
[1007] MüKoBGB/*Häublein* § 573b Rn. 10; *Lammel* WohnraumMietR BGB § 573b Rn. 8; *Hannappel* in Bamberger/Roth BGB § 573b Rn. 16; *Weidenkaff* in Palandt BGB § 573b Rn. 4; *Herrlein* in Herrlein/Kandelhard BGB § 573b Rn. 4; *Elzer/Riecke/Riecke* BGB § 573b Rn. 3.
[1008] LG Stuttgart WuM 1992, 24; *Rolfs* in Staudinger BGB § 573b Rn. 14, 15; *Sternel* MietR Kap. X Rn. 100; *Haug* in Emmerich/Sonnenschein BGB § 573b Rn. 6; *Hannappel* in Bamberger/Roth BGB

I. Die Teilkündigung gem. § 573b BGB   Kap. 11

b) Abs. 1 Nr. 2. Außerdem liegt ein **zulässiger Verwendungszweck** vor, wenn der 306
Vermieter den neu zu schaffenden und den vorhandenen Wohnraum mit Nebenräumen und Grundstücksteilen ausstatten möchte. Ein solcher Fall liegt bspw. vor, wenn der Vermieter durch Aufstockung, Anbau oder Dachgeschossausbau neue Wohnungen schaffen und den Mietern dieser Wohnungen vorhandene, aber anderweitig vermietete Kellerräume oder Kfz-Abstellplätze zur Verfügung stellen will. Gleiches gilt, wenn durch die Aufteilung in mehrere Kleinwohnungen zusätzlicher Nebenraum benötigt wird oder wenn den bisherigen Mietern anstelle der gekündigten Nebenräume Ersatzraum zur Verfügung gestellt werden soll. Der Vermieter kann die Kündigung auch auf einen Teil des Nebenraums beschränken, bspw. wenn ein großer Keller aufgeteilt und die Kleinkeller den neugeschaffenen Wohnungen zugeordnet werden sollen. Eine Neuordnung bestehender Vertragsbeziehungen außerhalb der genannten Baumaßnahmen ist nicht möglich.

Die in Betracht kommenden Maßnahmen müssen vom Vermieter ausgeführt werden. 307
Eine **Teilkündigung zugunsten eines Dritten** ist nicht möglich. Hiervon ist zB auszugehen, wenn der Vermieter einer Eigentumswohnung kündigt, damit ein anderer Eigentümer die in § 573b BGB genannten Maßnahmen durchführen kann.

III. Die Formalien

Da der Vermieter nicht die gesamte Wohnung, sondern **nur die Nebenräume kündigen** 308
kann, muss diese Einschränkung in der Kündigungserklärung zum Ausdruck kommen. Dies folgt aus dem Wortlaut des § 573b Abs. 1 BGB („wenn er die Kündigung ... beschränkt") Die Kündigung muss schriftlich erklärt werden (§ 568 Abs. 1 BGB). Mehrere Vermieter müssen gemeinsam kündigen; dies gilt auch dann, wenn ein Vermieter Sondereigentümer des Nebenraums und ein anderer Sondereigentümer der Wohnung ist.[1009]

Der Mieter kann **Kündigungswiderspruch** nach §§ 574 ff. BGB erheben. Dies folgt 309
aus der systematischen Stellung des § 573b BGB und des § 574 BGB im Unterkapitel „Mietverhältnisse auf unbestimmte Zeit". Deshalb soll der Vermieter den Mieter auf die Möglichkeit, die Form und die Frist des Widerspruchs nach den §§ 574–574b rechtzeitig hinweisen.

Fraglich ist, ob die Kündigung darüber hinaus **begründet** werden muss. Nach der bis 310
31.8.2001 geltenden Gesetzesfassung (§ 564b Abs. 2 Nr. 4 BGB aF) ergab sich die Begründungspflicht zweifelsfrei aus § 564b Abs. 3 BGB aF. Die nunmehrige Gesetzesfassung enthält weder eine Verweisung auf § 573 Abs. 3 BGB noch eine der Regelung in § 573a Abs. 3 BGB vergleichbare Vorschrift. Der Gesetzgeber hat das sich daraus ergebende Problem vermutlich trotz entsprechender Hinweise[1010] nicht gesehen; jedenfalls ergibt sich aus der Begründung des Regierungsentwurfs kein Hinweis auf eine beabsichtigte Änderung der Rechtslage. Im Gegenteil wird darauf hingewiesen, dass der Regelungsgehalt des früheren § 564b Abs. 2 Nr. 4 BGB unverändert übernommen worden sei.[1011] In der Lit. wird teils die Ansicht vertreten, dass die Kündigungserklärung nach § 573b BGB keiner Begründung bedarf; aus der Kündigungserklärung müsse sich lediglich ergeben, dass der Vermieter eine Teilkündigung aussprechen will.[1012] Danach genügt es, wenn die von der Kündigung betroffenen Teile der Mietsache identifizierbar bezeichnet sind und der Ver-

---

§ 573b Rn. 16; **aA** LG Marburg ZMR 1992, 304; *Lammel* WohnraumMietR BGB § 573b Rn. 8; *Herrlein* in Herrlein/Kandelhard BGB § 573b Rn. 4; *Weidenkaff* in Palandt BGB § 573b Rn. 4; iE ebenso (Kündigung nach § 573 Abs. 2 Nr. 2 BGB) MüKoBGB/*Häublein* § 573b Rn. 10; *Lützenkirchen* in Erman BGB § 573b Rn. 9.
[1009] OLG Celle NJWE-MietR 1996, 27.
[1010] Stellungnahme Deutscher Mietgerichtstag zu § 573b BGB in AK Neues MietR/*Eisenschmid* S. 513.
[1011] BT-Drs. 14/4553.
[1012] *Rolfs* in Staudinger BGB § 573b Rn. 23; *Hannappel* in Bamberger/Roth BGB § 573b Rn. 22; *Lützenkirchen* in Erman BGB § 573b Rn. 12; *Weidenkaff* in Palandt BGB § 573b Rn. 7; Lützenkirchen Neue MietR-Praxis Rn. 762; *Rips/Eisenschmid* Neues MietR S. 132.

wendungszweck durch Beschreibung der Baumaßnahme und die Mitteilung der künftigen Vermietungsabsicht ersichtlich ist.[1013] Nach anderer Ansicht besteht nach gegenwärtigem Recht eine Gesetzeslücke, die durch eine analoge Anwendung des § 573 Abs. 3 BGB zu schließen ist.[1014]

311 Danach muss sich **aus der Begründung ergeben,** dass die Voraussetzungen des § 573b BGB vorliegen. Insbesondere muss der Vermieter die konkrete Bauabsicht, die baurechtliche Zulässigkeit und die Absicht darlegen, dass die Wohnungen zum Zwecke der Vermietung errichtet werden.[1015] Für die letztgenannte Ansicht spricht der Umstand, dass bei der Wohnraummiete alle Kündigungserklärungen begründet werden müssen (§ 569 Abs. 4, § 573 Abs. 3, § 573d BGB). Gleichwohl ist die erstgenannte Ansicht aus Gründen der Rechtssicherheit vorzuziehen.

IV. Die Kündigungsfrist

312 Die **Kündigungsfrist ist unabhängig von der Dauer der Überlassung** der Wohnung. Die Kündigung kann zum dritten Werktag eines Kalendermonats zum Ablauf des übernächsten Monats erklärt werden. Vorratskündigungen sind auch hier ausgeschlossen; dies bedeutet, dass der Vermieter unmittelbar nach Ablauf der Kündigungsfrist mit der Durchführung der Arbeiten beginnen muss. Verzögert sich der Beginn der Bauarbeiten, so kann der Mieter eine „Verlängerung des Mietverhältnisses" um einen entsprechenden Zeitraum verlangen (§ 573b Abs. 3 BGB). Es handelt sich um einen Anspruch des Mieters auf Verlängerung des Mietverhältnisses auf bestimmte Zeit. Eine erneute Kündigung nach Ablauf der Verlängerungszeit ist nicht erforderlich.[1016]

V. Die Anpassung des Mietvertrages

313 Da dem Mieter nach der Rückgabe der gekündigten Miet-/Nebenräume nicht mehr das gesamte ursprünglich vermietete Mietobjekt zur Verfügung steht, kann er eine **angemessene Herabsetzung der Miete** verlangen (§ 573b Abs. 4 BGB). Anders als bei der Minderung gem. § 536 Abs. 1 BGB tritt die Herabsetzung aber nicht kraft Gesetzes ein; der Vermieter ist nach dem klaren Wortlaut des Gesetzes auch nicht von sich aus zur Reduzierung der Miete verpflichtet. Vielmehr muss der Mieter die Herabsetzung „verlangen".[1017] Das Herabsetzungsverlangen ist als Angebot des Mieters zur Änderung der Mietvereinbarung zu bewerten. Der Vermieter ist zur Annahme des Angebots verpflichtet, wenn die tatbestandsmäßigen Voraussetzungen für die Mietreduzierung vorliegen.[1018] Die Höhe der Mietzinsreduzierung richtet sich nach den Grundsätzen, die für die Minderung der Miete bei mangelhafter Mietsache gelten.[1019] Maßgeblich ist das Verhältnis des Nutzwertes der Nebenräume zum Nutzwert der gesamten Mietsache. Kann ein Teil der Betriebskosten den Nebenräumen zugeordnet werden, so ist auch dies zu berücksichtigen.[1020] In einem solchen Fall kann der Mieter eine Anpassung der Betriebskostenpauschale oder der -vorauszahlungen, ggf. auch eine Änderung des Umlageschlüssels verlangen.

[1013] *Rolfs* in Staudinger BGB § 573b Rn. 23 f.; *Hannappel* in Bamberger/Roth BGB § 573b Rn. 22; *Lützenkirchen* in Erman BGB § 573b Rn. 12; *Kinne* ZMR 2001, 599 (602).
[1014] MüKoBGB/*Häublein* § 573b Rn. 14; *Beuermann/Blümmel* Neues MietR S. 207; *Haas* Neues MietR BGB § 573b Rn. 2; iE ebenso *Lammel* WohnraumMietR BGB § 573b Rn. 12; *Sonnenschein* WuM 2000, 387 (391).
[1015] LG Berlin NZM 1998, 328.
[1016] *Gramlich* NJW 1990, 2611 (2612); *Rolfs* in Staudinger BGB § 573b Rn. 20.
[1017] *Gather* DWW 1990, 190; *Lammel* WohnraumMietR BGB § 573b Rn. 19; *Rolfs* in Staudinger BGB § 573b Rn. 21; *Lützenkirchen* in Erman BGB § 573b Rn. 18; *Sternel* MietR Kap. X Rn. 102.
[1018] *Rolfs* in Staudinger BGB § 573b Rn. 21.
[1019] *Lützenkirchen* in Erman BGB § 573b Rn. 18; **aA** *Lammel* WohnraumMietR BGB § 573b Rn. 19, maßgeblich ist nicht die Gebrauchsbeeinträchtigung, sondern der „abstrakte Nutzungswert".
[1020] *Johann* NJW 1991, 1100; MüKoBGB/*Häublein* § 573b Rn. 17; *Lützenkirchen* in Erman BGB § 573 Rn. 18; *Schilling* ZMR 1990, 281 (283).

Maßgeblich für das Inkrafttreten der Änderung ist der **Inhalt der Änderungsverein-** 314
barung. Der Mieter hat Anspruch darauf, dass die Änderung ab dem Zeitpunkt der
Teilrückgabe eintritt.[1021] Soweit sich aus dem Änderungsvertrag nichts anderes ergibt, ist
dieser Zeitpunkt maßgeblich. Die Parteien können aber auch einen früheren oder späteren
Zeitpunkt vereinbaren. Dies gilt auch dann, wenn die konkret getroffene Änderungsver-
einbarung zum Nachteil des Mieters von der gesetzlichen Regelung abweicht. Die Vorschrift des § 573b Abs. 5 BGB ist nicht einschlägig, weil der Mieter von der gesetzlichen
Möglichkeit der Mietsenkung keinen Gebrauch machen muss. Wird die Änderungsver-
einbarung nach der Rückgabe der Teilräume getroffen, so steht dem Mieter – bei ver-
einbarter Rückwirkung – ein Bereicherungsanspruch zu.[1022]

J. Die Kündigungsfrist für den Vermieter

Die Kündigungsfrist für **ordentliche Kündigungen des Vermieters** und des Mieters sind 315
gesetzlich unterschiedlich geregelt. Man spricht von asymmetrischen Kündigungsfristen.
Für Mieter beträgt die Kündigungsfrist einheitlich grds.[1023] immer drei Monate. Für Vermieter beträgt die Regelfrist ebenfalls 3 Monate, sie verlängert sich aber bei Wohnraummietverhältnissen nach einer Überlassungszeit von 5 Jahren auf 6 Monate und nach einer
Überlassungszeit von 8 Jahren auf 9 Monate.[1024] Entscheidend ist dabei die Zeit der Überlassung des Wohnraums. Es gelten danach folgende Fristen für die Vermieterkündigung:

Zugang der Kün-digung bis zum 3. Werktag des Monats	Dauer der Überlassung der Wohnung		
	unter 5 Jahre und alle Mieterkündigungen	zwischen 5 und 8 Jahren	mehr als 8 Jahre
Januar	31.3.	30.6.	30.9.
Februar	30.4.	31.7.	31.10.
März	31.5.	31.8.	30.11.
April	30.6.	30.9.	31.12.
Mai	31.7.	31.10.	31.1.
Juni	31.8.	30.11.	28.(29.) 2.
Juli	30.9.	31.12.	31.3.
August	31.10.	31.1.	30.4.
September	30.11.	28.(29.)2.	31.5.
Oktober	31.12.	31.3.	30.6.
November	31.1.	30.4.	31.7.
Dezember	28.(29.)2.	31.5.	31.8.

Sonderregelungen gelten für Teile der **nicht dem sozialen Mietrecht unterfallen-** 316
den Mietverhältnisse gem. § 549 Abs. 2 BGB. Bei Mietverträgen über Wohnraum, der
Teil der Vermieterwohnung ist und von diesem mit Einrichtungsgegenständen auszustatten
ist, § 549 Abs. 2 Ziff. 2 BGB, ist die Kündigung gem. § 573c Abs. 3 BGB bis zum 15.
Eines Monats zum Ablauf dieses Monats zulässig. Dies gilt aber nicht, wenn eine der
Ausnahmen des § 549 Abs. 2 Ziff. 2 BGB vorliegt, dann gelten die Kündigungsfristen des

---
[1021] MüKoBGB/*Häublein* § 573b Rn. 17; *Rolfs* in Staudinger BGB § 573b Rn. 21.
[1022] MüKoBGB/*Häublein* § 573b Rn. 17; *Rolfs* in Staudinger BGB § 573b Rn. 21.
[1023] Zur Ausnahme → Rn. 317.
[1024] Zur Verlängerung auf 12 Monate → Rn. 317.

§ 573c abs. 1 BGB. Bei Wohnraum gem. § 549 Abs. 2 Nr. 1 BGB, der nur zum vorübergehenden Gebrauch überlassen wurde, gelten grundsätzlich die gleichen Kündigungsfristen, wie bei normalen Wohnraummietverträgen, jedoch gestattet § 573c Abs. 2 BGB hier ausdrücklich die Vereinbarung kürzerer Kündigungsfristen. Die Verlängerung auf 6 oder 9 Monate nach Überlassungszeiten von mehr als 5 Jahren ist bei Mietverträgen zum vorübergehenden Gebrauch sowieso nicht vorstellbar.

317 Bei einigen **wenigen Altverträgen** verlängert sich die Kündigungsfrist für den Mieter aber je nach Überlassungszeit auch auf bis zu 12 Monate und für die Vermieterkündigung kann auch eine 12-monatige Kündigungsfrist gelten. Hintergrund ist, dass die Änderung der Kündigungsfristen durch das Mietrechtsreformgesetz 2001 handwerklich nicht gut gelungen war. Die Regelungen sind im Gesetzgebungsverfahren mehrfach – auch kurzfristig – geändert worden ohne, dass die **Überleitungsvorschrift** in Art. 229 § 3 Abs. 10 EGBGB angepasst worden war. Das bedeutete, dass die Überleitungsvorschrift eigentlich für eine andere Gesetzesfassung formuliert worden war als die, für die sie später tatsächlich galt. Die Vorschrift besagte, dass die alte parallellaufende Verlängerung der Kündigungsfrist bei Altverträgen weiterlaufen sollte, wenn die Kündigungsfrist im Mietvertrag *vereinbart* war. Das war bis 2001 durch Wiederholung des alten Gesetzestextes im Mietvertrag formularvertraglich absolut üblich. Auf die berechtigte Kritik daran schuf die Bundesregierung in der Gesetzesbegründung die neue Kategorie der „echten" und „unechten" Vereinbarungen. Der BGH hat dann entschieden, dass die neue asymmetrische Kündigungsfrist auf Altverträge dann keine Anwendung findet, wenn im Mietvertrag formularvertraglich die früheren Kündigungsfristen wiederholt wurden.[1025] Das konnte und wollte der Gesetzgeber natürlich nicht auf sich sitzen lassen. Durch das „Gesetz zur Änderung des Einführungsgesetzes zum Bürgerlichen Gesetzbuch" vom 26.5.2005[1026] wurde die Überleitungsvorschrift dahingehend geändert, dass für Kündigungen, die ab dem 1.6.2005 dem Mieter zugingen, die neue asymmetrische Kündigungsfrist galt, auch wenn die alten Fristen durch Allgemeine Geschäftsbedingungen vereinbart worden waren. Das bedeutet, dass in den äußerst seltenen Fällen der individualvertraglich vereinbarten bis 31.8.2001 geltenden Kündigungsfristen, diese auch heute noch gelten.

318 Die Kündigungserklärung muss bis zum **dritten Werktag** dem Vermieter zugegangen sein.[1027] Diese drei Tage werden als **Karenzzeit** bezeichnet. Sonntage und gesetzliche Feiertage sind keine Werktage. Demgegenüber zählt der **Samstag** als Werktag mit, egal ob es sich um den ersten, zweiten oder dritten Tag der Karenzzeit handelt.[1028] Strittig und noch nicht ganz abschließend geklärt ist die Frage, § 193 BGB dann anzuwenden, wenn der dritte Karenztag ein Samstag ist. Nach § 193 BGB tritt an die Stelle des Samstags immer dann der nächste Werktag, wenn an einem bestimmten Tag eine Willenserklärung abzugeben ist. Nach Ansicht des nicht für mietrechtliche Fragen zuständigen III. Senats des BGH gilt § 193 BGB in diesem Fall nicht.[1029] Es handele sich nicht um einen Fall, bei dem eine Frist ablaufe, wie zB bei Rechtsmittelfristen oÄ. Eine Kündigung könne immer erklärt werden. Geht sie einen Tag später zu, wirkt sie erst auf einen späteren Zeitpunkt. § 193 BGB gilt eben nur dann, wenn eine Frist abläuft. Das ist bei den drei Karenztagen des § 573c BGB aber gerade nicht der Fall. Die Vorschrift bestimmt lediglich, zu welchem

---

[1025] BGH NJW 2003, 2739 = NZM 2003, 711 = MietPrax-AK § 573c BGB Nr. 1 (*Börstinghaus*); *Horst* NJW 2003, 2720; *Lützenkirchen* BGHReport 2003, 1059; *Börstinghaus* ZMR 2003, 658; *Schach* GE 2003, 1120; *Schach* GE 2003, 1250; *Lützenkirchen* MietRB 2003, 32; BGH WuM 2003, 462 und die nur online veröffentlichten Urteile vom gleichen Tag in den Verfahren VIII ZR 339/02 und VIII ZR 355/02.
[1026] BGBl. 2005 I 1425.
[1027] Zum Zugang siehe oben Kap. 6 Rn. 14 ff.
[1028] BGH NJW 2005, 2154 = NZM 2005, 532 = MietPrax-AK § 573c BGB Nr. 15 mAnm *Börstinghaus*; *Drasdo* NJW-Spezial 2005, 340; *Eisenhardt* WuM 2005, 487; *Schreiber* WuM 2005, 564; *Intveen* MietRB 2005, 254.
[1029] BGH NJW 2005, 1354 = NZM 2005, 391 = MietPrax-AK § 573c BGB Nr. 12 mAnm *Börstinghaus*; *Palm* BGHReport 2005, 682; *Artz* LMK 2005, 85; BGHZ 59 (265) = NJW 1972, 2083; **aA** MüKoBGB/*Häublein*, 7. Aufl., BGB § 573c Rn. 11.

J. Die Kündigungsfrist für den Vermieter — Kap. 11

Termin die Kündigung wirkt. Da die bisherigen Entscheidungen des BGH aber nicht von einem für die Miete zuständigen Senat stammen, und der VIII. Senat[1030] ausdrücklich offengelassen hat, ob § 193 BGB hier anwendbar ist, ist die Frage noch nicht abschließend geklärt.

Die **Dauer der Kündigungsfrist** für den Vermieter ist abhängig von der Zeit, in der 319 dem Mieter die Wohnung überlassen worden ist. Für die Bemessung des Überlassungszeitraumes nach § 573c Abs. 1 BGB ist auf den Zugang der Kündigung, nicht aber auf den Ablauf der Kündigungsfrist abzustellen.[1031] Welche Zeiten bei der Berechnung der Überlassungszeit im Einzelnen genau anzurechnen sind, ist strittig: **(a)** Zunächst zählt die Zeit, in der der Mieter aufgrund des Mietvertrages an der konkreten Wohnung Besitz hatte. **(b)** Bei der Berechnung zählen die Zeiten mit, die der jetzige Mieter aufgrund eines Mietvertrages des früheren Ehegatten in der Wohnung gelebt hat[1032] **(c)** Eine Überlassung aufgrund eines vorher bestehenden dinglichen Wohnrechts zählt ebenso mit[1033] wie die aufgrund eines Nießbrauchrechts **(d)** Umstritten ist die Anrechnung von Zeiten als Untermieter in der Wohnung. Während die Rechtsprechung[1034] diese Zeit regelmäßig nicht mit einbezieht, wird in der mietrechtlichen Literatur teilweise das Gegenteil vertreten.[1035] **(e)** Die Kündigungsfrist nach einem Wohnungswechsel im Haus des Vermieters richtet sich nach der gesamten Wohndauer im Haus[1036] zumindest wenn der Umzug vom Vermieter mit veranlasst ist.[1037] Für diese Auffassung spricht der Sinn der Regelung des § 573c BGB. So kann insbesondere dessen Absatz 4 entnommen werden, dass es bei der Ausgestaltung der Vorschrift im Wesentlichen um den Schutz des Mieters geht; eine von der gesetzlichen Regelung abweichende Vertragsgestaltung mit kurzen Kündigungsfristen kann dann auch grundsätzlich nicht zum Nachteil des Mieters getroffen werden.

Der BGH[1038] hat bisher die Frage unter welchen Voraussetzungen mit Rücksicht auf die 320 **Verwurzelung des Mieters** in der streitigen Wohnung für die Berechnung der Kündigungsfrist des § 573c BGB gleichwohl auch der Zeitraum anzurechnen ist, in dem die Wohnung dem späteren Mieter aufgrund eines anderen Rechtsverhältnisses überlassen war, offengelassen. Seiner Auffassung nach ist zumindest die Zeit der unentgeltlichen Nutzung, die der spätere Mieter als Familienangehöriger des Vermieters in dessen Wohnung gelebt hat, als Überlassungszeit iSd § 573c Abs. 1 S. 2 BGB nicht in Betracht. Ein derartiges unentgeltliches Nutzungsverhältnis, das keinen Kündigungsschutz genießt und vom „Vermieter" jederzeit beendet werden kann, begründe keinen Vertrauenstatbestand, der Grundlage für eine Berücksichtigung dieses Überlassungszeitraums im Wege analoger Anwendung des § 573c Abs. 1 S. 2 BGB sein könnte. Damit hat der Senat eine erste Richtung vorgegeben, unter welchen Gesichtspunkten er eine Anrechnung der Überlassungszeit in Betracht ziehen dürfte. Entscheidend wird in all diesen Fällen sein, ob der Vermieter durch die Überlassung einen Vertrauenstatbestand geschaffen hat, der es rechtfertigt, dem Mieter vormalige nicht auf einem Mietvertrag für diese Wohnung beruhende Nutzungszeiten „gutzuschreiben".

Wird an vermieteten Wohnräumen nach der Überlassung an den Mieter **Wohnungs-** 321 **eigentum begründet** und das Wohnungseigentum veräußert, so kann sowohl eine Eigen-

---

[1030] BGH NJW 2005, 2154 = NZM 2005, 532 = MietPrax-AK § 573c BGB Nr. 15 mAnm *Börstinghaus*; *Drasdo* NJW-Spezial 2005, 340; *Eisenhardt* WuM 2005, 487; *Schreiber* WuM 2005, 564; *Intveen* MietRB 2005, 254.
[1031] LG Berlin GE 1986, 41; **aA** AG Lüdinghausen WuM 1985, 267.
[1032] OLG Stuttgart NJW 1984, 874.
[1033] AG Kaiserslautern ZMR 1967, 301; Staudinger/Rolfs BGB § 573c Rn. 20; *Lützenkirchen* in Erman § 573c Rn. 6; MüKoBGB/*Häublein* § 573c Rn. 8.
[1034] LG Düsseldorf MDR 1969, 763; LG Bielefeld ZMR 1965, 274.
[1035] *Kaufmann* ZMR 1965, 293; *Bodie* WuM 1965, 38.
[1036] LG Bonn WuM 1987, 322.
[1037] AG Kerpen WuM 1994, 77.
[1038] BGH NZM 2014, 580 = NJW 2014, 2568 = MietPrax-AK § 545 BGB Nr. 2 mAnm *Börstinghaus*; *Börstinghaus* jurisPR-BGHZivilR 17/2014 Anm. 4; *Lehmann-Richter* MietRB 2014, 253; *Blank* LMK 2014, 361721; *Drasdo* NJW-Spezial 2014, 610.

bedarfskündigung des Erwerbers wie auch eine Kündigung wegen wirtschaftlicher Verwertung gem. § 577a BGB wirksam nicht vor Ablauf einer 3-jährigen **Wartefrist** ausgesprochen werden. Für die nach Ablauf der Wartefrist ausgesprochene Kündigung gelten die Fristen des § 573c BGB.[1039] Soweit die Gemeinde in der Landesverordnung nach § 577a BGB aufgenommen ist, kann dort die Sperrfrist von 3 bis 10 Jahren verlängert sein.

322 Umstritten ist die Frage, welche Auswirkungen es auf die Kündigung hat, wenn der Vermieter die Kündigungsfrist **falsch berechnet** hat und deshalb die Kündigung zu einem zu frühen Termin erklärt hat. Hat der Vermieter bei der Berechnung der Kündigungsfrist verrechnet, muss unterschieden werden, ob es sich um einen erkennbaren Fehler für die Gegenseite handelt, dann gilt das tatsächlich Gewollte, oder ob es sich um eine falsche rechtliche Bewertung handelt, die ggf. auch für die Gegenseite nicht erkennbar war. Im letzten Fall kommt eine Umdeutung nur dann in Betracht, wenn für den Kündigungsadressaten erkennbar ist, dass das Mietverhältnis auf jeden Fall beendet werden soll, also zB im Kündigungsschreiben auch steht „frühestmöglich", „so schnell wie möglich" oÄ. Dann kommt eine Umdeutung zum früheren Termin in Betracht[1040], anderenfalls nicht.[1041]

K. Die „Ziehfrist"

323 Eine außerordentliche fristlose Kündigung beendet das Mietverhältnis mit Zugang. Problematisch ist dies regelmäßig aber nur dann, wenn entweder gleichzeitig mit der getrennt erfolgten fristlosen Kündigung Räumungsklage erhoben wird oder sogar nur in der Räumungsklage gekündigt wird. Erkennt der Mieter den Räumungsanspruch sofort iSd § 93 ZPO an und räumt die Wohnung, dann stellt sich die Frage, ob ein sofortiges Anerkenntnis nach § 93 ZPO vorliegt und der Vermieter die Kosten des Räumungsprozesses zu tragen hat. Da der Räumungsanspruch gem. § 546 BGB erst mit Beendigung des Mietverhältnisses also nach Zugang der Kündigung entsteht, muss der Mieter vorher, selbst wenn er sich in Zahlungsverzug mit der Mietzahlung befunden hat, nicht räumen. Aber auch nach Zugang der Kündigung kann der Mieter nicht sofort räumen, da die Räumung einer Wohnung eine gewisse Zeit für deren Vorbereitung und Abwicklung bedarf. Diese Zeit nennt man „Ziehfrist". Räumt der Mieter innerhalb dieser Ziehfrist so hat regelmäßig der Vermieter die Kosten des Räumungsverfahrens gem. § 93 ZPO zu tragen, was auch bei einer Kostenentscheidung gem. § 91a ZPO bei beidseitiger Erledigung zu berücksichtigen ist.[1042] Denn der Vermieter kann in der Regel nicht damit rechnen, dass der Mieter in der Lage ist, vor Ablauf einer Zeitspanne von 1 bis 2 Wochen sein Hab und Gut anderweitig unterzubringen bzw. eine neue Wohnung zu finden. Soweit der Vermieter früher als ca. 10 Tage[1043] nach Zugang der Kündigung Räumungsklage erhebt, hat er regelmäßig gem. § 93 ZPO die Kosten des Rechtsstreits zu tragen, wenn der Mieter den Räumungsanspruch daraufhin sofort anerkennt.

[1039] OLG Hamm WuM 1981, 35.
[1040] OLG Hamm MDR 1994, 56; LG Köln ZMR 1992, 343; WuM 1993, 541; OLG Hamburg OLGE 36, 64; LG Mannheim WuM 1970, 11, 1976, 207 mAnm *Lutz* DWW 1976, 261.
[1041] LG Göttingen WuM 1991, 266; *Sternel,* Mietrecht, IV 23.
[1042] LG Baden-Baden WuM 1996, 472; *Sternel,* Mietrecht, V 75 mwN.
[1043] Nach LG München II WuM 1989, 181; AG Hamburg WM 1986, 337: 1 Woche.

Kapitel 12. Die außerordentliche fristlose Kündigung des Vermieters

Übersicht

	Rn.
A. Systematik	1
B. Die Kündigung wegen Verletzung der Rechte des Vermieters, § 543 Abs. 2 S. 1 Nr. 2 BGB	3
I. Gefährdung der Mietsache durch Vernachlässigung der dem Mieter obliegenden Sorgfalt (§ 543 Abs. 2 S. 1 Nr. 2 Alt. 1 BGB)	5
1. Sorgfaltspflichtverletzung	6
2. Erhebliche Gefährdung der Mietsache	10
3. Erhebliche Rechtsverletzung	11
4. Erforderlichkeit oder Entbehrlichkeit einer Abmahnung	12
II. Unbefugte Überlassung der Mietsache an einen Dritten (§ 543 Abs. 2 S. 1 Nr. 2 Alt. 2 BGB)	22
1. Gebrauchsüberlassung der Mietsache	23
2. an einen Dritten	24
3. Keine Berechtigung zur Gebrauchsüberlassung bzw. Untervermietung	25
4. Erhebliche Rechtsverletzung	27
5. Erforderlichkeit oder Entbehrlichkeit einer Abmahnung	28
C. Die Kündigung wegen Zahlungsverzuges, § 543 Abs. 2 S. 1 Nr. 3 BGB	29
I. Kündigungsvoraussetzungen	31
1. Miete	33
2. Verzug	39
a) Nichtleistung	40
b) Fälligkeit	42
c) Mahnung oder Entbehrlichkeit der Mahnung	43
d) Vertretenmüssen	43a
e) Verschuldenszurechnung	47
f) Einredefreiheit	48
3. Rückstandsberechnung	51
a) Miete für zwei aufeinander folgende Termine	54
b) Nicht unerheblicher Teil der Miete für zwei aufeinander folgende Termine	55
c) Miete in Höhe eines Betrages, der die Miete für zwei Monate erreicht	58
d) Keine Kündigungssperre gemäß § 112 InsO	59
e) Zahlungsrückstand wegen der Covid-19-Pandemie	60
II. Begründung der Kündigung, § 569 Abs. 4 BGB	61
III. Kündigungsausschluss wegen vorheriger Befriedigung nach § 543 Abs. 2 S. 2 BGB (Heilung vor Zugang)	62
IV. Unwirksamkeit der Kündigung wegen Aufrechnung nach § 543 Abs. 2 S. 3 BGB (Heilung nach Zugang)	66
V. Befriedigung innerhalb der zweimonatigen Schonfrist (Nachholrecht)	69
1. Fristberechnung	71
2. Rechtzeitigkeit der Befriedigung	73
3. Vollständige Befriedigung	76
4. Verpflichtungserklärung einer öffentlichen Stelle	81
5. Kein Wiederholungsfall	87
D. Die Kündigung wegen Verzugs mit der Sicherheitsleistung	91
I. Kautionsabrede	92
II. Verzug	93
III. Befriedigung innerhalb der zweimonatigen Schonfrist (Nachholrecht)	96
IV. Vorherige Befriedigung	97
E. Die Kündigung wegen Störung des Hausfriedens	98
I. Störung des Hausfriedens	100

	Rn.
II. Nachhaltigkeit der Störung	103
III. Unzumutbarkeit der Vertragsfortsetzung	104
IV. Abmahnung	113
V. weitere Störung nach Abmahnung	116
F. Die Kündigung des Vermieters aus einem sonstigen wichtigen Grund, § 543 Abs. 1 BGB	117
I. Voraussetzungen	118
1. Wichtiger Grund	119
2. Unzumutbarkeit der Vertragsfortsetzung	120
3. Abmahnung	127
4. Weitere Störung nach Abmahnung	130
II. Fallgruppen	131
1. Verletzung von Aufklärungspflichten/Falsche Selbstauskunft	131
2. Strafbare Handlungen gegenüber dem Vermieter oder anderer Personen aus dem mietvertraglichen Schutzbereich	133
3. Zahlungsverhalten	136

A. Systematik

1 Gemäß § 543 Abs. 1 S. 1 BGB kann jede Vertragspartei, also Mieter und Vermieter, das Mietverhältnis aus wichtigem Grund außerordentlich fristlos kündigen. Wann ein solcher „wichtiger Grund" gegeben ist, regelt § 543 Abs. 1 S. 2 BGB zunächst allgemein. Ein wichtiger Grund liegt danach vor, wenn dem Kündigenden unter Berücksichtigung aller Umstände des Einzelfalls, insbesondere eines Verschuldens der Vertragsparteien, und unter Abwägung der beiderseitigen Interessen die Fortsetzung des Mietverhältnisses bis zum Ablauf der Kündigungsfrist oder bis zur sonstigen Beendigung des Mietverhältnisses nicht zugemutet werden kann. Neben dieser allgemeinen Regelung enthält § 543 Abs. 2 BGB spezielle Tatbestände, bei denen ein „wichtiger Grund" im Sinne von § 543 Abs. 1 S. 1 BGB vorliegt. Diese **speziellen Tatbestände** sind **vorrangig** zu prüfen[1] und haben in der Praxis auch eine höhere Relevanz als der allgemeine Kündigungstatbestand.

2 Für den **Vermieter** liegt danach ein wichtiger Grund, der ihn zur außerordentlichen fristlosen Kündigung gegenüber dem Mieter berechtigt, insbesondere in folgenden Fällen vor:

- Verletzung der Rechte des Vermieters durch den Mieter in erheblichem Maße dadurch, dass
  - der Mieter die Mietsache durch Vernachlässigung der ihm obliegenden Sorgfalt erheblich gefährdet (§ 543 Abs. 2 S. 1 Nr. 2 Alt. 1 BGB) oder
  - der Mieter die Mietsache unbefugt einem Dritten überlässt (§ 543 Abs. 1 S. 1 Nr. 2 Alt. 2 BGB)
- Zahlungsverzug des Mieters (§ 543 Abs. 2 S. 1 Nr. 3 BGB)
  - mit der Entrichtung der Miete oder eines nicht unerheblichen Teils der Miete für zwei aufeinander folgende Termine (§ 543 Abs. 2 S. 1 Nr. 3a BGB)
  - mit der Entrichtung der Miete in einem Zeitraum, der sich über mehr als zwei Termine erstreckt, in Höhe eines Betrages, der die Miete für zwei Monate erreicht (§ 543 Abs. 2 S. 1 Nr. 3b BGB)

B. Die Kündigung wegen Verletzung der Rechte des Vermieters, § 543 Abs. 2 S. 1 Nr. 2 BGB

3 Ein wichtiger Grund für eine außerordentliche fristlose Kündigung durch den Vermieter liegt gemäß § 543 Abs. 2 S. 1 Nr. 2 BGB vor, wenn der Mieter die Rechte des Vermieters

---

[1] *Blank/Börstinghaus* in Blank/Börstinghaus BGB § 543 Rn. 5.

in erheblichem Maße verletzt, indem er die Mietsache durch Vernachlässigung der ihm obliegenden Sorgfalt erheblich gefährdet (Alt. 1) oder sie unbefugt einem Dritten überlässt (Alt. 2). Unter die Vorschrift fallen lediglich diese beiden Fälle der Verletzung der Rechte des Vermieters durch den Mieter. Weitere mögliche Fälle der **Rechtsverletzung** können jedoch unter § 543 Abs. 1 BGB fallen[2].

Bei einer **Mehrheit von Mietern** genügt es, wenn in der Person nur eines Mieters die Kündigungsvoraussetzungen gegeben sind[3]. 4

I. Gefährdung der Mietsache durch Vernachlässigung der dem Mieter obliegenden Sorgfalt (§ 543 Abs. 2 S. 1 Nr. 2 Alt. 1 BGB)

Der Kündigungstatbestand hat die folgenden kumulativen Voraussetzungen: 5
- Die Vernachlässigung der dem Mieter obliegenden Sorgfaltspflicht und
- Die erhebliche **Gefährdung der Mietsache** und
- die Verletzung der Rechte des Vermieters in erheblichem Maße.
- Die Abmahnung oder Entbehrlichkeit der Abmahnung gemäß § 543 Abs. 3 BGB

1. Sorgfaltspflichtverletzung

Grundsätzlich ist es nach § 535 Abs. 1 S. 2 BGB Aufgabe des Vermieters, die Mietsache in einem zum vertragsgemäßen Gebrauch geeigneten Zustand zu erhalten[4]. Dem Mieter obliegt indes eine sogenannte **doppelte Sorgfaltspflicht**[5]. Zum einen besteht gemäß § 536c Abs. 1 BGB eine **Anzeigepflicht** in folgenden Fällen: 6
- Im Laufe der Mietzeit zeigt sich ein Mangel der Mietsache (§ 536c Abs. 1 S. 1 Alt. 1 BGB) oder
- Zum Schutz der Mietsache gegen eine nicht vorhersehbare Gefahr wird eine Maßnahme erforderlich (§ 536c Abs. 1 S. 1 Alt. 2 BGB) oder
- Ein Dritter maßt sich ein Recht an der Mietsache an (§ 536c Abs. 1 S. 2 BGB)

Zum anderen trifft den Mieter eine allgemeine **Obhutspflicht.** Danach hat der Mieter die Mietsache pfleglich zu behandeln und Schäden von ihr abzuwenden, wenn der Vermieter nicht rechtzeitig tätig werden kann[6]. 7

Sowohl Anzeigepflicht als auch Obhutspflicht bestehen während der **Besitzzeit** des Mieters, beginnen also mit Übergabe der Mietsache an den Mieter und enden mit deren Rückgabe an den Vermieter[7]; die Zeitpunkte des Abschlusses des Mietvertrages und der Beendigung des Mietvertrages sind nicht maßgeblich[8]. 8

Im Falle einer **Untervermietung** oder einer sonstigen Gebrauchsüberlassung an einen Dritten durch den Mieter hat dieser gemäß § 540 Abs. 2 BGB ein dem Dritten bei Gebrauch zur Last fallendes Verschulden zu vertreten, auch wenn der Vermieter die Erlaubnis zur Überlassung erteilt hat. Auch für das Verhalten von **Mitbewohnern** hat der Mieter einzustehen, also für Familien- und Haushaltsangehörige, die mit dem Mieter gemeinsam in dem Mietobjekt leben[9]. Für **Besucher** gilt dies nicht uneingeschränkt. Wenn der Mieter allerdings voraussehen musste, dass seine Besucher die Mietsache gefährden würden, und er geeignete Maßnahmen zur Gefahrenabwehr unterlässt, wird dem Mieter wohl eine Verletzung seiner Obhutspflicht vorzuwerfen sein[10]. 9

---
[2] *Blank* in Schmidt-Futterer BGB § 543 Rn. 52.
[3] *Blank/Börstinghaus* in Blank/Börstinghaus BGB § 543 Rn. 100.
[4] *Blank* in Schmidt-Futterer BGB § 543 Rn. 54.
[5] *Blank/Börstinghaus* in Blank/Börstinghaus BGB § 543 Rn. 102.
[6] *Blank* in Schmidt-Futterer BGB § 543 Rn. 54.
[7] BGH NJW 1983, 1049 = MDR 1983, 395.
[8] *Blank* in Schmidt-Futterer BGB § 543 Rn. 54.
[9] *Blank* in Schmidt-Futterer BGB § 543 Rn. 56.
[10] *Blank* in Schmidt-Futterer BGB § 543 Rn. 56.

2. Erhebliche Gefährdung der Mietsache

10 Die Sorgfaltspflichtverletzung muss eine erhebliche Gefährdung der Mietsache zur Folge haben. Eine solche auf der Sorgfaltspflichtverletzung beruhende erhebliche Gefährdung ist gegeben, wenn die Mietsache durch die Sorgfaltspflichtverletzung bereits nicht bloß unerheblich geschädigt worden ist oder wenn der Eintritt eines Schadens an der Mietsache nach der Sachlage signifikant höher ist als bei einem vertragsgerechten Verhalten[11]. Der Begriff der Mietsache umfasst dabei nicht bloß die gemieteten Räume im engeren Sinne, sondern schließt dem Schutzzweck des § 543 Abs. 2 S. 1 Nr. 2 Alt. 1 BGB entsprechend auch das Gebäude mit ein[12]. Es ist dabei nicht erforderlich, dass die Mietsache in ihrem Bestand bedroht ist, sondern es ist ausreichend, wenn sich die **Gefährdung** auf Substanz, Brauchbarkeit, Haltbarkeit oder Aussehen der Mietsache oder des Gebäudes bezieht[13]. Kommt Mangels Erheblichkeit keine Kündigung in Betracht, bleibt dem Vermieter jedenfalls die noch die Möglichkeit, den Mieter gemäß § 541 BGB auf Unterlassung zu verklagen.

3. Erhebliche Rechtsverletzung

11 Die Rechte des Vermieters müssen durch die Gefährdung der Mietsache in erheblichem Maße verletzt werden. Nur eine Rechtsverletzung von einigem Gewicht kann somit eine Kündigung rechtfertigen[14]. Ob eine Rechtsverletzung erheblich ist, muss im Einzelfall festgestellt werden. Dabei ist eine **Abwägung der Interessen** des Mieters und seiner mit ihm in der Wohnung lebenden Familienangehörigen einerseits und den Interessen des Vermieters an der Vertragsbeendigung andererseits vorzunehmen[15]. Die Wertentscheidungen des Grundgesetzes, das Eigentumsrecht des Vermieters gemäß Art. 14 Abs. 1 S. 1 GG, die Sozialbindung des Eigentums gemäß Art. 14 Abs. 2 GG, aber auch das Besitzrecht des Mieters, welches ebenfalls Eigentum im Sinne von Art. 14 Abs. 1 S. 1 GG darstellt[16], sind hierbei zu beachten[17].

4. Erforderlichkeit oder Entbehrlichkeit einer Abmahnung

12 Gemäß § 543 Abs. 3 S. 1 BGB ist die Kündigung erst zulässig, also wirksam, wenn der Vermieter

– dem Mieter eine **angemessene Frist zur Abhilfe** gesetzt hat und diese abgelaufen ist (§ 543 Abs. 3 S. 1 Alt. 1 BGB) oder
– den Mieter erfolglos abgemahnt hat (§ 543 Abs. 3 S. 1 Alt. 2 BGB).

13 Die Abmahnung oder Fristsetzung zur Abhilfe sind gemäß § 543 Abs. 3 S. 2 BGB **entbehrlich,** wenn

– eine Frist oder Abmahnung offensichtlich keinen Erfolg verspricht (§ 543 Abs. 3 S. 2 Nr. 1 BGB) oder
– die sofortige Kündigung aus besonderen Gründen unter Abwägung der beiderseitigen Interessen gerechtfertigt ist (§ 543 Abs. 3 S. 2 Nr. 2 BGB).

14 Die **Abmahnung** ist eine rechtsgeschäftsähnliche einseitige und empfangsbedürftige Erklärung, die keiner bestimmten **Form** bedarf[18]. Aus der Abmahnung muss sich ergeben, welche konkreten Vertragsverletzungen der Vermieter missbilligt und dass dem Mieter für

---

[11] *Blank* in Schmidt-Futterer BGB § 543 Rn. 57.
[12] *Blank* in Schmidt-Futterer BGB § 543 Rn. 57.
[13] MüKoBGB/*Bieber* BGB § 543 Rn. 36.
[14] *Blank/Börstinghaus* in Blank/Börstinghaus BGB § 543 Rn. 106.
[15] BGHZ 123, 233 = NJW 1993, 2528.
[16] BVerfG NJW-RR 2004, 440 = MDR 2004, 266 = WuM 2004, 80 = ZMR 2004, 566 =NZM 2004, 186.
[17] BGH (VIII ZR 14419) NZM 2020, 276 = NJW 2020, 1215.
[18] *Blank* in Schmidt-Futterer BGB § 541 Rn. 4.

den Fall einer weiteren Vertragsverletzung Konsequenzen drohen, wobei eine ausdrückliche Kündigungsandrohung nicht erforderlich ist[19]. Aus Gründen der Rechtssicherheit kann eine schriftliche Abmahnung mit einer ausdrücklichen Kündigungsandrohung aber dem Vermieter zu empfehlen sein.

Zwischen dem abgemahnten Verhalten und dem weiteren zur Kündigung berechtigenden Vertragsverstoß muss eine gewisse **Gleichartigkeit** bestehen, wobei an diese keine überhöhten Anforderungen gestellt werden[20]. 15

Grundsätzlich kann auch eine unwirksame Kündigung in eine Abmahnung **umgedeutet** werden. 16

Hat der Vermieter den Mieter wegen einer **Dauervertragswidrigkeit** abgemahnt, muss diese zum Zeitpunkt des Zugangs der Kündigung noch fortbestehen. Hat der Mieter dann sein vertragswidriges Verhalten beendet, ist die Kündigung wirkungslos, selbst, wenn eine gesetzte Abhilfefrist abgelaufen war[21]. 17

Dem Vermieter ist zu empfehlen, mit dem Ausspruch der Kündigung nicht zu lange abzuwarten. Zwar ist nach höchstrichterlicher Rechtsprechung § 314 Abs. 3 BGB, wonach die Kündigung innerhalb einer angemessenen **Frist** zu erfolgen hätte, im Rahmen der Kündigung nach § 543 BGB nicht anwendbar[22]. Geltung hat jedoch das allgemeine Rechtsinstitut der **Verwirkung** gemäß § 242 BGB, welche neben einem Zeitmoment allerdings noch ein Umstandsmoment voraussetzt. 18

Die Abmahnung oder Fristsetzung kann bei der Kündigung nach § 543 Abs. 2 S. 1 Nr. 2 BGB **entbehrlich** sein. 19

Zum einen ist die Abmahnung entbehrlich, wenn eine solche **offensichtlich** keinen Erfolg verspricht (§ 543 Abs. 3 S. 2 Nr. 1 BGB). Dies kann sich unter anderem aus dem Verhalten des Mieters – auch dem Verhalten nach Ausspruch der Kündigung – ergeben. Lässt beispielsweise das Prozessverhalten des Mieters darauf schließen, dass dieser auf seinem Standpunkt beharrt und keinerlei Einsicht zeigt, kann eventuell darauf geschlossen werden, dass eine Abmahnung offensichtlich keinen Erfolg gehabt hätte[23]. 20

Zum anderen ist die Abmahnung entbehrlich, wenn die sofortige Kündigung aus **besonderen Gründen** unter Abwägung der beiderseitigen Interessen gerechtfertigt ist (§ 543 Abs. 3 S. 2 Nr. 2 BGB). Dies wird insbesondere dann der Fall sein, wenn die Vertragsverletzung durch den Mieter besonders schwer wiegt[24]. 21

II. Unbefugte Überlassung der Mietsache an einen Dritten (§ 543 Abs. 2 S. 1 Nr. 2 Alt. 2 BGB)

Der Kündigungstatbestand der **unbefugten Überlassung** der Mietsache hat die folgenden Voraussetzungen, die kumulativ vorliegen müssen: 22
- Gebrauchsüberlassung der Mietsache, zB im Wege der Untervermietung,
- an einen Dritten
- Keine Berechtigung zur Gebrauchsüberlassung bzw. Untervermietung,
- Verletzung der Rechte des Vermieters in erheblichem Maße hierdurch,
- Abmahnung oder Entbehrlichkeit der Abmahnung gemäß § 543 Abs. 3 BGB

---

[19] *Blank* in Schmidt-Futterer BGB § 543 Rn. 62.
[20] *Blank/Börstinghaus* in Blank/Börstinghaus BGB § 543 Rn. 202.
[21] *Blank* in Schmidt-Futterer BGB § 543 Rn. 63.
[22] BGH 13.7.2016 – VIII ZR 296/15, NJW 2016, 3720; **aA**: *Blank/Börstinghaus* in Blank/Börstinghaus BGB § 543 Rn. 203, 210.
[23] LG Frankfurt a. M. 18.1.2012 – 2/17 S 90/11, ZMR 2012, 352.
[24] *Blank/Börstinghaus* in Blank/Börstinghaus BGB § 543 Rn. 205.

1. Gebrauchsüberlassung der Mietsache

23 Die **Gebrauchsüberlassung an einen Dritten** kann im Wege der Untervermietung erfolgen. Aber auch die unentgeltliche Überlassung ist erfasst. Die Gebrauchsüberlassung kann sich dabei auf die gesamte Mietsache oder einen Teil der Mietsache bzw. einzelne Räume beziehen[25].

2. an einen Dritten

24 Keine Erlaubnis des Vermieters muss der Mieter einholen, wenn die **Aufnahme bestimmter Personen** nach allgemeiner Auffassung zum vertragsgemäßen Mietgebrauch gehört und durch die Aufnahme keine Überbelegung eintritt[26]. Zu diesem Personenkreis, die dann **nicht Dritte** im Sinne von §§ 540, 543 Abs. 2 S. 1 Nr. 2, 553 BGB sind, gehören der Ehegatte[27] oder Lebenspartner im Sinne von § 1 LPartG[28] des Mieters, die Kinder und Stiefkinder des Mieters[29], Hausangestellte, Pflegepersonen, Austauschschüler und Au-pair-Mädchen[30]. Ob es sich bei in der Wohnung aufgenommenen Eltern um Dritte im Sinne der §§ 540, 543 Abs. 2 S. 1 Nr. 2, 553 BGB handelt, soll von den näheren Umständen abhängen, insbesondere von der Art und Größe der Wohnung, sowie deren Belegung und Eignung für die Aufnahme weiterer Personen[31].

3. Keine Berechtigung zur Gebrauchsüberlassung bzw. Untervermietung

25 Gemäß § 540 Abs. 1 S. 1 BGB ist der Mieter ohne **Erlaubnis des Vermieters** nicht berechtigt, den Gebrauch der Mietsache einem Dritten zu überlassen, insbesondere, die Mietsache weiter zu vermieten (sog. Untermiete). Eventuell enthält der Mietvertrag eine Regelung, die dem Mieter die Gebrauchsüberlassung erlaubt.

26 Der Mieter ist also gehalten, vor der Gebrauchsüberlassung die Erlaubnis des Vermieters einzuholen. Darauf hat der Mieter allerdings grundsätzlich keinen **Anspruch**. Gemäß § 553 BGB gilt eine Ausnahme für Wohnraum, der teilweise einem Dritten zum Gebrauch überlassen werden soll. Danach kann der Mieter, für den nach Abschluss des Mietvertrages ein berechtigtes Interesse entsteht, einen Teil des Wohnraumes einem Dritten zum Gebrauch zu überlassen, von dem Vermieter die Erlaubnis hierzu verlangen (§ 553 Abs. 1 S. 1 BGB). Dies gilt nicht, wenn in der Person des Dritten ein wichtiger Grund vorliegt, der Wohnraum übermäßig belegt würde oder dem Vermieter die Überlassung aus sonstigen Gründen nicht zugemutet werden kann (§ 553 Abs. 1 S. 2 BGB). Eine unbefugte Gebrauchsüberlassung liegt auch vor, wenn der Mieter zwar einen **Anspruch auf Erlaubnis** gemäß § 553 BGB hat, diese Erlaubnis jedoch nicht eingeholt hat. In diesem Fall fehlt es jedoch regelmäßig an einer erheblichen Rechtsverletzung des Vermieters[32].

4. Erhebliche Rechtsverletzung

27 Durch die unbefugte Gebrauchsüberlassung der Mietsache an einen Dritten muss der Mieter die **Rechte** des Vermieters **in erheblichem Maße verletzt** haben. Daran fehlt es beispielsweise, wenn der Mieter zwar keine Erlaubnis des Vermieters für die Gebrauchsüberlassung eingeholt hat, aber einen Anspruch auf eine solche Erlaubnis gemäß § 553 Abs. 1 BGB oder nach den mietvertraglichen Regelungen hat[33]. Grundsätzlich ist eine

---

[25] *Blank* in Schmidt-Futterer BGB § 543 Rn. 71.
[26] *Blank* in Schmidt-Futterer BGB § 540 Rn. 24, 28.
[27] BGH NJW 2013, 2507.
[28] *Blank* in Schmidt-Futterer BGB § 540 Rn. 24.
[29] OLG Hamm WuM 1997, 364.
[30] MüKoBGB/*Bieber* § 540 Rn. 5.
[31] BayObLG NZM 1998, 29.
[32] *Blank* in Schmidt-Futterer BGB § 543 Rn. 74.
[33] *Blank* in Schmidt-Futterer BGB § 543 Rn. 74; aA Lützenkirchen MietR/*Lützenkirchen*, 2. Aufl. 2015, BGB § 543 Rn. 207.

5. Erforderlichkeit oder Entbehrlichkeit einer Abmahnung

Grundsätzlich gilt hier das oben gesagte[35]. Wird in der Abmahnung eine **Frist zur Abhilfe** 28 gesetzt, muss beachtet werden, dass der Mieter rechtlich auch im Stande sein muss, die Abhilfe zu leisten. Im Falle einer nicht genehmigten Untervermietung ist folgerichtig bei der Bemessung einer Abhilfefrist die für das Untermietverhältnis geltende Kündigungsfrist zu beachten[36].

> **Praxistipp:**
> Die (mehrfache) **Vermietung** und Überlassung der Wohnung **an Touristen** über das Vermittlungsportal „Airbnb" stellt eine unbefugte Überlassung des Mietgebrauchs an Dritte nach § 543 Abs. 2 S. 1 Nr. 2 BGB dar. Der Mieter hat keinen Rechtsanspruch auf Zustimmung zu wiederholten kurzfristigen Untervermietungen. Zudem liegt in der gewerblichen Tätigkeit regelmäßig ein vertragswidriger Gebrauch. Problematisch ist das Erfordernis der Abmahnung. Teilweise wird angenommen, dass eine solche in derartigen Fällen entbehrlich sei[37]. Jedenfalls dann, wenn der Mieter die Wohnung oder eventuell sogar mehrere Wohnungen nur zu diesem Zweck angemietet hat, dürfte dies auch zutreffend sein. Aus Gründen der Rechtssicherheit mag aus Vermietersicht ansonsten eine vorherige Abmahnung in Betracht gezogen werden, da in jedem Einzelfall die Voraussetzungen einer Entbehrlichkeit gemäß § 543 Abs. 3 S. 2 Nr. 2 BGB zu prüfen sind und eine Interessenabwägung zu erfolgen hat.

C. Die Kündigung wegen Zahlungsverzuges, § 543 Abs. 2 S. 1 Nr. 3 BGB

Die Kündigung wegen **Zahlungsverzuges** ist in der Praxis der häufigste Kündigungs- 29 grund. Dies liegt zum einen an der doch recht häufigen schlechten Zahlungsfähigkeit der Mieter aufgrund der allgemeinen wirtschaftlichen Situation und der zunehmenden Verschuldung privater Haushalte und zum anderen an den Voraussetzungen der Norm, deren Vorliegen ohne große Bewertungen und Auslegungen im Regelfall leicht und einfach festgestellt werden können.

Zudem gibt es nicht selten Streit zwischen Mieter und Vermieter über die Voraus- 30 setzungen oder die Höhe einer **Mietminderung** gemäß § 536 Abs. 1 BGB, der schließlich den Vermieter veranlasst, das Mietverhältnis wegen Zahlungsverzuges zu kündigen.

I. Kündigungsvoraussetzungen

Zahlungsverzug stellt einen zu einer außerordentlichen fristlosen Kündigung berechtigen- 31 den wichtigen Grund im Sinne von § 543 Abs. 1 S. 1 BGB dar, wenn er in Form einer der in § 543 Abs. 2 S. 1 Nr. 3 BGB normierten drei **Modalitäten** vorliegt. Nach § 543 Abs. 2 S. 1 Nr. 3 lit. a BGB liegt ein solcher Kündigungsgrund vor, wenn der Mieter für zwei aufeinander folgende Termine mit der Entrichtung der Miete (Alt. 1) oder eines nicht unerheblichen Teils der Miete (Alt. 2) in Verzug ist. Nach § 543 Abs. 2 S. 1 Nr. 3 lit. b BGB besteht das Recht zur fristlosen Kündigung, wenn der Mieter in einem Zeitraum, der sich über mehr als zwei Termine erstreckt, mit der Entrichtung der Miete in Höhe eines Betrages in Verzug ist, der die Miete für zwei Monate erreicht.

Gemäß § 543 Abs. 3 S. 2 Nr. 3 BGB ist eine **Abmahnung** im Falle der außerordentli- 32 chen fristlosen Kündigung wegen Zahlungsverzuges nicht erforderlich.

---
[34] *Blank/Börstinghaus* in Blank/Börstinghaus BGB § 543 Rn. 120.
[35] → Kap. 12 Rn. 12 ff.
[36] *Blank/Börstinghaus* in Blank/Börstinghaus BGB § 543 Rn. 207.
[37] AG München ZMR 2020, 847.

- Verzug mit der gesamten Miete für zwei aufeinander folgende Zahlungstermine (§ 543 Abs. 2 Nr. 3 lit. a Alt. 1 BGB)
- Verzug mit einem nicht unerheblichen Teil der Miete für zwei aufeinander folgende Zahlungstermine (§ 543 Abs. 2 Nr. 3 lit. a Alt. 2 iVm § 569 Abs. 3 Nr. 1 BGB)
- Verzug mit einer Miete iHv mindestens zwei Monatsmieten (§ 543 Abs. 2 Nr. 3 lit. b BGB)

1. Miete

33 Miete im Sinne von § 543 Abs. 2 BGB ist zum einen die von dem Mieter geschuldete Grundmiete bzw. Kaltmiete. Hierzu gehört auch die Garagenmiete bei einem Einheitsmietvertrag[38]. Ferner gehören zur Miete grundsätzlich auch die Betriebskosten- und Heizkostenvorauszahlungen gemäß § 556 Abs. 2 BGB oder eine vereinbarte Betriebskostenpauschale[39].

34 Liegt eine **unwirksame Mietpreisvereinbarung** vor, ist die Miete der Höhe nach also teilweise rechtswidrig, so bleibt der rechtswidrige Teil für die Rückstandsberechnung unberücksichtigt. Dies gilt insbesondere bei einer Mietpreisüberhöhung gemäß § 5 WiStG, bei überhöhter Kostenmiete gemäß § 8 Abs. 2 WoBindG im preisgebundenen Wohnungsbau und bei Wucher gemäß § 291 Abs. 1 Nr. 1 StGB, §§ 134, 138 Abs. 2 BGB[40]. Dies gilt auch bei Verstößen gegen die Vorschriften über die sogenannte „**Mietpreisbremse**" in den §§ 556d–556f BGB[41].

35 Für die Rückstandsberechnung bleiben **verjährte oder verwirkte Mietforderungen** ebenfalls außer Betracht, auch wenn der Mieter die Verjährungseinrede nicht erhebt, da bereits das Leistungsverweigerungsrecht nach § 214 BGB den Verzug hindert[42].

36 Kündigungsrelevant sind auch Rückstände auf Grund einer **gerichtlichen Entscheidung zur Mieterhöhung** nach §§ 558–560 BGB, wie bereits aus dem dann zu beachtenden § 569 Abs. 3 Nr. 3 BGB folgt. Das Kündigungsrecht des Vermieters ist nach einer Mieterhöhung gemäß § 569 Abs. 3 Nr. 3 BGB zeitlich eingeschränkt. In den Fällen, in denen der Mieter durch Urteil zur Zustimmung zu einer Mieterhöhung verurteilt wurde, kann der Vermieter eine Kündigung wegen eines Zahlungsrückstands, der gerade aus der Mieterhöhung resultiert, erst zwei Monate nach Rechtskraft des Urteils aussprechen (§ 569 Abs. 3 Ziff. 3 BGB). Dies ist deshalb gerechtfertigt, weil der Zustimmungsprozess mehrere Monate dauern kann, das Urteil aber die Zustimmung des Mieters zu einer Mieterhöhung ersetzt, deren erste Fälligkeit vor Beginn des Prozesses lag. Damit dem Mieter in diesen Fällen Zeit und Gelegenheit eingeräumt wird, sich die Geldmittel zu besorgen, ohne eine fristlose Kündigung befürchten zu müssen, hat das Gesetz ihm hier eine zweimonatige Schonfrist eingeräumt. Rückstände aufgrund einer Vereinbarung über eine rückwirkende Mieterhöhung sind ebenfalls kündigungsrelevant[43]. Die Schonfrist gemäß § 569 Abs. 3 Ziff. 3 BGB gilt in diesem Fall nicht[44].

37 Für **Betriebskostenvorauszahlungen** ist zu beachten, dass der Vermieter den Anspruch auf Zahlung der Vorauszahlungen nach Eintritt der **Abrechnungsreife** gemäß § 556 Abs. 2 BGB nicht mehr geltend machen kann. Vielmehr hat er über die Betriebskosten abzurechnen und kann sodann gegebenenfalls eine Betriebskostennachzahlung geltend machen[45]. Rückständige Betriebskostenvorauszahlungen sind dann also nicht mehr für die

---

[38] *Blank/Börstinghaus* in Blank/Börstinghaus BGB § 543 Rn. 133.
[39] *Blank/Börstinghaus* in Blank/Börstinghaus BGB § 543 Rn. 125.
[40] *Blank* in Schmidt-Futterer BGB § 543 Rn. 84.
[41] Hierzu ausführlich: *Börstinghaus* in MietRB 2019, 344 ff.; Zur Miethöhe bei Verstoß gegen die „Mietpreisbremse" *Börstinghaus* Miethöhe-HdB Kap. 4 Rn. 210 ff.
[42] *Blank* in Schmidt-Futterer BGB § 543 Rn. 84.
[43] *Blank/Börstinghaus* in Blank/Börstinghaus BGB § 543 Rn. 124.
[44] OLG Hamm NJW-RR 1992, 340.
[45] *Langenberg* in Schmidt-Futterer BGB § 556 Rn. 455.

Rückstandsberechnung heranzuziehen. Der Anspruch auf Betriebskostennachzahlung ist keine Miete im Sinne von § 543 Abs. 2 S. 1 Nr. 3 BGB. Eine Kündigung auf rückständige Betriebskostenvorauszahlungen gestützte Kündigung wird jedoch nicht unwirksam, wenn nach Ausspruch der Kündigung Abrechnungsreife und damit der Ausschluss der Nachforderung eintritt[46]. Streitig ist der Fall, in dem ein Kündigungsgrund durch rückständige Betriebskostenvorauszahlungen entstanden ist, sodann Abrechnungsreife eintritt und danach erst die Kündigung ausgesprochen wird. Aus § 543 Abs. 2 S. 2 BGB lässt sich indes folgern, dass ein einmal entstandenes Kündigungsrecht nur durch Bezahlung des Rückstandes erlischt[47].

Hat der Vermieter die Betriebskostenvorauszahlungen nach einer Betriebskostenabrechnung erhöht, so setzt dies eine formell und inhaltlich korrekte Abrechnung voraus[48]. **38**

Keine Miete im Sinne von § 543 Abs. 2 S. 1 Nr. 3 BGB sind alle Zahlungen, die nicht regelmäßig monatlich zu erbringen sind. Hierzu zählen beispielsweise:
- Betriebskostennachzahlung[49]
- Einmalzahlungen auf Anforderung des Vermieters, zB bei einer Heizöllieferung[50] Einmalzahlungen aufgrund eines Vergleiches[51]
- Baukostenzuschüsse[52]
- Schadensersatz wegen unterlassener Schönheitsreparaturen oder wegen Beschädigung der Mietsache,
- Kostenerstattungen aus vorangegangenen Prozessen (LG Köln WuM 1994, 207; LG Bielefeld WuM 1992, 124; LG Mannheim WuM 1975, 97),
- Mahngebühren und Verzugszinsen[53]
- Mietkaution (Ein Zahlungsrückstand mit der geschuldeten Mietkaution kann indes zur Kündigung gemäß §§ 543 Abs. 1, 569 Abs. 2a BGB berechtigen. Liegt ein Verzug sowohl mit Mietzahlung als auch mit der Kaution vor, ohne dass die Voraussetzungen von § 543 Abs. 2 S. 1 Nr. 3 BGB oder § 569 Abs. 2a BGB vorliegen, kann eine Kündigungsmöglichkeit nach §§ 543 Abs. 1, 573 Abs. 2 Nr. 1 BGB gegeben sein[54]).

2. Verzug

Der Mieter muss mit der Zahlung der Miete in Verzug sein. Die **Voraussetzungen** für **39** Verzug regelt § 286 BGB. Danach kommt der Schuldner bzw. der Mieter in den Verzug, wenn er auf eine Mahnung des Gläubigers, die nach dem Eintritt der Fälligkeit erfolgt nicht leistet und die Mietforderung nicht einredebehaftet ist. Im Einzelnen müssen also die folgenden Voraussetzungen gegeben sein:
- Nichtleistung
- Fälligkeit
- Mahnung oder Entbehrlichkeit der Mahnung, § 286 Abs. 2 BGB
- Vertretenmüssen, §§ 286 Abs. 4, 276 BGB
- Einredefreiheit

a) Nichtleistung. Bei der Mietschuld handelt es sich in der Regel um eine **Geldschuld**. **40** Nach zutreffender Auffassung liegt nach §§ 269, 270 BGB eine qualifizierte Schickschuld vor[55]. Der Mieter von Wohnraum hat die von ihm zu erbringende Leistung deshalb recht-

---
[46] *Langenberg* in Schmidt-Futterer BGB § 556 Rn. 456.
[47] *Blank/Börstinghaus* in Blank/Börstinghaus BGB § 543 Rn. 129; aA *Sternel* WuM 2009, 699 (702).
[48] BGH NZM 2012, 455.
[49] OLG Koblenz NJW 1984, 2369; LG Köln WuM 1994, 207.
[50] *Blank/Börstinghaus* in Blank/Börstinghaus BGB § 543 Rn. 130.
[51] *Blank/Börstinghaus* in Blank/Börstinghaus BGB § 543 Rn. 131.
[52] *Blank/Börstinghaus* in Blank/Börstinghaus BGB § 543 Rn. 132.
[53] *Blank/Börstinghaus* in Blank/Börstinghaus BGB § 543 Rn. 130.
[54] *Blank* in Schmidt-Futterer, BGB § 569 Rn. 32e.
[55] *Blank/Börstinghaus* in Blank/Börstinghaus BGB § 556b Rn. 17 u. 18 mwN zum Meinungsstand (str.).

zeitig bewirkt, wenn er die Leistungshandlung rechtzeitig vorgenommen hat. Im Falle einer Überweisung bedeutet dies, dass er seiner Bank den Überweisungsauftrag erteilt hat und ein zur Ausführung der Überweisung ausreichendes Guthaben oder ein ausreichender Kredit eingeräumt ist[56]. Der Mieter trägt also die Gefahr des Verlustes des Geldes bei der Überweisung, aber nicht die Verzögerungsgefahr.

41   Umstritten ist die Wirksamkeit sogenannter **„Rechtzeitigkeitsklauseln"** in Formularmietverträgen über Wohnraum. Hierunter versteht man eine Vertragsklausel, nach welcher das Geld innerhalb der vereinbarten Frist beim Vermieter eingegangen sein muss[57]. Bedenken bestehen hier wegen § 307 BGB, weil bei der gebotenen „kundenfeindlichen Auslegung" der Eindruck entsteht, als müsse der Mieter für den rechtzeitigen Eingang des Geldes auf dem Vermieterkonto unbedingt einstehen, was mit Blick auf die unterschiedlich lang dauernden und deshalb für den Mieter nicht kalkulierbaren Bearbeitungszeiten im Bankverkehr eine unverhältnismäßige Belastung des Mieters wäre[58]. „Weichere" Rechtzeitigkeitsklauseln, nach denen der Mieter bei unbarer Zahlung seiner Verpflichtung zur rechtzeitigen Zahlung genügt, wenn er nach dem normalen Verlauf mit rechtzeitiger Gutschrift auf dem vom Vermiete bestimmten Konto rechnen konnte, halten einer Inhaltskontrolle nach § 307 BGB jedoch stand[59].

42   **b) Fälligkeit.** Die Fälligkeit der Miete ist im BGB unterschiedlich geregelt: Für Mietverträge, die nach dem 31.8.2001 abgeschlossen sind, bestimmt § 556b Abs. 1 BGB, dass die Miete bis zum 3. Werktag der einzelnen Zeitabschnitte, nach denen sie bemessen ist, zu entrichten ist. Für **Altmietverträge,** die vor dem 1.9.2001 abgeschlossen wurden, gilt gem. der Überleitungsvorschrift in Art. 229 § 3 Abs. 1 Nr. 7 EGBGB weiterhin die Fälligkeitsregel des § 551 Abs. 1 S. 2 BGB aF, wonach die Miete nach Ablauf der einzelnen Zeitabschnitte zu entrichten ist. Häufig ist in alten Mietverträgen jedoch eine sogenannte **„Vorfälligkeitsklausel",** nach welcher die Miete am Anfang des Monats zu zahlen ist, enthalten. Unwirksam ist eine solche Vorfälligkeitsvereinbarung, wenn sie mit einem Aufrechnungsverbot im Mietvertrag kombiniert wird[60]. Dann verbleibt es bei der Regelung des § 551 BGB aF, wonach die Miete erst am Ende des Monats fällig wird und zu zahlen ist.

43   **c) Mahnung oder Entbehrlichkeit der Mahnung.** Im Grundsatz setzt Verzug gemäß § 286 Abs. 1 BGB eine Mahnung des Gläubigers nach Fälligkeit voraus. Im Mietrecht ist allerdings regelmäßig die Mahnung gemäß § 286 Abs. 2 Nr. 1 BGB entbehrlich, da für die Leistung eine Zeit nach dem Kalender bestimmt ist. Der Leistungszeitpunkt für die Zahlung der Miete ist häufig im Mietvertrag festgelegt und ergibt sich ansonsten auch aus § 556b Abs. 1 BGB, wonach die Miete spätestens bis zum dritten Werktag des Monats oder der einzelnen Zeitabschnitte, nach denen sie bemessen ist, zu entrichten ist.

43a **d) Vertretenmüssen.** Gemäß § 286 Abs. 4 BGB gilt, dass der Schuldner nicht in Verzug gerät, wenn die Leistung infolge eines Umstandes unterbleibt, den der Schuldner nicht zu vertreten hat.

Der Mieter trägt nach der Formulierung des § 286 Abs. 4 BGB die Darlegungs- und Beweislast dafür, dass er die verspätete Zahlung nicht zu vertreten hat.

44   **aa) Zahlungsunfähigkeit.** Gemäß § 276 Abs. 1 S. 1 BGB hat der Schuldner Vorsatz und Fahrlässigkeit zu vertreten, wenn eine strengere oder mildere Haftung weder bestimmt noch aus dem sonstigen Inhalt des Schuldverhältnisses, insbesondere aus der Übernahme einer Garantie oder eines Beschaffungsrisikos zu entnehmen ist. Eine solche strengere Haftung besteht nach allgemeiner Auffassung bei Geldschulden. **Zahlungsunfähigkeit** des

---

[56] *Blank/Börstinghaus* in Blank/Börstinghaus BGB § 556b Rn. 18.
[57] *Blank/Börstinghaus* in Blank/Börstinghaus BGB § 556b Rn. 20 mwN zum Meinungsstand.
[58] *Blank/Börstinghaus* in Blank/Börstinghaus BGB § 556b Rn. 20.
[59] *Blank/Börstinghaus* in Blank/Börstinghaus BGB § 556b Rn. 20.
[60] BGH NJW 1995, 254.

Mieters hindert deshalb den Verzug nicht. Leistungsunfähigkeit auf Grund wirtschaftlicher Schwierigkeiten befreit den Schuldner auch dann nicht von den Folgen des Ausbleibens der (rechtzeitigen) Leistung, wenn sie auf unverschuldeter Ursache beruht[61]. Es kann also auch gegenüber einem Sozialhilfeempfänger gekündigt werden, wenn das Jobcenter trotz eines sozialrechtlichen Anspruchs des Mieters die Miete nicht (rechtzeitig) zahlt[62].

bb) Irrtum. Ein **unverschuldeter Tatsachenirrtum** des Mieters kann das Verschulden 45 des Mieters entfallen lassen. Ein solcher kann vorliegen, wenn der Mieter darauf vertraute und etwas aufgrund eines entsprechenden Bescheides auch vertrauen durfte, dass die Miete vom Jobcenter rechtzeitig überwiesen wird, und somit vom Verzug keine Kenntnis hatte, und infolge dessen keine Maßnahmen in die Wege leiten konnte[63].

Auch ein **unverschuldeter Rechtsirrtum** bzw. Irrtum über die Zahlungspflicht kann 46 das Verschulden des Mieters ausschließen. In Betracht kommen beispielsweise Irrtümer über die Wirksamkeit eines Mieterhöhungsverlangens, über Berechtigung und Höhe der Minderung[64] oder eine Aufrechnungsbefugnis[65]. Ein solcher unverschuldeter Rechtsirrtum setzt voraus, dass der Mieter die Rechtslage sorgfältig geprüft, erforderlichenfalls Rechtsrat eingeholt und die höchstrichterliche Rechtsprechung sorgfältig beachtet hat[66]. Entschuldigt ist ein Rechtsirrtum nur dann, wenn der Irrende bei Anwendung der im Verkehr erforderlichen Sorgfalt mit einer anderen Beurteilung durch die Gerichte nicht zu rechnen brauchte; bei einer zweifelhaften Rechtsfrage handelt er bereits fahrlässig, wenn er sich erkennbar in einem Grenzbereich des rechtlich Zulässigen bewegt, in dem er eine von der eigenen Einschätzung abweichende Beurteilung der rechtlichen Zulässigkeit des fraglichen Verhaltens in Betracht ziehen muss[67].

e) Verschuldenszurechnung. Das Verschulden seines gesetzlichen Vertreters und der 47 Personen, deren er sich zur Erfüllung seiner Verbindlichkeit bedient (Erfüllungsgehilfen), hat der Mieter gemäß § 278 S. 1 BGB in gleichem Umfang zu vertreten wie eigenes Verschulden. Zu den **Erfüllungsgehilfen** des Mieters gehören die vom Mieter beauftragte Bank und der beratende Rechtsanwalt oder Mieterverein[68]. Kommt es also zu einer verspäteten Mietzahlung aufgrund eines Verschuldens der Bank des Mieters, hat der Mieter dies zu vertreten. Das gleiche gilt für schuldhaftes Verhalten seines Rechtsanwaltes oder Mietervereines bei fehlerhafter Beratung (zB ein verschuldeter Rechtsirrtum des Beratenden)[69]. Das Jobcenter (Sozialamt), das für einen hilfebedürftigen Wohnungsmieter die Kosten der Unterkunft in der Weise übernimmt, dass es die Miete direkt an den Vermieter des Hilfebedürftigen überweist, ist hingegen nicht Erfüllungsgehilfe des Mieters, sondern nimmt hoheitliche Aufgaben war[70].

f) Einredefreiheit. Ist die Mietforderung des Vermieters einredebehaftet, so schließt dies 48 den Verzug aus. Allerdings ist zu differenzieren. Steht dem Mieter ein **Zurückbehaltungsrecht** nach § 320 BGB zu, so genügt es, dass das Recht besteht. Es ist nicht erforderlich, dass der Mieter vorgerichtlich das Zurückbehaltungsrecht geltend macht. Anders liegt der Fall bei einem Zurückbehaltungsrecht nach § 273 BGB, bei dem der Vermieter nach § 273 Abs. 3 BGB eine Abwendungsbefugnis hat. Dies lässt den Verzug nur entfallen, wenn der Mieter vor dem Zugang der Kündigung die Einrede erhebt[71].

---

[61] BGH NZM 2015, 196.
[62] *Blank/Börstinghaus* in Blank/Börstinghaus BGB § 543 Rn. 137.
[63] BGH NJW 2015, 1749; *Blank/Börstinghaus* in Blank/Börstinghaus BGB § 543 Rn. 137.
[64] LG Frankfurt a. M. 30.1.2020 – 2–11 S 232/19, MietRB 2020, 131.
[65] *Blank* in Schmidt-Futterer BGB § 543 Rn. 104.
[66] BGH NJW 2006, 3271; 2007, 428.
[67] BGH NJW 2007, 428.
[68] BGH NJW 2007, 428; *Blank/Börstinghaus* in Blank/Börstinghaus BGB § 543 Rn. 138.
[69] BGH NZM 2007, 35.
[70] BGH NJW 2009, 3781 (die Entscheidung erging zu § 543 Abs. 1 BGB).
[71] *Blank/Börstinghaus* in Blank/Börstinghaus BGB § 543 Rn. 140.

49 Ein Zurückbehaltungsrecht nach § 320 BGB kommt bei einem **Anspruch des Mieters auf Mängelbeseitigung** in Betracht. Der Anspruch des Vermieters auf Zahlung der Miete nach § 535 Abs. 2 BGB und der Anspruch des Mieters auf Erhaltung der Mietsache gemäß § 535 Abs. 1 S. 2 BGB stehen im Gegenseitigkeitsverhältnis wie es § 320 BGB erfordert. Bei einer mangelhaften Mietsache liegt regelmäßig eine Teilleistung des Vermieters im Sinne von § 320 Abs. 2 BGB vor. Das Zurückbehaltungsrecht nach § 320 BGB setzt eine Mängelanzeige voraus[72].

50 Bei der gemäß § 320 Abs. 2 BGB an dem Grundsatz von Treu und Glauben nach § 242 BGB orientierten Beurteilung, in welcher Höhe und in welchem zeitlichem Umfang dem Mieter einer mangelhaften Wohnung neben der Minderung nach § 536 BGB das Recht zusteht, die (geminderte) Miete zurückzubehalten, verbietet sich nach der Rechtsprechung des Bundesgerichtshofes jede schematische Betrachtung[73]. Die Frage sei vielmehr vom Tatrichter im Rahmen seines Beurteilungsermessens auf Grund einer Gesamtwürdigung der Umstände des jeweiligen Einzelfalls zu entscheiden[74]. Teilweise werden die Kosten zur Mangelbeseitigung als Richtgröße für die **Höhe des Zurückbehaltungsrechts** herangezogen[75]. Mit guten Gründen wird auch vertreten, sich an der der Minderungsquote nach § 536 BGB zu orientieren, wobei monatlich der dreifache bis fünffache Minderungsbetrag zurückbehalten werden dürfe[76]. Der Betrag, der insgesamt zurückbehalten werden dürfe, soll bei drei bis vier Gesamtmonatsmieten und bei gravierenden Mängeln auch bei fünf Gesamtmonatsmieten liegen[77].

3. Rückstandsberechnung

51 Bei der Bestimmung des **kündigungsrelevanten Rückstandes** bei **Minderung** kommt es nach Auffassung des BGH auf die vertraglich vereinbarte Miete an[78] und grundsätzlich nicht auf die tatsächliche geschuldete, also geminderte Miete[79].

> **Fall:**
> Die vertraglich vereinbarte monatliche Miete inkl. Betriebskostenvorauszahlungen beträgt 800,00 Euro. Aufgrund eines behebbaren Mangels ist die Miete ab Mai um 50 % gemindert. Der Mieter zahlt für die Monate Mai und Juni keine Miete.
> Lösung: Der Vermieter kann nicht kündigen. Der Rückstand beträgt wegen der Minderung für die Monate Mai und Juni jeweils 400,00 Euro, mithin insgesamt 800,00 Euro. Kündigungsrelevant die die vereinbarte Miete von 800,00 Euro. Erst ab einem Rückstand von 800,01 Euro kann also nach § 543 Abs. 2 S. 1 Nr. 3a Alt. 2 BGB gekündigt werden.
> Abwandlung: Der Mieter zahlt auch im Juli keine Miete.
> Lösung: Der Vermieter kann immer noch nicht kündigen. Der Rückstand beträgt zwar nun 1.200,00 Euro. Dieser ist aber nicht in zwei aufeinander folgenden Monaten entstanden, wie § 543 Abs. 2 S. 1 Nr. 3a Alt. 2 BGB es voraussetzt. Erst wenn der Mieter noch einen weiteren Monat keine Miete zahlt, kann der Vermieter nach § 543 Abs. 2 S. 1 Nr. 3b BGB kündigen.

52 Liegt eine Minderung der Miete wegen eines **nicht behebbaren Mangels** der Mietsache vor, beispielsweise einer negativen Wohnflächenabweichung von mehr als 10 %, so ist zu überlegen, ob nicht die dauerhaft geminderte Miete Bezugsgröße für die Rückstandsberechnung ist. Diese Frage erscheint noch nicht abschließend geklärt[80].

---

[72] BGH NJW-RR 2011, 447 = NZM 2011, 197 = MDR 2011, 92= WuM 2011, 12 = GE 2011, 122.
[73] BGH NJW 2015, 3087 = WuM 2015, 568 = NZM 2015, 618.
[74] BGH NJW 2015, 3087 = WuM 2015, 568 = NZM 2015, 619.
[75] Lützenkirchen Mietrecht BGB § 535 Rn. 892.
[76] *Blank/Börstinghaus* in Blank/Börstinghaus BGB § 536 Rn. 189 mit Nachweisen zum Meinungsstand.
[77] *Blank/Börstinghaus* in Blank/Börstinghaus BGB § 536 Rn. 189.
[78] BGH WuM 2017, 644; NZM 2018, 28.
[79] So aber *Blank* in Schmidt-Futterer, § 543 Rn. 114a.
[80] *Börstinghaus* in MietRB 2019, 344 ff.

Bei **teilunwirksamen Mietpreisabreden** wegen Verstoßes gegen § 5 WiStG, § Wo- 53
BindG oder § 556g Abs. 1 BGB ist für die Ermittlung des kündigungsrelevanten Rückstandes richtigerweise die preisrechtliche zulässige Miete maßgeblich[81].

a) Miete für zwei aufeinander folgende Termine. Nach § 543 Abs. 2 S. 1 Nr. 3a) Alt. 54
1 BGB begründet ein Verzug mit der Miete für zwei aufeinander folgende Termine einen Kündigungsgrund. Schwierigkeiten bei der Rückstandsberechnung ergeben sich hier nicht. Eine Kündigung lässt sich in diesem Fall sehr einfach und rechtssicher begründen.

b) Nicht unerheblicher Teil der Miete für zwei aufeinander folgende Termine. 55
§ 543 Abs. 2 S. 1 Nr. 3a) Alt. 2 BGB begründet ein Kündigungsrecht bei Verzug mit einem nicht unerheblichen Teil Miete für zwei aufeinander folgende Monate. Für die Wohnraummiete bestimmt hierzu § 569 Abs. 3 Nr. 1 BGB, dass der rückständige Teil der Miete nur dann als nicht unerheblich anzusehen ist, wenn er die Miete für einen Monat übersteigt, es sei denn, der Wohnraum ist nur zum vorübergehenden Zweck vermietet. Erforderlich ist damit ein Rückstand von mindestens einer Monatsmiete und einem Cent, welcher innerhalb von zwei aufeinander folgenden Monaten entstanden ist[82].

Ein Fall des § 543 Abs. 2 S. 1 Nr. 3a) Alt. 2 BGB ist auch dann denkbar, wenn der 56
Mieter über einen längeren Zeitraum jeweils kleinere Rückstände auflaufen lässt und die Zahlungen jeweils auf die älteste Forderung verrechnet wurden. Dies setzt gemäß § 366 Abs. 2 BGB voraus, dass der Mieter keine **Tilgungsbestimmung** getroffen hat. Häufig wird man aus dem Zahlverhalten indes eine stillschweigende Tilgungsbestimmung herleiten können, etwa wenn der Mieter regelmäßig zu den Zahlungsterminen die seiner Ansicht nach geschuldete Miete zahlt. Lässt sich wegen unregelmäßiger Zahlungen nicht erkennen, auf welche Forderung oder Rückstände der Mieter leisten will, ist gemäß § 366 Abs. 2 BGB die gesetzliche Tilgungsreihenfolge maßgeblich[83]. Dabei ist zu berücksichtigen, dass kündigungsrelevante Mietrückstände im Verhältnis zu nicht kündigungsrelevanten Rückständen wie zB Betriebskostennachzahlungen dem Mieter lästigere Schulden darstellen, welche vorrangig getilgt werden[84]. Formularmäßige Klauseln in Mietverträgen, die das Tilgungsbestimmungsrecht des Mieters auf den Vermieter übertragen, sind regelmäßig gemäß § 307 BGB unwirksam[85].

> **Hinweis:**
> In besonderen Ausnahmefällen kann auch ein Verzug mit weniger als einer Monatsmiete eine außerordentliche Kündigung rechtfertigen. Der BGH hat einen solchen Fall angenommen, als der Mieter erklärte, er werde in Zukunft nicht mehr in der Lage sein, die Miete zu entrichten[86].

Teilweise wird für eine Kündigung nach § 543 Abs. 2 Nr. 3a) BGB als weiteres Tat- 57
bestandsmerkmal verlangt, dass ein **erheblicher Rückstand für jeden der beiden Termine** feststellbar ist. Dieses Erfordernis soll neben der für Wohnraummietverhältnisse geltenden Mindesthöhe des Gesamtrückstandes nach § 569 Abs. 3 Nr. 1 BGB gelten. Ein Rückstand, der lediglich 19 Prozent der gesamten Monatsmiete (brutto/warm) ausmacht, und der die Summe der geschuldeten Nebenkostenvorauszahlungen unterschreitet, soll für diesen Monat keinen erheblichen Zahlungsrückstand iSd § 543 Abs. 2 Nr. 3a) BGB begründen.[87] Höchstrichterlich wird dieses weitere Erfordernis bisher nicht verlangt.

---

[81] AA *Blank/Börstinghaus* in Blank/Börstinghaus BGB § 543 Rn. 153a.
[82] BGH NJW 2008, 3210 = NZM 2008, 770; **aA** *Blank/Börstinghaus* in Blank/Börstinghaus BGB § 543 Rn. 153.
[83] *Blank/Börstinghaus* in Blank/Börstinghaus BGB § 543 Rn. 154.
[84] *Blank/Börstinghaus* in Blank/Börstinghaus BGB § 543 Rn. 154.
[85] BGH NJW 1984, 2404; *Blank/Börstinghaus* in Blank/Börstinghaus BGB § 543 Rn. 155.
[86] BGH NJW 2005, 2552 mAnm Monschau MietRB 2005, 254.
[87] LG Berlin ZMR 2020, 305.

58 **c) Miete in Höhe eines Betrages, der die Miete für zwei Monate erreicht.** Nach § 543 Abs. 2 S. 1 Nr. 3b) BGB begründet ein Verzug mit der Miete in einem Zeitraum, der sich über mehr als zwei Termine erstreckt, in Höhe eines Betrages, der die aktuelle Miete für zwei Monate erreicht, einen Kündigungsgrund. Sobald ein Rückstand von insgesamt zwei Monatsmieten erreicht ist, kann der Vermieter somit kündigen. Der Betrag von zwei Monatsmieten ist auch dann maßgeblich, wenn die Parteien eine andere als die monatliche Zahlweise vereinbart haben[88].

59 **d) Keine Kündigungssperre gemäß § 112 InsO.** Wurde über das Vermögen des Mieters das Insolvenzverfahren eröffnet, so ist § 112 InsO zu beachten. Nach § 112 Nr. 1 InsO kann der Vermieter das Mietverhältnis nach Eröffnung des Insolvenzverfahrens nicht wegen eines Verzugs mit Miete, der in der Zeit vor dem Eröffnungsantrag eingetreten ist, kündigen. Die Vorschrift bezweckt, die wirtschaftliche Einheit „im Besitz" des Schuldners zu erhalten. Hieraus wird gefolgert, dass die Vorschrift nur dann anwendbar ist, wenn das Mietobjekt bereits überlassen wurde, also der Mieter bereits im Besitz der Mietsache ist[89].

> **Praxistipp:**
> Kündigt sich dem Vermieter ein Verbraucherinsolvenzverfahren des Mieters durch Beteiligung an einem außergerichtlichen Schuldenbereinigungsverfahren gemäß § 305 Abs. 1 Ziff. 1 InsO an, empfiehlt es sich, das Mietkonto sorgfältig zu beobachten und eine wegen Zahlungsverzugs nach § 543 Abs. 2 S. 1 Nr. 3 BGB mögliche Kündigung nicht unnötig zu verzögern.

60 **e) Zahlungsrückstand wegen der Covid-19-Pandemie.** In der neuen Fassung des Art. 240 § 2 Abs. 1 EGBGB ist geregelt, dass der Vermieter ein Mietverhältnis über Grundstücke oder über Räume nicht allein aus dem Grund kündigen kann, dass der Mieter im Zeitraum vom 1.4.2020 bis 30.6.2020 trotz Fälligkeit die Miete nicht leistet, sofern die Nichtleistung auf den Auswirkungen der COVID-19-Pandemie beruht. Der Zusammenhang zwischen COVID-19-Pandemie und Nichtleistung ist glaubhaft zu machen.

Strittig ist, ob diese Vorschrift auch dann Anwendung findet, wenn sich der Mietrückstand aus Beträgen vor und nach dem 1.4.2020 bzw. vor und nach dem 30.6.2020 zusammensetzt. Sinn und Zweck der Regelung sprechen eher dafür, Rückstände, die in der angegebenen Zeitspanne entstanden sind und die auf den Auswirkungen der COVID-19-Pandemie beruhen, bei der Rückstandsberechnung vollständig herauszunehmen.

II. Begründung der Kündigung, § 569 Abs. 4 BGB

61 Gemäß § 569 Abs. 4 BGB ist im Wohnraummietverhältnis der zur Kündigung führende wichtige Grund in dem **Kündigungsschreiben** anzugeben. Für die formelle Wirksamkeit der Kündigung wegen Zahlungsverzuges genügt es, wenn der Vermieter in dem Kündigungsschreiben Zahlungsverzug als Kündigungsgrund benennt und den Rückstand beziffert[90].

III. Kündigungsausschluss wegen vorheriger Befriedigung nach § 543 Abs. 2 S. 2 BGB (Heilung vor Zugang)

62 Gemäß § 543 Abs. 2 S. 2 BGB ist die Kündigung wegen Zahlungsverzuges nach § 543 Abs. 2 S. 1 Nr. 3 BGB ausgeschlossen, wenn der Vermieter vorher durch den Mieter oder einen Dritten (zB Sozialbehörde) befriedigt wird. Ein einmal entstandenes Kündigungs-

---
[88] *Blank/Börstinghaus* in Blank/Börstinghaus BGB § 543 Rn. 151.
[89] *Wegener* in Uhlenbruck, Insolvenzordnung, § 112 Rn. 5.
[90] BGH NJW 2010, 3015 = NZM 2010, 548; *Blank/Börstinghaus* in Blank/Börstinghaus BGB § 569 Rn. 92.

recht erlischt also erst, wenn der Vermieter **vollständig** befriedigt wird.[91] Zum Zeitpunkt der Kündigung muss also der Mietrückstand gemäß § 543 Abs. 2 S. 1 Nr. 3 BGB nicht mehr in dieser Höhe bestehen.

Die **Befriedigung** des Vermieters erfolgt, wenn vor Zugang der Kündigungserklärung[92] 63 (vgl. § 130 BGB) die Leistungshandlung erfolgt[93]. Der Vermieter darf die Zahlung – auch die eines Dritten (zB Jobcenter) – nicht ablehnen[94].

Die Befriedigung des Vermieters kann nicht nur durch Zahlung erfolgen (§ 362 Abs. 1 64 BGB), sondern auch durch **Aufrechnung** (§§ 387 ff. BGB) oder **Hinterlegung mit Rücknahmeverzicht** (§ 378 BGB).

Wohl überwiegend wird die Auffassung vertreten, dass der Vermieter – wie auch im Fall 65 von § 569 Abs. 3 Nr. 2 BGB – **vollständig** hinsichtlich der fälligen Miete befriedigt werden muss.[95] Der Wortlaut der Norm lässt dies hier jedoch anders als bei der Schonfrist nach § 569 Abs. 3 Nr. 2 BGB offen. Mit nachvollziehbarer Begründung wird deshalb auch vorgebracht, dass der Kündigungsausschluss auch dann gelten muss, wenn eine Befriedigung des Vermieters wegen der zwischen Abgabe und Zugang der Kündigungserklärung fällig gewordenen Mieten nicht erfolgt ist.[96]

IV. Unwirksamkeit der Kündigung wegen Aufrechnung nach § 543 Abs. 2 S. 3 BGB (Heilung nach Zugang)

Nach § 543 Abs. 2 S. 3 BGB wird die Kündigung wegen Zahlungsverzuges nach § 543 66 Abs. 2 S. 1 Nr. 3 BGB unwirksam, wenn sich der Mieter von seiner Schuld durch **Aufrechnung** befreien konnte und unverzüglich nach der Kündigung die Aufrechnung erklärt.

Nach dem Wortlaut der Regelung muss die **Aufrechnungslage** schon im **Zeitpunkt** 67 der Kündigung bestanden haben. Die Aufrechnungserklärung des Mieters gemäß § 388 BGB muss unverzüglich erfolgen. Unverzüglich bedeutet gemäß § 121 Abs. 1 S. 1 BGB ohne schuldhaftes Zögern.

Der Aufrechnung durch den Mieter darf keine wirksame mietvertragliche Regelung, die 68 ein **Aufrechnungsverbot** enthält, entgegenstehen. Der BGH hat in formularmäßigen Mietverträgen Klauseln, nach denen der Mieter seine Absicht aufzurechnen einen Monat vor Fälligkeit anzuzeigen hat, für wirksam erachtet[97]. In der Kommentarliteratur wird teilweise differenziert. So soll eine derartige Klausel nur wirksam sein, wenn der Fall der nachträglichen Aufrechnung im Falle der Kündigung wegen Zahlungsverzuges ausdrücklich ausgenommen wird[98].

V. Befriedigung innerhalb der zweimonatigen Schonfrist (Nachholrecht)

Gemäß § 569 Abs. 3 Nr. 2 BGB wird eine Kündigung eines Wohnraummietverhältnisses 69 unwirksam, wenn bis zum Ablauf von zwei Monaten nach Eintritt der Rechtshängigkeit des Räumungsanspruchs (**Schonfrist**) der Vermieter hinsichtlich der fälligen Miete und einer etwaigen Entschädigung nach § 546a Abs. 1 BGB befriedigt wird oder eine öffentliche Stelle sich zur Zahlung verpflichtet. Diese Möglichkeit hat der Mieter innerhalb von zwei Jahren jedoch nur einmal (§ 569 Abs. 3 Nr. 2 S. 2 BGB).

---

[91] BGH NJW 2018, 939; NZM 2018, 28; *Blank* in Schmidt-Futterer BGB § 543 Rn. 125.
[92] *Blank* in Schmidt-Futterer BGB § 543 Rn. 134.
[93] *Blank* in Schmidt-Futterer BGB § 543 Rn. 135.
[94] *Blank* in Schmidt-Futterer BGB § 543 Rn. 134.
[95] *Blank* in Schmidt-Futterer BGB § 543 Rn. 136; *Blank/Börstinghaus* in Blank/Börstinghaus BGB § 543 Rn. 175; Lützenkirchen MietR/*Lützenkirchen* BGB § 543 Rn. 229.
[96] AG Dortmund 18.5.2016 – 421 C 406/16, IMR 2016, 1095.
[97] BGH WuM 2011, 676; NJW 2011, 2201 = MDR 2011, 840; Zu einzelnen Aufrechnungsverbotsklauseln siehe Artz/Börstinghaus, AGB S. 140 ff.
[98] *Blank* in Schmidt-Futterer BGB § 543 Rn. 138; *Niebling* ZMR 2011, 709.

> **Hinweis:**
> Die Amtsgerichte sind hierzu zwar nicht verpflichtet, informieren aber die Beklagten des Räumungsprozesses in der Wohnraummiete regelmäßig über die Möglichkeiten der „Heilung" innerhalb der zweimonatigen Schonfrist. Eine Besorgnis der Befangenheit kann hieraus nicht abgeleitet werden[99].

70 Neben der Erfüllung durch Zahlung kann die Befriedigung des Vermieters auch durch die **Erfüllungssurrogate** Aufrechnung (§ 387 ff. BGB), Hinterlegung mit Rücknahmeverzicht (§ 378 BGB), Erlassvertrag gemäß § 397 Abs. 1 BGB oder negatives Schuldanerkenntnis gemäß § 397 Abs. 2 BGB erfolgen. Zahlungen eines Dritten darf der Vermieter auch hier nicht ablehnen.

1. Fristberechnung

71 Die zweimonatige **Schonfrist** beginnt mit Rechtshängigkeit des Räumungsanspruchs, also mit Zustellung der Räumungsklage, §§ 253 Abs. 1, 261 Abs. 1 ZPO. Die Zustellung richtet sich nach den allgemeinen Vorschriften der §§ 166 ff. ZPO. Die Frist berechnet sich nach §§ 187 Abs. 1, 188 Abs. 2, 193 BGB. Das Fristende kann sich somit verschieben, wenn der letzte Tag der Frist auf einen Sonntag, einen staatlich anerkannten Feiertag oder einen Samstag fällt. Die Frist endet dann mit Ablauf des nächsten Werktages.

72 Häufig gibt es zwei oder **mehrere Mieter.** Verlässt ein Mieter die Wohnung wird er häufig auch nicht vom Vermieter aus dem Mietvertrag entlassen, da der Vermieter hierzu nicht verpflichtet ist und er sich einen weiteren Schuldner behält. Es kommt somit vor, dass die Räumungsklage den Mietern an verschiedenen Tagen zugestellt wird. Die Schonfrist beginnt dann für alle Mieter am Tag der zuletzt bewirkten Zustellung[100]. Die Zahlung eines Mieters wirkt gemäß § 422 Abs. 1 BGB für alle Mieter, da sie nicht nur für den Zahlungsanspruch, sondern auch für den Räumungs- und Herausgabeanspruch Gesamtschuldner sind.

2. Rechtzeitigkeit der Befriedigung

73 Für die Rechtzeitigkeit der Befriedigung ist die **Leistungshandlung** des Mieters maßgeblich, da es sich bei Geldschulden nach §§ 269, 270 BGB um eine qualifizierte Schickschuld handelt. Der Mieter muss diese Handlung, zB die Erteilung eines Überweisungsauftrages, rechtzeitig vorgenommen haben[101].

74 Der Mieter kommt auch dann in den Genuss Nachholrechts, wenn er den Vermieter vor Beginn der Schonfrist, also vor Rechtshängigkeit vollständig befriedigt[102]. Es handelt sich um eine **Maximalfrist,** wie aus dem Wortlaut der Vorschrift („spätestens ...") folgt.

75 Überschreitet der Mieter die Frist nur unerheblich und ohne Verschulden, ist im Einzelfall zu prüfen, ob die Durchsetzung des Räumungsanspruchs gegen **Treu und Glauben** (§ 242 BGB) verstößt[103].

3. Vollständige Befriedigung

76 Die Kündigung wird nur unwirksam, wenn eine **vollständige Befriedigung** des Vermieters erfolgt[104]. Der Mieter muss also bei Befriedigung durch Zahlung alle bis zum Zeitpunkt der Befriedigung aufgelaufenen, also fälligen Rückstände an Miete, Nutzungs-

---

[99] OLG Hamburg ZMR 1988, 225= WuM 1989, 139.
[100] *Blank* in Schmidt-Futterer BGB § 569 Rn. 38.
[101] *Blank* in Schmidt-Futterer BGB § 569 Rn. 39.
[102] KG WuM 1984, 93; AG/LG Hamburg ZMR 2004, 271; AG Dortmund WuM 2003, 273; *Blank* in Schmidt-Futterer BGB § 569 Rn. 38; *Blank/Börstinghaus* in Blank/Börstinghaus § 569 Rn. 54.
[103] AG Nürnberg WuM 1992, 433.
[104] BGH NJW 2016, 3437 Rn. 22, 23.

entschädigung und Betriebskostenvorauszahlungen zahlen. Dies gilt auch für Rückstände, die nicht zur Begründung der Kündigung herangezogen wurden, also auch für die nach erfolgter Kündigung gemäß § 556b Abs. 1 BGB oder der entsprechenden mietvertraglichen Regelung fällig gewordenen Mietforderungen. Ausgenommen sind jedoch verjährte oder verwirkte Mietforderungen[105] sowie Zahlungsrückstände, die eine Kündigung nicht rechtfertigen können, zB Nachzahlungsforderungen aus Nebenkostenabrechnungen, Verzugszinsen, Schadensersatzansprüche, Kostenerstattungsansprüche und andere nicht periodische Zahlungen. Dies gilt auch dann, wenn der Vermieter auch diese Rückstände zur Kündigungsbegründung herangezogen hat.

Bestehen neben den kündigungsbegründenden Mietrückständen noch weitere Forderungen des Vermieters, zB wegen Betriebskostennachzahlungen, und zahlt der Mieter einen Betrag, der dem kündigungsrelevanten Mietrückstand entspricht, dürfte darin eine konkludente **Tilgungsbestimmung** zu sehen sein[106]. Liegt keine Tilgungsbestimmung des Mieters vor, dürfte ein Zahlungsbetrag, der zur Tilgung der Mietschuld, nicht aber zur Tilgung der daneben geforderten Zinsen und Kosten ausreicht, nach dem vermuteten Willen des Mieters in der Regel auf die Mietschuld als Hauptforderung anzurechnen sein. Der Vermieter kann in einem solchen Fall gemäß § 367 Abs. 2 BGB die Leistung zurückweisen. Die für den Mieter positive Wirkung des § 569 Abs. 3 Nr. 2 BGB soll durch eine solche Zurückweisung des Vermieters jedoch nicht verhindert werden, da die mietrechtliche Regelung gegenüber der Vorschrift des allgemeinen Schuldrechts hier lex specialis ist[107]. 77

> **Fall:**
> Die monatliche Miete beträgt inkl. Betriebskostenvorauszahlungen 700,00 Euro. Der Mieter zahlt am 3.4.300,00 Euro, am 3.5.300 Euro und am 3.6.1400,00 Euro.
> Der Vermieter kündigt am 7.5. Die Kündigung ist begründet, da der Zahlungsrückstand zum Zeitpunkt der Kündigung 800,00 Euro beträgt und damit eine Monatsmiete übersteigt (§§ 543 Abs. 2 S. 1 Nr. 3a, 569 Abs. 3 Nr. 1 BGB). Die Zahlung im Juni macht die Kündigung nicht unwirksam. Da zu diesem Zeitpunkt auch die Junimiete fällig geworden ist, beträgt der Rückstand 100,00 Euro. Der Vermieter wurde nicht vollständig befriedigt.
> **Abwandlung:**
> Die Zahlung des Mieters in Höhe von 1.400,00 Euro erfolgt drei Tage früher. Die zunächst wirksame Kündigung vom 7.5. wird durch die Zahlung vom 31.5. unwirksam. Zu diesem Zeitpunkt ist die Junimiete noch nicht fällig. Die Zahlung genügt zur vollständigen Befriedigung. Ab dem 3.6. beträgt der Rückstand des Mieters 100,00 Euro. Dieser Rückstand rechtfertigt keine erneute Kündigung.

Möglich ist auch, dass der Mieter die Rückstände in mehreren **Teilbeträgen** begleicht. Dann kommt es darauf an, dass bis zum Ablauf der Schonfrist eine vollständige Befriedung erfolgt ist[108]. 78

Zahlt der Mieter die Rückstände unter **Vorbehalt,** so wird teilweise zwischen einem einfachen und qualifizierten Vorbehalt unterschieden. Zahlt der Mieter mit der Maßgabe, dass beim Vermieter im Falle der Rückforderung die Beweislast für das Bestehen des Anspruchs verbleiben soll, liegt ein sogenannter qualifizierter Vorbehalt vor, der keine Erfüllungswirkung gemäß § 362 BGB hat. Zahlt der Mieter unter derartigem Vorbehalt, soll keine Befriedigung des Vermieters iSd § 569 Abs. 3 BGB vorliegen[109]. Soll mit dem Vorbehalt zum Ausdruck gebracht werden, dass kein Anerkenntnis iSd § 212 Abs. 1 Nr. 1 BGB verbunden sein soll und möchte sich der Mieter lediglich die Rückforderung nach 79

---

[105] *Blank* in Schmidt-Futterer BGB § 569 Rn. 40 mwN.
[106] AG Gelsenkirchen ZMR 2011, 881; *Blank/Börstinghaus* in Blank/Börstinghaus BGB § 569 Rn. 40.
[107] *Blank* in Schmidt-Futter BGB § 569 Rn. 40 u. 41; *Sternel* WuM 2009, 699 (704).
[108] LG Berlin WuM 1992, 607.
[109] LG Berlin GE 1994, 1057.

§ 812 BGB nicht durch § 814 BGB versperren lassen, liegt ein einfacher Vorbehalt vor, der zur Erfüllung gemäß § 362 BGB und zur Befriedigung des Vermieters führt[110].

80 Die Befriedigung des Vermieters innerhalb der Schonfrist kann auch durch **Aufrechnung** erfolgen. Der Aufrechnung durch den Mieter darf dann jedoch keine wirksame mietvertragliche Regelung, die ein **Aufrechnungsverbot** enthält, entgegenstehen[111].

4. Verpflichtungserklärung einer öffentlichen Stelle

81 Alternativ zur Befriedigung durch den Mieter wird gemäß § 569 Abs. 3 Nr. 2 S. 1 Alt. 2 BGB eine Kündigung wegen Zahlungsverzuges auch dann unwirksam, wenn sich innerhalb der Schonfrist eine öffentliche Stelle zur Befriedigung **verpflichtet**.

82 **Öffentliche Stelle** im Sinne dieser Vorschrift ist in der Praxis häufig das **Jobcenter**. Es kommen aber auch andere öffentlich-rechtliche Gebietskörperschaften, Anstalten und Stiftungen sowie Religionsgemeinschaften in Betracht. Nach dem Schutzzweck der Norm ist diese weit auszulegen, so dass es nicht auf die Zuständigkeit der öffentlichen Stelle für die Übernahme der Mietrückstände ankommt[112].

83 Die Erklärung ist eine **nicht formbedürftige** empfangsbedürftige Willenserklärung gegenüber dem Vermieter, die dem Vermieter oder dessen Vertreter innerhalb der Schonfrist zugehen muss, § 130 Abs. 1 BGB. In der Regel handelt es sich rechtlich um einen Schuldbeitritt zivilrechtlicher Natur[113] durch die öffentliche Stelle, die dann mit dem Mieter gesamtschuldnerisch haftet.

84 Es genügt nicht, dass die Erklärung innerhalb der **Frist** abgegeben wird oder dass sie dem Mieter oder dem mit dem Räumungsrechtsstreit befassten Gericht zugeht.[114] Möglich ist aber auch die Abgabe der Erklärung gegenüber dem Prozessbevollmächtigten des Vermieters.[115] Die Prozessvollmacht des Rechtsanwalts bezieht sich auch auf die Entgegennahme entsprechender Erklärungen.[116] Die Frage, ob eine dem Gericht gegenüber rechtzeitig abgegebene Erklärung, die von dort verspätet an den Vermieter weitergeleitet wird, unter Anwendung von § 167 ZPO fristwahrend sein kann[117], ist zu verneinen, da die Erklärung dem Vermieter gegenüber zu erfolgen hat.

85 Die Erklärung muss **inhaltlich klar und eindeutig** sein. Sie muss den gesamten Mietrückstand, der zum Zeitpunkt der Abgabe der Kündigungserklärung besteht, erfassen.

86 Die Verpflichtungserklärung darf **nicht unter einer Bedingung** abgegeben werden. Die öffentliche Stelle muss sich so verpflichten, dass dem Vermieter ein eigener, von keiner Bedingung abhängiger Anspruch auf vollständige Tilgung des Rückstandes und der fälligen Nutzungsentschädigung erwächst[118]. Die Erklärung der öffentlichen Stelle ist im jeweiligen konkreten Fall auszulegen. Ein Verweis auf die Absicht, die Rechtsfolgen des § 569 Abs. 3 Nr. 2 S. 1 BGB auslösen zu wollen, ist unschädlich[119]. Die Erklärung darf jedoch nicht unter der Bedingung erfolgen, dass das Mietverhältnis fortgesetzt wird[120].

---

[110] AG München 26.7.2019 – 421 C 2777/19; *Blank* in Schmidt-Futterer BGB § 569 Rn. 39; *Eisenschmid* in Schmidt-Futterer BGB § 536b Rn. 26, 27.
[111] Kap. 12 Rn. 68.
[112] *Blank* in Schmidt-Futterer BGB § 569 Rn. 44 mwN.
[113] BVerwG NJW 1994, 1169.
[114] BayObLG GE 1994, 1313 = MDR 1994, 123 = ZMR 1994, 554; aA AG Schöneberg WuM 1992, 245.
[115] LG Hamburg WuM 1996, 340; LG Berlin GE 1997, 1467.
[116] BGH NZM 2003, 229.
[117] So *Blank* in Schmidt-Futterer BGB § 569 Rn. 49.
[118] LG Bielefeld WuM 1994, 206.
[119] LG Berlin GE 1997, 1467.
[120] AG Hamburg WuM 1994, 206.

5. Kein Wiederholungsfall

Gemäß § 569 Abs. 3 Nr. 2 S. 2 BGB wird die Kündigung durch Befriedigung innerhalb der Schonfrist nicht unwirksam, wenn der Kündigung vor nicht länger als zwei Jahren bereits eine nach Satz 1 unwirksam gewordene Kündigung vorausgegangen ist.

Für die Berechnung der **Zwei-Jahresfrist** kommt es auf den jeweiligen Zugang der Kündigung an[121].

> **Beispiel:**
> Dem Mieter geht am 5.5.2020 eine Kündigung des Vermieters zu. Der Mieter befriedigt den Vermieter innerhalb der Schonfrist vollständig. Die Kündigung wird gemäß § 569 Abs. 3 Nr. 2 BGB unwirksam. Der Mieter kann von diesem Recht der Nachholung nun erst wieder Gebrauch machen bei einer Kündigung, die ihm am 6.5.2022 oder später zugeht.

Kein Wiederholungsfall liegt vor, wenn die Tilgung der Mietschuld durch Aufrechnung mit einer zum Zeitpunkt der Kündigung fälligen Forderung gemäß § 543 Abs. 2 Nr. 3 S. 3 BGB erfolgt.[122]

Die Vorschrift des § 569 Abs. 3 Nr. 2 S. 2 BGB ist auch dann unanwendbar, wenn kein Fall der zwangsweisen Vertragsfortsetzung vorliegt, sondern der Vermieter aus freien Stücken nach erfolgter Kündigung den Vertrag mit dem Mieter fortsetzt. Dies ergibt eine **teleologische Auslegung** der Vorschrift, die den Vermieter davor schützen soll, dass sich die Abfolge von Mietrückstand, Kündigung und zwangsweiser Vertragsfortsetzung in kurzen Zeitabständen wiederholt.[123] Beispielsweise liegt kein Wiederholungsfall vor, wenn der Vermieter im Zuge einer Ratenzahlungsvereinbarung von der Kündigung Abstand nimmt und der Mieter später erneut in Verzug gerät. Der Mieter hat dann die Möglichkeit, den Vermieter mit der Wirkung des § 569 Abs. 3 Nr. 2 BGB innerhalb der Schonfrist zu befriedigen. Das gleiche gilt, wenn die Durchsetzung des Räumungsanspruchs des Vermieters nach der ersten Kündigung als verwirkt angesehen werden muss.[124]

D. Die Kündigung wegen Verzugs mit der Sicherheitsleistung

Durch das Mietrechtsänderungsgesetz 2013 wurde als weiterer Kündigungstatbestand § 569 Abs. 2a BGB, der gemäß Art. 229 § 29 Abs. 2 EGBGB auf ein Mietverhältnis Anwendung findet, das ab dem 1.5.2013 begründet wurde. Nach dieser Vorschrift liegt ein wichtiger Grund iSd § 543 Abs. 1 BGB vor, wenn der Mieter mit einer **Sicherheitsleistung** (Mietkaution) nach § 551 BGB in Höhe eines Betrages im Verzug ist, der der zweifachen Monatsmiete entspricht. So wie bei § 543 Abs. 2 BGB ist eine Interessenabwägung bei Vorliegen der Tatbestandsvoraussetzungen nicht mehr erforderlich.[125] Gemäß § 569 Abs. 2a S. 3 bedarf es zudem keiner Abhilfefrist oder Abmahnung gemäß § 543 Abs. 3 S. 1 BGB.

> **Hinweis:**
> In bestimmten Fällen kann im laufenden Mietverhältnis ein Anspruch des Vermieters auf Wiederauffüllung der Kaution entstehen. Gerät der Mieter mit diesem Anspruch in Verzug, soll eine Kündigung gestützt auf § 569 Abs. 2a BGB indes nicht möglich sein. Sinn und Zweck der Vorschrift ist der Schutz des Vermieters gegenüber dem Mieter, der schon zu Beginn des Mietverhältnisses seinen Zahlungsverpflichtungen nicht nachkommt[126].

---

[121] *Blank* in Schmidt-Futterer BGB § 569 Rn. 51.
[122] *Blank* in Schmidt-Futterer BGB § 569 Rn. 53.
[123] *Blank* in Schmidt-Futterer BGB § 569 Rn. 52.
[124] *Blank* in Schmidt-Futterer BGB § 569 Rn. 52 mwN.
[125] *Wieck* WuM 2013, 195 (197).
[126] BT-Drs. 17/10485, 25.

I. Kautionsabrede

92 Die Parteien müssen eine wirksame Kautionsabrede im Sinne von § 551 BGB getroffen haben. Die Kaution beträgt gemäß § 551 Abs. 1 S. 1 BGB – ohne die durch Anlage erzielten Zinsen (§ 551 Abs. 3 S. 4 BGB) – höchstens das Dreifache der auf einen Monat entfallenden Miete ohne die als Pauschale oder als Vorauszahlungen ausgewiesenen Betriebskosten (Nettomiete). Zu beachten ist, dass von der gesetzlichen Regelung abweichende Vereinbarungen zum Nachteil des Mieters gemäß § 551 Abs. 4 BGB unwirksam sind.

II. Verzug

93 Der Mieter muss mit der Zahlung der Kaution in Höhe von es Betrages in **Verzug** sein, der der zweifachen Monatsmiete entspricht. Die Voraussetzungen für Verzug regelt § 286 BGB. Im Grunde gilt hier das Gleiche wie bei der Kündigung wegen Zahlungsverzug mit der Miete siehe Kap. 12 Rn. 39.

94 Die Kaution ist üblicherweise in einer Geldsumme bereitzustellen, so dass der Mieter gemäß § 551 Abs. 2 S. 1 BGB berechtigt ist, die Kaution in drei gleichen monatlichen **Raten** zu zahlen. Die erste Teilzahlung ist zu Beginn des Mietverhältnisses fällig (§ 551 Abs. 2 S. 2 BGB), die weiteren Teilzahlungen werden zusammen mit den unmittelbar folgenden Mietzahlungen fällig (§ 551 Abs. 2 S. 3 BGB).

> **Fall:**
> Die Parteien schließen einen Mietvertrag ab dem 1.1.2020. Die monatliche Nettomiete beträgt 600,00 Euro. Gemäß Mietvertrag ist eine Kaution in Höhe von 1.800,00 Euro zu zahlen. Der Mieter zahlt die Miete, aber nicht die Kaution.
> Der Mieter ist gemäß § 551 Abs. 2 BGB zur Zahlung von drei gleichen Raten berechtigt. Die erste Rate in Höhe 600,00 Euro wird am 1.1.2020 fällig, die zweite Rate wird am dritten Werktag des Monats Februar fällig. Der Rückstand beträgt dann zwei Monatsmieten. Der Vermieter kann kündigen. Eine Mahnung ist gemäß § 286 Abs. 2 Nr. 1 BGB entbehrlich.
> Abwandlung: Die vereinbarte Kaution beträgt 1.200,00 Euro.
> Der Mieter ist gemäß § 551 Abs. 2 BGB zur Zahlung von drei gleichen Raten berechtigt. Die Raten betragen nun 400,00 Euro. Der zur Kündigung berechtigende Rückstand in Höhe von zwei Nettomieten beträgt erst am dritten Werktag des Monats März 1.200,00 Euro.

95 Vereinbaren die Parteien eine Kaution nur in Höhe einer Monatsmiete, so scheidet eine Kündigung nach § 569 Abs. 2a BGB aus. Der Vermieter kann dann aber auch nicht auf § 543 Abs. 1 BGB zurückgreifen. Bleibt die Pflichtverletzung des Mieters (deutlich) hinter der in einem Regelbeispiel konkretisierten Pflichtverletzung zurück, kommt ein Rückgriff auf den Auffangtatbestand nicht mehr in Betracht[127].

III. Befriedigung innerhalb der zweimonatigen Schonfrist (Nachholrecht)

96 Gemäß §§ 569 Abs. 2a S. 4, Abs. 3 Nr. 2 S. 1 BGB hat der Mieter wie auch beim Zahlungsverzug mit der Miete die Möglichkeit, durch vollständige Befriedigung des Vermieters die Kündigung unwirksam werden zu lassen. Eine Erfüllung durch Aufrechnung kommt bei der Kautionszahlung nicht in Betracht[128]. Im Übrigen gelten hier die gleichen Grundsätze wie bei der Kündigung wegen Zahlungsverzugs. Insofern gilt auch, dass das Nachholrecht innerhalb von zwei Jahren nur einmal besteht. Wird dem Mieter gemäß § 569 Abs. 2a BGB wirksam gekündigt und holt der Mieter die Zahlungen der Kaution rechtzeitig nach, kommt aber dann mit Mietzahlungen in Verzug, so dass ihm gemäß § 543

---

[127] *Blank* in Schmidt-Futterer BGB § 569 Rn. 32b.
[128] *Wiek* WuM 2013, 195 (200).

Abs. 2 S. 1 Nr. 3 BGB erneut gekündigt wird, findet die Schonfristregelung gemäß § 569 Abs. 3 Nr. 2 S. 2 BGB keine Anwendung mehr[129].

IV. Vorherige Befriedigung

Wie bei der Kündigung wegen Zahlungsverzugs mit Miete gilt gemäß §§ 569 Abs. 2a S. 4, 543 Abs. 2 S. 2 BGB, dass die **Kündigung ausgeschlossen** ist, wenn der Vermieter vorher befriedigt wird. Dies ist der Fall, wenn vor Zugang der Kündigungserklärung[130] (vgl. § 130 BGB) die Befriedigung, also die Leistungshandlung erfolgt[131]. Diesbezüglich gelten hier im Wesentlichen auch die Ausführungen zur Kündigung wegen Zahlungsverzugs mit Miete. Indes kommt bezüglich der Kaution keine Aufrechnung in Betracht[132].

97

E. Die Kündigung wegen Störung des Hausfriedens

Die Möglichkeit einer fristlosen Kündigung wegen nachhaltiger Störung des Hausfriedens ist in §§ 543, 569 Abs. 2 BGB geregelt. Die Regelung gilt sowohl für den Vermieter als auch für den Mieter.

98

Der Kündigungstatbestand hat folgende Voraussetzungen:

99

- der andere Vertragsteil stört den Hausfrieden
- die Störung des Hausfriedens ist nachhaltig
- die nachhaltige Störung führt zur Unzumutbarkeit der Vertragsfortführung
- der Störende erhält eine Abmahnung
- weitere Störung nach Abmahnung

I. Störung des Hausfriedens

Eine Störung des Hausfriedens liegt vor, wenn das Gebot der **gegenseitigen Rücksichtnahme** der Nutzer desselben Gebäudes verletzt wird. Zu den Nutzern des Gebäudes kann auch der Vermieter gehören, der selbst nicht in dem Gebäude wohnt.[133] Jede Mietpartei muss sich bei der Nutzung der Miträume so verhalten, dass die anderen Mieter nicht mehr beeinträchtigt werden, als dies nach den konkreten Umständen unvermeidlich ist[134].

100

Beispiele für eine Störung des Hausfriedens sind die **Beleidigung** und **Bedrohung** von Mitmietern[135], Ruhestörender Lärm auch außerhalb der üblichen Ruhezeiten[136], alkoholisiertes Herumgrölen im Hausflur und Provozieren von Polizeieinsätzen[137] und das Lagern und Handeln von illegalen Betäubungsmitteln in der Wohnung[138].

101

Besteht die Mietpartei aus einer **Mehrheit von Personen,** so genügt es für eine Kündigung der Mietpartei, wenn eine Person den Hausfrieden stört. Dies folgt bereits aus dem Umstand, dass eine Teilkündigung des Vermieters gegenüber nur einer Person der Mietpartei aus Rechtsgründen unwirksam wäre[139].

102

---

[129] Blank in Schmidt-Futterer BGB § 569 Rn. 32g.
[130] Blank in Schmidt-Futterer BGB § 543 Rn. 134.
[131] Blank in Schmidt-Futterer BGB § 543 Rn. 135.
[132] Wiek WuM 2013, 195 (200).
[133] Lützenkirchen, MietR/*Lützenkirchen* BGB § 569 Rn. 67.
[134] Blank in Schmidt-Futterer BGB § 569 Rn. 19.
[135] AG Brandenburg IMR 2019, 409.
[136] AG Peine DWW 2019, 294.
[137] AG München ZMR 2020, 319.
[138] LG Frankfurt a. M. IMR 2020, 105.
[139] Blank in Schmidt-Futterer BGB § 569 Rn. 21.

II. Nachhaltigkeit der Störung

103 Es muss sich bei der Störung des Hausfriedens um eine **nachhaltige Störung** handeln. Dies ist der Fall, wenn die Störung zu einem **Dauerzustand** wird, also nicht lediglich vereinzelt auftritt, sondern häufiger vorkommt.[140]

III. Unzumutbarkeit der Vertragsfortsetzung

104 Die nachhaltige Störung des Hausfriedens muss zur Folge haben, dass dem Kündigenden unter Berücksichtigung aller Umstände des Einzelfalls, insbesondere eines Verschuldens der Vertragsparteien, und unter **Abwägung der beiderseitigen Interessen** die Fortsetzung des Mietverhältnisses bis zum Ablauf der Kündigungsfrist oder bis zur sonstigen Beendigung des Mietverhältnisses nicht zugemutet werden kann.

105 Die Kündigung des Mietverhältnisses und der damit verbundene Verlust der Wohnung stellt für den Mieter einen schweren Eingriff in den persönlichen Lebensbereich dar, so dass an die Voraussetzungen der Unzumutbarkeit der Vertragsfortsetzung für den Vermieter hohe Anforderungen zu stellen sind[141]. Bei der Abwägung der widerstreitenden Interessen sind die Wertentscheidungen des **Grundgesetzes** zu berücksichtigen.[142]

106 Bei der Abwägung zu berücksichtigen ist insbesondere auch das **Verschulden** der Partei. Hieraus folgt, dass gegenüber Störungen von Menschen mit geistiger Behinderung oder psychisch kranken Menschen, bei denen ein Verschulden nicht festgestellt werden kann, ein erhöhtes Maß an Toleranzbereitschaft gefordert ist. Gleichwohl ist die Kündigung eines schuldunfähigen psychisch kranken Mieters nicht ausgeschlossen[143]. Eine erhöhte Toleranz ist auch gegenüber **Kinderlärm** angezeigt[144].

107 Für den Mieter kann der Verlust der Wohnung auch dann besonders schwere Auswirkungen haben, wenn er in der Wohnung **umfangreiche Investitionen** vorgenommen hat, die sich noch nicht amortisiert haben. Das gilt auch umgekehrt, wenn der Vermieter in Erwartung eines längeren Mietverhältnisses nach den persönlichen individuellen Vorstellungen des Mieters Umbaumaßnamen durchgeführt hat.[145]

108 Weiterhin ist bei der Interessenabwägung einzubeziehen, wie schwerwiegend die **Auswirkungen der Störung** des Hausfriedens für die andere Partei bzw. die Mietbewohner des Hauses sind. Eine einfache Beleidigung, schikanöses Verhalten oder ähnliche Vorfälle wiegen sicherlich nicht so schwer wie ein tätlicher Angriff mit körperverletzenden Folgen.

109 Bei **suizidgefährdeten** Mietern ist zu prüfen, ob die Gefahr schon bei Erlass eines Räumungsurteils bestehen würde oder erst im Falle der Zwangsräumung. Im letzten Fall wäre der Umstand noch nicht im Erkenntnisverfahren, sondern erst im Vollstreckungsverfahren zu berücksichtigen.[146]

110 Wartet der Vermieter nach Kenntniserlangung von der Störung des Hausfriedens vor der Erklärung der Kündigung längere Zeit ab, so ist die Kündigung zwar nicht per se gemäß § 314 Abs. 3 BGB ausgeschlossen, da die Vorschrift auf die fristlose Kündigung eines Mietverhältnisses keine Anwendung findet.[147] Bei der Interessenabwägung kann dieser Zeitablauf indes Berücksichtigung finden, da es ein **längeres Zuwarten** ein Indiz für die Zumutbarkeit der Vertragsfortführung sein kann[148].

---

[140] OLG Düsseldorf DWW 2014, 61; MüKoBGB/*Häublein* § 569 Rn. 21; *Blank* in Schmidt-Futterer BGB § 569 Rn. 22.
[141] BGHZ 123, 233 = NJW 1993, 2528.
[142] BGH WuM 2005, 125 = NZM 2005, 300.
[143] *Blank* in Schmidt-Futterer BGB § 569 Rn. 23.
[144] LG Bad Kreuznach WuM 2003, 328.
[145] *Blank* in Schmidt-Futterer BGB § 569 Rn. 23.
[146] BGH WuM 2005, 125 = NZM 2005, 300.
[147] BGH 13.7.2016 – VIII ZR 296/15, NJW 2016, 3720 = MDR 2016, 1132 = NZM 2016, 791; aA MüKoBGB/*Häublein* § 569 Rn. 25 und *Blank* in Schmidt-Futterer BGB § 569 Rn. 30.
[148] BGH NJW-RR 1988, 77.

Da die Interessenabwägung zur Unzumutbarkeit der Vertragsfortführung führen muss, ist 111
eine **Zukunftsprognose** anzustellen.[149] Ist davon auszugehen, dass sich eine Störung des
Hausfriedens nicht wiederholen wird, wird man in der Regel nicht davon ausgehen
können, dass eine Vertragsfortführung unzumutbar ist.

Nach dem Wortlaut der Vorschrift kommt es auch darauf an, ob dem Kündigenden ein 112
Festhalten am Mietvertrag bis zum Ablauf der Kündigungsfrist **zumutbar** ist. Für die
Kündigung durch den Vermieter berechnet sich im Rahmen der ordentlichen Kündigung
die Kündigungsfrist nach § 573c BGB. In der obergerichtlichen Rechtsprechung spielt
dieser Gesichtspunkt bei der Vermieterkündigung bisher jedoch keine entscheidende
Rolle[150]. Handelt es sich um einen befristeten Mietvertrag nach § 542 Abs. 2 BGB, der
zeitnah endet, ist die verbleibende Vertragsdauer bei der Abwägung zu berücksichtigen.

IV. Abmahnung

Die Störung des Hausfriedens stellt eine Verletzung einer Pflicht aus dem Mietvertrag dar. 113
Gemäß § 543 Abs. 3 S. 1 BGB ist die Kündigung daher grundsätzlich erst nach einer
erfolglosen Abmahnung zulässig.

In der Abmahnung ist das **gerügte Verhalten** konkret zu bezeichnen. Der abgemahnte 114
Mieter muss wissen, welches konkrete Verhalten vom Vermieter beanstandet wird, damit
er dieses abstellen kann.

Gemäß § 543 Abs. 3 S. 2 BGB ist die Abmahnung nicht erforderlich, wenn eine solche 115
offensichtlich keinen Erfolg verspricht (Nr. 1) oder die sofortige Kündigung aus besonderen Gründen unter Abwägung der beiderseitigen Interessen gerechtfertigt ist (Nr. 2). In der
Praxis bedeutsamer ist hier die Nr. 2. Danach wird bei besonders schwerwiegenden Verstößen eine Abmahnung entbehrlich sein. Für die vorzunehmende Interessenabwägung
gelten die oben) dargestellten Grundsätze (Rn. 104 ff.).

V. weitere Störung nach Abmahnung

Aus dem Erfordernis der Abmahnung gemäß § 543 Abs. 3 S. 1 folgt, dass es nach der 116
Abmahnung zu einer weiteren Störung des Hausfriedens kommen muss. Dies gilt nicht,
wenn die Abmahnung gemäß § 543 Abs. 3 S. 2 Nr. 1 oder Nr. 2 BGB nicht erforderlich
ist. Die weitere Störung des Hausfriedens muss in etwa **gleichartig** zu der abgemahnten
Störung sein.

F. Die Kündigung des Vermieters aus einem sonstigen wichtigen Grund, § 543 Abs. 1 BGB

Liegt kein besonders normierter Fall eines zur Kündigung berechtigenden wichtigen 117
Grundes vor kommt eine außerordentliche fristlose Kündigung gemäß § 543 Abs. 1 BGB
in Betracht. Die Vorschrift ist als **Auffangtatbestand** zu den spezielleren Regelungen der
§§ 543 Abs. 2, 569 Abs. 1 u. 2 BGB anzusehen.[151]

I. Voraussetzungen

Jede Vertragspartei kann das Mietverhältnis aus wichtigem Grund außerordentlich fristlos 118
kündigen. Ein wichtiger Grund liegt gemäß § 543 Abs. 1 S. 2 BGB vor, wenn dem
Kündigenden unter Berücksichtigung alle Umstände des Einzelfalls, insbesondere eines
Verschuldens der Vertragsparteien, und unter Abwägung der beiderseitigen Interessen die

---

[149] *Blank* in Schmidt-Futterer BGB § 569 Rn. 24.
[150] *Blank* in Schmidt-Futterer BGB § 543 Rn. 160a.
[151] *Blank* in Schmidt-Futterer BGB § 543 Rn. 160.

Fortsetzung des Mietverhältnisses bis zum Ablauf der Kündigungsfrist oder bis zur sonstigen Beendigung des Mietverhältnisses nicht zugemutet werden kann. Die Kündigung kann dabei nur auf Umstände gestützt werden, die in der Person oder im Risikobereich des Kündigungsgegners begründet sind.[152]

1. Wichtiger Grund

119 Die Vorschrift setzt zunächst einen wichtigen Grund für die außerordentliche fristlose Kündigung voraus. Hier ist zu berücksichtigen, dass speziellen Regelungen in §§ 543 Abs. 2, 569 Abs. 1, 2, 2a BGB wichtige Gründe normieren. Liegt ein Fall vor, der grundsätzlich in diesen Vorschriften geregelt ist, aber ist der Tatbestand der jeweiligen Norm nicht erfüllt, so kommt ein Rückgriff auf § 543 Abs. 1 BGB nicht in Betracht. Dies folgt aus der **Spezialität** der jeweiligen Regelung. Anhand der normierten Regelbeispiele lässt sich aber ablesen, welches Gewicht in etwa einem Kündigungsgrund beizumessen ist.

2. Unzumutbarkeit der Vertragsfortsetzung

120 Dem Kündigenden darf unter Berücksichtigung aller Umstände des Einzelfalls, insbesondere eines Verschuldens der Vertragsparteien, und unter Abwägung der beiderseitigen Interessen die Fortsetzung des Mietverhältnisses bis zum Ablauf der Kündigungsfrist oder bis zur sonstigen Beendigung des Mietverhältnisses nicht zugemutet werden können. Die vorzunehmende Interessenabwägung entspricht im Wesentlichen der **Interessenabwägung** im Rahmen von § 569 Abs. 2 BGB im Rahmen der Kündigung wegen nachhaltiger Störung des Hausfriedens.

121 Nach dem Wortlaut der Vorschrift kommt es auch darauf an, ob dem Kündigenden ein Festhalten am Mietvertrag bis zum Ablauf der Kündigungsfrist zumutbar ist. Für die Kündigung durch den Vermieter berechnet sich im Rahmen der **ordentlichen Kündigung** die Kündigungsfrist nach § 573c BGB. In der obergerichtlichen Rechtsprechung spielt dieser Gesichtspunkt bei der Vermieterkündigung bisher jedoch keine entscheidende Rolle[153]. Handelt es sich um einen **befristeten Mietvertrag** nach § 542 Abs. 2 BGB, der zeitnah endet, ist die verbleibende Vertragsdauer bei der Abwägung zu berücksichtigen.

122 Die Kündigung des Mietverhältnisses und der damit verbundene Verlust der Wohnung stellt für den Mieter einen schweren Eingriff in den persönlichen Lebensbereich dar, so dass an die Voraussetzungen der Unzumutbarkeit der Vertragsfortsetzung für den Vermieter hohe Anforderungen zu stellen sind.[154] Bei der Abwägung der widerstreitenden Interessen sind die **Wertentscheidungen des Grundgesetzes** zu berücksichtigen.[155] Drohende schwerwiegende Gesundheitsbeeinträchtigungen oder Lebensgefahr wiegen im Hinblick auf Art. 2 Abs. 2 S. 1 GG bei der Abwägung der Interessen besonders schwer[156].

123 Bei der Interessenabwägung ist insbesondere auch das **Verschulden** der Parteien zu berücksichtigen. Trifft beide Parteien ein wechselseitiges Verschulden, wird eine Kündigung nicht möglich sein, wenn der Verschuldensanteil des Kündigenden überwiegt.[157]

124 Die **Interessen** des kündigenden Vermieters an der Beendigung des Mietverhältnisses auf der einen Seite und des Mieters an der Fortsetzung des Mietverhältnisses auf der anderen Seite sind zu ermitteln, gegenüberzustellen und abzuwägen.

125 Für den Mieter kann der Verlust der Wohnung wirtschaftlich besonders schwere Auswirkungen haben, wenn er in der Wohnung **umfangreiche Investitionen** vorgenommen hat, die sich noch nicht amortisiert haben. Das gilt auch umgekehrt, wenn der Vermieter in

---

[152] *Blank* in Schmidt-Futterer BGB § 543 Rn. 161.
[153] *Blank* in Schmidt-Futterer BGB § 543 Rn. 160a.
[154] BGHZ 123, 233 = NJW 1993, 2528.
[155] BGH WuM 2005, 125 = NZM 2005, 300.
[156] BGH NZM 2017, 26.
[157] *Blank* in Schmidt-Futterer BGB § 569 Rn. 163.

Erwartung eines längeren Mietverhältnisses nach den persönlichen individuellen Vorstellungen des Mieters Umbaumaßnamen durchgeführt hat.[158]

Wartet der Vermieter nach Kenntniserlangung des wichtigen Grundes vor der Erklärung der Kündigung längere Zeit ab, so ist die Kündigung zwar nicht per se gemäß § 314 Abs. 3 BGB ausgeschlossen, da die Vorschrift auf die fristlose Kündigung eines Mietverhältnisses keine Anwendung findet.[159] Bei der Interessenabwägung kann dieser Zeitablauf indes Berücksichtigung finden, da es ein **längeres Zuwarten** ein Indiz für die Zumutbarkeit der Vertragsfortführung sein kann[160]. 126

3. Abmahnung

Besteht der wichtige Grund in der Verletzung einer Pflicht aus dem Mietverhältnis, so ist die Kündigung gemäß § 543 Abs. 3 S. 1 BGB erst nach erfolglosem Ablauf einer zu Abhilfe bestimmten Frist oder nach einer erfolglosen Abmahnung zulässig. 127

Von diesem Grundsatz gelten gemäß § 543 Abs. 3 S. 2 BGB für die Kündigung nach § 543 Abs. 1 BGB zwei **Ausnahmen.** Gemäß Nr. 1 ist eine Frist oder Abmahnung nicht erforderlich, wenn eine solche offensichtlich keinen Erfolg verspricht. Gemäß Nr. 2 kann die sofortige Kündigung (ohne Abhilfefrist oder Abmahnung) aus besonderen Gründen unter Abwägung der beiderseitigen Interessen gerechtfertigt sein. In der Praxis bedeutsamer dürfte die Nr. 2 sein. Danach wird bei besonders schwerwiegenden Pflichtverletzungen eine Abmahnung entbehrlich sein. Für die vorzunehmende Interessenabwägung gelten die allgemeinen oben dargestellten Grundsätze. 128

Inhaltlich müssen sich aus der Abmahnung die **konkreten Beanstandungen** des Vermieters ergeben, die der Mieter abstellen soll. Die Abmahnung unterliegt keinem Formerfordernis, kann also auch mündlich erfolgen.[161] Aus Beweisgründen empfiehlt sind aus Sicht des Vermieters jedoch die Schriftform und ein Zugangsnachweis. 129

4. Weitere Störung nach Abmahnung

Aus dem Erfordernis der Abmahnung gemäß § 543 Abs. 3 S. 1 folgt, dass es nach der Abmahnung zu einer **weiteren Pflichtverletzung** kommen muss. Die weitere Pflichtverletzung muss dann in etwa gleichartig wie der abgemahnten Pflichtverletzung sein. Dem Mieter muss es möglich sein, nach Erhalt der Abmahnung sein Verhalten umzustellen. Aus diesem Grunde kann eine Kündigung die nur wenige Tage nach der Abmahnung erfolgt, unwirksam sein[162]. 130

II. Fallgruppen

1. Verletzung von Aufklärungspflichten/Falsche Selbstauskunft

Eine Kündigung durch den Vermieter, eventuell auch ein Anfechtungsrecht, kommt in Betracht, wenn der Mieter den Vermieter bei Vertragsschluss über Umstände, die für den Vertragsabschluss von Bedeutung sind, durch **falsche Angaben** täuscht. 131

Häufig verlangen Vermieter von ihrem potentiellen Mieter eine sogenannte „**Selbstauskunft**". Die Zulässigkeit der vom Vermieter gestellten Fragen an den Vermieter richtet sich seit dem 25.5.2018 nach der anwendbaren Datenschutz-Grundverordnung, DSGVO). Wegen des Grundsatzes der „Datenminimierung" sind nur Fragen zulässig, die für den Vermieter für die Entscheidung über den Vertragsabschluss erforderlich sind. Hierzu dürften Fragen nach dem Namen, der Anschrift, dem Geburtsdatum, dem Familienstand, 132

---
[158] Blank in Schmidt-Futterer BGB § 569 Rn. 23.
[159] BGH 13.7.2016 – VIII ZR 296/15, NJW 2016, 3720 = MDR 2016, 1132 = NZM 2016, 791; aA MüKoBGB/Häublein § 569 Rn. 25 und Blank in Schmidt-Futterer BGB § 569 Rn. 30.
[160] Blank in BGH NJW-RR 1988, 77.
[161] Blank in Schmidt-Futterer BGB § 541 Rn. 5.
[162] LG Berlin WuM 2016, 490 (unpünktliches Zahlungsverhalten).

dem Beruf, dem monatlichen Einkommen, der Bonität[163], der Anzahl der Personen des Hausstandes, nach etwaigen Haustieren und nach Angaben zum Vormietverhältnis (Vermieter, Dauer des Mietverhältnisses, Erfüllung mietvertraglicher Pflichten) gehören.[164] Der Vermieter kann grundsätzlich bei falscher Beantwortung zulässiger Fragen kündigen, wenn auch die Voraussetzungen einer Anfechtung wegen Irrtums (§ 119 BGB) oder Arglist (§ 123 BGB) vorliegen. Etwas anderes kann sich im Rahmen der durchzuführenden Interessenabwägung ergeben, wenn das Mietverhältnis bereits eine längere Zeit beanstandungslos besteht und die die Falschangabe nicht negativ ausgewirkt hat.[165]

2. Strafbare Handlungen gegenüber dem Vermieter oder anderer Personen aus dem mietvertraglichen Schutzbereich

133 **Strafbare Handlungen** des Mieters stellen Vertragsverletzungen gemäß §§ 535, 241 Abs. 2 BGB dar, wenn sie sich gegen den Vermieter, dessen Stellvertreter, Beauftragten, Mitarbeiter oder andere Hausbewohner richten.[166] In Betracht kommen hier beispielsweise Beleidigung (§ 185 StGB), üble Nachrede (§ 186 StGB), Verleumdung (§ 187 StGB), Nötigung (§ 240 StGB), Hausfriedensbruch (§ 123 StGB), Sachbeschädigung (§ 303 StGB) oder Tätlichkeiten in Form einer Körperverletzung (§§ 223 ff. StGB). Taten durch Erfüllungsgehilfen, zu denen beispielsweise Besucher des Mieters gehören, muss sich der Mieter gemäß § 278 BGB zurechnen lassen.[167]

134 Im Rahmen der durchzuführenden Abwägung der gegenseitigen Interessen der Mietparteien wird nicht jede tatbestandlich vorliegende **Beleidigung** oder andere Straftat eine fristlose Kündigung rechtfertigen können, sondern nur eine schwerwiegende. Es ist wie in allen Fällen des § 543 Abs. 1 BGB zu prüfen, ob die Fortsetzung des Mietverhältnisses nicht zugemutet werden kann. Eine klare Kasuistik, welche Beleidigungen eine Kündigung rechtfertigen könne und welche nicht ausreichen, gibt es nicht[168]. Vielmehr muss in jedem Einzelfall eine Interessenabwägung unter Würdigung der Gesamtumstände erfolgen.

135 Die grundsätzlich im Rahmen einer Kündigung nach § 543 Abs. 1 BGB nach § 543 Abs. 3 S. 1 BGB erforderliche **Abmahnung** wird bei schwerwiegenden Straftaten nach § 543 Abs. 3 S. 2 Nr. 2 BGB entbehrlich sein. Bei einer schweren Beleidigung ist regelmäßig das für die Vertragserfüllung unerlässliche Vertrauen der Mietparteien untereinander zerstört[169], welches durch eine Abmahnung nicht wiederhergestellt werden kann.[170]

3. Zahlungsverhalten

136 Ein wichtiger Grund für einen Kündigung durch den Vermieter kann **in unpünktlichen Mietzahlungen** des Mieters liegen. Davon zu unterscheiden sind unvollständige Mietzahlungen, bei denen sich das Kündigungsrecht des Vermieters nach §§ 543 Abs. 2 Nr. 3, 569 Abs. 3 BGB richtet. Die unpünktlichen Mietzahlungen müssen nachhaltig sein, also einen längeren Zeitraum erfassen[171]. Einen eindeutigen Grenzwert, wann eine nachhaltige zur Kündigung berechtigende Zahlungsunpünktlichkeit vorliegt, wurde bislang von der Rechtsprechung nicht festgelegt. Zwei Faktoren sind indes von Bedeutung. Zum einen kommt es darauf an, dass die Zahlungsunpünktlichkeit an mehreren Terminen gegeben ist. Zahlt der Mieter innerhalb eines Jahres an sechs Zahlungsterminen unpünktlich, dürfte im Regelfall von einer nachhaltigen Zahlungsunpünktlichkeit auszugehen[172]. Zum anderen ist

---

[163] LG Lüneburg 13.6.2019 – 6 S 1/19, ZMR 2019, 868.
[164] *Blank* in Schmidt-Futterer BGB § 543 Rn. 204a.
[165] *Blank* in Schmidt-Futterer BGB § 543 Rn. 200.
[166] *Blank* in Schmidt-Futterer BGB § 543 Rn. 187.
[167] BGH NZM 2017, 26; *Blank* in Schmidt-Futterer BGB § 543 Rn. 187.
[168] Beispiele bei *Blank* in Schmidt-Futterer BGB § 543 Rn. 188.
[169] AG Düsseldorf 11.7.2019 – 27 C 346/18, GE 2019, 1313.
[170] *Blank* in Schmidt-Futterer BGB § 543 Rn. 189.
[171] *Blank/Börstinghaus* in Blank/Börstinghaus § 543 Rn. 13.
[172] *Blank/Börstinghaus* in Blank/Börstinghaus § 543 Rn. 13.

auch die Dauer der Terminüberschreitungen zu beachten. Geringfügige Überschreitungen der Zahlungstermine von bis zu einer Woche dürften zwar nicht grundsätzlich unerheblich sein, aber im Rahmen der Interessenabwägen weniger schwerwiegend[173].

137 Zu beachten ist, dass eine Kündigung wegen unpünktlicher Mietzahlungen nicht durch vollständige Befriedigung des Vermieters gemäß § 569 Abs. 3 Nr. 2 BGB unwirksam wird.

138 Im Rahmen der **Interessenabwägung** sind insbesondere die Folgen der unpünktlichen Mietzahlungen für den Vermieter und die Folgen einer Vertragsbeendigung für die Mieter sowie der Grad des Verschuldens des Mieters zu berücksichtigen.

139 Für ein überwiegendes Interesse des Vermieters an der Beendigung des Mietverhältnisses kann sprechen, wenn durch das Zahlungsverhalten des Mieters das Vertrauensverhältnis zwischen den Parteien nachhaltig zerstört wurde.[174] Zu Gunsten des Vermieters kann auch sprechen, wenn dieser auf die pünktliche Zahlung der Miete aufgrund eigener schlechter Einkommensverhältnisse oder laufender Zahlungsverpflichtungen angewiesen ist[175]. Auf der anderen Seite kann zu Gunsten des Mieters sprechen, wenn dieser kurzzeitig in eine finanzielle Notlage geraten ist und sich redlich um Abhilfe bemüht.

140 Ein Verschulden des Mieters ist nicht erforderlich. Für Geldschulden trägt der Mieter grundsätzlich das **Beschaffungsrisiko** (§ 276 Abs. 1 BGB). Gleichwohl ist der Grad des Verschuldens im Rahmen der Interessenabwägung zu berücksichtigen.[176] Ein Verschulden des Jobcenters muss sich der Mieter dabei nicht zurechnen lassen, dass dieser nicht Erfüllungsgehilfe des Mieters im Sinne von § 278 BGB ist.[177]

141 Auch die **Nichtzahlung von mietrechtlichen Verbindlichkeiten,** die nicht unter § 543 Abs. 2 S. 1 Nr. 3 BGB fallen, wie Nachzahlungen aus Betriebskostenabrechnungen, kommen als Kündigungsgrund nach § 543 Abs. 1 BGB grundsätzlich in Betracht. Im Rahmen der Interessenabwägung kann man sich an der Schwere der in § 543 Abs. 2 S. 1 Nr. 3 BGB normierten Fälle orientieren. Danach dürfte die Kündigung zunächst mindestens einen Rückstand in Höhe einer Monatsmiete voraussetzen. Ferner muss es sich um einen Rückstand handeln, der aus mindestens zwei Abrechnungsperioden herrührt.[178] Im Rahmen des § 543 Abs. 1 BGB müssen – neben einer Abmahnung – indes noch weitere Umstände hinzutreten, die eine Interessenabwägung zu Gunsten des Vermieters begründen.

142 Die Nichtzahlung von **Prozesskosten** aus einer vorangegangenen Mietstreitigkeit[179] oder einer titulierten Schadensersatzforderung[180] soll in der Regel eine Kündigung nach § 543 Abs. 1 BGB nicht begründen können.

Kapitel 13. Die außerordentliche fristgerechte Kündigung des Vermieters

Übersicht

	Rn.
A. Vertrag über mehr als 30 Jahre	1
I. Einleitung	1
II. Erläuterung	2
B. Kündigung nach Tod des Mieters	5
I. Einleitung	5
II. Kündigungsrecht des Vermieters gemäß § 563 Abs. 4 BGB	6

---

[173] KG WuM 2019, 2019, 579; LG München WuM 1991, 346.
[174] OLG Düsseldorf WuM 1996, 411 (412).
[175] *Blank* in Schmidt-Futterer BGB § 543 Rn. 174.
[176] *Blank* in Schmidt-Futterer BGB § 543 Rn. 175.
[177] BGH NZM 2016, 635.
[178] *Blank* in Schmidt-Futterer BGB § 543 Rn. 185.
[179] BGH NJW 2010, 3020 = WuM 2010, 571.
[180] *Blank* in Schmidt-Futterer BGB § 543 Rn. 186a.

	Rn.
III. Kündigungsrecht des Mitmieters gemäß § 563a Abs. 2 BGB	9
IV. Kündigungsrecht des Erben und des Vermieters gemäß § 564 BGB	10
C. Kündigung nach Beendigung des Nießbrauchs	13
I. Einleitung	13
II. Wirksame Nießbrauchsbestellung	17
III. Kündigungsschutz bei Wohnraummietverhältnissen	18
IV. Kündigungsfrist	19
V. Fristsetzung gemäß § 1056 Abs. 3 BGB	20
VI. Ausschluss des Kündigungsrechts bei persönlicher Bindung des Eigentümers an den Mietvertrag	22
VII. Kein Kündigungsrecht des Mieters	24
D. Kündigung nach Eintritt des Nacherbfalles	25
I. Einleitung	25
II. Kündigungsschutz bei Wohnraummietverhältnissen	27
III. Ausschluss des Kündigungsrechts bei persönlicher Bindung des Nacherben an den Mietvertrag	29
IV. Keine analoge Anwendung bei unentgeltlicher Gebrauchsüberlassung	30
V. Keine analoge Anwendung auf bewegliche Sachen	31
VI. Kündigungsfrist	32
VII. Fristsetzung gemäß § 2135 iVm § 1056 Abs. 3 BGB	33
VIII. Kein Kündigungsrecht des Mieters	35
E. Kündigung nach Erlöschen des Erbbaurechts	36
I. Einleitung	36
II. Schicksal des Miet- und Pachtvertrags bei Erlöschen des Erbbaurechts	37
III. Kündigungsschutz bei Wohnraummietverhältnissen	39
IV. Ausschluss des Kündigungsrechts bei persönlicher Bindung des Eigentümers an den Mietvertrag	40
V. Fristsetzung durch den Mieter	42
VI. Kein Kündigungsrecht des Mieters	44
VII. Das Erbbaurecht in der Zwangsversteigerung	45
F. Kündigung durch den Dauerwohnberechtigten	46
I. Einführung	46
II. Anwendbarkeit	51
III. Schicksal des Mietvertrags bei Erlöschen des Dauerwohnrechts, § 37 Abs. 1 WEG	52
IV. Schicksal des Mietvertrags bei Heimfall des Dauerwohnrechts, § 37 Abs. 2 WEG	55
V. Schicksal des Mietvertrags bei Veräußerung des Dauerwohnrechts, § 37 Abs. 3 WEG	57
G. Kündigung in der Vermieterinsolvenz	61
I. Vorbemerkung	61
II. Mietvertrag über Räume, bei denen es sich nicht um die Wohnung des Insolvenzschuldners handelt	62
III. Mietvertrag betreffend die Wohnung des Insolvenzschuldners	69
H. Kündigungsrecht durch den Ersteher in der Zwangsversteigerung	70
I. Einleitung	70
II. Kündigungsschutz bei Wohnraummietverhältnisse	73
III. Kündigungsberechtigung	74
IV. Kündigungsobjekt	75
V. Kündigungsfrist	76
I. Kündigungsfristen der außerordentlichen Kündigung mit gesetzlicher Frist	77

A. Vertrag über mehr als 30 Jahre

I. Einleitung

Die Vorschrift, welche eine Kündigungsmöglichkeit bei für längeren als dreißig Jahren geschlossenen Mietverträgen vorsieht, soll die Entstehung einer sog. **„Erbmiete"** verhindern[1]. 1

II. Erläuterung

Die Vorschrift gilt für die Miete aller Arten beweglicher Sachen, nicht nur für die Grundstücksmiete. Auch Pacht- und Untermietverträge sind erfasst[2]. Der Mietvertrag muss für eine längere Zeit als 30 Jahre geschlossen worden sein. Dies ist nicht der Fall bei **Kettenmietverträgen**[3]. Die Frist beginnt sowohl bei einem in Vollzug gesetzten Mietverhältnis als auch bei einem nicht in Vollzug gesetzten Mietverhältnis jeweils bereits mit dem vertraglich vereinbarten Überlassungszeitpunkt; auf die tatsächliche Überlassung kommt es nicht an[4]. 2

§ 544 BGB findet auch Anwendung, wenn das Recht des Vermieters zur ordentlichen Kündigung für mehr als dreißig Jahre ausgeschlossen ist; auf eine Kündigungsmöglichkeit des Mieters kommt es nicht an[5]. Ebenfalls anwendbar ist die Vorschrift, wenn die Bindung des Vermieters aus anderen Gründen mehr als dreißig Jahre beträgt, etwa bei befristeten Mietverhältnissen mit **Verlängerungsklauseln,** einer **Verlängerungsoption** von mehr als dreißig Jahren oder bei Mietverhältnissen unter auflösenden Bedingungen[6]. 3

Jede Partei kann nach Ablauf von dreißig Vertragsjahren (nicht Kalenderjahren) die Kündigung erklären. Die gesetzliche Kündigungsfrist ist maßgeblich. Es handelt sich um ein **befristetes außerordentliches Kündigungsrecht.** Wird dieses nicht genutzt, läuft der Mietvertrag bis zum Ablauf der vertraglichen Laufzeit[7]. Eine Kündigungsmöglichkeit besteht jedoch nicht bei einem für die **Lebenszeit** des Vermieters oder Mieters geschlossenen Vertrages, § 544 S. 2 BGB. Die Vorschrift findet nur Anwendung bei natürlichen Personen; bei Personenmehrheit auf Mieter- oder Vermieterseite ist auf den Letztversterbenden an[8]. Die Vereinbarung einer **Lebenszeitbefristung** liegt nur vor, wenn eine kalendermäßige Befristung gerade nicht vorgesehen ist, auch wenn ausgeschlossen ist, dass eine Partei diese erlebt, etwa bei einem Pachtvertrag über 99 Jahre[9]. 4

B. Kündigung nach Tod des Mieters

I. Einleitung

Die §§ 563 ff. BGB normieren das Schicksal des Wohnraummietverhältnisses bei Tod des bzw. eines (Mit-)Mieters. § 563 BGB regelt hier das **Eintrittsrecht** eng verbundener Personen, § 563a BGB ein Fortsetzungsrecht des überlebenden Mitmieters und § 564 BGB die Fortsetzung mit dem Erben. 5

---

[1] *Blank/Börstinghaus* in Blank/Börstinghaus BGB § 544 Rn. 1 mwN.
[2] *Blank/Börstinghaus* in Blank/Börstinghaus BGB § 544 Rn. 2.
[3] *Blank/Börstinghaus* in Blank/Börstinghaus BGB § 544 Rn. 5.
[4] OLG Karlsruhe MDR 2008, 620; *Blank/Börstinghaus* in Blank/Börstinghaus BGB § 544 Rn. 6 f.
[5] *Blank/Börstinghaus* in Blank/Börstinghaus BGB § 544 Rn. 9.
[6] Zu diesen und weiteren Beispielen: *Blank/Börstinghaus* in Blank/Börstinghaus BGB § 544 Rn. 8 ff.
[7] *Blank/Börstinghaus* in Blank/Börstinghaus BGB § 544 Rn. 23 ff.
[8] *Blank/Börstinghaus* in Blank/Börstinghaus BGB § 544 Rn. 26.
[9] *Blank/Börstinghaus* in Blank/Börstinghaus BGB § 544 Rn. 26 mwN.

II. Kündigungsrecht des Vermieters gemäß § 563 Abs. 4 BGB

6 Gemäß § 563 Abs. 1 treten der **Ehegatte** oder **Lebenspartner,** mit dem er verstorbene Mieter einen gemeinsamen Haushalt führte, nach dem Tod des Mieters in das Mietverhältnis ein. Soweit ein Ehepartner bzw. Lebenspartner nicht vorhanden ist, treten **Kinder** oder andere Personen ein, die mit dem verstorbenen Mieter einen Haushalt führten, § 563 Abs. 2 BGB. Voraussetzung ist lediglich, dass der Eintrittswillige und der Mieter vor dem Tod des Mieters einen auf Dauer angelegten Haushalt geführt haben. Einer **exklusiven Haushalts- oder Lebensgemeinschaft,** die keine weiteren Bindungen gleicher Art zulässt, bedarf es nicht[10].

7 Durch einseitige Erklärung gemäß § 563 Abs. 3 S. 1 BGB können die Eintretenden dem Eintritt widersprechen. Ein solches Widerspruchsrecht steht dem Vermieter nicht zur Seite. Der Vermieter kann nur gemäß § 563 Abs. 4 BGB außerordentlich mit gesetzlicher Frist kündigen, wenn in der Person des Eingetretenen ein wichtiger Grund vorliegt. Ein wichtiger Grund muss so beschaffen sein, dass er dem Vermieter die Fortsetzung des Mietverhältnisses auf Grund von Umständen unzumutbar macht, die in der Person des Mieters liegen[11]. Eine objektiv feststehende **finanzielle Leistungsunfähigkeit** eines nach dem Tod des Mieters in das Mietverhältnis Eintretenden kann einen wichtigen Grund zur Kündigung des Mietverhältnisses nach § 563 Abs. 4 BGB darstellen. Voraussetzung hierfür ist regelmäßig, dass dem Vermieter ein zuwarten, bis die Voraussetzungen einer Kündigung wegen Zahlungsverzugs nach § 543 Abs. 2 S. 1 Nr. 3 BGB erfüllt sind, nicht zuzumuten ist. Eine auf eine nur **drohende finanzielle Leistungsunfähigkeit** oder eine gefährdet erscheinende Leistungsfähigkeit des Eintretenden gestützte Unzumutbarkeit der Fortsetzung des Mietverhältnisses stellt nur dann einen Kündigungsgrund nach § 563 Abs. 4 BGB dar, wenn sie auf konkreten Anhaltspunkten und objektiven Umständen beruht, die nicht bloß die Erwartung rechtfertigen, sondern vielmehr den zuverlässigen Schluss zulassen, dass fällige Mietzahlungen alsbald ausbleiben werden[12]. Soweit der Eintretende die Wohnung nicht (nur) zu Wohnzwecken, sondern zu nach außen tretenden beruflichen Tätigkeiten nutzt, muss dies der Vermieter nicht ohne vorherige Vereinbarung dulden, so dass auch in diesem Fall ein wichtiger Grund iSd § 563 Abs. 4 BGB vorliegen kann[13].

8 Die Kündigung muss binnen eines Monats erfolgen, nachdem der Vermieter vom Tod des Mieters und dem endgültigen Eintritt Kenntnis erlangt[14].

III. Kündigungsrecht des Mitmieters gemäß § 563a Abs. 2 BGB

9 Sind mehrere Personen iSd § 563 gemeinsam Mieter, so wird das Mietverhältnis beim Tod eines Mieters mit den überlebenden Mietern fortgesetzt, § 563a Abs. 2 BGB. Ein Sonderkündigungsrecht des Vermieters besteht hier – anders als gemäß § 563 Abs. 4 BGB bezgl. der eintretenden Personen – nicht[15]. Jedoch können hier die überlebenden Mieter das Mietverhältnis innerhalb eines Monats, nachdem sie vom Tod des anderen Mieters Kenntnis erlangt haben, außerordentlich mit der gesetzlichen Frist kündigen, § 563a Abs. 2 BGB. Bei Fortsetzung des Mietverhältnisses durch mehrere Mitmieter hat die Kündigung durch alle zu erfolgen[16]. Die Kündigungsfrist beginnt bei **Mietermehrheit** erst mit positiver Kenntnis des letzten Mitmieters[17]. Dieses Kündigungsrecht kann nicht zulasten der Mieter durch Vereinbarung abbedungen werden, § 563a Abs. 3 BGB.

---

[10] LG Berlin BeckRS 2016, 1369.
[11] BGH NZM 2013, 456 = NJW 2013, 1806.
[12] BGH NZM 2018, 325 = NJW 2018, 2397.
[13] BGH NZM 2013, 456 = NJW 2013, 1806.
[14] HK-BGB/Scheuch BGB § 564 Rn. 5.
[15] *Blank/Börstinghaus* in Blank/Börstinghaus BGB § 563a Rn. 10.
[16] *Blank/Börstinghaus* in Blank/Börstinghaus BGB § 563a Rn. 9.
[17] *Blank/Börstinghaus* in Blank/Börstinghaus BGB § 563a Rn. 9.

IV. Kündigungsrecht des Erben und des Vermieters gemäß § 564 BGB

Soweit das Mietverhältnis nicht mit eng verbundenen Personen oder Mitmietern fortgesetzt wird, wird es mit den **Erben** fortgesetzt. In diesem Fall ist sowohl der Erbe als auch der Vermieter berechtigt, das Mietverhältnis innerhalb eines Monats außerordentlich mit der gesetzlichen Frist zu kündigen, nachdem sie vom Tod des Mieters und davon Kenntnis erlangt haben, dass ein Eintritt in das Mietverhältnis oder dessen Fortsetzung nicht erfolgt sind, § 564 BGB. Hier handelt es sich um ein außerordentliches Kündigungsrecht mit gesetzlicher Kündigungsfrist. Soweit mehrere Personen Erben sind, hat die Kündigung durch alle Erben zu erfolgen, unabhängig ob die Nutzung des Wohnraums durch alle Erben erfolgt[18]. 10

Unterlässt der nach § 564 S. 1, § 1922 Abs. 1 BGB in das Mietverhältnis eingetretene Erbe dieses nach § 564 S. 2 BGB außerordentlich zu kündigen, liegt allein hierin keine Verwaltungsmaßnahme, welche die nach Ablauf dieser Kündigungsfrist fällig werdenden Verbindlichkeiten aus dem Mietverhältnis zu **Nachlasserbenschulden** beziehungsweise Eigenverbindlichkeiten werden lässt, für die der Erbe – auch – persönlich haftet. Eine persönliche Haftung tritt aber dann ein, wenn der Erbe nach wirksamer Beendigung des Mietverhältnisses seiner Pflicht aus § 546 Abs. 1, § 985 BGB zur Räumung und Herausgabe der Mietsache nicht nachkommt[19]. 11

Eines Kündigungsgrundes bedarf nach dem ausdrücklichen Wortlaut der Vorschrift auch der Vermieter nicht; allerdings gelten die Regelungen zum **Kündigungswiderspruch** gemäß § 574 BGB auch hier bei einer Vermieterkündigung[20]. 12

C. Kündigung nach Beendigung des Nießbrauchs

I. Einleitung

§ 1056 BGB regelt das Schicksal eines Grundstücksmietvertrags, welches der Nießbraucher vermietet hat, im Falle der **Beendigung des Nießbrauchs.** 13

Hat der **Nießbraucher** ein Grundstück über die Dauer des Nießbrauchs hinaus vermietet oder verpachtet, so finden nach der Beendigung des Nießbrauchs die für den Fall der Veräußerung von vermietetem Wohnraum geltenden Vorschriften der §§ 566, 566a, 556b Abs. 1 BGB und der §§ 566c–566e, 567b BGB entsprechende Anwendung, § 1056 Abs. 1 BGB. Gemäß § 1056 Abs. 2 Satz BGB ist der Eigentümer berechtigt, das Miet- oder Pachtverhältnis unter Einhaltung der gesetzlichen Kündigungsfrist zu kündigen. Verzichtet der Nießbraucher auf den Nießbrauch, so ist die Kündigung erst von der Zeit an zulässig, zu welcher der Nießbrauch ohne den Verzicht erlöschen würde, § 1056 Abs. 2 S. 2 BGB. § 1056 Abs. 3 BGB bestimmt, dass der Mieter oder der Pächter berechtigt ist, den Eigentümer unter Bestimmung einer angemessenen Frist zur Erklärung darüber aufzufordern, ob er von dem Kündigungsrecht Gebrauch macht. Die Kündigung kann dann nur bis zum Ablauf dieser Frist erfolgen. 14

Die Vorschrift ist seit ihrer Entstehung beinahe unverändert. Lediglich durch das **Mietrechtsreformgesetz** vom 19.6.2001 wurde eine redaktionelle Änderung des ersten Absatzes notwendig. Statt auf die früheren §§ 571, 572, 573 S. 1 und §§ 574–576, 579 BGB wird nunmehr die entsprechende Anwendung der §§ 566, 566a, 566b Abs. 1 und §§ 566c–566e, 567b BGB normiert. 15

Aufgrund der Anordnung des § 1056 BGB führt der **Heimfall des Nutzungsrechts** an dem Nießbrauchgrundstück nicht zu einem Erlöschen des Miet- oder Pachtvertrags[21], sondern durch die Verweisung auf die Vorschriften der §§ 566 ff. BGB gilt auch hier der Grundsatz „Kauf bricht Miete nicht" und schützt den Mieter oder Pächter gegenüber dem 16

---

[18] Blank/Börstinghaus in Blank/Börstinghaus BGB § 564 Rn. 34.
[19] BGH NZM 2020, 461 = NJW-RR 2020, 6.
[20] Blank/Börstinghaus in Blank/Börstinghaus BGB § 564 Rn. 43, 45.
[21] Anders grundsätzlich beim Heimfall des Dauerwohnrechts, vgl. die Kommentierung bei § 37 WEG.

Eigentumsherausgabeanspruch des Grundstückseigentümers; ohne die Regelung des § 1056 BGB wäre der Mieter dem Anspruch aus § 985 BGB ausgesetzt ohne eine Einwendung iSd § 986 BGB[22].

II. Wirksame Nießbrauchsbestellung

17 Die Vorschrift des § 1056 BGB findet nur Anwendung, wenn der **Nießbrauch** an dem Grundstück **wirksam bestellt** wurde; ist die Bestellung nichtig oder es besteht ein lediglich vertraglicher Anspruch auf Einräumung, ist § 1056 BGB weder direkt noch entsprechend anwendbar[23].

III. Kündigungsschutz bei Wohnraummietverhältnissen

18 Soweit es sich bei dem vom Nießbraucher begründeten Mietverhältnis um ein Wohnraummietverhältnis handelt greifen nach allgemeiner Meinung im Rahmen des Kündigungsrechts gemäß § 1056 Abs. 2 BGB alle **mieterschützenden Kündigungsschutzvorschriften** ein, insbesondere also §§ 573 ff. BGB, aber auch §§ 549, 568 BGB[24]. In Wohnraummietverhältnissen wird die Vorschrift daher selten praktisch relevant. Denkbar ist der Fall, dass das der nicht selbst gebundene Eigentümer (hierzu unten) in den Mietvertrag eintritt, in welchem der Nießbraucher seinerzeit auf eine Eigenbedarfskündigung verzichtete.

> **Praxishinweis**
> Soweit es sich um ein Wohnraummietverhältnis handelt, greifen die mieterschützenden Kündigungsschutzvorschriften ein.

IV. Kündigungsfrist

19 Bei dem Kündigungsrecht des § 1056 Abs. 2 BGB handelt es sich um **außerordentliches Kündigungsrecht mit gesetzlicher Kündigungsfrist**[25]. Das Kündigungsrecht ist – anders als bei § 30 ErbbauRG – nicht auf bestimme Kündigungstermine begrenzt; es besteht vielmehr bis zur Beendigung des Mietvertrags[26].

V. Fristsetzung gemäß § 1056 Abs. 3 BGB

20 Der Mieter oder der Pächter ist berechtigt, den Eigentümer unter Bestimmung einer angemessenen **Frist** zur **Erklärung** darüber aufzufordern, ob er von dem Kündigungsrecht Gebrauch mache, § 1056 Abs. 3 S. 1 BGB, mit der Folge, dass die Kündigung dann nur bis zum Ablauf der Frist erfolgen kann, § 1056 Abs. 3 S. 2 BGB. Diese Fristsetzung entspricht der Regelung bei Erlöschen des Erbbaurechts, § 30 Abs. 3 ErbbauRG.

21 Die vom Mieter gesetzte Frist muss angemessen sein, mithin muss der Eigentümer in dieser Frist die Möglichkeit haben, die Vor- und Nachteile der Kündigung abzuwägen[27]. Bei der Frist handelt es sich um eine einseitige empfangsbedürftige Willenserklärung[28]. Eine schematische Bestimmung dieser **Frist** verbietet sich. Vielmehr sind hier die **Umstände**

---

[22] *Heinze* in Staudinger, BGB, Bearbeitung 2017, § 1056 Rn. 1.
[23] OLG Köln NJW 1968, 2148; *Bayer* in Erman, BGB, 16. Aufl. 2020, § 1056 Rn. 4; *Lenders* in Herberger/Martinek/Rüßmann ua, jurisPK-BGB, 9. Aufl. 2020, BGB § 1056 Rn. 9.
[24] BGH NJW 2015, 2650 = NZM 2015, 658; *Bayer* in Erman, BGB, 16. Aufl. 2020, § 1056 Rn. 1.
[25] BGH NZM 2012, 558 = WuM 2012, 690.
[26] MüKoBGB/*Pohlmann* § 1056 Rn. 15.
[27] *Heinze* in Staudinger, 2017, BGB, § 1056 Rn. 18.
[28] *Rapp* in Staudinger, 2017, BGB, ErbbauRG § 30 Rn. 5 zum inhaltsgleichen § 30 Abs. 3 ErbbauRG.

des Einzelfalls maßgeblich. Eine nicht angemessene Frist ist nicht wirkungslos, sondern setzt einen angemessenen Fristlauf in Gang[29]. Die Kündigungserklärung muss in der Frist abgegeben werden, auch wenn sich die Kündigung erst auf einen nach der Frist liegenden Zeitpunkt bezieht[30]. Erklärt sich der Eigentümer auf die Fristsetzung bis zum Ablauf der angemessenen Frist nicht, erlischt das Kündigungsrecht[31].

VI. Ausschluss des Kündigungsrechts bei persönlicher Bindung des Eigentümers an den Mietvertrag

Nach der Rechtsprechung des Bundesgerichtshofs ist dem Eigentümer nach Treu und Glauben eine Kündigung nach § 1056 Abs. 2 BGB verwehrt, wenn er unabhängig von § 1056 Abs. 1 BGB **persönlich an den Mietvertrag** gebunden ist. Dies etwa dann, wenn er den Mietvertrag vor der Bewilligung des Nießbrauchs noch als Eigentümer selbst abgeschlossen hatte, wenn er dem Mietvertrag beigetreten oder wenn er Alleinerbe des Vermieters geworden ist[32]; in diesen Fällen muss sich der Eigentümer etwa an die vereinbarte Laufzeit des Mietvertrages oder einer sonstigen Erschwerung der ordentlichen Kündigung festhalten lassen[33]. Anderes gilt jedoch, wenn auf Vermieterseite nach dem Tod des vermietenden Nießbrauchers mehrere Personen eintreten, von denen nur einige Eigentümer des mit dem Nießbrauch belasteten Grundstücks sind. Denn das Kündigungsrecht gemäß § 1056 Abs. 2 BGB soll nach der Rechtsprechung des Bundesgerichtshofs dann nicht entfallen, wenn zwischen dem Grundstückseigentümer und dem Erben des Nießbrauchers keine **Personenidentität** besteht, etwa weil die Miteigentümer des belasteten Grundstücks Teil einer noch weitere Personen umfassenden Miterbengemeinschaft sind[34]. Als Bruchteilseigentümer können die Miterben das Mietverhältnis über das gemeinschaftliche Grundstück sodann wirksam mit Stimmenmehrheit kündigen, wenn sich die Kündigung als Maßnahme einer ordnungsgemäßen Verwaltung gemäß § 745 Abs. 1 S. 1 BGB darstellt[35].

22

Ebenfalls ausgeschlossen ist eine Kündigung gemäß § 1056 Abs. 2 BGB durch einen Erwerber, an den der Grundstückseigentümer nach Heimfall des Nutzungsrechts an dem Nießbrauchsgrundstück dieses veräußert[36]. Denn das Kündigungsrecht des Eigentümers, der nach der Beendigung des Nießbrauchs in einen vom Nießbraucher abgeschlossenen Miet- oder Pachtvertrag als Vermieter oder Verpächter eingetreten ist, geht ohne besondere Vereinbarung nicht auf den Erwerber über[37]; denn dieses Kündigungsrecht weist weder einen konkreten Bezug zu dem Miet- oder Pachtobjekt auf, noch findet es seine Grundlage in der zwischen dem ursprünglichen Vermieter oder Verpächter (Nießbraucher) und dem Mieter oder Pächter getroffenen Vereinbarung[38]. Als ein auf die Fälle der Vermietung oder Verpachtung des Grundstücks durch den Nießbraucher beschränktes Recht trägt es vielmehr der besonderen Situation Rechnung, die sich im Fall der Beendigung des Nießbrauchs auf Grund des in § 1056 Abs. 1 BGB angeordneten **gesetzlichen Vertragsübergangs** für den Eigentümer ergibt[39].

23

---

[29] *Rapp* in Staudinger 2017 BGB ErbbauRG § 30 Rn. 5 zum inhaltsgleichen § 30 Abs. 3 ErbbauRG.
[30] *Heinze* in Staudinger 2017 BGB § 1056 Rn. 18; jurisPK-BGB/*Lenders* 9. Aufl. 2020 BGB § 1056 Rn. 4.
[31] *Frank* in Staudinger 2009 BGB § 1056 Rn. 18.
[32] BGH NZM 2012, 558 = WuM 2011, 690; BGH NJW 1990, 443 = WuM 1990, 29.
[33] BGH 12.10.2011 – VIII ZR 50/11, NZM 2012, 558.
[34] BGH NJW 2011, 61 = ZMR 2011, 202.
[35] BGH NJW 2011, 61 = ZMR 2011, 202.
[36] jurisPK-BGB/*Lenders* 9. Aufl. 2020 BGB § 1056 Rn. 5.
[37] jurisPK-BGB/*Lenders* 9. Aufl. 2020 BGB § 1056 Rn. 5.
[38] BGH NZM 2010, 474 = DNotZ 2010, 941.
[39] BGH NZM 2010, 474 = DNotZ 2010, 941.

VII. Kein Kündigungsrecht des Mieters

24 Durch § 1056 BGB wird **kein** besonderes **Kündigungsrecht des Mieters** bei Beendigung des Nießbrauchs begründet.

D. Kündigung nach Eintritt des Nacherbfalles

I. Einleitung

25 Hat der **Vorerbe** ein zur Erbschaft gehörendes Grundstück oder eingetragenes Schiff vermietet oder verpachtet, so findet, wenn das Miet- oder Pachtverhältnis bei dem Eintritt der Nacherbfolge noch besteht, die Vorschrift des § 1056 entsprechende Anwendung, § 2135 BGB. Grundsätzlich ordnet das Gesetz somit **Bestandsschutz** an, begründet aber zugunsten des Nacherben ein besonderes Kündigungsrecht. § 2135 BGB verweist für den Fall der **Nacherbfolge** wegen der Rechtsfolgen auf § 1056 BGB, der wiederum in Absatz 1 auf die für den Fall der Veräußerung von vermietetem Wohnraum geltenden Vorschriften der §§ 566, 566a, 556b Abs. 1 BGB und der §§ 566c–566e, 567b BGB verweist[40]. Darüber hinaus findet § 1056 Abs. 2 BGB Anwendung, der den Nacherben berechtigt, das Miet- oder Pachtverhältnis unter Einhaltung der gesetzlichen Kündigungsfrist zu kündigen. § 1056 Abs. 3 BGB, der ebenfalls von § 2135 BGB in Bezug genommen wird, bestimmt, dass der Mieter oder der Pächter berechtigt ist, den Nacherben unter Bestimmung einer angemessenen Frist zur Erklärung darüber aufzufordern, ob er von dem Kündigungsrecht Gebrauch macht. Die Kündigung kann dann nur bis zum Ablauf dieser Frist erfolgen. Aufgrund der Anordnung des §§ 2135, 1056 BGB führt der Nacherbfall nicht zu einem Erlöschen des Miet- oder Pachtvertrags[41], sondern durch die Verweisung auf die Vorschriften der §§ 566 ff. BGB gilt auch hier der Grundsatz „**Kauf bricht Miete nicht**" und schützt den Mieter oder Pächter gegenüber dem Eigentumsherausgabeanspruch des Grundstückseigentümers; ohne die Regelung des § 1056 BGB wäre der Mieter dem Anspruch aus § 985 BGB ausgesetzt ohne eine Einwendung iSd § 986 BGB[42].

26 Voraussetzung des § 2135 BGB ist, dass der Vorerbe einen Mietvertrag oder Pachtvertrag mit einem Dritten über ein Grundstück[43] zwischen Eintritt des Erbfalls und des Nacherbfalls[44] geschlossen hat und der Mietvertrag oder Pachtvertrag **bei Eintritt der Nacherbfolge** noch besteht[45]. Keine Anwendung findet die Vorschrift, wenn bereits der Erblasser den Mietvertrag oder Pachtvertrag geschlossen hat; bei einem solchen Vertrag tritt die Bindung schon aufgrund der Gesamtrechtsnachfolge ein[46].

II. Kündigungsschutz bei Wohnraummietverhältnissen

27 Soweit es sich bei dem vom Vorerben begründeten Mietverhältnis um ein **Wohnraummietverhältnis** handelt greifen nach allgemeiner Meinung im Rahmen des Kündigungsrechts gemäß § 2135 BGB ebenso wie bei § 1056 Abs. 2 BGB alle mieterschützenden Kündigungsschutzvorschriften des sozialen Mietrechts ein (vgl. auch die Ausführungen zu § 1056 BGB)[47].

28 In der Kündigungserklärung soll es im Rahmen der gemäß § 573 Abs. 3 BGB erforderlichen Begründung genügen, wenn der Kündigende auf das berechtigte Interesse iSd Kündigungsschutzvorschriften hinweist und den oder die Kündigungsgründe darlegt; eines **Hinweises auf den Nacherbfall** oder auf die Vorschriften der §§ 2135, 1056 BGB im

---

[40] *Hoeren* in Schulze BGB § 2135 Rn. 4.
[41] Anders grundsätzlich beim Heimfall des Dauerwohnrechts, vgl. die Kommentierung bei § 37 WEG.
[42] *Heinze* in Staudinger, 2017, BGB, § 1056 Rn. 1.
[43] Oder ein eingetragenes Schiff.
[44] BeckOK/*Litzenburger* BGB § 2135 Rn. 1.
[45] *Heinze* in Staudinger 2017 BGB § 1056 Rn. 4.
[46] MüKoBGB/*Lieder* § 2135 Rn. 1.
[47] BGH NJW 2015, 2650 = NZM 2015, 658; *Avenarius* in Staudinger 2019 BGB § 2135 Rn. 11.

Kündigungsschreiben bedarf es nicht[48]. Vorsorglich sollte aber in dem Kündigungsschreiben, schon zur schlüssigen Darlegung der Kündigungsberechtigung, der Eintritt der Nacherbfolge dargelegt werden.

> **Praxishinweis**
> Soweit es sich um ein Wohnraummietverhältnis handelt, greifen die mieterschützenden Kündigungsschutzvorschriften ein.

III. Ausschluss des Kündigungsrechts bei persönlicher Bindung des Nacherben an den Mietvertrag

Nach der Rechtsprechung des Bundesgerichtshofs ist dem Eigentümer nach Treu und Glauben eine Kündigung im Falle der Beendigung des Nießbrauchs nach § 1056 Abs. 2 BGB verwehrt, wenn er unabhängig von § 1056 Abs. 1 BGB **persönlich an den Mietvertrag gebunden** ist. Dies etwa dann, wenn er den Mietvertrag vor der Bewilligung des Nießbrauchs noch als Eigentümer selbst abgeschlossen hatte, wenn er dem Mietvertrag beigetreten oder wenn er Alleinerbe des Vermieters geworden ist[49]; in diesen Fällen muss sich der Eigentümer etwa an die vereinbarte Laufzeit des Mietvertrages oder einer sonstigen Erschwerung der ordentlichen Kündigung festhalten lassen[50]. Zutreffend wird diese Rechtsprechung auch bei der Nacherbfolge herangezogen[51]. Denn bei persönlicher Bindung des Nacherben an den Mietvertrag wird dem Nacherben durch den Vorerben kein Vertrag zu seinen Lasten oder gegen seinen Willen aufgedrängt, weshalb es des Schutzes durch § 2135 iVm § 1056 Abs. 2 BGB nicht bedarf[52]. Eine solche persönliche Bindung ist auch bei der Zustimmung des Nacherben iSd § 2120 BGB anzunehmen[53]. Darüber hinaus soll eine Kündigung auch dann ausgeschlossen sein, wenn die über den Nacherbfall hinausgehende Vermietung ordnungsgemäßer Verwaltung entsprach und der Nacherbe gegenüber dem Vorerben verpflichtet gewesen wäre, dem Mietvertrag zuzustimmen[54].

29

IV. Keine analoge Anwendung bei unentgeltlicher Gebrauchsüberlassung

Wurde etwa ein Grundstück oder Wohnraum vom Vorerben an einen Dritten im Wege der unentgeltlichen Gebrauchsüberlassung **(Leihe)** überlassen, kann nach dem Eintritt des Nacherbfalls ein Sonderkündigungsrecht nicht aus § 2135 BGB iVm § 1056 BGB hergeleitet werden. Eine direkte Anwendung der Vorschrift scheitert schon am klaren Wortlaut, da § 2135 BGB nur die Miete und Pacht normiert. Aber auch eine analoge Anwendung soll nach der Rechtsprechung des Bundesgerichtshofs nicht in Betracht kommen, da es an einer planwidrigen Regelungslücke fehle; denn der Gesetzgeber habe ein entsprechendes Regelungsbedürfnis nicht gesehen, so dass es insoweit damit sein Bewenden habe, dass dem Nacherben aus dem vom Vorerben geschlossenen Vertrag keine Verpflichtungen entstünden[55]. Da zwischen dem Nacherben und dem **Entleiher** ein Vertragsverhältnis nicht bestehe, bedürfe es auch keines Sonderkündigungsrechts[56].

30

---

[48] BGH NJW 2015, 2650 = NZM 2015, 658.
[49] BGH NZM 2012, 558 = WuM 2011, 690; BGH NJW 1990, 443 = WuM 1990, 29.
[50] BGH 12.10.2011 – VIII ZR 50/11, NZM 2012, 558.
[51] BGH NJW 2015, 2650 = NZM 2015, 658; *Avenarius* in Staudinger 2019 BGB § 2135 Rn. 11.
[52] OLG Frankfurt a. M. FamRZ 2011, 1693 = BeckRS 2011, 13671.
[53] BGH NJW 2015, 2650 = NZM 2015, 658.
[54] BGH NJW 2015, 2650 = NZM 2015, 658.
[55] BGH ZEV 2016, 267 = WuM 2016, 227.
[56] BGH ZEV 2016, 267 = WuM 2016, 222. Im dortigen Fall hat der Bundesgerichtshof eine Herausgabe unentgeltlich überlassener Wohn- und Geschäftsräume trotz der fehlenden Vertragsbeziehung zwischen den Nacherben und den Entleihern scheitern lassen. Denn der zwischen der Erblasserin und den

V. Keine analoge Anwendung auf bewegliche Sachen

31 Die Vorschrift findet ausweislich des Wortlauts nur auf **Grundstücke** und **eingetragene Schiffe** Anwendung. Nach zutreffender Ansicht verbietet sich eine analoge Anwendung auf bewegliche Sachen[57].

VI. Kündigungsfrist

32 Bei dem Kündigungsrecht des §§ 2135, 1056 Abs. 2 BGB handelt es sich um **außerordentliches Kündigungsrecht mit gesetzlicher Kündigungsfrist**[58]. Das Kündigungsrecht ist – anders als bei § 30 ErbbauRG – nicht auf bestimme Kündigungstermine begrenzt; es besteht vielmehr bis zur Beendigung des Mietvertrags[59].

VII. Fristsetzung gemäß § 2135 iVm § 1056 Abs. 3 BGB

33 Der Mieter oder der Pächter ist berechtigt, den Nacherben unter Bestimmung einer angemessenen **Frist** zur **Erklärung** darüber aufzufordern, ob er von dem Kündigungsrecht Gebrauch mache, §§ 2135, 1056 Abs. 3 S. 1 BGB, mit der Folge, dass die Kündigung dann nur bis zum Ablauf der Frist erfolgen kann, § 1056 Abs. 3 S. 2 BGB. Diese Fristsetzung entspricht der Regelung bei Erlöschen des Erbbaurechts, § 30 Abs. 3 ErbbauRG.

34 Die vom Mieter gesetzte Frist muss angemessen sein, mithin muss der Nacherbe in dieser Frist die Möglichkeit haben, die Vor- und Nachteile der Kündigung abzuwägen[60]. Bei der Frist handelt es sich um eine einseitige empfangsbedürftige Willenserklärung[61]. Eine schematische Bestimmung dieser Frist verbietet sich. Vielmehr sind hier die Umstände des Einzelfalls maßgeblich. Eine nicht angemessene Frist ist nicht wirkungslos, sondern setzt einen angemessenen Fristlauf in Gang[62]. Die Kündigungserklärung muss in der Frist abgegeben werden, auch wenn sich die Kündigung erst auf einen nach der Frist liegenden Zeitpunkt bezieht[63]. Erklärt sich der Eigentümer auf die Fristsetzung bis zum **Ablauf der angemessenen Frist** nicht, erlischt das Kündigungsrecht[64].

VIII. Kein Kündigungsrecht des Mieters

35 Durch § 2135 wird, ebenso wie durch § 1056 BGB, **kein besonderes Kündigungsrecht des Mieters** bei Eintritt der Nacherbfolge begründet.

E. Kündigung nach Erlöschen des Erbbaurechts

I. Einleitung

36 § 30 ErbbauRG bestimmt das Schicksal noch laufender Miet- und Pachtverhältnisse, welche der **Erbbauberechtigte** mit einem Dritten begründet hat, wobei die Norm hier der Vorschrift des § 1056 BGB nachgebildet ist[65].

Entleihern geschlossene Leihvertrag stellte gegenüber dem Herausgabeverlangen der Nacherben aus § 985 BGB ein Recht zum Besitz iSd § 986 BGB dar.
[57] Ganz hM, vgl. nur *Heinze* in Staudinger, BGB, Bearbeitung 2017, § 1056 Rn. 14.
[58] BGH NZM 2012, 558 = WuM 2011, 690.
[59] MüKoBGB/*Pohlmann* § 1056 Rn. 15.
[60] *Heinze* in Staudinger, 2017, BGB, § 1056 Rn. 18.
[61] *Rapp* in Staudinger, 2017, BGB, ErbbauRG § 30 Rn. 5 zum inhaltsgleichen § 30 Abs. 3 ErbbauRG.
[62] *Rapp* in Staudinger, 2017, BGB, ErbbauRG § 30 Rn. 5 zum inhaltsgleichen § 30 Abs. 3 ErbbauRG.
[63] *Heinze* in Staudinger, 2017, BGB, § 1056 Rn. 18.
[64] *Heinze* in Staudinger, 2017, BGB, § 1056 Rn. 18.
[65] *Rapp* in Staudinger, 2017, BGB, ErbbauRG § 30 Rn. 1.

II. Schicksal des Miet- und Pachtvertrags bei Erlöschen des Erbbaurechts

Gemäß § 30 Abs. 1 ErbbauRG finden auf Miet- und Pachtverträge, die der Erbbauberechtigte abgeschlossen hat, die im Falle der Übertragung des Eigentums geltenden Vorschriften entsprechende Anwendung, wenn das Erbbaurecht erlischt. Diese Regelung umfasst **alle Erlöschensgründe des Erbbaurechts**[66]. Praktisch relevant dürften hier insbesondere das Erlöschen durch **Aufhebung des Erbbaurechts** (§ 26 ErbbauRG) und das Erlöschen durch **Zeitablauf** (§ 27 ErbbauRG) sein. Beim Erlöschen finden die „im Falle der Übertragung des Eigentums geltenden Vorschriften entsprechende Anwendung"; mithin insbesondere §§ 566 ff. BGB[67]. 37

Nur beim Erlöschen des Erbbaurechts durch **Zeitablauf** (§ 27 ErbbauRG) begründet § 30 Abs. 2 ErbbauRG ein **besonderes Kündigungsrecht**. Dann ist der Grundstückseigentümer berechtigt, das Miet- oder Pachtverhältnis unter Einhaltung der gesetzlichen Frist zu kündigen. Die Kündigung kann jedoch nur für einen der beiden ersten Kündigungstermine erfolgen, für die sie zulässig ist. Erlischt das Erbbaurecht vorzeitig, so kann der Grundstückseigentümer das Kündigungsrecht erst ausüben, wenn das Erbbaurecht auch durch Zeitablauf erlöschen würde. Jedoch ist der Ausspruch der Kündigungserklärung bereits zuvor zulässig, also vor dem Zeitpunkt zu dem das Erbbaurecht regulär erloschen wäre[68]; lediglich die Wirkungen der Kündigungserklärung knüpfen an das reguläre Ende an. 38

III. Kündigungsschutz bei Wohnraummietverhältnissen

Soweit es sich bei dem vom Erbbauberichtigten begründeten Mietverhältnis um ein **Wohnraummietverhältnis** handelt greifen nach diesseitiger Auffassung – wie bei § 1056 Abs. 2 BGB und § 2135 BGB, aber im Gegensatz zu § 37 WEG – alle mieterschützenden Kündigungsschutzvorschriften ein, insbesondere also §§ 573 ff. BGB, aber auch §§ 549, 568 BGB. 39

IV. Ausschluss des Kündigungsrechts bei persönlicher Bindung des Eigentümers an den Mietvertrag

Nach der Rechtsprechung des Bundesgerichtshofs ist dem Eigentümer nach Treu und Glauben eine Kündigung nach § 1056 Abs. 2 BGB bei Beendigung des Nießbrauchs verwehrt, wenn er unabhängig von § 1056 Abs. 1 BGB **persönlich an den Mietvertrag gebunden** ist. Dies etwa dann, wenn er den Mietvertrag vor der Bewilligung des Nießbrauchs noch als Eigentümer selbst abgeschlossen hatte, wenn er dem Mietvertrag beigetreten oder wenn er Alleinerbe des Vermieters geworden ist[69]; in diesen Fällen muss sich der Eigentümer etwa an die vereinbarte Laufzeit des Mietvertrages oder einer sonstigen Erschwerung der ordentlichen Kündigung festhalten lassen[70]. 40

Gleiches muss nach diesseitiger Auffassung auch bei § 30 Abs. 2 ErbbauRG gelten. Wenn also der Grundstückseigentümer persönlich an den vom Erbbauberechtigten mit dem Mieter geschlossenen Vertrag gebunden ist, sei es weil er den Vertrag vor Begründung des Erbbaurechts selbst abgeschlossen hat, dem Mietvertrag beigetreten ist oder Alleinerbe des Erbbauberechtigten geworden ist, ist dem Grundstückseigentümer aus **Treu und Glauben** der Ausspruch der Kündigung gemäß § 30 Abs. 2 ErbbauRG zu versagen. 41

---

[66] MüKoBGB/*Heinemann* ErbbauRG § 30 Rn. 3.
[67] *Rapp* in Staudinger 2017 BGB ErbbauRG § 30 Rn. 2.
[68] *Rapp* in Staudinger 2017 BGB ErbbauRG § 30 Rn. 6.
[69] BGH NZM 2012, 558 = WuM 2011, 690; BGH NJW 1990, 443 = WuM 1990, 29.
[70] BGH NZM 2012, 558 = WuM 2011, 690.

V. Fristsetzung durch den Mieter

42 Gemäß § 30 Abs. 3 ErbbauRG kann der Mieter oder Pächter den Grundstückseigentümer unter Bestimmung einer **angemessenen Frist zur Erklärung** darüber auffordern, ob er von dem Kündigungsrechte Gebrauch mache; die Kündigung kann dann nur bis zum Ablauf der Frist erfolgen.

43 Diese Fristsetzung entspricht der Regelung bei Beendigung des Nießbrauchs, § 1056 Abs. 3 BGB[71]. Die Frist muss angemessen sein, mithin muss der Eigentümer in dieser Frist die Möglichkeit haben, die Vor- und Nachteile der Kündigung abzuwägen[72]. Bei der Frist handelt es sich um eine einseitige empfangsbedürftige Willenserklärung[73]. Eine schematische Bestimmung dieser Frist verbietet sich. Vielmehr sind hier die Umstände des Einzelfalls maßgeblich. Eine nicht angemessene Frist ist nicht wirkungslos, sondern setzt einen angemessenen Fristlauf in Gang[74]. Die Kündigungserklärung muss in der Frist abgegeben werden, auch wenn sich die Kündigung erst auf einen nach der Frist liegenden Zeitpunkt bezieht[75]. Erklärt sich der Eigentümer auf die Fristsetzung bis zum **Ablauf der angemessenen Frist** nicht, erlischt das Kündigungsrecht[76].

VI. Kein Kündigungsrecht des Mieters

44 Ein **besonderes Kündigungsrecht des Mieters** bei Erlöschen des Erbbaurechts wird durch § 30 ErbbauRG nicht begründet.

VII. Das Erbbaurecht in der Zwangsversteigerung

45 Wenn das **Erbbaurecht zwangsversteigert** wird gelten die §§ 57 ff. ZVG, §§ 566 ff. BGB[77]. Insoweit wird auf die dortige Kommentierung verwiesen.

F. Kündigung durch den Dauerwohnberechtigten

I. Einführung

46 Der II. Teil des Wohnungseigentumsgesetzes[78] normiert als weitere Form der dinglichen Raumnutzung das **Dauerwohnrecht**[79], welches jedoch in der Praxis keine große Bedeutung erlangt hat[80] und auch in der (veröffentlichten) Instanzrechtsprechung so gut wie nicht vorkommt. Durch das Wohnungseigentumsmodernisierungsgesetz (WEMoG[81]) vom 16.10.2020 wurde das Wohnungseigentumsrecht in weiten Teilen – teils erheblich –

---

[71] *Rapp* in Staudinger, 2017, BGB, ErbbauRG § 30 Rn. 5.
[72] *Heinze* in Staudinger, 2017, BGB, § 1056 Rn. 18; MüKoBGB/*Pohlmann* § 1056 Rn. 16, jeweils zum inhaltsgleichen § 1056 Abs. 3 BGB.
[73] *Rapp* in Staudinger, 2017, BGB, ErbbauRG § 30 Rn. 5.
[74] *Rapp* in Staudinger, 2017, BGB, ErbbauRG § 30 Rn. 5.
[75] *Heinze* in Staudinger, 2017, BGB, § 1056 Rn. 18 zum inhaltsgleichen § 1056 Abs. 3 BGB.
[76] *Heinze* in Staudinger, 2017, BGB, § 1056 Rn. 18 zum inhaltsgleichen § 1056 Abs. 3 BGB.
[77] MüKoBGB/*Heinemann*, ErbbauRG § 30 Rn. 1.
[78] Gesetz über das Wohnungseigentum und das Dauerwohnrecht (Wohnungseigentumsgesetz) vom 15.3.1951, BGBl. I 175, ber. 209.
[79] Vgl. hierzu *Dammertz,* Wohnungsrecht und Dauerwohnrecht, MittRhNotK 1970, 73; *Lehmann,* Dauerwohn- und Dauernutzungsrechte nach dem WEG, RNotZ 2011, 1; *Mayer,* Zur Störfallvorsorge beim Dauerwohnrecht: Heimfallanspruch bei Tod des Berechtigten oder Veräußerung des Rechts, DNotZ 2003, 908.
[80] *Mayer* DNotZ 2003, 908.
[81] Gesetz zur Förderung der Elektromobilität und zur Modernisierung des Wohnungseigentumsgesetzes und zur Änderung von kosten- und grundbuchrechtlichen Vorschriften (Wohnungseigentumsmodernisierungsgesetz – WEMoG), BGBl. I S. 2187.

F. Kündigung durch den Dauerwohnberechtigten Kap. 13

geändert[82]. Die hier maßgeblichen Bestimmungen betreffend die Kündigung durch den Dauerwohnberechtigten wurden jedoch inhaltlich unverändert belassen.

§ 37 WEG behandelt das Schicksal vom Dauerwohnberechtigten als Vermieter begründeter Mietverträge betreffend das Dauerwohnrecht[83]. Insgesamt regelt die Vorschrift drei Tatbestände. § 37 Abs. 1 WEG sieht vor, dass, wenn der Dauerwohnberechtigte die dem Dauerwohnrecht unterliegenden Gebäude- oder Grundstücksteile vermietet oder verpachtet hat, das Miet- oder Pachtverhältnis erlischt, wenn das Dauerwohnrecht erlischt. Wenn jedoch der Eigentümer von seinem **Heimfallanspruch** Gebrauch macht, so tritt nach § 37 Abs. 2 WEG derjenige, auf den das Dauerwohnrecht zu übertragen ist, in das Miet- oder Pachtverhältnis ein, wobei die Vorschriften der §§ 566–566e BGB entsprechend gelten. Entsprechendes gilt gemäß § 37 Abs. 3 S. 1 WEG, wenn das Dauerwohnrecht veräußert wird. Wird jedoch das Dauerwohnrecht im Wege der **Zwangsvollstreckung** veräußert, steht dem Erwerber gemäß § 37 Abs. 3 S. 2 WEG in entsprechender Anwendung des § 57a ZVG ein außerordentliches Kündigungsrecht zu. 47

Bei einem **Dauerwohnrecht** handelt es sich gemäß § 31 Abs. 1 WEG um ein in der Weise belastetes Grundstück, dass derjenige, zu dessen Gunsten die Belastung erfolgt, berechtigt ist, unter Ausschluss des Eigentümers eine bestimmte Wohnung in einem auf dem Grundstück errichteten oder zu errichtenden Gebäude zu bewohnen oder in anderer Weise zu nutzen. Bei einem **Dauernutzungsrecht** handelt es sich gemäß § 31 Abs. 2 WEG um ein in derselben Weise belastetes Grundstück, wobei die Räume, anders als beim Dauerwohnrecht, nicht zu Wohnzwecken dienen dürfen. Auf das Dauernutzungsrecht finden gemäß § 31 Abs. 3 WEG die Vorschriften über das Dauerwohnrecht entsprechende Anwendung. 48

Gemäß § 33 Abs. 1 S. 1 WEG ist das Dauerwohnrecht veräußerlich und vererblich. § 36 Abs. 1 WEG regelt den **Heimfallanspruch** und sieht vor, dass als Inhalt des Dauerwohnrechts vereinbart werden kann, dass der Berechtigte verpflichtet ist, das Dauerwohnrecht beim Eintritt bestimmter Voraussetzungen auf den Grundstückseigentümer oder einen von diesem zu bezeichnenden Dritten zu übertragen. Bezieht sich das Dauerwohnrecht auf Räume, die dem Mieterschutz unterliegen, so kann der Eigentümer gemäß § 36 Abs. 2 WEG von dem Heimfallanspruch nur Gebrauch machen, wenn ein Grund vorliegt, aus dem ein Vermieter die Aufhebung des Mietverhältnisses verlangen oder kündigen kann. 49

---

[82] Vgl. zu den Änderungen *Becker/Schneider*, WEG-Reform 2020: Anmerkungen zum Regierungsentwurf des WEMoG, ZfIR 2020, 281; *Bruns*, Nachbarschutz im Lichte der WEG-Novelle 2020, NZM 2020, 909; *Dötsch*, WEG-Reform 2020 – Übersicht zum Recht der baulichen Veränderungen nach dem Regierungsentwurf, ZfIR 2020, 221; *Drasdo*, Der Vermögensbericht nach § 28 IV WEG nF – Inhalt und Umfang, ZWE 2020, 457; *Drasdo*, Rechtsanwaltsgebühren im WEG-Passivprozess neuen Rechts, NZM 2020, 953; *Drasdo*, WEG-Reform: Die Beendigung der Wohnungseigentümergemeinschaft, NZM 2020, 13; *Elzer*, WEG-Reform 2020 – auf dem Weg zum Wohnungseigentumsmodernisierungsgesetz (WEModG), ZMR 2020, 81; *Füllbeck*, WEG-Reform 2020: Die „Wiedergeburt" der Beschlusssammlung und Pflicht zur Eintragung von Beschlüssen, ZMR 2020, 383; *Häublein*, Rechtsverhältnisse der rechtsfähigen Gemeinschaft: Ausübung von Rechten der Wohnungseigentümer (Teil 1), ZWE 2020, 364; *Häublein*, Rechtsverhältnisse der rechtsfähigen Gemeinschaft: Ausübung von Rechten der Wohnungseigentümer (Teil 2), ZWE 2020, 401; *Herlitz*, Technik & Recht im Schnittpunkt der WEMoG-modernisierten Mieterrechte, NZM 2020, 912; *Hinz*, (Total-)Reform des Wohnungseigentumsrechts? Erste Überlegungen zum Referentenentwurf eines Wohnungseigentmsmodernisierungsgesetzes (WEModG) – Teil 1, ZMR 2020, 264; *Hinz*, (Total-)Reform des Wohnungseigentumsrechts? Erste Überlegungen zum Referentenentwurf eines Wohnungseigentmsmodernisierungsgesetzes (WEModG) – Teil 2, ZMR 2020, 374; *Horst*, Die WEG-Reform 2020, ZAP 2020, 1117; *Kappus*, Das Wohnungseigentumsmodernisierungsgesetz, NJW 2020, 3617; *Müller*, Zu den sachenrechtlichen Änderungen durch das WEMoG, ZWE 2020, 445; *Sommer*, Die (neue) Rolle des Verwaltungsbeirats nach dem WEMoG, ZWE 2020, 409; *Skauradszun*, Das neue Verfahrensrecht der Beschlussklagen, ZMR 2020, 905; *Volpp*, Wird bald alles wirklich leichter? Abrechnung, Wirtschaftsplan und Vermögensbericht nach der WEG-Novelle 2020, ZWE 2020, 412; *Wilsch*, Der Referentenentwurf zur Modernisierung des Wohnungseigentumsgesetzes (WEModG) aus grundbuchrechtlicher Sicht, FGPrax 2020, 1; *Zschieschack*, Das neue Wohnungseigentumsrecht, NZM 2020, 897.

[83] *Schneider* in Bärmann, WEG, 14. Aufl. 2015, WEG § 37 Rn. 1.

50 § 37 WEG besteht beinahe unverändert seit Verkündung des Wohnungseigentumsgesetztes 1951. Lediglich das **Mietrechtsreformgesetz** vom 19.6.2001[84] machte eine Änderung des zweiten Absatzes notwendig. Statt auf die früheren §§ 571–576 BGB wird nunmehr hinsichtlich des Eintritts in das Miet- oder Pachtverhältnis auf die §§ 566–566e BGB verwiesen.

II. Anwendbarkeit

51 Voraussetzung des § 37 WEG ist, dass der Mietvertrag nach Begründung des Dauerwohnrechts geschlossen wird. Wenn das Miet- oder Pachtverhältnis bereits bestand, kommt es nicht zur Anwendung des § 37 WEG, sondern der Dauerwohnberechtigte tritt in den Miet- oder Pachtvertrag über die Verweisung in §§ 567, 581 Abs. 2 BGB gemäß §§ 566 ff. BGB ein[85].

III. Schicksal des Mietvertrags bei Erlöschen des Dauerwohnrechts, § 37 Abs. 1 WEG

52 Ander als beim Heimfall des Dauerwohnrechts tritt der Eigentümer des Grundstücks beim **Erlöschen des Dauerwohnrechts** nicht kraft Gesetzes in das durch den Dauerwohnberechtigten mit einem Dritten über die dem Dauerwohnrecht unterliegenden Gebäude- oder Grundstücksteile ein. Vielmehr erlischt mit dem Dauerwohnrecht auch das Miet- oder Pachtverhältnis. Anders als etwa bei den außerordentlichen Kündigungsgründen bei Beendigung des Nießbrauchs gemäß § 1056 Abs. 2 BGB und der Nacherbfolge gemäß § 2135 BGB kann sich der Mieter nicht auf die **mieterschützenden Kündigungsvorschriften** berufen[86]. Dies folgt schon aus dem Wortlaut des Gesetzes, der bei § 37 Abs. 1 WEG das Erlöschen des Miet- oder Pachtverhältnisses anordnet und nicht nur einen besonderen Kündigungsgrund begründet.

53 Das Dauerwohnrecht kann erlöschen etwa durch Beendigung (Zeitablauf bei Befristung), in der Zwangsversteigerung, soweit es nicht in das geringste Gebot aufgenommen wurde, durch Aufgabe gemäß § 875 BGB und Löschung, durch Verjährung des dinglichen Rechts (§ 901 BGB), Enteignung und wenn ein Dauerwohnrecht an einem **Erbbaurecht** begründet wurde und das Erbbaurecht erlischt[87].

54 Dem Grundstückseigentümer steht mit dem Erlöschen des Dauerwohnrechts gegen den Dritten ein Anspruch auf Herausgabe der Räumlichkeiten aus § 985 BGB zu; ein Anspruch aus § 546 BGB besteht demgegenüber nicht, da der Grundstückseigentümer gerade nicht in das Mietverhältnis eintritt[88]. Auch dem früheren Dauerwohnberechtigten steht ein Anspruch gegen den Dritten aus § 546 BGB nach Erlöschen des Dauerwohnrechts nicht mehr zu, da seine Vermietereigenschaft mit Erlöschen des Dauerwohnrechts endete, er mithin nicht mehr Vermieter ist[89]. Gegenüber dem Anspruch des Grundstückseigentümers aus § 985 BGB kann sich der frühere Mieter nicht auf mieterschützende Vorschriften berufen; das Verhältnis zwischen dem Grundstückseigentümer und dem früheren Mieter bestimmt sich vielmehr ausschließlich nach den §§ 985 ff. BGB, es besteht ein Eigentümer-Besitzer-Verhältnis[90]. Lediglich bei **kollusivem Zusammenwirken** zwischen Eigentümer und Dauerwohnberechtigtem kann sich der Mieter auf § 826 BGB berufen, wenn die Konstruktion der Umgehung des Mietrechts dienen sollte[91]. Auch kann sich eine Haftung

---

[84] Gesetz zur Neugliederung, Vereinfachung und Reform des Mietrechts (Mietrechtsreformgesetz), BGBl. I 1149.
[85] *Vandenhouten* in Niedenführ/Kümmel/Vandenhouten WEG, 11. Aufl. 2015 § 37 Rn. 2.
[86] *Vandenhouten* in Niedenführ/Kümmel/Vandenhouten WEG, 11. Aufl. 2015 § 37 Rn. 4.
[87] Vgl. vertiefend zu den einzelnen Fallgruppen *Schneider* in Bärmann WEG 14. Aufl. 2018 § 31 Rn. 86 ff., 92 ff., 95 ff.
[88] *Schneider* in Bärmann WEG 14. Aufl. 2018 WEG § 37 Rn. 8.
[89] *Schneider* in Bärmann WEG 14. Aufl. 2018 WEG § 37 Rn. 8
[90] *Schneider* in Bärmann WEG 14. Aufl. 2018 WEG § 37 Rn. 14 ff.
[91] *Schneider* in Bärmann WEG 14. Aufl. 2018 WEG § 37 Rn. 17.

des (früheren) Vermieters und Nießbrauchers aus § 536 Abs. 3 BGB ergeben, wenn dieser einseitig oder durch vertragliche Vereinbarung mit dem Grundstückseigentümer das Dauerwohnrecht aufgegeben hat[92].

IV. Schicksal des Mietvertrags bei Heimfall des Dauerwohnrechts, § 37 Abs. 2 WEG

Der **Heimfall** ist in § 36 Abs. 1 S. 1 WEG legaldefiniert. Danach kann als Inhalt des Dauerwohnrechts vereinbart werden, dass der Berechtigte verpflichtet ist, das Dauerwohnrecht beim Eintritt bestimmter Voraussetzungen auf den Grundstückseigentümer oder einen von diesem zu bezeichnenden Dritten zu übertragen. Da der Heimfallanspruch gemäß § 36 Abs. 1 S. 2 WEG nicht von dem Eigentum an dem Grundstück getrennt werden kann, handelt es sich um einen subjektiv dinglichen Anspruch[93]. Durch den Eintritt des Heimfalles erlischt das Dauerwohnrecht nicht, sondern es besteht ein Anspruch des Grundstückseigentümers auf Übertragung dieses Rechts[94]. Voraussetzung ist allerdings, dass das Miet- oder Pachtverhältnis bereits vor der Geltendmachung des Heimfalles bestand[95]. In diesem Fall tritt der Grundstückseigentümer mit der Übertragung des Dauerwohnrechts entsprechend §§ 566 ff. BGB in das Mietverhältnis ein; denn das Gesetz ordnet hier, anders als bei § 37 Abs. 1 WEG, gerade kein Erlöschen des Miet- oder Pachtverhältnisses an. Eine Beendigung des Mietverhältnisses anlässlich des Heimfalles ist gerade nicht möglich. 55

Abzugrenzen ist die Anordnung des § 37 Abs. 2 WEG von der mieterschützenden Einschränkung des Heimfallanspruchs gemäß § 36 Abs. 2 WEG. Während § 36 Abs. 1 WEG den Heimfallanspruchs legaldefiniert ordnet § 36 Abs. 2 WEG an, dass, wenn sich das Dauerwohnrecht auf Räume bezieht, die dem **Mieterschutz** unterliegen, der Eigentümer von dem Heimfallungsanspruch nur Gebrauch machen kann, wenn ein Grund vorliegt, aus dem ein Vermieter die Aufhebung des Mietverhältnisses verlangen oder kündigen kann. Vereinzelt wird die Auffassung vertreten, dass diese Verweisung eine statische Verweisung auf die bei Gesetzesverkündung geltenden besonderen Mieterschutzbestimmungen enthält (die heute nicht mehr in Kraft sind). Begründet wird diese Auffassung unter anderem damit, dass gegen die Annahme einer dynamischen Verweisung die sich hieraus ergebende starke Einschränkung der Eigentümerrechte spreche, die den Heimfallanspruch faktisch entwerten würde[96]. Demgegenüber nimmt die herrschende Meinung zurecht eine **dynamische Verweisung** an mit der Folge, dass die (jeweils) geltenden mietrechtlichen Vorschriften von der Verweisung umfasst sind, insbesondere die §§ 573 ff. BGB[97] und begründet dies zutreffend damit, dass durch die Beschränkung verhindert werden soll, dass der Dauerwohnungsberechtigte schlechter gestellt wird als ein Mieter und die Mieterschutzvorschriften durch Bestellung eines Dauerwohnrechts umgangen werden[98]. 56

V. Schicksal des Mietvertrags bei Veräußerung des Dauerwohnrechts, § 37 Abs. 3 WEG

§ 37 Abs. 3 WEG normiert das Schicksal des Mietvertrags die **Veräußerung des Dauerwohnrechts** und differenziert zwischen der rechtsgeschäftlichen Veräußerung und der Veräußerung in der Zwangsvollstreckung. 57

Bei der rechtsgeschäftlichen Veräußerung des Dauerwohnrechts gilt gemäß § 37 Abs. 3 S. 1 WEG Abs. 2 mit der dortigen Verweisung auf die §§ 566–566e BGB entsprechend, 58

---

[92] *Vandenhouten* in Niedenführ/Kümmel/Vandenhouten WEG 11. Aufl. 2015 § 37 Rn. 5.
[93] MüKoBGB/*Engelhardt* WEG § 36 Rn. 2.
[94] MüKoBGB/*Engelhardt*, WEG § 36 Rn. 2.
[95] *Schneider* in Bärmann WEG 14. Aufl. 2018 § 37 Rn. 19.
[96] Mayer DNotZ 2003, 908 (926 ff.).
[97] *Schneider* in Bärmann WEG 14. Aufl. 2018 § 36 Rn. 58.
[98] MüKoBGB/*Engelhardt* WEG § 36 Rn. 4.

so dass auch in diesem Fall der Erwerber mit der Veräußerung des Dauerwohnrechts entsprechend §§ 566 ff. BGB in das Mietverhältnis eintritt. Auch dem rechtsgeschäftlichen Erwerber steht kein besonderes Kündigungsrecht zur Seite[99]. Der Erwerber tritt in das bestehende Mietverhältnis in dem zum Erwerbszeitpunkt bestehenden Zustand ein; mithin ist er an den gegebenen Mietvertrag und den bestehenden Mieterschutz gebunden[100].

59 Der Eintritt erfolgt auch, wenn der Nießbraucher ohne Zustimmung des Grundstückseigentümers einen Miet- oder Pachtvertrag abgeschlossen hat[101]; eine Nichtigkeit des Mietvertrags folgt hieraus nicht.

60 Gemäß § 37 Abs. 3 S. 2 WEG steht dem Erwerber ein **Kündigungsrecht** in entsprechender Anwendung des § 57a ZVG zu, wenn das Dauerwohnrecht im Wege der **Zwangsvollstreckung** veräußert wird. Insoweit wird auf die Kommentierung des außerordentlichen Kündigungsrechts des § 57a ZVG verwiesen.

G. Kündigung in der Vermieterinsolvenz

I. Vorbemerkung

61 § 109 InsO regelt das Schicksal des Miet- oder Pachtverhältnisses, an welchem der **Insolvenzschuldner** als Mieter oder Pächter beteiligt ist[102]. Ein Sonderkündigungsrecht des Insolvenzverwalters besteht nur bezüglich solcher Räume, bei denen es sich nicht um die Wohnung des Schuldners handelt. Bei der gemischten Nutzung ist regelmäßig auf die überwiegende Nutzung abzustellen.

II. Mietvertrag über Räume, bei denen es sich nicht um die Wohnung des Insolvenzschuldners handelt

62 Ein Miet- oder Pachtverhältnis, an welchem der Schuldner als Mieter oder Pächter beteiligt ist, kann der **Insolvenzverwalter** gemäß § 109 Abs. 1 S. 1 InsO ordentlich mit einer Frist von drei Monaten, wenn nicht eine kürzere Frist maßgeblich ist, zum Monatsende kündigen. Dieses **Sonderkündigungsrecht** besteht jedoch nur bei Grundstücks- oder Gewerberaummietverhältnissen, nicht jedoch bei Wohnraummietverhältnissen über die Schuldnerwohnung, § 109 Abs. 1 S. 2 InsO[103].

63 Einen Kündigungszeitpunkt sieht § 109 InsO nicht vor. Das Mietverhältnis muss daher, da die Vorschrift weder eine dem § 111 InsO[104], noch dem § 57a ZVG[105], vergleichbare Einschränkung enthält, nicht zum ersten **erstmöglichen Kündigungstermin** gekündigt werden[106]. Prinzipiell kann der Verwalter daher während des gesamten Insolvenzverfahrens kündigen; er kann zuwarten, bis er das Mietobjekt nicht mehr benötigt[107]. Anderseits darf auch das Sonderkündigungsrecht – wie jedes andere Recht auch – nicht unter Verstoß

---

[99] *Schneider* in Bärmann WEG 14. Aufl. 2018 § 37 Rn. 28.
[100] *Schneider* in Bärmann WEG 14. Aufl. 2018 § 37 Rn. 29.
[101] *Vandenhouten* in Niedenführ/Kümmel/Vandenhouten WEG 11. Aufl. 2015 § 37 Rn. 10.
[102] Vgl. allgemein zu § 109 InsO: *Döderlein*, Mietkaution/Schadensersatzanspruch nach § 109 I 3 InsO, ZMR 2016, 181; Emmerich, Mietrecht: Insolvenz des Mieters und Einrede des nicht erfüllten Vertrags, JuS 2016, 169; *Gehrlein*, Die Rechtsprechung des BGH zu gegenseitigen Verträgen in der Insolvenz, NZI 2015, 97; *Jacoby*, Insolvenz des Wohnraummieters: Die Enthaftungserklärung nach § 109 Abs. 1 S. 2 InsO, ZMR 2016, 173.
[103] *Hinz* NZM 2014, 137 (141); *Wegener* in Uhlebrock, InsO, 15. Aufl. 2019, § 109 Rn. 2.
[104] MüKoInsO/*Eckert/Hoffmann* § 109 Rn. 25 f.; *Wegener* in Uhlenbrock InsO 15. Aufl. 2019 § 109 Rn. 8.
[105] MüKoInsO/*Eckert/Hoffmann* § 109 Rn. 25 f.; *Wegener* in Uhlenbrock InsO 15. Aufl. 2019 § 109 Rn. 8.
[106] *Marotzke* in Kayser/Thole § 109 Rn. 5.
[107] *Marotzke* in Kayser/Thole § 109 Rn. 5.

gegen Treu und Glauben ausgeübt werden[108]. Ein Verstoß gegen Treu und Glauben wird jedoch regelmäßig selbst bei einer erst Jahre nach Verfahrenseröffnung erklärten Kündigung nicht in Betracht kommen[109]. Dies folgt schon daraus, dass der Vermieter keinen Anspruch auf eine klarstellende Erklärung des Verwalters hat[110], mithin der Vermieter den Verwalter zu keiner Entscheidung „zwingen" kann[111] und somit der Vermieter jederzeit mit einer unangekündigten Kündigung rechnen muss. Allein die Fortführung des Vertrags begründet kein schützenswertes Vertrauen auf Seiten des Vermieters[112]. Ein Verstoß gegen Treu und Glauben dürfte daher nur dann in Betracht kommen, wenn der Verwalter zurechenbar einen **Vertrauenstatbestand** schafft.

> **Praxistipp**
> Anders als § 111 InsO und § 57a ZVG sieht § 109 InsO keinen Kündigungszeitpunkt vor. Der Verwalter kann daher grds. jederzeit während des laufenden Insolvenzverfahrens kündigen.

Von der Kündigung zu unterscheiden sind die **Freigabe des Mietvertrags** und die **Freigabe des Mietobjekts,** ebenso die Erklärung iSd § 35 Abs. 2 S. 1 InsO. 64

Die **Kündigungsfrist** beträgt drei Monate zum Monatsende, wenn nicht eine kürze Kündigungsfrist in dem Mietvertragsverhältnis greift, § 109 Abs. 1 S. 1, letzter Hs.; unerheblich ist ob die kürzere Frist vertraglicher oder gesetzlicher Natur ist[113]. Dem Verwalter ist es auch gestattet, das Vertragsverhältnis mit längerer Frist zu kündigen[114]. 65

Dem Vermieter steht **kein Sonderkündigungsrecht** zu; vielmehr greift zu seinen Lasten die **Kündigungssperre** des § 112 InsO[115]. 66

Die Kündigung bleibt auch dann wirksam, wenn nach Ausspruch der Kündigung aber vor Ablauf der Kündigungsfrist das Insolvenzverfahren aufgehoben ist[116]. 67

Grundsätzlich ist der Ausspruch der **Kündigung formfrei** möglich, da ja gerade die Wohnraummietverhältnisse aus dem Anwendungsbereich des Sonderkündigungsrechts ausgenommen sind. Eine Ausnahme kann sich ergeben, wenn es sich um ein Wohnraummietverhältnis über eine andere als die Schuldnerwohnung handelt, also durch die Wohnung nicht der Wohnbedarf des Insolvenzschuldners gedeckt wird, sondern der eines Dritten[117]. 68

III. Mietvertrag betreffend die Wohnung des Insolvenzschuldners

Ist Gegenstand des Mietverhältnisses die Wohnung des Schuldners, so tritt an die Stelle der Kündigung das Recht des Insolvenzverwalters zu erklären, dass Ansprüche, die nach Ablauf der in § 109 Abs. 1 S. 1 genannten Frist fällig werden, nicht im **Insolvenzverfahren** geltend gemacht werden können, § 109 Abs. 1 S. 2 InsO. Ein Sonderkündigungsrecht des Insolvenzverwalters besteht mithin hinsichtlich der Wohnung des Insolvenzschuldners nicht. Eingefügt wurde § 109 Abs. 1 S. 2 InsO durch das InsOÄndG 2001[118]. 69

---

[108] OLG Hamm ZMR 1994, 225 = LSK 1994, 250091 (Ls.) (die Entscheidung erging noch zum früheren § 19 KO); MüKoInsO/*Eckert/Hoffmann*, § 109 Rn. 25 f.; *Wegener* in Uhlenbrock, InsO, 15. Aufl. 2019, § 109 Rn. 8; *Wegener* in Uhlenbrock, InsO, 15. Aufl. 2019, § 109 Rn. 8.
[109] MüKoInsO/*Eckert/Hoffmann*, § 109 Rn. 25 f.
[110] MüKoInsO/*Eckert/Hoffmann*, § 109 Rn. 25 f.
[111] *Wegener* in Uhlenbrock, InsO, 15. Aufl. 2019, § 109 Rn. 8.
[112] *Jacoby* in Jaeger, InsO § 109 Rn. 21.
[113] *Marotzke* in Kayser/Thole, § 109 Rn. 31.
[114] *Jacoby* in Jaeger, InsO § 109 Rn. 19.
[115] *Marotzke* in Kayser/Thole, § 109 Rn. 29.
[116] *Jacoby* in Jaeger, InsO § 109 Rn. 23.
[117] *Hinz* NZM 2014, 137 (141).
[118] Gesetz zur Änderung der Insolvenzordnung und anderer Gesetze v. 26.10.2001, BGBl. I 2710. Ausführlich zur Insolvenz des Wohnungsmieters s. *Flatow*, Der Wohnungsmieter als Insolvenzschuldners, in: 10 Jahres Mietrechtsreformgesetz – Eine Bilanz, 2011, S. 865 ff.

H. Kündigungsrecht durch den Ersteher in der Zwangsversteigerung

I. Einleitung

70 § 57a ZVG begründet ein **Sonderkündigungsrecht** zugunsten des **Erstehers in der Zwangsversteigerung.** Nach dieser Vorschrift ist der Ersteher berechtigt, das Miet- oder Pachtverhältnis unter Einhaltung der gesetzlichen Frist zu kündigen, wobei die Kündigung ausgeschlossen ist, wenn sie nicht für den ersten Termin erfolgt, für den sie zulässig ist. Die Vorschrift wurde bereits eingefügt durch Gesetz vom 8.6.1915[119]. Notwendig ist die Vorschrift, da auch bei der Zwangsversteigerung eines Grundstücks § 566 BGB entsprechend anwendbar ist, wie § 57 ZVG ausdrücklich normiert. Der Norm soll die Überlegung zugrunde liegen, dass bei der Zwangsversteigerung die Interessen des Mieters grundsätzlich denen des Realkredits untergeordnet werden müssten[120].

71 Entsprechende Anwendung findet § 57a ZVG auch bei der **Zwangsversteigerung** eines **Erbbaurechts**[121]. Keine Anwendung hingegen findet die Vorschrift bei der Zwangsversteigerung eines **Dauerwohnrechts,** wobei hier jedoch die Sondervorschriften der §§ 36 WEG (insbes. § 37 WEG[122]) zu beachten ist[123].

72 § 57a ZVG bezieht sich nicht nur auf Kündigungsfristen, sondern führt auch dazu, dass der Ersteher an einen etwaigen vertraglichen Kündigungsausschluss nicht gebunden ist[124].

II. Kündigungsschutz bei Wohnraummietverhältnisse

73 Soweit es sich bei dem Mietverhältnis um ein solches über Wohnraum handelt, greifen zugunsten des Mieters nach allgemeiner Ansicht alle **mieterschützenden Kündigungsschutzvorschriften** ein, insbesondere also §§ 573 ff. BGB[125].

> **Praxishinweis**
> Soweit es sich um ein Wohnraummietverhältnis handelt, greifen die mieterschützenden Kündigungsschutzvorschriften ein.

III. Kündigungsberechtigung

74 Ausweislich des eindeutigen Wortlauts ist nur der **Ersteher** zur Kündigung gemäß § 57a ZVG berechtigt. Kein außerordentliches Kündigungsrecht ergibt sich für den Mieter[126]. Ausgeschlossen sein soll das Kündigungsrecht für den sein eigenes Grundstück ersteigernden Vollstreckungsschuldner; dieser soll weiterhin an den mit dem Mieter abgeschlossenen Vertrag gebunden sein[127].

IV. Kündigungsobjekt

75 Die Kündigung des Erstehers bezieht sich auf das ersteigerte Objekt, soweit es an den Mieter vermietet ist. Das Sonderkündigungsrecht besteht auch bei der Vermietung lediglich

---

[119] RGBl. 327.
[120] BGH NJW 2014, 536 = NZM 2014, 130.
[121] *Hintzen* in Guhling/Günter, ZVG § 57a Rn. 2.
[122] Wird das Dauerwohnrecht im Wege der Zwangsvollstreckung veräußert, steht dem Erwerber gemäß § 37 Abs. 3 S. 2 WEG in entsprechender Anwendung des § 57a ZVG ein außerordentliches Kündigungsrecht zu.
[123] *Hintzen* in Guhling/Günter, Gewerberaummiete, 2. Auflage 2019, ZVG § 57a Rn. 5.
[124] LG München I ZMR 2020, 585 = LSK 2020, 6149 (Ls.).
[125] BGH NZM 2008, 281; LG Berlin NZM 2014, 786; AG Wolfratshausen NZM 2013, 758.
[126] *Hintzen* in Guhling/Günter, ZVG § 57a Rn. 34.
[127] *Hintzen* in Guhling/Günter, ZVG § 57a Rn. 36.

von **Grundstücksteilen**[128]; ebenso steht dem Ersteher eines realen Teils der Mietfläche in Bezug auf diese ein eigenständiges Kündigungsrecht nach § 57a ZVG zu[129]. Ebenso steht dem Ersteher einer **Wohnungseigentumseinheit** das Sonderkündigungsrecht des § 57a ZVG gegenüber dem Mieter auch dann zu, wenn das versteigerte Wohnungseigentum Teil eines aus mehreren Wohnungseinheiten bestehenden und insgesamt für einen einheitlichen Zweck vermieteten Objekts ist[130]. Hat allerdings der Mieter die Eigentumswohnung im Rahmen einer gewerblichen Weitervermietung an einen Endmieter zu Wohnzwecken vermietet, bleibt zwar die Kündigung gemäß § 57a ZVG gegenüber dem Mieter wirksam, jedoch besteht ein Räumungs- und Herausgabeanspruch gegen den Endmieter nicht, da dieser aufgrund § 565 BGB unbeschadet der dortigen Kündigung zu Besitz und Nutzung berechtigt bleibt[131]; der Endmieter verliert sein Recht zum Besitz und zur Nutzung mit der Beendigung des Hauptmietverhältnisses gerade nicht mehr[132].

V. Kündigungsfrist

Gemäß § 57a S. 1 ZVG ist der Ersteher berechtigt unter Einhaltung der gesetzlichen Frist **76** zu kündigen. Gemäß § 57a S. 2 ZVG ist die Kündigung ausgeschlossen, wenn sie nicht für den ersten Termin erfolgt, für den sie zulässig ist. Somit gilt bei der Wohnraumkündigung § 573d Abs. 2 BGB, bei Zeitmietverträgen § 575a Abs. 3 BGB und im Übrigen § 580a BGB, vgl. § 580a Abs. 4 BGB[133]. Kündigt der Ersteher nicht zum **ersten** auf den Zuschlag folgenden **Kündigungstermin,** ist die Kündigung grundsätzlich gemäß § 57a S. 2 ZVG unwirksam[134]. Der erste gesetzlich zulässige Termin soll aber nur dann maßgeblich sein, wenn die Kündigung dem Ersteher ohne schuldhaftes Zögern möglich war; es sollen keine überspannten Anforderungen an den Begriff gestellt werden[135]. Der erste zulässige Termin iSd § 57a S. 2 ZVG sei daher nach den Umständen des Einzelfalles zu ermitteln und somit derjenige Termin, zu dem die Kündigung dem Ersteher ohne vorwerfbares Zögern möglich sei; somit könne also auch für den später zulässigen Termin gekündigt werden, wenn auch bei Beobachtung der erforderlichen Sorgfalt die Kündigung zum ersten theoretisch zulässigen Zeitpunkt nicht mehr möglich gewesen sei[136]. Die Einhaltung des ersten möglichen Kündigungstermins nach dem Eigentumserwerb durch Zuschlag setzt mithin voraus, dass der Ersteher von dem Bestehen des Mietvertrags Kenntnis hat; ist dies nicht der Fall, so wird ihm ab Erlangung der Kenntnis ein Kündigungsrecht zu dem dann nächstmöglichen Termin zugebilligt[137]. Der Zeitpunkt der Verkündung des Zuschlags ist für die Bestimmung des ersten zulässigen Kündigungstermins iSd § 57a ZVG auch dann maßgeblich, wenn neben der Zwangsversteigerung die **Zwangsverwaltung** angeordnet ist.[138]

I. Kündigungsfristen der außerordentlichen Kündigung mit gesetzlicher Frist

Kann ein Mietverhältnis außerordentlich mit der gesetzlichen Frist gekündigt werden, so **77** gelten die §§ 573 und 573a entsprechend, § 573d Abs. 1 BGB. Eine Ausnahme besteht jedoch bei der Kündigung gegenüber **Erben des Mieters** nach § 564 BGB, § 573d Abs. 1

---

[128] *Hintzen* in Guhling/Günter, ZVG § 57a Rn. 28.
[129] KG NZM 2012, 304 unter Hinweis auf RGZ 124, 195 (199).
[130] BGH NJW 2014, 536 = NZM 2014, 130.
[131] BGH NJW 2014, 536 = NZM 2014, 130.
[132] Der BGH begründet dies mit der Einführung des § 549a BGB aF durch das Vierte Mietrechtsänderungsgesetz vom 21.7.1993 (BGBl. I 1257), der mit geringfügigen Wortlautänderungen als § 565 BGB übernommen worden ist, vgl. BGH NZM 2014, 130 Rn. 28.
[133] *Hintzen* in Guhling/Günter, ZVG § 57a Rn. 39 ff.
[134] *Hintzen* in Guhling/Günter, ZVG § 57a Rn. 44.
[135] OLG Frankfurt a. M. BeckRS 2009, 21041.
[136] OLG Frankfurt a. M. BeckRS 2009, 21041.
[137] BGH NJW 2002, 1194.
[138] OLG Frankfurt a. M. NZI 2017, 502 = GE 2017, 589.

Hs. 2 BGB. Die Vorschrift des § 573d findet aufgrund ihrer systematischen Stellung nur auf Wohnraummietverhältnisse Anwendung.

78 Die Kündigung ist spätestens am dritten Werktag eines Kalendermonats zum Ablauf des übernächsten Monats zulässig, bei Wohnraum nach § 549 Abs. 2 Nr. 2 BGB (Wohnraum, der Teil der vom Vermieter selbst bewohnten Wohnung ist und den der Vermieter überwiegend mit Einrichtungsgegenständen auszustatten hat, sofern der Wohnraum dem Mieter nicht zum dauernden Gebrauch mit seiner Familie oder mit Personen überlassen ist, mit denen er einen auf Dauer angelegten gemeinsamen Haushalt führt) spätestens am 15. eines Monats zum Ablauf dieses Monats, § 573d Abs. 2 S. 1 BGB. Die – zugunsten des Mieters bestehenden – gestaffelten **Kündigungsfristen** des § 573c BGB **gelten** jedoch aufgrund des eindeutigen Gesetzeswortlauts **nicht**[139].

79 Eine zum Nachteil des Mieters **abweichende Vereinbarung** ist gemäß § 573d Abs. 3 BGB unwirksam. Eine solche liegt immer dann vor, wenn der Vermieter mit kürzerer Frist kündigen darf[140]. Auch wenn beiden Teilen eine kürzere Frist eingeräumt wird, liegt zumindest eine Teilunwirksamkeit hinsichtlich der den Vermieter begünstigenden Vereinbarung vor[141].

---

[139] *Blank/Börstinghaus* in Blank/Börstinghaus BGB § 573d Rn. 10.
[140] *Blank/Börstinghaus* in Blank/Börstinghaus BGB § 573d Rn. 16.
[141] *Blank/Börstinghaus* in Blank/Börstinghaus BGB § 573d Rn. 17.

Teil 4. Die Kündigung von Wohnraummietverhältnissen durch den Mieter

Kapitel 14. Ordentliche Kündigung durch den Mieter

Übersicht

	Rn.
A. Ausschlusstatbestände	1
I. Zeitmietvertrag	1
II. Kündigungsausschlussvereinbarung	6
1. Allgemeines	6
2. Vereinbarungen zu Lasten des Mieters	7
3. Rechtsfolge	17
B. Die Kündigungsfrist	18
I. Allgemeines	18
II. Vereinbarungen über die Kündigungsfrist	20

A. Ausschlusstatbestände

I. Zeitmietvertrag

§ 542 BGB unterscheidet zwischen **Mietverträgen auf unbestimmte Zeit** und solchen **1** **auf bestimmte Zeit.** Nur wenn die Mietzeit nicht bestimmt ist, kann der Vertrag gem. § 542 Abs. 1 BGB von jeder Vertragspartei gekündigt werden. Demgegenüber endet gem. § 542 Abs. 2 BGB ein Mietverhältnis, das auf bestimmte Zeit eingegangen ist, mit dem Ablauf dieser Zeit. Die Vorschrift enthält zwei Ausnahmen, nämlich die Möglichkeit der außerordentlichen Kündigung und die der Mietvertragsverlängerung. Daraus folgert die ganz herrschende Auffassung, dass ein Zeitmietvertrag vom Mieter ordentlich gar nicht gekündigt werden kann[1], es sei denn die Parteien haben ein Sonderkündigungsrecht ausdrücklich vereinbart, was auch formularvertraglich möglich ist.[2] Eine solche Vereinbarung benachteiligt den Mieter nicht iSd § 575 Abs. 4 BGB und ist auch nicht unangemessen iSd § 307 BGB.

Anders als in der Gewerberaummiete sind in der **Wohnraummiete** Mietverträge auf **2** bestimmte Zeit nur unter den **engen Voraussetzungen** des § 575 BGB zulässig. Danach kann ein Mietverhältnis über Wohnraum nur dann auf bestimmte Zeit eingegangen werden, wenn der Vermieter nach Ablauf der Mietzeit

a) die Räume als Wohnung für sich, seine Familienangehörigen oder Haushaltsangehörige nutzen will,

b) in zulässiger Weise die Räume beseitigen oder so wesentlich verändern oder instandsetzen will, dass die Maßnahme durch die Fortsetzung des Mietverhältnisses erheblich erschwert würde, oder

c) die Räume an einen zur Dienstleistung Verpflichteten vermieten will.

Außerdem muss der Vermieter dem Mieter diesen Befristungsgrund bereits bei Miet- **3** vertragsabschluss **schriftlich mitteilen.** Liegen die materiellen Voraussetzungen eines Zeitmietvertrages nicht vor oder ist die Befristung formell nicht wirksam mitgeteilt[3]

---

[1] BGH WuM 2009, 48 = MietPrax-AK § 573 BGB Nr. 16 mAnm *Börstinghaus* in Blank/Börstinghaus BGB § 542Rn. 189; **aA** MüKoBGB/*Häublein*, 7. Aufl., BGB § 575 Rn. 8.
[2] LG Berlin GE 2016, 327.
[3] BGH NZM 2014, 235 = MietPrax-AK § 575 BGB Nr. 2 mAnm *Börstinghaus; Drasdo* NJW-Spezial 2014, 193; *Schach* MietRB 2014, 97; *Abramenko* ZMR 2014, 434.

worden, so gilt das Mietverhältnis gem. § 575 Abs. 1 S. 2 BGB als auf unbestimmte Zeit abgeschlossen. Es handelt sich dann grundsätzlich um einen kündbaren Mietvertrag gem. § 542 Abs. 1 BGB.

4   Soweit die Rechtsprechung[4] davon ausgeht, dass einem **unwirksamen Zeitmietvertrag** im Wege der **ergänzenden Vertragsauslegung** zumindest eine Kündigungsausschlussvereinbarung[5] entnommen werden kann, betraf dies immer Vermieterkündigungen. Dabei war mindestens in der ersten Entscheidung[6] der Zeitmietvertrag auf Wunsch des Mieters abgeschlossenen worden. Erweist sich die Vereinbarung eines Zeitmietvertrags als unwirksam, weil die nach § 575 Abs. 1 S. 1 BGB erforderlichen Voraussetzungen nicht erfüllt sind, kann dem bei Vertragsschluss bestehenden Willen der Mietvertragsparteien, das Mietverhältnis nicht vor Ablauf der vorgesehenen Mietzeit durch ordentliche Kündigung nach § 573 BGB zu beenden, nach Ansicht des Senats im Einzelfall dadurch Rechnung getragen werden, dass im Wege der ergänzenden Vertragsauslegung an die Stelle der unwirksamen Befristung ein beiderseitiger Kündigungsverzicht tritt, der eine ordentliche Kündigung frühestens zum Ablauf der (unwirksam) vereinbarten Mietzeit ermöglicht. Vergessen werden darf aber nicht, dass ein Zeitmietvertrag eine Medaille mit zwei Seiten ist:
- auf der einen Seite endet er nach Ablauf der Frist, § 542 Abs. 2 BGB und
- auf der anderen Seite kann er bis zu dem Termin nicht gekündigt werden

5   Bei § 575 BGB handelt es sich deshalb auch um eine **Mieterschutzvorschrift**.[7] Sie verbietet nämlich was, was sonst möglich wäre. Der Zeitmietvertrag soll nur eingeschränkt in der Wohnraummiete erlaubt sein. Dass die Vorschrift insofern in der Praxis wirklich mieterschützend ist, sieht man daran, dass es kaum – wirksame – Zeitmietverträge gibt. Ist die Befristung unwirksam, führt dies zunächst einmal dazu, dass der Vertrag nicht automatisch gem. § 542 Abs. 2 BGB endet. Er läuft auf unbestimmte Zeit und kann nur durch eine Kündigung beendet werden. Fraglich ist, ob allein die zweite Seite der Medaille, nämlich das Verbot der ordentlichen Kündigung, mittels ergänzender Vertragsauslegung erhalten werden kann. Für Vermieterkündigungen ist dies als Folge der in § 575 BGB normierten Interessenlage nachvollziehbar. Für Mieterkündigungen erscheint das dagegen zweifelhaft, wenn die Parteien außerhalb des Anwendungsbereichs des § 575 BGB eine zeitliche Befristung vereinbaren. In diesen Fällen ist zu prüfen, ob das langjährige Festhalten am Vertrag[8] eine nachteilige Vereinbarung iSd § 575 Abs. 4 BGB darstellt. Ist das zu bejahen, dann würde der Ausschluss einer ordentlichen Mieterkündigung den Mieter benachteiligen, weil nur unter den ganz engen Voraussetzungen des § 575 BGB eine zeitliche Bindung des Mieters möglich sein sollte. Generell ist anzunehmen, dass jedenfalls dann, wenn die Initiative für einen letztendlich unwirksamen Zeitmietvertrag vom Vermieter ausging, eine ergänzende Vertragsauslegung dahingehend, dass der Mieter auf sein Kündigungsrecht verzichten wollte, nicht möglich.

---

[4] BGH NJW 2013, 2820 = NZM 2013, 646 = MietPrax-AK § 575 BGB Nr. 1 mAnm *Börstinghaus; Jahreis* jurisPR-MietR 19/2013 Anm. 2; *Drasdo* NJW-Spezial 2013, 577; *Bittner* MietRB 2013, 285; *Wiek* WuM 2013, 618; *Niebling* ZMR 2013, 953; *Hinz* ZMR 2014, 179; BGH NZM 2014, 235 = MietPrax-AK § 575 BGB Nr. 2 mAnm *Börstinghaus; Drasdo* NJW-Spezial 2014, 193; *Schach* MietRB 2014, 97; *Abramenko* ZMR 2014, 434.
[5] Siehe dazu unten oben Kap. 11 Rn. 4.
[6] BGH NJW 2013, 2820 = NZM 2013, 646 = MietPrax-AK § 575 BGB Nr. 1 mAnm *Börstinghaus; Jahreis* jurisPR-MietR 19/2013 Anm. 2; *Drasdo* NJW-Spezial 2013, 577; *Bittner* MietRB 2013, 285; *Wiek* WuM 2013, 618; *Niebling* ZMR 2013, 953; *Hinz* ZMR 2014, 179.
[7] **AA** MüKoBGB/*Häublein* § 575 Rn. 5, der vor allem auf das Erlangungsinteresse des Vermieters abstellt und deshalb den Vermieterschutz in den Vordergrund stellt.
[8] Im Fall BGH NJW 2013, 2820 **13 Jahre!**

II. Kündigungsausschlussvereinbarung

1. Allgemeines

Da **einfache Zeitmietverträge** seit der Mietrechtsreform aus dem Jahre 2001 nicht mehr möglich sind, sind seither Kündigungsausschlussvereinbarungen in der Praxis üblich. Mit ihnen wird das Kündigungsrecht beider Parteien oder auch nur einer Partei zeitlich befristet ausgeschlossen. Insofern enthalten sie nur die Hälfte der Regelungen eines Zeitmietvertrages. Während dieser nach Ablauf der Zeit endet, § 542 Abs. 2 BGB, aber bis dahin auch nicht gekündigt werden kann[9], ist bei der Kündigungsausschlussvereinbarung nur das Kündigungsrecht zeitlich befristet ausgeschlossen, nach Ablauf der Zeit endet der Vertrag aber nicht, sondern setzt sich als Vertrag auf unbestimmte Zeit fort. Bei Kündigungsausschlussvereinbarungen von mehr als einem Jahr bedarf der ganze Vertrag der Schriftform.[10]

2. Vereinbarungen zu Lasten des Mieters

Während Kündigungsausschlussvereinbarungen zu Lasten des Vermieters ohne Einschränkungen zulässig sind (siehe dazu oben Kap. 11 Rn. 6), war lange strittig, ob das Kündigungsrecht des Mieters allein oder zusammen mit dem Kündigungsrecht des Vermieters ausgeschlossen werden kann.[11] Inzwischen hat der BGH in zahlreichen Entscheidungen die Möglichkeit von Kündigungsausschlussvereinbarungen bejaht. Dabei hat er sehr stark zwischen den **verschiedenen Fallkonstellationen** differenziert. Unterschieden werden muss zwischen dem individualvertraglichen und dem formularvertraglich vereinbarten Kündigungsausschluss. Ersterer ist grundsätzlich einseitig und auch zeitlich großzügiger möglich.[12] Möglich ist sogar ein dauerhafter Ausschluss des Kündigungsrechts.[13] Eine Grenze ergibt sich bei einem individuell vereinbarten Kündigungsausschluss nur aus § 138 BGB gesetzt, etwa bei Ausnutzung einer Zwangslage einer Partei oder beim Vorliegen sonstiger Umstände, die der Vereinbarung das Gepräge eines sittenwidrigen Rechtsgeschäfts geben.[14] Allenfalls nach 30 Jahren ist in entsprechender Anwendung des § 544 BGB eine außerordentliche Kündigung mit gesetzlicher Frist möglich[15], die auch nicht auf den ersten möglichen Termin nach diesem Zeitablauf beschränkt ist.[16]

---

[9] BGH NJW 2007, 2177 = NZM 2007, 439 = MietPrax-AK § 569 BGB Nr. 5 mAnm *Börstinghaus;* dazu *Junker* MietRB 2007, 193; *Kern* NZM 2007, 634; *Drasdo* NJW-Spezial 2007, 390; *Horst* MietRB 2007, 322; *Blank* LMK 2007, 236813; BGH WuM 2009, 48 = MietPrax-AK § 573 BGB Nr. 16 mAnm *Börstinghaus.* aA *Häublein* ZMR 2004, 1 und MüKoBGB/*Häublein,* 7. Aufl., § 575 Rn. 4 ff.: eine ordentliche Kündigung durch den Mieter ist zulässig.

[10] OLG München ZMR 2016, 945.

[11] *Derleder* NZM 2012, 147; *Derleder* KJ 2008, 394 (399); *Häublein* DMT-Bilanz 2011, 461; *Gather* DWW 2011, 204; *Börstinghaus* ZGS 2008, 221; *Börstinghaus* NJW 2009, 1391; MüKoBGB/*Artz* § 557a Rn. 16; *Weitemeyer* in Staudinger BGB § 557a Rn. 20; *Blank* in Schmidt-Futterer BGB § 575 Rn. 80 ff.; *Blank* in Blank/Börstinghaus BGB § 575 Rn. 82 ff.; *Wiek* WuM 2009, 46.

[12] Offengelassen ob Grenze bei **30 Jahren:** BGH NZM 2018, 556; **13 Jahre:** BGH NJW 2013, 2820; **10 Jahre:** BGH NZM 2011, 28; **5 Jahre:** BGH NJW 2004, 1448; *Häublein* ZMR 2004, 252; *Horst* MDR 2004, 437; *Horst* DWW 2004, 140; *Eisenhardt* BGHReport 2004, 575; *Fischer* WuM 2004, 123; *Hinz* WuM 2004, 126; *Kandelhard* WuM 2004, 129; *Timme* NJW 2004, 1639; *Derleder* NZM 2004, 247; *Lützenkirchen* MDR 2004, 926; *Schimmel/Buhlmann* LMK 2004, 158.

[13] BGH NZM 2018, 556 = MietPrax-AK § 573c BGB Nr. 30 mAnm *Börstinghaus; Börstinghaus* jurisPR-MietR 12/2018 Anm. 2.

[14] BGH NZM 2018, 556 = MietPrax-AK § 573c BGB Nr. 30 mAnm *Börstinghaus; Börstinghaus* jurisPR-MietR 12/2018 Anm. 2.

[15] OLG Karlsruhe ZMR 2008, 533; LG Berlin GE 1992, 151; OLG Hamm NZM 1999, 753; offengelassen von BGH NZM 2018, 556 = MietPrax-AK § 573c BGB Nr. 30 mAnm *Börstinghaus;* dazu *Börstinghaus* jurisPR-MietR 12/2018 Anm. 2; *V. Emmerich* in Staudinger (2018), § 544 Rn. 6; *Lammel* in Schmidt-Futterer, Mietrecht, BGB § 544 Rn. 11; MüKoBGB/*Bieber* § 544 Rn. 5.

[16] BGHZ 117, 236 (239).

8 **Formularvertragliche Kündigungsausschlussvereinbarungen** zu Lasten des Mieters sind grundsätzlich[17] nur dann wirksam ist, wenn sie beidseitig[18] gelten, nur das ordentliche Kündigungsrecht betreffen[19] und maximal für vier Jahre[20] vereinbart wurden. Um einen solchen formularvertraglichen Kündigungsausschluss handelt es sich auch, wenn der Vermieter handschriftlich in eine Lücke im vorformulierten Vertragstext die Zahl einträgt.[21] Der Vermieter ist im Übrigen auch dann Verwender einer entsprechenden Klausel, wenn der Mieter auf seine Bitte hin einen Formularmietvertrag eines Vermieterverbandes zum Mietvertragsabschluss mitbringt.[22]

9 Nach Ansicht des BGH soll aber auch ein einseitiger formularmäßiger Kündigungsausschluss zu Lasten des Mieters in Zusammenhang mit einer **Staffelmietvereinbarung** wirksam sein.[23]

10 Gegen diese Auslegung sprechen – *Weitemeyer* sprach von „krankt"[24] – eine historische Auslegung und die teleologische Auslegung. Die Urteile beruhen auf der falschen Annahme, § 557a Abs. 3 S. 1 BGB gestatte grundsätzlich einen Kündigungsausschluss. Da einseitige formularvertragliche Kündigungsausschlussvereinbarungen auch nach der Rechtsprechung des BGH[25] unwirksam sind, stellt sich die Frage, ob alleine die Verbindung mit einer Staffelmietvereinbarung daran für den Mieter etwas ändert. Der Wortlaut des § 557a Abs. 3 S. 1 BGB könnte für die Lösung des BGH sprechen.[26] Danach kann nämlich das Kündigungsrecht des Mieters bei einer Staffelmiete für höchstens vier Jahre ausgeschlossen werden. Es stellt sich nur die Frage, ob damit die Rechte des Vermieters erweitert werden sollten oder beschränkt. Vor der Mietrechtsreform waren einfache Zeitmietverträge gem. § 564c Abs. 1 BGB aF zulässig. Folge eines solchen einfachen Zeitmietvertrages war, dass das ordentliche Kündigungsrecht des Mieters für lange Zeit ausgeschlossen war. Häufig wurden diese Verträge mit einer Staffelmiete gem. § 10 MHG aF verbunden. Solche Staffelmieten durften damals für bis zu 10 Jahre abgeschlossen werden. Das war für den Mieter risikoreich. Er hätte sich 10 Jahre nicht aus solchen Verträgen lösen können. Seit 2001 sind Staffelmieten gerade mit einer so langen Laufzeit in mindestens doppelter Hinsicht gefährlich: Zum einen muss der Mieter bei Abschluss des Vertrages nicht nur auf die zunächst fällige Miete achten, sondern auch auf die Steigerungen. In knappen Wohnungsmärkten wird diesem Punkt häufig nicht die notwendige Aufmerksamkeit geschenkt. Soweit der BGH die Berechenbarkeit der Mietenentwicklung bei einer Staffelmiete im Rahmen der Angemessenheitsprüfung bei § 307 Abs. 1 BGB als positiv für den Mieter bewertet, geht dies an den tatsächlichen Verhältnissen am Markt vorbei. Staffelmieten werden so gut wie nie im Mieterinteresse, sondern fast **ausschließlich im Vermieterinteresse** geschlossen.

---

[17] Zur Ausnahme BGH NZM 2009, 779.
[18] BGH NJW 2009, 912.
[19] BGH NJW 2012, 521; *Derleder* NZM 2012, 147; *Wiek* WuM 2012, 100.
[20] BGH WuM 2016, 656 = MietPrax-AK § 573 BGB Nr. 60 mAnm *Börstinghaus;* BGH NJW 2005, 1574 = MietPrax-AK § 573c BGB Nr. 14 mAnm *Börstinghaus; Wiek* WuM 2005, 369; *Schach* GE 2005, 584; *Intveen* MietRB 2005, 197; *Drasdo* NJW-Spezial 2005, 338.
[21] BGH WuM 2016, 656 = MietPrax-AK § 573 BGB Nr. 60 mAnm *Börstinghaus.*
[22] BGH NZM 2018, 556 = MietPrax-AK § 573c BGB Nr. 30 mAnm *Börstinghaus; Börstinghaus* jurisPR-MietR 12/2018 Anm. 2.
[23] BGH NJW 2006, 1056 = MietPrax-AK § 557a BGB Nr. 7 mit abl. Anm. *Börstinghaus; Börstinghaus* ZGS 2009, 221; abl. *Wiek* WuM 2006, 154 (155); BGH MietPrax-AK § 557a BGB Nr. 9; NJW 2009, 353; so auch AG Schopfheim/LG Waldshut-Tiengen WuM 2007, 449 mit abl. Anm. *Harsch* WuM 2007, 450; **aA** AG Dortmund NZM 2010, 862; *Klumpp,* Der Kündigungsausschluss im unbefristeten und befristeten Wohnraummietverhältnis, Diss. 2009, S. 104; *Derleder* KJ 2008, 394; MüKoBGB/*Artz* § 557a Rn. 16; *Blank* in Blank/Börstinghaus BGB § 575 Rn. 90; *Weitemeyer* in Staudinger BGB § 557a Rn. 20; *Schüller* in Bamberger/Roth/*Hannappel* BGB § 557a Rn. 23; *Wiek* WuM 2009, 46; *Häublein* PiG 88 (2010), 59 (67); MüKoBGB/*Häublein* § 573c Rn. 22; *Börstinghaus* jurisPR-MietR 3/2009 Anm. 5; *Börstinghaus* ZGS 2009, 221; *Börstinghaus* NJW 2009, 1391.
[24] *Weitemeyer* in Staudinger BGB (2014) § 557a Rn. 20c.
[25] BGH NJW 2009, 912.
[26] **AA** *Wiek* WuM 2009, 46 (47).

Hinzu kommt aber zweitens, dass jede Staffelmiete auch eine **Prognoseentscheidung** 11
darstellt. Niemand kann die Mietentwicklung über zehn Jahre seriös abschätzen. Aus all
diesen Gründen hat der Gesetzgeber zunächst in § 10 MHG aF einen Interessenausgleich versucht zu erreichen. Einen Staffelmietvertrag in Verbindung mit einem Zeitmietvertrag soll zumindest der Mieter nach vier Jahren kündigen können. Die Vorschrift
ist in der Mietrechtsreform dann ohne weitere Diskussion übernommen worden, wobei
aus der früheren Verbotsnorm nun eine dem BGB fremde Gestaltungsnorm wurde. Das
bedeutet, dass die historische Auslegung eher gegen die Wortlautauslegung des BGH
spricht.[27]

Es handelt sich um eine **typische Mieterschutzvorschrift**.[28] Dem Vermieter wurde 12
verboten eine eigentlich mögliche Regelung zu vereinbaren. Mit einem Zeitmietvertrag
ohne Staffelmiete konnte das Kündigungsrecht auch für längere Zeit ausgeschlossen werden. Staffelmietverträge ohne Zeitmietvertrag konnten jederzeit mit gesetzlicher Frist
gekündigt werden. Nur wenn beides miteinander verbunden wurde, sollte der Kündigungsausschluss beschränkt werden. Somit spricht auch die teleologische Auslegung gegen
die Wortlautauslegung des *8. Zivilsenats*. Diese führt nämlich dazu, dass die ursprünglich als
Mieterschutzvorschrift gedachte Regelung sich in ihr Gegenteil verkehrt. Ohne Staffelmiete wäre der einseitige formularvertragliche Kündigungsverzicht egal welcher Länge unwirksam. Wegen der Mieterschutzvorschrift des § 557a Abs. 3 S. 1 BGB ist er jetzt plötzlich
wirksam. Im Übrigen dürfte bei zahlreichen Vertragsgestaltungen auch ein Verstoß gegen
das Transparenzgebot vorliegen.[29]

Bei der Beurteilung der Wirksamkeit von Kündigungsausschlussvereinbarungen muss 13
nach der Rechtsprechung des BGH zwischen folgenden 7 Fallkonstellationen unterschieden werden:[30]

---

[27] So auch *Klumpp* Der Kündigungsausschluß im unbefristeten und befristeten Wohnraummietverhältnis, Diss 2009, S. 107/108.
[28] *Wiek* WuM 2009, 46 (47) mwN in Fn. 12.
[29] *Harsch* WuM 2007, 450.
[30] *Wiek* WuM 2006, 154 (156).

		Kündigungsausschluss					
		Individualvertraglich			Formularvertraglich		
		Bis 4 Jahre	Über 4 Jahre		Bis 4 Jahre		Über 4 Jahre	
			Ohne Staffelmiete	Mit Staffelmiete	Ohne Staffelmiete	Mit Staffelmiete	Ohne Staffelmiete	Mit Staffelmiete
Verzicht gilt	Wechselseitig[31]	Zulässig[32]	Ist nur insoweit unwirksam als 4 Jahre überschritten werden[33]		Zulässig in der Regel[34], wenn nur ordentliche Kündigung ausgeschlossen wurde[35]		Unzulässig[36]	Ab 9/2001 vereinbart: Insgesamt unwirksam[37] Zu § 10 MHG noch anders[38]
	Einseitig[39]				Unwirksam[40]	Nach BGH möglich[41]		

14 **Formularvertragliche Beschränkungen,** die seit dem 1.9.2001 vereinbart wurden, sind insgesamt unwirksam, wenn sie länger als 4 Jahre gelten sollten.[42] Bei Individualverträgen bezieht sich die Unwirksamkeit immer nur auf den 4-Jahre übersteigenden Teil.[43]

---

[31] Gemeint ist damit der Ausschluss des Kündigungsrechts sowohl des Mieters wie auch des Vermieters.
[32] BGH NZM 2018, 556 = MietPrax-AK § 573c BGB Nr. 30 mAnm *Börstinghaus; Börstinghaus* jurisPR-MietR 12/2018 Anm. 2; BGH NJW 2011, 59 = MietPrax-AK § 551 BGB Nr. 11 mAnm *Börstinghaus; Horst* MietRB 2010, 349; *Blank* LMK 12/2010 Anm. 1; *Börstinghaus* jurisPR-BGHZivilR 1/2011 Anm. 4; *Drasdo* NJW-Spezial 2011, 34; *Schmid* ZMR 2011, 194; *Krapf* jurisPR-MietR 6/2011 Anm. 2; BGH NJW 2004, 1448 = MietPrax-AK § 573c BGB Nr. 6 mAnm *Börstinghaus; Häublein* ZMR 2004, 252; *Horst* MDR 2004, 437; *Eisenhard* BGHReport 2004, 575; *Fischer* WuM 2004, 123; *Hinz* WuM 2004, 126; *Kandelhard* WuM 2004, 129; *Breiholdt* WE 2004, 4 und 118; *Timme* NJW 2004, 1639; *Pfeifer* MietRB 2004, 162; *Derleder* NZM 2004, 247; *Lützenkirchen* MDR 2004, 926; *Maciejewski* MM 2004, 97; *Horst* DWW 2004, 140; *Schimmel/Buhlmann* LMK 2004, 158.
[33] BGH NJW 2006, 2696 = MietPrax-AK § 557a BGB Nr. 11 mAnm *Börstinghaus;* Wiek WuM 2006, 448; *Börstinghaus* GE 2006, 1008; *Ott* MietRB 2006, 260; *Blank* NZM 2006, 689.
[34] Ausnahmen können aber gelten zB bei Vermietung an Studenten: NZM 2009, 779 = MietPrax-AK § 573c BGB Nr. 12 mAnm *Börstinghaus; Dötsch* MietRB 2009, 314; *Drasdo* NJW-Spezial 2009, 721; *Martinek* NJW 2009, 3613; *Niebling* ZMR 2010, 96; *Hinz* ZMR 2010, 245.
[35] BGH WuM 2016, 656 = MietPrax-AK § 573 BGB Nr. 60 mAnm *Börstinghaus; Beyer* jurisPR-MietR 23/2016 Anm. 3; *Pfeifer* MietRB 2016, 341; *Drasdo* NJW-Spezial 2017, 2; BGH NJW 2004, 3117 = MietPrax-AK 573c BGB Nr. 9 mAnm *Börstinghaus;* Wiek WuM 2004, 509; *Schach* GE 2004, 1142; *Brock/Lattka* NZM 2004, 729; *Maciejewski* MM 2004, 337; *Wiek* Mietrechtexpress 2004, 65; BGH NZM 2004, 734 = MietPrax-AK 573c BGB Nr. 10; BGH WuM 2004, 672 = MietPrax-AK 573c BGB Nr. 11.
[36] BGH NJW 2011, 597 = MietPrax-AK § 573c BGB Nr. 27 mAnm *Börstinghaus; Schach* GE 2011, 87; *Lehmann-Richter* MietRB 2011, 33; *Schlimme* jurisPR-MietR 5/2011 Anm. 4; *Drasdo* NJW-Spezial 2011, 162; *Börstinghaus* jurisPR-BGHZivilR 7/2011 Anm. 2; BGH NJW 2005, 1574 = MietPrax-AK § 573c BGB Nr. 14 mAnm *Börstinghaus;* Wiek MietPrax-AK 2005, 369; *Schach* GE 2005, 584; *Intveen* MietRB 2005, 197; *Drasdo* NJW-Spezial 2005, 338.
[37] BGH NJW 2006, 1059 = MietPrax-AK § 557a BGB Nr. 8 mAnm *Börstinghaus;* Wiek WuM 2006, 154; *Dickersbach* MietRB 2006, 153; *Wiek* Mietrechtexpress 2006, 2.
[38] BGH NZM 2004, 736 = MietPrax-AK § 557a BGB Nr. 3 mAnm *Börstinghaus.*
[39] Gemeint ist damit der Ausschluss des Kündigungsrechts nur des Mieters.
[40] BGH NJW 2009, 912 = MietPrax-AK § 573c BGB Nr. 23 mAnm *Börstinghaus; Börstinghaus* NJW 2009, 1391; *Börstinghaus.* ZGS 2009, 221.
[41] BGH NJW 2006, 1056 = MietPrax-AK § 557a BGB Nr. 7 mAnm *Börstinghaus;* abl. *Wiek* WuM 2006, 154 (155); BGH MietPrax-AK § 557a BGB Nr. 9; NJW 2009, 353.
[42] BGH WuM 2006, 152 = MietPrax-AK § 557a BGB Nr. 8 mAnm *Börstinghaus.*
[43] BGH NJW 2006, 2696 = MietPrax-AK § 557a BGB Nr. 11 mAnm *Börstinghaus; Börstinghaus* GE 2006, 1008; *Wiek* WuM 2006, 448; *Blank* NZM 2006, 689.

Die **4-Jahresfrist** beginnt mit *Abschluss der* Kündigungsausschlussvereinbarung[44], es sei   15
denn die Parteien haben etwas anderes vereinbart, was auch durch Auslegung zu ermitteln
ist.[45] Der Vertrag muss aber spätestens 4 Jahre nach dessen Abschluss bzw. bei nachträglicher
Vereinbarung einer Kündigungsausschlussvereinbarung nach deren Vereinbarung gekündigt, dh beendet werden können. Die Kündigungserklärung muss deshalb vor Ablauf der 4
Jahresfrist möglich sein, damit das Vertragsverhältnis dann spätestens nach 4 Jahren beendet
ist.[46] Die Frist ist auch maßgeblich, wenn ihr Ende auf einen Kalendertag vor dem Ende
eines Monats fällt.[47]

Die Vierjahresfrist ist nach der Rechtsprechung des BGH im Übrigen keine starre   16
Regelung. Sie soll nur „i. d. R." gelten. Wenn **besondere Umstände** vorliegen, soll auch
eine kürzere oder auch längere Frist gelten.[48]

3. Rechtsfolge

Der Mieter kann **zum Ablauf der Frist erstmals kündigen.** Gekündigt werden kann   17
nur der ganze Mietvertrag. Eine isolierte Kündigung einzelner Bedingungen ist nicht
möglich. Die Kündigung muss unter Einhaltung der Kündigungsfrist des § 573c BGB
erfolgen. Dabei ist es zulässig, dass die Kündigung unter Einhaltung der Frist des § 573c
Abs. 1 BGB bereits vor Ablauf einer wirksam vereinbarten 4-Jahresfrist zu deren Ablauf hin
erklärt wird.[49] Eine verfrühte Erklärung wirkt auf den ersten möglichen Termin. Die
Kündigung muss vom Mieter aber nicht zum ersten möglichen Termin erklärt werden. Das
Mietverhältnis ist nach Ablauf einer wirksam vereinbarten 4-Jahresfrist im Hinblick auf die
Möglichkeit der Vertragsbeendigung durch den Mieter wie ein Mietverhältnis auf unbestimmte Zeit anzusehen; deshalb kann es vom Mieter jederzeit unter Einhaltung der
Kündigungsfrist ohne Angabe von Gründen gekündigt werden.[50] Endet die 4-Jahresfrist
nicht am Monatsende, sondern mitten im Monat, dann kann die Kündigung frühestens
zum Ende des Monats erfolgen in dem die 4-Jahresfrist endet.[51]

B. Die Kündigungsfrist

I. Allgemeines

Der Mieter kann das Mietverhältnis gem. § 573c Abs. 1 S. 1 BGB, wenn kein Ausschluss-   18
tatbestand vorliegt, jederzeit kündigen. Für den Mieter gilt dann immer unabhängig von
der Überlassungszeit **eine einheitliche Kündigungsfrist.** Damit ist der Zeitraum zwischen dem Zugang der Kündigungserklärung und dem Zeitpunkt zu dem Mietverhältnis
endet („Kündigungstermin") gemeint.[52] Diese Kündigung beendet das Mietverhältnis,
wenn sie bis zum dritten Werktag eines Monats erfolgt, gem. § 573c Abs. 1 S. 1 BGB zum

---

[44] BGH WuM 2016, 656 = MietPrax-AK § 573 BGB Nr. 60 mAnm *Börstinghaus; Beyer* jurisPR-MietR 23/2016 Anm. 3; *Pfeifer* MietRB 2016, 341; *Drasdo* BGH NJW-Spezial 2017, 2; NJW 2009, 353; (VIII ZR 344/04) WuM 2005, 519 = MietPrax-AK § 557a BGB Nr. 5 mAnm *Börstinghaus;* LG Berlin GE 2005, 1435; *Kinne* in Kinne/Schach/Bieber, Miet- und Mietprozessrecht, BGB § 557a Rn. 19; *Wiek* WuM 2010, 405.
[45] BGH WuM 2016, 656 = MietPrax-AK § 573 BGB Nr. 60 mAnm *Börstinghaus; Beyer* jurisPR-MietR 23/2016 Anm. 3; *Pfeifer* MietRB 2016, 341; *Drasdo* NJW-Spezial 2017, 2.
[46] BGH WuM 2016, 656; NJW 2011, 597; WuM 2010, 294; AG Dortmund NZM 2010, 862; MüKoBGB/*Artz* § 557a Rn. 17; *Sternel* MietR aktuell Rn. IV 31.
[47] BGH NZM 2006, 579 = MietPrax-AK § 557a BGB Nr. 10 mAnm *Börstinghaus; Börstinghaus* GE 2006, 898; *Manger* GE 2006, 885.
[48] BGH NZM 2005, 419 = MietPrax-AK § 573c BGB Nr. 14 mAnm *Börstinghaus; Wiek* WuM 2005, 369; *Schach* GE 2005, 584; *Intveen* MietRB 2005, 197; *Drasdo* NJW-Spezial 2005, 338.
[49] BGH WuM 2005, 519 = MietPrax-AK § 557a BGB Nr. 5 mAnm *Börstinghaus;* OLG Hamm NJW-RR 1989, 1288; MüKoBGB/*Artz* § 557a Rn. 16.
[50] *Sternel,* Mietrecht, III, 437.
[51] LG Berlin 2005, 1435.
[52] *Blank* in Schmidt-Futterer BGB § 573c Rn. 7.

Ende des übernächsten Monats, anderenfalls einen Monat später. Die Kündigung kann auch schon vor der Übergabe der Mietsache erfolgen.[53]

19 Die Kündigungserklärung muss bis zum dritten Werktag dem Vermieter zugegangen sein.[54] Diese drei Tage werden als **Karenzzeit** bezeichnet. Sonntage und gesetzliche Feiertage sind keine Werktage. Demgegenüber zählt der Samstag dabei als Werktag mit, egal ob es sich um den ersten, zweiten oder dritten Tag der Karenzzeit handelt.[55] Strittig und noch nicht ganz abschließend geklärt ist die Frage, § 193 BGB dann anzuwenden, wenn der **dritte Karenztag ein Samstag** ist. Nach § 193 BGB tritt an die Stelle des Samstags immer dann der nächste Werktag, wenn an einem bestimmten Tag eine Willenserklärung abzugeben ist. Nach Ansicht des BGH gilt § 193 BGB in diesem Fall nicht.[56] Es handele sich nicht um einen Fall, bei dem eine Frist ablaufe, wie zB bei Rechtsmittelfristen oÄ. Eine Kündigung könne immer erklärt werden. Geht sie einen Tag später zu, wirkt sie erst auf einen späteren Zeitpunkt. § 193 BGB gilt eben nur dann, wenn eine Frist abläuft. Das ist bei den drei Karenztagen des § 573c BGB aber gerade nicht der Fall. Die Vorschrift bestimmt lediglich, zu welchem Termin die Kündigung wirkt. Da die bisherigen Entscheidungen des BGH aber nicht von einem für die Miete zuständigen Senat stammen, und der VIII. Senat[57] ausdrücklich offengelassen hat, ob § 193 BGB hier anwendbar ist, ist die Frage noch nicht abschließend geklärt.[58]

II. Vereinbarungen über die Kündigungsfrist

20 Gemäß § 573c Abs. 4 BGB sind **Vereinbarungen zum Nachteil des Mieters unwirksam.** Es handelt sich um eine von ca. 40 halbzwingende Normen im BGB-Mietrecht.[59] Dabei ist es zunächst einmal unerheblich, ob die Vereinbarung formularvertraglich oder individualvertraglich getroffen wurde. Nachteilig ist jede Vereinbarung, die dem Mieter verbietet zu einem späteren als in § 573c Abs. 1 BGB bestimmten Zeitpunkt zu kündigen. Dieses Nachteilsverbot gilt auch für Formularklauseln, die den Wortlaut des alten § 565 Abs. 2 BGB aF wiederholen. Nach Art. 229 § 3 Abs. 10 letzter Satz EGBGB[60] sind solche wörtlichen Wiederholungen des alten § 565 Abs. 2 BGB unwirksam. Theoretisch sind individualvertragliche Vereinbarungen über Kündigungsfrist, die vor dem 1.9.2001 abgeschlossen wurden, wirksam, aber die gibt es in der Praxis nicht.

21 Für **Kündigungsausschlussvereinbarungen**[61] gilt das Nachteilsverbot aber nicht, da die Vorschrift voraussetzt, dass das Mietverhältnis gekündigt werden kann. Wenn es aber gar nicht gekündigt werden kann, dann gilt § 573c BGB insgesamt gar nicht.

---

[53] *Blank* in Schmidt-Futterer BGB § 573c Rn. 7.
[54] Zum Zugang → Kap. 6 Rn. 14 ff.
[55] BGH NJW 2005, 2154 = NZM 2005, 532 = MietPrax-AK § 573c BGB Nr. 15 mAnm *Börstinghaus*; Drasdo NJW-Spezial 2005, 340; *Eisenhardt* WuM 2005, 487; Schreiber WuM 2005, 564; *Intveen* MietRB 2005, 254.
[56] BGH NJW 2005, 1354 = NZM 2005, 391 = MietPrax-AK § 573c BGB Nr. 12 mAnm *Börstinghaus*; Palm BGHReport 2005, 682; *Artz* LMK 2005, 85; BGHZ 59, 265 = NJW 1972, 2083; **aA** MüKoBGB/ *Häublein* § 573c Rn. 11.
[57] BGH NJW 2005, 2154 = NZM 2005, 532 = MietPrax-AK § 573c BGB Nr. 15 mAnm *Börstinghaus*; Drasdo NJW-Spezial 2005, 340; *Eisenhardt* WuM 2005, 487; Schreiber WuM 2005, 564; *Intveen* MietRB 2005, 254.
[58] *Blank* in Schmidt-Futterer BGB § 573c Rn. 9; nach *Blank* sei aber zu erwarten, dass auch die Mietesenate der Auffassung des III. und der VII. Senats folgen.
[59] *Derleder* GS Sonnenschein, (2003), 97 (98), hat vermutet, dass durch die 40fache Wiederholung die Bedeutung „den Mietrichtern stärker eingehämmert werden" soll.
[60] Dazu *Börstinghaus* NJW 2005, 1900.
[61] → Rn. 6.

Kapitel 15. Die außerordentlich fristlose Kündigung des Mieters

Übersicht

	Rn.
A. Systematik	1
B. Nichtgewährung oder Entzug des vertragsmäßigen Gebrauches der Mietsache	3
I. Verspätete Übergabe der Mietsache	6
II. Übergabe einer mangelhaften Mietsache	11
III. Entzug der Mietsache	14
IV. Entstehung eines Mangels nach Übergabe	15
V. Kein Ausschluss des Kündigungsrechts	16
VI. Abhilfefrist	21
C. Gesundheitsgefährdung durch die Beschaffenheit der Mietsache	26
I. Geltungsbereich	27
II. Gesundheitsgefährdung	28
III. Kein Vertretenmüssen des Mieters	31
IV. Abhilfefrist	32
V. Schriftliche begründete Kündigungserklärung	35
D. Kündigung wegen Störung des Hausfriedens	36
E. Die Kündigung des Mieters aus einem sonstigen wichtigen Grund	37
I. Wichtiger Grund	38
II. Abmahnung und weitere Störung	43

A. Systematik

Gemäß § 543 Abs. 1 S. 1 BGB kann jede Vertragspartei, also Mieter und Vermieter, das Mietverhältnis aus wichtigem Grund außerordentlich fristlos kündigen. Wann ein solcher **„wichtiger Grund"** gegeben ist, regelt § 543 Abs. 1 S. 2 BGB zunächst allgemein. Ein wichtiger Grund liegt danach vor, wenn dem Kündigenden unter Berücksichtigung aller Umstände des Einzelfalls, insbesondere eines Verschuldens der Vertragsparteien, und unter Abwägung der beiderseitigen Interessen die Fortsetzung des Mietverhältnisses bis zum Ablauf der Kündigungsfrist oder bis zur sonstigen Beendigung des Mietverhältnisses nicht zugemutet werden kann. Neben dieser allgemeinen Regelung enthalten § 543 Abs. 2 BGB und – ausschließlich für Mietverhältnisse über Wohnraum – § 569 Abs. 1 und 2 BGB spezielle Tatbestände, bei denen ein „wichtiger Grund" im Sinne von § 543 Abs. 1 S. 1 BGB für eine außerordentliche Kündigung durch den Mieter vorliegt. Diese speziellen Tatbestände sind vorrangig zu prüfen[1].

Für den Mieter liegt danach ein wichtiger Grund, der ihn zur außerordentlichen fristlosen Kündigung gegenüber dem Vermieter berechtigt, insbesondere in folgenden Fällen vor:

- Nichtgewährung oder Entzug des vertragsmäßigen Gebrauches der Mietsache (§ 543 Abs. 2 Nr. 1 BGB)
- Erhebliche Gesundheitsgefährdung durch die Beschaffenheit der Mietsache (§§ 543 Abs. 1, 569 Abs. 1 BGB)
- Nachhaltige Störung des Hausfriedens durch die andere Vertragspartei (§§ 543 Abs. 1, 569 Abs. 2 BGB)

1

2

---

[1] *Blank/Börstinghaus* in Blank/Börstinghaus § 543 Rn. 5.

B. Nichtgewährung oder Entzug des vertragsmäßigen Gebrauches der Mietsache

3 Gemäß § 543 Abs. 2 Nr. 1 BGB liegt ein wichtiger Grund im Sinne von § 543 Abs. 1 BGB und damit ein Kündigungsgrund für eine außerordentliche fristlosen Kündigung vor, wenn dem Mieter der vertragsgemäße Gebrauch der Mietsache ganz oder zum Teil nicht rechtzeitig gewährt oder wieder entzogen wird. Dieses Kündigungsrecht lässt sich in folgende Fallgruppen aufgliedern:
- Verspätete Übergabe der Mietsache
- Mangelhafte Mietsache vor oder bei Übergabe
- Entzug der Mietsache
- Entstehung eines Mangels nach Übergabe

4 Das Kündigungsrecht nach § 543 Abs. 2 Nr. 1 BGB steht nur dem Mieter zu, nicht dem Vermieter, denn der zur Leistung verpflichtete Vermieter soll sich nicht durch Kündigung des Vertrages seinen Pflichten entziehen können.[2]

5 Als weitere Tatbestandsvoraussetzung des Kündigungsrechts ist das erfolglose Setzen einer **Abhilfefrist** gemäß § 543 Abs. 3 S. 1 BGB zu beachten. Ferner darf das Kündigungsrecht nicht wegen **Kenntnis** des Mieters **vom Mangel** bei Vertragsschluss gemäß § 543 Abs. 4 BGB ausgeschlossen sein.

I. Verspätete Übergabe der Mietsache

6 Wird dem Mieter die Mietsache **verspätet übergeben,** entsteht ein Kündigungsgrund für den Mieter.

7 Ob die Übergabe rechtzeitig oder verspätet erfolgt, richtet sich nach dem Mietvertrag. Wenn keine diesbezügliche Vereinbarung getroffen wurde, ist der Überlassungsanspruch gemäß § 271 Abs. 1 BGB sofort fällig.

8 Haben die Parteien eine unbestimmte oder flexible Regelung für den Zeitpunkt der Übergabe getroffen, zB weil dieser von der Beendigung von Renovierungsarbeiten abhängen soll, so entsteht das Kündigungsrecht, wenn der nach den Vorstellungen der Parteien anvisierte Einzugstermin über einen längeren Zeitraum überschritten wird.[3]

9 Ein Vertretenmüssen des Vermieters wie bei Verzug gemäß §§ 286 Abs. 4, 276 Abs. 1 BGB ist hier nicht erforderlich.[4] Indes wird dem Mieter nach Treu und Glauben, § 242 BGB, kein Kündigungsrecht zustehen, wenn er selbst mit seinem Verhalten die verspätete Übergabe verursacht oder mitverursacht hat.[5]

10 Für den Fall, dass zwischen den Parteien streitig ist, ob der Vermieter dem Mieter den Gebrauch der Mietsache rechtzeitig gewährt hat, enthält § 543 Abs. 4 S. 2 BGB eine **Beweislastregel.** Danach obliegt dem Vermieter die Beweislast für die Rechtzeitigkeit der Übergabe.

II. Übergabe einer mangelhaften Mietsache

11 Übergibt der Vermieter dem Mieter eine mangelhafte Mietsache so ist der Kündigungstatbestand des § 543 Abs. 2 Nr. 1 BGB grundsätzlich erfüllt. In Betracht kommen neben Sachmängeln, wie zB einer negativen Wohnflächenabweichung von mehr als 10 % oder einem Ungezieferbefall auch Rechtsmängel, zB fehlendende bauordnungsrechtliche Genehmigungen. Ein Verschulden des Vermieters ist nicht erforderlich.[6] Ist indes der Mieter

---

[2] *Blank* in Schmidt-Futterer BGB § 543 Rn. 8.
[3] LG Berlin GE 1993, 919; *Blank* in Schmidt-Futterer BGB § 543 Rn. 9.
[4] *Blank* in Schmidt-Futterer BGB § 543 Rn. 9.
[5] *Blank* in Schmidt-Futterer BGB § 543 Rn. 11.
[6] *Blank* in Schmidt-Futterer BGB § 543 Rn. 14.

für den Mangel verantwortlich, scheidet ein Kündigungsrecht des Mieters gemäß Treu und Glauben aus.

Das Kündigungsrecht des Mieters kann auch schon **vor Übergabe** bestehen, wenn ihm von dem Vermieter nur eine mangelhafte Mietsache angeboten wird. In diesem Fall liegt den allgemeinen Grundsätzen im Gewährleistungsrecht folgend die Beweislast beim Vermieter, der beweisen muss, dass die angebotene Mietsache vertragsgemäß ist.[7] 12

Ist streitig, ob sich die Mietsache bei der Übergabe in einem vertragsgemäßen Zustand befunden hat, so findet die **Beweislastregel** gemäß § 543 Abs. 4 S. 2 BGB Anwendung, da unter „Gebrauch" in Abs. 4 der „vertragsgemäße Gebrauch" zu verstehen ist.[8] 13

III. Entzug der Mietsache

Der Mieter ist ferner zur Kündigung berechtigt, wenn ihm während der Mietzeit der vertragsgemäße Gebrauch der Mietsache tatsächlich entzogen wird. Dies kann beispielsweise durch **Besitzentziehung** (zB Austauschen des Türschlosses) oder **Besitzbeeinträchtigen** (zB Bauarbeiten durch den Vermieter zur Sanierung oder Modernisierung des Objektes) erfolgen. Auch wenn die Minderung gemäß § 536 Abs. 1a BGB für drei Monate ausgeschlossen ist, weil die Bauarbeiten vom Vermieter zur energetischen Modernisierung durchgeführt werden, kommt eine Kündigung nach § 543 Abs. 2 Nr. 1 BGB in Betracht.[9] 14

IV. Entstehung eines Mangels nach Übergabe

Dem Mieter wird der vertragsgemäße Gebrauch der Mietsache auch dann ganz oder teilweise entzogen, wenn während der Mietzeit ein Mangel der Mietsache auftritt.[10] Das Recht des Mieters zur Kündigung ist dabei ausgeschlossen, wenn er selbst die Entstehung des Mangels zu vertreten hat.[11] Erforderlich ist eine gravierende Gebrauchsbeeinträchtigung.[12] Es ist letztlich darauf abzustellen, ob der Mangel den Gebrauch der Mietsache so wesentlich beeinträchtigt, dass dem Mieter eine Fortsetzung des Mietverhältnisses bis zu dessen Beendigung durch eine ordentliche fristgerechte Kündigung oder durch Zeitablauf nicht mehr zumutbar erscheint, wobei die Umstände des Einzelfalls entscheidend sind.[13] Typische Fälle, bei denen ein Kündigungsrecht vorliegt, sind gravierende Mängel, die zur (weitgehenden) Unbewohnbarkeit führen, wie zum Beispiel erhebliche Umbaumaßnahmen[14], Wasser- und Feuchtigkeitsschäden mit Schimmelbildung[15], Ausfall der Heizung während der Heizperiode[16] oder Ungezieferbefall.[17] 15

V. Kein Ausschluss des Kündigungsrechts

Gemäß § 543 Abs. 4 BGB finden auf das dem Mieter nach § 543 Abs. 2 S. 1 Nr. 1 BGB zustehende Kündigungsrecht die Vorschriften der §§ 536b und 536d BGB entsprechende Anwendung. 16

Die entsprechende Anwendung von § 536b S. 1 BGB hat zur Folge, dass der Mieter bei **Kenntnis des Mangels** bei Vertragsabschluss kein Kündigungsrecht zusteht. In entsprechender Anwendung von § 536b S. 2 BGB ist das Kündigungsrecht auch bei **Unkenntnis** 17

---

[7] *Blank* in Schmidt-Futterer BGB § 543 Rn. 15.
[8] *Blank* in Schmidt-Futterer BGB § 543 Rn. 45.
[9] *Blank* in Schmidt-Futterer BGB § 543 Rn. 24.
[10] BGH NJW 2007, 2474 = NZM 2007, 561 = WuM 2007, 570.
[11] BGH NJW-RR 2005, 235 = NZM 2005, 17.
[12] *Blank* in Schmidt-Futterer BGB § 543 Rn. 24.
[13] OLG Frankfurt a. M. ZMR 2017, 882.
[14] *Blank* in Schmidt-Futterer BGB § 543 Rn. 28.
[15] BGH NJW 2007, 2474.
[16] KG ZMR 2008, 790.
[17] *Blank* in Schmidt-Futterer BGB § 543 Rn. 28.

des Mieters dann ausgeschlossen, wenn dem Mieter der Mangel infolge **grober Fahrlässigkeit** unbekannt geblieben ist, wenn nicht der Vermieter den Mangel arglistig verschwiegen hat.

18 Bei einer **Mehrzahl von Mietern** ist das Rechts zur Kündigung auch dann ausgeschlossen, wenn nur ein Mieter Kenntnis oder grob fahrlässige Unkenntnis vom Mangel hat.[18]

19 Ist dem Mieter ein Mangel bei Anmietung bekannt, der sich im Laufe des Mietverhältnisses erheblich verstärkt, so lebt das Kündigungsrecht wieder auf.[19]

20 Die entsprechende Anwendung von § 536d BGB bewirkt, dass sich der Vermieter auf eine vertragliche Beschränkung des Kündigungsrechts nicht berufen kann, wenn er den Mangel **arglistig** verschwiegen hat.

VI. Abhilfefrist

21 Die Gewährung des vertragsgemäßen Gebrauchs der Mietsache ist vertragliche Hauptleistungspflicht des Vermieters. Insofern gilt gemäß § 543 Abs. 3 S. 1 BGB, dass die Kündigung erst nach Ablauf einer zur **Abhilfe** bestimmten angemessenen Frist zulässig ist.

22 Dies gilt nicht, wenn die **Abhilfefrist** gemäß § 543 Abs. 3 S. 2 BGB **entbehrlich** ist. Dies ist der Fall, wenn eine Abhilfefrist offensichtlich keinen Erfolg verspricht (Nr. 1) oder die sofortige Kündigung aus besonderen Gründen unter Abwägung der beiderseitigen Interessen gerechtfertigt ist (Nr. 2). Offensichtlich nicht erfolgversprechend ist die Fristsetzung, wenn eine Mängelbeseitigung für den Vermieter offensichtlich nicht möglich ist. Auch ist eine Fristsetzung nach allgemeinen geltenden zivilrechtlichen Grundsätzen entbehrlich, wenn der Vermieter eine Mangelbeseitigung ernsthaft und endgültig verweigert, da dann eine Fristsetzung als bloße Förmelei erscheinen würde.[20]

23 Die **Fristsetzung** bedarf grundsätzlich keiner Form. Eine schriftliche Fristsetzung empfiehlt sich jedoch aus Gründen der Beweisbarkeit, da der Kündigende die Beweislast für die Voraussetzungen des Kündigungstatbestandes und somit auch für die Fristsetzung trägt. Eine Androhung der Kündigung ist nicht notwendig.[21]

24 Die **Dauer der Abhilfefrist** richtet sich nach dem Einzelfall und hängt von dem zu behebenden Mangel ab. Denn der Vermieter muss grundsätzlich in die Lage sein, unter Zugrundelegung üblicher Verhältnisse innerhalb der Frist Abhilfe zu schaffen.[22] Setzt der Mieter dem Vermieter eine zu kurze Abhilfefrist, so schließt dies die Kündigung nicht grundsätzlich aus. Vielmehr entsteht dann das Kündigungsrecht regelmäßig nach Ablauf einer angemessenen Frist.[23] Setzt der Mieter dem Vermieter eine längere als erforderliche Frist, ist der Mieter an diese auch gebunden. Der Vermieter kann die Frist voll ausschöpfen.

25 Ist streitig, ob der Vermieter innerhalb der Abhilfefrist den Mangel beseitigt hat, so trägt er nach der **Beweislastregel** des § 543 Abs. 4 S. 2 BGB die Beweislast für die rechtzeitige Abhilfe.

> **Problem:**
> Der Mieter muss nicht unmittelbar nach Ablauf der Abhilfefrist kündigen. Ein **zu langes Zuwarten** kann aber zu einer **Verwirkung** des Kündigungsrechts führen, vgl. § 314 abs. 3 BGB (Rechtsgedanke). Als Faustregel kann hier gelten, dass der Mieter nicht länger als drei Monate nach Fristablauf kündigen sollte.[24]

---

[18] BGH NJW 1972, 249 = MDR 192, 318.
[19] KG GE 2001, 989; *Blank* in Schmidt-Futterer BGB § 543 Rn. 43.
[20] *Blank* in Schmidt-Futterer BGB § 543 Rn. 34.
[21] BGH NJW 2007, 2474.
[22] *Blank* in Schmidt-Futterer BGB § 543 Rn. 30.
[23] LG Frankfurt a. M. WuM 1987, 55; *Blank* in Schmidt-Futterer BGB § 543 Rn. 30.
[24] *Blank* in Schmidt-Futterer BGB § 543 Rn. 35.

C. Gesundheitsgefährdung durch die Beschaffenheit der Mietsache

Gemäß § 569 Abs. 1 S. 1 BGB liegt ein den Mieter zur außerordentlichen fristlosen Kündigung berechtigender wichtiger Grund im Sinne von § 543 Abs. 1 BGB vor, wenn der gemietete Wohnraum so beschaffen ist, dass seine Benutzung mit einer erheblichen Gefährdung der Gesundheit verbunden ist. Dies gilt gemäß § 569 Abs. 1 S. 2 auch dann, wenn der Mieter die gefahrbringende Beschaffenheit bei Vertragsschluss gekannt oder darauf verzichtet hat, die ihm wegen dieser Beschaffenheit zustehenden Rechts geltend zu machen. 26

I. Geltungsbereich

Die Vorschrift gilt für Wohnraummiete und gemäß § 578 Abs. 2 S. 3 BGB auch für Mietverhältnisse über sonstige Räume, die vertragsgemäß um Aufenthalt von Menschen bestimmt sind, wie beispielsweise Büroräume, Gaststättenräume, Hotelräume. Maßgeblich ist, ob sich in den Räumen Menschen nicht nur kurzfristig aufhalten. Ein stundenweises Verweilen wird ausreichend sein.[25] 27

II. Gesundheitsgefährdung

Kündigungsvoraussetzung ist zunächst, dass die Benutzung mit einer erheblichen Gefährdung der Gesundheit verbunden ist. In Betracht kommt hier neben einer Gesundheitsgefährdung der Mieter auch eine Betroffenheit von Besuchern oder Kunden. Ferner kommt im Falle einer **Untervermietung** auch eine Gesundheitsgefährdung des Untermieters in Betracht.[26] 28

Ist nur ein **Teil der Mietsache** gesundheitsgefährdend ist dies ausreichend, wenn es sich um einen nicht nur unwesentlichen Teil handelt. Ist einer der Haupträume wie Wohnzimmer, Schlafzimmer, Kinderzimmer oder Küche betroffen, ist von einem wesentlichen Teil auszugehen. Eine Gebrauchsbeeinträchtigung von Nebenräumen, zB Fluren und Kellerräumen, wird dagegen in der Regel kein Kündigungsrecht auslösen.[27] 29

Es muss eine **erhebliche** Gesundheitsgefährdung gegeben sein, wobei die Anforderungen nicht zu hoch angesetzt werden dürfen, wie aus dem Wertesystem des Grundgesetzes folgt (Art. 2 Abs. 2 GG). Kann die gesundheitsgefährdende Beschaffenheit der Mietsache sofort durch den Vermieter behoben werden, so wird es an diesem Kriterium in der Regel fehlen (zB kurzfristiger Heizungsausfall, gelegentliches Auftreten von Ungeziefer).[28] Maßgeblich ist, ob eine Gesundheitsgefährdung zum Zeitpunkt der Kündigungserklärung ernsthaft in Betracht gezogen werden muss.[29] 30

III. Kein Vertretenmüssen des Mieters

Wie aus § 569 Abs. 1 S. 2 BGB folgt, steht dem Mieter das Kündigungsrecht auch zu, wenn er bei Vertragsschluss die gefahrbringende Beschaffenheit der Mietsache kannte oder darauf verzichtet hat, die ihm wegen dieser Beschaffenheit zustehenden Rechte geltend zu machen. Hat der **Mieter** selbst die gesundheitsgefährdende Beschaffenheit der Mietsache durch sein Verhalten verursacht und somit zu **vertreten,** steht ihm indes das Kündigungsrecht nicht zu, da ihm aus eigenem vertragswidrigen Verhalten keine Vorteile erwachsen 31

---
[25] *Blank* in Schmidt-Futterer BGB § 569 Rn. 6.
[26] BGH NJW 2004, 848 = NZM 2004, 222; aA *Blank* in Schmidt-Futterer BGB § 569 Rn. 8: dem Zwischenmieter steht lediglich das Kündigungsrecht nach § 543 Abs. 2 Nr. 1 BGB zu, welches nach §§ 543 Abs. 4 S. 1, 536b BGB ausgeschlossen sein kann.
[27] OLG Brandenburg ZMR 2009, 190; *Blank* in Schmidt-Futterer BGB § 569 Rn. 9.
[28] *Blank* in Schmidt-Futterer BGB § 569 Rn. 10.
[29] KG GuT 2003, 215.

dürfen.³⁰ Das gleiche muss gelten, wenn der Mieter die Mangelbeseitigung durch den Vermieter behindert bzw. vereitelt.

IV. Abhilfefrist

32 Da der Vermieter vertraglich verpflichtet ist, dem Mieter den Gebrauch einer mangelfreien Mietsache zu gewähren, ist der Fall des §§ 569 Abs. 1, 543 Abs. 1 BGB stets eine Verletzung der mietvertraglichen Leistungspflichten im Sinne von § 543 Abs. 3 S. 1 BGB, so dass der Mieter vor der Kündigungserklärung dem Vermieter eine **angemessene Abhilfefrist** zu hat, die fruchtlos verstreichen muss.³¹

33 In besonders schwerwiegenden Fällen der Gesundheitsgefährdung kann die Abhilfefrist gemäß § 543 Abs. 3 S. 2 Nr. 2 BGB **entbehrlich** sein, wenn ein längeres Zuwarten dem Mieter wegen der erheblichen Gesundheitsgefährdung nicht zugemutet werden kann. Ferner kann die Abhilfefrist nach § 543 Abs. 3 S. 2 Nr. 1 BGB entbehrlich sein, wenn eine Abhilfe – innerhalb zumutbarer Zeit – nicht möglich ist.

34 Nach Ablauf der Abhilfefrist sollte der Mieter **zeitnah** kündigen. Wartet er zu lange, bevor er nach Ablauf der Abhilfefrist die fristlose Kündigung erklärt, so kann sein Kündigungsrecht verwirkt sein, so dass der Mieter dem Vermieter eine erneute Abhilfefrist setzen muss (Rechtsgedanke aus §§ 314 Abs. 3, 242 BGB).³² Als grobe Faustregel kann ein Zeitspanne von länger als drei Monaten als zu lang betrachtet werden. Es kommt indes immer auf die Umstände des Einzelfalls an.³³

V. Schriftliche begründete Kündigungserklärung

35 Die Kündigungserklärung hat bei der Wohnraummiete gemäß § 568 Abs. 1 BGB schriftlich zu erfolgen. Das bedeutet, dass das Kündigungsschreiben von dem Mieter bzw. allen Mietern eigenhändig durch Namensunterschrift unterzeichnet werden muss (§ 126 Abs. 1 BGB). Ferner ist nach § 569 Abs. 4 BGB der zur Kündigung führende wichtige Grund in dem Kündigungsschreiben (Schriftform gemäß § 568 BGB) anzugeben.

D. Kündigung wegen Störung des Hausfriedens

36 Nach § 569 Abs. 2 BGB liegt ein wichtiger Grund iSd § 543 Abs. 1 BGB ferner vor, wenn eine Vertragspartei den Hausfrieden nachhaltig stört, so dass dem Kündigenden unter Berücksichtigung aller Umstände des Einzelfalls, insbesondere eines Verschuldens der Vertragsparteien, und unter Abwägung der beiderseitigen Interessen die Fortsetzung des Mietverhältnisses bi zum Ablauf der Kündigungsfrist oder bis zur sonstigen Beendigung des Mietverhältnisses nicht zugemutet werden kann. Dieses Kündigungsrecht steht beiden Vertragsparteien, dem Vermieter und dem Mieter zu. Für die Kündigung durch den Mieter gelten keine Besonderheiten, so dass auf die Ausführungen zur Kündigung des Vermieters wegen Störung des Hausfriedens verwiesen wird.³⁴

E. Die Kündigung des Mieters aus einem sonstigen wichtigen Grund

37 Liegt kein besonders normierter Fall eines zur Kündigung berechtigenden wichtigen Grundes vor kommt eine außerordentliche fristlose Kündigung gemäß § 543 Abs. 1 BGB in Betracht. Die Vorschrift ist als Auffangtatbestand zu den spezielleren Regelungen der

---

[30] BGH NJW 2004, 848; *Blank* in Schmidt-Futterer BGB § 569 Rn. 12.
[31] BGH NJW 2007, 2177; 13.4.2010 – VIII ZR 206/09.
[32] BGH 13.4.2010 – VIII ZR 206/09; OLG Braunschweig NZM 2016, 697.
[33] OLG Brandenburg ZMR 2009, 190; aA *Blank* in Schmidt-Futterer BGB § 569 Rn. 14.
[34] → Kap. 12 Rn. 98.

§§ 543 Abs. 2 Nr. 1, 569 Abs. 1 u. 2 BGB anzusehen.[35] Aus der Spezialität der genannten Vorschriften folgt: Liegt ein Fall vor, der grundsätzlich in diesen Vorschriften geregelt ist, aber ist der Tatbestand der jeweiligen Norm nicht erfüllt, so kommt ein Rückgriff auf § 543 Abs. 1 BGB grundsätzlich nicht in Betracht. Anhand der normierten Regelbeispiele lässt sich indes ablesen, welches Gewicht in etwa einem Kündigungsgrund beizumessen ist.

I. Wichtiger Grund

38 Jede Vertragspartei kann das Mietverhältnis aus wichtigem Grund außerordentlich fristlos kündigen. Ein wichtiger Grund liegt gemäß § 543 Abs. 1 S. 2 BGB vor, wenn dem Kündigenden unter Berücksichtigung aller Umstände des Einzelfalls, insbesondere eines Verschuldens der Vertragsparteien, und unter **Abwägung der beiderseitigen Interessen** die Fortsetzung des Mietverhältnisses bis zum Ablauf der Kündigungsfrist oder bis zur sonstigen Beendigung des Mietverhältnisses nicht zugemutet werden kann. Die Kündigung kann dabei nur auf Umstände gestützt werden, die in der Person oder im Risikobereich des Kündigungsgegners begründet sind.[36]

39 Die vorzunehmende Interessenabwägung entspricht im Wesentlichen der im Rahmen der außerordentlichen Kündigung des Vermieters dargestellten Interessenabwägung.[37] Im Rahmen der außerordentlichen Kündigung durch den Mieter ist indes zu berücksichtigen, dass dem Mieter anders als dem Vermieter bei einem unbefristeten Mietverhältnis ein Recht zur ordentlichen fristgemäßen Kündigung gemäß §§ 542, 573 BGB ohne Vorliegen eines Kündigungsgrundes zusteht. Das Abwarten der Kündigungsfrist des § 573c Abs. 1 S. 1 BGB muss dem Mieter folglich unzumutbar sein. Handelt es sich um einen **befristeten Mietvertrag** nach § 542 Abs. 2 BGB, der zeitnah endet, ist die verbleibende Vertragsdauer bei der Abwägung zu berücksichtigen.

40 Die Interessen des kündigenden Mieters an der Beendigung des Mietverhältnisses und die des Vermieters an der Fortsetzung des Mietverhältnisses bis zum Ablauf der ordentlichen Kündigungsfrist sind zu ermitteln, gegenüberzustellen und abzuwägen.

41 Fälle, in denen eine außerordentliche Mieterkündigung in Betracht kommt, können insbesondere **Straftaten des Vermieters** gegenüber dem Mieter (Beleidigung, Nötigung, Körperverletzung, Hausfriedensbruch usw) sein. Auch **Unredlichkeiten** durch den Vermieter bei der Abrechnung von Betriebskosten, die in Wirklichkeit überhaupt nicht angefallen sind[38], die Verletzung des Briefgeheimnisses[39] oder die Verletzung von Aufklärungspflichten des Vermieters[40] können eine fristlose Kündigung rechtfertigen.

42 Wartet der Mieter nach Kenntniserlangung des wichtigen Grundes vor der Erklärung der Kündigung längere Zeit ab, so ist die Kündigung zwar nicht per se gemäß § 314 Abs. 3 BGB ausgeschlossen, da die Vorschrift auf die fristlose Kündigung eines Mietverhältnisses keine Anwendung findet.[41] Bei der Interessenabwägung kann dieser Zeitablauf indes Berücksichtigung finden, da es ein **längeres Zuwarten** ein Indiz für die Zumutbarkeit der Vertragsfortführung – insbesondere bis zum Ablauf der ordentlichen Kündigungsfrist – sein kann[42].

---

[35] *Blank* in Schmidt-Futterer BGB § 543 Rn. 160.
[36] *Blank* in Schmidt-Futterer BGB § 543 Rn. 161.
[37] → Kap. 12 Rn. 119.
[38] LG Berlin GE 2003, 1081.
[39] AG Rendsburg WuM 1989, 178.
[40] *Blank* in Schmidt-Futterer BGB § 543 Rn. 206.
[41] BGH 13.7.2016 – VIII ZR 296/15, NJW 2016, 3720 = MDR 2016, 1132 = ZMR 2016, 937; aA MüKoBGB/*Häublein* § 569 Rn. 25 und *Blank* in Schmidt-Futterer BGB § 569 Rn. 30.
[42] BGH NJW-RR 1988, 77.

II. Abmahnung und weitere Störung

43 Besteht der wichtige Grund in der Verletzung einer Pflicht aus dem Mietverhältnis, so ist die Kündigung gemäß § 543 Abs. 3 S. 1 BGB erst nach erfolglosem Ablauf einer zu Abhilfe bestimmten Frist oder nach einer **erfolglosen Abmahnung** zulässig.

44 Von diesem Grundsatz gelten gemäß § 543 Abs. 3 S. 2 BGB für die Kündigung nach § 543 Abs. 1 BGB zwei **Ausnahmen**. Gemäß Nr. 1 ist eine Frist oder **Abmahnung nicht erforderlich,** wenn eine solche offensichtlich keinen Erfolg verspricht. Gemäß Nr. 2 kann die sofortige Kündigung (ohne Abhilfefrist oder Abmahnung) aus besonderen Gründen unter Abwägung der beiderseitigen Interessen gerechtfertigt sein. In der Praxis bedeutsamer dürfte die Nr. 2 sein. Danach wird bei besonders schwerwiegenden Pflichtverletzungen eine Abmahnung entbehrlich sein. Für die vorzunehmende Interessenabwägung gelten die allgemeinen Grundsätze. Inhaltlich müssen sich aus der Abmahnung die konkreten Beanstandungen des Mieters ergeben, die der Vermieter abstellen soll. Die Abmahnung unterliegt keinem Formerfordernis, kann also auch mündlich erfolgen.[43] Aus Beweisgründen empfiehlt sind aus Sicht des Mieters jedoch die Schriftform und ein Zugangsnachweis.

45 Nach der Abmahnung muss es zu einer **weiteren Störung** oder Pflichtverletzung durch den Vermieter kommen. Diese muss in etwa gleichartig wie die abgemahnte Pflichtverletzung sein. Dem Vermieter muss es schließlich möglich sein, nach Erhalt der Abmahnung sein Verhalten umzustellen (Warnfunktion der Abmahnung).

Kapitel 16. Die außerordentlich fristgerechte Kündigung

Übersicht

	Rn.
A. Die Kündigung nach einer Modernisierungsankündigung gem. § 555e BGB	1
B. Die Kündigung gem. § 561 BGB nach einer Mieterhöhung im preisfreien Wohnungsbau	8
I. Allgemeines	8
II. Anwendungsbereich	11
III. Voraussetzungen für das Sonderkündigungsrecht	12
1. Mieterhöhung auf die ortsübliche Vergleichsmiete oder nach Modernisierung	12
2. Einvernehmliche Mieterhöhung nach den §§ 557–557b BGB	20
3. Zurückgenommene Mieterhöhungen	22
IV. Der zeitliche Ablauf	23
V. Form und Inhalt der Kündigungserklärung	27
VI. Die Überlegungs- und Kündigungsfristen	31
1. Allgemeines	31
2. Die Überlegungsfrist	32
VII. Die Wirkung der Kündigung	41
1. Die Beendigung des Mietverhältnisses	41
2. Der Nichteintritt der Mieterhöhung	42
C. Die Kündigungsrechte nach einer Mieterhöhung im preisgebundenen Wohnungsbau gem. § 11 WoBindG	46
D. Gebrauchsüberlassung an Dritte	51
I. Einleitung	51
II. Voraussetzungen	53
E. Die Kündigungsrechte nach dem Tod des Mieters gem. §§ 563a, 564 BGB	56
I. Allgemeines	56
II. Tod des Mieters	59

---

[43] *Blank* in Schmidt-Futterer BGB § 541 Rn. 5.

A. Die Kündigung nach einer Modernisierungsankündigung gem. § 555e BGB

Gemäß § 555e BGB steht dem Mieter nach einer Modernisierungsankündigung gem. § 555c BGB[1] ein **Sonderkündigungsrecht** zu.[2] Der Mieter kann auf eine Modernisierungsankündigung mit einer außerordentlichen fristgerechten Kündigung antworten. Er kann damit der Duldungspflicht des § 555d BGB bis zum Ablauf der Kündigungsfrist[3] entgehen. Zulässig sind allenfalls Vorbereitungshandlungen, die den Mieter nicht stören, zB die Anlieferung von Baumaterialien.[4]

Die Kündigung ist auch zulässig, wenn der Mieter zur Duldung nicht verpflichtet ist[5], zB weil die Maßnahme für ihn eine **Härte** darstellen würde. Das außerordentliche Kündigungsrecht des Mieters ist deshalb auch nicht davon abhängig, dass die Mitteilung des Vermieters den Anforderungen des § 555c BGB entspricht.[6] Sonst hätte es der Vermieter in der Hand, auf das Kündigungsrecht des Mieters Einfluss zu nehmen. Daher besteht das Kündigungsrecht des Mieters unabhängig davon, ob der Vermieter seiner Verpflichtung zur Mitteilung vollständig oder nur teilweise nachgekommen ist. Hat der Vermieter pflichtwidrig keine Mitteilung gemacht, beginnt die Kündigungsfrist erst dann, wenn der Mieter verbindlich von den Modernisierungsabsichten des Vermieters, ggf. durch Dritte, Kenntnis erlangt, spätestens jedoch dann, wenn der Vermieter mit den ankündigungspflichtigen Baumaßnahmen beginnt. Zudem kommt in diesen Fällen auch eine Kündigung des Mieters nach § 543 BGB in Betracht.[7]

Die Kündigung muss bis **zum Ablauf des Monats** erfolgen, der auf den Zugang der Modernisierungsankündigung folgt. Die Kündigung beendet das Mietverhältnis zum Ablauf des übernächsten Monats nach Zugang der Modernisierungsankündigung. Mit der Neuformulierung wurde der Versuch unternommen, die Regelung verständlicher zu gestalten, ohne damit inhaltlich Veränderungen vorzunehmen.[8] Der Gesetzgeber wollte sicherstellen, dass bei einer rechtzeitig ausgesprochenen Kündigung das Mietverhältnis unabhängig vom konkreten Kündigungszeitpunkt immer mit Ablauf des übernächsten Monats nach Zugang der Modernisierungsankündigung endet.[9] Nach Auffassung des Gesetzgebers legt S. 1 fest, dass der Mieter mit Wirkung zum Ablauf des übernächsten Monats, „der auf den Zugang der Modernisierungsankündigung folgt", kündigen darf.[10] Die Kündigung muss nach S. 2 bis spätestens zum Ablauf des auf den Zugang folgenden Monats erfolgen. Erreicht die Modernisierungsankündigung den Mieter somit am 10.8., kann er zum Ablauf des 31.10. kündigen, unabhängig davon, ob er die Kündigung sofort im August oder erst nach einer längeren Überlegungszeit im September ausspricht. Dieses Ergebnis ist aus dem Wortlaut der Vorschrift aber nicht zwingend herauszulesen. Denn S. 1 sagt nur, dass der Mieter „nach Zugang" der Modernisierungsankündigung zum Ablauf des übernächsten Monats kündigen kann. Dass die Berechnung des Zeitraums mit dem Zugang der Ankündigung beginnt, ist dem Wortlaut nicht zu entnehmen. Vielmehr liegt es näher, die Berechnung von dem Zeitpunkt der Mieterkündigung abhängig zu machen. Würde der Mieter nach dem obigen Beispiel also sich erst im September zur Kündigung entschließen, würde diese – anders als vom Gesetzgeber gewollt – zum Ende des Monats November wirken.

---

1 Dazu umfassend *Börstinghaus/Eisenschmid* Modernisierungs-HdB, Kap. 4.
2 Dazu *Börstinghaus* in Börstinghaus/Eisenschmid, Modernisierungs-HdB, Kap. 13 Rn. 91 ff.
3 MüKoBGB/*Artz* § 555e Rn. 7.
4 MüKoBGB/*Artz* § 555e Rn. 7.
5 *Eisenschmid* in Schmidt-Futterer BGB § 555e Rn. 2.
6 LG Berlin GE 1999, 573; MM 1995, 187; **aA** LG Essen WuM 1990, 513, das dem Vermieter aber den Anspruch auf Mietzahlung abspricht.
7 → Kap. 15 Rn. 1 ff.
8 BT-Drs. 17/10485, 32.
9 BT-Drs. 17/10485, 32.
10 BT-Drs. 17/10485, 32.

4 Die Kündigung ist gem. § 555c Abs. 4 BGB ausgeschlossen, wenn es sich um eine Modernisierungsmaßnahme handelt, die nur mit einer **unerheblichen Einwirkung** auf die Mietsache verbunden ist und nur zu einer unerheblichen Mieterhöhung führt. Die beiden Voraussetzungen müssen kumulativ vorliegen.[11]

5 Strittig ist, ob die Bagatellgrenze für eine Mieterhöhung nach objektiven Grenzen[12] oder nach dem prozentualen Anteil am Einkommen des Mieters oder einem bestimmten Prozentsatz der bisherigen Miete[13] zu ermitteln ist. Es spricht viel dafür, die **Bagatellgrenze** zumindest von der Höhe der Miete abhängig zu machen.[14] Was bei einer Wohnungsmiete von 200,– EUR schon erheblich sein kann (zB die 10,– EUR), kann bei einer Miete von 1.300,– EUR noch unerheblich sein. Auf die subjektiven Verhältnisse des Mieters, also ob er Transferleistungen bezieht oder ein sehr hohes Einkommen erzielt kommt es demgegenüber nicht an.

6 **Unerheblich** ist eine Einwirkung, wenn sie den Mieter unabhängig von der Tatsache, dass sich ein Handwerker in seiner Wohnung aufhält, nicht stört.[15] Das ist regelmäßig bei allen Maßnahmen der Fall, die außerhalb der Wohnung[16] des Mieters passieren, zB die Umstellung auf Wärmecontracting[17] oder der Bau eines Kindespielplatzes.[18] Mit einer unerheblichen Einwirkung auf die Mietsache ist zB der Einbau von Rauchwarnmelder[19] oder funkabgelesenen Erfassungsgeräten für Wärme und Warmwasser[20] verbunden. Auch die Installation einer Klingel-[21] oder Gegensprechanlage[22] hat in der Regel nur unerhebliche Einwirkungen zu Folge. Demgegenüber soll der Austausch von Teppichboden gegen Laminat eine erhebliche Einwirkung vorliegen.[23]

7 Die Kündigung muss **nicht begründet** werden.[24]

B. Die Kündigung gem. § 561 BGB nach einer Mieterhöhung im preisfreien Wohnungsbau

I. Allgemeines

8 § 561 BGB enthält die Regelung über das **Sonderkündigungsrecht** nach einer Mieterhöhung und zwar sowohl auf die ortsübliche Vergleichsmiete nach §§ 558 ff. BGB wie auch nach einer Modernisierung nach §§ 559 ff. BGB. Die Bedeutung der Vorschrift ist auf Grund der seit 2001 eingeführten kurzen Kündigungsfristen zugunsten des Mieters in § 573c BGB begrenzt. Die Vorschrift hat in der Praxis nur eine geringe Bedeutung.[25] Entweder es gibt einen Wohnungsleerstand in der Gemeinde, dann wird der Vermieter idR keine Mieterhöhung vornehmen, um dem Mieter keinen Anlass zu geben zu kündigen und

---

[11] *Eisenschmid* in Schmidt-Futterer BGB § 555c Rn. 60.
[12] So *Eisenschmid* in Schmidt-Futterer BGB § 555c Rn. 61: unter 10,– EUR; MüKoBGB/*Artz* § 555c Rn. 27: 3,– EUR.
[13] LG Köln NZM 2005, 741 (5 %); LG Berlin NJW-RR 1992, 144; ZMR 1987, 337; WuM 1987, 386; LG Detmold WuM 1990, 121; AG Rheine WuM 2008, 491; *Börstinghaus* WuM 2009, 282; *Dickersbach* in Lützenkirchen, Mietrecht, § 555c Rn. 56; *Emmerich* in Staudinger, 2014, § 555c Rn. 18; *Röder* NJW 1983, 2665 (2667); *Sternel* MDR 1983, 267 *Pfeifer* FS Blank, 2006, 349 (359): 5 % der Grundmiete; *Lammel* in Wohnraummietrecht, BGB § 554 Rn. 81: 5 % der Kaltmiete und Betriebskostenvorauszahlungen.
[14] So auch *Emmerich* in Staudinger § 555c Rn. 18.
[15] *Lammel* in Wohnraummietrecht, BGB § 554 Rn. 81.
[16] *Lammel* in Wohnraummietrecht, BGB § 554 Rn. 81 aber noch zum alten Recht, in dem nicht von Einwirkungen auf die „Mietsache", sondern von „vermieteten Räumen" die Rede war.
[17] *Eisenschmid* in Schmidt-Futterer BGB § 555c Rn. 60.
[18] LG Berlin MM 1991, 330.
[19] AG Halle (Saale) BeckRS 2014, 16183 mAnm *Wall* jurisPR-MietR 24/2014 Anm. 2.
[20] LG Heidelberg WuM 2011, 14.
[21] AG Charlottenburg GE 1989, 683.
[22] AG Tiergarten GE 1991, 153.
[23] AG Dresden GE 2009, 913.
[24] *Dickersbach* in Lützenkirchen, MietR, § 555e Rn. 9; *Eisenschmid* in Schmidt-Futterer BGB § 555e Rn. 2.
[25] MüKoBGB/*Artz* § 561 Rn. 9.

woanders eine ggf. preiswertere Wohnung anzumieten oder es herrscht Wohnungsmangel, dann wird der Mieter, mangels Alternativwohnung, nicht kündigen. Das Sonderkündigungsrecht hat allenfalls mittelbar Einfluss auf das Vermieterverhalten, da der Vermieter befürchten muss, dass er einen langjährigen, ihm bekannten Mieter verliert und noch nicht einmal sicher ist, dass er bei einer Neuvermietung seine Mietvorstellung realisieren kann.[26] Der Mieter kann das Mietverhältnis sowieso ohne Angabe von Gründen mit dreimonatiger Frist kündigen. Kündigt er gem. § 561 BGB wird die Mieterhöhung auch während der Kündigungsfrist nicht wirksam. Die Vorschrift hat ihre Bedeutung heute nur noch bei Zeitmietverträgen, die der Mieter ordentlich gar nicht kündigen kann.[27] Ferner kommt eine Anwendung dann in Betracht, wenn die Parteien wirksam das Kündigungsrecht des Mieters befristet ausgeschlossen haben.[28]

Ein Sonderkündigungsrecht besteht weder bei Mieterhöhungen wegen Steigerungen der **Betriebskostenvorauszahlungen** gem. § 560 Abs. 4 BGB oder der Anhebung der Betriebskostenpauschale gem. § 560 Abs. 1 BGB noch nach **Wirksamwerden einer weiteren Staffel** bei einer Staffelmietvereinbarung gem. § 557a BGB oder nach einer Indexerhöhung gem. § 557b BGB. 9

Das **Kündigungsrecht des Mieters ist ausgeschlossen,** wenn der Mieter der Mieterhöhung gem. § 558b Abs. 1 BGB zugestimmt hat.[29] Dies ergibt sich aus dem Sinn und Zweck der Regelung. § 561 BGB gibt dem Mieter ein eigenständiges Reaktionsmittel gegenüber einem Mieterhöhungsverlangen des Vermieters gem. § 558a BGB. Hat der Mieter dem Mieterhöhungsverlangen zugestimmt, dann ist der Mietvertrag abgeändert worden. Der Mieter hat also sein Wahlrecht ausgeübt. Dies führt bereits nach allgemeinen Regeln zum Erlöschen der übrigen wahlweise eingeräumten Möglichkeiten. Hinzu kommt, dass auch der Schutzzweck der Norm nicht mehr eingreift. § 561 BGB will dem Mieter ermöglichen, eine Vertragsänderung gegen seinen Willen abzuwenden. Wenn er aber mit der Vertragsänderung einverstanden ist, dann bedarf er dieses Schutzes nicht mehr, da aus dem einseitigen Verlangen ja ein zweiseitiger Vertrag geworden ist. Und schließlich würde ein Mieter, der zunächst einer Mieterhöhung zustimmt und dann gem. § 561 BGB kündigt, sich widersprüchlich verhalten, weil auf der einen Seite auf Grund der Zustimmung eine Mieterhöhung eingetreten wäre und zum anderen gem. § 561 Abs. 1 S. 2 BGB die Mieterhöhung nicht eintreten würde. In diesem Fall ist die Kündigung zumindest gem. § 242 BGB unwirksam. 10

II. Anwendungsbereich

Die Vorschrift findet auf alle Wohnraummietverhältnisse im freifinanzierten Wohnungsbau Anwendung.[30] Dies ergibt sich aus der Stellung der Vorschrift. Ausgenommen sind jedoch die in § 549 Abs. 2 und 3 BGB genannten Mietverhältnisse. Bei diesen Mietverhältnissen kann der Vermieter die Mieterhöhung durch Änderungskündigung durchsetzen. Die Vorschrift gilt für Mischmietverhältnisse nicht, bei denen das Schwergewicht auf dem gewerbemietrechtlichen Teil liegt. Unerheblich ist es für die Anwendung des § 561 BGB, ob es sich um ein **unbefristetes oder ein befristetes Mietverhältnis** handelt. Beide Arten von Mietverhältnissen können gem. § 561 BGB gekündigt werden. 11

---

[26] MüKoBGB/*Artz* § 561 Rn. 9.
[27] BGH WuM 2009, 48 = MietPrax-AK § 573 BGB Nr. 16 mAnm *Börstinghaus*; **aA** MüKoBGB/*Häublein* § 575 Rn. 8.
[28] Dazu → Kap. 14 Rn. 6 ff.
[29] AG Solingen WuM 1982, 142.
[30] Zu Mieterhöhungen im preisgebundenen Wohnungsbau siehe unten → Rn. 46.

III. Voraussetzungen für das Sonderkündigungsrecht

1. Mieterhöhung auf die ortsübliche Vergleichsmiete oder nach Modernisierung

12 Das Gesetz verlangt **vom Wortlaut her** nur, dass der Vermieter entweder eine Mieterhöhung nach § 558 BGB oder nach § 559 BGB geltend macht. Das Kündigungsrecht besteht auch nach einer Mieterhöhung im vereinfachten Verfahren gem. § 559c BGB. Die Vorschrift gilt nicht bei einseitigen Mieterhöhungen nach dem teilweise noch weiter geltenden WoBindG oder der an seine Stelle getretenen Landesgesetze.[31] Vom Wortlaut her lösen damit alle Willenserklärungen des Vermieters, die entweder darauf gerichtet sind, dass der Mieter einer Mieterhöhung zustimmen soll oder dass er ab einem bestimmten Zeitpunkt eine erhöhte Miete gem. § 559 BGB zahlen soll, das Kündigungsrecht aus. Kein Geltendmachen iSd Gesetzes ist lediglich ein Angebot auf einverständliche Änderung des Vertrages gem. § 557 Abs. 1 BGB. Für die im Einzelfall unter Umständen schwierige Abgrenzung kommt es auf den objektiven **Empfängerhorizont** auf Seiten des Mieters an. Konnte der Mieter die Willenserklärung nur als Angebot verstehen, das er ohne rechtliche Konsequenzen ablehnen konnte, scheidet das Sonderkündigungsrecht aus. Dies gilt auch dann, wenn der Vermieter in seinem ersten Angebot auf Vertragsänderung abschließend darauf hinweist, dass er für den Fall der Ablehnung des Angebots ein Zustimmungsverlangen oder eine einseitige Mieterhöhung aussprechen wird. Ob der Mieter mit einer einvernehmlichen Mieterhöhung einverstanden ist oder nicht ist dabei unerheblich, weil bereits die Erklärung des Vermieters kein „Geltendmachen" iSd § 561 BGB darstellt, welches das Kündigungsrecht auslöst. Diese Auslegung vom Wortlaut her entspricht auch dem Sinn und Zweck der Regelung, die dem Mieter nur als Reflex auf eine ihm gegen seinen Willen aufgezwungene Mieterhöhung zusteht. Beruht die Verpflichtung zur Zahlung der erhöhten Miete aber auf einer freiwilligen Zustimmung des Mieters, so ist dieser nicht schutzbedürftig.

13 Umstritten ist die Frage, ob das **Mieterhöhungsverlangen wirksam** sein muss, damit es das Sonderkündigungsrecht auslöst. Zum Teil[32] wird dies gefordert, da nur ein wirksames Mieterhöhungsverlangen Rechtswirkungen entfalte. Nur wenn dem Mieter tatsächlich eine Mieterhöhung drohe, sei er schutzbedürftig. Für diese Auslegung soll auch § 561 Abs. 1 S. 2 BGB sprechen, wonach die Mieterhöhung nach einer Kündigung nicht eintritt.[33] Die Mieterhöhung tritt aber grundsätzlich nur nach einem wirksamen Mieterhöhungsverlangen ein. Hat der Mieter im Vertrauen auf eine an sich unwirksame Mieterhöhung gekündigt, so liege eine Obliegenheitsverletzung des Vermieters vor, die diesen nach §§ 280, 282 BGB verpflichte, den Mieter so zu stellen, als wenn die Mieterhöhung wirksam gewesen sei, ihm soll also untersagt sein, sich auf Unwirksamkeit der Mieterhöhung zu berufen.[34]

14 Die Gesetzesgeschichte,[35] Wortlaut und der Sinn der Vorschrift sprechen aber gegen diese Auslegung.[36] Nach Satz 1 knüpft das Sonderkündigungsrecht zunächst einmal nur an die Geltendmachung des Vermieters an. Dies ist eine einfach zu bewertende Tatsache. Eine rechtliche Bewertung hat nach dem Wortlaut nicht stattzufinden. Ein solches Geltendmachen durch den Vermieter kann in drei Kategorien fallen: **Das Mieterhöhungsverlangen kann bereits formell fehlerhaft sein,** es kann aber auch formell grundsätzlich in Ord-

---

[31] Siehe hierzu die Aufstellung bei *Börstinghaus* in Schmidt-Futterer BGB Vor § 557 Rn. 26 ff.
[32] AG Bergisch-Gladbach WuM 1983, 182; *Sternel* III 859.
[33] *Sternel* III 859.
[34] LG Heidelberg NJW 1975, 1974; LG Wuppertal MDR 1962, 990 (noch zu § 20 I. BMG); AG Andernach WuM 1994, 547 (548); *Sternel* III 859.
[35] So ausdrücklich die Begründung zum Mietrechtsreformgesetz: BT-Drs. 14/4553, 59 (BT-Drs. 14/4553 (abgedruckt bei *Börstinghaus/Eisenschmid*, Neues MietR, S. 383).
[36] LG Berlin GE 1998, 43; LG Braunschweig WuM 1986, 323; AG Ibbenbüren WuM 1982, 216; AG Münsingen NJW-RR 1998, 228; AG Brakel WuM 1983, 349 (zu § 11 WoBindG); MüKoBGB/*Artz* § 561 Rn. 4; *Sternel*, Mietrecht aktuell, IV 285; *Weitemeyer* in Emmerich/Sonnenschein BGB § 561 Rn. 6, 12; *Schultz* in Bub/Treier MietR-HdB Kap. III. Rn. 1660; *Lammel* § 561 Rn. 6; *Hau* NZM 2014, 809 (817) („vorzugswürdige Meinung").

nung sein, aber materiell Fehler aufweisen, schließlich kann es auch insgesamt fehlerfrei sein. Dies zu beurteilen ist im Einzelfall schwierig und die Antwort fällt selbst bei Fachleuten bekanntermaßen häufig unterschiedlich aus. Es ist dem Mieter nicht zuzumuten, diese Frage erst gerichtlich prüfen zu lassen.[37] Auch die Regelung in § 561 Abs. 1 S. 2 BGB rechtfertigt vom Wortlaut her nicht zwingend eine andere Auslegung. Nach dieser Bestimmung tritt die Mieterhöhung nach einer Kündigung nicht ein. Diese Regelung betrifft selbstverständlich nur wirksame Mieterhöhungsverlangen, weil formell und/oder materiell unwirksame Verlangen gar keine Wirkungen entfalten. Das bedeutet aber nicht, dass deshalb, weil Satz 2 eine Regelung nur für eine von drei Alternativen enthält, diese Einschränkung auch bei Satz 1 zu gelten hat. Für die anderen beiden Alternativen war eine Regelung systematisch nicht erforderlich. Vielmehr spricht die Fristenregelung in Abs. 1 Satz 1 dafür, nur auf die bloße Tatsache des Geltendmachens abzustellen. Die Fristen knüpfen an den Zugang der Erklärung an. Selbst wenn der Mieter Zweifel an der Wirksamkeit hat und es auf einen Rechtsstreit ankommen lässt, dann muss er sich innerhalb der gesetzlichen Fristen, die ab Zugang des Erhöhungsverlangens zu berechnen sind, entscheiden, ob er kündigen will. Eine Auslegung dahin, dass die Fristen in diesen Fällen erst ab rechtskräftiger Verurteilung laufen, geht über den Wortlaut des § 561 Abs. 1 BGB hinaus, was sich nicht nur aus dem eindeutigen Wortlaut, sondern auch aus einem Vergleich mit § 569 Abs. 3 Nr. 3 BGB ergibt. Die dortige Regelung knüpft gerade an die rechtskräftige Verurteilung an.

Da der **Wortlaut der Vorschrift** also nicht zwingend auf ein wirksames Mieterhöhungsverlangen abstellt, kommt dem Sinn und Zweck[38] der Regelung für die Auslegung eine entscheidende Bedeutung zu. Die Frage, ob ein Wohnraummietverhältnis wirksam gekündigt wurde oder nicht, ist für beide Mietvertragsparteien von großer Bedeutung. Eine Unklarheit, die dadurch entstehen würde, dass man das Kündigungsrecht von der aufschiebenden Bedingung abhängig macht, dass eine andere Rechtshandlung wirksam ist, würde zu unzumutbaren Zuständen führen.[39] Nicht nur der Mieter muss sich im Klaren darüber sein, ob er sich eine neue Wohnung suchen muss, auch der Vermieter hat ein Interesse an Rechtsklarheit. Neben anderen Fragen interessiert den Vermieter in diesem Zusammenhang doch, ob er die Wohnung kurzfristig zu der von ihm verlangten Miete neu vermieten kann. Wenn sich erst nach einem längeren Rechtsstreit herausstellt, dass die Kündigung unwirksam ist und deshalb die Kündigung nicht möglich war, dann steht sich der Vermieter wirtschaftlich ebenfalls schlechter, als wenn er nach der unwirksamen Mieterhöhung zwar die Kündigung des Mieters erhält, aber die Wohnung dann seinen Vorstellungen und den Marktgegebenheiten entsprechend neu vermieten kann. Wenn er dies auf Grund der Marktsituation ggf. nicht kann, so fällt dies Risiko ebenfalls in seine Risikosphäre, da er durch seine Mieterhöhung den Anlass gegeben hat. Und schließlich dürfte sich der Vermieter dem Vorwurf des widersprüchlichen Verhaltens aussetzen, wenn er sich hinsichtlich der Kündigung auf die Unwirksamkeit seines eigenen Mieterhöhungsverlangens beruft. Der Sinn der Vorschrift ist es, schnell Rechtsklarheit über das Vertragsverhältnis herzustellen. Dies betrifft sowohl die Miethöhe, aber auch die Frage des Bestandes des Mietverhältnisses.

Schließlich spricht auch noch ein **systematisches Argument** für diese Auslegung. Auch die Klagefrist berechnet sich vom Zugang des Mieterhöhungsverlangens an, unabhängig davon, ob dies wirksam ist oder nicht oder ob der Vermieter dem Mieter ggf. eine längere Frist eingeräumt hat. Da die Fristen in § 558 Abs. 2 BGB und in § 561 Abs. 1 S. 1 BGB erkennbar gleich ausgestaltet sind,[40] spricht auch dies dafür, das Sonderkündigungsrecht nur

---

[37] LG Berlin GE 1998, 43 (44).
[38] So auch AG Münsingen NJW-RR 1998, 228.
[39] *Weidenkaff* in Palandt BGB § 561 Rn. 4; *Nies* NZM 1998, 398; MüKoBGB/*Artz* § 561 Rn. 4.
[40] So ausdrücklich LG München I WuM 1994, 383 für den umgekehrten Fall der systematischen Auslegung des § 558b Abs. 2 BGB unter Verweis auf die Fristen des § 561 BGB (jeweils noch zum alten Recht).

17 Das bedeutet, dass auch ein **mündliches Erhöhungsverlangen** das Sonderkündigungsrecht auslöst.[41] Es darf sich aber nicht nur um die Ankündigung einer Mieterhöhung oder um ein Verhandlungsangebot darüber handeln. Ebenso löst eine Mieterhöhung der die gem. § 558a BGB bzw. § 559b BGB erforderliche Begründung fehlt, das Sonderkündigungsrecht aus. Voraussetzung ist aber, dass dem Mieter ein Mieterhöhungsverlangen bzw. eine einseitige Mieterhöhung zugegangen ist.[42] Auch nach einem Mieterhöhungsverlangen, das dem Mieter vor Ablauf der Jahressperrfrist zugegangen ist kann der Mieter gem. § 561 Abs. 1 kündigen. In diesem Fall berechnet sich die Frist gem. § 561 BGB jedoch nicht nach dem Zeitpunkt des Zugangs des Erhöhungsverlangens. Die Kündigung ist bis zum Ablauf der Frist möglich, bis zu der die ursprüngliche Miete zu zahlen ist.[43]

18 Eine Grenze wird hier allenfalls durch das sich aus § 242 BGB ergebende **Gebot von Treu und Glauben** gezogen; denn dies bildet eine allen Rechten immanente Inhaltsbegrenzung.[44] In den Fällen, in denen der Mieter zweifelsfrei erkennen kann, dass das Mieterhöhungsverlangen unwirksam ist, kann es im Einzelfall eine unzulässige Rechtsausübung darstellen, wenn der Mieter trotzdem das Mietverhältnis gem. § 561 BGB kündigt.[45] Dabei handelt es sich um die missbräuchliche Ausnutzung einer formalen Rechtsstellung. Ferner fehlt dem Mieter in diesem Fall auch ein schutzwürdiges Eigeninteresse, da er einer so evident unwirksamen Erklärung des Vermieters idR mit keinerlei Rechtsnachteilen zu rechnen braucht. Der Mieter kann sich risikolos auf einen Rechtsstreit über die Mieterhöhung einlassen.[46] Dies gilt aber nur für Extremfälle, zB Mieterhöhungen, die ohne jeden Bezug zum BGB abgegeben werden.[47]

19 Genauso unerheblich wie die Frage, ob das Mieterhöhungsverlangen wirksam ist oder nicht, ist die Frage, ob dem Mieter die verlangte Mieterhöhung zuzumuten ist. Der Gesetzeswortlaut ist auch insofern eindeutig. **Es kommt nur auf die Geltendmachung an.** Allein die Tatsache, dass der Vermieter eine Änderung der im Synallagma stehenden Leistungspflicht der Gegenseite verlangt, gibt dem Mieter das Recht, dieser Änderung durch Beendigung des gesamten Vertragsverhältnisses zu entgehen. Der Vermieter kann sich deshalb nicht darauf berufen, dass die Mieterhöhung nur sehr gering ist oder dass die restliche Mietzeit nur noch sehr kurz ist.

2. Einvernehmliche Mieterhöhung nach den §§ 557–557b BGB

20 Das Sonderkündigungsrecht gem. § 561 BGB ist **nach einer einverständlichen Mieterhöhung nicht anwendbar.** Hierzu zählt auch der Fall, dass der Mieter einem Mieterhöhungsverlangen des Vermieters gem. § 558 BGB bereits zugestimmt hat.[48] Hat der Mieter der Mieterhöhung nur teilweise zugestimmt, dann kann er trotzdem kündigen.[49] Sinn macht dies aber nur, wenn dies zeitlich gestaffelt erfolgt, also wenn der Mieter zunächst teilweise zustimmt und der Vermieter dann vor Ablauf der Kündigungsfrist des § 561 BGB zu erkennen gibt, auch auf Zustimmung bezüglich des Restbetrages zu bestehen. Dann kann der Mieter noch kündigen. Durch die Kündigung wird aber gemäß § 561 Abs. 1 S. 2 BGB nur der Teil des Mieterhöhungsverlangens unwirksam, zu dem der Mieter seine Zustimmung noch nicht erteilt hat. Hinsichtlich des ersten Teils liegt eine

---

[41] **AA** *Sternel* III 859.
[42] *J. Emmerich* in Staudinger BGB § 561 Rn. 9.
[43] BGH NJW 2013, 3641; *J. Emmerich* in Staudinger BGB § 561 Rn. 16.
[44] *Ellenberger* in Palandt BGB § 138 Rn. 38.
[45] LG Berlin GE 1998, 43 (44); AG Münsingen NJW-RR 1998, 228.
[46] AG Münsingen NJW-RR 1998, 228.
[47] Im Fall des AG Münsingen NJW-RR 1998, 228 hatte der Vermieter den Mietern einen nicht unterschriebenen Zettel in den Briefkasten geworfen mit dem Text: „Mieterhöhung ab Monat Sept. 94 um 100 DM auf 500 DM mtl. Bitte Dauerauftrag ändern.".
[48] *Sternel* III 860.
[49] *Sternel* III 860.

einverständliche Vertragsänderung vor, da § 150 Abs. 2 BGB hier nicht gilt. Dies ergibt sich auch deutlich aus der Formulierung in § 558b Abs. 1 BGB *„soweit der Mieter der Mieterhöhung zustimmt ..."*. Wartet der Mieter in diesen Fällen ab, ob der Vermieter innerhalb der Klagefrist klagt, ist die Kündigungsfrist für den Mieter abgelaufen, da die Klagefrist des § 558b Abs. 2 S. 2 BGB sich an die Überlegungsfrist nach § 561 Abs. 1 BGB erst anschließt.

Eine einvernehmliche, eine Kündigung ausschließende Mieterhöhung, liegt auch bei allen Vereinbarungen iSd § 557 Abs. 1 BGB vor.[50] Hier spricht bereits der Wortlaut der Vorschrift gegen eine Anwendung, da das Kündigungsrecht an die einseitige Geltendmachung des Vermieters anknüpft und nicht an Willenserklärungen, die auf eine vertragliche Regelung gerichtet sind. Schließlich sprechen auch Sinn und Zweck der Regelung gegen eine Anwendung des Sonderkündigungsrechts auf Mieterhöhungen, die auf Grund einer vertraglichen Einigung der Parteien erfolgen. **Der Mieter soll vor Mieterhöhungen gegen seinen Willen geschützt werden.** Er würde sich jedoch widersprüchlich verhalten, wenn er zunächst einer Mieterhöhung zustimmt, um dann anschließend diese Zustimmung durch Kündigung wieder unwirksam zu machen. Deshalb besteht das Sonderkündigungsrecht bei Mieterhöhungen auf Grund einer Staffelmietvereinbarung gem. § 557a BGB genauso wenig, wie nach einer Mieterhöhung auf Grund einer Indexklausel gem. § 557b BGB. Auch hier beruht die Mieterhöhung auf einer, wenn auch idR schon bei Vertragsschluss geschlossenen, Vereinbarung der Parteien. Neben dem Wortlaut spricht auch hier der Sinn der Vorschrift gegen eine Anwendung. Der Mieter weiß bei Abschluss des Vertrages, welche Miete er ab wann zu zahlen hat. Er wird nicht vom Verlangen des Vermieters überrascht. Jedoch kann der Mieter dann das Mietverhältnis außerordentlich kündigen, wenn der Vermieter unter Berufung auf die Unwirksamkeit der Staffelmietvereinbarung eine Mieterhöhung geltend macht.[51]

3. Zurückgenommene Mieterhöhungen

Der Vermieter kann die Kündigung des Mieters auch nicht dadurch unwirksam machen, in dem er sein **Erhöhungsverlangen zurücknimmt.** Ein Mieterhöhungsverlangen gem. § 558a BGB kann zwar vom Vermieter grundsätzlich zurückgenommen werden[52], damit entfällt aber nicht das einmal entstandene Kündigungsrecht des Mieters. Hierfür sprechen Sinn und Zweck der Regelung. Ein Mieter, der die erhöhte Miete nicht zahlen kann oder will wird sich vor der Kündigung eine neue Wohnung suchen und dementsprechend einen neuen Mietvertrag abschließen. Wenn der Vermieter ihm das Kündigungsrecht durch Rücknahme des Mieterhöhungsverlangens nehmen könnte, dann bestünde die Gefahr, dass der Mieter zumindest zeitweise durch zwei Mietverträge gebunden wäre. Bei einer Mieterhöhung gem. § 559 BGB ergibt sich dies bereits aus dem Gesetzeswortlaut, der nur auf den Zugang der Mieterhöhungserklärung abstellt. Außerdem würde der Vermieter sich widersprüchlich verhalten.

IV. Der zeitliche Ablauf

Unabhängig davon, ob der Vermieter seinen Anspruch auf Zustimmung zu einer Mieterhöhung gem. § 558 BGB geltend macht oder ob er einseitig die Miete gem. § 559 BGB erhöht, in beiden Fällen kann der Mieter erst kündigen, wenn ihm das entsprechende Verlangen des Vermieters **zugegangen** ist.[53] Dies ergibt sich daraus, dass das Mieterhöhungsverlangen eine empfangsbedürftige Willenserklärung ist, für deren Wirksamkeit gem.

---

[50] AG Solingen WuM 1982, 142.
[51] LG Berlin GE 1998, 43.
[52] Zur Wirksamkeit solche Änderungen und Rücknahmen: *Börstinghaus* in Schmidt-Futterer BGB § 558a Rn. 19 f.
[53] *J. Emmerich* in Staudinger BGB § 561 Rn. 10.

§ 130 Abs. 1 S. 1 BGB der Zugang erforderlich ist. Dies ist auch deshalb von Bedeutung, weil für die Berechnung der Kündigungsfristen ein eindeutiger Zeitpunkt feststehen muss. Eine vor Zugang der Mieterhöhung erklärte Kündigung ist unwirksam.

24   Das Sonderkündigungsrecht steht dem Mieter selbst dann zu, wenn das zu Grunde liegende Mietverhältnis bereits **vorher von ihm oder vom Vermieter gekündigt** worden ist. Dies setzt voraus, dass die Kündigungsfrist noch nicht abgelaufen ist und die Mieterhöhung vor dem Kündigungstermin wirksam werden soll. Erforderlich ist aber in diesem Fall, dass der Mieter – ggf. erneut – kündigt. Allein die Tatsache, dass er das Mietverhältnis bereits einmal gekündigt hat, genügt idR nicht. Die Kündigung nach § 561 BGB hat in diesen Fällen nur dann Bedeutung, wenn die Erhöhung vor Ablauf der Kündigungsfrist eintritt. Da die Kündigung gem. § 561 BGB dann das Mietverhältnis aber zeitlich früher beendet, ist auch eine neue darauf gerichtete Gestaltungserklärung erforderlich. Bei Mieterhöhungserklärungen nach Modernisierung soll bei einem gekündigten Mietverhältnis analog § 561 BGB keine Mieterhöhung eintreten, wenn die Wahrnehmung des Sonderkündigungsrechts zu keiner früheren als der bereits bewirkten Beendigung des Vertrages führen könnte. Der Mieter muss sich allerdings auf das Sonderkündigungsrecht berufen.[54]

25   Der Mieter kann ebenfalls noch kündigen, wenn das Mietverhältnis nach Vermieterkündigung und **Kündigungswiderspruch** des Mieters gem. §§ 574 ff. BGB noch nicht beendet ist. In diesem Fall kann der Mieter durch die Ausübung des Sonderkündigungsrechts erreichen, dass das Mietverhältnis zu einem früheren Zeitpunkt endet, als es auf Grund der Vermieterkündigung der Fall gewesen wäre und dass die Verpflichtung zur Zahlung der höheren Miete nicht eintritt. Außerdem kann der Mieter auf diese Weise seine frühere Absicht, das Mietverhältnis fortzusetzen, wegen der Mieterhöhung aufgeben.

26   Hat der Mieter das Mietverhältnis gemäß § 561 BGB gekündigt, dann wird diese Kündigung durch eine spätere **Zustimmung zur verlangten Mieterhöhung** oder Zahlung der verlangten erhöhten Miete nicht unwirksam. In einem solchen Verhalten kann je nach Zeitpunkt allenfalls ein Angebot auf Fortsetzung des Mietverhältnisses oder ein Angebot auf Abschluss eines neuen Mietvertrages zu sehen sein. Haben die Mietvertragsparteien sich nach Ausspruch der Kündigung einvernehmlich auf eine neue Miete geeinigt,[55] dann dürfte eine solche Vereinbarung idR dahin auszulegen sein, dass damit ein neuer Mietvertrag abgeschlossen werden soll. Eine Anfechtung der Kündigungserklärung wegen Irrtums dürfte idR ausscheiden, da es sich in diesen Fällen, von den Situationen des Erklärungsirrtums abgesehen, um einen unbeachtlichen Motivirrtum handelt.[56]

V. Form und Inhalt der Kündigungserklärung

27   Auch für die Kündigung des Mieters gilt die **Formvorschrift des § 568 Abs. 1 BGB**. Die Kündigung muss danach schriftlich erfolgen[57], also vom Mieter eigenhändig unterschrieben sein. Textform genügt nicht. Die Kündigung ist deshalb weder per Telefax noch per E-Mail möglich.

28   In der Kündigungserklärung muss eindeutig zum Ausdruck kommen, dass der Mieter das Mietverhältnis beenden will. Das **Wort „Kündigung"** muss er hierfür nicht unbedingt gebrauchen. Im Interesse der Rechtssicherheit und Rechtsklarheit ist an dem Grundsatz festzuhalten, dass sich aus der Kündigungserklärung der übereinstimmende Kündigungswille aller Kündigenden ergibt und dieser Kündigungswille allen Kündigungsempfängern

---

[54] AG Frankfurt a. M. WuM 1989, 580.
[55] Zu den Anforderungen an das Schriftformerfordernis in diesen Fällen BGH NZM 1998, 628.
[56] Zur Anfechtung im Mietrecht und ihren Rechtsfolgen s. BGH NZM 2008, 886; *Schmid* WuM 2009, 155; *Fischer* NZM 2005, 567; *V. Emmerich* in Staudinger BGB Vorb. zu § 535 Rn. 70 ff.; *Emmerich* NZM 1998, 692.
[57] → Kap. 6 Rn. 1 ff.

zuverlässig zur Kenntnis gebracht wird.[58] Als einseitige Willenserklärung ist eine Kündigung bedingungsfeindlich.

Die Kündigung muss nicht begründet werden.[59] Es gibt noch nicht einmal mehr eine Soll-Vorschrift wie früher im § 564a Abs. 1 S. 2 BGB aF. Der Gesetzgeber hat mit dem Mietrechtsreformgesetz auch diese Soll-Begründungspflicht für Kündigungen gem. § 561 BGB ersatzlos gestrichen. § 569 Abs. 4 BGB ist nicht anwendbar. Die Vorschrift ist vom Wortlaut der Überschrift nur auf die außerordentliche fristlose Kündigung anzuwenden. Die Vorschrift stellt systematisch auch nur eine Ergänzung des § 543 BGB dar und ist schon deshalb auf § 561 BGB nicht anzuwenden. Die Begründungspflicht ergibt sich auch nicht aus § 573d iVm § 573 Abs. 3 BGB.[60] Nach § 573d BGB sind die §§ 573–573a BGB auch auf die außerordentliche Kündigung mit gesetzlicher Frist anzuwenden. Gem. § 573 Abs. 3 BGB sind die Gründe für ein berechtigtes Interesse im Kündigungsschreiben anzugeben. Die Kündigung gem. § 561 BGB ist aber keine außerordentliche Kündigung mit gesetzlicher Frist gem. § 573d Abs. 1 BGB.[61] Die Überschrift von § 561 BGB lautet gerade „Sonderkündigungsrecht des Mieters nach Mieterhöhung". Diese Terminologie weicht von der übrigen Einteilung der Kündigungsrechte gerade ab. In der Gesetzesbegründung zu § 573d BGB[62] sind die Vorschriften aufgezählt, auf die § 573d BGB anzuwenden ist.[63] § 561 BGB gehört ausdrücklich nicht dazu. Aber selbst wenn man die Auffassung vertreten sollte, dass die Aufzählung nur beispielhaft und nicht abschließend sei[64], weisen alle aufgezählten Vorschriften als Gemeinsamkeit die Formulierung auf „kann das Mietverhältnis außerordentlich mit gesetzlicher Frist gekündigt werden." In § 561 BGB fehlt nicht nur diese Formulierung, die angeordnete Kündigungsfrist ist gerade nicht die gesetzliche Frist.

So genügt es, wenn die Voraussetzungen des § 561 BGB bei Ausspruch der Kündigung tatsächlich vorlagen, ohne dass sie im Kündigungsschreiben ausdrücklich erwähnt werden müssen. Sinnvoll und Streit schlichtend ist es aber, zumindest kurz auf den Anlass der Kündigung, nämlich die Mieterhöhung, hinzuweisen.[65]

VI. Die Überlegungs- und Kündigungsfristen

1. Allgemeines

Bei der Berechnung der Kündigungsfrist sind **2 Fristen zu unterscheiden.** Zum einen steht dem Mieter eine Überlegungsfrist zu, innerhalb derer er entscheiden muss, ob er überhaupt kündigen will und zum anderen gibt es die eigentliche Kündigungsfrist, aus der sich ergibt, zu welchem Termin das Mietverhältnis beendet wird, wenn der Mieter tatsächlich gekündigt hat.

2. Die Überlegungsfrist

Der Mieter kann die Kündigungserklärung bis zum Ende des zweiten Monats nach Zugang der Erhöhungserklärung abgeben. Bei der Mieterhöhung nach § 558 BGB steht dem Mieter also die **volle Überlegungsfrist** des § 558b Abs. 2 BGB zur Verfügung, um zu entscheiden, ob er der Mieterhöhung ganz oder teilweise zustimmen will oder ob er das Mietverhältnis kündigen will. Bei der Mieterhöhung nach einer Modernisierungsmaßnah-

---

[58] AG Friedberg WuM 1980, 63.
[59] AG Tempelhof-Kreuzberg WuM 2006, 452; *Both* in Herrlein/Kandelhard BGB § 561 Rn. 6; MüKoBGB/*Artz* § 561 Rn. 5; *Haug* in Emmerich/Sonnenschein, 11. Aufl., BGB § 573d Rn. 3.
[60] *Haug* in Emmerich/Sonnenschein BGB § 573d Rn. 4.
[61] Nach *Both* in Herrlein/Kandelhard BGB, 4. Aufl., § 561 Rn. 1, handelt es sich um eine außerordentliche, fristgemäße Kündigung mit einer eigenen Kündigungsfrist.
[62] BT-Drs. 14/4553 abgedruckt bei *Börstinghaus/Eisenschmid,* Neues MietR, S. 534.
[63] §§ 540 Abs. 1 S. 2, 544, 563 Abs. 4, 563a Abs. 2, 564 BGB.
[64] Es fehlen zB die Kündigungsrechte gem. §§ 109, 111 InsO.
[65] So auch *Both* in Herrlein/Kandelhard BGB, 4. Aufl., § 561 Rn. 10.

me muss die Kündigungserklärung dem Vermieter spätestens einen Tag vor dem Wirksamwerden der Mieterhöhung gem. § 559b Abs. 2 BGB zugehen.

33 Die Frist für den Mieter innerhalb derer er überlegen kann, ob er kündigt oder nicht beträgt also immer **mindestens 2 Monate,** sie kann aber auch fast drei Monate betragen. Dies hängt davon ab, wann das Mieterhöhungsverlangen dem Mieter zugeht, da die restlichen Tage des Monats, in dem das Mieterhöhungsverlangen dem Mieter zugegangen ist, zur Zweimonatsfrist hinzuzurechnen ist (s. Tabelle → Rn. 39).

34 Die Frist beginnt mit dem **Zugang des Mieterhöhungsverlangens.** Sie endet grundsätzlich mit Ablauf des folgenden zweiten Monats. Etwas anderes soll nach Ansicht des BGH[66] dann gelten, wenn der Vermieter die Mieterhöhung erst zu einem späteren als dem gesetzlich vorgesehenen Termin verlangt. § 558b Abs. 1 BGB und § 561 Abs. 1 BGB seien aufeinander abgestimmte Regelungen, deren Verständnis sich nur aus einer Zusammenschau erschließe. Der Mieter habe zwei Möglichkeiten auf das Erhöhungsverlangen zu reagieren, nämlich zuzustimmen bzw. sich auf Zustimmung verklagen zu lassen oder das Mietverhältnis zu kündigen. Aus der Tatsache, dass die Fristen aufeinander abgestimmt seien, folgert der Senat, dass in den Fällen, in denen der Vermieter die Mieterhöhung zu einem späteren Termin verlangt, auch die Frist zur Ausübung des Kündigungsrecht in § 561 Abs. 1 BGB entsprechend länger ist. Sie laufe in diesem Fall einen Tag vor dem Tag, zu dem sie nach den Vorstellungen des Vermieters wirksam werden soll, ab. Diese Argumentation ist nur auf den ersten Blick überzeugend. Ihr steht zunächst der klare Wortlaut des § 561 BGB entgegen.[67] Dort heißt es, dass der Mieter bis zum Ablauf des zweiten Monats nach Zugang des Erhöhungsverlangens kündigen kann. Auch wenn diese Frist mit der Überlegungsfrist des § 558b Abs. 2 BGB übereinstimmt, so hat der Gesetzgeber hier doch eine eigene Frist kodifiziert. Er hat nicht auf die Frist des § 558b Abs. 2 BGB verwiesen. Die Argumentation überzeugt aber auch deshalb nicht, weil hier zwei Fälle miteinander verglichen werden, die nicht miteinander vergleichbar sind. In beiden miteinander verglichenen Fällen konnte der Mieter im dritten und vierten Monat nach Zugang des Erhöhungsverlangens zur nicht erhöhten Miete in der Wohnung wohnen.

35 Die Argumentation des BGH gilt aber nicht bei einer **Modernisierungsmieterhöhung**[68], wenn diese gem. § 559 Abs. 2 BGB erst sechs Monate später wirksam wird. Zwar legt der BGH[69] § 561 Abs. 1 BGB so aus, dass die Fristen der Kündigungsvorschrift im Gleichklang zu den Zustimmungs- und Wirkungsfristen der Mieterhöhung laufen. Verschiebe der Vermieter den Wirkungszeitpunkt gem. § 558b BGB, so soll sich auch die Frist zur Ausübung des Kündigungsrechts in § 561 Abs. 1 BGB entsprechend verlängern. Bei dem Verhältnis von § 558b BGB zu § 561 BGB geht es also um den Zeitpunkt, bis zu dem der Mieter sich entscheiden muss, ob er der Mieterhöhung zustimmt oder ob er kündigt. Der Wirkungszeitpunkt der Mieterhöhung ist davon prinzipiell losgelöst. Deshalb führt die Verschiebung des Wirkungszeitpunkts gem. § 559b Abs. 2 S. 2 BGB nicht zu einer Verlängerung der Frist zur Ausübung des Kündigungsrechts. Hier geht es nicht um eine Entscheidung, die der Mieter treffen muss. Die Mieterhöhung tritt automatisch ein. Die Kündigungsfrist läuft deshalb unabhängig vom Wirkungszeitpunkt. Der Gesetzgeber hat dem Mieter gerade nicht gestattet, zum Wirkungszeitpunkt einer Mieterhöhung zu kündigen, sondern eine eigene Kündigungsfrist in § 561 BGB geschaffen. Dies hat er auch in Kenntnis der verschiedenen Wirkungszeitpunkte einer Mieterhöhung in § 559b Abs. 2 BGB getan.

---

[66] BGH NJW 2013, 3641 = MietPrax-AK § 558b Nr. 3 mAnm *Börstinghaus; Börstinghaus* jurisPR-BGHZivilR 21/2013 Anm. 2; *Blank* WuM 2014, 17.
[67] *Blank* WuM 2014, 17; *Börstinghaus* LMK 2014, 354192.
[68] *Blank* WuM 2014, 17 weist zu Recht daraufhin, dass die Argumentation auch nicht auf die Kündigung gem. § 555e BGB nach einer „verfrüht" abgegebenen Modernisierungsankündigung übertragen werden kann.
[69] BGH NJW 2013, 3641 = MietPrax-AK § 558b Nr. 3 mAnm *Börstinghaus; Börstinghaus* jurisPR-BGHZivilR 21/2013 Anm. 2; *Blank* WuM 2014, 17; *Börstinghaus* LMK 2014, 354192.

Für die Wirksamkeit der Kündigung, und damit deren Rechtzeitigkeit, kommt es nicht **36** auf die Absendung, sondern gemäß § 130 BGB auf den **Zugang beim Empfänger** an. Zugang bedeutet, dass die Erklärung so in den Machtbereich des Empfängers gelangt sein muss, dass nach normalem Lauf der Dinge mit der Kenntnisnahme gerechnet werden kann.[70] Die Kündigung muss bis zum Ablauf des Monats dem Vermieter zugegangen sein. Für die Berechnung der Fristen gelten die §§ 187 ff. BGB. Mit Ablauf des Monats ist deshalb gem. § 192 BGB der letzte Tag des Monats gemeint. Die Frist endet gemäß § 188 BGB mit dem Ablaufe des letzten Tages des Monats, wobei nicht der Einwurf der Kündigung bis 24.00 Uhr in den Briefkasten ausreichend ist, sondern der Zugang. Das Einwerfen des Kündigungsschreibens in den Briefkasten bewirkt den Zugang der Kündigungserklärung, sobald nach der Verkehrsanschauung mit der nächsten Leerung des Briefkastens zu rechnen ist.[71] Bis wie viel Uhr ein Mieter seinen Briefkasten kontrollieren muss, ist in der Rechtsprechung umstritten.

§ 193 BGB ist anwendbar.[72] Die Überlegungsfrist in § 561 BGB stimmt mit der **37** Überlegungsfrist in § 558b Abs. 2 BGB überein. Auf die Überlegungsfrist des § 558b Abs. 2 BGB ist § 193 BGB aber anwendbar.[73] Läuft die Überlegungsfrist an einem Sonntag, Samstag oder Feiertag ab, dann endet die Frist erst am nächsten Werktag. Da aber das Kündigungsrecht eine gleichberechtigte Reaktion des Mieters auf ein Mieterhöhungsverlangen ist, gibt es keinen Grund, den Mieter auf der einen Seite zu verpflichten, dafür Sorge zu tragen, dass eine Kündigung bis Samstag dem Vermieter zugeht, wohingegen die Zustimmung zur Mieterhöhung erst am Montag beim Vermieter zu sein braucht. Soweit der BGH[74] § 193 BGB auf die Kündigungsfrist nicht anwenden will, greift die dortige Argumentation hier nicht. Anders als bei der Berechnung der Kündigungsfrist geht es hier nicht darum, dem Vermieter die Kündigungsfrist voll zu erhalten.[75] Hier läuft wirklich eine Frist ab, zu deren Ablauf der Mieter letztmalig kündigen kann.[76] Insofern unterscheidet sich der Fall, von einer ordentlichen Kündigung, die jeder Zeit erfolgen kann und deren Wirkung sich nur nach dem Zugangszeitpunkt berechnet. Hinzu kommt, dass der Vermieter durch sein Erhöhungsverlangen die Fristen des § 558b Abs. 2 BGB und § 561 BGB selbst erst in Gang gesetzt hat und mit der Kündigung als Reaktion rechnen muss.

Die Kündigung **wirkt auf den Ablauf des übernächsten Monats,** also gem. §§ 192, **38** 188 BGB zum Ablauf des letzten Tages des Monats. Die Fristen berechnen sich nach dem gesetzlich zulässigen spätesten Kündigungstermin und nicht nach der tatsächlich abgegebenen Kündigungserklärung.[77] Das ergibt sich bereits aus dem Wortlaut der Vorschrift. Die Zeitbestimmung „bis zum Ablauf des übernächsten Monats" bezieht sich auf den in der Vorschrift unmittelbar zuvor genannten Zeitpunkt des Ablaufs des zweiten Monats, der auf den Zugang des Erhöhungsverlangens folgt. In der Vorschrift ist der Zeitpunkt der Kündigungserklärung des Mieters gar nicht genannt, so dass auf ihn auch nicht Bezug genommen werden kann. Hat der Vermieter einen späteren Erhöhungszeitpunkt angegeben, dann verlängert sich die Frist zur Abgabe der Kündigungserklärung entsprechend.[78] Die Wirkung der Kündigung tritt dann wiederum zum Ende des übernächsten folgenden Monats ein.

Daraus ergibt sich folgende **Tabelle zur Berechnung der Kündigungsfristen** und des **39** Kündigungszeitpunkts nach Mieterhöhungen gem. §§ 558, 559 BGB:

---

[70] *Ellenberger* in Palandt BGB § 130 Rn. 5; AG Friedberg WuM 1992, 596.
[71] AG Lahr WuM 1987, 85.
[72] *J. Emmerich* in Staudinger BGB § 561 Rn. 17.
[73] *V. Emmerich* in Staudinger BGB § 558b Rn. 17; *Sternel* III 702.
[74] BGH NJW 2005, 1354; *Artz* LMK 2005, 85.
[75] BGHZ 59, 265 und BAG NJW 1970, 1470.
[76] Der BGH NZM 2010, 661 und 664 differenziert auch bei der Einordnung des Samstags zwischen Zugang und Mietfälligkeit.
[77] So auch die Gesetzesbegründung BT-Drs. 14/4553 (abgedruckt auch bei *Börsinghaus/Eisenschmid,* Neues MietR, S. 383); LG Bonn NJWE-MietR 1997, 221; LG Saarbrücken WuM 1993, 339; MüKoBGB/*Artz* § 561 Rn. 8; *Sternel* III 861; **aA** LG Wiesbaden WuM 1988, 265.
[78] BGH NJW 2013, 3641.

Tabelle zur Berechnung der Kündigungsfristen und des Kündigungszeitpunkts nach Mieterhöhungen gem. §§ 558, 559 BGB

Zugang des Mieterhöhungsverlangens im Laufe des Monats	Zugang der Kündigung beim Vermieter bis spätestens Ende des Monats	Wirkung der Kündigung zum Ende des Monats
Januar	März	Mai
Februar	April	Juni
März	Mai	Juli
April	Juni	August
Mai	Juli	September
Juni	August	Oktober
Juli	September	November
August	Oktober	Dezember
September	November	Januar
Oktober	Dezember	Februar
November	Januar	März
Dezember	Februar	April

40 Hat der Mieter die Kündigungsfrist versäumt, kommt eine **Wiedereinsetzung in den vorigen Stand nicht in Betracht**.[79] Die Kündigungsfrist beginnt mit dem Zugang des Mieterhöhungsverlangens bzw. der Mieterhöhungserklärung. Auf ein Verschulden des Mieters an der Versäumung der Frist kommt es nicht an. Ist die Mieterhöhung so in den Machtbereich des Mieters gelangt, dass nach dem gewöhnlichen Lauf der Dinge mit der Kenntnisnahme zu rechnen ist, hat der Mieter die Erklärung gegen sich gelten zu lassen und die Frist läuft. Er muss ggf. organisatorische Vorkehrungen treffen, dass an ihn gerichtete Erklärungen ihn auch erreichen. Der Mieter muss sich insbesondere nach Zugang der Mieterhöhungserklärung entscheiden, ob er kündigen will oder nicht. Er kann nicht zunächst die Berechtigung der Mieterhöhung in Zweifel ziehen und ggf. gerichtlich klären lassen und nach für ihn negativem Ausgang des Prozesses das Kündigungsrecht ausüben.

VII. Die Wirkung der Kündigung

1. Die Beendigung des Mietverhältnisses

41 Das Mietverhältnis wird durch die Kündigung zunächst zu dem gesetzlichen Termin beendet. Es handelt sich um eine außerordentliche Kündigung mit einer besonderen Frist.[80] Der Mieter kann diese Frist weder einseitig verlängern noch verkürzen. Der Gesetzgeber hat dem Mieter dies Kündigungsrecht eingeräumt, weil sich die Vertragsverhältnisse durch die Mieterhöhung erheblich verändert haben und es der Entscheidung des Mieters überlassen bleiben sollte, ob er das Mietverhältnis zu den veränderten Bedingungen fortsetzen will oder nicht. Da diese außerordentliche Kündigung also nicht auf einem Fehlverhalten einer Mietvertragspartei beruhte, war dem Mieter auch die gesetzliche Kündigungsfrist einzuräumen. Umgekehrt hat aber auch der Vermieter einen Anspruch auf die Miete bis zum Ende der Kündigungsfrist. Der Mieter kann zumindest gem. § 561 BGB nicht zu einem früheren Zeitpunkt kündigen. Eine bei der ordentlichen Kündigung durchaus

---

[79] MüKoBGB/*Artz* § 561 Rn. 7.
[80] *Both* in Herrlein/Kandelhard BGB, 4. Aufl., § 561 Rn. 1.

mögliche Verlängerung der Kündigungsfrist dadurch, dass der Mieter die Kündigung erst zu einem späteren als dem gesetzlich zulässigen frühesten möglichen Zeitpunkt ausspricht, ist bei der Kündigung gem. § 561 BGB gerade ausgeschlossen. Es handelt sich um ein Sonderkündigungsrecht, das dem Mieter eben gerade unabhängig von der gesetzlich grds.[81] daneben bestehenden Möglichkeit der ordentlichen Kündigung erlaubt, das Mietverhältnis zu beenden. Der Mieter kann von dieser Möglichkeit Gebrauch machen oder nicht, verändern kann er die Rechtsfolgen einseitig nicht. Möglich ist jedoch der Abschluss eines Mietaufhebungsvertrages, so dass in Einzelfällen die Kündigungserklärung auch das Angebot zum Abschluss eines Mietaufhebungsvertrages enthalten kann.

2. Der Nichteintritt der Mieterhöhung

Außerdem tritt gem. § 561 Abs. 2 BGB die Wirkung der Mieterhöhung nicht ein. Das bedeutet, durch die Kündigung wird das Mieterhöhungsverlangen insgesamt, mit Ausnahme seiner Wirkung als Auslöser für das Kündigungsrecht, von Anfang an – ex tunc – bedeutungslos. Der auszugswillige und -bereite Mieter muss die erhöhte Miete nicht zahlen. Dies gilt selbst dann, wenn der Mieter sich bei seiner Kündigung nicht ausdrücklich auf den Kündigungsgrund des § 561 berufen hat.[82] Erforderlich ist aber, dass die Kündigung erkennbar aus Anlass der Mieterhöhung und mit den Fristen des § 561 BGB erfolgte. 42

Hat der Mieter demgegenüber das Mietverhältnis nach Zugang des Mieterhöhungsverlangens gem. § 558a BGB oder der Mieterhöhungserklärung nach § 559b BGB ausdrücklich aus anderen Gründen gekündigt, dann tritt die Wirkung des § 561 Abs. 1 S. 2 BGB nicht ein. Der Mieter muss also bei zum Ende der Kündigungsfrist die erhöhte Miete zahlen. Zu unterscheiden ist die Rechtslage in den Fällen, in denen der Mieter das Mietverhältnis bereits vor Zugang der Mieterhöhungserklärungen bzw. -verlangen gekündigt hat: 43

- Eine früher ausgesprochene Kündigung bleibt zunächst wirksam, auch wenn der Mieter später von seinem Sonderkündigungsrecht Gebrauch macht.[83] Würde jedoch eine Kündigung nach § 561 das Mietverhältnis zu keinem früheren Termin beenden als die bereits ausgesprochene Kündigung, dann geht eine Kündigung nach § 561 ins Leere. Dies hätte zur Folge, dass ein Mieter, der bereits vor Zugang der Mieterhöhung auszugswillig war, die verlangte Mieterhöhung zahlen müsste, wo hingegen ein Mieter, der aus Anlass der Mieterhöhung ausziehen will, durch Ausspruch der Kündigung noch die Möglichkeit hat, die Mieterhöhung unwirksam werden zu lassen. Diese unterschiedliche Behandlung ist jedoch nicht gerechtfertigt. Nach Sinn und Zweck des § 561 BGB soll dem Mieter unter gewissen Voraussetzungen das Recht eingeräumt werden, den Eintritt einer Mieterhöhung zu verhindern. Dieses Recht muss unabhängig davon gelten, ob das Mietverhältnis bereits gekündigt oder nicht gekündigt ist. Vor diesem Hintergrund ist die analoge Anwendung des § 561 BGB geboten, da nur auf diese Art und Weise die Regelungslücke geschlossen werden kann, die während der Dauer der Kündigungsfrist besteht. Dem Normzweck wird dadurch ebenfalls Genüge getan, da dieser dahingeht, dass der Mieter auf jeden Fall die Mieterhöhung dadurch verhindern kann, dass das Mietverhältnis beendet wird.[84] Demzufolge kann der Mieter auch bei einem bereits gekündigten Mietverhältnis die Rechtsfolgen des § 561 BGB dadurch herbeiführen, dass er sich auf das Sonderkündigungsrecht des § 561 BGB beruft. Eine derartige Geltendmachung muss dabei jedoch zwingend erfolgen. § 561 gibt dem Mieter ein Gestaltungsrecht. Auch bei einem gekündigten Mietverhältnis muss der Mieter also zu erkennen geben, dass er sich darauf berufen will, weil durchaus Fälle denkbar sind, in denen der Mieter aus den unterschiedlichsten Gründen die erhöhte Miete zahlen will.

---

[81] Es sei denn, es handelt sich um einen Zeitmietvertrag (BGH WuM 2009, 48) oder die Kündigung ist sonst vertraglich ausgeschlossen.
[82] *J. Emmerich* in Staudinger BGB § 561 Rn. 21.
[83] LG Wiesbaden WuM 1988, 265.
[84] AG Frankfurt a. M. WuM 1989, 580.

- Würde die Kündigung nach § 561 BGB das Mietverhältnis zu einem früheren Termin beenden als die bereits ausgesprochene Kündigung, zB weil es sich um einen Altvertrag handelt, in dem die Parteien vertraglich ausnahmsweise noch die Fortgeltung der alten gestaffelten Kündigungsfristen individualvertraglich wirksam vereinbart haben,[85] dann muss der Mieter das Mietverhältnis nochmals ausdrücklich kündigen, um die Wirkung des § 561 Abs. 1 S. 2 BGB herbeizuführen. Dies führt dann aber auch dazu, dass das Mietverhältnis zu einem früheren Termin beendet wird, als es der Mieter auf Grund der ersten Kündigung beabsichtigt hatte oder es ihm möglich war.

44 Räumt der Mieter nach einer Kündigung gem. § 561 BGB die Wohnung nicht, muss der Vermieter nach allgemeinen Regeln der **Fortsetzung des Mietverhältnisses** wirksam **widersprechen,** § 545 BGB.[86] Tut er dies nicht, wird das Mieterverhältnis zu unveränderten Bedingungen fortgesetzt. Da auf Grund der Kündigung des Mieters die Wirkung der Mieterhöhung gem. § 561 Abs. 1 S. 2 BGB entfallen ist, wird das Mietverhältnis zu unveränderten Bedingungen, also mit einer nicht erhöhten Miete fortgesetzt.[87] Der Vermieter kann in diesen Fällen auch keine Zustimmungsklage mehr erheben. Zwar läuft die Klagefrist jetzt einen Monat länger als der Wirkungszeitpunkt der Mieterhöhung, die Kündigung hat aber die Wirkung der Mieterhöhung gem. § 561 Abs. 1 S. 2 BGB beseitigt.

45 Soweit hiergegen eingewandt wird, dass der Mieter sich widersprüchlich verhalte und deshalb die Mieterhöhung wirksam sein muss, geht dieser Einwand fehl. Natürlich kann es Fälle von widersprüchlichem Verhalten geben, aber allein die Tatsache der Gebrauchsfortsetzung reicht hierzu nicht aus, da diese durchaus auch auf Gründen beruhen kann, die der Mieter gar nicht beeinflussen kann, zB wenn die von ihm zu beziehende Wohnung nicht rechtzeitig freigemacht wird. Auf der anderen Seite hat es der Vermieter durchaus selbst in der Hand, seine Ansprüche weiterzuverfolgen. Er kann gem. § 545 BGB der Fortsetzung rechtzeitig widersprechen oder die Wirkung des § 545 BGB sogar schon im Mietvertrag ausschließen. Anschließend kann er gem. § 546a BGB Nutzungsentschädigung[88] verlangen und dabei gem. § 546a BGB statt der vereinbarten Miete auch die ortsübliche Miete verlangen.

C. Die Kündigungsrechte nach einer Mieterhöhung im preisgebundenen Wohnungsbau gem. § 11 WoBindG

46 Die § 561 BGB gibt dem Mieter nur für bestimmte Mieterhöhungen im preisfreien Wohnungsbau ein Sonderkündigungsrecht. Für Wohnungen, für die noch die Kostenmiete nach dem WoBindG, der II. BV und der NMV zu zahlen ist, ist § 11 Abs. 1 WoBindG lex spezialis.[89] Etwas anderes gilt jedoch für den **geförderten Wohnungsbau in einigen Bundesländern.** Nach Übertragung der ausschließlichen Gesetzgebungszuständigkeit für den Bereich der Wohnraumförderung durch das „Gesetz zur Überleitung der sozialen Wohnraumförderung auf die Länder – Wohnraumförderungs-Überleitungsgesetz" (Wo-FÜG)[90] im Rahmen der Föderalismusreform[91] auf die Länder haben inzwischen zahlreiche Bundesländer[92] abweichende Regelungen erlassen.[93] Dort wird teilweise auf die Vorschrif-

---

[85] *Börstinghaus* NJW 2005, 1900.
[86] → Kap. 21.
[87] *J. Emmerich* in Staudinger BGB § 561 Rn. 24; MüKoBGB/*Artz* § 561 Rn. 11; **aA** *Sternel* III 864 („Mieter setzt sich zu früherem Verhalten in Widerspruch").
[88] dazu Kap. 21.
[89] BGH NJW 2012, 2270 = MietPrax-AK § 569 BGB Nr. 8 mAnm *Börstinghaus*; *Börstinghaus* jurisPR-BGHZivilR 13/2012 Anm. 3; AK Neues MietR/*Eisenschmid* BGB § 549 S. 146.
[90] Art. 6 des Föderalismusreformbegleitgesetzes v. 5.9.2006 (BGBl. I 2098 (2100)).
[91] G zur Änderung des GG v. 28.8.2006 (BGBl. I 2034).
[92] *Gebhardt* in Herlitz/Saxinger HdB sozialer Wohnungsbau und Mietrecht S. 150; siehe auch die Darstellung des Landesrechts bei *Börstinghaus* in Schmidt-Futterer Vor §§ 557 Rn. 26 ff.
[93] Nach § 2 Abs. 1 WoFÜG gelten die alten Bundesvorschriften mit der Preisbindung aber für Wohnungen, die mit Wohnungsfürsorgemitteln des Bundes und aus Sondervermögen gefördert wurden, weiter fort.

ten für die Mieterhöhung im preisfreien Wohnungsbau verwiesen. Dann gilt auch für diesen Wohnungsbestand das Sonderkündigungsrecht des § 561 BGB.

Es muss sich um ein Wohnraummietverhältnis handeln.[94] Jedoch können die Parteien **47** auch bei einem Mietverhältnis, das originär nicht preisgebunden ist, zB auch einem Zwischenmietverhältnis[95], die **Geltung der §§ 8–11 WoBindG vereinbaren**.[96] Das Sonderkündigungsrecht steht dem Mieter auch dann zu, wenn der Mietvertrag eine Gleitklausel gem. § 4 NMV enthält, wonach die jeweilige Kostenmiete geschuldet wird.[97]

Wie bei der Kündigung gem. § 561 BGB, muss die Mieterhöhungserklärung gem. § 10 **48** WoBindG **nicht wirksam sein,** um das Kündigungsrecht auszulösen.[98] Macht der Mieter von seinem Sonderkündigungsrecht Gebrauch, spricht aber die Kündigung aber nicht zum Ablauf des nächsten Monats, sondern zu einem späteren Zeitpunkt aus, ist die Sonderkündigung unwirksam[99]; sie ist ggf. in eine ordentliche Kündigung umzudeuten.

Die **Kündigungsfrist** beträgt bei § 11 WoBindG anders als bei § 561 BGB nur ca. zwei **49** Monate. Wenn der Mieter von dem Kündigungsrecht Gebrauch machen will, so muss er spätestens am dritten Werktag des Monats, in dem die Mieterhöhung wirksam wird, für den Ablauf des nächsten Kalendermonats kündigen.

§ 569 Abs. 3 Nr. 3 BGB ist auf Anpassungen der Kostenmiete bei preisgebundenem **50** Wohnraum nicht entsprechend anzuwenden.[100] Das bedeutet aber nur für eine eventuelle Zahlungsverzugskündigung des Vermieters, dass diese auch vor Ablauf der Schonfrist gem. § 569 Abs. 3 Ziff. 3 BGB nach einer Kostenmieterhöhung wegen des sich aus der Erhöhung ergebenden Rückstandes möglich ist. Gelten aufgrund landesgesetzlicher Vorschriften für den preisgebundenen Wohnungsbau die Vorschriften des BGB, dann gilt aber auch hier § 569 Abs. 3 Ziff. 3 BGB.

D. Gebrauchsüberlassung an Dritte

I. Einleitung

Der Mieter ist **ohne die Erlaubnis des Vermieters nicht berechtigt,** den Gebrauch der **51** Mietsache einem Dritten zu überlassen, insbesondere sie weiter zu vermieten, § 540 Abs. 1 S. 1 BGB. Verweigert der Vermieter jedoch diese Erlaubnis, so kann der Mieter das Mietverhältnis außerordentlich mit der gesetzlichen Frist kündigen, sofern nicht in der Person des Dritten ein wichtiger Grund vorliegt, § 540 Abs. 1 S. 2 BGB.

Die **Erzwingung der Gebrauchsüberlassung** sieht das Gesetz grundsätzlich nicht **52** vor[101]; dafür wird ein Sonderkündigungsrecht für den Fall begründet, dass eine Gebrauchsüberlassung an einen Dritten, in dessen Person kein wichtiger Grund vorliegt, vom Vermieter verweigert wird.

II. Voraussetzungen

Ohne Erlaubnis des Vermieters ist der Mieter zur Gebrauchsüberlassung an Dritte nicht **53** berechtigt. Erfasst ist **jede (Mit-)Gebrauchsüberlassung,** egal ob sie auf vertraglicher Vereinbarung mit dem Dritten beruht oder nur rein faktisch erfolgt[102]. Dritter iSd § 540 BGB ist grundsätzlich jede Person, die nicht Partei des Mietvertrags ist. Hiervon **aus-**

---

[94] KG NZM 2008, 42.
[95] KG NZM 2008, 42.
[96] BGH NZM 2004, 378; AG Tempelhof-Kreuzberg WuM 2013, 228 mAnm *Börstinghaus* WuM 2013, 528.
[97] LG Berlin WuM 1997, 117; LG Bremen WuM 1985, 394.
[98] AG Brakel WuM 1983, 349.
[99] AG Tempelhof-Kreuzberg MM 2000, 90.
[100] BGH NJW 2012, 2270 = NZM 2012, 529.
[101] Zu eng begrenzten Ausnahmefällen (§§ 242, 313 BGB) vgl. *Blank* in Schmidt-Futterer, § 540 Rn. 45 ff.
[102] *Blank* in Schmidt-Futterer, § 540 Rn. 2.

genommen ist nach dem Sinn und Zweck der Vorschrift die **Familie des Mieters** wegen ihrer engen, unter dem ausdrücklichen Schutz der Verfassung (Art. 6 GG) stehenden persönlichen Beziehungen[103], mithin Ehepartner und Kinder des Mieters, ggf. sogar Enkelkinder[104]. Die Qualifizierung als Ehewohnung hängt nicht davon ab, dass noch beide Ehegatten in der Wohnung leben bzw. der in der Wohnung verbliebene Ehegatte auch Mietvertragspartei ist; die Wohnung verliert ihre Eigenschaft als Ehewohnung nicht schon dadurch, dass der anmietende Ehegatte die Wohnung dem anderen Ehegatten – wenn auch für einen längeren Zeitraum – überlassen hat und diese nur noch sporadisch nutzt; erst wenn der Ehegatte, der die Wohnung verlassen hat, diese endgültig aufgibt, verliert sie für beide Ehegatten ihren Charakter als Ehewohnung[105]. Eine Gebrauchsüberlassung liegt ebenfalls nicht vor, soweit **Besuch** empfangen wird. Denn unzweifelhaft ist ein Mieter grundsätzlich zum Empfang von Besuch berechtigt, ohne dass hierfür eine Gestattung des Vermieters erforderlich ist[106]. Die Aufnahme eines Besitzdieners, insbesondere von Angestellten und Pflegepersonal, ist lediglich anzeigepflichtig, nicht aber erlaubnispflichtig[107].

54 Wenn der Vermieter zur beabsichtigten Gebrauchsüberlassung seine **Erlaubnis verweigert,** entsteht das Kündigungsrecht gemäß § 540 Abs. 1 S. 2 BGB. Die Erlaubnisverweigerung bedarf einer eindeutigen Erklärung des Vermieters, für dessen Vorliegen der Mieter beweispflichtig ist[108]. Eine Kündigungsausübungsfrist bestimmt das Gesetz nicht; jedoch kommt bei längerem Zuwarten **Verwirkung** in Betracht[109]. Die Ausübung des Kündigungsrechts kann auch rechtsmissbräuchlich iSd § 242 BGB sein. Dies ist etwa dann der Fall, wenn dem kündigenden Hauptmieter bekannt ist, dass ein Mietinteresse der benannten Untermieter nicht besteht[110].

55 Das Kündigungsrecht ist gemäß § 540 Abs. 1 S. 2 letzter Hs. BGB ausgeschlossen, wenn **in der Person des Dritten ein wichtiger Grund** für die Verweigerung vorliegt. Ein solcher wichtiger Grund wird angenommen, wenn eine Störung des Hausfriedens durch den Dritten konkret zu befürchten ist oder durch die beabsichtigte Nutzung eine Überbelegung oder Änderung des bisherigen Mietgebrauchs eintritt[111]. Ein wichtiger Grund kann auch in der durch die Zulassung des Dritten eintretenden Konkurrenzsituation zu anderen Mietern oder zum Vermieter gesehen werden[112]. Auch die wirtschaftlichen Verhältnisse des Untermieters können einen wichtigen Grund für die Versagung begründen[113].

E. Die Kündigungsrechte nach dem Tod des Mieters gem. §§ 563a, 564 BGB

I. Allgemeines

56 Bei der Rechtsnachfolge müssen im Mietrecht **verschiedene Fallkonstellationen** auseinandergehalten werden. Zumindest im untechnischen Sinn kann es eine Rechtsnachfolge auf Vermieter und Mietseite geben. Sowohl auf Vermieterseite wie auch auf Mieterseite kann diese zunächst rechtsgeschäftlich[114] vereinbart werden. Solche Vereinbarungen sind grundsätzlich auf mehreren Wegen möglich: Der Nachmieter kann mit dem Vormieter einen entsprechenden Vertrag schließen, den dann der Vermieter geneh-

---

[103] BGH NJW 2013, 2507 = NZM 2013, 786.
[104] *Blank* in Schmidt-Futterer § 540 Rn. 24 mwN.
[105] BGH NJW 2013, 2507 = NZM 2013, 786.
[106] *Blank* in Schmidt-Futterer § 540 Rn. 34 mit Nachweisen zur Gegenmeinung.
[107] *Blank* in Schmidt-Futterer § 540 Rn. 40.
[108] OLG Koblenz LSK 2012, 450240 (Ls.) = WuM 2012, 613.
[109] *Blank* in Schmidt-Futterer § 540 Rn. 76.
[110] BGH NJW-RR 2010, 306 = NZM 2010, 120.
[111] *Blank* in Schmidt-Futterer § 540 Rn. 77; MüKoBGB/*Bieber* 8. Aufl. 2020, BGB § 540 Rn. 21.
[112] OLG Nürnberg NZM 2007, 567; *Blank* in Schmidt-Futterer 14. Aufl. 2019, BGB § 540 Rn. 77; MüKoBGB/*Bieber* § 540 Rn. 21.
[113] Zur Gewerberaummiete vgl. BGH NJW 2007, 288 = NZM 2007, 127.
[114] *Schmid* WuM 2013, 643.

migt[115], umgekehrt kann der Vermieter mit dem den Mietvertrag Übernehmenden einen Vertrag schließen, den dann der Mieter genehmigt. Möglich ist aber, dass die Parteien einen dreiseitigen Vertrag schließen. Ggf. kann dies sogar konkludent geschehen.[116]

Auf Vermieterseite bedeutsamer ist die Vorschrift des § 566 BGB, der den Grundsatz enthält: „Kauf bricht nicht Miete". Bei der Eigentumsumschreibung wird ein neuer Mietvertrag gleichen Inhalts mit dem Erwerber begründet.[117] Das gilt auch nach der Zwangsversteigerung des Grundstücks.[118] Im Fall des **Todes des Vermieters** tritt der Erbe oder treten die Erben gem. § 1922 BGB in das Mietverhältnis ein. Der Tod des Vermieters begründet **kein außerordentliches Kündigungsrecht** des Mieters.[119] 57

Alle diese Fälle begründen aber kein Sonderkündigungsrecht. Etwas gilt aber in bestimmten Fallkonstellationen im Mietrecht, wenn der Mieter stirbt.[120] 58

II. Tod des Mieters

Die Rechtslage nach dem Tod des Mieters im Wohnraummietrecht ist differenziert.[121] Hier gelten die §§ 563, 563a und 564 BGB. Diese differenzieren danach, wer (alles) Mieter ist und wer sich in der Wohnung aufhält: 59

1. Gibt es **nur einen Mieter** und leben in der Wohnung mehrere Personen, so gibt es ein Eintrittsrecht in den Mietvertrag gem. § 563 BGB[122]. Dort ist eine bestimmte Reihenfolge der Personen festgelegt, die in das Mietverhältnis alleine oder zusammen mit anderen eintreten. Dies gilt zunächst für den Ehegatten und Lebenspartner, der mit dem verstorbenen Mieter eine Hausgemeinschaft führt. Diese beiden Personengruppen verdrängen alle anderen Mitbewohner. Wenn es keinen Ehegatten oder Lebenspartner gibt, treten die Kinder des verstorbenen Mieters in den Mietvertrag ein, wenn sie mit dem Mieter einen gemeinsamen Haushalt geführt haben. An das Tatbestandsmerkmal „gemeinsamer Haushalt" sind keine überspannten Anforderungen zu stellen.[123] Insbesondere muss das Kind gemäß § 563 Abs. 2 S. 1 BGB nicht wie ein übriger Angehöriger den Haushalt zusammen mit dem verstorbenen Mieter geführt haben, sondern es reicht aus, dass es lediglich in dessen Haushalt gelebt hat.[124] Andere Familienangehörige, die mit dem Mieter einen gemeinsamen Haushalt geführt haben, sowie weitere Haushaltsangehörige, die mit dem Mieter einen auf Dauer angelegten gemeinsamen Haushalt führten, treten ebenfalls ein. 60

Jede diese Personen hat das Recht, der **Fortsetzung des Mietvertrages zu widersprechen.** Das hat zur Folge, dass der Eintritt in das Mietverhältnis nicht erfolgt. Eine Kündigung ist deshalb gar nicht möglich und erforderlich. Der Vermieter kann aus wichtigem Grunde der eintretenden Person kündigen.[125] 61

---

[115] BGH NJW 2013, 1083 = MietPrax-AK § 550 BGB Nr. 32 mAnm *Eisenschmid; Bieber* GE 2013, 384; *Sommer* MietRB 2013, 111; *Lammel* jurisPR-MietR 7/2013 Anm. 4; *Blank* LMK 2013, 345112.
[116] BGH NZM 2010, 471 = MietPrax-AK § 566 BGB Nr. 10 mAnm *Eisenschmid; Wassermann* jurisPR-BGHZivilR 11/2010, Anm. 2; *Drasdo* NJW-Spezial 2010, 387; *Kinne* GE 2010, 734; *Eckert* ZfIR 2010, 501.
[117] Zum Vermieterwechsel kraft Gesetzes: *Börstinghaus* NZM 2004, 481.
[118] Die Anordnung der Zwangsverwaltung bedeutet keinen Vermieterwechsel iSd § 566 BGB, sondern nur eine Änderung der Verwaltungsbefugnis: *Börstinghaus*, Mietverhältnisse in der Zwangsverwaltung, FS Werner Merle, „Recht des Wohnens – Gestalten mit Weitblick", 2010, 65.
[119] *Wotte/Ungerer* NZM 2012, 414.
[120] Zum Tod des Mieters: *Butenberg* ZMR 2015, 189; *Börstinghaus* WImmoT 2008, 75; *Sternel* ZMR 2004, 713; *Horst* DWW 2013, 362.
[121] Dazu umfassend *Butenberg* ZMR 2015, 189; *Theesfeld* MDR 2011, 765; *Börstinghaus* WImmoT 2008, 75; *Sternel* ZMR 2004, 713.
[122] In der Fassung des Art. 18 des Gesetzes zur Bereinigung des Rechts der Lebenspartner v. 20.11.2015 (BGBl. I 2010 (2013)).
[123] BGH NJW 2015, 473 = NZM 2015 Rn. 30; LG Berlin WuM 2016, 107.
[124] BGH NZM 2015, 473 = MietPrax-AK § 542 BGB Nr. 7 mAnm *Börstinghaus* jurisPR-BGHZivilR 3/2015 Anm. 2; *Jahreis* jurisPR-FamR 11/2015 Anm. 2; *Theesfeld* jurisPR-MietR 5/2015 Anm. 3.
[125] Dazu oben Kap. 13 Rn. 5 ff.

62 2. Haben **mehrere Personen** die Wohnung gemietet, dann setzen die überlebenden Mieter das Mietverhältnis unabhängig von einer eventuell bestehenden abweichenden Erbfolge gem. § 563a BGB fort. Voraussetzung ist aber, dass diese weiteren Mieter mit dem verstorbenen Mieter einen gemeinsamen Haushalt geführt haben.[126]

63 Den überlebenden Mitmietern steht gem. § 563a Abs. 2 BGB ein außerordentliches Kündigungsrecht mit gesetzlicher Frist gem. § 573d BGB[127] zu. Die Kündigung muss binnen Monatsfrist nachdem sie vom Tod des Mieters Kenntnis erlangt habe, erfolgen. Es ist positive Kenntnis vom Tod erforderlich, Gerüchte pp genügen nicht.[128] Bei mehreren Mietern ist der letzte Zeitpunkt der Kenntnis bei einem Mitmieter entscheidend.[129] Die Kündigung muss dem Vermieter innerhalb der Monatsfrist zugehen. Mehrere überlebende Mitmieter müssen gemeinsam kündigen.[130] Die Kündigung muss nicht begründet werden.[131] Bedeutung hat dies Kündigungsrecht vor allem bei Zeitmietverträgen.[132]

64 3. Treten beim Tod des Mieters **keine Personen** iSd § 563 BGB in das Mietverhältnis ein oder wird es nicht mit ihnen nach § 563a BGB fortgesetzt, so wird es mit dem Erben fortgesetzt. Die Vorschrift erfasst also regelmäßig den Fall, dass der alleinige Mieter auch allein in der Wohnung gelebt hat. Die Vorschrift gilt aber auch in den Fällen, in denen eine oder mehrere eintrittsberechtigte Personen vorhanden waren, die aber dem Eintritt widersprochen hat. In diesem Fall gilt der Eintritt als von Anfang an nicht erfolgt.

65 In diesen Fällen ist **sowohl der Erbe als auch der Vermieter** berechtigt, das Mietverhältnis innerhalb eines Monats außerordentlich mit der gesetzlichen Frist zu kündigen, nachdem sie vom Tod des Mieters und davon Kenntnis erlangt haben, dass ein Eintritt in das Mietverhältnis oder dessen Fortsetzung nicht erfolgt sind. Es ist kein berechtigtes Interesse an der Kündigung erforderlich. Ansonsten gelten die allgemeinen Regelungen für die Kündigung. Sie muss schriftlich durch alle Mieter oder Vermieter erfolgen. Das gilt auch, wenn auf einer Seite eine Erbengemeinschaft besteht. Diese ist nicht rechtsfähig. Eine vor Ausschlagung der Erbschaft erklärte Kündigung bleibt gem. § 1959 Abs. 2 BGB wirksam.

---

[126] *Streyl* in Schmidt-Futterer BGB § 563a Rn. 4; zu dem problematischen Fall, dass neben dem Mitmieter weitere Haushaltsangehörige in der Wohnung leben siehe: *Streyl* in Schmidt-Futterer BGB § 564 Rn. 16 ff. und MüKoBGB/*Häublein* § 563a Rn. 11.
[127] Dazu *Hinkelmann* (Flatow) NZM 2002, 378.
[128] *Streyl* in Schmidt-Futterer BGB § 563a Rn. 12.
[129] MüKoBGB/*Häublein* § 563a Rn. 15.
[130] *Streyl* in Schmidt-Futterer BGB § 563a Rn. 13.
[131] AG Wetzlar WuM 2010, 375.
[132] MüKoBGB/*Häublein* § 563a Rn. 14.

Teil 5. Die Kündigung sonstiger Räume (Gewerberaum)

Kapitel 17. Die ordentliche Kündigung

A. Überblick

Die ordentliche Kündigung kommt im Gewerberaummietrecht nur selten vor. Das liegt daran, dass Gewerbemietverträge im Regelfall für einen befristeten Zeitraum abgeschlossen werden. Ein für längere Zeit abgeschlossener befristeter Mietvertrag schafft für beide Parteien Planungssicherheit und liegt deshalb häufig auch im Interesse des Mieters. Mieterwechsel sind häufig mit höherem Aufwand verbunden als in der Wohnraummiete. Sind die Parteien hingegen ein Gewerbemietverhältnis auf unbestimmte Zeit eingegangen oder ist der Vertrag wegen Verstoßes gegen die in § 550 BGB vorgeschriebene Schriftform unwirksam, kann das Mietverhältnis beiderseits ohne Angabe von Gründen mit der Frist des § 580a Abs. 2 BGB gekündigt werden, § 542 Abs. 1 BGB. 1

§ 573 BGB, der ein berechtigtes Interesse des Vermieters an der Beendigung des Mietverhältnisses voraussetzt, gilt nur für Mietverhältnisse über Wohnraum. 2

Die ordentliche Kündigung von Gewerberaummietverhältnissen ist nicht formbedürftig, wenn nicht der Mietvertrag eine Schriftformklausel für Kündigungen enthält. 3

Die Kündigung kann bereits wirksam erklärt werden, bevor das Mietverhältnis in Vollzug gesetzt wird.[1] Fehlt es an einer Vereinbarung der Parteien über den Beginn der Kündigungsfrist, beginnt die Kündigungsfrist mit dem Zugang der Kündigungserklärung zu laufen.[2] 4

Wegen der weiteren Formalien der ordentlichen Kündigung → Kap. 3 – Kap. 7. 5

B. Abdingbarkeit

Das Recht zur ordentlichen Kündigung kann im Gewerbemietrecht eingeschränkt werden. Das geschieht regelmäßig in zulässiger Weise durch die Vereinbarung von Zeitmietverträgen. 6

Der **individuell** vereinbarte Ausschluss der ordentlichen Kündigung wird nur durch den Grundsatz von Treu und Glauben (§ 242 BGB) und die guten Sitten (§ 138 BGB) beschränkt.[3] 7

Ein zeitlich befristeter Kündigungsausschluss kann wirksam in **allgemeinen Geschäftsbedingungen** vereinbart werden. Allerding ist ein einseitiger formularmäßiger Kündigungsverzicht, der nur für den Mieter gilt und diesem auch keinen ausgleichenden Vorteil gewährt, unwirksam.[4] Die im Wohnraummietrecht angenommene Höchstgrenze von vier Jahren für einen befristeten beiderseitigen Kündigungsausschluss gilt in der Gewerberaummiete nicht. Eine formularmäßige Klausel, mit der das Recht zur ordentlichen Kündigung für 60 Monate ausgeschlossen wird, hat der BGH nicht beanstandet.[5] 8

Die Vertragsparteien müssen schließlich beachten, dass die Vereinbarung eines beiderseitigen Kündigungsausschlusses für mehr als ein Jahr gemäß § 550 BGB der Schriftform bedarf.[6] 9

---

[1] BGH NJW 1979, 1288.
[2] BGH NJW 1979, 1288.
[3] BGH NJW 1995, 2350; MDR 749.
[4] Oprée in Lindner-Figura/Oprée/Stellmann, Geschäftsraummiete-HdB, Kap. 15 Rn. 95, *Weidenkaff* in Palandt § 580a Rn. 3.
[5] BGH NZM 2020, 54 ff. mAnm *Börstinghaus* in juris PR-BGHZivilR 2/2020 Anm. 1.
[6] LG Bochum MDR 1970, 512-

Kapitel 18. Die außerordentliche Kündigung

Übersicht

	Rn.
A. § 543 Abs. 2 Ziff. 3 BGB	1
I. Tatbestände und Rückstandsberechnung	2
II. Weitere Voraussetzungen	8
III. Mietschulden während der COVID-19-Pandemie	9a
IV. Ausschluss des Kündigungsrechts	10
B. Nichtzahlung der Kaution	14
C. Pflichtwidrigkeiten	15
D. Kündigung gemäß § 313 Abs. 3 BGB	16
E. § 580 BGB	19
I. Anwendungsbereich und Zweck der Vorschrift	19
II. Voraussetzungen	23
III. Folgen der Ausübung des Kündigungsrechts	27
F. Vereinbarte Kündigungsrechte	28

A. § 543 Abs. 2 Ziff. 3 BGB

1 Die Vorschrift gilt für Wohnraum- und das Gewerberaummietverhältnisse gleichermaßen. Bei der außerordentlichen Kündigung des Mietverhältnisses wegen Zahlungsverzuges des Mieters handelt es sich auch im Gewerbemietrecht um den in der Praxis am häufigsten vorkommenden Grund für eine Kündigung des Vermieters. Da die Voraussetzungen dieses Kündigungstatbestandes bereits oben bei der Kündigung von Wohnraummietverhältnissen dargestellt wurden, soll hier vornehmlich auf die Besonderheiten bei der Gewerbemiete eingegangen werden. Vgl. → Kap. 12 Rn. 29 ff.

I. Tatbestände und Rückstandsberechnung

2 § 543 Abs. 2 Nr. 3 BGB enthält drei Fälle, in denen der Vermieter zur Kündigung berechtigt ist. Der Kündigungstatbestand aus § 543 Abs. 2 Nr. 3a Alt. 1 BGB ist erfüllt, wenn der Mieter sich an **zwei aufeinander folgenden Terminen** mit **zwei vollständigen Mietzahlungen** in Verzug befindet. Miete im Sinne dieser Vorschrift umfasst die Grundmiete und Nebenkostenvorauszahlungen sowie Pauschalen. Nachforderungen aus Betriebskostenabrechnungen zählen nicht dazu. Periodisch wiederkehrende Leistungen wie Möblierungszuschläge, Untermietzuschläge oder Zuschläge für gewerbliche Nutzung gehören auch dazu.

3 Hat der Mieter für zwei aufeinander folgende Termine nur unvollständige Zahlungen geleistet, muss ein Rückstand in Höhe **eines nicht unerheblichen Teils der Miete** bestehen, § 543 Abs. 2 Nr. 3b. Hierfür reicht es nach Ansicht des BGH aus, dass ein **Gesamtrückstand** vorliegt, der den an einem Fälligkeitstermin zu zahlenden Betrag überschreitet.[1] Danach kommt es nicht darauf an, dass jeder Teilbetrag im Verhältnis zur geschuldeten Miete erheblich ist.[2] Dies ergibt sich aus einem Erst-Recht-Schluss aus § 569 Abs. 3 Nr. 1 BGB, der für die Wohnraummiete ausdrücklich regelt, dass es auf den Gesamtrückstand ankommt. Wenn schon gegenüber dem Wohnraummieter ein Rückstand, der eine Monatsmiete überschreitet, ausreichend sein soll, muss ein Rückstand in dieser Höhe in der Gewerbemiete erst recht erheblich sein.[3] Denn bei § 569 Abs. 3 Nr. 1 BGB handelt es sich um eine Schutzvorschrift, die den Mieter von Wohnraum vor der außer-

---

[1] BGH NZM 2008, 770; NJW-RR 1987, 903.
[2] So aber LG Berlin MDR 2020, 341 = ZMR 2020, 305; *Sternel*, Mietrecht, 2. Aufl., IV 269.
[3] BGH NZM 2008, 770; NJW-RR 1987, 903.

ordentlichen Kündigung wegen Zahlungsverzuges schützen soll.[4] Hat der Mieter also etwa die komplette Miete für den Monat Februar nicht entrichtet, so reicht ein geringfügiger Rückstand von einem Cent im Januar oder März desselben Jahres regelmäßig aus, um einen gemäß § 543 Abs. 2 Nr. 3a Alt. 2 erheblichen Rückstand zu begründen.[5] Ein Rückstand unterhalb dieser Grenze rechtfertigt im Regelfall eine außerordentliche Kündigung des Geschäftsraummietverhältnisses nicht.[6]

Nach Ansicht des BGH kann aber bei Hinzutreten besonderer Umstände des Einzelfalls **4** ausnahmsweise auch ein geringerer Rückstand erheblich sein. Dabei sollen etwa die Kreditwürdigkeit des Mieters, die finanzielle Situation des Vermieters und die Auswirkungen des konkreten Zahlungsrückstands auf diese eine Rolle spielen.[7] Obwohl die Vorschrift ihrem Wortlaut nach von monatlicher Zahlweise ausgeht (vgl. § 543 Abs. 2 Nr. 3b), gilt der Kündigungstatbestand auch, wenn andere Zahlungstermine, also etwa die jährliche Entrichtung der Miete, vereinbart wurden.[8]

Dagegen ist § 543 Abs. 2 Nr. 3b BGB einschlägig, wenn die Mietschulden in einem **5** Zeitraum angefallen sind, der sich über mehr als zwei Zahlungstermine erstreckt. Nach diesem Kündigungstatbestand muss ein Rückstand von zwei Monatsmieten entstanden sein. Das Kündigungsrecht entsteht, sobald ein Rückstand von zwei Monatsmieten erreicht wird.[9] Dabei ist unerheblich, ob die Mietpartei mit zwei vollständigen Monatsmieten oder mit mehreren Teilbeträgen in Rückstand geraten ist.[10] Haben die Parteien anstelle der monatlichen Zahlweise längere Zahlungsintervalle vereinbart, also etwa jährliche Zahlungen, ist die Norm entsprechend anwendbar.[11] Streitig ist, ob bei kürzeren Zahlungsintervallen (wochenweise) aufgrund des Wortlauts der Norm ein Rückstand in Höhe der Miete für zwei Monate erreicht werden muss[12] oder es ausreicht, wenn der Rückstand den für zwei Zahlungstermine geschuldeten Betrag erreicht.[13] Nach der letztgenannten Ansicht wäre ein Verzug mit zwei Wochenmieten ausreichend, um das Kündigungsrecht des Vermieters entstehen zu lassen. Hierfür spricht, dass es ansonsten hinsichtlich des notwendigen Zahlungsrückstands zu Wertungswidersprüchen zwischen § 543 Abs. 2 Nr. 3a und Nr. 3b kommen würde.[14] Konsequenterweise muss deshalb auch bei Vereinbarung eines längeren Zahlungsperiode als monatlicher Zahlung der Mietrückstand den für zwei Zahlungstermine zu entrichtenden Betrag erreichen.

Hat der Mieter aufgrund von **Mängeln der Mietsache** die Miete in berechtigter Weise **6** gemindert, ist nach Ansicht des BGH die Grundlage für die Rückstandsberechnung trotzdem die ungeminderte Miete[15] und nicht die nach § 536 BGB herabgesetzte Miete.[16]

Für die **Abgrenzung der Kündigungstatbestände** in § 543 Abs. 2 Nr. 3a und b **7** kommt es darauf an, ob der vorliegende Zahlungsrückstand sich aus mehr als zwei aufeinander folgenden Zahlungsterminen zusammensetzt. Ist das der Fall, ist nach der Ansicht des BGH nur § 543 Abs. 2 Nr. 3b anwendbar.[17] Nach der Gegenmeinung soll das Tatbestandsmerkmal „mehr als zwei Termine" aus § 543 Abs. 2 Nr. 3b den sachlichen Anwendungsbereich der Vorschrift nicht berühren.[18] Die Literaturmeinung wirkt sich günstig

---

[4] *Weidenkaff* in Palandt § 569 Rn. 15.
[5] Vgl. hierzu BGH NJW 2015, 2419.
[6] BGH NJW 2015, 2419.
[7] BGH NJW 2015, 2419.
[8] BGH ZMR 2009, 106.
[9] Nierwetberg NJW 1991, 1804.
[10] *Blank/Börstinghaus* in Blank/Börstinghaus BGB § 543 Rn. 151.
[11] BGH NZM 2009, 30; *Emmerich* in Staudinger § 543 Rn. 58; aA *Blank* in Schmidt-Futterer, Mietrecht, ZPO BGB § 543 Rn. 122.
[12] *Blank* in Schmidt-Futterer BGB § 543 Rn. 122; *Emmerich* in Staudinger § 543 Rn. 58.
[13] *Alberts* in Guhling/Günter BGB § 543 Rn. 57.
[14] *Alberts* in Guhling/Günter BGB § 543 Rn. 57.
[15] BGH WuM 2017, 644.
[16] So aber *Blank* in Schmidt-Futterer BGB § 543 Rn. 114a f.; *Lützenkirchen*, Mietrecht, § 543 Rn. 226.
[17] BGH NZM 2008, 770.
[18] *Blank* in Schmidt-Futterer BGB § 543 Rn. 112; *Blank* NZM 2009, 113.

für den kündigungswilligen Vermieter aus, wenn der Mieter über einen längeren durchgängigen Zeitraum eine geringere als die geschuldete Miete zahlt. Nach der Literaturansicht kann der Vermieter gemäß § 543 Abs. 2 Nr. 3a kündigen, wenn der Rückstand den an einem Zahlungstermin zu entrichtenden Betrag übersteigt, während nach der Rechtsprechung nur § 543 Abs. 2 Nr. 3b einschlägig ist, mit der Folge, dass der volle Betrag für zwei Zahlungstermine erreicht werden muss.

> **Praxistipp:**
> Hat der Vermieter die Kündigung ausgesprochen, obwohl der Mieter sich nicht mit zwei vollen Mieten in Verzug befindet, besteht ein erhebliches Risiko, dass die Räumungsklage abgewiesen wird, weil die instanzgerichtliche Rechtsprechung ganz überwiegend dem BGH folgt. Der den Vermieter beratende Rechtsanwalt muss den Mandanten über dieses Risiko aufklären. Erreicht der Rückstand während des Prozesses einen Betrag, der zwei Monatsmieten entspricht, sollte unbedingt eine weitere auf § 543 Abs. 2 Nr. 3b gestützte Kündigung ausgesprochen werden.

II. Weitere Voraussetzungen

8 Der Mieter muss mit der Entrichtung der Miete **in Verzug** geraten sein. Im Gewerberaummietrecht ist die Miete gemäß §§ 579 Abs. 2, 556b Abs. 1 BGB spätestens am dritten Werktag der einzelnen Zeitabschnitte zu entrichten, wenn vertraglich keine anderweitige Fälligkeitsregelung getroffen wurde. Zahlt der Mieter zum Fälligkeitstermin die geschuldete Miete nicht, wird sein Verschulden gemäß § 286 Abs. 2 Nr. 1, Abs. 4 BGB vermutet. Es obliegt dem Mieter Umstände darzulegen und ggf. zu beweisen, aus denen sich ergibt, dass er das Ausbleiben der Zahlung nicht zu vertreten hat.[19] Für seine finanzielle Leistungsfähigkeit hat der Mieter einzustehen. Verzögerte Mietzahlungen hat er grds. auch dann zu vertreten, wenn ihn an der Ursache für die wirtschaftlichen Schwierigkeiten kein Verschulden trifft.

9 Bezüglich der Auswirkungen der Zurückbehaltungsrechte aus §§ 273, 320 BGB und eines Irrtums des Mieters über die Sach- oder Rechtslage auf den Eintritt des Verzuges vgl. → Kap. 12 Rn. 47, 48 ff.

III. Mietschulden während der COVID-19-Pandemie

9a Während der ersten Pandemiewelle hat der Gesetzgeber auch in der Gewerberaummiete das Recht des Vermieters zur Kündigung durch Art. 240 § 2 Abs. 1 EGBGB eingeschränkt. Danach darf ein Zahlungsrückstand, der in dem Zeitraum vom 1.4.2020 bis zum 30.6.2020 entstanden ist, vom Vermieter nicht zum Anlass für eine außerordentliche oder ordentliche Kündigung des Mietverhältnisses genommen werden, wenn die Mietschulden auf den Auswirkungen der COVID-19-Pandemie beruhen. Der Mieter muss glaubhaft machen[20], dass gerade die pandemiebedingten Auswirkungen zu seiner fehlenden Leistungsfähigkeit geführt haben.

9b Allerdings müssen die offenen Mieten bis zum 30.6.2022 nachentrichtet werden. Nach ganz überwiegend vertretener Ansicht begründet die coronabedingte Schließungsanordnung eines Einzelhandelsgeschäfts mangels Objektbezogenheit **keinen Sachmangel,** der zu einem Minderungsrecht des Mieters gemäß § 536 BGB führt.[21] Der Anspruch des Vermieters auf Zahlung der Miete für diesen Zeitraum entfällt auch nicht nach §§ 326 Abs. 1, 275 BGB, denn die Mietsache befindet sich auch während der staatlichen Schließungsanordnung in einem Zustand, der die vertraglich vorgesehene Nutzung ermög-

---

[19] Baumgärtel/*Börstinghaus*, HdBBeweislast, Bd. 2, 4. Aufl., § 543 Rn. 7.
[20] Zu den Möglichkeiten der Glaubhaftmachung durch den Mieter: *Börstinghaus* IMR 2020, 436.
[21] OLG München 17.2.2021 – 32 U 6358/20, NZM 2021, 226 ff.; OLG Karlsruhe 24.2.2021 – 7 U 109/20, NZM 2021, 224 ff.; **aA** wohl OLG Dresden 15.2.2021 – 5 U 1782/20, NZM 2021, 231.

licht.[22] Zu coronabedingten Geschäftsschließungen und Störung der Geschäftsgrundlage hat der Gesetzgeber in Art. 240 § 7 Abs. 1 EGBGB eine Sonderregel eingeführt. Eine Vertragsanpassung durch Herabsetzung der Miete im Hinblick auf pandemiebedingten Einschränkungen des Geschäftsbetriebes gemäß § 313 Abs. 1 BGB wird grundsätzlich für möglich gehalten.[23] Vom KG Berlin wurde jüngst in einem Fall, indem es zu einer vollständigen Schließung des Geschäftsbetriebs des Mieters kam, eine Reduzierung der Miete um 50 Prozent angenommen.[24]

Einer vermieterseitigen Kündigung des Mietverhältnisses wegen Zahlungsverzuges gemäß § 543 Abs. 2 Nr. 3 BGB außerhalb des oben genannten Zeitraumes steht Art. 240 § 2 EGBGB nicht entgegen, auch wenn die Mietschulden auf den Folgen der COVID-19-Pandemie beruhen. Strittig ist, ob Art. 240 § 2 EGBGB auch dann einschlägig ist, wenn die Mietrückstände in den streitgegenständlichen Zeitraum fallen, aber auch weitere Rückstände davor und/oder danach entstanden sind. Dazu → Kap. 11 Rn. 56; → Kap. 12 Rn. 60. **9c**

IV. Ausschluss des Kündigungsrechts

Die Kündigung beendet das Mietverhältnis nicht, wenn der Vermieter vorher (dh vor dem Zugang der Kündigung) **vollständig** befriedigt wird, § 543 Abs. 2 S. 2 BGB. Teilzahlungen führen nicht dazu, dass die Kündigung unwirksam wird. Aus dem Wortlaut („befriedigt wird") ergibt sich, dass der Vermieter auch Zahlungen dritter Personen akzeptieren muss. Bezüglich der Rechtzeitigkeit der Befriedigung kommt es nach der h.M auf die Erfüllungshandlung an.[25] Eine Zahlung per Banküberweisung ist nach der hM rechtzeitig erfolgt, wenn der Mieter den Betrag vor dem Zugang der Kündigung abschickt und das Konto ausreichend gedeckt ist. Gewerberaummietverträge enthalten aber häufig sog. Rechtzeitigkeitsklauseln, nach deren Inhalt der Zeitpunkt des Eingangs des Geldes beim Vermieter maßgeblich ist. Solche Rechtzeitigkeitsklauseln sind grundsätzlich wirksam; auch in Allgemeinen Geschäftsbedingungen.[26] **10**

Steht dem Mieter eine Gegenforderung gegen den Vermieter zu, kann er – wenn die Voraussetzungen der §§ 387 ff. BGB vorliegen – die Kündigung nachträglich durch Erklärung der **Aufrechnung** unwirksam machen, § 543 Abs. 2 S. 3 BGB. Die Aufrechnungslage muss bereits im Zeitpunkt des Zugangs der Kündigung bestanden haben.[27] Erwirbt der Mieter erst später eine fällige Gegenforderung, greift der Ausschlussgrund nicht ein. Zusätzliche Voraussetzung ist, dass der Mieter die Aufrechnung **unverzüglich** („ohne schuldhaftes Zögern", § 121 Abs. 1 S. 1 BGB) nach Zugang der Kündigung erklärt. Dafür muss er die Aufrechnung nicht sofort, aber innerhalb einer angemessenen Prüfungs- und Überlegungsfrist erklären. Häufig wird ein Zeitraum von 2 Wochen als Obergrenze angesehen.[28] Der Mieter kann nicht mit dem Rückzahlungsanspruch aus der Kaution aufrechnen, weil dieser erst nach Ablauf einer angemessenen Überlegungsfrist nach der Rückgabe der Mietsache fällig wird.[29] Der Vermieter ist nicht verpflichtet, aber grundsätzlich berechtigt, sich wegen der rückständigen Mieten aus der Kaution zu befriedigen.[30] **11**

---

[22] OLG München 17.2.2021 – 32 U 6358/20, NZM 2021, 226 ff.; OLG Karlsruhe 24.2.2021 – 7 U 109/20, NZM 2021, 224.
[23] Siehe auch Art. 240 § 7 EGBGB; OLG München 17.2.2021 – 32 U 6358/20, NZM 2021, 226, 228; AG Dortmund MietRB 2021, 171.
[24] KG Berlin 1.4.2021 – 8 U 1099/20 – juris.
[25] BGH NJW 2006, 1585; OLG Naumburg WuM 1999, 160; **aA** *Alberts* in Guhling/Günter BGB § 543 Rn. 59.
[26] BGH NJW 1998, 2664; OLG Frankfurt a. M. BeckRS 2005, 1030.
[27] *Sternel*, Mietrecht aktuell, 4. Aufl., XII 150.
[28] OLG Köln ZMR 1998, 763; OLG Hamm NJW-RR 1990, 523; *V. Emmerich* in Staudinger § 543 Rn. 67.
[29] BGH NJW 2016, 3231.
[30] *Blank* in Schmidt-Futterer, Mietrecht, BGB § 543 Rn. 139.

12 Die in der Gewerbemiete häufig anzutreffenden formularmäßigen **Aufrechnungsklauseln,** nach deren Inhalt die Aufrechnung einen Monat vor Fälligkeit der Miete angezeigt werden muss, hält der BGH für wirksam.[31]

13 Im Prozess mit dem Mieter muss der Vermieter darlegen, welche Rückstände im Zeitpunkt des Zugangs der Kündigung vorlagen. Besteht Streit über die Höhe der vereinbarten Miete, ist der Vermieter auch diesbezüglich darlegungs- und beweisbelastet.[32] Der Mieter, der sich auf eine Erfüllung der Zahlungspflicht beruft, muss darlegen und beweisen, dass und wann er die Erfüllungshandlung vorgenommen hat; bei der Aufrechnung auch, dass diese unverzüglich erfolgt ist.[33]

B. Nichtzahlung der Kaution

14 Die Nichtzahlung der Kaution stellt auch im Gewerberaummietrecht einen fristlosen Kündigungsgrund dar. Der Kündigungsgrund folgt aber nicht aus § 569a Abs. 2a BGB, weil dieser nur für die Wohnraummiete gilt. § 578 Abs. 2 BGB verweist nicht auf die Neuregelung in § 569 Abs. 2a BGB. Für das Gewerbemietrecht hatte der BGH bereits 2007 entschieden, dass die Nichtzahlung der Kaution grundsätzlich einen wichtigen Grund zur Kündigung iSd § 543 Abs. 1 BGB darstellt.[34] Daraus folgt, dass die Anforderungen an die Kündigung in der Gewerbemiete höher sind als im Wohnraummietrecht.[35] Denn anders als bei § 569 Abs. 2a BGB findet bei der Kündigung nach § 543 Abs. 1 BGB eine **Interessenabwägung** statt. Die Kündigung nach § 543 Abs. 1 BGB setzt schließlich eine **Abmahnung** voraus, die in der Wohnraummiete gemäß § 569 Abs. 2a S. 3 BGB entbehrlich ist. Die Parteien sind aber nicht gehindert, eine vertragliche Vereinbarung zu treffen, nach deren Inhalt dem Vermieter bei Nichterfüllung der Pflicht zur Einzahlung der Kaution ein Kündigungsrecht zustehen soll.[36] § 569 Abs. 5 BGB, der Vereinbarungen zum Nachteil des Mieters nicht erlaubt, steht dem nicht entgegen, weil er in der Gewerbemiete nicht gilt. Denn § 578 Abs. 2 BGB nimmt die Regelung in § 569 Abs. 5 BGB nicht in Bezug.

C. Pflichtwidrigkeiten

15 Von den benannten Regelbeispielen spielen in der Gewerberaummiete insbesondere die Kündigung wegen Nichtgewährung oder Entzug des vertragsgemäßen Gebrauchs (§ 543 Abs. 2 Nr. 1 BGB) und der vertragswidrige Gebrauch der Mietsache durch den Mieter sowie die unbefugte Überlassung an Dritte (§ 543 Abs. 2 Nr. 2 BGB) eine Rolle. Vgl.
→ Kap. 12 Rn. 3, 22, 117.

D. Kündigung gemäß § 313 Abs. 3 BGB

16 Die Störung der Geschäftsgrundlage ist in § 313 BGB geregelt. Ist eine Anpassung des Vertrags nach den ersten beiden Absätzen der Vorschrift nicht möglich, so steht der benachteiligten Partei gemäß § 313 Abs. 3 S. 2 BGB ein Recht zur fristlosen Kündigung des Dauerschuldverhältnisses zu. Dieses Recht steht nach überwiegend vertretener Ansicht[37] den Parteien des Mietverhältnisses neben dem Recht zur fristlosen Kündigung gemäß § 543 BGB zu. Denn während es bei der Kündigung nach § 543 BGB um Vertragsverletzungen des Kündigungsadressaten geht, kommen die Gründe für die Störung der Geschäftsgrundlage aus dem Bereich des Kündigenden.[38] Wird ein Recht zur Kündigung

---

[31] BGH NJW 2011, 2201; NZM 2012, 22; differenzierend: *Blank* in Schmidt-Futterer, BGB § 543 Rn. 138.
[32] *Börstinghaus* in Baumgärtel, Beweislast, Band 2, § 543 Rn. 5 f.
[33] *Börstinghaus* in Baumgärtel, Beweislast, Band 2, § 543 Rn. 7.
[34] BGH ZMR 2007, 525 = NJW-RR 2007, 886.
[35] Kritisch hierzu: *Blank* in Schmidt-Futterer, Mietrecht, BGB § 569 Rn. 32a.
[36] OLG Düsseldorf BeckRS 2017, 103964.
[37] OLG Naumburg 18.9.2017, 1 U 82/17, juris, *Blank* in Schmidt-Futterer, BGB § 543 Rn. 229; aA KG NZM 2014, 912; *Grüneberg* in Palandt § 313 Rn. 14.
[38] *Hirsch* NZM 2007, 110.

gemäß § 313 Abs. 3 S. 2 BGB angenommen, kann das Gericht den Kündigenden zu einer Ausgleichszahlung gegenüber dem Vertragspartner verpflichten.[39]

Maßgeblich für die Geschäftsgrundlage sind die bei Vertragsschluss zu Tage getretenen, dem Vertragspartner erkennbaren und von ihm nicht beanstandeten Vorstellungen des einen Vertragsteils oder die gemeinsamen Vorstellungen der Parteien, auf welchen der Geschäftswille aufbaut.[40] Die Geschäftsgrundlage kann auch nach objektiven Kriterien bestimmt werden. 17

Bejaht worden ist ein Recht zur Kündigung etwa für einen Fertigungsbetrieb von KFZ-Kennzeichen, der sich in unmittelbarer Nähe zu einer KFZ-Zulassungsstelle befindet und die Zulassungsstelle wegzieht[41]; verneint für einen Rechtsanwalt, dessen Zulassung für ein in der Nähe befindliches Gericht erloschen ist.[42] 18

E. § 580 BGB

I. Anwendungsbereich und Zweck der Vorschrift

§ 580 BGB gilt für alle Mietverhältnisse mit Ausnahme von Mietverträgen über Wohnraum. Daneben ist die Vorschrift anwendbar bei Leasingverträgen. Für Pachtverträge gilt § 584a Abs. 2 BGB, für die Landpacht § 594d BGB. 19

Die Vorschrift entspricht dem nur in der Wohnraummiete anwendbaren § 564 S. 2 BGB und gewährt sowohl dem Vermieter, als auch dem Erben des Mieters das Recht, das Mietverhältnis nach dem Tod des Mieters **außerordentlich** zu kündigen. Eine solche Regelung ist notwendig, weil das Mietverhältnis nicht automatisch mit dem Tod des Mieters endet; vielmehr gehen die Rechte und Pflichten gemäß §§ 1922, 1967 BGB auf den Erben über. Häufig möchten die neuen Vertragsparteien das Mietverhältnis jedoch nicht fortsetzen. Der Erbe hat zB regelmäßig kein Interesse an der Fortsetzung des Mietverhältnisses, wenn er das vom Erblasser in den Gewerberäumen betriebene Geschäft nicht weiterführen will.[43] Das Kündigungsrecht aus § 580 BGB besteht auch bei in der Gewerbemiete häufig anzutreffenden befristeten Mietverhältnissen.[44] 20

Verstirbt der **Vermieter** ist § 580 BGB nicht anwendbar.[45] 21

Die Vorschrift ist **abdingbar,** nach hM aber nur durch Individualvereinbarung.[46] 22

II. Voraussetzungen

Das außerordentliche Kündigungsrecht entsteht mit dem **Tod des Mieters.** Bei dem Mieter muss es sich um eine natürliche Person handeln.[47] Eine Anwendung der Norm bei juristischen Personen[48] und Personengesellschaften[49] wird abgelehnt. 23

Gibt es mehr als einen Mieter, so steht den Erben des verstorbenen Mieters wegen der Unteilbarkeit des Mietverhältnisses ein Kündigungsrecht aus § 580 BGB nicht zu. Etwas anderes kann gelten, wenn es den Parteien bei Vertragsschluss ausdrücklich auf die Personenmehrheit in der konkreten Zusammensetzung angekommen ist.[50] Dann muss 24

---

[39] BGH MDR 1971, 1002.
[40] BGHZ 120, 230 ff.
[41] OLG Naumburg 18.9.2017 – 1 U 82/17, juris.
[42] BGH GE 2003, 523.
[43] *Streyl* in Schmidt-Futterer, Mietrecht, BGB § 580 Rn. 2.
[44] *Streyl* in Schmidt-Futterer, Mietrecht, BGB § 580 Rn. 2.
[45] *Lützenkirchen* in Erman § 580 Rn. 3.
[46] *Weidenkaff* in Palandt § 580 Rn. 3; **aA** *Blank/Börstinghaus* in Blank/Börstinghaus BGB § 580 Rn. 37.
[47] *Oprée* in Lindner-Figura/Oprée/Stellmann, Geschäftsraummiete-HdB, Kap. 15 Rn. 117.
[48] *Oprée* in Lindner-Figura/Oprée/Stellmann, Geschäftsraummiete-HdB, Kap. 15 Rn. 117; *Rolfs* in Staudinger § 580 Rn. 7.
[49] OLG Düsseldorf MDR 1998, 641.
[50] MüKoBGB/*Artz* § 564 Rn. 17; *Oprée* in Lindner-Figura/Oprée/Stellmann, Geschäftsraummiete-HdB, Kap. 15 Rn. 119.

das Kündigungsrecht aber vom Erben und dem weiteren Mieter einheitlich ausgeübt werden.

25 **Kündigungsberechtigt** sind der Vermieter und der Erbe des Mieters. Ist Rechtnachfolgerin eine Erbengemeinschaft müssen alle Erben gemeinsam kündigen, was sich aus § 2040 BGB ergibt. Für Abgabe und Zugang der Kündigungserklärung gelten die allgemeinen Regeln des BGB-AT. Gibt es mehrere Erben, muss der Vermieter den Nachweis des Zugangs gegenüber allen Erben führen.

26 § 580 gewährt dem Kündigungsberechtigten eine **Überlegungsfrist** von einem Monat ab Kenntniserlangung von dem Tod des Mieters. Es besteht Einigkeit, dass der Berechtigte darüber hinaus auch wissen muss, wer Rechtsnachfolger geworden ist, um den Fristlauf in Gang zu setzen.[51] Der Rechtsnachfolger muss Kenntnis vom Erbe haben[52]; der Vermieter muss Kenntnis vom Tod des Mieters und der Person des Erbes haben.[53] Sobald der Vermieter Kenntnis vom Tod des Mieters erlangt hat, muss er alles ihm nach den Umständen Zumutbare tun, um sich Gewissheit über die Person des Erben zu verschaffen, ansonsten verliert er sein Recht zur Kündigung.[54]

III. Folgen der Ausübung des Kündigungsrechts

27 Übt der Berechtigte sein Kündigungsrecht aus, wird das Mietverhältnis nach Ablauf der gesetzlichen Frist aus § 580a Abs. 4 BGB beendet. Für Geschäftsräume ist die Kündigung gemäß § 580a Abs. 4, Abs. 2 iVm BGB spätestens am dritten Werktag eines Kalendervierteljahres zum Ablauf des nächsten Kalendervierteljahres zu erklären. Die Frist beträgt also 6 Monate abzüglich der drei Karenztage.

F. Vereinbarte Kündigungsrechte

28 Es kommt in der Praxis des Gewerbemietrechts nicht selten vor, dass die Parteien über die gesetzlichen Kündigungstatbestände hinausgehende Voraussetzungen oder Erleichterungen (insbesondere zugunsten des Vermieters) im Mietvertrag vereinbaren. Während solche Vereinbarungen im Wohnraummietrecht regelmäßig bereits an § 569 Abs. 5 BGB scheitern, können sie in der Gewerbemiete in engen Grenzen sowohl formular- als auch individualvertraglich wirksam vereinbart werden.[55]

29 Das Kündigungsrecht gemäß § 543 Abs. 2 Nr. 1 BGB kann in den Fällen, in denen die nicht rechtzeitige Überlassung der Räumlichkeiten nicht vom Vermieter zu vertreten ist, zeitlich befristet formularmäßig ausgeschlossen werden.[56]

30 Individualvertraglich können in der Gewerbemiete Erweiterungen des Kündigungsrecht gemäß § 543 Abs. 2 Nr. 2 BGB vereinbart werden. Ob das auch durch Allgemeine Geschäftsbedingungen möglich ist, wird unterschiedlich beurteilt.[57] Eine formularmäßige Klausel, mit der das Erfordernis einer Abmahnung abgedungen wird, ist unwirksam.[58]

31 Die Erweiterung der Regelung in § 543 Abs. 2 Nr. 3 BGB durch individuelle Vereinbarung – etwa dahingehend, dass der Verzug des Mieters mit einer zu einem Fälligkeitstermin geschuldeten Miete ausreichend sein soll – ist möglich.[59] Das gilt selbstverständlich auch für Verschärfungen zugunsten des Mieters. Abweichende Vereinbarungen können

---

[51] LG München NZM 2004, 337; *Streyl* in Schmidt-Futterer, Mietrecht, BGB § 580 Rn. 10.
[52] OLG Köln ZMR 1994, 114.
[53] OLG Hamm ZMR 1981, 211; LG Berlin ZMR 1988, 181.
[54] OLG Hamm ZMR 1981, 211.
[55] *Blank* in Schmidt-Futterer, Mietrecht, BGB § 569 Rn. 93; *Sonnenschein* NJW 1980, 1713 ff.
[56] *Blank* in Schmidt-Futterer, Mietrecht, BGB § 543 Rn. 214.
[57] Grundsätzlich bejahend: *Blank* in Schmidt-Futterer, Mietrecht, BGB § 543 Rn. 215; ablehnend: *Oprée* in Lindner-Figura/Oprée/Stellmann, Geschäftsraummiete-HdB, Kap. 15 Rn. 248.
[58] LG Hannover MDR 1984, 670.
[59] BGH ZMR 1971, 27, *Oprée* in Lindner-Figura/Oprée/Stellmann, Geschäftsraummiete-HdB, Kap. 15 Rn. 239.

auch in Allgemeinen Geschäftsbedingungen vereinbart werden; der Ausschluss oder die Einschränkung des Kündigungsrechts muss aber in der Vereinbarung klar zum Ausdruck kommen und das grundsätzliche Interesse des Mieters am Bestand des Mietverhältnisses darin berücksichtigt werden.[60] Unwirksam ist eine formularmäßige Klausel, nach deren Inhalt *ein Rückstand* zur Kündigung berechtigen soll, weil der Mieter dann auch bei unverschuldetem Zahlungsrückstand gekündigt werden könnte.[61] Eine sog. Rechtzeitigkeitsklausel, mit der vereinbart wird, dass es für die Rechtzeitigkeit der Mietzahlung auf den Zeitpunkt des Leistungserfolgs ankommt, kann in der Gewerbemiete jedenfalls unter Kaufleuten wirksam vereinbart werden.[62]

Kapitel 19. Kündigungsfristen

A. Ordentliche Kündigung

I. Gesetzliche Regelung

Die Kündigungsfristen ergeben sich aus § 580a BGB. Die Frist für die ordentliche Kündigung von Geschäftsräumen (§ 580a Abs. 2 BGB) fällt länger aus, als die Frist bei der Kündigung von Mietverhältnissen über Grundstücke oder andere Räume (§ 580a Abs. 1 BGB). Insbesondere dem Mieter von Gewerberaum soll durch die verlängerte Frist genügend Zeit gegeben werden, sich auf die veränderte Situation einzustellen. Geschäftsräume iSv Abs. 2 sind alle zu Erwerbszwecken vermieteten Räume;[1] darunter fallen auch Räume, die zu freiberuflichen Zwecken vermietet werden[2] und Garagen, wenn dort gewerblich genutzte Fahrzeuge oder Waren untergestellt werden sollen.[3]   1

Die Frist für die ordentliche Kündigung von Geschäftsräumen beträgt gemäß § 580a Abs. 2 BGB einheitlich sechs Monate abzüglich der Karenztage. Damit die Kündigung zum Ablauf des nächsten Kalendervierteljahres wirksam wird, muss sie dem anderen Teil spätestens am dritten Werktag des Kalendervierteljahres zugehen, wobei § 193 BGB anzuwenden ist.   2

II. Vereinbarte Kündigungsfristen

Von den gesetzlichen Kündigungsfristen kann grundsätzlich im Mietvertrag abgewichen werden. Das gilt nicht nur für individualvertragliche, sondern auch für formularmäßig vereinbarte Änderungen. Auch unterschiedliche Kündigungsfristen für die Parteien werden grundsätzlich als zulässig erachtet; das gilt aber nicht, wenn dadurch die gesetzliche Frist zu Lasten des Mieters verkürzt wird.[4]   3

B. Außerordentliche Kündigung und § 314 Abs. 3 BGB

Umstritten ist, ob die Regelung in § 314 Abs. 3 BGB, wonach der Berechtigte nur innerhalb einer angemessenen Frist, nachdem er vom Kündigungsgrund Kenntnis erlangt hat, kündigen darf, bei der außerordentlichen Kündigung von Mietverhältnissen nach § 543 BGB anwendbar ist. Für das Verhältnis der Vorschriften zueinander besteht Einigkeit, dass § 314 Abs. 1, 2 BGB durch § 543 Abs. 1–4 BGB verdrängt werden. Bezüglich einer Frist zur Kündigung enthält § 543 BGB aber keine eigene Regelung. Der XII. Zivilsenat des   4

---

[60] BGH NJW-RR 1987, 903 ff.
[61] BGH NJW 1987, 2506; Bub/Treier/MietR-HdB/*Grapentin* Kap. IV. Rn. 387.
[62] BGH ZMR 1998, 612; *Blank/Börstinghaus* in Blank/Börstinghaus BGB § 556b Rn. 19.
[1] Wolf/Eckert/Ball Gewerbl. Miet-/Pacht-/LeasingR-HdB, 10. Aufl. 2009, Rn. 939.
[2] MüKoBGB/*Artz* § 580a Rn. 7.
[3] *Blank* in Schmidt-Futterer, Mietrecht, BGB § 580a Rn. 14.
[4] BGH NJW 2001, 3480.

BGH[5] und viele Obergerichte bejahen deshalb eine Anwendbarkeit des § 314 Abs. 3 BGB im Gewerberaummietrecht, während der VIII. Senat für das Wohnraummietrecht die gegenteiliger Ansicht vertritt.[6] Der VIII. Senat geht allerdings in seiner Begründung davon aus, dass der XII. Senat in seiner Entscheidung nicht über die grundsätzliche Anwendbarkeit von § 314 Abs. 3 BGB entschieden hat. Die Auffassung des XII. Zivilsenats überzeugt. Zu beachten ist allerdings, dass § 314 Abs. 3 BGB bei Dauertatbeständen wie Zahlungsverzug kaum Praxisbedeutung hat, weil das Kündigungsrecht während sich der Mieter in Verzug befindet, bestehen bleibt.[7] Eine Anwendbarkeit der Fristenregelung soll aber bei der Kündigung des Mieters wegen einer Gesundheitsgefahr ausscheiden.[8]

---

[5] NZM 2007, 400.
[6] BGH NZM 2016, 791.
[7] *Blank* in Schmidt-Futterer, Mietrecht, BGB § 543 Rn. 5.
[8] *Blank* in Schmidt-Futterer, Mietrecht, BGB § 543 Rn. 5.

Teil 6. Rechtsfolgen wirksamer Kündigungen

Aufgrund wirksamer Kündigung entsteht zunächst ein Räumungs- und Herausgabeanspruch. Wird dieser schlecht oder verspätet erfüllt kommen Ansprüche auf Nutzungsentschädigung und/oder Schadensersatz in Betracht.

Kapitel 20. Der Räumungs- und Herausgabeanspruch

Ist die Kündigung formell und materiell wirksam, beendet sie das Mietverhältnis, abhängig davon, ob es sich um eine fristlose oder fristgemäße Kündigung handelt, zum Ablauf der Frist bzw. sofort. Es entsteht ein **Herausgabeanspruch** aus § 546 BGB. Soweit der Vermieter auch Eigentümer der vermieteten Sache ist, entsteht auch ein Anspruch aus § 985 BGB. Die Kündigungserklärung kann nach Entstehen des Herausgabeanspruchs durch den Kündigenden nicht mehr widerrufen werden; der **Widerruf einer Kündigungserklärung** ist nach § 130 Abs. 1 S. 2 BGB nur bis zum Zugang der Erklärung möglich[1].

Der **Rückgabeanspruch** des Vermieters nach Beendigung des Mietverhältnisses umfasst bei Mietgrundstücken neben der **Besitzverschaffung** die Entfernung der vom Mieter eingebrachten oder vom Vormieter übernommenen Gegenstände und Einrichtungen, über deren Verbleib keine abweichende Vereinbarung getroffen worden ist. Die Beseitigung von Verschlechterungen oder Veränderungen der Mietsache gehört nicht dazu[2]. Demnach ist der Vermieter nicht zur Ablehnung der Rücknahme berechtigt. Insoweit können aber Schadensersatzansprüche bestehen (s. u.).

Der Anspruch auf Herausgabe entsteht gem. § 546 Abs. 1 BGB erst nach Beendigung des Mietverhältnisses. Der Anspruch wird am letzten Tage der Beendigung des Mietverhältnisses fällig. Fällt allerdings dieser Tag auf einen Samstag, Sonntag oder Feiertag, ist die Mietsacherst am nächsten Werktag zurückzugeben ohne dass für die Tage vor dem nächsten Werktag eine **Nutzungsentschädigung** zu zahlen ist.[3]

Neben der Herausgabe schuldet der Mieter auch die **Räumung** der Mietsache. Eine **Teilräumung** stellt eine dem Schuldner nicht gestattete **Teilleistung** iSd § 266 BGB dar. Diese muss der Vermieter nicht akzeptieren[4]. Abzugrenzen ist die Teilräumung jedoch von der **Schlechterfüllung der (vollständigen) Räumung**. Die Rückgabe im verwahrlosten Zustand soll nur eine Schlechterfüllung darstellen. Sobald aber erhebliche Kosten für den Rückbau bzw. die Räumung anfallen ist von einer Teilleistung auszugehen[5].

Es bedarf grundsätzlich eines **Titels gegen jeden Mitbewohner** des Mieters. Denn aus einem Räumungstitel gegen den Mieter einer Wohnung kann der Gläubiger nicht gegen einen im Titel nicht aufgeführten Dritten vollstrecken, wenn dieser **Mitbesitz** hat[6]. Die Anspruchsgrundlage zugunsten des Vermieters folgt aus § 546 Abs. 2 BGB: Hat der Mieter den Gebrauch der Mietsache einem Dritten überlassen, so kann der Vermieter die Sache nach Beendigung des Mietverhältnisses auch von dem Dritten zurückfordern.

Eines Titels bedarf es nur nicht bei **minderjährigen Kindern** des Mieters – bei **volljährigen Kindern** kommt es auf den Einzelfall an, ob bereits Mitbesitz oder lediglich Besitzdienerschaft anzunehmen ist. Der Anspruch aus § 546 Abs. 2 BGB besteht gegenüber

---

[1] Vgl. hierzu *Börstinghaus* ZAP 2020, 247.
[2] BGH NJW 2019, 1877 = MDR 2019, 764 = NZM 2019, 853.
[3] *Börstinghaus* ZAP 2020, 247 (248) mwN.
[4] Freilich folgt aus § 266 BGB nicht, dass der Vermieter zur Ablehnung der Teilleistung verpflichtet ist. Somit kann der Vermieter auch eine Teilräumung akzeptieren.
[5] Zu weiteren Bespielen vgl. *Börstinghaus* ZAP 2020, 247 (248) mwN.
[6] BGH NJW 2004, 3041.

allen Personen, denen der Mieter den **(Mit-)Gebrauch** überlassen hat; soweit sich der Dritte den Besitz eigenmächtig verschafft besteht ein Herausgabeanspruch nur aus §§ 861 f., bzw. § 985 BGB.

8 Mitbesitz mit der Folge der Notwendigkeit eines Titels wird angenommen bei
- **Ehepartner**[7]
- **Nichtehelicher Lebensgefährte,** soweit eine Besitzeinräumung durch den Mieter erkennbar ist[8]
- dauerhafter **Mitbewohner**[9]
- **Untermieter**[10]

9 Mitbesitz verneint wird bei
- **Bediensteten** des Mieters[11]
- **Besuchern** des Mieters[12]
- minderjährigen Kindern[13]
- volljährigen Kindern, soweit sie nicht einen eigenen abgeschlossenen Bereich mit eigener Möblierung verfügen[14].

Kapitel 21. Der Anspruch auf Nutzungsentschädigung

1 Gibt der Mieter die Mietsache nach Beendigung des Mietverhältnisses nicht zurück, so kann der Vermieter für die Dauer der **Vorenthaltung** als Entschädigung die vereinbarte Miete oder die Miete verlangen, die für vergleichbare Sachen ortsüblich ist, § 546a Abs. 1 BGB. Eine Vorenthaltung liegt vor, wenn der Mieter die Mietsache nicht zurückgibt und das Unterlassen der Herausgabe dem Willen des Vermieters widerspricht[1]. Soweit es an einem **Rücknahmewillen des Vermieters** fehlt, besteht ein Anspruch auf Nutzungsentschädigung nach § 546a BGB selbst dann nicht, wenn der Mieter zur Rückgabe der Mietsache außerstande ist und diese Unmöglichkeit durch ihn verursacht wurde[2]. Bei der **Nutzungsentschädigung** handelt es sich nicht um einen Schadensersatzanspruch[3].

2 Die geschuldete ortsübliche Miete, die der Vermieter für die Dauer der Vorenthaltung der Mietsache verlangen kann, wenn der Mieter diese nach Beendigung des Mietverhältnisses nicht zurückgibt, ist selbst bei beendeten Wohnraummietverträgen nicht nach Maßgabe der Bestimmungen zur ortsüblichen Vergleichsmiete zu bestimmen, sondern anhand der bei Neuabschluss eines Mietvertrags über die Wohnung ortsüblichen Miete, also der sog. **Marktmiete,** zu bestimmen[4]. Eine erstmals nach Vertragsbeendigung eingetretene Verschlechterung der Mietsache, die beim Fortbestehen des Mietverhältnisses eine **Minderung** der Miete zur Folge gehabt hätte, führt grundsätzlich nicht dazu, den Anspruch des Vermieters auf Zahlung einer Nutzungsentschädigung in entsprechender Anwendung von § 536 BGB herabzusetzen; etwas anderes gilt nur dann, wenn den Vermieter nach Treu und Glauben im Rahmen des Abwicklungsverhältnisses ausnahmsweise eine nachvertragliche Pflicht zur Beseitigung von Mängeln der vorenthaltenen

---

[7] BGH NZM 2008, 400.
[8] BGH NZM 2008, 400 (401).
[9] LG Mönchengladbach NJW 2014, 950.
[10] LG Berlin NJW-RR 2016, 81.
[11] BGH NJW 2008, 3287 (3288).
[12] AG Schwäbisch Hall DGVZ 2013, 58.
[13] BGH NZM 2008, 400 (401).
[14] LG Saarbrücken DGVZ 2018, 183; AG Wuppertal DGVZ 2013, 248; *Kießling* in Saenger, Zivilprozessordnung, ZPO § 885 Rn. 10.
[1] BGH NZM 2017, 630 = NJW 2017, 2997.
[2] BGH NZM 2017, 630 = NJW 2017, 2997.
[3] *Streyl* in Schmidt-Futterer, BGB § 546a Rn. 75.
[4] BGH NZM 2017, 186 = NJW 2017, 1022.

Mietsache trifft⁵. Die Nutzungsentschädigung ist taggenau abzurechnen. Für die Zeit nach der Rückgabe bleibt dem Vermieter aber bei Vorliegen der entsprechenden Voraussetzungen die Geltendmachung eines **Schadens infolge einer erst späteren Vermietung** vorbehalten⁶. Auch während einer gerichtlich bestimmten Räumungsfrist ist eine Nutzungsentschädigung zu zahlen⁷.

Kapitel 22. Schadensersatzansprüche

A. Bei verspäteter Räumung

Neben der Nutzungsentschädigung gemäß § 546a BGB kann dem Vermieter unter den weiteren Voraussetzungen der §§ 280 Abs. 1, 2, 286 BGB bei **Verzug mit der Rückgabepflicht** ein Schadensersatzanspruch zustehen. Voraussetzung ist Verzug mit der Rückgabe. Die Bewilligung einer gerichtlichen **Räumungsfrist** oder die Gewährung von **Vollstreckungsschutz** durch das Vollstreckungsgericht hat keine Auswirkung auf die materielle Rechtslage und beendet den einmal eingetretenen Verzug nicht¹. Der Umfang des Schadensersatzanspruchs richtet sich nach §§ 249 ff. BGB. Relevant ist hier vor allem der **entgangene Gewinn** gemäß § 252 BGB in Form des **Mietausfallschadens**. Ein Mietausfallschaden wegen einer Pflichtverletzung des Mieters (Rückgabe der Wohnung in nicht ordnungsgemäßem Zustand) soll nur dann geltend gemacht werden können, wenn ein konkreter Mietinteressent für eine sofortige Anschlussvermietung benannt wird². Begründet wird dies damit, dass nach dem gewöhnlichen Verlauf eine sofortige Anschlussvermietung ohne **Vermietungsbemühungen** unwahrscheinlich erscheine³. Dies kann aber in dieser Allgemeinheit bei **angespannten Wohnungsmärkten** nicht mehr ohne weiteres angenommen werden⁴. Ein etwaiges Mitverschulden des Vermieters, welches sich aus fehlenden Vermietbemühungen ergeben kann, ist auf entsprechenden Vortrag des Mieters von Amts wegen zu berücksichtigen⁵*. Als Mietausfallschaden ist der Mietzins geschuldet, den der Vermieter bei rechtzeitiger bzw. ordnungsgemäßer Rückgabe hätte erzielen können⁶*.

1

B. Bei Beschädigung der Mietsache

Wird die Mietsache beschädigt oder im nicht vertragsgemäßen Zustand zurückgegeben, können Schadensersatzansprüche des Vermieters aus §§ 280 Abs. 1, 241 Abs. 2 BGB sowie des (nicht notwendigerweise mit dem Vermieter personenidentischen) Eigentümers aus § 823 Abs. 1 BGB entstehen. Schäden an der **Sachsubstanz** der Mietsache, die durch eine Verletzung von Obhutspflichten des Mieters entstanden sind, hat dieser nach §§ 280 Abs. 1, 241 Abs. 2 BGB als Schadensersatz neben der Leistung nach Wahl des Vermieters entweder durch Wiederherstellung (§ 249 Abs. 1 BGB) oder durch Geldzahlung (§ 249 Abs. 2 BGB) zu ersetzen. Einer vorherigen **Fristsetzung** des Vermieters – die bei dem konkurrierenden Anspruch aus § 823 Abs. 1 BGB nicht vorgesehen ist – bedarf es nach der zutreffenden Rechtsprechung des Bundesgerichtshofs dazu nicht. Das gilt unabhängig von der Frage, ob es um einen Schadensausgleich während eines laufenden Mietverhältnisses oder nach dessen Beendigung geht⁷*.

2

---

⁵ BGH NZM 2015, 695 = NJW 2015, 2795.
⁶ BGH NZM 2006, 52 = ZMR 2006, 32.
⁷ BGH NJW 1983, 112; NZM 2006, 820.
¹ *Streyl* in Schmidt-Futterer BGB § 546a Rn. 88 f.
² LG Berlin LSK 2016, 140807 (Ls.).
³ *Streyl* in Schmidt-Futterer BGB § 546a Rn. 99.
⁴ So auch *Streyl* in Schmidt-Futterer BGB § 546a Rn. 99.
⁵* BGH NZM 2018, 333 (335).
⁶* *Streyl* in Schmidt-Futterer BGB § 546a Rn. 101.
⁷* BGH NJW 2018, 1746; vgl. hierzu auch *Streyl* NZM 2018, 1723.

3   Besondere Beachtung verdient bei der Durchsetzung des Anspruchs die **kurze Verjährung gemäß § 548 BGB**. Ersatzansprüche des Vermieters wegen Veränderungen oder Verschlechterungen der Mietsache verjähren gemäß § 548 Abs. 1 S. 1 BGB in sechs Monaten. Die Verjährung beginnt mit dem Zeitpunkt, in dem er die Mietsache zurückerhält, § 548 Abs. 1 S. 2 BGB. Der Begriff der **Ersatzansprüche** wird weit ausgelegt; erfasst sind auch Vertragsansprüche, die auf die Herstellung eines bestimmten Zustands oder auf Beseitigung einer baulichen Veränderung gerichtet sind[8].

Einzelne Beispiele:

4   Der Mieter ist gemäß §§ 535, 241 Abs. 2, § 280 Abs. 1 BGB zum Schadensersatz verpflichtet, wenn er eine in neutraler Dekoration übernommene Wohnung bei Mietende in einem **ausgefallenen farblichen Zustand** zurückgibt, der von vielen Mietinteressenten nicht akzeptiert wird[9].

5   Ein Mieter überschreitet die Grenze vertragsgemäßen Gebrauchs und verstößt gegen seine mietvertragliche Obhutspflicht (§§ 535, 538, 241 Abs. 2 BGB), wenn er in der angemieteten Wohnung **illegale Betäubungsmittel** aufbewahrt. Jedoch haftet der Mieter nur für hierdurch äquivalent kausal verursachte Schäden (verneint bezgl. der bei einem **Polizeieinsatz** beschädigten Tür)[10].

6   Eine Pflichtverletzung des Mieters kann darin liegen, dass er (ohne anschließend neue Tapeten anzubringen) in der Mietwohnung vorgefundene **Tapeten ganz oder teilweise entfernt**[11].

Kapitel 23. Kautionsrückzahlungsanspruch

1   Nach Beendigung des Mietverhältnisses kann der Mieter noch nicht sofort die Rückzahlung der geleisteten Mietsicherheit (Kaution, § 551 BGB) verlangen. Dem Mieter, der eine Mietsicherheit geleistet hat, steht (frühestens) nach Beendigung des Mietverhältnisses und Ablauf einer **angemessenen Prüfungsfrist** des Vermieters ein Anspruch auf Freigabe der Sicherheit zu. Dieser Anspruch wird allerdings erst dann fällig, wenn das **Sicherungsbedürfnis** entfallen ist, mithin zu dem Zeitpunkt, in welchem dem Vermieter keine Forderungen mehr aus dem Mietverhältnis zustehen, wegen derer er sich aus der Sicherheit befriedigen kann[1]. Hier ist zu berücksichtigen, dass die Mietkaution auch noch nicht fällige Ansprüche sichert, die sich aus dem Mietverhältnis und seiner Abwicklung ergeben, und erstreckt sich somit auch auf **Nachforderungen** aus einer nach Beendigung des Mietverhältnisses noch vorzunehmenden Abrechnung der vom Mieter zu tragenden Betriebskosten. Deshalb darf der Vermieter einen angemessenen Teil der Mietkaution bis zum Ablauf der ihm zustehenden **Abrechnungsfrist** einbehalten, wenn eine Nachforderung zu erwarten ist[2]. Soweit nach Beendigung des Mietverhältnisses neben etwaigen Betriebskostennachzahlungsansprüchen keine weiteren sicherungsfähigen Ansprüche bestehen, ist bereits ein Teil der geleisteten Mietsicherheit freizugeben bzw. zurückzuzahlen. Zu berücksichtigen ist zudem, dass die Mietsicherheit nur für Forderungen aus dem konkreten Mietverhältnis herangezogen werden kann. Mangels anderweitiger ausdrücklicher Vereinbarung ist dem **Treuhandcharakter der Mietkaution** ein stillschweigendes Aufrechnungsverbot im Hinblick auf Forderungen zu entnehmen, die nicht aus dem Mietverhältnis stammen; mit derartigen Forderungen kann der Vermieter gegenüber dem Anspruch des Mieters auf Kautionsrückzahlung auch dann nicht aufrechnen, wenn die Kaution am Ende

---

[8] *Blank/Börstinghaus* in Blank/Börstinghaus BGB § 548 Rn. 4.
[9] BGH NJW 2014, 143 = NZM 2014, 71.
[10] BGH NJW-RR 2017, 329 = NZM 2017, 144.
[11] BGH ZMR 2019, 852 = NJW-RR 2019, 1225.
[1] BGH NJW 2016, 3231 = NZM 2016, 762.
[2] BGH NJW 2006, 1422 = NZM 2006, 343.

des Mietverhältnisses nicht für Forderungen des Vermieters aus dem Mietverhältnis benötigt wird[3].

Die gewährte **Barkaution** wird mit dem Zugang der Abrechnung beim Mieter zur Rückzahlung fällig. Macht der Vermieter nach Erteilung der Abrechnung von seiner Verwertungsbefugnis (etwa durch Aufrechnung) keinen Gebrauch, kann der Mieter seinerseits mit dem fälligen Kautionsrückzahlungsanspruch gegen die vom Vermieter erhobene Forderungen aufrechnen[4]. Eine als Mietsicherheit gewährte Barkaution kann auch durch schlüssiges Verhalten, etwa durch eine vom Vermieter erklärte Aufrechnung oder durch Klageerhebung, abgerechnet werden. Hiermit bringt der Vermieter, soweit er einen Vorbehalt, weitere Ansprüche geltend zu machen, nicht erklärt hat, für den Mieter erkennbar zum Ausdruck, dass sich sein Verwertungsinteresse (lediglich) auf die in der Aufstellung bezeichneten bzw. aufgerechneten oder klageweise geltend gemachten Forderungen beschränkt[5].

---

[3] BGH NJW 2012, 3300 = NZM 2012, 678.
[4] BGH NZM 2019, 754 = MDR 2019, 1180.
[5] BGH NZM 2019, 754 = MDR 2019, 1180.

Teil 7. Der Kündigungswiderspruch (Sozialklausel)

Kapitel 24. Einführung

Der Kündigungsschutz ist Teil des sog. **sozialen Mietrechts.** Es will den Mieter in zwei **1** Bereichen schützen, nämlich hinsichtlich des Bestandes des Mietverhältnisses und hinsichtlich der Miethöhe. Dieser Schutz ist hinsichtlich des Bestands wiederum zweistufig vom Gesetzgeber geregelt.[1] Zunächst kann der Vermieter das Mietverhältnis nur dann ordentlich kündigen, wenn er ein berechtigtes Interesse an der Beendigung des Mietverhältnisses hat. Bei der Prüfung dieses berechtigten Interesses werden Mieterinteressen nicht berücksichtigt. Liegt ein zur Kündigung berechtigendes Interesse des Vermieters an einer ordentlichen Kündigung des Mietverhältnisses vor, kann der Mieter sich in einer zweiten Stufe auf seine persönlichen Härtegründe oder fehlenden Ersatzwohnraum berufen. Die Mieterinteressen sind dann gegenüber den berechtigten Vermieterinteressen, die zur Kündigung berechtigten, abzuwägen. § 574 BGB gibt dem Mieter von Wohnraum deshalb das Recht, einer ordentlichen befristeten Kündigung oder einer außerordentlichen Kündigung mit gesetzlicher Frist des Vermieters zu widersprechen und die Fortsetzung des Mietverhältnisses zu verlangen, wenn die vertragsgemäße Beendigung eine besondere Härte bedeuten würde. Anders als eine Räumungsfrist nach § 721 ZPO soll § 574 Abs. 2 BGB nicht bloß einer Obdachlosigkeit vorbeugen, sondern Mieter auch vor anderen Härten bewahren.[2]

Kapitel 25. Der Anwendungsbereich

Übersicht

	Rn.
A. Maßgeblicher Wohnungsbestand	1
B. Maßgebliche Kündigungsgründe	5
C. Die Tatbestandvoraussetzungen	7
I. Beendigung durch Kündigung	7
II. Voraussetzung für Kündigungswiderspruch	9
1. Allgemeines Bestandsinteresse des Mieters	9
2. Besondere Härtegründe des Mieters	10
3. Einzelne Härtegründe des Mieters.	15
a) Fehlender Ersatzwohnraum	15
b) Hohes Alter des Mieters	26
c) Lange Wohndauer	27
d) Krankheit und Behinderungen	28
e) Schwangerschaft	29
f) Zusage einer langen Mietzeit/ Aufwendungen für die Wohnung	30
g) Berufliche, Schulische Schwierigkeiten	32
h) Erforderlicher Zwischenumzug	34
i) Sonstige Gründe	35
4. Interessen des Vermieters an der Vertragsbeendigung	37
5. Zeitpunkt des Vorliegens der Härtegründe	40
6. Die Interessenabwägung	41

---

[1] Ausführlich *Sternel* NZM 2018, 473.
[2] LG Berlin WuM 2020, 291.

A. Maßgeblicher Wohnungsbestand

1 Die Vorschrift gilt **nur bei Mietverhältnissen über Wohnraum.** Hierzu gehören sowohl Mietverhältnisse über freifinanzierte Wohnungen als auch die Mietverhältnisse über preisgebundenen und sonstigen öffentlich geförderten Wohnraum, die Nutzungsverträge der Wohnungsgenossenschaften und der (ehemaligen) gemeinnützigen Wohnungsunternehmen. Die Vorschrift gilt auch für Mietverhältnisse über Wohnungen in Ein- oder Zweifamilienhäusern[1], und für Mietverhältnisse über Wohnraum, der Teil eines Studenten- oder Jugendwohnheims ist. Insofern unterscheidet sich § 549 Abs. 3 BGB von § 549 Abs. 2 BGB, wonach bei den dort aufgezählten Wohnungsbeständen die Sozialklausel keine Anwendung findet. Auf Mietverhältnisse über Werkwohnungen und werkgeförderte Wohnungen ist die Sozialklausel ebenfalls anwendbar; jedoch sind hier die besonderen Ausschlusstatbestände des § 576a Abs. 2 BGB zu beachten.

2 Auf **Mischmietverhältnisse** ist § 574 BGB anwendbar, wenn das Schwergewicht auf der Nutzung als Wohnung liegt.[2] Ein Mischmietverhältnis liegt vor, wenn der Mieter die Räumlichkeiten sowohl zu Wohnzwecken wie auch zu anderen Zwecken, zB einer beruflichen Tätigkeit nutzen darf.[3] Entscheidend ist die vertraglich vereinbarte Zweckbestimmung und nicht die tatsächliche Nutzung.[4] Die Zweckbestimmung kann nachträglich geändert werden. Die bloße Duldung einer anderen Nutzung reicht dafür aber nicht.[5] In Zweifelsfällen gilt Wohnraummiete.[6] Bei solchen Mischnutzungen gilt für das gesamte Mietverhältnis einheitlich entweder das Wohnraummietrecht oder nicht. Zu den Mischmietverhältnissen gehört auch die Vermietung einer Wohnung und einer Garage in einem einheitlichen Vertrag. Liegt der Schwerpunkt der Nutzung in der Gewerbemiete, so ist § 574 BGB auch dann unanwendbar, wenn der Wohnraum einerseits und der Gewerberaum andererseits räumlich getrennt werden könnten (zB bei der Vermietung einer Gaststätte mit Wirtewohnung). § 574 BGB ist auch nicht anwendbar auf Verträge über die Anmietung von Räumen durch eine juristische Person des öffentlichen Rechts oder einen anerkannten privaten Träger der Wohlfahrtspflege, die geschlossen werden, um die Räume Personen mit dringendem Wohnungsbedarf zum Wohnen zu überlassen, § 578 Abs. 3 BGB. Auch wenn für solche Verträge zahlreiche mieterschützende Vorschriften des Wohnraummietrechts gelten, so wird auf die §§ 574 ff. BGB gerade nicht verwiesen. Ausnahmsweise kann der Mieter jedoch für die Wohnung eine Räumungsfrist nach § 721 ZPO erhalten, wenn die getrennte Rückgabe von Wohnung und Gewerberaum möglich und dem Vermieter zumutbar ist. Mietverhältnisse auf Dauer über Ferienhäuser und -wohnungen fallen ebenso unter die für Wohnraum geltenden Bestimmungen wie Mietverhältnisse über Zweitwohnungen. Der Umstand, dass der Mieter mehrere Monate im Jahr ortsabwesend ist, steht der Anwendung der Sozialklausel ebenfalls nicht entgegen.[7]

3 Für die Anwendung des § 574 BGB kommt es nicht darauf an, ob der Vermieter zugleich Eigentümer der Mietsache ist. Deshalb kann **auch der Untermieter** unter den Voraussetzungen des § 574 BGB die Vertragsfortsetzung verlangen. Hat der Mieter nur einen Teil der Wohnräume untervermietet, so gilt § 574 BGB im Verhältnis zwischen dem Hauptvermieter und dem Mieter. Der Mieter kann allerdings nur eigene Härtegründe, nicht solche des

---

[1] AG Dortmund ZMR 2020, 759; *Lammel* WohnraumMietR BGB § 573a Rn. 27; MüKoBGB/*Häublein*, 8. Aufl., § 573a Rn. 17; *Rolfs* in Staudinger BGB § 573a Rn. 26; *Lützenkirchen* in Lützenkirchen, Mietrecht, § 573a Rn. 36.
[2] BGH WuM 2014, 539 unter Aufgabe der früheren Abgrenzungskriterien aus BGH NJW-RR 1986, 877; KG ZMR 2010, 956; OLG Köln ZMR 2007, 114; WuM 1987, 377; *Lammel* WohnraumMietR BGB § 535 Rn. 107; zur rechtlichen Behandlung von Mischmietverhältnissen, insbes. in der höchst- und obergerichtlichen Rspr., auch *Lehmann-Richter* MietRB 2011, 84; *Bühler* ZMR 2010, 897.
[3] BGH WuM 2014, 539; OLG Saarbrücken MDR 2012, 1335.
[4] *V. Emmerich* in Staudinger BGB Vor § 535 Rn. 24.
[5] LG Hamburg ZMR 2016, 953.
[6] BGH WuM 2014, 539.
[7] LG Düsseldorf WuM 1991, 36.

Untermieters geltend machen. Macht der Hauptvermieter gegenüber dem Untermieter den Herausgabeanspruch aus § 546 Abs. 2 BGB geltend, so ist § 574 BGB unanwendbar, weil zwischen dem Hauptvermieter und dem Untermieter kein Vertragsverhältnis besteht.

Ist der Wohnraum als Ganzes durch einen **gewerblichen Zwischenvermieter** untervermietet, so findet bei einer Beendigung des Untermietverhältnisses auf Grund einer Kündigung des Zwischenvermieters § 574 BGB Anwendung. Wird das Hauptmietverhältnis beendet, so tritt der Hauptvermieter in das Untermietverhältnis gem. § 565 BGB ein. Hintergrund ist, dass nach der Entscheidung des BGH[8] § 566 BGB (bzw. § 571 BGB aF) auf den Wechsel des Hauptmieters nicht entsprechend anwendbar sein sollte. Außerdem hatte das BVerfG[9] entschieden, dass es gegen Art. 3 GG verstößt, einem Mieter, der Wohnraum von einem gewerblichen Zwischenvermieter und nicht unmittelbar vom Eigentümer gemietet hat, den Kündigungsschutz des sozialen Mietrechts zu versagen.[10] Insbesondere die Mieter von Wohnungen, die allein aus steuerlichen Gründen im Bauherrenmodell errichtet worden waren, hatten auf Grund dieser Rechtsprechung auch gegenüber dem Wohnungseigentümer den gleichen Kündigungsschutz erlangt, der grundsätzlich allen Wohnungsmietern zusteht. Da damit aber noch nicht alle rechtlichen Probleme gelöst waren, insbesondere bestanden zwischen Eigentümer und Nutzer der Wohnung keine mietrechtlichen Beziehungen, hatte der Bundesrat vorgeschlagen, gesetzlich eine entsprechende Analogie des § 566 BGB anzuordnen. Schließlich konnte erst im Vermittlungsverfahren eine Einigung auf die heute noch in § 565 BGB geltende Gesetzesfassung erzielt werden. Dies bedeutet vereinfacht: Für den Fall der Beendigung des Mietverhältnisses zwischen dem Eigentümer und dem gewerblichen Zwischenvermieter hat der Vermieter die Möglichkeit einen neuen gewerblichen Zwischenvermieter einzuschalten, der dann in die Rechte und Pflichten aus dem bisherigen Mietverhältnis eintritt. Im Falle einer ersatzlosen Beendigung des Hauptmietvertrages soll der Vermieter selbst in die Position des bisherigen Zwischenvermieters aus dem Untermietvertrag einrücken. Diese Regelung orientiert sich am Modell des § 566 BGB, was sich im Übrigen auch aus der Verweisung auf die §§ 566–566e BGB ergibt. Deshalb wird der Endmieter genauso geschützt als wenn er direkt vom Hauptvermieter gemietet hätte. Deshalb ist § 574 BGB in dem Verhältnis uneingeschränkt anwendbar. Gegenüber einer Kündigung des in den Vertrag eintretenden Hauptvermieters kann sich der Untermieter auf § 574 BGB berufen. Im Verhältnis des Hauptvermieters zum Zwischenvermieter ist § 574 BGB stets unanwendbar, weil das Hauptmietverhältnis kein Wohnraummietverhältnis, sondern ein Gewerberaummietverhältnis darstellt.

B. Maßgebliche Kündigungsgründe

Nach § 574 Abs. 1 S. 2 BGB ist die Vorschrift unanwendbar, wenn ein Grund vorliegt, der den Vermieter zur **außerordentlichen fristlosen Kündigung** berechtigt. Dieser Ausschlusstatbestand beruht auf der Erwägung, dass der Mieter in diesem Fall keinen Schutz verdient. Der Ausschlusstatbestand ist auch dann zu beachten, wenn sich der Mieter auf den Härtegrund des fehlenden Ersatzraums beruft.

Der Fortsetzungsanspruch ist nach § 574 Abs. 1 S. 2 BGB ausgeschlossen, wenn ein Grund vorliegt, der den Vermieter zu einer außerordentlichen fristlosen Kündigung berechtigt. Dabei ist es **nicht erforderlich,** dass der Vermieter die außerordentliche Kündigung erklärt hat; es genügt, wenn dem Vermieter bei Zugang der ordentlichen Kündigung (auch) ein Recht zur fristlosen Kündigung zusteht.[11] Auch eine fristgerechte **Schonfristzahlung** nach § 569 Abs. 3 Nr. 2 BGB ändert an dem Ausschluss des Fortsetzungsanspruchs des Mieters nichts[12], da sie einer ausgesprochenen außerordentlichen Kün-

---

[8] BGH NJW 1989, 2053 Anm. *Sternel* ZAP F. 4 R, S. 3.
[9] BVerfG NJW 1991, 2272 mAnm *Börstinghaus* ZAP F. 4 R, S. 35; *Schüren* JZ 1992, 79.
[10] so auch BGH NJW 1991, 1815 mAnm *Börstinghaus* ZAP F. 4 R, S. 25; *Matthies* JR 1992, 102.
[11] BGH WuM 2020, 499 = NJW-RR 2020, 956.
[12] BGH WuM 2020, 499 = NJW-RR 2020, 956.

digung im Wege der gesetzlichen Fiktion lediglich rückwirkend deren Gestaltungswirkung nimmt[13], nicht aber dazu führt, dass ein Grund für die fristlose Kündigung von vornherein nicht bestand.[14] Für eine teleologische Reduktion von § 574 Abs. 1 BGB dahin, dass das Widerspruchsrecht des Mieters mit fristgerechter Schonfristzahlung neu entsteht oder wiederauflebt, ist kein Raum, da es an einer hierfür notwendigen planwidrigen Unvollständigkeit des Gesetzes – verdeckten Regelungslücke – fehlt.[15] Das Gleiche gilt, wenn der Mieter eine zur fristlosen Kündigung berechtigende Vertragsverletzung begeht, der Vermieter seine Kündigung aber auf einen anderen Beendigungsgrund stützt.[16] Die Vertragsverletzung muss aber in einem engen zeitlichen Zusammenhang zur Kündigung stehen. Auch Vertragsverletzungen nach Zugang der Kündigung reichen aus, unabhängig davon, ob der Vermieter den Vorfall zum Anlass einer erneuten Kündigung nimmt.[17] Letztendlich kann nur der vertragstreue Mieter eine Fortsetzung des Mietverhältnisses verlangen.

C. Die Tatbestandvoraussetzungen

I. Beendigung durch Kündigung

7   Die Vorschrift gilt nur **für solche Mietverhältnisse, die durch Kündigung beendet** werden können. Für die Beendigung befristeter Mietverhältnisse durch bloßen Zeitablauf (Zeitmietverträge iSv § 575 Abs. 1 S. 1 BGB) gilt § 574 BGB nur im Falle der außerordentlichen Kündigung mit gesetzlicher Frist; in diesem Fall ist § 575a Abs. 2 BGB zu beachten. Die Anwendung des § 574 BGB setzt voraus, dass der Vermieter eine ordentliche Kündigung iSv § 573c BGB oder eine außerordentliche Kündigung mit gesetzlicher Frist iSv § 575a BGB ausgesprochen hat. § 574 BGB gilt auch bei der außerordentlichen Kündigung mit gesetzlicher Frist[18], zB die Kündigung des Vermieters gegenüber dem Erben des Mieters gem. § 564 BGB.

8   Der Kündigungsgrund ist gleichgültig, solange er nicht auf eine Pflichtwidrigkeit des Vermieters beruht. **Hat der Mieter gekündigt,** so ist ein Widerspruch bereits nach dem Gesetzeswortlaut ausgeschlossen. Gleiches gilt, wenn das Mietverhältnis durch Mietaufhebungsvertrag beendet worden ist. Die Kündigung des Vermieters muss wirksam sein und die Beendigung des Mietverhältnisses zur Folge haben. Durch eine unwirksame Kündigung wird das Mietverhältnis nicht beendet; ein solches Mietverhältnis kann deshalb auch nicht nach § 574 BGB fortgesetzt werden. Gleiches gilt für Mietverhältnisse, die nach wirksamer Kündigung gem. § 545 BGB verlängert worden sind. Die Vorschrift ist auch dann zu beachten, wenn das Mietverhältnis zwischen Vertragsschluss und Mietbeginn gekündigt werden soll. In diesem Fall hat der Mieter zwar noch keinen Mietbesitz. Gleichwohl wird er idR schutzbedürftig sein, so zB, wenn er in Erwartung des alsbaldigen Bezugs der Wohnung seine bisherige Mietwohnung aufgegeben oder wenn er bereits Aufwendungen für die angemietete Wohnung getätigt hat.

II. Voraussetzung für Kündigungswiderspruch

1. Allgemeines Bestandsinteresse des Mieters

9   Eine Fortsetzung des Mietverhältnisses kann dann erfolgen, wenn die Beendigung des Mietverhältnisses **für den Mieter eine „Härte" darstellt.** Hierbei ist zwischen dem allgemeinen Bestandsinteresse des Mieters und den besonderen Härtegründen zu unter-

---

[13] BGHZ 220, 1; BGH WuM 2018, 758.
[14] BGH NZM 2005, 334.
[15] BGH WuM 2020, 499 = NJW-RR 2020, 956.
[16] *Rolfs* in Staudinger BGB § 574 Rn. 20; *Lammel*, Wohnraummietrecht, BGB § 574 Rn. 51.
[17] *Rolfs* in Staudinger BGB § 574 Rn. 20; Bub/Treier MietR-HdB/*Fleindl* Kap. IV Rn. 238; **aA:** *Sternel* Rn. IV 186.
[18] BT-Drs. 14/4553; ebenso zum bis 31.8.2001 geltenden Recht: BGH RE BGHZ 84, 90 = NJW 1982, 1696.

scheiden: Das generell bestehende Interesse des Mieters am Erhalt der Wohnung (Allgemeines Bestandsinteresse) ist Bestandheil der Abwägung im Rahmen der jeweiligen Kündigungstatbestände. Bei der Eigenbedarfskündigung reicht es aus, wenn der Vermieter einen ernsthaften Nutzungswunsch hat. Das allgemeine Bestandsinteresse des Mieters spielt hier keine Rolle. Gleiches gilt für solche Fälle, in denen die Wohnnutzung im Vordergrund steht und daneben eine untergeordnete geschäftliche oder berufliche Mitbenutzung geplant ist. Dagegen genügt es für die Verwertungskündigung nicht, wenn der Vermieter einen ernsthaften Willen zur anderweitigen Verwertung hat. Erforderlich ist vielmehr, dass dem Vermieter im Falle der Hinderung der Verwertung „erhebliche Nachteile" entstehen. Hier ist das Erlangungsinteresse des Vermieters gegen das allgemeine Bestandsinteresse des Mieters bei der Prüfung des Kündigungstatbestandes gegeneinander abzuwägen. Macht der Vermieter einen Bedarf für berufliche oder gewerbliche Zwecke geltend, so kommt es im Einzelfall darauf an, ob dieses Interesse dem Eigenbedarf oder der wirtschaftlichen Verwertung nahesteht.[19]

2. Besondere Härtegründe des Mieters

Nach dem System des sozialen Mietrechts[20] sind die besonderen einer Kündigung entgegenstehenden Härtegründe des Mieters nur im Rahmen des § 574 BGB, also auf Widerspruch des Mieters zu berücksichtigen. Erforderlich ist eine Härte, „die … nicht zu rechtfertigen ist". Unter einer „Härte" iSd § 574 BGB sind **alle Nachteile** wirtschaftlicher, finanzieller, gesundheitlicher, familiärer oder persönlicher Art zu verstehen, die infolge der Vertragsbeendigung auftreten können.[21] Hierzu zählen auch Eingriffe in die beruflichen Verhältnisse.[22] Sportliche Ambitionen[23] sind dagegen ebenso wenig zu berücksichtigen wie politische[24] oder gesellschaftliche Interessen. 10

Der Eintritt der Nachteile muss nicht mit absoluter Sicherheit feststehen. Es genügt, wenn solche Nachteile **mit einiger Wahrscheinlichkeit zu erwarten** sind.[25] Die lediglich theoretische Möglichkeit des Eintritts von Nachteilen reicht aber nicht aus. Ob die Härtegründe nur vorübergehend oder bleibend sind, spielt nur für die Dauer der Vertragsfortsetzung eine Rolle. Keinesfalls darf die Anwendbarkeit des § 574 BGB mit der Begründung versagt werden, dass der Mieter wegen seiner finanziellen Lage oder auf Grund bestimmter persönlicher Eigenschaften[26] ohnehin keine Ersatzwohnung finde. 11

Berücksichtigt werden Nachteile für den „Mieter, seine Familie oder einen anderen Angehörigen seines Haushalts". Bei **mehreren Mietern** genügt es, wenn die Härtegründe in der Person eines Mieters vorliegen.[27] Dann kann jeder Mieter Widerspruch erheben. Die Erhebung durch einen Mieter genügt.[28] Das Mietverhältnis wird in jedem Fall stets mit allen Mietern fortgesetzt. Familienmitglieder, die nicht zugleich Mieter sind, haben kein eigenes Widerspruchsrecht; nur der Mieter kann Härtegründe von Familienmitgliedern geltend machen. Zur Familie gehören der Ehegatte, die Kinder und alle sonstigen Per- 12

---

[19] BGHZ 214, 269 = NZM 2017, 405 = NJW 2017, 2018 = MietPrax-AK § 573 BGB Nr. 65 mAnm *Börstinghaus*; *Börstinghaus* jurisPR-BGHZivilR 11/2017 Anm. 3; *Hinz* NZM 2017, 412; *Hartmann* WuM 2017, 450; *Drasdo* NJW-Spezial 2017, 449; *Fleindl* ZMR 2017, 799; BGH NZM 2017, 559 = MietPrax-AK § 573 BGB Nr. 66 mAnm *Börstinghaus*; *Sandidge/Wichert* MietRB 2017, 213 (214); *Börstinghaus* jurisPR-BGHZivilR 15/2017 Anm. 2; *Drasdo* NJW-Spezial 2017, 482; *Brändle* ZflR 2017, 483.
[20] Dazu *Sternel* NZM 2018, 473.
[21] LG Berlin GE 2015, 859.
[22] OLG Köln RE NJW 1968, 1834; LG Berlin MM 1993, 182.
[23] LG Bonn WuM 1992, 610; LG Mannheim DWW 1993, 140.
[24] LG Hamburg WuM 1990, 118 (kirchliche, künstlerische); **aA** *von Mutius* ZMR 2003, 621.
[25] LG Lübeck WuM 2015, 97; LG Berlin GE 2015, 859.
[26] BGH NZM 2020, 276 = NJW 2020, 1215 = MietPrax-AK § 574 BGB Nr. 5 mAnm *Börstinghaus*; *Abramenko* MietRB 2020, 67; *Börstinghaus* jurisPR-BGHZivilR 7/2020 Anm. 2.
[27] LG Bochum ZMR 2007, 452 (454); *Rolfs* in Staudinger BGB § 574 Rn. 27; MüKoBGB/*Häublein* § 574 Rn. 9; *Lammel* WohnraumMietR BGB § 574 Rn. 17; *Hinz* in Klein-Blenkers/Heinemann/Ring BGB § 574 Rn. 21; *Schach* in Kinne/Schach/Bieber, MietProzR, BGB § 574 Rn. 3.
[28] AA *Sternel*, Mietrecht Aktuell, Rn. XI 313.

sonen, die mit dem Mieter verwandt oder verschwägert sind. Weiter gehören dazu die Stiefkinder und die Pflegekinder. Auf einen bestimmten Verwandtschaftsgrad ist nicht abzustellen.[29] Es kommt nur auf die Belange derjenigen Personen an, die mit dem Mieter in der Wohnung zusammenleben.[30] Ein gemeinsamer Hausstand ist nicht erforderlich. Der betreffende Familienangehörige muss sich nicht ständig in der Wohnung aufhalten; es genügt, wenn er in der Mieterwohnung einen Zweitwohnsitz unterhält. Die Interessen der vorübergehend abwesenden Familienangehörigen (zB eines Wehr- oder Ersatzdienstleistenden) sind ebenfalls zu berücksichtigen. Ist ein Mieter deshalb auf die Wohnung angewiesen, weil er in der Nähe wohnende Familienangehörige zu betreuen hat, so ist dieser Umstand als eigenes Interesse des Mieters am Erhalt der Wohnung zu bewerten.

13 Zu den **„anderen Angehörigen"** des Mieters zählen solche Personen, die mit dem Mieter eine Lebens- und Wirtschaftsgemeinschaft bilden. Diese Erweiterung betrifft insbesondere die eheähnlichen Gemeinschaften und die gleichgeschlechtlichen Partnerschaften aber auch das Zusammenleben ohne sexuellen Bezug (Geschwister, ältere Menschen). Ein Zusammenleben in diesem Sinn setzt eine Lebensgemeinschaft voraus, die auf Dauer angelegt ist, daneben keine weitere Lebensgemeinschaft gleicher Art zulässt und sich durch innere Bindungen auszeichnet, die ein gegenseitiges Einstehen der Partner füreinander begründen, also über die Beziehungen einer reinen Haushalts- und Wirtschaftsgemeinschaft hinausgeht.[31] Ob diese Voraussetzungen gegeben sind, muss anhand von Indizien festgestellt werden, wobei vor allem die lange Dauer des Zusammenlebens, die Versorgung von Kindern und Angehörigen im gemeinsamen Haushalt und die Befugnis über Einkommen und Vermögensgegenstände des Partners zu verfügen von Bedeutung sind.[32] Der Mieter muss die für die Annahme einer Gemeinschaft erforderlichen Tatsachen darlegen und beweisen. Nachforschungen, die die Intimsphäre berühren, sind dabei allerdings nicht veranlasst. Die Belange anderer als der hier genannten Personengruppen können nicht berücksichtigt werden.[33] Hat der Mieter einen Familien- oder einen anderen Angehörigen vertragswidrig in die Wohnung aufgenommen, so sind die Härtegründe dieser Personen nicht zu berücksichtigen.[34]

14 Die Nachteile müssen dergestalt sein, dass sie **„nicht zu rechtfertigen"** sind. Die kündigungstypischen Belastungen (Mühe und Kosten der Wohnungssuche, des Umzugs, der Herrichtung der neuen Wohnung, usw) muss ein in durchschnittlichen Verhältnissen lebender Mieter hinnehmen.[35] Andererseits muss keine sittenwidrige Härte vorliegen.[36] Erforderlich ist, dass die Nachteile von einigem Gewicht sind. Maßgeblich ist eine Gesamtbewertung aller in der Person des Mieters liegenden Härtegründe. In diese Bewertung sind

---

[29] *Rolfs* in Staudinger BGB § 574 Rn. 25; *Lützenkirchen* in Lützenkirchen MietR, § 574 Rn. 18; Bub/Treier MietR-HdB/*Fleindl* Kap. IV Rn. 239; *Krenek* in Spielbauer/Schneider, Mietrecht, § 574 Rn. 19; *Weidenkaff* in Palandt BGB § 574 Rn. 8.
[30] *Rolfs* in Staudinger BGB § 574 Rn. 25; *Hinz* in Klein-Blenkers/Heinemann/Ring, BGB § 574 Rn. 21.
[31] **AA** *Hinz* in Klein-Blenkers/Heinemann/Ring, Miete/WEG/Nachbarschaft, BGB § 574 Rn. 22: danach genügt eine Haushalts- oder Wirtschaftsgemeinschaft ohne innere Bindung.
[32] BGH RE BGHZ 121, 116 = NJW 1993, 999 zum alten Recht.
[33] LG Freiburg WuM 1990, 152 betr. Mitglieder einer Wohngemeinschaft.
[34] *Lammel*, Wohnraummietrecht, BGB § 574 Rn. 18.
[35] BGH NJW 2017, 1474 = NZM 2017, 286 = MietPrax-AK § 574 BGB Nr. 2 mAnm *Börstinghaus*; *Singbartl/Henke* NZM 2017, 289; *Börstinghaus* jurisPR-BGHZivilR 9/2017 Anm. 2; *Sandidge/Wichert* MietRB 2017, 153; *Beyer* jurisPR-MietR 12/2017 Anm. 2; BGH NZM 2013, 824 = MietPrax-AK § 573a BGB Nr. 3 mAnm *Börstinghaus*; *Drasdo* NJW-Spezial 2013, 705; *Schach* MietRB 2013, 349; *Schach* GE 2013, 1554; *Rolfs* LMK 2014, 354505; BGH NJW 2013, 1596 = NZM 2013, 419 = MietPrax-AK § 573 BGB Nr. 45 mAnm *Börstinghaus*; BGHZ 222, 133 = NJW 2019, 2765 = MietPrax-AK § 574 BGB Nr. 4 mAnm *Börstinghaus*; *Börstinghaus* jurisPR-BGHZivilR 15/2019 Anm. 2; *Monschau* MietRB 2019, 225 (226, 227, 228); *Drasdo* NJW-Spezial 2019, 546; *Rolfs* LMK 2019, 419565; *Rolfs* in Staudinger BGB § 574 Rn. 23; *Sternel* Rn. IV 197; *Franke* ZMR 1993, 93 (95); *Lammel* WohnraumMietR BGB § 574 Rn. 19; *Lützenkirchen* in Lützenkirchen, MietR, § 574 Rn. 23; *Krenek* in Spielbauer/Schneider, Mietrecht, § 574 Rn. 17; *Hinz* in Klein-Blenkers/Heinemann/Ring, § 5; *Weidkaff* in Palandt BGB § 573 Rn. 10; *Wetekamp* DWW 1990, 102 (104).
[36] LG München I ZMR 2020, 312.

auch diejenigen Gründe einzubeziehen, die bei isolierter Betrachtung keine Härte darstellen.[37] Davon abgesehen, kann der Begriff der nicht zu rechtfertigenden Härte nicht allgemein formuliert werden, weil er sich erst aus einem Vergleich der wechselseitigen Interessen ergibt. Erforderlich ist eine auf den Einzelfall bezogene Interessenbewertung, die unter Berücksichtigung der persönlichen Verhältnisse der Vertragsparteien vorzunehmen ist. Hat der Mieter das Angebot des Vermieters über eine **Alternativwohnung** im gleichen Haus nicht angenommen, kann er sich nicht auf Härtegründe berufen, die bei Annahme des Alternativangebots nicht bestünden.[38]

3. Einzelne Härtegründe des Mieters

a) Fehlender Ersatzwohnraum. § 574 Abs. 2 BGB verlangt, dass „angemessener Ersatzwohnraum zu zumutbaren Bedingungen nicht beschafft werden kann". Der Härtegrund des zu zumutbaren Bedingungen nicht zu beschaffenden Ersatzwohnraums ist nicht bereits dann gegeben, wenn im Gemeindegebiet gerichtsbekannt eine angespannte Wohnlage herrscht, die auch zum Erlass der von diesem Umstand Rechnung tragenden Verordnungen geführt hat. Eine festgestellte und/oder in Verordnungen zugrunde gelegte angespannte Wohnlage kann allenfalls ein gewisses Indiz für das Vorliegen eines Härtegrunds nach § 574 Abs. 2 BGB darstellen, das in Verbindung mit substantiiertem (unstreitigem oder nachgewiesenem) Parteivortrag zu konkret ergriffenen Maßnahmen zu der tatrichterlichen Überzeugung führen kann, dass angemessener Wohnraum zu zumutbaren Bedingungen für den Mieter (und seine Familien- oder Haushaltsangehörigen) nicht zu erlangen ist.[39] Der Tatbestand entfällt nicht bereits dann, wenn die Räumungsschwierigkeiten des Mieters durch die Gewährung einer Räumungsfrist nach § 721 ZPO beseitigt werden könnten.[40]

Für die Annahme eines Härtegrundes nach § 574 BGB reicht es allerdings nicht aus, dass in der Gemeinde eine **Wohnungsmangellage** besteht.[41] Eine festgestellte und/oder in Verordnungen zugrunde gelegte angespannte Wohnlage kann allenfalls ein gewisses **Indiz** für das Vorliegen eines Härtegrunds nach § 574 Abs. 2 BGB darstellen, das in Verbindung mit substantiiertem (unstreitigem oder nachgewiesenem) Parteivortrag zu konkret ergriffenen Maßnahmen zu der tatrichterlichen Überzeugung führen kann, dass angemessener Wohnraum zu zumutbaren Bedingungen für den Mieter nicht zu erlangen ist.[42] Erforderlich ist vielmehr („nicht beschafft werden kann"), dass der konkrete Mieter außerstande ist, sich bis zum Ablauf der Kündigungsfrist eine Ersatzwohnung zu beschaffen. Dem Mieter obliegt es, alle erforderlichen und zumutbaren Maßnahmen zur Erlangung einer Ersatzwohnung zu ergreifen.[43] Der Härtegrund des zu zumutbaren Bedingungen nicht zu beschaffenden Ersatzwohnraums setzt konkrete tatrichterliche Feststellungen voraus, welcher Ersatzwohnraum für den Mieter nach seinen finanziellen und persönlichen Verhält-

---

[37] LG Lübeck NJW-RR 1993, 1359.
[38] AG München ZMR 2021, 126.
[39] BGHZ 222, 133 = NJW 2019, 2765 = MietPrax-AK § 574 BGB Nr. 4 mAnm *Börstinghaus*; jurisPR-BGHZivilR 15/2019 Anm. 2; *Monschau* MietRB 2019, 225 (226, 227, 228); *Drasdo* NJW-Spezial 2019, 546; *Rolfs* LMK 2019, 419565.
[40] OLG Stuttgart NJW 1969, 240; OLG Oldenburg WuM 1970, 132; OLG Karlsruhe NJW 1970, 1749; LG Berlin WuM 2020, 291; Sternel Rn. IV 207; *Rolfs* in Staudinger BGB § 574 Rn. 34; MüKoBGB/*Häublein* § 574 Rn. 109; Bub/Treier MietR-HdB/*Fleindl* Kap. IV Rn. 239; *Weidenkaff* in Palandt BGB § 574 Rn. 12; Schach in Kinne/Schach/Bieber, MietProzR, § 574 Rn. 5; MietR *Eisenhardt* in Lützenkirchen, MietR, J Rn. 359; *Gramlich*, Mietrecht, BGB § 574 Anm. 1; aA AG Neuss DWW 1990, 311; AG Hamburg BeckRS 2007, 31397 mit abl. Anmerkung *Blank* jurisPR-MietR 26/2007 Anm. 1; *Lammel*, Wohnraummietrecht, BGB § 574 Rn. 45.
[41] LG Osnabrück MietRB 2020, 614; AG Dortmund ZMR 2020, 759.
[42] BGH NZM 2020, 276 = NJW 2020, 1215; BGHZ 222, 133 = NJW 2019, 2765 = MietPrax-AK § 574 BGB Nr. 4 mAnm *Börstinghaus*; jurisPR-BGHZivilR 15/2019 Anm. 2; *Monschau* MietRB 2019, 225 (226, 227, 228); *Drasdo* NJW-Spezial 2019, 546; *Rolfs* LMK 2019, 419565.
[43] AG Dortmund ZMR 2020, 759.

Kap. 25

17 nissen angemessen ist, welche Bemühungen von dem Mieter nach diesen Verhältnissen anzustellen sind und ob er diesen Anstrengungen genügt hat.[44]

17 Der Mieter muss vor allem substantiiert vortragen, welche Maßnahmen er ergriffen hat, um Ersatzwohnraum, der seinen finanziellen und persönlichen Verhältnissen angemessen ist, zu finden.[45] Die **Obliegenheit des Mieters,** sich mit Hilfe von Verwandten und Bekannten, oder öffentlichen und privaten Stellen sowie unter Inanspruchnahme geeigneter Medien ernsthaft und nachhaltig um eine angemessene Ersatzwohnung zu bemühen, richtet sich danach, was dem Mieter unter seinen persönlichen und wirtschaftlichen Verhältnissen zuzumuten ist. Er ist verpflichtet, das Angebot von Immobilienportalen zum örtlichen Wohnungsmarkt im Internet regelmäßig zu beobachten und auszuwerten.[46] Er muss die Vermieter bzw. Makler zumindest per E-Mail anschreiben, die Wohnungen anbieten, die als zumutbar in Betracht kommen.[47] Es reicht regelmäßig nicht aus, wenn der Mieter nur gelegentliche Versuche unternimmt, anderen Wohnraum zu finden.[48] Soweit der Mieter sich auf das Fehlen von angemessenem Ersatzwohnraum beruft, muss er vor allem nachweisen, dass er sich kontinuierlich auf Wohnungsanzeigen und Internetangebote beworben hat.[49] Auch die Einschaltung von Maklern und die Suche über Freunde, Bekannte und öffentliche Stellen gehört dazu.

18 **Die Obliegenheit** zur Suche nach Ersatzraum **beginnt** nach herrschender Meinung grundsätzlich mit dem Zugang einer wirksamen Kündigung.[50] Der Mieter darf nicht bis zum Erlass eines Räumungsurteils abwarten.[51] Der Mieter darf nicht auf die Unwirksamkeit der Kündigung vertrauen.[52]

19 **Eine Ersatzwohnung ist angemessen,** wenn sie im Vergleich zu der bisherigen Wohnung den Bedürfnissen des Mieters entspricht und sie finanziell für ihn tragbar ist. Dabei sind die Lebensführung des Mieters und seine persönlichen und finanziellen Lebensverhältnisse maßgebend. Die Wohnung muss allerdings dem bisherigen Wohnraum weder hinsichtlich ihrer Größe, ihres Zuschnitts oder ihrer Qualität noch nach ihrem Preis vollständig entsprechen.[53] Gewisse Einschnitte sind dem Mieter vielmehr zuzumuten.[54] Leben im Haushalt des Mieters Angehörige mit eigenem Einkommen, ist die Suche nach angemessenen Ersatzwohnraum grundsätzlich auch auf solche Wohnungen zu erstrecken, die mit dem Haushaltseinkommen finanziert werden können, wobei auch zu berücksichtigen ist, ob der Mieter für eine Ersatzwohnung erstmals oder in höherem Umfang Sozialleistungen, zB Wohngeld, erhalten würde.[55] Eine vom Vermieter angebotene Ersatzwohnung

---

[44] BGH NZM 2020, 276 NJW 2020, 1215 = MietPrax-AK § 574 BGB Nr. 5 mAnm *Börstinghaus; Abramenko* MietRB 2020, 67; *Börstinghaus* jurisPR-BGHZivilR 7/2020 Anm. 2.
[45] BGH NZM 2020, 276 = NJW 2020, 1215; *Fleindl* WuM 2019, 165.
[46] *Fleindl* WuM 2019, 165 (174); MüKoBGB/*Häublein* § 574 Rn. 3.
[47] *Fleindl* WuM 2019, 165 (174).
[48] BGHZ 222, 133 = NJW 2019, 2765 = MietPrax-AK § 574 BGB Nr. 4 mAnm *Börstinghaus;* jurisPR-BGHZivilR 15/2019 Anm. 2; *Monschau* MietRB 2019, 225 (226, 227, 228); *Drasdo* NJW-Spezial 2019, 546; *Rolfs* LMK 2019, 419565.
[49] BGH NZM 2020, 276 NJW 2020, 1215 = MietPrax-AK § 574 BGB Nr. 5 mAnm *Börstinghaus; Abramenko* MietRB 2020, 67; *Börstinghaus* jurisPR-BGHZivilR 7/2020 Anm. 2.
[50] LG Karlsruhe DWW 1990, 238; LG München I WuM 1990, 153; *Fleindl* WuM 2019, 165 (174); *Rolfs* in Staudinger BGB § 574 Rn. 52; *Hannappel* in Bamberger/Roth/*Hannappel* BGB § 574 Rn. 12; *Lammel* BGB § 574 Rn. 38; MüKoBGB/*Häublein* § 574 Rn. 14.13.
[51] OLG Köln WuM 2003, 465; *Rolfs* in Staudinger § 574 Rn. 52; MüKoBGB/*Häublein* § 574 Rn. 13; *Fleindl* WuM 2019, 165 (174).
[52] *Fleindl* WuM 2019, 165 (174): Ein unverschuldeter Rechtsirrtum ist kaum vorstellbar; **aA** LG Berlin WuM 2020, 291: Zumindest dann, wenn der Mieter neben Mangel an Ersatzwohnung auch „aus anderen Gründen auf den Erfolg seines Widerspruchs vertrauen darf"; ebenso *Rolfs* in Emmerich/Sonnenschein, Miete, § 574 Rn. 30.
[53] BGH NZM 2019, 518 = NJW 2019, 2765 = MietPrax-AK § 574 BGB Nr. 4 mAnm *Börstinghaus; Börstinghaus* jurisPR-BGHZivilR 15/2019 Anm. 2; *Monschau* MietRB 2019, 225 (226, 227, 228); *Drasdo* NJW-Spezial 2019, 546; *Rolfs* LMK 2019, 419565.
[54] BGH NZM 2020, 276 NJW 2020, 1215 = MietPrax-AK § 574 BGB Nr. 5 mAnm *Börstinghaus; Abramenko* MietRB 2020, 67; *Börstinghaus* jurisPR-BGHZivilR 7/2020 Anm. 2.
[55] BGH NZM 2019, 518 = NJW 2019, 2765 = MietPrax-AK § 574 BGB Nr. 4 mAnm *Börstinghaus;* BGH NZM 2020, 276 NJW 2020, 1215 = MietPrax-AK § 574 BGB Nr. 5 mAnm *Börstinghaus*.

C. Die Tatbestandvoraussetzungen

darf der Mieter nicht ablehnen, wenn die Räume angemessen und die Mietbedingungen zumutbar sind.[56] Dies gilt auch dann, wenn zwischen den Parteien Spannungen bestehen.[57]

Erforderlich ist mindestens, dass in den Räumen ein **menschenwürdiges Wohnen** 20 möglich ist. Dies gilt auch dann, wenn der Mieter bislang in einer sehr schlecht ausgestatteten Wohnung gelebt hat. Im Übrigen kann der Mieter verlangen, dass die Ersatzwohnung hinsichtlich ihrer Art, Größe, Ausstattung, Beschaffenheit und Lage seinen bisherigen Lebensumständen in etwa entspricht. Grundsätzlich muss der Mieter keine wesentliche Verschlechterung seiner bisherigen Wohnverhältnisse hinnehmen. Auf eine wesentliche Verbesserung hat er idR keinen Anspruch.

Ein Mieter im hohen Lebensalter muss sich nicht auf die Möglichkeit der Unterbringung 21 in einem **Altersheim** verweisen lassen.[58] Etwas anderes kann ausnahmsweise gelten, wenn der Mieter auf Grund seiner physischen oder psychischen Verfassung nicht mehr alleine in einer Wohnung leben kann.[59] Den Bedürfnissen des Mieters ist im Rahmen des Angemessenen Rechnung zu tragen.[60] Ein gehbehinderter Mieter, der bislang in einer Erdgeschoßwohnung oder in einem Haus mit Aufzug gewohnt hat, kann sich eine Wohnung suchen, die seiner Behinderung Rechnung trägt. Ebenso kann der Gehbehinderte die Kündigung zum Anlass nehmen, seine Wohnverhältnisse zu verbessern, wenn mit einer Verschlimmerung seiner Leiden zu rechnen ist. Wer bislang mit seiner Familie in zu kleinen Räumlichkeiten gewohnt hat, kann eine Ersatzwohnung suchen, die seinen objektiven Bedürfnissen angemessen ist.

Hat aber umgekehrt eine Einzelperson in einer großen Wohnung gelebt, so kann dieser 22 Mieter durchaus gehalten sein, **auch kleinere Wohnungen in seine Suche einzubeziehen.** Überhaupt muss der Mieter bestimmte Lebensgewohnheiten aufgeben, wenn er über längere Zeit keine diesen Gewohnheiten entsprechende Wohnung gefunden hat.[61] Wer als Mieter bislang einzelne Räume seiner Wohnung an Dritte untervermieten konnte, darf seine Ersatzraumsuche nicht auf solche Wohnungen beschränken, bei denen dieselbe Möglichkeit besteht.[62] Ebenso stellt es keine Härte dar, wenn der Mieter in seiner bisherigen Wohnung ein Hobby ausüben konnte, auf das er in den meisten anderen Wohnungen verzichten muss.[63]

Die Ersatzraumsuche muss sich grundsätzlich auf das **gesamte Gemeindegebiet** erstre- 23 cken. Auch hiervon gelten Ausnahmen. Ein Mieter in höherem Lebensalter, der lange Zeit in einem bestimmten Wohnviertel gelebt hat und hierin „verwurzelt" ist, kann seine Suche auf Wohnungen in diesem Viertel beschränken.[64] Gleiches gilt, wenn ein Mieter in der Nähe seiner Angehörigen leben muss, etwa weil er diese zu betreuen hat oder weil er selbst auf die Betreuung durch diese Personen oder auf deren Mithilfe bei der Haushaltsführung oder Kinderbetreuung angewiesen ist.[65] Die Notwendigkeit eines Schulwechsels[66], das Interesse am Erhalt eines Kindergartenplatzes[67], ein politisches Mandat[68], die Mitgliedschaft des Mieters in einem bestimmten Verein[69], die Nähe zu Freunden und Bekannten oder ähnliche Interessenlagen rechtfertigen grundsätzlich keine Beschränkung der Ersatzraumsuche.[70]

---

[56] LG Waldshut-Tiengen WuM 1993, 349; AG Köln WuM 1989, 250.
[57] OLG Karlsruhe RE NJW 1970, 1746.
[58] OLG Karlsruhe RE NJW 1970, 1746.
[59] BVerfG WuM 1994, 255; LG Kempten WuM 1994, 254.
[60] OLG Karlsruhe RE NJW 1970, 1746.
[61] LG Hamburg WuM 1990, 11.
[62] LG Freiburg WuM 1990, 152 betr. eine Wohngemeinschaft.
[63] OLG Karlsruhe RE NJW 1971, 1182.
[64] OLG Karlsruhe RE NJW 1970, 1746.
[65] LG München I WuM 1989, 296.
[66] LG Siegen WuM 1989, 389.
[67] AG Neumünster WuM 1989, 298.
[68] LG Hamburg WuM 1990, 118.
[69] LG Mannheim DWW 1993, 140.
[70] AG Neumünster WuM 1989, 298.

24 Der Mieter muss nur solche Wohnungen anmieten, die **„zu zumutbaren Bedingungen" angeboten** werden. Unter den „ Bedingungen" im Sinne dieser Vorschrift sind die Mietvertragsbedingungen zu verstehen. Hierzu gehört in erster Linie die Höhe der Miete. Ein Mietpreis ist zumutbar, wenn er dem Wert der Wohnung entspricht und der Mieter auf Grund seiner finanziellen Verhältnisse in der Lage ist, den geforderten Preis zu bezahlen. Für die Angemessenheit des Verhältnisses zwischen dem Mietpreis und dem Wert der Wohnung ist die Höhe der ortsüblichen Miete ein wichtiger Anhaltspunkt. Jedoch ist zu bedenken, dass der Neuvermietungspreis (die Marktmiete) regelmäßig höher ist, als die ortsübliche Vergleichsmiete bzw. die Bestandsmiete. Den üblichen Neuvermietungspreis muss der Mieter akzeptieren. Überhöhte Angebote kann der Mieter ablehnen. Dies gilt insbesondere für Mietangebote, die gegen § 5 WiStG oder § 556g BGB verstoßen; der Mieter muss sich nicht auf die Teilunwirksamkeit der Mietpreisvereinbarung verweisen lassen. Für die Angemessenheit des Verhältnisses zwischen dem Mietpreis und der finanziellen Leistungsfähigkeit des Mieters ist zu berücksichtigen, ob der Mieter einen Anspruch auf öffentliche Hilfe hat; diesen Anspruch muss der Mieter geltend machen.[71] Die Einkünfte der im Haushalt lebenden Familienmitglieder sind ebenfalls zu berücksichtigen. Auf bescheidene Vermögenswerte muss der Mieter nicht zurückgreifen. Er ist auch nicht gehalten, seine finanzielle Leistungsfähigkeit bis zur äußersten Grenze auszuschöpfen.[72] Vielmehr darf er nach einer Wohnung suchen, die er auch bei geringfügig sinkenden Einnahmen weiterhin bezahlen kann. Bezieht ein Mieter Sozialhilfe, so kommt es darauf an, ob und in welcher Höhe das Sozialamt für die Wohnkosten aufkommt. Nach Ansicht des BGH[73] ist der Mieter auch dann verpflichtet, Transferzahlungen zu beantragen, wenn er bislang den Mietzins aus eigener Kraft aufgebracht hat.

25 Auch die **sonstigen Mietbedingungen** können bei der Frage der Zumutbarkeit eine Rolle spielen. So ist ein Mieter idR nicht zum Abschluss eines Mietvertrags mit nur kurzer Laufzeit verpflichtet, weil er in diesem Fall mehrfach mit den Kosten des Wohnungswechsels belastet wird. Ebenso muss der Mieter keinen Mietvertrag akzeptieren, der ihn zu Nebenleistungen verpflichtet, die er auf Grund seines Alters, seines Gesundheitszustands oder seiner beruflichen Belastung nicht erbringen kann.

26 b) Hohes Alter des Mieters. Ein hohes Lebensalter reicht **für sich allein grundsätzlich nicht** aus, um eine Härte iSd § 574 BGB zu begründen.[74] Es ist nur ein wichtiges Abwägungskriterium, das bei der nach § 574 BGB erforderlichen Interessenabwägung zu dessen Gunsten zu berücksichtigen ist. Erforderlich ist aber, dass dem Mieter auf Grund seines hohen Lebensalters und der damit verbundenen Belastungen, Beschwerden und Behinderungen ein Wohnungswechsel nicht mehr zuzumuten ist.[75] Da sich ein hohes Alter eines Mieters und/oder eine lange Mietdauer mit einer damit einhergehenden langjährigen Verwurzelung im bisherigen Umfeld je nach Persönlichkeit und körperlicher sowie psychischer Verfassung des Mieters unterschiedlich stark auswirken können, rechtfertigen diese Umstände ohne weitere Feststellungen zu den sich hieraus ergebenden Folgen im Falle eines erzwungenen Wohnungswechsels grundsätzlich noch keine Härte iSd § 574 Abs. 1 S. 1 BGB. Kommen zu diesen Umständen Erkrankungen hinzu, aufgrund derer beim Mieter im Falle seines Herauslösens aus seiner näheren Umgebung eine – nach ihrem Grad nicht näher festgestellte – Verschlechterung seines gesundheitlichen Zustands zu erwarten steht, kann dies in der Gesamtschau zu einer Härte führen. Wenn der gesundheitliche

---

[71] BGH NZM 2019, 518 = NJW 2019, 2765 = MietPrax-AK § 574 BGB Nr. 4 mAnm *Börstinghaus;* BGH NZM 2020, 276 NJW 2020, 1215 = MietPrax-AK § 574 BGB Nr. 5 mAnm *Börstinghaus;* LG Itzehoe WuM 1967, 65; WuM 1968, 34; LG Münster ZMR 1968, 49.
[72] **AA** OLG Celle WuM 1987, 63.
[73] BGH NZM 2019, 518 = NJW 2019, 2765 = MietPrax-AK § 574 BGB Nr. 4 mAnm *Börstinghaus.*
[74] BGH NZM 2021, 361; BGH NZM 2019, 518 = NJW 2019, 2765 = MietPrax-AK § 574 BGB Nr. 4 mAnm *Börstinghaus; Börstinghaus* jurisPR-BGHZivilR 15/2019 Anm. 2; *Monschau* MietRB 2019, 225 (226, 227, 228); *Drasdo* NJW-Spezial 2019, 546; *Rolfs* LMK 2019, 419565; LG Osnabrück MietRB 2020, 164; **aA** LG Berlin WuM 2019, 209.
[75] BGH NZM 2019, 518 = NJW 2019, 2765 = MietPrax-AK § 574 BGB Nr. 4 mAnm *Börstinghaus;* KG DWW 2004, 189; OLG Köln ZMR 2004, 33; *Rolfs* in Staudinger BGB § 574 Rn. 37.

Zustand des Mieters einen Umzug nicht zulässt oder im Falle eines Wohnungswechsels zumindest die ernsthafte Gefahr einer erheblichen Verschlechterung der gesundheitlichen Situation des (schwer) erkrankten Mieters besteht, kann sogar allein dies einen Härtegrund darstellen.[76]

c) Lange Wohndauer. Ebenso wenig kann ein Mietverhältnis allein wegen der langen 27 Wohndauer des Mieters fortgesetzt werden.[77] Soweit ein älterer Mieter nach langer Wohndauer aber im Wohnviertel **in besonders starkem Maße verwurzelt** ist, kann dies in Verbindung mit den alterstypischen Formen der Asthenie, mit Veränderungsphobien oder sonstigen Krankheiten häufig zur Räumungsunfähigkeit führen.[78] Eine Räumungsunfähigkeit liegt vor, wenn der Mieter aufgrund seines körperlichen oder geistigen Zustands nicht in der Lage ist, eine Ersatzwohnung zu finden und dorthin umzuziehen oder wenn der Gesundheitszustand oder die allgemeine Lebenssituation des Mieters durch den Umzug erheblich verschlechtert würden.[79] In einem solchen Fall kann das Mietverhältnis auf unbestimmte Zeit fortgesetzt werden.[80]

d) Krankheit und Behinderungen. Ist ein Mieter wegen einer Krankheit an der Räumung 28 gehindert, so stellt dieser Umstand einen Härtegrund dar. Dies gilt sowohl für körperliche als auch für geistige oder seelische Erkrankungen.[81] Wie im Falle des alten Mieters mit langer Wohndauer kann auch hier ein Fall der Räumungsunfähigkeit vorliegen, wenn der Mieter auf Grund seines körperlichen oder geistigen Zustands nicht in der Lage ist, eine Ersatzwohnung zu finden und dorthin umzuziehen oder wenn der Gesundheitszustand oder die allgemeine Lebenssituation des Mieters durch den Umzug erheblich verschlechtert würden.[82] Es ist nicht erforderlich, dass die Beeinträchtigung der Gesundheit mit Sicherheit eintritt. Vielmehr kann „bereits die ernsthafte Gefahr einer erheblichen gesundheitlichen Verschlechterung die Annahme einer unzumutbaren Härte rechtfertigen".[83] Beruft sich der Mieter auf eine schwere Erkrankung als Härtegrund, hat sich das Gericht „regelmäßig mittels sachverständiger Hilfe ein genaues und nicht nur an der Oberfläche haftendes Bild davon zu verschaffen, welche gesundheitlichen Folgen im Einzelnen mit einem Umzug verbunden sind.[84] Ein solches Gutachten kann auch von Amts wegen eingeholt werden. Der Mieter hat seine Darlegungspflicht erfüllt, wenn er ein aussagekräftiges ärztliches Attest vorlegt.[85] Auch der gesundheitliche Zustand des Sohnes des Mieters begründet eine nicht zu rechtfertigende Härte.[86]

---

[76] BGH NZM 2013, 824 = MietPrax-AK § 573a BGB Nr. 3 mAnm *Börstinghaus*; *Drasdo* NJW-Spezial 2013, 705; *Schach* MietRB 2013, 349; *Schach* GE 2013, 1554; *Rolfs* LMK 2014, 354505; BGH NZM 2019, 518 = NJW 2019, 2765 = MietPrax-AK § 574 BGB Nr. 4 mAnm *Börstinghaus*; *Börstinghaus* jurisPR-BGHZivilR 15/2019 Anm. 2; *Monschau* MietRB 2019, 225 (226, 227, 228); *Drasdo* NJW-Spezial 2019, 546; *Rolfs* LMK 2019, 419565.
[77] BGH NZM 2021, 361; BGH NZM 2019, 518 = NJW 2019, 2765 = MietPrax-AK § 574 BGB Nr. 4 mAnm *Börstinghaus*; LG Berlin MM 1999, 351.
[78] LG Hamburg DWW 1991, 189; siehe dazu auch *Schindler* WuM 2018, 255; *Zschieschack* WuM 2018, 267.
[79] BVerfG NJW-RR 1993, 463; LG Osnabrück MietRB 2020, 164; LG Lübeck WuM 2015, 97.
[80] LG Bochum ZMR 2007, 452 (454); LG Zwickau WuM 1998, 159; LG Hamburg WuM 1995, 439; LG Berlin MM 1994, 101; 1990, 21; GE 1990, 493; 1992, 153; LG Bonn NJW-RR 1990, 973; LG Düsseldorf WuM 1991, 36; LG Koblenz WuM 1990, 20; LG Oldenburg WuM 1991, 346; LG Stuttgart WuM 1993, 46; LG Gera WuM 2000, 35; LG Essen WuM 2000, 357; AG Landau NJW 1993, 2249; AG Forchheim DWW 1991, 115.
[81] *Schindler* WuM 2018, 255 (261).
[82] BVerfG NJW-RR 1993, 463; LG Berlin GE 2015, 859; MM 1994, 327; LG Osnabrück MietRB 2020, 164; LG Oldenburg WuM 1991, 346.
[83] BGH NZM 2013, 824 = MietPrax-AK § 573a BGB Nr. 3 mAnm *Börstinghaus*; *Drasdo* NJW-Spezial 2013, 705; *Schach* MietRB 2013, 349; *Schach* GE 2013, 1554; *Rolfs* LMK 2014, 354505; LG Osnabrück MietRB 2020, 164.
[84] BGH BeckRS 2021, 13387; BGH NZM 2019, 518 = NJW 2019, 2765 = MietPrax-AK § 574 BGB Nr. 4 mAnm *Börstinghaus*; *Börstinghaus* jurisPR-BGHZivilR 15/2019 Anm. 2; *Monschau* MietRB 2019, 225 (226, 227, 228); *Drasdo* NJW-Spezial 2019, 546; *Rolfs* LMK 2019, 419565.
[85] BGH NZM 2019, 518 = NJW 2019, 2765 = MietPrax-AK § 574 BGB Nr. 4 mAnm *Börstinghaus*.
[86] LG Frankfurt a. M. WuM 2018, 782.

29 **e) Schwangerschaft.** Steht eine Mieterin oder die Familienangehörige eines Mieters kurz vor der Niederkunft, so ist dieser Umstand wegen den damit verbundenen Erschwernissen bei der Ersatzraumsuche sowie den allgemeinen physischen und psychischen Belastungen als besondere Härte anzusehen. Gleiches gilt für die Zeit unmittelbar nach der Niederkunft. Grundsätzlich ist das Mietverhältnis solange fortzusetzen bis die mit der Geburt verbundenen Hindernisse beseitigt sind.[87] Dabei kommt es maßgeblich darauf an, wann der Mieter/die Mieterin mit der Ersatzraumsuche beginnen kann und welche Zeit voraussichtlich benötigt wird bis eine Ersatzwohnung gefunden ist. In der Regel wird eine Räumungsfrist gem. § 721 ZPO hier ausreichen.

30 **f) Zusage einer langen Mietzeit/Aufwendungen für die Wohnung.** Für Mietverträge mit einer Laufzeit von mehr als einem Jahr gilt § 550 BGB. Sie bedürfen der Schriftform, anderenfalls handelt es sich um Mietverträge auf unbestimmte Zeit und können nach einem Jahr ordentlich gekündigt werden. Auch der Verzicht des Vermieters auf das Recht, das Wohnraummietverhältnis wegen Eigenbedarfs zu kündigen, bedarf gemäß § 550 S. 1 BGB der Schriftform, wenn der Verzicht für mehr als ein Jahr gelten soll.[88] Bereits der Ausschluss lediglich bestimmter Kündigungsgründe, etwa wegen Eigenbedarfs, reichen aus, um die Formbedürftigkeit gem. § 550 BGB zu begründen.[89] § 550 BGB ist eine besondere „Formvorschrift" für Mietverträge mit einer Laufzeit von mehr als einem Jahr, als dort nicht die Unwirksamkeit gem. § 125 BGB bei Formverstößen angeordnet wird, sondern nur die Kündbarkeit des Vertrages. Ursprünglich war diese Vorschrift wegen des heute in § 566 BGB enthaltenen Grundsatze „Kauf bricht nicht Miete" als reine Erwerberschutzvorschrift gedacht, damit der Erwerber erkennen konnte, in welche vertraglichen Abreden er „eintritt".[90] Inzwischen wird der Vorschrift aber auch Beweis- und Warnfunktion beigemessen.[91] Sowohl der Erwerberschutz wie auch der Schutz vor übereilten Entscheidungen und die Beweisbarkeit solcher Abreden sind auch bei einem langfristigen Kündigungsverzichts wegen Eigenbedarfs betroffen. Ohne Einhaltung der Schriftform würde dem Erwerber anhand des Mietvertrags die Beschränkung des Kündigungsrechts nicht zur Kenntnis gelangen, obwohl gerade der Erwerber von Wohnraum nicht selten ein gesteigertes Interesse an dem Sonderkündigungsrecht haben wird. Für den Erwerber ist nicht nur ein genereller Kündigungsausschluss von entscheidender Bedeutung, sondern auch eine wesentliche Kündigungsbeschränkung, die auf Dauer gilt. Der Ausschluss der Eigenbedarfskündigung stellt eine nicht unwesentliche Einschränkung des verfassungsrechtlich geschützten Eigentums (Art. 14 GG) des Erwerbers dar. Der Vermieter soll sich durch die schriftliche Fixierung der Kündigungsverzichts auch noch einmal der Tragweite der Entscheidung bewusst werden und vor übereilten „dahingesagten" Bemerkungen geschützt werden.

31 **Mündliche Abreden/Zusagen** über eine lange Mietdauer oder den Verzicht auf bestimmte Kündigungsgründe sind deshalb unerheblich.[92] Der Umstand, dass der Mieter auf eine solche mündlichen Zusage betreffend eine lange Vertragsdauer vertraut hat, stellt keine Härte iSv § 574 BGB dar.[93] Etwas anderes kommt in Betracht, wenn der Mieter mit dem ausdrücklichen oder stillschweigenden Einverständnis des Vermieters in Erwartung einer langen, vom Vermieter zugesicherten Mietzeit wirtschaftliche Aufwendungen für die Erhaltung und Verbesserung der Mietsache gemacht hat, zu denen er vertraglich nicht

---

[87] LG Stuttgart WuM 1991, 347: 10 Wochen nach der Entbindung; AG Herford MDR 1964, 1007; AG Aachen MDR 1966, 55.
[88] BGH NJW 2007, 1742 = NZM 2007, 399 = MietPrax-AK § 550 BGB Nr. 18 mAnm *Börstinghaus; Lützenkirchen* MietRB 2007, 167; *Drasdo* NJW-Spezial 2007, 338.
[89] LG Berlin WuM 1991, 498; LG Hamburg ZMR 2001, 895; *Sonnenschein* NZM 2000, 1 (8 f.).
[90] BGHZ 136, 357 (370); 52, 25 (28).
[91] BGHZ 176, 301; 81, 46, 51 [zur Warnfunktion]; BGHZ 136, 357 (370); 139, 123, 130 [zur Beweis- und Warnfunktion].
[92] AG Dortmund ZMR 2020, 759.
[93] OLG Karlsruhe RE NJW 1971, 1182.

verpflichtet war. In einem solchen Fall kann die frühzeitige Beendigung des Mietverhältnisses eine nicht zu rechtfertigende Härte bedeuten, wenn der Mieter mit einer frühen Kündigung nicht zu rechnen hatte, die Aufwendungen erheblich sind, für einen erheblichen Teil davon beim Auszug kein Ersatz verlangt werden kann und die Aufwendungen durch die Mietzeit noch nicht abgewohnt sind, so dass es im Ergebnis zu einem wesentlichen Verlust des Mieters kommen würde.[94] Es kommt insoweit nicht darauf an, ob die Verwendungen notwendig, nützlich, oder überflüssig waren. Entscheidend ist vielmehr, ob der Vermieter durch sein Verhalten einen Vertrauenstatbestand geschaffen hat. Sind diese Voraussetzungen gegeben, so kann das Mietverhältnis solange fortgesetzt werden, bis die Aufwendungen „abgewohnt" sind. Zur Bemessung der Abwohnzeit kommt ein Rückgriff auf die Wertentscheidungen des „Gesetzes … über die Rückerstattung von Baukostenzuschüssen" vom 21.7.1961[95] in Betracht. Nach § 2 dieses Gesetzes gilt ein Betrag in Höhe einer Jahresmiete durch eine Mietdauer von vier Jahren von der Leistung an als getilgt.

g) Berufliche, Schulische Schwierigkeiten. Eine andauernde starke berufliche Belastung des Mieters stellt für sich allein keinen Härtegrund dar. Dieser Umstand ist lediglich in Verbindung mit fehlendem Ersatzraum zu berücksichtigen, weil sich der berufsbedingte Zeitmangel auf die Ersatzraumsuche auswirken kann. Anders ist es, wenn der Mieter gerade zum Zeitpunkt der vertragsgemäßen Beendigung des Mietverhältnisses außergewöhnlich stark belastet ist.[96] In diesem Fall kann das Mietverhältnis auf bestimmte Zeit verlängert werden. Dabei kommt es maßgeblich darauf an, wann die außergewöhnliche Belastung endet und welche Zeit im Anschluss hieran voraussichtlich benötigt wird, bis eine Ersatzwohnung gefunden ist. 32

Dieselben Grundsätze gelten für einen Studenten vor dem Examen[97], für einen Referendar am Ende der Ausbildung[98] für einen Arzt vor Abschluss der Promotion[99] oder dann, wenn den Kindern des Mieters durch den Wohnungswechsel ernsthafte Umschulungs- oder Prüfungsschwierigkeiten entstehen.[100] Im Allgemeinen gilt, dass Mieter mit schulpflichtigen Kindern nicht außerhalb der Schulferien umziehen müssen. 33

h) Erforderlicher Zwischenumzug. Steht dem Mieter bereits eine Ersatzwohnung zur Verfügung, in die er zwar nicht im Zeitpunkt der vertragsmäßigen Beendigung des Mietverhältnisses, wohl aber in absehbarer Zeit einziehen kann, so ist der in solchen Fällen erforderliche Zwischenumzug wegen der damit verbundenen persönlichen und finanziellen Belastung als besondere Härte zu bewerten.[101] Ggf. kann hier aber eine Räumungsfrist bewilligt werden.[102] Der Gesichtspunkt des Zwischenumzugs ist ausnahmsweise nicht als besondere Härte zu bewerten, wenn der Mieter auf Grund seiner Berufstätigkeit ohnehin ständig die Wohnung wechselt. 34

i) Sonstige Gründe. Der Umstand, dass der Mieter aus der **teilweisen Untervermietung** der Wohnung sein wesentliches Einkommen bezieht, stellt keine Härte dar.[103] Das Interesse des Mieters am Erhalt der mit dem Besitz der Wohnung verbundenen Einkommensmöglichkeiten wird durch § 574 BGB nicht geschützt.[104] Etwas anderes gilt für solche Mieter, die in der Wohnung berechtigterweise ihren Beruf ausüben, zB Musiklehrer, Freiberufler, Künstler, etc. Die berufsbedingten Belange sind – insbesondere bei der Beur- 35

---

[94] OLG Karlsruhe RE NJW 1971, 1182; OLG Frankfurt a. M. RE WuM 1971, 168.
[95] BGBl. I 1041.
[96] OLG Köln RE NJW 1968, 1834.
[97] LG Aachen NJW-RR 1986, 313; AG Tübingen ZMR 1986, 60.
[98] AG Lübeck WuM 1989, 413.
[99] AG Tübingen WuM 1989, 240.
[100] LG Wuppertal MDR 1970, 332.
[101] LG Mannheim NJW 1964, 2307.
[102] **AA** OLG Oldenburg RE WuM 1970, 132: als materiellrechtlicher Anspruch hat § 574 BGB Vorrang vor der ins Ermessen des Gerichts gestellten Räumungsfrist.
[103] BayObLG RE NJW 1970, 1748.
[104] *Lammel* WohnraumMietR BGB § 574 Rn. 20.

teilung der Möglichkeit zur Ersatzraumbeschaffung zu berücksichtigen.[105] Auch der Hinweis des Mieters, er sei auf die Wohnung wegen seines dort in der Nähe liegenden Parkausweises angewiesen, stellt keinen Härtegrund iSd § 574 Abs. 1 BGB dar, denn ein Parkausweis könnte bei Umzug auch für eine andere Wohnung beantragt werden.[106]

36 Erfolgt die ordentliche Kündigung schon **kurz nach Beginn des Mietverhältnisses,** so ist zunächst zu prüfen, ob die Kündigung deshalb ausgeschlossen ist, weil die Kündigungsgründe im Zeitpunkt der Begründung des Mietverhältnisses bereits vorgelegen haben. Ein Vermieter setzt sich nämlich zu seinem eigenen Verhalten dann in Widerspruch, wenn er eine Wohnung auf unbestimmte Zeit vermietet, obwohl er entweder entschlossen ist oder zumindest erwägt, sie alsbald selbst in Gebrauch zu nehmen.[107] Er darf dem Mieter, der mit einer längeren Mietdauer rechnet, die mit jedem Umzug verbundenen Belastungen nicht zumuten, wenn er ihn über die Absicht oder zumindest die Aussicht begrenzter Mietdauer nicht aufklärt. Denn für den Mieter ist ein sich abzeichnender Eigenbedarf des Vermieters vor allem für die Entscheidung von Bedeutung, ob er eine Wohnung überhaupt anmieten und damit das Risiko eines Umzugs nach verhältnismäßig kurzer Mietzeit eingehen will.[108] Der Vermieter ist allerdings nur dann mit einer späteren Eigenbedarfskündigung ausgeschlossen, wenn er eine solche Kündigung bereits beim Abschluss des Mietvertrags beabsichtigt oder dies ernsthaft in Erwägung zieht.[109] Der Vermieter muss keine „Bedarfsvorschau" anstellen, dh er ist nicht verpflichtet, von sich aus vor Abschluss eines unbefristeten Mietvertrags unaufgefordert Ermittlungen über einen möglichen künftigen Eigenbedarf anzustellen.[110] Ist dies zu verneinen, so stellt der Umstand, dass der Mieter innerhalb kurzer Zeit zweimal mit Umzugskosten belastet wird und dass er Aufwendungen für die Wohnung gemacht hat, die er infolge der Beendigung der Mietzeit nicht ausnutzen kann, grundsätzlich keine besondere Härte dar.[111] Schließt der Mieter einen unbefristeten Mietvertrag, so muss er das Risiko einer Kündigung tragen.[112] Das gilt auch bei der Anmietung einer Einliegerwohnung in einem Einfamilienhaus.

4. Interessen des Vermieters an der Vertragsbeendigung

37 Ob die Härtegründe des Mieters zu einer Vertragsfortsetzung führen, ist „unter Würdigung der berechtigten Interessen des Vermieters" zu beurteilen. Zugunsten des Vermieters dürfen lediglich die **im Kündigungsschreiben angegebenen Gründe** bewertet werden; andere Gründe sind nur dann zu berücksichtigen, wenn sie nachträglich, also nach der Absendung des Kündigungsschreibens, entstanden sind. Dies gilt aber nur für solche Kündigungen, die begründet werden müssen. Hängt die Wirksamkeit der Kündigungserklärung selbst nicht von der Angabe von Gründen ab, wie in den Fällen des § 573a BGB (Einliegerwohnungen) und des § 549 Abs. 3 BGB (Wohnraum, der Teil eines Studenten- oder Jugendwohnheims ist), so ist § 574 Abs. 3 BGB unanwendbar. Gleiches gilt für die Kündigung gegenüber dem Erben des Mieters nach § 573d Abs. 1 BGB.

---

[105] OLG Köln RE NJW 1968, 1834.
[106] AG München ZMR 2018, 774.
[107] BVerfGE 79, 292 (308); BVerfG NJW-RR 1993, 1357; BGH NJW 2009, 1139 = NZM 2009, 236 = MietPrax-AK § 573 BGB Nr. 18 mAnm *Börstinghaus; Lehmann-Richter* MietRB 2009, 125; *Blank* LMK 4/2009 Anm. 2; BGH NJW 2013, 1596 = NZM 2013, 419 = MietPrax-AK § 573 BGB Nr. 45 mAnm *Börstinghaus; Dötsch* MietRB 2013, 166; *Zehelein* WuM 2013, 365; *Krapf* jurisPR-MietR 12/2013 Anm. 2; *Drasdo* NJW-Spezial 2013, 385; BGH WuM 2010, 512 = MietPrax-AK § 573 BGB Nr. 26 mAnm *Börstinghaus;* BGH NJW 2015, 108 = NZM 2015, 296 = MietPrax-AK § 573 BGB Nr. 48 mAnm *Börstinghaus; Schmid* MietRB 2015, 97; *Drasdo* NJW-Spezial 2015, 290.
[108] BGH NJW 2009, 1139 = NZM 2009, 236; BGH WuM 2010, 512; NJW 2013, 1596 = NZM 2013, 419.
[109] *Rolfs* in Staudinger BGB § 573 Rn. 116.
[110] BGH NJW 2015, 108 = NZM 2015, 296 = MietPrax-AK § 573 BGB Nr. 48 mAnm *Börstinghaus; Schmid* MietRB 2015, 97; *Drasdo* NJW-Spezial 2015, 290.
[111] AG Dortmund DWW 1991, 28 betr. Einbauküche zum Preis von 10.000.– DM.
[112] AG Dortmund ZMR 2020, 759.

C. Die Tatbestandvoraussetzungen

Unter den Gründen iSd § 574 Abs. 3 BGB sind die Tatsachen, Sachverhalte und Lebensvorgänge zu verstehen, aus denen sich das Interesse des Vermieters an der Vertragsbeendigung ergibt. Das sind in erster Linie die Kündigungsgründe. Daneben kommen aber auch solche Gründe in Betracht, auf die Kündigung nicht gestützt ist oder die auf die Wirksamkeit der Kündigung keinen Einfluss haben. Wesentlich ist nur, dass die Gründe **im Kündigungsschreiben mitgeteilt** werden. Dabei kommt es maßgeblich darauf an, welche „Kerntatsachen" angegeben sind. Diese Kerntatsachen kann der Vermieter im gerichtlichen Verfahren durch die Mitteilung von „Ergänzungstatsachen" präzisieren. 38

Das rechtlich nicht bindende Versprechen des Vermieters gegenüber einem Dritten, diesem demnächst die gekündigte Wohnung zur Verfügung zu stellen, begründet kein zusätzliches Interesse.[113] Die Interessen der Familienangehörigen des Vermieters sind nur insoweit zu berücksichtigen als es sich dabei zugleich um Interessen des Vermieters handelt. 39

5. Zeitpunkt des Vorliegens der Härtegründe

Maßgeblicher Beurteilungszeitpunkt ist bei einer gerichtlichen Vertragsfortsetzung der **Zeitpunkt der letzten mündlichen Verhandlung.**[114] Ist ein bis zu diesem Zeitpunkt vorhandener Härtegrund entfallen, so kann er nicht mehr berücksichtigt werden.[115] Das gilt sowohl für Mieter- wie auch Vermieterinteressen. Gleiches gilt, wenn mit hinreichender Sicherheit feststeht, dass der Härtegrund in Kürze entfällt. Dagegen spielt es keine Rolle, ob der Härtegrund bereits beim Abschluss des Mietverhältnisses vorgelegen hat. 40

6. Die Interessenabwägung

§ 574 BGB verlangt eine Abwägung zwischen dem **Bestandsinteresse des Mieters** und dem **Erlangungsinteresse des Vermieters.** Es ist zu fragen, welche Auswirkungen eine Vertragsbeendigung für den Mieter haben würde und wie sich eine Vertragsfortsetzung auf den Vermieter auswirkt. Bei der Bewertung und Gewichtung der widerstreitenden Interessen beider Parteien im Rahmen der nach § 574 Abs. 1 BGB vorzunehmenden Interessenabwägung ist den Wertentscheidungen Rechnung zu tragen, die in den für sie streitenden Grundrechten zum Ausdruck kommen. Dabei haben die Gerichte zu berücksichtigen, dass bezüglich der Anwendung und Auslegung des Kündigungstatbestands des § 573 Abs. 2 Nr. 2 BGB einerseits und der Sozialklausel andererseits dieselben verfassungsrechtlichen Maßstäbe gelten. Auch im Rahmen des § 574 Abs. 1 BGB ist daher die vom Vermieter beabsichtigte Lebensplanung grundsätzlich zu respektieren und der Rechtsfindung zugrunde zu legen.[116] Zugleich haben die Gerichte aber auch die volle Bedeutung und Tragweite des Bestandsinteresses des Mieters zu erfassen und zu berücksichtigen.[117] Eine Fortsetzung des Mietverhältnisses setzt nicht voraus, dass die auf Seiten des Mieters **bestehende Härte die Interessen des Vermieters deutlich überwiegt.** Maßgebend ist allein, ob sich ein Übergewicht der Belange der Mieterseite feststellen lässt, also die Interessenabwägung zu 41

---

[113] OLG Karlsruhe RE NJW 1970, 1746.
[114] BGH NZM 2020, 276 = NJW 2020, 1215 = MietPrax-AK § 574 BGB Nr. 5 mAnm *Börstinghaus*; *Abramenko* MietRB 2020, 67; *Börstinghaus* jurisPR-BGHZivilR 7/2020 Anm. 2; BGH NZM 2019, 527 = MietPrax-AK § 574 BGB Nr. 3 mAnm *Börstinghaus*; *Zich* MietRB 2019, 229; *Drasdo* NJW-Spezial 2019, 546; *Börstinghaus* jurisPR-BGHZivilR 20/2019 Anm. 1; *Nierhauve* WuM 2020, 268; LG München I WuM 2019, 459; *Fleindl* WuM 2019, 165 (174).
[115] BGH NZM 2020, 276 = NJW 2020, 1215 = MietPrax-AK § 574 BGB Nr. 5 mAnm *Börstinghaus*; *Abramenko* MietRB 2020, 67; *Börstinghaus* jurisPR-BGHZivilR 7/2020 Anm. 2; BGH NZM 2019, 527 = MietPrax-AK § 574 BGB Nr. 3 mAnm *Börstinghaus*; *Zich* MietRB 2019, 229; *Drasdo* NJW-Spezial 2019, 546; *Börstinghaus* jurisPR-BGHZivilR 20/2019 Anm. 1; *Nierhauve* WuM 2020, 268; LG Oldenburg DWW 1991, 240.
[116] BGH NZM 2019, 518 = NJW 2019, 2765 = MietPrax-AK § 574 BGB Nr. 4 mAnm *Börstinghaus*; *Börstinghaus* jurisPR-BGHZivilR 15/2019 Anm. 2; *Monschau* MietRB 2019, 225 (226, 227, 228); *Drasdo* NJW-Spezial 2019, 546; *Rolfs* LMK 2019, 419565.
[117] BGH NZM 2020, 276 = NJW 2020, 1215 = MietPrax-AK § 574 BGB Nr. 5 mAnm *Börstinghaus*; *Abramenko* MietRB 2020, 67; *Börstinghaus* jurisPR-BGHZivilR 7/2020 Anm. 2.

einem klaren Ergebnis führt.[118] Grundsätzlich ist dem Rückerlangungsinteresse des Eigentümers, wenn es von vernünftigen Gründen getragen ist, der Vorrang vor den Interessen des Mieters einzuräumen, da das Eigentum privatnützig ist und der Eigentümer im Prinzip nach Belieben über den Eigentumsgegenstand verfügen darf.[119] Wiegen die Interessen der Parteien gleich schwer, so gebührt dem Erlangungsinteresse des Vermieters der Vorrang.[120] Dem Erwerber einer Wohnung darf nicht entgegengehalten werden, dass er die Wohnung schon mit dem Ziel einer Eigenbedarfskündigung in vermietetem Zustand gekauft und bereits zum Zeitpunkt des Wohnungserwerbs mit Schwierigkeiten, nämlich dem Bestehen von Härtegründen für den Fall größeren Raumbedarfs infolge Familienzuwachses, habe rechnen müssen.[121]

Kapitel 26. Das Fortsetzungsverlangen

1 Nach § 574b BGB ist der Widerspruch des Mieters gegen die Kündigung gem. § 574 Abs. 1 BGB **schriftlich zu erklären.** Auf Verlangen des Vermieters soll der Mieter über die Gründe des Widerspruchs unverzüglich Auskunft erteilen. Der Vermieter kann die Fortsetzung des Mietverhältnisses ablehnen, wenn der Mieter ihm den Widerspruch nicht spätestens zwei Monate vor der Beendigung des Mietverhältnisses erklärt hat. Das gilt aber nur dann, wenn der Vermieter den Mieter gem. § 568 Abs. 2 BGB auf die Möglichkeit und die Form und die Frist des Widerspruchs hingewiesen hat. Hat der Vermieter dies unterlassen, so kann der Mieter den Widerspruch noch im ersten Termin des Räumungsrechtsstreits erklären.

2 Der Widerspruch bedarf der Schriftform.[1] Das **Schriftformerfordernis** dient einem doppelten Zweck. Zum einen soll der Mieter dazu angehalten werden, den Kündigungswiderspruch nur dann einzulegen, wenn tatsächlich Härtegründe vorliegen. Zum anderen sollen Beweisschwierigkeit über die Einlegung des Widerspruchs und den Inhalt der Erklärungen vermieden werden. An den Inhalt der Erklärung sind keine besonderen Anforderungen zu stellen. Die in § 574 BGB gebrauchten Begriffe „Widerspruch" und „Fortsetzung des Mietverhältnisses" muss der Mieter nicht verwenden. Es genügt, wenn er zum Ausdruck bringt, dass er von der Möglichkeit des § 574 BGB Gebrauch machen will.[2] Zweifel gehen zu Lasten des Mieters, weil er den Zugang des Widerspruchs beweisen muss. Dies ist insbesondere dann von Bedeutung, wenn unklar bleibt, ob der Mieter Widerspruch einlegen oder lediglich eine vorgerichtliche Räumungsfrist bewilligt bekommen will.

3 Schriftform setzt eine **eigenhändige Unterschrift** voraus. Bei einem Mietverhältnis mit mehreren Mietern müssen alle unterschreiben, wenn nicht eine Erklärungsvollmacht vorliegt. Eine formularmäßige Bevollmächtigung reicht aus. Die fehlende Unterschrift eines von mehreren Mietern hat nicht die Unwirksamkeit der gesamten Erklärung zur Folge. Vielmehr führt dieser Umstand dazu, dass lediglich der unterschreibende Mieter Härtegründe geltend machen kann. In der Praxis ist dies idR von untergeordneter Bedeutung, weil der andere Mieter häufig als Familienangehöriger oder Lebensgefährte mitberücksichtigt wird. Die Einlegung des Widerspruchs durch Telefax oder E-Mail ist unwirksam.[3]

---

[118] BGH NZM 2020, 276 = NJW 2020, 1215; BGH NZM 2019, 518 = NJW 2019, 2765 = MietPrax-AK § 574 BGB Nr. 4 mAnm *Börstinghaus*.
[119] LG Berlin WuM 2018, 584.
[120] LG Berlin MM 1992, 387; WuM 1990, 504; LG Hannover WuM 1992, 609; LG Kaiserslautern WuM 1990, 446; AG Bergisch Gladbach WuM 1989, 412; *Rolfs* in Staudinger BGB § 574 Rn. 76; MüKoBGB/*Häublein* § 574 Rn. 24; *Lammel* WohnraumMietR BGB § 574 Rn. 46; *Franke* ZMR 1993, 93; **aA** *Sternel* Rn. IV 219.
[121] BGH NZM 2019, 518 = NJW 2019, 2765 = MietPrax-AK § 574 BGB Nr. 4 mAnm *Börstinghaus*.
[1] Hierzu → Kap. 6.
[2] *Rolfs* in Staudinger BGB § 574b Rn. 6; MüKoBGB/*Häublein* § 574a Rn. 2; *Sternel* Rn. IV 190; Bub/Treier Miet-HdB/*Fleindl* Kap. IV Rn. 250.
[3] MüKoBGB/*Häublein* § 574b Rn. 2; Bub/Treier MietR-HdB/*Fleindl* Kap. IV Rn. 248.

Wird der Widerspruch durch einen Bevollmächtigten erklärt, so ist § 174 BGB zu beachten. Danach kann der Widerspruch vom Vermieter zurückgewiesen werden, wenn ihm keine Original-Vollmachtsurkunde beigefügt worden ist. Der Widerspruch muss gegenüber dem Vermieter erklärt werden und diesem zugehen. Bei mehreren Vermietern muss der Widerspruch allen Vermietern zugehen, wenn keine Empfangsvollmacht vorliegt.

Die Widerspruchserklärung bedarf **keiner Begründung.** Gleichwohl kann eine Begründung sinnvoll sein, weil der Mieter mit der Angabe der Gründe in bestimmten Fällen im späteren Räumungsprozess gem. § 93b Abs. 1 und Abs. 3 ZPO Kostenvorteile erlangen kann. Der Mieter hat aber auf Verlangen des Vermieters über die Gründe des Widerspruchs unverzüglich Auskunft zu erteilen. Ein Auskunftsanspruch wird hierdurch nicht begründet. Eine Verletzung der Obliegenheit zur Erteilung der Auskunft kann aber zu einer nachteiligen Kostenentscheidung im Räumungsprozess führen, § 93b Abs. 2 ZPO. Weitere Rechtsnachteile sind hiermit nicht verbunden. Das Auskunftsverlangen des Vermieters kann erst nach Zugang des Kündigungswiderspruchs geltend gemacht werden. Es bedarf keiner besonderen Form. Da der Vermieter den Zugang beweisen muss, ist Schrift- oder Textform empfehlenswert.

Unter den Gründen des Widerspruchs im Sinne des Abs. 1 Satz 2 sind die Tatsachen, Sachverhalte und Lebensvorgänge zu verstehen, aus denen sich das Interesse des Mieters an der Vertragsfortsetzung ergibt. Dabei kommt es maßgeblich darauf an, welche **„Kerntatsachen"** der Mieter angegeben hat. Diese Kerntatsachen kann der Mieter im Prozess durch die Mitteilung von „Ergänzungstatsachen" präzisieren.

Der Widerspruch muss grundsätzlich **spätestens 2 Monate vor der Beendigung** des Mietverhältnisses dem Vermieter gegenüber erklärt werden. Maßgeblich ist der Zugang der Erklärung beim Vermieter. Ein nach diesem Zeitpunkt eingehender Widerspruch ist verspätet. Der Zeitpunkt der Beendigung richtet sich nach der Kündigungserklärung. Eine Ausnahme gilt, wenn der Vermieter mit einer zu kurzen Frist gekündigt hat; in diesem Fall endet das Mietverhältnis nach Ablauf der gesetzlichen Fristen. Für die Fristberechnung gelten die §§ 186–193 BGB. Fällt der letzte Tag der Frist für die Erklärung des Widerspruchs auf einen Sonntag, Feiertag oder Samstag, so tritt an die Stelle dieses Tages der nächste Werktag, § 193 BGB. Ein fristgemäßer Widerspruch ist auch dann nicht entbehrlich, wenn der Mieter bereits Klage auf Feststellung der Unwirksamkeit der Kündigung erhoben hat. Etwas anderes gilt, wenn der Mieter – zugleich oder ausschließlich – eine Klage auf Fortsetzung des Mietverhältnisses erhoben hat; in diesem Fall ist in der Klagerhebung zugleich ein Kündigungswiderspruch zu sehen. Bei mehreren Kündigungen ist es zweckmäßig, dass der Mieter gegen jede Kündigung Widerspruch einlegt. Die Frist beginnt mit jeder Kündigung neu zu laufen. In den meisten Fällen ist eine erneute Einlegung des Widerspruchs allerdings nicht zwingend erforderlich. Hat der Mieter beispielsweise gegen eine formell unwirksame Kündigung Widerspruch eingelegt und wird die Kündigung anschließend formell wirksam wiederholt, so wirkt der ursprüngliche Widerspruch weiter, wenn für den Vermieter hinreichend klar erkennbar ist, dass die Härtegründe fortbestehen.[4]

Hat der Vermieter den Mieter nicht gem. § 568 Abs. 2 BGB rechtzeitig auf die Möglichkeit, die Form und die Frist des Widerspruchs hingewiesen, so kann der Mieter den Widerspruch noch **im ersten Termin des Räumungsrechtsstreits** erklären. Fehlt der Hinweis oder entspricht er nicht den gesetzlichen Anforderungen, so genügt es für die Rechtzeitigkeit des Widerspruchs, wenn er spätestens vor der Beendigung des ersten Termins des Räumungsrechtsstreits erklärt wird. Hierunter ist die Güteverhandlung zu verstehen.[5]

---

[4] LG Darmstadt MM 1991, 131.
[5] MüKoBGB/*Häublein* § 574b Rn. 8; **aA:** *Rolfs* in Staudinger BGB § 574b Rn. 13; *Sternel*, Mietrecht Aktuell, Rn. XI 314.

8   Die Widerspruchsfrist ist **keine Ausschlussfrist.** Vielmehr muss die Verspätung des Widerspruchs durch den Vermieter mit einer Einrede gerügt werden. Dies folgt aus dem Wortlaut des Abs. 2 S. 1 („... kann ... ablehnen"). Wird die Einrede nicht erhoben, so ist jeder Widerspruch zu beachten, der bis zum Schluss der mündlichen Verhandlung erklärt und in das Verfahren eingeführt wird. Auch die in § 574b Abs. 2 S. 2 bezeichnete Frist (erster Termin des Räumungsrechtsstreits) ist keine Ausschlussfrist; die Überschreitung dieser Frist ist deshalb ebenfalls nur zu beachten, wenn der Vermieter die Verspätungseinrede erhoben hat.

Kapitel 27. Die Vertragsfortsetzung

1   Erhebt der Mieter Widerspruch, so führt dies nicht automatisch zur Vertragsverlängerung. Der Widerspruch hat **keine rechtsgestaltende Wirkung,** sondern begründet nur einen Anspruch auf Vertragsfortsetzung.[1] Dieser wird entweder durch eine vertragliche Einigung zwischen den Vertragsparteien oder ein gerichtliches Gestaltungsurteil nach § 574a Abs. 2 BGB iVm § 308a ZPO erfüllt.

2   Nach der gesetzlichen Regelung ist das Mietverhältnis **grundsätzlich auf bestimmte Zeit fortzusetzen.**[2] Dafür spricht auch der historische Wille des Gesetzgebers.[3] Maßgeblich ist, wann das Räumungshindernis voraussichtlich entfällt. Dies muss auf Grund einer Prognose festgestellt werden. Eine an Sicherheit grenzende Wahrscheinlichkeit über den Zeitpunkt des Wegfalls des Räumungshindernisses ist nicht erforderlich. Es genügt eine überwiegende Wahrscheinlichkeit, dass das Räumungshindernis binnen der Fortsetzungszeit entfällt. Tritt diese Erwartung nicht ein, so kommt ggf. eine weitere Vertragsfortsetzung nach § 574c Abs. 1 BGB in Betracht. Für die Dauer der Fortsetzung eines Mietverhältnisses auf bestimmte Zeit gibt es weder eine Unter- noch eine Obergrenze.

3   Nach § 574a Abs. 2 S. 2 BGB ist das Mietverhältnis **nur dann auf unbestimmte Zeit** fortzusetzen, wenn ungewiss ist, „wann voraussichtlich die Umstände wegfallen, auf Grund deren die Beendigung des Mietverhältnisses ... eine Härte bedeutet". Die Ungewissheit bezieht sich trotz der missverständlichen Formulierung auch nicht auf den (völligen) Wegfall der Härtegründe. Vielmehr kann es nach dem Sinn der Vorschrift nur auf den Zeitpunkt ankommen, zu dem die räumungsbedingten Nachteile so weit reduziert sind, dass der Mieter räumen kann. Für die Annahme der Ungewissheit genügt es, wenn keine konkreten Anhaltspunkte für einen künftigen Wegfall des Räumungshindernisses gegeben sind. Gleiches gilt, wenn zwar der künftige Wegfall gewiss, der Zeitpunkt aber ungewiss ist.

4   Grundsätzlich ist das Mietverhältnis **zu den bisherigen Bedingungen fortzusetzen.** Eine Änderung der Bedingungen ist gem. § 574a Abs. 1 S. 2 BGB nur im Interesse des Vermieters möglich. Sie setzt voraus, dass dem Vermieter eine Vertragsfortsetzung zu den bisher geltenden Vertragsbedingungen nicht zuzumuten ist. Zugunsten des Mieters können die Mietbedingungen nicht geändert werden. Der Begriff der Vertragsbedingungen ist umfassend zu verstehen.[4] Insbesondere gehören hierzu: die Vereinbarungen über die Miethöhe einschließlich der Umlage von Betriebskosten, Regelungen über die Fälligkeit der Mietzahlung, über Instandhaltungs- und Hausreinigungspflichten, über die Verpflichtung zur Duldung von Erhaltungs- oder Verbesserungsmaßnahmen, Regelungen über Untermiet-, Tierhaltungs- oder sonstige Erlaubnisse, Kautionsvereinbarungen. Nach Ansicht des BGH kommt sogar Zahlung einer angemessenen Kostenbeteiligung an der Umge-

---

[1]   *Lützenkirchen* in Erman § 574 Rn. 15; *Rolfs* in Staudinger § 574a Rn. 4; *Fleindl* WuM 2019, 164 (175).
[2]   BGH NZM 2020, 276 = NJW 2020, 1215 = MietPrax-AK § 574 BGB Nr. 5 mAnm *Börstinghaus*; *Abramenko* MietRB 2020, 67; *Börstinghaus* jurisPR-BGHZivilR 7/2020 Anm. 2.
[3]   BT-Drs. 14/4553, 68 und BT-Drs. V/2317, 2.
[4]   *Sternel* Rn. IV 223; Bub/Treier MietR-HdB/*Fleindl* Kap. IV Rn. 254; *Hinz* in Klein-Blenkers/Heinemann/Ring, Miete/WEG/Nachbarschaft, BGB § 574a Rn. 7; *Hannappel* in Bamberger/Roth BGB § 574a Rn. 14.

staltung des Dachgeschosses für die vorübergehende Nutzung durch den Vermieter oder den Angehörigen in Betracht.⁵

Liegt die bisherige Miete unterhalb der ortsüblichen Miete, so ist eine **Mietanhebung** bis zur ortsüblichen Miete angemessen. Bei der Festsetzung der Miethöhe müssen weder die Kappungsgrenzen nach § 558 Abs. 3 BGB noch die Fristen des § 558 Abs. 1 BGB oder die Formalien des § 558a BGB beachtet werden. Im Falle der Änderung durch Parteivereinbarung handelt es sich um eine Mietanpassungsvereinbarung gem. § 557 Abs. 1 BGB. Zu den Vertragsbedingungen gehört auch der Vertragsgegenstand. Deshalb kann der Vermieter unter Umständen verlangen, dass das Mietverhältnis in verkleinertem Umfang fortgesetzt wird, wenn ihm die Fortsetzung insgesamt nicht zugemutet werden kann.⁶ Zu denken ist insbesondere an die sofortige Herausgabe von mitvermieteten Nebenräumen⁷ oder bei Mischmietverhältnissen deren Schwerpunkt im Wohnungsbereich liegt, die Herausgabe der Geschäftsräume oder einer Garage.

5

---

[5] BGH NJW 2017, 1474 = NZM 2017, 286 = MietPrax-AK § 574 BGB Nr. 2 mAnm *Börstinghaus; Singbartl/Henke* NZM 2017, 289; *Börstinghaus* jurisPR-BGHZivilR 9/2017 Anm. 2; *Sandidge/Wichert* MietRB 2017, 153; *Beyer* jurisPR-MietR 12/2017 Anm. 2.
[6] *Rolfs* in Staudinger BGB § 574a Rn. 29.
[7] LG Hamburg WuM 1987, 223 betr. Bodenräume.

Teil 8. Prozessuales

Kapitel 28. Die Räumungsklage

Übersicht

	Rn.
A. Allgemeines	1
B. Isolierte Räumungsklage oder mit Zahlungsklage verbundene Räumungsklage	10
C. Klage auf zukünftige Räumung	17
D. Prozesstaktik	20

A. Allgemeines

Die Räumungsklage betreffend **Wohnräume** ist – unabhängig davon, ob sie mit einer **1** Zahlungsklage verbunden wird – bei dem Amtsgericht zu erheben, in dessen Bezirk sich die Räumlichkeiten befinden.

Die sachliche – ausschließliche – **Zuständigkeit des Amtsgerichts** folgt aus § 23 Ziffer **2** 2a GVG. Die örtliche Zuständigkeit folgt aus § 29a Abs. 1 ZPO. Der ausschließliche örtliche Gerichtsstand ist nur bei Wohnraum iSd § 549 Abs. 2 Ziffer 1–3 BGB (vorübergehende Vermietung, möblierter Wohnraum sowie Mietverhältnisse mit juristischen Personen des öffentlichen Rechts und mit anerkannten privaten Trägern der Wohlfahrtspflege) nicht gegeben, § 29a Abs. 2 ZPO.

Aufgrund der Ausschließlichkeit der Zuständigkeit kommt eine rügelose Einlassung des **3** Beklagten nicht in Betracht. Die vor einem unzuständigen (Amts-)gericht erhobene Räumungsklage ist daher unabhängig von der Einlassung des Beklagten als unzulässig abzuweisen.

Anwaltszwang besteht vor den Amtsgerichten unabhängig vom Streitwert nicht. **4**

Die Räumungsklage betreffend **Gewerberäume** ist ebenfalls in dem Bezirk zu erheben, **5** in dem sich die Pacht- oder Mieträume befinden, § 29a Abs. 1 ZPO. Die sachliche Zuständigkeit bestimmt sich hier jedoch gemäß §§ 23 Ziffer 1, 71 Abs. 1 ZPO. Bei Streitwerten ab 5.000,01 Euro ist das **Landgericht** sachlich zuständig (zur Streitwertberechnung s. u.). Funktionell kann sich eine Zuständigkeit der Kammer für Handelssachen ergeben, §§ 94 f. ZPO. Vor dem Landgericht besteht Anwaltszwang, § 78 Abs. 1 ZPO.

Bei auf § 985 BGB gestützten Herausgabeklagen folgt die örtliche Zuständigkeit aus § 24 **6** ZPO (dinglicher Gerichtsstand). Die sachliche Zuständigkeit bestimmt sich gemäß §§ 23 Ziffer 1, 71 Abs. 1 ZPO, ist somit streitwertabhängig.

Bei der Antragsformulierung ist auf die genaue Bezeichnung der zu räumenden Liegen- **7** schaft zu achten (bei Wohnungen ist insbes. auch das Geschoss sowie bei mehreren Wohnungen in einem Geschoss die Lage, etwa „2. OG, zweite Wohnung von links" anzugeben). Ansonsten ist das Urteil aufgrund fehlender Bestimmtheit nicht vollstreckungsfähig und eine Räumung durch den Gerichtsvollzieher kommt nicht in Betracht.

Der **Zuständigkeitsstreitwert** bestimmt sich bei der Räumungsklage nach der Jahres- **8** **nettokaltmiete**, § 41 Abs. 1, 2 GKG, so dass die Betriebskostenanteile herauszurechnen sind. Hierbei ist es unerheblich, ob sich die Räumungsklage gegen den Mieter und/oder Untermieter richtet[1]. Wird die Klage verbunden mit einem Zahlungsantrag ist der geltend gemachte Betrag (inkl. der geltend gemachten Betriebskostenanteile) hinzuzurechnen. Bei der Gewerberaummiete richtet sich der Streitwert der Herausgabeklage nach der Bruttomiete[2].

---

[1] OLG Düsseldorf NZM 2010, 600.
[2] Str. *Krüger* in Guhling/Günter BGB § 546 Rn. 36 mwN.

9   Für den **Rechtsmittelstreitwert** ist der Wert der Beschwer maßgeblich. Für eine Räumungsklage ergibt sich der Wert der Beschwer aus § 8 ZPO[3]. § 8 ZPO gilt nicht nur beim Streit über die Dauer, sondern auch bei einem solchen über das Bestehen eines Pacht- oder Mietverhältnisses. Ein Streit über das Bestehen liegt aber nicht nur dann vor, wenn die Parteien darüber uneins sind, ob ein unstreitig entstandenes Pacht- oder Mietverhältnis über einen bestimmten Zeitpunkt hinaus wirksam geblieben ist, sondern auch, wenn sich der Streit der Parteien schon an der Frage entzündet, ob ein solches Verhältnis überhaupt jemals rechtsgültig begründet worden ist[4]. Beruft sich ein Nutzungsberechtigter gegenüber einer Kündigung auf Schutzregeln, die das Kündigungsrecht einschränken und ihm ein Recht zur Fortsetzung der Nutzung geben, so dauert die „streitige Zeit" iSd § 8 ZPO vom Tag der Erhebung der Räumungsklage bis zu dem Zeitpunkt, den derjenige, der sich auf ein Nutzungsrecht beruft, als den für ihn günstigsten Beendigungszeitpunkt des Nutzungsvertrages in Anspruch nimmt[5]. Zur Bestimmung der „streitigen Zeit" iSd § 8 ZPO ist auf den Zeitpunkt abzustellen, zu dem das Mietverhältnis jedenfalls geendet hätte. Lässt sich ein solcher Zeitpunkt nicht sicher feststellen, bemisst sich die Beschwer nach dem dreieinhalbfachen Wert des einjährigen Bezuges[6].

B. Isolierte Räumungsklage oder mit Zahlungsklage verbundene Räumungsklage

10   Die mit einer Zahlungsklage **verbundene Räumungsklage** verursacht idR aufgrund der Gebührendegression geringere Kosten als zwei einzelne Klage. Zudem kann hier der Antrag auf Erlass einer Sicherungsanordnung gemäß § 283a Abs. 1 ZPO gestellt werden.

11   § 272 Abs. 4 ZPO, eingefügt durch das Mietrechtsänderungsgesetz mit Wirkung vom 1.5.2013, bestimmt, dass Räumungssachen vorrangig und beschleunigt durchzuführen sind. Teilweise wird hieraus gefolgert, dass, wenn neben dem Räumungsanspruch noch weitere Ansprüche rechtshängig, das Räumungsverfahren gemäß § 145 ZPO abgetrennt und vorab darüber entschieden werden sollte[7]. Zwingend ist dies jedoch nicht. Ein **Teilurteil** dürfte in diesem Fall aber nicht in Betracht kommen. Ein Teilurteil ist unzulässig, wenn es eine Frage entscheidet, die sich dem Gericht im weiteren Verfahren über andere Ansprüche noch einmal stellt, weil dann die **Gefahr** sich **widersprechender Entscheidungen** besteht. Ein Teilurteil gem. § 301 ZPO darf daher nur ergehen, wenn die Beurteilung des durch das Teilurteil entschiedenen Anspruchs, auch unter Berücksichtigung einer abweichenden Beurteilung durch das Rechtsmittelgericht, vom Ausgang des Streits über die weiteren Ansprüche unabhängig ist[8]. Das mit einem Zahlungsverzug begründete Teilurteil über die Verurteilung zur Räumung und Herausgabe des Mietobjekts wäre daher unzulässig. Denn es birgt die Gefahr widersprechender Entscheidungen in sich, weil das Gericht bei der späteren Entscheidung über den Zahlungsanspruch an sein Teilurteil über den Räumungsanspruch und die hierzu getroffenen Feststellungen zum Zahlungsverzug nicht gebunden ist[9]. Gleiches gilt bei einer Hilfswiderklage auf Mietrückzahlung wegen Mängeln[10].

12   Aus prozesstaktischer Sicht erscheint es daher vorzugswürdig, zunächst nur einen **Räumungstitel** zu erwirken und ggf. im Rahmen der dortigen Vollstreckung zu eruieren, ob die Titulierung der Zahlungsrückstände wirtschaftlich ist. Der Vorteil folgt hier schon daraus, dass zB bei einer vom Mieter vorgenommenen Minderung nicht zwingend über die

---

[3]   BGH MietPrax-AK § 8 ZPO Nr. 6.
[4]   BGH MietPrax-AK § 8 ZPO Nr. 8 = GuT 2007, 31.
[5]   BGH MietPrax-AK § 8 ZPO Nr. 9.
[6]   BGH NZM 2007, 355, = LSK 2007, 190694 (Ls.).
[7]   *Geisler* in Prütting/Gehrlein, ZPO, 12. Aufl. 2020, § 272 Rn. 9.
[8]   BGH NZM 2008, 280 = NJW-RR 2008, 460.
[9]   BGH NZM 2008, 280 = NJW-RR 2008, 460.
[10] OLG Düsseldorf NJOZ 2009, 2002.

konkrete Minderungsquote Beweis zu erheben ist, wenn etwa die Minderung selbst unter Zugrundelegung der vom Mieter behaupteten Mängel zu einem **kündigungsrelevanten Zahlungsrückstand** und damit einem Kündigungsgrund führt.

Zudem lässt sich schon im Rahmen der **Kostenvollstreckung** nach dem Räumungstitel 13 die Zahlungs(un)fähigkeit des Beklagten feststellen. Weiterhin können Mietzinsrückstände als Ansprüche auf Geldzahlung im Mahnverfahren geltend gemacht werden; hier kann bei fehlender Verteidigung des Beklagten schnell und kostengünstig ein Vollstreckungstitel erlangt werden.

Soweit im laufenden Rechtsstreit, im welchem die Kündigung von Wohnraum lediglich 14 auf Zahlungsverzug gestützt wurde, innerhalb der **Schonfrist** des § 569 Abs. 3 Ziffer 2 BGB die rückständigen Zahlungen geleistet werden oder sich eine öffentliche Stelle zur Befriedigung verpflichtet, wird die Klage unbegründet. Erklärt der Kläger den Rechtsstreit für erledigt, ist über die Kosten gemäß § 91a ZPO zu entscheiden. Widerspricht der Beklagte der Erledigungserklärung, wandelt sich die Klage in eine Feststellungsklage mit dem Antrag festzustellen, dass die Klage ursprünglich zulässig und begründet war und durch die Zahlung (oder Verpflichtung) unbegründet wurde.

Auch im Räumungsrechtsstreit kommt ein **sofortiges Anerkenntnis** gemäß § 93 ZPO 15 in Betracht. Da jedoch die Miete idR kalendermäßig bestimmt ist, dürfte bei ausbleibender Zahlung regelmäßig Verzug anzunehmen sein, § 286 Abs. 2 Ziffer 1 BGB. Soweit sich der Beklagte jedoch in Zahlungsverzug befindet, hat er **Klageveranlassung** gegeben, so dass ein sofortiges Anerkenntnis nicht mehr in Betracht kommt[11]. Ein sofortiges Anerkenntnis kommt somit vor allem bei nicht auf Zahlungsverzug gestützten Räumungsklagen in Betracht. An der Sofortigkeit des Anerkenntnisses fehlt es hier aber, wenn zwar die vorprozessual erklärte Kündigung formunwirksam ist und der Mieter auf die erst im Räumungsprozess zugestellte wirksame Kündigung anerkennt, soweit er zuvor deutlich gemacht hat, dass er unabhängig von weiteren Kündigungen die Mietsache weiter nutzen wolle[12].

Dem sofortigen Anerkenntnis steht die Bewilligung einer **Räumungsfrist** nicht entgegen. In diesem Fall können die Kosten auch dem Kläger auferlegt werden, vgl. § 93b Abs. 3 ZPO.

C. Klage auf zukünftige Räumung

Die Klage auf zukünftige Räumung von Wohnraum ist nur zulässig, wenn die **Besorgnis** 17 besteht, dass sich der Schuldner der **rechtzeitigen Leistung** entzieht, § 259 ZPO. § 257 ZPO hilft hier nicht, da dort Wohnräume ausgenommen sind. Liegen die Voraussetzungen des § 259 ZPO nicht vor, ist die Klage bereits unzulässig[13]. Die Besorgnis der Leistungsentziehung ist zu bejahen, wenn der Mieter die Kündigungsgründe ernsthaft bestreitet und erkennbar ist, dass eine rechtzeitige Räumung nicht erfolgen wird; ein Widerspruch iSd § 574 BGB genügt hierfür allerdings nicht[14].

Die Räumungsklage kann auch verbunden werden mit einer Klage auf **zukünftige** 18 **Nutzungsentschädigung.** Wurde etwa der Wohnraum gekündigt, weil der zahlungsunfähige Mieter über mehrere Monate hinweg keine Miete zahlte, und erhebt der Vermieter daraufhin Räumungsklage, kann er zugleich die künftig fällig werdende Nutzungsentschädigung bis zur Herausgabe der Wohnung einklagen[15]. Die Klage des Vermieters auf zukünftige Leistung gem. § 259 ZPO ist zumindest dann zulässig, wenn der Mieter einen Rückstand an Miete und Mietnebenkosten in einer die Bruttomiete mehrfach übersteigenden Höhe hat auflaufen lassen[16].

---

[11] Vgl. nur OLG Köln BeckRS 2019, 1419 = LSK 2019, 1419 (Ls.) mwN.
[12] OLG Koblenz LSK 2004, 510298.
[13] MüKoZPO/*Becker-Eberhardt* § 93 Rn. 2.
[14] MüKoZPO/*Becker-Eberhardt* § 93 Rn. 11.
[15] BGH NJW 2003, 1395.
[16] BGH NJW 2011, 2886 = NZM 2011, 882.

Kap. 28

19   In der **Gewerberaummiete** findet § 257 ZPO Anwendung, so dass die Klage auf zukünftige Räumung bereits dann zulässig ist, wenn die Räumung an den Eintritt eines Kalendertags geknüpft ist; es bedarf hier nicht der Besorgnis der rechtzeitigen Erfüllung[17]. Hier kommt allerdings bei fehlender Klageveranlassung ein sofortiges Anerkenntnis in Betracht, § 93 ZPO.

D. Prozesstaktik

20   Nachfolgend werden anhand von Stichwörtern prozesstaktische Erwägungen bezüglich der Räumungsklage erläutert.
- **Aufrechnung**
  In Betracht kommt eine Aufrechnung des Mieters gegen rückständige Mietzinsansprüche des Vermieters. Führt diese Aufrechnung etwa bei der Wohnraummiete innerhalb der Schonfrist des § 569 Abs. 3 Ziffer 2 BGB zu einer vollständigen Tilgung aller Rückstände, wird die Kündigung unwirksam. Die Aufrechnung bewirkt sodann ein erledigendes Ereignis (→ Rn. 22 *Erledigung*).

21   - **Beweislast**
  Für den Zugang der Kündigungserklärung trägt der klagende Vermieter die Beweislast. Soweit der Kündigungsgrund nach wie vor besteht, kann die Kündigung auch noch in der Klageschrift (erneut) erklärt werden (→ Rn. 28 *Kündigungserklärung*). Ist aber durch Auflauf eines Zahlungsrückstands des Mieters in der in § 543 Abs. 2 S. 1 Ziffer 3 BGB genannten Höhe ein Recht des Vermieters zur fristlosen Kündigung des Mietverhältnisses vorprozessual entstanden, aber nach § 543 Abs. 2 S. 2 BGB durch eine vollständige Zahlung des Rückstands vor Erhebung der Klage ausgeschlossen[18], kommt es auf den Zugang der vorprozessualen Kündigung vor Eintritt der Heilungswirkung an. Da selbst ein Einschreiben regelmäßig nicht geeignet ist, den Beweis des Zugangs der konkreten Erklärung zu beweisen, empfiehlt sich die Zustellung durch Gerichtsvollzieher oder einen als Zeugen geeigneten Boten.

22   - **Erledigung**
  Der Räumungsrechtsstreit kann sich prozessual erledigen. Gibt der Mieter im laufenden Rechtsstreit die Räumlichkeiten vollständig geräumt zurück, erledigt sich der Räumungsantrag. Die Klage ist sodann nicht mehr begründet. In diesem Fall kann der Kläger, um die mit der Klageabweisung verbundene negative Kostenlast zu umgehen, den Rechtsstreit in der Hauptsache für erledigt erklären. Schließt sich der Beklagte der Erledigungserklärung an, entscheidet das Gericht über die Kosten des Rechtsstreits gemäß § 91a ZPO nach billigem Ermessen. Soweit die Kündigung wirksam war entspricht es idR billigem Ermessen, dem Beklagten die Kosten aufzuerlegen.

23   Widerspricht der Beklagte der Erledigungserklärung, wird der Rechtsstreit als **Feststellungsklage** mit dem Antrag festzustellen, dass die Klage ursprünglich zulässig und begründet war und sich durch ein nach Rechtshängigkeit eintretendes Ereignis erledigt hat, fortgesetzt.

24   Soweit die Rückgabe noch vor Zustellung der Klage, somit vor Rechtshängigkeit, erfolgt, liegt ein erledigendes Ereignis nicht vor. Der Kläger kann hier jedoch die Klage zurücknehmen und **Kostenantrag gemäß § 269 Abs. 3 S. 3 ZPO** stellen. Auch hier entscheidet das Gericht nach billigem Ermessen. Soweit der Beklagte zur Klageeinreichung Veranlassung gegeben hat, kann das Gericht wiederum dem Beklagten die Kosten auferlegen.

25   Ein weiterer Hauptgrund für die Erledigung des Räumungsrechtsstreit ist die Zahlung des Wohnraummieters innerhalb der Schonfrist des § 569 Abs. 3 Ziffer 2 BGB den Rück-

---

[17] *Burbulla/Schäfer* FormB-MietR § 6 Rn. 5.
[18] BGH NZM 2018, 28.

stand vollständig ausgleicht. Das Unwirksamwerden der Kündigung aufgrund Zahlung stellt das erledigende Ereignis dar.

- **Fortsetzung des Mietverhältnisses** 26
Setzt der Mieter nach Ablauf der Mietzeit den Gebrauch der Mietsache fort, so verlängert sich das Mietverhältnis auf unbestimmte Zeit, sofern nicht eine Vertragspartei ihren entgegenstehenden Willen innerhalb von zwei Wochen dem anderen Teil erklärt, § 545 Abs. 1 S. 1 BGB. Diese Regelung gilt auch bei der außerordentlichen fristlosen Kündigung[19]. Es sollte daher schon in der Kündigungserklärung der Widerspruch erklärt werden. Die Frist für die Erklärung des Widerspruchs gegen die stillschweigende Verlängerung des Mietverhältnisses wird durch eine vor Fristablauf eingereichte und gemäß § 167 ZPO „demnächst" zugestellte Räumungsklage gewahrt[20].

- **Klageerweiterung** 27
Soweit im laufenden Rechtsstreit weitere Ansprüche fällig werden, können diese im Wege der Klageerhöhung/Klageerweiterung rechtshängig gemacht werden. Hier ist jedoch zu berücksichtigen, dass die Zustellung der Klageerweiterung, soweit ein Gebührensprung einsetzt, von der Zahlung des weiteren Gerichtskostenvorschusses abhängig gemacht werden kann (§ 12 Abs. 1 S. 1 GKG → Rn. 34 *Streitwert*). Zudem sind dem Beklagten zur Klageerwiderung (weitere) Einlassungsfristen zu setzen. Die Klageerweiterung kann daher zu nicht unerheblichen Verzögerungen führen. Aus prozesstaktischer Sicht ist daher von der Klageerweiterung idR abzuraten.

- **Kündigungserklärung** 28
Soweit Zweifel an der Wirksamkeit der Kündigungserklärung bestehen sollte diese im Rechtsstreit, idealerweise bereits in der Klageschrift, erneut erklärt werden. Da die Kündigung hier durch einen Vertreter (Rechtsanwalt) erfolgt, ist die Vertretungsmacht durch Vorlage der Originalvollmacht darzulegen. Unterbleibt dies, hat dies jedoch gemäß § 174 BGB nur dann Folgen, wenn der Mieter die Kündigung wegen fehlender Vollmacht unverzüglich zurückgewiesen hat. Zwar bedarf die Kündigungserklärung der Schriftform, jedoch genügt die Kündigung im Prozess diesen Anforderungen, wenn der klägerische Prozessbevollmächtigte sowohl den Originalschriftsatz (an das Gericht) als auch die für die Beklagten bestimmten beglaubigten Abschriften unterschreibt[21]. Die Kündigung sollte im laufenden Rechtsstreit zudem dann (erneut) erklärt werden, wenn diese nunmehr auf weitere Kündigungsgründe, etwa einen erneut eingetretenen Zahlungsrückstand, gestützt wird. Mit der erneuten Kündigungserklärung sollte zudem der Widerspruch gemäß § 545 BGB (erneut) erklärt werden (→ Rn. 26 *Fortsetzung des Mietverhältnisses*).

- **Kündigungsfristen** 29
Eine *außerordentliche fristlose Kündigung* beendet das Mietverhältnis mit Zugang.
Kann ein Mietverhältnis *außerordentlich mit der gesetzlichen Frist* gekündigt werden ist die 30 Kündigung spätestens am dritten Werktag eines Kalendermonats zum Ablauf des übernächsten Monats zulässig, § 573d Abs. 1 BGB (Ausnahme: Wohnraum nach § 549 Abs. 2 Nr. 2 BGB: spätestens am 15. eines Monats zum Ablauf dieses Monats).
Die Kündigungsfrist für *ordentliche Kündigungen* des Vermieters und des Mieters sind 31 gesetzlich unterschiedlich geregelt. Man spricht von asymmetrischen Kündigungsfristen. Für Mieter beträgt die Kündigungsfrist einheitlich grds. immer drei Monate. Für Vermieter beträgt die Regelfrist ebenfalls 3 Monate, sie verlängert sich aber bei Wohnraummietverhältnissen nach einer Überlassungszeit von 5 Jahren auf 6 Monate und nach einer Überlassungszeit von 8 Jahren auf 9 Monate. Es gelten folgende Fristen:

---

[19] HM, vgl. *Blank/Börstinghaus* in Blank/Börstinghaus BGB § 545 Rn. 4.
[20] BGH NJW 2014, 2568.
[21] So schon BGH NJW-RR 1987, 395.

Zugang der Kündigung bis zum 3. Werktag des Monats	Dauer der Überlassung der Wohnung		
	unter 5 Jahre und alle Mieterkündigungen	zwischen 5 und 8 Jahren	mehr als 8 Jahre
Januar	31.3.	30.6.	30.9.
Februar	30.4.	31.7.	31.10.
März	31.5.	31.8.	30.11.
April	30.6.	30.9.	31.12.
Mai	31.7.	31.10.	31.1.
Juni	31.8.	30.11.	28.(29.)2.
Juli	30.9.	31.12.	31.3.
August	31.10.	31.1.	30.4.
September	30.11.	28.(29.)2.	31.5.
Oktober	31.12.	31.3.	30.6.
November	31.1.	30.4.	31.7.
Dezember	28.(29.)2.	31.5.	31.8.

32 • **Prozesstrennung und Prozessverbindung**
Das Gericht kann gemäß § 145 Abs. 1 ZPO mehrere in einer Klage erhobene Ansprüche trennen und in getrennten Prozessen verhandeln. Soweit die Räumungsklage mit einer Zahlungsklage verbunden ist, kann eine solche **Prozesstrennung** in Betracht kommen, wenn der Räumungsantrag bereits entscheidungsreif ist, die Zahlungsklage aber noch nicht. Ein Teilurteil dürfte hier aufgrund der Gefahr widerstreitender Entscheidungen nicht in Betracht kommen (→ Rn. 11).

33 Gemäß § 147 ZPO kann das Gericht die **Verbindung** mehrerer Prozesse beschließen, wenn die Streitgegenstände in einem rechtlichen Zusammenhang stehen. So könnten etwa die separat erhobene Räumungs- und Zahlungsklage verbunden werden. Einer solchen Verbindung sollte der Kläger jedoch aus obigen Erwägungen (keine Möglichkeit des Teilurteils) entgegentreten.

34 • **Streitwert**
Die (Räumungs-)Klage soll gemäß § 12 Abs. 1 S. 1 GKG erst nach Zahlung des Gerichtskostenvorschusses zugestellt werden. Die zur Streitwertberechnung erforderlichen Angaben sollten daher, um Rückfragen des Gerichts und damit eine Verzögerung der Zustellung zu verhindern, bereits in der Klageschrift dargestellt werden. IdR ist daher zumindest die Nettokaltmiete darzustellen.

35 • **Urkundenprozess**
Der Räumungs- und Herausgabeanspruch kann nicht im Urkundenprozess geltend gemacht werden. Mietzinsansprüche hingegen können, soweit rückständige Miete betroffen ist, im Urkundenprozess geltend gemacht werden[22]. Die mit der Räumungsklage zusammen erhobene Zahlungsklage kann allerdings als (Teil-)Urkundsklage erhoben werden[23], über die ggf. durch Teil-Vorbehaltsurteil entschieden werden kann.

36 • **Versäumnisurteil**
Auch vor Ablauf der Schonfrist des § 569 Abs. 3 Ziffer 2 BGB kann nach zutreffender Auffassung ein Versäumnisurteil im schriftlichen Vorverfahren erlassen werden[24]. Daher

---
[22] MüKoZPO/*Braun*/*Heiß* § 592 Rn. 10.
[23] BGH NJW 2002, 751; aA *Emmerich* NZM 2014, 881 (886).
[24] Vgl. nur LG Berlin LSK 2010, 40097 (Ls.).

sollte der gemäß § 331 Abs. 3 S. 1 ZPO notwendige Antrag auf Erlass eines Versäumnisurteils im schriftlichen Vorverfahren bereits in der Klageschrift gestellt werden.

Kapitel 29. Die Vollstreckbarkeit

A. Entscheidungen über die vorläufige Vollstreckbarkeit, § 708 ZPO

Gemäß § 708 Nr. 7 ZPO sind erstinstanzliche Urteile in Räumungssachen, die einen **1** mietrechtlichen[1] Sachverhalt betreffen, für vorläufig vollstreckbar (ohne Sicherheitsleistung) zu erklären. Zwar hat das Gericht dem Schuldner gemäß § 711 S. 1 ZPO zu gestatten, die Vollstreckung durch Sicherheitsleistung oder Hinterlegung abzuwenden. Allerdings darf der Gläubiger gleichwohl vollstrecken, wenn er seinerseits vor der Vollstreckung Sicherheit leistet. Wenn die Vollstreckung für den Schuldner mit nicht zu ersetzenden Nachteilen verbunden wäre, kann dieser jedoch besonderen Schuldnerschutz bei dem Gericht beantragen.

B. Schutzantrag des Schuldners, § 712 ZPO

§ 712 ZPO ist bei allen Urteilen anwendbar, die gemäß § 708 ZPO oder § 709 ZPO für **2** vorläufig vollstreckbar zu erklären sind. Eine gerichtliche Entscheidung über den Schutzantrag ergeht nur, wenn der Schuldner vor Schluss der mündlichen Verhandlung einen entsprechenden Antrag stellt, § 714 Abs. 1 ZPO. Die tatsächlichen Voraussetzungen hat der Schuldner gemäß § 714 Abs. 2 ZPO glaubhaft zu machen. Nach hM kann die in der ersten Instanz unterlassene Antragstellung im Berufungsverfahren nicht nachgeholt werden.[2]

Das Gericht gibt dem Antrag statt, wenn die Vollstreckung dem Schuldner einen **nicht** **3** **zu ersetzenden Nachteil** bringen würde, § 712 Abs. 1 S. 1 ZPO. Aus Abs. 2 ergibt sich, dass das Gericht die Interessen der Parteien gegeneinander abzuwägen hat. Bloße finanzielle Nachteile auf Seiten des Schuldners reichen nicht aus.[3] Entgegen einer häufig vertretenen Ansicht[4] bedeutet die Räumung von Wohnraum grundsätzlich noch keinen Nachteil im Sinne der Vorschrift. Diese Ansicht ist nicht mit der aus §§ 708 Nr. 7, 711 ZPO hervorgehenden gesetzgeberischen Wertung zu vereinbaren.[5] Ein nicht zu ersetzender Nachteil muss über die typischen Folgen einer Räumungsvollstreckung hinausgehen.[6] Die Räumung von Gewerberäumen bringt für den Schuldner regelmäßig keinen nicht zu ersetzenden Nachteil mit sich.[7]

Liegt ein relevantes Interesse des Schuldners vor, muss das Gericht gemäß § 712 Abs. 2 **4** ZPO prüfen, ob der Stattgabe des Antrages überwiegende Interessen des Gläubigers entgegenstehen. Auch für den Gläubiger gilt, dass sein allgemeines Interesse an einer zügigen Durchführung der Räumung nicht ausreichen wird, sondern darüber hinausgehende individuelle Nachteile vorgetragen und ggf. glaubhaft gemacht werden müssen, um ein überwiegendes Gläubigerinteresse annehmen zu können.[8]

§ 712 ZPO sieht verschiedene Rechtsfolgen vor, die in ihrer Intensität unterschiedlich **5** stark in die Rechte des Gläubigers eingreifen. Das Gericht kann anordnen, dass das Urteil

---

[1] In Pachtsachen findet die Vorschrift keine Anwendung, OLG Düsseldorf MDR 2008, 1029.
[2] Vgl. *Herget* in Zöller § 714 Rn. 1 mwN.
[3] OLG Köln ZIP 1994, 1053; OLG Frankfurt a. M. MDR 1982, 239.
[4] LG Frankfurt a. M. WuM 1989, 304; *Eisenhardt* in Lützenkirchen, AnwHdB MietR, Beendigung des Mietvertrags, Rn. 407a.
[5] *Lehmann-Richter* in Schmidt-Futterer ZPO § 712 Rn. 5.
[6] So im Rahmen von § 719 Abs. 2 ZPO: BGH WuM 2017, 162; NJW-RR 1998, 1603.
[7] Bejaht wurde ein solcher Nachteil vom OLG Köln MDR 2007, 737 bei Mittellosigkeit des Gläubigers.
[8] MüKoZPO/*Götz* § 712 Rn. 6.

für den Gläubiger nur gegen Sicherheitsleistung vorläufig vollstreckbar ist oder der Schuldner (allein) eine Abwendungssicherheit erbringen darf. Schließlich kann das Gericht nach § 712 Abs. 1 S. 2 ZPO darauf verzichten, das Urteil für vorläufig vollstreckbar zu erklären.

I. Berufungsverfahren

6   Für den Fall, dass Berufung gegen ein für vorläufig vollstreckbar erklärtes Urteil eingelegt wird, verweist § 719 Abs. 1 S. 1 ZPO auf die Regelungen in § 707 ZPO. Danach kann das Rechtsmittelgericht die Vollstreckung für den Zeitraum des Berufungsverfahrens einstweilen einstellen. Nach hM darf das Berufungsgericht wegen des unterschiedlichen Regelungsgehaltes der Normen Vollstreckungsschutz gemäß § 719 Abs. 1 ZPO auch dann gewähren, wenn der Schuldner es in erster Instanz unterlassen hat, den Antrag nach § 712 ZPO zu stellen.[9]

7   Stellt der Schuldner den Antrag nach § 719 Abs. 1 ZPO hat das Rechtsmittelgericht bei Vorliegen einer statthaften Berufung zunächst den Eingang der Berufungsbegründung abzuwarten.[10] Das Gericht hat dann im Rahmen einer summarischen Prüfung die **Erfolgsaussichten der Berufung** zu beurteilen. Werden die Erfolgsaussichten bejaht, nimmt das Gericht eine **Interessenabwägung** vor, wobei als Folge der aus den §§ 708 ff. ZPO hervorgehenden gesetzgeberischen Entscheidung die Gläubigerinteressen im Zweifel den Interessen des Schuldners vorgehen.[11]

8   Die einstweilige Einstellung der Zwangsvollstreckung kann durch Anordnung verschiedener Maßnahmen erreicht werden, die in § 707 Abs. 1 S. 1 ZPO aufgezählt werden.

II. Revisions- und Nichtzulassungsbeschwerdeverfahren

9   Auch im Revisions- und/oder Nichtzulassungsbeschwerdeverfahren vor dem BGH kommt eine **Einstellung der Zwangsvollstreckung** gem. § 719 Abs. 2 ZPO in Betracht. Voraussetzung hierfür ist, dass die Vollstreckung dem Schuldner (hier Mieter) einen nicht zu ersetzenden Nachteil bringen würde und nicht ein überwiegendes Interesse des Vermieters entgegensteht. Die Einstellungsvoraussetzungen sind erheblich strenger als in den Tatsacheninstanzen, da sich ja schon 2 Instanzen mit der Berechtigung des Anspruchs beschäftigt haben. Deshalb ist der nicht zu ersetzende Nachteil, anders als in den anderen Instanzen, im Revisionsverfahren bereits Zulässigkeitsvoraussetzung für die Einstellung der Zwangsvollstreckung.

10 Das setzt nach ständiger Rechtsprechung beider Mietesenate des BGH voraus:
• Das Rechtsmittel muss **zulässig** sein
• Es muss **Aussicht auf Erfolgt** haben und
• Der Rechtsmittelführer muss bereits beim Landgericht einen **Vollstreckungsschutzantrag** gem. § 712 ZPO gestellt haben.

11 Die Zulässigkeit der Revision hängt davon ab, ob das Landgericht die Revision zugelassen oder der BGH die Revision auf eine Nichtzulassungsbeschwerde hin zugelassen hat. Nach § 544 Abs. 2 Ziff. 1 ZPO setzt eine Nichtzulassungsbeschwerde eine **Beschwer von mehr als 20.000,– EUR voraus**. Ist die Nichtzulassungsbeschwerde bereits unzulässig scheidet eine Einstellung aus.[12]

12 In Räumungsverfahren ist die **Beschwer** gem. §§ 8, 9 ZPO zu ermitteln. Nimmt der Vermieter den Mieter auf Räumung der auf unbestimmte Zeit angemieteten Wohnung in Anspruch, bestimmt sich der Wert der Beschwer gemäß §§ 8, 9 ZPO bei einem unbe-

---

[9] KG MDR 2005, 117; MüKoZPO/Götz § 719 Rn. 6.
[10] OLG Bremen MDR 2008, 1065.
[11] MüKoZPO/Götz § 719 Rn. 6.
[12] BGH NZM 2020, 885; WuM 2017, 293.

fristeten Mietvertrag nach dem **dreieinhalbfachen Jahreswert der Nettomiete**.[13] Entscheidend ist die vereinbarte Miete und nicht die Marktmiete.[14] Auch wenn der Mieter sich auf die Kündigungssperre des § 577a BGB beruft, handelt es sich um ein Mietverhältnis auf unbestimmte Zeit und die Beschwer bemisst sich nach § 9 ZPO mit dem 3 $^1/_2$ fachen Jahreswert.[15]

Nach Auffassung des VIII. Senats kommt es bei der Ermittlung der Beschwer nur auf das für die Gebrauchsüberlassung zu zahlende Entgelt an. Dazu sollen die vereinbarten **Vorauszahlungen auf Nebenkosten** nicht zählen.[16] Entscheidend ist die vom Berufungsgericht festgestellte Mietstruktur.[17] Die Nichtberücksichtigung von Betriebskostenvorauszahlungen ist inkonsequent. Zwar bleiben bei der Berechnung des Gebührenstreitwerts gem. § 41 GKG solche Vorauszahlungen unberücksichtigt, diese Vorschrift hat aber einen ganz anderen Zweck. Sie will aus **sozialpolitischen Gründen den Streitwert niedrig ansetzen,** um den Zugang zu den Gerichten leichter zu ermöglichen. Deshalb errechnet sich der Gebührenstreitwert auch nach der Jahresmiete und zwar ohne Betriebskostenvorauszahlungen. Für den Zuständigkeits- und Rechtsmittelstreitwert gilt die Vorschrift aber ebenso wenig, wie für die Ermittlung der Beschwer. Hierfür sind die Wertvorschriften der ZPO und zwar insbesondere die §§ 8, 9 ZPO maßgeblich. Zur Bestimmung der „streitigen Zeit" ist dabei auf den Zeitpunkt abzustellen, zu dem das Mietverhältnis jedenfalls geendet hätte. Lässt sich ein solcher Zeitpunkt nicht sicher feststellen, bemisst sich die Beschwer nach dem dreieinhalbfachen Wert des einjährigen Bezuges.[18] Das entspricht auch der Rechtsprechung des BVerfG.[19] Dass dabei aber nur die Kaltmiete in Ansatz gebracht wird, ist nach der neueren Rechtsprechung des BGH zu Fragen des materiellen Mietrechts zweifelhaft.[20] So vertreten beide Mietrechtssenate des BGH zur Minderung die Auffassung, dass diese aus der Bruttomiete zu berechnen ist.[21] Ferner hat der VIII. Senat inzwischen zum Verjährungsrecht entschieden, dass die Betriebskostennachzahlungen zu den wiederkehrenden Leistungen als Teil der Gegenleistung des Mieters für die Gebrauchsüberlassung zählen.[22] Deshalb wäre es nur konsequent, zumindest die Betriebskostenvorauszahlungen bei der Berechnung der Beschwer mit zu berücksichtigen.[23]

Ist das **Mietverhältnis befristet,** so ermittelt sich die Beschwer aus der Miete von dem Zeitpunkt der Klagezustellung bis zum regulären Ende der Vertragslaufzeit Es verstößt auch nicht gegen den Gleichheitssatz, dass sich die Beschwer eines Räumungsurteils bezüglich eines Mietvertrages auf unbestimmte Zeit gem. § 9 ZPO auf die 3 $^1/_2$ fache Jahresmiete beläuft und bei Mietverträgen auf bestimmte Zeit sich nach der restlichen Vertragslaufzeit richtet.[24]

---

[13] BGH MietPrax-AK § 26 Nr. 8 EGZPO Nr. 27 mAnm in *Börstinghaus*.
[14] BGH MietPrax-AK § 26 Nr. 8 EGZPO Nr. 14.
[15] BGH WuM 2015, 313 = MietPrax-AK § 26 Nr. 8 EGZPO Nr. 19.
[16] BGH WuM 2016, 376; NZM 2016, 760 mablAnm in *Börstinghaus* NZM 2016, 760.
[17] BGH MietPrax-AK § 26 Nr. 8 EGZPO Nr. 23.
[18] BGH NZM 2007, 355 unter Hinweis auf BGH NJW-RR 1996, 316; WuM 2004, 353; 2005, 350; NJW-RR 2005, 867.
[19] BVerfG NZM 2006, 578.
[20] *Börstinghaus* NZM 2016, 760.
[21] BGHZ 163, 1 = NZM 2005, 455 = MietPrax-AK § 536 BGB Nr. 8 mAnm *Eisenschmid*; *Schach* GE 2005, 645; *Kretzer* ZMR 2005, 516; *Lützenkirchen* MietRB 2005, 202 (216); *Drasdo* NJW-Spezial 2005, 341; *Eisenschmid* WuM 2005, 491; *Steinke/Maroldt* ZfIR 2005, 393; *Schmid* MDR 2005, 971; *Lützenkirchen* BGHReport 2005, 897; *Schumann* GuT 2005, 201; *Schach* GE 2005, 1462; *Kinne* GE 2005, 1160; *Becker* GE 2005, 1335; *Bongard* GE 2005, 1338; BGH NJW 2005, 2773 = GE 2005, 1120 = NZM 2005, 699 = MietPrax-AK § 536 BGB Nr. 10 mAnm *Eisenschmid; Schmid* MDR 2005, 971; *Wiek* WuM 2005, 575; *Bieber* MietRB 2005, 281 (282); *Schmid* ZMR 2005, 836; *Drasdo* NJW-Spezial 2005, 531.
[22] BGH NJW 2016, 3231 = NZM 2016, 762 = MietPrax-AK § 551 BGB Nr. 18 mAnm *Börstinghaus*; *Börstinghaus* jurisPR-BGHZivilR 17/2016 Anm. 4; *Ludley* NZM 2016, 764; *Beyer* jurisPR-MietR 22/2016 Anm. 3; *Burbulla* MietRB 2016, 311; *Staake* LMK 2016, 384205.
[23] Der XII. Senat hat dies schon einmal getan: BGH MietPrax-AK § 8 ZPO Nr. 8.
[24] BGH WuM 2016, 43 = MietPrax-AK § 26 Nr. 8 EGZPO Nr. 21.

15 Die Grenze des § 544 Abs. 2 Ziff. 1 ZPO wird bei einer **Monatsmiete ab 476,20 EUR** überschritten. Sind Einmalzahlungen geleistet worden, so sind diese auf den Monatsbetrag herunterzurechnen. In der Regel handelt es sich dabei um sogenannte Angehörigenmietverträge, die in der Zwangsvollstreckung nach einer Zwangsversteigerung des Grundstücks vorgelegt werden. Behauptet der Mieter zB für die Zahlung von 157.000,– EUR ein lebenslanges Wohnrecht erhalten zu haben, so ist der Betrag auf die geschätzte Lebenszeit des Mieters zu verteilen.[25] Bei einer Einmalzahlung von 35.000,– EUR als Gegenleistung für eine Mietzeit von 15 Jahre beträgt die Beschwer deshalb 8.167,– EUR (35.000,– EUR: 180 Monate * 42 Monate).[26] Für den Gebührenstreitwert gem. § 41 GKG hat der VIII. Senat entschieden, dass bei einer **Staffelmiete die höchste Miete** für die Berechnung maßgeblich ist.[27] Für die Ermittlung der Beschwer gibt es keine entsprechende Entscheidung. Denkbar wäre hier das 42-Fache der aktuellen Miete, das 42-Fache der höchsten Miete oder exakt die vereinbarte Miete für die kommenden 42 Monate ab Klagezustellung.

16 Das Rechtsmittel muss **Aussicht auf Erfolg** haben[28], es darf also nichts aussichtslos sein.[29] Haben die Vorinstanzen zu Recht den Mieter zur Räumung verurteilt, weil ein vertragswidriges Verhalten vorliegt, scheidet eine Einstellung der Zwangsvollstreckung aus.[30] Nach Auszug des Mieters ist ein Einstellungsantrag gegen ein Räumungsurteil auch nicht mehr möglich.[31]

17 Als dritte selbständig zu prüfende Voraussetzung für eine Einstellung der Zwangsvollstreckung im Revisions- oder Nichtzulassungsbeschwerdeverfahren muss festgestellt werden, dass die Zwangsvollstreckung dem Mieter einen nicht zu ersetzenden Nachteil bringen würde. Die Verpflichtung zur Räumung stellt für sich gesehen keinen „nicht zu ersetzenden Nachteil" iSd § 719 Abs. 2 S. 1 ZPO dar, auch wenn die Vollstreckung das Prozessergebnis vorwegnimmt.[32] Nicht unersetzlich sind Nachteile, die der Schuldner selbst vermeiden kann.[33] Beide Mietesenate verlangen deshalb in ständiger Rechtsprechung, dass der Revisionsführer (idR der Mieter) bereits **im Berufungsverfahren einen Vollstreckungsschutzantrag gem. § 712 ZPO gestellt haben muss**.[34] Daran ändert sich auch nichts, wenn das Berufungsgericht es rechtsfehlerhaft unterlassen hat eine Abwendungsbefugnis gem. § 711 ZPO anzuordnen.[35] Hat das Berufungsgericht eine Entscheidung über Abwendungsbefugnis gem. § 711 ZPO unterlassen, muss fristgerecht ein Urteilsergänzung beantragt werden.[36]

18 Bei einem **Schutzantrag des Schuldners nach § 712 ZPO** handelt es sich um einen Sachantrag, der in der letzten mündlichen Verhandlung[37] gestellt werden muss. Ein im Berufungsverfahren gestellter Antrag, die Zwangsvollstreckung aus dem erstinstanzlichen Urteil einstweilen einzustellen, ersetzt einen Schutzantrag nach § 712 ZPO ebenso

---

[25] BGH NZM 2016, 854 = MietPrax-AK § 26 Nr. 26 EGZPO mAnm *Börstinghaus*.
[26] BGH WuM 2016, 305 = MietPrax-AK § 719 ZPO Nr. 29 mAnm *Börstinghaus*.
[27] BGH NZM 2007, 935 = MietPrax-AK § 41 GKG Nr. 5.
[28] BGH NZM 2008, 611 = MietPrax-AK § 719 ZPO Nr. 14.
[29] BGH WuM 2013 = MietPrax-AK § 719 ZPO Nr. 24.
[30] BGH NZM 2013, 786 = MietPrax-AK § 573 BGB Nr. 46 mAnm *Börstinghaus*; Beuermann GE 2013, 1107; *Eisenschmid* WuM 2013, 727; *Herlitz* WuM 2014, 97.
[31] BGH WuM 2017, 607.
[32] BGH ZMR 2020, 98.
[33] BGH MietPrax-AK § 719 ZPO Nr. 27.
[34] BGH NZM 2019, 141; WuM 2018, 221; GuT 2004, 129 = MietPrax-AK § 719 ZPO Nr. 1; WuM 2004, 416 = MietPrax-AK § 719 ZPO Nr. 2; WuM 2004, 553 = MietPrax-AK § 719 ZPO Nr. 3; WuM 2004, 678 = MietPrax-AK § 719 ZPO Nr. 4; GE 2004, 1523 = MietPrax-AK § 719 ZPO Nr. 5; WuM 2005, 262 = MietPrax-AK § 719 ZPO Nr. 7; MietPrax-AK § 719 ZPO Nr. 9; NZM 2006, 638 = MietPrax-AK § 719 ZPO Nr. 11; NZM 2008, 611 = MietPrax-AK § 719 ZPO Nr. 14; MietPrax-AK § 719 ZPO Nr. 20; NZM 2011, 122 = MietPrax-AK § 719 ZPO Nr. 21; NJW 2012, 1292 = MietPrax-AK § 719 ZPO Nr. 22; GE 2012, 1227 = MietPrax-AK § 719 ZPO Nr. 23; MietPrax-AK § 719 ZPO Nr. 27; NZM 2014, 707 = MietPrax-AK § 719 ZPO Nr. 28.
[35] BGH WuM 2018, 221.
[36] BGH WuM 2017, 607.
[37] BGH GuT 2013, 217 = MietPrax-AK § 719 ZPO Nr. 26.

wenig[38] wie ein Antrag auf Bewilligung einer Räumungsfrist.[39] Ein Schutzantrag nach § 712 ZPO kann im Berufungsverfahren wirksam durch Einreichung eines Schriftsatzes gestellt werden, wenn das Berufungsgericht ankündigt, dass es die Berufung nach § 522 Abs. 2 ZPO durch Beschluss zurückweisen werde. Unterlässt es der Schuldner, spätestens in diesem Augenblick einen solchen Vollstreckungsschutzantrag zu stellen, kommt eine Einstellung der Zwangsvollstreckung durch das Revisionsgericht nicht in Betracht.[40] Hat das Berufungsgericht über den Vollstreckungsschutzantrag gem. § 712 ZPO noch nicht entschieden muss darüber ggf. im Wege der Urteilsergänzung entschieden werden.[41] Eine Einstellung durch das Revisionsgericht scheidet aus.[42]

Eine Ausnahme kann eventuell dann in Betracht kommen, wenn dem Mieter die Stellung des Antrags aus besonderen Gründen nicht möglich war.[43] Das ist zB der Fall, wenn der Vermieter erklärt hat, aus einem vorläufig vollstreckbaren Titel nicht zu vollstrecken.[44] Offengeblieben ist bisher die Frage, ob die Einstellung der Zwangsvollstreckung bereits möglich ist, bevor die Nichtzulassungsbeschwerde begründet wurde.[45] Da die Erfolgsaussichten des Rechtsmittels zu prüfen sind, ist das aber kaum vorstellbar. 19

Der Antrag auf Einstellung der Zwangsvollstreckung muss durch einen **beim BGH zugelassenen Rechtsanwalt** gestellt werden.[46] 20

Kapitel 30. Die Sicherungsanordnung gem. § 283a ZPO

Durch das Mietrechtsänderungsgesetz 2013[1] hat der Gesetzgeber ein völlig neues Rechtsinstitut in die ZPO eingeführt. Nach § 283a ZPO kann das Gericht in einem Räumungs- und Zahlungsverfahren dem beklagten Mieter aufgeben, wegen der **nach Rechtshängigkeit fällig werdenden Mietforderungen Sicherheit zu leisten.** Eines der Ziele des Gesetzes war die Bekämpfung des Einmietbetruges.[2] Der Gesetzgeber[3] wollte Vermieter vor Zahlungsausfällen hinsichtlich derjenigen Ansprüche sichern, die während des Räumungsprozesses neu fällig werden. Außerdem sollte in diesen Fällen eine zeitnahe und kostengünstige Durchsetzung des Räumungsanspruchs sichergestellt werden. Deshalb ist die Vorschrift immer im Zusammenhang mit § 940a Abs. 3 ZPO zu sehen, der die zumindest mittelbare Rechtsfolge einer Sicherungsanordnung zumindest in den Fällen regelt, in denen eine Kündigung wegen Zahlungsverzuges erfolgte.[4] Die Sicherungsanordnung gehört deshalb systematisch eher zum Bereich des einstweiligen 1

---

[38] BGH NZM 2006, 638 = MietPrax-AK § 719 ZPO Nr. 11; FamRZ 2003, 598; NZM 2011, 122 = MietPrax-AK § 719 ZPO Nr. 21; GuT 2013, 217 = MietPrax-AK § 719 ZPO Nr. 26; NZM 2014, 707 = MietPrax-AK § 719 ZPO Nr. 28.
[39] BGH GE 2012, 1227 = MietPrax-AK § 719 ZPO Nr. 23.
[40] BGH NJW 2012, 1292 = MietPrax-AK § 719 ZPO Nr. 22; GuT 2013, 217 = MietPrax-AK § 719 ZPO Nr. 26.
[41] BGH MietPrax-AK § 719 ZPO Nr. 25.
[42] BGH MietPrax-AK § 719 ZPO Nr. 25.
[43] BGH WuM 2004, 678 = MietPrax-AK § 719 ZPO Nr. 4.
[44] BGH NZM 2006, 909 = MietPrax-AK § 719 ZPO Nr. 12; (VIII ZR 2/07) WuM 2007, 209 = MietPrax-AK § 719 ZPO Nr. 13.
[45] BGH MietPrax-AK § 719 ZPO Nr. 9.
[46] BGH NZM 2019, 90; WuM 2004, 416 = MietPrax-AK § 719 ZPO Nr. 2; MietPrax-AK § 719 ZPO Nr. 19.
[1] BGBl. 2013 I 434, zu dem Gesetz umfassend *Börstinghaus/Eisenschmid*, Arbeitskommentar Mietrechtsänderungsgesetz; zur Sicherungsanordnung im Besonderen: *Börstinghaus*, Die neue „Sicherungsanordnung" im Mietprozess, NJW 2013, 3265; *J. Emmerich*, Die Sicherungsanordnung gem. § 283a ZPO, NZM 2014, 881; *Horst*, Mietrechtsnovelle 2013 – Vereinfachte Räumung von Wohnraum, MDR 2013, 249; *Wendt*, Sicherungsanordnung und Räumungsverfügung gemäß §§ 283a, 940a Abs. 3 ZPO – scharfe Schwerter mit geringer Reichweite?, ZMR 2013, 605.
[2] Reißerisch auch „Mietnomadentum" genannt.
[3] BT-Drs. 17/10485.
[4] *Börstinghaus* NJW 2014, 2225; *Fleindl* ZMR 2013, 677.

Rechtschutzes.⁵ Die praktische Bedeutung der Sicherungsanordnung ist wegen der nachfolgend darzustellenden hohen Anforderungen eher gering.⁶
Eine Sicherungsanordnung ist **in allen Räumungsverfahren** iSd § 765a ZPO möglich. Die Vorschrift gilt sowohl in der Wohnraum- wie auch in der Gewerberaummiete.⁷ Sie gilt nicht bei der Vermietung beweglichen Sachen.

2   Eine Sicherungsanordnung ist nur dann zulässig, wenn eine **Räumungs- und Zahlungsklage** bei Gericht anhängig ist. Dabei ist die Anspruchsgrundlage für den Räumungsanspruch unerheblich.⁸ In der Regel wird dem Vermieter ein Räumungsanspruch gem. § 546 BGB ggf. auch ein Herausgabeanspruch gem. § 985 BGB zustehen. Unerheblich ist die Frage, aus welchem Grund der Mietvertrag geendet haben soll. Möglich ist zB eine Vermieter- aber auch eine Mieterkündigung oder das Auslaufen eines Zeitmietvertrages. Ob eine außerordentlich fristlose oder fristgerechte oder eine ordentliche Kündigung zuvor erfolgte ist dabei egal. Auch der Räumungsanspruch gegen den Untermieter gem. § 546 Abs. 2 BGB fällt unter den Anwendungsbereich des § 283a ZPO. Lediglich bei den Konsequenzen gibt es Unterschiede. Nur wenn die Sicherungsanordnung in einem Räumungsverfahren ergangen ist, dem eine „Räumungsklage wegen Zahlungsverzuges" zugrunde lag, kann bei Nichterfüllung der Anordnung eine einstweilige Verfügung auf Räumung ergehen.

3   Bei der **mit der Räumungsklage verbundenen Zahlungsklage** kann es sich um eine bezifferte Zahlungsklage aber auch um eine Klage auf zukünftige Leistung gem. § 259 handeln.⁹ Eine bloße Feststellungsklage reicht nicht aus.¹⁰ Theoretisch kann die mit der Räumungsklage zusammen erhobene Zahlungsklage als (Teil-)Urkundsklage erhoben werden¹¹, über die ggf. durch Teil-Vorbehaltsurteil entschieden werden kann. Aus diesem Vorbehaltsurteil ist der Zahlungsanspruch gem. § 708 Ziff. 4 ZPO vorläufig vollstreckbar, so dass es des komplizierten Verfahrens gem. § 283a ZPO nicht bedarf. In diesem Fall kann sogar Zahlung direkt an den Vermieter verlangt werden und nicht nur eine Sicherheitsleistung.

4   Räumungs- und Zahlungsanspruch müssen **in einem Verfahren** geltend gemacht werden. Es handelt sich um einen Fall der objektiven Klagehäufung. Die beiden Ansprüche müssen nicht von Anfang an zusammen geltend gemacht werden. Möglich ist zB auch eine förmliche Verbindung gem. § 147 ZPO ursprünglich getrennter Verfahren oder die nachträgliche Erweiterung der Klage um den Räumungs- oder Zahlungsanspruch. Das ist auch nach Verfahrenseinleitung durch ein Mahnverfahren möglich.¹² Auch die Geltendmachung des Räumungs- und Zahlungsanspruchs als Widerklage reichen aus. Jedoch ist die Geltendmachung des Zahlungsanspruchs in einem Parallelverfahren nicht ausreichend.¹³

5   Räumungs- und Zahlungsanspruch müssen aber **auf dem gleichen Rechtsverhältnis beruhen**. Es muss sich also um Zahlungsansprüche handeln, die aus dem Rechtsverhältnis stammen, wegen dessen Nichterfüllung die Räumung betrieben wird. Diese Voraussetzung wird vor allem bei einem Räumungsanspruch gem. § 546 BGB und einem Anspruch auf Zahlung der Nutzungsentschädigung gem. § 546a BGB erfüllt sein. In Einzelfällen kann auch der Anspruch auf Zahlung von Miete gem. § 535 Abs. 2 BGB in Betracht kommen, zB wenn eine fristlose Kündigung wegen Zahlungsverzuges unwirksam ist, aber die zugleich erklärte ordentliche Kündigung wegen einer Pflichtwidrigkeit gem. § 573 Abs. 2 Ziff. 1 BGB begründet ist. Es muss sich bei dem Zahlungsanspruch nicht zwingend um den

---

5   *Börstinghaus* in Börstinghaus/Enders, Einstweiliger Rechtsschutz, 3. Aufl., Rn. 1007; MüKoZPO/*Prüttig* § 283a Rn. 1.
6   *Meyer-Abich* NZM 2016, 329 (334); nach *Zehelein* NJW 2017, 41 hat sich das Instrument nicht bewährt; nach *Willmann* MietRB 2020, 236 (237) „fristet § 283a ZPO ein Schattendasein".
7   *Streyl* NZM 2012, 249 (250); *Kinne* GE 2012, 1240 (1243).
8   OLG Naumburg NJW 2016, 1250 mAnm *Börstinghaus* jurisPR-MietR 1/2016 Anm. 4; *Streyl* in Schmidt-Futterer, Mietrecht, § 283a Rn. 8.
9   LG Berlin NJW 2014, 1188.
10 AA LG Berlin NJW 2014, 1188.
11 BGH NJW 2002, 751; aA *Emmerich* NZM 2014, 881 (886).
12 OLG Celle NZM 2013, 729.
13 LG Saarbrücken WuM 2015, 630 (631).

Anspruch auf Zahlung von laufender Miete oder Betriebskostenvorauszahlungen handeln. Auch Ansprüche auf Zahlung von Betriebskostennachforderungen oder auf Zahlung eine Mietsicherheit gehören zu den möglichen Ansprüchen. Demgegenüber sind Ansprüche aus einem früheren Mietverhältnis zwischen den gleichen Parteien nicht sicherbar.[14] Wird die Räumungsklage auch gegen mitbesitzende Mitbewohner erhoben, kann gegen sie keine Sicherungsanordnung ergehen.[15] Sie schulden ja keine Miete. Problematisch ist dann der Erlass einer Räumungsverfügung gem. § 940a Abs. 3 ZPO.[16]

Der zu sichernde **Zahlungsanspruch muss rechtshängig sein.** Das bedeutet, die Klage muss auch hinsichtlich dieses Anspruchs zugestellt worden sein. Das ergibt sich daraus, dass das Gericht wegen dieses Anspruchs die hohe Aussicht auf Erfolg der Klage prüfen muss.[17] Alle Ansprüche, die vor Rechtshängigkeit der Räumungsklage fällig geworden sind, können nicht durch eine Sicherungsanordnung gesichert werden.[18] Eine Sicherung zukünftiger noch gar nicht fälliger Ansprüche ist nicht möglich.[19] Das bedeutet, dass nur Ansprüche gesichert werden können, die nach Rechtshängigkeit der Räumungsklage und bis zum Tag des Erlasses der Sicherungsanordnung fällig geworden sind.[20] Bei der Klage auf zukünftige Leistung muss bereits der Antrag auf Erlass der Sicherungsanordnung den exakten zu sichernden Anspruch beziffern. Zinsen dürfen ebenfalls nur bis zum Erlass der Sicherungsanordnung zugesprochen werden. Die Sicherungsanordnung dient nur dazu, den Vermieter wegen der während der Dauer des Räumungsverfahrens fällig werdenden Ansprüche zu sichern. Auch Ansprüche, die zwischen Anhängigkeit und Rechtshängigkeit fällig geworden sind, können nicht gesichert werden.[21] Der Antrag kann mehrfach gestellt werden, um weitere fällige Ansprüche zu sichern. 6

Eine **Sicherungsanordnung gem. § 283a ZPO ist ausgeschlossen** wegen Zahlungsansprüchen, die auf einer Mieterhöhung beruhen. Der Grund der Mieterhöhung ist ebenso unerheblich wie die Art des Mietvertrages. Da der Mieter bei einer Mieterhöhung auf die ortsübliche Vergleichsmiete nur die Zustimmung und keine Zahlung schuldet, kommt der Ausschlusstatbestand nur dann in Betracht, wenn Streit darüber besteht, ob der Mieter überhaupt zugestimmt hat, zB bei konkludenter Zustimmung oder der Ausübung eines vermeintlichen Widerrufsrechts.[22] Verlangt ein Vermieter, der Unternehmer ist[23], im förmlichen Verfahren gem. §§ 558a, 558b BGB vom Mieter als Verbraucher die Zustimmung zu einer Mieterhöhung und stimmt der Mieter ausdrücklich oder konkludent zu, so besteht aber kein Widerrufsrecht nach den Vorschriften eines Fernabsatzgesetzes.[24] Das bedeutet aber auch, dass während des Laufs der Schonfrist nach einer Mieterhöhung gem. 7

---

14 So zum Sicherungszweck der Mietsicherheit: BGH NJW 2012, 3300.
15 *Streyl* in Schmidt-Futterer, Mietrecht, § 283a Rn. 36; *Wendt* ZMR 2013, 605.
16 *Wendt* ZMR 2013, 605.
17 LG Saarbrücken WuM 2015, 630; LG Berlin NJW 2014, 1188; AG Dortmund NZM 2014, 903.
18 OLG Celle NZM 2013, 729; AG Langenfeld WuM 2014, 104; AG Dortmund NZM 2014, 903; *Meyer-Abich* NZM 2016, 329 (334); *Zehelein* NJW 2017, 41; **aA** MüKoZPO/*Prütting* § 283a Rn. 3 aber anders bei Rn. 4.
19 *Streyl* in Schmidt-Futterer, Mietrecht, § 283a Rn. 14; *Börstinghaus* NJW 2013, 3265; *Abramenko*, Das neue Mietrecht in der anwaltlichen Praxis – Mietrechtsänderungsgesetz 2013, § 5 Rn. 27.
20 AG Dortmund NZM 2014, 903.
21 AG Hanau WuM 2016, 305.
22 Allgemein zur seit 13.6.2014 geltenden Neuregelung des Verbraucherrechts und den Auswirkungen auf das Mietrecht: *Hinz* WuM 2016, 76; *Koch* VuR 2016, 92; *Kunze/Kroll* MietRB 2016, 329; *Horst* DWW 2015, 2; *Mediger* NZM 2015, 185; *Artz/Brinkmann/Pielsticker* ZAP F. 4, S. 1639; *Hau* NZM 2015, 435; *Lindner* ZMR 2015, 261; *Pisal/Schreiner* ZfIR 2015, 505; *Gsell* WuM 2014, 375.
23 Dazu *Fervers* NZM 2018, 640; zur Frage, ob im Privatvermieter Unternehmer, weil er Hausverwaltung oder Anwalt einschaltet → Rn. 142; dafür *Lehmann-Richter* NZM 2011, 57 (61); *Mediger* NZM 2015, 185 unter Hinweis auf AG Waiblingen WuM 1996, 137; LG Wiesbaden WuM 1996, 698, jeweils noch zum alten Begriff des „geschäftsmäßigen Handelns"; **aA** *Gsell* WuM 2014, 375 (379); *Artz/Brinkmann/Pielsticker* ZAP Fach 4, 1639; *Horst* DWW 2015, 2 (4).
24 BGH NZM 2018, 1011 = NJW 2019, 303 = MietPrax-AK § 312 BGB Nr. 2 mAnm *Börstinghaus*; *Börstinghaus* NZM 2018, 1015; *Menke* LMK 2018, 412415; *Fervers* NJW 2019, 308 *Mediger* NZM 2015, 185; *Artz/Brinkmann/Pielsticker* ZAP Fach 4, 1639; *Beuermann* GE 2015, 563; *Hinz* WuM 2016, 76 (84); **aA** *Rolfs/Möller* NJW 2017, 3275; *Hau* NZM 2015, 435.

Kap. 30

Kap. 30. Die Sicherungsanordnung gem. § 283a ZPO

§ 569 Abs. 3 Ziff. 3 BGB eine Sicherungsanordnung nicht ergehen darf. Ebenso wenig darf nach einer Modernisierungsmieterhöhung eine Sicherungsanordnung gem. § 283a ZPO ergehen, wenn Streit über Grund und/oder Höhe der Erhöhung darf ebenfalls keine Anordnung gem. § 283a ZPO ergehen. Das Gleiche gilt bei Streit über die Wirksamkeit einer Mieterhöhung aufgrund einer Staffel- oder Indexmiete.

8 § 283a ZPO gestattet den Erlass einer Sicherungsanordnung nur dann, wenn die Klage wegen der nach Rechtshängigkeit fällig werdenden Ansprüche eine **hohe Aussicht auf Erfolg** hat. Es kommt also nicht auf die Erfolgsaussichten der Räumungsklage oder der ursprünglichen Zahlungsklage an. Die hohe Erfolgsaussicht kann auch nur teilweise zu bejahen sein.[25] Wann eine solche hohe Erfolgsaussicht vorliegt wird unterschiedlich beurteilt:
- Der Gesetzgeber[26] verlangte eine »Prognoseentscheidung« des Gerichts. Dem folgt die Rechtsprechung teilweise.[27]
- Zum Teil wird verlangt, dass sich das Überzeugungsmaß »irgendwo zwischen Vollbeweis und Glaubhaftmachung bewegen« muss.[28]
- Zum Teil wird auch auf den Grad der Wahrscheinlichkeit, der eine Parteivernehmung von Amts wegen gem. § 448 ZPO gestattet, abgestellt.[29]
- Teilweise wird nur eine „hohe Wahrscheinlichkeit" gefordert.[30]
- Wegen des vorläufigen Charakters der Regelung wird auch auf die Beweisvorschriften von Arrest und einstweiliger Verfügung Bezug genommen.[31]

9 Die Gerichte setzen die **Anforderungen an die hohe Erfolgsaussicht sehr hoch** an.[32] Eine hinreichende Erfolgsaussicht iSd § 114 ZPO reicht noch lange nicht. Das hängt damit zusammen, dass die Nichterfüllung einer Sicherungsanordnung mehr oder weniger automatisch die Möglichkeit einer Räumungsverfügung gem. § 940a Abs. 3 ZPO ermöglicht. Vereinzelt wird aber die Auffassung vertreten, dass die Anforderungen bei § 283a ZPO niedriger anzusetzen sind, aber dafür die Schwelle für den Erlass einer Räumungsverfügung anzuheben sei.[33]

10 Das bedeutet für die Praxis, dass eine **vollständige Schlüssigkeitsprüfung** hinsichtlich der Klageerweiterung vorgenommen werden muss. Ferner dürfen keine Einreden oder Einwände gegenüber dem Vermieteranspruch substantiiert vorgetragen sein. Wenn erheblicher Sachvortrag streitig ist, muss eine Beweisaufnahme nach den Regeln des Strengbeweises bis zum Ende durchgeführt werden[34] bevor eine Sicherungsanordnung in Betracht kommt. Anderenfalls liegt eine unzulässige vorweggenommene Beweiswürdigung vor, die ggf. auch einen Befangenheitsantrag rechtfertigen kann. Beruft sich der Mieter auf eine Mietminderung wegen eines Mangels, ist mit Blick auf die Rechtsfolge des § 940a Abs. 3 ZPO die Minderungsquote eher sehr großzügig vorläufig zu schätzen.[35]

11 Weiter kann eine Sicherungsanordnung nur **nach Abwägung der beiderseitigen Interessen** ergehen. Auf Vermieterseite müssen besondere Nachteile entstehen.[36] Das bedeutet, dass normale Nachteile, die jeder Gläubiger einer rechtshängigen Forderung erleiden kann, wie zB die drohende Zahlungsunfähigkeit des Schuldners, auch wegen der Dauer des Prozesses nicht ausreichen.[37] Strittig ist, ob dies auch bei drohendem Totalverlustes der Forderung

---

[25] LG Hanau NZM 2015, 83.
[26] BT-Drs. 17/10485, 28.
[27] So auch OLG Naumburg NJW 2016, 1250; LG Saarbrücken WuM 2015, 630 (631).
[28] *Streyl* in Schmidt-Futterer ZPO § 283a Rn. 19; *J. Emmerich* NZM 2014, 881 (886).
[29] *Abramenko*, Das neue Mietrecht in der anwaltlichen Praxis – Mietrechtsänderungsgesetz 2013, § 5 Rn. 30.
[30] *Greger* in Zöller ZPO § 283a Rn. 3.
[31] BeckOK-ZPO/*Bacher* § 283a Rn. 11.
[32] LG Berlin NJW 2014, 1188; *Herrlein* NJW 2014, 2834 (2838).
[33] *Fleindl* ZMR 2014, 538; *Emmerich* PiG 97 (2014), 81.
[34] LG Berlin NJW 2014, 1188; *Meyer-Abich* NZM 16, 329 (334).
[35] LG Hanau NZM 2015, 83; AG Hanau BeckRS 2014, 15711 mAnm *Börstinghaus* jurisPR-MietR 3/2015 Anm. 4.
[36] LG Berlin NJW 2014, 1188; GE 2014, 1139; *Blank* IMR 2014, 537.
[37] LG Saarbrücken WuM 2015, 630 (631); LG Berlin GE 2014, 1139.

gilt.³⁸ Es müssen immer weitere Nachteile eintreten. Hierzu kann zB eine Existenzgefährdung gehören, wohingegen ein während des Prozesses eintretender Liquiditätsengpass als Nachteil noch nicht ausreicht.³⁹ Dieser wird nämlich durch eine Sicherungsanordnung nicht beseitigt, da das Geld ja hinterlegt wird und nicht dem Vermieter zufließt.

Zu berücksichtigen sind auch hier nur **Nachteile** hinsichtlich der nach Rechtshängigkeit fällig gewordenen Ansprüche.⁴⁰ Dabei spielen die Höhe des Zahlungsrückstandes und die Bedeutung der Forderung eine Rolle.⁴¹ Historisch wollte der Gesetzgeber vor allem Privatvermieter schützen, die auf den Eingang der Mieten zum Bestreiten des Lebensunterhalts oder zur Finanzierung des Gebäudes besonders angewiesen sind, weil sonst ggf. die Zwangsversteigerung droht.⁴² Terminverschiebungen aufgrund der Kontaktbeschränkungen während der **COVID-19 Pandemie** rechtfertigen bei einem Privatvermieter deshalb den Erlass einer Sicherungsanordnung.⁴³ Es ist aber immer eine umfassende Darlegung der Vermögensverhältnisse des Vermieters erforderlich.⁴⁴ Bleiben bei einem Forderungsausfall nur ca. 20,– EUR ungedeckte monatliche Darlehensverbindlichkeiten übrig, liegt kein besonderer Nachteil vor.⁴⁵ Bloße Zahlungsunwilligkeit bei bestehender Zahlungsfähigkeit reicht nie aus.⁴⁶ Das gleiche gilt, wenn es bereits einen – vorläufig – vollstreckbaren Titel gegen den Mieter gibt. Daraus kann dann er sogar Zahlung an sich und nicht nur eine Sicherheit verlangt werden. Die Möglichkeit nach § 940a Abs. 3 ZPO eine einstweilige Verfügung auf Räumung zu beantragen, gehört nicht zu den zu berücksichtigenden Nachteilen.⁴⁷ Die Sicherungsanordnung soll nur den Anspruch des Vermieters auf Zahlung sichern und ihn vor Zahlungsausfällen schützen, die durch die Dauer des Verfahrens verursacht werden und nicht einen neuen Räumungsanspruch schaffen.

Auf Mieterseite genügen einfache Nachteile. Da der Mieter die Miete sowieso an den Vermieter hätte zahlen müssen, ist der Mittelabfluss kein zusätzlicher Nachteil. Eine zusätzliche Zahlung kann nur bei der Aufrechnung eintreten, wenn der Mieter zB wegen Verzuges des Vermieters mit der Mangelbeseitigung selbst den Mangel beseitigt hat und Aufwendungsersatz gem. § 536a Abs. 2 BGB verlangt. Bei Verwendungsersatzansprüchen muss gem. § 1001 BGB der Eigentümer die Sache entweder zurückerhalten haben oder die Verwendungen genehmigt haben.⁴⁸

Die Parteien müssen wechselseitig die von ihnen dargelegten Nachteile **glaubhaft machen**. Dies richtet sich nach § 294 ZPO.

> **Formulierungsvorschlag:**
> Die/Der Beklagte wird im Wege einer Sicherungsanordnung gem. § 283a ZPO verpflichtet, der Klägerin/dem Kläger Sicherheit gem. § 232 Abs. 1 BGB in Höhe von … EUR nebst Zinsen in Höhe von 5 Prozentpunkten über dem Basiszinssatz seit dem … bis … als Nutzungsentschädigung für die Monate …… bis …….. 2017 zu leisten.
> Dem Beklagten wird eine Frist zum Nachweis der Erbringung der Sicherheitsleistung von zwei Wochen ab Zustellung dieses Beschlusses gesetzt.

---

38 Dagegen: *Börstinghaus* WuM 2013, 658 (660); **aA** aber OLG Celle NZM 2013, 729.
39 LG Saarbrücken WuM 2015, 630 (631); LG Berlin NZM 2014, 268; *Emmerich* NZM 2014, 881 (887).
40 OLG Celle NZM 2013, 729.
41 LG Berlin GE 2014, 1139.
42 *Meyer-Abich* NZM 2016, 329 (334); *Börstinghaus* NJW 2013, 3265.
43 AG Seligenstadt MietRB 2020, 236.
44 LG Berlin NJW 2014, 1188; *Kinne* GE 2014, 1240 (1244).
45 LG Saarbrücken WuM 2015, 630 (631).
46 *Streyl* in Schmidt-Futterer, ZPO § 283a Rn. 29; *Börstinghaus* NJW 2013, 3265.
47 AG Dortmund NZM 2014, 903; *Streyl* in Schmidt-Futterer ZPO § 283a Rn. 27; *Emmerich* NZM 2014, 881 (889); MüKoZPO/*Prütting* § 283a Rn. 8; *Willmann* MietRB 2020, 236 (237); **aA** *Lützenkirchen* ZMR 2012, 607.
48 OLG Naumburg NJW 2016, 1250 mAnm *Börstinghaus* jurisPR-MietR 1/2016 Anm. 4.

15 Der Beschluss über die Sicherungsanordnung bildet gem. § 794 Abs. 1 Nr. 3 ZPO einen **Vollstreckungstitel**. Die Vollstreckung ist erst nach Ablauf der zur Erbringung der Sicherheitsleistung gesetzten Frist zulässig. Es handelt sich um einen Titel über eine vertretbare Handlung unabhängig davon, ob es um die Erbringung einer Bürgschaft oder die Hinterlegung geht.[49] Die Vollstreckung erfolgt deshalb immer nach **§ 887 ZPO**. Der Vermieter kann ermächtigt werden, die Sicherheit selbst zu erbringen. Ferner wird der Mieter verpflichtet, hierfür einen Vorschuss zu leisten. Dem Vermieter steht analog § 264 BGB[50] ein Wahlrecht zu, in welcher Form er den als Vorschuss beigetriebenen Betrag als Sicherheit anlegt. Insgesamt ist das Verfahren aufwändig und wahrscheinlich wenig erfolgreich. Deshalb wird in der Praxis nach Ablauf der Frist zur Erbringung der Sicherheit der Antrag auf Erlass einer Räumungsverfügung gem. § 940a Abs. 3 ZPO regelmäßig gestellt werden.[51]

Kapitel 31. Der Räumungsvergleich

A. Allgemeines

1 Räumungsprozesse werden überdurchschnittlich häufig durch den Abschluss eines Vergleichs beendet. Während durch Urteil nur über die Klageanträge entschieden wird und sich möglicherweise noch ein Rechtsstreit in 2. Instanz anschließt, kann durch den Räumungsvergleich der Rechtsstreit endgültig beendet werden und das Gericht kann in höherem Maße auf die Interessen der Parteien eingehen. Durch Abschluss eines Vergleichs können auch weitere Streitpunkte der Parteien einbezogen und damit Folgeprozesse vermieden werden. In wirtschaftlicher Hinsicht vorteilhaft ist die Reduzierung der Gerichtskosten von drei auf eine Gebühr[1], jedoch fällt bei anwaltlicher Vertretung zusätzlich eine Einigungsgebühr an.[2] Eine weitere Kostenersparnis besteht darin, dass die Durchführung einer (ggf. umfangreichen) Beweisaufnahme vermieden wird.

B. Voraussetzungen

2 Der in einem Rechtsstreit geschlossene Vergleich wird als Prozessvergleich bezeichnet. Unter diesen Oberbegriff fällt auch der Räumungsvergleich. Der Prozessvergleich ist sowohl Prozesshandlung als auch materielles Rechtsgeschäft (sog. **Doppelnatur** des Prozessvergleichs).

I. Prozessuale

3 Die prozessualen Voraussetzungen ergeben sich aus § 794 Abs. 1 Nr. 1 ZPO. Der Prozessvergleich muss
- vor einem **deutschen Gericht** (es muss sich nicht um das für die Entscheidung zuständige Gericht handeln)
- in einem bei Gericht **anhängigen** Verfahren[3]
- ganz oder teilweise zur Beilegung des Rechtsstreits

---
[49] LG Hagen BauR 2011, 569.
[50] OLG Düsseldorf FamRZ 1984, 704.
[51] Dazu unten → Kap. 32 Rn. 14 ff.
[1] Gemäß 1211 Nr. 3. KV GKG.
[2] Siehe Nr. 1000 VV RVG.
[3] Ein Vergleich kann auch in sonstigen Verfahren wie einstweiligen Rechtsschutz, selbstständigen Beweisverfahren, Zwangsvollstreckungs- oder PKH-Verfahren geschlossen werden (vgl. *Stöber* in Zöller § 794 Rn. 4).

- zwischen den Parteien oder einer bzw. beiden Parteien und einem Dritten geschlossen werden,
- wobei die für das Gerichtsverfahren vorgeschriebenen **Formvorschriften** (etwa §§ 160 ff. und § 278 ZPO) beachtet werden müssen.

II. Materiellrechtliche

Die **materiellrechtlichen Voraussetzungen** für den Vergleich ergeben sich aus § 779 BGB. Zwischen den Parteien muss Streit oder Ungewissheit über ein Rechtsverhältnis bestehen oder die Verwirklichung des Anspruchs der einen Partei muss unsicher sein (§ 779 Abs. 2 BGB). Der Streit oder die Ungewissheit müssen durch gegenseitiges Nachgeben beendet werden. Ein Nachgeben wird bereits angenommen, wenn die Partei ein geringfügiges Opfer auf sich nimmt[4], etwa die Forderung gestundet oder auf einen Teil der Zinsen verzichtet wird.

Der Vergleich setzt daneben einen wirksamen Vertragsschluss der Parteien nach den Vorschriften des Allgemeinen Teils des BGB voraus. Bei Verstoß gegen die guten Sitten (§ 138 BGB) oder zwingendes Recht (§ 134 BGB) ist der Vergleich unwirksam. Formerfordernisse für das gerichtliche Verfahren und für die einzelnen Vertragsarten müssen bei Abschluss des Vergleichs eingehalten werden. So darf etwa eine Auflassung nicht Inhalt eines unter Widerrufsvorbehalt geschlossenen Vergleichs sein.[5] Der Vergleich darf auch nicht wegen Willensmängeln gemäß §§ 119 ff., arglistiger Täuschung[6] oder Drohung wirksam angefochten worden sein. Auch ein Irrtum über die Vergleichsgrundlage gemäß § 779 BGB kann zur Unwirksamkeit des Prozessvergleichs führen.[7] Zudem ist § 313 BGB anwendbar.[8]

C. Wirkungen

Der wirksame Prozessvergleich führt zur Beendigung des Rechtsstreits und lässt die Rechtshängigkeit entfallen. Er stellt gemäß § 794 Abs. 1 Nr. 1 ZPO einen Vollstreckungstitel dar. Als materiellrechtlicher Vertrag beinhaltet er für die Parteien Rechte und Pflichten.

Bei **Unwirksamkeit des Vergleichs aus prozessrechtlichen Gründen** ist der Rechtsstreit fortzusetzen. Die materiellrechtliche Wirksamkeit bleibt davon regelmäßig unberührt.

Ist der Vergleich **materiellrechtlich unwirksam,** wird von der hM zwischen anfänglichen und nachträglich eintretenden Nichtigkeits- bzw. Unwirksamkeitsgründen unterschieden. Ist der Vergleich – zB aufgrund wirksamer Anfechtung – als von Anfang an nichtig anzusehen, muss der ursprüngliche Prozess fortgesetzt werden,[9] während nachträgliche Gründe, wie etwa ein Rücktritt nur durch Erhebung einer Vollstreckungsgegenklage (§ 767 ZPO) geltend gemacht werden können.[10]

D. Muss- und Sollinhalte eines Räumungsvergleichs

Damit der Gläubiger die Vollstreckung aus dem Räumungsvergleich betreiben kann, muss die **Mietsache hinreichend bestimmt bezeichnet** werden. Befinden sich in einem Stockwerk der Immobilie mehrere Wohnungen, so muss die **Lage** und ggf. die Wohnungsnummer nach dem Aufteilungsplan angegeben werden. Auch Nebenräume wie Garagen,

---

[4] BGHZ 39, 60.
[5] BGH NJW 1988, 415 f.
[6] BGH NJW 1999, 2903.
[7] *Sprau* in Palandt § 779 Rn. 29 ff.
[8] BGH NJW-RR 1994, 434.
[9] BGH NJW 1983, 823; 1999, 2903.
[10] *Lackmann* in Musielak/Voit ZPO § 794 Rn. 24.

Stellplätze, Keller- oder Dachbodenräume müssen aufgenommen werden. Der Vergleich muss zudem den **Zeitpunkt der Rückgabe** der Mietsache enthalten. Hat der Vermieter Interesse an einer früheren Rückgabe, kann formuliert werden, dass die Mietsache „bis spätestens ..." zurückgegeben werden muss, aber eine frühere Herausgabe mit einer von den Parteien zu bestimmenden Ankündigungsfrist für den Mieter möglich ist. Zweckmäßiger Weise sollte auch aufgenommen werden, dass die Pflicht zur Zahlung von Miete/Nutzungsentschädigung mit der Rückgabe endet.

10   Auch ohne eine konkrete Vereinbarung über die bis zur Herausgabe zu zahlende Miete/Nutzungsentschädigung wird man den Vergleichsvertrag regelmäßig dahingehend auslegen, dass der Vermieter nicht auf diese Gegenleistung für die Überlassung der Mietsache verzichten will.[11]

11   Hat ein Dritter Allein- oder Mitbesitz an den streitgegenständlichen Räumen und ist nicht zur Herausgabe bereit, benötigt der Vermieter gemäß § 750 Abs. 1 ZPO grundsätzlich auch gegen diese Person einen Titel. Nach der neueren BGH-Rechtsprechung darf die Vollstreckung selbst dann nicht betrieben werden, wenn der Verdacht besteht, dass dem Dritten der Besitz nur eingeräumt wurde, um die Zwangsvollstreckung zu vereiteln.[12] Dagegen haben minderjährige Kinder keinen Mitbesitz an der mit den Eltern bewohnten Mietsache; das gilt grundsätzlich auch für bei Vertragsabschluss volljährige oder danach volljährig werdende Kinder.[13] Daraus folgt, dass der Vermieter die Räumungsklage gegen alle ihm bei Einleitung des Rechtsstreits bekannten Mitbesitzer erheben muss. **Alle Mitbesitzer** müssen sich im Vergleich zur geräumten Herausgabe verpflichten.

12   Stellt sich dagegen erst in der mündlichen Verhandlung heraus, dass **mit der Klage nicht in Anspruch genommene Dritte Mitgewahrsam** an der Mietsache haben, können diese Personen bei Anwesenheit im Gerichtssaal dem Rechtsstreit zum Zwecke des Vergleichsabschlusses beitreten. Der Dritte benötigt hierzu auch im Anwaltsprozess grundsätzlich keinen eigenen Rechtsanwalt.[14] Ist von einem abwesenden Dritten bekannt, dass er herausgabebereit ist – etwa weil es sich um den Lebensgefährten der Mietpartei handelt – besteht die Möglichkeit, dass der Prozessbevollmächtigte der beklagten Partei für den Dritten einen Vergleich mit Widerrufsvorbehalt oder unter der aufschiebenden Bedingung der Genehmigung durch den Dritten abschließt, § 182 Abs. 1 BGB.[15] Ansonsten bleibt dem Vermieter nur die Möglichkeit, den Dritten im laufenden Prozess im Wege der Parteierweiterung auf Beklagtenseite in Anspruch zu nehmen.[16]

13   Beinhaltet der Vergleichstext nicht ausdrücklich die Zahlungspflicht des Mieters bis zum Zeitpunkt der Rückgabe der Mietsache, wird man über eine Auslegung des Vergleichsvertrages gleichwohl zu dem Ergebnis kommen, dass der Vermieter bis zum Auszug nicht auf die Zahlung der vereinbarten Miete/Nutzungsentschädigung verzichten möchte. Unbedingt empfehlenswert ist die Aufnahme der Höhe der Mietzahlungspflicht, wenn darüber zwischen den Parteien gestritten wird; also etwa der Mieter aufgrund von behaupteten Mängeln nur eine geminderte Miete zahlt. Die Parteien eines Wohnraummietverhältnisses können in einem solchen Fall ohne Verstoß gegen § 536 Abs. 4 BGB vereinbaren, dass der Mieter unter Berücksichtigung *des derzeitigen Zustands* der Mietsache eine bestimmte Miete/Nutzungsentschädigung an den Vermieter zahlt. Denn künftige Mietminderungen bei Auftreten weiterer Mängel sind dadurch nicht ausgeschlossen. Da der Vermieter im Regelfall mindestens für das laufende Jahr noch eine Betriebskostenabrechnung erteilen muss, sollten die Parteien auch festlegen, in welcher Höhe Betriebskostenvorauszahlungen geleistet werden.

---

[11] *Fleindl* ZMR 2016, 14 mwN.
[12] BGH NZM 2008, 805.
[13] BGH NJW 2008, 1959; *Seibel* in Zöller ZPO § 885 Rn. 9.
[14] BGH NJW 1983, 1433 f.
[15] *Fleindl* ZMR 2016, 8 f.
[16] Die Möglichkeit, gegen den Dritten durch Räumungsverfügung gemäß § 940a Abs. 2 ZPO vorzugehen, besteht ab Kenntniserlangung von dem Mitgewahrsam im laufenden Räumungsrechtsstreit nicht mehr.

Entscheiden sich die Parteien für die Aufnahme einer Abgeltungsklausel – etwa, weil der Vergleich über den Streitgegenstand hinaus gehende Streitpunkte regelt – müssen die Rechtsanwälte genau auf die Formulierung achten. Bezieht sich die Abgeltungsklausel auf alle wechselseitigen Ansprüche der Parteien, können davon auch mit der Rückgabe der Mietsache entstehende Ansprüche wie Kautionsrückzahlung oder Schadensersatz bei Nichtdurchführung von Schönheitsreparaturen erfasst sein.[17] Die Formulierung in einem Räumungsvergleich, wonach „Mietansprüche für die Vergangenheit nicht mehr bestehen", schließt nach Auffassung des OLG Düsseldorf[18] zwar eine Nachforderung eines Saldos aus einer erst später erstellten Betriebskostenabrechnung nicht aus, der Vermieter müsse sich aber aufgrund der Erlass- und Erfüllungswirkung des Räumungsvergleichs so behandeln lassen, als seien die bis zum Abschluss des Vergleichs fälligen Betriebskostenvorauszahlungen mieterseits geleistet worden.

E. Kostenfragen

Der Abschluss eines Prozessvergleichs führt einerseits zu einer **Reduzierung der Gerichtskosten** im Zivilprozess von drei auf eine Gebühr, wenn nicht bereits eine gerichtliche Entscheidung (zB Teil- oder Versäumnisurteil) ergangen ist. Andererseits fällt bei Mitwirkung von Rechtsanwälten eine zusätzliche Gebühr gemäß Nr. 1000 VV RVG mit 1,5fachen Satz an. Sofern der Rechtsstreit nicht entscheidungsreif ist, muss berücksichtigt werden, dass die Kosten einer Beweisaufnahme, die von den Parteien verauslagt und später von der unterliegenden Partei getragen werden, durch den Vergleichsabschluss entfallen. Schließen die Parteien einen **Mehrvergleich** ab, dh der Vergleich regelt weitere nicht rechtshängige Streitpunkte, so entstehen gemäß Nr. 1900 KV GKG weitere Gerichtskosten in Höhe einer 0,25fachen Gebühr nach dem erhöhten Streitwert. Ob der Abschluss eines Vergleichs für die Parteien wirtschaftlich sinnvoll ist, ist daher eine Frage des Einzelfalls.

Bezüglich der Kostenverteilung zwischen den Parteien unterscheidet das Gesetz zwischen den Kosten des Rechtsstreits und den Kosten des Vergleichs (§ 98 ZPO). Letztere betreffen die unmittelbar durch den Vergleichsabschluss entstehenden Kosten, also die Einigungsgebühr. In der Praxis üblich und gegenüber den gesetzlichen Regelungen vorrangig ist eine Vereinbarung über die Kostentragungspflicht im Rahmen des Vergleichs. Um Streit über den Inhalt und den Umfang der Vereinbarung zu vermeiden, sollte der Vergleich eine Regelung über die Kosten des Rechtsstreits **und** die Kosten des Vergleichs enthalten. Haben die Parteien im gerichtlichen Vergleich nur eine Vereinbarung über die Kosten des Rechtsstreits getroffen, umfasst diese Regelung aber regelmäßig auch die Kosten des Vergleichs[19]. Anders ist es beim Abschluss eines außergerichtlichen Vergleichs; hier gehören die Kosten des Vergleichs nur dann zu den erstattungsfähigen Kosten des Rechtsstreits, wenn die Parteien dies vereinbart haben.[20]

Ist eine Vereinbarung über die Kosten im Prozessvergleich[21] unterblieben, so bestimmt § 98 ZPO, dass die Kosten des Vergleichs und des Rechtsstreits als gegeneinander aufgehoben anzusehen sind. Das bedeutet, dass jede Partei ihre außergerichtlichen Kosten selbst tragen muss und die Gerichtskosten geteilt werden. § 98 schließt die Anwendung von § 91a grundsätzlich aus, es sei denn die Vergleichsparteien vereinbaren, dass das Gericht über die Kosten unter Berücksichtigung des derzeitigen Sach- und Streitstands gemäß § 91a ZPO entscheiden soll. Bei dieser Entscheidung spielt der Grundgedanke des § 98 ZPO keine Rolle, der Inhalt des Vergleichs darf aber im Rahmen des billigen Ermessens berücksichtigt

---

[17] *Fleindl* ZMR 2016, 15.
[18] NZM 2012, 684.
[19] BGH NJW 2009, 519; OLG Brandenburg MDR 2006, 1017.
[20] BGH NJW 2009, 519; 2011, 1680 f.
[21] Für den außergerichtlichen Vergleich gilt § 98 ZPO entsprechend, wenn damit ein Prozess erledigt wird, BGH NJW-RR 2006, 1000.

werden.²² Entscheidet das Gericht über die Kosten gemäß § 91a ZPO, tritt allerdings eine Herabsetzung der Gerichtskosten auf eine Gebühr nicht ein. Das soll nach einer neueren Entscheidung des OLG Hamm²³ auch dann gelten, wenn die Parteien im Rahmen des Vergleichs auf eine Begründung der Entscheidung und Rechtsmittel dagegen verzichtet haben.

18 Ist ein **Nebenintervenient** am Rechtsstreit beteiligt, sollte im Vergleich auch geregelt werden, inwieweit der Gegner der unterstützten Partei zur Kostenerstattung verpflichtet ist. Vereinbaren die Hauptparteien im Vergleich die gegenseitige Kostenaufhebung, steht dem Nebenintervenienten ein Kostenerstattungsanspruch nicht zu.²⁴ Nur wenn der Vergleich keine Regelung über die Kostenverteilung enthält oder die Auslegung (ausnahmsweise) ergibt, dass die Kosten des Streithelfers nicht in die getroffene Regelung einbezogen wurden, darf das Gericht eine Kostenentscheidung gemäß § 101 Abs. 1 ZPO treffen.²⁵

Kapitel 32. Einstweiliger Rechtschutz

Übersicht

	Rn.
A. Allgemeines	1
B. Verbotene Eigenmacht	5
C. Gefahr für Leib oder Leben	6
D. Räumungsverfügung gegen Dritte	7
E. Räumungsverfügung wegen Nichterfüllung einer Sicherungsanordnung	14
F. Besonderheiten in der Gewerberaummiete	23
I. §§ 935, 940 ZPO	23
II. § 940a Abs. 2, 3 ZPO in der Gewerberaummiete?	26

A. Allgemeines

1 Grundsätzlich ist auch im Mietrecht einstweiliger Rechtsschutz möglich.¹ Voraussetzung ist neben dem Verfügungs- bzw. Arrestanspruch auch hier, dass ein Verfügungs- bzw. Arrestgrund vorliegt. Dabei darf auch unter Berücksichtigung des Dauerschuldcharakters des Mietrechts regelmäßig **keine Vorwegnahme der Hauptsache** eintreten. Im Wohnraummietrecht sind zusätzlich die Besonderheiten des sozialen Mietrechts und seine Schutzfunktion zu berücksichtigen. Der Gesetzgeber hat hierzu in den §§ 283a, 940a ZPO Sondervorschriften geschaffen, die die besondere Situation von Vermieter und Mieter berücksichtigen sollen.² Außerdem ist in § 272 Abs. 4 ZPO jetzt angeordnet, dass **Räumungsverfahren bevorzugt und beschleunigt** bei Gericht zu bearbeiten sind. Dies Beschleunigungsgebot bedeutet aber nicht, dass es sich um einstweiligen Rechtschutz

---

²² OLG Brandenburg FamRZ 2007, 67.
²³ MDR 2019, 1345 f.
²⁴ BGH NJW 2003, 1948.
²⁵ BGH MDR 2011, 1442; NJW 2014, 1021.
¹ *Hinz* NZM 2005, 841; *Fritsche* Rpfleger 2005, 637; *Neuhaus* GuT 2005, 238.
² *Abramenko*, Die Durchsetzung von Räumungstiteln gegen Dritte (§ 940a Abs. 2 ZPO); MietRB 2014, 216; *Börstinghaus*, Die neue „Räumungsverfügung" im Wohnraummietprozess, NJW 2014, 2225; *Dötsch*, Räumungsverfügungen gegen mitbesitzende Dritte nach § 940a Abs. 2 RegE – MietRÄndG, ZMR 2012, 83; *Fleindl*, Räumung von Wohnraum durch einstweilige Verfügung, ZMR 2013, 677; *Fleindl*, Räumung von Gewerberaum durch einstweilige Verfügung, ZMR 2014, 938; *Horst*, Mietrechtsnovelle 2013 – Vereinfachte Räumung von Wohnraum, MDR 2013, 249; *Kinne*, Die neue Räumungsverfügung für Wohnraum – Voraussetzungen und Folgen; GE 2014, 1240; *Klüver*, Kein „Warten auf Godot" oder: Die Ausweitung des neuen § 940a Abs. 2 ZPO (auch) auf Gewerberaummietverhältnisse, ZMR 2015, 10; *Kluth/Grün*, Die Räumungsverfügung nach § 940 ZPO bei gewerblicher Miete, NZM 2001, 1013; *Wendt*, Sicherungsanordnung und Räumungsverfügung gemäß §§ 283a, 940a Abs. 3 ZPO – scharfe Schwerter mit geringer Reichweite?, ZMR 2013, 605; *Wendt*, Die einstweilige Räumungsverfügung nach § 940a II 2 ZPO, Diss. 2015, S. 71.

handelt. Wegen der besonderen Bedeutung der Wohnung sind aber die Anforderungen eine Räumung der Wohnung im einstweiligen Rechtsschutzverfahren sehr streng.

Nach dem erst 1964 in die ZPO eingefügten § 940a ZPO ist eine **einstweilige Verfügung auf Räumung** von Wohnraum nur sehr eingeschränkt zulässig. Möglich sind danach vier verschiedene Fallgruppen, wann eine Räumungsverfügung im einstweiligen Rechtschutzverfahren ergehen kann:

- Im Fall der verbotenen Eigenmacht gem. § 940a Abs. 1 ZPO.
- Im Fall der Gefahr für Leib oder Leben, § 940a Abs. 1 ZPO.
- Gegen einen dem Vermieter bis zum Räumungsurteil unbekannten Mitbewohner gem. § 940a Abs. 2 ZPO[3]
- Gegen den Mieter, der einer Sicherungsanordnung gem. § 283a ZPO nicht nachgekommen ist, § 940a Abs. 3 ZPO.

Aus der Regelung ergibt sich im **Umkehrschluss**, dass in anderen als in § 940a ZPO genannten Fällen eine einstweilige Verfügung auf Räumung von Wohnraum nicht zulässig ist. Die Vorschränkt schränkt also die Möglichkeiten des einstweiligen Rechtsschutzes ein, sie erweiterte sie nicht. Das ist bei der Auslegung der Vorschrift immer zu beachten. Deshalb müssen die allgemeinen Voraussetzungen für den Erlass einer einstweiligen Verfügung auch alle gegeben sein.

Auf der anderen Seite erweitert § 940a ZPO auch die Möglichkeiten des einstweiligen Rechtsschutzverfahrens. Er durchbricht nämlich das Verbot, dass in einem solchen vorläufigen Verfahren keine endgültige Vorwegnahme der Hauptsache erfolgen darf. Es ist also eine **Leistungsverfügung auf Räumung** und Herausgabe zulässig. Aber auch in einem solchen Verfahren gilt § 938 ZPO wonach das Gericht nach freiem Ermessen bestimmt, welche Anordnungen zur Erreichung des Zwecks der einstweiligen Verfügung erforderlich sind.

B. Verbotene Eigenmacht

Gem. § 858 Abs. 1 BGB liegt verbotene Eigenmacht vor, wenn der Bewohner gegen den Willen des Berechtigten, idR also des Vermieters, von der Wohnung Besitz ergriffen hat, ohne dass ihm dies durch ein Gesetz gestattet wurde. Ein solcher **Besitz ist fehlerhaft** und darf bereits nach allgemeinen Regeln, vgl. §§ 858 ff. BGB, wieder entzogen werden. Insofern gilt für Wohnraum grundsätzlich nichts anderes. Es ist nicht erforderlich, dass dem Vermieter bzw. Eigentümer außerdem noch ein weiterer Nachteil entstanden ist oder droht. In Betracht kommen hier insbes. die Fälle der Hausbesetzungen. Ein Antrag auf Erlass einer einstweiligen Räumungs- und Herausgabeverfügung gegen unbekannte Hausbesetzer ist nicht bereits deshalb unzulässig, weil der Antragsteller die Namen der betreffenden Personen nicht nennen kann, denn insbes. dann, wenn dem Antragsteller die Namen der Antragsgegner auf arglistige Weise verschwiegen werden und er diese auch nicht auf zumutbare Weise ermitteln kann, muss ihm gestattet werden, ein Verfügungsverfahren gegen „Unbekannt" einzuleiten. Allerdings muss er dann die betroffenen Personen anderweitig hinreichend individualisieren.[4] An einer solchermaßen hinreichend konkreten Parteibezeichnung soll es aber fehlen, wenn der Antragsteller die betreffenden Hausbesetzer lediglich nach Personenzahl und ihrem Aufenthaltsort angeben kann, denn die Gruppe der Hausbesetzer kann sich jederzeit hinsichtlich ihrer einzelnen Mitglieder und/oder ihres Bestandes ändern. In diesem Fall soll eine Antragstellung gegen „Unbekannt" unzulässig sein.[5]

---

[3] Umfassend hierzu *Wendt*, Die einstweilige Räumungsverfügung des § 940a II 2 ZPO, Diss. 2015.
[4] LG Kassel NJW 1991, 381; LG Bremen WuM 1990, 527.
[5] OLG Brandenburg GE 1994, 339; **aA** LG Kassel NJW-RR 1991, 381.

C. Gefahr für Leib oder Leben

6 Eine Gefahr für Leib oder Leben iSd § 940a Abs. 1 ZPO kommt nur bei solchen Gefährdungen in Betracht, die eine Entziehung des Besitzes an dem Wohnraum des Störers zwingend verlangen. Dabei darf die Gefahr nicht nur abstrakt, sondern muss ganz konkret bestehen.[6] Die **Gefahr muss vom Mieter oder Bewohner der Wohnung ausgehen.**[7] Es genügt jede Gewalt gegen den Körper, eine Lebensgefahr für das Opfer ist nicht erforderlich. Angesichts der besonderen Bedeutung der Wohnung und der bei einer Räumung im einstweiligen Verfügungsverfahren nach § 940a ZPO eintretenden Vorwegnahme der Hauptsache scheiden unerheblich Beeinträchtigungen der Gesundheit aber aus. Bloße Befürchtungen oder Ängste reichen ebenso wenig wie harmlose Gefährdungen, insbesondere, wenn ihr Provokationen durch den Vermieter vorausgegangen sind.[8]

Es kommt nicht darauf an, wer das Opfer der vom Mieter oder dem Bewohner ausgehenden Gefahr für Leib oder Leben ist. Das kann der Vermieter sein, das können aber auch seine Familienangehörigen, Mitarbeiter wie zB Hausmeister, Sicherheitsdienst[9], Hausbewohner oder ganz unbeteiligte Dritte (zB Passanten) sein.

D. Räumungsverfügung gegen Dritte

7 Durch das Mietrechtsänderungsgesetz aus dem Jahre 2013 hat der Gesetzgeber erstmals die Möglichkeit geschaffen gegen Dritte, gegen **die nicht gem. § 885 ZPO** aus dem Räumungsurteil gegen den Mieter vollstreckt werden kann, eine einstweilige Räumungsverfügung zu beantragen. Damit sollte vor allem erreicht werden, dass Räumungsschuldner durch Untervermietungen das Verfahren nicht unzulässigerweise hinauszögern können. Das bedeutet, dass eine Räumungsverfügung aber in all den Fällen ausscheidet, in denen aus dem Räumungsurteil gegen den Mieter auch Dritte geräumt werden können, zB **volljährige Kinder** ohne eigenes Besitzrecht.[10] Minderjährige Kinder, die mit ihren Eltern zusammenleben, haben grundsätzlich keinen Mitbesitz an der gemeinsam genutzten Wohnung. Die Besitzverhältnisse an der Wohnung ändern sich im Regelfall nicht, wenn die Kinder nach Erreichen der Volljährigkeit mit ihren Eltern weiter zusammenleben[11], selbst wenn sie eigenes Einkommen haben und sich an der Miete beteiligen.[12] Haben Kinder keinen Mitbesitz an der Wohnung erlangt, reicht für eine Räumungsvollstreckung ein Vollstreckungstitel gegen die Eltern aus.[13] In diesem Fall scheidet eine Räumungsverfügung gem. § 940a Abs. 2 BGB aus.

8 Voraussetzung für den Erlass einer Räumungsverfügung gem. § 940a Abs. 2 ZPO ist, dass der Vermieter schlüssig dargelegt und glaubhaft macht, dass

- ein Dritten Besitz an der Wohnung hat,
- dieser kein Recht zum Besitz hat und
- der Vermieter erst nach Schluss der mündlichen Verhandlung Kenntnis von dessen Mitbesitz erlangt hat

9 Die Tatsache, dass gegen den Mieter ein vollstreckbarer Räumungstitel vorliegt und, dass der Vermieter vom Besitzerwerb des Dritten erst nach dem Schluss der mündlichen Verhandlung Kenntnis erlangt hat, gehört zum **Verfügungsgrund** und nicht zum Verfügungsanspruch.

---

[6] AG Bremen WuM 2015, 562.
[7] *Börstinghaus* in Börstinghaus/Eisenschmid, AK-Mietrechtsänderungsgesetz, ZPO § 940a Rn. 23.
[8] AG Bremen WuM 2015, 562.
[9] AG Hamburg NZM 2010, 667; 2010, 760.
[10] AG Kassel ZMR 2016, 77 mAnm *Flatow* jurisPR-MietR 2/2016 Anm. 5.
[11] AG Wiesbaden NZM 2015, 782.
[12] AG Kassel ZMR 2016, 77 mAnm *Flatow* jurisPR-MietR 2/2016 Anm. 5.
[13] BGH NJW 2008, 1959.

D. Räumungsverfügung gegen Dritte   Kap. 32

Der Vermieter darf erst **nach Schluss der mündlichen Verhandlung** im Räumungs- 10
verfahren gegen den Hauptmieter von dem Mitbesitz des Dritten erfahren haben. Maßgeblicher Zeitpunkt für die Kenntniserlangung vom Besitzerwerb eines Dritten als Voraussetzung einer einstweiligen Verfügung zur Räumung von Wohnraum durch Dritte gemäß § 940a Abs. 2 ZPO ist der Schluss der mündlichen Verhandlung in erster Instanz.[14] Die Kenntniserlangung in der mündlichen Verhandlung ist nach § 940a Abs. 2 ZPO zu früh und steht deshalb dem Erlass einer einstweiligen Verfügung entgegen.[15] Die abweichende Auffassung berücksichtigt nicht, dass der Rechtsausschuss des Deutschen Bundestages in § 940a Abs. 2 ZPO im Laufe des Gesetzgebungsverfahrens ausdrücklich den Schluss der mündlichen Verhandlung als Termin aufgenommen hat. Maßgeblich für diese Ergänzung war, dass zu diesem Termin die letzte Möglichkeit der Parteierweiterung besteht. Wie lange dem Vermieter die Umstände dann anschließend bekannt sind ist unerheblich.[16] Er muss nur erst nach Schluss der mündlichen Verhandlung Kenntnis erlangt haben. Die in § 940a Abs. 2 ZPO genannten Voraussetzungen sind die einzigen und typisierten Bedingungen für den Verfügungsgrund. Wenn diese Bedingungen vorliegen ist eine Abwägung der beiderseitigen Interessen, wie sie in § 940 ZPO für sonstige einstweilige Verfügungen verlangt wird, nicht mehr erforderlich.[17] Soweit und solange diese Voraussetzungen vorliegen, kann unabhängig davon, seit wann sie dem Antragsteller bekannt sind nach § 940a Abs. 2 ZPO eine Räumungsverfügung erlassen werden. Einer Darlegung und Glaubhaftmachung eines wesentlichen Nachteils der Antragstellerin, wie sie bei einer Regelungsverfügung gemäß § 940 ZPO an sich notwendig ist, bedarf es nicht; es liegt vielmehr ein „anderer Grund" iSv § 940 ZPO vor. Dem Vermieter wird eine eventuelle Kenntnis des Vorvermieters zumindest in den Fällen nicht zugerechnet, in denen Mieter und Untervermieter im vorangegangenen Räumungsprozess vorgetragen hatten, dass die Wohnung gar nicht untervermietet sei.[18] Eine Erkundigungspflicht des Vermieters bezüglich einer eventuellen Untervermietung der Mietsache besteht selbst dann nicht, wenn die Untervermietung im (Haupt-)Mietvertrag bereits ausdrücklich genehmigt wurde.[19]

Nimmt der Vermieter einen Dritten als Besitzer der Wohnraummietsache nach § 940a 11
Abs. 2 ZPO im einstweiligen Verfügungsverfahren auf Räumung und Herausgabe in Anspruch, trägt der Vermieter die **Darlegungs- und Beweislast** dafür, dass er vom Besitzerwerb des Dritten erst nach Schluss der mündlichen Verhandlung des gegen den Wohnraummieter geführten Räumungsprozesses Kenntnis erlangt hat. Ein non-liquet geht zu Lasten des Vermieters.[20] Dabei soll „von einer überwiegenden Wahrscheinlichkeit" für die vor Schluss der mündlichen Verhandlung bestehende Kenntnis des Vermieters vom Besitzerwerb des Antragsgegners zumindest dann auszugehen sein, wenn dieser bereits seit mehreren Jahren zusammen mit der Mieterin und dem gemeinsamen Kind in der Wohnung lebt und ein Teil der Miete für den Antragsgegner und das Kind in der Vergangenheit vom Jobcenter direkt an den Vermieter gezahlt wurde.[21]

Der Dritte kann sich gegen den Anspruch verteidigen, indem er entweder seinen **Besitz** 12
bestreitet, also behauptet nur zu Besuch gewesen zu sein, oder ein Besitzrecht entweder direkt aufgrund einer Vereinbarung mit dem Vermieter oder aufgrund eines noch fortbestehenden Besitzrechtes des Mieters zu besitzen. Die Rechtskraft der gegen den Mieter ergangenen Entscheidung über den Rückgabeanspruch des Vermieters aus § 546 Abs. 1

---

[14] AG Augsburg WuM 2020, 665 mAnm *Börstinghaus* jurisPR-MietR 5/2021 Anm. 5; LG Frankfurt (Oder) NZM 2016, 816 mAnm *Wendt* NZM 2016, 818; *Dötsch* jurisPR-MietR 19/2016 Anm. 6.; **aA** LG Berlin GE 2015, 863.
[15] **AA** AG Hanau NZM 2013, 728 mAnm *Börstinghaus* jurisPR-MietR 23/2013 Anm. 5.
[16] LG Mönchengladbach NJW 2014, 950; mAnm *Börstinghaus* jurisPR-MietR 2/2014 Anm. 5.
[17] LG Mönchengladbach NJW 2014, 950; *Streyl* in Schmidt-Futterer ZPO § 940a Rn. 20; *Fleindl* ZMR 2013, 677 (679).
[18] LG Frankfurt a. M. WuM 2016, 376.
[19] LG Frankfurt a. M. WuM 2016, 376.
[20] LG Berlin WuM 2016, 751.
[21] AG Berlin-Mitte WuM 2016, 576.

BGB hat nämlich hinsichtlich der Frage der Beendigung des Mietverhältnisses keine Bindungswirkung für eine nachfolgende Entscheidung über den gegen den Dritten gerichteten Rückgabeanspruch aus § 546 Abs. 2 BGB.[22] Insofern genügt es für die Glaubhaftmachung des Räumungsanspruchs nicht, wenn der Vermieter sich hinsichtlich des Räumungsanspruchs gegenüber dem Mieter auf das Urteil gegen diesen beruft. Erforderlich ist ein Sachvortrag, aus dem sich die Beendigung des Mietverhältnisses mit dem Mieter ergibt.

13 Strittig ist, ob § 940a Abs. 2 ZPO über den Wortlaut hinaus auch in der **Gewerberaummiete** Bedeutung hat.[23] Zum Teil wird dies wegen des Wortlauts der Norm abgelehnt[24], zum Teil wird die Auffassung vertreten die Wertung des § 940a Abs. 2 ZPO sei zumindest bei § 940 ZPO zu berücksichtigen.[25]

E. Räumungsverfügung wegen Nichterfüllung einer Sicherungsanordnung

14 § 940a Abs. 3 ZPO erlaubt eine **Räumungsverfügung** gegen einen Wohnraummieter auch dann, wenn der Vermieter eine Räumungsklage wegen Zahlungsverzugs erhoben hat, im dortigen Verfahren eine Sicherungsanordnung gem. § 283a ZPO erlassen worden ist und der Mieter die festgesetzte Sicherheit nicht geleistet hat.

15 Das bedeutet, eine Räumungsverfügung nach § 940 Abs. 3 ZPO darf nicht nach jeder Sicherungsanordnung ergehen, der der Mieter nicht nachgekommen ist. Die Sicherungsanordnung darf in jedem Räumungsverfahren, das mit einer Zahlungsklage verbunden ist, ergehen. Auf den Beendigungsgrund für das Mietverhältnis kommt es nicht an.[26] Die Räumungsverfügung nach § 940 Abs. 3 ZPO setzt zwingend eine **„Räumungsklage wegen Zahlungsverzuges"** voraus. Diese Formulierung ist sprachlich missglückt. Die Räumungsklage wird auf die Anspruchsgrundlage § 546 BGB oder ggf. § 985 BGB gestützt.

16 Der **Zahlungsverzug kann ein Kündigungsgrund sein,** der zur Beendigung des Mietverhältnisses führt. Es kann sich also allenfalls um eine „Räumungsklage *nach* Zahlungsverzug" handeln. Ein solcher Zahlungsverzug erlaubt zunächst eine außerordentliche fristlose Kündigung gem. § 543 Abs. 3 Ziff. 3 BGB.[27] Möglich ist aber bei einem Verzug des Mieters mit Mietzahlungen aber auch eine ordentliche Kündigung gem. § 573 Abs. 2 Ziff. 1 BGB. Dazu ist ein Rückstand in Höhe einer Monatsmiete über die Dauer von einem Monat erforderlich.[28] Ein weiterer Unterschied zwischen beiden Kündigungstatbeständen ist, dass für eine außerordentliche fristlose Kündigung gem. § 543 Abs. 2 Nr. 3 BGB „nur" Verzug erforderlich ist. Verzug erfordert gem. § 286 Abs. 4 BGB nur ein „Vertretenmüssen". Das wiederum ist nach § 276 BGB zu ermitteln und nicht nur bei fahrlässigem oder vorsätzlichem Verhalten gegeben, sondern auch dann, wenn jemand eine Garantie übernommen hat. Und genau das ist bei der Eingehung von Geldschulden der Fall **(„Geld hat man zu haben").** Das hat zur Folge, dass Zahlungsverzug auch bei unverschuldeter Geldnot vorliegt.[29] Demgegenüber erfordert eine Kündigung gem. § 573

---

[22] BGH NJW 2010, 2208 = NZM 2010, 699 = MietPrax-AK § 546 BGB Nr. 5 mAnm *Börstinghaus;* BGH NZM 2006, 699 = MietPrax-AK § 536 BGB Nr. 16 mAnm *Eisenschmid.*
[23] *Fleindl* ZMR 2014, 938; *Klüver* ZMR 2015, 10.
[24] OLG München NZM 2015, 167; OLG Celle NZM 2015, 166; LG Köln NJW 2013, 3589 mAnm *Börstinghaus* jurisPR-MietR 22/2013 Anm. 5; KG NJW 2013, 3588 mAnm *Schach* jurisPR-MietR 24/2013 Anm. 5.
[25] LG Krefeld ZMR 2016, 448; LG Hamburg NJW 2013, 3666 mAnm *Börstinghaus* jurisPR-MietR 16/2014 Anm. 6; dazu → Rn. 23.
[26] Siehe oben Rn. 2.
[27] Siehe dazu Kap. 12 Rn. 29 ff.
[28] BGH WuM 2012, 682 = MietPrax-AK § 573 BGB Nr. 44 mAnm *Börstinghaus; Schach* jurisPR-MietR 24/2012 Anm. 2: *Schmid* MietRB 2013, 1; *Zehelein* WuM 2013, 46; *Börstinghaus* LMK 1/2013 Anm. 2; *Hinz* ZMR 2013, 96; *Blank* NZM 2013, 104; BGH WuM 2016, 325 = MietPrax-AK § 573 BGB Nr. 54 mAnm *Börstinghaus;* BGH WuM 2016, 682 = MietPrax-AK § 573 BGB Nr. 59 mAnm *Börstinghaus.*
[29] BGHZ 204, 134 = NZM 2015, 196 = NJW 2015, 1296 = MietPrax-AK § 543 BGB Nr. 34 mAnm *Börstinghaus; Theesfeld* jurisPR-MietR 6/2015 Anm. 3; *Börstinghaus* LMK 2015, 367524; *Schach* MietRB 2015, 98 (109); *Derleder* JZ 2015, 517; *Flatow* NZM 2015, 654.

Abs. 2 Nr. 1 BGB ein schuldhaftes Verhalten, was nur bei Vorsatz oder Fahrlässigkeit der Fall ist. Insofern kann der Mieter sich auf unvorhersehbare wirtschaftliche Engpässe berufen.[30] Das Verschulden wird jedoch gem. § 280 BGB vermutet, der Mieter muss sich entlasten. Ob eine Räumungsverfügung gem. § 940a Abs. 3 ZPO auch bei einer solchen ordentliche Kündigung gem. § 573 Abs. 2 Nr. 1 BGB möglich ist, ist umstritten.[31] Zum Teil wird aus dem Wortlaut „Räumungsklage wegen Zahlungsverzuges" hergeleitet, dass dies die umgangssprachliche Umschreibung der fristlosen Kündigung gem. § 543 Abs. 2 Ziff. 3 BGB sei.[32] Außerdem passe ein Eilverfahren wie das des § 940a Abs. 3 ZPO nicht zu einer ordentlichen Kündigung mit langer Kündigungsfrist. Zumindest müsse der Rückstand aber den Anforderungen des § 543 Abs. 2 Ziff. 3 BGB genügen, auch wenn deshalb nur ordentlich gekündigt worden sei.[33]

Der Wortlaut der Vorschrift ist nicht ganz eindeutig. Eine Räumungsklage wegen Zahlungsverzuges gibt es bekanntlich gar nicht. Der **Gesetzeszweck** war eine Sicherung von Vermieteransprüchen und zwar vor allem was die wirtschaftliche Werthaltigkeit angeht. Dafür ist das Institut der Sicherungsanordnung geschaffen worden. Wenn dies keinen Erfolg hat, weil der Mieter die Sicherheit nicht erbringt, nur dann soll eine Räumung erfolgen können, damit der **wirtschaftliche Schaden nicht größer wird.** Dabei geht es nur um Rückstände, die nach Klageerhebung entstanden sind. Deshalb ist es völlig egal, ob es sich um eine fristgerechte oder fristlose Kündigung handelt. Es kommt nicht darauf an, welche Rückstände vor der Kündigung vorlagen, sondern welche während des Verfahrens neu auflaufen. Verzögert sich die Entscheidung, weil der Mieter im untechnischen Sinne das Verfahren verzögert, dann soll die Sicherungsanordnung möglich sein. Und wenn diese besondere Schutzbedürftigkeit des Vermieters gegeben ist, dann ist auch eine Räumungsverfügung gem. § 940a ZPO möglich. Der Zahlungsverzug muss sich nicht zwingend auf die Grundmiete beziehen. Möglich ist auch ein Zahlungsverzug mit Betriebskostenvorauszahlungen.[34]

Nicht ausreichend ist eine Räumungsklage nach einer **Kündigung wegen Nichtzahlung der Kaution,** § 569 Abs. 2a BGB, wegen unpünktlicher Mietzahlungen[35] oder Nichtzahlung der Betriebskostennachzahlung aus einer Betriebskostenabrechnung. Letzteres ist deshalb so, weil der Verfügungsgrund darin seine Berechtigung hat, dass die Forderung monatlich bei weiterer Gebrauchsüberlassung immer größer wird. Das ist bei einer Betriebskostennachzahlung nicht der Fall, auch wenn es sich nach Ansicht des BGH um eine „wiederkehrende Leistung" handelt[36], unabhängig davon wie hoch sie ist und ob man deshalb kündigen kann. Auch Eigenbedarfskündigungen, Kündigungen wegen wirtschaftlicher Verwertung aber auch Kündigungen wegen Störungen des Hausfriedens oder aus anderen wichtigen Gründen können nicht zu Annahme eines Verfügungsgrundes führen, selbst wenn in diesen Verfahren eine Sicherungsanordnung ergangen ist, was theoretisch zwar möglich ist, wegen der Nachteilsabwägung in § 283a ZPO aber eher unwahrscheinlich ist.

Es muss eine Sicherungsanordnung gem. § 283a ZPO ergangen sein.[37] Die dort gesetzte **Frist zur Erbringung der Sicherheit** muss verstrichen sein. Der Mieter darf die dort

---

[30] BGH NZM 2005, 334 = MietPrax-AK § 569 BGB Nr. 4 mAnm *Börstinghaus; Blank* WuM 2005, 252; *Schläger* ZMR 2005, 359; *Bieber* BGHReport 2005, 689; *Dickersbach* MietRB 2005, 173; *Börstinghaus* WuM 2005, 446.
[31] Dafür *Börstinghaus* in Börstinghaus/Eisenschmid ZPO § 940a Rn. 29; *Lützenkirchen* ZMR 2012, 607; *Zehelein* WuM 2013, 142; *Fleindl* ZMR 2013, 684.
[32] *Streyl* in Schmidt-Futterer ZPO § 940a Rn. 34.
[33] *Hinz* NZM 2012, 793 (794).
[34] BGH NZM 2007, 35 = NJW 2007, 428 = MietPrax-AK § 573 BGB Nr. 9 mAnm *Börstinghaus; Lützenkirchen* MietRB 2007, 59 (60, 61); 102; *Klees* NJW 2007, 431; *Blank* NZM 2007, 788.
[35] *Streyl* in Schmidt-Futterer ZPO § 940a Rn. 34.
[36] BGH NJW 2016, 3231 = NZM 2016, 762 = MietPrax-AK § 551 BGB Nr. 18 mAnm *Börstinghaus; Börstinghaus* jurisPR-BGHZivilR 17/2016 Anm. 4; *Ludley* NZM 2016, 764; *Beyer* jurisPR-MietR 22/2016 Anm. 3; *Burbulla* MietRB 2016, 311; *Staake* LMK 2016, 384205.
[37] Dazu → Kap. 30.

angeordnete Sicherheitsleistung nicht erbracht haben. Unerheblich ist, wann er die Sicherheitsleistung erbracht hat. Vor Ablauf der in der Sicherungsanordnung gesetzten Frist ist die Sicherheitsleistung nicht fällig, so dass auch eine einstweilige Verfügung nicht ergehen kann. Hat der Mieter erst nach Ablauf der Frist die Sicherheit geleistet, ist ebenfalls eine einstweilige Verfügung nicht möglich.[38] § 940a Abs. 3 ZPO will nicht den Mieter für die Fristüberschreitung bestrafen sondern den Vermieter vor dem Schaden schützen, der ihm wegen der Dauer des Verfahrens und der fehlenden Sicherheit entstehen könnte. wenn die Sicherheit aber gestellt wurde, dann fehlt es an dem Verfügungsgrund. Das Gesetz spricht zwar „Folge leisten", was sich auch auf die Frist beziehen könnte, jedoch sind der Sinn und Zweck der Regelung und die besonderen Beschränkungen des einstweiligen Rechtsschutzverfahrens zu beachten. Eine Räumungsverfügung trotz – wenn auch verspäteter – Leistung der Sicherheit, ist außerdem verfassungsrechtlich bedenklich.

20   Problematisch ist der Erlass einer Räumungsverfügung dann, wenn in der von einem Mieter gemieteten Wohnung **mehrere Personen wohnen.** Die Räumungsklage ist gegen alle in der Wohnung lebenden Personen zu erheben (Ausnahme minderjährige Kinder), der Zahlungsantrag ist aber nur hinsichtlich des Mieters begründet. Nur ihm gegenüber darf dementsprechend auch eine Sicherungsanordnung gem. § 283a ZPO ergehen.[39] Trotzdem soll in diesen Fällen eine Räumungsverfügung gegen alle Räumungsschuldner aus dem Hauptsachverfahren möglich sein.[40] Erfährt der Vermieter erst im Rahmen der Vollstreckung der gegen den Mieter ergangenen Räumungsverfügung gem. § 940a Abs. 3 ZPO von den weiteren Mitbesitzern der Wohnung, so ist unter den Voraussetzungen des § 940a Abs. 2 ZPO gegen diese eine – weitere – Räumungsverfügung möglich.[41]

21   Die einstweilige Verfügung „darf" angeordnet werden. Das bedeutet, es gibt **keine Automatik** zwischen Nichterfüllung einer Sicherungsanordnung und dem späteren Erlass der einstweiligen Verfügung. Das Gericht hat auch im einstweiligen Verfügungsverfahren gem. § 940a ZPO eine umfassende Abwägung vorzunehmen, ob zur Regelung des Rechtsverhältnisses eine einstweilige Verfügung, die ja eine Vorwegnahme der Hauptsache darstellt, geboten ist. Es gilt auch hier § 940 ZPO, wonach eine einstweilige Verfügung auch zum Zweck der Regelung eines einstweiligen Zustands zulässig ist, wenn diese Regelung zur Abwendung wesentlicher Nachteile oder zur Verhinderung drohender Gewalt oder aus anderen Gründen nötig erscheint. Das Gericht ist deshalb auch hier in der Formulierung des Tenors gem. § 938 ZPO frei. Der Regelfall wird die Anordnung der Herausgabe an den Vermieter sein. Möglich ist auch die Anordnung an der Herausgabe an den Vermieter mit dem zugleich ausgesprochenen Verbot der Besitzüberlassung an Dritte. Auf diese Weise kann die Rückgabe der Wohnung an den Mieter nach Abschluss des Verfahrens gewährleistet werden. Diese Möglichkeiten stellen aber nur absolute Ausnahmen dar.

22   Ist im Wege einer einstweiligen Verfügung, gem. § 940a ZPO auf Räumung von Wohnraum erkannt worden, kann eine **Räumungsfrist nach § 721 ZPO** nicht gewährt werden. Anderenfalls wäre die besondere Dringlichkeit zu verneinen und eine einstweilige Verfügung hätte nicht ergehen dürfen.[42]

F. Besonderheiten in der Gewerberaummiete

I. §§ 935, 940 ZPO

23   Im Gewerberaummietrecht können die Parteien eine auf Räumung und Herausgabe gerichtete einstweilige Verfügung erwirken, wenn die allgemeinen Voraussetzungen der

---

[38] *Streyl* in Schmidt-Futterer ZPO § 940a Rn. 39.
[39] *Wendt* ZMR 2013, 605.
[40] *Streyl* in Schmidt-Futterer ZPO § 940a Rn. 39; *Fleindl* ZMR 2013, 684; **aA** *Wendt* ZMR 2013, 605; *Schuschke* FS Schilken, 2015, 299 (611).
[41] *Streyl* in Schmidt-Futterer ZPO § 940a Rn. 42.
[42] LG Hamburg NJW-RR 1993, 1233.

§§ 935, 940 ZPO vorliegen. Die Rechtsprechung lässt hier in Ausnahmefällen eine teilweise Befriedigung im Wege der Leistungsverfügung zu. Die Einschränkungen des § 940a Abs. 1 ZPO („konkrete Gefahr für Leib oder Leben") gelten bei Gewerbemietverhältnissen nicht. Gleichwohl kommen solche Anträge – wegen der hohen Anforderungen, die an die Glaubhaftmachung des Verfügungsgrundes zu stellen sind – in der Praxis eher selten vor. Denn im Erfolgsfall gehen sie über eine bloße vorläufige Sicherung der Rechte des Gläubigers hinaus. Die Anordnung der Herausgabe der Mietsache an den Gläubiger führt zu einer Vorwegnahme des Hauptsachverfahrens.

Eine Leistungsverfügung wird das Gericht nur erlassen, wenn der Gläubiger aufgrund einer besonderen Notlage auf die Erfüllung seines Anspruchs dringend angewiesen ist. Das Bestehen erheblicher Mietrückstände reicht dafür nicht aus. Eine besondere Dringlichkeit ist zum Beispiel gegeben, wenn die Mietsache infolge einer vertragswidrigen, die Substanz des Gebäudes beeinträchtigenden Art der Nutzung, gefährdet wird.[43]

Einfacher hat es der Gläubiger, der einen Besitzschutzanspruch gemäß §§ 861, 858 BGB geltend macht. Denn die Darlegung der vom Antragsgegner begangenen verbotenen Eigenmacht reicht regelmäßig als Verfügungsgrund aus. Einer besonderen Glaubhaftmachung der Dringlichkeit bedarf es nicht.

II. § 940a Abs. 2, 3 ZPO in der Gewerberaummiete?

Hat eine dritte Person, insbesondere ein Untermieter (Mit-)Besitz an den Gewerberäumen, so steht dem Vermieter unter den Voraussetzungen des § 546 Abs. 2 BGB ein eigener Räumungsanspruch gegen den Dritten zu. Der Vermieter kann unter den oben genannten Voraussetzungen auch gegen Dritte eine einstweilige Verfügung erwirken. Er muss ggf. gleichzeitig gegen den Mieter und den Dritten vorgehen. Der Titel gegen den Hauptmieter wirkt nicht gegen den Untermieter.[44] Nun kommt es gerade im Gewerberaummietrecht vor, dass dem Vermieter im Rahmen der Vollstreckung gegen den (Haupt-)Mieter ein vorher unbekannter Untermieter präsentiert wird. Dies geschieht häufig allein mit dem Ziel, eine Inbesitznahme der Mietsache durch den Vermieter zu vereiteln. Es sind deshalb seit 2013 bereits zahlreiche Entscheidungen zu der Frage ergangen, ob unter den Voraussetzungen des § 940a Abs. 2 ZPO eine Räumung auch bei Vorliegen eines Gewerberaummietverhältnisses möglich ist. Diese Frage ist auch in der Literatur lebhaft diskutiert worden.[45] Nach der in der Rechtsprechung ganz überwiegend vertretenen Auffassung gilt § 940a Abs. 2 ZPO zwar aufgrund seines Wortlauts und seiner Überschrift nicht für die Gewerberaummiete, die Wertungen dieser Vorschrift sollen aber im Gewerberaummietrecht berücksichtigt werden.[46] Wenn der Gesetzgeber schon im Wege des einstweiligen Rechtsschutzes eine Räumung der grundrechtlich besonders geschützten Wohnung für zulässig halte, müsse eine Räumungsverfügung – bei Vorliegen der sonstigen Voraussetzungen – bei Gewerberäumen **erst Recht** zulässig sein.[47] Von den Obergerichten vertritt insoweit nur noch das OLG Celle[48] einen gegenteiligen Standpunkt. Für eine gesetzesübersteigende Rechtsfortbildung fehle es an einer Regelungslücke.[49] Der erstgenannten Auffassung ist der Vorzug zu geben. Die Vertreter der

---

[43] OLG Celle NZM 2001, 194.
[44] BGH NZM 2004, 701; 2008, 805.
[45] Für eine Berücksichtigung zumindest der Wertungen des § 940a Abs. 2 ZPO im Gewerberaummietrecht: *Streyl* in Schmidt-Futterer, Mietrecht, 14. Aufl., ZPO § 940a Rn. 57; *Börstinghaus* jurisPR-MietR 7/2016 Anm. 4; MüKoZPO/*Drescher* (5. Aufl.) § 940a Rn. 21: **aA** *Wendt*, Die einstweilige Räumungsverfügung des § 940a II ZPO, Diss. (Universität Trier) 2015, S. 126; *Huber* in Musielak/Voit ZPO § 940 Rn. 1; Vollkommer in Zöller ZPO § 940a Rn. 7.
[46] LG Hamburg NJW 2013, 3666; ZMR 2015, 380; LG Krefeld ZMR 2016, 448 mit zust. Anm. Börstinghaus, juris PR-MietR 7/2016 Anm. 4; OLG München ZMR 2018, 220; OLG Dresden MDR 2018, 204.
[47] LG Hamburg NJW 2013, 3666; LG Krefeld ZMR 2016, 448; OLG München ZMR 2018, 220; OLG Dresden MDR 2018, 204.
[48] NZM 2015, 166; MietRB 2020, 233.
[49] NZM 2015, 166; MietRB 2020, 233.

Gegenmeinung verkennen, dass die Einführung der § 940a Abs. 2, 3 ZPO nur im Wohnraummietrecht notwendig war, weil es nur dort ein grundsätzliches Verbot von Räumungsverfügungen gab.[50]

> **Praxistipp:**
> Der mit der Durchsetzung einer Räumungsverfügung beauftragte Rechtsanwalt sollte berücksichtigen, dass auch bei Vorliegen der Voraussetzungen des § 940a Abs. 2 ZPO nicht zwingend ein Verfügungsgrund angenommen werden muss. Da nur die Wertungen dieser Vorschrift in das Gewerberaummietrecht übernommen werden, erscheint es nicht ausgeschlossen, dass ein Gericht im Einzelfall das Vorliegen eines besonderen Nachteils gemäß § 940 ZPO verneint.[51] Es kann auch nicht ausgeschlossen werden, dass ein Gericht im Einzelfall der ablehnenden Ansicht des OLG Celle[52] folgt.

27 Danach ist zwar auch eine Übertragung der Wertungen des § 940a Abs. 3 ZPO in die Gewerberaummiete nicht ausgeschlossen. Die Norm hat allerdings in der Geschäftsraummiete eine noch geringere Praxisbedeutung als im Wohnungsmietrecht.

Kapitel 33. Die Räumungsvollstreckung

A. Überblick

1 Hat der Gläubiger nach den oben dargestellten Grundsätzen im Erkenntnisverfahren einen Räumungstitel gegen den Schuldner erwirkt, muss er in einem zweiten Schritt die Zwangsvollstreckung betreiben, wenn der Schuldner der gerichtlichen Anordnung freiwillig nicht nachkommt. Die Art und Weise der Herausgabevollstreckung in unbewegliches Vermögen, also auch Wohnungen und Gewerberäume, regeln die §§ 885, 885a ZPO. Aus der Vorschrift ergibt sich zudem, wie mit den in den Räumlichkeiten befindlichen beweglichen Sachen umzugehen ist. Mit dem durch das MietRÄndG 2013 eingeführten § 885a ZPO hat sich der Gesetzgeber entschieden, die Rechtsprechung zum sog. Berliner Räumungsmodell in modifizierter Form ausdrücklich zu regeln. Zuständiges Vollstreckungsorgan ist der Gerichtsvollzieher, in dessen Bezirk sich die herauszugebende unbewegliche Sache befindet.

2 Was die Verpflichtung des Schuldners zur Räumung angeht, verdrängten die §§ 885 Abs. 2–4 die Regelung in § 887 ZPO. Dies ergibt sich aus § 887 Abs. 3 ZPO. Muss der Schuldner nach dem Titel über die Räumung der Mietsache hinausgehende Handlungen vornehmen, richtet sich die Vollstreckung nach § 887 ZPO. Schwierige Abgrenzungsfragen können sich ergeben, wenn der Schuldner zur Beseitigung von beweglichen Sachen, etwa der Entfernung von Abfall in einer vermüllten Wohnung verpflichtet ist.[1]

B. Voraussetzungen

I. Gläubigerauftrag

3 Der Gläubiger muss einen Vollstreckungsauftrag erteilt haben.

---

[50] LG Krefeld ZMR 2016, 448; *Streyl* in Schmidt-Futterer, ZPO § 940a Rn. 57.
[51] *Streyl* in Schmidt-Futterer, Mietrecht, ZPO § 940a Rn. 57.
[52] NZM 2015, 166; MietRB 2020, 233.
[1] Vgl. dazu *Lehmann-Richter* in Schmidt-Futterer, ZPO § 885 Rn. 5 ff.

II. Räumungstitel und weitere Voraussetzungen

Neben den Voraussetzungen aus § 885 Abs. 1 ZPO müssen die allgemeinen Voraussetzungen der Zwangsvollstreckung (Titel, Klausel, Zustellung) gegeben sein. Der Räumungstitel muss die herauszugebenden Räumlichkeiten hinreichend genau bezeichnen. Befinden sich in einem Stockwerk der Immobilie mehrere Wohnungen, so muss die **Lage** und ggf. die Wohnungsnummer nach dem Aufteilungsplan angegeben werden. Der Titel muss auch Nebenräume wie Garagen, Stellplätze, Keller- oder Dachbodenräume enthalten. 4

Ungenauigkeiten können im Wege der Auslegung beseitigt werden. Grundlage für die Auslegung darf grundsätzlich nur der Inhalt des Titels selbst sein, nicht aber die sonstigen Aktenbestandteile. Allerdings hält der BGH eine ergänzende Berücksichtigung des Klagevorbringens ausnahmsweise für zulässig, wenn die Entscheidung weder Tatbestand, noch Entscheidungsgründe enthält, wie das etwa beim Versäumnisurteil der Fall ist.[2] Urkunden, auf die im Tenor notwendigerweise Bezug genommen wird und die mit dem Titel fest verbunden sind, dürfen herangezogen werden. 5

Gemäß § 750 ZPO muss die Person des Vollstreckungsschuldners in dem Titel namentlich bezeichnet werden. Ein Titel gegen die namentlich nicht bekannten unmittelbaren Besitzer eines Grundstücks genügt dieser Anforderung nicht.[3] Trifft der Gerichtsvollzieher einem im Titel nicht genannten Dritten an, der Besitzer der Räumlichkeiten ist, darf die Vollstreckung nicht betrieben werden. Nach der neueren BGH-Rechtsprechung darf die Vollstreckung selbst dann nicht betrieben werden, wenn der Verdacht besteht, dass dem Dritten der Besitz nur eingeräumt wurde, um die Zwangsvollstreckung zu vereiteln.[4] 6

Ob ein Dritter, der die Herausgabe ablehnt, tatsächlich Besitzer ist, muss der Gerichtsvollzieher im Vollstreckungsverfahren klären.[5] Eheleute, die eine Wohnung gemeinsam bewohnen, sind Mitbesitzer. Das gilt grundsätzlich auch für nichteheliche Lebensgefährten. Ein während des laufenden Mietverhältnisses aufgenommener Lebenspartner kann seinen Mitbesitz vom Mieter ableiten. Die Einräumung des Mitbesitzes muss nach außen erkennbar sein.[6] Erkennbar ist der Wille zB, wenn der Mieter die Aufnahme des Lebensgefährten dem Vermieter anzeigt oder seine behördliche Anmeldung nach den jeweiligen Meldegesetzen.[7] Minderjährige Kinder, die bei den Eltern leben, haben grundsätzlich keinen Mitbesitz an der Wohnung. Deshalb ist ein Vollstreckungstitel gegen die Eltern ausreichend. Das gilt regelmäßig auch, wenn die Kinder nach Erreichen der Volljährigkeit weiter mit den Eltern zusammenleben.[8] Auch gegen den Untermieter, der tatsächlich Besitz an den Räumlichkeiten hat, wird ein Titel benötigt. 7

C. Ablauf der Vollstreckung nach § 885 ZPO

Der Gerichtsvollzieher hat gemäß § 885 Abs. 1 S. 1 ZPO den Schuldner aus dem Besitz zu setzen und den Gläubiger in den Besitz einzuweisen. Dazu muss er den Schuldner und alle zum Haushalt gehörenden Personen sowie Besucher, bei Gewerberäumen auch Mitarbeiter, die regelmäßig nur Besitzdiener sind, aus dem Besitz setzen. Dafür muss dem Schuldner jegliche Möglichkeit genommen werden, die Sachherrschaft über die Räumlichkeiten ausüben zu können. Dazu kann sich der Gerichtsvollzieher alle Schlüssel zu den Räumen aushändigen lassen oder das Schloss auswechseln lassen. Für die Besitzeinweisung müssen alle Schlüssel dem Gläubiger ausgehändigt werden. 8

In § 885 Abs. 2–5 wird geregelt, wie mit den in den Räumlichkeiten befindlichen beweglichen Sachen – die nicht Gegenstand der Zwangsvollstreckung sind – zu verfahren 9

---

[2] BGH MDR 1994, 1040.
[3] BGH NJW 2018, 399.
[4] BGH NZM 2008, 805.
[5] *Streyl* in Schmidt-Futterer ZPO § 940a Rn. 5.
[6] BGH NZM 2008, 400.
[7] BGH NZM 2008, 400.
[8] BGH NZM 2008, 400.

ist. Der Gerichtsvollzieher hat diese Sachen aus der Wohnung wegzuschaffen und dem Schuldner oder seinen Angehörigen bzw. Bevollmächtigten zu übergeben. Ist weder der Schuldner, noch eine in Abs. 2 bezeichnete Person anwesend oder ist der Schuldner zur Entgegennahme nicht bereit, muss der Gerichtsvollzieher die Sachen in die Pfandkammer bringen oder – was in der Praxis der Regelfall ist – diese anderweitig in Verwahrung geben, § 885 Abs. 3 ZPO. Schrott, Müll und wertloses Gerümpel darf der Gerichtsvollzieher sogleich entsorgen.[9] Versäumt es der Schuldner, die Gegenstände innerhalb eines Monats vom Gerichtsvollziehung abzufordern, hat der Gerichtsvollzieher sie gemäß § 885 Abs. 4 ZPO zu veräußern und den Erlös zu hinterlegen. Eine Veräußerung erfolgt auch, wenn der Schuldner die Sachen fristgemäß abfordert, aber die erstattungsfähigen Räumungskosten nicht innerhalb von 2 Monaten nach der Räumung bezahlt. Unverkäufliche Sachen darf der Gerichtsvollzieher vorab vernichten. Das gilt auch, wenn es sich um unpfändbare Sachen handelt. Den Erlös hat der Gerichtsvollzieher zugunsten des Schuldners zu hinterlegen, § 885 Abs. 4 S. 2 ZPO. Gemäß § 15 Abs. 1 S. 1 GVKostG ist er allerdings berechtigt, dem Erlös vorab die Kosten für die Veräußerung zu entnehmen. Zu den Kosten der Veräußerung zählen auch Verwahrungs- und Transportkosten.[10]

D. Die vereinfachte Vollstreckung nach § 885a ZPO

10 Der Gläubiger kann aus Gründen der Kostenersparnis den Vollstreckungsauftrag an den Gerichtsvollzieher nach Maßgabe des § 885a ZPO auf die Maßnahmen nach § 885 Abs. 1 ZPO (Besitzentziehung und Einweisung) beschränken. Bei diesem an die Rechtsprechung zur sog. Berliner Räumung anknüpfenden Räumungsmodell handelt es sich um die in der Praxis am häufigsten gewählte Form der Räumung. Während im Rahmen der Vollstreckung nach § 885 ZPO der Gerichtsvollzieher für die Räumung und Verwertung der beweglichen Sachen des Schuldners verantwortlich ist, muss der Gläubiger hier diese Aufgaben selbst übernehmen. Der Gläubiger muss die Beschränkung des Antrags nicht begründen und darf auch gemäß § 885a ZPO vollstrecken, wenn zwischen ihm und dem Schuldner ein Mietverhältnis nicht bestand.[11] Das wurde vor Inkrafttreten des § 885a teilweise anders gesehen. Bevor er dem Gläubiger den Zugriff überlässt, trifft den Gerichtsvollzieher die Pflicht, die frei ersichtlichen Gegenstände in den Räumlichkeiten zu dokumentieren. Er darf zu diesem Zweck Bildaufnahmen in elektronischer Form herstellen, § 885a Abs. 2 S. 2 ZPO. Der Gläubiger darf dem Vermieterpfandrecht unterliegende Gegenstände an sich nehmen und diese gemäß §§ 1233 ff. BGB verwerten. Den Ablauf der Monatsfrist aus § 885a Abs. 4 ZPO braucht er nicht abzuwarten. Die nicht dem Vermieterpfandrecht unterliegenden Gegenstände hat der Gläubiger – nachdem er die für den Schuldner uninteressanten Sachen vorab vernichtet hat – wegzuschaffen und sie zu verwahren. Ruft der Schuldner die Gegenstände nicht innerhalb der Monatsfrist ab, dürfen sie verwertet werden. Nicht verwertbare Sachen dürfen vernichtet werden. Den Erlös muss der Gläubiger hinterlegen lassen. Er kann wegen der Kosten der Räumung und der Verwertung in den hinterlegten Betrag vollstrecken lassen, weil es sich um Kosten der Zwangsvollstreckung (§ 788 ZPO) handelt, vgl. § 885a Abs. 7 ZPO.

---

[9] OLG Zweibrücken DGVZ 1998, 8; AG Leverkusen DGVZ 1996, 44; LG Berlin DGVZ 1980, 154;
[10] LG Berlin DGVZ 2018, 100; *Lehmann-Richter* in Schmidt-Futterer ZPO § 885 Rn. 52.
[11] *Schuschke* in Guhling/Günter 16. Teil, 2. Abschn., Rn. 141.

Kapitel 34. Die Räumungsfrist

A. Anwendungsbereich und Zweck der Vorschrift

§ 721 ZPO schützt den **zur Räumung von Wohnraum** verurteilten Schuldner, indem 1
diesem auf Antrag oder von Amts wegen eine den Umständen nach angemessener Räumungsfrist gewährt werden kann. Bei Gewerberaummietverhältnissen ist die Vorschrift grundsätzlich nicht anwendbar. Durch die Gewährung der Räumungsfrist soll dem Schuldner die notwendige Zeit verschafft werden, damit er sich um angemessenen Ersatzwohnraum kümmern kann. Da das Gesetz die Bewilligung einer Räumungsfrist für den Schuldner nicht vom Vorliegen besonderer Voraussetzungen abhängig macht, wird eine Räumungsfrist in der Praxis häufig bereits (hilfsweise) in der Klageerwiderung zusammen mit dem Klageabweisungsantrag beantragt. Über die Räumungsfrist entscheidet anders als bei § 765a ZPO das Prozessgericht, § 721 Abs. 4 ZPO. Dahinter steht die Erwägung, dass das Prozessgericht aufgrund seiner Sachnähe alle maßgeblichen Kriterien für die Entscheidung über die Räumungsfrist kennt.[1]

Anwendbar ist § 721 ZPO, wenn das Gericht auf Räumung von Wohnraum erkennt 2
oder erkannt hat. Darunter fallen aber nicht alle Räumungstitel, sondern nach der ganz hM nur im Hauptsachverfahren ergangene Urteile (auch Versäumnisurteile). Das wird ua daraus abgeleitet, dass der Antrag gemäß § 721 Abs. 1 S. 2 ZPO nur bis zum Schluss der mündlichen Verhandlung, auf die das Urteil ergeht, gestellt werden kann. Von der Norm nicht erfasst werden im einstweiligen Rechtsschutz ergangene Beschlüsse gemäß § 940a ZPO, der Zuschlagsbeschluss gemäß § 93 ZVG, Insolvenzeröffnungsbeschlüsse (§ 148 Abs. 2 InsO) oder Räumungstitel nach dem FamFG. Grundsätzlich eröffnet ist der Anwendungsbereich auch bei **Berufungsurteilen** (vgl. § 721 Abs. 4 S. 1 ZPO), aber nicht, wenn die Berufung als unstatthaft oder wegen verspäteter Einlegung verworfen wird. Denn in den zuletzt genannten Fällen ist die formelle Rechtskraft des erstinstanzlichen Urteils nicht gehemmt worden, § 705 S. 2 ZPO.

Unter Wohnraum im Sinne von § 721 ZPO fällt jeder Raum, der tatsächlich zu Wohn- 3
zwecken genutzt wird,[2] also zum Beispiel auch ein möbliertes Zimmer ohne Kochmöglichkeit.

Werden Räumlichkeiten vom Mieter sowohl zu Wohnzwecken, als auch geschäftlich 4
genutzt, soll nach einer Ansicht entscheidend sein, welche Nutzungsart überwiegt.[3] Nach anderer Auffassung ist § 721 ZPO immer dann anwendbar, wenn Räume zu Wohnzwecken genutzt werden[4], was im Einzelfall auch dazu führen kann, dass räumlich trennbare Teile nicht dem Schutzbereich der Norm unterfallen. Die letztgenannte Ansicht überzeugt, denn ansonsten kann der Normzweck, den Schuldner vor Obdachlosigkeit zu schützen, nicht erreicht werden. Nicht maßgeblich ist, ob der Schuldner die Räume vereinbarungsgemäß zu Wohnzwecken nutzen durfte.

Ausgeschlossen ist die Gewährung einer Räumungsfrist gemäß § 721 Abs. 7 ZPO in 5
zwei Fällen: Erstens, wenn eine juristische Person des öffentlichen Rechts oder ein Träger der Wohlfahrtspflege den Wohnraum gemäß § 549 Abs. 2 Nr. 3 BGB Personen mit dringendem Wohnungsbedarf überlässt oder wenn Wohnraum auf Zeit gemäß § 575 BGB überlassen wurde.

---

[1] *Lehmann-Richter* in Schmidt-Futterer, Mietrecht, ZPO § 721 Rn. 3.
[2] *Seibel* in Zöller ZPO § 721 Rn. 2.
[3] *Seibel* in Zöller ZPO § 721 Rn. 2.
[4] OLG Oldenburg NJW 2015, 709; *Lackmann* in Musielak/Voit, ZPO § 721 Rn. 3.

B. Die Regelungen im Einzelnen

6 Gemäß § 721 Abs. 1 ZPO kann das Gericht in einem Räumungsrechtsstreit auf Antrag oder von Amts wegen durch Urteil über die Gewährung einer Räumungsfrist für den Schuldner entscheiden. Aus dem Wortlaut der Vorschrift ergibt sich, dass es sich um einen fakultativen Antrag[5] handelt. Das bedeutet aber nicht, dass das Gericht die für die Bewilligung einer Räumungsfrist maßgeblichen Umstände von Amts wegen ermittelt; sondern lediglich, dass bei Darlegung der mit einer kurzfristigen Räumung verbundenen Schwierigkeiten durch den Schuldner, eine Räumungsfrist gewährt werden kann, ohne dass diese (ausdrücklich) beantragt worden ist.

> **Praxistipp:**
> Der Prozessbevollmächtigte des Schuldners sollte deshalb aus anwaltlicher Vorsicht den Antrag bereits mit der Klageerwiderung ankündigen und dem Gericht die aus Sicht des Schuldners für die Gewährung einer Räumungsfrist maßgeblichen Umstände mitteilen. Denn übergeht das Gericht den Antrag, besteht die Möglichkeit Urteilsergänzung gemäß §§ 721 Abs. 1 S. 3, 321 ZPO zu beantragen nur, wenn eine Räumungsfrist ausdrücklich vor dem Schluss der mündlichen Verhandlung beantragt worden ist.[6]

7 Liegen die Voraussetzungen des § 259 ZPO vor und erkennt das Gericht auf **zukünftige Räumung**, ohne über eine Räumungsfrist zu entscheiden, kann nach § 721 Abs. 2 ZPO nachträglich durch Beschluss über die Räumungsfrist entschieden werden. Denn ob und für welchen Zeitraum eine Räumungsfrist zu bewilligen ist, ist bei Schluss der mündlichen Verhandlung häufig noch nicht absehbar. Der Antrag muss spätestens zwei Wochen vor dem im Urteil genannten Räumungstermin gestellt werden. Die Zwei-Wochen- Frist gilt auch, wenn gemäß § 721 Abs. 3 ZPO ein Antrag auf Verlängerung oder Verkürzung einer ausgesprochenen Räumungsfrist gestellt werden soll. Umstritten ist, wie die Berechnung der Antragsfrist zu erfolgen hat. § 222 ZPO verweist auf die §§ 186 ff. BGB, die allerdings keine ausdrückliche Regelung für die Berechnung einer **Rückwärtsfrist** vorsehen. Streitig ist insbesondere, ob der letzte Tag der Räumungsfrist bei der Fristberechnung mitgezählt wird.[7] Für die nachträgliche Gewährung, Verkürzung oder Verlängerung der Räumungsfrist gelten bei Fristversäumnis die Vorschriften über die Wiedereinsetzung in den vorigen Stand entsprechend (siehe § 721 Abs. 2 S. 2, Abs. 3 S. 3). Die Entscheidung ergeht durch **Beschluss,** der begründet werden muss. Die vorherige Durchführung einer mündlichen Verhandlung ist fakultativ. Der Beschluss muss eine Kostenentscheidung enthalten, die auf §§ 91 ff. ZPO beruht.[8] Der Streitwert entspricht der Nutzungsentschädigung, die für den beantragten Zeitraum (Räumungsfrist) zu entrichten wäre.[9]

8 Gemäß § 721 Abs. 5 ZPO darf die Räumungsfrist höchstens ein Jahr betragen. Die Frist beginnt mit dem Tage des Eintritts der formellen Rechtskraft zu laufen (§ 721 Abs. 5 S. 2 Alt. 1)[10]; hat das Gericht auf zukünftige Räumung erkannt, beginnt der Fristlauf mit dem Tag, an dem nach dem Urteil geräumt werden muss (§ 721 Abs. 5 S. 2 Alt. 2). Eine Mindestfrist sieht das Gesetz nicht vor.

9 Bei der Entscheidung über die Bewilligung und Dauer der Räumungsfrist, die im pflichtgemäßen Ermessen des Gerichts steht, hat das Gericht die **Interessen der Parteien gegeneinander abzuwägen.** Dabei dürfen vom Gericht nur solche Umstände berück-

---

[5] *Lehmann-Richter* in Schmidt-Futterer ZPO § 721 Rn. 43.
[6] LG Rostock NZM 2002, 213; LG Hamburg 6.5.2010 – 307 T 35/10, (juris); aA LG Berlin WuM 1994, 385.
[7] Ausführlich und mit Fallbeispiel zu den Problemen der Fristberechnung: *Lehmann-Richter* in Schmidt-Futterer, ZPO § 721 Rn. 49 ff.
[8] BGH NJW-RR 2009, 422; *Lackmann* in Musielak/Voit ZPO § 721 Rn. 9.
[9] LG München I ZMR 2014, 991; LG Berlin NZM 2020, 428.
[10] Einzelheiten zur Fristberechnung bei: *Lehmann-Richter* in Schmidt-Futterer ZPO § 721 Rn. 31 ff.

sichtigt werden, die von den Parteien vorgebracht und ggf. bewiesen wurden. Das gilt etwa für die Behauptung des Schuldners, dass zumutbarer Ersatzwohnraum nicht zu finden ist oder der Umzug ihm derzeit unzumutbar ist. Auf Vermieterseite ist dessen Erlangungsinteresse zu berücksichtigen. Liegt eine Kündigung wegen Zahlungsverzuges vor und zahlt der Schuldner auch die Nutzungsentschädigung nicht, wird eine Räumungsfrist häufig abgelehnt.[11] Einem Mieter, der die Rückstände überwiegend ausgeglichen hat und sich um Zahlung der Nutzungsentschädigung bemüht, ist hingegen eine Räumungsfrist gewährt worden.[12]

C. Wirkungen

Während des Fristlaufs ist die Vollstreckung unzulässig, weil ein zeitweises Vollstreckungshindernis vorliegt.[13] Die Gewährung einer Räumungsfrist ändert nichts an der Beendigung des Mietverhältnisses.[14] Der Mieter hat währenddessen Nutzungsentschädigung gemäß § 546a Abs. 1 BGB an den Vermieter zu zahlen. **10**

D. Rechtsmittel

Möchte eine Partei **nur die Entscheidung über die Räumungsfrist** im Urteil oder einen nach den Absätzen 2 und 3 ergangenen Beschluss angreifen, ist die sofortige Beschwerde gemäß § 721 Abs. 6 ZPO das statthafte Rechtsmittel. Eine Versagung iSv Absatz 6 Nr. 1 liegt auch vor, wenn das Gericht den Antrag auf Räumungsfrist übergeht.[15] Hier kann alternativ Urteilsergänzung beantragt werden.[16] Soll das gesamte Urteil angefochten werden, ist die Einlegung der Berufung vorrangig.[17] **11**

E. Abdingbarkeit

Ein allgemeiner Verzicht auf das Antragsrecht nach § 721 ZPO im Mietvertrag ist als unwirksam anzusehen[18]; dagegen kann der Schuldner nach Rechtshängigkeit im konkreten Fall wirksam auf das Antragsrecht oder eine bereits vom Gericht gewährte Räumungsfrist verzichten.[19] **12**

Kapitel 35. Der Vollstreckungsschutz, § 765a ZPO

A. Allgemeines und Anwendungsbereich

§ 765a ZPO enthält einen Rechtsbehelf eigener Art. Es handelt sich um eine eng auszulegende Ausnahmevorschrift, die dem Schuldner Schutz bietet gegen Vollstreckungsmaßnahmen, die wegen ganz besonderer Umstände eine Härte für ihn bedeuten, die mit den guten Sitten nicht zu vereinbaren ist.[1] Anwendbar ist § 765a ZPO nur dann, wenn die Durchführung der Zwangsvollstreckung im Einzelfall nach Abwägung der beiderseitigen Interessen zu einem untragbaren Ergebnis führen würde.[2] Durch die Vorschrift wird das **1**

---

[11] OLG Stuttgart ZMR 2006, 863; LG Tübingen WuM 2015, 566.
[12] KG ZMR 2008, 365.
[13] *Lehmann-Richter* in Schmidt-Futterer ZPO § 721 Rn. 40.
[14] OLG Hamm NJW 1982, 341; Derleder WuM 2011, 553.
[15] LG Köln NJW-RR 1987, 143; *Stöber* in Zöller ZPO § 721 Rn. 13.
[16] *Münzberg* in Stein/Jonas ZPO § 721 Rn. 19.
[17] MüKoBGB/*Götz* ZPO § 721 Rn. 14; **aA** LG Düsseldorf ZMR 1990, 380.
[18] *Lehmann-Richter* in Schmidt-Futterer ZPO § 721 Rn. 83.
[19] *Seibel* in Zöller ZPO § 721 Rn. 12.
[1] BGH NJW 2004, 3635.
[2] BGHZ 44, 138 ff.

Vollstreckungsgericht verpflichtet, bei der Überprüfung einer Vollstreckungsmaßnahme auch die Wertentscheidungen des Grundgesetzes und die dem Schuldner in einer Zwangsvollstreckung gewährleisteten Grundrechte (insbesondere Art. 2 Abs. 2 S. 1 GG) zu berücksichtigen.[3]

2 § 765a ZPO ist anwendbar bei allen Maßnahmen eines Vollstreckungsorgans. Die größte praktische Bedeutung hat die Norm bei der Zwangsvollstreckung in das unbewegliche Vermögen, insbesondere bei der Räumung von Wohnraum. Häufig geht der Gläubiger aus einem Zuschlagsbeschluss gemäß § 93 ZVG, der nicht unter § 721 ZPO fällt, vor. Vollstreckungsschutzanträge werden in der Praxis auch bei der Vollstreckung aus gerichtlichen Titeln gestellt, wenn die Antragsfrist gemäß § 721 ZPO versäumt wurde.[4]

3 Zuständig für die Entscheidung über den Vollstreckungsschutzantrag ist das **Vollstreckungsgericht** und dort der Rechtspfleger, § 764 ZPO, § 20 Nr. 17 RPflG. Eine Entscheidung ergeht nur auf Antrag, an den inhaltlich keine hohen Anforderungen zu stellen sind. Antragsberechtigt ist nur der im Titel bezeichnete Schuldner. Der Antrag ist nicht fristgebunden und kann bis zum Ende der Zwangsvollstreckungsmaßnahme gestellt werden.

B. Besonderheiten bei der Räumungsvollstreckung

4 Da ein allgemeingültiger Lösungsansatz nicht existiert, können die Entscheidungen gemäß § 765a ZPO nur einzelfallorientiert ausfallen. Die wichtigsten Fallgruppen sind:

I. Subsidiarität gegenüber §§ 721, 794a ZPO

5 § 765a ZPO ist erst anwendbar, wenn der Schuldner die übrigen prozessualen Vollstreckungsschutzregeln ausgeschöpft hat. Das gilt auch für den Antrag auf Bewilligung einer Räumungsfrist gemäß §§ 721, 794a ZPO, solange die Antragsfristen noch nicht abgelaufen sind.

II. Bedeutung von Mietrückständen

6 Die Gewährung von Räumungsschutz ist grundsätzlich nicht gerechtfertigt, wenn der Schuldner die künftige Miete/ Nutzungsentschädigung nicht bezahlen kann.[5]

III. Konkrete Suizidgefahr

7 Die in der Praxis bedeutsamste Fallgruppe ist die Drohung mit Suizid durch den Schuldner oder einen nahen Angehörigen bei bevorstehender Zwangsräumung von Wohnraum. Der Schuldner hat das Vorliegen einer akuten Selbstmordgefahr und dass ein Zusammenhang mit der drohenden Räumung besteht, substantiiert darzulegen, wobei an den Vortrag keine überzogenen Anforderungen gestellt werden dürfen. Bei ausreichendem Sachvortrag des Schuldners muss das Vollstreckungsgericht dem Antrag auf Einholung eines Sachverständigengutachtens regelmäßig nachkommen.[6] Eine vorläufige Einstellung der Zwangsvollstreckung kommt erst in Betracht, wenn mildere Maßnahmen, wie zum Beispiel die Beiziehung eines Arztes nicht ausreichend sind.

---

[3] BVerfG NZM 2004, 153.
[4] *Lehmann-Richter* in Schmidt-Futterer ZPO § 765a Rn. 2.
[5] LG Münster DGVZ 2000, 24: *Lehmann-Richter* in Schmidt-Futterer ZPO § 765a Rn. 28.
[6] BVerfG NZM 2012, 245.

IV. Schwere Erkrankung

Schließlich kann eine sittenwidrige Härte vorliegen, wenn der Schuldner oder ein naher Angehöriger an einer schweren Erkrankung leiden und eine erhebliche Verschlechterung des Gesundheitszustandes gerade durch die bevorstehende Räumung droht.[7] **8**

C. Rechtsfolgen

Möglich sind sowohl Entscheidungen durch das Vollstreckungsgericht (§ 765a Abs. 1, 4) als auch des Gerichtsvollziehers (§ 765a Abs. 2). Das Vollstreckungsgericht kann die Zwangsvollstreckungsmaßnahme ganz oder teilweise aufheben, untersagen oder einstweilen einstellen. Gemäß § 765a Abs. 1 S. 2 ZPO kann es zunächst auch eine einstweilige Anordnung gemäß § 732 Abs. 2 ZPO erlassen. Der Gerichtsvollzieher darf die Vollstreckungsmaßnahme unter den Voraussetzungen von § 765a Abs. 2 aufschieben. **9**

D. Rechtsmittel

Das statthafte Rechtsmittel gegen Entscheidungen des Vollstreckungsgerichts in der Hauptsache ist die sofortige Beschwerde gemäß § 11 Abs. 1 RPflG iVm § 793 ZPO. Gegen die einstweilige Anordnung des Vollstreckungsgerichts kann Erinnerung gemäß § 11 Abs. 2 RPflG eingelegt werden; gegen den vom Gerichtsvollzieher gewährten Vollstreckungsaufschub kann der Gläubiger mit der Erinnerung gemäß § 766 Abs. 2 ZPO vorgehen. **10**

---

[7] BGH NZM 2011, 167.

Teil 9. Kündigungslexikon

In den nachfolgenden Tabellen finden Sie die wesentlichen Schlagwörter zu Kündigungsgründen im Wohnraum- (Tabelle 1) und Gewerberaummietrecht (Tabelle 2), sowie die Einteilung ob die entsprechende Kündigung erfolgreich war oder nicht. Dies soll ermöglichen, relevante Urteile schnell auffinden zu können. Die laufenden Nummern in den Glossartabellen zum Wohn- und Gewerberaummietrecht befinden sich mit den entsprechenden Details des Urteils in Tabelle 3. Dort ist angegeben, ob die Kündigung erfolgreich (✓) oder nicht erfolgreich (✗) war.

Tabelle 1: Glossartabelle zum Wohnraummietrecht

	erfolgreich	
Schlagwort	ja	nein
Angekündigte Zahlungseinstellung	51	
Bedrohung	18, 19, 86, 87	88, 95
Beleidigung	18, 19, 26 27, 76, 77, 85, 86, 94	9, 28, 29 30, 88, 136
Bestandsschutz		123
Betreuung		43
Betriebsbedarf		97
Betrug		17
Corona	83	
Doppelhaushälfte		163
Drogen	92, 93	25, 110
Eigenbedarf	113, 134, 140	10, 60, 98, 99, 116, 120, 123, 131, 132, 133, 135, 137, 138, 139, 141, 142, 148, 149, 159, 160, 161, 162, 163
Einliegerwohnung		164, 165
Feuer	32, 122	16
Flächenabweichung	37	
Gebrauchsüberlassung	2, 3, 4, 36, 41	5, 40, 42, 43, 121
Gefahr	122	16
Geförderter Wohnraum		120
Genossenschaft		100
Geruch/Gestank	45, 80, 82, 114	
Gesundheitsgefahr		72
Gewährleistung	37	
Gewalt	87	
Gewerbe	64	98, 139, 149, 162

Kündigungslexikon — Glossartabelle

2

Schlagwort	erfolgreich	
	ja	nein
Graffiti	15	
Hausfrieden	83, 85, 103	
Insolvenz	1, 51, 102	
Keller		167
Lärm	8, 78, 90, 91, 103	75
Lebensgefährte		35, 119
Lebenslanges Wohnrecht		148, 161
Mängelbeseitigung		111
Mansarde		166
Mieterselbstauskunft	102	
Mietsicherheit		96
Minderung	49, 55	81, 118
Modernisierung	63	13
Müll	80, 82, 109	24, 79
Musik	64, 78	
Nachlasspfleger	69	
Pflegeheim	68	
Postgeheimnis		136
Psychisch kranker Mieter		47, 75, 131
Rassismus	76, 77	9
Ruhestörung	103	75
Sachbeschädigung	87	
Sanierung		138, 147, 160
Schadensersatzanspruch	112, 117	31
Scheidung	63	
Schimmel		38, 72
Schonfristzahlung	101, 106, 124, 129	46, 47, 48, 128, 130
Sperrfrist		116
Störung des Hausfriedens	8	79
Strafanzeige		17
Täuschung	102	
Teilkündigung		166, 167
Tierhaltung		23
Tod des Mieters	61, 62, 64, 65, 66, 67, 69, 70, 71	68, 100, 115
Tod des Vermieters		146
Treppenhaus	114	
Überwachung	22	42, 121

Tabelle 2: Glossartabelle zum Gewerberaummietrecht **Kündigungslexikon**

Schlagwort	erfolgreich ja	erfolgreich nein
Umbau		167
Unbenutzbarkeit	32	
Unberechtigte Stromentnahme		21
Unpünktliche Mietzahlungen	7, 20, 56, 107	
Unterbelegung		100
Untervermietung	2, 3, 4, 36, 41	
Untervermietung an Familie	3, 41	5
Unverschuldeter Rechtsirrtum		146
Vermieter-GbR	113	
Verschmutzung	15	
Vertragsgemäßer Gebrauch	32, 37	
Verwertung	152 153	98, 96, 139, 141, 143, 144, 145, 147, 148, 149, 150, 151, 154, 155, 156, 157, 158, 159, 161
Vorratskündigung		144, 145
Waffen	89	
Wasserschaden		58, 108
Werkdienstwohnung		97
Zahlungsfähigkeit	61, 62, 63	
Zahlungsverzug	7, 20, 49, 51, 54, 55, 56, 101, 104, 105, 106, 107, 112, 117, 124, 129	31, 46, 47, 48, 52, 57, 81, 115, 118, 125, 126, 127, 128, 130, 146
Zugangsverweigerung		13, 44, 111
Zweckentfremdung		143, 145
Zweitwohnung	66, 67	

Tabelle 2: Glossartabelle zum Gewerberaummietrecht

Schlagwort	erfolgreich ja	erfolgreich nein
Beleidigung		84
Blockade	34	
Einsturzgefahr	73	
Flächenabweichung	39	
Gebrauchsüberlassung		6
Hausfrieden	14	84
Lärm	14, 74	
Mietsicherheit	11, 12	

Kündigungslexikon — Glossartabelle

3

Schlagwort	erfolgreich ja	erfolgreich nein
Mietzeitverlängerung		59
Musik	14	
Optionsrecht		59
Ratten	33	
Untervermietung		6
Veranstaltung	74	
Vertragsgemäßer Gebrauch	33, 34	
Zahlungsverzug	50, 53	
Zufahrt	34	

Tabelle 3: Liste der Urteile zum Kündigungsrecht

Lfd-Nr.	Kündigung durch (V/M)	Abmahnung	Leitsatz Orientierungssatz	Gericht, Datum, Aktenzeichen	Fundstelle Anmerkungen	Kündigung nach §	Erfolgreich
1	M	nein	1. Wenn es sich nicht um die vom Schuldner/Mieter als solche genutzte Wohnung handelt, kann der Insolvenzverwalter über das Vermögen des Mieters den Mietvertrag wirksam kündigen.	AG München, 20.12.2018, 473 C 17391/18	ZMR 2019, 691	§ 109 InsO	✓
2	M	k. A.	*Pauschales Verbot der Untervermietung durch den Vermieter*	AG Forchheim, 5.9.2019, 70 C 265/19	WuM 2019, 622 Müller IMR 2020, 55	§ 540 Abs. 1 BGB	✓

Urteilstext:
Da nun also der Kläger unmissverständlich zum Ausdruck gebracht hatte, dass die vom Beklagten angebotene Untervermietung für ihn nicht in Betracht kommt, ohne dass in der Person der Mietinteressenten ein wichtiger Grund vorlag, war der Beklagte seinerseits zur Kündigung gemäß § 540 Abs. 1 S. 2 BGB berechtigt und hat von diesem Kündigungsrecht auch durch die bereits angesprochene Erklärung (...), dem Kläger unstreitig zugegangen, Gebrauch gemacht.

| 3 | V | k. A. | 1. Zieht der Mieter dauerhaft aus der Mietwohnung aus und bewohnt ein Haus im Ausland, so liegt im Weitergeben der Mietwohnung an die Kinder ohne Er- | LG Berlin, 18.4.2018, 65 S 16/18 | GE 2018, 641 = ZMR 2018, 668 Krolla IMR 2018, 279 | § 540 Abs. 1 BGB | ✓ |

Tabelle 3: Liste der Urteile zum Kündigungsrecht **Kündigungslexikon**

Lfd-Nr.	Kündigung durch (V/M)	Abmahnung	Leitsatz Orientierungssatz	Gericht, Datum, Aktenzeichen	Fundstelle Anmerkungen	Kündigung nach §	Erfolgreich
			laubnis des Vermieters eine zur ordentlichen Kündigung berechtigende Pflichtverletzung. 2. Auch wenn den Mieter keine Gebrauchspflicht trifft, berechtigt dies nicht zur Weitergabe der Wohnung an Dritte.				
4	V	k. A.	*Gebrauchsüberlassung an Dritte ohne eingeholte Genehmigung*	LG Berlin, 22.1.2018, 65 S 219/17	GE 2018, 511	§ 540 Abs. 1 BGB	✓

Urteilstext:
Die Gebrauchsüberlassung ohne Erlaubnis des Vermieters allein rechtfertigt als Pflichtverletzung zwar nicht den Ausspruch einer ordentlichen Kündigung des Mietvertrages. Es ist vielmehr – wie auch sonst im Rahmen des Kündigungstatbestandes des § 573 Abs. 1, 2 Nr. 1 BGB – anhand einer umfassenden Würdigung der Umstände des Einzelfalls zu prüfen, ob der Pflichtverletzung ein den Ausspruch einer Kündigung tragendes Gewicht zukommt. Hierbei kommt es auch auf die Gründe an, die den Mieter dazu bestimmen, einem Dritten ohne die Genehmigung des Vermieters den Gebrauch der Mietsache zu überlassen; insbesondere eine bewusste Missachtung der Belange oder der Person des Vermieters kann der Vertragsverletzung Gewicht verleihen; bei einer unberechtigten Verweigerung der Erlaubnis kann der Mieter dem Vermieter (jedenfalls) den Einwand rechtsmissbräuchlichen Verhaltens nach § 242 BGB entgegenhalten …), wenn dieses Verhalten nicht sogar schon der Annahme eines hinreichenden Gewichtes der Vertragsverletzung des Mieters entgegensteht bzw. aufgrund der vorzunehmenden wertenden Betrachtung der Annahme eines berechtigten Interesses des Vermieters an der Beendigung des Mietverhältnisses (…).
Hier kommt der Vertragsverletzung des Beklagten zu 1) das für den Ausspruch einer Kündigung erforderliche Gewicht zu. Es schon zu Lasten des Beklagten zu 1) zu berücksichtigen, dass er bereits keinen Anspruch auf Fortdauer der Genehmigung überhaupt einer Untervermietung haben dürfte, die Klägerin diese vielmehr widerrufen dürfte, weil der Beklagte zu 1), ohne jede Absicht, dauerhaft in die aus einem Zimmer bestehende Wohnung zurückzukehren, sich vollständig aus dem Mietverhältnis gelöst hat, seit 2012 nicht einmal mehr unmittelbar die Miete an die Klägerin zahlt (…). Hinzu kommt aber vor allem, dass der Beklagte zu 1) die Klägerin auch auf ihre konkrete vorgerichtliche Anfrage hin nicht über die tatsächliche Nutzung der Wohnung – primär – durch den Beklagten zu 2) aufgeklärt hat. Der Vermieter selbst, aber auch andere Mieter eines Hauses haben ein berechtigtes Interesse zu wissen, wer sich dort überwiegend aufhält. Dieses Verhalten bestätigt, dass die Belange des Vermieters dem Beklagten zu 1) gleichgültig waren. Angesichts des entgegenkommenden, seine Belange berücksichtigenden Verhaltens der Klägerin im Zusammenhang mit der Erteilung der Erlaubnis, die Räumlichkeiten dem Untermieter R. zu überlassen, stellt sich nicht etwa das Verhalten der Klägerin als missbräuchlich dar, sondern sein Verhalten und das seines Untermieters, das er sich zurechnen lassen muss. Ein pflichtwidriges Verhalten der Klägerin behaupten die Beklagten nicht einmal; dafür ist auch nichts ersichtlich.

| 5 | V | k. A. | 1. Das Recht zur Aufnahme naher Verwandter (hier: Tochter) besteht | AG München, 6.4.2016, | ZMR 2017, 67 | § 540 Abs. 1 BGB | ✗ |

Kündigungslexikon — Glossartabelle

Lfd-Nr.	Kündigung durch (V/M)	Abmahnung	Leitsatz Orientierungssatz	Gericht, Datum, Aktenzeichen	Fundstelle Anmerkungen	Kündigung nach §	Erfolgreich
			nur, solange der Mieter die Wohnung noch in eigener Person nutzt. Der Mieter darf die Wohnung seinen Verwandten nicht zur alleinigen Benutzung überlassen. 2. Bei einem Bewohnen der Wohnung für einen Zeitraum von drei Monaten durch den Mieter ist nicht von einer nur sporadischen Nutzung auszugehen.	424 C 10003/15			

Urteilstext:
Dem Kläger ist zuzugeben, dass das Recht zur Aufnahme naher Verwandter wie der Tochter nur besteht, solange der Mieter die Wohnung noch in eigener Person nutzt. Der Mieter darf die Wohnung seinen Verwandten nicht zur alleinigen Benutzung überlassen. Von einem solchen Sachverhalt ist aber nur dann auszugehen, wenn der Mieter die Wohnung nur noch sporadisch nutzt oder wenn er dort lediglich einzelne Gegenstände zurückgelassen hat. Dies ist hier jedoch nicht der Fall. Insbesondere ist bei einem Bewohnen der Wohnung für einen Zeitraum von drei Monaten, welcher auch nach dem Vortrag des Klägers vorliegt, entgegen der Ansicht des Klägers nicht von einer nur sporadischen Nutzung auszugehen. Immerhin handelt es sich bei drei Monaten um den vierten Teil eines Jahres. § 540 Abs. 1 BGB schützt das Interesse des Vermieters, darüber zu befinden, ob das Mietobjekt, dass er dem von ihm ausgewählten Mieter zum vertragsgemäßen Gebrauch überlassen hat in die Hände Dritter gelangt oder nicht (…). Die Aufnahme naher Angehöriger in die Mietwohnung steht jedoch, da der Vermieter sie ohnehin zu dulden hat, außerhalb seines Einflussbereichs.

Lfd-Nr.	Kündigung durch (V/M)	Abmahnung	Leitsatz Orientierungssatz	Gericht, Datum, Aktenzeichen	Fundstelle Anmerkungen	Kündigung nach §	Erfolgreich
6	M	k. A.	Der Mieter, dem – in einem auch zu Wohnzwecken genutzten Gebäude – Räume „zur ausschließlichen Nutzung als Büroräume" vermietet worden sind, kann nicht nach § 540 Abs. 1 S. 2 BGB außerordentlich kündigen, wenn ihm die Erlaubnis zur Untervermietung an den Betreiber eines häuslichen Pflegedienstes verweigert wird, der 25 bis 30 Au-	OLG Düsseldorf, 16.2.2016, I-24 U 63/15	GE 2016, 784 = ZMR 2016, 440	§ 540 Abs. 1 BGB	✗

Tabelle 3: Liste der Urteile zum Kündigungsrecht **Kündigungslexikon**

Lfd-Nr.	Kündigung durch (V/M)	Abmahnung	Leitsatz Orientierungssatz	Gericht, Datum, Aktenzeichen	Fundstelle Anmerkungen	Kündigung nach §	Erfolgreich
			ßendienstmitarbeiter beschäftigt, die selbst am Wochenende teilweise bereits vor 6 Uhr morgens in den Mieträumen eintreffen und diese teilweise erst nach 22 Uhr wieder verlassen.				
7	V	ja	Zur Frage, wann eine wiederholte unpünktliche Zahlung der Miete eine außerordentliche fristlose Kündigung aus wichtigem Grund rechtfertigen kann.	BGH, 11.1.2006, VIII ZR 364/04	WuM 2006, 193 = GE 2006, 508 = NZM 2006, 338 = NJW 2006, 1585 = DWW 2006, 193 = MM 2006, 181 = ZMR 2006, 425 = DWW 2006, 233 = MDR 2006, 864 = BGHReport 2006, 696 = MietPrax-AK § 543 BGB Nr. 5 Schläger ZMR 2006, 428; Wiek Mietrechtexpress 2006, 11; Drasdo NJW-Spezial 2006, 293; Junker MietRB 2006, 211	§ 543 Abs. 1 BGB	✓

Urteilstext:
Das Berufungsgericht hat jedoch die Anforderungen an das Vorliegen eines wichtigen Grundes im Sinne von § 543 Abs. 1 BGB überspannt, wenn es zum einen stets eine dreimalige verspätete Zahlung nach Abmahnung für erforderlich hält und darüber hinaus meint, Zahlungsverzögerungen vor der Abmahnung seien nicht zu berücksichtigen. Die Abmahnung soll dem Mieter Gelegenheit zur Änderung seines Verhaltens geben (...). Zweck des Abmahnungserfordernisses ist es, dem Mieter vor Vertragsbeendigung noch eine Chance zu vertragsgemäßem Verhalten einzuräumen (...). Es erscheint daher fraglich, ob der Auffassung des Berufungsgerichts hinsichtlich des Erfordernisses einer dreimaligen verspäteten Zahlung nach Abmahnung zu folgen ist; dies kann jedoch dahinstehen. Sie kann jedenfalls dann nicht gelten, wenn der Abmahnung – wie hier – wiederholt Zahlungsverzögerungen vorausgegangen sind. Die Erwägung des Berufungsgerichts, nur nachhaltig unpünktliche Mietzahlungen könnten den Tatbestand des § 543 Abs. 1 BGB erfüllen, trifft für sich gesehen zwar zu; die fortdauernde

Kündigungslexikon — Glossartabelle

Lfd-Nr.	Kündigung durch (V/M)	Abmahnung	Leitsatz *Orientierungssatz*	Gericht, Datum, Aktenzeichen	Fundstelle Anmerkungen	Kündigung nach §	Erfolgreich
			Unpünktlichkeit muss sich aber nicht nur in der Zeit nach der Abmahnung verwirklichen. Die weitere Überlegung des Berufungsgerichts, dass die Voraussetzungen einer fristlosen Kündigung wegen Zahlungsverzugs (§ 543 Abs. 2 S. 1 Nr. 3 BGB) andernfalls unterlaufen würden, ist ebenfalls nicht stichhaltig. Der Gefahr einer Umgehung anderer Kündigungstatbestände steht entgegen, dass eine Kündigung gemäß § 543 Abs. 1 BGB nur unter besonderen Umständen möglich ist, welche den Schluss zulassen, dass die Vertragsfortsetzung dem Kündigenden nicht mehr zugemutet werden kann. Der Erfolg der Abmahnung (§ 543 Abs. 3 S. 1 BGB) muss sich vor diesem Hintergrund darin zeigen, dass das beanstandete Verhalten nicht wiederholt wird. Eine Kündigung ist somit nicht bereits deshalb unwirksam, weil zwischen der Abmahnung und dem Zugang der Kündigung nur ein Zahlungstermin liegt, zu dem die Miete nicht pünktlich eingegangen ist. Denn insbesondere nach fortdauernd unpünktlichen Mietzahlungen muss das Verhalten des Mieters nach einer Abmahnung mit Kündigungsandrohung geeignet sein, das Vertrauen des Vermieters in eine pünktliche Zahlungsweise wiederherzustellen. Solche Umstände liegen hier nicht vor, weil der Beklagte nicht auf die Abmahnung reagiert und sein Verhalten auch danach fortgesetzt hat. Damit hat er deutlich gemacht, dass er nicht bereit war, seine zögerliche Zahlungsweise ernsthaft und auf Dauer abzustellen.				
8	V	ja	*Hausfriedensstörung durch einen schizophrenen Mieter*	LG Frankfurt a. M., 26.4.2018, 42 C 192/17	NZM 2018, 904 — Geue IMR 2018, 323	§ 543 Abs. 1 BGB	✓

Urteilstext:
Das Amtsgericht hat nach Beweisaufnahme festgestellt, dass die Beklagte den Hausfrieden der Hausgemeinschaft durch Weinen, Schreien, Herumpoltern zu allen Tageszeiten, insbesondere auch nachts, seit Jahren nachhaltig stört und sich diese Verhaltensweisen auch in dem Zeitraum Januar 2016 bis April 2016 ereignet haben, auf den sich die außerordentliche Kündigung stützt. Ferner war das Amtsgericht nach der Beweisaufnahme davon überzeugt, dass sich das Verhalten der Beklagten bedrohlich auf die anderen Mitglieder der Hausgemeinschaft auswirkt und diese verängstigt. Die diesbezügliche Beweiswürdigung des Amtsgerichtes lässt keine berufungsrelevanten Fehler erkennen. Danach steht fest, dass die Störungen ein Ausmaß haben, welches auch bei der gebotenen Rücksichtnahme auf psychisch erkrankte Menschen nicht mehr hingenommen werden kann. Die Mitbewohner im Haus werden durch das Verhalten der Beklagten ganz erheblich in ihrem Ruhebedürfnis gestört. Insbesondere wird auch ihre Nachtruhe massiv gestört. Zudem verängstigt das Verhalten der Beklagten die Mitbewohner.
Vorliegend stehen auch schwerwiegende persönliche Härtegründe, die bereits bei der Abwägung im Rahmen des § 543 Abs. 1 BGB zu berücksichtigen sind und nicht erst im Vollstreckungsverfahren, auf Seiten der Beklagten der Annahme eines wichtigen Grunds iSd § 543 Abs. 1 BGB letztlich nicht entgegen. Im vorliegenden Fall hat die Beklagte als Härtegrund vorgetragen, dass im Falle eines Räumungsurteils die Gefahr eines Suizids nicht ausgeschlossen werden könne und ein Umzug für sie eine Veränderung ihrer Lebenssituation darstelle, die für sie einer existentiellen Bedrohung gleichkäme. Sie beruft sich somit auf ihr Grundrecht auf Leben und körperliche Unversehrtheit (…). Aufgrund des Gutachtens des Sachverständige … steht zwar zur Überzeugung der Kammer fest, dass bei der Beklagten ein hohes Suizidrisiko in dem Moment besteht, wenn die Räumung konkret wird. So hat er ausführlich und nachvollziehbar dargelegt, dass er das Suizidrisiko der Beklagten, nachdem er es aus Sicht August 2017 noch gemäß der von ihm verwendeten NGASR Skala als niedrig an der Grenze zu mäßig eingestuft hat, nunmehr nach den Schilderungen der Betreuerin der Beklagten (…) als hoch einschätzt. Er hat ausgeführt, dass aufgrund von Suizidäußerungen, eines Suizidversuchs in der Vergangenheit nach der NGSAR Skala weitere Punkte hinzuzurechnen seien. Hinzu käme dann aber weiterhin noch die Notsituation in Form der bevorstehenden Räumung und insbesondere die Bedrohung, die die Beklagte mittlerweile empfinde (…).

Tabelle 3: Liste der Urteile zum Kündigungsrecht

Lfd-Nr.	Kündigung durch (V/M)	Abmahnung	Leitsatz Orientierungssatz	Gericht, Datum, Aktenzeichen	Fundstelle Anmerkungen	Kündigung nach §	Erfolgreich
9	V	k. A.	*Vorwurf von Rassismus*	AG München, 6.4.2016, 424 C 10003/15	ZMR 2017, 67	§ 543 Abs. 1 BGB	✗

Urteilstext:
Vorgeworfen werden dem Kläger „abwegien Ideen, wie mit Türken in Deutschland umzugehen sei" (…) und dass „fremdenfeindliche Überlegungen der Klagepartei dort möglicherweise im Unterbewusstsein angesiedelt" sind (…). Weiter findet sich die polemische Bemerkung, dass „für die Ausweisung von Ausländern das Mietgericht nicht zuständig" sei (…).
Das Gericht gibt der Klageseite Recht, dass solche Formulierungen den Rahmen einer sachlichen Prozessführung überschreiten. Im Rahmen der Rechtsverteidigung ist bei der Frage, was bereits eine Beleidigung darstellt und was sich noch im Rahmen der zulässigen Rechtsverteidigung hält, jedoch eine Abwägung vorzunehmen zwischen dem Recht der eine Seite auf Meinungsfreiheit und dem Interesse an der Verteidigung ihrer rechtlichen Interessen und dem Recht der anderen Seite auf Integrität ihrer persönlichen Ehre.
Hierbei ist zu berücksichtigen, dass das Verlieren der Wohnung für gekündigte Mieter einen tiefgreifenden Einschnitt in ihre persönlichen Verhältnis darstellt und mit erheblichen finanziellen und tatsächlichen Schwierigkeiten verbunden ist, da Ersatzwohnraum nur mit großem Zeit- und Kostenaufwand zu beschaffen ist. Abgesehen davon verlangt das Suchen einer neuen Wohnung und dann ein Umzug auch eine große Anpassungsleistung. Diese drohenden Belastungen und der damit verbundene emotional Druck sind zu berücksichtigen, wenn ein Mieter sich in einem Rechtsstreit gegen eine Kündigung verteidigt, deren Berechtigung im Streit steht. Unter Berücksichtigung dessen und bei Abwägung des ehrverletzenden Gehalts der Äußerungen mit den Interessen der Beklagten an ihre Rechtsverteidigung halten sich die o. g. Äußerungen in den streitgegenständlichen Schriftsätzen nach Ansicht des Gerichts noch im Rahmen zulässiger Rechtsverteidigung und überschreiten nicht die Grenze zur Beleidigung.

Lfd-Nr.	Kündigung durch (V/M)	Abmahnung	Leitsatz Orientierungssatz	Gericht, Datum, Aktenzeichen	Fundstelle Anmerkungen	Kündigung nach §	Erfolgreich
10	V	nein	Die vom Vermieter vorgetragene Nutzung zum Eigenbedarf, nämlich dass er mit seiner Lebensgefährtin und dem Sohn in der herausverlangten Wohnung leben will, ist schon nicht umsetzbar, wenn der Sohn bei der verklagten Ex-Ehefrau künftig weiterhin leben will/muss/wird.	AG München, 1.3.2019, 461 C 24378/17	ZMR 2020, 41	§ 543 Abs. 1 BGB	✗

Urteilstext:
Es liegt für das Gericht nahe und ist durch den Kläger nicht widerlegt, dass der gemeinsame Sohn … vor allem bei seiner Mutter, der Beklagten leben will. Die vom Kläger vorgetragene Nutzung zum Eigenbedarf, dass der Kläger mit seiner Lebensgefährtin und dem Sohn … in der streitgegenständlichen Wohnung leben will, ist damit nach Auffassung des Gerichts schon nicht umsetzbar. Insofern benötigt der Kläger die Wohnung nicht zu dem Zweck, dort mit seinem Sohn leben zu können. Denn bei einem Auszug der Beklagten würde eben der gemeinsame Sohn … ebenfalls ausziehen. Es ist daher nicht ersichtlich, dass es einen vernünftigen Grund gibt, warum die Wohnung, die der Kläger bisher mit seiner Lebensgefährtin bewohnt, nicht ausreicht.

Kündigungslexikon

Lfd-Nr.	Kündigung durch (V/M)	Abmahnung	Leitsatz Orientierungssatz	Gericht, Datum, Aktenzeichen	Fundstelle Anmerkungen	Kündigung nach §	Erfolgreich
11	V		Der Mieter von Geschäftsräumen hat in der Regel kein Zurückbehaltungsrecht an der Kaution. Ob allein die Nichtzahlung der Kaution den Vermieter bereits vor Übergabe des Mietobjekts zur fristlosen Kündigung gemäß § 543 Abs. 1 BGB berechtigt, hängt von den Umständen des Einzelfalls ab.	BGH, 21.3.2007, XII ZR 255/04	GuT 2007, 128 = GE 2007, 710 = ZMR 2007, 444 = NZM 2007, 401 = NJW-RR 2007, 884 = ZfIR 2008, 198 = MietPrax-AK § 543 BGB Nr. 6 Kurek MietRB 2007, 169; Schmid ZfIR 2008, 198; Ingendoh jurisPR-MietR 14/2007 Anm. 3	§ 543 Abs. 1 BGB	✓
12	V	k. A.	Zum Kündigungsrecht des Vermieters gemäß § 543 Abs. 1 BGB bei Nichtzahlung der Kaution durch den Mieter von Gewerberaum.	BGH, 21.3.2007, XII ZR 36/05	NZM 2007, 400 = GuT 2007, 130 = GE 2007, 711 = ZMR 2007, 525 = MDR 2007, 1009 = NJW-RR 2007, 886 = MietPrax-AK § 543 BGB Nr. 7 Kunze MietRB 2007, 168	§ 543 Abs. 1 BGB	✓

Urteilstext:
Nach § 543 Abs. 1 S. 1 BGB kann jede Partei das Mietverhältnis aus wichtigem Grund außerordentlich fristlos kündigen. Ein wichtiger Grund liegt vor, wenn dem Kündigenden unter Berücksichtigung aller Umstände des Einzelfalls, insbesondere eines Verschuldens der Vertragsparteien, und unter Abwägung der beiderseitigen Interessen die Fortsetzung des Mietverhältnisses bis zum Ablauf der Kündigungsfrist oder bis zur sonstigen Beendigung des Mietverhältnisses nicht zugemutet werden kann (§ 543 Abs. 1 S. 2 BGB).... Demgegenüber macht die Revision geltend, dass bei der Prüfung der Frage, ob dem Kündigungsberechtigten die Fortsetzung des Vertrages unzumutbar ist, strenge Anforderungen zu stellen seien. Die Nichtzahlung der Kaution stelle in der Regel keine derart schwerwiegende Störung des Mietverhältnisses dar, dass dem Vermieter dessen Fortsetzung nicht mehr zuzumuten wäre. Dem kann nicht gefolgt werden. Die Kaution befriedigt regelmäßig ein legitimes Sicherungsbedürfnis des Vermieters. Die Nichtzahlung der Kaution stellt damit grundsätzlich eine erhebliche Vertragsverletzung dar. Der Vermieter kann daher jedenfalls im Bereich der Gewerberaummiete vor der Kündigung in der Regel nicht auf die Einklagung der Kaution verwiesen werden....

Tabelle 3: Liste der Urteile zum Kündigungsrecht **Kündigungslexikon**

Lfd-Nr.	Kündigung durch (V/M)	Abmahnung	Leitsatz Orientierungssatz	Gericht, Datum, Aktenzeichen	Fundstelle Anmerkungen	Kündigung nach §	Erfolgreich
			Entgegen der Meinung der Revision hat die Beklagte die fristlose Kündigung vom 24.9.2003 innerhalb einer angemessenen Frist im Sinne von § 314 Abs. 3 BGB ausgesprochen. Allerdings kann dem Berufungsgericht nicht darin gefolgt werden, dass die Frist entweder gar nicht begonnen habe, weil der Kläger die Kaution nicht gezahlt habe, oder sie frühestens mit der Abmahnung vom 21.8.2003 in Lauf gesetzt worden sei. Vielmehr beginnt die Frist, wie sich aus dem Wortlaut des § 314 Abs. 3 BGB ergibt, mit der Kenntniserlangung des Kündigungsgrunds durch den Berechtigten. Dies aber war im April/Mai 2003 der Fall, als der Kläger die Miete kürzte und außerdem die Kaution trotz Mahnung nicht leistete. Dass die Beklagte daraufhin den Kläger nicht bereits im Mai oder Juni 2003 abmahnte und sodann kündigte, sondern durch Zuwarten den Belangen des Klägers entgegenkam, gereicht ihr nicht zum Nachteil. Vielmehr erscheint die Frist von ca. vier Monaten, die die Beklagte bis zum Ausspruch der Kündigung hat verstreichen lassen, noch angemessen im Sinne von § 314 Abs. 3 BGB. Denn die Fortsetzung des Mietverhältnisses bis zum vertraglich vorgesehenen Ende im Jahre 2009 blieb einerseits für die Beklagte wegen der fortdauernden Nichtleistung der Kaution unzumutbar. Andererseits ist kein schützenswertes Interesse des Klägers erkennbar, innerhalb eines kürzeren Zeitraums als von vier Monaten Klarheit darüber zu bekommen, ob das Mietverhältnis beendet werde, weil er, was er jederzeit hätte ändern können, die Kaution nicht leistete.				
13	V	ja	Wenn der Mieter die Installation der Rauchwarnmelder trotz Duldungstitel nicht ermöglicht, rechtfertigt dies noch keine fristlose Kündigung. Es muss vor Ausspruch der fristlosen Kündigung ein Vollstreckungsversuch bzgl. des rechtskräftigen Duldungstitels erfolgt sein.	AG München, 7.3.2019, 432 C 21079/18	ZMR 2019, 603 Jahreis jurisPR-MietR 3/2020 Anm. 3	§ 543 Abs. 1 BGB	✗
14	V	ja	1. Kündigt der Vermieter dem gewerblichen Mieter wegen Lärmbeeinträchtigungen fristlos, kommt es auf eine etwaige mangelhafte Schallisolierung des Mietobjektes nicht an, wenn sich die Unzulässigkeit der Lärmstörungen nicht allein aus der Lautstärke, sondern schon zumindest auch aus anderen Gründen ergibt, wie etwa einer un-	OLG Hamm, 8.11.2019, 30 U 117/19		§ 543 Abs. 1 BGB	✓

Kündigungslexikon — Glossartabelle

Lfd-Nr.	Kündigung durch (V/M)	Abmahnung	Leitsatz / *Orientierungssatz*	Gericht, Datum, Aktenzeichen	Fundstelle Anmerkungen	Kündigung nach §	Erfolgreich
			zulässigen Geräuschquelle oder einer einzuhaltenden Ruhezeit. 2. Spricht ein Vermieter nach schon erfolgter Abmahnung aufgrund einer vergleichbaren weiteren Vertragspflichtverletzung des gewerblichen Mieters zunächst eine – erneute – Abmahnung aus, steht dies einer auf denselben Verstoß beruhenden nachfolgenden fristlosen Kündigung nicht zwingend entgegen, auch wenn der erneuten Abmahnung keine weitere vergleichbare Vertragspflichtverletzung folgte. Denn eine Abmahnung beinhaltet jedenfalls nicht ohne Weiteres auch einen Kündigungsverzicht und begründet auch nicht zwingend das Vorliegen einer unzulässigen Rechtsausübung im Falle einer gleichwohl nachfolgenden fristlosen Kündigung.				

Urteilstext:
Zur außerordentlichen Kündigung berechtigt die nachhaltige Störung des Hausfriedens jedoch nur, wenn dem Kündigenden die Fortsetzung des Mietverhältnisses bis zum Ablauf der Kündigungsfrist nicht zugemutet werden kann (§ 543 Abs. 1 S. 2 BGB). Entscheidend ist der objektive Maßstab eines verständigen Durchschnittsmenschen (…). Es ist eine Zukunftsprognose anzustellen, wie sich das Miet- bzw. Pachtverhältnis entwickeln wird, ob also und ggf. in welcher Intensität mit künftigen Störungen des Hausfriedens – innerhalb der verbleibenden Vertragszeit – zu rechnen ist. An das Merkmal der Unzumutbarkeit sind insoweit strenge Anforderungen zu stellen (…). Zu Lasten des den Hausfrieden störenden Vertragspartners ist vor allem zu berücksichtigen, wie schwerwiegend zum einen das Maß der Pflichtwidrigkeit

Lfd-Nr.	Kündigung durch (V/M)	Abmahnung	Leitsatz *Orientierungssatz*	Gericht, Datum, Aktenzeichen	Fundstelle Anmerkungen	Kündigung nach §	Erfolgreich
			und zum anderen die Intensität der Störung für die Mitmieter des Objektes ist. Wichtig ist für die Abwägung, ob das Verhalten des Kündigungsgegners zum Ausdruck bringt, dass ihm die Belange der anderen Hausnutzer gleichgültig sind, oder ob sein Verhalten als unbewusster Verstoß gegen deren Interessen zu verstehen ist (...) Von einer Zielgerichtetheit der Störung ist insbesondere auszugehen, wenn der Kündigungsgegner nach einer Abmahnung sein Verhalten fortsetzt (...).				
15	V	nein	Wenn der Mieter – vermutlich über einen Zeitraum von neun Monaten wiederholt – mit Farb- Sprühdosen und nichtabwaschbaren Stiften Parolen auf die Fassade des Hauses, in dem sich die von ihm bewohnte Wohnung befindet, gesprüht/geschrieben hat, in denen er ua dazu aufrief, seinen Vermieter zu enteignen, ist eine fristlose Kündigung gerechtfertigt.	AG Neukölln, 11.6.2019, 2 C 42/19	GE 2019, 1248 = ZMR 2019, 970	§ 543 Abs. 1 BGB	✓
			Urteilstext: Der Kündigungstatbestand des § 543 Abs. 1 BGB ist hier erfüllt, da der Beklagte am 28.1.2019 die Straßenfassade und die Hauswand im Flur des Wohngebäudes mittels eines dicken schwarzen Stifts mit Schriftzügen versah, unter anderem mit dem Inhalt „... enteignen". Es kann dabei dahinstehen, ob der Beklagte auch für die übrigen Vorkommnisse verantwortlich ist. Der Beklagte hat durch seine Tat nicht nur das Eigentum der Klägerin vorsätzlich und widerrechtlich verunstaltet, sondern dieses auch gegen deren offensichtliche Interessen als politisches Kampfmittel missbraucht. Diese Missachtung der berechtigten Interessen der Klägerin stellt eine Vertragsverletzung dar, die eine Fortsetzung des Mietverhältnisses für die Klägerin unzumutbar macht.				
16	V	nein	*Gefahr durch anbrennendes Essen nachts*	LG Itzehoe, 21.12.2018, 9 S 15/18	ZMR 2019, 132 = GE 2019, 858 Reng IMR 2019, 231	§ 543 Abs. 1 BGB	✗
			Urteilstext: Nach § 543 Abs. 1 S. 1 BGB kann jede Vertragspartei das Mietverhältnis aus wichtigem Grund außerordentlich fristlos kündigen. Ein wichtiger Grund liegt vor, wenn dem Kündigenden unter Berücksichtigung aller Umstände des Einzelfalls, insbesondere eines Verschuldens der Vertragsparteien und unter Abwägung der beiderseitigen Interessen die Fortsetzung des Mietverhältnisses bis zum Ablauf der Kündigungsfrist nicht zugemutet werden kann. Diese Voraussetzungen sind nicht erfüllt. Mit Beschluss vom 31.8.2018 hat die Kammer darauf hingewiesen, dass der Vorfall vom 7.7.2017 keinen hinreichenden Grund für eine außerordentliche Kündigung darstellt. Denn es handelt sich um einen einmaligen, verhaltensbedingten Vorfall. Eine außerordentliche Kündigung käme nach der Auffassung der Kammer allenfalls in Betracht,				

Kündigungslexikon — Glossartabelle

Lfd-Nr.	Kündigung durch (V/M)	Abmahnung	Leitsatz / Orientierungssatz	Gericht, Datum, Aktenzeichen	Fundstelle / Anmerkungen	Kündigung nach §	Erfolgreich
			wenn der Beklagte zum wiederholten Male des Nachts Essen hätte anbrennen lassen und dadurch die Gefahr eines Wohnungsbrandes heraufbeschwört hätte (…). Im Rahmen der verhaltensbedingten Kündigung wäre darüber hinaus eine Abmahnung iSd § 543 Abs. 3 BGB erforderlich gewesen. Diese war nicht nach § 543 Abs. 3 Nr. 2 BGB entbehrlich, weil es für die Wiederholung eines solchen Vorfalls keine konkreten Anhaltspunkte gibt. Eine solche Annahme kann nicht allein darauf gestützt werden, dass der Beklagte alkoholkrank ist und deshalb eine solche Gefährdung jederzeit eintreten könne. Denn daraus kann – wenn überhaupt – lediglich eine abstrakte Gefahr gefolgert werden. Konkrete Hinweise auf eine etwaige Wiederholung eines solchen Vorfalls folgen daraus nicht.				
17	V	nein	Die Erstattung einer Strafanzeige gegen den Vermieter (hier: bei einer Staatsanwaltschaft in der Schweiz gegen die Mitglieder des Verwaltungsrates einer vermietenden Aktiengesellschaft nach Schweizer Recht) wegen versuchten Prozessbetrugs rechtfertigt ebenfalls nicht den Ausspruch einer außerordentlichen fristlosen Kündigung gemäß § 543 Abs. 1 BGB, wenn die Anzeige nicht auf erfundenen Tatsachen beruht und auch nicht leichtfertig erstattet wurde, weil sie wegen versuchten Prozessbetruges und in Zusammenhang mit einem anhängigen Rechtsstreit erfolgte, der Mieter sich mithin auf das Vorliegen einer Straftat berufen hat, von der er selbst betroffen sein will.	LG Freiburg, 2.5.2019, 3 S 266/18	GE 2019, 1114 Büring IMR 2019, 361	§ 543 Abs. 1 BGB	✗

Urteilstext:
Die Erstattung einer Strafanzeige kann eine erhebliche Vertragsverletzung darstellen (…), wenn die Anzeige auf erfundenen Tatsachen beruht oder leichtfertig erstattet worden ist (a) oder – soweit die Anzeige auf wahren Tatsachen oder Tatsachen, die der Anzeigeerstatter für wahr hält, beruht – wenn der Anzeigeerstatter nicht zur Wahrung eigener Interessen handelt,

Lfd-Nr.	Kündigung durch (V/M)	Abmahnung	Leitsatz / Orientierungssatz	Gericht, Datum, Aktenzeichen	Fundstelle / Anmerkungen	Kündigung nach §	Erfolgreich
			sondern um dem Angezeigten einen Schaden zuzufügen (b). Schließlich kann eine Strafanzeige unangemessen sein, wenn der Anzeigeerstatter wahre oder aus seiner Sicht möglicherweise wahre Tatsachen zum Anlass einer Anzeige nimmt, dabei zur Wahrung eigener Interessen handelt, aber zur Klärung der Streitigkeit der Zivilrechtsweg zur Verfügung steht und nicht im Einzelfall Anlass für ein Eingreifen der Behörde besteht (c). Unter diesen Umständen kommt eine Kündigung im Allgemeinen dann nicht in Betracht, wenn der Anzeigeerstatter sorgfältig geprüft hat, ob Anlass zur Anzeige besteht.				
18	V	nein	1. Wird der Vermieter von dem Mieter in einem öffentlichen Beitrag in einem sozialen Netzwerk mit körperlicher Gewalt bedroht, ist der Vermieter zur fristlosen Kündigung des Mietverhältnisses berechtigt. 2. Wird der Vermieter von dem Mieter in einem öffentlichen Beitrag in einem sozialen Netzwerk beleidigt, ist der Vermieter zur fristlosen Kündigung des Mietverhältnisses berechtigt. 3. Die Bezeichnung als „Huso" ist bei einer am objektiven Empfängerhorizont orientierten Auslegung dahingehend auszulegen, dass der Erklärungsempfänger als „Hurensohn" bezeichnet wird, was eine Beleidigung darstellt. 4. Mit der Bezeichnung als „Hundesohn" wird dem Erklärungsempfänger die Abstammung von einem Menschen und damit das Menschsein abgesprochen, was	AG Düsseldorf, 11.7.2019, 27 C 346/18	GE 2019, 1313 = ZMR 2019, 870 O. Riecke IMR 2019, 370	§ 543 Abs. 1 BGB	✓

Kündigungslexikon

Glossartabelle

Lfd-Nr.	Kündigung durch (V/M)	Abmahnung	Leitsatz *Orientierungssatz*	Gericht, Datum, Aktenzeichen	Fundstelle Anmerkungen	Kündigung nach §	Erfolgreich
			einen unmittelbaren Eingriff in die Menschenwürde bedeutet. Der Bezeichnung kommt mithin ein beleidigender Charakter zu.				
	Urteilstext: Sofern der Kläger – insofern in der Sache unerwidert – vorgetragen hat, der Beklagte habe am Abend des 18.12.2018 auf seinem Facebook-Profil im Rahmen des Beitrages „Schon wieder fristlose Kündigung Mietvertrag bekommen, wollen die das sich durchdrehe???" eine Drohung gegenüber dem Beklagten geäußert, stellt dies einen Kündigungsgrund dar. Der Beklagte hat nicht in Abrede gestellt, den Beitrag öffentlich geteilt zu haben, sondern lediglich ausgeführt, den Kläger am 18.12.2018 nicht bedroht zu haben. Das Gericht sieht in dem Beitrag hingegen eine Drohung. (…) Der Kläger war auch aufgrund des öffentlichen Beitrages des Beklagten vom 7.12.2018 zur fristlosen Kündigung des Mietverhältnisses berechtigt. Am Ende des – im Hinblick auf Rechtschreibung und Grammatik fehlerhaften – Beitrages erklärt der Beklagte, dass „der Vermieter zu weit gehe" und „er das jetzt selbst regeln wolle". Zuvor spricht er von Löwen, die in Käfige gesperrt und in die Enge getrieben werden und davon „Schwänze zu lecken". Bei verständiger Auslegung kann dieser Beitrag nur als Drohung in Bezug auf den Kläger verstanden werden. Dies wird insbesondere durch die Bezugnahme auf in Käfige gesperrte und in die Enge getriebene Löwen ersichtlich, handelt es sich hierbei um ein sehr gefährliches Raubtier, dass dafür bekannt ist, sein Aggressionspotential als Tier gerade dann auszuüben, wenn es in die Enge gedrängt wird. Der Beitrag verdeutlicht, dass sich der Beklagte als solch ein gefährliches Tier ansieht. Mithin kommt der Ankündigung, „das jetzt selbst zu regeln" ein bedrohender Charakter zu.						
19	V	nein	*Tätlicher Angriff und Beleidigung des Hausmeisters*	AG Gronau, 19.11.2018, 35 C 121/18	WuM 2019, 435	§ 543 Abs. 1 BGB	✓
	Urteilstext: Ein solches einmaliges Verhalten begründet zwar keine nachhaltige Störung des Hausfriedens iSd § 569 Abs. 2 BGB, da es an der für eine nachhaltige Störung erforderlichen Dauerhaftigkeit des Verhaltens fehlt (…), allerdings verdrängt die Regelung des § 569 Abs. 2 BGB nicht § 543 Abs. 1 BGB (…). Ein Verhalten, dass zwar den Hausfrieden nicht nachhaltig stört, kann daher trotzdem so gewichtig sein, dass eine Fortsetzung des Mietverhältnisses nicht zumutbar ist und damit eine außerordentliche fristlose Kündigung rechtfertigen. Ein körperlicher Angriff bzw. eine Nötigung oder eine schwere Beleidigung durch einen Mieter stellt auch bei gebotener Berücksichtigung aller Umstände des Einzelfalls (…) und Abwägung der beiderseitigen Interessen ein solches Verhalten dar, welches es für den Vermieter nicht mehr zumutbar macht, am Mietvertrag weiter festzuhalten (…). Sowohl die körperliche Unversehrtheit als auch die persönliche Ehre stellen wichtige Schutzgüter der Rechtsordnung dar. Ein Vermieter muss sich daher darauf verlassen können, dass diese durch seinen Mieter nicht verletzt werden. Umgekehrt ist es einem Vermieter daher nicht zumutbar, ein Mietverhältnis mit einem Mieter fortzusetzen, der derartige Verletzungen begeht. Vorliegend wurde durch das Verhalten des Beklagten das für die Fortsetzung des Mietvertrages notwendige gegenseitige Vertrauensverhältnis irreparabel erschüttert, in dem der Beklagte den Zeugen C1 in dem Fahrradschuppen körperlich angegangen ist und diesen massiv beleidigt hat. Hierbei ist im Rahmen der Interessenabwägung zulasten des Beklagten auch zu berücksichtigen, dass der Grad des Verschuldens für die Bewertung einer Pflichtverletzung im Rahmen des						

Tabelle 3: Liste der Urteile zum Kündigungsrecht **Kündigungslexikon**

Lfd.-Nr.	Kündigung durch (V/M)	Abmahnung	Leitsatz Orientierungssatz	Gericht, Datum, Aktenzeichen	Fundstelle Anmerkungen	Kündigung nach §	Erfolgreich
			§ 543 Abs. 1 BGB besonders zu berücksichtigen ist und dass er die Tat gerade vorsätzlich begangen hat, ohne dass der Zeuge C1 hierzu einen Anlass gegeben hätte. Auch ist zu berücksichtigen, dass es sich, um einen Wohnkomplex handelt, der alten und kranken Menschen zum eigenständigen Wohnen dient und in dem sich auch die Verwaltung des Klägers befindet. Ein regelmäßiges Zusammentreffen des Beklagten als Mieter mit dem Kläger und dessen Mitarbeiten ist so nicht zu vermeiden.				
20	V	ja	Trägt der Mieter vor, es sei im Mietverhältnis bis zum Zeitpunkt der Kündigung „zu keinen Beanstandungen des Vermieters gekommen", während tatsächlich in den zwei Monaten vor Ausspruch der Kündigung insgesamt vier schriftliche Zahlungserinnerungen verschickt worden waren, regelmäßig die Mieten nicht zum dritten Werktag des Monats gezahlt worden waren, der Mieter während des Vorjahres mit zwei Monatsmieten in Verzug geraten war und der Mieter damals die titulierte Forderung erst Anfang des Folgejahres mittels Ratenzahlungen zurückgeführt hatte und bereits die Rechtsvorgängerin der jetzigen Vermieterin 6 Jahre zuvor wegen rückständiger Mietzahlungen die fristlose Kündigung ausgesprochen hatte, dann ist eine darauf gestützte fristlose Kündigung gerechtfertigt.	AG Neukölln, 2.4.2019, 18 C 318/18	GE 2019, 603; ZMR 2019, 608 Agatsy IMR 2019, 320	§ 543 Abs. 1 BGB	✓

Kündigungslexikon Glossartabelle

Lfd-Nr.	Kündigung durch (V/M)	Abmahnung	Leitsatz Orientierungssatz	Gericht, Datum, Aktenzeichen	Fundstelle Anmerkungen	Kündigung nach §	Erfolgreich
21	V	ja	Unberechtigte Stromentnahme mit wiederholter Abmahnung	LG Osnabrück, 3.6.2016, 12 S 27/16		§ 543 Abs. 1 BGB	✗
	Urteilstext: Der Kläger war auch nicht gem. § 543 Abs. 1 BGB berechtigt, das Mietverhältnis wegen der unberechtigten Stromentnahme zu kündigen. Es kann dahinstehen, ob der Kläger die Beklagten bereits vor der mit Schreiben vom 16.5.2013 erklärten Abmahnung (…), welche den Beklagten am 18.5.2013 zugegangen ist (…), mündlich abgemahnt hat oder nicht. Der Kläger hat sich dazu entschlossen, die Beklagten mit Schreiben vom 16.5.2013 erneut abzumahnen. Hieran muss er sich festhalten lassen. Ein Anlass zur Kündigung hätte nur bestanden, wenn die Beklagten das beanstandete Verhalten nach Zugang der Abmahnung vom 16.5.2013 am 18.5.2013 fortgesetzt hätten. Dies ist nicht dargetan. Die Kündigung wird auch lediglich auf eine unberechtigte Stromentnahme bis zum 18.5.2013 gestützt (…). Der Strom wurde zum 18.5.2013 zudem vom Kläger abgestellt (…).						
22	M	nein	1. Eine fristlose Kündigung kann auf den berechtigten Vorwurf der Anbringung, des Betriebs und der unterlassenen Entfernung einer Überwachungskamera im Flur der Wohngemeinschaft gestützt werden. Einer vorherigen Abmahnung nach § 543 Abs. 3 BGB bedurfte es hier nicht, wenn eine beharrliche Weigerung des Vermieters, die Kamera zu entfernen, vorlag. 2. Im Bereich des zur gemeinschaftlichen Nutzung überlassenen Flurs, der das Zimmer des Nutzers ua mit der Küche und dem Badezimmer verbindet, darf keine permanente Videoüberwachung stattfinden, zumal die dabei erstellten Aufnahmen durch den Vermieter auch noch (unstreitig) regelmäßig	AG München, 28.5.2019, 432 C 2881/19	ZMR 2019, 772 Blank IMR 2019, 319; Bueb jurisPR-MietR 1/2020 Anm. 3	§ 543 Abs. 1 BGB	✓

Tabelle 3: Liste der Urteile zum Kündigungsrecht **Kündigungslexikon**

Lfd-Nr.	Kündigung durch (V/M)	Abmahnung	Leitsatz *Orientierungssatz*	Gericht, Datum, Aktenzeichen	Fundstelle Anmerkungen	Kündigung nach §	Erfolgreich
			ausgewertet wurden.				
Urteilstext: Hinzu kommt, dass sich hier die Anbringung dieser Kamera nicht ansatzweise auf einen tragfähigen Grund zu stützen vermag. Soweit durch die Kamera etwaige mietrechtliche Pflichtverstöße wie zB das unterlassene Schließen der Haustür und/oder die Ordnungsmäßigkeit der Mülltrennung aufgeklärt bzw. überprüft werden sollten, stellt dies freilich keinerlei Rechtfertigungsgrund für die permanente Überwachung dieses gemeinschaftlichen Bereichs der Wohngemeinschaft dar. Belange der Sicherheit der Bewohner mögen zwar teilweise berührt sein, weil eine nicht geschlossene Haustür unbefugten Dritten den Zugang zum Haus erheblich erleichtern kann. Diese lediglich abstrakte Gefahr trägt eine derart eingriffsintensive, permanente Überwachungsmaßnahme aber nicht im Ansatz.							
23	V	ja	*Widerruf der Tierhaltung, bei Zusatzvereinbarung der für die Tierhaltung benötigten Bereiche*	LG Osnabrück, 3.6.2016, 12 S 27/16	ZMR 2016, 624	§ 543 Abs. 1 BGB	✗
Urteilstext: Der Kläger war auch nicht gem. § 543 Abs. 1 BGB berechtigt, das Mietverhältnis wegen der trotz Widerrufs erfolgten Tierhaltung zu kündigen. (…) Ziff. 8 der Zusatzvereinbarung zum Mietvertrag begründet auch nicht – wie die Berufung meint – ein freies Widerrufsrecht hinsichtlich der für die Tierhaltung benötigten Bereiche (…). Die betr. Regelung kann bei verständiger Würdigung nur dahin ausgelegt werden, dass sich die Formulierung „bis auf Widerruf" auf einen Widerruf nach Ziff. 4 bezieht, denn anderenfalls liefen die in Ziff. 4 geregelten Voraussetzungen für einen Widerruf der Tierhaltung leer, da eine solche „Bereiche" auf dem Grundstück erfordert.							
24	V	nein	*Zustellen sämtlicher Räume der Wohnung mit gefüllten Plastiktüten*	LG Karlsruhe, 22.5.2019, 9 S 2/19	WuM 2019, 436 Ramm IMR 2020, 8	§ 543 Abs. 1 BGB	✗
Urteilstext: Der vertragswidrige Gebrauch der Mietsache durch den Beklagten in Gestalt des völligen Zustellens sämtlicher Räume der Wohnung überwiegend mit Kleidungsstücken und mit Kleidungsstücken gefüllten Plastiktüten, so dass lediglich noch 50–60 cm breite Durchgänge bleiben und auch ein Öffnen der zugestellten Fenster und Balkontüre nicht möglich ist, stellt auch keinen Kündigungsgrund im Sinne von § 543 Abs. 1 BGB dar. Wie ein Vergleich mit Abs. 2 der Vorschrift zeigt, hat der Gesetzgeber eine Sorgfaltsvernachlässigung durch den Mieter nur dann als eine außerordentliche fristlose Kündigung zu tragen geeignet angesehen, wenn hierdurch eine erhebliche Gefährdung der Mietsache eintritt (…), die aber – wie vorstehend ausgeführt – von der Klägerin bereits nicht dargelegt ist. (…) Auch im Hinblick auf die von der Klägerin behauptete Gesundheitsgefährdung und Belästigung anderer Bewohner des Hauses ist die außerordentliche fristlose Kündigung nicht als wirksam anzusehen, da diese nach den tatsächlichen Feststellungen des Amtsgerichts nicht bewiesen sind.							
25	V	nein	*Aufbewaren von Marihuana in der Wohnung*	AG Frankfurt a. M., 8.2.2019, 33 C 2802/18	Fodor IMR 2019, 455	§ 543 Abs. 1 BGB	✗

C. Börstinghaus 345

Kündigungslexikon — Glossartabelle

Lfd-Nr.	Kündigung durch (V/M)	Abmahnung	Leitsatz Orientierungssatz	Gericht, Datum, Aktenzeichen	Fundstelle Anmerkungen	Kündigung nach §	Erfolgreich
			Urteilstext: Diese Voraussetzungen sind vorliegend nicht erfüllt. Die Klägerin war nicht berechtigt, aufgrund des Fundes von 16,96g Marihuana und sechs Mobiltelefonen in der Wohnung der Beklagten das Mietverhältnis fristlos zu kündigen. Die Klägerin hat nicht ausreichend substantiiert dargelegt, dass in der bzw. aus der streitgegenständlichen Wohnung heraus mit Drogen gehandelt wurde. Die bei der Durchsuchung gefundene Menge an Betäubungsmitteln allein lässt nicht den Schluss zu, dass das Marihuana dem Verkauf gedient hat. Das Gericht verkennt nicht, dass die aufgefundene Menge die für den Eigenverbrauch nach §§ 29 Abs. 5, 31a Abs. 1 BtMG strafrechtlich geduldete Menge überschreitet. Bei einer Menge von ca. 17 g kann jedoch nicht ausgeschlossen werden, dass diese dem Eigenkonsum dienen soll. Hierfür spricht auch, dass neben den Drogen kein weiteres Verkaufszubehör wie zB Waagen oder Verpackungsmaterial gefunden wurde. Auch die sechs Mobiltelefone ändern hieran nichts. In der streitgegenständlichen Wohnung wohnen mindestens drei Personen. Heutzutage ist es keine Seltenheit mehr, dass Personen mehrere Mobiltelefone besitzen. Jedenfalls ist nicht auszuschließen, dass nicht nur dem Sohn der Beklagten, sondern auch den Beklagten selbst mehrere Handys zuzuordnen sind bzw. es sich bei einem oder mehreren der gefundenen Handys um Ersatzhandys oder solche, die nicht mehr in Betrieb sind, handelt.				
26	V	nein	Der Ausspruch „Sie promovierter Arsch" rechtfertigt eine fristlose Kündigung, und zwar ohne vorherige Abmahnung, wenn der Mieter sich nicht zeitnah entschuldigt.	AG München, 28.11.2014, 474 C 18543/14	BeckRS 2015, 08607 = WuM 2015, 355 = ZMR 725 Gies jurisPR-MietR 19/2015 Anm. 3; Binder IMR 2015, 327	§ 543 Abs. 1 BGB	✓
			Urteilstext: Der Kündigungstatbestand des § 543 Abs. 1 BGB ist hier erfüllt, da der Beklagte den Kläger unstreitig am 2.5.2014 mit den Worten „Sie promovierter Arsch" beleidigt hat, diese Vertragsverletzung so schwer wiegt, dass dem Kläger die Fortsetzung des Mietverhältnisses nicht zugemutet werden kann, die Beklagten für die behauptete Provokation durch den Kläger beweisfällig geblieben sind und eine Abmahnung vor dem Ausspruch der Kündigung gemäß § 543 Abs. 3 S. 1 BGB hier nach § 543 Abs. 3 S. 2 BGB entbehrlich ist. Auch besteht der erforderliche zeitliche Zusammenhang zwischen der Beleidigung und der Kündigung, § 313 Abs. 3 BGB. Eine Beleidigung ist der Angriff auf die Ehre eines anderen durch Kundgabe der Nichtachtung oder Missachtung (…). Dagegen scheiden bloße Unhöflichkeiten oder Handlungen, die dem anderen Teil zwar missliebig sind, die aber keinen ehrverletzenden Charakter haben, als Kündigungsgründe aus (…). Auf dieser Grundlage liegt hier zweifelsfrei mit dem Ausspruch des Beklagten gegenüber dem Kläger „Sie promovierter Arsch" eine Beleidigung im Sinne des Strafgesetzbuches vor, die gleichzeitig auch eine Vertragsverletzung im Verhältnis zum Kläger darstellt. Eine solche Titulierung geht insbesondere aufgrund ihres ehrverletzenden Charakters weit über eine gegebenenfalls noch hinzunehmende Pöbelei oder Unhöflichkeit hinaus.				
27	V	nein	Eine Beleidigung mit dem Wort Schwein kann eine außerordentliche fristlose Kündigung rechtfertigen.	AG München, 9.8.2013, 411 C 8027/13	BeckRS 2014, 03552 = ZMR 2014, 651	§ 543 Abs. 1 BGB	✓

Tabelle 3: Liste der Urteile zum Kündigungsrecht **Kündigungslexikon**

Lfd-Nr.	Kündigung durch (V/M)	Abmahnung	Leitsatz *Orientierungssatz*	Gericht, Datum, Aktenzeichen	Fundstelle Anmerkungen	Kündigung nach §	Erfolgreich
			Urteilstext: Eine schwerwiegende Beleidigung kann eine Kündigung nach § 543 Abs. 1 BGB rechtfertigen. Vorliegend handelt es sich nicht nur um beleidigende Gesten, sondern um eine ausdrückliche massive Ehrverletzung. Beleidigungen stellen sich zwar dann als weniger verletzend dar, wenn sie aus einer Provokation heraus oder im Zusammenhang einer bereits vorgegebenen streitigen Atmosphäre erfolgen oder wenn sie als eine momentane und vereinzelt gebliebene Unbeherrschtheit zu bewerten sind. Vorliegend ist jedoch die Provokation – wie oben ausgeführt – zu wenig konkret und nachvollziehbar dargelegt und die behauptete Beleidigung durch Zeigen des gestreckten Mittelfingers vom Kläger bestritten und vom Beklagten nicht belegt worden. Ein konkret unkorrektes Verhalten des Klägers konnte der Beklagte weder schlüssig darlegen, noch beweisen. Außerdem hat sich der Beklagte für die geäußerte Beleidigung auch nicht nachträglich beim Vermieter entschuldigt. Der Beklagte hat keinerlei Verhalten gezeigt, das darauf hindeutet, dass er diese Entgleisung bereut und sie zukünftig nicht mehr vorkommen wird. Im Gegenteil führt der Beklagte in seiner Klageerwiderung noch aus, dass der Kläger wie gedruckt lüge und dumm daherrede.				
28	V	ja	1. Ein wichtiger Grund für eine außerordentliche fristlose Kündigung des Wohnraummietverhältnisses kann gegeben sein, wenn der Mieter den Vermieter, dessen Vertreter oder Beauftragten oder Mitarbeiter, den Hausverwalter oder andere Hausbewohner beleidigt. 2. Ein Kündigungsgrund liegt nicht vor, wenn der Mieter andere Personen wie etwa Verwandte des Vermieters, die nicht im selben Haus wohnen, beleidigt.	AG München, 7.2.2013, 411 C 25348/12	BeckRS 2013, 02871 = ZMR 2013, 450	§ 543 Abs. 1 BGB	X
			Urteilstext: Vertragsverletzungen berechtigen nur dann zur Kündigung, wenn sie so schwer wiegen, dass dem anderen Teil die Fortsetzung des Mietverhältnisses nicht zugemutet werden kann. Eine weniger schwerwiegende Beleidigung ist folgenlos, wenn es sich nur um einen vereinzelten Vorfall handelt. Haben die an einem Streit Beteiligten wechselseitige Beleidigungen ausgesprochen, so scheidet eine Kündigung regelmäßig aus. Gleiches gilt, wenn der Beleidiger von der Gegenseite provoziert worden ist, sei es durch unredliches Verhalten oder andere Vertragsverletzungen. Eine Abmahnung ist grundsätzlich auch bei Beleidigungen erforderlich. Lediglich bei schweren Beleidigungen liegt meist der Ausnahmetatbestand des § 543 Abs. 3 S. 2 BGB vor.... Die von der Klägerin behauptete Beleidigung eines Münchner Oberbürgermeisters stellt keine Vertragsverletzung gegenüber der Klagepartei dar.				

Kündigungslexikon — Glossartabelle

Lfd-Nr.	Kündigung durch (V/M)	Abmahnung	Leitsatz / Orientierungssatz	Gericht, Datum, Aktenzeichen	Fundstelle / Anmerkungen	Kündigung nach §	Erfolgreich
29	V		Beleidigt und bedroht ein manisch-depressiver Mieter Dritte im Haus und Mitarbeiter des Vermieters, weil er erstmals seine Medikamente in der manischen Hochphase abgesetzt hatte (gegen ärztlichen Rat), so rechtfertigt dies bei einem fast 10 Jahre weitgehend unbeanstandet verlaufenen Mietverhältnis weder eine fristlose noch eine ordentliche Kündigung.	AG Darmstadt, 21.1.2014, 313 C 13/14	BeckRS 2015, 00675 = ZMR 2015, 39	§ 543 Abs. 1 BGB	✗

Urteilstext:
Ein Kündigungsgrund zur außerordentlichen Kündigung liegt nicht vor. Voraussetzung ist, dass ein wichtiger Grund gegeben ist. Ein wichtiger Grund ist dann gegeben, wenn es für eine Mietvertragspartei, hier für die Vermieterin, unzumutbar ist, weiter an dem Mietverhältnis festzuhalten. Ein Verschulden des Mieters ist keine Voraussetzung dafür, ob ein wichtiger Grund gegeben ist. Jedoch sind im Rahmen der Gesamtabwägung auch solche zu berücksichtigen (…). Zudem ist eine Zukunftsprognose zu erstellen, wenn ein Verhalten für sich gesehen noch nicht dazu führen kann, dass ein wichtiger Grund zu sehen ist, aber im Falle einer Wiederholungsgefahr davon ausgegangen werden muss, dass ein Verhalten nochmals an den Tag gelegt werden kann und dann nicht mehr zumutbar ist. Das Gericht ist der Auffassung, dass die von dem Beklagten getätigten Äußerungen in seinen Emails sowohl den anderen Mietern gegenüber als auch den Mitarbeitern der Klägerin gegenüber bei Annahme einer Vollverantwortlichkeit des Beklagten es für die Klägerin unzumutbar erscheinen lassen würde, weiter an dem Mietverhältnis festzuhalten. Die Schreiben sind bestückt mit Drohungen an den Mitmieter Herrn S sowie durch Beleidigungen in Bezug auf Mitarbeiter der Klägerin. Insbesondere die Äußerung „Verlogene unfähige Chefs (…), leck mich am Arsch, denn wer lutscht schon gerne Scheißschwänze" sind derart vulgär und anmaßend beleidigend, weil die Gesamtperson der Angesprochenen missachtend, dass kein Vermieter es hinnehmen müsste, länger ein Mietverhältnis mit dem Mieter aufrecht zu erhalten. Das sogar, obwohl der Beklagte die Geschäftsführer der Klägerin nicht namentlich benannt hat und es sich deshalb um Angriffe gegen für ihn zu dem Zeitpunkt eher abstrakt erscheinende Funktionsträger handelt. Dies für sich schwächt natürlich die Beleidigung ab, in ihrer Vehemenz würde sie gleichwohl ausreichen.
…
Auch eine ordentliche Kündigung ist mangels Kündigungsgrundes nicht erfolgreich. Auch hier hat zu gelten, dass das Mietverhältnis fortgesetzt werden kann, es jedenfalls aufgrund der Vorfälle vom Jahr 2012 noch nicht für unzumutbar betrachtet werden muss, dass das Mietverhältnis fortgesetzt wird.

Lfd-Nr.	Kündigung durch (V/M)	Abmahnung	Leitsatz / Orientierungssatz	Gericht, Datum, Aktenzeichen	Fundstelle / Anmerkungen	Kündigung nach §	Erfolgreich
30	V	ja	Die Bezeichnung von Mitarbeitern des Vermieters als „faul" und „talentfreie Abrissbirne"	AG Charlottenburg, 30.1.2015, 216 C 461/14	BeckRS 2015, 05781 = GE 2015, 389 = ZMR 2015, 773	§ 543 Abs. 1 BGB	✗

Tabelle 3: Liste der Urteile zum Kündigungsrecht **Kündigungslexikon**

Lfd-Nr.	Kündigung durch (V/M)	Abmahnung	Leitsatz *Orientierungssatz*	Gericht, Datum, Aktenzeichen	Fundstelle Anmerkungen	Kündigung nach §	Erfolgreich
			durch den Mieter stellen allenfalls Beleidigungen im unteren Spektrum denkbarer Beleidigungen dar und rechtfertigen weder eine ordentliche noch einen außerordentliche fristlose Kündigung.				

Urteilstext:
Eine Beleidigung ist eine Straftat und kann insoweit ebenfalls ein zur Kündigung berechtigender wichtiger Grund sein, wenn sie gegenüber dem Vertragspartner, verübt wird. Sie ist der Angriff auf die Ehre eines anderen durch Kundgabe der Nichtachtung oder Missachtung, wobei eine bloße Unhöflichkeit nicht genügt (…). Vorliegend kann das Gericht letztlich offen lassen, ob die beiden Bezeichnungen der Mitarbeiter der Klägerin den Tatbestand der Beleidigung gemäß § 185 StGB erfüllen. Denn jedenfalls wären sie im Spektrum der denkbaren Beleidigungen als eher weniger schwerwiegend einzuschätzen. Daher wäre vorliegend eine vorherige Abmahnung erforderlich gewesen. Besteht der wichtige Grund in der Verletzung einer Pflicht aus dem Mietvertrag, so ist die Kündigung nach § 543 Abs. 3 BGB grundsätzlich erst nach erfolglosem Ablauf einer zur Abhilfe bestimmten angemessenen Frist oder nach erfolgloser Abmahnung zulässig. Dies gilt nicht, wenn die sofortige Kündigung aus besonderen Gründen unter Abwägung der beiderseitigen Interessen gerechtfertigt ist, § 543 Abs. 3 S. 2 Nr. 2 BGB. Hierbei ist anerkannt, dass dies bei schweren Beleidigungen regelmäßig gegeben ist. Etwas anderes gilt jedoch im Fall von einmaligen Beleidigungen, die für sich betrachtet kein besonderes Gewicht haben und sich die Unzumutbarkeit erst aus deren Wiederholung ergibt (…). Hier handelt es sich zwar um zwei einzelne Äußerungen über verschiedene Personen gegenüber verschiedenen Adressaten. Letztlich stehen beide Äußerungen aber in einem unmittelbaren zeitlichem Zusammenhang und gehen auch auf den selben Sachverhalt, nämlich den von den Beklagten als sehr störend empfundenen Lärm von der Gartenanlage, zurück. Die Bezeichnung „faul" hat dabei zudem einen – von Seiten der Beklagten als zutreffend empfundenen und von der Klägerin bestrittenen – Tatsachenkern. Auch die Bezeichnung „talentfreie Abrissbirne" zielt letztlich nicht hauptsächlich auf eine Herabwürdigung oder auf die Kundgabe der Missachtung der Mitarbeiterin; auch in dieser Äußerungen steckt ein – von den Beklagten als wahr empfundener – Zusammenhang mit einem tatsächlichen Vorgang, dem Gespräch mit der Mitarbeiterin. Das Gericht verkennt nicht, dass entsprechende Äußerungen grundsätzlich durchaus zu einer fristlosen Kündigung berechtigen können; im vorliegenden Fall wäre eine Fortführung des Vertragsverhältnisses aber erst bei einer Wiederholung ähnlicher Äußerungen nach einer vorherigen Abmahnung unzumutbar. Das Mietverhältnis ist auch nicht aufgrund der hilfsweise erklärten ordentlichen Kündigung beendet worden. Die Voraussetzungen für eine ordentliche Kündigung liegen nicht vor. Gemäß § 573 Abs. 1 S. 1 kann der Vermieter nur kündigen, wenn er ein berechtigtes Interesse an der Beendigung des Mietverhältnisses hat. Ein solches berechtigtes Interesse des Vermieters an der Beendigung des Mietverhältnisses liegt insbesondere vor, wenn der Mieter seine vertraglichen Pflichten schuldhaft nicht unerheblich verletzt hat (§ 573 Abs. 2 Nr. 1 BGB). Der Kündigungstatbestand des § 573 Abs. 2 Nr. 1 BGB setzt zudem ein schuldhaftes Verhalten der Vermieter voraus, wobei das Maß des Verschuldens in enger Beziehung zum Erheblichkeitskriterium steht (…). Eine entsprechende schuldhafte, nicht unerhebliche Pflichtverletzung liegt hier nicht vor. Ausgehend davon, dass die Bezeichnungen allenfalls Beleidigungen im unteren Spektrum der denkbaren Beleidigungen darstellen, stellen die Äußerungen der Beklagten keine „nicht unerhebliche" Pflichtverletzung dar. Zu berücksichtigen ist dabei zum einen wiederum, dass den Äußerungen – zwischen den Parteien dem Grunde nach unstreitige und von den Beklagten als sehr störend empfundene – Lärmbelästigungen vorausgingen.

Kündigungslexikon

Lfd-Nr.	Kündigung durch (V/M)	Abmahnung	Leitsatz / Orientierungssatz	Gericht, Datum, Aktenzeichen	Fundstelle / Anmerkungen	Kündigung nach §	Erfolgreich
31	V	k. A.	1. Auch die Nichterfüllung titulierter Schadensersatzansprüche des Vermieters durch den Mieter stellt eine nicht unerhebliche kündigungsrelevante Mietvertragsverletzung dar. 2. Wer als Mieter 10 Jahre lang bisher auf Leistungen des Jobcenters angewiesen war, muss sich ggf. um ein Darlehen bemühen, um die Forderungen des Vermieters zu bedienen.	LG Berlin, 29.1.2020, 65 S 231/19	GE 2020, 471 = ZMR 2020, 503 Börstinghaus IMR 2020, 281	§ 543 Abs. 2 Ziff. 1 BGB	✗
32	M	nein	1. Kündigt der Mieter nach einem Wohnungsbrand, der die Wohnung unbewohnbar gemacht hat, den Mietvertrag fristlos und verlangter Rückzahlung überzahlter Miete sowie der Mietkaution trägt der Mieter die Beweislast dafür, dass er den Schadenseintritt nicht zu vertreten hat. 2. Der Mieter hat es nicht zu vertreten, wenn ein von ihm in die Mietsache eingebrachter Mikrowellenherd aufgrund eines äußerlich nicht erkennbaren technischen Defekts die Mietwohnung in Brand setzt und unbewohnbar macht. An dieser Beurteilung änder der Umstand, dass	AG Bremen, 27.7.2016, 17 C 68/15	WuM 2016, 685	§ 543 Abs. 2 Ziff. 1 BGB	✓

Tabelle 3: Liste der Urteile zum Kündigungsrecht **Kündigungslexikon**

Lfd-Nr.	Kündigung durch (V/M)	Abmahnung	Leitsatz Orientierungssatz	Gericht, Datum, Aktenzeichen	Fundstelle Anmerkungen	Kündigung nach §	Erfolgreich
			der Netzstecker des Mikrowellenherdes bei Nichtgebrauch nicht vom Stromnetz getrennt wurde, nichts.				

Urteilstext:
Das Recht der Beklagten zur fristlosen Kündigung folgt aus § 543 Abs. 2 Nr. 1 BGB wegen eines nachträglich eingetretenen Mangels der Mietsache. Das Vorliegen des Mangels ist zwischen den Parteien unstreitig, da die Wohnung unstreitig ab dem 8.2.2014 infolge des Brandes unbewohnbar war. Das Kündigungsrecht der Klägerin ist auch nicht ausgeschlossen. Denn nach dem Ergebnis der Beweisaufnahme steht zur Überzeugung des Gerichts fest, dass die Klägerin die Störung des vertragsgemäßen Gebrauchs, hier die Unbewohnbarkeit infolge der Brandbeschädigungen, nicht zu vertreten hat.

| 33 | M | ja | *Rattenbefall in Lager und Büroräumen* | LG Duisburg, 7.8.2015, 6 O 279/13 | | § 543 Abs. 2 Ziff. 1 BGB | ✓ |

Urteilstext:
Es handelt sich auch nicht um eine bloß unerhebliche Gebrauchsbeeinträchtigung, bei deren Vorliegen eine außerordentliche Kündigung ausgeschlossen sein könnte (…). Auch wenn lediglich ein eher geringer Teil der insgesamt gemieteten Fläche betroffen war, ist die von einem Befall mit nicht nur vereinzelt auftretenden Ratten, die allgemeinkundig nicht nur als Nahrungsmittel- und Hygieneschädlinge gelten, sondern auch als Überträger von Krankheiten in Betracht kommen, als erhebliche Beeinträchtigung anzusehen.
Eine Fortsetzung des Mietverhältnisses war der Beklagten infolgedessen insbesondere auch deshalb iSd § 543 Abs. 1 S. 2 BGB nicht zuzumuten, weil der Befall trotz der unternommenen umfangreichen Bekämpfungsmaßnahmen über eine längere Dauer fortbestand. Diese Unzumutbarkeit wird deshalb nicht dadurch widerlegt, dass die Beklagte nach dem erstmaligen Auftreten von Ratten im Jahr 2008 am Vertrag nicht nur festhielt, sondern diesen sogar gleichzeitig durch Ausübung der Verlängerungsoption fortsetzte, später sogar erweiterte und einer vom Kläger ausgesprochenen Kündigung widersprach. Naturgemäß war zu diesen früheren Zeitpunkten nicht absehbar, dass das Problem über einen längeren Zeitraum fortbestehen würde.
Darauf, ob der Kläger den Rattenbefall zu vertreten hatte, kommt es für das Bestehen des Kündigungsrechts nicht an (…); vielmehr sind auch unverschuldete Mängel, zB so genannte Umweltmängel, Mängel der Mietsache und können das Kündigungsrecht des Mieters auslösen (…).

| 34 | M | ja | Der Mieter kann ein befristetes Mietverhältnis über Gewerberäume nach vorheriger Abmahnung aus wichtigem Grund außerordentlich kündigen, wenn der Vermieter veranlasst, dass die einzige Zufahrt zum Mietobjekt durch einen LKW | OLG Düsseldorf, 8.3.2016, I-24 U 59/15 | DWW 2016, 332 = GE 2016, 1506 Federenko IMR 2016, 510 | § 543 Abs. 2 Ziff. 1 BGB | ✓ |

Kündigungslexikon — Glossartabelle

Lfd-Nr.	Kündigung durch (V/M)	Abmahnung	Leitsatz Orientierungssatz	Gericht, Datum, Aktenzeichen	Fundstelle Anmerkungen	Kündigung nach §	Erfolgreich
			mehrere Wochen lang blockiert wird.				

Urteilstext:
Es ist als unstreitig zu behandeln, dass der LKW (…) das Hallentor und damit die Zufahrtsmöglichkeit zur vermieteten Gewerbehalle versperrte und dieser Zustand über einen mehrwöchigen Zeitraum andauerte. Dadurch verletzte die Klägerin die mietvertraglichen Rechte des Beklagten auf ungestörte Besitzausübung in erheblicher Weise. Dieses Verhalten stellt eine gravierende Vertragsverletzung dar, die der Beklagte nicht hinnehmen musste und die ihn zur fristlosen Kündigung des Mietvertrages berechtigte. Die Voraussetzungen hierfür lagen vor: Der Beklagte wurde an einem vertragsgemäßen Zugang zur Halle gehindert. Es ist davon auszugehen, dass durch das Abstellen des LKW – wie auf dem Foto BA 30 ersichtlich – das Hallentor und damit die einzige Zufahrtsmöglichkeit zur vermieteten Gewerbehalle versperrt war. (…)

Lfd-Nr.	Kündigung durch (V/M)	Abmahnung	Leitsatz Orientierungssatz	Gericht, Datum, Aktenzeichen	Fundstelle Anmerkungen	Kündigung nach §	Erfolgreich
35	V	k. A.	Bei einem langjährig unbeanstandet geführten Wohnraummietverhältnis ist der Vermieter weder zum Ausspruch einer außerordentlichen noch einer ordentlichen Kündigung berechtigt, wenn der Mieter seine Lebensgefährtin in die Mietsache aufnimmt, ohne zuvor beim Vermieter um die Genehmigung der teilweisen (Dritt-)Überlassung nachgesucht oder die Aufnahme angezeigt zu haben.	LG Berlin, 16.5.2017, 67 S 119/17	GE 2017, 781 = WuM 2017, 409 = DWW 2017, 250 = ZMR 2017, 732 Stobbe IMR 2017, 354	§ 543 Abs. 2 Ziff. 1 BGB	✗
36	V	nein	1. Eine auf kurze befristete Zeiträume erteilte Erlaubnis zur Untervermietung einer Mietwohnung während beruflicher Auslandsaufenthalte des Mieters (höchstens dreimal jährlich) ermächtigt nicht zur dauerhaften, auf Jahre angelegten Gebrauchsüberlassung der ge-	LG München, 27.1.2016, 14 S 11701/15	ZMR 2016, 451	§ 543 Abs. 2 Ziff. 1 BGB	✓

Tabelle 3: Liste der Urteile zum Kündigungsrecht

Kündigungslexikon

Lfd-Nr.	Kündigung durch (V/M)	Abmahnung	Leitsatz Orientierungssatz	Gericht, Datum, Aktenzeichen	Fundstelle Anmerkungen	Kündigung nach §	Erfolgreich
			samten Wohnung an Dritte. 2. Will der Mieter nach Beendigung eines über 2 Jahre andauernden Untermietverhältnisses die Wohnung erneut unbefristet und vollständig Dritten überlassen, liegt ein wichtiger Grund für den Widerruf der erteilten Erlaubnis vor. 3. Nimmt der Mieter nach wirksamem Widerruf gleichwohl die geplante Untervermietung vor, so berechtigt diese Pflichtverletzung den Vermieter auch ohne Abmahnung zur fristlosen Kündigung des Mietverhältnisses.				
37	M	nein	Eine fristlose Kündigung nach § 543 Abs. 2 S. 1 Nr. 1 BGB erfordert nicht, dass der Mieter darlegt, warum ihm die Fortsetzung des Mietverhältnisses nicht zumutbar ist. Für die Wirksamkeit einer Kündigung genügt es vielmehr grundsätzlich, wenn einer der in § 543 Abs. 2 S. 1 Nr. 1–3 BGB aufgeführten Tatbestände vorliegt.	BGH, 29.4.2009, VIII ZR 142/08	GE 2009, 709 = WuM 2009, 349 = NZM 2009, 431 = NJW 2009, 2297 = MDR 2009, 793 = ZMR 2009, 681 = MietPrax-AK § 543 BGB Nr. 14 Schach jurisPR-MietR 12/2009 Anm. 1; Lehmann-Richter MietRB 2009, 189; Drasdo NJW-Spezial 2009, 435	§ 543 Abs. 2 Ziff. 1 BGB	✓

Urteilstext:
1. Im Ausgangspunkt zutreffend sieht das Berufungsgericht in der Abweichung der tatsächlichen Wohnfläche von der im Mietvertrag angegebenen Wohnfläche um 22,63 % einen Mangel der Mietwohnung im Sinne von § 536 Abs. 1 S. 1 BGB (…), der zur Folge hat, dass

Kündigungslexikon — Glossartabelle

Lfd-Nr.	Kündigung durch (V/M)	Abmahnung	Leitsatz Orientierungssatz	Gericht, Datum, Aktenzeichen	Fundstelle Anmerkungen	Kündigung nach §	Erfolgreich
			den Klägern der vertragsgemäße Gebrauch der Mietsache zum Teil nicht rechtzeitig gewährt wurde und daher die „grundsätzlichen Voraussetzungen" einer außerordentlichen fristlosen Kündigung aus wichtigem Grund gemäß § 543 Abs. 2 S. 1 Nr. 1 BGB gegeben sind. Das Kündigungsrecht ist hier auch weder nach § 543 Abs. 3 S. 1 BGB noch nach § 543 Abs. 4 S. 1 in Verbindung mit § 536b BGB ausgeschlossen, wie das Berufungsgericht zutreffend ausführt. Da der Vermieter bei einer Abweichung der tatsächlichen von der vereinbarten Wohnfläche einer bestehenden Wohnung regelmäßig keine Abhilfe schaffen kann, ist eine Abmahnung oder Fristsetzung zur Mängelbeseitigung entbehrlich. Auch war den Klägern nach den unangegriffenen Feststellungen des Berufungsgerichts der Mangel der Mietsache bei Mietvertragsabschluss weder bekannt noch infolge grober Fahrlässigkeit unbekannt geblieben, da sich die Flächendifferenz erst später beim Nachmessen der Wohnung gezeigt hat. (…) a) Nach der Rechtsprechung des Bundesgerichtshofs zur Gewerberaummiete (…) ist bei Vorliegen der Tatbestände des § 543 Abs. 2 BGB eine Kündigung aus wichtigem Grund möglich, ohne dass die in § 543 Abs. 1 BGB genannten Voraussetzungen, wie etwa die Unzumutbarkeit der Vertragsfortsetzung, zusätzlich erfüllt sein müssen. Hiervon abzuweichen besteht für die Wohnraummiete kein Anlass. Dies entspricht auch einer verbreiteten Auffassung im Schrifttum zum Wohnraummietrecht (…). Nach der Gesetzessystematik handelt es sich bei den in § 543 Abs. 2 S. 1 Nr. 1–3 BGB aufgeführten Kündigungsgründen um gesetzlich typisierte Fälle der Unzumutbarkeit. Soweit deren tatbestandliche Voraussetzungen erfüllt sind, ist grundsätzlich auch ein wichtiger Grund im Sinne von § 543 Abs. 1 BGB zur fristlosen Kündigung gegeben.				
38	M	nein	Das Verlangen des Mieters, den Schimmelpilzbefall erst nach dessen Auszug zu beseitigen, steht einer fristlosen Kündigung entgegen. Wenn der Mieter aus dem Schimmelpilzbefall noch hätte Rechte herleiten wollen, wäre eine (erneute) Fristsetzung erforderlich gewesen, da der Vermieter bereits Instandsetzungsmaßnahmen angekündigt hatte.	AG Hamburg-Barmbek, 11.3.2019, 814 C 148/18	ZMR 2019, 599	§ 543 Abs. 2 Ziff. 1 BGB	✗

Urteilstext:
Unabhängig davon, ob die Voraussetzung für eine außerordentliche fristlose Kündigung wegen des Schimmelbefalls im Übrigen vorlagen, konnte die Beklagte dies nicht zum Anlass ihrer fristlosen Kündigung nehmen. Mit ihrer E-Mail (…) hat sie nämlich deutlich gemacht, aus dem Schimmelbefall zunächst keine Rechte herleiten zu wollen. Vielmehr sollte die Schimmelbeseitigung danach erst nach ihrem Auszug erfolgen. Zudem hat sie angegeben, dass sie die Klägerin in Kenntnis setzen würde, wenn doch vor einem Umzug Schimmelbeseitigungsmaßnahmen durchgeführt werden sollen. Damit macht sie deutlich, aus dem Schimmelbefall jedenfalls vor erneuter Fristsetzung keine Rechte herleiten zu wollen. Es wäre daher jedenfalls erforderlich gewesen, vor der Kündigung erneut eine Frist nach § 543 Abs. 3 BGB zu setzen. Die Setzung einer solchen Frist war auch nicht entbehrlich. Die Klägerin hatte angeboten den Schimmel zu beseitigen und Calciumsilikatplatten zu installieren. Das Vorliegen von Schimmel,

Tabelle 3: Liste der Urteile zum Kündigungsrecht **Kündigungslexikon**

Lfd-Nr.	Kündigung durch (V/M)	Abmahnung	Leitsatz Orientierungssatz	Gericht, Datum, Aktenzeichen	Fundstelle Anmerkungen	Kündigung nach §	Erfolgreich
			dessen Beseitigung die Klägerin angeboten hat, die Beklagte aber vor ihrem Umzug ablehnte, als Kündigungsgrund heranzuziehen, ist treuwidrig (…). Angesichts der Ablehnung entsprechender Maßnahmen durch die Beklagte gab es für die Klägerin auch keine Veranlassung die Erhaltungsmaßnahmen gegen den Willen der Beklagten durchzuführen. Es musste daher auch keine Ankündigung von Erhaltungsmaßnahmen nach § 555a Abs. 2 BGB erfolgen.				
39	M	nein	3. Führt eine dem Mieter nachteilige Flächenabweichung bei Vereinbarung einer echten Quadratmetermiete zu einer Reduzierung der Miete, sind regelmäßig auch die Voraussetzungen des benannten Regelbeispiels für eine außerordentliche Kündigung in § 543 Abs. 2 S. 1 Nr. 1 BGB erfüllt. Sowohl bei der Minderung nach § 536 Abs. 1 BGB als auch bei der außerordentlichen Kündigung nach § 543 Abs. 2 S. 1 Nr. 1 BGB kommt es auf die Wesentlichkeit der Gebrauchsbeeinträchtigung an (…).	OLG Dresden, 10.7.2019, 5 U 151/19	NZM 2019, 784 = MDR 2019, 1306 = NJW-RR 2019, 1294 = ZMR 2019, 856 Anzellotti jurisPR-MietR 2/2020 Anm. 6; Hofele IMR 2019, 372; Schmidt NZM 2019, 786	§ 543 Abs. 2 Ziff. 1 BGB	✓

Urteilstext:
Das benannte Beispiel eines wichtigen Grundes zur außerordentlichen Kündigung zugunsten des Mieters in § 543 Abs. 2 S. 1 Nr. 1 BGB greift ein, wenn dem Mieter der vertragsgemäße Gebrauch der Mietsache ganz oder zum Teil vorenthalten wird. Dieser Kündigungsgrund greift vor allem in den Fällen ein, in welchen das Mietobjekt mit einem Sach- oder Rechtsmangel behaftet ist (…).
Im vorliegend zu beurteilenden Falle stellt die festgestellte Abweichung der tatsächlich an die Beklagte überlassenen Fläche um 7,2 % zu deren Lasten von der im Vertrag vereinbarten Mietfläche nach den Ausführungen oben unter II.1.c) einen Sachmangel iSv § 536 Abs. 1 BGB dar bzw. beeinträchtigt unmittelbar die Gewährung des vertragsgemäßen Gebrauches für die Beklagte als Mieterin, weil sie nach der Regelung der Parteien zur echten Quadratmetermiete in § 4 Nr. 3 des Mietvertrages unmittelbar zur Änderung der Miethöhe führt, welche ihrerseits die Gegenleistung für die Überlassung des Mietobjektes in einem zum vertragsgemäßen Gebrauch tauglichen Zustand ist (§ 536 Abs. 1 S. 1 BGB). Wenn nämlich die Flächenabweichung zu Lasten der Beklagten zu einer Reduzierung bzw. Minderung der Miete führt, wie dies oben unter II.1.c) dargelegt wurde, ist damit zugleich festgestellt, dass der Beklagten als Mieterin in erheblichem Maße der vertragsgemäße Gebrauch des Mietobjektes vorenthalten wird, so dass die Voraussetzungen des Kündigungsgrundes aus § 543 Abs. 2 S. 1 Nr. 1 BGB vorliegen. Sowohl bei der Minderung als auch bei der außerordentlichen Kündi-

Kündigungslexikon

Lfd-Nr.	Kündigung durch (V/M)	Abmahnung	Leitsatz Orientierungssatz	Gericht, Datum, Aktenzeichen	Fundstelle Anmerkungen	Kündigung nach §	Erfolgreich
			gung nach § 543 Abs. 2 S. 1 Nr. 1 BGB kommt es auf die Wesentlichkeit der Gebrauchsbeeinträchtigung an (…).				
40	V	nein	Wenn der Mieter eine dritte Person für einen kürzeren Zeitraum (hier: 15.2.–6.4.2016) einmalig und lange vor Ausspruch der Kündigung (hier: 9.3.2017) aufgenommen hat und dies eine Pflichtverletzung des Mieters begründete, so kommt diesem einmaligen Vorgang noch keine den Ausspruch einer Kündigung rechtfertigendes Gewicht zu.	LG Berlin, 18.6.2018, 65 S 39/18	ZMR 2018, 930	§ 543 Abs. 2 Ziff. 2 BGB	✗
41	V	ja	1. Dem Mieter steht kein Anspruch auf Erlaubnis zur Untervermietung der gesamten Mietsache zu. Dies gilt auch im Falle einer Überlassung an Familienangehörige oder Lebenspartner. 2. Überlässt der Mieter ohne vorherige Erlaubnis des Vermieters die gesamte Mietsache zum selbständigen Gebrauch an einen Dritten, rechtfertigt dies die fristlose Kündigung: Dies gilt auch bei einer Einzimmerwohnung.	AG Berlin-Mitte, 26.1.2017, 21 C 55/16	GE 2017, 422	§ 543 Abs. 2 Ziff. 2 BGB	✓

Urteilstext:
Der Beklagte hat die Wohnung trotz Abmahnungen der Klägerin weiterhin einem Dritten zum Gebrauch überlassen. Dass die streitgegenständliche Wohnung vollständig an einen Dritten abgegeben wurde, ist zwischen den Parteien unstreitig. Ob die Überlassung seit 2007 an

Tabelle 3: Liste der Urteile zum Kündigungsrecht **Kündigungslexikon**

Lfd-Nr.	Kündigung durch (V/M)	Abmahnung	Leitsatz Orientierungssatz	Gericht, Datum, Aktenzeichen	Fundstelle Anmerkungen	Kündigung nach §	Erfolgreich
			dieselbe Person erfolgt oder sogar an wechselnde Untermieter, kann vorliegend dahinstehen, da jedenfalls eine Überlassung an Herrn K. einen Fall der unbefugten Gebrauchsüberlassung darstellt. Herr K. ist Dritter im Sinne der Norm. In der Vermietung der Wohnung an Herrn K. liegt auch eine Gebrauchsüberlassung isd. § 543 Abs. 2 Nr. 2 BGB. Diese Gebrauchsüberlassung hat die Klägerin auch nicht weiter hinzunehmen, denn sie ist unbefugt. Dabei ist zu berücksichtigen, dass eine Untervermietung ein gewisses Interesse des Mieters an der Aufrechterhaltung des Sachherrschaft über die Wohnung und dem Behalt der Wohnung voraussetzt. Hieran fehlt es jedoch regelmäßig, wenn der Mieter Dritten den Gebrauch des Mietobjekts vollständig überlässt und kein Interesse an der Mitbenutzung des Mietobjekts besteht. Eine solche Gebrauchsüberlassung stellt ohne Weiteres einen fristlosen Kündigungsgrund dar (…)				
42	V	nein	Das Vorbringen des Vermieters zu dem von ihm behaupteten Kündigungsvorwurf unterfällt einem Sachvortragsverwertungsverbot, wenn sein Parteivortrag auf Informationen beruht, die er unter Verletzung des allgemeinen Persönlichkeitsrechts des Mieters auf grundrechtswidrige Weise erlangt hat (hier: Einsatz überwachungsstaatlicher Ausforschungsmethoden durch ein landeseigenes Wohnungsunternehmens gegenüber einem Wohnraummieter zur Erhärtung des bestehenden Verdachts unbefugter Gebrauchsüberlassungen an Dritte).	LG Berlin, 13.2.2020, 67 S 369/18	GE 2020, 398 = ZMR 2020, 309 = WuM 2020, 278	§ 543 Abs. 2 Ziff. 2 BGB	✗
	Urteilstext: Es kann hier dahinstehen, ob den Beklagten substantiierterer Gegenvortrag überhaupt möglich gewesen wäre. Er war ihnen jedenfalls nicht zumutbar. Denn das Prozessrecht legt keiner Partei die Pflicht auf, von der Gegenseite behauptete Tatsachen zu bestreiten, wenn der Vortrag auf Informationen beruht, die die Gegenseite grundrechtswidrig erlangt hat (…). So aber liegt der Fall hier. Die Klägerin hat die für ihren Prozessvortrag zum Kündigungssachverhalt erforderlichen Informationen im Wesentlichen grundrechtswidrig erlangt, da die von ihr heimlich veranlassten Videoaufzeichnungen des Wohnungseingangsbereichs der von den Beklagten innegehaltenen Wohnungen einen Eingriff in das allgemeine Persönlichkeitsrecht der Beklag-						

Kündigungslexikon — Glossartabelle

Lfd-Nr.	Kündigung durch (V/M)	Abmahnung	Leitsatz Orientierungssatz	Gericht, Datum, Aktenzeichen	Fundstelle Anmerkungen	Kündigung nach §	Erfolgreich
			ten darstellen, der nicht durch das in Art. 14 GG verbriefte Recht der Klägerin, geeignete und erforderliche Maßnahmen zum Schutz des Eigentums zu ergreifen, gerechtfertigt war.				
43	V	nein	1. Steht der Wohnraummieter für den Bereich Wohnungsangelegenheiten unter Betreuung, muss eine (fristlose) Kündigung gemäß § 131 Abs. 2 S. 1 BGB iVm § 1903 Abs. 1 S. 2 BGB dem Betreuer zugestellt werden. Es reicht nicht aus, wenn der Betreuer auf anderem Wege – etwa durch eine Abschrift – von der Kündigungserklärung erfährt.	AG Idar-Oberstein, 21.6.2018, 303 C 784/17	WuM 2018, 757	§ 543 Abs. 2 Ziff. 2 BGB	✗
44	V	nein	Eine außerordentliche fristlose Kündigung wegen fehlender Mitwirkung des Mieters an zwei Terminen für die Wartung der in der Wohnung befindlichen Rauchmelder ist nicht gemäß §§ 543 Abs. 1, 543 Abs. 2 S. 1 Nr. 2 BGB gerechtfertigt, wenn unklar ist, ob der Mieter überhaupt Kenntnis von den betreffenden Terminen hatte.	LG Freiburg, 2.5.2019, 3 S 266/18	GE 2019, 1114 Büring IMR 2019, 361	§ 543 Abs. 2 Ziff. 2 BGB	✗

Urteilstext:
Der als Zeuge vernommene Ablesemonteur H. gab an, dass er den Termin mittels eines Aushangs an den Briefkästen angekündigt habe. Dass die Beklagten Gelegenheit hatten, hiervon Kenntnis zu nehmen, steht indes nicht fest. Der als Zeuge vernommene Hausmeister des Anwesens V. bestätigte, dass der Aushang im Bereich der in den Hinterhof führenden Zwischentür hing. Die Beklagten können, anders als die Mieter der übrigen Wohnungen, aber nicht nur über den Hof, sondern auch über die vordere Hauseingangstür in ihre Wohnung gelangen, wobei sie die Briefkästen der anderen Mieter nicht passieren. Ihr eigener Briefkasten befindet sich ebenfalls an der Vorderseite des Anwesens. Insofern war der Aushang gerade nicht so angebracht, dass mit einer Kenntnisnahme der Beklagten zu rechnen war. Eine Verpflichtung, in Erwartung der jährlich anstehenden Ablesung im Bereich der nicht zu ihrer Wohnung

Tabelle 3: Liste der Urteile zum Kündigungsrecht **Kündigungslexikon**

Lfd-Nr.	Kündigung durch (V/M)	Abmahnung	Leitsatz Orientierungssatz	Gericht, Datum, Aktenzeichen	Fundstelle Anmerkungen	Kündigung nach §	Erfolgreich
			gehörenden Briefkästen regelmäßig zu überprüfen, ob dort ein Termin angekündigt ist, bestand nicht. Insbesondere begründet das Unterlassen einer solchen Überprüfung keine „Zugangsvereitelung". Unstreitig unterhalten die Beklagten einen Briefkasten, der zur Information über Wartungstermine zur Verfügung steht.				
45	V	ja	Wenn der Mieter trotz qualifizierter Abmahnungen weiterhin Lebensmittel auf dem Balkon und im defekten Kühlschrank so lange lagert, dass sie verderben und Gestank verbreiten, weshalb die Wohnung alle 3 Wochen professionell gereinigt werden muss, so ist eine fristlose Kündigung gerechtfertigt.	AG Oldenburg, 29.5.2018, 6 C 6035/18	ZMR 2018, 951	§ 543 Abs. 2 Ziff. 2 BGB	✓
46	V	nein	*Zweimonatiger Mietrückstand*	AG Neuruppin, 16.4.2019, 43 C 61/18	GE 2019, 802 = NZM 2019, 691 = NJW-RR 2019, 1160 = ZMR 2019, 882 Riecke IMR 2019, 371; Agatsy ZMR 2019, 884	§ 543 Abs. 2 Ziff. 3 BGB	✗
	Urteilstext: Das Mietverhältnis der Parteien ist zudem durch die – ebenfalls schriftlich erklärte und begründete – Kündigung (…) wegen der Nichtzahlung der Mieten für die Monate April und Mai 2018 beendet worden. Als fristlose außerordentliche Kündigung war diese wegen eines Mietrückstands mit zwei Monatsmieten gem. § 543 Abs. 2 S. 1 Nr. 3 BGB ursprünglich berechtigt. Als solche ist diese Kündigung jedoch durch die nachträgliche Zahlung der rückständigen Mieten am 31.5.2018 innerhalb von zwei Monaten nach Eintritt der Rechtshängigkeit des Räumungsanspruchs gem. § 569 Abs. 3 Nr. 2 S. 1 BGB unwirksam geworden.							
47	V	ja	1. Nach einer Schonfristzahlung nebst Unwirksamwerden der fristlosen Kündigung kann auf künftige Räumung geklagt werden, wenn der Mieter alle Kündigungen für unwirksam erachtet	AG Neukölln, 13.3.2019, 13 C 513/18	ZMR 2019, 606 Herlitz jurisPR-MietR 2/2020 Anm. 2	§ 543 Abs. 2 Ziff. 3 BGB	✗

Kündigungslexikon — Glossartabelle

Lfd-Nr.	Kündigung durch (V/M)	Abmahnung	Leitsatz / *Orientierungssatz*	Gericht, Datum, Aktenzeichen	Fundstelle / Anmerkungen	Kündigung nach §	Erfolgreich
			und den Anspruch ernstlich bestreitet. 2. Bei der Abwägung, ob nach und wegen der Schonfristzahlung die Pflichtverletzung in milderem Licht erscheint, können keine Zahlungsprobleme aus der Zeit des vorherigen Vermieters berücksichtigt werden. § 566 BGB begründet ein neues Mietverhältnis, allerdings mit demselben Inhalt. 3. Auch bei einer depressiven Erkrankung kann vom Mieter die Einrichtung eines Dauerauftrags für die Miete erwartet werden. Der ins Blaue hinein aufgestellten Behauptung, durch die depressive Symptomatik sei kein Verschulden gegeben, ist nicht durch Einholung eines Gutachtens nachzugehen.				
	Urteilstext: Die auf die unstreitig rückständige Miete für die Monate August und September 2018 in Höhe von jeweils 272,50 EUR gestützte fristlose Kündigung war zwar bei ihrem Zugang an die Beklagten gemäß § 543 Abs. 2 Nr. 3 BGB wirksam, wurde aber nach dem unstreitigen Vortrag der Beklagten gemäß § 569 Abs. 3 Nr. 2 S. 1 BGB nachträglich dadurch unwirksam, dass sie auf die rückständige Miete für die Monate August und September 2018 gemäß Überweisung vom 25.9.2018 (…) eine Zahlung in Höhe von 560,00 EUR leistete und damit noch vor Rechtshängigkeit der Räumungsklage am 4.10.2018 (…) der gesamte Mietzinsrückstand vollständig ausgeglichen war.							
48	V	nein	1. Ausreichend ist eine Schonfristzahlung eines Dritten unter (einfachem) Vorbehalt, denn dieser „einfache" Vorbehalt führt zur	AG München, 26.7.2019, 421 C 2777/19	ZMR 2020, 132	§ 543 Abs. 2 Ziff. 3 BGB	X

Tabelle 3: Liste der Urteile zum Kündigungsrecht							**Kündigungslexikon**
Lfd-Nr.	Kündigung durch (V/M)	Abmahnung	Leitsatz *Orientierungssatz*	Gericht, Datum, Aktenzeichen	Fundstelle Anmerkungen	Kündigung nach §	Erfolgreich
			Erfüllung gem. § 362 BGB. Der Dritte wollte allein diese „Heilungswirkung" des § 569 Abs. 3 Nr. 2 S. 1 BGB durch Erfüllung auslösen. 2. Wenn das Mietverhältnis bis zur Kündigung seit über 42 Jahren Bestand hatte und die unvollständigen Zahlungen erst nach 39 Jahren beanstandungsfreiem Mietverhältnis begannen sowie keine weiteren mietvertraglichen Pflichtverletzungen behauptet werden, dann fehlt es an einer die ordentliche Kündigung rechtfertigenden erheblichen Pflichtverletzung. 3. Zugunsten des Mieters ist zu berücksichtigen, dass es im über 2-jährigen Zeitraum zu keinerlei Abmahnungen/Zahlungserinnerungen oÄ seitens des Vermieters gekommen ist, sondern das Mietverhältnis ohne weitere Störungen fortgesetzt wurde. Die Mietrückstände konnten so im Laufe dieser Zeit sukzessive die Schwelle zum kündigungsrelevanten Mietrückstand überschreiten, ohne dass dies zunächst von einem der Parteien be-				

Kündigungslexikon — Glossartabelle

Lfd-Nr.	Kündigung durch (V/M)	Abmahnung	Leitsatz / Orientierungssatz	Gericht, Datum, Aktenzeichen	Fundstelle / Anmerkungen	Kündigung nach §	Erfolgreich
			merkt worden sein könnte. Das fehlende Einschreiten des Vermieters ist in der Gesamtabwägung erheblich zu berücksichtigen.				
49	V	k. A.	Zahlungsverzug bei einer geminderten Miete; der Mieter hat das 5-fache der gerechtfertigten Minderung angenommen	LG Frankfurt a. M., 30.1.2020, 2–11 S 232/19	MietRB 2020, 131	§ 543 Abs. 2 Ziff. 3 BGB	✓
50	V	nein	a) Ein Verzug mit einem nicht unerheblichen Teil der Miete iSd § 543 Abs. 2 S. 1 Nr. 3a Alt. 2 BGB liegt bei vereinbarter monatlicher Mietzahlung auch bei der Geschäftsraummiete jedenfalls dann vor, wenn der Rückstand den Betrag von einer Monatsmiete übersteigt. b) Ein solcher Rückstand reicht für eine außerordentliche fristlose Kündigung gemäß § 543 Abs. 2 S. 1 Nr. 3a Alt. 2 BGB nur aus, wenn er aus zwei aufeinanderfolgenden Zahlungszeiträumen (hier: Monaten) resultiert. c) Ein Rückstand, der diese Voraussetzung nicht erfüllt, weil er (auch) aus anderen Zahlungszeiträumen herrührt, rechtfertigt die außerordentliche fristlose Kündigung ledig-	BGH, 23.7.2008, XII ZR 134/06	NJW 2008, 3210 = GE 2008, 1319 = NZM 2008, 770 = GuT 2008, 353 = ZMR 2009, 19 = MietPrax-AK § 543 BGB Nr. 11 Bittner MietRB 2009, 3; Blank WuM 2009, 110	§ 543 Abs. 2 Ziff. 3 BGB	✓

Lfd-Nr.	Kündigung durch (V/M)	Abmahnung	Leitsatz *Orientierungssatz*	Gericht, Datum, Aktenzeichen	Fundstelle Anmerkungen	Kündigung nach §	Erfolgreich
			lich, wenn seine Höhe zwei Monatsmieten erreicht (§ 543 Abs. 2 S. 1 Nr. 3b BGB).				
51	V	nein	Zieht der (vorläufige) Insolvenzverwalter, der für das Insolvenzverfahren über das Vermögen eines Zwischenmieters bestellt worden ist, die Miete von dem Endmieter ein, so ist er verpflichtet, die vereinnahmte Miete in der geschuldeten Höhe an den Hauptvermieter weiterzuleiten (im Anschluß an BGHZ 151, 353). Erklärt er dennoch, er werde die Miete nicht weiterleiten, so ist der Hauptvermieter zur fristlosen Kündigung des Zwischenmietverhältnisses berechtigt, auch wenn ein Zahlungsrückstand iSd § 543 Abs. 2 BGB Nr. 3 BGB noch nicht entstanden ist.	BGH, 9.3.2005, VIII ZR 394/03	WuM 2005, 401 = NZM 2005, 538 = NJW 2005, 2552 = ZMR 2005, 688 = MDR 2005, 1043 = Miet-Prax-AK § 543 BGB Nr. 2 Monschau MietRB 2005, 254	§ 543 Abs. 2 Ziff. 3 BGB	✓
52	V	nein	*Zweimonatiger Mietrückstand*	LG Itzehoe, 21.12.2018, 9 S 15/18	ZMR 2019, 132 = GE 2019, 858 Reng IMR 2019, 231	§ 543 Abs. 2 Ziff. 3 BGB	✗
	Urteilstext: Ferner kommt ein außerordentlicher fristloser Kündigungsgrund wegen Zahlungsverzuges (§ 543 Abs. 2 Nr. 3 BGB) im Rahmen der Kündigung (…) ebenfalls nicht in Betracht, da der Beklagte gemäß § 569 Abs. 3 Nr. 1 BGB die Zahlung der ausstehenden Miete vor dem 14.9.2017, also bis spätestens zum Ablauf von zwei Monaten nach Eintritt der Rechtshängigkeit (…) nachgeholt hat. Dadurch ist die außerordentliche fristlose Kündigung unwirksam geworde							
53	V	nein	Soweit ausnahmsweise entgegen der	OLG Dresden,	MDR 2020, 666		✓

Kündigungslexikon

Lfd-Nr.	Kündigung durch (V/M)	Abmahnung	Leitsatz Orientierungssatz	Gericht, Datum, Aktenzeichen	Fundstelle Anmerkungen	Kündigung nach §	Erfolgreich
			gesetzlichen Regelung in § 543 Abs. 3 S. 2 Nr. 3 BGB eine Pflicht zur Abmahnung nach Treu und Glauben aus § 242 BGB vor einer außerordentlichen Kündigung wegen Zahlungsverzuges (§ 543 Abs. 1 S. 1, Abs. 2 S. 1 Nr. 3 BGB) bejaht werden kann, betrifft dies (seltene) Ausnahmefälle, in denen eine Unsicherheit bezüglich des Empfängers der Miete oder des Zahlungsweges besteht.	18.12.2019, 5 U 2121/19		§ 543 Abs. 2 Ziff. 3 BGB	
54	V	ja	1. Auch eine hilfsweise erklärte Kündigung entfaltet bei nachträglichem Unwirksamwerden der fristlosen Kündigung Wirkung und geht nicht ins Leere. 2. Bei einfach gelagerten Fällen genügt es zur formellen Wirksamkeit der Kündigung, wenn ein ausreichend hoher rückständiger Betrag genannt wird und sich dem Mietkontoauszug ergibt, dass für das vorige Jahr keine Mietezahlungen eingegangen sein sollen.	LG Berlin, 12.4.2019, 65 S 27/19	GE 2019, 800 = ZMR 2019, 675	§ 543 Abs. 2 Ziff. 3 BGB	✓

Urteilstext:
Maßgeblich hat der Bundesgerichtshof insbesondere darauf abgestellt, dass es dem Gesetzgeber im Rahmen seines Gestaltungsspielraumes unbenommen bleibe, diese Gestaltungswirkung, welche die Kündigung mit ihrem Zugang erfährt, rückwirkend entfallen zu lassen. Der Gesetzgeber hat von diesem Gestaltungsrecht bei der Schaffung der Regelung des § 569 Abs. 3 Nr. 2 BGB Gebrauch gemacht, in dem er durch eine gesetzliche Fiktion die durch die Kündigung

Lfd-Nr.	Kündigung durch (V/M)	Abmahnung	Leitsatz *Orientierungssatz*	Gericht, Datum, Aktenzeichen	Fundstelle Anmerkungen	Kündigung nach §	Erfolgreich
			ausgelöste Rechtswirkung der Beendigung des Mietverhältnisses rückwirkend als nicht eingetreten behandelt (...). Wenn sich diese gesetzliche Fiktion einer rückwirkenden Unwirksamkeit nicht unmittelbar aus dem Wortlaut der Norm des § 569 Abs. 3 BGB ergibt, folgt dies nach der höchstrichterlichen Rechtsprechung aus dem Regelungszweck und der Entstehungsgeschichte dieser Regelung und hat schließlich im systematischen Zusammenhang mit § 543 Abs. 2 S. 3 BGB seine Stütze (...). Insofern war vorliegend eine wirksame fristlose Kündigung aufgrund des Kündigungsschreibens vom 22.2.2017 gegeben, die weniger als zwei Jahre vor der streitgegenständlichen Kündigung gleichfalls wirksam ausgesprochen wurde, welche hier dem Unwirksamwerden der Kündigung vom 20.4.2018 § 569 Abs. 3 Nr. 2 S. 2 BGB entgegen steht.				
55	V	ja	Weigert sich der Mieter, die Beseitigung von Mängeln durch den Vermieter, dessen Mitarbeiter oder von ihm beauftragte Handwerker zu dulden, ist er ab diesem Zeitpunkt grundsätzlich zu einer weiteren Minderung nicht mehr berechtigt und entfällt ein etwaiges Zurückbehaltungsrecht in der Weise, dass einbehaltene Beträge sofort nachzuzahlen sind und von den ab diesem Zeitpunkt fälligen Mieten ein Einbehalt nicht mehr zulässig ist. Dies gilt auch dann, wenn der Mieter die Mangelbeseitigung unter Berufung darauf verweigert, dass er im Hinblick auf einen anhängigen Rechtsstreit über rückständige Miete (hier: Prozess mit dem Rechtsvorgänger des Vermieters) den bestehenden mangelhaften Zustand aus Gründen der „Beweissicherung" erhalten will.	BGH, 10.4.2019, VIII ZR 12/18	WuM 2019, 309 = MDR 2019, 729 = GE 2019, 790 = NJW 2019, 2308 = ZMR 2019, 572 = NZM 2019, 533 = DWW 2019, 258 = MietPrax-AK § 536 BGB Nr. 59= MietPrax-AK § 546 BGB Nr. 59 Flatow jurisPR-MietR 14/2019 Anm. 1; Kanert ZJS 2019, 329; O. Riecke IMR 2019, 273; Selk NZM 2019, 506; Streyl NJW 2019, 2312	§ 543 Abs. 2 Ziff. 3 BGB	✓

Kündigungslexikon — Glossartabelle

Lfd-Nr.	Kündigung durch (V/M)	Abmahnung	Leitsatz Orientierungssatz	Gericht, Datum, Aktenzeichen	Fundstelle Anmerkungen	Kündigung nach §	Erfolgreich
			Urteilstext: Diese Beurteilung hält rechtlicher Nachprüfung nicht stand. Das Berufungsgericht hat zu Unrecht den Anspruch der Klägerin gegen die Beklagten auf Räumung und Herausgabe der Wohnung (§ 546 Abs. 1, § 985 BGB) verneint. Das Mietverhältnis der Parteien ist, anders als das Berufungsgericht angenommen hat, jedenfalls (spätestens) durch die von der Klägerin in der Berufungserwiderung vom 27.7.2016 wegen Zahlungsverzugs ausgesprochene außerordentliche fristlose Kündigung (vierte Kündigung) beendet worden, da der gemäß § 543 Abs. 1 S. 1 BGB erforderliche wichtige Grund für diese Kündigung – erst recht für die nachfolgenden, auf einem noch höheren Zahlungsrückstand beruhenden Kündigungen – vorlag. Die Beklagten befanden sich – unabhängig davon, ob die von ihnen geltend gemachte und von dem Berufungsgericht angenommene Minderung der Miete berechtigt war – zum Zeitpunkt dieser Kündigung in einem Zeitraum, der sich über mehr als zwei Termine erstreckte, mit der Entrichtung der Miete in Höhe eines Betrages von 4.935,40 EUR in Verzug, der die Miete für zwei Monate erreicht (§ 543 Abs. 2 S. 1 Nr. 3 Buchst. b BGB). An der Wirksamkeit dieser Kündigung ändert, anders als das Berufungsgericht gemeint hat, das von den Beklagten zusätzlich zu der Mietminderung wegen derselben Mängel geltend gemachte Leistungsverweigerungsrecht (§ 320 Abs. 1 S. 1 BGB) nichts. Denn die Kündigung war schon deshalb wirksam, weil ein etwaiges Leistungsverweigerungsrecht der Beklagten seit März 2016 durch ihre zu diesem Zeitpunkt erklärte Verweigerung einer Duldung der Mängelbeseitigung entfallen ist. Mit dem Wegfall des etwaigen Zurückbehaltungsrechts der Beklagten sind die gesamten von ihnen einbehaltenen Beträge – selbst wenn der Einbehalt zunächst zu Recht erfolgt sein sollte – sofort zur Zahlung fällig geworden (…).				
56	V	nein	Verspätete Mietzahlung bei Warten auf Sozialleistungen	Landessozialgericht Sachsen, 22.1.2020, L7 AS 1435/19		§ 543 Abs. 2 Ziff. 3 BGB	✓
			Urteilstext: Die fristlose Kündigung (…) stützt sich allein auf einen wichtigen Grund iSd § 543 Abs. 2 S. 1 Nr. 3 Bürgerliches Gesetzbuch – BGB (…). Ein Zahlungsverzug iSd vorgenannten Norm liegt vor, da die Miete (auch) seit Juni 2019 nicht entrichtet wurde. Dem steht nicht entgegen, dass der Antragsteller (sinngemäß) vorträgt, auf Sozialleistungen angewiesen zu sein und diese rechtzeitig beantragt zu haben (…).				
57	V	nein	1. Wird eine Kündigung nach § 543 Abs. 2 Nr. 3 Buchst. a BGB darauf gestützt, dass der Mieter für zwei aufeinanderfolgende Termine mit einem nicht unerheblichen Teil der Miete in Verzug ist, so muss ein erheblicher Rückstand für jeden der beiden Termine feststellbar sein. Dieses Erfordernis besteht ggf. neben	LG Berlin, 8.1.2020, 66 S 181/18	GE 2020, 197 = WuM 2020, 73 = MDR 2020, 341	§ 543 Abs. 2 Ziff. 3 BGB	✗

Tabelle 3: Liste der Urteile zum Kündigungsrecht

Lfd-Nr.	Kündigung durch (V/M)	Abmahnung	Leitsatz *Orientierungssatz*	Gericht, Datum, Aktenzeichen	Fundstelle Anmerkungen	Kündigung nach §	Erfolgreich
			der für Wohnraummietverhältnisse geltenden Mindesthöhe des Gesamtrückstandes nach § 569 Abs. 3 Nr. 1 BGB. 2. Ein Rückstand, der lediglich 19 % der gesamten Monatsmiete (brutto/warm) ausmacht, und der die Summe der geschuldeten Nebenkostenvorauszahlungen unterschreitet, begründet für diesen Monat keine erheblichen Zahlungsrückstand iSd § 543 Abs. 2 Nr. 3 Buchst. a BGB.				
58	V	ja	1. Ein durch die Untermieterin fahrlässig herbeigeführter Wasserschaden berechtigt weder zum Ausspruch einer fristlosen Kündigung noch einer fristgerechten Kündigung des Mietverhältnisses. Dies gilt insbesondere dann, wenn der Wasserschaden lediglich infolge einer Unachtsamkeit herbeigeführt und eine Substanzbeschädigung nicht billigend in Kauf genommen wurde. Eine Wiederholungsgefahr besteht nicht, wenn die Untermieterin ausgezogen ist. 2. Vor einer Kündigung muss eine Abmahnung aus-	AG Charlottenburg, 14.2.2019, 226 C 223/18	ZMR 2019, 506 Agatsy ZMR 2019, 507	§ 543 Abs. 2 Ziff. 3 BGB	X

Kündigungslexikon — Glossartabelle

Lfd-Nr.	Kündigung durch (V/M)	Abmahnung	Leitsatz / *Orientierungssatz*	Gericht, Datum, Aktenzeichen	Fundstelle / Anmerkungen	Kündigung nach §	Erfolgreich
			gesprochen werden. Eine konkrete Wiederholungsgefahr kann nicht pauschal unterstellt werden, sondern muss aus Vermietersicht abzusehen sein. Für die Bewertung der Schwere des Pflichtverstoßes kommt es auf eine Gesamtbetrachtung an. 3. Für die Bewertung des Wasserschadens kommt es nicht darauf an, ob die Gebrauchsüberlassung der Wohnung als solche vertragsgemäß oder vertragswidrig erfolgte.				
			**Urteilstext:** Die Kündigung (…) hat das Mietverhältnis nicht beendet. Ein Kündigungsgrund gemäß § 543 Abs. 2 Nr. 2 BGB liegt nicht vor. Die Klägerin ist auch nicht zur fristgemäßen Kündigung gemäß § 573 Abs. 1, Abs. 2 Nr. 1 BGB berechtigt. Bei einem langjährig beanstandungsfrei geführten Mietverhältnis rechtfertigt die fahrlässige Verursachung eines Wasserschadens durch den Mieter weder die außerordentliche noch die ordentliche Kündigung des Mietverhältnisses (…). Dies gilt selbst dann, wenn die Schadenshöhe erheblich ist (…), was im vorliegenden Fall weder vorgetragen noch ersichtlich ist.				
59	V	nein	Vereinbaren die Parteien eine Mietzeitverlängerung, die den bei Ausübung nur eines der eingeräumten Optionsrechte erreichbaren Zeitraumes überschreiten, ist davon auszugehen, dass ein Optionsrecht grundsätzlich mit Ablauf der um die Optionszeit verlängerten ursprünglichen Vertragsdauer erlischt. Soll es hingegen fortbestehen, bedarf es einer un-	LG Bamberg, 11.11.2019, 43 O 81/19	ZMR 2020, 743 Burballa ZMR 2020, 744	§ 544 BGB	✗

Tabelle 3: Liste der Urteile zum Kündigungsrecht **Kündigungslexikon**

Lfd-Nr.	Kündigung durch (V/M)	Abmahnung	Leitsatz Orientierungssatz	Gericht, Datum, Aktenzeichen	Fundstelle Anmerkungen	Kündigung nach §	Erfolgreich
			missverständlichen Vereinbarung der Vertragsparteien. Hierbei kann auch auf die Begleitumstände und die mündlichen Erklärungen der Vertragsparteien bei Abschluss der Nachtragsvereinbarung abgestellt werden.				
	Urteilstext: Der Klägerin steht auch kein Kündigungsrecht nach § 544 BGB zu. Unabhängig von der Frage der Anwendbarkeit der Norm bei Kettenmietverträgen scheidet die Annahme eines hierauf gestützten Kündigungsrechts bereits deshalb aus, weil die Kündigungserklärung zeitlich vor Ablauf von 30 Jahren nach Überlassung der Mietsache erfolgt ist (…).						
60	V	k. A.	*Kündigung nach Ablauf von 30 Jahren bei Ausschluss der Eigenbedarfskündigung*	LG Nürnberg-Fürth, 6.6.2019, 7 S 2165/19	WuM 2019, 623	§ 544 BGB	✗
	Urteilstext: Insbesondere ist die rechtliche Würdigung dahingehend, dass § 544 BGB vorliegend nicht anwendbar ist, nicht zu beanstanden. Dieser greift sowohl nach seinem Wortlaut als auch nach Sinn und Zweck bei auf unbestimmte Zeit geschlossenen Mietverhältnissen nach einhelliger Meinung nur in Fällen des (vollständigen) Ausschlusses des Rechts zur ordentlichen Kündigung für eine Partei (…). Diese Auslegung der Vorschrift trifft auch zu, da ein Verzicht auf die Geltendmachung eines bestimmten Kündigungsgrundes (wie hier auf die Eigenbedarfskündigung nach § 573 Abs. 2 Nr. 2 BGB) einem Ausschluss des Rechts zur ordentlichen Kündigung nicht gleichzusetzen ist. An der grundsätzlich bestehenden ordentlichen Kündigungsmöglichkeit bei berechtigtem Interesse des § 573 Abs. 1 BGB ändert sich nämlich nichts. Es trifft auch nicht zu, dass es sich bei der Eigenbedarfskündigung – wie die Berufung meint – um „die einzige in der mietrechtlichen Praxis bedeutsame Kündigungsmöglichkeit des Vermieters" handelt. Vielmehr ist der Kammer aus ihrer langjährigen Praxis bekannt, dass Vermieterkündigungen sehr häufig auf § 573 Abs. 2 Nr. 1 BGB (zB Zahlungsverzug, Überschreitung des vertragsgemäßen Gebrauchs usw) und auf der behaupteten Hinderung des Vermieters an einer angemessenen wirtschaftlichen Verwertung des Mietobjekts iSv § 573 Abs. 2 Nr. 3 BGB (zB bei größeren Umbauten oder Sanierungen, Verkaufswunsch) beruhen.						
61	V	nein	Der Vermieter kann dem Eintretenden gemäß § 563 Abs. 4 BGB außerordentlich fristgerecht kündigen, wenn ein wichtiger Grund in der Person des Eintretenden vorliegt. Dabei ist regel-	AG Frankenthal, 16.8.2017, 3a C 103/17	ZMR 2018, 423	§ 563 Abs. 4 BGB	✓

Kündigungslexikon — Glossartabelle

Lfd-Nr.	Kündigung durch (V/M)	Abmahnung	Leitsatz Orientierungssatz	Gericht, Datum, Aktenzeichen	Fundstelle Anmerkungen	Kündigung nach §	Erfolgreich
			mäßig die fehlende oder gefährdet erscheinende Zahlungsfähigkeit des Eintretenden ein wichtiger Grund, da § 563 Abs. 4 BGB verhindern will, dass sich der Vermieter in Zukunft Vertragsstörungen ausgesetzt sehen muss.				
	Urteilstext: Unabhängig davon ist daneben die Kündigung aus wichtigem Grund gem. § 563 Abs. 4 BGB wirksam, denn der Vermieter kann dem Eintretenden außerordentlich fristgerecht kündigen, wenn ein wichtiger Grund in der Person des Eintretenden vorliegt. Dabei ist regelmäßig die fehlende oder gefährdet erscheinende Zahlungsfähigkeit des Eintretenden ein wichtiger Grund, da § 563 Abs. 4 verhindern will, dass sich der Vermieter in Zukunft Vertragsstörungen ausgesetzt sehen muss (…). Auch soweit für die Wohnung (…) das hierfür zuständige Jobcenter Frankfurt am Main Mietzinszahlungen bewilligt hat, so steht dies dem nicht entgegen, denn einerseits besteht die Gefahr einer Sperre für Leistungen nach dem SGB II, andererseits erscheint ausgeschlossen, dass das Jobcenter die Mietzinszahlungen für 2 Wohnungen bewilligt.					
62	V	nein	1. Der „wichtige Grund" nach § 563 Abs. 4 BGB ist nicht mit solchen Umständen gleichzusetzen, die sonst zur fristlosen Kündigung nach § 543 BGB berechtigen. Vielmehr müssen sich die Kündigungsgründe gerade aus der Person des Eintretenden ergeben. Hierzu gehören auch Zweifel an dessen Zahlungsfähigkeit, weil dem Vermieter der Eintretende als Hauptmieter allein auf Mietzahlung haftet. 2. Dass zum Kündigungszeitpunkt keine Mietrückstände mehr bestanden, ist unerheblich. Denn eine gefährdet	AG München, 18.8.2016, 432 C 9516/16	WuM 2017, 282 = ZMR 2017, 749	§ 563 Abs. 4 BGB	✓

Lfd-Nr.	Kündigung durch (V/M)	Abmahnung	Leitsatz *Orientierungssatz*	Gericht, Datum, Aktenzeichen	Fundstelle Anmerkungen	Kündigung nach §	Erfolgreich
			erscheinende Zahlungsfähigkeit reicht grundsätzlich aus.				

Urteilstext:
Nach zutreffender Ansicht ist der Begriff des wichtigen Grundes nach § 563 Abs. 4 BGB nicht mit solchen Umständen gleichzusetzen, die sonst zur fristlosen Kündigung nach § 543 BGB berechtigen würden. Vielmehr müssen sich – ähnlich wie bei der Problematik der Untervermietung an einen dem Vermieter missliebigen Untermieter gem. § 540 BGB – die Kündigungsgründe gerade aus der Person des Eintretenden ergeben (…). Hierzu gehören auch Zweifel an der Zahlungsfähigkeit, weil anders als bei der Untervermietung dem Vermieter in dieser Konstellation gerade der Eintretende als Hauptmieter allein haftet (…).
(…)
Denn die Klägerin hatte hier hinreichende Anhaltspunkte dafür, dass die Zahlungsfähigkeit beider Beklagter gefährdet erschien. Zum einen ergeben sich diese Anhaltspunkte aus den klägerseits eingeholten SCHUFA-Auskünften, die jeweils eine Mehrzahl negativer Einträge aufwiesen. Zum anderen waren die in den Nutzungsvertrag eingetretenen Beklagten zum Kündigungszeitpunkt bereits in zwei vorangegangenen Monaten mit der Zahlung des monatlichen Nutzungsentgelts in Rückstand geraten – so unstreitig im November 2011 und Mai 2015. In letzterem Fall erfolgte der Ausgleich überdies erst mehr als 2 Monate nach dem gesetzlichen und vertraglichen Fälligkeitszeitpunkt (…). Dass zum Kündigungszeitpunkt keine Mietrückstände mehr bestanden, ist unerheblich. Denn eine gefährdet erscheinende Zahlungsfähigkeit reicht grundsätzlich aus. Dies war hier objektiv und aus subjektiver Klägersicht durchaus der Fall.

Lfd-Nr.	Kündigung durch (V/M)	Abmahnung	Leitsatz *Orientierungssatz*	Gericht, Datum, Aktenzeichen	Fundstelle Anmerkungen	Kündigung nach §	Erfolgreich
63	V	nein	*Wohnungszuweisung an den finanziell schwächeren Ehepartner nach einer Scheidung*	AG Charlottenburg, 15.8.2014, 238 C 63/14	MM 2015, Nr. 11, 29	§ 563 Abs. 4 BGB	✓

Urteilstext:
Zu diesem Zeitpunkt stand der Beklagten auch ein Kündigungsgrund zu. Der hierfür notwendige Grund in der Person des Mieters liegt vor, wenn dem Vermieter die Fortsetzung des Vertrages gerade mit dem verbliebenen Mieter nicht zugemutet werden kann. Hierzu werden auch die Gründe des § 553 BGB herangezogen, die ein ähnlich gelagertes berechtigtes Interesse zur Gestattung der Untervermietung begründen können. Die Zahlungsunfähigkeit ist dabei auch Im Rahmen des § 563 Abs. 4 BGB als ein wichtiger Grund anerkannt (…). Zutreffend weist die Klägerin darauf hin, dass derzeit eine Zahlungsunfähigkeit nicht vorliegt. Aufgrund der Unterhaltsleistungen die sie von ihrem geschiedenen Ehemann in Höhe von 1.300,00 EUR erhält, ist sie derzeit in der Lage, trotz erheblicher Einschränkung ihres Lebenswandels die aktuelle Miete von 695,35 EUR zu bezahlen. Insoweit ist sie in Bezug auf diese Miete auch nicht in Rückstand geraten. Jedoch ist im Falle der Mieterhöhung zu befürchten, dass die Klägerin nicht mehr in der Lage sein wird, die Miete zu bezahlen. Die erwartete Erhöhung der Bruttokaltmiete auf 1.627,29 EUR (laut Modernisierungsankündigung) oder auf 1.531,57 EUR (nach dem Vortrag der Klägerin) kann die Klägerin nicht mehr bezahlen. Da mittlerweile die Modernisierungsarbeiten im Haus beendet sind, steht diese Erhöhung unmittelbar bevor. Die hieraus folgende gefährdete Zahlungsfähigkeit wird im Hinblick auf den wichtigen Grund nach § 563 Abs. 4 BGB der fehlenden Zahlungsfähigkeit gleichgestellt (…). Dies ist hier auch sachgerecht, da die Beklagte die Miete jederzeit erhöhen kann und bereits jetzt schon nach den eigenen Angaben der Klägerin dieser Fall erwartet wird und die Miete dann von der Klägerin definitiv ohne die begehrte Untervermietungserlaubnis nicht mehr gezahlt werden kann. Dabei trägt die Klägerin vor, dass sie drei Zimmer der Wohnung zu je 200,00 EUR untervermieten könne. Sie gibt an, dass es Interessenten gab, trägt aber nichts dazu

Kündigungslexikon

Glossartabelle

Lfd-Nr.	Kündigung durch (V/M)	Abmahnung	Leitsatz Orientierungssatz	Gericht, Datum, Aktenzeichen	Fundstelle Anmerkungen	Kündigung nach §	Erfolgreich
			vor, ob diese tatsächlich an allen drei Zimmern interessiert waren oder ob sie auch mehrere Personen in der Wohnung dulden würde. Jedenfalls stellt sie ihre Einkommenssituation so dar, dass sie auf 600,00 EUR Untermieteinnahmen zwingend angewiesen sei, um die Miete inklusive der Erhöhung überhaupt bezahlen zu können. Die etwaige zu erzielende Untermiete ist aber kein ausreichend gesichertes Einkommen, das die Befürchtung einer Zahlungsunfähigkeit ausschließen kann. Sie ist auch zur alleinigen Sicherung des Zahlungsanspruchs des Vermieters diesem gegenüber nicht zumutbar. Denn die Klägerin belegt nicht, dass sie überhaupt in der Lage ist, durchgehend alle drei Zimmer zu mindestens 200.00 EUR zu vermieten. Damit ist von Anfang an nicht sichergestellt, dass die Klägerin ausreichende Zusatzeinnahmen erzielt, um die Miete zu bezahlen. Hierauf muss sich der Vermieter nicht einlassen. Außerdem erzielte die Klägerin mit den beabsichtigten Mehreinnahmen von 600,00 EUR pro Monat Gesamteinnahmen von 1.900,00 EUR. Abzüglich der bevorstehenden Mieterhöhung würde zum Leben maximal noch 368,43 EUR verbleiben. Mithin würden die nach Abzug der aktuellen Miete noch verbleibenden Einnahmen von 605,65 EUR nochmals deutlich gekürzt werden. Da die Klägerin einräumt, dass schon jetzt ihre Lebenssituation erheblich eingeschränkt sei, ist für das Gericht nicht mehr erkennbar, wie die Klägerin dann noch mit unter 400,00 EUR für die Lebenshaltungskosten zurecht kommen wird. Selbst wenn also eine Untervermietung ermöglicht werden würde, kann dies die bevorstehende Zahlungsunfähigkeit der Klägerin nicht mit der notwendigen Sicherheit ausschließen. Im übrigen steift die Absicht des Mieters, einen Teil seines Lebensunterhalts durch die Untervermietung zu erzielen, kein berechtigtes Interesse an der Untervermietung iSd § 553 BGB dar (…). Dies soll aber vorliegend gerade geschehen. Denn die Klägerin verfolgt mit ihrer Klage das Ziel, die anstehenden Mieterhöhung durch einen monatlichen Untermietererlös von 600,00 EUR zu finanzieren, wozu sie durch die ihr im übrigen zustehende Unterhaltszahlung nicht in der Lage wäre.				
64	V	nein	*Eintritt des Sohns nach Tod des Mieters; Gitarrenunterricht in der Wohnung*	BGH, 10.4.2013, VIII ZR 213/12	GE 2013, 677 = WuM 2013, 349 = MDR 2013, 698 = NJW 2013, 1806 = DWW 2013, 179 = NZM 2013, 456 = WuM 2013, 493 = ZMR 2013, 623 = MietPrax-AK § 563 BGB Nr. 1 Blank LMK 2013, 347492; Riecke IMR 2013, 232; Sommer MietRB 2013, 275; Wiek WuM 2013, 493; Zühlke Info M 2013, 167	§ 563 Abs. 4 BGB	✓

Urteilstext:
Nach der vom Berufungsgericht zutreffend zitierten Rechtsprechung des Senats fallen unter den nach der Verkehrsanschauung zu bestimmenden Begriff des „Wohnens" lediglich solche

Tabelle 3: Liste der Urteile zum Kündigungsrecht

Lfd-Nr.	Kündigung durch (V/M)	Abmahnung	Leitsatz *Orientierungssatz*	Gericht, Datum, Aktenzeichen	Fundstelle Anmerkungen	Kündigung nach §	Erfolgreich
			berufliche Tätigkeiten, die der Mieter – etwa im häuslichen Arbeitszimmer – in einer nicht nach außen in Erscheinung tretenden Weise ausübt. Der Senat hat beispielhaft hierfür die Unterrichtsvorbereitung eines Lehrers, die Telearbeit eines Angestellten, die schriftstellerische Tätigkeit eines Autors sowie den Empfang oder die Bewirtung von Geschäftsfreunden angeführt (…). Für die Aufnahme derartiger Tätigkeiten, die mit dem vertraglich vereinbarten Nutzungszweck im Einklang stehen, bedarf es keiner Erlaubnis des Vermieters. Hingegen muss der Vermieter in ausschließlich zu Wohnzwecken vermieteten Räumen geschäftliche (gewerbliche oder [frei-]berufliche) Aktivitäten des Mieters, die nach außen in Erscheinung treten, grundsätzlich nicht ohne entsprechende vorherige Vereinbarung dulden (…). Da der Beklagte in den ausschließlich zu Wohnzwecken vermieteten Räumen nach seinen Angaben an drei Werktagen in der Woche zehn bis zwölf Schülern Gitarrenunterricht erteilt, liegt eine vertragswidrige geschäftliche Aktivität mit Publikumsverkehr vor, für deren Zulässigkeit es an einer Vereinbarung der Parteien fehlt.				
65	M	nein	*Kündigung nach Tod eines Mitmieters*	AG Wetzlar 27.10.2009, 38 C 1411/09	ZMR 2010, 375	§ 563a Abs. 2 BGB	✓
	Urteilstext: § 563a Abs. 2 BGB gewährt dem überlebenden Mieter bei einem befristetem Mietvertrag innerhalb eines Monats nach dem Versterben des Mitmieters ein Sonderkündigungsrecht unter Einhaltung der gesetzlichen Kündigungsfrist. Der Ehegatte der Beklagten, der mit ihr gemeinsam den Mietvertrag mit den Klägern geschlossen hatte, ist am 26.8.2008 verstorben, das Kündigungsschreiben am 24.9.2008 bei den seinerzeitigen Bevollmächtigten der Kläger eingegangen.						
66	V	nein	1. Die – nicht getrennt lebende – Ehefrau des Mieters kann sich nicht auf das Eintrittsrecht des § 563 BGB nach dem Tod ihres Ehemanns (Alleinmieter) berufen, wenn die Wohnung nicht tatsächlicher Lebensmittelpunkt der Eheleute war. 2. Der Schutzzweck des § 563 BGB erfasst nicht eine Konstellation, in der die Eheleute überwiegend in einem Haus in Mexiko wohnten und zusätzlich noch bei Europaaufenthalten ein Domizil in der Hafencity bewohnten, während die Wohnung des Ver-	AG Hamburg, 31.3.2015, 922 C 245/13	ZMR 2015, 937	§ 564 BGB	✓

Kündigungslexikon — Glossartabelle

Lfd-Nr.	Kündigung durch (V/M)	Abmahnung	Leitsatz Orientierungssatz	Gericht, Datum, Aktenzeichen	Fundstelle Anmerkungen	Kündigung nach §	Erfolgreich
			storbenen weitgehend leer stand oder vom Untermieter genutzt wurde.				
			Urteilstext: Vorliegend haben die Eheleute jedoch in der Wohnung (…) keinen gemeinsamen Lebensmittelpunkt (mehr) gehabt. Ihr Lebensmittelpunkt befand sich schon zu Lebzeiten des Mieters … und in den letzten 30 Jahren in Mexiko. Die Beklagte (…) wohnt dort den weit überwiegenden Teil des Jahres in einem eigenen Haus. Sie geht dort einer ehrenamtlichen Tätigkeit nach. Zwei ihrer 4 Kinder wohnen ebenfalls in Mexiko, die anderen beiden jedenfalls nicht in Hamburg. Die Wohnung am … in Hamburg steht den überwiegenden Teil des Jahres leer. Die Verbundenheit der Beklagten(…) mit ihrer Heimat Hamburg ist auch nicht an das unmittelbare Umfeld der Wohnung (…) geknüpft. Für (auch mehrwöchige) Aufenthalte in Hamburg steht der Beklagten (…) eine Eigentumswohnung in der Hafencity zur Verfügung. Sie braucht den Schutz des § 563 BGB nicht.				
67	V	nein	Personen, die unter § 563 Abs. 1 und 2 BGB fallen können, müssen beweisen, dass sie zum privilegierten Personenkreis gehören und einen gemeinsamen Haushalt mit dem Erblasser geführt haben (…). Pauschale Behauptungen reichen hierzu nicht, es müssen vielmehr hinreichend Indizien vorgetragen werden.	AG Düsseldorf, 17.4.2013, 23 C 10824/12	ZMR 2014, 294	§ 564 BGB	✓
68	V	k. A.	Zieht die Tochter der Mieterin mit ihren Kindern in die Wohnung ihrer Mutter und kommt diese dann nicht mehr – wie geplant – nach Krankenhausaufenthalt und Kurzzeitpflege in die Wohnung zurück, sondern verstirbt, so tritt die Tochter nach § 563 Abs. 2 BGB in das Mietverhältnis ein.	AG Hamburg, 20.5.2016, 25a C 315/15	ZMR 2016, 458 Brieger IMR 2016, 463	§ 564 BGB	✗

Tabelle 3: Liste der Urteile zum Kündigungsrecht **Kündigungslexikon**

Lfd-Nr.	Kündigung durch (V/M)	Abmahnung	Leitsatz Orientierungssatz	Gericht, Datum, Aktenzeichen	Fundstelle Anmerkungen	Kündigung nach §	Erfolgreich
			Urteilstext: Dabei verkennt das Gericht nicht, dass sich die Mutter der Beklagten bereits zu diesem Zeitpunkt und bis zu ihrem Versterben ca. 14 Monate später zur sog. Kurzzeitpflege in einem Pflegeheim befunden hat. Alleine durch den Aufenthalt in der Kurzzeitpflege hat die Mutter der Beklagten ihren Haushalt in der S.-Straße, H. jedoch nicht aufgegeben. Die als Anlage K2 vorgelegte Meldeauskunft, nach der die Mutter der Beklagten nicht unter der Adresse …S.-Straße zu ermitteln gewesen ist, belegt das Gegenteil nicht. Dieser Meldeauskunft kommt bereits deshalb keine hinreichende Aussagekraft zu, da die Meldeauskunft vom 10.4.2015 das Gegenteil belegt. Maßgeblich ist vorliegend vielmehr, dass das Verbringen der Mutter der Beklagten Mitte Dezember 2013 zunächst ins Krankenhaus und anschließend in das Pflegeheim, nicht freiwillig, sondern lediglich krankheitsbedingt erfolgt ist. Insofern kann hier nichts anderes gelten, als für die Frage, ob zum Zeitpunkt des Versterbens des Elternteils noch ein gemeinsamer Haushalt bestand. Für diese Konstellation wird anerkanntermaßen darauf abgestellt, ob der Auszug des Mieters freiwillig erfolgte oder durch die Umstände erzwungen wurde (Krankheit etc). Dies wird damit begründet, dass genauso wie bei den sonstigen Personen gem. § 563 Abs. 2 S. 4 BGB die Absicht der Dauerhaftigkeit der gemeinsamen Haushaltsführung ausreicht, um vom ersten Tag an in den Schutz des § 563 BGB zu gelangen, der Wunsch ausreichen müsse, den gemeinsamen Haushalt weitergeführt zu haben, wenn die Umstände nicht den Auszug erzwungen hätten (…). Das Gericht verkennt nicht, dass in einer Konstellation wie der Vorliegenden, die Gefahr, dass § 563 BGB von Kindern rechtsmissbräuchlich zu eigenen Zwecken genutzt wird, indem sich diese auf diese Weise einen Einstieg in einen günstigen Mietvertrag verschaffen, hoch ist. Gerade also, wenn wie hier der faktische Umzug erst dann erfolgt, wenn das Elternteil bereits in einer Pflegeeinrichtung untergebracht ist, sind an die Prüfung der Frage eines gemeinsamen Haushalts daher strenge Anforderungen zu stellen. Ein gemeinsamer Haushalt wird in diesen Fällen aber jedenfalls dann zu bejahen sein, wenn der Rückzug des Elternteils in die gemeinsame Wohnung ernsthaft geplant ist und der Einzug des Kindes in die gemeinsame Wohnung gerade dem Zweck dient, um dem Elternteil den Rückzug in den eigenen Haushalt wieder zu ermöglichen.				
69	M	nein	Kündigung durch den Nachlasspfleger unbekannter Erben ohne eingeholte Genehmigung	LG Memmingen, 30.1.2013, 3 S 140/12	ZEV 2013, 513	§ 564 BGB	✓
70	V	nein	Zwar ist im Kündigungsschreiben der Grund der Kündigung anzugeben. Die Anforderungen an das Begründungserfordernis dürfen jedoch nicht überspannt werden. Durch die Bezugnahme auf § 580 BGB wollte der Vermieter offensichtlich zum Ausdruck bringen, dass er von dem aufgrund des Todes des bisherigen	AG München, 15.2.2018, 423 C 14088/17	ZMR 2018, 1009	§ 564 BGB	✓

Kündigungslexikon Glossartabelle

Lfd-Nr.	Kündigung durch (V/M)	Abmahnung	Leitsatz Orientierungssatz	Gericht, Datum, Aktenzeichen	Fundstelle Anmerkungen	Kündigung nach §	Erfolgreich
			Mieters bestehende Kündigungsrecht Gebrauch machen wolle. Die Vorschriften der §§ 580 und 564 S. 2 BGB haben insoweit den gleichen Regelungsgehalt und sind praktisch wortgleich. Das versehentliche Zitieren des falschen Paragrafen führt nicht zur Unwirksamkeit der Kündigung.				

Urteilstext:
Bei Versterben des Mieters hat der Vermieter bei Wohnraum nach § 564 S. 2 BGB ein Kündigungsrecht, das innerhalb eines Monats ab Kenntnis des Erbfalls auszuüben ist. Die Kläger haben am 1.3.2017 von dem dem Todesfall erfahren und am 3.3.2017 die Kündigung erklärt. Dir Frist war damit eingehalten.
Dass die Kläger im Kündigungsschreiben nicht auf diese Vorschrift, sondern auf § 580 BGB Bezug genommen haben, ist unschädlich. Zwar ist im Kündigungsschreiben der Grund der Kündigung anzugeben. Der Zweck des Begründungserfordernisses besteht darin, dem Mieter zum frühestmöglichen Zeitpunkt Klarheit über seine Rechtsposition zu verschaffen und ihn dadurch in die Lage zu versetzen, rechtzeitig alles Erforderliche zur Wahrung seiner Interessen zu veranlassen.
Die Anforderungen an das Begründungserfordernis dürfen jedoch nicht überspannt werden. Die Kläger wollten durch die Bezugnahme auf § 580 BGB offensichtlich zum Ausdruck bringen, dass sie von dem aufgrund des Todes des bisherigen Mieters bestehenden Kündigungsrecht Gebrauch machen wollen. Die Vorschriften der §§ 580 und 564 S. 2 BGB haben insoweit den gleichen Regelungsgehalt und sind praktisch wortgleich. Das versehentliche Zitieren des falschen Paragrafen führt nicht zur Unwirksamkeit der Kündigung

| 71 | V | nein | *Eintrittsrecht des Kindes bei Tod des Mieters bei Bestehen einer Zweitwohnung* | LG Berlin, 7.10.2016, 63 S 94/13 | MM 2017, Nr. 3, 29 Theesfeld jurisPR-MietR 14/2017 Anm. 6 | § 564 BGB | ✓ |

Urteilstext:
Die Anforderungen an das Vorliegen eines „gemeinsamen Haushalts" iSd § 563 Abs. 2 S. 1 BGB sind nicht zu überspannen; insbesondere muss ein Kind nicht – anders als übrige Angehörige – den Haushalt mit dem verstorbenen Mieter geführt haben. Es reicht vielmehr aus, dass das Kind im Haushalt gelebt hat (…). Dies ergibt sich bereits aus den unterschiedlichen Formulierungen in § 563 Abs. 1 BGB („führen") gegenüber § 563 Abs. 2 S. 1 BGB („leben"), die durch den Gesetzgeber bewusst gewählt worden sind (…). Einer Mitwirkung, Mitentscheidung und Kostenbeteiligung des Kindes im Haushalt bedarf es daher nicht. Ausreichend ist bereits, dass das Kind im Haushalt versorgt wird (…). Entscheidend ist somit, ob die Personen „miteinander" oder ob sie – wie in Wohngemeinschaften – „nebeneinander" gewohnt haben

Tabelle 3: Liste der Urteile zum Kündigungsrecht

Lfd-Nr.	Kündigung durch (V/M)	Abmahnung	Leitsatz *Orientierungssatz*	Gericht, Datum, Aktenzeichen	Fundstelle Anmerkungen	Kündigung nach §	Erfolgreich
			(…) und ob die Wohnung nach den tatsächlichen Verhältnissen den gemeinsamen Lebensmittelpunkt bildete (…).				
72	M	nein	Das Verlangen des Mieters, den Schimmelpilzbefall erst nach dessen Auszug zu beseitigen, steht einer fristlosen Kündigung entgegen. Wenn der Mieter aus dem Schimmelpilzbefall noch hätte Rechte herleiten wollen, wäre eine (erneute) Fristsetzung erforderlich gewesen, da der Vermieter bereits Instandsetzungsmaßnahmen angekündigt hatte.	AG Hamburg-Barmbek, 11.3.2019, 814 C 148/18	ZMR 2019, 599	§ 569 Abs. 1 BGB	✗
	Urteilstext: Unabhängig davon, ob die Voraussetzung für eine außerordentliche fristlose Kündigung wegen des Schimmelbefalls im Übrigen vorlagen, konnte die Beklagte dies nicht zum Anlass ihrer fristlosen Kündigung nehmen. Mit ihrer E-Mail (…) hat sie nämlich deutlich gemacht, aus dem Schimmelbefall zunächst keine Rechte herleiten zu wollen. Vielmehr sollte die Schimmelbeseitigung danach erst nach ihrem Auszug erfolgen. Zudem hat sie angegeben, dass sie die Klägerin in Kenntnis setzen würde, wenn doch vor einem Umzug Schimmelbeseitigungsmaßnahmen durchgeführt werden sollen. Damit macht sie deutlich, aus dem Schimmelbefall jedenfalls vor erneuter Fristsetzung keine Rechte herleiten zu wollen. Es wäre daher jedenfalls erforderlich gewesen, vor der Kündigung erneut eine Frist nach § 543 Abs. 3 BGB zu setzen. Die Setzung einer solchen Frist war auch nicht entbehrlich. Die Klägerin hatte angeboten den Schimmel zu beseitigen und Calciumsilikatplatten zu installieren. Das Vorliegen von Schimmel, dessen Beseitigung die Klägerin angeboten hat, die Beklagte aber vor ihrem Umzug ablehnte, als Kündigungsgrund heranzuziehen, ist treuwidrig (…). Angesichts der Ablehnung entsprechender Maßnahmen durch die Beklagte gab es für die Klägerin auch keine Veranlassung die Erhaltungsmaßnahmen gegen den Willen der Beklagten durchzuführen. Es musste auch keine Ankündigung von Erhaltungsmaßnahmen nach § 555a Abs. 2 BGB erfolgen.							
73	M	nein	*Einsturzgefahr eines Hallendaches*	OLG Düsseldorf, 16.2.2016, I-10 U 202/15	Mietrecht kompakt 2016, 102 = MietRB 2016, 223 Butzmann IMR 2016, 416	§ 569 Abs. 1 BGB	✓
	Urteilstext: (…) Das Landgericht hat sich mit den Gutachten (…) und dem Ergebnis seiner mündlichen Anhörung (…)im Einzelnen auseinandergesetzt und ist mit einer auch vom Senat geteilten Begründung, auf die zur Vermeidung einer Wiederholung verwiesen wird und die der Senat							

Kündigungslexikon

Glossartabelle

Lfd-Nr.	Kündigung durch (V/M)	Abmahnung	Leitsatz *Orientierungssatz*	Gericht, Datum, Aktenzeichen	Fundstelle Anmerkungen	Kündigung nach §	Erfolgreich
			sich zu eigen macht, zu dem Ergebnis gelangt, dass bei ungünstigen Wind- und/oder Schneelasten die Gefahr bestand, dass das Hallendach einstürzen könnte. Die Berufung vermag dem nichts Rechtserhebliches entgegenzusetzen. Der Annahme einer hieraus abzuleitenden Gesundheitsgefährdung steht insbesondere nicht entgegen, dass die vom Sachverständigen festgestellte Einsturzgefahr nur bei außergewöhnlichen Belastungen auftreten kann und es sich insoweit nur um eine entfernte Gefahr handelt. Eine auf fehlender Standsicherheit beruhende Einsturzgefahr des Holzdaches einer für den Aufenthalt von Menschen bestimmten Lagerhalle ist auch dann iSd § 569 Abs. 1 BGB als gesundheitsgefährdend einzustufen, wenn ihr Eintritt – wie hier nach den Feststellungen des Sachverständigen – zwar nur bei besonderen Wind- und Schneelasten in Betracht kommt, gleichwohl aber als real einzustufen ist (…). Darauf, ob die Halle dem technischen Standard im Zeitpunkt ihrer Errichtung entsprochen hat, kommt es im Anwendungsbereich des § 569 Abs. 1 BGB nicht an; maßgebend ist insoweit der gegenwärtige Stand der Erkenntnis, auch wenn dieser bei Vertragsschluss noch nicht bestanden haben sollte (…).				
74	V	ja	1. Kündigt der Vermieter dem gewerblichen Mieter wegen Lärmbeeinträchtigungen fristlos, kommt es auf eine etwaige mangelhafte Schallisolierung des Mietobjektes nicht an, wenn sich die Unzulässigkeit der Lärmstörungen nicht allein aus der Lautstärke, sondern schon zumindest auch aus anderen Gründen ergibt, wie etwa einer unzulässigen Geräuschquelle oder einer einzuhaltenden Ruhezeit. 2. Spricht ein Vermieter nach schon erfolgter Abmahnung aufgrund einer vergleichbaren weiteren Vertragspflichtverletzung des gewerblichen Mieters zunächst eine – erneute – Abmahnung aus, steht dies einer auf denselben Verstoß beruhenden nachfolgenden fristlosen Kündigung nicht	OLG Hamm, 8.11.2019, I-30 U 117/19	ZfIR 2020, 359	§ 569 Abs. 2 BGB	✓

Tabelle 3: Liste der Urteile zum Kündigungsrecht   **Kündigungslexikon**

Lfd-Nr.	Kündigung durch (V/M)	Abmahnung	Leitsatz *Orientierungssatz*	Gericht, Datum, Aktenzeichen	Fundstelle Anmerkungen	Kündigung nach §	Erfolgreich
			zwingend entgegen, auch wenn der erneuten Abmahnung keine weitere vergleichbare Vertragspflichtverletzung folgte. Denn eine Abmahnung beinhaltet jedenfalls nicht ohne Weiteres auch einen Kündigungsverzicht und begründet auch nicht zwingend das Vorliegen einer unzulässigen Rechtsausübung im Falle einer gleichwohl nachfolgenden fristlosen Kündigung.				
	Urteilstext: Vorliegend ist das Landgericht nach Beweisaufnahme zu dem nachvollziehbaren Ergebnis gelangt, dass der Beklagte erheblichen Lärm verursacht hat, der die Wohnungsmieter stark gestört hat. Danach hat es bereits im Jahr 2017 regelmäßige Lärmstörungen – monatlich bzw. alle vier bis sechs Wochen – insbesondere durch die Veranstaltung „italienischer Abende" gegeben, die bei lauter Musik bis ca. 3 Uhr morgens gedauert haben. (…) Das Landgericht ist diesem Beweisantrag jedoch zu Recht nicht nachgekommen. Auf die dort aufgeworfenen Beweisfragen kommt es vorliegend nicht an. Soweit der Beklagte die Ansicht vertritt, die Gaststätte dürfe Lärm bis zu 80 dB emittieren, ist dies unzutreffend. Laut seiner Gaststättenerlaubnis ist zwar eine elektroakustische Anlage stets mittels Schallpegelbegrenzer so zu betreiben, dass ein maximaler Innenpegel von LAFTM 80 dB eingehalten wird (vgl. Bl. 118 d. A.). Aus den weiteren Lärmschutzanordnungen der Konzession ergibt sich jedoch, dass für die angrenzenden Wohnräume die Richtwerte von 35 dB tagsüber und 25 dB nachts eingehalten werden müssen. Damit ist die Lautstärke gemeint, die in der Nachbarwohnung auf den Mitmieter einwirkt. Eine schlechte Schallisolierung des Gebäudes ist insoweit nicht von Belang. Hinzu kommt, dass die Nachtzeit in der Erlaubnis auf 22 Uhr bis 6 Uhr festgesetzt ist. Während dieser Zeit sind musikalische Darbietungen sowie die Benutzung von elektroakustischen Anlagen (gänzlich) untersagt, solange nicht durch Gutachten nachgewiesen ist, dass der bauliche Schallschutz gemäß DIN 4109 erfüllt ist. Dass ein solcher Schallschutz gegeben ist, trägt der Beklagte selbst nicht vor, vielmehr macht er selbst geltend, die Schalldämmung des Gebäudes sei schlecht, was ihn schon nach der oben angesprochenen behördlichen Verfügung gerade von jedweder Benutzung elektroakustischer Anlagen in der Zeit ab 22 Uhr zwingend und nachhaltig hätte abhalten müssen. Dennoch hat der Beklagte seine elektroakustische Anlage in unzulässiger Weise an den oben dargestellten Tagen bis in den frühen Morgen betrieben. Auf eine Einhaltung des maximalen Innenpegels von 80 dB kommt es dabei nicht an, die Anlage hätte ab 22 Uhr vielmehr ausgeschaltet werden müssen. Dass der Beklagte auch in dem vorliegenden Rechtsstreit offenbar noch die Auffassung vertritt, er habe auch nach 22 Uhr und ungeachtet einer nicht vorhandenen besonderen Schalldämmung und nach mehreren nachhaltigen Beschwerden der Mitbewohner eine elektroakustische							

Kündigungslexikon — Glossartabelle

Lfd-Nr.	Kündigung durch (V/M)	Abmahnung	Leitsatz / Orientierungssatz	Gericht, Datum, Aktenzeichen	Fundstelle / Anmerkungen	Kündigung nach §	Erfolgreich
			Anlage bis zu ihrem maximalen Innenpegel von immerhin 80 dB bis in die Nacht- und frühen Morgenstunden ohne weiteres betreiben dürfen, bestätigt und vertieft die der Kündigung zugrunde liegende Annahme, der Beklagte sei den berechtigten Interessen der Mitbewohner mit einer ganz besonderen und eben nicht mehr hinnehmbaren Rücksichtslosigkeit entgegen getreten.				
75	V	k. A.	Eine Kündigung aus wichtigem Grund wegen Hausfriedensstörung gem. §§ 543, 569 BGB kann auch gegenüber einem schuldlos handelnden Mieter erfolgen. Erforderlich ist eine Abwägung zwischen den Belangen der Beteiligten.	BGH, 8.12.2004, VIII ZR 218/03	WuM 2005, 125 = ZMR 2005, 183 = GE 2005, 296 = NZM 2005, 300 = Miet-Prax-AK § 543 BGB Nr. 1	§ 569 Abs. 2 BGB	✗
			Urteilstext: Nach § 543 Abs. 1 S. 1 BGB kann jede Partei das Mietverhältnis aus wichtigem Grund fristlos kündigen. Ein wichtiger Grund liegt vor, wenn dem Kündigenden unter Berücksichtigung aller Umstände des Einzelfalls, insbesondere eines Verschuldens der Vertragsparteien, und unter Abwägung der beiderseitigen Interessen die Fortsetzung des Mietverhältnisses bis zum Ablauf der Kündigungsfrist oder bis zur sonstigen Beendigung des Mietvrhältnisses nicht zugemutet werden kann (…). Danach begegnet die vom Berufungsgericht – auch unter dem Gesichtspunkt des Rechts auf Leben und körperliche Unversehrtheit (Art. 2 Abs. 2 GG) sowie des allgemeinen Persönlichkeitsrechts (Art. 2 Abs. 1 GG) und des Rechtsstaatsprinzips – vorgenommene Abwägung zwischen den Belangen der Beklagten einerseits und der Klägerin sowie der übrigen Mieter andererseits aus Rechtsgründen keinen durchgreifenden Bedenken. Soweit die Revision meint, diese Abwägung sei erst im Rahmen der Härteklausel des § 574 BGB vorzunehmen, verkennt sie, daß bereits § 543 Abs. 1 S. 2 BGB eine solche Abwägung ausdrücklich vorschreibt. Im übrigen ist die Härteklausel (§ 574 Abs. 1 S. 1 BGB) nach § 574 Abs. 1 S. 2 BGB ohnehin nicht anzuwenden, wenn ein Grund vorliegt, der den Vermieter zur außerordentlichen fristlosen Kündigung berechtigt.				
76	V	nein	1. Die Beleidigung eines Mitbewohners als „Scheiß-Deutscher" rechtfertigt die Kündigung aus wichtigem Grund. 2. Verfehlungen Dritter, denen der Mieter die Mitbenutzung der Wohnung überlässt, muss er sich zurechnen lassen.	AG Idstein, 14.10.2019, 3 C 73/19	ZMR 2019, 968	§ 569 Abs. 2 BGB	✓

Tabelle 3: Liste der Urteile zum Kündigungsrecht **Kündigungslexikon**

Lfd-Nr.	Kündigung durch (V/M)	Abmahnung	Leitsatz Orientierungssatz	Gericht, Datum, Aktenzeichen	Fundstelle Anmerkungen	Kündigung nach §	Erfolgreich
			Urteilstext: Diese Beleidigung des Zeugen W. rechtfertigt auch eine außerordentliche Kündigung. Dies scheitert nicht schon daran, dass die Beleidigung nicht der Klägerin, sondern dem Zeugen W. galt. Denn von dem Schutzbereich des § 569 Abs. 2 BGB sind sämtliche Bewohner des Hauses erfasst (…). Zu diesen gehört auch der Zeuge W. Die Beleidigung als „Scheiß-Deutscher" ist auch der Schwere nach ohne weiteres ausreichend, eine außerordentliche Kündigung zu rechtfertigen. Denn es handelt sich nicht nur um ein dahingeworfenes Schimpfwort. Der Zeuge W. wurde ausgerechnet seiner Abstammung, seiner Sprache, seiner Heimat und Herkunft wegen (…) herabgesetzt. Der Zeuge W. wurde alleine deswegen mit einem Stück Fäkalie gleichgesetzt, weil er Deutscher ist. Es handelte sich mithin um einen eindeutig rassistischen Verbalangriff. Ein solcher rassistischer Hintergrund wurde bereits in anderen rechtlichen Zusammenhängen, etwa im Zusammenhang mit Tötungsdelikten als besonders verwerfliches Motiv angesehen. Für das Zivilrecht kann nichts anderes gelten. Ein solcher, auch einmaliger Verbalangriff stört den Hausfrieden dermaßen nachhaltig, dass dem Betroffenen die Fortsetzung des Mietverhältnisses noch nicht einmal bis zum nächstmöglichen Zeitpunkt zugemutet werden kann.				
77	V	ja	Wer nach einer Abmahnung als Mieter im Treppenhaus alkoholisiert herumgrölt und lautstark andere Mieterinnen als „Huren" beschimpft, Polizeieinsätze provoziert, rassistische Äußerungen etc tätigt, der stört den Hausfrieden so erheblich, dass eine Kündigung gerechtfertigt ist.	AG München, 31.7.2019, 417 C 4799/19	ZMR 2020, 319	§ 569 Abs. 2 BGB	✓
78	V	ja	*Häufiges lautes Musikhören*	AG Peine, 7.8.2019, 16 C 284/17	DWW 2019, 294 Binder IMR 2019, 498	§ 569 Abs. 2 BGB	✓
79	V	nein	*Absichtliches Nichtschließen der Haustür, keine Mülltrennung, Begehen des Treppenhauses in Unterwäsche*	AG Homburg, 9.11.2018, 38 C 216/18	WuM 2019, 75 Danner IMR 2019, 184	§ 569 Abs. 2 BGB	✗
80	V	ja	*Starker Gestank aus der Wohnung*	AG Frankfurt a. M., 8.2.2018, 33 C 2300/17	MietRB 2018, 228	§ 569 Abs. 2 BGB	✓

Kündigungslexikon — Glossartabelle

Lfd-Nr.	Kündigung durch (V/M)	Abmahnung	Leitsatz Orientierungssatz	Gericht, Datum, Aktenzeichen	Fundstelle Anmerkungen	Kündigung nach §	Erfolgreich
			Urteilstext: Nach dem Ergebnis der Beweisaufnahme steht es zur Überzeugung des Gerichts fest, dass aus der Wohnung des Beklagten ein sehr starker, penetranter Gestank ausgeht, der die Hausgemeinschaft belästigt. Der Beklagte sammelt in seiner Wohnung eine Vielzahl von Pfandgütern in blauen Müllsäcken und viele Gegenstände, welche eigentlich in Müllentsorgung gehören wie Verpackungen und Reste. Der Beklagte lagert verderbliche Lebensmittel auf der Terrasse und entsorgt sie nicht rechtzeitig. Ferner betreibt er eine Kochplatte auf einem Schreibtisch, der ausweislich der von der Klägerin vorgelegten Bildaufnahmen mit Müll und Papierstapel zugedeckt ist, so dass die anderen Mieter im Haus gefährdet sind. Dass sich die Wohnung des Beklagten in einem solchen Zustand bis zum Ausspruch der fristlosen Kündigung immer wieder befand, haben die Zeuginnen B., C. und D. eindeutig und glaubhaft bekundet. Sie haben plastisch und nachvollziehbar von den von ihnen wahrgenommenen Haus- und Ortsbesuchen bekundet und den Zustand der Terrasse und der Wohnung und der Terrasse sowie den penetranten Gestank sogar im Treppenhaus detailliert beschrieben. Sie konnten den Gestank auch eindeutig der Wohnung des Beklagten zuordnen. Die Aussagen waren nicht einseitig belastend für den Beklagten. Die Zeugin B. hat geschildert, dass die Wohnung des Beklagten bei dem Besuch am 7.12.2016 sich im guten Zustand befunden hat. Die Zeugin A. hat eindrucksvoll bekundet, dass aus der Wohnung ein Gestank hochkomme, der sie daran hindert, die Fenster von ihrer Wohnung und die Balkontür aufzumachen. Von ihrer Wohnung aus kann sie die auf der Terrasse des Beklagten gelagerten Lebensmittel beobachten. Entgegen der Auffassung des Beklagten hat das Gericht keine Anhaltspunkte an der Glaubwürdigkeit der Zeuginnen zu zweifeln. Das Gericht erkennt nicht, dass die Zeuginnen B., C. und D. trotz des Arbeitsverhältnisses mit der Klägerin ein eigenes Interesse am Ausgang des Prozesses haben sollten. Vielmehr haben sie durch die wiederholten Gespräche mit dem Beklagten zum Ausdruck gebracht, dass der Beklagte eine Chance auf das Fortbestehen des Mietverhältnisses hätte, wenn er sein Verhalten ändern würde. Das Gericht erachtet auch die Zeugin A. als glaubwürdig. Die Zeugin war bei seiner Aussage ruhig und gefasst. Zwar ist das Verhältnis zwischen der Zeugin A. und dem Beklagten offenbar angespannt. Die Anspannung ist aber angesichts der räumlichen Nähe der beiden Wohnungen und der Geruchsbelästigung nicht verwunderlich.				
81	V	k. A.	Kein Zahlungsverzug bei fortgesetzter Minderung und fehlendem Annahmeverzug mit der Mangelbeseitigung	LG Berlin, 3.6.2020, 65 S 205/19		§ 569 Abs. 2 BGB	✗
82	V	ja	Stellt der Mieter nach Feststellung einer kompletten Vermüllung der Mietwohnung nebst Substanzschäden an Parkett und Einbauküche sowie extremem Geruch trotz entsprechender Abmahnung keinen vertraggemäßen Zustand der Wohnung her, so ist eine fristlose Kündigung auch bei einem bereits	AG München, 8.8.2018, 40 C 5897/18	ZMR 2019, 40 Blank IMR 2019, 183	§ 569 Abs. 2 BGB	✓

Tabelle 3: Liste der Urteile zum Kündigungsrecht **Kündigungslexikon**

Lfd-Nr.	Kündigung durch (V/M)	Abmahnung	Leitsatz *Orientierungssatz*	Gericht, Datum, Aktenzeichen	Fundstelle Anmerkungen	Kündigung nach §	Erfolgreich
			langfristigen Mietverhältnis gerechtfertigt.				

Urteilstext:
Zudem ist vorliegend die außerordentliche Kündigung auch nach §§ 569 Abs. 2, 543 Abs. 1 BGB gerechtfertigt. Nach § 569 Abs. 2 BGB liegt bei einem Wohnraummietverhältnis ein solcher wichtiger Grund unter anderem dann vor, wenn eine Vertragspartei den Hausfrieden nachhaltig stört, sodass dem Kündigenden unter Berücksichtigung aller Umstände des Einzelfalls, insbesondere eines Verschuldens der Vertragsparteien, und unter Abwägung der beiderseitigen Interessen die Fortsetzung des Mietverhältnisses bis zum Ablauf der Kündigungsfrist oder bis zu sonstigen Beendigung des Mietverhältnisses nicht zugemutet werden kann. Die Verursachung des extremen Geruchs in Folge der Vermüllung der streitgegenständlichen Wohnung sowie die Verursachung der Wasserschäden, die bereits die Substanz an der Wohnung unter der streitgegenständlichen Wohnung geschädigt hat, stellen eine nachhaltige und schuldhafte Störung des Hausfriedens dar. Insbesondere muss die Klägerpartei damit rechnen, dass sie für die Haftung der Wasserschäden, die unter der streitgegenständlichen Wohnung entstanden sind, einstehen muss.

| 83 | V | ja | *Störung der Nachtruhe durch lautes Telefonieren, Bedrohung der Mitmieter und nichteinhalten der Corona Abstandsregeln im Treppenhaus* | AG Frankfurt a. M., 28.5.2020, 33 C 3932/19 | MietRB 2020, 199 | § 569 Abs. 2 BGB | ✓ |

Urteilstext:
Nach dem Ergebnis der Beweisaufnahme ist das Gericht davon überzeugt, dass die Behauptungen der Klägerin über die zahlreichen Lärmbelästigungen tatsächlich stattgefunden haben und die Beklagte den Hausfrieden nachhaltig stört. Alle drei Zeuginnen haben unabhängig voneinander dem Gericht glaubhaft berichtet, wie sich die Situation durch den Einzug der Beklagten im Haus geändert habe. Die Schilderungen waren sehr eindrucksvoll; die geschilderten Belästigungen zahlreich. Die Zeugin B hat sich sogar dazu entschieden, die Wohnung zu kündigen und auszuziehen. Als Grund für ihren Entschluss gab sie an, dass sie mit der Beklagten nicht unter einem Dach wohnen könne. Die Zeugin A hat zur Überzeugung des Gerichts geschildert, wie sehr sie das Zusammenleben mit der Beklagten psychisch belastet. Sie schilderte, wie sie panische Angst habe und sich kaum noch aus dem Haus traue. Die Beklagte würde an ihre Wohnungstür treten und immer wieder bei ihr Sturm klingeln. Es gab bereits mehrere Polizeieinsätze. An die von der Polizei ausgesprochener Abstandsregelung würde sich die Beklagte nicht halten. Die Beklagte habe auch schon häufiger mit einem Messer vor ihr gestanden und damit herumgefuchtelt. Die Zeugin C bestätigte die Lärmbelästigungen umfassend. Alle drei Zeuginnen berichteten auch übereinstimmend davon, wie die Beklagte in den letzten Wochen immer wieder ihren Müll einfach aus dem Fenster werfe. Alle Zeuginnen schilderten ähnliche Geräusche (lautstarkes Telefonieren, lautes Türenschlagen, Gegenstände aneinander knallen).

| 84 | V | nein | Schwere Pflichtverletzungen des Sohnes eines Mieters können dem Mieter nicht per se zugerechnet werden und rechtfer- | OLG Frankfurt a. M., 11.9.2018, 39 C 55/18 | MietRB 2019, 167 Pützenbacher IMR 2019, 190; Theesfeld jurisPR- | § 569 Abs. 2 BGB | ✗ |

Kündigungslexikon — Glossartabelle

Lfd-Nr.	Kündigung durch (V/M)	Abmahnung	Leitsatz Orientierungssatz	Gericht, Datum, Aktenzeichen	Fundstelle Anmerkungen	Kündigung nach §	Erfolgreich
			tigen allein keine fristlose Kündigung		MietR 12/2019 Anm. 3		

Urteilstext:
Eine fristlose Kündigung war schließlich im Hinblick auf die wertende Gesamtschau insbesondere vor dem Hintergrund, dass bereits eine ordentliche Kündigung ausgesprochen war unter Berücksichtigung aller Umstände des Einzelfalls und des wechselseitigen Verschuldens beider Parteien nicht gerechtfertigt. Zwar ist der Hausfrieden, worauf die Klägerin zu Recht hinweist, nachhaltig gestört; das Verhältnis war und ist unrettbar zerrüttet und von wechselseitigen Vorwürfen geprägt. Angesichts des Umstands, dass die Eskalation zwischen sämtlichen Beteiligten allerdings nicht ausschließlich und einseitig durch von der Beklagten ausgegangen ist und insbesondere die unsachlichen, fremdenfeindlichen Angriffe der Beklagtenvertreterin gegenüber einer bestimmte Gruppe von Türken im Kontext mit der Erschütterung der Beklagtenvertreterin über die aus ihrer Sicht vorgefallenen massiven Übergriffe durch Teile der Familie der Klägerin zu sehen war, war es für die Klägerin hier zumutbar, bis zum Ende der ordentlichen Kündigungsfrist zuzuwarten.

| 85 | V | ja | Wiederholte Störung des Hausfriedens durch Beleidigung der Nachbarn | AG Schöneberg, 20.5.2019, 5 C 318/18 | GE 2019, 969 Dötsch IMR 2020, 14 | § 569 Abs. 2 BGB | ✓ |

Urteilstext:
Unter dem Hausfrieden ist die gemäß § 241 Abs. 2 BGB aus dem Gebot der gegenseitigen Rücksichtnahme folgende Pflicht zu verstehen, sich bei der Nutzung der Mietsache so zu verhalten, dass die anderen Bewohner desselben Hauses nicht mehr als unvermeidlich gestört werden („Friedenspflicht gegenüber der Hausgemeinschaft"). Dieser wird jedoch gestört durch ein Verhalten, dem sich die weiteren Mieter der Hausgemeinschaft aufgrund der Entäußerung der Beleidigungen und des Flaschewerfens über den Balkon zur Nachtzeit nicht entziehen können. Auch wenn vertreten wird, dass das Bepöbeln von Passanten nicht zu der Störung des Hausfriedens gehöre, kann dies im vorliegenden Fall nicht als getrennt vom Hausfrieden losgelöster Vorfall betrachtet werden, in den die Mieter nicht involviert wären. Nachvollziehbar ist ein Schreien – egal an wen gerichtet – vom Balkon zur Nachtzeit eine Störung der Nachtruhe der Mitmieter. Dieses Verhalten ist umso mehr störend als es nicht durch sonstige Geräusche des Tages abgemildert wird und die Erholungsphase der Mieter während des Schlafes stört. Im Übrigen muss bei der Störung des Hausfriedens nicht stets das gleiche Verhalten abgemahnt werden, welches sich dann wiederholt, sondern es gilt generell das hausfriedensstörende Gesamtverhalten zu betrachten. Andernfalls müsste jede einzelne Beleidigung zunächst abgemahnt werden, und diese konkrete Beleidigung müsste sich wiederholen. Dies ist jedoch abwegig. Vielmehr muss aus der Abmahnung deutlich werden, dass jedwede Störung des Hausfriedens zu unterbleiben hat und dies ist vorliegend geschehen.

| 86 | V | ja | Straftaten und Beleidigungen eines Mieters gegenüber den anderen Mietern des Mehrfamilienhauses stellen als nachhaltige Störung des Hausfriedens sowohl einen wichtigen Grund zur fristlosen als auch zur ordentlichen Kündigung dar (§ 543 Abs. 1, | AG Brandenburg, 31.7.2019, 31 C 181/18 | Binder IMR 2019, 409 | § 569 Abs. 2 BGB | ✓ |

Tabelle 3: Liste der Urteile zum Kündigungsrecht **Kündigungslexikon**

Lfd-Nr.	Kündigung durch (V/M)	Abmahnung	Leitsatz Orientierungssatz	Gericht, Datum, Aktenzeichen	Fundstelle Anmerkungen	Kündigung nach §	Erfolgreich
			§ 569 Abs. 2, § 573 BGB).				

Urteilstext:
Insbesondere können Straftaten und Beleidigungen gegenüber den übrigen Mietern des Mehrfamilienhauses einen wichtigen Grund iSd § 543 Abs. 1 BGB darstellen. Während bloße Unhöflichkeiten und andere missliebige Verhaltensweisen ohne ehrverletzenden Charakter eine Kündigung nicht rechtfertigen, sind insbesondere aber Körperverletzungen, Sachbeschädigungen und Formalbeleidigungen grundsätzlich geeignet, der Vermieterin eine Fortsetzung des Mietverhältnisses mit diesem Mieter unzumutbar zu machen. Bei der Abwägung, ob dem Vermieter aufgrund einer Straftat und/oder Beleidigung des Mieters gegenüber anderen Hausbewohnern die Fortsetzung des Mietverhältnisses unzumutbar wird, sind zwar stets die Begleitumstände mit zu berücksichtigen. So stellt sich zB eine Beleidigung als weniger verletzend dar, wenn sie aus einer Provokation heraus oder im Zusammenhang einer bereits vorgegebenen streitigen Atmosphäre erfolgte oder wenn sie als eine momentane und vereinzelt gebliebene Unbeherrschtheit zu bewerten ist. Jedoch können insbesondere Straftaten und selbst einzelne Beleidigungen ein solches Gewicht haben, dass die Unzumutbarkeit der Vertragsfortsetzung auf der Hand liegt (…).

| 87 | V | nein | *Beschädigung der Wohnungseingangstür eines Mitmieters durch einen psychisch kranken Mieter* | LG Kassel, 20.2.2018, 43 C 17/18 | WuM 2018, 202

Flatow jurisPR-MietR 16/2018 Anm. 1 | § 569 Abs. 2 BGB | ✓ |

Urteilstext:
Die mittels des Holzhammers unter Anwendung grober Gewalt begangene Sachbeschädigung im Sinne von § 303 StGB habe das für die zukünftige Vertragserfüllung notwendige Vertrauen der Klägerin nachvollziehbarerweise zerstört. Das Verhalten des Beklagten wirke für die Klägerin unbeherrscht und unkontrollierbar. Zwar erscheine die begangene Sachbeschädigung in einem milderen Licht, sofern – bei Wahrunterstellung des Beklagtenvortrages – dem streitgegenständlichen Vorfall eine Provokation der Freundin des Beklagten durch den Mitmieter (…) vorausgegangen sei. Eine Reaktion wie die hier stattgefundene überschreite aber jedes gerade noch nachvollziehbare Maß an Gegenreaktion bei weitem.
Dem Beklagten sei zuzugestehen, dass auch im nachbarschaftlichen Zusammenleben mit psychisch und suchtkranken Menschen ein erhöhtes Maß an Toleranzbereitschaft zu fordern sei. Die Grenze der Toleranz sei jedoch dort erreicht, wo Vermieter und Mieter zu Schaden kommen bzw. ernsthaft gefährdet scheinen. Auch die zum Zeitpunkt des Vorfalls bereits bestehende Betreuung des Beklagten habe ihm nicht zu helfen vermocht, sich sozialadäquat zu verhalten. Dass der Beklagte psychisch erkrankt sei, vermöge das Vorliegen eines wichtigen Kündigungsgrundes daher nicht zu entkräften.

| 88 | V | nein | *Tätlicher Angriff und Beleidigung des Hausmeisters* | AG Gronau, 19.11.2018, 36 C 121/18 | WuM 2019, 435 | § 569 Abs. 2 BGB | ✗ |

Urteilstext:
Ein solches einmaliges Verhalten begründet zwar keine nachhaltige Störung des Hausfriedens iSd § 569 Abs. 2 BGB, da es an der für eine nachhaltige Störung erforderlichen Dauerhaftigkeit des Verhaltens fehlt (…), allerdings verdrängt die Regelung des § 569 Abs. 2 BGB nicht § 543 Abs. 1 BGB (…). Ein Verhalten, dass zwar den Hausfrieden nicht nachhaltig stört, kann daher trotzdem so gewichtig sein, dass eine Fortsetzung des Mietverhältnisses nicht zumutbar ist und damit eine außerordentliche fristlose Kündigung rechtfertigen.

Kündigungslexikon — Glossartabelle

Lfd-Nr.	Kündigung durch (V/M)	Abmahnung	Leitsatz Orientierungssatz	Gericht, Datum, Aktenzeichen	Fundstelle Anmerkungen	Kündigung nach §	Erfolgreich
			Ein körperlicher Angriff bzw. eine Nötigung oder eine schwere Beleidigung durch einen Mieter stellt auch bei gebotener Berücksichtigung aller Umstände des Einzelfalls (…) und Abwägung der beiderseitigen Interessen ein solches Verhalten dar, welches es für den Vermieter nicht mehr zumutbar macht, am Mietvertrag weiter festzuhalten (…). Sowohl die körperliche Unversehrtheit als auch die persönliche Ehre stellen wichtige Schutzgüter der Rechtsordnung dar. Ein Vermieter muss sich daher darauf verlassen können, dass diese durch seinen Mieter nicht verletzt werden. Umgekehrt ist es einem Vermieter daher nicht zumutbar, ein Mietverhältnis mit einem Mieter fortzusetzen, der derartige Verletzungen begeht. Vorliegend wurde durch das Verhalten des Beklagten das für die Fortsetzung des Mietvertrages notwendige gegenseitige Vertrauensverhältnis irreparabel erschüttert, in dem der Beklagte den Zeugen C1 in dem Fahrradschuppen körperlich angegangen ist und diesen massiv beleidigt hat. Hierbei ist im Rahmen der Interessenabwägung zulasten des Beklagten auch zu berücksichtigen, dass der Grad des Verschuldens für die Bewertung einer Pflichtverletzung im Rahmen des § 543 Abs. 1 BGB besonders zu berücksichtigen ist und dass er die Tat gerade vorsätzlich begangen hat, ohne dass der Zeuge C1 hierzu einen Anlass gegeben hätte. Auch ist zu berücksichtigen, dass es sich, um einen Wohnkomplex handelt, der alten und kranken Menschen zum eigenständigen Wohnen dient und in dem sich auch die Verwaltung des Klägers befindet. Ein regelmäßiges Zusammentreffen des Beklagten als Mieter mit dem Kläger und dessen Mitarbeiten ist so nicht zu vermeiden.				
89	V	nein	*Rechtswidrige Aufbewahrung einer Waffe in der Wohnung*	LG Berlin, 25.6.2018, 41 C 54/18	GE 2018, 1060 Agatsy IMR 2018, 507; Bueb jurisPR-MietR 13/2019 Anm. 6	§ 569 Abs. 2 BGB	✓
	Urteilstext: Durch die rechtswidrige Aufbewahrung einer Waffe und eines Magazins mit Munition (…) in der von ihr gemieteten Wohnung hat die Beklagte besonders schwer wiegend gegen ihre vertraglichen Obhutspflichten als Mieterin verstoßen (…), damit zugleich den Hausfrieden nachhaltig gestört, § 569 Abs. 2 BGB. Das Mietverhältnis (…) verpflichtet neben dem Vermieter auch den Mieter, die Rechtsgüter, Rechte und Interessen seines Vertragspartners zu schützen, § 214 Abs. 2 BGB. Infolgedessen hat der Mieter im Rahmen seiner Obhutspflicht die Mietsache nicht nur schonend und pfleglich zu behandeln, sondern darüber hinausgehend alles zu unterlassen, was zu einer vom vertragsgemäßen Gebrauch nicht umfassten Verschlechterung oder einem Schaden der Mietsache führen kann. Diese Schutzpflicht kann der Mieter, in dessen Besitz die Mietsache ist, nicht nur beim unmittelbaren Umgang mit der Mietsache verletzen, sondern auch dadurch, dass er von der Mietsache einen Gebrauch macht, der geeignet ist, schädigende Einwirkungen Dritter hervorzurufen (…).							
90	V	ja	1. In einem Mehrfamilienhaus sind andere Geräusche hinzunehmen als in einem Einfamilienhaus. Geräusche von Mitbewohnern sind hier zu erwarten, so etwa auch die von Kindern gegebenenfalls ver-	AG München, 18.1.2019, 34 C 12146/18	ZMR 2019, 878	§ 569 Abs. 2 BGB	✓

Lfd-Nr.	Kündigung durch (V/M)	Abmahnung	Leitsatz Orientierungssatz	Gericht, Datum, Aktenzeichen	Fundstelle Anmerkungen	Kündigung nach §	Erfolgreich
			ursachten Geräusche. 2. Der Freiraum des „Lärmenden" ist unter dem Gesichtspunkt der Sozialverträglichkeit zu werten und mit dem Gebot der Rücksichtnahme gegenüber dem Mitbewohner abzuwägen.				

Urteilstext:
Störung durch Lärm kann eine erhebliche Gebrauchsbeeinträchtigung des Wohnwertes einer Wohnung darstellen. Es hängt von den Gegebenheiten des Einzelfalles, insbesondere der Verhältnisse des Wohnobjekts ab, welche Geräusche insoweit von einem Mieter hinzunehmen sind und welche nicht mehr. In einem Mehrfamilienhaus sind andere Geräusche hinzunehmen als in einem Einfamilienhaus. Geräusche von Mitbewohnern sind hier zu erwarten, so etwa auch die von Kindern gegebenenfalls verursachten Geräusche.
Dies gilt aber nicht unbegrenzt. Lärm ist nämlich nicht ohne Ende hinzunehmen, und zwar nicht nur zu Ruhezeiten und an Sonn- und Feiertagen, sondern grundsätzlich auch tagsüber. So kann für eine fristlose Kündigung insofern ggf. sogar genügen, wenn der konkrete Mieter regelmäßig nachts zwischen 01:00 Uhr bis 01:30 Uhr die Wohnungstür mit lautem Knall zuschlägt (…).
Der Freiraum des „Lärmenden" ist daher unter dem Gesichtspunkt der Sozialverträglichkeit zu werten und mit dem Gebot der Rücksichtnahme gegenüber dem Mitbewohner abzuwägen

Lfd-Nr.	Kündigung durch (V/M)	Abmahnung	Leitsatz Orientierungssatz	Gericht, Datum, Aktenzeichen	Fundstelle Anmerkungen	Kündigung nach §	Erfolgreich
91	V	ja	Lärmbelästigung in der Nacht durch einen kranken Mieter	LG Berlin, 9.1.2018, 63 S 294/17	GE 2018, 333	§ 569 Abs. 2 BGB	✓
92	V	nein	Handel mit Betäubungsmittel durch den Sohn des Hauptmieters	LG Frankfurt a. M., 11.7.2019, 2/11 S 64/19	Bueb jurisPR-MietR 5/2020 Anm. 3; Michael Sommer IMR 2020, 105	§ 569 Abs. 2 BGB	✓

Urteilstext:
Die Beklagten können nicht einwenden, ihr Sohn habe entgegen den in der Entscheidung getroffenen Feststellungen zu keinem Zeitpunkt aus der Wohnung heraus, sondern – wenn überhaupt – in weiter Entfernung zum Hauseingang mit Betäubungsmitteln gehandelt. Das Amtsgericht hat aufgrund des zur Akte gereichten Durchsuchungsberichts sowie weiter Teile der Ermittlungsakte gemäß § 286 ZPO gut nachvollziehbar die Überzeugung gewonnen, dass es sich bei der Wohnung um eine sog. Bunkerwohnung gehandelt habe und ihr Sohn aus dieser heraus Handel mit Betäubungsmittel betrieben habe, was Auswirkungen auf die gesamte umliegende Nachbarschaft gehabt habe. Diese Feststellung kann mit dem – unsubstantiierten und erstmals im Berufungsverfahren erfolgten – Vorbringen, ihr Sohn habe allenfalls in weiter Entfernung zum Hauseingang der Wohnung gedealt, nicht entkräftet werden. Die Beklagten hatten erstinstanzlich lediglich bestritten, dass ihr Sohn in der Wohnung Handel mit Betäubungsmitteln betrieben habe. Unstreitig hat er jedoch aus der Wohnung heraus in der sog.…siedlung gedealt mit den in dem Urteil dargelegten negativen Auswirkungen auf die gesamte umliegende Nachbarschaft.

Kündigungslexikon — Glossartabelle

Lfd-Nr.	Kündigung durch (V/M)	Abmahnung	Leitsatz *Orientierungssatz*	Gericht, Datum, Aktenzeichen	Fundstelle Anmerkungen	Kündigung nach §	Erfolgreich
			Weiterhin können die Beklagten nicht geltend machen, ihnen könne das Verhalten ihres Sohnes, von dem sie keine Kenntnis gehabt hätten, nicht zugerechnet werden. Der Mieter hat im Rahmen seiner Obhuts- und Sorgfaltspflicht gemäß § 278 BGB auch das Verschulden von Personen zu vertreten, die auf seine Veranlassung hin mit der Mietsache in Berührung kommen, worunter ua Verwandte fallen (…). Die Beklagten sind daher gemäß § 278 BGB für ein Verschulden ihres Sohnes, der im Hinblick auf den vertragsgemäßen Gebrauch der Wohnung als Erfüllungsgehilfe anzusehen ist, in gleichem Umfang verantwortlich wie für eigenes Verschulden. Auch wenn den Mieter in einem solchen Fall kein persönliches Verschulden trifft, wird der wichtige Grund für die Beendigung des Mietverhältnisses dadurch begründet, dass die Unzumutbarkeit für die Fortsetzung des Mietverhältnisses aus dem allgemeinen Einflussbereich des Mieters, nämlich vorliegend dem Verhalten ihres Sohnes, herrührt."				
93	V	nein	*Drogenhandel durch den Sohn des Mieters*	AG Frankfurt a. M., 6.2.2019, 33 C 2815/18	MietRB 2019, 100	§ 569 Abs. 2 BGB	✓
94	V	nein	Die Beleidigung einer anderen Mieterin als „Fotze" stellt eine Straftat und eine nachhaltige Störung des Hausfriedens dar, die eine fristlose Kündigung ohne Abmahnung rechtfertigt. Das Gleiche gilt auch bei einer solchen Beleidigung von Mitarbeitern eines Mieters.	AG Neuruppin, 16.4.2019, 43 C 61/18	GE 2019, 802 = NZM 2019, 691 = NJW-RR 2019, 1160 = ZMR 2019, 882 Riecke IMR 2019, 371; Agatsy ZMR 2019, 884	§ 569 Abs. 2 BGB	✓

Urteilstext:
Die Kündigung war auch berechtigt, da der Beklagte den Hausfrieden derart nachhaltig gestört hat, dass unter Berücksichtigung aller Einzelfallumstände sowie unter Abwägung der beiderseitigen Interessen, den Klägern die Fortsetzung des Mietverhältnisses nicht zumutbar war, §§ 543 Abs. 1, 569 Abs. 2 BGB. Unstreitig hat der Beklagte die Frau … als „Fotze" betitelt, als beide sich im Treppenhaus des Mietobjekts zusammentrafen. Solche schweren Beleidigungen stellen Straftaten und eine nachhaltige Störung des Hausfriedens dar, auch wenn sie nicht gegenüber dem Vermieter, sondern anderen Hausbewohnern ausgebracht werden. (…) Bei wechselseitigen Beleidigungen kann eine Kündigung ausscheiden, ebenso wenn der Beleidigende durch sein Gegenüber durch einen abfälligen Gesprächston oder Unhöflichkeiten provoziert worden ist. Dabei ist auch das soziale Milieu bzw. die soziale Herkunft des Beleidigers zu berücksichtigen und ob der Betroffene die Beleidigung erst nimmt. (…) Hier wendet der Beklagte lediglich ein, die Frau (…) habe ihn barsch und unfreundlich sowie vorwurfsvoll aufgefordert, den Urin seiner Hundewelpen im Hausflur zu beseitigen, obwohl er schon in Begriff gewesen sei, dies zu tun. Dies allein rechtfertigt aber keine schwere Beleidigung mit Verbalinjurien der vorliegenden Art. Ohne Weiteres hielt sich die beklagtenseits dargestellte Reaktion (…) auch noch im Rahmen dessen, was situationsangemessen sozial üblich ist. Insbesondere hat der Beklagte nicht im Einzelnen dargetan, dass er seinerseits durch die Frau (…) zuvor beleidigt worden ist oder dass diese ihn in sonst unangemessener herabwürdigender Weise angesprochen hätte. Es ist deshalb nicht ersichtlich, dass

| Tabelle 3: Liste der Urteile zum Kündigungsrecht | | | | | | | **Kündigungslexikon** |

Lfd-Nr.	Kündigung durch (V/M)	Abmahnung	Leitsatz *Orientierungssatz*	Gericht, Datum, Aktenzeichen	Fundstelle Anmerkungen	Kündigung nach §	Erfolgreich
			sich der Beklagte in nachvollziehbarer Weise veranlasst gesehen haben könnte, die Frau (…) in derart schwerer Weise zu beleidigen (…). (…) Zwar ist der hierauf gestützten Kündigung entgegen der Grundregel des § 543 Abs. 3 BGB keine Abmahnung vorausgegangen. Bei schwerwiegenden Beleidigungen kann aber bereits ein einmaliger Vorfall auch ohne Abmahnung zur Kündigung berechtigen, wenn bereits die einmalige Beleidigung in ihrer konkreten Form ein solches Gewicht hat, dass sie das erforderliche Vertrauen zerstört. Denn zerstörtes Vertrauen kann durch eine Abmahnung nicht wieder hergestellt werden. (…) Dies ist auch hier der Fall, da – wie bereits vorstehend ausgeführt – die Art der Beleidigung zeigt, dass der Beklagte die Grundvoraussetzung für ein gedeihliches Miteinander nicht beachtet, nämlich den Respekt vor der Person und der Würde des Anderen, der auch bei Interessenskonflikten und verbalen Auseinandersetzungen zu wahren ist.				
95	V	nein	*Tätlicher Angriff ohne konkrete Erläuterung*	OLG Köln, 19.11.2018, 37 C 59/18		§ 569 Abs. 2 BGB	✗
96	V	nein	Bietet der Vermieter seinem Mieter von sich aus vor der Veräußerung an, die bei Vertragsbeginn an ihn geleistete Barkaution zurückzuzahlen und nimmt der Mieter das Rückzahlungsangebot an, so wird mit Auszahlung der Kaution die bestehende Kautionsabrede zumindest konkludent aufgehoben, mit der Folge, dass der Erwerber über § 566 Abs. 1 BGB keine erneute Kautionsleistung verlangen und deshalb auch nicht gestützt auf § 569 Abs. 2a BGB kündigen darf.	AG Hamburg-Altona, 12.2.2019, 316 C 279/18	ZMR 2019, 410 Both jurisPR-MietR 25/2019 Anm. 1; Sütcü IMR 2019, 363	§ 569 Abs. 2a BGB	✗

Urteilstext:
Ursprünglich war die Klägerin zwar gem. § 12.1 des Mietvertrags zur Leistung einer Mietsicherheit von 3.600,- EUR verpflichtet. Indem der veräußernde Vermieter, R. N., die an ihn geleistete Kaution jedoch vor Veräußerung zurück zahlte, und die Klägerin dies annahm, wurde durch die Rückzahlung der Kaution die bestehende Kautionsabrede zwischen der Klägerin und dem veräußernden Vermieter konkludent aufgehoben (…), und zwar im Wege eines Verzichts auf die Rechte aus der Kaution.

Kündigungslexikon — Glossartabelle

Lfd-Nr.	Kündigung durch (V/M)	Abmahnung	Leitsatz Orientierungssatz	Gericht, Datum, Aktenzeichen	Fundstelle Anmerkungen	Kündigung nach §	Erfolgreich
97	V	nein	Der Vertragseintritt beim Mietvertrag gem. § 565 BGB beendet die Werkdienstwohnungseigenschaft, da nicht mehr der ursprüngliche Vermieter und gleichzeitige Arbeitgeber des Mieters gegenwärtiger Vermieter ist, sondern ein neuer Vermieter, der zu keiner Zeit Arbeitgeber des Mieters war, so dass es an der für den Betriebsbedarf aus §§ 573 Abs. 1 S. 1, 576 BGB zwingend erforderlichen direkten Zuordnung von Vermieter = Arbeitgeber und Mieter = Arbeitnehmer fehlt.	AG München, 8.2.2019, 472 C 22568/18	ZMR 2019, 881	§ 573 Abs. 1 BGB	✗

Urteilstext:
Das Gericht vertritt die Auffassung, dass mit einem unterstellen Eintritt der Klageparte in den Mietvertrag aus dem Jahr 2006 gemäß § 565 BGB parallel dem in der Literatur diskutierten Fall des § 566 BGB die Werkdienstwohnungseigenschaft im Mietvertrag beendet wird, da nicht mehr der ursprüngliche Vermieter, der gleichzeitig Arbeitgeber des Mieters gewesen ist, gegenwärtiger Vermieter ist, sondern ein neuer Vermieter, der zu keiner Zeit Arbeitgeber des Mieters war, so dass es an der für den Betriebsbedarf aus §§ 573 Abs. 1 S. 1, 576 BGB zwingend erforderlichen direkten Zuordnung von Vermieter = Arbeitgeber und Mieter = Arbeitnehmer fehlt. Da es – wie bei der Eigenbedarfskündigung bei § 573 Abs. 2 Nr. 2 BGB maßgeblich auf die Person des Vermieters und Arbeitgebers ankommt, ist für einen Betriebsbedarf zwingend erforderlich, dass der kündigende Vermieter auch (noch) Arbeitgeber des Mieters ist. Vorliegend ist jedoch unstreitig, dass die Klagepartei zu keiner Zeit Arbeitgeberin des Mieters war, so dass schon deshalb von vornherein ein Betriebsbedarf ausscheidet. Demgemäß ist bei § 566 BGB auch anerkannt, dass bei einer Veräußerung einer Werkwohnung die Verfügungsmacht des Dienstberechtigten über die Wohnung endet, so dass das Mietverhältnis mit dem Erwerber fortgesetzt wird, der sich nicht auf einen Betriebsbedarf mehr berufen kann (…). Ein in der Kündigung vom 29.1.2018 vorgebrachter Betriebsbedarf der Klagepartei kann daher von vornherein nicht vorliegen, so dass die Kündigung materiell unwirksam ist.

| 98 | V | nein | Die Beurteilung der Frage, ob ein berechtigtes Interesse an der Beendigung des Mietverhältnisses im Sinne von § 573 Abs. 1 S. 1 BGB | BGH, 29.3.2017, VIII ZR 45/16 | GE 2017, 653 = MDR 2017, 755 = NZM 2017, 405 = WuM 2017, 333 = NJW 2017, 2018 = ZMR 2017, | § 573 Abs. 1 BGB | ✗ |

Tabelle 3: Liste der Urteile zum Kündigungsrecht — **Kündigungslexikon**

Lfd-Nr.	Kündigung durch (V/M)	Abmahnung	Leitsatz / *Orientierungssatz*	Gericht, Datum, Aktenzeichen	Fundstelle / Anmerkungen	Kündigung nach §	Erfolgreich
			vorliegt, entzieht sich einer verallgemeinerungsfähigen Betrachtung (…). Sie erfordert vielmehr eine umfassende Würdigung der Umstände des Einzelfalls (…)		791 = Miet-Prax-AK § 573 BGB Nr. 65 Börstinghaus jurisPR-BGHZivilR 11/2017 Anm. 3; Hartmann jurisPR-MietR 14/2017 Anm. 1; Lehmann-Richter IMR 2017, 261; Emmerich JuS 2017, 1115		

Urteilstext:
Grundsetzlich hängt es von den konkreten Einzelfallumständen ab, ob eine Nutzung der Wohnräume durch den Vermieter zu (frei-)beruflichen oder gewerblichen Zwecken eher in die Nähe des Tatbestands der Eigenbedarfskündigung (§ 573 Abs. 2 Nr. 2 BGB) zu rücken ist oder mehr Gemeinsamkeiten mit der Verwertungskündigung (§ 573 Abs. 2 Nr. 3 BGB) aufweist. Auch insoweit verbietet sich eine Festlegung allgemein verbindlicher Grundsätze. Es lassen sich lediglich anhand bestimmter Fallgruppen grobe Leitlinien bilden. (…)
Der im Kündigungsschreiben aufgeführte Wunsch der Klägerin, die vermietete Zweizimmerwohnung ihrem Ehemann, der im Vorderhaus desselben Gesamtareals ein Beratungsunternehmen betreibe, zur Einrichtung eines weiteren Arbeitsplatzes und eines Aktenarchivs zu überlassen, ist nicht der Vorzug vor dem Bestandsinteresse des Beklagten zu geben. Die Mietwohnung soll allein für gewerbliche Zwecke genutzt werden und nicht auch zu Wohnzwecken dienen, so dass der Nutzungswunsch eine größere Nähe zur Verwertungskündigung nach § 573 Abs. 2 Nr. 3 BGB als zur Kündigung wegen Eigenbedarfs nach § 573 Abs. 2 Nr. 2 BGB aufweist.

Lfd-Nr.	Kündigung durch (V/M)	Abmahnung	Leitsatz / *Orientierungssatz*	Gericht, Datum, Aktenzeichen	Fundstelle / Anmerkungen	Kündigung nach §	Erfolgreich
99	V	nein	1. Der Hauptmieter ist nicht allein deswegen berechtigt, ein mit Erlaubnis des Hauptvermieters begründetes unbefristetes Untermieterverhältnis nach § 573 Abs. 1 BGB zu kündigen, weil der Hauptvermieter die Untervermietungserlaubnis wirksam widerrufen hat. Liegen die Voraussetzungen der §§ 549 Abs. 1 Nr. 1 oder Nr. 2, 573a Abs. 2 BGB für eine erleichterte	LG Berlin, 30.10.2019, 64 S 36/19	GE 2019, 1507	§ 573 Abs. 1 BGB	✗

Kündigungslexikon — Glossartabelle

Lfd-Nr.	Kündigung durch (V/M)	Abmahnung	Leitsatz / Orientierungssatz	Gericht, Datum, Aktenzeichen	Fundstelle / Anmerkungen	Kündigung nach §	Erfolgreich
			Kündigung des Untermietverhältnisses nicht vor und kann der Hauptmieter sich mangels konkreter Absicht, die Mieträume wieder selbst zu bewohnen, auch nicht auf berechtigten Eigenbedarf stützen, so bleibt seine Kündigung ohne Erfolg. 2. Die mit dem wirksamen Widerruf der Untervermietungserlaubnis begründete Pflicht des Hauptmieters, die Untervermietung zu beenden, vermag auch nicht deswegen ein sonstiges berechtigtes Interesse an der Beendigung des Untermietverhältnisses iSd § 573 Abs. 1 BGB zu begründen, weil ihm bei Fortsetzung der Untervermietung die Kündigung des Hauptmietverhältnisses drohte. Denn der Hauptmieter hat mit der Kündigung des Untermietverhältnisses und der anschließend erhobenen Räumungsklage hinreichende Bemühungen entfaltet, um seinen Pflichten aus dem Hauptmietverhältnis zu genügen (…).				
100	V	nein	1. Zu der Frage, ob auch die Unter-	LG Heidelberg,	WuM 2014, 37 = DWW	§ 573 Abs. 1 BGB	X

Tabelle 3: Liste der Urteile zum Kündigungsrecht — **Kündigungslexikon**

Lfd-Nr.	Kündigung durch (V/M)	Ab-mahnung	Leitsatz / *Orientierungssatz*	Gericht, Datum, Aktenzeichen	Fundstelle / Anmerkungen	Kündigung nach §	Erfolgreich
			oder Fehlbelegung einer Genossenschaftswohnung als Kündigungsgrund nach § 573 Abs. 1 BGB anzuerkennen ist. 2. Jedenfalls dann, wenn die Genossenschaft nicht über Regelungen zur „richtigen" Belegung und Vergabe ihrer Wohnungen verfügt und nach diesen verfährt, ist eine Kündigung wegen Fehlbelegung nach § 573 BGB nicht möglich. Fehlt es an solchen Regelungen, so kann schon nach dem Wortsinn nicht von einer Fehlbelegung gesprochen werden. 3. Die Vergabe der Wohnungen nach bestimmten Präferenzen, aber ohne klare, allgemein gültige und stets beachtete Vergaberichtlinien, reicht nicht aus, um bei Abweichung hiervon eine als Kündigungsgrund ausreichende Fehl- oder Unterbelegung anzunehmen.	25.11.2013, 5 S 33/13	2014, 63 = ZMR 2014, 286 = NZM 2014, 468 = GE 2014, 1339 Callsen IMR 2014, 150		

Urteilstext:
Von einer Fehlbelegung, die im Widerspruch zur satzungsgemäßen Aufgabe (…) bzw. zum Satzungszweck (…) steht, kann nämlich von vornherein nur dann tatbestandsmäßig ausgegangen werden, wenn genossenschaftliche Regelungen zur „richtigen" Belegung bestehen, zu denen die tatsächliche Belegung in Widerspruch steht. Fehlt es an solchen Regelungen zur Belegung und Vergabe, so kann schon nach dem Wortsinn nicht von einer Fehlbelegung gesprochen werden. Bei Fehlen einer solchen Regelung kann sich die Genossenschaft nicht auf ihre Satzung oder ihre satzungsgemäßen Zwecke als Kündigungsinteresse berufen, denn die Belegung widerspricht nicht den (tatsächlich nicht vorhandenen) Vergabe- und Belegungsgrundsätzen.

Kündigungslexikon

Lfd-Nr.	Kündigung durch (V/M)	Abmahnung	Leitsatz *Orientierungssatz*	Gericht, Datum, Aktenzeichen	Fundstelle Anmerkungen	Kündigung nach §	Erfolgreich
101	V	ja	1. Nach einer Schonfristzahlung wird nur die fristlose Kündigung unwirksam, nicht auch die hilfsweise erklärte ordentliche Kündigung. 2. Auch bei einer depressiven Erkrankung kann vom Mieter verlangt werden, in guten Phasen Rat zu suchen und Mietzahlungen für die Zukunft sicherzustellen. Der Behauptung, durch die depressive Symptomatik sei kein Verschulden des Mieters gegeben, ist nicht durch Einholung eines Gutachtens nachzugehen, wenn das Krankheitsbild seit Jahren nicht professionell behandelt wurde.	LG Berlin, 25.10.2019, 65 S 77/19	GE 2019, 1509 = ZMR 2020, 111 Flatow jurisPR-MietR 3/2020 Anm. 1	§ 573 Abs. 1 BGB	✓
102	V	nein	1. Eine fristlose bzw. ordentliche Kündigung wegen falscher Mieterselbstauskunft kommt in Betracht, wenn der Mieter wahrheitswidrig erklärt, er habe keine relevanten Schulden oder laufende Zahlungsverpflichtungen bzw. Unterhaltsverpflichtungen. 2. Wenn noch im ersten Mietvertragsjahr das Insolvenzverfahren über das Vermögen des Mieters eröffnet wurde, kann der	LG Lüneburg, 13.6.2019, 6 S 1/19	ZMR 2019, 868	§ 573 Abs. 1 BGB	✓

Lfd-Nr.	Kündigung durch (V/M)	Abmahnung	Leitsatz *Orientierungssatz*	Gericht, Datum, Aktenzeichen	Fundstelle Anmerkungen	Kündigung nach §	Erfolgreich
			Vermieter auch bei laufend pünktlicher Mietezahlung wirksam kündigen. 3. Fragen nach der Bonität und Zuverlässigkeit des Mieters sind auch datenschutzrechtlich zulässig. Dies gilt auch bei niedrigen Mieten. Es gibt keine Bagatellgrenze von 500,– EUR monatlich. Dies würde kleinere Vermieter benachteiligen. 4. Nach einer vorsätzlichen Täuschung des Mieters über seine Vermögensverhältnisse ist der Vermieter auch vor Entstehung eines Schadens zur Kündigung berechtigt, weil eine Fortsetzung des Mietverhältnisses nach Insolvenz des Mieters unzumutbar ist.				

Urteilstext:
Bei Gesamtwürdigung aller für die Vertragsfortsetzung wesentlichen Gründe dürfte dem Kläger die Fortsetzung des Mietverhältnisses mit dem Beklagten auch nicht zugemutet werden können. Die Grenzen der Zumutbarkeit sind dann überschritten, wenn die Vertragsbeziehungen Formen annehmen, in denen das bei Dauerschuldverhältnissen regelmäßig erforderliche enge verständnisvolle und vertrauensvolle Zusammenwirken der beiden Vertragsteile aus dem Verschulden des anderen Vertragsteiles und aus Gründen, die in dessen Person liegen, nicht mehr gewährleistet ist. Dies dürfte aufgrund der Täuschung über die Vermögensverhältnisse vorliegend der Fall sein (…). Insbesondere auch deswegen, weil sich der Kläger durch den zweijährigen Kündigungsausschluss längerfristig binden wollte. Durch die Falschangabe wurde ein wesentliches und berechtigtes Interesse des Vermieters an einem solventen Vertragspartner verletzt. Diese erhebliche Pflichtverletzung, welche das Vertrauensverhältnis unumkehrbar zu erschüttern vermag, dürfte das Interesse des Beklagten überwiegen. Dies entspricht auch den gesetzlichen Wertungen im Wohnraumrecht. Insbesondere die Regelung des § 543 Abs. 2 Nr. 3 BGB, welche die Voraussetzungen für eine fristlose Kündigungsmöglichkeit im Falle des Zahlungsverzuges eines Mieters regelt, belegt, dass das aufgezeigte Interesse des Vermieters am regelmäßigen Eingang von Mietzinszahlungen nach den Wertungen des Gesetzgebers höherrangig ist als das Interesse des Mieters am Schutz des Bestandes des Mietverhältnisses. Davon abzuweichen dürfte vorliegend nicht veranlasst sein. Der Beklagte zahlt zwar seit Beginn des Mietverhältnisses und trotz Insolvenz die monatliche Miete. Dies dürfte zum einem jedoch

Kündigungslexikon — Glossartabelle

Lfd-Nr.	Kündigung durch (V/M)	Abmahnung	Leitsatz Orientierungssatz	Gericht, Datum, Aktenzeichen	Fundstelle Anmerkungen	Kündigung nach §	Erfolgreich
			nicht dazu geeignet sein, dass erschütterte Vertrauensverhältnis wiederherzustellen. Zum anderen besteht weiterhin die erhöhte Gefahr des finanziellen Ausfalls des Beklagten. Vom Vermieter dürfte nicht verlangt werden können, erst abzuwarten, dass ihm ein Schaden entsteht, den der Vermieter durch die Einholung ordnungsgemäßer Angaben gerade von vornherein vermeiden wollte. Denn bei wahrheitsgemäßer Angabe hätte er den Vertrag mit dem Beklagten nicht geschlossen (…). Auch die kurze Mietzeit sowie die Tatsache, dass der Beklagte die Wohnung allein bewohnt, lassen seine Interessen zurückstehen. Aufgrund des Vorgesagtem dürfte zudem ein berechtigtes Interesse an einer ordentlichen Kündigung nach § 573 Abs. 1 S. 1 BGB bestanden haben.				
103	V	ja	*Störung des Hausfriedens durch wilde Parties*	AG Hamburg-Wandsbeck, 14.3.2019, 713 C 270/18	ZMR 2019, 510 Danner IMR 2020, 111	§ 573 Abs. 1 BGB	✓
			Urteilstext: Die (…) ausgesprochene ordentliche Kündigung hat das Mietverhältnis (…) beendet. Die Klägerin hat an der Beendigung des Mietverhältnisses ein berechtigtes Interesse im Sinne von § 573 Abs. 1 BGB, weil der Beklagte den Hausfrieden schuldhaft in nicht unerheblicher Weise gestört hat. Allerdings ist die Kündigung vom 2.8.2018 unwirksam gewesen, weil dem Beklagten nicht nachgewiesen werden kann, schuldhaft am 11.7.2018 eine laute Drogenparty in der Wohnung veranstaltet oder zumindest geduldet zu haben. Nach dem Inhalt der Ermittlungsakte wurde der Beklagte selbst nicht in der Wohnung angetroffen. Die aufgefundenen Betäubungsmittel können ihm nicht sicher zugeordnet werden, weshalb die Staatsanwaltschaft das Ermittlungsverfahren gemäß § 170 Abs. 2 StPO einstellte. Etwas anderes ergibt sich auch nicht aus den Bekundungen der Zeuginnen (…). Diese erste Kündigung hatte indes abmahnungsgleiche Wirkung, vor allem im Hinblick auf die Beanstandung nächtlicher Ruhestörungen, die insbesondere vom Balkon der Wohnung des Beklagten ausgegangen sein sollen.				
104	V	nein	*Zweimonatiger Mietrückstand*	AG Neuruppin, 16.4.2019, 43 C 61/18	GE 2019, 802 = NZM 2019, 691 = NJW-RR 2019, 1160 = ZMR 2019, 882 Riecke IMR 2019, 371; Agatsy ZMR 2019, 884	§ 573 Abs. 1 BGB	✓
			Urteilstext: Jedoch ist die Kündigung (…) ausdrücklich auch hilfsweise als fristgemäße und damit als ordentliche Kündigung iSd § 573 BGB erklärt worden. Für eine solche ordentliche Kündigung besteht die Heilungsmöglichkeit nach § 569 Abs. 3 Nr. 2 BGB nicht, sodass diese durch nachträgliche Zahlung nicht unwirksam wird. Dies folgt aus dem Wortlaut, der Gesetzeshistorie und der systematischen Stellung der Vorschriften. Insbesondere kommt dem Mieter – anders als bei einer fristlosen Kündigung nach § 543 Abs. 2 S. 1 Nr. 3 BGB – im Falle der ordentlichen Kündigung nach § 573 Abs. 2 Nr. 1 BGB auch eine drei- bis neunmonatige Kündigungsfrist zu Gute, was die Gefahr der Obdachlosigkeit im Vergleich zur fristlosen Kündigung verringert. (…) Der Rückstand mit den Mieten für zwei aufeinanderfolgende Monate stellt eine zur Kündigung berechtigende nicht unerhebliche Pflichtverletzung iSd § 573 Abs. 1, Abs. 2 Nr. 1 BGB dar, weil dies sogar zur fristlosen				

Tabelle 3: Liste der Urteile zum Kündigungsrecht — **Kündigungslexikon**

Lfd-Nr.	Kündigung durch (V/M)	Abmahnung	Leitsatz *Orientierungssatz*	Gericht, Datum, Aktenzeichen	Fundstelle *Anmerkungen*	Kündigung nach §	Erfolgreich
			Kündigung nach § 543 Abs. 2 S. 1 Nr. 3 BGB berechtigte. (…) Dieser Kündigungstatbestand erfordert eine schuldhafte Pflichtverletzung. Das Verschulden der Nichtzahlung kann aufgrund besonderer Umstände entfallen. Insbesondere kann eine unverschuldete Zahlungsunfähigkeit im Sinne eines unvorhergesehenen wirtschaftlichen Engpasses beispielsweise infolge von Arbeitslosigkeit und Krankheit den Mieter entlasten. Dies muss der Mieter im Einzelnen darlegen, insbesondere dass er ggf. rechtzeitig Leistungen bei der öffentlichen Sozialverwaltung beantragt hat. (…) Auch kann im Rahmen der Verschuldensprüfung eine nachträgliche Zahlung des Mieters zu seinen Gunsten berücksichtigt werden, weil sie sein Fehlverhalten möglicherweise in milderem Licht erscheinen lässt. (…) Indes hat der Beklagte zu all diesen Gesichtspunkten nicht im Einzelnen vorgetragen, sodass im Ergebnis die Kündigung (…) als ordentliche Kündigung iSd § 573 Abs. 1, Abs. 2 Nr. 1 BGB begründet ist.				
105	V	nein	*Zweimonatiger Mietrückstand*	LG Berlin, 27.3.2019, 65 S 223/18	GE 2019, 1116 *Agatsy IMR 2019, 446*	§ 573 Abs. 1 BGB	✓
106	V	ja	1. Nach einer Schonfristzahlung nebst Unwirksamwerden der fristlosen Kündigung kann auf künftige Räumung geklagt werden, wenn der Mieter alle Kündigungen für unwirksam erachtet und den Anspruch ernstlich bestreitet. 2. Bei der Abwägung, ob nach und wegen der Schonfristzahlung die Pflichtverletzung in milderem Licht erscheint, können keine Zahlungsprobleme aus der Zeit des vorherigen Vermieters berücksichtigt werden. § 566 BGB begründet ein neues Mietverhältnis, allerdings mit demselben Inhalt. 3. Auch bei einer depressiven Erkrankung kann vom Mieter die Einrichtung eines Dauerauftrags für die Miete erwartet	AG Neukölln, 13.3.2019, 13 C 513/18	ZMR 2019, 606 *Herlitz jurisPR-MietR 2/2020 Anm. 2*	§ 573 Abs. 1 BGB	✓

Kündigungslexikon — Glossartabelle

Lfd-Nr.	Kündigung durch (V/M)	Abmahnung	Leitsatz Orientierungssatz	Gericht, Datum, Aktenzeichen	Fundstelle Anmerkungen	Kündigung nach §	Erfolgreich
			werden. Der ins Blaue hinein aufgestellten Behauptung, durch die depressive Symptomatik sei kein Verschulden gegeben, ist nicht durch Einholung eines Gutachtens nachzugehen.				
			Urteilstext: Der Vermieter kann nach § 573 Abs. 1 S. 1 BGB ein Mietverhältnis über Wohnraum ordentlich kündigen, wenn er ein berechtigtes Interesse an der Beendigung des Mietverhältnisses hat. Ein solches Interesse liegt gemäß § 573 Abs. 2 Nr. 1 BGB insbesondere dann vor, wenn der Mieter seine vertraglichen Pflichten schuldhaft nicht unerheblich verletzt hat. Eine nicht unerhebliche Pflichtverletzung im Sinne von § 573 Abs. 2 Nr. 1 BGB liegt unter anderem vor, wenn der Mieter mit der Zahlung der Miete in Höhe eines Betrages in Rückstand gerät, der den Vermieter zur außerordentlichen fristlosen Kündigung aus wichtigem Grund nach § 543 Abs. 2 Nr. 3 BGB berechtigt (…). Eine ordentliche Kündigung wegen Zahlungsverzugs ist auch unterhalb der für die fristlose Kündigung geltenden Grenze des § 543 Abs. 2 Nr. 3 BGB möglich. Eine nicht unerhebliche Pflichtverletzung des Mieters liegt bereits vor, wenn der Mietrückstand eine Monatsmiete übersteigt und die Verzugsdauer zumindest einen Monat beträgt (…).				
107	V	ja	1. Wenn der langjährige Mieter über mehrere Jahre die Miete vertragswidrig unpünktlich gezahlt hatte und nach mehreren Mahnungen daraufhin schließlich vom Vermieter ordentlich gekündigt wurde, so ist diese Kündigung auch dann wirksam, wenn der Zugang der vorherigen Abmahnung nicht bewiesen werden kann. 2. Dass der Vermieter lange zugewartet hat, bis er schließlich die Kündigung aussprach, ist unschädlich, wenn er mehrfach zum Ausdruck brachte, diese unpünkt-	LG Berlin, 21.1.2019, 65 S 220/18	GE 2019, 666	§ 573 Abs. 1 BGB	✓

Lfd-Nr.	Kündigung durch (V/M)	Abmahnung	Leitsatz *Orientierungssatz*	Gericht, Datum, Aktenzeichen	Fundstelle Anmerkungen	Kündigung nach §	Erfolgreich
			lichen Zahlungen nicht hinnehmen zu wollen.				
108	V	ja	1. Ein durch die Untermieterin fahrlässig herbeigeführter Wasserschaden berechtigt weder zum Ausspruch einer fristlosen Kündigung noch einer fristgerechten Kündigung des Mietverhältnisses. Dies gilt insbesondere dann, wenn der Wasserschaden lediglich infolge einer Unachtsamkeit herbeigeführt und eine Substanzbeschädigung nicht billigend in Kauf genommen wurde. Eine Wiederholungsgefahr besteht nicht, wenn die Untermieterin ausgezogen ist. 2. Vor einer Kündigung muss eine Abmahnung ausgesprochen werden. Eine konkrete Wiederholungsgefahr kann nicht pauschal unterstellt werden, sondern muss aus Vermietersicht abzusehen sein. Für die Bewertung der Schwere des Pflichtverstoßes kommt es auf eine Gesamtbetrachtung an. 3. Für die Bewertung des Wasserschadens kommt es nicht darauf an, ob die Gebrauchs-	AG Charlottenburg, 14.2.2019, 226 C 223/18	ZMR 2019, 506 Agatsy ZMR 2019, 507	§ 573 Abs. 1 BGB	✗

Kündigungslexikon   Glossartabelle

Lfd-Nr.	Kündigung durch (V/M)	Abmahnung	Leitsatz / Orientierungssatz	Gericht, Datum, Aktenzeichen	Fundstelle / Anmerkungen	Kündigung nach §	Erfolgreich
			überlassung der Wohnung als solche vertragsgemäß oder vertragswidrig erfolgte.				
	Urteilstext: Die Kündigung (…) hat das Mietverhältnis nicht beendet. Ein Kündigungsgrund gemäß § 543 Abs. 2 Nr. 2 BGB liegt nicht vor. Die Klägerin ist auch nicht zur fristgemäßen Kündigung gemäß § 573 Abs. 1, Abs. 2 Nr. 1 BGB berechtigt. Bei einem langjährig beanstandungsfrei geführten Mietverhältnis rechtfertigt die fahrlässige Verursachung eines Wasserschadens durch den Mieter weder die außerordentliche noch die ordentliche Kündigung des Mietverhältnisses (…). Dies gilt selbst dann, wenn die Schadenshöhe erheblich ist (…), was im vorliegenden Fall weder vorgetragen noch ersichtlich ist.							
109	V	nein	Zustellen sämtlicher Räume der Wohnung mit gefüllten Plastiktüten	LG Karlsruhe, 22.5.2019, 9 S 2/19	WuM 2019, 436 Ramm IMR 2020, 8	§ 573 Abs. 1 BGB	✓
	Urteilstext: Gem. § 573 Abs. 1 BGB kann der Vermieter kündigen, wenn er ein berechtigtes Interesse an der Beendigung des Mietverhältnisses hat, das gem. § 573 Abs. 2 Nr. 1 BGB insbesondere dann vorliegt, wenn der Mieter seine vertraglichen Pflichten schuldhaft nicht unerheblich verletzt. Der durch die vorgelegten Fotos dokumentierte und durch die Zeugenaussagen bestätigte Zustand der bis auf 50–60 cm breite Durchgänge zugestellten streitgegenständlichen Wohnung stellt auch unter Berücksichtigung dessen, dass hinsichtlich des einzuhaltenden Maßes an Ordnung und Sauberkeit einer Wohnung eine erhebliche Bandbreite zuzugestehen ist, keine Wohnnutzung im üblichen Sinne mehr da. Allein zu diesem Zweck wurde die Wohnung dem Beklagten indes überlassen. Der Pflichtverstoß des Beklagten stellt sich jedenfalls im Hinblick darauf, dass er von der Klägerin hinsichtlich des Zustands der Wohnung abgemahnt wurde, auch als erheblich dar. (…) Soweit der Beklagte geltend macht, er stehe mittlerweile unter Betreuung und es sei zu erwarten, dass sich der Zustand der Wohnung nachhaltig ändern werde, ist dies ohne Einfluss auf die Wirksamkeit der Kündigung, da hierfür einzig auf die Verhältnisse zum Zeitpunkt ihres Ausspruches abzustellen ist, ohne dass ein etwaiges nachträgliches Wohlverhalten zu berücksichtigen wäre (…). In Betracht kommt allenfalls, dass das Festhalten des Vermieters am Räumungsanspruch dann als rechtsmissbräuchlich erscheint, wenn tatsächlich eine nachhaltige Verhaltensänderung vorliegt (…). Diese Erwägung ist für die Entscheidung des vorliegenden Rechtsstreits indes ohne Bedeutung, da auch nach dem Vortrag des Beklagten der derzeitige Zustand der Wohnung unverändert ist und die bereits seit Januar 2019 bestellte Betreuerin erst für die kommende Zeit ein „Aufräumen" der Wohnung plant.							
110	V	nein	Aufbewaren von Marihuana in der Wohnung	AG Frankfurt a. M., 8.2.2019, 33 C 2802/18	Fodor IMR 2019, 455	§ 573 Abs. 1 BGB	✗
	Urteilstext: Nach § 573 Abs. 1 S. 1 BGB kann der Vermieter kündigen, wenn er ein berechtigtes Interesse an der Beendigung des Mietverhältnisses hat. Ein berechtigtes Interesse des Vermieters an der Beendigung des Mietvertrages liegt nach § 573 Abs. 2 Nr. 1 BGB insbesondere vor, wenn der Mieter seine vertraglichen Pflichten schuldhaft nicht unerheblich verletzt hat. Eine nicht unerhebliche Verletzung der vertraglichen Pflichten der Beklagten ist aus den oben genannten							

Tabelle 3: Liste der Urteile zum Kündigungsrecht

Lfd-Nr.	Kündigung durch (V/M)	Abmahnung	Leitsatz *Orientierungssatz*	Gericht, Datum, Aktenzeichen	Fundstelle Anmerkungen	Kündigung nach §	Erfolgreich
			Gründen nicht gegeben. Da die mietrechtlichen Beziehungen der Parteien im vorliegenden Fall durch das Aufbewahren nicht unmittelbar und direkt berührt sind, ist der Privatsphäre und dem Besitzrecht der Beklagten Vorrang vor den Interessen der Klägern zu gewähren.				
111	V	nein	Sachlich unzutreffenden oder herabsetzenden Äußerungen des Mieters gegenüber seinem Vermieter kann das für eine Kündigung des Mietverhältnisses erforderliche Gewicht fehlen, wenn zwischen den Vertragsparteien enge persönliche oder sogar familiäre Beziehungen bestehen.	LG Berlin, 22.8.2019, 67 S 109/19	GE 2019, 1183 = WuM 2019, 592 = ZMR 2019, 944 Eisenschmid jurisPR-MietR 24/2019 Anm. 2; Bittner IMR 2019, 447	§ 573 Abs. 2 Ziff. 1 BGB	✗
	Urteilstext: Dass die Beklagte die von den Klägern beabsichtigten Maßnahmen als zur dauerhaften Mangelbeseitigung ungeeignet bezeichnet hat, stellt ebenfalls keine hinreichend erhebliche Pflichtverletzung dar. Denn auch damit hat sie nicht die Mangelbeseitigung selbst ernsthaft und endgültig verweigert, sondern lediglich die Geeignetheit der ergriffenen Maßnahmen in Zweifel gezogen. Das rechtfertigt die Beendigung des Mietverhältnisses nicht, erst recht nicht vor dem Hintergrund, dass es sich bei den Klägern um die Eltern der Beklagten handelt. Fallen dem Mieter Pflichtverletzungen zur Last, die darin begründet sind, dass er sich dem Vermieter gegenüber sachlich unzutreffend oder herabsetzend geäußert hat, wiegen diese bei enger familiärer Verbundenheit zwischen Vermieter und Mieter weniger schwer als in den Fällen, in denen keine besondere persönliche Beziehung zwischen den Mietvertragsparteien besteht. Diese Wertung entspricht dem Grundsatz, dass im engsten Familienkreis jedem ein persönlicher Freiraum gewährt werden soll, in dem er sich selbst überlassen ist und sich mit seinen engsten Verwandten ohne Rücksicht auf gesellschaftliche Verhaltenserwartungen frei aussprechen und seine Emotionen frei ausdrücken, geheime Wünsche oder Ängste offenbaren und das eigene Urteil über Verhältnisse oder Personen freimütig kundgeben kann, ohne eine gerichtliche Verfolgung befürchten zu müssen. Das gilt sowohl für die Sache als auch für die Form der Darstellung (…). Gemessen daran müssen die Kläger die Äußerungen ihrer Tochter zu Mängelursache und zur gebotenen Art und Weise ihrer erfolgreichen Beseitigung hinnehmen, ohne zur Kündigung des Mietverhältnisses berechtigt zu sein, selbst wenn diese Äußerungen in der Sache nicht zutreffend oder gar persönlich herabsetzend gewesen sein sollten. Dasselbe gilt für die Äußerungen der Beklagten gegenüber dem Bauamt, dem Gesundheitsamt und den von den Klägern hinzugezogenen Handwerkern.							
112	V	k. A.	1. Auch die Nichterfüllung titulierter Schadensersatzansprüche des Vermieters durch den Mieter stellt eine nicht unerhebliche kündigungsrelevante Mietvertragsverletzung dar.	LG Berlin, 29.1.2020, 65 S 231/19	GE 2020, 471 = ZMR 2020, 503 Börstinghaus IMR 2020, 281	§ 573 Abs. 2 Ziff. 1 BGB	✓

Kündigungslexikon

Lfd-Nr.	Kündigung durch (V/M)	Abmahnung	Leitsatz Orientierungssatz	Gericht, Datum, Aktenzeichen	Fundstelle Anmerkungen	Kündigung nach §	Erfolgreich
			2. Wer als Mieter 10 Jahre lang bisher auf Leistungen des Jobcenters angewiesen war, muss sich ggf. um ein Darlehen bemühen, um die Forderungen des Vermieters zu bedienen.				

Urteilstext:
Zugunsten des Mieters als Korrektiv wirkt im Rahmen des § 573 Abs. 1, 2 Nr. 1 BGB die Tatbestandsvoraussetzung des Verschuldens, die dem Mieter die Möglichkeit gibt, sich – etwa wegen einer unverschuldeten Zahlungsunfähigkeit oder unverschuldeter Zahlungsengpässe – zu entlasten, 280 Abs. 1 S. 2 BGB (…).
Soweit die Beklagten darauf verweisen, dass sie JobCenter-Leistungen empfangen, übersehen sie, dass sie das nicht davon entbindet, sich darum zu bemühen, den titulierten Anspruch zu erfüllen. Sie sind nach eigenen Angaben seit mindestens 10 Jahren auf Sozialleistungen angewiesen, so dass es sich keinesfalls um einen unvorhergesehenen Zahlungsengpass handelt. Da die Aufrechterhaltung der Verurteilung zur Zahlung absehbar war, war es naheliegend, dass sie sich bereits nach der erstinstanzlichen Entscheidung, in jedem Fall aber nach Zugang des zweitinstanzlichen, nicht anfechtbaren Urteils des Landgerichts im Vorprozess wenigstens beim JobCenter erkundigen, ob und unter welchen Bedingungen Hilfestellung geleistet werden kann. Nach ihrem eigenen Vorbringen haben sich die Beklagten erst am 24.4.2019 an das JobCenter gewandt; von dort ist ihnen unmittelbar ein Darlehen gewährt worden.

Lfd-Nr.	Kündigung durch (V/M)	Abmahnung	Leitsatz Orientierungssatz	Gericht, Datum, Aktenzeichen	Fundstelle Anmerkungen	Kündigung nach §	Erfolgreich
113	V	nein	*Eigenbedarfskündigung bei einer Vermieter-GbR*	LG Hamburg, 25.3.2019, 316 S 78/17		§ 573 Abs. 2 Ziff. 1 BGB	✓

Urteilstext:
Der geltend gemachte Eigenbedarf scheitert nicht daran, dass die Klägerin eine Vermieter-GbR ist. Zwar ist der Kündigungstatbestand des § 573 Abs. 2 Nr. 2 BGB seinem Wortlaut nach auf natürliche Personen zugeschnitten. Um eine solche handelt es sich bei einer (Außen-) GbR nicht, so dass die Regelung des § 573 Abs. 2 Nr. 2 BGB nicht direkt anwendbar ist (…). Die GbR als teilrechtsfähige (Außen-)Gesellschaft des bürgerlichen Rechts kann sich in entsprechender Anwendung des § 573 Abs. 2 Nr. 2 BGB jedoch auf den Eigenbedarf ihrer Gesellschafter oder deren Angehörigen berufen (…).

Lfd-Nr.	Kündigung durch (V/M)	Abmahnung	Leitsatz Orientierungssatz	Gericht, Datum, Aktenzeichen	Fundstelle Anmerkungen	Kündigung nach §	Erfolgreich
114	V	ja	Ein Mieter, der trotz Abmahnung und weiterer Abmahnung mit Kündigungsandrohung das ihm nachgewiesene Versprühen geruchsintensiver Stoffe im Treppenhaus nicht unterlässt, kann wirksam ordentlich gekündigt werden.	AG Hamburg-Altona, 3.9.2019, 314b C 30/19	ZMR 2020, 38	§ 573 Abs. 2 Ziff. 1 BGB	✓

Tabelle 3: Liste der Urteile zum Kündigungsrecht

Lfd-Nr.	Kündigung durch (V/M)	Abmahnung	Leitsatz *Orientierungssatz*	Gericht, Datum, Aktenzeichen	Fundstelle Anmerkungen	Kündigung nach §	Erfolgreich
115	V	nein	1. Sofern ein Mangel der Vertretungsmacht bei Kündigung durch die Hausverwaltung vorgelegen hat, muss der Mieter die Erklärung nach § 180 S. 2 BGB zurückweisen. Hat er dies nicht getan, kann der Vermieter die Kündigung nachträglich genehmigen und damit eine rückwirkende Wirksamkeit herbeiführen. Eine solche Genehmigung ist in der Erhebung der Räumungsklage zu sehen	AG München, 15.2.2018, 423 C 14088/17	ZMR 2018, 1009	§ 573 Abs. 2 Ziff. 1 BGB	✗
			Urteilstext: Zwar besteht ein Kündigungsrecht nach dieser Vorschrift nicht, wenn kein Verschulden des Mieters an der Vertragsverletzung gegeben ist, die Zahlung also aufgrund eines Umstands unterbleibt, den der Mieter nicht zu vertreten hat. Allerdings muss der Mieter das fehlende Verschulden darlegen und beweisen (…). Der Beklagte hat hierzu lediglich vorgetragen, dass aufgrund des Erbfalls kein Verschulden gegeben sei. Diese Begründung reicht jedoch nicht, um fehlendes Verschulden darzulegen. Hierzu wäre auszuführen und ggf. unter Beweis zu stellen gewesen, wann der Beklagte vom Todesfall erfahren hat und dass er nicht zu einem früheren Zeitpunkt in der Lage gewesen wäre, die Rückstände zu begleichen.				
116	V	nein	*Eigenbedarfskündigung während einer Sperrfrist*	AG Fürstenfeldbruck, 28.6.2019, 7 C 1352/18	WuM 2020, 36	§ 573 Abs. 2 Ziff. 1 BGB	✗
			Urteilstext: Da es sich bei der streitgegenständlichen Wohnung um in Wohnungseigentum umgewandelten Wohnraum handelt, welcher zum Umwandlungszeitpunkt bereits an die Beklagten vermietet war und der Kläger nach Umwandlung der Wohnung in Wohnungseigentum dieses als Ersterwerber erworben hat, war der Kläger am 1.2.2018 nicht berechtigt, die Eigenbedarfskündigung auszusprechen, da zu diesem Zeitpunkt die 10-jährige Sperrfrist gemäß § 577a Abs. 1, 2 BGB iVm § 1 Mieterschutzverordnung Bayern noch nicht abgelaufen war.				
117	V	nein	1. Zur Frage, ob die Nichtzahlung einer auf die Verletzung mietvertraglicher Pflichten zurückgehende titulierte Schadensersatzforderung des	BGH, 13.4.2016, VIII ZR 39/15		§ 573 Abs. 2 Ziff. 1 BGB	✓

Kündigungslexikon — Glossartabelle

Lfd-Nr.	Kündigung durch (V/M)	Abmahnung	Leitsatz / *Orientierungssatz*	Gericht, Datum, Aktenzeichen	Fundstelle / Anmerkungen	Kündigung nach §	Erfolgreich
			Vermieters eine die ordentliche Kündigung des Mietverhältnisses berechtigende schuldhafte Pflichtverletzung des Mieters darstellt. 2. Im Rahmen der nach § 573 Abs. 2 Nr. 1 BGB erforderlichen Prüfung, ob die Verletzung mietvertraglicher Pflichten auf einem Verschulden des Mieters beruht, trägt – wie aus § 280 Abs. 1 S. 2 BGB entnommen werden kann – dieser die Darlegungs- und Beweislast für sein fehlendes Verschulden. 3. Ist der Mieter wegen einer erheblichen und schuldhaften Verletzung seiner vertraglichen (Neben-)Pflicht zur Obhut der Mietsache rechtskräftig zur Leistung von Schadensersatz verurteilt worden, kann in dem beharrlichen Leugnen der Pflichtverletzung jedenfalls dann ein berechtigter Grund zur ordentlichen Kündigung nach § 573 Abs. 2 Nr. 1 BGB liegen, wenn Umstände festgestellt werden können, die die Besorgnis des Vermieters begründen, der Mieter setze seine Obhutspflichtverletzung auch nach der				

Tabelle 3: Liste der Urteile zum Kündigungsrecht

Lfd-Nr.	Kündigung durch (V/M)	Abmahnung	Leitsatz Orientierungssatz	Gericht, Datum, Aktenzeichen	Fundstelle Anmerkungen	Kündigung nach §	Erfolgreich
			rechtskräftigen Verurteilung fort.				
118	V	k. A.	*Zahlungsverzug bei einer geminderten Miete*	LG Berlin, 3.6.2020, 65 S 205/19		§ 573 Abs. 2 Ziff. 1 BGB	✗
119	V	k. A.	Bei einem langjährig unbeanstandet geführten Wohnraummietverhältnis ist der Vermieter weder zum Ausspruch einer außerordentlichen noch einer ordentlichen Kündigung berechtigt, wenn der Mieter seine Lebensgefährtin in die Mietsache aufnimmt, ohne zuvor beim Vermieter um die Genehmigung der teilweisen (Dritt-)Überlassung nachgesucht oder die Aufnahme angezeigt zu haben.	LG Berlin, 16.5.2017, 67 S 119/17	GE 2017, 781 = WuM 2017, 409 = DWW 2017, 250 = ZMR 2017, 732 Stobbe IMR 2017, 354	§ 573 Abs. 2 Ziff. 1 BGB	✗
120	V	nein	*Eine Eigenbedarfskündigung einer öffentlich geförderten Wohnung, wenn der Einziehende keinen Wohnberechtigungsschein hat, ist unwirksam*	AG Tempelhof-Kreuzberg, 12.9.2019, 12 C 51/19	WuM 2019, 661 = GE 2020, 405 Jürging IMR 2020, 110	§ 573 Abs. 2 Ziff. 1 BGB	✗
121	V	nein	Das Vorbringen des Vermieters zu dem von ihm behaupteten Kündigungsvorwurf unterfällt einem Sachvortragsverwertungsverbot, wenn sein Parteivortrag auf Informationen beruht, die er unter Verletzung des allgemeinen Persönlichkeitsrechts des Mieters auf grundrechtswidrige Weise erlangt hat (hier:	LG Berlin, 13.2.2020, 67 S 369/18	GE 2020, 398 = ZMR 2020, 309 = WuM 2020, 278	§ 573 Abs. 2 Ziff. 1 BGB	✗

Kündigungslexikon Glossartabelle

Lfd-Nr.	Kündigung durch (V/M)	Abmahnung	Leitsatz Orientierungssatz	Gericht, Datum, Aktenzeichen	Fundstelle Anmerkungen	Kündigung nach §	Erfolgreich
			Einsatz überwachungsstaatlicher Ausforschungsmethoden durch ein landeseigenes Wohnungsunternehmens gegenüber einem Wohnraummieter zur Erhärtung des bestehenden Verdachts unbefugter Gebrauchsüberlassungen an Dritte).				
			Urteilstext: Es kann hier dahinstehen, ob den Beklagten substantiierterer Gegenvortrag überhaupt möglich gewesen wäre. Er war ihnen jedenfalls nicht zumutbar. Denn das Prozessrecht legt keiner Partei die Pflicht auf, von der Gegenseite behauptete Tatsachen zu bestreiten, wenn der Vortrag zur Informationen beruht, die die Gegenseite grundrechtswidrig erlangt hat (…). So aber liegt der Fall hier. Die Klägerin hat die für ihren Prozessvortrag zum Kündigungssachverhalt erforderlichen Informationen im Wesentlichen grundrechtswidrig erlangt, da die von ihr heimlich veranlassten Videoaufzeichnungen des Wohnungseingangsbereichs der von den Beklagten innegehaltenen Wohnungen einen Eingriff in das allgemeine Persönlichkeitsrecht der Beklagten darstellen, der nicht durch das in Art. 14 GG verbriefte Recht der Klägerin, geeignete und erforderliche Maßnahmen zum Schutz des Eigentums zu ergreifen, gerechtfertigt war.				
122	V	nein	Das berechtigte Interesse an der Beendigung des Mietverhältnisses bei einer ordentlichen Kündigung des Vermieters kann sich zB aus einem erheblichen Zahlungsverzug in Kombination mit einer Obhutspflichtverletzung, die zu einer erheblichen Gefährdung des Mietobjekts führte, ergeben.	LG Itzehoe, 21.12.2018, 9 S 15/18	ZMR 2019, 132 = GE 2019, 858 Reng IMR 2019, 231	§ 573 Abs. 2 Ziff. 1 BGB	✓
			Urteilstext: An diesem Tag kam es zu einem Alarm des Rauchwarnmelders in der Wohnung der Beklagten. Mitmieter des Beklagten klingelten an dessen Wohnung, wurden von dem alkoholisierten Beklagten eingelassen und stellten fest, dass alle 3 Herdplatten und der Backofen auf jeweils höchster Stufe eingestellt waren. Ein Essteller mit Essen stand zerbrochen auf dem Herd. Die Feuerwehr kam. Wegen der weiteren Vorfälle wird auf die Kündigung (…) verwiesen. Der Beklagte ist alkoholkrank." (…)				

Lfd-Nr.	Kündigung durch (V/M)	Abmahnung	Leitsatz Orientierungssatz	Gericht, Datum, Aktenzeichen	Fundstelle Anmerkungen	Kündigung nach §	Erfolgreich
			Die Klägerin hat behauptet, das Essen habe auf dem Teller gebrannt. Der Beklagte sei erheblich alkoholisiert gewesen; er habe sich möglicherweise einen Suizidversuch vorgenommen. Es bestehe eine ganz erhebliche Gefahr für Leib und Leben der übrigen Bewohner des Hauses. (…) Auch der Vorfall vom 7.7.2017 stellt eine nicht unerhebliche Vertragspflichtverletzung in diesem Sinne dar, weil dadurch eine erhebliche Gefährdung des Mietobjekts und auch des Lebens der übrigen Bewohner entstanden ist. Für die Kammer kommt es diesbezüglich auch nicht darauf an, ob das Essen tatsächlich gebrannt hat oder ob es lediglich zu einer Rauchentwicklung kam. Unstreitig ist jedenfalls, dass das Essen auf dem Herd infolge des Anschaltens aller Herdplatten und des Backofens durch den Beklagten verkohlt ist und es eine Rauchentwicklung gegeben hat. Ferner ist unstreitig, dass der Beklagte infolge seines Alkoholkonsums versehentlich eingeschlafen ist. Dieses Verhalten überschreitet die Schwelle einer nur unerheblichen Pflichtverletzung.				
123	V	nein	Eigenbedarfskündigung bei Vereinbarung eines erhöhten Bestandsschutzes	LG Berlin, 13.3.2019, 65 S 204/18	MM 2019, Nr. 12, 28	§ 573 Abs. 2 Ziff. 1 BGB	✗
	Urteilstext: (…) Die in den Mietvertrag einbezogenen Allgemeinen Vertragsbestimmungen (AVB) enthalten unter Ziffer 10 (Kündigung des Mietvertrages durch das Wohnungsunternehmen) folgende Regelung: „(1) Das Wohnungsunternehmen wird von sich aus das Mietverhältnis grundsätzlich nicht auflösen. Es kann jedoch in besonderen Ausnahmefällen das Mietverhältnis schriftlich unter Einhaltung der gesetzlichen Fristen kündigen, wenn wichtige berechtigte Interessen des Wohnungsunternehmens eine Beendigung des Mietverhältnisses notwendig machen." Damit ist der Klägerin eine Kündigung wegen Eigenbedarfs zwar nicht grundsätzlich verwehrt. Die vertragliche Regelung verschärft jedoch die gesetzlichen Voraussetzungen, so dass das in § 573 Abs. 2 BGB genannte berechtigte Interesse nicht ausreicht; es muss darüber hinaus vielmehr ein besonderer Ausnahmefall vorliegen, der durch das Erfordernis wichtiger berechtigter Interessen, die die Beendigung des Mietverhältnisses notwendig machen, definiert ist („Eigenbedarf + X"). Die Klausel billigt dem Mieter einen gegenüber üblichen Mietverhältnissen erhöhten Bestandsschutz zu (…).						
124	V	nein	Eine ordentliche Vermieterkündigung wegen schuldhafter, nicht unerheblicher Verletzung der vertraglichen Pflichten des Mieters kann nicht durch Begleichung der Mietschulden abgewendet werden, da nach der ständigen Rechtsprechung des BGH § 569 Abs. 3 Nr. 2 S. 1 BGB nicht auf eine ordentliche Kündigung nach § 573 Abs. 1 S. 1 BGB	Landessozialgericht Baden-Württemberg, 27.2.2020, L 3 AS 520/20		§ 573 Abs. 2 Ziff. 1 BGB	✓

Kündigungslexikon — Glossartabelle

Lfd-Nr.	Kündigung durch (V/M)	Abmahnung	Leitsatz / Orientierungssatz	Gericht, Datum, Aktenzeichen	Fundstelle / Anmerkungen	Kündigung nach §	Erfolgreich
			anwendbar ist. Dies kann einer nachhaltigen Sicherung der Unterkunft durch Mietschuldentilgung und somit einem Anspruch auf Übernahme der Mietschulden durch den Grundsicherungsträger entgegenstehen (…).				
	Urteilstext: Bei der im Eilverfahren nur möglichen summarischen Prüfung erweist sich die (…) ausgesprochene und auf § 573 Abs. 2 Nr. 1 BGB gestützte ordentliche Kündigung (…) als wirksam. Gemäß § 573 Abs. 1 S. 1 BGB kann der Vermieter nur kündigen, wenn er ein berechtigtes Interesse an der Beendigung des Mietverhältnisses hat. Ein berechtigtes Interesse in diesem Sinne liegt gemäß § 573 Abs. 2 Nr. 1 BGB insbesondere vor, wenn der Mieter seine vertraglichen Pflichten nicht unerheblich verletzt hat. Die Kündigung erfolgte hier schriftlich (§ 568 Abs. 1 BGB), war mit dem notwendigen Hinweis auf die Widerspruchsmöglichkeit nach §§ 574 ff. BGB versehen (§ 568 Abs. 2 BGB) und erfolgte unter Einhaltung der gemäß § 4 Nr. 3 des Mietvertrages maßgeblichen Frist von drei Monaten. In diesem Fall liegt auch eine nicht unerhebliche Verletzung der vertraglichen Hauptpflicht zur Entrichtung des Mietzinses (§ 535 Abs. 2 BGB) vor, die jedenfalls dann anzunehmen ist, wenn die für eine fristlose Kündigung geltende Grenze des Zahlungsverzugs (nicht entrichtete Miete für zwei aufeinander folgende Termine, § 543 Abs. 2 S. 1 Nr. 3a BGB) erreicht ist						
125	V	nein	*Zahlungsverzug wegen wirtschaftlicher Schwierigkeiten*	LG Potsdam, 30.8.2019, 4 S 40/18	WuM 2020, 32	§ 573 Abs. 2 Ziff. 1 BGB	x
	Urteilstext: Die Kammer folgt dem Amtsgericht im Ergebnis darin, dass der Beklagte infolge Wegfalls eines Großprojektes durch auftraggeberseitige Kündigung (…) in wirtschaftliche Schwierigkeiten geraten ist und er ohne Verschulden seine laufenden Mietverbindlichkeiten (…) unter Berücksichtigung auch weiterer Zahlungsverpflichtungen nicht bzw. nicht vollständig bedienen konnte. Das weitere Vorbringen des Beklagten nach gerichtlichem Hinweis ist nach Maßgabe von § 531 Abs. 2 Nr. 1 ZPO berücksichtigungsfähig, nachdem das Amtsgericht Vortrag zur finanziellen Situation im Einzelnen für entbehrlich gehalten und die Klage ohne weiteres abgewiesen hat.						
126	V	nein	*Zahlungsverzug in einem langjährigen Mietvertrag mit sofortigem Ausgleich der Mietrückstände nach Eingang der Kündigung*	AG Rheine, 16.5.2019, 10 C 234/18	WuM 2019, 531 Fodor IMR 2020, 15	§ 573 Abs. 2 Ziff. 1 BGB	x
	Urteilstext: Nach neueren Entscheidungen des BGH (…) ist insbesondere im Rahmen des Einzelfalls außerdem zu klären, ob sich der Vermieter treuwidrig verhält, wenn er auf einen erstmaligen, zur fristlosen Kündigung berechtigenden Zahlungsrückstand binnen weniger Tage die fristlose,						

Tabelle 3: Liste der Urteile zum Kündigungsrecht

Lfd-Nr.	Kündigung durch (V/M)	Abmahnung	Leitsatz / Orientierungssatz	Gericht, Datum, Aktenzeichen	Fundstelle / Anmerkungen	Kündigung nach §	Erfolgreich
			hilfsweise die ordentliche Kündigung eines langfristig beanstandungsfrei geführten Mietverhältnisses erklärt, und trotz prompten Ausgleichs des Zahlungsrückstandes durch den Mieter an der ordentlichen Kündigung festhält. Nach Auffassung des Gerichts ist hier von einem solchen treuwidrigen Verhalten des Klägers auszugehen. Denn das Mietverhältnis bestand (…) seit über 14 Jahren. In dieser gesamten Zeit hatte der Beklagte zu 1) seine Miete stets pünktlich gezahlt. Lediglich in den Monaten September und Oktober 2018 kam es erstmals nicht zu einer Zahlung, woraufhin der Kläger bereits am 9.10.2018, das Mietverhältnis kündigte, also nur wenige Tage nach dem Verzug der zweiten Monatsmiete. Nach Zugang des Kündigungsschreibens am 11.10.2018 glich der Beklagte zu 1) den Rückstand jedoch am 16.10.2018 vollständig aus, mithin innerhalb von fünf Tagen. In der Folgezeit zahlte er die monatlichen Mieten wieder stets pünktlich im voraus. Der Kläger vermochte keine Gründe vorzutragen, warum er dennoch an der Kündigung festhalten wollte. Soweit er vorträgt, er befürchte, dass der Beklagte zu 1) zukünftig nicht pünktlich oder gar nicht zahlen werde, sind hierfür keine Anhaltspunkte ersichtlich. Vielmehr erweckt der Beklagte zu 1) den Eindruck, dass er selber an einer pünktlichen Mietzinszahlung interessiert ist, da er dieser Verpflichtung seit über 14 Jahre lang ohne Beanstandungen nachgekommen ist. Das Festhalten des Klägers an der ordentlichen Kündigung ist somit als Verstoß gegen Treu und Glauben zu werten.				
127	V	nein	Zahlungsverzug in einem langjährigen Mietvertrag mit sofortigem Ausgleich der Mietrückstände nach Eingang der Kündigung	AG Mannheim, 3.4.2019, 4 C 4743/18	WuM 2019, 528	§ 573 Abs. 2 Ziff. 1 BGB	X
128	V	nein	Auch wenn die Schonfristzahlung nicht zur Unwirksamkeit auch der hilfsweise erklärten ordentlichen Kündigung führt, ist es dem Vermieter nach § 242 BGB verwehrt seinen Räumungsanspruch durchzusetzen, wenn die verspätete Zahlung zweier Mieten bei einem seit 28 Jahre beanstandungsfrei laufenden Mietverhältnis der einzige kurzfristige Vertragsverstoß des Mieters war.	AG Neuss, 31.1.2019, 85 C 1982/18	ZMR 2019, 415 Theesfeld jurisPR-MietR 2/2020 Anm. 3	§ 573 Abs. 2 Ziff. 1 BGB	X
129	V	nein	Es gibt keine allgemeine Regel des Inhalts, dass sich ein Festhalten des Vermieters an der	LG Itzehoe, 21.12.2018, 9 S 15/18	ZMR 2019, 132 = GE 2019, 858	§ 573 Abs. 2 Ziff. 1 BGB	✓

Kündigungslexikon — Glossartabelle

Lfd-Nr.	Kündigung durch (V/M)	Abmahnung	Leitsatz Orientierungssatz	Gericht, Datum, Aktenzeichen	Fundstelle Anmerkungen	Kündigung nach §	Erfolgreich
			ordentlichen Kündigung nach Ausgleich der Mietrückstände innerhalb der Schonfrist stets als rechtsmissbräuchlich iSd § 242 BGB erweist, wenn künftige Verletzungen der Zahlungspflicht oder sonstiger vertraglicher Pflichten nicht zu besorgen sind (…)		Reng IMR 2019, 231		
			**Urteilstext:** Demnach ist eine nicht unerhebliche Vertragspflichtverletzung in diesem Sinne regelmäßig anzunehmen, wenn der Mieter mit der Zahlung der Miete in Höhe eines Betrages, der die Bruttomiete für zwei Monate erreicht, über einen Zeitraum von mehr als zwei Zahlungsterminen hinweg in Verzug gerät (…). Denn ein solcher Mietrückstand würde den Vermieter sogar zur außerordentlichen fristlosen Kündigung des Mietverhältnisses nach § 543 Abs. 2 S. 1 Nr. 3b BGB berechtigen. Der Zahlungsrückstand bezieht sich auf die Monate Februar, April und Juli 2017 und betrug insgesamt 1.215,00 EUR. Der Zahlungsrückstand erreichte damit drei Bruttomieten. Zudem war der Beklagte mit der Zahlung mehr als zwei Zahlungstermine in Verzug, da er die Zahlung erst im September 2017 nachgeholt hat.				
130	V	nein	1. Ausreichend ist eine Schonfristzahlung eines Dritten unter (einfachem) Vorbehalt, denn dieser „einfache" Vorbehalt führt zur Erfüllung gem. § 362 BGB. Der Dritte wollte allein diese „Heilungswirkung" des § 569 Abs. 3 Nr. 2 S. 1 BGB durch Erfüllung auslösen. 2. Wenn das Mietverhältnis bis zur Kündigung seit über 42 Jahren Bestand hatte und die unvollständigen Zahlungen erst nach 39 Jahren beanstandungsfreiem Mietverhältnis begannen sowie keine weiteren mietvertraglichen Pflicht-	AG München, 26.7.2019, 421 C 2777/19	ZMR 2020, 132	§ 573 Abs. 2 Ziff. 1 BGB	X

Tabelle 3: Liste der Urteile zum Kündigungsrecht

Lfd-Nr.	Kündigung durch (V/M)	Abmahnung	Leitsatz *Orientierungssatz*	Gericht, Datum, Aktenzeichen	Fundstelle Anmerkungen	Kündigung nach §	Erfolgreich
			verletzungen behauptet werden, dann fehlt es an einer die ordentliche Kündigung rechtfertigenden erheblichen Pflichtverletzung. 3. Zugunsten des Mieters ist zu berücksichtigen, dass es im über 2-jährigen Zeitraum zu keinerlei Abmahnungen/Zahlungserinnerungen oÄ seitens des Vermieters gekommen ist, sondern das Mietverhältnis ohne weitere Störungen fortgesetzt wurde. Die Mietrückstände konnten so im Laufe dieser Zeit sukzessive die Schwelle zum kündigungsrelevanten Mietrückstand überschreiten, ohne dass dies zunächst von einem der Parteien bemerkt worden sein könnte. Das fehlende Einschreiten des Vermieters ist in der Gesamtabwägung erheblich zu berücksichtigen.				
131	V	nein	Ein Härtegrund liegt jedenfalls dann vor, wenn der Mieter seiner Obliegenheitspflicht nachkommt, indem er alle erforderlichen und zumutbaren Maßnahmen zur Erlangung einer Ersatzwohnung ergreift. Die Oblie-	AG München, 22.11.2019, 411 C 19436/18	ZMR 2020, 129 = Mietrecht kompakt 2020, 20 O. Riecke IMR 2020, 56	§ 573 Abs. 2 Ziff. 1 BGB	X

Kündigungslexikon — Glossartabelle

Lfd-Nr.	Kündigung durch (V/M)	Abmahnung	Leitsatz Orientierungssatz	Gericht, Datum, Aktenzeichen	Fundstelle Anmerkungen	Kündigung nach §	Erfolgreich
			genheit beginnt mit dem Zugang der Kündigung. Der Umfang der Ersatzraumsuche richtet sich zum einen nach den Gegebenheiten des Wohnungsmarktes, insbesondere nach dem Wohnungsangebot und den Marktchancen des Mieters. Zum anderen sind aber auch die persönlichen Verhältnisse des Mieters zu berücksichtigen. Mit Zugang der Kündigung beginnende Depressionen und Suizidgefahr des 90-jährigen Mieters stellen einen Härtegrund dar.				
132	V	nein	*Eigenbedarfskündigung zu Gunsten eines Großneffens*	AG Fürstenfeldbruck, 9.8.2019, 5 C 364/19	WuM 2020, 35 Emmert IMR 2020, 16	§ 573 Abs. 2 Ziff. 1 BGB	✗
133	V	nein	*Eigentumsrechtliches Konstrukt zur Umgehung des Ausschluss der Eigenbedarfkündigung*	LG München, 10.7.2019, 14 S 15871/18	WuM 2019, 657 Idstein-Walsdorf, Abramenko IMR 2019, 405; Horst MietRB 2020, 6	§ 573 Abs. 2 Ziff. 1 BGB	✗
134	V	nein	*Eigenbedarfskündigung bei Umzug des Vermieters in die Nähe der Arbeit*	AG Frankfurt a. M., 4.4.2019, 33 C 2496/18		§ 573 Abs. 2 Ziff. 1 BGB	✓

Urteilstext:
Gemäß § 573 BGB konnten die Kläger als Vermieter kündigen, da sie iSd § 573 Abs. 2 Nr. 2 WEG ein berechtigtes Interesse an der Beendigung des Mietverhältnisses hatten. Die Beweisaufnahme hat ergeben, dass die Kläger tatsächlich beabsichtigen, die Wohnung möglichst bald selbst zu nutzen und tatsächlich dort einziehen möchten. Dies wurde bereits aus der informatorischen Anhörung der Kläger (…) deutlich. Die Klägerin schilderte, wie sehr sie darunter leide,

Tabelle 3: Liste der Urteile zum Kündigungsrecht — **Kündigungslexikon**

Lfd-Nr.	Kündigung durch (V/M)	Abmahnung	Leitsatz *Orientierungssatz*	Gericht, Datum, Aktenzeichen	Fundstelle Anmerkungen	Kündigung nach §	Erfolgreich
			aufgrund der langen Arbeitswege wenig Zeit mit ihren Kindern zu verbringen und schien sich eine deutliche Erleichterung ihrer Lebenssituation durch die Verlagerung des Lebensmittelpunkt der Familie nach Frankfurt am Main in die unmittelbare Nähe ihres Arbeitsplatzes zu versprechen. Offensichtlich hatte die Familie insoweit schon konkrete Pläne entwickelt und sich auch um Schule und Betreuung für die Kinder gekümmert. Mit diesen Schilderungen der Kläger stimmten dann auch die Angaben des Zeugen (…) im Rahmen seiner Aussage überein. Zwar war der Zeuge als Bruder der Klägerin ersichtlich an der Unterstützung der Klägerseite in diesem Rechtsstreit interessiert, seine Aussage war daher unter diesem Aspekt zu würdigen. Sie bleibt dennoch zumindest im Hinblick auf den dringenden Umzugswunsch der Familie glaubhaft und nachvollziehbar. Der Zeuge beschrieb, wie lange seine Schwester schon unter der Situation leide und bestätigte auch, dass die Kinder sich wünschten, mehr Zeit mit ihrer Mutter verbringen zu können. Einstudiert oder abgesprochen wirkte die Aussage des Zeugen (…) nicht, offenbar hatte er generell Kenntnis von dem Umzugswunsch der Familie und schilderte diesen auch in Übereinstimmung mit den Angaben der Kläger. Insgesamt war seine Aussage vom Unverständnis gegenüber den langwierigen juristischen Prozeduren, die seine Schwester am Umzug hinderten, geprägt, dies äußerte der Zeuge auch offen. Davon, dass seine Schwester tatsächlich so bald wie möglich umziehen wolle, war er offenkundig überzeugt.				
135	V	nein	*Eigenbedarf ist zum Zeitpunkt der mündlichen Verhandlung weggefallen*	LG München, 13.3.2019, 14 S 2969/15	WuM 2019, 459	§ 573 Abs. 2 Ziff. 1 BGB	✗
	Urteilstext: Hinsichtlich der Belange der Klägerin, welche in die Abwägung einzubeziehen sind, war zunächst der Wunsch der Klägerin zu berücksichtigen, die in ihrem Eigentum stehende Wohnung an die Tochter des Gesellschafters (…) zu Wohnzwecken überlassen. Die verfassungsrechtlich gewährte Garantie des Eigentums beinhaltet auch gerade im Rahmen des Mietrechts den entscheidenden Faktor, dass der Wunsch, sein Eigentum selbst oder durch seine Familienangehörigen zu bewohnen, ein berechtigtes Interesse darstellt. Beachtlich ins Gewicht fällt hierbei, dass der geltend gemachte Eigenbedarf mittlerweile weggefallen ist. Die Zeugin gab in ihrer Einvernahme (…) an, den Entschluss, in die verfahrensgegenständliche Wohnung ziehen zu wollen, aus unterschiedlichen Gründen mittlerweile aufgegeben zu haben.						
136	V	ja	*Wenn die Missachtung des Postgeheimnisses durch den Mieter nur fahrlässig geschah und die Beleidigung einen einmaligen Vorfall innerhalb des Streites darstellt, bei dem es auch zu wechselseitigen Beleidigungen kam, ist jedenfalls vor einer Abmahnung keine fristlose Kündigung wirksam möglich.*	AG München, 1.3.2019, 461 C 24378/17	ZMR 2020, 41	§ 573 Abs. 2 Ziff. 1 BGB	✗

Kündigungslexikon — Glossartabelle

Lfd-Nr.	Kündigung durch (V/M)	Abmahnung	Leitsatz Orientierungssatz	Gericht, Datum, Aktenzeichen	Fundstelle Anmerkungen	Kündigung nach §	Erfolgreich
			Urteilstext: Die Beleidigung als asozial bezog sich hier auf ein konkretes Verhalten der Zeugin …, so dass das Gericht sie im konkreten Einzelfall für weniger schwerwiegend hält, als wenn das Wort asozial beleidigend die Person als solche oder deren Lebensführung meint. Indem das Wort sich konkret auf selbst wiederum die Beklagte kritisierende Äußerungen der Zeugin bezog, ist ferner die grundrechtliche Gewährleistung der Meinungsfreiheit zu sehen, dass die Beklagte das Rechte hatte, sich kritisch zum Verhalten der Zeugin zu äußern, auch wenn sie dies nicht in beleidigender Weise hätte tun sollen. Die Äußerung der Beklagten erfolgte hier in einem Streit, zu dem die Zeugin … selbst schilderte, sie habe richtig geschimpft und sei richtig wütend gewesen. Sie habe gesagt, das wäre wohl das letzte und die Beklagte solle selbst (ihre blöde Fresse) halten. Auch nach dem Gedanken des § 199 StGB muss sich dies mildernd für die Beklagte auswirken. Auch in der Gesamtschau liegt kein Kündigungsgrund vor, da es die Missachtung des Postgeheimnisses nur fahrlässig geschah und die Beleidigung einen einmaligen Vorfall innerhalb eines Streites, bei dem es auch zu wechselseitigen Beleidigungen kam, darstellt. Zudem lag keine Abmahnung vor.				
137	V	nein	Der Vermieter handelt rechtsmissbräuchlich, wenn er den auf eine Eigenbedarfskündigung gestützten Räumungsanspruch weiterverfolgt, obwohl sein zum Zeitpunkt des Kündigungsausspruchs noch hinreichend verdichteter Eigennutzungswunsch im Moment des Ablaufs der Kündigungsfrist nicht mehr von der konkreten Absicht zur alsbaldigen Umsetzung getragen ist (hier: Vermieterin als Stuntwoman – unabsehbare Verzögerung der ursprünglichen Vermieterplanung nach einem Unfall vor Ablauf der Kündigungsfrist).	LG Berlin, 29.1.2019, 67 S 9/18	GE 2019, 255 = WuM 2019, 208 = ZMR 2019, 340	§ 573 Abs. 2 Ziff. 1 BGB	✗
			Urteilstext: Selbt wenn der behauptete Eigenbedarf zum Zeitpunkt des Kündigungsausspruchs vorgelegen haben sollte, ist der Klägerin gemäß § 242 BGB verwehrt, sich ohne Ausspruch einer neuerlichen Kündigung auf die kündigungsbedingte Beendigung des Mietverhältnisses zu berufen. Denn der von ihr in der Kündigungserklärung (…) geltend gemachte Kündigungsgrund ist vor Ablauf der Kündigungsfrist (…) entfallen. Zwar lässt ein nachträglicher Wegfall				

Lfd-Nr.	Kündigung durch (V/M)	Abmahnung	Leitsatz Orientierungssatz	Gericht, Datum, Aktenzeichen	Fundstelle Anmerkungen	Kündigung nach §	Erfolgreich
			des Nutzungswillens die Wirksamkeit der Kündigung unberührt; es ist allerdings nach von der Kammer geteilter Rechtsprechung des BGH rechtsmissbräuchlich, wenn der Vermieter den aus der Vertragsbeendigung folgenden Räumungsanspruch gleichwohl weiterverfolgt (…). Ein zur Anwendung des § 242 BGB führender Wegfall des Kündigungsgrundes ist auch dann gegeben, wenn ein zum Zeitpunkt des Kündigungsausspruchs hinreichend verdichteter Nutzungswunsch des Vermieters bei Ablauf der Kündigungsfrist nicht mehr von der konkreten Absicht zur alsbaldigen Umsetzung getragen wird. Gemessen daran sind die Voraussetzungen des § 242 BGB erfüllt. Der geltend gemachte Kündigungsgrund ist – zumindest für unabsehbare Zeit – im Juni 2016 entfallen, nachdem die Klägerin bei einem Arbeitsunfall schwer verletzt wurde und in der Folge nicht nur seit dem 8.6.2016 bis einschließlich zum 31.3.2018 dauerhaft krankgeschrieben war, sondern auch ihren Beruf als Stuntwoman aufgeben musste. Sie war zudem gehindert, wie beabsichtigt ihre Ausbildung als Rettungssanitäterin bis Ende 2016 abzuschließen und im Anschluss daran eine Festanstellung in Berlin anzutreten. Stattdessen ist die Klägerin zunächst krankheitsbedingt zu ihrer Mutter nach Y verzogen und hat erst am 1.4.2018 – mehr als zwei Jahre nach Ausspruch der Kündigung und 14 Monate nach Ablauf der Kündigungsfrist – ihre Ausbildung als Rettungssanitäterin fortgesetzt. Noch im März 2018 ist der Klägerin ärztlich bescheinigt worden, dass sie nach ihrem Arbeitsunfall im Jahre 2016 an einer posttraumatischem Belastungsstörung leide und ihre Zukunft „unklar" sei.				
138	V	nein	Wenn der Vermieter bei Vertragsabschluss ernsthaft erwog, bei zu teurem Ausbau auf die Wohnung des Mieters zuzugreifen und nach knapp einem Jahr wegen Eigenbedarfs kündigt, liegt im Einzelfall Rechtsmissbrauch vor.	LG Düsseldorf, 3.2.2016, 23 S 252/14	ZMR 2016, 624	§ 573 Abs. 2 Ziff. 2 BGB	X
	Urteilstext: Dem Kläger stand gegen die Beklagte weiter kein Recht zu ordentlichen Kündigung gestützt auf Eigenbedarf zu, § 573 Abs. 2 Nr. 2 BGB. Auch unter Berücksichtigung der nach dem angefochtenen Urteil ergangenen Entscheidung des BGH vom 4.2.2015, Az. VIII ZR 154/14, war die Eigenbedarfskündigung wegen Rechtsmissbrauchs unwirksam, so dass es auf die Frage, ob die Nutzungsabsichten des Klägers die Tatbestandsvoraussetzungen des Eigenbedarfs im Sinne von § 573 Abs. 2 Nr. 2 BGB begründen können, nicht ankommt. Zwar ist der Berufung insoweit zu folgen, dass es nach der zitierten Rechtsprechung des BGH entgegen der Auffassung des Amtsgerichts nicht darauf ankommt, ob der Eigenbedarf für den Vermieter nach den objektiven Verhältnissen im Zeitpunkt des Vertragsschlusses voraussehbar war. Der Vermieter ist nicht verpflichtet, bei oder vor Vertragsschluss eine „Bedarfsvorschau" anzustellen. Eine Kündigung gestützt auf Eigenbedarf ist erst dann rechtsmissbräuchlich, wenn der Vermieter die Wohnung auf unbestimmte Zeit vermietet, obwohl er bereits im Augenblick des Vertragsabschlusses entschlossen ist oder doch ernsthaft erwägt, die Wohnung alsbald selbst in Gebrauch zu nehmen. Erforderlich ist ein über die Fahrlässigkeit hinausgehendes subjektives Element. Schließt er unter diesen Umständen ohne Vorbehalt einen Mietvertrag auf unbestimmte Zeit, setzt er sich dem Einwand rechtsmissbräuchlichen Verhaltens aus, da der Abschluss eines Mietvertrages auf bestimmte Zeit die angemessenere Lösung gewesen wäre.						

Kündigungslexikon

Lfd-Nr.	Kündigung durch (V/M)	Abmahnung	Leitsatz Orientierungssatz	Gericht, Datum, Aktenzeichen	Fundstelle Anmerkungen	Kündigung nach §	Erfolgreich
139	V	nein	*Kündigung zum Zweck des Eigenbedarfs bei geplanter gewerblicher Nutzung*	BGH, 29.3.2017, VIII ZR 45/16	GE 2017, 653 = MDR 2017, 755 = NZM 2017, 405 = WuM 2017, 333 = NJW 2017, 2018 = MietPrax-AK § 573 BGB Nr. 65 = ZMR 2017, 791 Börstinghaus jurisPR-BGHZivilR 11/2017 Anm. 3; Hartmann jurisPR-MietR 14/2017 Anm. 1; Lehmann-Richter IMR 2017, 261; V. Emmerich JuS 2017, 1115; Hinz NZM 2017, 412; Lehmann-Richter ZfIR 2018, 41; Fleindl ZMR 2017, 799	§ 573 Abs. 2 Ziff. 2 BGB	✗
	Urteilstext: Da die Klägerin die Wohnung nicht zu Wohnzwecken benötigt, sondern sie einer gewerblichen Nutzung (Einrichtung eines weiteren Arbeitsplatzes und Verwendung als Aktenaufbewahrungsraum) zuführen will, ist der Kündigungstatbestand des Eigenbedarfs (§ 573 Abs. 2 Nr. 2 BGB) nicht erfüllt (…).						
140	V	nein	Es besteht nachvollziehbarer Eigenbedarf, wenn der Vermieter eine 2-Zimmer-Wohnung im Erdgeschoß des von ihm bewohnten Hauses kündigt, weil er als krankhafter Schnarcher einen der vermieteten Räume als Schlafzimmer für seine Ehefrau benötigt.	AG Sinzig, 6.5.1998, 4 C 1096/97	WuM 1999, 461 = NZM 1999, 760	§ 573 Abs. 2 Ziff. 2 BGB	✓

Tabelle 3: Liste der Urteile zum Kündigungsrecht **Kündigungslexikon**

Lfd-Nr.	Kündigung durch (V/M)	Abmahnung	Leitsatz *Orientierungssatz*	Gericht, Datum, Aktenzeichen	Fundstelle Anmerkungen	Kündigung nach §	Erfolgreich
			Urteilstext: Nach dem Ergebnis der Beweisaufnahme steht zur Überzeugung des Gerichtes jedoch fest, daß der Kläger an einem chronischen Schnarchen leidet. Für das Gericht ist es nachvollziehbar und vernünftig, daß der Kläger einen weiteren Raum zur Eigennutzung wünscht, in dem seine Frau, die Zeugin Z., getrennt von ihm schlafen kann. Die Zeugin Z. hat überzeugend dargetan, daß sie aufgrund des Schnarchens nicht mehr im gemeinschaftlichen Schlafzimmer schlafen kann, sondern die Nächte auf der Couch im Wohnzimmer verbringt. Die Zeugin hat auch überzeugend dargetan, daß sie bereits aufgrund dieser Situation an erheblichem Schlafmangel leidet, der sogar bereits zu gesundheitlichen Schwierigkeiten bei ihr geführt hat. Es ist daher insgesamt nachvollziehbar und vernünftig, daß der Kläger die vom Beklagten bewohnte Wohnung selbst bzw. für seine Familienangehörigen nutzen will.				
141	V	nein	Eine Eigenbedarfskündigung, die lediglich die Angabe zur gewünschten Selbstnutzung des Elternhauses, das Vorliegen einer körperlichen Behinderung und die futuristisch angedachte Variante, dass möglicherweise in absehbarer Zeit weitere Räume einer Pflegeperson zur Verfügung gestellt werden sollen, enthält, ist bereits formell ungenügend und nichtig/unwirksam. Der Sinneswandel des Vermieters, der darauf beruht, dass seine frühere Verwertungskündigung in erster Instanz erfolglos war, lässt eine vor dem Urteil I. Instanz und vor dessen Rechtskraft und vor Verzicht auf die Verwertungskündigung parallel erklärte und gerichtlich verfolgte nunmehr auf Eigenbedarf gestützte Kündigung als rechtsmissbräuch-	AG Hamburg-Blankenese, 10.10.2018, 531 C 159/18	Mietrecht kompakt 2019, 40; MietRB 2019, 70 Bueb jurisPR-MietR 1/2019 Anm. 2; Börstinghaus IMR 2018, 510	§ 573 Abs. 2 Ziff. 2 BGB	x

Kündigungslexikon — Glossartabelle

Lfd-Nr.	Kündigung durch (V/M)	Abmahnung	Leitsatz / Orientierungssatz	Gericht, Datum, Aktenzeichen	Fundstelle / Anmerkungen	Kündigung nach §	Erfolgreich
			lich erscheinen, da beide Kündigungsgründe sich denklogisch ausschließen.				

Urteilstext:
Die Klägerin als Vermieterin hätte im Kündigungsschreiben zumindest Kerntatsachen mitteilen müssen, die sich als vernünftige und nachvollziehbare Gründe, insbesondere vor dem Hintergrund der noch nicht durch Verzichtserklärung aus der Welt geschaffenen Verwertungskündigung von 2016, für die Mieter darstellen. Gemäß § 573 Abs. 3 BGB musste die Klägerin die Gründe für ihr berechtigtes Interesse bereits im Kündigungsschreiben hinreichend präzise angeben; andere – später vorgebrachte – Gründe können nur Berücksichtigung finden, wenn sie nachträglich entstanden sind. Ein Verstoß gegen das Begründungserfordernis führt zur Nichtigkeit der Kündigung. Zweck des Begründungserfordernisses ist es, dass die Beklagten als Mieter zum frühest möglichen Zeitpunkt Klarheit über ihre Rechtsposition erlangen und so in die Lage versetzt werden, rechtzeitig alles Erforderliche zur Wahrung ihrer Interessen zu veranlassen (…).
Die vorliegende Kündigung vom 27.12.2017 enthält lediglich die Angabe zur gewünschten Selbstnutzung des Elternhauses, das Vorliegen einer körperlichen Behinderung und die futuristisch angedachte Variante, dass möglicherweise in absehbarer Zeit weitere Räume einer Pflegeperson zur Verfügung gestellt werden sollen. Ergänzend wird verwiesen zum Inhalt des Kündigungsschreibens bei einer Eigenbedarfskündigung auf Schach, Mietrecht, 3. Aufl., § 3 Rn. 732 u. 733, S. 321. Das klägerische Kündigungsschreiben ähnelt schon eher dem Negativbeispiel von Schach, Mietrecht, 3. Aufl., § 3 Rn. 735 S. 322. (…) Selbst wenn man von einer formell wirksamen Eigenbedarfskündigung ausginge, wäre diese rechtsmissbräuchlich. Der Sinneswandel der Klägerin beruht ersichtlich darauf, dass ihre Verwertungskündigung (…) erfolglos war.

Lfd-Nr.	Kündigung durch (V/M)	Abmahnung	Leitsatz / Orientierungssatz	Gericht, Datum, Aktenzeichen	Fundstelle / Anmerkungen	Kündigung nach §	Erfolgreich
142	V	nein	*Eigenbedarfskündigung ohne detaillierte Gründe*	LG Berlin, 15.11.2016, 67 S 247/16	GE 2017, 50	§ 573 Abs. 2 Ziff. 2 BGB	✗

Urteilstext:
Zwar hat der Kläger seine Absicht mitgeteilt, die Wohnung für sich selbst zu nutzen zu wollen. Er hat sich aber auch in den schriftsätzlichen Kündigungen im Übrigen nur auf die bloße Mitteilung beschränkt, dass er seit zwei Jahren in Berlin lebe, ein Restaurant betreibe, derzeit bei Freunden wohne und die seinen Wohnbedarf abdeckende Wohnung ersteigert zu haben, um dort einzuziehen.
Dies wird dem Begründungserfordernis unter Berücksichtigung seines Schutzzwecks zugunsten des Mieters nicht gerecht. Nach den dargelegten Maßstäben beanstandet die Beklagte zu Recht, dass der Kläger nicht einmal einen konkreten Sachverhalt beschreibt, auf den er sein Interesse an der Wohnung stützt. Auch die pauschale Angabe, derzeit bei Freunden zu wohnen, ist zu unkonkret und nicht nachprüfbar, da sich daraus keinerlei Einzelheiten der genauen Wohnsituation ergeben und nicht klar ist, ob beispielsweise ein (Unter-) Mietvertrag besteht, wie groß der ihm zur Verfügung stehende Wohnraum ist, ob es sich nur um eine Notlösung handelt, etc. Zudem ist anders als im Fall der Eigenbedarfskündigung zu Gunsten eines volljährig werdenden Kindes (…), das seinen eigenen Hausstand begründen soll, nicht ohne weiteres nachvollziehbar, inwiefern der Kläger die streitbefangene Wohnung für sich selbst zu Wohnzwecken tatsächlich benötigt. Die Angabe „… weil ich die Wohnung für eigene Zwecke benötige" umschreibt als bloße Leerformel lediglich den Begriff des Eigenbedarfs, ohne zur Information die derzeitigen Wohnverhältnisse – das pauschal benannte Wohnen bei Freunden (wobei es an anderer Stelle heißt, der Kläger wohne in seinem Restaurant) – jedenfalls kurz und verständlich darzustellen, um eine Überprüfung der bisherigen räumlichen Wohnverhältnisse durch die Mieterin zu ermöglichen (…).

Tabelle 3: Liste der Urteile zum Kündigungsrecht

Lfd-Nr.	Kündigung durch (V/M)	Abmahnung	Leitsatz / Orientierungssatz	Gericht, Datum, Aktenzeichen	Fundstelle / Anmerkungen	Kündigung nach §	Erfolgreich
			Damit werden auch keine unzumutbaren Anforderungen an das Begründungserfordernis gestellt.				
143	V	nein	Ist für eine wirtschaftliche Verwertung iSv § 573 Abs. 2 Nr. 3 BGB die Erteilung einer Zweckentfremdungsgenehmigung erforderlich, muss die Genehmigung im Zeitpunkt der Kündigung vorliegen.	AG Köln, 27.2.2018, 201 C 202/17	ZMR 2018, 510	§ 573 Abs. 2 Ziff. 3 BGB	✗
	Urteilstext: Eine Zweckentfremdungsgenehmigung für den Abriss der Wohnung des Beklagten lag unstreitig zum Zeitpunkt der Kündigung nicht vor, da die Kläger eine solche nie beantragt haben. Die Kündigung vom 1.8.2017 ist somit nicht wirksam und das Mietverhältnis nicht ordentlich zum 30.4.2018 gekündigt. Somit besteht kein Herausgabeanspruch der Wohnung nach § 546 Abs. 1 BGB.							
144	V	nein	Zur Unwirksamkeit einer „auf Vorrat" ausgesprochenen Verwertungskündigung nach §§ 573 Abs. 1, Abs. 2 Nr. 3 BGB. Bei der im Rahmen des § 573 Abs. 2 Nr. 3 BGB vorzunehmenden Interessenabwägung sind Angebote des Vermieters auf Beschaffung von Ersatzwohnraum allenfalls dann zu berücksichtigen, wenn der Vermieter dem Mieter im Rahmen der Kündigungserklärung ein bis zum Ablauf der Kündigungsfrist unwiderrufliches Angebot auf Anmietung vergleichbaren Ersatzwohnraums unterbreitet.	LG Berlin, 20.9.2018, 67 S 16/18	WuM 2018, 784 = GE 2018, 1596 = ZMR 2019, 21 = DWW 2019, 16 Ramm IMR 2019, 13	§ 573 Abs. 2 Ziff. 3 BGB	✗

Kündigungslexikon

Lfd-Nr.	Kündigung durch (V/M)	Abmahnung	Leitsatz Orientierungssatz	Gericht, Datum, Aktenzeichen	Fundstelle Anmerkungen	Kündigung nach §	Erfolgreich
			Urteilstext: Es kommt hinzu, dass der Kläger seine (Verwertungs-)Kündigungen mit seiner Absicht begründet hat, die vom Beklagten innegehaltene Wohnung mit der ebenfalls vermieteten Nachbarwohnung zusammenzulegen. Die seinen Kündigungen insoweit zu Grund liegende Planung war bei ihrem Ausspruch und Zugang ebenfalls noch nicht hinreichend verfestigt. Das hätte vorausgesetzt, dass einer baulichen Zusammenlegung bei Ausspruch der Kündigungen weder tatsächliche noch rechtliche Gründe entgegen gestanden hätten oder der Kläger zumindest berechtigt davon ausgegangen wäre, etwaige Hinderungsgründe erfolgreich und dauerhaft zu beseitigen. Daran fehlt es. Denn einerseits war der Mieter der Nachbarwohnung zum Zeitpunkt des Ausspruchs der Kündigung ebensowenig wie die Beklagte zur Räumung und Herausgabe seiner Wohnung und anschließenden baulichen Zusammenlegung mit der vom Beklagten innegehaltenen Wohnung bereit. Andererseits ist der Kläger auch nicht berechtigt davon ausgegangen, die tatsächlichen und rechtlichen Voraussetzungen für eine Zusammenlegung beider Wohnungen durch Betreibung eines erfolgreichen Räumungsverfahrens gegen den Nachbarmieter des Beklagten im Nachgang der hier streitgegenständlichen Kündigungen erst noch zu schaffen. Denn das hätte den – mit der berechtigten Erwartung einer erfolgreichen Rechtsverfolgung verbundenen – unumstößlichen Willen des Klägers erfordert, den Instanzenzug gegenüber dem Nachbarmieter vollständig auszuschöpfen und klageabweisenden Instanzentscheidungen mit der Einlegung und Durchführung sämtlicher möglicher Rechtsmittel zu begegnen. An diesem hinreichend verfestigten Willen indes mangelte es dem Kläger, da er das gegen den Nachbarmieter des Beklagten geführte Räumungsverfahren nach erstinstanzlicher Klageabweisung und Einlegung der Berufung nicht fortgeführt, sondern seine Berufung stattdessen zurückgenommen hat. Mit der rechtskräftigen Abweisung der gegen den Nachbarmieter erhobenen Räumungsklage ist auch die für die erklärten Kündigungen zentrale Zusammenlegung beider Wohnungen hinfällig. Eine dem Kläger günstigere Beurteilung wäre allenfalls dann gerechtfertigt, wenn der Nachbar des Beklagten freiwillig zur Räumung der von ihm innegehaltenen Wohnung oder zumindest zur Duldung der Baumaßnahmen und Zusammenlegung beider Wohnungen nach einer Räumung der vom Beklagten innegehaltenen Wohnung bereit gewesen wäre. Auch an diesen Voraussetzungen fehlt es.				
145	V	nein	*Verwertungskündigung ohne Vorliegen einer Zweckentfremdungsgenehmigung*	AG Schöneberg, 7.12.2016, 4 C 216/16	MM 2017, Nr. 3, 30 Gies jurisPR-MietR 8/2017 Anm. 2	§ 573 Abs. 2 Ziff. 3 BGB	✗
146	V	nein	Solange ein Mieter nach dem Tod seines Vermieters keine Gewissheit darüber erlangen kann, wer Gläubiger seiner Mietverpflichtungen geworden ist, unterbleiben seine Mietzahlungen infolge eines Umstandes, den er nicht zu vertreten hat.	BGH, 7.3.2005, VIII ZR 24/05	NJW 2006, 51 = WuM 2005, 769 = GE 2005, 1549 = ZMR 2006, 26 = NZM 2006, 11 = DWW 2006, 18 = Miet-Prax-AK § 543 BGB Nr. 4 Drasdo NJW-Spezial 2006, 50; Strassberger MietRB 2006, 89	§ 573 Abs. 2 Ziff. 3 BGB	✗

Tabelle 3: Liste der Urteile zum Kündigungsrecht

Lfd-Nr.	Kündigung durch (V/M)	Abmahnung	Leitsatz *Orientierungssatz*	Gericht, Datum, Aktenzeichen	Fundstelle Anmerkungen	Kündigung nach §	Erfolgreich
147	V	nein	*Verwertungskündigung bei erheblichem Sanierungsstau*	LG Osnabrück, 29.1.2020, 1 S 117/19	Mietrecht kompakt 2020, 58	§ 573 Abs. 2 Ziff. 3 BGB	✗
148	V	nein	Bei der in einem Kaufvertrag des Vermieters über ein Hausgrundstück enthaltenen Vereinbarung, wonach der Mieter einer Wohnung des Hauses ein lebenslanges Wohnrecht haben und eine ordentliche Kündigung des Mietverhältnisses durch den in den Mietvertrag eintretenden Erwerber ausgeschlossen sein soll, handelt es sich um einen (echten) Vertrag zugunsten Dritter (hier: des Mieters) gemäß § 328 BGB. Der Mieter erwirbt hierdurch unmittelbar das Recht, auf Lebenszeit von dem Käufer die Unterlassung einer ordentlichen Kündigung des Mietverhältnisses zu verlangen.	BGH, 14.11.2018, VIII ZR 109/18	GE 2018, 1592 = WuM 2019, 19 = MDR 2019, 154 = NZM 2019, 209 = ZMR 2019, 261 = MietPrax-AK § 328 BGB Nr. 1 Herlitz jurisPR-MietR 3/2019 Anm. 3	§ 573 Abs. 2 Ziff. 3 BGB	✗

Urteilstext:
Den Klägern steht gegen die Beklagten ein Anspruch auf Räumung und Herausgabe der von ihnen gemieteten Erdgeschosswohnung (§ 546 Abs. 1, § 985 BGB) nicht zu. Die Kündigung der Kläger ist unwirksam, weil ihr das im notariellen Kaufvertrag zwischen der Stadt Bochum und den Klägern vereinbarte lebenslange Wohnrecht der Beklagten entgegensteht. Das Berufungsgericht hat darin zu Recht einen echten Vertrag zugunsten Dritter (§ 328 BGB) gesehen, der den Beklagten eigene Rechte gegenüber den Klägern einräumt und eine Kündigung nach § 573 Abs. 2 Nr. 2 und 3 BGB sowie nach § 573a BGB ausschließt. Dies gilt, wie das Berufungsgericht ebenfalls zutreffend entschieden hat, unabhängig davon, ob die im Kaufvertrag enthaltenen Bestimmungen zum lebenslangen Wohnrecht der Beklagten als Individualvereinbarung oder als Allgemeine Geschäftsbedingungen anzusehen sind.

Lfd-Nr.	Kündigung durch (V/M)	Abmahnung	Leitsatz *Orientierungssatz*	Gericht, Datum, Aktenzeichen	Fundstelle Anmerkungen	Kündigung nach §	Erfolgreich
149	V	nein	*Kündigung zum Zweck des Eigenbe-*	BGH, 29.3.2017,	GE 2017, 653 = MDR 2017, 755 = NZM	§ 573 Abs. 2 Ziff. 3 BGB	✗

Kündigungslexikon — Glossartabelle

Lfd-Nr.	Kündigung durch (V/M)	Abmahnung	Leitsatz / Orientierungssatz	Gericht, Datum, Aktenzeichen	Fundstelle / Anmerkungen	Kündigung nach §	Erfolgreich
			darfs bei geplanter gewerblicher Nutzung	VIII ZR 45/16	2017, 405 = WuM 2017, 333 = NJW 2017, 2018 = MietPrax-AK § 573 BGB Nr. 65 = ZMR 2017, 791 Börstinghaus jurisPR-BGHZivilR 11/2017 Anm. 3; Hartmann jurisPR-MietR 14/2017 Anm. 1; Lehmann-Richter IMR 2017, 261; V. Emmerich JuS 2017, 1115; Hinz NZM 2017, 412; Lehmann-Richter ZfIR 2018, 41; Fleindl ZMR 2017, 799		
Urteilstext							

Urteilstext:
Der im Kündigungsschreiben aufgeführte Wunsch der Klägerin, die vermietete Zweizimmerwohnung ihrem Ehemann, der im Vorderhaus desselben Gesamtareals ein Beratungsunternehmen betreibe, zur Einrichtung eines weiteren Arbeitsplatzes und eines Aktenarchivs zu überlassen, ist nicht der Vorzug vor dem Bestandsinteresse des Beklagten zu geben. Die Mietwohnung soll allein für gewerbliche Zwecke genutzt werden und nicht auch zu Wohnzwecken dienen, so dass der Nutzungswunsch eine größere Nähe zur Verwertungskündigung nach § 573 Abs. 2 Nr. 3 BGB als zur Kündigung wegen Eigenbedarfs nach § 573 Abs. 2 Nr. 2 BGB aufweist. Daher ist für ein berechtigtes Interesse an der Beendigung des Mietverhältnisses erforderlich, dass die Fortsetzung des Wohnraummietverhältnisses für den Vermieter einen Nachteil von einigem Gewicht darstellt, auch wenn dieser nicht unbedingt den Grad von erheblichen Einbußen im Sinne von § 573 Abs. 2 Nr. 3 BGB erreichen muss.

Lfd-Nr.	Kündigung durch (V/M)	Abmahnung	Leitsatz / Orientierungssatz	Gericht, Datum, Aktenzeichen	Fundstelle / Anmerkungen	Kündigung nach §	Erfolgreich
150	V	nein	1. Der bloße Wunsch nach einer mieterfreien Veräußerung ist nie für eine Verwertungskündigung ausreichend 2. In jedem Fall muss der Vermieter nachweisen, dass das Haus nur zu ei-	AG Hamburg-Blankenese, 16.5.2018, 531 C 87/17	MietRB 2018, 293	§ 573 Abs. 2 Ziff. 3 BGB	x

Lfd-Nr.	Kündigung durch (V/M)	Abmahnung	Leitsatz Orientierungssatz	Gericht, Datum, Aktenzeichen	Fundstelle Anmerkungen	Kündigung nach §	Erfolgreich
			nem unangemessen niedrigen Kaufpreis am Markt abzusetzen ist
3. Erfolglose Verkaufsbemühungen in hinreichendem Umfang sind deshalb anzugeben. In keinem Fall ausreichend ist die pauschale Bestätigung eines Maklers, die Immobilie sei bei Fortbestand des Mietverhältnisses unveräußerlich oder nur mit erheblichem Abschlag
4. Mit pauschalen kalkulatorischen Behauptungen kann der kündigende Vermieter keinen Erfolg haben.				
		**Urteilstext:**
Bei der Erheblichkeit des Nachteils für die Klägerin sind zwar nicht nur die objektiven Maßstäbe, sondern auch die persönlichen und wirtschaftlichen Verhältnisse der Klägerin zu berücksichtigen, allerdings nur in Bezug auf das Mietobjekt. Erzielt der Vermieter eine angemessene Rendite, erleidet er durch die Fortsetzung des Mietverhältnisses keine erheblichen Nachteile, auch wenn er zB nach einer Kündigung eine höhere Marktmiete oder einen besseren Kaufpreis erzielen könnte.						
151	V	nein	*Verwertungskündigung bei baurechtlich nicht genehmigungsfähigen geplanten Maßnahmen*	LG Berlin, 8.5.2018, 63 S 139/17	MM 2018, Nr. 7/8, 38	§ 573 Abs. 2 Ziff. 3 BGB	✗
		**Urteilstext:**
Denn auch nach der herrschenden Auffassung ist eine Kündigung unwirksam, wenn die geplante Maßnahme baurechtlich nicht genehmigungsfähig ist (…). So liegt der Fall hier. Während am 15.12.2016 eine Abrissgenehmigung für das benachbarte Haus (…) erteilt wurde, wurde die Genehmigung für das von der Beklagten bewohnte Haus (…) versagt. Damit liegen die Voraussetzungen für eine Verwertungskündigung nicht vor. Es kommt nicht darauf an, dass die Klägerin einen Rechtsstreit auf Erteilung der Abrissgenehmigung beim Verwaltungsgericht führt und sich das Vorhaben zu einem späteren Zeitpunkt als genehmigungsfähig herausstellen kann. Denn ein derartiger „Schwebezustand", wie er bei Abstellen auf die bloße Genehmigungsfähigkeit entsteht, ist mit dem in § 573 BGB verfolgten Mieterschutz nicht vereinbar (…).						
152	V	nein	*Verwertungskündigung aufgrund von geplanter Neubau-*	LG Köln, 21.3.2018, 9 S 18/18	MDR 2018, 860 = ZMR 2018, 674	§ 573 Abs. 2 Ziff. 3 BGB	✓

Kündigungslexikon　　Glossartabelle

Lfd-Nr.	Kündigung durch (V/M)	Abmahnung	Leitsatz Orientierungssatz	Gericht, Datum, Aktenzeichen	Fundstelle Anmerkungen	Kündigung nach §	Erfolgreich
			ung mit vernünftigen wirtschaftlichen Überlegungen				
153	V	nein	1. Hat der Vermieter die ernsthafte Absicht, das gesamte Anwesen (ehemaliges Studentenwohnheim) umzubauen und eine Kernsanierung durchzuführen sowie neue zeitgemäße Appartements zu schaffen, so muss er nicht die dem Mieter günstigste Lösung wählen. 2. Für die Ernsthaftigkeit der Planung sprechen ein weit fortgeschrittener Stand der Planungen sowie eine Bauvoranfrage und eine in Aussicht gestellte Baugenehmigung. Dass noch keine Baugenehmigung vorliegt, ist für die Wirksamkeit der Kündigung unschädlich. 3. Der Einwand eines Mieters, er sei auf die Wohnung wegen seines Parkausweises angewiesen, stellt erstens keinen Härtegrad iSd § 574 Abs. 1 BGB dar, denn ein Parkausweis könnte bei Umzug auch für eine andere Wohnung beantragt werden.	AG München, 12.1.2018, 433 C 20391/17	ZMR 2018, 774 Bueb jurisPR-MietR 19/2018 Anm. 1; Kasper IMR 2018, 418	§ 573 Abs. 2 Ziff. 3 BGB	✓
154	V	nein	Verwertungskündigung ohne Ausführung der erheblichen Nachteile des Vermieters	AG Augsburg, 16.11.2017, 18 C 3169/17	WuM 2019, 714	§ 573 Abs. 2 Ziff. 3 BGB	✗

Tabelle 3: Liste der Urteile zum Kündigungsrecht **Kündigungslexikon**

Lfd-Nr.	Kündigung durch (V/M)	Abmahnung	Leitsatz Orientierungssatz	Gericht, Datum, Aktenzeichen	Fundstelle Anmerkungen	Kündigung nach §	Erfolgreich
	Urteilstext: Zwar bedeutet das Umbauvorhaben der Klägerin der alten Wohnungen in eine Jugendherberge, ein Hostel und sanierte Wohnungen eine „angemessene wirtschaftliche Verwertung" des Grundstücks. Denn diese Pläne der Klägerin sind von vernünftigen und nachvollziehbaren Erwägungen getragen. Allerdings ist dem Kündigungsschreiben in nicht ausreichender Weise dargetan, dass die Klägerin bei einem Absehen vom Umbau „erhebliche Nachteile" erleiden würde. Die Gründe für ein berechtigtes Interesse des Vermieters und damit auch für die erheblichen Nachteile, die er im Falle der Fortführung des Mietverhältnisses erleiden würde, müssen dem Kündigungsschreiben entnommen werden können gem. § 573 Abs. 3 S. 1 BGB.						
155	V	nein	*Verwertungskündigung ohne erheblichen Nachteil des Vermieters*	LG Heidelberg, 14.11.2017, 5 S 59/16	WuM 2018, 38 = NZM 2018, 821 Kohlstrunk IMR 2018, 8	§ 573 Abs. 2 Ziff. 3 BGB	✗
	Urteilstext: Ein erheblicher Nachteil kann also nicht allein darin liegen, dass die Klägerin eine von ihr beabsichtigte – wie dargelegt sinnvolle und nachvollziehbare – Verwertung bei Fortbestand des Mietverhältnisses nicht umsetzen kann. Wäre es ausreichend, durch die Vermietung in der Freiheit eingeschränkt zu sein, den baulichen Zustand des eigenen Hauses zu verbessern, so hätte das gesetzliche Erfordernis des „erheblichen Nachteils" neben dem Tatbestandsmerkmal der „angemessenen wirtschaftlichen Verwertung" keine eigenständige Bedeutung mehr. Zwar ist es, wie dargelegt, nachvollziehbar und auch vor dem Hintergrund des öffentlichen Interesses an der Schaffung von Wohnraum und an der Einsparung von Heizenergie sogar begrüßenswert, wenn die Klägerin, anstelle nur bei Bedarf kleinere Reparaturen vorzunehmen, in ihr Gebäude investieren möchte und anlässlich ohnehin sinnvoller größerer Erneuerungen gleich eine „Ideallösung" mit Schaffung zusätzlichen hochwertigen Wohnraums anstrebt. Dies nicht umsetzen zu können, kann aber allein noch nicht die vom Gesetz geforderten erheblichen Nachteile begründen, sondern ist in eine umfassende Interessenabwägung einzustellen. Nach diesem Maßstab wiegen unter Berücksichtigung aller Umstände des Falles die Nachteile der anderen Verwertungsvarianten – kleinere Dachreparaturen nur anlässlich jeweils auftretender Undichtigkeiten einerseits oder Erneuerung des gesamten Daches unter Erhalt der bisherigen Raumaufteilung andererseits – gegenüber der angestrebten weitergehenden Lösung nicht so schwer, dass sie als „erheblich" anzusehen sind.						
156	V	nein	1. Die Kündigung nach § 573 Abs. 2 Nr. 3 BGB setzt einen erheblichen Nachteil beim Vermieter selbst voraus; ein Nachteil bei einer mit der vermietenden Gesellschaft persönlich und wirtschaftlichen verbundenen „Schwestergesellschaft" reicht insoweit nicht aus. 2. Zum Erfordernis einer konkreten	BGH, 27.9.2017, VIII ZR 243/16	WuM 2017, 656 = NZM 2017, 756 = GE 2017, 1403 = NJW-RR 2018, 12 = MDR 2018, 82 = DWW 2018, 19 = MietPrax-AK § 573 BGB Nr. 68 = ZMR 2018, 205 Geisler jurisPR-	§ 573 Abs. 2 Ziff. 3 BGB	✗

Kündigungslexikon

Lfd-Nr.	Kündigung durch (V/M)	Abmahnung	Leitsatz / *Orientierungssatz*	Gericht, Datum, Aktenzeichen	Fundstelle / Anmerkungen	Kündigung nach §	Erfolgreich
			Darlegung eines „erheblichen Nachteils" des Vermieters bei der Verwertungskündigung.		BGHZivilR 22/2017 Anm. 1; Beyer jurisPR-MietR 25/2017 Anm. 3; Börstinghaus IMR 2017, 475; Bruns NZM 2017, 759		

Urteilstext:
Schließlich hat das Berufungsgericht übersehen, dass gemäß § 573 Abs. 3 S. 1 BGB bei der Beurteilung der Wirksamkeit einer Kündigung nur die Gründe berücksichtigt werden können, die in der Kündigung angegeben worden sind; eine Ausnahme ist lediglich für nachträglich entstandene Gründe vorgesehen (§ 573 Abs. 3 S. 2 BGB). Die Interessen der Schwestergesellschaft an einer Sicherung ihrer Existenzgrundlage sind aber in dem Kündigungsschreiben, das ausschließlich mit der Aussicht auf eine Steigerung der Mieteinnahmen der Klägerin begründet ist, nicht ansatzweise aufgeführt. Vielmehr ist darin als Kündigungsgrund lediglich angegeben, die Klägerin wolle durch den geplanten Neubau höhere Pachteinnahmen erzielen; insoweit handelt es sich aber um einen anderen Kündigungsgrund als die später geltend gemachte Sicherung der Existenzgrundlage des von der Schwestergesellschaft betriebenen Modegeschäfts.

Lfd-Nr.	Kündigung durch (V/M)	Abmahnung	Leitsatz / *Orientierungssatz*	Gericht, Datum, Aktenzeichen	Fundstelle / Anmerkungen	Kündigung nach §	Erfolgreich
157	V	nein	*Verwertungskündigung ohne erheblichen Nachteil des Vermieters*	BGH, 10.5.2017, VIII ZR 292/15	GE 2017, 769 = WuM 2017, 410 = NJW-RR 2017, 976 = NZM 2017, 559 = MDR 2017, 989 = MietPrax-AK § 573 BGB Nr. 66 = ZMR 2017, 722 Abramenko IMR 2017, 306; Börstinghaus jurisPR-BGHZivilR 15/2017 Anm. 2	§ 573 Abs. 2 Ziff. 3 BGB	x

Urteilstext:
Der Senat kann diese Abwägung anhand der bisher getroffenen Feststellungen und des im Revisionsverfahren zugrunde zu legenden Vorbringens der Parteien selbst vornehmen, da das Berufungsgericht sie unterlassen hat, weitere (von dem im Revisionsverfahren zugrunde zu legenden Sachverhalt abweichende) Feststellungen aber hinsichtlich des zu bewertenden Nachteils nicht zu erwarten und daher auch nicht erforderlich sind (…). Danach entstehen dem Kläger keine erheblichen Nachteile iSd § 573 Abs. 2 Nr. 3 BGB. Denn nach dem im Revisionsverfahren maßgeblichen Sachverhalt entgehen ihm bei Fortbestand des Mietverhältnisses voraussichtlich keine höheren Mieteinnahmen und hat er auch keine Sanierungskosten zu tragen. Zudem ist – wie die Bekundungen des Vorstandsvorsitzenden des Klägers in der mündlichen Berufungsverhandlung belegen – weder die Sanierung der Gebäude noch deren

Tabelle 3: Liste der Urteile zum Kündigungsrecht **Kündigungslexikon**

Lfd-Nr.	Kündigung durch (V/M)	Abmahnung	Leitsatz *Orientierungssatz*	Gericht, Datum, Aktenzeichen	Fundstelle Anmerkungen	Kündigung nach §	Erfolgreich
			Finanzierung und damit auch nicht die Verwirklichung des Gesamtprojekts in Frage gestellt, sondern nur die Anzahl der im Wohngebäude realisierbaren Wohngruppenplätze.				
158	V	nein	*Verwertungskündigung des Käufers vor Eigentumsübergang*	AG Düsseldorf, 29.7.2016, 28 C 41/16	GE 2017, 665	§ 573 Abs. 2 Ziff. 3 BGB	✗
	Urteilstext: Der Klägerin steht weder aus § 546 Abs. 1 und 2 BGB noch aus § 985 BGB ein Anspruch auf Wohnungsräumung zu. Die Kündigungen vom 20.3.2015 haben das Mietverhältnis der Parteien nicht beendet. Da die Klägerin zum Zeitpunkt des Zugangs der Kündigungsschreiben noch nicht Eigentümerin der Liegenschaft war und sie ausweislich der Kündigungsschreiben auch nicht als Vertreterin der früheren Vermieterin die Kündigungen erklärt hat, beurteilt sich die Wirksamkeit der Kündigungen nach § 185 Abs. 1 BGB. Nach dieser Vorschrift kann der Vermieter insbesondere einen Käufer einer vermieteten Liegenschaft ermächtigen, schon vor Eigentumsübergang Rechte des Veräußerers geltend zu machen, insbesondere zu kündigen (…). Die Klägerin beruft sich insoweit auf eine entsprechende schriftliche Ermächtigung vom 27.2.2015 (…). Diese Ermächtigung hat die Klägerin aber nicht befugt, ein Kündigungsrecht nach § 573 Abs. 2 Nr. 3 BGB auszuüben. Nach dieser Vorschrift liegt ein berechtigtes Interesse des Vermieters an der Beendigung des Mietverhältnisses vor, wenn der Vermieter durch die Fortsetzung des Mietverhältnisses an einer angemessenen wirtschaftlichen Verwertung des Grundstücks gehindert und dadurch erhebliche Nachteile erleiden würde. Da es sich um eine Ermächtigung zur Geltendmachung von Rechten des Veräußerers handelt, ist hier auf dessen Interessen abzustellen. Da die hiesige Veräußerin die Liegenschaft verkauft hat, ist aber bereits im Ausgangspunkt nicht zu erkennen, dass sie durch die Fortsetzung des Mietverhältnisses an einer angemessenen wirtschaftlichen Verwertung des Grundstücks gehindert würde. Die von der Klägerin angeführten Entscheidungen des Bundesgerichtshofs zur Frage der Ermächtigung nach § 185 Abs. 1 BGB rechtfertigen keine andere Sicht der Dinge. In den Entscheidungen findet sich an keiner Stelle die Aussage, dass bei der Geltendmachung entsprechender Rechte auf die Position des künftigen Vermieters abzustellen wäre.						
159	V	nein	Bei Vermietung einer Wohnung durch zwei Miteigentümer bleiben beide auch dann Vermieter – und ist eine Kündigung gegenüber dem Mieter demgemäß von beiden Vermietern auszusprechen –, wenn der eine seinen Miteigentumsanteil später an den anderen veräußert. Auf einen solchen Eigentumserwerb findet § 566 Abs. 1 BGB weder direkte noch analoge Anwendung.	BGH, 9.1.2019, VIII ZB 26/17	MM 2019, Nr. 3, 29 = GE 2019, 249 = DWW 2019, 55 = NZM 2019, 208 = MDR 2019, 341 = NJW-RR 2019, 332 = ZMR 2019, 324; MietPrax-AK § 566 BGB Nr. 20 Börstinghaus jurisPR-BGHZivilR 7/2019 Anm. 1; Mummenhoff jurisPR-MietR 13/2019 Anm. 1; Hofele IMR	§ 573a BGB	✗

Kündigungslexikon — Glossartabelle

Lfd-Nr.	Kündigung durch (V/M)	Abmahnung	Leitsatz *Orientierungssatz*	Gericht, Datum, Aktenzeichen	Fundstelle Anmerkungen	Kündigung nach §	Erfolgreich
					2019, 133; Gutzeit JuS 2019, 584		

Urteilstext:
Gemäß § 566 Abs. 1 BGB tritt bei einer Veräußerung des vermieteten Wohnraums nach der Überlassung an den Mieter von dem Vermieter an einen Dritten der Erwerber anstelle des Vermieters in die sich während der Dauer seines Eigentums aus dem Mietverhältnis ergebenden Rechte und Pflichten ein. Nach dem Wortlaut des § 566 Abs. 1 BGB muss die Veräußerung an einen Dritten erfolgen, das heißt, der veräußernde Eigentümer und der Erwerber müssen personenverschieden sein, der Erwerber darf bis zum Erwerb nicht Vermieter gewesen sein (…). Eine direkte Anwendung des § 566 BGB kommt damit, wie das Beschwerdegericht im Ansatz noch zutreffend gesehen hat, nicht in Betracht.

Lfd-Nr.	Kündigung durch (V/M)	Abmahnung	Leitsatz *Orientierungssatz*	Gericht, Datum, Aktenzeichen	Fundstelle Anmerkungen	Kündigung nach §	Erfolgreich
160	V	nein	*Erleichterte Kündigung bei mehr als 2 Wohnungen im Wohnhaus*	LG Düsseldorf, 3.2.2016, 23 S 252/14	ZMR 2016, 624	§ 573a BGB	✗

Urteilstext:
Entgegen der Auffassung des Klägers hat sich die Tatsache der Existenz von mehr als zwei Wohnungen in dem Wohnhaus nicht dadurch geändert, dass er bis auf die Wohnung der Beklagten die restlichen Wohnungen in seinen Wohnbereich integriert hat oder noch integrieren will. Maßgeblich ist, ob nach den tatsächlichen Gegebenheiten die angeschlossene bzw. zusätzlich in Besitz genommene Wohnung sich weiterhin als eigenständige Wohnung eignen würde. Eine Kündigung nach § 573a BGB ist ausgeschlossen, wenn der Vermieter die weitere eigenständige Wohnung für sich selbst zu erweiterten Wohnzwecken nutzt, die in Besitz genommenen zusätzlichen Räumlichkeiten jedoch weiterhin die Definition des Wohnungsbegriffs erfüllen. Dann handelt es sich um ein Gebäude mit mehr als zwei Wohnungen (…).

Lfd-Nr.	Kündigung durch (V/M)	Abmahnung	Leitsatz *Orientierungssatz*	Gericht, Datum, Aktenzeichen	Fundstelle Anmerkungen	Kündigung nach §	Erfolgreich
161	V	nein	Bei der in einem Kaufvertrag des Vermieters über ein Hausgrundstück enthaltenen Vereinbarung, wonach der Mieter einer Wohnung des Hauses ein lebenslanges Wohnrecht haben und eine ordentliche Kündigung des Mietverhältnisses durch den in den Mietvertrag eintretenden Erwerber ausgeschlossen sein soll, handelt es sich um einen (echten) Vertrag zugunsten Dritter (hier: des Mieters) gemäß § 328 BGB. Der Mieter erwirbt	BGH, 14.11.2018, VIII ZR 109/18	GE 2018, 1592 = WuM 2019, 19 = MDR 2019, 154 = NZM 2019, 209 = ZMR 2019, 261 = MietPrax-AK § 328 BGB Nr. 1 Herlitz jurisPR-MietR 3/2019 Anm. 3	§ 573a BGB	✗

Tabelle 3: Liste der Urteile zum Kündigungsrecht **Kündigungslexikon**

Lfd-Nr.	Kündigung durch (V/M)	Abmahnung	Leitsatz *Orientierungssatz*	Gericht, Datum, Aktenzeichen	Fundstelle Anmerkungen	Kündigung nach §	Erfolgreich
			hierdurch unmittelbar das Recht, auf Lebenszeit von dem Käufer die Unterlassung einer ordentlichen Kündigung des Mietverhältnisses zu verlangen.				

Urteilstext:
Den Klägern steht gegen die Beklagten ein Anspruch auf Räumung und Herausgabe der von ihnen gemieteten Erdgeschosswohnung (§ 546 Abs. 1, § 985 BGB) nicht zu. Die Kündigung der Kläger ist unwirksam, weil ihr das im notariellen Kaufvertrag zwischen der Stadt Bochum und den Klägern vereinbarte lebenslange Wohnrecht der Beklagten entgegensteht. Das Berufungsgericht hat darin zu Recht einen echten Vertrag zugunsten Dritter (§ 328 BGB) gesehen, der den Beklagten eigene Rechte gegenüber den Klägern einräumt und eine Kündigung nach § 573 Abs. 2 Nr. 2 und 3 BGB sowie nach § 573a BGB ausschließt. Dies gilt, wie das Berufungsgericht ebenfalls zutreffend entschieden hat, unabhängig davon, ob die im Kaufvertrag enthaltenen Bestimmungen zum lebenslangen Wohnrecht der Beklagten als Individualvereinbarung oder als Allgemeine Geschäftsbedingungen anzusehen sind.

Lfd-Nr.	Kündigung durch (V/M)	Abmahnung	Leitsatz *Orientierungssatz*	Gericht, Datum, Aktenzeichen	Fundstelle Anmerkungen	Kündigung nach §	Erfolgreich
162	V	nein	Das Sonderkündigungsrecht nach § 573a Abs. 1 BGB ist ausgeschlossen, wenn in einem vom Vermieter selbst bewohnten Gebäude neben zwei Wohnungen Räume vorhanden sind, in denen eine eigenständige Haushaltsführung möglich ist, auch wenn diese als Gewerberaum vermietet sind, es sei denn, sie wurden schon vor Abschluss des Mietvertrags, für dessen Kündigung der Vermieter das Sonderkündigungsrecht in Anspruch nimmt, als gewerbliche Räume genutzt (…)	BGH, 18.2.2015, VIII ZR 127/14	GE 2015, 588 = WuM 2015, 309 = MDR 2015, 501 = ZMR 2015, 375 = NZM 2015, 452 = MietPrax-AK § 573a BGB Nr. 4	§ 573a BGB	✗

Urteilstext:
Unter einer Wohnung wird ein selbständiger, räumlich und wirtschaftlich abgegrenzter Bereich verstanden, der eine eigenständige Haushaltsführung ermöglicht. Für die Beurteilung, ob in einem Gebäude mehr als zwei Wohnungen vorhanden sind, ist – ungeachtet einer etwaigen

Kündigungslexikon

Lfd-Nr.	Kündigung durch (V/M)	Abmahnung	Leitsatz Orientierungssatz	Gericht, Datum, Aktenzeichen	Fundstelle Anmerkungen	Kündigung nach §	Erfolgreich
			abweichenden baurechtlichen Einordnung – die Verkehrsanschauung maßgebend (…). Da eine eigenständige Haushaltsführung gemeinhin voraussetzt, dass eine Küche oder eine Kochgelegenheit vorhanden ist (…), müssen die dafür erforderlichen Versorgungsanschlüsse (Wasser, Abwasser, Strom) vorhanden sein. Hingegen ist nicht erforderlich, dass die Küche mit Möbeln und Geräten ausgestattet ist (…). a) Hiernach kann keinen Zweifeln unterliegen, dass es sich bei dem Appartement im Dachgeschoss um eine eigenständige Wohnung handelt, die über einen durch eine Wohnungseingangstür räumlich abgeschlossenen Wohnbereich mit Bad und die für eine Küchenzeile erforderlichen Anschlüssen verfügt. Damit haben die Beklagten – worauf die Revision zu Recht hinweist – die streitgegenständliche Wohnung in einem Gebäude angemietet, in dem drei selbständige Wohneinheiten geplant waren und entstanden und nach den unangegriffenen Feststellungen des Berufungsgerichts auch nach wie vor vorhanden sind.				
163	V	nein	*Erleichterte Kündigung bei mehr als einer Doppelhaushälfte*	LG Köln, 23.4.2015, 1 S 231/14	WuM 2015, 680	§ 573a BGB	✗
	Urteilstext: Nach § 573a Abs. 1 BGB kann der Vermieter ein Mietverhältnis über eine Wohnung in einem vom Vermieter selbst bewohnten Gebäude mit nicht mehr als zwei Wohnungen auch kündigen, ohne dass es eines berechtigten Interesses iSd § 573 BGB bedarf. Der Begriff des Gebäudes iSd § 573a BGB bestimmt sich nach der Verkehrsauffassung, nicht nach der Ausweisung im Grundbuch als einheitliches Gebäude. Danach werden Reihenhäuser oder Doppelhaushälften als (selbständige) Gebäude angesehen (…). In diesem Zusammenhang zu berücksichtigen sind ua die Bautechnik, insbesondere die Trennung durch eine Brandschutzmauer, sowie das äußere Erscheinungsbild (…).						
164	V	nein	Kündigung einer Einliegerwohnung mit weiterer Wohneinheit im Keller	AG Nürtingen, 20.12.2016, 10 C 2353/15	WuM 2017, 538	§ 573a BGB	✗
	Urteilstext: Die Kündigung (…) konnte auch nicht wirksam auf den Kündigungsgrund des § 573a Abs. 1 BGB gestützt werden. Zwar handelt es sich bei dem streitgegenständlichen Mietverhältnis um ein Mietverhältnis über eine Wohnung in einem vom Vermieter selbst bewohnten Gebäude. Allerdings weist dieses Gebäude mehr als zwei Wohnungen auf. Bei den Räumlichkeiten im Untergeschoß, welche derzeit an einen Schornsteinfeger vermietet sind, handelt es sich um eine Wohnung iSd § 573a Abs. 1 BGB. Nach der hierzu ergangenen Rechtsprechung des Bundesgerichtshofs gilt folgendes: Für die Beurteilung, ob in einem Gebäude mehr als zwei Wohnungen vorhanden sind, ist die Verkehrsanschauung maßgebend; auf eine eventuelle baurechtswidrige Errichtung kommt es danach schon deshalb nicht an, weil trotz Baurechtswidrigkeit eine tatsächliche Wohnnutzung erfolgen kann. Unter einer Wohnung wird gemeinhin ein selbstständiger, räumlich und wirtschaftlich abgegrenzter Bereich verstanden, der eine eigenständige Haushaltsführung ermöglicht (…).						
165	V	nein	*Kündigung einer Einliegerwohnung mit weiterer Wohneinheit im Dachgeschoss*	LG Osnabrück, 3.6.2016, 12 S 27/16		§ 573a BGB	✗
	Urteilstext: Der Kläger war nicht gem. § 573a Abs. 1 BGB zur Kündigung berechtigt. Die Voraussetzung „Gebäude mit nicht mehr als zwei Wohnungen" lag zum Zeitpunkt der Kündigung (…) nicht vor. Neben der von den Beklagten bewohnten Wohnung im Erdgeschoss existierten weitere						

Tabelle 3: Liste der Urteile zum Kündigungsrecht **Kündigungslexikon**

Lfd-Nr.	Kündigung durch (V/M)	Abmahnung	Leitsatz Orientierungssatz	Gericht, Datum, Aktenzeichen	Fundstelle Anmerkungen	Kündigung nach §	Erfolgreich
			Wohnungen im Obergeschoss und Dachgeschoss. Das Amtsgericht hat durch Inaugenscheinnahme auch festgestellt, dass diese beiden Wohnungen vollständig baulich getrennt sind (GA 54). Dass diese bauliche Trennung schon zum Zeitpunkt der Kündigung vorhanden war, hat der Kläger erstinstanzlich nicht in Abrede gestellt. Soweit die Berufung nunmehr erstmals vorträgt, dass die Wohnung im Dachgeschoss zum Zeitpunkt der Kündigung noch „gar nicht vorhanden" gewesen sei und der Kläger nach dem Auszug der Familie A. im ersten Obergeschoss, nicht im Dachgeschoss gewohnt habe (…), handelt es sich um neues Vorbringen, das nicht gemäß § 531 Abs. 2 ZPO zuzulassen ist.				
166	V	nein	*Kündigung der Mansarden, die zu Wohnzwecken genutzt werden*	AG Düsseldorf, 8.11.2011, 36 C 3220/11		§ 573b BGB	✗
			Urteilstext: Sowohl im Rahmen des Mietvertrages aus dem Jahre 1975 als auch des Nachtrages aus dem Jahre 1986 sind die Mansarden in die angegebene Wohnfläche einbezogen worden. Bereits der Wortlaut „Wohnfläche" spricht zweifelsfrei für eine Überlassung zu Wohnzwecken. Zudem ist für die Mansarden keine separate Miete festgesetzt worden, vielmehr sind diese in die Gesamtmiete einbezogen worden. Wie sich insbesondere aus dem Nachtrag vom 13.10.1986 ergibt, ist insoweit auch nicht etwa ein ermäßigter Quadratmeterpreis zugrunde gelegt worden, sondern eben jener, welcher auch im Hinblick auf die sonstigen Räume der Wohnung gilt. Ferner spricht für die Überlassung zu Wohnzwecken der Umstand, dass die Mansarden nach dem unbestrittenen Vortrag der Beklagten früher als Dienstmädchenzimmer errichtet und verwandt wurden, weshalb in der vierten Etage, wo sich sämtliche Mansarden befinden, auch ein Etagenbad vorhanden ist. Die Schaffung der Mansarden geschah damit zur Nutzung als Wohnraum. Diese Zweckbestimmung gilt grundsätzlich fort, solange keine ausdrückliche oder konkludente Umwidmung erfolgt. Dass dies vorliegend der Fall war, ist weder vorgetragen noch sonst ersichtlich. Vielmehr ist es unstreitig so, dass die Beklagten die Mansarden seit jeher als Wohnraum nutzen.				
167	V	nein	*Kündigung eines Kellerraums, um einen anderen Raum zu Wohnzwecken umzubauen*	AG Köpenick, 31.5.2011, 7 C 69/11	GE 2011, 1025	§ 573b BGB	✗
			Urteilstext: Die hilfsweise ausgesprochene Teilkündigung des Mietvertrages hinsichtlich des Kellerraums hat diesen nicht beendet und begründet deshalb auch keinen Herausgabeanspruch, denn die besonderen Voraussetzungen für eine Teilkündigung gemäß § 573 Abs. 1 Ziff. 1 BGB liegen nicht vor. Die Klägerin beabsichtigt nämlich nicht, aus dem Keller- als Nebenraum im Sinne von § 573b Abs. 1 BGB neuen Wohnraum zu schaffen. Das Freiwerden des Kellerraums soll vielmehr die Umgestaltung eines anderen Nebenraums zum Wohnen ermöglichen. Als Ausnahmevorschrift ist § 573b BGB indes eng auszulegen, so dass der wörtliche Auslegung („… diese Räume … dazu verwenden will, …") maßgeblich ist. Auf den in Ziffer 2 bestimmten Tatbestand hat die Klägerin die Teilkündigung nicht gestützt, insoweit wäre aber auch zu berücksichtigen, dass der zu schaffende Fahrradabstellraum derzeit ja vorhanden gewesen ist.				

Teil 10. Formulare

A. Kündigungsschreiben

I. Ordentliche Kündigung gem. § 573 Abs. 2 Ziff. 1 BGB wegen Störungen

Rechtsanwalt….. 1

…..
(alle Mieter)
Sehr geehrte Frau….
Sehr geehrter Herr ….
Kraft anliegender Vollmacht zeige ich an, dass mich Ihre Vermieter, Herr und Frau ….., mit der Vertretung beauftragt haben. Die Vollmacht berechtigt auch zum Ausspruch der Kündigung.

Namens und im Auftrage meiner Mandanten kündige ich hiermit den zwischen meinen Mandanten und Ihnen abgeschlossenen Wohnraummietvertrag vom….. über die Wohnung….. fristgerecht zum…. wegen fortlaufenden Verstoßes gegen ihre vertraglichen Pflichten.

Sie nehmen keinerlei Rücksicht auf die übrigen Bewohner des Hauses. Sie lärmen nachts so stark, dass die übrigen Mieter nicht zur Ruhe kommen. Es kam schon mehrfach zu Polizeieinsätzen. Wegen dieser Vorfälle würden Sie bereits zweimal abgemahnt, ohne dass sich ihr Verhalten auch nur im Geringsten geändert hätte. Auch nach den beiden Abmahnungen ist es zu weiteren Vorfällen gekommen.

Im Einzelnen:
a) Vorfall 1:
b) Vorfall 2:
c) Vorfall 3:

Sie können dieser Kündigung gemäß §§ 574 ff. BGB schriftlich bis zum ….. widersprechen. Ein Widerspruch hat indes nur Erfolg, wenn die Beendigung des Mietverhältnisses für Sie, Ihre Familie oder einen anderen Angehörigen Ihres Haushalts eine Härte bedeuten würde, die auch unter Würdigung der Interessen meiner Mandanten nicht zu rechtfertigen ist. Für den Fall, dass Sie Widerspruch erheben, bitte ich Sie mir zugleich die Gründe für den Widerspruch mitzuteilen.[1]

Einer stillschweigenden Verlängerung des Mietverhältnisses (§ 545 BGB) widerspreche ich bereits an dieser Stelle.

Wegen der Übergabe der Wohnung werden meine Mandanten sich unmittelbar mit Ihnen in Verbindung setzen.

…..
Rechtsanwalt

---

[1] Der Hinweis ist gem. § 574 Abs. 1 S. 2 BGB überflüssig, wenn auch ein Grund vorliegt, der den Vermieter zur außerordentlichen fristlosen Kündigung berechtigt. Dabei ist es nicht erforderlich, dass der Vermieter die außerordentliche Kündigung auch erklärt hat; es genügt, wenn dem Vermieter bei Zugang der ordentlichen Kündigung (auch) ein Recht zur fristlosen Kündigung zusteht (BGH NJW-RR 2020, 956).

II. Ordentliche Kündigung gem. § 573 Abs. 2 Ziff. 1 BGB wegen unpünktlicher Mietzahlung

2 Rechtsanwalt…..

…..

(alle Mieter)
Sehr geehrte Frau….
Sehr geehrter Herr ….
Kraft anliegender Vollmacht zeige ich an, dass mich Ihre Vermieter, Herr und Frau ….., mit der Vertretung beauftragt haben. Die Vollmacht berechtigt auch zum Ausspruch der Kündigung.

Namens und im Auftrage meiner Mandanten kündige ich hiermit den zwischen meinen Mandanten und Ihnen abgeschlossenen Wohnraummietvertrag vom….. über die Wohnung….. fristgerecht zum…. wegen fortlaufenden Verstoßes gegen ihre vertraglichen Pflichten.

Nach dem zwischen Ihnen und meinen Mandanten bestehenden Mietvertrag schulden Sie eine monatliche Bruttomiete inkl. aller Betriebs- und Heizkostenvorauszahlungen von ….. EUR. Die Miete ist nach den einschlägigen gesetzlichen Bestimmungen jeweils bis zum dritten Werktag zu zahlen. Sie zahlen die Miete schon seit einiger Zeit permanent verspätet. Meine Mandanten haben Sie deshalb bereits mehr abgemahnt.

Im Einzelnen:

a) Januar 20..: Die Mietzahlung ist am 20.1. auf dem Konto meiner Mandanten gutgeschrieben worden.

b) Februar 20..: Die Mietzahlung ist am 15.2. auf dem Konto meiner Mandanten gutgeschrieben worden.

c) März 20..: Die Mietzahlung ist am 21.3. auf dem Konto meiner Mandanten gutgeschrieben worden.

Am 22.3. erfolgte eine Abmahnung wegen unpünktlicher Mietzahlung.

d) April 20..: Die Mietzahlung ist am 19.4. auf dem Konto meiner Mandanten gutgeschrieben worden.

e) Mai 20..: Die Mietzahlung ist am 17.5. auf dem Konto meiner Mandanten gutgeschrieben worden.

Am 22.5. erfolgte eine zweite Abmahnung wegen unpünktlicher Mietzahlung.

f) Juni 20..: Die Mietzahlung ist am 14.6. auf dem Konto meiner Mandanten gutgeschrieben worden.

g) Juli 20..: Die Mietzahlung ist am 18.6. auf dem Konto meiner Mandanten gutgeschrieben worden.

Soweit Sie meinen Mandanten gegenüber geäußert haben, dass durch die monatelange unpünktliche Zahlung der Fälligkeitstermin der Mietzahlungen verschoben worden sei, ist dies rechtlich kaum haltbar. Meine Mandanten waren damit nie einverstanden. Das bloße Schweigen stellt auch keine Zustimmung dar, zumal meine Mandanten das Zahlungsverhalten auch ausdrücklich gerügt haben.

Einer stillschweigenden Verlängerung des Mietverhältnisses (§ 545 BGB) widerspreche ich bereits an dieser Stelle.

Sie können dieser Kündigung gemäß §§ 574 ff. BGB schriftlich bis zum ….. widersprechen. Ein Widerspruch hat indes nur Erfolg, wenn die Beendigung des Mietverhältnisses für Sie, Ihre Familie oder einen anderen Angehörigen Ihres Haushalts eine Härte bedeuten würde, die auch unter Würdigung der Interessen meiner Mandanten nicht zu rechtfertigen ist. Für den Fall, dass Sie Widerspruch erheben, bitte ich Sie mir zugleich die Gründe für den Widerspruch mitzuteilen.[2]

---

[2] Der Hinweis ist gem. § 574 Abs. 1 S. 2 BGB überflüssig, wenn auch ein Grund vorliegt, der den Vermieter zur außerordentlichen fristlosen Kündigung berechtigt. Dabei ist es nicht erforderlich, dass der

Wegen der Übergabe der Wohnung werden meine Mandanten sich unmittelbar mit Ihnen in Verbindung setzen.
…..
Rechtsanwalt

III. Ordentliche Kündigung gem. § 573 Abs. 2 Ziff. 2 BGB wegen Eigenbedarfs

Rechtsanwalt….. 3
…..
(alle Mieter)
Sehr geehrte Frau….
Sehr geehrter Herr ….
Kraft anliegender Vollmacht zeige ich an, dass mich Ihre Vermieter, Herr und Frau ….., mit der Vertretung beauftragt haben. Die Vollmacht berechtigt auch zum Ausspruch der Kündigung.

Namens und im Auftrage meiner Mandanten kündige ich hiermit den zwischen meinen Mandanten und Ihnen abgeschlossenen Wohnraummietvertrag vom….. über die Wohnung….. fristgerecht zum…. wegen Eigenbedarfs auf Seiten meiner Mandanten

Unsere Mandanten benötigen die Wohnung für ihren am …. geborenen Sohn. Dieser wird mit Beginn des Wintersemesters an der hiesigen Universität sein Studium beginnen. Er hat einen Studienplatz bereits erhalten. Mit Beginn dieses neuen Lebensabschnitts will unser Sohn aus dem elterlichen Haus ausziehen und einen eigenen Hausstand begründen. Dies wollen meine Mandanten unterstützen und stellen ihm deshalb die zurzeit noch von Ihnen bewohnte Wohnung zur Verfügung.

Die von Ihnen innegehaltene Wohnung liegt räumlich günstig zur Universität. Der Weg ist sogar kürzer als von der elterlichen Wohnung. Von dort beträgt die Entfernung zur Universität 25 km. Da der Sohn unserer Mandanten keine PKW hat, müsste diese Streck mit öffentlichen Verkehrsmitteln zurücklegen. Dies würde ca. eine Stunde für die einfache Strecke dauern. Wie Sie wissen, ist die Universität dagegen von der von Ihnen bewohnten Wohnung in 10 Minuten zu Fuß zu erreichen.

Außerdem beabsichtigt der Sohn meiner Mandanten auch mit seiner Freundin zusammenzuziehen.

Die von Ihnen angemietete Wohnung ist für diese Zwecke sehr gut geeignet. Alternativer Wohnraum steht meinen Mandanten weder für ihren Sohn noch für Sie zur Verfügung.

Sie können dieser Kündigung gemäß §§ 574 ff. BGB schriftlich bis zum ….. widersprechen. Ein Widerspruch hat indes nur Erfolg, wenn die Beendigung des Mietverhältnisses für Sie, Ihre Familie oder einen anderen Angehörigen Ihres Haushalts eine Härte bedeuten würde, die auch unter Würdigung meiner berechtigten Interessen nicht zu rechtfertigen ist. Für den Fall, dass Sie Widerspruch erheben, bitte ich Sie mir zugleich die Gründe für den Widerspruch mitzuteilen.

Einer stillschweigenden Verlängerung des Mietverhältnisses (§ 545 BGB) widerspreche ich bereits an dieser Stelle.

Wegen der Übergabe der Wohnung werden meine Mandanten sich unmittelbar mit Ihnen in Verbindung setzen.
…..
Rechtsanwalt

Vermieter die außerordentliche Kündigung auch erklärt hat; es genügt, wenn dem Vermieter bei Zugang der ordentlichen Kündigung (auch) ein Recht zur fristlosen Kündigung zusteht (BGH NJW-RR 2020, 956).

IV. Außerordentliche fristlose und hilfsweise ordentliche Kündigung des Vermieters wegen Zahlungsverzuges gemäß § 543 Abs. 2 Nr. 3 BGB

4 Rechtsanwalt ....
An
......
(alle Mieter)
Sehr geehrte Frau ...
Sehr geehrter Herr ...
Kraft anliegender Vollmacht zeige ich an, dass mich Ihre Vermieter, Herr ... und Frau ... mit der Wahrnehmung ihrer rechtlichen Interessen beauftragt haben. Die Vollmacht berechtigt auch zum Ausspruch der Kündigung.
Namens und im Auftrag meiner Mandanten kündige ich Ihnen hiermit den zwischen meinen Mandanten und Ihnen abgeschlossenen Mietvertrag vom .... über die Wohnung .... außerordentlich und fristlos wegen Zahlungsverzug gemäß § 543 Abs. 2 Nr. 3 BGB.
Hilfsweise kündige ich das Mietverhältnis gemäß § 573 Abs. 2 Nr. 1 BGB ordentlich zum ....[3]
Die Miete für die vergangen zwei Monate, den Monat .... und den Monat ..., jeweils fällig zum 3. Werktag des Monats, haben Sie bis heute nicht gezahlt.
[Variante: Seit ... haben Sie die Miete nicht mehr in der geschuldeten Höhe entrichtet, sondern zu Unrecht Teilbeträge einbehalten. Der Mietrückstand setzt sich inzwischen wie folgt zusammen ...[4] Sie sind damit insgesamt mit einem Betrag in Verzug, der die Miete für zwei Monate erreicht.]
Damit liegt ein Rückstand vor, der meine Mandanten zur außerordentlichen fristlosen Kündigung berechtigt.
Einer etwaigen Fortsetzung des Mietverhältnisses gemäß § 545 BGB widerspreche ich ausdrücklich.
Wegen der Übergabe der Wohnung werden sich meine Mandanten mit Ihnen zeitnah in Verbindung setzen.
......
Rechtsanwalt

V. Außerordentliche fristlose Kündigung des Mieters wegen Nichtgewährung des vertragsgemäßen Gebrauchs der Mietsache gemäß § 543 Abs. 2 Nr. 1 BGB

5 Rechtsanwalt ....
An
......
(alle Vermieter)
Sehr geehrte Frau ...
Sehr geehrter Herr ...
Kraft anliegender Vollmacht zeige ich an, dass mich Ihre Mieter, Herr ... und Frau ... mit der Wahrnehmung ihrer rechtlichen Interessen beauftragt haben. Die Vollmacht berechtigt auch zum Ausspruch der Kündigung.
Namens und im Auftrag meiner Mandanten kündige ich Ihnen hiermit den zwischen meinen Mandanten und Ihnen abgeschlossenen Mietvertrag vom .... über die Wohnung .... außerordentlich wegen Nichtgewährung des vertragsgemäßen Gebrauchs gemäß § 543 Abs. 2 Nr. 1 BGB.

---

[3] Die hilfsweise erklärte ordentliche Kündigung hat neben der außerordentlichen Kündigung Bedeutung, wenn die außerordentliche Kündigung durch eine unverzüglich erklärte Aufrechnung (§ 543 Abs. 2 S. 3 BGB) bzw. Mietzahlung oder Verpflichtungserklärung einer öffentlichen Stelle innerhalb der „Schonfrist" (§ 569 Abs. 3 Nr. 2 S. 1 BGB) nachträglich unwirksam wird.

[4] Es empfiehlt sich zur Ermittlung des gesamten kündigungsrelevanten Mietrückstandes eine tabellarische Zusammenstellung der geschuldeten Miete und der geleisteten Miete nach Monaten.

B. Mieterschreiben

Der mietvertraglich vereinbarte Übergabetermin für die Wohnung war der …. Bis zu diesem Zeitpunkt sollten von Ihnen die Bauarbeiten im Badezimmer und die Elektroarbeiten in der Küche abgeschlossen werden. Am vereinbarten Übergabetermin mussten meine Mandanten feststellen, dass die genannten Arbeiten keineswegs abgeschlossen waren. Mit Schreiben vom … habe ich Ihnen daher eine letzte Frist zum Abschluss der Bauarbeiten/zur Fertigstellung der Wohnung bis zum … gesetzt.[5] Auch diese mit drei Wochen angemessen bemesse Frist ist nunmehr fruchtlos verstrichen.

Damit liegt eine Nichtgewährung des vertragsgemäßen Gebrauches der Mietsache vor, die meine Mandanten zur außerordentlichen fristlosen Kündigung gemäß § 543 Abs. 2 S. 1 Nr. 1 BGB berechtigt.

…..
Rechtsanwalt

B. Mieterschreiben

I. Zurückweisung der Kündigung wegen fehlender Vollmacht

Rechtsanwalt…..   6

…..

(Vermieter-Vertreter)
Sehr geehrte(r) Frau Rechtsanwältin….
Sehr geehrter Herr Rechtsanwalt ….
Kraft anliegender Vollmacht[6] zeige ich an, dass mich die Eheleute, Herr und Frau ….., mit der Vertretung beauftragt haben.

Namens und im Auftrag meiner Mandanten weise ich die von Ihnen mit Scheiben vom …….., meinen Mandanten am ………. zugegangen[7], zurück. Dem Schreiben war keine Originalvollmacht[8] beigefügt.

……….
Rechtsanwalt

II. Kündigungswiderspruch wegen fehlendem angemessenen Ersatzwohnraum

Rechtsanwalt …..   7

…..

Sehr geehrte(r) Frau Rechtsanwältin….
Sehr geehrter Herr Rechtsanwalt ….
kraft anliegender Vollmacht zeige ich an, dass mich die Eheleute, Herr und Frau ….., mit der Vertretung beauftragt haben. Ihr Kündigungsschreiben liegt mir vor.

Der von Ihnen ausgesprochenen Kündigung wegen Eigenbedarfs widerspreche ich hiermit fristgerecht und verlange namens und im Auftrag meiner Mandanten die Fortsetzung des Mietverhältnisses.

Meine Mandanten bewohnen mit ihren drei Kindern die 4 ½ Zimmer große Wohnung. 4 ½ Zimmerwohnungen sind in …… unterdurchschnittlich vorhanden. Insofern gibt es

---

[5] Da die Gewährung des vertragsgemäßen Gebrauchs der Mietsache eine mietvertragliche (Haupt-)Pflicht des Vermieters ist, ist die Kündigung gemäß § 543 Abs. 3 S. 1 BGB erst nach Ablauf einer zur Abhilfe gesetzten angemessenen Frist zulässig.

[6] Da auch die Zurückweisung eine einseitige Willenserklärung darstellt, muss im Fall einer Vertretung auch dem Zurückweisungsschreiben eine Vollmacht beigefügt sein; andernfalls kann der Kündigende die Zurückweisung wiederum gem. § 174 BGB zurückweisen mit der Folge, dass der Mieter oder sein Vertreter die Zurückweisung der Kündigung zwar wiederholen kann, dass diese erneute Zurückweisung durch den Mieter regelmäßig aber verspätet ist.

[7] Die Zurückweisung muss unverzüglich erfolgen. Unverzüglich bedeutet nicht sofort. Nach der Legaldefinition des § 121 Abs. 1 S. 1 BGB darf kein schuldhaftes Zögern vorliegen.

[8] Der Nachweis der Vertretungsmacht kann nur durch Vorlage der Urkunde im Original oder als Ausfertigung geführt werden.

bekanntlich einen stark angespannten Wohnungsmarkt. Viele Vermieter wollen Wohnungen dieser Größe auch nicht an Familien mit drei Kindern vermieten.

Meine Mandanten haben seit Erhalt des Kündigungsschreibens bisher vergeblich versucht, eine Ersatzwohnung zu finden. Sie haben sich bei der Gemeinde als Wohnungssuchende notieren lassen. Sie haben sich bei allen größeren Vermietern in der Gemeinde auf die Warteliste für eine 4½ Zimmerwohnung setzen lassen. Sie haben darüber hinaus auf entsprechende Angebote in Tageszeitungen und Internetbörsen Bewerbungen geschrieben und, soweit überhaupt eine Antwort erfolgte, nur Absagen erhalten. Meine Mandanten werden diese Bemühungen selbstverständlich weiter fortsetzen und Sie unverzüglich informieren, wenn diese Erfolg haben sollten. Die einzelnen Bemühungen können im Prozess alle darlegt werden.

Aus den vorgenannten Gründen bitte ich um Zustimmung Ihrer Mandanten, das Mietverhältnis zunächst fortzusetzen.

…..
Rechtsanwalt

III. Kündigungswiderspruch wegen Härtegründen (Gesundheit)

8 Rechtsanwalt…..

…..

(Vermieter-Vertreter)
Sehr geehrte(r) Frau Rechtsanwältin….
Sehr geehrter Herr Rechtsanwalt ….

Kraft anliegender Vollmacht zeige ich an, dass mich Frau ….., mit der Vertretung beauftragt hat. Ihr Kündigungsschreiben liegt mir vor.

Der von Ihnen ausgesprochenen Kündigung wegen Eigenbedarfs widerspreche ich hiermit fristgerecht und verlange namens und im Auftrag meiner Mandanten die Fortsetzung des Mietverhältnisses.

Meine Mandantin befindet sich wegen einer psychiatrischen Erkrankung seit …..in fachärztlicher Behandlung. Sie leidet unter schwersten Depressionen und ist akut Suizid gefährdet. Der Zustand würde sich bereits durch die Erhebung einer Räumungsklage und erst recht durch ein Räumungsurteil noch massiv verschlimmert. Der Gedanke, ihre über Jahre hinweg innegehabte Wohnung aufgeben zu müssen, löst panische Angstzustände und regelrechte Psychosen bei ihr aus. Dieser Zustand kann zurzeit auch nicht durch andere Maßnahmen gelindert werden. Im Räumungsprozess wird meine Mandantin die erforderlichen fachärztlichen Bescheinigungen vorlegen, so dass das Gericht ggf. sogar von Amts wegen entsprechende Sachverständigengutachten wird einholen müssen. Diese werden die hiesigen Darlegungen bestätigen. Eine Besserung seines Gesundheitszustandes ist auf absehbare Zeit nicht zu erwarten.

Ausnahmsweise ist es daher gerechtfertigt, das Mietverhältnis ohne zeitliche Befristung fortzusetzen.

…..
Rechtsanwalt

C. Räumungsklagen

I. Klage auf Räumung und Herausgabe von Wohnraum (allgemein)

An das
Amtsgericht[9] …
– Zivilabteilung –

Klage

des Herrn …
– Klägers –,
Prozessbevollmächtigte: …

gegen

Herrn …
– Beklagten –,
wegen: Räumung und Herausgabe von Wohnraum[10]
Streitwert vorläufig: 4.800 Euro (12 x monatliche Kaltmiete 400 Euro)[11]

Namens und in Vollmacht des Klägers erheben wir Klage gegen den Beklagten und werden beantragen:

1. Der Beklagte wird verurteilt, die Wohnung im Hause A-Straße in 44145 Dortmund, 3. OG links, bestehend aus 3 Zimmern, Küche, Diele und Bad nebst Kellerraum (UG, 4. Keller von links), zu räumen und geräumt an den Kläger herauszugeben.
2. Ggf. Anträge zu Kosten und vorläufiger Vollstreckbarkeit[12]
3. Wir regen die Durchführung des schriftlichen Vorverfahrens an.

Für den Fall der Anordnung des schriftlichen Vorverfahrens wird bereits jetzt beantragt, dass, wenn der Beklagte seine Verteidigungsbereitschaft nicht rechtzeitig anzeigt, ihn durch Versäumnisurteil im schriftlichen Vorverfahren zu verurteilen[13].

Begründung

I.

Der Kläger ist Eigentümer des Hauses A-Straße in 44145 Dortmund. Mit Mietvertrag vom 2.5.2011 (Anlage K1[14]) vermietete der Kläger an den Beklagten die im 3. OG links des Hauses gelegene Wohnung. Mittlerweile beträgt der Mietzins für die Wohnung 590 Euro (480 Euro Kaltmiete zzgl. 110 Euro Nebenkostenvorauszahlungen). Ausweislich des Mietvertrages sind die Mieten spätestens zum dritten Werktag des Monats im Voraus zu entrichten.

Der Beklagte hat die Mieten für die Monate September, Oktober und November 2020 nicht gezahlt. Der Kläger hat daraufhin mit Schreiben vom 10.11.2020 (Anlage K2) das Mietverhältnis fristlos, hilfsweise ordentlich, gekündigt und der Fortsetzung des Mietver-

---

[9] Die sachliche – ausschließliche – Zuständigkeit des Amtsgerichts für Wohnraummietstreitigkeiten folgt aus § 23 Ziffer 2a GVG. Die örtliche Zuständigkeit folgt aus § 29a Abs. 1 ZPO.
[10] Hier sollte der Streitgegenstand schon so genau wie möglich bezeichnet werden, um eine schnelle Zuordnung zum zuständigen Spruchkörper zu ermöglichen.
[11] Die (Räumungs-)Klage soll gemäß § 12 Abs. 1 S. 1 GKG erst nach Zahlung des Gerichtskostenvorschusses zugestellt werden. Die zur Streitwertberechnung erforderlichen Angaben sollten daher, um Rückfragen des Gerichts und damit eine Verzögerung der Zustellung zu verhindern, bereits in der Klageschrift dargestellt werden. Der Zuständigkeitsstreitwert bestimmt sich bei der Räumungsklage nach der Jahresnettokaltmiete, § 41 Abs. 1, 2 GKG, so dass die Betriebskostenanteile herauszurechnen sind.
[12] Sowohl die Entscheidung über die Kosten des Rechtsstreits als auch die Entscheidung über die vorläufige Vollstreckbarkeit des Urteils trifft das Gericht von Amts wegen. Eines Antrags bedarf es daher nicht zwingend.
[13] Auch vor Ablauf der Schonfrist des § 569 Abs. 3 Ziffer 2 BGB kann nach zutreffender Auffassung ein Versäumnisurteil im schriftlichen Vorverfahren erlassen werden (vgl. nur LG Berlin LSK 2010, 40097 (Ls.)). Daher sollte der gemäß § 331 Abs. 3 S. 1 ZPO notwendige Antrag auf Erlass eines Versäumnisurteils im schriftlichen Vorverfahren bereits in der Klageschrift gestellt werden.
[14] Anlagen sind für die Schlüssigkeit der Klage nicht erforderlich, sollten aber aus prozessökonomischen Gründen bereits frühestmöglich beigefügt werden.

hältnisses widersprochen[15]. Das Schreiben wurde am 11.11.2020 durch die Mitarbeiterin des Klägers, Frau X, in den Hausbriefkasten des Beklagten eingeworfen. In dem Schreiben wurde der Beklagte zur Räumung und Herausgabe spätestens bis zum 15.11.2020 aufgefordert.

Beweis: Zeugnis der Frau X, zu laden über den Kläger

Auf das Schreiben regierte der Beklagte nicht. Daraufhin wurde der Beklagte durch weiteres Schreiben vom 17.11.2020 (Anlage K3) nochmals zur Räumung und Herausgabe aufgefordert. Der Fortsetzung des Mietverhältnisses wurde nochmals widersprochen. Auch auf dieses Schreiben reagierte der Beklagte nicht.

Der Beklagte leistete schon in der Vergangenheit die Mietzahlungen unpünktlich. Da sich der Beklagte im Jahr 2018 mit den Zahlungen der Miete für September, Oktober und November in Verzug befand, hatte der Kläger bereits mit Schreiben vom 10.12.2018 das Mietverhältnis fristlos gekündigt. Nach Zugang des Schreibens hat der Beklagte am 20.12.2018 den damals rückständigen Betrag vollständig ausgeglichen.

II.

Der Kläger hat gegen den Beklagten einen Anspruch auf Räumung und Herausgabe der im Antrag zu Ziffer 1. bezeichneten Mietwohnung aus § 546 Abs. 1 BGB, da der Kläger das Mietverhältnis aufgrund Zahlungsverzug mit Kündigung vom 10.11.2020 wirksam gekündigt hat[16].

Vorsorglich erklären wir nochmals namens und in Vollmacht des Klägers die fristlose, hilfsweise fristgemäße Kündigung des zwischen den Parteien bestehenden Mietverhältnisses aufgrund des Rückstands des Beklagten mit den Mieten für die Monate September, Oktober und November 2020 in Höhe von insgesamt 1.770 Euro[17].

Auf die Heilungswirkung des § 569 Abs. 3 Ziffer 2 BGB wird sich der Beklagte im vorliegenden Rechtsstreit, auch wenn er die Rückstände innerhalb von zwei Monaten nach Zustellung der Klage vollständig begleicht, nicht mehr berufen können, da innerhalb der letzten zwei Jahre bereits eine Kündigung aufgrund dieser Regelung unwirksam wurde.

II. Klage auf Räumung und Herausgabe von Wohnraum sowie Zahlung (allgemein)

10 An das
   Amtsgericht[18] …
   – Zivilabteilung –

   Klage

   des Herrn …
   – Klägers –,
   Prozessbevollmächtigte: …

   gegen

---

[15] Setzt der Mieter nach Ablauf der Mietzeit den Gebrauch der Mietsache fort, so verlängert sich das Mietverhältnis auf unbestimmte Zeit, sofern nicht eine Vertragspartei ihren entgegenstehenden Willen innerhalb von zwei Wochen dem anderen Teil erklärt, § 545 Abs. 1 S. 1 BGB. Diese Regelung gilt auch bei der außerordentlichen fristlosen Kündigung. Es sollte daher auch in der Kündigungserklärung der Widerspruch erklärt werden. Die Frist für die Erklärung des Widerspruchs gegen die stillschweigende Verlängerung des Mietverhältnisses wird durch eine vor Fristablauf eingereichte und gemäß § 167 ZPO „demnächst" zugestellte Räumungsklage gewahrt.

[16] Rechtsausführungen sind in der Klage nicht zwingend geboten.

[17] Da die Kündigung hier durch einen Vertreter (Rechtsanwalt) erfolgt, ist die Vertretungsmacht durch Vorlage der Originalvollmacht darzulegen. Unterbleibt dies, hat dies jedoch gemäß § 174 BGB nur dann Folgen, wenn der Mieter die Kündigung wegen fehlender Vollmacht unverzüglich zurückgewiesen hat. Zwar bedarf die Kündigungserklärung der Schriftform, jedoch genügt die Kündigung im Prozess diesen Anforderungen, wenn der klägerische Prozessbevollmächtigte sowohl den Originalschriftsatz (an das Gericht) als auch die für die Beklagten bestimmten beglaubigten Abschriften unterschreibt.

[18] Die sachliche – ausschließliche – Zuständigkeit des Amtsgerichts für Wohnraummietstreitigkeiten folgt aus § 23 Ziffer 2a GVG. Die örtliche Zuständigkeit folgt aus § 29a Abs. 1 ZPO.

Herrn …
– Beklagten –,
wegen: Räumung und Herausgabe von Wohnraum sowie Mietzinszahlung[19]
Streitwert vorläufig: 6.570 Euro (12 x monatliche Kaltmiete 400 Euro + 1.770 Euro)[20]
Namens und in Vollmacht des Klägers erheben wir Klage gegen den Beklagten und werden beantragen:
1. Der Beklagte wird verurteilt, die Wohnung im Hause A-Straße in 44145 Dortmund, 3. OG links, bestehend aus 3 Zimmern, Küche, Diele und Bad nebst Kellerraum (UG, 4. Keller von links), zu räumen und geräumt an den Kläger herauszugeben.
2. Der Beklagte wird verurteilt, an den Kläger 1.770 Euro nebst Zinsen in Höhe von fünf Prozentpunkten über dem jeweiligen Basiszinssatz aus jeweils 590 Euro seit dem 4.9.2020, 5.10.2020, 4.11.2020 zu zahlen.
3. Ggf. Anträge zu Kosten und vorläufiger Vollstreckbarkeit[21]
4. Wir regen die Durchführung des schriftlichen Vorverfahrens an.

Für den Fall der Anordnung des schriftlichen Vorverfahrens wird bereits jetzt beantragt, dass, wenn der Beklagte seine Verteidigungsbereitschaft nicht rechtzeitig anzeigt, ihn durch Versäumnisurteil im schriftlichen Vorverfahren zu verurteilen[22].

Begründung

I.

Der Kläger ist Eigentümer des Hauses A-Straße in 44145 Dortmund. Mit Mietvertrag vom 2.5.2011 (Anlage K1[23]) vermietete der Kläger an den Beklagten die im 3. OG links des Hauses gelegene Wohnung. Mittlerweile beträgt der Mietzins für die Wohnung 590 Euro (480 Euro Kaltmiete zzgl. 110 Euro Nebenkostenvorauszahlungen). Ausweislich des Mietvertrages sind die Mieten spätestens zum dritten Werktag des Monats im Voraus zu entrichten.

Der Beklagte hat die Mieten für die Monate September, Oktober und November 2020 nicht gezahlt. Der Kläger hat daraufhin mit Schreiben vom 10.11.2020 (Anlage K2) das Mietverhältnis fristlos, hilfsweise ordentlich, gekündigt und der Fortsetzung des Mietverhältnisses widersprochen[24]. Das Schreiben wurde am 11.11.2020 durch die Mitarbeiterin des Klägers, Frau X, in den Hausbriefkasten des Beklagten eingeworfen. In dem Schreiben wurde der Beklagte zur Räumung und Herausgabe spätestens bis zum 15.11.2020 aufgefordert.

Beweis: Zeugnis der Frau X, zu laden über den Kläger

---

[19] Hier sollte der Streitgegenstand schon so genau wie möglich bezeichnet werden, um eine schnelle Zuordnung zum zuständigen Spruchkörper zu ermöglichen.

[20] Die (Räumungs-)Klage soll gemäß § 12 Abs. 1 S. 1 GKG erst nach Zahlung des Gerichtskostenvorschusses zugestellt werden. Die zur Streitwertberechnung erforderlichen Angaben sollten daher, um Rückfragen des Gerichts und damit eine Verzögerung der Zustellung zu verhindern, bereits in der Klageschrift dargestellt werden. Der Zuständigkeitsstreitwert bestimmt sich bei der Räumungsklage nach der Jahresnettokaltmiete, § 41 Abs. 1, 2 GKG, so dass die Betriebskostenanteile herauszurechnen sind. Hinzuzurechnen ist der Zahlungsantrag.

[21] Sowohl die Entscheidung über die Kosten des Rechtsstreits als auch die Entscheidung über die vorläufige Vollstreckbarkeit des Urteils trifft das Gericht von Amts wegen. Eines Antrags bedarf es daher nicht zwingend.

[22] Auch vor Ablauf der Schonfrist des § 569 Abs. 3 Ziffer 2 BGB kann nach zutreffender Auffassung ein Versäumnisurteil im schriftlichen Vorverfahren erlassen werden (vgl. nur LG Berlin LSK 2010, 40097 (Ls.)). Daher sollte der gemäß § 331 Abs. 3 S. 1 ZPO notwendige Antrag auf Erlass eines Versäumnisurteils im schriftlichen Vorverfahren bereits in der Klageschrift gestellt werden.

[23] Anlagen sind für die Schlüssigkeit der Klage nicht erforderlich, sollten aber aus prozessökonomischen Gründen bereits frühestmöglich beigefügt werden.

[24] Setzt der Mieter nach Ablauf der Mietzeit den Gebrauch der Mietsache fort, so verlängert sich das Mietverhältnis auf unbestimmte Zeit, sofern nicht eine Vertragspartei ihren entgegenstehenden Willen innerhalb von zwei Wochen dem anderen Teil erklärt, § 545 Abs. 1 S. 1 BGB. Diese Regelung gilt auch bei der außerordentlichen fristlosen Kündigung. Es sollte daher schon in der Kündigungserklärung der Widerspruch erklärt werden. Die Frist für die Erklärung des Widerspruchs gegen die stillschweigende Verlängerung des Mietverhältnisses wird durch eine vor Fristablauf eingereichte und gemäß § 167 ZPO „demnächst" zugestellte Räumungsklage gewahrt.

Auf das Schreiben regierte der Beklagte nicht. Daraufhin wurde der Beklagte durch weiteres Schreiben vom 17.11.2020 (Anlage K3) nochmals zur Räumung und Herausgabe aufgefordert. Der Fortsetzung des Mietverhältnisses wurde nochmals widersprochen. Auch auf dieses Schreiben reagierte der Beklagte nicht.

Der Beklagte leistete schon in der Vergangenheit die Mietzahlungen unpünktlich. Da sich der Beklagte im Jahr 2018 mit den Zahlungen der Miete für September, Oktober und November in Verzug befand, hatte der Kläger bereits mit Schreiben vom 10.12.2018 das Mietverhältnis fristlos gekündigt. Nach Zugang des Schreibens hat der Beklagte am 20.12.2018 den damals rückständigen Betrag vollständig ausgeglichen.

II.

Der Kläger hat gegen den Beklagten einen Anspruch auf Räumung und Herausgabe der im Antrag zu Ziffer 1. bezeichneten Mietwohnung aus § 546 Abs. 1 BGB, da der Kläger das Mietverhältnis aufgrund Zahlungsverzug mit Kündigung vom 10.11.2020 wirksam gekündigt hat[25].

Vorsorglich erklären wir nochmals namens und in Vollmacht des Klägers die fristlose, hilfsweise fristgemäße Kündigung des zwischen den Parteien bestehenden Mietverhältnisses aufgrund des Rückstands des Beklagten mit den Mieten für die Monate September, Oktober und November 2020 in Höhe von insgesamt 1.770 Euro[26].

Auf die Heilungswirkung des § 569 Abs. 3 Ziffer 2 BGB wird sich der Beklagte im vorliegenden Rechtsstreit, auch wenn er die Rückstände innerhalb von zwei Monaten nach Zustellung der Klage vollständig begleicht, nicht mehr berufen können, da innerhalb der letzten zwei Jahre bereits eine Kündigung aufgrund dieser Regelung unwirksam wurde.

Darüber hinaus besteht ein Anspruch auf Zahlung in Höhe von 1.770 Euro nebst Zinsen. Der Zahlungsanspruch folgt aus § 535 Abs. 2 BGB iVm dem zwischen den Parteien geschlossenen Mietvertrag vom 2.5.2011. Der geltend gemachte Zinsanspruch folgt aus §§ 280 Abs. 1, 2, 286 Abs. 2 Ziffer 1, 288 BGB. Einer Mahnung bedurfte es nicht, da die Leistungspflicht zur Mietzinszahlung kalendermäßig bestimmt ist.

III. Klage auf Räumung und Herausgabe von Wohnraum gegen Mieter und Dritte sowie Zahlung (allgemein)

11 An das
    Amtsgericht[27] ...
    – Zivilabteilung –

                              Klage

    des Herrn ...
    – Klägers –,
    Prozessbevollmächtigte: ...

                              gegen

    Herrn ...
    – Beklagten zu 1.) –,
    Frau ...
    – Beklagte zu 2.) –,

---

[25] Rechtsausführungen sind in der Klage nicht zwingend geboten.
[26] Da die Kündigung hier durch einen Vertreter (Rechtsanwalt) erfolgt, ist die Vertretungsmacht durch Vorlage der Originalvollmacht darzulegen. Unterbleibt dies, hat dies jedoch gemäß § 174 BGB nur dann Folgen, wenn der Mieter die Kündigung wegen fehlender Vollmacht unverzüglich zurückgewiesen hat. Zwar bedarf die Kündigungserklärung der Schriftform, jedoch genügt die Kündigung im Prozess diesen Anforderungen, wenn der klägerische Prozessbevollmächtigte sowohl den Originalschriftsatz (an das Gericht) als auch die für die Beklagten bestimmten beglaubigten Abschriften unterschreibt.
[27] Die sachliche – ausschließliche – Zuständigkeit des Amtsgerichts für Wohnraummietstreitigkeiten folgt aus § 23 Ziffer 2a GVG. Die örtliche Zuständigkeit folgt aus § 29a Abs. 1 ZPO.

wegen: Räumung und Herausgabe von Wohnraum sowie Mietzinszahlung[28]
Streitwert vorläufig: 6.570 Euro (12 x monatliche Kaltmiete 400 Euro + 1.770 Euro)[29]
Namens und in Vollmacht des Klägers erheben wir Klage gegen die Beklagten und werden beantragen:

5. Die Beklagten werden verurteilt, die Wohnung im Hause A-Straße in 44145 Dortmund, 3. OG links, bestehend aus 3 Zimmern, Küche, Diele und Bad nebst Kellerraum (UG, 4. Keller von links), zu räumen und geräumt an den Kläger herauszugeben.
6. Der Beklagte zu 1.) wird verurteilt, an den Kläger 1.770 Euro nebst Zinsen in Höhe von fünf Prozentpunkten über dem jeweiligen Basiszinssatz aus jeweils 590 Euro seit dem 4.9.2020, 5.10.2020, 4.11.2020 zu zahlen.
7. Ggf. Anträge zu Kosten und vorläufiger Vollstreckbarkeit[30]
8. Wir regen die Durchführung des schriftlichen Vorverfahrens an.

Für den Fall der Anordnung des schriftlichen Vorverfahrens wird bereits jetzt beantragt, dass, wenn die Beklagten ihre Verteidigungsbereitschaft nicht rechtzeitig anzeigen, sie durch Versäumnisurteil im schriftlichen Vorverfahren zu verurteilen[31].

Begründung
I.

Der Kläger ist Eigentümer des Hauses A-Straße in 44145 Dortmund. Mit Mietvertrag vom 2.5.2011 (Anlage K1[32]) vermietete der Kläger an den Beklagten die im 3. OG links des Hauses gelegene Wohnung. Mittlerweile beträgt der Mietzins für die Wohnung 590 Euro (480 Euro Kaltmiete zzgl. 110 Euro Nebenkostenvorauszahlungen). Ausweislich des Mietvertrages sind die Mieten spätestens zum dritten Werktag des Monats im Voraus zu entrichten. Die Beklagte zu 2.) ist die Lebensgefährtin des Beklagten zu 1.) und erst nach Mietvertragsschluss im Jahr 2015 in die Wohnung eingezogen.

Der Beklagte zu 1.) hat die Mieten für die Monate September, Oktober und November 2020 nicht gezahlt. Der Kläger hat daraufhin mit Schreiben vom 10.11.2020 (Anlage K2) das Mietverhältnis fristlos, hilfsweise ordentlich, gekündigt und der Fortsetzung des Mietverhältnisses widersprochen[33]. Das Schreiben wurde am 11.11.2020 durch die Mitarbeiterin des Klägers, Frau X, in den Hausbriefkasten des Beklagten eingeworfen. In dem Schreiben wurde der Beklagte zur Räumung und Herausgabe spätestens bis zum 15.11.2020 aufgefordert. Ebenfalls hat der Kläger mit Schreiben vom selben Tag, ebenfalls zugestellt durch Frau

---

[28] Hier sollte der Streitgegenstand schon so genau wie möglich bezeichnet werden, um eine schnelle Zuordnung zum zuständigen Spruchkörper zu ermöglichen.
[29] Die (Räumungs-)Klage soll gemäß § 12 Abs. 1 S. 1 GKG erst nach Zahlung des Gerichtskostenvorschusses zugestellt werden. Die zur Streitwertberechnung erforderlichen Angaben sollten daher, um Rückfragen des Gerichts und damit eine Verzögerung der Zustellung zu verhindern, bereits in der Klageschrift dargestellt werden. Der Zuständigkeitsstreitwert bestimmt sich bei der Räumungsklage nach der Jahresnettokaltmiete, § 41 Abs. 1, 2 GKG, so dass die Betriebskostenanteile herauszurechnen sind. Hinzuzurechnen ist der Zahlungsantrag. Der Streitwert erhöht sich nicht dadurch, dass auf Beklagtenseite mehrere Parteien beteiligt sind.
[30] Sowohl die Entscheidung über die Kosten des Rechtsstreits als auch die Entscheidung über die vorläufige Vollstreckbarkeit des Urteils trifft das Gericht von Amts wegen. Eines Antrags bedarf es daher nicht zwingend.
[31] Auch vor Ablauf der Schonfrist des § 569 Abs. 3 Ziffer 2 BGB kann nach zutreffender Auffassung ein Versäumnisurteil im schriftlichen Vorverfahren erlassen werden (vgl. nur LG Berlin LSK 2010, 40097 (Ls.)). Daher sollte der gemäß § 331 Abs. 3 S. 1 ZPO notwendige Antrag auf Erlass eines Versäumnisurteils im schriftlichen Vorverfahren bereits in der Klageschrift gestellt werden.
[32] Anlagen sind für die Schlüssigkeit der Klage nicht erforderlich, sollten aber aus prozessökonomischen Gründen bereits frühestmöglich beigefügt werden.
[33] Setzt der Mieter nach Ablauf der Mietzeit den Gebrauch der Mietsache fort, so verlängert sich das Mietverhältnis auf unbestimmte Zeit, sofern nicht eine Vertragspartei ihren entgegenstehenden Willen innerhalb von zwei Wochen dem anderen Teil erklärt, § 545 Abs. 1 S. 1 BGB. Diese Regelung gilt auch bei der außerordentlichen fristlosen Kündigung. Es sollte daher schon in der Kündigungserklärung der Widerspruch erklärt werden. Die Frist für die Erklärung des Widerspruchs gegen die stillschweigende Verlängerung des Mietverhältnisses wird durch eine vor Fristablauf eingereichte und gemäß § 167 ZPO „demnächst" zugestellte Räumungsklage gewahrt.

X, die Beklagte zu 2.) zur Räumung und Herausgabe der Wohnung unter Verweis auf die gegenüber dem Beklagten zu 1.) erklärte fristlose, hilfsweise ordentliche Kündigung aufgefordert.

Beweis: Zeugnis der Frau X, zu laden über den Kläger

Auf die Schreiben regierten die Beklagten nicht. Daraufhin wurde sowohl der Beklagte zu 1.) als auch die Beklagte zu 2.) durch weiteres Schreiben vom 17.11.2020 (Anlagen K3, K4) nochmals zur Räumung und Herausgabe aufgefordert. Der Fortsetzung des Mietverhältnisses wurde nochmals widersprochen. Auch auf diese Schreiben reagierten die Beklagten nicht.

Der Beklagte zu 1.) leistete schon in der Vergangenheit die Mietzahlungen unpünktlich. Da sich der Beklagte zu 1.) im Jahr 2018 mit den Zahlungen der Miete für September, Oktober und November in Verzug befand, hatte der Kläger bereits mit Schreiben vom 10.12.2018 das Mietverhältnis fristlos gekündigt. Nach Zugang des Schreibens hat der Beklagte am 20.12.2018 den damals rückständigen Betrag vollständig ausgeglichen.

II.

Der Kläger hat gegen den Beklagten zu 1.) einen Anspruch auf Räumung und Herausgabe der im Antrag zu Ziffer 1. bezeichneten Mietwohnung aus § 546 Abs. 1 BGB, da der Kläger das Mietverhältnis aufgrund Zahlungsverzug mit Kündigung vom 10.11.2020 wirksam gekündigt hat[34]. Ebenfalls hat er gegen die Beklagte zu 2.) einen Anspruch auf Räumung Herausgabe der Wohnung aus § 546 Abs. 2 BGB[35]. Die Beklagte zu 2.) hat, spätestens nachdem die Kündigung gegenüber dem Beklagten zu 1.) wirksam wurde, kein (abgeleitetes) Besitzrecht mehr an der Wohnung und ist somit aufgrund der Rückforderungserklärung vom 11.11.2020 zur Räumung und Herausgabe verpflichtet[36].

Vorsorglich erklären wir gegenüber dem Beklagten zu 1.) hiermit nochmals namens und in Vollmacht des Klägers die fristlose, hilfsweise fristgemäße Kündigung des zwischen den Parteien bestehenden Mietverhältnisses aufgrund des Rückstands des Beklagten mit den Mieten für die Monate September, Oktober und November 2020 in Höhe von insgesamt 1.770 Euro[37].

Auf die Heilungswirkung des § 569 Abs. 3 Ziffer 2 BGB wird sich der Beklagte zu 1.) im vorliegenden Rechtsstreit, auch wenn er die Rückstände innerhalb von zwei Monaten nach Zustellung der Klage vollständig begleicht, nicht mehr berufen können, da innerhalb der letzten zwei Jahre bereits eine Kündigung aufgrund dieser Regelung unwirksam wurde.

Darüber hinaus besteht ein Anspruch gegen den Beklagten zu 1.) auf Zahlung in Höhe von 1.770 Euro nebst Zinsen[38]. Der Zahlungsanspruch folgt aus § 535 Abs. 2 BGB iVm dem zwischen den Parteien geschlossenen Mietvertrag vom 2.5.2011. Der geltend gemachte Zinsanspruch folgt aus §§ 280 Abs. 1, 2, 286 Abs. 2 Ziffer 1, 288 BGB. Einer Mahnung bedurfte es nicht, da die Leistungspflicht zur Mietzinszahlung kalendermäßig bestimmt ist.

---

[34] Rechtsausführungen sind in der Klage nicht zwingend geboten.
[35] Es bedarf eines Titels gegen den Mitbewohner des Mieters. Denn aus einem Räumungstitel gegen den Mieter einer Wohnung kann der Gläubiger nicht gegen einen im Titel nicht aufgeführten Dritten vollstrecken, wenn dieser Mitbesitzer ist, BGH NJW 2004, 3041. Eines Titels bedarf es nur nicht bei minderjährigen Kindern des Mieters – bei volljährigen Kindern kommt es auf den Einzelfall an. Anspruch aus § 546 Abs. 2 BGB besteht gegenüber allen Personen, denen der Mieter den (Mit-)Gebrauch überlassen hat; soweit sich der Dritte den Besitz eigenmächtig verschafft besteht ein Herausgabeanspruch nur aus §§ 861 f., bzw. § 985 BGB.
[36] Im Gegensatz zur Kündigung handelt es sich bei der Rückforderungserklärung um eine formlose einseitige Willenserklärung.
[37] Da die Kündigung hier durch einen Vertreter (Rechtsanwalt) erfolgt, ist die Vertretungsmacht durch Vorlage der Originalvollmacht darzulegen. Unterbleibt dies, hat dies jedoch gemäß § 174 BGB nur dann Folgen, wenn der Mieter die Kündigung wegen fehlender Vollmacht unverzüglich zurückgewiesen hat. Zwar bedarf die Kündigungserklärung der Schriftform, jedoch genügt die Kündigung im Prozess diesen Anforderungen, wenn der klägerische Prozessbevollmächtigte sowohl den Originalschriftsatz (an das Gericht) als auch die für die Beklagten bestimmten beglaubigten Abschriften unterschreibt.
[38] Der Anspruch richtet sich nur gegen den Mietvertragspartner, nicht gegen den in den Mietvertrag nicht einbezogenen mitbesitzenden Dritten.

D. Sonstige Anträge

I. Antrag auf Erlass einer Sicherungsanordnung

An das
AG .....
In dem Räumungs- und Zahlungsverfahren
..... / .....
Az.:
.... C ..../2..
beantragen wir als Verfahrensbevollmächtigte des Klägers
Der Beklagte wird im Wege einer Sicherungsanordnung gem. § 283a ZPO dazu verpflichtet, dem Kläger Sicherheit gem. § 232 Abs. 1 BGB in Höhe von ... EUR nebst Zinsen in Höhe von 5 Prozentpunkten über dem Basiszinssatz seit dem ... bis ... für das Nutzungsentgelt für die Monate ...... zu leisten.

Dem Beklagten wird eine Frist zum Nachweis der Erbringung der Sicherheitsleistung von ... Wochen ab Zustellung dieses Beschlusses gesetzt

Begründung:
Der Kläger hat dem Beklagten mit Mietvertrag vom .... eine Wohnung im Hause ..... zu einer Bruttowarmmiete von ..... EUR vermietet.

Der Beklagte hat zunächst die Mieten für die Monate .... in Höhe von insgesamt .... EUR nicht gezahlt.

Der Kläger hat deshalb das Mietverhältnis mit Schreiben vom ...., das dem Beklagten am .... zugegangen ist, fristlos, hilfsweise fristgerecht gekündigt.

Mit Schriftsatz vom ...... hat der Kläger vor dem erkennenden Gericht im vorliegenden Verfahren Zahlungs- und Räumungsklage erhoben. Die Zahlungsklage bezog sich zunächst auf die Rückstände für die Monate ....

Mit Schriftsatz vom .... hat der Kläger die Zahlungsklage um die Mietrückstände für die Monate .... erweitert. Die Beklagte hat auch für diese Monate keine Zahlungen geleistet.

Die Zahlungsklage hat eine hohe Aussicht auf Erfolg. Der Beklagte hat keinerlei Einwände gegen die Mietforderung vorgebracht.

Die Nichtzahlung der durch die Klageerweiterung geltend gemachten Mieten stellt für den Kläger einen besonderen weit über die üblichen Nachteile hinausgehenden Nachteil dar.

Der Kläger ist Rentner. Er war früher selbständig und hat keinen Anspruch auf die gesetzliche Rente. Er hat sich zu Erwerbszeiten das Haus, in dem der Beklagte die Wohnung gemietet hat, als Altersversorgung gebaut. Von den eingehenden Mieten muss er das Gebäude bewirtschaften und leben.

Beweis: In der Anlage überreichte Steuererklärung für das Jahr .....

Daraus ergibt sich, dass der Kläger, wenn keine größeren Reparaturen anfallen, monatlich durchschnittlich ca. .... EUR brutto erwirtschaften kann. Hiervon hat er all seine Ausgaben inkl. Krankenversicherung pp zu finanzieren. Der Ausfall der Mietzahlungen durch den Beklagten entspricht somit ....% seines Monatseinkommens. Der Kläger ist deshalb auf die Realisierung der Forderung dringend angewiesen.

Zur Glaubhaftmachung aller Angaben überreiche ich in der Anlage eine entsprechende eidesstattliche Versicherung des Klägers.

.....
Rechtsanwalt

12

II. Antrag auf Erlass einer einstweiligen Verfügung auf Räumung wegen Nichterfüllung einer Sicherungsanordnung, § 940a Abs. 3 ZPO

13 An das
AG .....

Antrag auf Erlass einer einstweiligen Verfügung

des Herrn .....
– Antragsteller –
Verfahrensbevollmächtigte: .....
gegen
Herrn ....
– Antragsgegner –
wegen Räumung wegen Nichtbringung der Sicherheitsleistung gem. § 283a ZPO
vorläufiger Streitwert: 3.000,00 EUR

Namens und im Auftrag des Antragstellers beantragen wir, im Wege der einstweiligen Verfügung nach Anhörung des Beklagten, den Erlass einer einstweiligen Verfügung mit folgenden Anträgen:

1. Der Antragsgegner wird verpflichtet, Wohnung im Hause ..... str..., PLZ Ort,.. Etage rechts/links bestehend aus ... Räumen, Küche, Diele, Bad und Kellerraum (... qm) zu räumen und an den Antragsteller herauszugeben.
2. Der Antragsgegner trägt die Kosten des Verfahrens.

Begründung:
Der Antragsteller ist Eigentümer und Vermieter der von dem Antragsgegner innegehaltenen Wohnung.
Glaubhaftmachung: In der Anlage überreichte Kopie des Mietvertrags (Anlage VK 1)
Der Antragsgegner hat für die Monate .... keine Miete gezahlt.
Der Antragsteller hat darauf mit dem Antragsgegner am ... zugegangenen Schreiben das Mietverhältnis fristlos, hilfsweise fristgerecht, gekündigt.
Beweis: In der Anlage überreichte Kopie des Kündigungsschreibens.
Der Antragsteller hat anschließend Zahlungs- und Räumungsklage erhoben, dort die Klage dann um die nicht gezahlten weiteren Mieter erhöht und den Erlass einer Sicherungsanordnung beantragt.
Beweis: Beiziehung der Akte des AG ..... Az.: ..... C ..../2.
Das Amtsgericht hat am .... mittels Sicherungsanordnung dem Antragsgegner aufgegeben, eine Sicherheit in Höhe von ....EUR binnen einer Frist von 3 Wochen zu leisten.
Beweis: In der Anlage Kopie des Beschlusses
Der Antragsgegner hat die aufgegebene Sicherheitsleistung weder innerhalb der gesetzten Frist noch bis heute erbracht.
Glaubhaftmachung: In der Anlage überreichte eidesstattliche Versicherung des Antragstellers
Zur Vermeidung eines noch größer werdenden Schadens ist die Räumung der Wohnung nach Anhörung des Antragsgegners gem. § 940a Abs. 3 ZPO geboten.
.....
Rechtsanwalt

D. Sonstige Anträge

III. Antrag auf Räumungsverfügung gem. § 940a Abs. 2 ZPO gegen mitbesitzenden Mitbewohner

An das
AG …..

Antrag auf Erlass einer einstweiligen Verfügung

des Herrn …..
– Antragsteller –
Verfahrensbevollmächtigte: …..
gegen
Frau ….
– Antragsgegnerin –
wegen Räumung bisher unbekannter Mitbewohner
vorläufiger Streitwert: 3.000,00 EUR

Namens und im Auftrag des Antragstellers beantragen wir, im Wege der einstweiligen Verfügung nach Anhörung der Antragsgegnerin, den Erlass einer einstweiligen Verfügung mit folgenden Anträgen:

1. Die Antragsgegnerin wird verpflichtet, die Wohnung im Hause ….. str…, PLZ Ort, .. Etage rechts/links bestehend aus … Räumen, Küche, Diele, Bad und Kellerraum (… qm) zu räumen und an den Antragsteller herauszugeben.
2. Der Antragsgegner trägt die Kosten des Verfahrens.

Begründung:
Der Antragsteller ist Eigentümer und Vermieter der Wohnung, in der sich der Antragsgegner aufhält,
Der Antragsteller hat die Wohnung an Herrn …. vermietet.
Beweis: In der Anlage überreichte Kopie des Mietvertrags (Anlage VK 1)
Herr …… hat für die Monate …. keine Miete gezahlt.
Der Antragsteller hat daraufhin mit Schreiben vom ….. das Mietverhältnis fristlos, hilfsweise fristgerecht, gekündigt.
Beweis: In der Anlage überreichte Kopie des Kündigungsschreibens.
Der Antragsteller hat anschließend Räumungsklage erhoben. Das Amtsgericht hat den Mieter antragsgemäß zur Räumung und Herausgabe verurteilt. Das Urteil ist ohne Sicherheitsleistung vorläufig vollstreckbar.
Beweis: a) Beiziehung der Akte des AG ….. Az.: ….. C ……../2…
          b) anliegende Kopie des Räumungsurteils
Der Antragsteller hat den Gerichtsvollzieher ….. mit der Räumungsvollstreckung beauftragt. Dieser hat auf den …. Räumungstermin angesetzt. Im Termin hat der Gerichtsvollzieher den Mieter und die Antragsgegnerin in der Wohnung angetroffen. Die Antragsgegnerin behauptet
() die Lebensgefährtin des Mieters
() die Untermieterin
zu sein. Der Gerichtsvollzieher hat die Räumungsvollstreckung daraufhin eingestellt.
Beweis: In der Anlage überreichte Kopie des Gerichtsvollzieherprotokolls.
Der Antragsteller hat erstmals durch dies Gerichtsvollzieherprotokoll davon erfahren, dass ein Dritter Mitbesitz an der Wohnung hat. Der Mieter hat dies nie angezeigt.
Glaubhaftmachung: In der Anlage überreichte eidesstattliche Versicherung des Antragstellers
Die Antragsgegnerin hat kein Besitzrecht gegenüber dem Antragstelle. Das Mietverhältnis mit dem (Haupt-) Mieter ist durch die Kündigung beendet. Der Räumungsanspruch ist tituliert und vorläufig vollstreckbar.
Um eine weitere Verzögerung der Räumungsvollstreckung zu verhindern ist die Räumung der Wohnung nach Anhörung der Antragsgegnerin gem. § 940a Abs. 2 ZPO geboten.

.....
Rechtsanwalt

IV. Vollstreckungsschutzantrag des Mieters gem. § 765a ZPO

15 An das
Amtsgericht .....

Vollstreckungsschutzantrag

In Sachen
des .....
– Schuldner –
Verfahrensbevollmächtigte: .....
gegen
den .....
– Gläubiger –
wegen Vollstreckungsschutzes

zeige ich hiermit unter in anwaltlicher Versicherung ordnungsgemäßer Bevollmächtigung an, vom Schuldner mit der Wahrnehmung seiner rechtlichen Interessen beauftragt worden zu sein.

In dessen Namen und Vollmacht beantrage ich

1. Die Zwangsvollstreckung aus dem Räumungsurteil des .....-gerichts ..... vom ..... (Az.... C .../2..) wird hinsichtlich des Räumungsanspruchs
   () bis zum ..... einstweilen eingestellt
   () unbefristet untersagt.
2. Bis zur Entscheidung über den Vollstreckungsschutzantrag gemäß Ziffer 1 wird die einstweilige Einstellung der Zwangsvollstreckung aus dem in Antrag Ziffer 1 genannten Räumungsurteil ohne, hilfsweise gegen Sicherheitsleistung beantragt.
3. Die Kosten werden dem Gläubiger auferlegt (§ 788 Abs. 3 ZPO).

Begründung:
Der Schuldner ist durch Urteil des AG .... vom ...... zur Räumung seiner sich aus dem Antrag ergebenden Wohnung verurteilt worden. Der Gerichtsvollzieher hat für den ..... 202.. Räumungstermin angesetzt.

Beweis: in der Anlage überreichte Kopie der Räumungsankündigung

Die Durchführung der Räumungsvollstreckung würde zum jetzigen Zeitpunkt auch bei Berücksichtigung sämtlicher Interessen des Gläubigers wegen der nachstehend geschilderten besonderen Umstände auf Schuldnerseite ein unzumutbare Härte bedeuten, die mit den guten Sitten nicht vereinbar ist.

() Der Schuldner hat gerade letzte Woche eine Ersatzwohnung gefunden, die ihm aber erst ab dem 1. des übernächsten Monats zur Verfügung steht.

Beweis: 1. Bestätigung des neuen Vermieters vom ..... beigefügt in Ablichtung als Anlage 1;
2. Hilfsweise: Zeugnis des Vermieters ..... Name ....., ... ladungsfähige Anschrift .....;
3. Bereits abgeschlossener Wohnraummietvertrag, beigefügt in Ablichtung als Anlage 2

Es wäre eine unzumutbare Härte für den Schuldner, innerhalb dieser kurzen Frist zweimal umziehen zu müssen.

() Der am ...... geborene Schuldner befindet sich wegen einer psychiatrischen Erkrankung seit ..... in fachärztlicher Behandlung. Er leidet unter schwersten Depressionen. Der Zustand hat sich auf Grund des Räumungsverfahrens und des darin ergangenen Räumungsurteils noch massiv verschlimmert. Der Gedanke, seine über Jahre hinweg innegehabte Wohnung aufgeben zu müssen, löst panische Angstzustände und regelrechte Psychosen

beim Schuldner aus. Es besteht akute Suizidgefahr im Fall der Räumungsvollstreckung. Diese kann zurzeit auch nicht durch andere Maßnahmen, wie ärztliche Begleitung beim Räumungstermin oä verringert werden.
Beweis: 1. Anliegende fachärztliche Bescheinigung
2. Sachverständiges Zeugnis des behandelnden Arztes Dr… …., ….. ladungsfähige Anschrift …..
3. Einholung eines Sachverständigengutachtens

Die Beweisaufnahme wird die erhebliche Suizidgefahr im Falle der Zwangsräumung des Schuldners wie auch die konkrete Gefahr eines Autonomieverlustes in der neuen Umgebung und damit eines Pflegefalls ergeben.
Beweis: 1. Anliegende fachärztliche Bescheinigung
2. Sachverständiges Zeugnis des behandelnden Arztes Dr… …., ….. ladungsfähige Anschrift …..
3. Einholung eines Sachverständigengutachtens

Eine Besserung seines Gesundheitszustandes ist auf absehbare Zeit nicht zu erwarten.
Beweis: 1. Anliegende fachärztliche Bescheinigung
2. Sachverständiges Zeugnis des behandelnden Arztes Dr… …., ….. ladungsfähige Anschrift …..
3. Einholung eines Sachverständigengutachtens

Ausnahmsweise ist es daher gerechtfertigt, die Zwangsvollstreckung ohne zeitliche Befristung zu untersagen. Unter Beachtung des Verhältnismäßigkeitsgrundsatzes haben in einem derartigen Fall nach der einschlägigen Rechtsprechung des Bundesverfassungsgerichts die Belange des Gläubigers auf Räumung zurückzutreten.
() Da der Schuldner unstreitig seinen laufenden Zahlungsverpflichtungen gegenüber dem Gläubiger nachkommt, und nachdem die Kündigungsgründe des Gläubigers nicht so dringend sind, dass sie innerhalb der nächsten Wochen unbedingt befriedigt werden müssten, stehen Interessen auf Gläubigerseite dem begehrten Räumungsaufschub nicht entgegen.

……………………
Rechtsanwalt

E. Räumungsvergleich

1. Beendigung des Mietverhältnisses

Die Parteien sind sich einig, dass das Mietverhältnis über die im 1. Obergeschoss des Hauses **16, 17** … in … gelegene Wohnung, bestehend aus 3 Zimmern, … zum 31.12.2021 endet.

2. Räumung und Herausgabe

Die Beklagten als Gesamtschuldner verpflichten sich, die im Erdgeschoss des Hauses … in **18** … gelegenen Gewerberäume, bestehend aus … spätestens bis zum … zu räumen und an die klagende Partei herauszugeben.

3. Nutzungsentschädigung und frühere Herausgabe

Der Beklagte hat bis zu seinem Auszug Nutzungsentschädigung an den Kläger iHv **19** monatlich … zzgl. Betriebskostenvorauszahlungen iHv … zu zahlen.
Der Beklagte ist berechtigt, die Wohnung vor dem o. g. Termin mit einer 14-tägiger Ankündigungsfrist zum Monatsende zu räumen und an den Kläger herauszugeben. Hält der Beklagte die Frist von 14 Tagen nicht ein, so muss er Nutzungsentschädigung bis zum Ablauf von 14 Tagen ab dem Räumungstermin bezahlen.

4. Ggf. Umzugskostenbeihilfe

20 Für den Fall, dass die Beklagte die Wohnung bis zum … räumt und herausgibt, verpflichtet sich der Kläger zur Zahlung einer Umzugskostenbeihilfe in Höhe von … an die Beklagte.

5. Ggf. Verzicht auf (weiteren) Räumungsschutz

21 Die Beklagte verzichtet auf eine Verlängerung der Räumungsfrist nach § 794a ZPO.

6. Ggf. Festlegung Mietrückstand und Ratenzahlungsvergleich

22 Der Beklagte zahlt auf den im Zeitraum von … bis einschließlich Juni 2021 entstandenen Mietrückstand einen Betrag in Höhe von ….

Dem Beklagten wird gestattet, den Betrag in monatlichen Raten von … zu zahlen, fällig jeweils zum … (Werk-)Tag eines jeden Monats, beginnend mit dem …. (Ggf. Rechtzeitigkeitsklausel Eingang Gutschrift auf Konto Vermieter entscheidend, vereinbaren)

Kommt der Beklagte mit der Zahlung einer Monatsrate mehr als … Tage in Rückstand, so ist der gesamte Restbetrag sofort fällig und mit … Prozentpunkten über dem jeweils gültigen Basiszinssatz zu verzinsen.

7. Abgeltungsklauseln

23 Damit sind alle wechselseitigen Ansprüche der Parteien aus dem Mietverhältnis … abgegolten und erledigt mit Ausnahme der Ansprüche …

Damit sind alle streitgegenständlichen Ansprüche abgegolten und erledigt.

8. Kosten

24 Die Kosten des Rechtsstreits tragen die Beklagten als Gesamtschuldner zu ¾ und der Kläger zu ¼. Die Kosten des Vergleichs werden gegeneinander aufgehoben.

Die Kosten des Rechtsstreits und des Vergleichs werden gegeneinander aufgehoben.

Sachregister

Fette Zahlen bezeichnen das Kapitel, magere Zahlen die Randnummer innerhalb des Kapitels.

Abhilfefrist 15 5
Abmahnung 11 41; **12** 135; **15** 43
– Abhilfefrist **12** 28
– angemessene Abhilfefrist **12** 12
– Ausnahmen **12** 128
– Entbehrlichkeit **12** 13, 19, 115; **15** 44
– Form **12** 14
– Gleichartigkeit **12** 15
– Inhaltliche Anforderung **12** 114
– Konkrete Beanstandung **12** 129
– weitere gleichartige Störung **12** 116
– weitere Störung **15** 45
– Zahlungsverzug **12** 32
Abriss 11 187, 227
– Verwertungskündigung **11** 166
Absehbarkeit
– wirtschaftliche Verwertung **11** 190
Absender
– Hausverwaltung **4** 3
– Kündigung **4** 1
Absicht 11 42
Abtretung
– Kündigungsrecht **4** 29, 39
Airbnb 11 71
Alter
– Sozialklausel **25** 26
Alternativkündigung 11 97
Alternativwohnung 11 110, 143
Anbietpflicht 11 142
– Rechtsfolge **11** 147
– Vermietermehrheit **11** 157
Anfechtung
– Gläubigerbenachteiligung **11** 172
Anscheinsbeweis 2 10; **5** 7
– Zugang **6** 14
Appartement 2 15
Aufnahme Dritter
– Kündigung **16** 53
Aufrechnung 28 20
– Heilung der Kündigung **12** 66
Aufrechnungslage
– Zeitpunkt **12** 67
Aufrechnungsverbot 12 68
Ausschusstatbestände
– Mieterkündigung **14** 1
Außengesellschaft 4 9
Außerordentliche Kündigung
– Prüfungsvorrang **12** 1
– Zahlungsverzug **12** 29
Auswahlrecht
– Kündigung **11** 127

Bagatellgrenze 16 5
Baugenehmigung 11 162
beA
– Kündigung **6** 8
bedingter Vorsatz 11 42
Bedrohung 12 101
Befriedigung
– Aufrechnung **12** 80
– Erfüllungssurrogate **12** 64, 70
– Leistungshandlung **12** 63, 73
– Umfang **12** 76
– Vollständigkeit **12** 65
Begründungspflicht
– Begriff **11** 233
– Betriebsbedarf **11** 254
– Eigenbedarf **11** 238
– Ergänzungstatsachen **11** 234
– Generalklausel **11** 254
– Kerntatsachen **11** 234
– Kündigung nach Modernisierungsankündigung **16** 7
– nach Mieterhöhung im preisfreien Wohnungsbau **16** 29
– Obliegenheit **11** 230
– schuldhafte Pflichtverletzung **11** 236
– Überbelegung **11** 257
– wirtschaftliche Verwertung **11** 245
– Zweck **11** 232
Behinderung
– Sozialklausel **25** 28
Belästigungen
– Kündigung **11** 67
Beleidigung 12 101
Benötigen
– Alternativwohnung **11** 110
berechtigte Interessen 11 197
– Ablehnung **11** 228
– Berufsbedarf **11** 206
– Betriebsbedarf **11** 199
– Fehlbelegung **11** 210
– Geschäftsbedarf **11** 206
– öffentlich geförderter Wohnraum **11** 210
– öffentliches Interesse **11** 216
– sonstige Personen **11** 225
– Sozialwohnung **11** 210
– Überbelegung **11** 213
– Unterbelegung **11** 214
Berufliche Wohnungsnutzung 11 52
Berufsbedarf 11 206
– Kündigungsbegründung **11** 259

Sachregister

fette Zahlen = Kap.

Beschädigungen
- Kündigung **11** 69

Beschwer
- Räumungsverfahren **29** 12

Besitzbeeinträchtigung 15 14

Besitzentziehung 15 14

Besitzrecht
- Grundrechtsschutz **11** 18

Bestandsschutz
- eingeschränkter **2** 13

Besuch
- Kündigung **16** 53

Betreuung 6 29

Betriebsbedarf 11 199
- Kündigungsbegründung **11** 254

Betriebskostenvorauszahlungen
- Abrechnungsreife **12** 37

Bevollmächtigung 5 23

Beweislast 28 21
- Anbietpflicht **11** 158
- Nutzungsabsicht **11** 91, 102

BGB-Gesellschaft 4 8
- Außengesellschaft **4** 9
- Eigenbedarf **11** 77
- Erwerber **11** 195
- Gesellschafterwechsel **4** 11
- Innengesellschaft **4** 10; **5** 11
- Mieter **5** 11
- Vertretungsmacht **4** 13

Corona 11 56

COVID-19 Pandemie 11 56
- Kündigung Gewerberaum **18** 10
- Sicherungsanordnung **30** 12

Covid-19-Pandemie
- Zahlungsrückstand **12** 60

Darlegungslast
- Anbietpflicht **11** 158
- Nutzungsabsicht **11** 102

Dauernutzungsverhältnis 11 215, 224

Dauervertragswidrigkeit 12 17

Dauerwohnrecht
- Erlöschen **13** 52
- Heimfall **13** 55
- Kündigung **13** 46
- Veräußerung **13** 57

Digesten 1 3

direkter Vorsatz 11 42

Doppelname 6 4

Doppelte Sorgfaltspflicht
- Anzeigepflicht **12** 6
- Besitzzeit **12** 8
- Obhutspflicht **12** 7

dringender Wohnbedarf 2 17

Ehegatte
- geschiedener **11** 82

Eheleute
- Auszug **5** 2
- Bezeichnung **5** 4
- Empfangsvollmacht **5** 5
- Mieter **5** 2
- Neue Bundesländer **5** 10
- Vermieter **4** 5

Ehepartner
- Eintrittsrecht **5** 17

Eigebedarf
- Verzicht **11** 138

Eigenbedarf 11 72
- berufliche Nutzung **11** 87
- Eigennutzung **11** 74
- Erwerber **11** 75
- Familienangehörige **11** 80
- Haushaltsangehörige **11** 78
- Kündigungsbegründung **11** 238
- Nutzung als Wohnung **11** 85
- Nutzungswille **11** 88
- privilegierter Personenkreis **11** 74
- sonstige Personen **11** 84
- verfassungsrechtliche Vorgaben **11** 72
- vorhersehbarer **11** 129

Eigenbedarfskündigung
- Anbietpflicht **11** 142

Einliegerwohnung 2 15

Einrichtungsgegenstände 2 15

Einschreiben
- Einwurf **6** 20
- Übergabe **6** 21

Einstellung der Zwangsvollstreckung
- Nichtzulassungsbeschwerdeverfahren **29** 9
- Revisionsverfahren **29** 9

einstweilige Verfügung 32 1
- gegen Dritte **32** 7
- Gewerberaummiete **32** 23
- mehrere Bewohner **32** 20
- Räumungsfrist **32** 22
- nach Sicherungsanordnung **32** 14
- gegen Untermieter **32** 7

Eintritt
- Ehegatte **13** 6
- Lebenspartner **13** 6

Eintrittsrecht
- Tod des Mieters **5** 16; **16** 60

Einwilligungsvorbehalt 6 29

Einwurf-Einschreiben 6 20

Eltern
- Eintrittsrecht **5** 17

e-mail 6 7, 11

Empfangsbote 5 23

Empfangsvollmacht 5 5, 23

Entbehrlichkeit der Abmahnung
- Besondere Gründe **12** 21
- Offensichtlichkeit **12** 20

magere Zahlen = Randnummer

Sachregister

Erbbaurecht
– Kündigung nach Erlöschen **13** 36
– Zwangsversteigerung **13** 45
Erbe 5 21
– Kündigungsrecht **13** 10; **16** 64
Erbengemeinschaft 4 14
Erfüllungsgehilfe
– Zahlungsverzug **12** 47
Ergänzungstatsachen 11 234
Erhebliche Rechtsverletzung
– Interessenabwägung **12** 11
Erheblichkeit
– Pflichtwidrigkeit **11** 40
Erheblichkeit der Nachteile 11 181
Erledigung
– Räumungsrechtsstreit **28** 22
Ermächtigung
– Kündigung **4** 37
Ersatzwohnraum
– Sozialklausel **25** 15
Ersatzzustellung 6 27
Erwerber
– Eigenbedarf **11** 75
– Kündigung wg. wirtschaftlicher Verwertung **11** 169
– Nutzungsabsicht **11** 113
– wirtschaftliche Verwertung **11** 186

Falsche Angaben 12 131
Familienangehörige 11 80
Fehlbelegung 11 210
– Kündigungsbegründung **11** 256
Fehlkalkulation 11 171
Feiertag 11 318
– Karenzzeit **14** 19
Ferienhaus 11 24
Fiskusprivileg 11 216
Formularvertrag
– Kündigungsausschluss **14** 8
Fortsetzung des Mietverhältnisses 28 26
Fortsetzungsverlangen 26 1
– Teilkündigung **11** 309
Fristlose Kündigung
– Abmahnung **12** 127
– Auffangtatbestand **12** 117
– Befristeter Mietvertrag **12** 121
– Beleidigung **12** 134
– Interessenabwägung **12** 120, 124
– des Mieters **15** 37
– Spezialität **12** 119
– Verschulden **12** 123
– Voraussetzungen **12** 118
– weitere Pflichtverletzung **12** 130
– Wertentscheidungen des Grundgesetzes **12** 122
Fristloses Kündigung des Mieters
– Fallgruppen **15** 2
– Wichtiger Grund **15** 1

Garagenmietvertrag 2 9
Gebrauchsüberlassung
– Anspruch auf Erlaubnis **12** 26
– bestimmte Personen **12** 24
– an Dritte **12** 23; **16** 51
– Erlaubnis des Vermieters **12** 25
– unbefugte **11** 70
Gebrauchsüberlassung an Dritte
– Kündigung **16** 51
Gefahr für Leib und Leben
– einstweilige Verfügung **32** 6
Gefährdung der Mietsache 12 5, 10
Gemeines Recht 1 4
Gemeinschaftseigentum 4 16
Genossenschaftswohnung 11 224
Gerichtsvollzieher
– Zustellung **6** 27
Geschäft des täglichen Bedarfs 5 7
Geschäftsbedarf 11 206
– Kündigungsbegründung **11** 259
Geschäftsunfähigkeit 11 225
Geschwister
– Eintrittsrecht **5** 17
Gesellschafterwechsel 4 24
Gesundheitsgefährdung 15 26
– Abhilfefrist **15** 32
– Erheblichkeit **15** 30
– Kündigungserklärung **15** 35
– Untervermietung **15** 28
– Vertretenmüssen **15** 31
– Wesentlicher Teil der Mietsache **15** 29
Gewerberaummiete
– Form der Kündigung **6** 9
– Tod des Mieters **5** 22
Gewerbliche Wohnungsnutzung 11 52
Gläubigerbenachteiligung
– Anfechtung **11** 172
Großeltern
– Eintrittsrecht **5** 17

Härtegründe
– Sozialklausel **25** 9
– Zeitpunkt **25** 40
Haushaltsangehörige 11 78
Hausverwaltung 4 3
– Vertretungsmacht **4** 31
Herausgabeanspruch 20 1
Hinweispflicht
– vorhersehbarer Eigenbedarf **11** 135

Identität 4 22
– Veräußerung **4** 7
Inkrafttreten des BGB 1 5
Insolvenzverfahren 6 30
– Kündigungssperre **12** 59
Insolvenzverwalter 6 30

453

Sachregister

fette Zahlen = Kap.

Interessenabwägung
- längeres Zuwarten **12** 110, 126; **15** 42
- Umfangreiche Investitionen des Mieters **12** 125
- Unzumutbarkeit **12** 112
- Zukunftsprognose **12** 111

Investitionen des Mieters 12 107

Jugendwohnheim 2 20
Juristische Person
- Eigenbedarf **11** 76

Karenzzeit
- Feiertag **14** 19
- Samstag **14** 19
- Sonntag **14** 19

Kauf bricht nicht Miete 4 27
Kaution
- Kündigung **11** 58
- Kündigung ausgeschlossen **12** 97
- Kündigung Gewerberaum **18** 14
- Raten **12** 94
- Schonfrist **12** 96
- Verzug **12** 92, 93

Kautionsrückzahlungsanspruch 23 1
Kerntatsachen 11 234
Kinder
- Eintrittsrecht **5** 17

Kinderlärm 12 106
Klage
- Räumung, Herausgabe und Zahlung **28** 10; **35** 10
- Räumung und Herausgabe **28** 10; **35** 9
- Räumung und Herausgabe gegen Mieter und Dritten **35** 11
- zukünftige Räumung **28** 17

Klageerweiterung 28 27
Krankheit
- Sozialklausel **25** 28

Kündigung
- Absender **4** 1
- Adressat **5** 1
- alternativ **11** 97
- außerordentlich fristgerechte Mieterkündigung **16** 1
- Außerordentliche Kündigung Gewerberaum **18** 1
- Auswahlrecht **11** 127
- Belästigungen **11** 67
- Beschädigungen **11** 69
- Eigenbedarf **11** 72
- durch Erben **16** 64
- Frist **19** 1
- Gebrauchsüberlassung an Dritte **16** 51
- Generalklausel **11** 196
- Kaution **11** 58
- nach Mieterhöhung im preisfreien Wohnungsbau **16** 8

- nach Mieterhöhung im preisgebundenen Wohnungsbau **16** 46
- Mietsicherheit **11** 58
- Mischmietverhältnis **11** 101
- nach Modernisierungsankündigung **16** 1
- Nutzungshindernis **11** 98
- Ordentliche Kündigung Gewerberaum **17** 1
- Pflichtwidrigkeit **11** 38
- Prozesskosten **11** 60
- Schadensersatzforderung **11** 59
- Störung der Geschäftsgrundlage **18** 16
- Tod des Gewerberaummieters **18** 19
- treuwidrige **11** 129
- Überlassungshindernis **11** 98
- unbefugte Gebrauchsüberlassung **11** 70
- unpünktliche Mietzahlung **11** 65
- verfassungsrechtliche Vorgaben **11** 161
- wirtschaftliche Verwertung **11** 159
- Zeitmietvertrag **11** 1
- Zweifamilienhaus **11** 272

Kündigungsausschluss
- Befriedigung **14** 62

Kündigungsausschlussvereinbarung
- Form **11** 9
- Formularvertraglich **14** 8
- Individualvertraglich **14** 7
- Rechtsfolge **11** 13; **14** 17
- Staffelmiete **14** 9
- zu Lasten des Mieters **14** 7
- zu Lasten des Vermieters **11** 5

Kündigungsbegründung
- Berufsbedarf **11** 259
- Bezugnahmen **11** 261
- Geschäftsbedarf **11** 259
- nachträglich entstandene Gründe **11** 263
- Untermietvertrag **11** 260
- Verkaufsabsicht **11** 246

Kündigungserklärung 11 229; **28** 28
- beA **6** 8
- Befristung **7** 6
- Begründung **11** 229
- Ermächtigung **4** 37
- Formalien **3** 1; **6** 1
- Gründe **7** 7
- Inhalt **7** 1
- nach Mieterhöhung im preisfreien Wohnungsbau **16** 27
- während des Prozesses **6** 6
- Schriftform **6** 1
- Umdeutung **7** 12
- Vertretungsmacht **4** 31
- Zugang **6** 14
- Zweifamilienhaus **7** 9

Kündigungsfrist 9 1; **11** 315
- Altfälle **11** 317
- Berechnungsfehler **11** 322
- für Mieter **14** 18

magere Zahlen = Randnummer

– nach Mieterhöhung im preisfreien Wohnungs-
  bau **16** 31
– Vereinbarungen **11** 317; **14** 20
– Verlängerung **11** 293, 319
– Zweifamilienhaus **11** 293
Kündigungsfristen 28 29
Kündigungsrecht
– Abtretung **4** 29, 39
Kündigungsschreiben
– Begründungsanforderung **12** 61
Kündigungstatbestände
– unterschiedliche **8** 1
Kündigungswiderspruch 24 1
– Teilkündigung **11** 309

Lebenspartner
– Eintrittsrecht **5** 17

Mangelbeseitigung
– Beweislast **15** 25
Mangelhafte Mietsache 15 11
– Abhilfefrist **15** 21
– Arglist **15** 20
– Beweisast **15** 13
– Dauer der Abhilfefrist **15** 24
– Entbehrliche Abhilfefrist **15** 22
– Form der Abhilfefrist **15** 23
– Kenntnis **15** 17
– Mehrheit von Mietern **15** 18
– Nach Übergabe **15** 15
– Vor Übergabe **15** 12
mehrere Bewohner
– Räumungsverfügung **32** 20
Mieteintrittsvereinbarung 4 23
Mieter
– Eheleute **5** 2
– Rechtsnachfolge **5** 13
Mieterhöhung
– Kündigung **16** 8
– Rückstandsberechnung **12** 36
Mieterhöhungsvereinbarung
– Kündigung **16** 20
Mieterkündigung
– Ausschusstatbestände **14** 1
– Begründung **7** 8
– ordentliche Kündigung **14** 1
– Sozialklausel **25** 8
Mieterschutzvorschrift 14 5, 12
Mietpreisabreden
– Teilunwirksamkeit **12** 53
Mietpreisbremse 12 34
Mietpreisvereinbarung
– unwirksame **12** 34
Mietsicherheit
– Kündigung **11** 58
Mietvertragsurkunde 2 11
Mietzahlung
– unpünktlich **11** 65

Minderung
– Nicht behebbarer Mangel **12** 52
Mischmietverhältnis 11 23
– Kündigung **11** 101
– Sozialklausel **25** 2
Mischmietvertrag 2 7
Mitbesitz
– Titel gegen Mitbesitzer **20** 8
Mitmieter
– Kündigungsrecht **13** 9
Modernisierungsankündigung
– Kündigung **16** 1
Modernisierungsmaßnahme 11 187
– Hinderung der Verwertung **11** 179
– Kündigung wg. wirtschaftlicher Verwertung
  11 173
– Kündigungsbegründung **11** 252

Nacherbfall
– Kündigung nach Eintritt **13** 25
Nachholrecht 12 69
nachträglich entstandene Gründe
– Zeitpunkt **11** 269
Namensunterschrift 6 3
Nebenräume
– Begriff **11** 298
– Teilkündigung **11** 295
Neue Bundesländer 5 10
– Kündigung wg. wirtschaftlicher Verwertung
  11 160
Nichtgewährung der Mietsache 15 3
Nießbrauch
– Kündigung nach Beendigung **13** 13
Nutzungsabsicht
– Aufzählung **11** 111
– beschränkt **11** 101
– Beweislast **11** 91
– Dauer **11** 120
– Erwerber **11** 113
– größere Wohnung **11** 115
– kleinere Wohnung **11** 116
– mehrdeutige **11** 97
– privilegierte Dritte **11** 122
– ungewisse Absicht **11** 92
– unvernünftig **11** 99
– vorgetäuschte **11** 90
– Wegfall **11** 105
Nutzungsentschädigung 21 1
Nutzungshindernis 11 98
Nutzungsinteresse
– gemeinnütziges **11** 218
Nutzungswille
– Ernsthaftigkeit **11** 88
– vorgetäuschter **11** 90

Obliegenheit
– Kündigungsbegründung **11** 230
öffentlich geförderter Wohnraum 11 22, 210

Sachregister

fette Zahlen = Kap.

Öffentliche Stelle
– Jobcenter **12** 82
öffentliche Zustellung 6 28

Pachtvertrag 2 8
Pandemie 11 56
Paraphe 6 4
Personengesellschaft
– Eigenbedarf **11** 77
Personenmehrheit
– Identität **4** 4
– Unterschrift **6** 5
– Vermieter **4** 4
Persönliche Bindung
– des Eigentümers an den Mietvertrag **13** 22, 40
– des Nacherben an den Mietvertrag **13** 29
Pflichtwidrigkeit
– Begriff **11** 38
– Erheblichkeit **11** 40
– Kündigung **11** 38
– Verschulden **11** 42
Provokation 11 45
Prozesskosten
– Kündigung **11** 60
Prozesstrennung 28 32
Prozessverbindung 28 32
Prozessvergleich
– Doppelnatur **31** 2

Räumungsanspruch 20 1
Räumungsfrist 34 1
– einstweilige Verfügung **32** 22
Räumungsvergleich 31 1
– Inhalte **31** 9
– Kosten **31** 15
Räumungsvollstreckung 33 1
Rechtsirrtum 11 43
– Zahlungsverzug **12** 46
Rechtsmissbrauch 11 190
– Formunwirksamkeit **11** 15
– Kündigung **11** 132
– überhöhter Bedarf **11** 139
Rechtsnachfolge 4 6, 23
Risikogeschäft 11 170
Römisches Recht 1 2
Rücksichtnahme 12 100
Rückstandsberechnung
– Erheblichkeit des Rückstandes **12** 57

Samstag 11 318
– Karenzzeit **14** 19
Sanierungsmaßnahme
– Hinderung der Verwertung **11** 179
– Kündigung wg. wirtschaftlicher Verwertung **11** 173
– Kündigungsbegründung **11** 252

Schadensersatz
– bei Beschädigung der Mietsache **22** 2
– bei verspäteter Räumung **22** 1
Schadensersatzforderung
– Kündigung **11** 59
Schonfrist 12 69
– Fristberechnung **12** 71
– Maximalfrist **12** 74
– Mehrheit von Mietern **12** 72
– Teilbeträge **12** 78
– Treu und Glauben **12** 75
– Zahlung unter Vorbehalt **12** 79
Schonfristzahlung
– ordentliche Kündigung **11** 62
Schriftform
– Kündigungsverzicht **11** 12
– vereinbart **6** 12
schuldhafte Pflichtverletzung
– Kündigungsbegründung **11** 236
Schuldunfähigkeit 11 225
Schwangerschaft
– Sozialklausel **25** 29
Selbstauskunft 12 132
Sicherheitsleistung
– Verzug **12** 91
Sicherungsanordnung 30 1
– einstweilige Verfügung **32** 14
SMS 6 7
Sondereigentum 4 18
Sondernutzungsrecht 4 19
Sonntag 11 318
– Karenzzeit **14** 19
soziales Mietrecht 2 4
Sozialklausel 24 1
– Alter **25** 26
– Anwendungsbereich **25** 5
– Behinderung **25** 28
– berufliche Gründe **25** 32
– Ersatzwohnraum **25** 15
– Fortsetzungsverlangen **26** 1
– gewerbliche Zwischenvermietung **25** 4
– Härtegründe **25** 9
– Interessenabwägung **25** 41
– Krankheit **25** 28
– Mieterkündigung **25** 8
– Mischmietverhältnis **25** 2
– Rechtsfolge **27** 1
– Schwangerschaft **25** 29
– Vermieterinteressen **25** 37
– Verwurzelung **25** 27
– Voraussetzungen **25** 7
– Wohndauer **25** 27
– Zwischenumzug **25** 34
Sozialwohnung 11 210
Staffelmiete
– Kündigungsausschluss **14** 9
Staffelmieterhöhung
– Kündigung **16** 9

456

magere Zahlen = Randnummer

Stellvertretung 5 23
– offene **4** 31
Störung des Hausfriedens 12 98
– Abmahnung **12** 113
– Interessenabwägung **12** 104
– Kündigung des Mieters **15** 36
– Kündigungsvoraussetzungen **12** 99
– Nachhaltigkeit **12** 103
– Personenmehrheit **12** 102
– schwerwirkende Auswirkungen **12** 108
– Verschulden **12** 106
– Wertentscheidungen des Grundgesetzes **12** 105
Strafbare Handlungen 12 133
Straftaten
– des Vermieters **15** 41
Studentenwohnheim 2 20
Suizidgefährdung des Mieters 12 109

Tatsachenirrtum 11 43
– Zahlungsverzug **12** 45
Teileigentum 4 18
Teilkündigung 11 295
– Anpassung der Miethöhe **11** 313
– Begründung **11** 310
– Formalien **11** 308
– Kündigungsfrist **11** 312
– Zweckbestimmung **11** 300
Telefax 6 7, 11
– gewillkürte Schriftform **6** 12
– Zugang **6** 26
Testamentsvollstrecker 4 14
Textform 6 7, 9
– Legaldefinition **6** 10
Tilgungsbestimmung 12 77
– Tilgungsreihenfolge **12** 56
Tod des Mieters 5 15; **16** 59
– Kündigung **13** 5; **16** 56
– Kündigungsausschluss **11** 7
– Vertragsfortsetzung **5** 20
Tod des Vermieters 11 284; **16** 57
– Kündigungsrecht der Mietmieter **16** 63
Treuhänder 6 30
Treuwidrigkeit
– Kündigung **11** 129

Überbelegung 11 213
Übergabe-Einschreiben 6 21
Überlassungshindernis 11 98
Überlassungszeit
– Kündigungsfrist **11** 319
Umdeutung 7 12; **12** 16
Umwandlung 11 195
Unbefugte Überlassung 12 22
– Erhebliche Rechtsverletzung **12** 27
unpünktliche Mietzahlung
– Kündigung **11** 65

Unpünktliche Mietzahlungen 12 136
– Beschaffungsrisiko **12** 140
– Keine Heilung **12** 137
– Interessenabwägung **12** 138
Unredlichkeiten
– des Vermieters **15** 41
Unterbelegung 11 214
Untermiete 11 36, 221
– unbefugte Gebrauchsüberlassung **11** 70
– unberechtigte **11** 51
– Zurechnung **11** 47
Untermieter 11 74
– Räumungsverfügung **32** 7
Untermietvertrag
– Kündigungsbegründung **11** 260
Unterschrift
– elektronische Form **6** 8
Untervermietung
– Verschulden **12** 9
Urkundenprozess 28 35

Veräußerung 4 6, 20
verbotene Eigenmacht
– einstweilige Verfügung **32** 5
Verdachtskündigung 11 39
Vereinbarte Kündigungsrechte
– Gewerberaum **18** 28
Verjährung
– Rückstandsberechnung **12** 35
Verkauf
– wirtschaftliche Verwertung **11** 165, 168
Verkaufsabsicht
– Kündigungsbegründung **11** 246
Verlängerung
– Kündigungsfrist **11** 319
Vermieter 4 2
– BGB-Gesellschaft **4** 8
– Eheleute **4** 5
– Erbengemeinschaft **4** 14
– juristische Person **4** 24
– Personenmehrheit **4** 4
– Wohnungseigentümergemeinschaft **4** 15
– Zeitpunkt **4** 27
Vermieterinsolvenz
– Kündigung **13** 61
– Schuldnerwohnung **13** 69
Vermieterkündigung
– Beschränkung **11** 17
– Mehrheit von Mietern **12** 4
– Rechtsverletzung **12** 3
– Überblick **12** 2
Vermieterwohnung 11 280, 291
Vermutung
– Tatsächliche **5** 7
Verpflichtungserklärung
– bedingungsfeindlich **12** 86
– Form **12** 83
– Frist **12** 84

Sachregister

fette Zahlen = Kap.

- Inhalt **12** 85
- Schonfrist **12** 81
- **Versäumnisurteil 28** 36
- **Verschulden**
- Pflichtwidrigkeit **11** 42
- Zahlungsverzug **11** 61
- **Verspätete Übergabe 15** 6
- Beweislast **15** 10
- **Vertrag**
- über mehr als 30 Jahre **13** 1
- **Vertragsfortsetzung**
- Bedingungen **27** 5
- Dauer **27** 2
- Sozialklausel **27** 1
- Tod des Mieters **5** 20
- **vertragswidriger Gebrauch 11** 48
- **Vertretung**
- Kündigung **4** 31
- **Vertretungsmacht**
- BGB-Gesellschaft **4** 13
- **Verwertungsabsicht 11** 162
- Abriss **11** 166, 175
- Angemessenheit **11** 167
- unvernünftig **11** 163
- Verkauf **11** 165
- **Verwirkung 12** 18
- Kündigungsrecht **16** 54
- **Verwurzelung**
- Sozialklausel **25** 27
- **Verzicht**
- Eigenbedarfskündigung **11** 138
- **Verzug**
- Kaution **12** 93
- **Vollmachtsurkunde 4** 34
- **Vollstreckungsschutz 35** 1
- **Vollstreckungsschutzantrag 29** 2, 17
- **vorhersehbare Verwertungsabsicht 11** 190
- **vorhersehbarer Eigenbedarf 11** 129
- **Vorratskündigung 11** 95, 193
- **Vorsatz 11** 42
- **vorübergehender Gebrauch 2** 13

- **Werkdienstwohnung 11** 203
- **Werkmietwohnung 11** 203
- **Werktag 11** 318
- **Werkwohnung**
- Kündigungsbegründung **11** 255
- **Wichtiger Grund**
- Befristeter Mietvertrag **15** 39
- Interessenabwägung **15** 38
- **Widerrufsrecht**
- Vollmacht **5** 23
- **Wiedereinsetzung in den vorigen Stand 16** 40
- **Wiederholungsfall 12** 87
- Aufrechnung **12** 89
- Fristberechnung **12** 88
- teleologische Auslegung **12** 90

- **wirtschaftliche Verwertung 11** 159
- Baugenehmigung **11** 162
- Erheblichkeit der Nachteile **11** 181
- Hinderung **11** 177
- Kündigungsbegründung **11** 245
- Mieterhöhung **11** 194
- Rechtsmissbrauch **11** 190
- Tatbestandsvoraussetzungen **11** 162
- Veräußerung **11** 183
- **Wohnbedarf**
- dringender **2** 17
- **Wohndauer**
- Sozialklausel **25** 27
- **Wohnraummietverhältnis**
- ungeschützt **11** 25
- **Wohnraummiete 2** 3
- Bestandsschutz **11** 21
- Definition **2** 5
- **Wohnraummietverhältnis**
- Form der Kündigung **6** 3
- **Wohnraummietvertrag 2** 3
- **Wohnung**
- Begriff **11** 285
- **Wohnungsbestände**
- unterschiedlich **2** 1
- **Wohnungseigentum**
- Gemeinschaftseigentum **4** 16
- Sondereigentum **4** 18
- Sondernutzungsrecht **4** 19
- **Wohnungseigentümergemeinschaft**
- Rechtsfähigkeit **4** 15
- **Wohnungsnutzung**
- beruflich **11** 52

- **Zahlungsunfähigkeit 12** 44
- **Zahlungsverhalten**
- Prozesskosten **12** 142
- sonstige Verbindlichkeiten **12** 141
- **Zahlungsverzug**
- Fälligkeit **12** 42
- Geldschuld **12** 40
- Höhe des Rückstands **11** 55
- Mahnung **12** 43
- Mängelbeseitigungsanspruch **12** 49
- Mietbegriff **12** 33, 38
- Mietminderung **12** 30
- Modalitäten **12** 31
- nicht unerheblicher Teil **12** 55
- Nichtleistung **12** 40
- ordentliche Kündigung **11** 54
- Rechtzeitigkeitsklausel **12** 41
- Rückstandsberechnung **12** 51
- Verschulden **11** 61
- Vertretenmüssen **12** 43a
- Voraussetzungen **12** 39
- Vorfälligkeitsklausel **12** 42
- Zurückbehaltungsrecht **12** 48
- Zurückbehaltungsrecht, Höhe des **12** 50

– zwei aufeinander folgende Termine **12** 54
– zwei Monatsmieten **12** 58
Zeitmietvertrag 11 1; **14** 1
– ergänzende Vertragsauslegung **11** 4; **14** 4
– Kündigungsausschluss **11** 4
– Kündigungsausschlussvereinbarung **14** 4
Ziehfrist 9 1; **11** 323
Zimmermiete 2 22
Zugang 6 14
– Betreuer **6** 29
– Beweislast **6** 24
– Zeitpunkt **6** 16
Zurückweisung
– Vertretung **4** 36

Zuständigkeit
– örtliche **28** 2, 5
– sachliche **28** 2, 5
– Streitwert **28** 8, 9, 34
Zwangsversteigerung
– Kündigung durch Ersteher **13** 70
Zwangsvollstreckung
– Einstellung durch BGH **29** 9
Zweckentfremdungsverbot 11 251
Zweifamilienhaus 11 37, 272
– Kündigungserklärung **7** 9
Zwischenvermietung
– Sozialklausel **25** 4